KB245432

중국어 발음사전

監修 柳晟俊
編著 中國語文研究所
車炅燮

인터북스

序　　文

우리나라 中韓辭典의 효시(嚆矢)는 1966년 民衆書館에서 펴낸《新中國語辭典》(李璿默 編著)이다. 그후 1972년 徽文出版社에서 《새中韓辭典》(許世旭 編著)이 발간되었다. 이 두 사전은 내용면에서나 체제면에서 만족스럽지 못했지만, 中國語 학습자에게 꽤 오랫동안 사랑을 받아왔다. 그후 高麗大學校 民族文化研究所에서는 中國語大辭典 편찬실을 설치하여 집필에 착수한 지 11년에 걸친 각고 끝에 1989년《中韓辭典》이 빛을 보게 되었다. 이 사전은 약 18만 어휘가 수록되어 학습자의 좋은 반려가 되고 있다.

이제 이러한 기간 中韓辭典의 맥을 이어《中國語學習辭典》을 펴내게 되었다. 본 사전은 中國語 학습의 요체(要諦)라고 할 수 있는《汉语水平考试》의 상용 어휘를 토대로 하여 초급에서 중급까지의 3萬餘 단어를 총망라하였다.

《汉语水平考试(H.S.K)》란 中國語를 모국어로 하지 않는 자(외국인, 화교 및 중국내 소수민족 학생)의 中國語 수준을 측정하기 위해 마련된 중국의 국가급 표준화 시험이다.《汉语水平考试》는 통일적인 표준화 고시로서, 통일적으로 출제·시험·답안 조사·평점 등을 시행한다. 고시 성적이 규정된 기준에 이른 자는 그 등급에 상응하는《汉语水平考试证书》를 발급 받을 수 있다.

현재 중국의 北京大, 清华大, 復旦大, 山東大 같은 유명한 대학은 이미 H.S.K를 유학생의 입학기준으로 채택하고 있다. 국내 대학에서도 H.S.K에 상응하여 학과이수로 인정하는 근거로 삼고, 많은 기업체에서 H.S.K를 도입하려는 움직임을 보이고 있다. 본 사전은《汉语水平考试》라는 중국어 능력시험 대비 사전으로 손색이 없을 뿐 아니라, 본격 中國語學習辭典으로서의 면모를 갖추고 있다. 중요단어의 풍부한 용례와 상세한 해설, 중국인의 발상으로 만든 간결한 예문, 학습자에게 친절한

어법해설을 덧붙여 중국어 학습에 도움이 되게 하였다. 특히 로마자 발음을 漢字 앞에 두어 발음을 쉽게 익히도록 배려하였다. 본 사전은 中國語를 처음 배우려는 초심자와 중급 학습자에게 좋은 길잡이가 될 것이다. 본 사전으로 기초를 다진 후에 보다 본격적인 사전으로 진보하기를 바란다. 또한, 어느 정도 중국어를 하신 분은 다시 한번 이 사전으로 돌아와 기초를 확실히 하길 원한다.

이 사전의 편집과 교정을 위해 수고해 주신 崔玄愛, 辛夏寧, 安在榮, 李香憲, 金森 씨에게 심심한 감사를 드린다. 그리고 이 사전의 기획·편집을 직접적으로 총괄하고 맡아주신 李源度 社長에게 깊은 謝意를 표하는 바이다.

끝으로, 편저자의 능력 한계로 잘못되었거나 부족한 점이 많을 것이라 생각한다. 앞으로 중국어 학계와 학습자들의 기탄없는 叱正과 조언을 정직하게 받아들일 것이다.

1996年 正月

編著者 車炅燮

刊 行 辭

中國은 우리의 近隣國家로서 漢字文化圈이란 동일한 영역에 속해 있으면서 社會, 文化, 政治, 經濟, 歷史的으로 상호 밀접한 관련하에서 끊임없는 교류와 협력 관계를 지속해 오고 있으며, 앞으로 다가올 21세기에 韓國이 아시아의 주역으로 발돋움하기 위해서는 中國에 대한 우리의 끊임없는 관심과 인식의 재정립이 절실히 요구된다 하겠다.

최근 일련의 國際情勢는 복잡하고 다단하여 주변국가들의 움직임에 귀추가 주목되고 있다. 특히 中國은 1992년 8월 24일 韓·中 修交이래 다방면에서 人的·物的 교류가 활발히 진행되어 우리의 對外 외교상 매우 중요한 위치를 점유하고 있고, 貿易 相對國으로서 뿐만 아니라 同伴者 관계로서 더욱 의미가 깊다고 할 수 있다.

따라서 이러한 시대적 부응에 능동적으로 대처하기 위해서는 中國의 文化的 行態를 올바르게 인식하기 위한 情報가 중요하겠으나, 무엇보다도 그들과의 언어장벽을 해소하여 원활한 의사소통이 먼저 이루어져야 할 것이다.

中國은 1958년 『漢語拼音方案(中國語 로마자 표음방식)』을 발표한 이래 簡體字를 《简化字总表》에 의거, 北京語의 발음체계를 기초로 하여 광범위한 북방 구어(口語)의 어휘를 취하여 普通話(pǔtōnghuà)를 표준 共通語로 삼고 있다.

더욱이 모국어가 中國語가 아닌 외국인의 中國語 능력을 평가하는 《汉语水平考试(HSK)》를 통한 능력 기준을 설정하기에 이르렀다.

이에 본서에서는 中國語 학습의 根幹이라 할 수 있는 『汉语水平考试(HSK)』의 상용어휘를 토대로 기초에서부터 初級, 中級漢語를 골고루 수용하였고, 《汉语拼音方案》에 의거하여 최대한 발음에 중점을 두어 알파벳 순으로 배열하였음에 학습용 사전의 시발이 될 것으로 믿어 의심치 않는다.

本 辭典을 기획하게 된 동기는 1992년 韓·中 수교에 있음을 시사해 두며, 무엇보다《汉语水平考试(HSK)》의 부각으로 학습용 전문 사전의 필요성이 대두됨에 따라 많은 어휘보다는 中國語 학습에 꼭 필요한 語學 學習用 어휘 3萬餘 字에 限定하여 각 표제어마다 예문 15,000構文을 선정, 프로젝트 팀인 〈中國語文硏究所〉를 구성하여 꼭 3년만에 결실을 맺게 되었다. 더구나 본 사전은 北京言語學院 HSK센터의 적극적인 협력을 바탕으로 實用的인 사전으로서의 면모를 갖추게 되었으며, 아울러 중국의 社會科學院에서 출간된《现代汉语词典》, 商務印書館의《新华字典》, 高大의《中韓辭典》, 北京言語學院의《汉语水平考试大纲》을 참조하였음을 밝혀두는 바이다.

끝으로 사전의 기획에서 출간까지 北京을 오가며 아낌없는 노력을 기울여 주신 車炅燮 先生과 同學, 그리고 예문을 엄선해 주신 편집진에게도 더 없는 감사를 표하며, 監修를 맡아주신 柳晟俊 敎授님, 題字를 꾸며주신 碧山 金昌燮 敎授님, 그리고 제작에 많은 후의를 베풀어 주신 서울 學古房의 河雲根 사장님과 하나 의학사의 吳茂根 사장님께도 깊은 감사를 드리는 바이다.

독자 여러분의 아낌없는 성원과 지도편달을 바라마지 않으며, 본 사전이 중국어 학습의 길잡이로서 훌륭한 공구서가 되길 기원한다.

中國語文硏究所

目 次

학 습 정 보

이 辭典의 特長

1 핵심 학습어휘 컴퓨터 엄선

본서에서는 中國에서 사용되고 있는 普通話를 바탕으로 일상 생활에서 필요로 하는 口語 중심의 어휘와 中國語 학습에 필수적인 약 3萬餘 어휘를 컴퓨터로 엄선하여 수록하였다.

2 발음 중심의 이중적인 학습 효과

종래의 사전이 部首에 의한 글자찾기인데 반해, 본서에서는 찾아보기에서부터 학습효과를 누릴 수 있도록 漢語拼音에 의한 발음을 중심으로 표제어를 알파벳 順으로 배열하였다.

3 어학 학습용 전문사전

기존 사전의 내용이 一般用인데 비해 본 사전은 구어(口語)중심의 회화에서 절대 필요한 發音에 중점을 둔 학습용 전문사전으로써 중국어 학습자에게 꼭 필요한 語學專用 사전이다.

4 능률적인 학습 제고

文語 중심의 사전에서 나타나는 복잡하고 필요없는 부분을 대폭 줄이고, 口語 學習에 꼭 필요한 어휘와 의미를 수록하여 學習 能率을 도모하였으며, 쉽고, 빠르고, 간편하게 찾을 수 있도록 체제를 간편하게 갖추었다.

5 중국인의 발상에 따른 간결한 예문

중요한 말은 풍부한 用例로 자세한 해석을 덧붙여 독자들이 이해하기 쉽게 하였으며, 또한 중국인의 發想에 따른 간결한 예문을 익혀 회화에 활용하도록 하였다.

6 학습용 삽화 및 정보 대폭 수록

中國에 대한 이해와 정보를 폭넓게 수용하기 위해 학습 관련 삽화 200여 컷, 그리고 다양한 일상 生活情報를 선정하여 38가지 실었다.

7 중국어 검정시험 대비 사전

中國語 검정시험인 《汉语水平考试(HSK)》를 대비하여 어휘를 언어능력 수준별로 구분하여 학습자로 하여금 선택적이고 핵심어휘 중심의 학습을 가능케 하였다.

일 러 두 기

1. 어휘의 범위(範圍)

본서에서는 中國에서 사용되고 있는 北京 標準語를 바탕으로 일상생활에서 필요한 口語 중심의 어휘와 중국어 학습에 필수적인 어휘를 旣刊 사전과 학습용 서적에서 컴퓨터로 엄선하여 수록하였다. 어휘의 범위는 표제어(올림말) 약 12000餘字, 관련어휘[파생어 · 連語 · 成語 · 관용어] 8000餘字, 일반어휘 10000餘字로써 총 3萬餘 어휘를 사용하였다.

2. 발음(發音)에 관해서

1959년 중화인민공화국에서 제정한 중국어 로마자 표음방식인《汉语拼音方案》은 국제적으로 공인된 표음방법으로써 한자와 별도로 읽는 방법을 로마자와 성조부호를 이용하여 漢字(中國語)를 정확하게 읽는 방법을 제시하였다.

따라서 여기서는 1985년 중국『国际语言文字工作委员会』에서 수정 공포한《普通话异读词审音表》에 근거한 北京式 普通話 發音을 수용하였으며 특히 경성(輕聲)으로 발음하는 단어는 변화된 성조(聲調)를 일률적으로 표기하였다.

3. 표제어(表題語)에 관해서

(1) 이 사전에는 현대중국에서 사용되는 常用語 및 一般語彙를 합친 약 3萬餘 字를 수록했다. 우선 표제어 중에서 가장 중요한 어휘 약 1500단어에는 ⁑를, 중요 어휘 약 3200단어에는 *를, 그 외의 중요어휘 약 2800단어에는 †를, 각각의 표제어 앞에 표시해서 학습의 표준을 제시했으며 그밖의 일반어휘를 수록했다. 그리고 표제어에 관련한 약 8000어휘를 볼드체 활자로 별도로 표시하였다.

또한 표제어와 관련된 예문 약 15000구문을 제시하여 학습에 도움이 되도록 배려하였다.

1) ⁑ 이 표시는 입문단계에 있어서 우선 학습해야 할 단어이다. 고등학교 및 대학 교양과정에 있어서 초급의 학습, 중국어 검정시험(汉语水平考试) 4급의 시험에 필요한 단어는 거의 이 범위에 있다.

2) * 이 표시는 대학 교양과정의 2년생, 검정시험 3급 과정의 학습단어이다.

3) † 이 표시는 진일보한 학습, 중국어 사용에 있어 일상생활 및 사회와 학교에서 필요한 단어이고, 중국 국가교육위원회가 외국인과 자국내의 소수민족을 대상으로 실시하고 있는《汉语水平考试(HSK)》의 지정단어도 이 범위를 넘지 않는다.

(2) 표제어는 우선 표음 로마자로 표시하고, 그 뒤에 대응하는 漢字를 簡體字와 繁體字로 표시하고, 異體字는 취급하지 않았다. 용례 漢字는 현행의 중국어 간체자를 사용했다.

(3) 배열은 표제어의 로마자 철자에 따라서 알파벳 順으로 했다.

1) 로마자 철자가 같고, 聲調가 다른 것에 대해서는 그 제1음절의 성조의 순서에 따랐다. 성조의 순서는 第1聲(陰平), 第2聲(陽平), 第3聲(上聲), 第4聲(去聲)으로, 輕聲은 이것들의 다음에 오게 하였다.

2) 제1음절의 성조도 같은 것에 대해서는 제2음절의 성조의 순서에 의한 것으로 하고 이하도 이에 준하였다.

3) 철자도 성조도 모두 같은 것은, 서술의 편리에 따라 적당히 배열했다.

4) **yī**(一) 혹은 **bù**(不)의 變調에 관해서는 실제의 발음에 따라서, 변조 후의 성조에 의해 배열했다.

(4) 철자의 사이에 **pí'ǎo**(皮袄), **píng'ān**(平安)처럼 (')를 첨가한 것은 격음부호이다.

(5) 철자의 사이에 **gàn▲huó**(干活), **jié▲hūn**(结婚)처럼 ▲를 첨가한 것은 이른바 이합동사로 동사가 분리될 수 있는 것을 나타낸다.

4. 어휘풀이 · 예문 등에 관해서

(1) 어휘풀이는 품사별로 하고, 그 어휘의 설명이 2항 이상인 경우에는 1. 2. 3. …, ① ② ③ … 등의 숫자를 사용해서 기술했다. 품사명은 名 動 形 …의 약칭으로 표시했다. 품사 외에도 필요에 의해서 〈文〉〈口〉〈方〉…의 약호를 사용해서 어휘의 위상을 표시했다.

(2) 명사 가운데 자주 쓰이는 접미사 '儿'을 동반하는 것에는 (~儿)로 해서 표시했다.

(3) 명사에서 자주 사용되는 양사(조수사)를 《 》로 표시했다.

(4) 형용사 가운데 강조 형식을 가진 것에 대해서는 '明白'→'明明白白' 식의 (**AABB**), '雲白'→'雲白雲白' 식의 (**ABAB**), '马虎'→'马里马虎' 식의 (**A里AB**)의 약호를 사용해서, 그 형식을 어휘풀이 다음에 표시했다.

(5) 어휘풀이로부터 분리되어, 그 단어의 용법상의 주의나 의미상의 배경을 설명할 때에는 ☆ 표시를 했다.

(6) 예문은 우선 로마자를 먼저 표기하였고, 다음에 ( )를 넣어 한자를 표시하고, 그 다음에 우리말 해석을 덧붙였다.

(7) 예문 중에 표제어가 들어갈 때에는 '~'로 대용하여 표시했다.

(8) 예문 중의 로마자는 고유명사를 제외하고는 모두 소문자를 사용했다.

(9) 예문 중에 표제어가 겹쳐서 사용되는 경우, 보어·시태조사·접미사 등을 동반한 경우 또는 표제어가 보어·시태조사 등이 되는 경우에는 ~·~, ~·hǎo(~好), ~·le(~了), ~·r(~儿), kàn·~(看~)처럼, 로마자 문의 ~의 앞 또는 뒤에 ·를 첨가해서 그것을 표시했다.

(10) 예문 중 본래 표제어로 취급해도 되는 것, 즉 고정적인 連語, 成語, 慣用句 등은 볼드체의 로마자로 표시했다.

5. 약어(略語) 및 기호

1) 品詞名

- 名 명 사
- 動 동 사
- 能 능원동사 (조동사)
- 形 형 용 사
- 數 수 사
- 量 양 사 (조수사)
- 數量 수량사
- 代 대 사 (대명사)
- 副 부 사
- 介 개 사 (전치사)
- 連 연 사 (접속사)
- 助 조 사
- 接頭 접두사
- 接尾 접미사
- 嘆 감 탄 사
- 擬 의 성 어 의 태 어
- 連語 연 어

2) 전문어

- 〈口〉 구 어
- 〈文〉 문 어
- 〈方〉 방 언
- 〈略〉 약 어
- 〈譯〉 음 역 어
- 〈應〉 응 대 어 (인 사 말)
- 〈度〉 도 량 형
- 〈法〉 법 률
- 〈史〉 역 사
- 〈醫〉 의 학
- 〈植〉 식 물
- 〈動〉 동 물
- 〈生〉 생 물
- 〈虫〉 벌레·곤충
- 〈宗〉 종 교
- 〈政〉 정 치
- 〈軍〉 군 사
- 〈化〉 화 학
- 〈物〉 물 리
- 〈地〉 지 리
- 〈電〉 전기·전자
- 〈音〉 음 악

3) 기 호

- / : 이중발음 (舊音포함)
- ⇔ : 반의어
- = : 동의어
- ¶ : 예 문
- ☆ : 용법상 주의
- ~ : 용례에서 해당 표제어 생략
- 《 》: 양사 표시
- ( ) : 표제어의 번체 명사의 '儿'化韻 형용사의 강조 형식
- [ ]: 보충적 해설
- 〈 〉: 전문어 약호
- ☞ : 참 조
- — : 번체자 생략
- ' ': 인용부호
- ; : 부연설명
- ⁑ : 가장 중요한 어휘
- * : 중요 어휘
- † : 기타 중요 어휘

漢語拼音方案

1. 字母表(자모표)

철음(綴音)의 근본이 되는 글자를 '字母'라고 하며, 여기서는 편의상 '拼音字母'와 '注音符号'를 병행하여 표기한다.

字母:	Aa	Bb	Cc	Dd	Ee	Ff	Gg	Hh	Ii
	ㄚ	ㄅㄝ	ㄘㄝ	ㄉㄝ	ㄜ	ㄝㄈ	ㄍㄝ	ㄏㄚ	ㄧ
名稱:	아	베	체	데	어	에프	게	하	이
	Jj	Kk	Ll	Mm	Nn	Oo	Pp	Qq	Rr
	ㄐㄧㄝ	ㄎㄝ	ㄝㄌ	ㄝㄇ	ㄋㄝ	ㄛ	ㄆㄝ	ㄑㄧㄡ	ㄚㄦ
	지에	케	엘	엠	네	오	페	치우	알
	Ss	Tt	Uu	Vv	Ww	Xx	Yy	Zz	
	ㄝㄙ	ㄊㄝ	ㄨ	ㄪㄝ	ㄨㄚ	ㄒㄧ	ㄧㄚ	ㄗㄝ	
	에스	테	우	베	와	시	야	제	

※ V는 외래어·소수민족 언어·방언 등에만 쓰임.
자모(字母)의 필기체는 라틴 자모의 일반적인 자체를 따름.

2. 聲母表(성모표)

중국어의 자음(字音)은 '声母' '韵母' '声调'의 3부분으로 나눌 수 있는데, 한 글자의 첫머리에 오는 음을 '声母'라고 한다. 우리말의 자음(子音)과 대체적으로 같으며, 모두 21개이다.

b	p	m	f	d	t	n	l	g	k	h
ㄅ玻	ㄆ坡	ㄇ摸	ㄈ佛	ㄉ得	ㄊ特	ㄋ讷	ㄌ勒	ㄍ哥	ㄎ科	ㄏ喝
ㅂ	ㅍ	ㅁ	ㅍ°	ㄷ	ㅌ	ㄴ	ㄹ	ㄱ	ㅋ	ㅎ
j	q	x	zh	ch	sh	r	z	c	s	
ㄐ基	ㄑ欺	ㄒ希	ㄓ知	ㄔ蚩	ㄕ诗	ㄖ日	ㄗ资	ㄘ雌	ㄙ思	
지	치	시	°ㅈ	°ㅊ	°ㅅ	°ㄹ	ㅈ	ㅊ	ㅅ	

※ 발음을 표시할 때, zh ch sh는 ẑ ĉ ŝ로 표기하기도 함.
ㅍ°는 순치음을 표시하고, °ㅈ °ㅊ °ㅅ °ㄹ는 권설음임을 표시함.

3. 韻母表(운모표)

우리말의 모음(母音)과 대체로 유사하며, 기본 운모(韻母) 16개와 결합 운모(韻母) 20개로 구성되어 있다.

	i[丨]衣 이	u[ㄨ]乌 우	ü[ㄩ]迂 위
a[ㄚ]啊 아	ia[丨ㄚ]呀 이아(야)	ua[ㄨㄚ]蛙 우아(와)	
o[ㄛ]喔 오		uo[ㄨㄛ]窝 우오(워)	
e[ㄜ]鹅 어	ie[丨ㄝ]耶 이에(예)		üe[ㄩㄝ]约 위에
ai[ㄞ]哀 아이		uai[ㄨㄞ]歪 우아이(와이)	
ei[ㄟ]欸 에이		uei[ㄨㄟ]威 우에이(웨이)	
ao[ㄠ]熬 아오	iao[丨ㄠ]腰 이아오(야오)		
ou[ㄡ]欧 어우	iou[丨ㄡ]忧 이우(여우)		
an[ㄢ]安 안	ian[丨ㄢ]烟 옌	uan[ㄨㄢ]弯 우안(완)	üan[ㄩㄢ]冤 위엔
en[ㄣ]思 언	in[丨ㄣ]因 인	uen[ㄨㄣ]温 우언(원)	ün[ㄩㄣ]晕 윈
ang[ㄤ]昂 앙	iang[丨ㄤ]央 이앙(양)	uang[ㄨㄤ]汪 우앙(왕)	
eng[ㄥ]亨의 엉 韵母	ing[丨ㄥ]英 잉	ueng[ㄨㄥ]翁 우엉(웡)	
ong[ㄨㄥ]轰의 웅 韵母	iong[ㄩㄥ]雍 이웅(융)		

(1) 《知, 蚩, 诗, 日, 资, 雌 思》 등의 음절의 운모는 i를 씀. 즉 이들의 음은 zhi, chi, shi, ri, zi, ci, si 등으로 병음(拼音)함.

(2) 운모 儿은 er로 표기하며, 운미(韻尾)에 쓰일 때는 r로 표기함. 예를

들면, "儿童"은 ertong, "花儿"은 huar로 병음함.

(3) 운모 e가 단독으로 쓰일 때는 ê로 표기함.

(4) i행(行)의 운모는 앞에 성모(聲母)가 없을 때는 yi(衣), ya(呀), ye(耶), yao(腰), you(忧), yan(烟), yin(因), yang(央), ying(英), yong(雍) 등으로 표기함.

u행의 운모는 앞에 성모가 없을 때는 wu(乌), wa(蛙), wo(窝), wai(歪), wei(威), wan(弯), wen(温), wang(汪), weng(翁) 등으로 표기함.

ü행의 운모는 앞에 성모가 없을 때는 yu(迂), yue(约), yuan(冤), yun(晕) 등으로 표기하여 ü 위의 ‥를 생략함.

ü행의 운모가 성모 j, q, x와 함께 병음될 때는 ju(居), qu(区), xu(虚) 등으로 표기하여 ü위의 ‥를 생략함. 그러나, 성모 n, l과 함께 병음될 때는 생략하지 않고 nü(女), lü(吕)로 표기함.

(5) iou, uei, uen의 앞에 성모가 첨가될 때는 iu, ui, un으로 표기함. 예를 들면, niu(牛), gui(归), lun(论) 따위.

(6) 발음을 표시할 때, ng는 ŋ로 표기하기도 함.

4. 聲調符號

성조란 각 음절의 고·저·승·강(高低昇降)을 나타내는 고저 악센트로, 4성(四聲)이라고도 부른다.

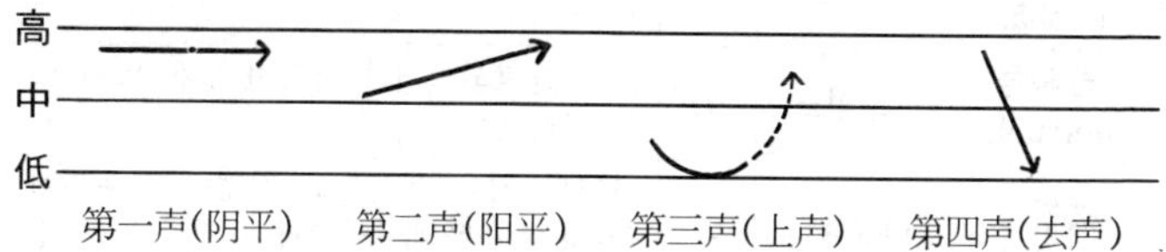

第一声(阴平)　第二声(阳平)　第三声(上声)　第四声(去声)

성조 부호는 음절의 주요 모음 위에 표시하며, 경성(輕聲)은 표시하지 않음. 예를 들면:

妈 **mā**	麻 **má**	马 **mǎ**	骂 **mà**	吗 **ma**
(阴平)	(阳平)	(上声)	(去声)	(轻声)

5. 隔音符號

a, o, e로 시작하는 음절이 다른 음절 뒤에 이어질 때, 음절 구분이 혼동되기 쉬운 곳에는 격음 부호(')로 한계를 명확히 함. 예를 들면: pi'ao(皮袄), ming'e(名额) 따위.

常用文章符號用法

명 칭		부호	용 법 설 명
중국어	한국어		
句号 jùhào	마침표	。	하나의 문장이 끝났음을 나타냄.
逗号 dòuhào	쉼표	，	문장의 중간에서 쉼을 나타냄.
顿号 dùnhào	작은쉼표	、	병렬된 단어나 구 사이에서 쉼을 나타냄.
分号 fēnhào	쌍반점	；	병렬된 문장들 사이에서 쉼을 나타냄.
冒号 màohào	쌍점	：	아래의 문장을 제시할 때 쓰임.
问号 wènhào	물음표	？	문장 뒤에서 물음을 나타냄.
感叹号 gǎntànhào	느낌표	！	강한 정서·희망·명령·절규 등을 나타냄.
引号 yǐnhào	따옴표	“ ” ‘ ’	인용문을 표시하며, 가로쓰기에는 “ ” ‘ ’를 쓰고, 세로쓰기에는 『 』「 」를 씀.
括号 kuòhào	괄호	（ ）	문장에서 주석이나 간단한 설명을 단 부분을 나타냄.
省略号 shěnglüèhào	줄임표	…	말이 생략되었거나 다하지 않은 말이 있음을 나타냄.
破折号 pòzhéhào	말바꿈표	—	아래의 것을 해석하고 설명하는 부분이라는 것을 나타냄. 두 글자의 길이 만큼 길게 그음.
连接号 liánjiēhào	붙임표	–	시간·장소·숫자 등의 앞에 쓰이거나, 서로 관련된 사람이나 사물을 표시함. 한 글자의 길이만큼 그음.
书名号 shūmínghào	책이름표	《 》 〈 〉	서적·문서·신문·저작물·문장 등의 이름에 쓰임.
间隔号 jiàngéhào	가운데점	·	월과 날짜 사이에 쓰임. 음역된 외국인명의 이름과 성 사이에 씀.
着重号 zhuózhònghào	힘줌표	.	특별히 강조할 부분의 글자 아래 쓰임.

中國語 索引

☆ 中國語辭典 활용법 ☆

本 辭典을 使用하는 방법에는 2가지 활용법이 있다.

1. 漢語拼音을 알고 있는 경우

최근 시중에 출간된 中文서적에는 거의 拼音(發音)이 附記되어 있으므로 이런 경우에는 "英韓辭典"에서 해당하는 단어를 찾는 것처럼 영문표기순서와 아울러 聲調順으로 찾으면 된다.

2. 漢語拼音을 모르는 경우

漢字를 알고 있으되 發音을 모르는 경우 부득불 索引을 활용하는 수밖에 없는데 우선 해당 한자의 部首를 「部首目錄表」에서 찾아보면 좌측에는 部首에 따른 고유 번호가 매겨져 있고, 우측에는 찾고자 하는 page가 있을 것이다.

"쉽고, 빠르고, 간편하게"

劃順漢字發音表

(1) 部首目錄表

본서에서는 部首의 분류방법을 《现代汉语词典》을 참고로 하여 劃順別로 배열하였으며, 한어병음(漢語拼音) 중심의 사전인 관계로 部首를 먼저 찾아 원하는 漢字를 빠르고 쉽게 찾을 수 있도록 편의상 189종으로 분류하였다.

5 劃

6 劃

7 劃

8 劃

9 劃

10 劃

11 劃

12 劃~

(2) 劃順漢字發音表

본서는 학습 전용사전으로써 한어병음(漢語拼音)식 배열을 취하여 찾아보기에서부터 발음을 접할 수 있기 때문에 이중학습 효과를 취할 수 있다. 학습자들은 繁體字와 簡體字를 모두 익혀둠과 아울러 發音으로 찾기와 部首로 찾기를 겸하여 사용하길 바란다.

1【丶 部】

丫	yā
义	yì
丸	wán
之	zhī
为	wéi
	wèi
头	tóu
主	zhǔ
半	bàn
州	zhōu
农	nóng
良	liáng
举	jǔ
叛	pàn
為(为)	wéi
	wèi

2【一 部】

一	yī
1~2 劃	
七	qī
丁	dīng
三	sān
干	gān
	gàn
于	yú
下	xià
上	shàng
丈	zhàng
兀	wù
万	wàn
与	yǔ
	yù
才	cái
3 劃	
丰	fēng
夫	fū
开	kāi
井	jǐng
无	wú
专	zhuān
丐	gài
五	wǔ
不	bù
丑	chǒu
屯	tún
互	hù
牙	yá
4 劃	
平	píng
击	jī
未	wèi
末	mò
正	zhēng
	zhèng
甘	gān
世	shì
且	qiě
可	kě
丙	bǐng
册	cè
东	dōng
丝	sī
5 劃	
夹	gā
	jiā
	jiá
亚	yà
亘	gèn
再	zài
吏	lì
百	bǎi
而	ér
尧	yáo
丞	chéng
6 劃	
来	lái
严	yán
巫	wū
丽	lì
甫	fǔ
更	gēng
	gèng
束	shù
两	liǎng
求	qiú
7 劃	
表	biǎo
長(长)	cháng
	zhǎng
亞(亚)	yà
來(来)	lái
東(东)	dōng
事	shì
枣	zǎo
兩(两)	liǎng
8 劃	
韭	jiǔ
面	miàn

3【丨 部】

丰	fēng
中	zhōng
	zhòng
内	nèi
北	běi
凸	tū
旧	jiù
甲	jiǎ
申	shēn
电	diàn
由	yóu
且	qiě
冉	rǎn
史	shǐ
央	yāng
凹	āo
出	chū
师	shī
曳	yè
曲	qū
	qǔ
肉	ròu
串	chuàn
非	fēi
畅	chàng
臨(临)	lín
暢(畅)	chàng

4【丿 部】

1~2 劃	
九	jiǔ
乃	nǎi
匕	bǐ
千	qiān
川	chuān
么	me
久	jiǔ
及	jí
3 劃	
乏	fá
午	wǔ
夭	yāo
升	shēng
长	cháng
	zhǎng
币	bì
反	fǎn
丹	dān
氏	shì
乌	wū
4 劃	
乎	hū
生	shēng
失	shī
乍	zhà
丘	qiū
卮	zhī

甩 shuǎi
乐 lè
　 yuè

5 劃

兆 zhào
年 nián
朱 zhū
丢 diū
乔 qiáo
乓 pāng
乒 pīng
向 xiàng
后 hòu

6~8 劃

我 wǒ
每 měi
兎(兔) tù
囱 cōng
卵 luǎn
龟 guī
系 jì
　 xì
垂 chuí
乖 guāi
秉 bǐng
质 zhì
周 zhōu
拜 bài
重 chóng
　 zhòng
复 fù

9 劃~

乘 chéng
　 shèng
師(师) shī
弒 shì
甥 shēng
喬(乔) qiáo
舞 wǔ
毓 yù
睾 gāo
孵 fū
疑 yí
靠 kào
歸(归) guī

5【乙(→ 乛 乚) 部】

乙 yǐ

1~3 劃

刁 diāo
了 le
　 liǎo
习 xí
也 yě
飞 fēi
乞 qǐ
孓 jué
孑 jié
乡 xiāng
以 yǐ
予 yú
　 yǔ
尺 chǐ
弔(吊) diào
丑 chǒu
巴 bā
孔 kǒng
书 shū

4 劃~

司 sī
民 mín
弗 fú
疋 pǐ
电 diàn
发 fā
　 fà
买 mǎi
尽 jǐn
　 jìn
乱 luàn
肃 sù
乳 rǔ
承 chéng
亟 jí
　 qì
癸 guǐ
昼 zhòu
咫 zhǐ
飛(飞) fēi
發(发) fā
肅(肃) sù
亂(乱) luàn
豫 yù

6【亠 部】

1~5 劃

亡 wáng
六 liù
　 lù
亢 kàng
市 shì
玄 xuán
产 chǎn
交 jiāo
亦 yì
充 chōng
亥 hài
亩 mǔ
亨 hēng
弃 qì

6~7 劃

变 biàn
京 jīng
享 xiǎng
卒 zú
夜 yè
氓 máng
　 méng
帝 dì
彦 yàn
亭 tíng
亮 liàng
哀 āi

8 劃

旁 páng
衰 shuāi
畝(亩) mǔ
衷 zhōng
高 gāo
离 lí

9 劃

產(产) chǎn
商 shāng
毫 háo
烹 pēng
孰 shú
袤 mào
率 lǜ
　 shuài

10~11 劃

亵 xiè
就 jiù
棄(弃) qì
裏(里) lǐ
禀 bǐng
雍 yōng

12~14 劃

齊(齐) qí
豪 háo
膏 gāo
裹 guǒ
褒 bāo

15 劃~

齋(斋) zhāi
褻(亵) xiè
赢 yíng
羸 léi

7【冫 部】

1~5 劃

习 xí
冲 chōng
　 chòng
次 cì
决 jué
冰 bīng
冻 dòng
况 kuàng
冷 lěng
冶 yě

6~8 劃

冽 liè
净 jìng
凉 liáng
　 liàng
凌 líng
凍(冻) dòng
凄 qī
准 zhǔn
凋 diāo

9 劃~

凑 còu
減 jiǎn
寒 hán
凛 lǐn
凝 níng

8【冖 部】

冗 rǒng
写 xiě
军 jūn
罕 hǎn
冠 guān
　 guàn
冢 zhǒng
冥 míng
冤 yuān
幂 mì

9【讠(言) 部】

2 劃

计 jì
订 dìng
讣 fù
认 rèn
讥 jī

3 劃

讦 jié
讧 hòng
讨 tǎo
让 ràng
讯 xùn
讪 shàn
议 yì
讫 qì
託(托) tuō
训 xùn
记 jì

4 劃

访 fǎng
讲 jiǎng
讳 huì
讴 ōu
讵 jù

讶 yà
讷 nè
论 lún
lùn
讼 sòng
许 xǔ
讹 é
讽 fěng
设 shè
诀 jué

5 劃

评 píng
证 zhèng
诂 gǔ
诅 zǔ
识 shí
zhì
诎 qū
诊 zhěn
诈 zhà
诉 sù
诋 dǐ
诌 zhōu
译 yì
词 cí
诏 zhào

6 劃

诧 chà
该 gāi
详 xiáng
诨 hùn
诓 kuāng
试 shì
诗 shī
诘 jié
誇(夸) kuā
诙 huī
诚 chéng
诠 quán
诛 zhū
话 huà
诞 dàn
诟 gòu
诡 guǐ
询 xún
诣 yì
诤 zhèng
诩 xǔ

7 劃

说 shuì
shuō
诫 jiè
誌(志) zhì
诬 wū
语 yǔ
yù
诮 qiào
误 wù
诰 gào
诱 yòu
诲 huì
诳 kuáng
诵 sòng
認(认) rèn

8 劃

谊 yì
谅 liàng
谆 zhūn
谈 tán
请 qǐng
诸 zhū
诺 nuò
读 dú
诼 zhuó
诽 fěi
课 kè
谂 shěn
論(论) lún
lùn
诿 wěi
谁 shéi
shuí
谀 yú
调 diào
tiáo
谄 chǎn

9 劃

谛 dì
谙 ān
谚 yàn
諮(咨) zī
谜 mí
谎 huǎng
谋 móu
谌 chén
谍 dié
谏 jiàn
谐 xié
谑 xuè
谒 yè
谓 wèi
谕 yú
谗 chán
諱(讳) huì

10 劃

谤 bàng
谥 shì
谦 qiān
谧 mì
講(讲) jiǎng
谠 dǎng
谟 mó
谣 yáo
谢 xiè
謅(诌) zhōu

11 劃

谨 jǐn
謳(讴) ōu
谩 màn
谬 miù

12 劃

識(识) shí
zhì
谰 lán
谱 pǔ
谮 zèn
證(证) zhèng
谲 jué
譏(讥) jī

13~14 劃

議(议) yì
護(护) hù
谴 qiǎn
譯(译) yì
谵 zhān

15 劃~

讀(读) dú
讓(让) ràng
谶 chèn
讒(谗) chán
讜(谠) dǎng

10【二 部】

二 èr
干 gān
gàn
于 yú
亏 kuī
五 wǔ
开 kāi
井 jǐng
元 yuán
无 wú
云 yún
些 xiē
叆 ài
叇 dài

11【十 部】

十 shí

2~6 劃

支 zhī
卉 huì
古 gǔ
考 kǎo
毕 bì
华 huá
协 xié
克 kè
卒 zú
丧 sāng
sàng
卓 zhuó
直 zhí
卑 bēi
阜 fù
卖 mài
協(协) xié

7~10 劃

南 nán
真 zhēn
喪(丧) sāng
sàng
啬 sè
乾 qián
乾(干) gān
博 bó

11 劃

準(准) zhǔn
幹(干) gàn
嗇(啬) sè
斡 wò
兢 jīng
嘏 gǔ
翰 hàn
矗 chù

12【厂 部】

厂 chǎng

2~6 劃

厅 tīng
仄 zè
历 lì
厄 è
厉 lì
压 yā
yà
厌 yàn
励 lì
厕 cè

7~10 劃

厘 lí
厚 hòu
厝 cuò
原 yuán
厢 xiāng
厩 jiù
厥 jué
厨 chú
厦 shà
雁 yàn

11 劃~

厮 sī
厲(厉) lì
廠(厂) chǎng

厭(厌) yàn
靥 yè
歷(历) lì
赝 yàn
壓(压) yā
yà
靨(靥) yè

13【匚 部】

2~5 劃
区 qū
匹 pǐ
巨 jù
叵 pǒ
匝 zā
匡 kuāng
匠 jiàng
匣 xiá
医 yī
6 劃
匦 guǐ
匿 nì
匪 fěi
匾 biǎn
匮 kuì
區(区) ōu
qū
匯(汇) huì

14【卜(⺊)部】

卜 bǔ
卡 kǎ
qiǎ
占 zhān
zhàn
外 wài
卢 lú
贞 zhēn
卦 guà
卧 wò
卓 zhuó
桌 zhuō

15【刂 部】

2~4 劃
刈 yì
刊 kān
刑 xíng
列 liè
划 huá
huà
刚 gāng
则 zé
创 chuāng
chuàng
刎 wěn
5 劃
判 pàn
别 bié
biè
利 lì
删 shān
刨 bào
páo
刭 jǐng
6 劃
剂 jì
刻 kè
刺 cì
到 dào
刽 guì
刹 chà
shā
制 zhì
刮 guā
剁 duò
刷 shuā
shuà
7 劃
前 qián
剃 tì
荆 jīng
剌 là
剄(刭) jǐng
削 xiāo
xuē
剐 guǎ
剑 jiàn
8 劃
剜 wān
剖 pōu
剛(刚) gāng
剔 tī
剮(剐) guǎ
剥 bāo
bō
剧 jù
9~11 劃
副 fù
割 gē
創(创) chuāng
chuàng
剩 shèng
剽 piāo
剿 chāo
jiǎo
12 劃~
劄 zhā
zhá
劃(划) huá
huà
劇(剧) jù
劍(剑) jiàn
劊(刽) guì
劑(剂) jì

16【冂 部】

冈 gāng
冉 rǎn
同 tóng
网 wǎng
肉 ròu
罔 wǎng
岡(冈) gāng
周 zhōu

17【八(丷)部】

八 bā
2~5 劃
兮 xī
公 gōng
分 fēn
fèn
兰 lán
半 bàn
只 zhī
zhǐ
兴 xīng
xìng
关 guān
并 bìng
共 gòng
兑 duì
兵 bīng
弟 dì
6~8 劃
卷 juǎn
juàn
並(并) bìng
具 jù
单 dān
典 diǎn
养 yǎng
前 qián
酋 qiú
首 shǒu
真 zhēn
益 yì
兼 jiān
9~15 劃
黄 huáng
兽 shòu
普 pǔ
奠 diàn
曾 céng
zēng
義(义) yǎng
與(与) yú
yǔ
yù
養(养) yǎng
舆 yū
冀 jì
興(兴) xīng
xìng
蠲 juān

18【人(入)部】

人 rén
入 rù
1~3 劃
个 gè
今 jīn
从 cóng
介 jiè
仑 lún
以 yǐ
仓 cāng
令 lìng
丛 cóng
4~5 劃
伞 sǎn
全 quán
会 huì
kuài
合 hé
企 qǐ
众 zhòng
氽 cuān
含 hán
余 yú
巫 wū
夾(夹) gā
jiā
jiá
6~9 劃
舍 shě
shè
命 mìng
臾 yú
俞 yú
俎 zǔ
倉(仓) cāng
10 劃~
禽 qín
舒 shū
傘(伞) sǎn
會(会) huì
kuài

19【亻 部】

1~2 劃
亿 yì
仁 rén
什 shén

	shí
仃	dīng
仆	pú
仇	chóu
仍	réng
化	huā
	huà
仅	jǐn
3 劃	
们	men
仕	shì
仗	zhàng
付	fù
代	dài
仙	xiān
仪	yí
仟	qiān
他	tā
仞	rèn
仔	zǐ
4 劃	
伫	zhù
仿	fǎng
伉	kàng
伙	huǒ
伪	wěi
伕	fū
传	chuán
	zhuàn
伟	wěi
休	xiū
伎	jì
伍	wǔ
伏	fú
伛	yǔ
优	yōu
伐	fá
仲	zhòng
价	jià
	jie
伦	lún
份	fèn
件	jiàn
任	rèn
伥	chāng
伤	shāng
仰	yǎng
似	shī
	sì
伊	yī
5 劃	
佇(伫)	zhù
位	wèi
住	zhù
伴	bàn
佞	nìng
估	gū
体	tǐ
何	hé
佐	zuǒ
佑	yòu
佈(布)	bù
佔(占)	zhàn
攸	yōu
但	dàn
伸	shēn
佃	diàn
伶	líng
佚	yì
作	zuō
	zuò
伯	bó
	bǎi
佣	yōng
	yòng
低	dī
佝	gōu
你	nǐ
伺	cì
	sì
佛	fó
	fú
伽	jiā
6 劃	
佼	jiǎo
侪	chái
依	yī
佯	yáng
併(并)	bìng
侬	nóng
侠	xiá
佳	jiā
侍	shì
佶	jí
佬	lǎo
供	gōng
	gòng
使	shǐ
佰	bǎi
例	lì
侄	zhí
侥	jiǎo
侦	zhēn
侣	lǚ
侃	kǎn
侧	cè
侩	kuài
佻	tiāo
侏	zhū
侨	qiáo
侈	chǐ
佩	pèi
侔	móu
7 劃	
信	xìn
俨	yǎn
俪	lì
便	biàn
	pián
俩	liǎ
	liǎng
俠(侠)	xiá
俏	qiào
修	xiū
俚	lǐ
保	bǎo
促	cù
俘	fú
俭	jiǎn
俗	sú
俐	lì
俄	é
侮	wū
係(系)	xì
俑	yǒng
俊	jùn
俟	sì
侵	qīn
侯	hóu
侷	jú
8 劃	
倌	guān
倍	bèi
俯	fǔ
倣(仿)	fǎng
倦	juàn
俸	fèng
倩	qiàn
债	zhài
倀(伥)	chāng
借	jiè
偌	ruò
值	zhí
倆(俩)	liǎ
	liǎng
倚	yǐ
俺	ǎn
倒	dǎo
	dào
倾	qīng
倘	tǎng
條(条)	tiáo
俱	jù
倡	chàng
個(个)	gè
候	hòu
倫(伦)	lún
倭	wō
倪	ní
俾	bǐ
倜	tì
健	jiàn
倨	jù
倔	jué
	juè
9 劃	
停	tíng
偻	lóu
偾	fèn
做	zuò
偃	yǎn
偕	xié
偿	cháng
偶	ǒu
偎	wēi
偷	tōu
傀	kuí
假	jiǎ
	jià
偉(伟)	wěi
10 劃	
傢	jiā
傧	bīn
傍	bàng
傚(效)	xiào
储	chǔ
傣	dǎi
傲	ào
備(备)	bèi
傅	fù
傥	tǎng
傑(杰)	jié
11 劃	
傭(佣)	yōng
僅(仅)	jǐn
傳(传)	chuán
	zhuàn
催	cuī
傷(伤)	shāng
傻	shǎ
像	xiàng
12 劃	
僮	tóng
僧	sēng
僱(雇)	gù
僥(侥)	jiǎo
儆	jǐng
僚	liáo
僭	jiàn
僕(仆)	pú
僞(伪)	wěi
僑(侨)	qiáo
13 劃～	
億(亿)	yì
儀(仪)	yí

僵 jiāng
價(价) jià
jie
儂(侬) nóng
儍(傻) shǎ
儉(俭) jiǎn
儈(侩) kuài
僻 pì
儐(傧) bīn
儕(侪) chái
儒 rú
儔(俦) chóu
優(优) yōu
償(偿) cháng
儡 lěi
儘(尽) jǐn
儷(俪) lì
儼(俨) yǎn

20【勹 部】

1~4 劃
勺 sháo
匀 yún
勾 gōu
gòu
句 jù
勿 wù
匆 cōng
包 bāo
旬 xún
匈 xiōng
5 劃~
匍 pú
芻(刍) chú
匐 fú
够 gòu
夠(够) gòu

21【儿 部】

儿 èr
兀 wù
元 yuán
允 yǔn
兄 xiōng
充 chōng
光 guāng
尧 yáo
兇(凶) xiōng
兑 duì
先 xiān
克 kè
兒(儿) ér
党 dǎng
兜 dōu
兢 jīng

22【几(⺇)部】

几 jī
jǐ
凡 fán
凤 fèng
夙 sù
凫 fú
壳 ké
qiào
秃 tū
凯 kǎi
凭 píng
凰 huáng
凱(凯) kǎi
凴(凭) píng
鳳(凤) fèng
凳 dèng

23【厶 部】

允 yǔn
去 qù
弁 biàn
台 tái
牟 móu
县 xiàn
矣 yǐ
叁 sān
参 cān
cēn
shēn
畚 běn
能 néng

24【又(ヌ)部】

又 yòu
1~6 劃
叉 chā
chá
chǎ
支 zhī
友 yǒu
反 fǎn
双 shuāng
劝 quàn
圣 shèng
对 duì
发 fā
fà
戏 xì
观 guān
guàn
欢 huān
变 biàn
取 qǔ
叔 shū
受 shòu
艰 jiān
7 劃~
爰 yuán
叙 xù
叟 sǒu
难 nán
nàn
叠 dié
雙(双) shuāng
矍 jué

25【廴 部】

廷 tíng
延 yán
建 jiàn

26【卩(㔾)部】

卫 wèi
叩 kòu
卮 zhī
印 yìn
卯 mǎo
危 wēi
却 què
即 jí
卷 juǎn
juàn
卺 jǐn
卻(却) què
卸 xiè
卿 qīng

27【阝(左)部】

2~4 劃
队 duì
阡 qiān
防 fáng
阱 jǐng
阵 zhèn
阳 yáng
阶 jiē
阴 yīn
5 劃
陀 tuó
陆 liù
lù
际 jì
阿 ā
ē
陈 chén
阻 zǔ
附 fù
陂 pí
6~7 劃
陋 lòu
陌 mò
降 jiàng
xiáng
限 xiàn
院 yuàn
陡 dǒu
陛 bì
陨 yǔn
险 xiǎn
除 chú
8~9 劃
陪 péi
陸(陆) liù
lù
陵 líng
陲 chuí
陶 táo
陷 xiàn
隊(队) duì
随 suí
階(阶) jiē
陽(阳) yáng
隅 yú
陰(阴) yīn
隆 lóng
隐 yǐn
10 劃~
隘 ài
隔 gé
隙 xì
障 zhàng
際(际) jì
隧 suì
隨(随) suí
險(险) xiǎn
隱(隐) yǐn
隳 huī

28【阝(右)部】

邦 bāng
邪 xié
yé
那 nà
nèi
邮 yóu
邻 lín
邱 qiū
邸 dǐ
郊 jiāo
郑 zhèng
郎 láng
耶 yē
yé
郁 yù
7 劃~
郡 jùn
部 bù
郭 guō

都 dōu
dū
郵(邮) yóu
鄉(乡) xiāng
鄙 bì
鄰(邻) lín
鄭(郑) zhèng

29【凵部】

凶 xiōng
击 jī
出 chū
凸 tū
凹 āo
画 huà
函 hán
幽 yōu
凿 záo

30【刀(⺈)部】

刀 dāo
1~6 劃
刃 rèn
切 qiē
qiè
分 fēn
fèn
召 zhāo
刍 chú
危 wēi
负 fù
争 zhēng
色 sè
shǎi
初 chū
龟 guī
jūn
奂 huàn
免 miǎn
券 quàn
兔 tù
7 劃～
剪 jiǎn
象 xiàng
赖 lài
劈 pī
pǐ
龜(龟) guī
jūn
釁(衅) xìn

31【力部】

力 lì
2~6 劃
办 bàn
劝 quàn
功 gōng
夯 hāng
加 jiā
务 wù
动 dòng
劣 liè
劫 jié
劳 láo
励 lì
助 zhù
男 nán
劬 qú
劲 jìn
jìng
劭 shào
努 nǔ
劾 hé
势 shì
7 劃～
勃 bó
勁(劲) jìn
jìng
勋 xūn
勉 miǎn
勇 yǒng
勘 kān
動(动) dòng
勞(劳) láo
勢(势) shì
勤 qín
勵(励) lì
勳(勋) xūn
勸(劝) quàn

32【氵部】

2~3 劃
汁 zhī
汀 tīng
汇 huì
汉 hàn
汗 hàn
污 wū
江 jiāng
汛 xùn
汐 xī
汲 jí
池 chí
汝 rǔ
汤 tāng
4 劃
沆 hàng
沁 qìn
沉 chén
汪 wāng
沐 mù
沛 pèi
汰 tài
沤 ōu
òu
沥 lì
沌 dùn
沏 qī
沙 shā
汩 gǔ
泛 fàn
汹 xiōng
汾 fén
沦 lún
沧 cāng
汽 qì
沃 wò
沟 gōu
没 méi
mò
泐 lè
5 劃
沱 tuó
泣 qì
注 zhù
泫 xuàn
泌 mì
泻 xiè
泳 yǒng
沫 mò
浅 qiǎn
法 fǎ
泔 gān
泄 xiè
沽 gū
河 hé
沾 zhān
泪 lèi
沮 jǔ
油 yóu
泅 qiú
泊 bó
pō
沿 yán
yàn
泡 pào
泽 zé
泾 jīng
治 zhì
泥 ní
nì
泯 mín
沸 fèi
泓 hóng
波 bō
沼 zhǎo
泼 pō
6 劃
浏 liú
济 jǐ
jì
洲 zhōu
洋 yáng
浑 hún
浒 hǔ
浓 nóng
浃 jiā
洼 wā
洁 jié
洪 hóng
洒 sǎ
洌 liè
浇 jiāo
泚 cǐ
浊 zhuó
洞 dòng
洇 yīn
洄 huí
测 cè
洽 qià
洗 xǐ
活 huó
涎 xián
洫 xù
派 pài
津 jīn
7 劃
浣 huàn
流 liú
润 rùn
涧 jiàn
涕 tì
浪 làng
涛 tāo
涝 lào
浦 pǔ
酒 jiǔ
浙 zhè
浹(浃) jiā
涟 lián
涇(泾) jīng
消 xiāo
涉 shè
涅 niè
浬 lǐ
涓 juān
涡 wō
涔 cén
浮 fú
涂 tú
浴 yù
浩 hào
海 hǎi
涤 dí

涣 huàn
涌 yǒng
浚 jùn
浸 jìn
涨 zhǎng
zhàng
涩 sè

8 劃

淙 cóng
淀 diàn
淳 chún
淬 cuì
液 yè
淤 yū
淡 dàn
淚(泪) lèi
深 shēn
清 qīng
渍 zè
添 tiān
渚 zhǔ
鸿 hóng
淇 qí
淋 lín
lìn
淅 xī
渎 dú
淹 yān
涯 yá
渐 jiàn
渠 qú
淺(浅) qiǎn
淌 tǎng
淑 shū
淖 nào
混 hún
hùn
涸 hé
渦(涡) wō
淫 yín
淪(沦) lún
淆 xiáo
渊 yuān
淮 huái
渔 yú
淘 táo
渗 shèn
涮 shuàn
涵 hán

9 劃

渲 xuàn
湾 wān
渡 dù
游 yóu
滋 zī
湛 zhàn
港 gǎng
滞 zhì
湖 hú
湘 xiāng
渣 zhā
湮 yān
渺 miǎo
湯(汤) tāng
湿 shī
温 wēn
渴 kě
渭 wèi
溃 kuì
湍 tuān
溅 jiān
滑 huá
渝 yú
湃 pài
淵(渊) yuān
溲 sōu
湧(涌) yǒng
溉 gài
渥 wò

10 劃

滗 bì
滓 zǐ
溶 róng
滨 bīn
滂 pāng
滚 gǔn
溏 táng
溢 yì
溯 sù
溝(沟) gōu
满 mǎn
漠 mò
滅(灭) miè
滇 diān
源 yuán
滤 lǜ
滥 làn
溷 hùn
滔 tāo
溪 xī
滄(沧) cāng
濞 bì
滌(涤) dí
溴 xiù
溜 liū
liù
滩 tān
溺 nì

11 劃

演 yǎn
滴 dī
漩 xuán
漢(汉) hàn
滿(满) mǎn
滯(滞) zhì
潇 xiāo
漾 yàng
漆 qī
漕 cáo
漱 shù
漚(沤) ōu
òu
漂 piāo
piǎo
piào
漫 màn
潴 zhū
漪 yī
滲(渗) shèn
漏 lòu
漲(涨) zhǎng
zhàng

12 劃

澈 chè
澜 lán
澇(涝) lào
潔(洁) jié
潜 qián
澆(浇) jiāo
澎 pēng
潮 cháo
潸 shān
潭 tán
潦 lǎo
liáo
潛(潜) qián
潷(滗) bì
澳 ào
澄 chéng
dèng
潑(泼) pō
潺 chán

13 劃

濛 méng
濑 lài
濒 bīn
濃(浓) nóng
澡 zǎo
澤(泽) zé
濁(浊) zhuó
激 jī
澹 dàn
澱(淀) diàn

14~16 劃

濱(滨) bīn
濟(济) jǐ
jì
濡 rú
濤(涛) tāo
濫(滥) làn
濕(湿) shī
瀏(浏) liú
濯 zhuó
濶(阔) kuò
澀(涩) sè
瀉(泻) xiè
瀆(渎) dú
濾(滤) lǜ
瀑 pù
濺(溅) jiàn
瀛 yíng
瀚 hàn
瀟(潇) xiāo
瀝(沥) lì

17 劃~

灌 guàn
灘(滩) tān
灑(洒) sǎ
灣(湾) wān

33【忄(小)部】

1~3 劃

忆 yì
忙 máng
忖 cǔn
忏 chàn

4 劃

忱 chén
忝 tiǎn
怃 wǔ
怄 òu
怀 huái
忧 yōu
怅 chàng
忡 chōng
怆 chuàng
忤 wǔ
忾 kài
快 kuài
忸 niǔ

5 劃

怦 pēng
怯 qiè
怙 hù
怖 bù
怏 yàng
怜 lián
性 xìng
怕 pà
怪 guài
怡 yí

6 劃

恼 nǎo
恸 tòng
恃 shì

恭 gōng
恒 héng
恢 huī
恍 huǎng
恫 dòng
恻 cè
恰 qià
恬 tián
恤 xù
恪 kè
恨 hèn

7 劃

悯 mǐn
悦 yuè
悌 tì
悖 bèi
悚 sǒng
悟 wù
悄 qiāo
qiǎo
悭 qiān
悍 hàn
悔 huǐ
悛 quān

8 劃

惋 wǎn
惊 jīng
悴 cuì
惦 diàn
惓 juàn
惮 dàn
惬 qiè
情 qíng
悻 xìng
悵(怅) chàng
惜 xī
惭 cán
悼 dào
惘 wǎng
惧 jù
惕 tì
悸 jì
惟 wéi
惆 chóu
惨 cǎn
惯 guàn

9 劃

愜(惬) qiè
愤 fèn
慌 huāng
惰 duò
愠 yùn
惺 xīng
愦 kuì
愕 è
惴 zhuì
愣 lèng
愉 yú
愎 bì
惶 huáng
愧 kuì
慨 kǎi
惱(恼) nǎo

10~12 劃

慑 shè
慕 mù
慎 shèn
慄 lì
愴(怆) chuàng
愾(忾) kài
慵 yōng
慷 kāng
慪(怄) òu
慳(悭) qiān
慢 màn
慟(恸) tòng
慘(惨) cǎn
憧 chōng
憐(怜) lián
憎 zēng
懂 dǒng
憬 jǐng
憚(惮) dàn
憮(怃) wǔ
憔 qiáo
懊 ào

13 劃

憶(忆) yì
憷 chù
懒 lǎn
憾 hàn
懈 xiè
懦 nuò
懵 měng
懷(怀) huái
懺(忏) chàn
懾(慑) shè
懼(惧) jù

34【宀 部】

2~4 劃

宁 níng
nìng
它 tā
宇 yǔ
守 shǒu
宅 zhái
安 ān
字 zì
灾 zāi
完 wán
宋 sòng
宏 hóng
牢 láo

5 劃

实 shí
宝 bǎo
宗 zōng
定 dìng
宠 chǒng
宜 yí
审 shěn
宙 zhòu
官 guān
宛 wǎn

6 劃

宣 xuān
宦 huàn
宥 yòu
室 shì
宫 gōng
宪 xiàn
客 kè

7 劃

宰 zǎi
害 hài
宽 kuān
家 jiā
宵 xiāo
宴 yàn
宾 bīn

8 劃

密 mì
寇 kòu
寅 yín
寄 jì
寂 jì
宿 sù
xiǔ
寃(冤) yuān

9~11 劃

寒 hán
富 fù
寓 yù
寐 mèi
寝 qǐn
塞 sāi
sài
sè
寞 mò
寧(宁) níng
nìng
蜜 mì
寨 zhài
赛 sài
賓(宾) bīn
寡 guǎ
察 chá
寥 liáo
寤 wù
寢(寝) qǐn
實(实) shí

12 劃

寮 liáo
審(审) shěn
寫(写) xiě
憲(宪) xiàn
寰 huán
寵(宠) chǒng
寶(宝) bǎo

35【丬(爿)部】

壮 zhuàng
壯(壮) zhuàng
妆 zhuāng
妝(妆) zhuāng
状 zhuàng
狀(状) zhuàng
戕 qiāng
将 jiāng
jiàng
將(将) jiāng
jiàng

36【广 部】

广 guǎng

2~5 劃

庄 zhuāng
庆 qìng
应 yīng
yìng
庐 lú
床 chuáng
庋 guǐ
库 kù
庇 bì
序 xù
庞 páng
店 diàn
庙 miào
府 fǔ
底 dǐ
庚 gēng
庖 páo
废 fèi

6~9 劃

度 dù
duó
庭 tíng
席 xí
座 zuò
唐 táng
廊 láng
庶 shù
庵 ān

庸 yōng
康 kāng
賡 gēng

10 劃～

廓 guō
廉 lián
廣(广) guǎng
腐 fǔ
廚(厨) chú
廟(庙) miào
廠(厂) chǎng
廢(废) fèi
應(应) yīng
　yìng
膺 yīng
鷹 yīng
龐(庞) páng
廬(庐) lú
廳(厅) tīng

37【门(門) 部】

门 mén
門(门) mén

1～5 劃

闩 shuān
闪 shǎn
闭 bì
问 wèn
闯 chuǎng
闷 mēn
　mèn
闰 rùn
開(开) kāi
闱 wéi
闲 xián
间 jiān
　jiàn
闹 nào
闸 zhá

6 劃～

阂 hé
闺 guī
闻 wén
闽 mǐn
闾 lǘ
阀 fá
阁 gé
阅 yuè
阄 jiū
阐 chǎn
阈 yù
阉 yān
阍 hūn
阎 yán
阔 kuò
闈(闱) wéi
阙 què
阖 hé
關(关) guān
闡(阐) chǎn
鬮(阄) jiū

38【辶(辶) 部】

2～3 劃

边 biān
辽 liáo
迂 yū
达 dá
迈 mài
过 guò
　guo
迅 xùn
迁 qiān
迄 qì
巡 xún

4～5 劃

这 zhè
　zhèi
进 jìn
远 yuǎn
运 yùn
违 wéi
还 hái
　huán
连 lián
迓 yà
迕 wǔ
近 jìn
返 fǎn
迎 yíng
迟 chí
述 shù
迪 dí
迥 jiǒng
迭 dié
迤 yí
　yǐ
迫 pǎi
　pò
迩 ěr
迢 tiáo

6 劃

迹 jī
送 sòng
迸 bèng
迷 mí
逆 nì
逃 táo
选 xuǎn
适 shì
追 zhuī
逅 hòu
退 tuì
逊 xùn

7 劃

這(这) zhè
　zhèi
递 dì
逗 dòu
逋 bū
速 sù
逐 zhú
逝 shì
逍 xiāo
逞 chěng
途 tú
造 zào
透 tòu
逢 féng
逛 guàng
通 tōng
　tòng
逡 qūn

8～10 劃

逻 luó
逶 wēi
進(进) jìn
逸 yì
逮 dǎi
　dài
過(过) guò
遒 qiú
道 dào
遂 suí
　suì
運(运) yùn
遍 biàn
達(达) dá
逼 bī
遇 yù
遏 è
遗 yí
逾 yú
遑 huáng
遁 dùn
違(违) wéi
遨 áo
遠(远) yuǎn
遣 qiǎn
遥 yáo
遞(递) dì
遛 liù
遜(逊) xùn

11 劃～

適(适) shì
遮 zhē
遴 lín
遭 zāo
遵 zūn
邁(迈) mài
遷(迁) qiān
遼(辽) liáo
遲(迟) chí
選(选) xuǎn
遽 jù
還(还) hái
　huán
邀 yāo
邂 xiè
避 bì
邃 suì
邇(迩) ěr
邈 miǎo
邊(边) biān
邋 lā
邏(逻) luó

39【工 部】

工 gōng
左 zuǒ
巧 qiǎo
功 gōng
式 shì
巩 gǒng
贡 gòng
巫 wū
攻 gōng
汞 gǒng
差 chā
　chà
　chāi
　cī
项 xiàng

40【土 部】

土 tǔ

2～3 劃

去 qù
圣 shèng
圩 wéi
在 zài
寺 sì
至 zhì
尘 chén
圾 jī
地 dì
场 cháng
　chǎng

4 劃

坟 fén
坊 fāng
　fáng
坑 kēng
社 shè
坛 tán

坏 huài

址 zhǐ

坚 jiān

坝 bà

坐 zuò

坂 bǎn

坍 tān

均 jūn

坎 kǎn

坞 wù

块 kuài

坠 zhuì

5~6 劃

垃 lā

坨 tuó

幸 xìng

坪 píng

坯 pī

垄 lǒng

坦 tǎn

坤 kūn

坡 pō

坳 ào

型 xíng

垩 è

垣 yuán

垮 kuǎ

城 chéng

垫 diàn

垢 gòu

垛 duǒ

duò

垒 lěi

垠 yín

垦 kěn

7~9 劃

埂 gěng

埋 mái

mán

埃 āi

培 péi

堵 dǔ

堊(垩) è

域 yù

基 jī

堅(坚) jiān

堑 qiàn

堂 táng

堆 duī

埠 bù

埽 sào

堕 duò

報(报) bào

堪 kān

塔 tǎ

堰 yàn

堤 dī

場(场) cháng

chǎng

堡 bǎo

bù

塊(块) kuài

10~12 劃

塗(涂) tú

塞 sāi

sài

sè

塘 táng

塑 sù

墓 mù

填 tián

塌 tā

塢(坞) wù

塍 chéng

境 jìng

墒 shāng

塾 shú

塵(尘) chén

墙 qiáng

墟 xū

墅 shù

墜(坠) zhuì

墮(堕) duò

墩 dūn

增 zēng

墳(坟) fén

墨 mò

13 劃~

壇(坛) tán

墻(墙) qiāng

墾(垦) kěn

壅 yōng

壁 bì

壕 háo

壑 hè

壘(垒) lěi

壟(垄) lǒng

壞(坏) huài

壜(坛) tán

疆 jiāng

壤 rǎng

壩(坝) bà

41【士 部】

士 shì

壮 zhuàng

吉 jí

志 zhì

壳 ké

qiào

声 shēng

壯(壮) zhuàng

壶 hú

壹 yī

壺(壶) hú

喜 xǐ

臺(台) tái

嘉 jiā

壽(寿) shòu

賣(卖) mài

隸(隶) lì

42【艹 部】

1~4 劃

艺 yì

艾 ài

节 jiē

jié

芒 máng

芝 zhī

芋 yù

苎 zhù

芳 fāng

芍 sháo

芯 xīn

xìn

芦 lú

芙 fú

芜 wú

芸 yún

苇 wěi

芽 yá

芥 jiè

芬 fēn

苍 cāng

花 huā

芹 qín

芡 qiàn

芟 shān

芭 bā

苏 sū

5 劃

范 fàn

苧(苎) zhù

茔 yíng

苹 píng

茉 mò

苦 kǔ

苯 běn

苛 kē

若 ruò

茂 mào

茏 lóng

苫 shān

shàn

苜 mù

苗 miáo

苒 rǎn

英 yīng

茁 zhuó

苓 líng

苑 yuàn

苟 gǒu

苞 bāo

茎 jīng

苔 tāi

tái

茅 máo

茄 jiā

qié

6 劃

茫 máng

荡 dàng

茨 cí

荒 huāng

荧 yíng

荣 róng

荤 hūn

荦 luò

荚 jiá

荆 jīng

茸 róng

茬 chá

荐 jiàn

草 cǎo

茧 jiǎn

茵 yīn

茴 huí

荟 huì

茶 chá

荞 qiáo

荏 rěn

茗 míng

荫 yìn

茹 rú

荔 lì

药 yào

7 劃

莞 wǎn

莘 shēn

莹 yíng

莺 yīng

莱 lái

華(华) huá

莽 mǎng

莢(荚) jiá

莲 lián

莖(茎) jīng

莫 mò

莠 yǒu

莓 méi

莅 lì

荷 hé

hè

获 huò

8 劃
萍 píng
菠 bō
菅 jiān
菩 pú
萃 cuì
萤 yíng
营 yíng
萦 yíng
菁 jīng
菱 líng
著 zhù
zhuó
黄 huáng
菲 fēi
fěi
菽 shū
菓(果) guǒ
萌 méng
萝 luó
菌 jūn
jùn
萵(莴) wō
菜 cài
萎 wěi
萸 yú
菊 jú
萄 táo
萧 xiāo
萨 sà
菇 gū

9 劃
落 là
lào
luò
蒂 dì
葉(叶) yè
葫 hú
葬 zàng
募 mù
葺 qì
萬(万) wàn
葛 gě
董 dǒng
葆 bǎo
葩 pā
葡 pú
葱 cōng
葵 kuí
葦(苇) wěi

10 劃
蒲 pú
蓉 róng
蓑 suō
蒿 hāo
蒺 jí
蓄 xù
蒙 mēng
méng
měng
蒜 suàn
蓋(盖) gài
蓝 lán
墓 mù
幕 mù
驀 mù
夢(梦) mèng
蒼(苍) cāng
蓖 bì
蓬 péng
蓟 jì
蓓 bèi
蔭(荫) yìn
蒸 zhēng

11 劃
蔻 kòu
蔗 zhè
蔽 bì
藹 ǎi
蔷 qiáng
蔫 niān
暮 mù
摹 mó
慕 mù
蔓 màn
wàn
蔑 miè
蔚 wèi

12 劃
蕩(荡) dàng
蕊 ruǐ
蕨 jué
蕃 fān
fán
蕪(芜) wú
蕉 jiāo
蔬 shū
蕴 yùn

13 劃
薄 báo
bó
薪 xīn
薦(荐) jiàn
薮 sǒu
蕾 lěi
薔(蔷) qiáng
姜 jiāng
薤 xiè
蘋(苹) píng
薨 hōng
薯 shǔ
薈(荟) huì
薇 wēi
獲(获) huò
蕭(萧) xiāo
薩(萨) sà
薅 hāo

14～15 劃
藉 jí
jiè
藍(蓝) lán
薹 tái
藏 cáng
zàng
藐 miǎo
薰 xūn
舊(旧) jiù
藓 xiǎn
藩 fān
藕 ǒu
藝(艺) yì
藪(薮) sǒu
繭(茧) jiǎn
藥(药) yào
藤 téng

16 劃～
蘖 niè
藻 zǎo
蘑 mó
蘆(芦) lú
蘇(苏) sū
蘭(兰) lán
蘼 mí
蘸 zhàn
蘿(萝) luó

43【大 部】

大 dà
dài

1～5 劃
太 tài
央 yāng
夯 hāng
夹 gā
jiā
jiá
夸 kuā
夺 duó
尖 jiān
夷 yí
奁 lián
來(来) gā
jiā
jiá
奉 fèng
奈 nài
奔 bēn
bèn
奇 jī
qí
奄 yǎn
奋 fèn

6 劃
奖 jiǎng
奕 yì
美 měi
牵 qiān
契 qì
奎 kuí

7～9 劃
套 tào
奚 xī
奢 shē
爽 shuǎng
奠 diàn
奥 ào

11 劃～
奩(奁) lián
奪(夺) duó
獎(奖) jiǎng
樊 fán
奮(奋) fèn

44【廾(下)部】

卉 huì
弁 biàn
异 yì
弃 qì
弄 nòng
舁 yú
弊 bì
彝 yí

45【尢 部】

尤 yóu
尬 gà
尴 gān

46【寸 部】

寸 cùn

2～6 劃
对 duì
寺 sì
寻 xún
导 dǎo
寿 shòu
将 jiāng
jiàng
封 fèng
耐 nài

7 劃～
尅(克) kè
辱 rǔ
射 shè
專(专) zhuān

尉 wèi
尊 zūn
尋(寻) xún
對(对) duì
導(导) dǎo

47【弋 部】

弋 yì
弍 èr
式 shì
忒 tè
　 tuī
鸢 yuān
贰 èr
弑 shì

48【扌部】

1~3 劃

扎 zā
　 zhā
　 zhá
打 dá
　 dǎ
扑 pū
扒 bā
　 pá
扔 rēng
扩 kuò
扪 mén
扛 káng
扣 kòu
托 tuō
执 zhí
扫 sǎo
　 sào
扬 yáng

4 劃

抖 dǒu
抗 kàng
护 hù
扶 fú
抚 fǔ
技 jì
抠 kōu
扰 rǎo
扼 è
拒 jù
找 zhǎo
批 pī
扯 chě
抄 chāo
抡 lūn
扮 bàn
抢 qiǎng
折 shé
　 zhē
　 zhé
抓 zhuā
扳 bān
投 tóu
抑 yì
抛 pāo
拟 nǐ
抒 shū
抉 jué
扭 niǔ
把 bǎ
　 bà
报 bào

5 劃

拧 níng
　 nǐng
　 nìng
拉 lā
　 lá
拄 zhǔ
拦 lán
拌 bàn
抨 pēng
抹 mā
　 mǒ
　 mò
拓 tà
　 tuò
拔 bá
拢 lǒng
拣 jiǎn
拈 niān
担 dān
　 dàn
押 yā
抽 chōu
拐 guǎi
拙 zhuō
拎 līn
拖 tuō
拍 pāi
拆 chāi
拥 yōng
抵 dǐ
拘 jū
抱 bào
择 zé
　 zhái
拚 pàn
　 pīn
抬 tái
抿 mǐn
拂 fú
披 pī
招 zhāo
拨 bō
拗 ào
　 niù
拇 mǔ

6 劃

挖 wā
按 àn
挤 jǐ
拼 pīn
挥 huī
挟 xié
拭 shì
挂 guà
持 chí
拮 jié
拷 kǎo
拱 gǒng
挞 tà
挎 kuà
挠 náo
挡 dǎng
拽 zhuài
拴 shuān
拾 shí
挑 tiāo
　 tiǎo
挺 tǐng
括 kuò
指 zhǐ
挣 zhēng
　 zhèng
挪 nuó
拯 zhěng

7 劃

捞 lāo
捕 bǔ
捂 wǔ
挾(挟) xié
振 zhèn
捎 shāo
捍 hàn
捏 niē
捉 zhuō
捆 kǔn
捐 juān
损 sǔn
捌 bā
捋 luō
捡 jiǎn
挫 cuò
捣 dǎo
换 huàn
挽 wǎn
捅 tǒng
挨 āi
　 ái

8 劃

控 kòng
接 jiē
掠 lüè
掂 diān
掖 yè
掷 zhì
捲(卷) juǎn
掸 dǎn
捩 liè
掮 qián
探 tàn
捧 pěng
掛(挂) guà
措 cuò
描 miáo
捺 nà
掩 yǎn
捷 jié
排 pái
掉 diào
掳 lǔ
授 shòu
採(采) cǎi
捻 niǎn
捨(舍) shě
捶 chuí
推 tuī
掀 xiān
掬 jū
掏 tāo
掐 qiā
掇 duō
掃(扫) sǎo
　 sào
据 jù
掘 jué
掼 guàn

9劃

搅 jiǎo
搁 gē
搓 cuō
搂 lōu
　 lǒu
揍 zòu
搽 chá
搭 dā
揀(拣) jiǎn
揩 kāi
揽 lǎn
提 dī
　 tí
揚(扬) yáng
揖 yī
揭 jiē
揣 chuāi
　 chuǎi
　 chuài

援 yuán
揿 qìn
揪 jiū
插 chā
揑(捏) niē
搜 sōu
搀 chān
搔 sāo
揆 kuí
揉 róu
摒 bìng
握 wò

10 劃

摈 bìn
搞 gǎo
搪 táng
搐 chù
搧(扇) shān
摄 shè
摸 mō
mó
搏 bó
摁 èn
摆 bǎi
摇 yáo
搶(抢) qiǎng
携 xié
搗(捣) dǎo
搬 bān
摊 tān
搦 nuò

11 劃

摘 zhāi
摔 shuāi
撇 piē
piě
摳(抠) kōu
摟(搂) lōu
lǒu
撂 liào
摧 cuī

12 劃

撺 cuān
撞 zhuàng
撤 chè
撙 zǔn
撈(捞) lāo
撵 niǎn
撻(挞) tà
撓(挠) náo
撕 sī
撒 sā
sǎ
撩 liāo
liáo
撅 juē
撑 chēng
撲(扑) pū
撮 cuō
zuǒ
撣(掸) dǎn
擒 qín
播 bō
撬 qiào
撫(抚) fǔ
撥(拨) bō
撰 zhuàn

13 劃

擅 shàn
擁(拥) yōng
擂 léi
lèi
擀 gǎn
撼 hàn
擋(挡) dǎng
據(据) jù
擄(掳) lǔ
操 cāo
擇(择) zé
撿(捡) jiǎn
擔(担) dān
dàn

14 劃

擰(拧) níng
nǐng
nìng
擯(摈) bìn
擦 cā
擠(挤) jǐ
擴(扩) kuò
擲(掷) zhì
擡(抬) tái
擤 xǐng
擬(拟) nǐ
擢 zhuó

15~17 劃

擾(扰) rǎo
擺(摆) bǎi
攏(拢) lǒng
攘 rǎng
攒 cuán
zǎn
攙(搀) chān
攔(拦) lán

18 劃~

攝(摄) shè
攤(摊) tān
攫 jué
攥 zuàn
攪(搅) jiǎo
攬(揽) lǎn

49【小(⺌)部】

小 xiǎo

1~4 劃

少 shǎo
shào
尔 ěr
尘 chén
尖 jiān
光 guāng
劣 liè
当 dāng
dàng
肖 xiào

5~8 劃

尚 shàng
尝 cháng
省 shěng
xǐng
党 dǎng
堂 táng
常 cháng
雀 qiāo
qiǎo
què

9~10 劃

棠 táng
掌 zhǎng
辉 huī
當(当) dāng
dàng
裳 shang
嘗(尝) cháng
黨(党) dǎng
耀 yào

50【口 部】

口 kǒu

2 劃

叶 yè
古 gǔ
右 yòu
叮 dīng
可 kě
号 háo
hào
占 zhān
zhàn
只 zhī
zhǐ
叭 bā
史 shǐ
兄 xiōng
句 jù
叱 chì
叽 jī
叹 tàn
台 tái
司 sī
叼 diāo
叫 jiào
叩 kòu
叨 dāo
tāo
召 zhào
另 lìng

3 劃

问 wèn
吁 xū
yù
吓 hè
xià
吐 tǔ
tù
吉 jí
吋 cùn
吕 lǚ
吊 diào
合 hé
吃 chī
向 xiàng
后 hòu
名 míng
各 gè
吸 xī
吆 yāo
吗 má
mǎ
ma

4 劃

吝 lìn
吭 háng
kēng
启 qǐ
呈 chéng
吞 tūn
呓 yì
呆 dāi
吱 zhī
zī
吾 wú
吠 fèi
呕 ōu
否 fǒu
pǐ
呃 è
吨 dūn
呀 yā
ya
吵 chāo
chǎo
呗 bài
bei
员 yuán

呐 nà
吟 yín
吩 fēn
呛 qiāng
qiàng
告 gào
听 tīng
吹 chuī
吻 wěn
呜 wū
吮 shǔn
君 jūn
吧 bā
ba
邑 yì
吼 hǒu

5 劃

命 mìng
舍 shě
shè
咛 níng
咏 yǒng
味 wèi
哎 āi
咕 gū
呵 hē
咂 zā
呸 pēi
咀 jǔ
呻 shēn
呷 xiā
咒 zhòu
咄 duō
呼 hū
知 zhī
咋 zǎ
zhā
zhà
和 hé
hè
huó
huò
咐 fù
呱 gū
guā
咎 jiù
鸣 míng
咆 páo
呢 ne
ní
咖 gā
kā
亟 jí
qì

6 劃

咤 zhà
咬 yǎo
咨 zī
咳 hāi
ké
咪 mī
哐 kuāng
哇 wā
wa
哉 zāi
哑 yā
yǎ
哄 hōng
hǒng
hòng
哂 shěn
咸 xián
咧 liē
liě
lie
咦 yí
哔 bì
呲 cī
虽 suī
品 pǐn
咽 yān
yàn
yè
哈 hā
hǎ
hà
咷 táo
哗 huā
huá
咱 zá
zán
zan
咿 yī
响 xiǎng
咯 gē
kǎ
lo
哞 mōu
哪 nǎ
na
né
něi

7 劃

唁 yàn
哼 hēng
hng
唐 táng
哥 gē
哮 xiào
唠 láo
哺 bǔ
哽 gěng
唇 chún
哲 zhé
哨 shào
哩 lǐ
li
哭 kū
唏 xī
哦 é
ó
ò
唤 huàn
唆 suō
唧 jī
唉 āi
啊 ā
á
ǎ
à
a

8 劃

商 shāng
啐 cuì
唷 yō
啖 dàn
唳 lì
啓(启) qǐ
啞(哑) yā
yǎ
营 yíng
啄 zhuó
啦 lā
la
啪 pā
啡 fēi
啃 kěn
啮 niè
唬 hǔ
唱 chàng
啥 shá
唾 tuò
唯 wéi
售 shòu
啤 pí
啕 táo
啜 chuò
啸 xiào

9 劃

喧 xuān
啼 tí
啻 chì
善 shàn
嗟 jué
喽 lóu
lou
喫(吃) chī
喷 pēn
pèn
喜 xǐ
喋 dié
嗒 dā
tà
喃 nán
喪(丧) sāng
sàng
喳 chā
zhā
喇 lā
la
喊 hǎn
喝 hē
hè
喂 wèi
單(单) dān
喘 chuǎn
喻 yù
喉 hóu
喔 ō
wō
喙 huì

10 劃

嗨 hāi
嗷 áo
嘟 dū
嗜 shì
嗑 kè
嘩(哗) huā
huá
嗔 chēn
辔 pèi
號(号) háo
hào
嗶(哔) bì
嗣 sì
嗯 ń
ǹ
ńg
ǹg
嗤 chī
嗳 ǎi
ài
嗆(呛) qiāng
嗡 wēng
嗅 xiù
嗥 háo
嗚(呜) wū
嗓 sǎng

11 劃

嘀 dī
嘛 ma
嗾 sǒu
嘉 jiā
嘆(叹) tàn
嘈 cáo

嗽 sòu
嘔(呕) ōu
嘎 gā
gá
gǎ
嘘 shī
xū
嘍(喽) lóu
lou

12~13 劃

嘮(唠) láo
噎 yē
嘶 sī
嘻 xī
嘲 cháo
嘿 hēi
噢 ō
嘱 zhǔ
嘰(叽) jī
噫 yī
營(营) yíng
嚆 hāo
噩 è
噤 jìn
噸(吨) dūn
嘴 zuǐ
噱 jué
xué
器 qì
噯(嗳) ǎi
ài
噬 shì
嘯(啸) xiào

14~16 劃

嚀(咛) níng
嚓 cā
chā
嚎 háo
嚏 tì
嚇(吓) hè
xià
嚮(向) xiàng
嚣 xiāo
嚥(咽) yàn
嚴(严) yán

17 劃~

嚷 rāng
rǎng
嚼 jiáo
jué
囈(呓) yì
囑(嘱) zhǔ

51【囗 部】

○ líng

2~4 劃

囚 qiú
四 sì
团 tuán
因 yīn
回 huí
囱 cōng
园 yuán
围 wéi
困 kùn
囤 dùn
tún
囵 lún
囫 hú

5~7 劃

国 guó
固 gù
囹 líng
图 tú
囿 yòu
圃 pǔ
圄 yǔ
圆 yuán

8~11 劃

圈 juān
juàn
quān
啬 sè
國(国) guó
圇(囵) lún
圍(围) wéi
園(园) yuán
嗇(啬) sè
團(团) tuán
圖(图) tú

52【巾 部】

巾 jīn

1~4 劃

币 bì
市 shì
布 bù
帅 shuài
师 shī
吊 diào
帆 fān
希 xī
帐 zhàng

5~7 劃

帘 lián
帖 tiē
tiě
tiè
帜 zhì
帕 pà
帛 bó
帚 zhǒu
帑 tǎng
帝 dì
帮 bāng
带 dài
帧 zhēn
帥(帅) shuài
師(师) shī

8~10 劃

帳(帐) zhàng
帶(带) dài
常 cháng
帷 wéi
幅 fú
帽 mào
幄 wò
幕 mù
幌 huǎng

11 劃~

幣(币) bì
幔 màn
幢 chuáng
zhuàng
幟(帜) zhì
幡 fān
幫(帮) bāng
歸(归) guī

53【山 部】

山 shān

3~4 劃

屿 yǔ
屹 yì
岁 suì
岌 jí
屺 qǐ
岂 qǐ
岐 qí
岗 gāng
gǎng
岑 cén
岔 chà
岙 ào
岛 dǎo
岚 lán

5~6 劃

岸 àn
岩 yàn
岿 kuī
岡(冈) gāng
岬 jiǎ
岭 lǐng
岳 yuè
岱 dài
峦 luán
峡 xiá
峙 shì
zhì
炭 tàn
峥 zhēng

7~9 劃

豈(岂) qǐ
峽(峡) xiá
峭 qiào
峪 yù
峨 é
島(岛) dǎo
峰 fēng
峻 jùn
崇 chóng
崎 qí
崖 yá
崭 zhǎn
崗(岗) gāng
gǎng
崔 cuī
崩 bēng
崛 jué
嵯 cuó
嵌 qiàn
崽 zǎi
歲(岁) suì
崴 wǎi
wei
嵎 yú
嵬 wéi

10 劃

嵩 sōng
嶂 zhàng
嶙 lín
嶼(屿) yǔ
嶺(岭) lǐng
嶽(嶽) yuè
巅 diān
巍 wēi
巋(岿) kuī
巒(峦) luán
巖(岩) yán

54【彳 部】

彳 chì

3~5 劃

行 háng
xíng
彷 fǎng
彻 chè
役 yì
往 wǎng
征 zhēng
径 jìng
佛 fú
彼 bǐ

6~7 劃

衍 yǎn

徉	yáng
待	dāi
	dài
徊	huái
徇	xùn
律	lǜ
很	hěn
後(后)	hòu
徒	tú
徑(径)	jìng
徐	xú

8～9 劃

術(术)	shù
徜	cháng
徘	pái
徙	xǐ
得	dé
	de
	děi
從(从)	cóng
銜	xián
街	jiē
御	yù
復(复)	fù
徨	huáng
循	xún

10 劃～

徬(彷)	páng
衙	yá
微	wēi
徭	yáo
徹(彻)	chè
德	dé
徵(征)	zhēng
徵	zhǐ
衛(卫)	wèi
衡	héng
徽	huī
衢	qú

55【彡 部】

形	xíng
杉	shā
	shān
彤	tóng
衫	shān
参	cān
	cēn
	shēn
彦	yàn
须	xū
彬	bīn
彪	biāo
彩	cǎi
參(参)	cān
	cēn
	shēn
彰	zhāng
影	yǐng
鬱(郁)	yù

56【夕 部】

夕	xī
舛	chuǎn
名	míng
岁	suì
多	duō
罗	luō
	luó
梦	mèng
夠(够)	gòu
夢(梦)	mèng
夤	yín
夥	huǒ

57【夊 部】

冬	dōng
处	chǔ
	chù
务	wù
各	gè
条	tiáo
备	bèi
复	fù
夏	xià
惫	bèi
愛(爱)	ài
憂(忧)	yōu

58【犭 部】

2～5 劃

犯	fàn
犷	guǎng
狄	dí
狂	kuáng
犹	yóu
狎	xiá
狈	bèi
狞	níng
狙	jū
狐	hú
狗	gǒu

6～7 劃

狩	shòu
狡	jiǎo
狱	yù
狭	xiá
狮	shī
独	dú
狰	zhēng
狠	hěn
狼	láng
狸	lí
狷	juàn

8～9 劃

猝	cù
猜	cāi
猪	zhū
猎	liè
猫	māo
猖	chāng
猛	měng
猶(犹)	yóu
猢	hú
猩	xīng
猥	wěi
猬	wèi
猾	huá
猴	hóu

10 劃～

猿	yuán
獐	zhāng
獭	tǎ
獾	huān
獅(狮)	shī
獄(狱)	yù
獨(独)	dú
獰(狞)	níng
獷(犷)	guǎng
獵(猎)	liè

59【饣(食) 部】

2～5 劃

饥	jī
饨	tún
饪	rèn
饬	chì
饭	fàn
饮	yǐn
	yìn
饯	jiàn
饰	shì
饱	bǎo
饴	yí
饲	sì

6～7 劃

饺	jiǎo
饼	bǐng
饵	ěr
饶	ráo
蚀	shí
饷	xiǎng
馁	něi
馀	yú
饿	è

8～9 劃

馆	guǎn
餞(饯)	jiàn
馄	hún
糊	hú
馈	kuì
馊	sōu
馋	chán

10 劃～

馐	xiū
馍	mó
馏	liú
馑	jǐn
馒	mán
饒(饶)	ráo
馔	zhuàn
饑(饥)	jī
饞(馋)	chán

60【彐(彑彐) 部】

归	guī
刍	chú
寻	xún
当	dāng
	dàng
灵	líng
帚	zhǒu
录	lù
彗	huì
尋(寻)	xún
彘	zhì
彝	yí
歸(归)	guī

61【尸 部】

尸	shī

1～4 劃

尺	chǐ
尹	yǐn
尻	kāo
尼	ní
尽	jǐn
	jìn
层	céng
屁	pì
尾	wěi
局	jú
尿	niào

5～6 劃

屉	tì
居	jū
届	jiè
屈	qū
昼	zhòu
咫	zhǐ
屏	bǐng
	píng
屎	shǐ
屍(尸)	shī
屋	wū

7 劃～
展 zhǎn
屑 xiè
屐 jī
屠 tú
屡 lǚ
犀 xī
属 shǔ
zhǔ
孱 càn
chán
屢(屡) lǚ
層(层) céng
履 lǚ
屬(属) shǔ

62【已(巳)部】

己 jǐ
已 yǐ
巳 sì
巴 bā
包 bāo
异 yì
导 dǎo
岂 qǐ
忌 jì
巷 hàng
xiàng

63【弓 部】

弓 gōng
1～5 劃
引 yǐn
弔(吊) diào
弗 fú
弘 hóng
弛 chí
张 zhāng
弦 xián
弧 hú
弥 mí
弩 nǔ
6 劃～
弯 wān
弭 mǐ
弱 ruò
弹 dàn
tán
張(张) zhāng
粥 zhōu
弼 bì
強 qiáng
qiǎng
發(发) fā
fà
彈(弹) dàn
tán
彌(弥) mí
疆 jiāng
彎(弯) wān

64【屮 部】

芻(刍) chú

65【女 部】

女 nǚ
2～3 劃
奶 nǎi
奴 nú
妆 zhuāng
妄 wàng
奸 jiān
如 rú
妇 fù
妃 fēi
她 tā
好 hǎo
hào
妈 mā
4 劃
妨 fáng
妒 dù
妍 yán
妓 jì
妪 yù
妣 bǐ
妙 miào
妥 tuǒ
妊 rèn
妖 yāo
姊 zǐ
妞 niū
妝(妆) zhuāng
5 劃
妾 qiè
妹 mèi
姑 gū
妻 qī
姐 jiě
妯 zhóu
姓 xìng
委 wěi
姗 shān
始 shǐ
姆 mǔ
6 劃
姹 chà
姣 jiāo
姿 zī
姜 jiāng
姘 pīn
娄 lóu
娃 wá
姥 lǎo
娅 yà
要 yāo
yào
威 wēi
耍 shuǎ
姨 yí
娆 ráo
姻 yīn
姝 shū
娇 jiāo
姸(妍) yán
姙(妊) rèn
姦(奸) jiān
7 劃
娑 suō
娴 xián
娘 niáng
娠 shēn
娌 lǐ
娱 yú
娟 juān
娥 é
娩 miǎn
娓 wěi
婀 ē
8 劃
婆 pó
婶 shěn
婉 wǎn
婵 chán
婊 biǎo
婭(娅) yà
娶 qǔ
婪 lán
娼 chāng
婁(娄) lóu
婴 yīng
婢 bì
婚 hūn
婦(妇) fù
9～10 劃
媒 méi
媪 ǎo
嫂 sǎo
婿 xù
媚 mèi
嫁 jiā
嫔 pīn
嫉 jí
嫌 xián
媾 gòu
媳 xí
媲 pì
11 劃～
嫡 dí
嫩 nèn
嫗(妪) yù
嫖 piáo
嫦 cháng
嬈(娆) ráo
嬋(婵) chán
嬉 xī
嫵(妩) wū
嬖 bì
嬪(嫔) pín
嬸(婶) shěn
孀 shuāng

66【幺 部】

幺 yāo
乡 xiāng
幻 huàn
幼 yòu
兹 cí
zī
幽 yōu
幾(几) jī
jǐ

67【子(孑)部】

子 zǐ
zi
孓 jué
孑 jié
1～4 劃
孔 kǒng
孕 yùn
存 cún
孙 sūn
孝 xiào
孚 fú
孜 zī
5～9 劃
学 xué
享 xiǎng
孟 mèng
孤 gū
孢 bāo
孥 nú
孪 luán
孩 hái
孫(孙) sūn
孰 shú
孳 zī
孵 fū
學(学) xué
孺 rú
孿(孪) luán

68【纟(糸)部】

1～3 劃

纠	jiū
纡	yū
红	hóng
纣	zhòu
纤	qiàn
	xiān
约	yāo
	yuē
纨	wán
级	jí
纪	jì
4 劃	
纹	wén
纺	fǎng
纬	wěi
纯	chún
纰	pī
纱	shā
纲	gāng
纳	nà
纵	zòng
纶	lún
纷	fēn
纴	rèn
纸	zhǐ
纾	shū
纽	niǔ
5 劃	
绊	bàn
线	xiàn
练	liàn
组	zǔ
绅	shēn
细	xì
织	zhī
绌	chù
终	zhōng
绉	zhòu
绎	yì
经	jīng
绐	dài
绍	shào
6 劃	
绞	jiǎo
统	tǒng

绑	bǎng
绒	róng
结	jiē
	jié
绕	rào
绘	huì
给	gěi
	jǐ
紝(纴)	rèn
绗	háng
绛	jiàng
络	luò
绚	xuàn
绝	jué
絲(丝)	sī
7 劃	
继	jì
绠	gěng
經(经)	jīng
	jìng
绢	juàn
绥	suí
绣	xiù
绦	tāo
8 劃	
综	zōng
绽	zhàn
绩	jì
绪	xù
续	xù
绮	qǐ
綫(线)	xiàn
绱	shàng
绯	fēi
绰	chuò
網(网)	wǎng
綱(纲)	gāng
绳	shéng
绶	shòu
綸(纶)	lùn
维	wéi
绵	mián
绷	bēng
	běng
绸	chóu

缀	zhuì
绿	lù
	lǜ
9 劃	
缔	dì
缕	lǚ
编	biān
練(练)	liàn
缄	jiān
缅	miǎn
缆	lǎn
缉	jī
	qī
缓	huǎn
缎	duàn
線(线)	xiàn
緯(纬)	wěi
缘	yuán
10~11 劃	
缤	bīn
缟	gǎo
缠	chán
缢	yì
缜	zhěn
缚	fù
緻(致)	zhì
缝	féng
	fèng
縐(绉)	zhòu
縴(纤)	qiàn
缩	suō
缥	piāo
縷(缕)	lǚ
缨	yīng
總(总)	zǒng
縱(纵)	zòng
缪	miù
	móu
缫	sāo
12 劃	
織(织)	zhī
缮	shàn
繞(绕)	rào
缭	liáo
繩(绳)	shéng

13 劃～	
缰	jiāng
繹(绎)	yì
繪(绘)	huì
缴	jiǎo
繡(绣)	xiù
繽(缤)	bīn
繼(继)	jì
纏(缠)	chán
續(续)	xù
變(变)	biàn
纖(纤)	xiān
纔(才)	cái
纜(缆)	lǎn

69【马(馬)部】

马	mǎ
馬(马)	mǎ
2~4 劃	
驭	yù
闯	chuǎng
驮	duò
	tuó
驯	xùn
驰	chí
驴	lǘ
驱	qū
驳	bó
5 劃	
驼	tuó
驻	zhù
驶	shǐ
驷	sì
驸	fù
驹	jū
驿	yì
骀	tái
驽	nú
驾	jià
6~8 劃	
骇	hài
骈	pián
骁	xiāo
骂	mà
骄	jiāo
骆	luò
骋	chěng
验	yàn
骑	qí
9 劃～	
骗	piàn
骚	sāo
骛	wù
腾	téng
驅(驱)	qū
骡	luó
驚(惊)	jīng
驕(骄)	jiāo
驛(驿)	yì
驗(验)	yàn
骤	zhòu
驢(驴)	lǘ

70【巛 部】

災(灾)	zāi
巢	cháo

71【灬 部】

4~7 劃	
杰	jié
点	diǎn
羔	gāo
烈	liè
热	rè
烏(乌)	wū
烹	pēng
焉	yān
8~9 劃	
煮	zhǔ
爲(为)	wéi
	wèi
無(无)	wú
焦	jiāo
然	rán
煎	jiān
蒸	zhēng
煦	xù
照	zhào
煞	shā
	shà

10 劃
熬 āo
　 áo
熙 xī
熏 xūn
熊 xióng
熱(热) rè
熹 xī
燕 yān
　 yàn

72【斗 部】

斗 dǒu
　 dòu
戽 hù
料 liào
斜 xié
斟 zhēn
斡 wò

73【文 部】

文 wén
刘 liú
齐 qí
吝 lìn
斋 zhāi
虔 qián
紊 wěn
斑 bān
斌 bīn
斐 fěi
齑 jī

74【方 部】

方 fāng
房 fáng
於(于) yú
放 fàng
施 shī
旁 páng
旄 máo
旅 lǚ
旌 jīng
族 zú
旋 xuán
　 xuàn
旗 qí

75【火 部】

火 huǒ
1~3 劃
灭 miè
灰 huī
灯 dēng
灾 zāi
灶 zào
灿 càn
灸 jiǔ
灼 zhuó
灵 líng
災(灾) zāi
4 劃
炕 kàng
炎 yán
炉 lú
炬 jù
炖 dùn
炒 chǎo
炙 zhì
炊 chuī
5 劃
炫 xuàn
烂 lán
荧 yíng
炳 bǐng
炼 liàn
炽 chì
炭 tàn
炯 jiǒng
炸 zhá
　 zhà
炮 páo
　 pào
烁 shuò
6~7 劃
烫 tàng
烤 kǎo
耿 gěng
烘 hōng
烦 fán
烧 shāo
烛 zhú
烟 yān
烙 láo
烩 huì
烬 jìn
烷 wán
焊 hàn
烽 fēng
焕 huàn
8~10 劃
焙 bèi
焚 fén
焰 yàn
煸 biān
煤 méi
煉(炼) liàn
煨 wēi
煅 duàn
煌 huáng
煺 tuì
熔 róng
熒(荧) yíng
榮(荣) róng
煽 shān
熄 xī
熘 liū
11~12 劃
熨 yùn
燙(烫) tàng
熾(炽) chì
燧 suì
營(营) yíng
燒(烧) shāo
燎 liáo
　 liǎo
燃 rán
燄(焰) yàn
燈(灯) dēng
13 劃
燦(灿) càn
燥 zào
燭(烛) chú
燴(烩) huì
燻(熏) xūn
燼(烬) jìn
爆 bào
爍(烁) shuò
爐(炉) lú
爛(烂) làn
爨 cuàn

76【心 部】

心 xīn
1~3 劃
必 bì
忘 wàng
闷 mēn
　 mèn
忑 tè
志 zhì
忐 tǎn
忌 jì
忍 rěn
4~5 劃
态 tài
忠 zhōng
怂 sǒng
念 niàn
忿 fèn
忽 hū
总 zǒng
毖 bì
思 sī
怎 zěn
怨 yuàn
急 jí
怠 dài
怒 nù
6 劃
恋 liàn
恣 zī
恙 yàng
恚 huì
恐 kǒng
恶 ě
　 è
　 wù
虑 lǜ
恩 ēn
恁 nèn
息 xī
恳 kěn
恕 shù
7~8 劃
悬 xuán
患 huán
悉 xī
悠 yōu
您 nín
恿 yǒng
惡(恶) ě
　 è
　 wù
惹 rě
惠 huì
惑 huò
悲 bēi
崽 zǎi
惩 chéng
惫 bèi
9 劃
意 yì
慈 cí
想 xiǎng
感 gǎn
愚 yú
愛(爱) ài
愈 yù
愁 chóu
愆 qiān
10~11 劃
愿 yuàn
態(态) tài
慶(庆) qìng
憋 biē
慧 huì
憂(忧) yōu
慮(虑) lǜ
慫(怂) sǒng
憨 hān
慰 wèi
12 劃~
憲(宪) xiàn
憑(凭) píng

憩	qì
憊(惫)	bèi
懣	mèn
應(应)	yīng
	yìng
懋	mào
懇(恳)	kěn
懲(惩)	chéng
懸(悬)	xuán
懿	yì
戀(恋)	liàn

77【户 部】

户	hù

1 劃～

启	qǐ
戽	hù
房	fáng
戾	lì
肩	jiān
所	suǒ
扁	biǎn
	piān
扇	shān
	shàn
扈	hù
扉	fēi
雇	gù

78【礻(示) 部】

1～4 劃

礼	lǐ
祁	qí
社	shè
祀	sì
视	shì
祈	qì
祇	qí

5～7 劃

祛	qū
祖	zǔ
神	shén
祝	zhù
祗	zhī
祠	cí
祥	xiáng
祷	dǎo
祸	huò

8 劃～

禅	chán
	shàn
祺	qí
禍(祸)	huò
禄	lù
福	fú
禪(禅)	chán
	shàn
禮(礼)	lǐ
禱(祷)	dǎo

79【王 部】

王	wáng
	wàng

1～4 劃

主	zhǔ
玉	yù
全	quán
弄	lòng
	nòng
玖	jiǔ
玛	mǎ
玩	wán
环	huán
现	xiàn
玫	méi

5～6 劃

珐	fà
珑	lóng
玷	diàn
玲	líng
珍	zhēn
皇	huáng
珊	shān
玻	bō
班	bān
珠	zhū
玺	xǐ

7～8 劃

琉	liú
望	wàng
琅	láng
球	qiú
琐	suǒ
理	lǐ
琼	qióng
斑	bān
琵	pí
琴	qín
琶	pá
琳	líng
琢	zhuó
琥	hǔ

9～10 劃

瑟	sè
聖(圣)	shèng
瑚	hú
瑞	ruì
瑜	yú
瑰	guī
瑕	xiá
瑙	nǎo
璃	lí
瑶	yáo

11 劃～

噩	è
璨	càn
環(环)	huán
瓊(琼)	qióng
璧	bì

80【韦(韋) 部】

韦	wéi
韋(韦)	wéi
韧	rèn
韌(韧)	rèn
韫	yùn
韞(韫)	yùn
韬	tāo
韜(韬)	tāo

81【木 部】

木	mù

1～2 劃

术	shù
	zhú
本	běn
未	wèi
末	mò
札	zhá
朽	xiǔ
朴	pǔ
杀	shā
朱	zhū
机	jī
朵	duǒ
杂	zá
权	quán

3 劃

床	chuáng
杆	gān
	gǎn
杠	gàng
杜	dù
杖	zhàng
村	cūn
材	cái
杏	xìng
束	shù
杉	shā
	shān
条	tiáo
极	jí
杈	chā
	chà
杨	yáng
李	lǐ

4 劃

杰	jié
杭	háng
枕	zhěn
枉	wàng
林	lín
枝	zhī
枢	shū
杯	bēi
柜	guì
杪	miǎo
枣	zǎo
杳	yǎo
果	guǒ
東(东)	dōng
枘	ruì
采	cǎi
枞	cōng
	zōng
松	sōng
枪	qiāng
杵	chǔ
枚	méi
析	xī
板	bǎn
枭	xiāo
枫	fēng
构	gòu
杼	zhū
牀(床)	chuáng

5 劃

柒	qī
染	rǎn
拧	níng
亲	qīn
	qìng
柱	zhù
柿	shì
栏	lán
栈	zhàn
标	biāo
荣	róng
柑	gān
某	mǒu
枯	kū
柄	bǐng
柩	jiù
栋	dòng
柬	jiǎn
查	chá
	zhā
相	xiāng
	xiàng
枵	xiāo
柚	yòu
柞	zhà
	zuò
柏	bǎi
栅	shān

zhà
柳 liǔ
栎 lì
树 shù
柔 róu
枷 jiā
架 jià

6 劃

案 àn
桨 jiǎng
校 jiào
xiào
桩 zhuāng
核 hé
hú
样 yàng
框 kuàng
梆 bāng
桂 guì
桔 jié
jú
栽 zāi
桠 yā
桓 huán
栖 qī
xī
栗 lì
桎 zhì
档 dàng
柴 chái
桌 zhuō
桐 tóng
桃 táo
株 zhū
桥 qiáo
桁 héng
桦 huà
桀 jié
格 gé
桅 wéi
栩 xǔ
桑 sāng
根 gēn

7 劃

渠 qú
梁 liáng
梓 zǐ
梳 shū
梯 tī
械 xiè
彬 bīn
梵 fàn
梗 gěng
梧 wú
梢 shāo
检 jiǎn
梏 gù
梨 lí
梅 méi
桶 tǒng
梭 suō

8 劃

棕 zōng
棺 guān
棄(弃) qì
棒 bàng
棱 léng
líng
棋 qí
椰 yē
植 zhí
森 sēn
椟 dú
棟(栋) dòng
椅 yǐ
棠 táng
棲(栖) qī
棧(栈) zhàn
椒 jiāo
棹 zhào
zhuō
棵 kē
棍 gùn
棘 jí
椎 zhuī
集 jí
棉 mián
棚 péng
椭 tuǒ
極(极) jí

9 劃

榇 chèn
榈 lǘ
楦 xuàn
楼 lóu
楔 xiē
椿 chūn
楂 chá
楚 chǔ
楷 kǎi
業(业) yè
楊(杨) yáng
楫 jí
榆 yú
槐 huái
槌 chuí
楹 yíng
概 gài
椽 chuán

10 劃

寨 zhài
榨 zhà
榜 bǎng
槁 gǎo
榷 què
榮(荣) róng
榛 zhēn
構(构) gòu
槓(杠) gàng
模 mó
mú
槛 jiàn
kǎn
榻 tà
槍(枪) qiāng
榫 sǔn
榭 xiè
槃 pán
榴 liú

11 劃

樟 zhāng
樣(样) yàng
樯 qiáng
横 héng
hèng
槽 cáo
樞(枢) shū
標(标) biāo
樓(楼) lóu
樱 yīng
樂(乐) lè
yuè
樅(枞) cōng
zōng
槲 hú
橡 xiàng
橄 gǎn
橢(椭) tuǒ
槳(桨) jiǎng

12 劃

樽 zūn
樹(树) shù
橐 tuó
橛 jué
橱 chú
樸(朴) pǔ
橇 qiāo
橋(桥) qiáo
樵 qiáo
橹 lǔ
橙 chén
橘 jú
機(机) jī

13~14 劃

檀 tán
檣(檣) qiáng
檔(档) dàng
檢(检) jiǎn
檄 xí
檐 yán
檸(宁) níng
櫃(柜) guì
檻(槛) jiàn
kǎn

15 劃~

櫝(椟) dú
權(权) quán
欄(栏) lán
鬱(郁) yù

82【犬 部】

状 zhuàng
戾 lì
狀(状) zhuàng
哭 kū
臭 chòu
xiù
猷 yóu
献 xiàn
獃(呆) dāi
獸(兽) shòu
獻(献) xiàn

83【歹 部】

歹 dǎi

2~5 劃

列 liè
死 sǐ
夙 sù
歼 jiān
殁 mò
残 cán
殂 cú
殃 yāng
殆 dài

6 劃

毙 bì
殊 shū
殉 xùn
殓 liàn
殚 dān
殘(残) cán
殛 jí
殡 bìn
斃(毙) bì
殭(僵) jiāng
殮(殓) liàn
殯(殡) bìn
殲(歼) qiān

84【车(車) 部】

车 chē
jū
車(车) chē

jū
1～4 劃
轧 gá
yà
zhá
军 jūn
轨 guǐ
轩 xuān
转 zhuǎn
zhuàn
轭 è
轮 lún
斩 zhǎn
软 ruǎn
轰 hōng
5～7 劃
轱 gū
轴 zhóu
轶 yì
轻 qīng
较 jiào
载 zǎi
zài
轿 jiào
辄 zhé
辅 fǔ
辆 liàng
輕(轻) qīng
輓(挽) wǎn
8～9 劃
辇 niǎn
辈 bèi
輛(辆) liàng
辉 huī
辊 gǔn
輪(轮) lún
辍 chuò
辎 zī
辐 fú
辑 jí
输 shū
10 劃～
辖 xiá
辕 yuán
輿 yú
辗 zhǎn
辘 lù
轉(转) zhuǎn
zhuàn
辙 zhé
轎(轿) jiào
轟(轰) hōng

85【戈 部】

戈 gē
1～3 劃
戋 jiān
戊 wù
划 huá
huà
戎 róng
戍 shù
成 chéng
戏 xì
戒 jiè
我 wǒ
4～8 劃
或 huò
戕 qiāng
戔(戋) jiān
哉 zāi
战 zhàn
咸 xián
威 wēi
栽 zāi
载 zǎi
zài
戛 jiá
戚 qī
裁 cái
幾(几) jī
jǐ
9 劃
戡 kān
戥 děng
截 jié
臧 zāng
戮 lù
畿 jī
戰(战) zhàn
戴 dài
戲(戏) xì
戳 chuō

86【比 部】

比 bǐ
毕 bì
毖 bì
皆 jiē
毙 bì

87【瓦 部】

瓦 wǎ
wà
3～9 劃
瓮 wèng
瓷 cí
瓶 píng
甄 zhēn
甕(瓮) wèng

88【止 部】

止 zhǐ
正 zhēng
zhèng
此 cǐ
步 bù
武 wǔ
歧 qí
肯 kěn
歪 wāi
耻 chǐ
歲(岁) suì
歷(历) lì
歸(归) guī

89【攴 部】

敲 qiāo

90【日 部】

日 rì
1～3 劃
旦 dàn
旧 jiù
早 zǎo
旬 xún
旭 xù
旷 kuàng
旱 hàn
时 shí
4 劃
旺 wàng
昙 tán
昔 xī
杳 yǎo
昆 kūn
昌 chàng
明 míng
昏 hūn
易 yì
昂 áng
5 劃
春 chūn
昧 mèi
是 shì
显 xiǎn
映 yìng
星 xīng
昨 zuó
昵 nì
昭 zhāo
昼 zhòu
6～7 劃
晏 yàn
晕 yūn
yùn
晖 huī
時(时) shí
晋 jìn
晒 shài
晓 xiǎo
晃 huǎng
huàng
晌 shǎng
匙 chí
shi
晤 wù
晨 chén
晦 huì
晚 wǎn
晝(昼) zhòu
8 劃
晾 liàng
普 pǔ
景 jǐng
晴 qíng
暑 shǔ
晰 xī
量 liáng
liàng
暂 zàn
晶 jīng
智 zhì
晷 guǐ
9～10 劃
暄 xuān
暗 àn
暖 nuǎn
暌 kuí
暇 xiá
暮 mù
暧 ài
暴 bào
pù
13 劃～
曇(昙) tán
曉(晓) xiǎo
曚 méng
曙 shǔ
曖(暧) ài
曠(旷) kuàng
韙(韪) wěi
曝 pù
曦 xī
曩 nǎng
曬(晒) shài

91【曰(日) 部】

曰 yuē
2～8 劃
曲 qū
qǔ
旨 zhǐ
曳 yè
者 zhě

沓	dá
	tà
冒	mào
曹	cáo
曷	hé
書(书)	shū
勗(勖)	xù
冕	miǎn
曾	céng
	zēng
替	tì
最	zuì
嘗(尝)	cháng

92【贝(貝)部】

贝	bèi
貝(贝)	bèi
2~4 劃	
贞	zhēn
则	zé
负	fù
贡	gòng
财	cái
员	yuán
贮	zhù
责	zé
贤	xián
贪	tān
贬	biǎn
败	bài
货	huò
质	zhì
贩	fàn
购	gòu
贯	guàn
5 劃	
貯(贮)	zhù
贰	èr
贱	jiàn
贲	bēn
	bì
贴	tiē
贵	guì
買(买)	mǎi
贷	dài
贸	mào
贻	yí
费	fèi
贺	hè
6~7 劃	
赃	zāng
资	zī
赅	gāi
贼	zéi
贾	gǔ
	jiǎ
贿	huì
赁	lìn
赂	lù
賓(宾)	bīn
實(实)	shí
赈	zhèn
赊	shē
8 劃	
赔	péi
赋	fù
賣(卖)	mài
赌	dǔ
赍	jī
赎	shú
賢(贤)	xián
賤(贱)	jiàn
赏	shǎng
赐	cì
質(质)	zhì
9 劃	
赖	lài
赛	sài
赚	zhuàn
赘	zhuì
購(购)	gòu
赠	zèng
赞	zàn
赡	shàn
贓(赃)	zāng
贖(赎)	shú

93【见(見)部】

见	jiàn
	xiàn
2~7 劃	
观	guān
	guàn
视	shì
现	xiàn
规	guī
觅	mì
觉	jiào
	jué
览	lǎn
觊	jì
舰	jiàn
8 劃~	
親(亲)	qīn
	qìng
覦	yú
覬(觊)	jì
覲	jìn
覷	qù
覺(觉)	jiào
	jué
覽(览)	lǎn
觀(观)	guān
	juàn

94【父 部】

父	fù
爷	yé
斧	fǔ
爸	bà
釜	fǔ
爹	diē
爺(爷)	yé

95【牛(牜⺧)部】

牛	niú
2~4 劃	
牝	pìn
牟	móu
牢	láo
牡	mǔ
告	gào
牦	máo
牧	mù
物	wù
5~9 劃	
荦	luò
牯	gǔ
牵	qiān
牲	shēng
牴	dǐ
特	tè
牺	xī
牽(牵)	qiān
犁	lí
犊	dú
犄	jī
犀	xī
犒	kào
犖(荦)	luò
靠	kào
犟	jiàng
犢(犊)	dú
犧(牺)	xī

96【手 部】

手	shǒu
4~8 劃	
承	chéng
拜	bài
挛	luán
拳	quán
挈	qiè
挚	zhì
拿	ná
挲	sa
	sha
	suō
掌	zhǎng
掰	bāi
掣	chè
9 劃~	
摩	mā
	mó
摯(挚)	zhì
擎	qíng
擊(击)	jī
擘(掰)	bāi
攀	pān
攣(挛)	luán

97【毛 部】

毛	máo
3 劃~	
尾	wěi
毡	zhān
耄	mào
毫	háo
毬(球)	qiú
毯	tǎn
毹	shū
麾	huī
氅	chǎng
氈(毡)	zhān

98【气 部】

气	qì
氕	piē
氘	dāo
氖	nǎi
氙	xiān
氛	fèn
氢	qīng
氟	fú
氨	ān
氧	yǎng
氣(气)	qì
氫(氢)	qīng
氮	dàn
氯	lǜ

99【攵 部】

2~5 劃	
收	shōu
攻	gōng
改	gǎi
孜	zī
放	fàng
败	bài
政	zhèng
故	gù
畋	tián
6~8 劃	
效	xiào
致	zhì

敌 dí
敝 bì
啓(启) qǐ
赦 shè
教 jiāo
jiào
敕 chì
救 jiù
敛 liǎn
敏 mǐn
敢 gǎn

8 劃～

敦 dūn
散 sǎn
sàn
敬 jìng
敞 chǎng
数 shǔ
shù
shuò
敵(敌) dí
敷 fū
數(数) shǔ
shù
shuò
整 zhěng
斂(敛) liǎn
變(变) biàn
黴(霉) méi

100【片 部】

片 piān
piàn
版 bǎn
牍 dú
牋(笺) jiān
牒 dié
牌 pái
牘(牍) dú

101【斤 部】

斤 jīn
斥 chì
斩 zhǎn
斧 fǔ
所 suǒ
欣 xīn
斫 zhuó
断 duàn
斯 sī
新 xīn
斲(斫) zhuó
斷(断) duàn

102【爪(⺥)部】

爪 zhǎo
zhuǎ
妥 tuǒ
孚 fú
受 shòu
采 cǎi
觅 mì
爭(争) zhēng
爬 pá
乳 rǔ
爱 ài
舀 yǎo
奚 xī
愛(爱) ài
爲(为) wéi
wèi
亂(乱) luàn
孵 fū
爵 jué

103【月(⺼)部】

月 yuè

1～3 劃

有 yǒu
肌 jī
肋 lē
lèi
肓 huāng
肝 gān
肛 gāng
肚 dǔ
dù
肘 zhǒu
肖 xiāo
xiào
肠 cháng

4 劃

肪 fáng
肮 āng
育 yù
肩 jiān
肤 fū
肢 zhī
肺 fèi
肯 kěn
肾 shèn
肿 zhǒng
肴 yáo
胀 zhàng
朋 péng
股 gǔ
肥 féi
服 fú
fù
胁 xié

5 劃

胖 pàng
脉 mài
mò
胡 hú
胚 pēi
背 bēi
bèi
胪 lú
胆 dǎn
胃 wèi
胄 zhòu
胜 shèng
胞 bāo
胫 jìng
胎 tāi

6 劃

胺 ān
脐 qí
胶 jiāo
脊 jǐ
脑 nǎo
脏 zāng
zàng
朕 zhèn
朔 shuò
朗 lǎng
脓 nóng
胯 kuà
胰 yì
胳 gē
脍 kuài
脈(脉) mài
mò
脆 cuì
胸 xiōng
脂 zhī
能 néng
脅(胁) xié

7 劃

望 wàng
脱 tuō
脖 bó
脚 jiǎo
脯 fǔ
pú
脣(唇) chún
豚 tún
脛(胫) jìng
脸 liǎn

8 劃

腔 qiāng
腕 wàn
腋 yè
腑 fǔ
勝(胜) shèng
脹(胀) zhàng
期 qī
腊 là
朝 cháo
zhāo
腎(肾) shèn
腌 ā
yān
腓 féi
腴 yú
脾 pí
腱 jiàn

9 劃

腾 téng
腻 nì
腰 yāo
腸(肠) cháng
腥 xīng
腮 sāi
腫(肿) zhǒng
腭 è
腹 fù
腺 xiàn
腿 tuǐ
腦(脑) nǎo

10 劃

膀 bǎng
pāng
páng
膏 gāo
膂 lǚ
膜 mó
膊 bó
膈 gé
膝 xī
膘 biāo
膚(肤) fū
膠(胶) jiāo
膳 shàn
膨 péng

13 劃～

臆 yì
膻 shān
膺 yīng
臌 gǔ
臃 yōng
謄(誊) téng
朦 méng
膿(脓) nóng
臊 sāo
sào
膾(脍) kuài
臉(脸) liǎn
膽(胆) dǎn
臀 tún
臂 bì
臍(脐) qí
臘(腊) là
朧(胧) lóng

臚(胪) lú
臟(脏) zàng

104【欠 部】

欠 qiàn
次 cì
欢 huān
欤 yú
欧 ōu
软 ruǎn
欣 xīn
欬 kài
欷 xī
欲 yù
款 kuǎn
欺 qī
歇 xiē
歉 qiàn
歌 gē
歐(欧) ōu
歔 xū
歟(欤) yú
歡(欢) huān

105【风(風)部】

风 fēng
風(风) fēng
飒 sà
飓 jù
飕 sōu
飘 piāo

106【殳 部】

殳 shū
殴 ōu
殁 mò
段 duàn
殺(杀) shā
般 bān
殷 yīn
殼(壳) ké
　qiào
發(发) fā
　fà
彀 gòu
毁 huǐ
殿 diàn
毅 yì
毆(殴) ōu

107【聿(⺻ 肀)部】

乙 yì
隶 lì
書(书) shū
肃 sù
晝(昼) zhòu
畫(画) huà
肆 sì
肄 yì
肇 zhào
肅(肃) sù
盡(尽) jǐn
　jìn

108【毋(母)部】

毋 wú
母 mǔ
每 měi
毒 dú
贯 guàn

109【水(氺)部】

水 shuǐ
永 yǒng
求 qiú
汞 gǒng
录 lú
尿 niào
沓 dá
　tà
泰 tài
泵 bèng
泉 quán
浆 jiāng
　jiàng
黎 lí
漿(浆) jiāng
　jiàng

110【穴 部】

穴 xuè

1~5 劃

穷 qióng
究 jiū
空 kōng
　kòng
帘 lián
穹 qióng
突 tū
窃 qiè
穿 chuān
窍 qiào
容 róng
窄 zhǎi
窈 yǎo

6~7 劃

窒 zhì
窕 tiǎo
窑 yáo
窜 cuàn
窝 wō
窖 jiào
窗 chuāng
窘 jiǒng

8 劃~

窥 kuì
窦 dòu
窠 kē
窩(窝) wō
窟 kū
窪(洼) wā
窮(穷) qióng
竅(窍) qiào
竄(窜) cuàn
竈(灶) zào
竇(窦) dòu
竊(窃) qiè

111【立 部】

立 lì

1~6 劃

产 chǎn
妾 qiè
亲 qīn
　qìng
竖 shù
彦 yàn
飒 sà
站 zhàn
竞 jìng
章 zhāng
竟 jìng
產(产) chǎn
翌 yì

7 劃~

竦 sǒng
童 tóng
竣 jùn
靖 jìng
豎(竖) shù
意 yì
竭 jié
端 duān
競(竞) jìng
赣 gàn

112【疒 部】

2~4 劃

疔 dīng
疖 jiē
疗 liáo
疟 nüè
　yào
疝 shàn
疙 gē
疚 jiù
疡 yáng
疠 lì
疥 jiè
疮 chuāng
疯 fēng
疫 yì
疤 bā

5 劃

症 zhēng
　zhèng
疴 kē
疳 gān
病 bìng
疽 jū
疹 zhěn
疾 jí
疼 téng
痈 yōng
疱 pào
痉 jìng
疲 pí
痂 jiā

6~7 劃

痒 yǎng
痔 zhì
痍 yí
疵 cī
痊 quán
痕 hén
痧 shā
痣 zhì
痘 dòu
痨 láo
痞 pǐ
痙(痉) jìng
痢 lì
痛 tòng

8~9 劃

瘁 cuì
痰 tán
痱 fèi
痹 bì
痼 gù
痴 chī
瘌 là
痿 wěi
瘧(疟) nüè
　yào
瘍(疡) yáng
瘟 wēn
瘦 shòu
瘊 hóu

10~11 劃

瘼 mò
瘡(疮) chuāng
瘪 biē
　biě

瘢 bān
瘤 liú
瘫 tān
瘴 zhàng
瘰 luǒ
瘳 chōu
瘾 yǐn
瘸 qué

12 劃～

癆(痨) láo
癍 bān
療(疗) liáo
癌 ái
癔 yì
癞 lài
癤(疖) jiē
癖 pǐ
癢(痒) yǎng
癟(瘪) biē
　biě
癣 xuǎn
癫 diān
癧(疬) lì
癮(瘾) yǐn
癰(痈) yōng
癱(瘫) tān

113【衤部】

2～4 劃

补 bǔ
初 chū
衬 chèn
衫 shān
衩 chǎ
　chà
袄 ǎo
袂 mèi

5～6 劃

袜 wà
袒 tǎn
袖 xiù
袍 páo
被 bèi
袴(裤) kù
裆 dāng
裉 kèn

7～8 劃

裤 kù
補(补) bǔ
裕 yù
裙 qún
裱 biǎo
褂 guà
裨 bì
裸 luǒ

9 劃～

褡 dā
褊 biǎn
褙 bèi
褐 hè
複(复) fù
褓 bǎo
褪 tuì
　tùn
褥 rù
褴 lán
褫 chǐ
褶 zhě
襖(袄) ǎo
襁 qiǎng
襟 jīn
襠(裆) dāng
襪(袜) wà
襤(褴) lán
襯(衬) chèn

114【示部】

示 shì
奈 nài
祟 shì
票 piào
祭 jì
禀 bǐng
禁 jīn
　jìn
禦(御) yù

115【石部】

石 shí

2～4 劃

矿 kuàng
矽 xī
矾 fán
码 mǎ
研 yán
砖 zhuān
砒 pī
砌 qì
砂 shā
砚 yàn
砭 biān
斫 zhuó
砍 kǎn
泵 bèng

5 劃

砣 tuó
砰 pēng
砝 fà
砸 zá
砺 lì
砻 lóng
砧 zhēn
础 chǔ
砥 dǐ
砲(炮) pào
砾 lì
破 pò

6～7 劃

硅 guī
硕 shuò
硫 liú
硬 yìng
硝 xiāo
确 què

8 劃

碇 dìng
碗 wǎn
碎 suì
碰 pèng
碍 ài
碘 diǎn
碑 bēi
硼 péng
碉 diāo
碌 lù

9 劃

磋 cuō
磁 cí
碧 bì
碟 dié
碴 chá
碱 jiǎn
碳 tàn

10～12 劃

磅 bàng
　páng
磙 gǔn
確(确) què
磕 kē
磊 lěi
磐 pán
碾 niǎn
磨 mó
　mò
磬 qìng
磺 huáng
磚(砖) zhuān
磷 lín
礁 jiāo

13 劃～

礎(础) chǔ
礦(矿) kuàng
礪(砺) lì
礙(碍) ài
礫(砾) lì
礱(砻) lóng

116【龙(龍)部】

龙 lóng
龍(龙) lóng
垄 lǒng
袭 xí
龛 kān

117【业部】

业 yè
凿 záo
業(业) yè

118【目部】

目 mù

2～4 劃

盯 dīng
盲 máng
眈 dān
相 xiāng
　xiàng
眄 miàn
盹 dǔn
眇 miǎo
省 shěng
　xǐng
眨 zhǎ
盼 pàn
看 kān
　kàn
盾 dùn
眉 méi

5～7 劃

眩 xuàn
眠 mián
眯 mī
　mì
眶 kuàng
眺 tiào
睁 zhēng
眸 móu
眼 yǎn
睐 lài
睒 shǎn
睑 jiǎn
鼎 dǐng

8 劃

睛 jīng
睦 mù
睹 dǔ
瞄 miáo
睞(睐) lài
睫 jié
督 dū
睬 cǎi
睡 shuì
睨 nì
睥 pì

9～11 劃

瞅 chǒu
睽 kuí
瞎 xiā
瞑 míng
瞌 kē
瞒 mán
瞥 piē
瞞(瞒) mán
瞟 piǎo
瞠 chēng
瞰 kàn

12 劃～

瞳 tóng
瞭 liǎo
liào
瞬 shùn
瞧 qiáo
瞩 zhǔ
瞽 gǔ
蒙 mēng
méng
瞼(睑) jiǎn
瞻 zhān
矚(瞩) zhǔ

119【田 部】

田 tián
甲 jiǎ
申 shēn
由 yóu
电 diàn

2～4 劃

亩 mǔ
町 dīng
tǐng
甸 diàn
男 nán
备 bèi
思 sī
畎 quǎn
畏 wèi
毗 pí
胃 wèi
禺 yú
界 jiè
畋 tián
畈 fàn

5～6 劃

畝(亩) mǔ
畜 chú
xù
畔 pàn
畢(毕) bì
留 liú
畚 běn
畦 qí
異(异) yì
略 lüè
累 léi
lěi
lèi

7 劃～

富 fù
畴 chóu
番 fān
畫(画) huà
畸 jī
當(当) dāng
dàng
畿 jī
奮(奋) fèn
壘(垒) lěi
疇(畴) chóu
纍 léi
疊(叠) dié

120【罒 部】

四 sì

2～8 劃

罗 luó
罚 fá
罢 bà
詈 lì
買(买) mǎi
署 shǔ
置 zhì
罪 zuì
罩 zhào
蜀 shǔ

9 劃～

罰(罚) fá
罵(骂) mà
罷(罢) bà
罹 lí
羁 jī
羅(罗) luó
羂 juān

121【皿 部】

皿 mǐn

3～5 劃

盂 yú
孟 mèng
盃(杯) bēi
盅 zhōng
盆 pén
盈 yíng
益 yì
盏 zhǎn
盐 yán
监 jiān
盍 hé
盎 àng

6 劃

盗 dào
盖 gài
盔 kuī
盛 chéng
shèng
蛊 gǔ
盒 hé
盘 pán

8 劃～

盞(盏) zhǎn
盟 méng
監(监) jiān
盡(尽) jǐn
jìn
盤(盘) pán
盥 guàn
盪(荡) dàng
蠱(蛊) gǔ
鹽(盐) yán
豔(艳) yàn

122【钅(釒) 部】

2～3 劃

针 zhēn
钉 dīng
dìng
钌 liǎo
liào
钏 chuàn
钓 diào
钗 chāi

4 劃

钙 gài
钜 jù
钝 dùn
钞 chāo
钟 zhōng
钠 nà
钢 gāng
钧 jūn
钥 yào
yuè
钦 qīn
钩 gōu
钨 wū
钮 niǔ

5 劃

钱 qián
钳 qián
钵 bō
钹 bó
钺 yuè
钻 zuān
zhàn
钾 jiǎ
铃 líng
铁 tiě
铅 qiān
铆 mǎo
铄 shuò

6 劃

铵 ǎn
铲 chǎn
铰 jiǎo
铳 chòng
铐 kào
铛 chēng
dāng
铝 lǚ
铜 tóng
铠 kǎi
铡 zhá
铢 zhū
铣 xǐ
xiǎn
铤 tǐng
铧 huá
铭 míng
铬 gè
铮 zhēng
银 yín

7 劃

锌 xīn
锐 ruì
锑 tī
铸 zhù
铺 pū
pù
链 liàn
销 xiāo
锁 suǒ
铿 kēng
锄 chú
锅 guō
锉 cuò
锈 xiù
锋 fēng

8 劃

锭 dìng
錶(表) biǎo
错 cuò
锚 máo
錢(钱) qián
鋼(钢) gāng
锡 xī
锢 gù
锣 luó
鍋(锅) guō
锤 chuí
锥 zhuī

锦 jǐn
锨 xiān
键 jiàn
錄(录) lù
锯 jù
锰 měng

9～10 劃

锵 qiāng
镀 dù
镁 měi
镂 lòu
锲 qiè
鍼(针) zhēn
鍾(钟) zhōng
锻 duàn
镑 bàng
镐 gǎo
镊 niè
镇 zhèn
鎧(铠) kǎi
镍 niè
镌 juān

11～12 劃

镜 jìng
镖 biāo
镘 màn
鐘(钟) zhōng
镣 liào
鐫(镌) juān
镫 dèng

13～15 劃

镰 lián
镭 léi
鐵(铁) tiě
镯 zhuó

14 劃～

鑑(鉴) jiàn
镳 biāo
镴 là
镶 xiāng
鑰(钥) yào
yuè
镵 chán
鑽(钻) zuān
zuàn

123【矢 部】

矢 shǐ
矣 yǐ
知 zhī
矩 jù
矧 shěn
矫 jiǎo
短 duǎn
矮 ǎi
雉 zhì
矯(矫) jiǎo

124【禾 部】

禾 hé

2～3 劃

利 lì
秃 tū
秀 xiù
私 sī
秆 gǎn
和 hé
hè
huó
huò
秉 bǐng
委 wěi
季 jì

4 劃

科 kē
秋 qiū
秕 bǐ
秒 miǎo
香 xiāng
种 zhǒng
zhòng

5 劃

秘 bì
mì
秤 chèng
秦 qín
秫 shú
秣 mò
乘 chéng
shèng

租 zū
秧 yāng
积 jī
秩 zhì
称 chèn
chēng

6～7 劃

秾 nóng
秸 jiē
秽 huì
移 yí
税 shuì
稍 shāo
稈(秆) gǎn
程 chéng
稀 xī
黍 shǔ

8 劃

稞 kē
稔 rěn
稚 zhì
稗 bài
稠 chóu

9～11 劃

稱(称) chèn
chèng
種(种) zhǒng
zhòng
稳 wěn
稼 jià
稿 gǎo
穀(谷) gǔ
稽 jī
qǐ
稷 jì
稻 dào
黎 lí
積(积) jī
穑 sè
穆 mù

12 劃～

穗 suì
黏 nián
穫(获) huò
穡(穑) sè

穢(秽) huì
馥 fù
穩(稳) wěn

125【白 部】

白 bái

1～3 劃

百 bǎi
皂 zào
帛 bó
的 de
dí
dì

4 劃～

皇 huáng
皆 jiē
皈 guī
泉 quán
皎 jiǎo
皑 ái
皓 hào
皙 xī
魄 pò
皚(皑) ái

126【瓜 部】

瓜 guā
瓞 dié
瓠 hù
瓢 piáo
瓣 bàn
瓤 ráng

127【鸟(鳥)部】

鸟 niǎo
鳥(鸟) niǎo

2～4 劃

鳳(凤) fèng
鸡 jī
鸠 jiū
鸢 yuān
鸣 míng
鸩 zhèn
鸥 ōu
鸦 yā

鸨 bǎo

5 劃

鸵 tuó
莺 yīng
鸪 gū
鸭 yā
鸯 yāng
鸳 yuān

6～8 劃

鸿 hóng
鸾 luán
鸽 gē
鹄 gǔ
hú
鹅 é
鹉 wǔ
鹊 què
鹏 péng
鹌 ān

9 劃～

鹜 wù
鶯(莺) yīng
鹤 hè
鹞 yào
鷄(鸡) jī
鶵(雏) chú
鷗(鸥) ōu
鹦 yīng
鹫 jiù
鹰 yīng
鹳 guàn
鸞(鸾) luán

128【用 部】

用 yòng
甩 shuǎi
甫 fǔ
甬 yǒng
甭 béng

129【矛 部】

矛 máo
柔 róu
矜 jīn
務(务) wù

蝨 máo

130【疋(⻊)部】

疋 pǐ
蛋 dàn
疏 shū
楚 chǔ
疑 yí

131【皮 部】

皮 pí
皱 zhòu
皲 jūn
颇 pō
皴 cūn
皺(皱) zhòu

132【衣 部】

衣 yī
　 yì
2~6 劃
表 biǎo
衰 shuāi
衷 zhōng
袅 niǎo
袭 xí
袋 dài
装 zhuāng
裁 cái
裂 liè
亵 xiè
裒 póu
7 劃~
裘 qiú
裏(里) lǐ
裔 yì
裝(装) zhuāng
裹 guǒ
製(制) zhì
褒 bāo
褻(亵) xiè
襄 xiāng
襲(袭) xí

133【羊(⺶)(⺷)部】

羊 yáng
1~4 劃
羌 qiāng
养 yǎng
差 chā
　 chà
　 chāi
　 cī
美 měi
姜 jiāng
羔 gāo
恙 yàng
羞 xiū
5 劃~
着 zhāo
　 zháo
　 zhe
　 zhuó
盖 gài
羚 líng
羡 xiàn
善 shàn
翔 xiáng
義(义) yì
群 qún
養(养) yǎng
羹 gēng
羸 léi

134【米 部】

米 mǐ
2~4 劃
籴 dí
类 lèi
娄 lóu
屎 shǐ
籽 zǐ
料 liào
粉 fěn
5~8 劃
粒 lì
粘 nián
　 zhān
粗 cū
粜 tiào
粪 fèn
粟 sù
粥 zhōu
梁 liáng
粮 liáng
粳 jīng
粹 cuì
精 jīng
9 劃~
糊 hū
　 hú
　 hù
糖 táng
糕 gāo
糙 cāo
糜 méi
　 mí
糠 kāng
糟 zāo
糞(粪) fèn
糧(粮) liáng
糨 jiàng
糯 nuò
糴(籴) dí
鬻 yù
糶(粜) tiào

135【耒 部】

耒 lěi
耔 zǐ
耕 gēng
耘 yún
耙 bà
　 pá
耧 lóu

136【老 部】

老 lǎo
考 kǎo
耆 qí
耄 mào
耋 dié

137【耳 部】

耳 ěr
2~4 劃
取 qǔ
耶 yē
闻 wén
耷 dā
耿 gěng
耽 dān
耻 chǐ
耸 sǒng
5~7 劃
聋 lóng
职 zhí
聆 líng
聊 liáo
联 lián
聒 guō
聖(圣) shèng
聘 pìn
8 劃~
聚 jù
聪 cōng
聩 kuì
聲(声) shēng
聰(聪) cōng
聳(耸) sǒng
聯(联) lián
職(职) zhí
聾(聋) lóng
聽(听) tīng

138【臣 部】

臣 chén
卧 wò
臨(临) lín

139【西(覀)部】

西 xī
要 yāo
　 yào
栗 lì
票 piào
粟 sù
覆 fù

140【页(頁)部】

页 yè
頁(页) yè
2~3 劃
顶 dǐng
顷 qǐng
项 xiàng
顺 shùn
须 xū
4~5 劃
颃 háng
烦 fán
顽 wán
顾 gù
顿 dùn
颂 sòng
颁 bān
预 yù
硕 shuò
颅 lú
领 lǐng
颈 jǐng
颇 pō
6~8 劃
颊 jiá
颌 gé
　 hé
颐 yí
頭(头) tóu
頰(颊) jiá
頸(颈) jǐng
频 pín
颔 hàn
颓 tuí
颖 yǐng
颗 kē
9~10 劃
额 é
颜 yán
類(类) lèi
题 tí
颚 è
颞 niè

顚 diān
願(愿) yuàn
顙 sǎng

11 劃～

顧(顾) gù
囂 xiāo
顫 chàn
zhàn
顬 rú
顯(显) xiǎn
顰 pín
顱(颅) lú
顴 quán

141【虍 部】

2～5 劃

虎 hǔ
虏 lǔ
虐 nüè
虔 qián
虑 lǜ
虚 xū
處(处) chǔ
chù
彪 biāo

6 劃～

虞 yú
號(号) hào
虜(虏) lǔ
慮(虑) lǜ
膚(肤) fū
戲(戏) xì
虧(亏) kuī

142【虫 部】

虫 chóng

1～4 劃

虱 shī
闽 mǐn
虻 méng
虾 xiā
虹 hóng
虽 suī
蚁 yǐ
蚤 zǎo
蚂 mǎ
蚊 wén
蚌 bàng
蚕 cán
蚜 yá
蚝 háo
蚓 yǐn

5 劃

蛇 shé
yí
蛀 zhù
萤 yíng
蚶 hān
蛆 qū
蛊 gǔ
蚱 zhà
蚯 qiū
蛉 líng
蛋 dàn
蚴 yòu

6～7 劃

蛮 mán
蛟 jiāo
蛙 wā
蛭 zhì
蜇 zhé
蛐 qū
蛔 huí
蛤 gé
há
蛛 zhū
蜕 tuì
蜃 shèn
蜈 wú
蜗 wō
蜀 shǔ
蛾 é
蜂 fēng
蛹 yǒng

8 劃

蜜 mì
蜿 wān
蜷 quán
蝉 chán
蜻 qīng
蜡 là
螂 láng
蜚 fēi
蝇 yíng
蝸(蜗) wō
蜘 zhī
蜢 měng

9 劃

蝙 biān
蝼 lóu
蝶 dié
蝴 hú
蝠 fú
蝨(虱) shī
蝎 xiē
蝌 kē
蝮 fù
蝗 huáng
蝥 máo
蝦(虾) xiā

10～11 劃

螃 páng
螢(萤) yíng
螟 míng
螯 áo
蟒 mǎng
蟆 má
融 róng
蟀 shuài
螳 táng
螺 lúo
蟠 pán
蟋 xī
蟊 máo

12 劃～

蟲(虫) chóng
蠅(蝇) yíng
蟬(蝉) chán
蠃 luǒ
蟻(蚁) yǐ
蟾 chán
蟹 xiè
蠔(蚝) háo
蠕 rú
蠢 chǔn
蠡 lí
蠟(蜡) là
蠹 dù
蠱(蛊) gǔ
蠶(蚕) cán
蠻(蛮) mán

143【缶 部】

缶 fǒu
缸 gāng
缺 quē
罂 yīng
罄 qìng
罅 xià
罐 guàn

144【舌 部】

舌 shé
乱 luàn
舍 shě
shè
舐 shì
甜 tián
舒 shū
辞 cí
舔 tiǎn
舖(铺) pù
舘(馆) guǎn

145【竹(⺮) 部】

竹 zhú

2～4 劃

竿 gān
竽 yú
笈 jí
笃 dǔ
笔 bǐ
笑 xiào
笋 sǔn
笆 bā

5 劃

笠 lì
笺 jiān
笨 bèn
笼 lóng
lǒng
笸 pǒ
笛 dí
笙 shēng
符 fú
笞 chī
第 dì
笤 tiáo

6 劃

筴 jiā
筐 kuāng
等 děng
筑 zhù
策 cè
筚 bì
筛 shāi
筒 tǒng
答 dā
dá
筏 fá
筵 yán
筋 jīn
筍(笋) sǔn
筝 zhēng

7 劃

筷 kuài
简 jiǎn
筹 chóu
签 qiān
節(节) jiē
jié

8 劃

箔 bó
管 guǎn
箧 qiè
箸 zhù
箕 jī
箬 ruò
箍 gū
箋(笺) jiān
算 suàn
箩 luó
箠 chuí
箫 xiāo

9 劃

蔞 lǒu
箭 jiàn
篇 piān
篋(箧) qiè
箱 xiāng
範(范) fàn
箴 zhēn
簣 kuì
篁 huáng
篆 zhuàn
10 劃
篙 gāo
篱 lí
篝 gōu
築(筑) zhù
篮 lán
篡 cuàn
篳(荜) bì
篩(筛) shāi
篦 bì
蓬 péng
11~12 劃
簏 lù
簇 cù
簖 duàn
簧 huáng
簍(蒌) lǒu
篾 miè
簪 zān
13~14 劃
簿 bù
簾(帘) lián
簸 bǒ
bò
籁 lài
簽(签) qiān
簫(箫) xiāo
籍 jí
籌(筹) chóu
籃(篮) lán
篡 zuǎn
15 劃~
籠(笼) lóng
lǒng
籤(签) qiān
籬(篱) lí
籪(簖) duàn
籮(箩) luó
籲(吁) yù

146【臼部】

臼 jiù
臾 yú
兒(儿) ér
舀 yǎo
舂 chōng
與(与) yú
yǔ
yù
舅 jiù
舉(举) jǔ
舊(旧) jiù

147【自部】

自 zì
息 xī
臭 chòu
xiù

148【血部】

血 xiě
xuè
衄 nǜ
衅 xìn
衆(众) zhòng

149【舟部】

舟 zhōu
3~4 劃
舢 shān
舫 fǎng
航 háng
舰 jiàn
舱 cāng
舨 bǎn
般 bān
5 劃~
舵 duò
舷 xián
舸 gě
盘 pán
舶 bó
船 chuán
艇 tǐng
艘 sōu
艙(舱) cāng
艦(舰) jiàn

150【羽部】

羽 yǔ
4~7 劃
扇 shān
shàn
翅 chì
翁 wēng
翎 líng
翔 xiáng
習(习) xí
翘 qiáo
qiào
翕 xī
8 劃~
翠 cuì
翡 fěi
翩 piān
翰 hàn
翳 yì
翮 hé
翱 áo
翼 yì
翹(翘) qiáo
qiào
翻 fān
翺(翱) áo

151【艮(艮)部】

良 liáng
艰 jiān
即 jí
垦 kěn
恳 kěn
既 jì
暨 jì
艱(艰) jiān

152【糸部】

1~5 劃
系 xì
jì
紊 wěn
素 sù
索 suǒ
紧 jǐn
萦 yíng
累 léi
lěi
lèi
6 劃~
紫 zǐ
絮 xù
緊(紧) jǐn
縈(萦) yíng
縣(县) xiàn
縻 mí
繁 fán
纂 zuǎn
纍(累) léi
lěi
lèi

153【辛部】

辛 xīn
辜 gū
辞 cí
辟 bì
pì
辣 là
辨 biàn
辩 biàn
辦(办) bàn
辫 biàn
瓣 bàn

154【言部】

言 yán
訇 hōng
這(这) zhè
詈 lì
誉 yù
誊 téng
誓 shì
警 jǐng
譽(誉) yù
譬 pì

155【麦(麥)部】

麦 mài
麥(麦) mài
麸 fū
麪(面) miàn
麯(曲) qū
麵(面) miàn

156【走部】

走 zǒu
赴 fù
赵 zhào
赳 jiū
赶 gǎn
起 qǐ
越 yuè
趁 chèn
趋 qū
超 chāo
趕(赶) gǎn
趣 qù
趟 tàng
趨(趋) qū

157【赤部】

赤 chì
赦 shè
赧 nǎn
赫 hè
赭 zhě

158【豆部】

豆 dòu
豇 jiāng
豈(岂) qǐ
壹 yī
短 duǎn
登 dēng
豌 wān

豎(竖) shù
頭(头) tóu
豐(丰) fēng
豔(艳) yàn

159【酉 部】

酉 yǒu
2~4 劃
酋 qiú
酊 dīng
酒 jiǔ
酐 gān
酌 zhuó
配 pèi
酝 yùn
酗 xù
5~7 劃
酣 hān
酢 zuò
酥 sū
酱 jiàng
酬 chóu
酩 míng
酪 lào
酿 niàng
酵 jiào
酷 kù
酶 mèi
酸 suān
8~9 劃
醇 chún
醉 zuì
醋 cù
醞(酝) yùn
醛 quán
醒 xǐng
醜(丑) chǒu
11 劃~
醫(医) yī
醬(酱) jiàng
醺 xūn
釀(酿) niàng
釁(衅) xìn

160【辰 部】

辰 chén
辱 rǔ
唇 chún
晨 chén
蜃 shèn
農(农) nóng

161【豕 部】

豕 shǐ
家 jiā
象 xiàng
豪 háo
豫 yù
燹 xiǎn

162【卤(鹵) 部】

卤 lǔ
鹵(卤) lǔ
鹹(咸) xián

163【里 部】

里 lǐ
厘 lí
重 chóng
zhòng
野 yě
量 liáng
liàng

164【足(⻊) 部】

足 zú
2~5 劃
趴 pā
趸 dǔn
距 jù
趾 zhǐ
跄 qiàng
跃 yuè
践 jiàn
跋 bá
跌 diē
跗 fū
跑 pǎo
跛 bǒ
6 劃
跻 jī
跡(迹) jì
跨 kuà
跷 qiāo
跳 tiào
跣 xiǎn
路 lù
跺 duò
跪 guì
跟 gēn
7~8 劃
踉 liàng
踌 chóu
踊 yǒng
踞 jú
踪 zōng
踮 diǎn
踯 zhí
踐(践) jiàn
踝 huái
踢 tī
踩 cǎi
踞 jù
踏 tà
9 劃
蹄 tí
踱 duó
蹉 cuō
蹀 dié
踹 chuài
踵 zhǒng
踽 jǔ
踴(踊) yǒng
蹂 róu
10~11 劃
蹑 niè
蹒 pán
蹈 dǎo
蹊 qī
蹌(跄) qiàng
蹠 zhí
蹩 bié
蹟(迹) jì
躇 chú
蹙 cù
蹚(趟) tāng
蹦 bèng
蹤(踪) zōng
12 劃
蹴 cù
蹲 cún
dūn
蹭 cèng
蹺(跷) qiāo
躉(趸) dǔn
蹶 jué
juě
蹯 fán
13 劃~
躁 zào
躋(跻) jī
躑(踯) zhí
躊(踌) chóu
躍(跃) yuè
躔 chān
躚(跹) xiān
躡(蹑) niè

165【豸 部】

豸 zhì
豺 chái
豹 bào
貂 diāo
貉 háo
hé
貌 mào
貔 pí
貛(獾) huān

166【谷 部】

谷 gǔ
欲 yù
豁 huō
huà
谿 xī

167【釆 部】

悉 xī
番 fān
釉 yòu
释 shì
釋(释) shì

168【身 部】

身 shēn
射 shè
躬 gōng
躭(耽) dān
躯 qū
躲 duǒ
躺 tǎng
軀(躯) qū

169【角 部】

角 jiǎo
jué
斛 hú
觞 shāng
觥 gōng
触 chù
解 jiě
jiè
xiè
觴(觞) shāng
觸(触) chù

170【青 部】

青 qīng
靖 jìng
静 jìng
靛 diàn

171【其 部】

其 qí
甚 shèn
基 jī
斯 sī
期 qī
欺 qī

172【雨(⻗) 部】

雨 yǔ
2~5 劃
雪 xuě
雲(云) yún

雳 lì
電(电) diàn
雷 léi
雺 wù
雹 báo
6~8 劃
霁 jì
需 xū
霈 pèi
震 zhèn
霄 xiāo
霎 shà
霖 lín
霉 méi
霍 huò
霓 ní
9 劃~
霜 shuāng
霪 yín
霞 xiá
霭 ǎi
霧(雾) wù
霸 bà
露 lòu
lù
霹 pī
霽(霁) jì
靂(雳) lì
靈(灵) líng

173【齿(齒)部】

齿 chǐ
齒(齿) chǐ
龀 chèn
龃 jǔ
龄 líng
齣(出) chū
龆 tiáo
龇 zī
龈 yín
龉 yǔ
龋 qǔ
龌 wò

174【黾(黽)部】

黾 miǎn
黽(黾) miǎn
鼇(鳌) áo

175【金部】

金 jīn
鉴 jiàn
錾 zàn
鑒(鉴) jiàn
鑿(凿) záo

176【隹部】

隹 zhuī
2~6 劃
隼 sǔn
隽 juàn
jùn
难 nán
nàn
隻(只) zhī
雀 qiāo
qiǎo
què
售 shòu
焦 jiāo
雇 gù
集 jí
雁 yàn
雄 xióng
雅 yǎ
雍 yōng
雏 chú
雉 zhì
雌 cí
8 劃~
雕 diāo
雖(虽) suī
雜(杂) zá
離(离) lí
雞(鸡) jī
雙(双) shuāng
雛(雏) chú
難(难) nán
nàn

177【鱼(魚)部】

鱼 yú
魚(鱼) yú
4~7 劃
鲁 lǔ
鲅 bà
稣 sū
鲍 bào
鲜 xiān
xiǎn
鲞 xiǎng
鲑 guī
鲟 xún
鲨 shā
鲠 gěng
鲢 lián
鲤 lǐ
鲫 jì
鮸 miǎn
8 劃~
鲸 jīng
鳊 biān
鳄 è
鳃 sāi
鳍 qí
鳏 guān
鳙 yōng
鳖 biē
鳕 xuě
鳔 biào
鳗 mán
鳝 shàn
鳞 lín
鳟 zūn
鳜 guì
鱘(鲟) xún
鱷(鳄) è

178【音部】

音 yīn
章 zhāng
竟 jìng
韶 sháo
韻(韵) yùn

嚮(响) xiǎng

179【革部】

革 gé
2~8 劃
勒 lè
lēi
靴 xuē
靶 bǎ
鞍 ān
鞋 xié
鞏(巩) gǒng
靼 dá
鞘 qiào
shāo
鞠 jū
9 劃~
鞧 qiū
鞭 biān
鞣 róu
韃(鞑) dá
韁(缰) jiāng
韆 qiān

180【骨部】

骨 gǔ
3~8 劃
骯(肮) āng
骷 kū
骶 dǐ
骸 hái
骼 gé
9 劃~
髋 kuān
髒(脏) zāng
髓 suǐ
體(体) tǐ

181【食部】

食 shí
sì
餐 cān
餍 yàn

182【鬼部】

鬼 guǐ
魁 kuí
魅 mèi
魂 hún
魄 pò
魉 liǎng
魍 wǎng
魑 chī
魔 mó

183【鬥部】

鬥(斗) dòu
鬦(斗) dòu
鬧(闹) nào
鬩(阋) xì

184【髟部】

髮(发) fà
髭 zī
鬃 zōng
鬈 quán
鬓 bìn
鬚(须) xū
鬢(鬓) bìn

185【麻部】

麻 má
麽 me
mó
麾 huī
摩 mā
磨 mó
mò
糜 mí
mó
靡 mí
mǐ
魔 mó

186【鹿部】

鹿 lù
塵(尘) chén
麋 mí
麒 qí
麓 lù

麗(丽)	lì	黑	hēi	黝	yǒu	黷(黩)	dú	**189【鼻 部】**	
鏖	áo	墨	mò	黠	xiá	**188【鼠 部】**		鼻	bí
麝	shè	默	mò	黥	qíng	鼠	shǔ	鼾	hān
麟	lín	黔	qián	黨(党)	dǎng	鼬	yòu	齁	hōu
187【黑 部】		黜	chù	黧	lì				
		黛	dài	黯	àn				

A

A

†ā- 阿- 接頭 남을 부를 때 친근감을 나타내기 위해 성·이름 등의 앞에 붙이는 말. ☆ **āZhāng**(阿张)[장씨], **āyí**(阿姨)[아주머니, 이모], **ādà**(阿大)[맏이, 장남], **Ābǎo**(阿宝)[귀염둥이]따위.

*ā 啊 嘆 아, 앗, 아이고[놀람이나 감탄을 나타냄.] ¶ ~, xià xuě le(~, 下雪了)야, 눈이 내렸다. ~, chū hóng le!(~, 出虹了!)아, 무지개가 떴네!

*á 啊 嘆 뭐, 응, 아[의문, 반문, 명령 등을 나타냄.] ¶ ~, nǐ shuō shénme?(~, 你说什么?)네, 뭐라고요? ~, nǐ zài shuō!(~, 你再说!)뭐, 다시 한번 말해봐!

*ǎ 啊 嘆 아, 엇, 아니[의혹이나 당혹감을 나타냄.] ¶ ~, zhè shì zěnme huí shì?(~, 这是怎么回事?)아니, 이게 어찌된 일이오? ~, tā zěnme yòu huílái le?(~, 她怎么又回来了?)아니, 그녀는 어째서 또 돌아온 거야?

*à 啊 嘆 그래, 아[승낙이나 깨달음을 나타냄.] ¶ ~, jiù zhème bàn ba(~, 就这么办吧)그럼, 이렇게 하자. ~, yuánlái shì nǐ(~, 原来是你)아, 원래 너였구나.

**a 啊 助 1. [문장의 끝에 쓰여]감탄, 긍정, 의문 등의 어기(語氣)를 나타냄. ¶ zhè tǎ duō gāo~!(这塔多高~!)이 탑은 얼마나 높은가! nǐ shuōde duì~(你说得对~)네 말이 옳다. tā míngtiān lái bu lái~?(他明天来不来~?)그는 내일 옵니까? 2. [문장 가운데 쓰여]말을 잠깐 멈추어 상대방의 주의를 끌고자 할 때 사용함. ¶ tā~, jīntiān bù lái ba(他~, 今天不来吧)그 사람 말이야, 오늘 오지 않을 것이다. 3. 몇개의 사항을 열거할 때 쓰임. ¶ yú~, ròu~, báicài~, càichǎngli yàngyàng dōu yǒu(鱼~, 肉~, 白菜~, 菜场里样样都有)물고기, 고기, 배추 등 식료품 시장에는 갖가지 다 있다.

☆ 조사 **a**(啊)는, 바로 앞음절의 운모(韻母)나 운미(韻尾)의 영향을 받아서, 다음과 같은 연음변화가 일어나며, 그 음에 따라 다른 한자를 바꾸어 쓰기도 함.

「啊」의 변화 도표

앞음절의 韻母·韻尾	「啊」의 변음	漢字표기
a-a, e-e, i-i o-o, ü-ü	a→ia	呀
u-u, ao-ao ou-ou	a→ua	哇
-n	a→na	哪
-ng	a→nga	啊

*āi 哀 形 슬프다, 애달프다. **āigē**(哀歌)[애가, 엘레지], **āitòng**(哀痛)[애통해 하다].

āi 埃 名 먼지, 티끌. 量〈物〉옹스트롬(Angstrom) ; 1억분의 1cm를 나타내는 길이의 단위.

*āi 挨 動 1. 순서를 따르다, [하나

하나]순번을 좇다. ¶ ~jiā fǎng wèn(~家访问)집집마다 방문하다. 2. 가까이 가다, 접근하다, 달라붙다. ¶ nǐ ~·zhe wǒ zuò ba!(你~着我坐吧!)내 곁에 다가앉아라! jǐn~lùbiān(紧~路边)길가에 바싹 접해 있다. 3. [붐비는 사람 틈을]비집다.

☞ **ái**(挨·涯) 참조.

***āi** 哎 嘆 1. 아! 에이! 아이고![놀라움이나 불만을 나타냄.] ¶ ~, nǐ zěnme néng zhème shuō ne!(~, 你怎么能这么说呢!)아니, 네가 어떻게 이렇게 말할 수 있니! 2. 야, 이봐[듣는 이의 주의를 환기시킴.] ¶ ~, nǐmen kàn, lái rén le!(~, 你们看, 来人了!)이봐요, 누가 왔어요!

āi 唉 嘆 네, 예[대답하는 소리.] ¶ ~, wǒ jiù lái(~, 我就来)예, 곧 갑니다.

☞ **ài**(唉) 참조.

†**ái / yán** 癌 名 〈醫〉 암. **wèi'ái**(胃癌)[위암], **rǔ'ái**(乳癌)[유방암], **gān'ái**(肝癌)[간암].

***ái** 挨·捱 動 1. [괴로운 일을]당하다, 고통을 받다, 견디다. ¶ ~**dǎ**(~打)매맞다. ~**è**(~饿)굶주리다. ~**mà**(~骂)야단맞다, 욕먹다. 2. 연기하다, 미루다, 꾸물거리다. ¶ ~shíjiān(~时间)시간을 끌다. ~dào xià ge yuè(~到下个月)다음 달로 미루다.

☞ **āi**(挨) 참조.

⁑**ǎi** 矮 形 1. [키가]작다. ¶ tā bǐ wǒ~duō le(他比我~多了)그는 나보다 훨씬 작다. ~**gèzi**(~个子)땅달보, 난장이. 2. [높이·등급·지위가]낮다. ¶ dìdi bǐ gēge ~yì jí(弟弟比哥哥~一级)동생은 형보다 한 학년 낮다.

†**ài** 艾 名 〈植〉 쑥, 약쑥. =**àihāo**(艾蒿), **àigāo**(艾糕)[쑥떡].

⁑**ài** 爱(愛) 動 1. […을]사랑하다, 귀중히 여기다. ¶ wǒmen~zǔguó(我们~祖国)우리는 조국을 사랑한다. ~**miànzi**(~面子)체면을 중히 여기다. 2. […하기를]좋아하다 ¶ tā hěn~yóuyǒng(他很 ~ 游泳)그는 수영하기를 좋아한다. ~gānjìng(~干净)깨끗한 것을 좋아한다. wǒ~tā lǎoshi(我 ~ 她老实)나는 그녀의 성실함을 좋아한다. 3. …하기 쉽다, 곧잘 …하다. ¶ tā~kū(她~哭)그녀는 곧잘 운다. tā~shēngbìng(他~生病)그는 걸핏하면 병이 난다. tiě~shēng xiù(铁~生锈)철은 녹슬기 쉽다. ~**niǔ**(~扭)잘 토라진다. ~**fā píqi**(~发脾气)곧잘 성질을 부린다.

☆ **tā ài hē jiǔ**(他爱喝酒)와 같은 경우는, 「그는 술을 좋아한다」, 「그는 곧잘 술을 마신다」의 두가지 의미로 쓰임.

ài 隘 形 좁다, 협소하다, 곤궁하다. **àilù**(隘路)[애로].

ài 碍(礙) 動 방해하다, 가로막다, 지장을 주다. ~**shǒu** ~**jiǎo**(~手 ~脚)[자리를 차지해서 남이 일하는 데]방해가 되다, 거치장스럽다. ~**bu zháo**(~不着)방해가 되지 않다, 지장이 없다.

ài 唉 嘆 에이, 아이 참[감상·애석함을 나타냄.] ¶ ~, wǒmen duì yòu shū le(~, 我们队又输了)에이, 우리 팀이 또 졌구나. ~, zhēn kěxī(~, 真可惜)아, 정말

아깝구나!
☞ āi(唉) 참조.

***ài▲guó** 爱国(愛國) 動 애국하다. ~**rénshì**(~人士)애국인사. ~**zhǔyì**(~主义)애국주의.

***àihào** 爱好(愛一) 動 애호하다, 좋아하다. ¶ ~wénxué(~文学)문학을 좋아하다. 名 취미, 기호. ¶ gòngtóng de~(共同的~)동일한 취미.

***àihù** 爱护(愛護) 動 애호하다, 아끼고 사랑하다. ¶ ~gōngwù(~公物)공공물을 애호하다. ~huā mù(~花木)꽃과 나무를 아끼고 사랑하다.

***àiqíng** 爱情(愛一) 名 [남녀 간의]애정. ~**gùshì**(~故事)연애이야기, 로맨스.

⁑**àiren** 爱人(愛一) 名 1. 남편 또는 아내; 남편이 아내를[아내가 남편을]부르거나, 第3者가 남의 남편, 아내를 부르는 말. ¶ wǒ ~(我~)나의 처[나의 남편] 2. 연인, 애인. ☆ 1.의 의미로 사용되는 경우가 많음.「연인」은 **duìxiàng**(对象)[약혼자], **nánpéngyou**(男朋友)[남자 친구], **nǚpéngyou**(女朋友)[여자 친구] 등이 곧잘 쓰임.

àirénr 爱人儿(愛一兒) 形 〈口〉 사랑스럽다, 귀엽다. ¶ zhè háizi zhēn~!(这孩子真~!)이 아이는 정말 귀엽다!

àishì 碍事(礙一) 形 1. 걸리적거리다, 방해가 되다. ¶ nǐ zhànzai zhèr hěn~(你站在这儿很~)네가 여기에 서 있어서 아주 방해가 되는구나. 2. 위험하다, 심각하다[대개 부정문에 많이 쓰임.] ¶ tā de bìng bú~(他的病不~)그의 병은 위험하지 않다. zhè bú~(这不~)이것은 문제가 되지 않는다.

àixī 爱惜(愛一) 動 아끼다, 소중하게 여기다. ¶ ~shíjiān(~时间)시간을 아끼다. ~guójiā cáiwù(~国家财物)국가재산을 아끼다.

***āiyā** 哎呀 嘆 야! 아야! 아이쿠! [놀라움이나 원망·불만을 나타냄.] ¶ ~! kě liǎobude(~! 可了不得)아뿔사! 큰 일이다. ~, nǐ zěnme láide zhème wǎn na!(~, 你怎么来得这么晚哪!)야, 너 어째서 이렇게 늦게 왔니!

†**āiyō** 哎哟(一喲) 嘆 아야! 어머나! 어이구! [놀람·고통 따위를 나타냄.] ¶ ~, téngsǐ le!(~, 疼死了!)아이고, 아파 죽겠다. ~! nǐ cǎi dào wǒde jiǎo le(~! 你踩到我的脚了)아야! 네가 내 발을 밟았어.

***ǎizi** 矮子 名 난장이, 키가 작은 사람. ~**kàn xì**(~看戏)일정한 견식없이 남의 말에 따라 행동하다.

***Ālābóyǔ** 阿拉伯语(一語) 名 〈譯〉 아라비아어, 아랍어. **Ālābówén**(阿拉伯文)라고도 함.

***ān** 安 形 1. 안정하다, 편안하다. 2. 안전하다, 무사하다. 動 1. 설치하다, 장치하다. ¶ ~dēngpào(~灯泡)전구를 달다. 2. [오명 등을]붙이다, 보태다. ¶ ~zuìmíng(~罪名)죄명을 붙이다. ~chuòhào(~绰号)별명을 붙이다. 3. [주로 좋지않은 속셈을]품다. ¶ nǐ~de shénme xīn?(你~的什

么心?)너는 무슨 속셈을 품고 있느냐? 量〈電〉**ānpéi** 安培[암페어 ; ampere]의 약칭.

ǎn 俺 代〈方〉나, 우리.=**wǒ**(我), **wǒmen**(我们) ☆ 남녀 모두에 쓰임.

***àn** 岸 名 언덕, (강)기슭. ~**biānr**(~边儿)해안가. **kào**~(靠~)[배가]기슭에 닿다, [배를]물가에 대다. **shàng**~(上~)상륙하다.

***àn** 按 動 1. [손이나 손가락으로] 누르다. ¶ ~diànlǐng(~电铃)초인종을 누르다. ~shǒuyìn(~手印)지장을 찍다. ~túdīng(~图钉)압핀을 누르다. 2. [감정이나 기분을]억누르다, 억제하다. ~**bīng bú dòng**(~兵不动)군대의 행동을 잠시 중지하고 기회를 기다리다, 당분간 행동하지 않고 정세를 살피다. ~**buzhù**(~不住)억제할 수 없다, 억누를 수 없다. 介 …에 비추어, …에 따라서. ¶ ~zhìdù bàn shì(~制度办事)규정에 따라 일을 처리하다. ~biǎo suàn(~表算)미터기에 따라 계산하다. ~**tú suǒ jì**(~图索骥)자료 또는 단서에 의거하여 찾다 ; 융통성이 없이 기계적으로 일을 처리하다.

àn 案 名 1. 장방형의 탁자. 2. 사건. 3. 공문서.

***àn** 暗 形 1. 어둡다, 캄캄하다. ¶ zhè jiān wūzi tài~(这间屋子太~)이 방은 너무 어둡다. 2. 숨기고 드러내지 않는. 3. 사리에 밝지 못하다, 우둔하다.

†**àn'àn** 暗暗 副 은근히, 슬며시, 남몰래. ¶ xīnli ~gāoxìng(心里~高兴)속으로 은근히 기뻐하다.

ànbuzhù 按不住 動 [감정·기분을]억누를 수 없다, 억제할 수 없다. ¶ ~xintóu nùhuǒ(~心头怒火)치솟는 분노를 억누를 수 없다.

àndàn 暗淡 形 [빛·색이]어둡다, 암담하다. ¶ ~de jǐngxiàng(~的景象)암담한 모습.

àndìli 暗地里(-裏) 副 암암리에, 남몰래, 내심. 간단히 **àndì**(暗地)라고도 함. ¶ ~diàochá(~调查)암암리에 조사하다. ~shǐhuài(~使坏)남몰래 흉계를 꾸미다.

†**āndìng** 安定 形 [생활·형세가] 안정하다. (**AABB**) ¶ shēnghuó ~(生活~)생활이 안정되다. 動 안정시키다, 안착되다. ¶ ~qíngxù(~情绪)정서를 안정시키다.

***āngzang** 肮脏(骯髒) 形 더럽다, 지저분하다 ; 추하다, 추악하다. (**A里AB**) ¶ yīfu~(衣服~)옷이 더럽다. sīxiǎng~(思想~)사상이 불순하다.

áng 昂 動 1. [머리를]쳐들다, 우러러보다. ~**shǒu kuò bù**(~首阔步)머리를 쳐들고 활보하다. 2. [물가, 사기가]오르다. 3. 우쭐거리다, 뽐내다.

ànhào 暗号(-號) 名 (~儿) 암호.

ànjiàn 案件 名 법률 소송에 관계되는 사건. **xíngshì**~(刑事~) 형사 사건.

***ānjìng** 安静(-靜) 形 안정하다, 조용하다, 평온하다. (**AABB**) ¶ jiàoshì li hěn~(教室里很~)교실안이 매우 조용하다. qǐng dàjiā~!(请大家~!)여러분 조용히 하십시오! háizi shéide hěn~(孩

子睡得很～)어린 애가 매우 평온하게 자고 있다.

àn▲lǐ 按理 動 도리[이치]에 따르다; 부사적으로 사용되는 경우가 많음. 이치대로라면, 이치대로 따진다면. =**zhào▲lǐ**(照理) ¶ ～shuō(～说)이치대로 말하자면.

ànmó 按摩 動 안마하다, 마사지하다. **tuīná**(推拿)라고도 함.

ānpái 按排 動 [순서·질서에 따라]안배하다, 마련하다, 처리하다, 꾸리다. ¶ ～gōngzuò(～工作)일을 할당하다. ～rìchéng(～日程)일정을 안배하다. ～shēnghuó(～生活)생활을 꾸리다. ～shíjiān(～时间)시간을 조정하다. 名 배치, 안배, 처리. **shén de**～(神的～)하느님의 안배. **rìchéng**～(日程～)일정, 스케줄.

*__ānquán__ 安全 形 안전하다. (**AABB**) ¶ zhè jià jīqi yòu～yòu fāngbiàn(这架机器又～又方便)이 기계는 안전하고도 편리하다. zhùyì～(注意～)안전에 주의하다. ～**dài**(～带)[비행기나 자동차의]안전 벨트.

†**ànshí** 按时(一時) 副 제 때에, 제 시간에. ¶ wǒ～lái le(我～来了)나는 제 시간에 왔다.

*__ānwèi__ 安慰 動 위로하다, 위안하다. ¶ ～bìngrén jiāshǔ(～病人家属)병자의 가족을 위로하다. ～tā jǐ jù(～他几句)그에게 몇 마디 위로를 해주다. 名 위안. ¶ jí dà de～(极大的～)지극히 큰 위안.

*__ānwěn__ 安稳(一穩) 形 안전하다, 안정하다, 평온하다. (**AABB**) ¶ ～de shēnghuó(～的生活)평온한 생활.

*__ān▲xīn__ 安心 動 마음을 품다, 마음을 먹다. ¶ ān de shénme xīn? (安的什么心?)무슨 속셈이냐?
☞ **ānxīn**(安心) 참조.

*__ānxīn__ 安心 形 안심하다, 마음놓다. (**AABB**) ¶ ～gōngzuò(～工作)마음놓고 일하다. tīng dao zhège xiāoxi, tā jiù～le(听到这个消息, 她就～了)이 소식을 듣고서 그 여자는 마음을 놓았다.
☞ **ān▲xīn**(安心) 참조.

*__ànzhào__ 按照 介 …에 비추어, …에 따라, …대로. ☆ **ànzhào**(按照)뒤에는 반드시 2음절 단어를 사용함. ¶ ～yùdìng de jìhuà wánchéng rènwu(～预定的计划完成任务)예정된 계획대로 임무를 완성하다. ～yīshēng de zhǐshì chīyào(～医生的指示吃药)의사의 지시대로 약을 먹다.

†**ānzhuāng** 安装(一裝) 動 가설하다, 설치하다, 장치하다. ¶ ～diànhuà(～电话)전화를 가설하다. ～jīqì(～机器)기계를 설치하다.

āo 熬 動 [야채 따위를]삶다, 끓이다. ¶ ～báicài(～白菜)배추를 삶다. ～dòufu(～豆腐)두부를 끓이다.
☞ **áo**(熬) 참조.

*__áo__ 熬 動 1. 조리다, [장시간]끓이다, 달이다. ¶ ～yào(～药)약을 달이다. 2. [죽을]쑤다. ¶ ～zhōu(～粥)죽을 쑤다. 3. [고통·곤란 따위를]참고 견디다. ¶ nǐ zài～liǎng nián ba(你再～两年吧)앞으로 2년만 참고 견디십시오.

A

☞ āo(熬) 참조.

*ào 傲 形 1. 교만하다, 거만하다. 2. 굴복하지 않다, 굽히지 않다.

†àohuǐ 懊悔 動 뉘우치다, 후회하다. ¶ nǐ xiànzài~yě láibují le(你现在~也来不及了)너는 이제 후회해도 때는 늦다.

Àolínpǐkè 奥林匹克 名〈譯〉올림픽. 영어 'Olympic'의 음역. ~**Yùndònghuì**(~运动会)[올림픽대회], **Àoyùnhuì**(奥运会)라고 간략화하기도 함.

ào 懊 動 고민하다, 후회하다.

àomàn 傲慢 形 오만하다, 거만하다. ¶ tàidu~(态度~)태도가 오만하다. ~de yáncí(~的言词)오만한 언사[말투].

àomì 奥秘 名 매우 깊은 뜻, 신비. ¶ tànsuǒ yǔzhòu de~(探索宇宙的~)우주의 신비를 탐색하다. 形 깊고 신비하다.

àomiào 奥妙 形 [이치 등이]오묘하다. ¶ ~de dàoli(~的道理) 오묘한 이치. 名 오묘한 뜻. ¶ lǐmiàn de~(里面的~)속에 품은 깊은 뜻.

àonǎo 懊恼(－惱) 動 마음이 언짢다, 괴롭다. ¶ xīnli fēicháng~(心里非常~)마음이 매우 언짢다.

àosàng 懊丧(－喪) 動 [실의하여]풀이 죽다, 낙심하다. ¶ xīnli gǎndào~(心里感到~)낙담하다, 마음이 상하다.

áo▴yè 熬夜 動 밤샘하다, 철야하다. ¶ liánzhe áole sān tiān yè(连着熬了三天夜)연달아 3일 밤샘을 하다. ~xuéxí(~学习)밤을 새워 공부하다.

*āyí 阿姨 名 1.〈方〉어머니의 자매. =**yímǔ**(姨母) 2. 아주머니 : 어린 아이가 친척이 아닌 어머니 또래의 여자를 부르는 말. 3. 보모 ; 어린이가 보모를 부르는 말.

B

⁑**bā** 八 數 8, 여덟. ☆ 갖은자는 '捌'임. '八' 뒤에 第4聲 또는 第4聲에서 전화된 輕聲의 음절이 올 때, 第2聲 **bá**로 발음함. ¶ ~ge(~个)여덟 개. ~suì(~岁)여덟 살.

†**bā** 扒 動 1. 매달리다, 붙잡다. ¶ ~·zhe shùzhī(~着树枝)나뭇가지를 붙잡다. 2. [후벼]파다, 캐다. ¶ ~tǔ(~土)[손으로]흙을 파다. 3. 헐다, 허물다. ¶ ~fángzi(~房子)집을 헐다. 4. [옷·껍질 따위를]벗기다, 벗어버리다. ¶ ~·xià yīshang(~下衣裳)의복을 벗기다. ~**pí**(~皮)껍질[가죽]을 벗기다; 재산이나 돈을 착취하다.

bā 巴 動 1. 바라다, 기다리다. ~**bude**(~不得)갈망하다. 2. [바싹]달라 붙다, 단단히 붙다.

*__bá__ 拔 動 1. 뽑다, 빼다. ¶ ~cǎo(~草)풀을 뽑다. ~yá(~牙)이를 뽑다. 2. [소리를]높이다. ¶ ~sǎngzi(~嗓子)[배우·가수가]목청을 돋우다, 발성연습을 하다. 3. 선발하다. ¶ ~qǔ(~取)뽑아내다, 발탁하다.

⁑**bǎ** 把 動 1. [손으로]잡다, 쥐다. ~**duò**(~舵)키를 잡다. ~**zhǎn**(~盏)술잔을 들다. 2. 지키다, 파수보다. ~**mén**(~门)문을 지키다, 경비하다. 名 자동차의 핸들, 운전대, 손잡이. ☆ **bǎ**(把)가 명사화되는 경우에는, 보통 **bà**로 발음되지만 다음의 경우에만, 예외적으로 **bǎ**로 발음됨. **chē**~(车~)차의 운전대, 핸들. 介 …을, …으로서; [목적어를 동사 앞에 이끌어]처치(處置)의 의미를 나타냄. ¶ nǐ~mén guānshàng(你~门关上)문을 닫으시오. ~jīngyàn tányitán(~经验谈一谈)경험을 이야기하다. hái méiyou~xìn xiěwán(还没有~信写完)아직도 편지를 다 쓰지 못했다. ☆ **bǎ**(把)를 사용하는 문장에서는, ① 동사는 뒤에 다른 요소를 동반하거나 반복하지 않으면 안됨. ② 목적어는 일반적으로 특정한 것이 아니면 안됨. ③ 부정부사나 능원동사는 **bǎ**(把) 앞에 오지 않으면 안되는 등 몇 가지의 제한이 있음. 接尾 쯤, 가량, 정도[양사 gè(个), 수사 bǎi(百), qiān(千), wàn(万) 등의 뒤에 쓰여 그 수량이 이 단위수에 가까움을 나타냄.] ¶ gè~yuè(个~月)1개월 정도. bǎi~kuài qián(百~块钱)100원 가량. diǎn~liǎng diǎn zhōng(点~两点钟)1, 2시간 정도. 量 1. 자루, 손잡이가 있는 물건을 세는데 쓰임. ¶ yì~dāo(一~刀)칼 한 자루. liǎng~sǎn(两~伞)우산 2개. sān~yǐzi(三~椅子)의자 3개. ☆ 의자는 등받이 부분을 잡고 운반하기 때문에 **bǎ**(把)를 사용함. 2. 한 주먹으로 쥘만한 분량을 나타냄. ¶ yì~mǐ(一~米)쌀 한 줌. chū yì~lì(出一~

力)한번 힘을 내다. 3. 손 동작에 쓰임. ¶ lāle tā yì~(拉了他一~)그를 한번 끌어 당겼다. cā~liǎn(擦~脸)얼굴을 한번 훔치다.
☞ **bà**(把) 참조.

bà 把 图 (~儿) 1. [기물의]손잡이, 자루. **dāo**~(刀~)칼자루. **guō**~(锅~)냄비 손잡이. 2. [식물의]줄기, 꼭지. ¶ lí~(梨~)배꼭지. guā~r(瓜~儿)오이·참외 등의 꼭지.
☞ **bǎ**(把) 참조.

*__bà__ 爸 图 〈口〉 아빠, 아버지. = **bàba**(爸爸)

†**bà** 坝(壩) 图 《**dào** 道》〈農〉 제방, 댐.

bà 罢(罷) 動 1. 그만 두다, 쉬다. ~**shǒu**(~手)손을 떼다, 중지하다. 2. 해임하다, 파면하다, 면직하다. ~**guān**(~官)관직을 파면하다, 해직하다. 3. [동사의 보어로 쓰여]끝내다, 마치다. ¶ shuō·~(说~)말을 끝마치다. chī·~fàn(吃~饭)식사를 끝내다.

⁑**ba** 吧 助 문장 끝에 쓰여 명령·권유·청구·추측·건의 등의 어기(語氣)를 나타냄. ¶ nǐ zìjǐ shuō~(你自己说~)네가 말해봐. zánmen zǒu~(咱们走~)우리 갑시다. dàgài bù lái~(大概不来~)아마 오지 않을거야.

⁑**bàba** 爸爸 图 〈口〉 아빠, 아버지. **bà**(爸)라고도 함.

*__bābude__ 巴不得 動 갈망하다, 몹시 …을 바라다. ¶ ~tiān kuài qíng(~天快晴)날이 빨리 개이기를 간절히 바라다.

bāchéng 八成 图 〈度〉 8할, 10분의 8; 대부분. ¶ shìqing yǒule~le(事情有了~了)일은 8할 정도 해결되었다. 副 십중 팔구, 대개, 거의. ¶ ~yào xià yǔ(~要下雨)십중팔구 비가 올 것이다.

bǎchí 把持 動 [지위·권한을]독점하다, 독차지하다, 좌지우지 하다. ¶ ~jīngjì dàquán(~经济大权)경제대권을 독점하다.

*__bà▲gōng__ 罢工(罷ㅡ) 動 [동맹]파업하다, 스트라이크하다. ¶ bà yì tiān gōng(罢一天工)하루 파업하다.
☞ **bàgōng**(罢工) 참조.

*__bàgōng__ 罢工(罷ㅡ) 图 [동맹]파업, 스트라이크. **nào**~(闹~)파업을 일으키다.
☞ **bà▲gōng**(罢工) 참조.

bāgǔ 八股 图 1. 팔고문; 명(明)·청(清)시대에 과거(科擧)의 답안용으로 채택된 특별한 형식의 문체. 2. 판박이; 내용이 없는 형식적이고 무미건조한 문장이나 태도. **xīn**~(新~)현대의 팔고문과 같은 형식적이고 내용이 없는 글. **yáng**~(洋~)서양물이 든 틀에 박힌 문장.

bǎ▲guān 把关(ㅡ關) 動 1. 관문을 지키다. 2. 엄밀히 점검하다. ¶ bǎhǎo zhìliàng guān(把好质量关)점검하여 품질을 보증하다; 품질 점검을 엄밀히 하다. céngcéng~(层层~)각 단계에서 점검을 하다.

bá▲hé 拔河 動 줄다리기를 하다. 图 줄다리기.

*__bāi__ 掰 動 1. [두 손으로]물건을 쪼개다. ¶ ~mántou(~馒头)만두를 쪼개다. ~liǎng bànr(~两

半儿)두 쪽으로 쪼개다. 2. 따다, 까다, [관절 등이]빠지다. ¶ ~·zhe shǒuzhǐtou shǔ(~着手指头数)손가락을 꼽으면서 셈을 하다. ~yùmǐ(~玉米)옥수수를 따다. 3. [팔씨름을]하다. **~wànzi**(~腕子)팔씨름을 하다.

⁑**bái** 白 形 1. 희다, 흰. ¶ ~huā (~花)흰 꽃. 2. 빈, 아무것도 없다. **~kāishuǐ**(~开水)끓인 맹물. 3. 거저, 무료로, 공짜로. ¶ chōu~yān(抽~烟)공짜 담배를 피우다. hē~jiǔ(喝~酒)공짜 술을 마시다. 4. 청결하다, 깨끗하다. 副 1. 헛되이, 쓸데없이. ¶ ~qùle yí tàng(~去了一趟)한바탕 헛걸음을 하다. ~huā qián(~花钱)쓸데없이 돈을 쓰다. 2. 거저, 무료로. ¶ ~gěi(~给)거저 주다, 공짜로 주다.

⁑**bǎi** 摆(擺) 動 1. 놓다, 진열하다, 배치하다. ¶ ~zhuōzi(~桌子)상을 차리다. 2. 뽐내다, 과시하다, 드러내다. **~jiàzi**(~架子)뽐내다, 거드름 피우다. **~kuòqi**(~阔气)돈 있는 티를 내다. 3. [좌우로]흔들다, 가로젓다. **~shǒu**(~手)손을 흔들다. 4. 말하다, 잡담하다. ¶ dàjiā lái~·~(大家来~~)우리 이야기나 나누자. ~shì shí(~事实)사실을 말하다. 名 1. 추, 흔들이. **zhōng**~(钟~)시계의 추. 2. 옷자락. **xià**~(下~)옷자락.

⁑**bǎi** 百 數 1. 100, 백. ☆ 갖은자는 '佰'임. ¶ nián guò bàn~(年过半~)50세를 넘다. sān·~yī(三~一)310. **~wén bù rú yí jiàn**(~闻不如一见)백문이 불여일견. 2. 많은 수, 온갖.

†**bài** 败(敗) 動 1. 지다, 패배하다. ¶ ~·le yí zhàng(~了一仗)전쟁에 패하다. 2. 패배시키다, 이기다. ¶ dà~díjūn(大~敌军)적군을 격파하다. 3. 쇠퇴하다, 시들다. ¶ huā kuàiyào~le(花快要~了)꽃이 곧 시들려고 한다. kāi bú~de huā(开不~的花)시들지 않은 꽃.

bài 拜 動 1. 절[인사]하다, 숭배하다. **xià**~(下~)겸손하게 절하다. 2. [상대방에게]축하나 경의의 뜻을 나타냄. **~nián**(~年)신년을 축하하다, 새해 인사를 드리다. **~shòu**(~寿)[윗사람의]생일을 축하하다, 장수를 축하하다. 3. 방문하다. ¶ qù~lǎopéngyou(去~老朋友)옛친구를 방문하러 가다. 4. 공경스럽게 상대방과 어떤 관계를 맺다. **~bǎzi**(~把子)의형제를 맺다.

báibái 白白 副 공연히, 헛되이. **báibáide**(白白地)라고도 함. ¶ ~làngfèile yì tiān(~浪费了一天)하루를 헛되이 낭비했다.

***báicài** 白菜 名 〈植〉《**kē** 棵, **zhū** 株》배추. **dàbáicài**(大白菜)라고도 함.

báifán 白矾(—礬) 名 백반. = **míngfán**(明矾)

†**bàifǎng** 拜访(—訪) 動 예방하다, 방문하다. ¶ ~jiēfang(~街坊)이웃에 인사를 하다, 이웃집들을 찾아보다. ~shì zhèngfǔ(~市政府)시정부를 방문하다.

báifèi 白费(—費) 動 허비하다, 헛되이 쓰다. ¶ ~lìqi(~力气)헛되이 힘쓰다. ~shì(~事)헛수고를

B

하다. ~kǒushé(~口舌)말해봐야 쓸데없다.

*bǎifēn 百分 數〈度〉퍼센트(%), 백분의…. ¶ ~zhī sìshí(~之四十)40%.

báigānr 白干儿(-乾兒) 名 배갈 ;일반적으로는 고량주의 통칭. ¶ hēle sān liǎng~(喝了三两~) 배갈을 3양(150g) 마셨다.

bàihuài 败坏(敗壞) 動 [명예·기풍 등을]손상시키다, 해치다. ¶ ~míngyù(~名誉)명예를 손상시키다.

†bàihuì 拜会(-會) 動 [귀빈을]방문하다, 찾아가 뵙다.

†bǎihuò 百货(-貨) 名 여러가지 종류의 상품 ; 백화, 잡화. ~**dàlóu**(~大楼)백화점. ~**gōngsī**(~公司)위와 동일. ~**shāngdiàn**(~商店)위와 동일.

*báijiǔ 白酒 名 배갈, 고량주 ; 소주. **báigānr**(白干儿)이라고도 함.

báikāishuǐ 白开水(-開-) 名 끓인 맹물, 백비탕. 약칭하여 **bái-kāi**(白开)라고도 함.

báimāngmāng 白茫茫 形 [구름·안개·눈 등이]온통 하얗다.¶ ~de yuányě(~的原野)온통 하얀 벌판.

*báisè 白色 形 1. 백색의, 흰빛의 ~**rénzhǒng**(~人种)백색 인종. 2. 반혁명의, 반동적인. ~**kǒngbù**(~恐怖)백색 공포, 백색 테러.

*báishǔ 白薯 名 고구마.=**gānshǔ**(甘薯)

*bǎishù 柏树(-樹) 名《**kē** 棵, **zhū** 株》〈植〉측백나무.

*báitáng 白糖 名 백설탕.

⁑báitiān / báitian 白天 名 낮, 대낮. ¶ ~qù shàngbān, wǎnshang zài jiā(~去上班, 晚上在家)낮에는 출근하고, 밤에는 집에 있다.

bǎituō 摆脱(擺-) 動 [속박·어려운 상황 따위에서]벗어나다, 빠져 나오다, 이탈하다. ¶ ~·le zhuībǔ(~了追捕)추격에서 벗어나다. ~kùnjìng(~困境)곤경에서 벗어나다.

bàituō 拜托 動 부탁드리다, 삼가 부탁합니다.¶ zhè shì~nín le(这事~您了)이 일을 잘 부탁드립니다. zhè fēng xìn~nín jiāogei tā(这封信~您交给他)이 편지를 그에게 건네주기를 부탁드립니다.

bǎixìng 百姓 名 백성, 국민. **lǎo**~(老~)일반 대중, 평민 [정부 관료나 군인과 구별됨.]

báiyáng 白杨(-楊) 名〈植〉《**kē** 棵, **zhū** 株》백양, 포플러.

bǎiyóu 栢油 名 콜타르(coal tar), 아스팔트(asphalt). ~**lù**(~路)아스팔트 길. ~**mǎlù**(~马路)위와 동일.

bājie 巴结(-結) 動 1. 아부하다, 아첨하다, 비위를 맞추다. ¶ ~lǐngdǎo(~领导)영도자에게 아부하다. 2. 노력하다.

*bàle 罢了(罷-) 助 …일 뿐이다, 단지 …할 따름이다. ☆ **búguò**(不过), **zhǐ**(只)등의 부사와 호응하여 사용하는 경우가 많음. ¶ búguò shuōshuo~(不过说说~)좀 말해봤을 뿐이다.

bālěiwǔ 芭蕾舞 名 발레. ☆ 芭蕾는 불어 'ballet'의 음역임. ¶ tiào~(跳~)발레를 추다.

⁑bān 班 名 1. 조(組), 반, 그룹.

B

~**zhǎng**(~长)반장, 급장, 조장. ~**zhǔrèn**(~主任)학급 담임. 2. 근무, 당번, 차례. **shàng**~(上~)출근하다. **xià**~(下~)퇴근하다. 量 1. 조, 반으로 된 단체, 무리를 셀 때 쓰임. ¶ zhè~xuésheng(这~学生)이 학급의 학생. nà~rén(那~人)그 조의 사람. 2. 교통기관의 운행표, 또는 노선. **tóu**~**chē**(头~车)첫 차.

⁑**bān** 搬 動 1. [비교적 큰 것을]운반하다, 옮기다. ¶ ~chuáng(~床)침대를 옮기다. 2. 이사하다, 옮겨 가다. ¶ ~·dào Tiānjīn lái(~到天津来)천진으로 이사하다. ~**jiā**(~家)이사하다, 이전하다.

***bān** 般 副 …같은, …와 같은 모양[종류]의. ¶ xiōngdì~de yǒuyì(兄弟~的友谊)형제와 같은 우정. 形 일반의, 보통의.

bān 颁(頒) 動 1. 분배하다, 베풀다. 2. 공포(公布)하다, 반포(頒布)하다.

†**bǎn** 板 名 1. (~儿) 《**kuài** 块》 널, 판자. =**bǎnzi**(板子) **mù**~(木~)목판. tiě~(铁~)철판. 2. (~儿)[상점 등의]간판. ¶ yǐjīng shàng~le(已经上~了)이미 가게문을 닫았다. 3. 박자, 곡조. 4. 박자목; 박자를 맞추는 나무판. 形 무뚝뚝하다, 딱딱하다; 융통성이 없다. ¶ biǎoqíng tài~(表情太~)표정이 너무 무뚝뚝하다. 動 표정이 굳어지다, 엄숙한 기색을 하다, 정색하다. ~**liǎn**(~脸)무표정한[무뚝뚝한]얼굴을 하다, 정색을 하다.

bǎn 版 名 1. 판, 인쇄판. **chūbǎn**(出版)[출판]. 2. [인쇄물의]인쇄 출판 횟수. 3. [사진의]원판, 네가(nega). 4. 신문의 지면(紙面).

†**bàn** 瓣 名 (~儿) 꽃잎, 화판. 量 (~儿) [여러 조각으로 이루어진 과실의]쪽, 짜개. ¶ sān~júzi(三~橘子)귤 3쪽.

⁑**bàn** 办(辦) 動 1. [일 따위를]하다, 처리하다, 취급하다. ¶ ~shǒuxù(~手续)수속을 밟다. 2. 운영하다, 경영하다. ¶ ~gōngchǎng(~工厂)공장을 경영하다. ~xuéxiào(~学校)학교를 경영하다. 3. 준비하다, 마련하다, 구입하다. ¶ ~niánhuò(~年货)설맞이 물건을 준비하다.

bàn 拌 動 1. 뒤섞다, 버무리다. ¶ ~miàn(~面)[삶은]국수에 조미료나 그밖의 부재료를 섞다. ~sìliào(~饲料)사료를 섞다. 2. 말다툼하다. ~**zuǐ**(~嘴)말다툼하다.

⁑**bàn** 半 數 반, 절반, 2분의 1. ¶ ~nián(~年)반년. ~jīn ròu(~斤肉)고기 반근(250g). liǎng ge~xiǎoshí(两个~小时)2시간 반. sān tiān~de shíjiān(三天~的时间)3일반의 시간. ~**sǐ**~**huó**(~死~活)반죽음이 되다, 거의 죽어가다. ~**xīn**~**jiù**(~新~旧)중고. ~**xìn**~**yí**(~信~疑)반신 반의.

bàn 伴 動 동반하다, 모시다. **péibàn**(陪伴)[동행하다]. 名 (~儿) 동료, 동반자, 짝, 벗, 반려.

bàn 扮 動 1. […로]분장하다. 2. 변장하다.

bànbèizi 半辈子(-輩-) 名 반생, 반평생. ⇔ **yíbèizi**(一辈子) **qián**~(前~)전반생, 인생의 전반부.

B

hòu~(后~)후반생.

bànbudào 办不到(辦一) 動 해낼 수 없다, 처리할 수 없다. ⇔ **bàndedào**(办得到)

bànbuliǎo 办不了(辦一) 動 [많아서]다 해낼 수 없다, 처리가 불가능하다. ⇔ **bàndeliǎo**(办得了) ¶ yí ge rén~zhè jiàn shì(一个人~这件事)한 사람이 이 일을 다 해낼 수 없다.

*__bǎncār__ 板擦儿 (一兒) 名 칠판 지우개.

bānchē 班车(一車) 名 《liàng 辆》 정기적으로 운행하는 차량, 통근차. ¶ wǒmen dānwèi měitiān yǒu yí tàng~(我们单位每天有一趟~)우리 직장에는 날마다 한 번의 운행하는 버스가 있다.

bǎnchē 板车(一車) 名 《liàng 辆》 [두 세 사람이 끄는]큰 짐수레.

†**bàndǎo** 半岛(一島) 名 반도.

bàndǎotǐ 半导体(一導體) 名 〈電〉 1. 반도체, 트랜지스터. ~**shōuyīnjī**(~收音机)트랜지스터 라디오. 2. 〈略〉 트랜지스터 라디오. =**bàndǎotǐ shōuyīnjī**(半导体收音机) ☆ 수다스런 사람을 지칭할 때도 쓰임.

bàndedào 办得到(辦一) 動 할 수 있다, 해낼 수 있다. ⇔ **bànbudào**(办不到)

bàndeliǎo 办得了(辦一) 動 처리할 수 있다. ⇔ **bànbuliǎo**(办不了)

†**bǎndèng** 板凳 名 《tiáo 条》 [등받이가 없는]긴 나무 걸상, 벤치.

⁑**bànfǎ** 办法(辦一) 名 《gè 个, tào 套》 방법, 수단, 방식. ¶ wǒ méi ~shuōfú tā(我没~说服他)그를 설득할 방법이 없다. xiǎng~(想~)방법을 생각하다. yǒu~(有~)방도가 있다.

bāng 邦 名 나라, 국가. **yǒubāng**(友邦)[우방].

*__bāng__ 帮(幫) 動 1. 돕다, 거들어 주다. ¶ ~yì bǎ(~一把)한 바탕 돕다. ~qián(~钱)금전적으로 돕다. 2. 삯일을 하다. ¶ ~duǎngōng(~短工)날품팔이를 하다. 名 1. 물체의 측면 또는 가장자리. **guō**~(锅~)냄비 가장자리. **xié**~(鞋~)신발의 양측 부분. 2. [야채의]겉대. 3. 결사(結社), 집단[주로 정치적·경제적 목적으로 결성된 것.] **jié**~(结~)무리를 짜다, 파벌을 만들다. 量 [여럿이 모여서 한 동아리를 이룬 사람들에 대해 쓰임]무리, 패거리. ¶ yì~háizi(一~孩子)한 무리의 아이들.

*__bǎng__ 绑(綁) 動 1. [줄·끈 따위로]묶다, 동이다, 체포하다. ¶ ~·zai yìqǐ(~在一起)한데 묶다. 2. 유괴하다, 납치하다.

bàng 傍 動 1. 인접하다, 접근하다. 2. [시간이]임박하다, 다가오다.

†**bàng** 棒 名 막대기, 몽둥이, 곤봉. =**bàngzi**(棒子) 形 〈口〉 [체력이나 능력이] 강하다, 훌륭하다, 뛰어나다. ¶ nǐ zhēn~!(你真~!)너 정말 훌륭하구나!

†**bàng** 磅 量 〈度〉 파운드 ; 중량의 단위. ☆ 영어 'pound'의 음역. 名 앉은뱅이 저울.

*__bāng▲máng__ 帮忙(幫一) 動 일을 돕다, 거들어 주다, 원조하다. ¶

gěi wǒ bāngbang máng ba(给我帮帮忙吧)날 좀 거들어 줘. bāngbushàngmáng(帮不上忙)[도와주고 싶은 마음은 있지만]도와주지 못하다.

*bàn▲gōng 办公(辦一) 動 공무를 처리하다, 사무를 보다. ¶ xiànzài wǔxiū bú~(现在午休不~)현재 점심 후의 휴식 시간에는 일하지 않는다. ~**shì**(~室)사무실 ; **wàishì bàngōngshì** (外事办公室)외사 사무실

bàngqiú 棒球 名 야구. ¶ dǎ~(打~)야구를 하다. ~**duì**(~队)야구팀.

*bàngwǎn 傍晚 名 저녁 무렵, 해질 무렵.

*bǎngyàng 榜样(一樣) 名 모범, 본보기, 귀감. ¶ zuò~(做~)본보기가 되다.

⁑bāngzhù 帮助(幫一) 動 돕다, 원조하다, 보좌하다. ¶ ~tā de gōngzuò(~他的工作)그의 일을 도와주다. nǐ~wǒ shōushi fángjiān ba(你~我收拾房间吧)방을 정리하는 것을 거들어 줘. 名 도움, 원조.

bàngzi 棒子 名 《**gēn** 根》 1. 몽둥이, 막대기, 방망이. =**gùnzi**(棍子) 2. 〈方〉 옥수수, 강냉이. = **yùmǐ**(玉米)

bānjī 班机(一機) 名 정기 항공기[여객기].

bānjí 班级(一級) 名 학급, 학년, 반.

*bān▲jiā 搬家 動 이사하다, 이전하다. ¶ bānguo liǎng cì jiā(搬过两次家)두번 이사를 했다.

†bànlǐ 办理(辦一) 動 [사무를]처리하다, 취급하다, 해결하다.

bǎn▲liǎn 板脸(一臉) 動 무표정한[무뚝뚝한] 얼굴을 하다, 정색을 하다. ¶ bǎnzhe liǎn bù shuō huà(板着脸不说话)엄숙한 표정을 띠고서 말하지 않다.

bànlǚ 伴侣(一侶) 名 [생활 · 일 · 여행 등의]반려, 동료, 동반자. **zhōngshēn**~(终身~)일생의 반려.

bànqiú 半球 名 〈地〉 반구. **běi**~(北~)북반구. **nán**~(南~)남반구.

*bànrì 半日 名 반일, 한나절. = **bàntiān**(半天)

*bàn▲shì 办事(辦一) 動 일을 하다, 사무를 보다. ¶ ~rènzhēn(~认真)일하는 것이 진지하다. **bú huì**~(~不会)일처리가 서툴다. ~**chù**(~处)사무소. ~**yuán**(~员)사무원.

bānshou 扳手 名 〈機〉 스패너(spanner) ; 볼트, 너트 등을 죄는 공구.

⁑bàntiān 半天 名 1. 반일(半日). **qián**~(前~)오전. **hòu**~(后~)오후. 2. 한참 동안. ¶ xiǎngle~, kěxiǎng bumíngbai(想了~, 可想不明白)한참 동안 생각했으나, 이해할 수 없었다. děngle~(等了~)한참 동안 기다렸다. **hǎo** ~ (好~)오랫동안, 한참동안.

bànyǎn 扮演 動 …의 역을 맡다, 출연하다. ¶ tā zài nàge diànshìjù zhōng~fùqin(他在那个电视剧中~父亲)그는 그 텔레비전 연속극에서 아버지의 역을 맡고 있다. ~bù guāngcǎi de juésè(~不光彩的角色)[비유적으로]영예

롭지 못한 배역.

*__bànyè__ 半夜 名 1. 하룻밤의 절반, 반밤. 2. 한밤중, 심야. **shēn gēng** ~(深更~)심야, 깊은 밤. ¶ dào jiā yǐjing~le(到家已经~了)집에 도착하니 벌써 한밤중이었다. huì yì yìzhí kāi dào~(会议一直开到~)회의가 한밤중까지 계속되었다.

bānyùn 搬运(一運) 動 운송하다, 운반하다. ¶ ~xíngli(~行李)짐을 운반하다. ~**gōng**(~工)운송 인부. ~**fèi**(~费)운임, 수송비.

bànzòu 伴奏 動 반주하다. 名 반주. ¶ gāngqín~(钢琴~)피아노 반주.

*__bāo__ 包 動 1. [종이나 천 따위로] 싸다, 싸매다. ¶ ~shūpír(~书皮儿)책의 표지를 싸다. ~jiǎozi(~饺子)만두를 빚다. ~zòngzi(~粽子)종자를 빚다. ☆ 만두·종자를 싸서 만든다는 것에서 **bāo**(包)를 사용함. 2. 일을 도맡다, 청부하다. ~**gōng**(~工)공사를 맡다. 3. 보장하다, 보증하다. ¶ ~nǐ mǎnyì(~你满意)네가 만족할 것을 보증한다. 4. 전세 내다, 대절하다. ¶ ~·le yí liàng chē(~了一辆车)자동차를 한대 대절했다. 名 (~儿) 포대, 가방. ¶ dǎchéng~(打成~)가방을 묶다. tízhe~·r(提着~儿)가방을 들다. **zhǐ**~(纸~)종이꾸러미, 종이봉지. 量 꾸러미, 포, 갑. ¶ yì~diǎnxin(一~点心)한 꾸러미의 과자.

†**bāo** 剥 動 [가죽·껍질 따위를] 벗기다, 까다, 바르다. ~**huā-shēng**(~花生)땅콩을 까다. ~**pí**(~皮)가죽을 벗기다, 착취하다.

*__báo__ 雹 名 우박. =**báozi**(雹子), **bīngbáo**(冰雹)

*__báo__ 薄 形 1. 얇다. ⇔ **hòu**(厚) ¶ ~bèi(~被)얇은 이불. ~bīng(~冰)살얼음. 2. [인정이]메마르다, 야박하다. ¶ ~dài rén bù~(待人不~)사람대접이 야박하지 않다. 3. [맛이]싱겁다, 진하지 않다. ¶ ~jiǔ(~酒)싱거운 술. ☞ **bó**(薄) 참조.

†**bǎo** 宝(寶) 名 보물, 보배. **chuán-jiā zhī**~(传家之~)대대로 전해 오는 가보. 形 진귀한, 귀중한.

†**bǎo** 保 動 1. 지키다, 보호하다. ¶ ~biānjiāng(~边疆)변경을 지키다. 2. 보증하다, 책임지다. ¶ ~tián(~甜)[수박 등이]단것을 보증하다. ~·bu zhù(~不住)보증할 수 없다. 3. 보존하다, 유지하다. ¶ ~·zhù guànjūn(~住冠军)우승을 지켜 나가다, 연패하다.

⁑**bǎo** 饱(飽) 形 배부르다. ⇔ **è**(饿) ¶ chī·~(吃~)배불리 먹다. 副 충분히, 족히. ~**jīng fēng shuāng**(~经风霜)온갖 시련을 다 겪다. 動 만족시키다. yì~yǎn fú(一~眼福)실컷 눈요기하다.

⁑**bào** 报(報) 名《**fèn** 份, **zhāng** 张》신문, 정기 간행물. **bàozhǐ**(报纸)라고도 함. ☆ **xīnwén**(新闻)은 「뉴스」라는 뜻임. ¶ kàn~(看~)신문을 보다. 動 1. 알리다, 통지하다. ~**dào**(~到)도착을 알리다. ~**shí**(~时)시간을 알리다. 2. [원수 따위를]갚다. **yǐ yuān**~**dé**(以冤~德)은혜를 원수로 갚다.

⁑**bào** 抱 動 1. 안다, 포옹하다. ¶

～·zhe háizi(～着孩子)어린애를 안고 있다. 2. [자식이나 손자를]처음으로 얻다(보다). ¶ ～sūnzi le(～孙子了)첫손자를 보다. 3. [어린애를]양자(양녀)로 삼다. ¶ zhè háizi shì～·lai de(这孩子是～来的)이 어린애는 양자로 데려온 아이이다. 4. [생각·의견을]마음에 품다, 가지다.¶ ～·zhe huáiyí de tàidu(～着怀疑的态度)의심스런 태도를 지니고 있다. ～**bùpíng**(～不平)불만을 품다. 量 아름. ¶ yí～cǎo(一～草)한 아름의 풀.

bào 刨(鉋·鑤) 動 [대패·평삭반 따위로]깎다, 대패질하다. ¶ bǎ bǎnzi～·píng(把板子～平)판자를 평평하게 깎다. ～mùbǎn(～木板)널빤지를 깎다. 名《**chuáng** 床》대패, 선반.

bào 暴 形 1. 급격한. 2. 난폭하다, 잔혹하다, 흉악하다. 3. [성질이]급하다. 動 불거지다, 돌기하다.

bào 爆 動 1. 폭발하다, 터지다. ¶ chētāi～le(车胎～了)타이어가 펑크났다. 2. [끓는 물·기름에]살짝 데치다. 3. [불 따위에]데다.

bāobàn 包办(一辦) 動 1. [혼자서 책임지고]도맡아 하다, 청부맡다. ¶ zhè shì wǒ～le(这事我～了)이 일은 내가 도맡아 한다. 2. 독단하다, 독점하다 ¶ fùmǔ～zǐnǚ hūnyīn(父母～子女婚姻)부모가 자녀의 혼인을 독단적으로 정하다.

†**bǎobèi** 宝贝(寶貝) 名 (～儿) 1. 보배, 보물. 2. 별사람, 별난 사람；무능하거나 황당한 사람을 얕잡아 이르는 말. ¶ tā shì wǒmen gōngsī gōngrèn de～(他是我们公司公认的～)그는 우리 회사에서 공인된 별난 사람이다. 3. 귀염둥이, 귀여운 아이；어린 아이에 대한 애칭.

bāobì 包庇 動 [나쁜 사람·일을]비호하다, 감싸주다. ¶ ～huài rén(～坏人)나쁜 사람을 감싸주다.

***bǎochí** 保持 動 [현상을]유지하다, 보지하다. ¶ ～liánxì(～联系)관계를 유지하다. ～qīngjié(～清洁)청결을 유지하다. ～nǐ de liǎnmiàn(～你的脸面)너의 체면을 지켜주다. ～yídìng de jùlí(～一定的距离)일정한 간격을 유지하다.

bào▲chóu 报仇(報一) 動 보복하다, 원수를 갚다. ¶ zǒng yǒu yì tiān wǒ yào～(总有一天我要～)반드시 언젠가는 나는 복수할 것이다.

***bàochou** 报酬(報一) 名 보수, 사례. ¶ bú jì～(不计～)보수를 따지지 않다.

†**bǎocún** 保存 動 보존하다. ¶ ～yíjì(～遗迹)유적을 보존하다. ～zīliào(～资料)자료를 보존하다.

bàodǎo 报导(報導)
☞ **bàodào**(报道) 참조.

***bào▲dào** 报到(報一) 動 1. 도착보고를 하다. ¶ xiàng dàhuì mìshūchù～(向大会秘书处～)대회 사무국에 도착을 보고하다. 2. 출석하다, 출두하다.

***bàodào** 报道(報一) 動 보도하다. **bàodǎo**(报导)라고도 함. ¶ ～jìnzhǎn qíngkuàng(～进展情况)

진전상황을 보도하다. 名 보도, 르포. ¶ jù~, jīnnián yòu huòdé fēngshōu(据~, 今年又获得丰收) 보도에 의하면, 올해 또 풍작을 거두었다고 한다.

*bàofā 爆发(一發) 動 1. 갑자기 일어나다, 돌발하다. ¶ ~zhànzhēng (~战争)전쟁이 돌발하다. ~hù (~户)벼락부자. 2. [화산 따위가]폭발하다.

bāo▲fàn 包饭(一飯) 動 [일정한 보수를 받고]밥(음식)을 해주다. bāo▲huǒ(包伙)라고도 함. ¶ zài xuéxiào shítáng~(在学校食堂~) 학교식당에서 밥을 해주다.

*bāofu 包袱 名 1. 보자기, 보따리. ~pí(~皮) 보자기. 2. [경제 및 정신적인]부담, 무거운 짐. ¶ bēishàng~(背上~)[정신적인]부담을 지다.

*bàofù/bàofu 报复(報復) 動 보복하다, 앙갚음하다. ¶ ~duìfāng (~对方)상대방에 보복하다. 名 보복, 복수.

*bàogào 报告(報一) 動 보고하다, 알리다, 전하다. ¶ tā bǎ zhè jiàn shì~le zhèngfǔ(他把这件事~了政府)그는 이 일을 정부에 보고했다. ~dàjiā yíge hǎo xiāoxi(~大家一个好消息)모두에게 좋은 소식을 알리다. 名 보고(서), 리포트. ¶ dǎ~(打~)보고하다. zuò~(做~)위와 동일. ~wénxué(~文学)보고문학, 르포르타즈.

†bǎoguǎn 保管 動 1. 보관하다.¶ ~wénjiàn(~文件)서류를 보관하다. 2. 보증하다. ¶ ~nǐ mǎnyì (~你满意)당신의 만족을 보증한다. 副 꼭, 어김없이.

*bǎoguì 宝贵(寶貴) 形 귀중하다, 중시하다. ¶ ~de jīngyàn(~的经验)소중한 경험. ~de réncái (~的人材)귀중한 인재. hěn~de yìjian(很~的意见)대단히 귀중한 의견.

bāoguǒ 包裹 動 싸다, 포장하다. ¶ bǎ shāngkǒu~·qilai(把伤口~起来)상처를 싸매다. 名 소포, 보따리. ¶ dǎ~(打~)소포를 싸다. jì~(寄~)소포를 부치다.

†bāohán 包含 動 포함하다, 포괄하다. ¶ ~máodùn(~矛盾)모순을 포함하다.

*bǎohù 保护(一護) 動 보호하다. ¶ ~yǎnjing(~眼睛)눈을 보호하다. ~huánjìng, fángzhǐ wūrǎn (~环境, 防止污染)환경을 보호하고, 오염을 방지하다.

bǎojiàn 保健 名 〈醫〉 보건. fùyòu~(妇幼~)모자(母子) 보건. ~zhàn(~站)보건소.

†bǎojiàn 宝剑(寶劍) 名 《kǒu 口》 보검, 보배로운 칼.

†bàokān 报刊(報一) 名 신문·잡지 등의 간행물 ; 정기간행물. ¶ fāxíng~(发行~)간행물을 발행하다.

*bāokuò 包括 動 포함하다, 일괄하다. ¶ ~liǎng ge nèiróng(~两个内容)두가지 내용을 포함하다.

†bǎoliú 保留 動 1. 보존하다. ¶ wūzi li~·zhe dāngnián de bǎishè(屋子里~着当年的摆设)방안에 그 당시의 장식품을 보존하고 있다. 2. 보류하다. ¶ ~tàidu (~态度)태도를 보류하다. ~yìjian(~意见)의견을 보류하다.

B

***bàolù** 暴露 動 폭로하다, 드러내다. ¶ ~·chū ruòdiǎn lai(~出弱点来)약점을 드러내다. ~shēnfèn(~身份)신분을 드러내다. ~**wénxué**(~文学)폭로 문학.

†**bǎomì** 保密 動 비밀을 지키다.¶ zhè shì juéduì~(这事绝对~)이 일은 절대 비밀이다.

†**bào▲míng** 报名(報—) 動 신청하다, 지원하다. ¶ ~tóukǎo(~投考)시험에 응시하다.

***bǎomǔ** 保姆 名 1. 가정부, '保母'라고도 씀. 2. **bǎoyùyuán**(保育员)의 옛 이름, 보모.

***bàoqiàn** 抱歉 動 〈應〉미안(죄송)하게 생각하다, 미안해 하다. ¶ hěn~, wǒ bù néng dāying nǐ de yāoqiú(很~, 我不能答应你的要求)당신의 요구에 승낙할 수 없어 대단히 미안합니다. jiào nǐ jiǔ děng le, hěn~(叫你久等了, 很~)오랫동안 기다리게 해서 대단히 죄송합니다.

***bàoshè** 报社(報—) 名《**jiā** 家》 신문사.

†**bǎoshí** 宝石(寶—) 名《**kuài** 块》 보석.

***bǎoshǒu** 保守 動 지키다, 고수하다. ¶ ~mìmì(~秘密)비밀을 지키다. 形 보수적이다. ~**sīxiǎng**(~思想)보수적인 사상. ~**zhǔyì**(~主义)보수주의. ~**pài**(~派) 보수파.

bǎosòng 保送 動 [국가·기관·학교 등이]책임지고 추천하다.¶ ~shàng dàxué(~上大学)[소속 기관 등에서]추천을 받아 대학에 가다.

***bāowéi** 包围(—圍) 動 둘러싸다, 포위하다. ¶ bèi jìzhě~·zhù le (被记者~住了)기자에게 둘러 싸이다. 名 포위. ¶ chōngpò~(冲破~)포위를 돌파하다.

***bǎowèi** 保卫(—衛) 動 보위하다, 방위하다. ¶ ~zǔguó(~祖国)조국을 보위하다.

bǎoxiǎn 保险(—險) 名 보험. **rénshòu**(人寿~)생명보험. 形 안전하다, 위험이 없다. ¶ fàngzai zhèr hěn~(放在这儿很~)이곳에 두면 아주 안전하다. ~**dāo**(~刀)안전 면도기. ~**dēng**(~灯)안전등. ~**sī**(~丝)퓨즈(fuse). ~**xiāng**(~箱)소형 금고. 副 틀림없이, 절대로. ¶ ~nǐ huì mǎnyì(~你会满意)틀림없이 당신은 만족할 것이다.

bǎoyòu 保佑 動 [하느님이]도와주다, 가호하다. ¶ lǎotiānyé~(老天爷~)하느님이 도우시다.

†**bàoyǔ** 暴雨 名 폭우, 호우, 큰 소나기.

***bàoyuàn** 抱怨 動 원망하다, 원한을 품다, 탓하다. ¶ tā~ biéren bù lǐjiě tā(他~别人不理解他)그는 남이 자기를 이해하지 못한다고 원망한다.

bāo▲yuè 包月 動 한달에 얼마의 조건으로 일하다.
☞ **bāoyuè**(包月) 참조.

bāoyuè 包月 名 월정(月定).
☞ **bāo▲yuè**(包月) 참조.

***bǎoyùyuán** 保育员(—員) 名 [유치원·탁아소 등의]보모, 보육원.

†**bàozhà** 爆炸 動 폭발하다, 작렬하다. ¶ guōlú~le(锅炉~了)보일러가 폭발했다. ~**lì**(~力)폭발력. ~**wù**(~物)폭발물.

B

†**bǎozhàng** 保障 動 보장하다, 보증하다. ¶ ~rénshēn ānquán(~人身安全)인신의 안전을 보장하다.

***bǎozhèng** 保证(-證) 動 보증하다, 담보하다, 책임지다. ¶ ~gōngyìng(~供应)공급을 책임지다. 名 보증, 확보, 담보. ¶ wánchéng rènwu de~(完成任务的~)임무를 달성시킬 것을 보증. ~**jīn**(~金)보증금. ~**rén**(~人)보증인. ~**shū**(~书)보증서.

***bàozhǐ** 报纸(報紙) 名 《**zhāng** 张, **fèn** 份》 1. 신문. =**bào**(报) 2. 신문용지 ; 일반서적·잡지용지.

bàozhú 爆竹 名 폭죽. **bàozhang**(爆仗), **pàozhang**(炮仗)이라고도 함. ¶ fàng~(放~)폭죽을 터뜨리다. ~píqi(~脾气)격한 성미, 난폭한 성미.

***bāozi** 包子 名 [고기·야채 등의 소를 넣어 찐]만두, 찐빵. ¶ bāo~(包~)만두를 빚다.
☞ **mántou**(馒头) 참조.

***báozi** 雹子 名 우박. =**bīngbáo**(冰雹) ¶ xià~(下~)우박이 내리다.

***bàozi** 豹子 名 〈動〉《**zhī** 只》표범.

***bàozi** 刨子 名 《**bǎ** 把》대패.

***bǎwò** 把握 動 1. [꽉 움켜]쥐다, 잡다, 포착하다, 장악하다. ¶ ~chuánduò(~船舵)키를 꽉 잡다. 2. [추상적인 것을]파악하다, 이해하다. ¶ ~běnzhì(~本质)본질을 파악하다. 名 자신, 가망, 성공의 가능성. ¶ yǒu~(有~)자신이 있다. méi~(没~)자신이 없다.

bàwáng 霸王 名 1. 패자(霸者), 패왕. 2. 대단히 횡포한 사람.

⁑**bāyuè** 八月 名 8월.

bàzhàn 霸占 動 [무력으로]점령하다, 점거하다, 강점하다. ¶ ~biéguó lǐngtǔ(~别国领土)타국의 영토를 점령하다.

⁑**bēi** 卑 形 1. [위치가]낮다. 2. [품위, 물건의 질이]저열하다, 천하다. 3. 겸손하다, 비굴하다.

†**bēi** 碑 名 《**kuài** 块, **zuò** 座》비, 비석. ¶ shù~(树~)비를 세우다.

⁑**bēi** 杯 名 잔. =**bēizi**(杯子) 量 잔 [술잔이나 컵 따위에 담은 것을 셀 때 쓰임.] ¶ yì~shuǐ(一~水) 물 한 잔.

***bēi** 背 動 1. [등에]짊어지다, 업다. ¶ ~shūbāo(~书包)책가방을 메다. 2. 부담하다. ~**bāofu**(~包袱)[정신적인]부담을 지다. 3. [책임을]지다.
☞ **bèi**(背) 참조.

***bēi** 悲 名 슬픔, 연민. 動 1. 슬퍼하다. 2. 불쌍히 여기다.

⁑**běi** 北 名 북, 북쪽. ¶ cháo~(朝~)북향. zuò~cháo nán(坐~朝南)[건물이]남쪽으로 향해 앉다.

bèi 贝(貝) 名 1. 〈生〉 조개. 2. 고대의 화폐. 3. 보배, 보물.

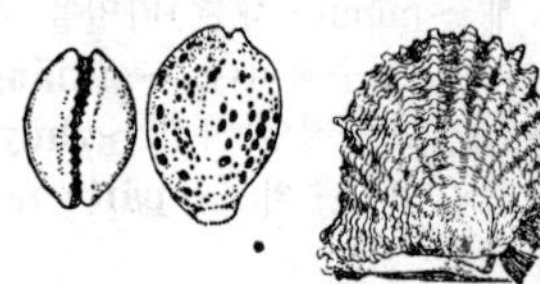

贝

***bèi** 背 名 등, 등 부분. 動 1. 등지다. ¶ ~·zhe mén zhàn(~着门站)입구를 등지고 서 있다. 2. 피하다, 숨다, 속이다. ¶ ~·

학습 정보 ❶

◈ 被动句 bèidòngjù(피동문) ◈

주어가 어떤 동작·행동을 받는 표현을「피동 표현」이라 하고, 중국어에서는 다음의 세 가지로 열거할 수 있다.

1. 피동문을 사용하는 것

a. "被"를 사용하는 피동문

현대 중국어의 가장 전형적인 피동문은 개사 "被 bèi"를 사용하는 것으로,

¶ 鱼被猫吃了。
생선이 고양이에게 먹혔다.

¶ 孩子被电话铃声惊醒了。
아이가 전화소리에 놀라 깼다.

와 같이「**피동자(동작·행위의 수동자)+"被"+주동자(동작·행위의 제공자)+동사**」의 어순으로 사용된다. "被"는 대개「(좋지 않은 것, 불운한 것을)만나다」라는 의미이며, 중국어의 피동문도 원래, 주어에 있어서 바람직하지 않은 일을 서술하는 경우에만 사용되었다. 그러나 오늘날 중국어에서는,

¶ 他被公司派到北京去了。
그는 회사에 의해 북경으로 파견되었다.

¶ 她被我们选为代表了。
그녀는 우리에 의해 대표로 선출되었다.

와 같은 예도 볼 수 있다. 이것은 피동문 용법의 광범위함을 나타내는 것이다.

이상의 문장에서는, "被"의 뒤에 주동자가 놓여지지만, 그것이 불특정의 사람인 경우에는 "我的钱包被人偷了"(내 지갑은 다른 사람에게 도둑맞았다)와 같이 "人"을 쓴다. 또한, "被"의 뒤에 오는 주동자는 그것을 서술할 필요가 없기도 하고, 명시할 수 없는 경우에는 탈락되어,

¶ 他被选为小队长了。
그는 소대장으로 뽑혔다.

¶ 封建制度被推翻了。
봉건제도가 전복되었다.

와 같이 "被"의 뒤에 직접 동사가 이어진다. 이 동사의 바로 앞에 놓여지는 경우의 "被"는 개사가 아니고 수동을 나타내는 조사이다.

b. "叫" "讓" "給"를 사용하는 피동문

보통 쓰는 말로는 아래와 같이 "被"를 대신한 개사인 "叫" 또는 "让"이 사용되어지는 경우가 많다.

¶ 我的自行车叫她借走了。
내 자전거는 그녀가 빌려갔다.

¶ 风筝让风刮跑了。
연이 바람에 의해 날려갔다.

단, "叫"나 "让"을 사용하는 경우, 그 뒤의 주동자는 일반적으로 생략할 수 없다. 이외에 "给"에도,

¶ 衣服都给雨淋湿了。
옷이 모두 비에 흠뻑 젖었다.

¶ 刚才说的都给人听见了。
방금 말한 것은 모두 다른 사람에게 들었다.

와 같이 "叫" "让" 등과 같은 개사로서의 용법이 있는데, 이것은 방언에서 온 것이라고 볼 수 있다.

c. 그 밖의 피동문

일상 언어에는 이상의 것 외에,

¶ 那个工人叫火车给轧死了。
그 노동자는 차에 치여 죽었다.

와 같은 "叫…给…"("叫"의 대신 "让"도 사용함)형식의 수동문도 볼 수 있다. 이것은 개사 "叫"(또는 "让")에 더하여 조사 "给"를 호응시켜 수동의 의미를 거듭 명확히 한 것이다.

이 외에 문어로 "为wéi…所suǒ …"("被…所…"라고도 한다) 형식의 수동문을 볼 수 있는데 이것은 문언

B

(중국어 고문)에서 온 것이다.
¶ 他深深地为这部文学作品所吸引。
그는 이 문학작품에 깊이 빠져들었다.

2. 수동의 의미를 나타내는 동사를 사용하는 것

"挨 ái" "遭 zāo" "受 shòu" 등 일부의 동사는 그 자체가 피동의 의미를 가지고 있고, 이것을 사용한 문장에서는 피동문의 형식을 취하지 않고 피동의 의미가 나타난다.
¶ 他挨老师批评了。
그는 선생님에게 혼났다.
¶ 去年这一带遭了两次水灾。
작년에 이 일대는 두 차례의 수재를 당했다.
¶ 他受到了表扬。
그는 표창을 받았다.

3. 주어와 술어의 의미관계에 있어 수동을 표현하는 것

이 밖에 피동의 표식이라는 것을 사용하지 않고 피동이 표현되는 문장 또한 결코 적지 않다.
¶ 习惯改变了。
습관이 변했다.
¶ 这个问题已经解决了。
이 문제는 벌써 해결되었다.
¶ 邮票贴在背面了。
우표는 뒷면에 붙여졌다.
이런 문장의 주어는 어떤 것이라도 피동자가 되며, 주어와 술어의 의미관계에서 피동이 표현된다. 이른바 의미상의 피동문이다.

zhe fùmǔ qù wánr(～着父母去玩儿)부모를 속이고 놀러가다. **3.** 암기하다, 외다, 암송하다. ¶ ～shēngcí(～生词)새단어를 외우다. **4.** 어기다, 위반하다. ～**yuē**(～约)약속을 어기다. 形 **1.** 외지다, 그늘지다. ¶ zhè tiáo lù hěn～(这条路很～)이 길은 매우 외지다. **2.** 귀가 어둡다. **ěr**～(耳～)귀가 어둡다(멀다). **3.** 〈口〉 운이 나쁘다, 순조롭지 않다. ¶ shǒuqì～(手气～)[도박·시합 등에서]운이 나쁘다, 손속이 나쁘다.
☞ **bēi**(背) 참조.

⁑bèi 被 名《**chuáng** 床, **tiáo** 条》 이불. ＝**bèizi**(被子) 介 […에게] …당하다. ¶ nà běn shū～ta jièzǒu le(那本书～他借走了)그 책은 그가 빌려갔다. tā～dàjiā pīpíngle yí dùn(他～大家批评了一顿)그는 모두에게 한바탕 비판을 받았다. tā～tā de péngyou gěi shuōfú le(他～他的朋友给说服了)그는 그의 친구에게 설복당했다. ☆ **bèi**(被)는 수동(피동)을 나타내는데, ① 동작의 주체는 생략이 가능함. bèi jièzǒu le(被借走了)[빌려갔다.] bèi pīpíng le(被批评了)[비판을 받았다.] ② 위의 두번째 예문에서 수동의 의미를 분명하게 하기 위해서 동사 앞에 **gěi**(给)를 써도 됨
☞ **jiào**(叫), **ràng**(让) 참조.

bèi 辈(輩) 名 **1.** 대, 세대, 친족간의 서열. ¶ tā dà nǐ yí～(他大你一～)그는 당신보다 한세대 위다. **2.** 들, 무리, 따위들. **3.** 한평생, 일생.

bèi 备(備) 動 준비하다, 마련하다. ～**fàn**(～饭)식사를 준비하다. ～**zhàn**(～战)전쟁 준비를 하

다, 전쟁에 대비하다. 名 설비. 副 완전히, 충분히.

bèi 焙 動 [약한 불에]말리다, 굽다, 덥히다. ¶ ~huājiāo(~花椒) 산초나무를 말리다. ~yānyè(~烟叶)잎담배를 말리다.

⁑**bèi** 倍 量 배, 곱절, 갑절. ¶ sān ~(三~)3배. 動 배가하다, 갑절로 늘이다. ☆「3배가 되다」는 **zēngjiāle liǎng bèi**(增加了两倍), 또는 **zēngjiādào sān bèi**(增加到三倍).

*__bei__ 呗(唄) 助 동의·명령의 어기(語氣)를 나타냄. **ba**(吧)와 비슷함. ¶ hǎo~(好~)좋아요. nǐ qù~(你去~)가거라.

*__bēi'āi__ 悲哀 形 슬프다, 비참하다. ¶ ~de xīnqíng(~的心情)슬픈 심정.

†**bēibāo** 背包 名 배낭. ¶ bēi~(背~)배낭을 메다. dǎ~(打~)배낭을 꾸리다.

*__bēibǐ__ 卑鄙 形 1. [언행·인격이] 비열하다, 너절하다, 비루하다. ¶ ~de shǒuduàn(~的手段)비열한 수단. zuòfǎ~(做法~)하는 식이 비열하다. 2. [신분이]비천하다.

⁑**běibian** 北边(－邊) 名 (~儿) 북, 북쪽.

*__bèidān__ 被单(－單) 名 (~儿) 《**tiáo** 条, **chuáng** 床》 1. 침대 시트, [침구 따위의]커버. 2. 홑이불. ＝**bèidānzi**(被单子)

bèidìli 背地里(－裏) 副 남몰래, 암암리에, 뒤에서. ＝**sīxiàli**(私下里), **àndìli**(暗地里) ¶ ~shuō biéren huàihuà(~说别人坏话)뒤에서 남의 험담을 하다.

†**bèidòng** 被动(－動) 形 피동적이다, 수동적이다. ¶ cǎiqǔ~tàidu(采取~态度)소극적인 태도를 취하다. ~**tài**(~态)피동태, 수동태.

*__běifāng__ 北方 名 1. 북, 북방. 2. 〈地〉 중국의 황하 이북. ~**huà**(~话)북방어, 장강 이북의 중국어 방언.

bēifèn 悲愤(－憤) 動 슬프고 분하다.

*__bēiguān__ 悲观(－觀) 形 비관적이다, 실망스럽다. ⇔ **lèguān**(乐观) ¶ júshì hěn~(局势很~)정세가 매우 비관적이다. ~**de xiǎngfǎ**(~的想法)비관적인 생각.

*__bèihòu__ 背后(－後) 名 배후, 뒤쪽, 뒷면. ＝**hòumian**(后面) ¶ shān~(山~)산 뒤. 副 남몰래, 암암리에, 뒤에서. ¶ búyào~luàn shuō(不要~乱说)뒤에서 함부로 말하지 말라.

†**bèijǐng** 背景 名 [무대·그림·사진·인물 등의]배경. **wǔtái**~(舞台~)무대 배경. **lìshǐ**~(历史~) 역사적 배경.

bèiké 贝壳(貝殼) 名 (~儿) 패각, 조가비. ☆'壳'는 **ké**와 **qiào**의 2가지로 발음이 된다. **bèiqiào**라고 발음하는 사람도 있는데, 이 경우에는 '儿化' 하지 않음.

bèi▲kè 备课(備課) 動 [교사가] 수업을 준비하다, 예습하다. ¶ yào bèi míngtiān de kè(要备明天的课)내일의 수업 준비를 해야 한다.

†**běimiàn** 北面 名 (~儿) 북쪽.

*__bèimiàn__ 背面 名 (~儿) 후면, 뒷면.

B

†**bèipò** 被迫 動 강요 당하다, 강요에 못견디다, 할 수 없이 …하다. ¶ ~jiēshòu(~接受)강요에 못이겨 접수하다.

†**bēishāng** 悲伤(一傷) 形 슬프고 마음이 아프다, 상심하다.

†**bèisòng** 背诵(一誦) 動 암송하다, 외다. ¶ ~kèwén(~课文)교과서의 본문을 암송하다.

***bēitòng** 悲痛 動 비통하다, 가슴 아프다. ¶ ~de xiāoxi(~的消息) 슬픈 소식, 비보.

bèiwànglù 备忘录(備一錄) 名 1. [외교문서의]각서, 비망록. ¶ qiānshǔ~(签署~)각서에 서명하다. 2. 메모 노트.

bèiwo 被卧

☞ **bèizi**(被子) 참조.

***bèiwōr** 被窝儿(一窩兒) 名 긴 원통형으로 접은 이불. ¶ zuān~(钻~)둘둘 말아 놓은 이불 속으로 들어가다.

***bèixīn** 背心 名 (~儿) 조끼, 런닝 셔츠.

⁑**bēizi** 杯子 名 《**zhī** 只》 잔, 컵.

***bèizi** 被子 名 《**tiáo** 条, **chuáng** 床》 이불. **bèiwo**(被卧)라고도 함.

†**bēn** 奔 動 내달리다, 빨리가다. **dōng~xī pǎo**(东~西跑)이리저리 도망쳐 다니다, 동분서주하다.

☞ **bèn**(奔) 참조.

⁑**běn** 本 名 (~儿) 1. 공책, 노트. =**běnzi**(本子) 2. 본전, 밑천. **péi**~(赔~)본전에 밑지다. 3. 근원, 원천. 代 〈文〉 자기쪽의 이, 이곳, 이번. ¶ ~chǎng(~厂)본공장. ~xiào(~校)본교. 量 (~儿)권 ; 책을 세는 데 쓰임. ¶ yì~shū(一~书)책 한권. 副 원래, 본래. ☆ **běnlái**(本来)도 같은 의미이지만, 단음절 명사 앞에서만 사용됨. ¶ ~xiǎng bú gàosu nǐ(~想不告诉你)원래 네게 알리지 않을려고 했다. ~gāi nǐ qù(~该你去)원래 너는 가야 한다.

***bèn** 奔 動 1. …을 향해 가다, 곧장 나아가다. ¶ ~xiàng qiánfāng (~向前方)전방을 향하여 가다. 2. [어떤 일을 위해]힘쓰다, 뛰어다니다.

☞ **bēn**(奔) 참조.

***bèn** 笨 形 1. 어리석다, 우둔하다, 멍청하다. ¶ nǎojīn~(脑筋~)머리가 둔하다. xīnyǎnr~(心眼儿~)총명하지 못하다. 2. 서투르다, 재간이 없다. **shǒu**~(手~) 손 재주가 없다, 졸렬하다. **zuǐ**~(嘴~)말 재주가 없다.

bēnchí 奔驰(一馳) 動 [수레나 말 따위가]질주하다, 내달리다. ¶ lièchē xiàng qián~(列车向前~)열차가 앞을 향해 내달리다.

běndì 本地 名 이 고장, 본 지방. ¶ ~fēngguāng(~风光)지방색, 향토색, 본지방의 특색. ~**kǒuyīn**(~口音)이 고장 말씨. ~**rén**(~人)본토박이, 제고장 사람.

bēng 崩 動 1. 무너지다, 허물어지다. **shān~dì liè**(山~地裂)산이 무너지고 땅이 갈라지다. 2. 터지다, 갈라지다, 결렬되다. ¶ chētāi~le(车胎~了)타이어가 펑크났다. tán · ~le(谈~了)협의가 결렬되었다. 3. [튀어 나오는 물건에]맞다, 다치다. ¶ yǎnjing ~ · huài le(眼睛~坏了)[파편에

맞아서]눈을 다쳤다. 4. 〈口〉 총살하다.

bēng 绷(繃) 動 1. 팽팽하게 당기다, 팽팽하다. ¶ shéngzi~·jǐn le(绳子~紧了)끈을 팽팽하게 잡아 당겼다. 2. [바늘로]시치다. ¶ xiān~, ránhòu zài féng(先~, 然后再缝)먼저 시친 다음에 꿰매다.

béng 甭 副 〈方〉 1. …하지마라, …할 필요가 없다. ☆ **búyòng**(不用)의 합음자로서, 북경 사람들이 주로 사용함. ¶ guòqù de huà~tí le(过去的话~提了)지나간 말은 꺼내지도 말라. ~guǎn(~管)상관하지 마라. ~shuō(~说)말하지 마라. 2. …해도 소용없다. ☆ 일반적으로 단독으로 쓰이지 않음.

*__bèng__ 蹦 動 뛰어오르다, 뛰다. ¶ ~·le èr chǐ gāo(~了二尺高) 두 자 높이로 뛰어올랐다.

bēngdài 绷带(繃帶) 名 붕대. ¶ chán~(缠~)붕대를 감다.

*__běnlái__ 本来(一來) 形 원래의, 본래의. ¶ ~de miànmào(~的面貌)원래의 모습. 副 원래, 본래. ¶ ~hěn pàng(~很胖)원래 매우 뚱뚱하다.

*__běnlǐng__ 本领(一領) 名 기량, 능력, 솜씨, 수완. ¶ ~dà(~大)솜씨가 대단하다. yǒu~(有~)수완이 있다.

†**bēnpǎo** 奔跑 動 뛰어다니다, 분주히 싸다니다. ¶ sìchù~dǎtīng xiāoxi(四处~打听消息)사방을 뛰어다니며 소식을 묻다.

běnqian 本钱(一錢) 名 본전, 밑천. ¶ bú gòu~(不够~)본전에 밑지다. gàn shénme dōu děi yǒu ~(干什么都得有~)무슨 일을 하든 밑천이 있어야 한다.

†**běnrén** 本人 名 1. 당사자. 2. 그 사람, 본인. ¶ tā~hái bù zhīdào (他~还不知道)그 사람은 아직도 모른다.

†**běnshēn** 本身 名 [사람·물건·일의]그 자체, 그 자신, 본인.

běnshi 本事 名 수완, 능력, 기량. ¶ ~dà(~大)수완이 대단하다. méi~(没~)기량이 없다.

*__běnzhe__ 本着 介 [어떤 정신·원칙·방침 등에]기초하여, …에 따라서, …에 의거하여. ¶ ~jiéyuē jīngshén(~节约精神)절약 정신에 따르다. ~píngděng hùlì de yuánzé(~平等互利的原则)평등호혜의 원칙에 기초하다.

†**běnzhì** 本质(一質) 名 본질, 본성. ¶ zhuāzhù~(抓住~)본질을 파악하다.

bènzhòng 笨重 形 1. 육중하다, 둔하고 무겁다. ¶ ~jiājù(~家具) 육중한 가구. 2. 힘이 들다, 고되다. ¶ ~de tǐlì láodòng(~的体力劳动)고된 육체 노동.

‡**běnzi** 本子 名 《**cè** 册, **gè** 个》 공책, 노트. ☆ **běn**은 음이 중첩되는 것을 피하므로, 양사 '本'은 그다지 쓰이지 않음.

bēnzǒu 奔走 動 바삐 돌아다니다, 분주하다. ¶ ~sìfāng(~四方)사방으로 바삐 싸다니다.

*__bī__ 逼 動 1. 핍박하다, 억압하다, 강박하다. ¶ ~háizi zài jiā xuéxí (~孩子在家学习)아이들이 집에서 공부하도록 다그치다. 2. 억지로 징수하다. ~**zhài**(~债)빚

을 독촉하다, 빚을 강제로 징수하다. 3. 접근하다.

†**bí** 鼻 名 1. 코. 2. 사물의 돌출한 부분, 물건을 꿸 수 있는 작은 구멍. ¶ mén~zi(门~子)문 손잡이. kòu~zi(扣~子)단추 구멍. 3. [일의]처음.

‡**bǐ** 笔(筆) 名 1. 《**zhī** 枝, **guǎn** 管》[붓·펜·연필 등의]필기구. 2. [글자의]획수, 필획. ¶ 'tiān' zì yǒu sì~('天'字有四~)「天」자는 4획이다. 量 몫, 건; 금전·금액의 몫에 쓰임. ¶ yì~qián(一~钱)한 몫의 돈. yì~mǎimài(一~买卖)한 건의 매매.

*__bǐ__ 比 動 1. 비교하다, 겨루다. ¶ ~běnlǐng(~本领)솜씨를 겨루다. 2. …에 견줄 수 있다, …로 간주하다. ¶ jìnlín~qīn(近邻~亲)가까운 이웃은 친척과 같다. yǎnjiǎng bú~zìyánzìyǔ(演讲不~自言自语)웅변은 중얼거리는 것에 견줄 수 없다. 3. 손짓으로 설명하다, 손시늉하다. ¶ yòng shǒu~yí xià(用手~一下)손으로 설명하다. 名 비(比), 비율. ¶ xiànzài jǐ~jǐ?(现在几~几?)지금 몇대 몇이냐? 介 …에 비하여, …보다[정도의 차이를 비교할 때 쓰임.] ¶ tā~wǒ pàng(他~我胖)그는 나보다 뚱뚱하다. zhège dōngxi~nàge piányi diǎnr(这个东西~那个便宜点儿)이 물건은 그것보다 좀 싸다. jīntiān bù~zuótiān lěng(今天不~昨天冷)오늘은 어제보다 춥지 않다. ☆ 부정사(不定詞)는 **bǐ**(比)앞에 놓임.

‡**bǐ** 彼 代 1. 그(것), 저(것). 2. 상대방, 그, 그들. **bǐcǐ**(彼此)[상호, 서로].

bǐ 鄙 形 1. 비열하고 천하다. 2. 경시하다, 경멸하다. ~**shì**(~视)경멸하다.

†**bì** 壁 名 벽, 담. =**qiáng**(墙) ¶ ~bào(~报)벽보.

†**bì** 币(幣) 名 화폐. **rénmín**~(人民~)중국의 화폐. **wài**~(外~)외화.

*__bì__ 闭(閉) 動 다물다, 닫다, 감다. ¶ bǎ yǎnjing~·shàng(把眼睛~上)눈을 감다. ~mén(~门)문을 닫다. ~zuǐ!(~嘴)입닥쳐!

bì 毕(畢) 動 마치다, 완성하다. 形 모든, 전부, 온.

bì 壁 名 1. 벽, 담. ~**lú**(~炉)벽난로. 2. 요새, 보루, 성채.

bì 弊 名 1. 부정 행위. **zuò**~(作~)부정 행위를 하다. 2. 폐해, 해.

bì 碧 形 청록색의, 푸른. ~**yù**(~玉)에메랄드, 벽옥.

*__bì__ 避 動 1. 피하다, 비키다. ~**yǔ**(~雨)비를 피하다. ~**shǔ**(~暑)피서. 2. 방지하다.

†**bì** 必 副 반드시, 꼭, 틀림없이. =**yídìng**(一定) ☆ **bì**(必) 뒤에는 단음절어가 옴. ¶ tā jīntiān~lái(他今天~来)그는 오늘 틀림없이 온다. shíyàn~néng chénggōng(实验~能成功)실험은 반드시 성공할 수 있다. 能 반드시 …해야 한다, …할 필요가 있다. **bù**~(不~)반드시 …할 필요는 없다.

*__biān__ 编(編) 動 1. 엮다, 짜다, 땋다. ¶ ~biànzi(~辫子)머리를 땋다. 2. 편집하다, 만들다. ¶ ~

zìdiǎn(～字典)자전을 편집하다. 3. 꾸미다, 날조하다. ～xiāhuà(～瞎话)거짓말을 꾸며대다. 4. 편성하다, 조직하다, 짜다. ～**duì**(～队)대열을 편성하다. ～**zǔ**(～组)조를 편성하다.

***biān** 鞭 名 1. 채찍, 회초리, 매. 2. 쇠도리깨.

†**biān** 边(邊) 名 (～儿) 1. 가, 옆. ¶ zhǐ～(纸～)종이의 가장자리. 2. 변경, 주위. 連 …하면서 …하다[biān…biān…을 연용하여 동시에 두가지 동작이 진행됨을 나타냄.] =**yìbiān**(一边) ¶ ～chàng～tiào(～唱～跳)노래하면서 껑충 껑충 뛰다. ～gàn～xué(～干～学)일하면서 배우다.

☆ · **bian**(边) 接尾 …쪽, …측[上, 下, 前, 後, 左, 右, 東, 西, 南, 北 따위의 뒤에 붙음.]

***biǎn** 扁 形 평평하다, 납작하다. ¶ yā · ～le(压～了)눌러 납작하게 되었다.

biǎn 贬(貶) 動 1. [지위나 가치를]낮추다, 떨어뜨리다. 2. [남의 잘못을]비평하다, 비난하다, 헐뜯다.

⁑**biàn** 变(變) 動 달라지다, 변화하다. ¶ qíngkuàng～le(情况～了)상황이 바뀌었다. ～ · le liǎnsè(～了脸色)안색이 변했다.

⁑**biàn** 遍 動 널리 퍼져 있다. ¶ wǒmen de péngyou～tiānxià(我们的朋友～天下)우리들의 친구는 세상에 널리 퍼져 있다. 形 [단음절 동사의 보어로 사용되어] 전면적인, 보편적인. ¶ zǒu · ～quánguó(走～全国)전국을 두루 다니다. chuán · ～quánxiào(传～全校)전교에 두루 퍼지다. 量 번, 회[동작이 시작되어 끝날 때까지의 횟수를 나타냄.] ¶ wǒ cóng tóu dào wěi kànle yí～(我从头到尾看了一～)나는 처음부터 끝까지 한번 읽었다. shuō yí～(说一～)한번 말하다.

biàn 辩(辯) 動 변론하다, 논쟁하다. 形 말재주가 좋다.

biàn 辨 動 판별하다, 분간하다, 분별하다. **míng～shìfēi**(明～是非)시비를 똑똑히 가리다.

biàn 便 副 〈文〉 곧, 바로. ☆ **jiù**(就)의 용법과 같음. ¶ zhè jǐ tiān bú shì guā fēng, ～shì xià yǔ(这几天不是刮风, ～是下雨)요즘 며칠은 바람이 불지 않으면 비가 온다. 形 편리하다, 형편이 좋다. 名 1. 편리, 편의. 2. 대·소변. 連 비록 …일지라도, 설령 …하더라도[가정(假定)을 표시함.]

biànbié 辨别 動 구별하다, 판별하다, 가려내다. ¶ ～zhēnjiǎ(～真假)진짜와 가짜를 가려내다. ～shìfēi(～是非)시비를 가리다.

biànchéng 变成(變－) 動 …으로 변하다, …으로 되다. ¶ kēdǒu ～qīngwā(蝌蚪～青蛙)올챙이가 개구리로 변하다.

***biǎndan** 扁担(－擔) 名 《**gēn** 根, **tiáo** 条》 멜대. ¶ yòng～tiāo(用～挑)멜대로 메는 짐.

biàndang 便当(－當) 形 편리하다, 알맞다, 간편하다. =**fāngbiàn**(方便) ¶ yòu kuài yòu～(又快又～)빠르고도 편리하다.

***biàndào** 便道 名 1. 지름길, 샛길. 2. 인도, 보도. ¶ xíngrén yào

zǒu~(行人要走~)행인은 인도를 걸어야 한다.

biàndì 遍地 名 도처, 곳곳. ~**kāi huā**(~开花)온 땅에 꽃이 피다 ; 좋은 일이 도처에서 일어나다.

†**biàndòng** 变动(變動) 動 변동하다, 바꾸다. ¶ ~cìxù(~次序)순서를 바꾸다. 名 변동, 이동. ¶ méi yǒu~(没有~)변동이 없다.

*__biǎndòu__ 扁豆 名 불콩, 편두.

biànfàn 便饭(-飯) 名 보통 식사, 일반 식사. **jiācháng**~(家常~)평소 집에서 먹는 음식, 흔히 있는 일.

biànfú 便服 名 평상복, 평복. **biànzhuāng**(便装)이라고도 함. ¶ chuān~(穿~)평상복을 입다.

†**biàngé** 变革(變-) 動 변혁하다, 개변하다. ¶ cóng gēnběn shang~(从根本上~)근본에서부터 변혁하다.

biàn▲guà 变卦(變-) 動 마음을 바꾸다, 사정(형세)이 변하다. ¶ zěnme yòu~le?(怎么又~了?)왜 또 마음이 달라졌어? tā biàn le guà le(他变了卦了)그는 변심했다.

‡**biànhuà** 变化(變-) 動 변화하다, 달라지다. ¶ qíngkuàng zài~(情况在~)상황이 변하고 있다. 名 변화. ¶ qǐ~(起~)변화가 생기다. **huàxué**~(化学~)화학변화.

*__biānjí__ 编辑(編輯) 動 편집하다, 편찬하다. ~**bù**(~部)편집부. 名 편집인, 편집진. ¶ dāng~(当~)편집인이 되다.

†**biānjiāng** 边疆(邊-) 名 변경, 변방, 국경지대. ¶ bǎowèi~(保卫~)변경을 수비하다.

†**biānjiè** 边界(邊-) 名 경계(境界), 국경지대, 변방, 변경.

†**biànlì** 便利 形 편리하다. =**fāngbiàn**(方便) ¶ jiāotōng~(交通~)교통이 편리하다. mǎi dōngxi hěn~(买东西很~)물건사기가 아주 편리하다.

biàn▲liǎn 变脸(變臉) 動 안색이 변하다, 안색을 바꾸다, 갑자기 성을 내다. =**fān▲liǎn**(翻脸) ¶ tūrán~le(突然~了)갑자기 안색이 변했다.

*__biànlùn__ 辩论(辯論) 動 변론하다, 논쟁하다. ~**huì**(~会)토론회. 名 변론, 토론.

*__biānpào__ 鞭炮 名 1. [크고 작은] 폭죽의 총칭. ¶ fàng~(放~)연발식 폭죽을 터뜨리다. 2. 《**guà** 挂, **chuàn** 串》 한 줄로 죽 꿴 연발 폭죽.

biānr 边儿(邊兒) 名 끝, 한계. ¶ ~qù(~去)그만 둬, 썩 물러가.

biànrèn 辨认(-認) 動 분별하다, 분간하다, 식별하다. ¶ ~bǐjì(~笔迹)필적을 감정하다.

*__biàntiáo__ 便条(-條) 名 (儿) 간단한 약식 편지, 쪽지.

biàn▲xīn 变心(變-) 動 마음이 변하다, 변심하다 ; 흔히 남녀간의 애정에 쓰임. ¶ méi liǎng tiān jiù~le(没两天就~了)하루도 못가서 마음이 변했다.

biànyī 便衣 名 1. 평상복, 보통 때 입는 옷. =**biànfú**(便服), **biànzhuāng**(便装) 2. (~儿) [사복 경찰의]사복. ~**jǐngchá**(~警察)사복경찰.

†**biànyú** 便于(—於) 動 [어떤 일을 하기에]편리하다. ¶ ~xiédài(~携带)휴대하기 편리하다.

†**biānyuán** 边缘(邊緣) 名 가, 모서리, 가장자리. ~**xuékē**(~学科)주변과학[두가지 또는 여러가지 학과를 기초로 하여 발전시킨 과학.]

†**biànzhèng** 辩证(辯證) 動 논증하다, 변증하다. 形 변증법적이다. ¶ ~de tǒngyī(~的统一)변증법적 통일. ~**fǎ**(~法)변증법.

†**biānzhì** 编制(編—) 動 엮다, 편성하다, 구성하다. 名 [인원·조직 등의]편성, 구성.

biānzi 鞭子 名 《**gēn** 根, **tiáo** 条》 채찍, 회초리. ¶ yòng~chōu(用~抽)채찍으로 때리다.

biànzi 辫子(辮—) 名 1. 《**gēn** 根, **tiáo** 条》 땋은 머리, 변발. ¶ liú~(留~)머리를 땋다. shū~(梳~)위와 동일. 2. 약점, 결점. **zhuā**~(抓~)[사람의]약점을 잡다, 꼬투리를 잡다. ¶ dāngxīn nǐ de~(当心你的~)너의 약점에 주의하라.

***biāo** 标(標) 名 1. [나무의]우듬지. 2. [사물의]말단, 지엽적인 것, 표면적인 것, 부차적인 것. 3. 표지, 기호. 動 [문자나 사물로]나타내다, 표시하다.

⁑**biǎo** 表 動 [생각이나 감정을]나타내다, 표시하다. ¶ ~juéxīn(~决心)결심을 드러내다. 名 1. 《**zhāng** 张》 표, 문서, 양식. **tián**~(填~)표에 기입하다. 2. 《**kuài** 块》 시계 ; 손목시계·회중시계 등의 소형을 말함. ☞ **zhōng**(钟), **zhōngbiǎo**(钟表) 참조. **duì**~(对~)시간(시계)을 맞추다. 3. 계기, 미터, 계량기. **shì**~(试~)체온을 재다.

***biǎodá** 表达(—達) 動 표현하다, 나타내다, 전달하다. ¶ ~xīnyì(~心意)의사를 표현하다, 마음을 나타내다.

biǎodì 表弟 名 내외종 사촌 동생, 외사촌 동생[고모의 아들].
☞ **tángdì**(堂弟) 참조.

***biāodiǎn** 标点(標點) 名 구둣점. ¶ diǎn~(点~)구둣점을 찍다. ~**fúhào**(~符号)문장 부호, 구둣점.

***biǎogē** 表哥 名 내외종 사촌형, 외사촌 형.
☞ **tánggē**(堂哥) 참조.

***biǎogé** 表格 名 [문자·숫자를 기입한]표, 서식, 양식. ¶ tián~(填~)양식에 써 넣다, 용지에 기입하다.

biǎojiě 表姐 名 내외종 사촌 누이, 외사촌 누이.

***biǎojué** 表决 動 표결하다, 가결하다. ¶ fù~(付~)표결에 부치다. jǔ shǒu~(举手~)거수 표결.

biǎomèi 表妹 名 내외종 사촌 누이동생, 외사촌 누이동생.

biǎomiàn 表面 名 [물체·사물의]표면, 외견, 외관. ¶ ~hěn píngjìng(~很平静)표면이 매우 평정하다. ~**xiànxiàng**(~现象)표면적인 현상.

***biǎomíng** 表明 動 표명하다, 분명하게 나타내다. ¶ ~tàidu(~态度)태도를 표명하다.

†**biǎoqíng** 表情 名 표정, 기색. 動 [기분·감정을]나타내다.

***biǎoshì** 表示 動 표시하다, 표명하다. ¶ ~yíhàn(~遗憾)유감을

B

나타내다. 名 [감정·사상 등의] 표현. ¶ yǒuhǎo de~(友好的~) 우호적인 표현.

***biǎoxiàn** 表现(一現) 動 1. 표현하다, 나타내다. ¶ ~·le bú pà lèi de jīngshén(~了不怕累的精神)피로를 겁내지 않는 정신을 발휘하다. 2. [일부러 자신을]드러내다. ¶ chùchù~zìjǐ(处处~自己)어디서나 자기를 드러내다. hǎo~(好~)자신을 나타내기를 좋아한다. 名 [표면에 나타내는]태도, 품행. ¶ ~bù hǎo(~不好)태도가 나쁘다. yào kàn~(要看~)실제의 행동을 보아야 한다.

***biǎoyǎn** 表演 動 1. 연출하다, 상연하다, 연기하다. ¶ ~wǔdǎo(~舞蹈)무용을 연기하다. 2. 실연하다, 시범적인 동작을 해보이다. ¶ shèjī~(射击~)사격 시범.

***biǎoyáng** 表扬(一揚) 動 표창하다, 널리 칭찬하다. ¶ ~xiānjìn(~先进)선진적인 인물을 표창하다.

***biāoyǔ** 标语(標語) 名 《**tiáo** 条, **fú** 幅》 표어. ¶ tiē~(贴~)표어를 붙이다. héngfú~(横幅~)프랭카드.

†**biāozhì** 标志(標誌)·标识(標識) 名 표지, 표식, 상징. ¶ méi yǒu rènhé~(没有任何~)어떠한 표지도 없다. 動 명시하다, 구체적으로 나타내다. ¶ ~·zhe jìnrù xīn jiēduàn(~着进入新阶段)새로운 단계에 진입함을 명시하다.

***biāozhǔn** 标准(標準) 名 표준, 기준. ¶ dádào le~(达到了~)표준에 도달하다. dìng~(定~)기준을 정하다. 形 표준적이다.

标识

***bǐcǐ** 彼此 代 1. 쌍방, 서로, 피차. ¶ ~zhījiān(~之间)쌍방 사이. 2. 〈應〉피차 일반입니다[인사말, 중첩하여 대답에 쓰임.]

†**bìdìng** 必定 副 반드시, 꼭, 기필코. ¶ míngtiān wǒ~lái jiē nǐ(明天我~来接你)내일 꼭 너를 데리러 오마.

***biē** 鳖(鱉) 名 《**zhī** 只》 자라 ; 속어로는 **wángba**(王八·忘八)라고 함. ¶ ~suōtóu(~缩头)자라처럼 목을 움츠리다, 숨어서 나오지 않다.

***biē** 憋 動 1. [숨이]막히다, 답답하다, 괴롭히다. ¶ ~·dehuāng(~得慌)답답해 못견딜 지경이다, 몹시 답답하다. 2. [갑갑하거나 마려운 것을]참다, 견디다, 억제하다. ¶ ~·zhe yì kǒu qì(~着一口气)숨을 죽이다.

***bié** 别 動 1. [핀·클립을 사용하여]꽂다, 달다. ¶ yòng biézhēn ~·zhù(用别针~住)안전핀으로 꽂다. 2. 구별하다. 形 다른, 딴, 별개의. ¶ ~de yánsè(~的颜色) 다른 색깔. ~**yǒu yòngxīn**(~有用心)달리 꿍꿍이가 있다. 副 [충고·금지의]…하지 말라. ☆ **bú yào**(不要)와 같은 의미로,

북방 사람들이 사용함. ¶ ~shuōhuà(~说话)지껄이지 말라. ~dòng!(~动!)움직이지 마! 꼼짝하지 마! ~kāiwánxiào(~开玩笑)농담하지 마라. ~kèqi(~客气)사양하지 마세요.

biě 瘪(癟) 形 오그라들다, 쭈글쭈글하다, 찌그러들다. ¶ qiú~le(球~了)공이 오그라 들었다. chēdài~le(车带~了)타이어가 쭈그러 들었다. dùzi~le(肚子~了)배가 홀쭉하다.

†**biéchù** 别处(一處) 名 다른 곳, 딴 곳.

⁑**biéde** 别的 代 1. 다른 것, 딴 것. ¶ ~bú yào le(~不要了)다른 것은 원하지 않는다. 2. 다른, 딴 [명사를 수식함.] ¶ ~rén dōu lái le(~人都来了)다른 사람은 다 왔다.

biéguǎn 别管 連 …은 막론하고, …이든지, …이더라도. =**bùguǎn**(不管), **wúlùn**(无论) ¶ ~guā fēng xià yǔ(~刮风下雨)바람이 불거나 비가 오더라도.

bièniu 别扭 形 1. 괴팍하다, [성품 따위가]비뚤어지다, 의견이 맞지 않다. (**AABB**) ¶ zhège rén zhēn~!(这个人真~!) 이 사람은 정말 괴팍하다. **nào**~(闹~)의견이 맞지 않다, 사이가 틀어지다. 2. [말이나 글이]부자연스럽다, 유창하지 않다. (**AABB**) ¶ zhège jùzi hěn~(这个句子很~)이 문장은 아주 부자연스럽다.

⁑**biéren** 别人 名 남, 타인[자신을 제외한 사람.] ¶ ~dōu zhème xiǎng(~都这么想)남들도 다 이렇게 생각한다. búyào kào~(不要靠~)타인을 믿지 말라.
☆ **biérén**이라고 발음하면「다른 사람」,「딴 사람」의 뜻이 됨.

biéshì 别是 副 [대개 문장의 서두에 놓여서]혹은, 어쩌면, 형편에 따라서는. ¶ ~tā hái bù zhīdāo ba(~他还不知道吧)어쩌면 그가 아직 모를지도 몰라.

***biéshuō** 别说(一說) 連 …은 물론, …은 말할 나위도 없이. ¶ tā tǎoyàn kàn dōngxi, ~zázhìle, lián bào dōu bù dú(他讨厌看东西, ~杂志了, 连报都不读)그는 활자를 싫어해서 잡지는 물론, 신문도 읽지 않는다.

***bǐfāng** 比方 動 예를 들다, 비유하다.¶ ~shuō(~说)비유하여 말하다. 名 비유, 예. ¶ dǎ~(打~)비유하다, 예를 들다.

***bǐgǎnr** 笔杆儿(筆桿兒) 名 붓, 붓대. **bǐgǎnzi**(笔桿子)라고도 함. **shuǎ**~(耍~)붓을 놀리다.

***bǐjì** 笔记(筆記) 名 필기, 공책. ¶ jì~(记~)필기하다. ~**běn**(~本)노트, 수첩.

⁑**bǐjiào** 比较(一較) 動 비교하다. ¶ ~liǎngzhě(~两者)양자를 비교하다. 副 비교적. ¶ jīntiān~lěng(今天~冷)오늘은 비교적 춥다. jiāotōng~fāngbiàn(交通~方便)교통이 비교적 편리하다.

†**bìjìng** 毕竟(畢一) 副 필경, 결국, 마침내. ¶ ~tài niánqīng, jīngyàn hái shǎo(~太年轻, 经验还少)필경 너무 젊어서 경험이 아직 부족하다. tā shuō de huà~méi cuò(他说的话~没错)그의 말이 결국은 틀리지 않았다.

†**bíkǒng** 鼻孔 名 콧구멍. **yíge**~

B

chūqì(一个~出气)기액이 통과하다, 호흡을 같이 하다; 한패(통속)이다.

*bǐlì 比例 名 비례, 비율. ¶ jiàoshī hé xuésheng de~(教师和学生的~)교사와 학생의 비율. chéng zhèng~(成正~)정비례하다.

bǐlǜ 比率 名 비, 비율.

bǐmào 笔帽(筆-) 名 [붓·연필·만년필 등의]뚜껑. ¶ nǐngxià~(拧下~)[붓 따위의]뚜껑을 비틀어 열다.

†bìmiǎn 避免 動 피하다, 모면하다. ¶ ~chōngtū(~冲突)충돌을 피하다. ~wùjiě(~误解)오해를 피하다.

*bì▲mù 闭幕(閉-) 動 1. 폐막하다. 2. 마치다, 종결하다. =jiéshù(结束) ¶ zhǎnlǎnhuì~(展览会~)전람회가 폐막하다.

bīng 冰 名《kuài 块, céng 层》얼음. dòng~(冻~)얼음이 얼다, 결빙하다. jié~(结~)얼다, 동결하다. 動 차게하다, [얼음에]채우다, 시리게 하다. ¶ ~tuǐ(~腿)다리가 시리다. bǎ qìshuǐ~·shàng(把汽水~上)사이다를 차게 하다. 形 차다, 시리다.

*bīng 兵 名〈軍〉 1. 병사, 군인. ¶ dāng~(当~)군인이 되다, 입대하다. 2. 군비, 군대. 3. [장기의]졸(卒).

†bǐng 丙 名 병; 천간(天干)의 세째, [순위·차례의]세째, 세번째. ¶ ~děng(~等)3등, 3급.
☆방위로서는 남쪽, 오행(五行)에서는 불(火)에 해당됨.

†bǐng 柄 名 [기물의]자루, 손잡이. ¶ chē~(车)자동차 핸들.

bǐng 秉 動 1. 잡다, 쥐다, 들다. 2. 장악하다, 주관하다. 3. 근거하다, 취하다. 名 1. 천성. 2. 권력, 권세.

bǐng 屏 動 1. [숨을]죽이다, 억제하다. 2. 버리다, 물리치다, 제거하다, 배제하다. 3. 은퇴하다.

bǐng 饼(餅) 名 1. [밀가루·쌀가루 따위에]기름·향료·소금 등을 넣어 둥글 넙적하게 굽거나 찐 떡. ¶ lào~(烙~)[중국식]밀전병. zhēng~(蒸~)찐 떡. 2. (~儿)떡처럼 둥글넓적한 물건. shì~(柿~)곶감.

bǐng 禀(稟) 名 1. 천성, 천품. 2. 청원서, 품의서. 動 [상급기관이나 윗사람에게]보고하다, 상신하다, 청원하다.

⁑bìng 病 名《cháng 场》병. zhíyè~(职业~)직업병. 動 병나다, 앓다. ¶ tā~le(他~了)그는 병이 났다. ~·de lìhai(~得利害)병이 심하다.

*bìng 并 動 합치다, 통합하다. ¶ liǎng gǔ~·chéng yì gǔ(两股~成一股)두 무리가 한 무리로 합치다. 連 그리고, 또한, 아울러. ¶ zànchéng~yōnghù(赞成~拥护)찬성하고 지지하다. 副 [부정사 不, 没有 등의 앞에 쓰여]결코, 조금도, 전혀. ¶ ~bù shǎ(~不傻)결코 어리석지 않다. tā~bú shì Shànghǎirén(他~不是上海人)그는 결코 상해사람이 아니다.

bīngbàng 冰棒 名〈方〉아이스케이크, 빙과. =bīnggùnr(冰棍儿)

*bīngbáo 冰雹 名《kē 颗, lì 粒, cháng 场》우박. =báozi(雹子)

¶ xià～(下～)우박이 내리다. jīdàn dà de～(鸡蛋大的～)달걀만 한 우박.

†**bìngchónghài** 病虫害(－蟲－) 名 병충해.

***bìngfáng** 病房 名 《**jiān** 间》 병실, 병동.

***bǐnggān** 饼干(餅乾) 名 비스켓, 크래커.

***bīnggùnr** 冰棍儿(－兒) 名 《**gēn** 根》 아이스 케이크, 아이스 바.

bìnghào 病号(－號) 名 (～儿) [군대·학교·기관 등의]환자, 병자. ～**fàn**(～饭)환자 식사. **lǎo**～(老～)장기 환자.

bìng▲jiān 并肩(幷－) 動 어깨를 나란히 하다. ¶ ～qiánjìn(～前进) 어깨를 나란히 하여 전진하다. sìrén～ér xíng(四人～而行)4사람이 어깨를 나란히 하여 걷다.

***bīngjīlíng** 冰激凌 名 아이스크림. =**bīngqílín**(冰淇淋) ☆ '冰'은 영어 'ice'의 의역, '激凌'은 'cleam'의 음역.

†**bìngjūn** 病菌 名 병균, 병원균.

bīnglěng 冰冷 形 [기후가]매우 차다, 차디 차다, [태도가]얼음 같이 차다. (**ABAB**) ¶ tàidu～(态度～)태도가 얼음처럼 차다.

bīngliáng 冰凉 形 [물체가]매우 차다, 차디 차다. (**ABAB**)

***bīnglíng** 冰凌 名 얼음.

bìngpái 并排 動 나란히 하다, 나란히 열을 짓다. ¶ liǎng ge rén ～zǒu(两个人～走)두 사람이 나란히 걷다.

***bìngqiě** 并且 連 [búdàn(不但) 등과 호응하여]게다가, 또한, 그리고. ¶ búdàn zhǒnglèi duō, ～dōu hěn hǎochī(不但种类多, ～都很好吃)종류가 많을 뿐만 아니라, 맛도 좋다.

bīngqiú 冰球 名 아이스하키. ¶ dǎ～(打～)아이스하키를 하다.

***bìngrén** 病人 名 병자, 환자.

bīngshì 兵士 名 〈軍〉 병사. =**shìbīng**(士兵)

***bīngtáng** 冰糖 名 얼음사탕.

***bīnguǎn** 宾馆(賓館) 名 《**jiā** 家》 1. 영빈관. 2. 호텔, 여관, 초대소.

***bīngxiāng** 冰箱 名 냉장고, 아이스박스. **diàn**～(电～)전기냉장고.

***bìngyuàn** 病院 名 [전문]병원. 보통은 **yīyuàn**(医院)을 사용함. **chuánrǎn**～(传染～)전염병원. **jīngshén**～(精神～)정신병원.

bīngzhèn 冰镇(－鎭) 動 [식품이나 음식물을]얼음으로 차게 하다, 얼음에 채우다. ¶ ～píjiǔ(～啤酒)얼음에 채운 맥주, 맥주를 얼음에 채우다. ～xīguā(～西瓜) 얼음에 채운 수박.

bīpò 逼迫 動 강요하다, 강박하다. ¶ ～tā huàle yā(～他画了押)그에게 서명하기를 강요하였다.

***bíqi** 荸荠(－薺) 名 〈植〉 올방개, 올방개의 뿌리. **dìlí**(地梨), **dìli**(地栗)라고도 함.

***bìrán** 必然 副 반드시, 필연적으로. ¶ zhèngyì～shènglì(正义～胜利)정의는 반드시 승리한다. 形 필연적이다, 반드시 그러하다. ¶ ～de jiéguǒ(～的结果)필연적인 결과.

***bǐrú** 比如 連 예컨대, 가령, 비유한다면. **pìrú**(譬如)라고도 함.

B

⁑**bǐsài** 比赛(一賽) 動 경기하다, 시합하다. ¶ ~zúqiú(~足球)축구 경기를 하다. jīntiān gēn shéi~?(今天跟谁~?)오늘은 누구와 시합하느냐? 名 《**cháng** 场, **xiàng** 项》 경기, 시합. ¶ shèjī~(射击~)사격시합.

†**bǐshì** 笔试(筆試) 名 필기시험. ⇔ **kǒushì**(口试)

***bítì** 鼻涕 名 《**tiáo** 条, **bǎ** 把》 콧물. ☆ 북경에서는 **bídìng**이라고 발음하는 사람이 많음. ¶ liú~(流~)코를 흘리다. xǐng~(擤~)코를 풀다.

***bǐtǒng** 笔筒(筆一) 名 필통, 붓꽂이.

†**bìxū** 必需 形 필수의. ~**kēmù**(~科目)필수과목. ~**pǐn**(~品)필수품.

***bìxū** 必须(一須) 副 반드시[기필코]…해야 한다. ¶ míngtiān nǐ ~lái(明天你~来)너는 내일 꼭 와야 한다. ☆ **bìxū**(必须)의 부정은 **wúxū**(无须), **búxū**(不须), **búbì**(不必)임.

***bìyào** 必要 形 필요(로) 하다. ¶ ~de cuòshī(~的措施)필요한 조치. 名 필요. ¶ yǒu~(有~)…할 필요가 있다. méi yǒu nàge~(没有那个~)그것은 필요가 없다.

bì▲yè 毕业(畢業) 動 졸업하다. ¶ zài Běijīng Dàxué~(在北京大学~)북경대학에서 졸업했다. ~yú Qīnghuá Dàxué(~于清华大学)청화대학 졸업. ☆ 후자의 경우는 문어(文語)에 쓰임.

bǐyù 比喻 動 비유하다. ¶ ~·de bú qiàdàng(~得不恰当)비유가 적절하지 않다. 名 비유. ¶ zhè búguò shì ge~(这不过是个~)이것은 비유에 불과하다.

bǐzhí 笔直(筆直) 形 똑바르다, 매우 곧다. (**ABAB**) ¶ ~de mǎlù(~的马路)곧은 길. shēnzi tǐngde~(身子挺得~)몸이 꼿꼿하다.

⁑**bízi** 鼻子 名 코. ~**yǎnr**(~眼儿)콧구멍. xǐng~(擤~)코를 풀다. mǒ~(抹~)코를 훔치다[문지르다].

bō 波 名 1. [수면 위에 생기는]물결. 2. [음·빛 등의]파, 파장. 3. 파란곡절, 갑작스러운 변화.

***bō** 拨(撥) 動 1. [손가락이나 꼬챙이로]밀어 움직이다, 돌리다. ¶ ~diànhuà(~电话)다이얼을 돌리다. ~chuán(~船)배를 젓다. 2. [전체에서 일부분을]갈라내다, 떼어내다, 나누어 주다. ¶ ~liǎng ge rén dào biéde chējiān qù(~两个人到别的车间去)두 사람을 떼서 다른 작업장에 보내다. ~**kuǎn**(~款)돈을 지출하다.

†**bō** 播 動 1. 씨를 뿌리다, 파종하다. ~**zhǒng**(~种)파종하다, 씨를 뿌리다. 2. 전파하다, 살포하다.

***bó** 薄 形 1. 얇다. 2. 경미하다, 사소하다. 3. 경시하다, 경멸하다. ☆ 단독으로 쓰일 때 흔히 **báo**로 발음하기도 함.
☞ **báo**(薄) 참조.

bó 驳(駁) 動 논박하다, 반박하다.

bó 博 形 1. 많다, 넓다, 풍부하다. 2. 아는 것이 많다, 식견이 넓다.

⁑**bóbo** 伯伯 名 〈口〉 1. 백부; 아버지의 형. 2. 아버지와 동배 또는 나이가 많은 사람에 대한 호칭. =**bó**(伯)

***bōcài** 菠菜 名〈植〉시금치.

bódòu 搏斗(－鬥) 動 격투하다, 악전고투하다. ¶ hé dírén～(和敌人～)적과 격투하다.

***bófù** 伯父 名 1. 큰아버지, 백부. 2. 아버지와 동년배 또는 나이가 많은 사람에 대한 호칭. ☞ **bóbo**(伯伯) 참조.

bógěngzi 脖颈子(－頸－)·脖梗子 名 목덜미.

bóhuí 驳回(駁－) 動 [요구 따위를]기각하다, 받아 들이지 않다. ¶ ～duìfāng de yāoqiú(～对方的要求)상대방의 요구를 기각하다.

***bòji** 簸箕 名 1. [까부르는] 키. 2. 제상·궁상의 지문.

†**bōlàng** 波浪 名 파도, 물결. ¶ qǐ～(起～)파도가 일다.

bólǎnhuì 博览会(－覽會) 名 박람회.

***bōli** 玻璃 名《**kuài** 块》1. 유리. ～**bǎn**(～板)유리판. ～**bēi**(～杯)유리잔. 2.〈口〉유리처럼 투명한 물건；비닐·나이론·셀로판 따위를 말함. ～**sī**(～丝)유리실, 유리섬유.

⁑**bómǔ** 伯母 名 큰어머니, 백모；**bófù**(伯父)의 처.

bōnong 拨弄(撥－) 動 1. [손이나 막대기로]타다, 켜다. ¶ ～qínxián(～琴弦)거문고 현을 타다. 2. 일으키다, 건드리다, 부추기다. ¶ ～shìfēi(～是非)말썽을 일으키다.

***bóruò** 薄弱 形 박약하다. ¶ yìzhì～(意志～)의지가 박약하다. ～huánjié(～环节)[전체 가운데의] 취약한 부분.

†**bóshì** 博士 名 박사. ¶ ～xuéwèi(～学位)박사학위. yīxué～(医学～)의학박사. zhéxué～(哲学～)철학박사.

***bōsòng** 播送 動 방송하다. ¶ ～yīnyuè(～音乐)음악을 방송하다. ～**yuán**(～员)아나운서, 방송원.

†**bōtāo** 波涛(－濤) 名 파도. ¶ ～xiōngyǒng(～汹涌)파도가 세차게 일다.

***bówùguǎn** 博物馆(－館) 名 박물관. **bówùyuàn**(博物院)이라고도 함.

博物馆

***bōxuē** 剥削 動 착취하다. ¶ ～jìnxíng shuāngchóng de～(进行双重的～)이중 착취를 하다. 名 착취. ～**jiējí**(～阶级)착취 계급. ～**chóng**(～虫)기생충.

bō▲yīn 播音 動 [방송국이]방송하다. 名 방송. ～**yuán**(～员)아나운서. ～**yìyuán**(～艺员)성우. ～**jiémù**(～节目)방송 프로그램.

***bō▲zhǒng** 播种(－種) 動 씨를 뿌리다, 파종하다. ～**jī**(～机)씨뿌리는 기계；파종기. ☞ **bōzhòng**(播种) 참조.

***bōzhòng** 播种(－種) 動 파종하다, 씨를 뿌리는 방법으로 심다. ¶ ～xiǎomài(～小麦)밀을 재배하다.

☞ bō▴zhǒng(播种) 참조.

*bózi 脖子 名 목. ¶ ~cháng(~长)목이 길다. ~cū(~粗)목이 굵다. suō~(缩~)목을 움츠리다.

*bǔ 补(補) 動 1. 깁다, 때우다, 수리하다. ¶ ~kùzi(~裤子)바지를 깁다. 2. 보충하다, 채워넣다, 메우다. ~quē(~缺)결원을 보충하다. 3. 보양하다. 名 이익, 소용, 도움.

†bǔ 捕 動 붙잡다, 사로잡다, 체포하다. ¶ ~yú(~鱼)물고기를 잡다. ~yíng(~蝇)파리를 잡다.

⁑bù 布 名 《kuài 坏, fú 幅, pǐ匹》[무명실 등으로 짠]천. ¶ chě èr chǐ~(扯二尺~)천 2자를 끊다. 動 1. 선포하다, 선언하다. 2. 배치하다, 설치하다. ~bīng(~兵)군인을 배치하다. ~cài(~菜)주인이 손님에게 요리를 나누어 권하다.

bù 步 名 걸음, 보폭. ¶ yí~yí~de zǒuguoqu(一~一~地走过去)한걸음 한걸음 나아가다. kuà yí~(跨一~)한걸음 크게 내딛다. 動 걷다, 밟다, 좇다.

*bù 部 名 1. 부분. shàng~(上~)윗부분, 상부. 2. 부서, 부문; 특히 「省」에 해당하는 정부기관. wàijiāo~(外交~)외교부; 외무부. 量 부, 편, 대[기계류·서적·영화 따위를 세는 말.] ¶ yí~diànzǐ jìsuànjī(一~电子计算机)컴퓨터 1대. yí~cídiǎn(一~词典)사전 1세트. yí~yǐngpiàn(一~影片)영화 1편. ☆ húzi(胡子)[수염]나 qìchē(汽车)[자동차]를 bù(部)로 세는 사람이 많으나, 방언같은 느낌을 준다.

⁑bù 不 副 1. [動詞·助動詞·形容詞·副詞 등의 앞에 쓰여]부정을 나타냄. ☆ 뒤에 第4聲 음절이 오면 第2聲 bú의 성조로 변함. ¶ ~qù(~去)가지 않다. tā zuòzhe~dòng(他坐着~动)그는 움직이지 않고 앉아있다. ~néng(~能)…할 수 없다. ~hǎo(~好)좋지 않다. ~hěn hǎo(~很好)그다지 좋지 않다. hěn~hǎo(很~好)매우 좋지 않다. ☆ bù hěn~(不很~)[그다지 …하지 않다]과 hěn bù~(很不~)[매우 …하지 않다]가 다름에 주의해야 함. 2. [단독으로 쓰여]물음에 대한 부정(否定)을 나타냄. ¶ nǐ qù ma?(你去吗?)당신은 갑니까? ~, wǒ bú qù(~, 我不去)아니오, 나는 안 갑니다. 3. [동사와 보어 사이에 쓰여]불가능을 나타냄. ☆ 성조의 변화는 1.과 동일하나, 실제로 경성으로 많이 읽음. ¶ zhège gōngzuò, wǒ jīntiān zuò·~·wán(这个工作, 我今天做~完)이 일은 내가 오늘 중으로 하지 못한다. chī·~·wán(吃~完)다 먹지 못하다. jìn·~·qù(进~去)들어가지 못하다. wǒ shuō·~·míngbai nà shì zěnme huí shì(我说~明白那是怎么回事)내가 말하는 것을 이해하지 못하다니 그게 어찌된 일이냐.

†bù'ān 不安 形 불안하다, 편안치 않다. ¶ gǎndào~(感到~)불안을 느끼다. tǎntè~(忐忑~)안절부절 못하다.

⁑búbì 不必 副 …할 필요가 없다, …하지 마라. ¶ nǐ~shuō(你~

说)너는 말할 필요없다. ~dānxīn(~担心)걱정하지 않아도 된다. ~kèqi(~客气)사양하지 마시오. ☆ **búbì**(不必)의 반대는 **bì**(必)가 아니고, **děi**(得), **yào**(要), **xūyào**(须要) 등을 사용함. **例**: nǐ děi shuō(你得说)너는 마땅히 말해야 한다. nǐ yào zìjǐ zuò(你要自己做)너는 당연히 자신이 해야 한다.

†**bùbǐ** 不比 動 …비교하지 않다, …에 필적할 수 있다. …과 다르다. ¶ ~yǐqián(~以前)이전과 다르다.

*__búbiàn__ 不便 動 1. 불편하다, 형편이 좋지 않다. ¶ jiāotōng~(交通~)교통이 불편하다. ~gōngkāi(~公开)공개하기 곤란하다. 2. 현금이 모자라다. ¶ shǒutóu~(手头~)수중에 돈이 부족하다. 3. 임신하다. ¶ tā shēnzi~(她身子~)그녀는 임신하였다.

†**bùcéng** 不曾 副 아직 …않다, 일찌기 …않다. ☆ **céngjīng**(曾经)의 부정인데, **méiyou**(没有)와 같음. ¶ ~tīngshuō(~听说)아직 듣지 않았다. wǒ~yùdàoguo tā(我~遇到过他)나는 그를 만난 적이 없다.

bùchéng 不成 形 안된다, 허락할 수 없다. =**bùxíng**(不行) 助 [nándào(难道), mòfēi(莫非) 등과 호응하여]추측이나 반문의 어기를 나타냄. ¶ nándào jiù zhèyàng suàn le~?(难道就这样算了~?)설마 이렇게 그만두는 것은 아니겠지.

⁑**bǔchōng** 补充(補一) 動 보충하다, 보완하다. ¶ ~liǎng diǎn yìjian(~两点意见)두가지 의견을 보충하다. 名 보충, 보완. ¶ ~shuōmíng(~说明)보충 설명.

⁑**búcuò** 不错(一錯) 形 〈口〉 1. 맞다, 틀림없다. ¶ xiěde~(写得~)맞게 썼다. mǎimai hái suàn~(买卖还算~)매매는 비교적 옳게 계산하다. 2.〈應〉 옳지, 그렇지; 상대방의 말을 긍정함. ¶ ~, shì zhème huí shì(~, 是这么回事)옳지, 이러한 일이구나.

*__búdà__ 不大 副 그다지 …하지 않다, 그렇게 …하지는 않다. ¶ tiānqì~rè(天气~热)날씨가 그다지 덥지 않다. ~máng(~忙)그렇게 바쁘지는 않다.

⁑**búdàn** 不但 連 …뿐만 아니라. 흔히 **érqiě**(而且), **bìngqiě**(并且), **yě**(也), **hái**(还) 등과 서로 호응하여 쓰임. **bùdān**(不单)이라고도 함. ¶ ~piányi érqiě jiēshi(~便宜而且结实)싸고도 질기다.

bùdān 不单(一單) 副 …에 그치지 않다. ¶ ~shì xiàtiān(~是夏天)여름에만 그치지 않는다. 連 …뿐만 아니라.

☞ **búdàn**(不但) 참조.

-**bude** -不得 接尾 [동사 뒤에 붙어]「해서는 안된다」나 「할 수가 없다」를 나타냄. ¶ tā shuō de huà, nǐ xìn·~(他说的话, 你信~)그가 하는 말을 너는 믿어서는 안된다.

*__bùdébù__ 不得不 副 …하지 않으면 안된다, 반드시 …해야 한다.

☆ 뒤에 第4聲의 음절이 올 때 **bùdébù**의 두번째 '不'는 第2聲 **bú**로 변함. ¶ bù xiǎng qù, dàn ~qù(不想去, 但~去)가고 싶지

않지만, 부득불 가야만 한다. ~zǎo huíqu(~早回去)빨리 돌아가지 않으면 안된다.

***bùdéliǎo** 不得了 形 1. 큰일났다, 야단났다. ¶ ~, zháohuǒ le(~着火了)큰일났다, 불이야. 2. 정도가 심함을 나타냄; 매우 심하다, 엄중하다. =**liǎobude**(了不得) ¶ xīnli jíde~(心里急得~)마음속이 탄다. gāoxìngde~(高兴得~)대단히 기쁘다. hòuhuǐde~(后悔得~)후회가 막심하다.

***bùdéyǐ** 不得已 形 부득이하다, 하는 수 없이. ¶ ~cái zhèyàng zuò(~才这样做)하는 수 없이 이렇게 해야만 한다.

***búduàn** 不断(一斷) 副 끊임없이, 부단히, 늘. ¶ ~sōují zīliào(~搜集资料)끊임없이 자료를 수집하다. ☆ **chēliú bú duàn**(车流不断)[차의 흐름이 끊임없다]에서 **bù**(不)와 **duàn**(断)은 2단어로 취급됨.

***bùduì** 部队(一隊) 名《**zhī** 支》 부대, 군대. ¶ xiāntóu~(先头~)선봉대, 선두부대.

***bùfáng / bùfāng** 不妨 動 …하는 것도 좋다, …하는 것도 괜찮다. ¶ ~wènwen tā běnrén(~问问他本人)그 본인에게 물어봐도 괜찮다.

⁑bùfen 部分 名 부분, 일부. 量 부분을 세는 데 쓰임. ¶ yí~rén(一~人)일부 사람.

bùgǎn 不敢 能 …할 용기가 없다, 감히 …하지 못하다. ¶ ~fùzé(~负责)책임을 질 용기가 없다. zhège wǒ~shuō(这个我~说)이것은 나는 감히 말할 수 없다.

***bùgǎndāng** 不敢当(一當) 形〈應〉[과분한 칭찬에 대하여]황송합니다, 천만의 말씀입니다, 별 말씀을 다하십니다. ¶ zhèyàng de kuājiǎng tài~le(这样的夸奖太~了)이러한 과찬은 황송합니다.

***bùgào** 布告 名《**zhāng** 张》포고, 게시. ¶ tiē~(贴~)공고하다, 게시를 붙이다.

†búgòu 不够 形 부족하다, 모자라다. ¶ ~lǐxiǎng(~理想)이상이 부족하다.

†búgù 不顾(一顧) 動 돌보지 않다, 고려하지 않다, 상관하지 않다. ¶ tā~yíqiè de jìxù gōngzuò(他~一切继续工作)그는 모든 것에 아랑곳하지 않고 일을 계속한다. ~biéren(~别人)남을 돌보지 않다. ~wēixiǎn(~危险)위험을 무릅쓰다. ~sǐhuó(~死活)생사를 가리지 않다.

***bùguǎn** 不管 連 …에 관계없이, …을 막론하고. =**búlùn**(不论) ¶ ~nǐ xìn bú xìn, shìshí zǒng shì shìshí(~你信不信, 事实总是事实)네가 믿든 안믿든 사실은 사실이다. ~tiān lěng tiān rè…(~天冷天热…)날씨가 춥든 덥든 관계없이 …. ~**sān qī èrshiyī**(~三七二十一)아무것도 아랑곳하지 않고, 이유여하를 막론하고, 다짜고짜로. ☆ shéi dōu bù guǎn tā(谁都不管他)[아무도 그를 상관하지 않는다]의 **bù**(不)와 **guǎn**(管)은 2단어임.

☞ **guǎn**(管) 참조.

bùguāng 不光 連〈口〉[흔히 érqiě(而且), bìngqiě(并且)와 호응

하여]…뿐 아니라, …만 아니다. =**búdàn**(不但), **bùzhǐ**(不止) ¶ tā~shuō le, érqiě zuòdào le(他~说了, 而且做到了)그는 말 뿐만 아니라 실행도 했다.

***búguò** 不过(一過) 副 …에 지나지 않다, …에 불과하다, …할 따름이다. =**zhǐ**(只), **jǐnjǐn**(仅仅) ¶ ~shuōshuo bàle(~说说罢了)말해본 것에 불과하다. 連 그런데, 그러나, …하지만.=**dànshì**(但是) ¶ dōngxi shì hǎo, ~jiàqian jiào guì(东西是好, ~价钱较贵)물건은 좋은데, 가격이 약간 비싸다. 接尾 1. [형용사의 뒤에 쓰여]대단히, 지극히, 몹시. ¶ cōngming・~(聪明~)대단히 총명하다. zài hǎo・~(再好~) 더없이 좋다. 2. [동사의 뒤에 쓰여]능가하지 못하다, 앞서지 못하다, 이기지 못하다. ¶ shéi yě shuō・~tā(谁也说~他)아무도 말로 그를 당해내지 못한다.

bùhǎoguò 不好过(一過) 形 [마음이]괴롭다, [생활이]어렵다, 곤란하다. ¶ xīnli~(心里~)마음이 괴롭다. rìzi~(日子~)생활이 힘들다.

***bùhǎoyìsi** 不好意思 形 1. 부끄럽다, 쑥스럽다, 창피스럽다. ¶ bèi xiàode~(被笑得~)웃는 통에 창피스럽다. 2. 계면쩍다, [체면 때문에]…하기가 난처하다. ¶ ~tuīcí(~推辞)사양하기 난처하다.

†**bújiàn** 不见(一見) 動 보이지 않다, 잃다. ¶ dōngxi~le(东西~了)물건이 없어졌다. shū~le (书~了)책이 없어졌다. ☆ 뒤에 반드시 **le**(了)가 와야 함.

***bújiàndé** 不见得(一見一) 動 [반드시]…할 리 없다, …라고 생각되지 않다. ¶ jiàqian guì~yídìng jiù hǎo(价钱贵~一定就好)가격이 비싸다고 반드시 좋다고는 할 수 없다.

bùjīn 不禁 動 참지 못하다, 금치 못하다, 견디지 못하다. ¶ ~shīxiào(~失笑)참지 못하고 웃어버리다, 자기도 모르게 웃다. ~shīshēng tòngkū(~失声痛哭)자기도 모르게 실성통곡하다.

***bùjǐn** 不仅(一僅) 副 …만은 아니다. =**bùzhǐ**(不止) ¶ ~shì wǒ fǎnduì(~是我反对)반대하는 것은 나만이 아니다. 連 …뿐만 아니라. =**búdàn**(不但) ¶ tā~zìjǐ nǔlì, hái kěn bāngzhù biéren(她~自己努力, 还肯帮助别人)그녀는 자신이 노력할 뿐만 아니라, 기꺼이 남을 도와주기도 한다.

⁑**bùjiǔ** 不久 副 머지않아, 곧. ¶ huíqu~jiù lái xìn le(回去~就来信了)돌아간지 오래지 않아 편지가 왔다. ~jiù xíguàn le(~就习惯了)얼마 안돼 습관이 되었다. ☆ gāng lái bù jiǔ(刚来不久)[온지 오래지 않아]의 **bù**(不)와 **jiǔ**(久)는 2단어로 취급함.

†**bùjué** 不觉(一覺) 副 어느덧, 어느 사이에. ¶ ~yǐjing guòqù liǎngnián le(~已经过去两年了)어느새 벌써 두해가 지나갔다. tīngle tā de huà, ~liúchū lèi lai(听了她的话, ~流出泪来)그녀의 말을 들으니, 어느새 눈물이 흘러나온다.

bùkān 不堪 動 참을[견딜] 수 없

다, …할 수 없다. ~**yìjī**(~一击) 일격에도 견디지 못하다, 한 주먹이면 알아볼 수 있다. ~**shèxiǎng**(~设想)상상조차 할 수 없다. 形 심하다[정도가 심함을 나타냄.] **píbèi**~(疲惫~)대단히 피곤하다.

***bùkě** 不可 副 …할 수가 없다,…해서는 안된다. ¶ ~bìmiǎn(~避免)피할 수 없다, 불가피하다. ~duì biéren shuō(~对别人说)남에게 말해서는 안된다. zhè jiàn shì fēi nǐ zìjǐ bàn~(这件事非你自己办~)이 일은 너 자신이 처리하지 않으면 안된다.

***bùkěbù** 不可不 副 …하지 않으면 안된다. ¶ ~zhùyì(~注意)주의하지 않으면 안된다.

***búkèqi** 不客气(一氣) 形 1. 무례하다, 버릇없다. ¶ nà wǒ jiù~le(那我就~了)그건 내가 무례하게 대했군요. 2. 사양하지 않다. ¶ ~, qǐng suíbiàn chī ba!(~, 请随便吃吧!)사양하지 마시고 마음대로 드십시오! 3.〈應〉 천만에요, 원 별말씀을요. ¶ ~, zhè shì wǒ yīnggāi zuò de(~, 这是我应该做的)천만의 말씀입니다, 이것은 마땅히 내가 해야 할 일인걸요.

búkuì 不愧 動 [대개 ~shì(是)와 같이 쓰여]…에 부끄럽지 않다, …답다, …에 손색없다. ¶ ~shì niánqīng de yídài(~是年轻的一代)젊은 세대답다. ~shì zhuānjiā(~是专家)전문가에 손색이 없다.

***búlì** 不利 形 1. 불리하다.¶ xíngshì~(形势~)형세가 불리하다. 2. [~yú(于) 앞에서]…이롭지 않다. ¶ ~yú háizi jiànkāng(~于孩子健康)아이의 건강에 이롭지 않다.

***búliào** 不料 副 뜻밖에, 의외에. = **méi xiǎngdào**(没想到) ¶ ~tā fāhuǒ le(~他发火了)뜻밖에 그가 화를 냈다.

bùliǎo 不了 動 1. [대개 동사 뒤에 ge(个)~의 형태에 보어로 쓰여]끝나지 않다, 끝나지 못하다. ¶ xiào ge~(笑个~)계속 웃다. 2. [동사 뒤에서 보어로 쓰여] 다 …해 낼 수 없다. ¶ zhème duō de cài, wǒ yí ge rén chī·~(这么多的菜, 我一个人吃~)이렇게 많은 요리를 나혼자 다 먹을 수 없다. nǐ de huà wǒ yǒngyuǎn wàng·~(你的话我永远忘~)당신의 말을 나는 영원히 잊어버릴 수 없다.

***búlùn** 不论(一論) 連 …을 막론하고, …든지. ¶ ~tiān hǎo tiān huài, dōu jiānchí pǎobù(~天好天坏, 都坚持跑步)날씨가 좋든 나쁘든, 꾸준히 조깅을 한다. ~duōshao dōu nálai(~多少都拿来)얼마든지 있는대로 다 가져오너라.

bùmǎn 不满(一滿) 形 불만족하다. ¶ chí~tàidu(持~态度)불만스런 태도를 지니다. 名 불만. ¶ xīnhuái~(心怀~)마음에 불만을 품다.

bùmén 部门(一門) 名 부문, 부, 분과. **gōngyè**~(工业~)공업 부문. **jiàoyù**~(教育~)교육부문.

***bùmiǎn** 不免 動 면할 수 없다, 아무리 해도 …가 되다 ; **bùmiǎn**

yú(不免于)라고도 함. ¶ ~tì háizi cāoxīn(~替孩子操心)아무래도 아이들 때문에 신경을 쓰게 된다. ~cuōle máobìng(~出了毛病) 아무리 해도 고장이 나는 것을 면할 수 없다. ~yú pòchǎn(~于破产)파산을 모면할 수 없다.

***bùnéng** 不能 副 1. …해서는 안된다[금지를 나타냄.] ¶ ~piàn rén(~骗人)남을 속여서는 안된다. 2. …할 수가 없다[능력이 허락치 않음을 나타냄.] ¶ jīntiān~zǒu(今天~走)오늘은 갈 수 없다. ☆ wǒ bù néng yóu yì gōnglǐ(我不能游一公里)[나는 1km를 헤엄칠 수 없다]에서 **néng**(能)의 단순한 부정형은 2단어로 취급됨.

***bùnéngbù** 不能不 副 …하지 않을 수 없다, …하지 않고는 못배기다. ¶ wǒ~shuō liǎng jù le(我~说两句了)나는 몇마디 하지 않을 수 없었다.

***bùqiāng** 步枪(一槍) 名《**gǎn** 杆, **zhī** 只》보병총(步兵銃).

***bùrán** 不然 形 그렇지 않다. ¶ kànqilai róngyì, qíshí~(看起来容易, 其实~)쉽게 보이나 사실은 그렇지 않다. 動 [문장 앞에서 상대방의 말을 부정함]아니요, 그렇지 않다. ¶ ~, wǒ méiyou shuōguo zhèyàng de huà(~, 我没有说过这样的话)아니오, 나는 그런 말을 한 적이 없소. 連 그렇지 않으면, 그렇지 않다면. ¶ tā yǒu shì, ~jiù zìjǐ lái le(他有事, ~就自己来了)그는 일이 생겼어, 그렇지 않다면 스스로 왔을거야. chúfēi nǐ yě qù, ~wǒ jiù bú qù(除非你也去, ~我就不去)너도 가야지, 그렇지 않으면 나는 가지 않겠다.

***bùrú** 不如 動 …만 못하다, …하는 편이 낫다. ¶ dàjiā dōu~tā(大家都~他)그 누구도 그만 못하다. jīntiān wǎn le, ~míngtiān qù(今天晚了, ~明天去)오늘은 늦었으니, 내일 가는 편이 낫다. tā de bìng yì tiān~yì tiān le(他的病一天~一天了)그의 병이 날마다 나빠진다. **bǎiwén~yíjiàn**(百闻~一见)백번 듣는 것이 한번 보는 것만 못하다 ; 무엇이든지 경험해야 확실히 안다.

***bùshǎo** 不少 形 적지 않다, 많다. ¶ ~rén kū le(~人哭了)적잖은 사람이 울었다. ~yú wǔ gōngjīn(~于五公斤)5kg보다 많다. zànchéng de hěn~(赞成的很~)찬성한 사람은 매우 많다.

búshèng / bùshēng 不胜(一勝) 動 …을 참을 수 없다, …에 견디지 못하다. ~**méijǔ**(~枚举)일일이 다 들 수 없다, 일일이 다 헤아릴 수 없다. ~**qí fán**(~其烦)귀찮아서 견딜 수 없다, 너무도 번거롭다. 副 [동일한 동사를 앞뒤로 중복시켜]…을 할 수 없다, 다하지 못하다. ¶ fáng~fáng(防~防)방비할 수 없다. kàn~kàn(看~看)다 볼 수 없다.

bú shì 不是 連語 1. **shì**(是)의 부정형(否定形). ☞ **shì**(是) 참조. 2. [문장 끝에서]조사 **ma**(吗)와 가까운 역할을 함. ☆ 이 경우의 '不' '是'는 흔히 경성으로 발음됨. ¶ nǐ shì xuésheng~?(你是学生~?)너는 학생이니? tā yi-

B

jìng zǒu le~?(她已经走了~?)그녀는 이미 떠났습니까?
☞ **búshi**(不是) 참조.

búshi 不是 名 잘못, 과실. ¶ zhè shì wǒ de~, qǐng yuánliàng!(这是我的~, 请原谅!)이것은 내 잘못이니 용서해 주십시오. dàodǐ shì shéi de~?(到底是谁的~?)도대체 누구의 잘못이냐? **péi**~(赔~)사죄하다.
☞ **búshì**(不是) 참조.

†**bùshǔ** 部署 動 배치하다, 안배하다. ¶ ~héwǔqì(~核武器)핵무기를 배치하다.

†**bùtíng** 不停 動 서지 않다, 멈추지 않다. ¶ yǔ xià ge~(雨下个~)비가 쉴새없이 내리다. ~de késou(~地咳嗽)끊임없이 기침을 하다.

⁑**bùtóng** 不同 形 같지 않다, 다르다. ¶ zhège gēn nàge~(这个跟那个~)이것과 저것은 다르다. ~yú cóngqián(~于从前)이전과 같지 않다.

†**bú xiàng huà** 不像话(–話) 連語 1. [언어나 행동이]말이 아니다, 꼴이 말이 아니다. ¶ zhēn~!(真~!)정말 말 같지도 않다! 2. 꼴불견이다, 덜되다.

*__bùxié__ 布鞋 名 《**shuāng** 双, **zhī** 只》 헝겊 신.

*__búxìng__ 不幸 形 운이 나쁘다, 불행하다. ¶ tā tài~le(她太~了)그녀는 너무 불행하다. ~de yìshēng(~的一生)불운한 일생. 名 불행, 재난.

†**bùxíng** 不行 形 1. 안된다, 허락할 수 없다. ¶ chídào kě~(迟到可~)지각해서는 안된다.
☆ **kěyǐ**(可以)의 부정으로 단독으로 쓰임. **例**: kěyǐ jìnqu ma?(可以进去吗?)들어가도 됩니까? —bùxíng(不行)안됩니다. 2. 쓸모없다, 적당하지 않다. ¶ yǎn~(眼~)눈이 나쁘다; 안목이 좋지 않다. 3. 어떤 정도에 이르지 못하다. ¶ Yīngyǔ~(英语~)영어가 아직도 멀었다. 4. 정도가 심하다, 견딜 수 없다. ¶ kùnde~(困得~)피곤해 죽을 지경이다. 5. [흔히 le(了)를 동반하여] 임종이 가깝다, 틀렸다. ¶ zhè shù~le(这树~了)이 나무는 죽었다. 6. 〈應〉 안됩니다!

*__bùxǔ__ 不许(–許) 動 불허하다, 허용하지 않다. ¶ ~chōu yān(~抽烟)흡연을 해서는 안된다; 금연. ~dòngshǒu(~动手)손을 대지 마시오. ~shuōhuǎng(~说谎)거짓말을 해서는 안된다.

⁑**búyào** 不要 副 …하지 마라, …해서는 안된다; 금지·중지 등의 권고를 나타냄. 북방인은 대개 **bié**(别)를 사용함. ¶ nǐ~xiào(你~笑)웃지 마라. ~dà shēng xuānhuá(~大声喧哗)큰소리로 떠들지 마라. ~chuànlián(~串连)서로 내통하지 마라.
☆ **wǒ bú yào zhège**(我不要这个) [나는 이것을 원하지 않는다]의 **bù**(不)와 **yào**(要)는 2단어임.

*__búyàojǐn__ 不要紧(–緊) 形 1. 괜찮다, 문제없다, 일없다. ¶ zhè shāng~(这伤~)이 상처는 괜찮다. 2. 〈應〉 괜찮아.

búyì 不易 形 쉽지 않다, 어렵다. ¶ ~biànbié(~辨别)분별이 어렵다.

B

***bùyòng** 不用 副 …할 필요가 없다, …하지 마라. ¶ zhèyàng de shì, nǐ~cāoxīn(这样的事, 你~操心)너는 이 일에 대해 마음을 쓸 필요가 없다. nǐmen~qù, wǒ yí ge rén qù(你们~去, 我一个人去)너희는 갈 필요가 없고 나 혼자 간다. ~kèqi(~客气)사양하지 마시오. ~zháojí(~着急)초조해 할 필요 없다.

†bùyóude 不由得 形 저절로, 자연히, 무의식 중에. ¶ ~kūqilai(~哭起来)저절로 울음이 난다.

†búzàihu 不在乎 動 대수롭지 않게 여기다, 염두에 두지 않다. ¶ yìdiǎnr yě~(一点儿也~)전혀 대수롭지 않게 여긴다. ~zhè diǎnr qián(~这点儿钱)이 정도의 돈은 전혀 문제 삼지 않는다.

***bùzhǎng** 部长(ㅡ長) 名 각부(各部)의 장관 ; 부장. ☆ 중국에서의 부장은 한국에서의 장관을 가리키는 때가 많음. **wàijiāo**~(外交~)외무부 장관. ~**zhùlǐ**(~助理)차관.

†bùzhī 不知 動 모르다, 알지 못하다. ¶ ~shéi lái le(~谁来了)누가 왔는지 모른다. ~**bùjué**(~不觉)부지불식간에, 자기도 모르는 사이에. ~zú(~足)만족할 줄 모르다.

***bùzhǐ** 不止 動 1. …에 그치지 않다, …를 넘다[어떤 범위를 넘는 것을 뜻함.] ¶ ~láiguo yí cì(~来过一次)한두번 온 것이 아니다. 2. [동사 뒤에 쓰여]그치지 않다, 멈추지 않다. ¶ dàxiào~(大笑~)계속 크게 웃어대다.

bùzhǐ 不只 連 …뿐만 아니라. = **búdàn**(不但) ¶ ~tā qù, wǒ yě qù(~他去, 我也去)그 사람 뿐만 아니라 나도 간다.

***bùzhì** 布置(ㅡ置) 動 1. 배열하다, 배치하다, 꾸미다. ¶ ~huìchǎng(~会场)회의장을 꾸미다. ~gǎngshào(~岗哨)보초를 배치하다. 2. 할당하다, 안배하다, 준비하다. ¶ ~rènwu(~任务)임무를 할당하다. ~quāntào(~圈套)올가미를 설치하다.

búzhìyú 不至于(ㅡ於) 動 …에 이르지 못하다, …에 미치지 못하다. ¶ ~lián zhè diǎn shì dōu bù dǒng(~连这点事都不懂)요만한 일도 이해못할 정도는 아니다.

***bùzhòu** 步骤(ㅡ驟) 名 [일 진행의]순서, 차례, 단계. ¶ jùtǐ de~(具体的~)구체적인 순서.

búzhòng 不中 動 명중하지 못하다, 합격하지 못하다. ¶ dǎ~(打~)명중하지 못하다. kǎo~(考~)시험에 합격되지 못하다.

bùzhōu 不周 形 주도하지 않다, 주의가 두루 미치지 않다. ¶ zhāodài~(招待~)접대가 변변치 못했습니다.

†búzhù 不住 副 그치지 않다, 쉬지 않다. ¶ ~de xià yǔ(~地下雨)그치지 않고 비가 내리다. 接尾 [동사 뒤에 쓰여]…을 하지 못하다, …에 멀지 않다. ¶ zhǐ · ~yǎnlèi(止~眼泪)눈물을 멈출 수 없다. jiānchí · ~(坚持~)견지하지 못하다. rěn · ~(忍~)참을 수 없다, 참지 못하다.

bùzhǔn 不准(ㅡ準) 動 불허하다, …하면 안된다. ¶ ~dǒng(~动)

움직여서는 안된다. ~cǐchù~tíngchē(此处~停车)이곳은 주차금지이다. ~**xīyān**(~吸烟)흡연금지.

bùzìrán 不自然 形 부자연스럽다, 어색하다. ¶ wǒ yǒudiǎnr~·qǐlai(我有点~起来)나는 좀 어색해졌다.

†**bùzú** 不足 形 1. 부족하다, 모자라다. ¶ jīngyàn~(经验~)경험이 부족하다. xìnxīn~(信心~)믿음이 부족하다. ~liùsuì de háizi(~六岁的孩子)6세 미만의 아이. 2. …하기에 부족하다, …할 가치가 없다. ~kuājiǎng(~夸奖)칭찬할 것이 못되다. 3. …할 수 없다. fēi tuánjié~túcún(非团结~图存)단결하지 않으면 생존을 도모할 수 없다.

C

*⁎cā 擦 動 문지르다, 마찰하다. ☆ 어떤 목적으로 문질렀는지, 문지른 결과 어떻게 되었는지에 따라, 아래 몇가지 의미로 나뉨. ① 문지르다, 닦다. ¶ ~zhuōzi(~桌子)테이블을 닦다. ~hēibǎn(~黑板)칠판을 닦다. ② 칠하다, 바르다. ¶ ~yóu(~油)기름을 칠하다, 크림을 바르다. ③ 긋다, 비비다, 마찰하다. ¶ ~huǒchái(~火柴)성냥을 긋다. ④ 스치다, 접근하다. ¶ ~jiān ér guò(~肩而过)어깨를 스치고 지나가다.

*cāi 猜 動 추측하다, 알아맞추다. ¶ ~míyǔ(~谜语)수수께끼를 풀다. nǐ~shéi lái le?(你~谁来了?)누가 왔는지 맞혀 보아라. bié xiā~(别瞎~)멋대로 추측하지 마라.

*⁎cái 才(纔) 名 재능, 재주. **duō~duō yì**(多~多艺)다재다능하다. 副 1. …에서야, 해야 비로소. ¶ dàole shí'èr diǎn~huí jiā(到了十二点~回家)12시가 되어서야 비로소 집에 돌아왔다. wǒ xiànzài~míngbai le(我现在~明白了)나는 이제야 알았다. shēntǐ hǎo~néng gōngzuò hǎo(身体好~能工作好)몸이 건강해야 [비로소]일을 잘할 수 있다. 2. 겨우, 근근히. ¶ láile~liǎng tiān(来了~两天)온지 겨우 이틀되었다. 3. 방금, 이제 막, 이제서야. ¶ fàn~zuòhǎo(饭~做好)밥이 방금 다 되었다.

†cái 材 名 1. 재목, 재료. 2. 자료. 3. 재능이 있는 사람. 4. 재능, 자질, 소질.

*cái 财(財) 名 1. 재물, 돈이나 부동산 그밖의 값 나가는 물건의 총칭. **fā~**(发~)돈을 벌다, 부자가 되다. **~néng tōng shén**(~能通神)돈만 있으면 귀신도 부릴 수 있다. 2. 〈文〉 재능.

*cái 裁 動 1. [종이나 천을]자르다, 재단하다, 바르다. ¶ ~yīfu(~衣服)옷을 재단하다. 2. 줄이다, 감하다, 덜다. ¶ ~jūn(~军)군축하다. bèi~le(被~了)면직되다, 해고되다.

*cǎi 采 動 1. [꽃잎 · 열매 등을]따다, 뜯다, 꺾다. ¶ ~chá(~茶)차잎을 따다. 2. 캐내다, 채굴하다. ¶ ~méi(~煤)석탄을 채굴하다. 3. 채집하다, 수집하다. ¶ ~biāoběn(~标本)표본을 채집하다. 4. 선택하다, 고르다, 채택하다.

cǎi 睬 動 상대하다, 거들떠보다. ¶ búyào~tā(不要~他)그를 상대하지 말라. **bù lǐ bù~**(不理不~)아랑곳하지 않다, 본체만체하다. **~yě bù~**(~也不~)거들떠보지 않다. yángyáng bù~(扬扬不~)콧대가 높아 아는 체도 하지 않는다.

cǎi 彩 名 1. 색깔, 색채. 2. 채색 비단. 3. 갈채. 4. 〈文〉 문장, 문체.

*cǎi 踩 動 밟다, 짓밟다, 디디다.

C

학습 정보 ❷

◇ 菜谱 càipǔ(메뉴) ◇

1. 중국 요리(中国菜 Zhōngguócài)

국토가 넓은 중국에는 풍토나 식습관·특산물 등이 다르기 때문에, 갖가지 특색이 있는 요리가 생겨났다. 黄河 하류의 "鲁菜 Lǔcài"(산동요리), 長江 상류의 "川菜 Chuāncài"(사천요리), 長江 중·하류와 東南 연해의 "苏菜 Sūcài"(강소요리), 珠江유역과 南部 연해의 "粤菜 Yuècài"(광동요리)의 4가지가 있는데, 이것을 "四大菜系"(4대요리)라 부른다.

각 계통 요리의 특색은 천차만별이지만, 맛으로 보면 일반적으로 "鲁菜"는 맛이 짜고(咸 xián), "川菜"는 매우 맵고(辣 là), "苏菜"는 싱겁고(淡 dàn), "粤菜"는 달다(甜 tián)고 하는 경향이 있다.

"菜谱, 菜单"(메뉴)의 중국요리 이름은 예외도 있지만, 대충 "原料 yuánliào"(재료), "切法 qiēfǎ"(써는 방법), "烹调方法 pēngtiáo fāngfǎ"(조리법), "调味 tiáowèi"(맛을 내는 것) 등을 조합한 것이다.

a. 써는 방법(아래 그림 참조)

★ 丁 dīng / 주사위 모양으로 자른 것. ¶ 块 kuài / 덩어리로 자른 것. ¶ 段 duàn / 도막으로 자른 것. ¶ 片 piàn / 얇게 썬 것. ¶ 丝 sī / 채를 썬 것. ¶ 条 tiáo / 딱따기 모양으로 썬 것. ¶ 末 mò / 잘게 썬 것. ¶ 泥 ní / 으깬 것, 다진 것. ¶ 龙 lóng / 뱀 모양으로 썬 것. ¶ 花 huā / 장식 모양으로 썬 것.

b. 조미료와 맛을 내는 방법

★ 盐 yán / 소금. ¶ 酱油 jiàngyóu / 간장. ¶ 蚝油 háoyóu / 굴기름. ¶ 糖 táng / 설탕. ¶ 醋 cù / 식초. ¶ 酱 jiàng / 된장. ¶ 番茄酱 fānqiéjiàng / 토마토 케찹. ¶ 花椒盐 huājiāoyán / 산초소금. ¶ 五香 wǔxiāng / 5종류의 향료를 섞은 것. ¶ 豆豉 dòuchǐ / 콩을 발효시켜 만든 말린 청국장과 비슷한 식품. ¶ 辣酱 làjiàng / 고추장. ¶ 辣椒酱 làjiāojiàng / 칠리소스. ¶ 芥末 jièmo / 겨자. ¶ 麻酱 májiàng / 깨장. ¶ 鱼香 yúxiāng / 파·고추·마늘로 맛을 낸 것. ¶ 糖醋 tángcù / 설탕과 식초를 섞어 맛을 낸 것. ¶ 清 qīng / 소금만으로 맛을 낸 것.

c. 조리법

★ 蒸 zhēng / 찐것. ¶ 烤 kǎo / 불에 구운 것. ¶ 煎 jiān / 소량의 기름으로 지지고, 부친 것. ¶ 炒 chǎo / 볶다. ¶ 炮 bāo / 불을 아주 세게하여 재빨리 볶은 것. ¶ 烹 pēng / 기름에서 튀긴 재료를 살짝 삶은 것. ¶ 炸 zhá / 기름에 튀기다. ¶ 煮 zhǔ / 삶은 것, 끓인 것. ¶ 拌 bàn / 뒤섞은 것, 버무린 것. ¶ 炖 dùn / 장시간 푹 삶은 것. ¶ 焖 mèn / 뜸을 들인 것. ¶ 烩 huì / 볶은 후에 소량의 물과 전분을 넣어 만드는 요리법. ¶ 熘 liū / 재료를 볶은 후 녹말

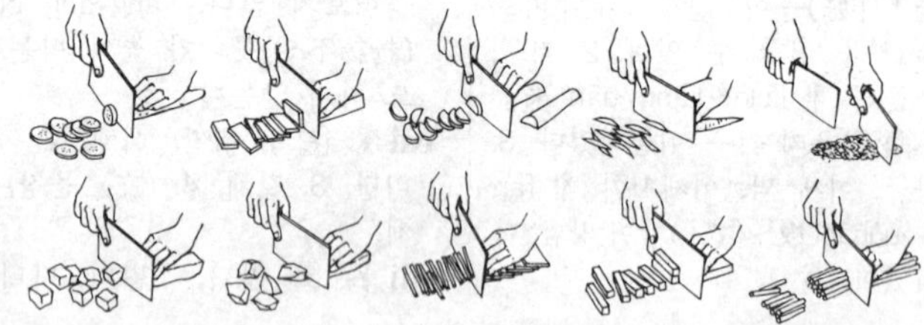

가루 갠 것 따위를 부어 몇차례 뒤집으며 다시 볶은 것. ¶ 涮 shuàn / 얇게 썬 재료를 가볍게 데친 것(양념장을 찍어 먹는다) ; 샤브샤브라 한다. ¶ 煨 wēi / 뭉근한 불에 오래 삶은 것. ¶ 干烧 gānshāo / 단술로 맛을 내고 그 국물이 없어질 때까지 약한 불로 조린 것. ¶ 红烧 hóngshāo / 고기 · 물고기 등에 기름과 설탕을 넣어 살짝 볶고 간장을 넣어 익혀 검붉은 색이 되게 하는 것. ¶ 拔丝 básī / 튀긴 재료에 엿을 넣은 것. ¶ 宫保 gōngbǎo / 재료를 기름에 튀겨 매운 맛의 엿을 넣은 것. ¶ 火锅 huǒguō / 신선로 요리.

d. 재 료

★ 猪肉 zhūròu / 돼지고기. ¶ 牛肉 niúròu / 쇠고기. ¶ 鸡肉 jīròu / 닭고기. ¶ 香肠 xiāngcháng / 소시지. ¶ 火腿 huǒtuǐ / 중국 햄. ¶ 鸡蛋 jīdàn / 계란. ¶ 鸭子 yāzi / 오리. ¶ 鳜鱼 guìyú, 桂鱼 guìyú / 쏘가리. ¶ 鲤鱼 lǐyú / 잉어. ¶ 鲫鱼 jìyú / 붕어. ¶ 带鱼 dàiyú, 刀鱼 dāoyú / 갈치. ¶ 鱼翅 yúchì / 상어 지느러미. ¶ 海参 hǎishēn, 海鼠 hǎishǔ / 해삼. ¶ 海蛎子 hǎilìzi / 굴. ¶ 虾仁 xiārén / 껍질과 머리를 떼어낸 새우. ¶ 虾米 xiāmi / 말려서 껍질과 머리를 제거한 새우. ¶ 干贝 gānbèi / 말린 패주.

★ 白菜 báicài / 배추. ¶ 菠菜 bōcài / 시금치. ¶ 油菜 yóucài / 유채. ¶ 芥菜 jiècài / 갓. ¶ 大葱 dàcōng / 대파. ¶ 韭菜 jiǔcài / 부추. ¶ 芹菜 qíncài / 미나리. ¶ 香菜 xiāngcài/ 고수. ¶ 青椒 qīngjiāo / 피망. ¶ 土豆 tǔdòu / 감자. ¶ 木耳 mù'ěr / 목이버섯. ¶ 蘑菇/mógu / 버섯.

e. 특별한 표현

★ 木犀 mùxi, 木樨 mùxi, 木须 mùxū, 黄菜 huángcài / 계란을 풀어넣어 만드는 요리. ¶ 芙蓉 fúróng / 재료를 계란의 흰자로 감싼 것. ¶ 水晶 shuǐjīng / 끓여 엉긴 것. ¶ 什锦 shíjǐn / 여러가지 재료를 사용하여 다양하게 만든 식품. ¶ 狮子头 shīzitóu / 커다란 고기 완자. ¶ 珍球丸子 zhēnqiú wánzi / 고기완자 겉에 찹쌀을 묻혀 찐 것.

★ 拼盘 pīnpán, 冷盘 lěngpán / 전채요리. ¶ 小菜 xiǎocài/ 작은 그릇에 담긴 술안주. ¶ 大菜 dàcài / 술자리에서 뒤에 나오는 큰 접시의 요리. ¶ (今天的)特菜 tècài / (오늘의)특별요리. ¶ 素菜 sùcài / 야채요리, 정진요리. ¶ 荤菜 hūncài / 고기요리, 생선 · 육류요리. ¶ 清真菜 qīngzhēncài / 이슬람 요리. ¶ 泡菜 pàocài / 김치, 중국식 피클.

2. 대표적인 요리

"四大菜系"에, "湖南菜 Húnáncài"(호남요리), "浙江菜 Zhèjiāngcài"(절강요리), "安徽菜 Ānhuīcài"(안휘요리), "闽菜 Mǐncài"(복건요리)를 더하여, "八大菜系"라고 부르기도 하고, 여기에 "京菜 Jīngcài"(북경요리), "湖北菜 Húběicài"(호북요리)를 더하여 "十大菜系"라 하기도 한다.

a. 산동요리(鲁菜)

★ 干炸赤鳞鱼 chílínyú / 가루를 묻히지 않고 튀긴 적린어. ¶ 糖醋黄河鲤鱼 lǐyú / 새콤달콤하게 만든 잉어요리. ¶ 脱骨扒鸡 pájī / 닭살찜. ¶ 油爆海螺 hǎiluó / 가루를 묻히지 않고 튀긴 소라. ¶ 炸蛎黄 zhàlìhuáng / 굴튀김. ¶ 清汤燕窝菜 yànwōcài / 제비집 스프.

b. 사천요리(川菜)

★ 宫保 gōngbǎo 鸡丁 / 닭고기 고추 볶음. ¶ 灯影 dēngyǐng 牛肉 / 찐 쇠고기, 유부. ¶ 蒜泥 suànní 白肉 / 얇게 썬 소고기에 마늘 간장을 곁들인 것. ¶ 鱼香 yúxiàng 肉丝 / 잘게 썬 돼지고기에 파, 고추, 마늘을 넣고 볶은 것. 怪味 guàiwèi 鸡丝 / 닭고기를 잘게 썰어 참깨 양념장에 담근 것. ¶ 棒棒鸡 bàngbàngjī / 닭고기에

매운맛 소스. ¶ 回锅 huíguō 香肉/돼지고기에 향료를 넣어 볶은 것. ¶ 脆皮鱼 cuìpíyú/튀긴 생선에 조미하여 걸쭉하게 끓인 갈분물을 얹은 것. ¶ 干烧大虾/큰 새우를 단술로 맛을 내고 그 국물이 없어질때까지 약한 불로 조리는 것. ¶ 麻婆 mápó 豆腐/두부를 매운 맛이 나게 볶은 것. ¶ 口袋 kǒudai 豆腐/두부에 간 고기를 끼워 튀긴 것. ¶ 担担面 dāndànmiàn/얼큰하고 매운 사천풍 국수. ¶ 锅巴 guōbā 虾仁/누룽지 요리에 새우 스프.

c. 광동요리(粤菜)

★ 片皮乳猪 rǔzhū/새끼 돼지 통구이. ¶ 金黄脆皮鸡 cuìpíjī/닭고기의 광동식 튀김. ¶ 咕噜肉 gūlūròu/돼지고기를 달고 새콤하게 볶은 것. ¶ 香肉锅/개고기를 남비에 끓인 것. ¶ 龙虎凤 lónghǔfèng 大会/뱀과 고양이와 닭을 함께 삶은 것. ¶ 蚝油鲍鱼 bàoyú/전복굴을 기름에 튀긴 것. ¶ 红烧明虾/큰 새우를 달짝지근하고 진한 맛이 나도록 조린 요리. ¶ 瓦罐 wǎguàn 鳝鱼 shànyú/토기동이에 여러 재료를 넣어 끓인 것. ¶ 明月拌干贝/찐 말린 패주를 조미하여 걸쭉하게 끓인 갈분물을 얹은 것. ¶ 菜远炒田鸡 tiánjī/개구리 유채볶음. ¶ 冬瓜盅 dōngguā zhōng/동과에 여러가지를 섞어 찐 것. ¶ 蟹肉 xièròu 鱼翅/게와 새우의 스프.

d. 강소·절강요리(蘇菜)

★ 西湖醋鱼/담수어찜에 조미하여 걸쭉하게 끓인 갈분물을 얹은 것. ¶ 红烧甲鱼 jiǎyú/갑어를 달게 찐 것. ¶ 醉蟹 zuìxiè/술에 담근 게. ¶ 芙蓉 fúróng 蟹斗/게의 등껍질에 흰자를 채워 찜. ¶ 炒鳝糊 shànhú/밭토끼를 가늘게 썰어 볶은 것. ¶ 炝虎尾 qiànghǔwěi/밭토끼 고기를 기름에 볶아 다시 양념과 물을 넣고 삶다. ¶ 清蒸鲥鱼 shíyú/준치를 찐 것. ¶ 红烧划水/물고기의 꼬리지느러미를 간장에 끓인 것. ¶ 龙井 lóngjǐng 虾片/큰 새우를 차와 볶은 것. ¶ 沙锅狮子头/고기완자를 토끼동이에 넣고 여러 재료와 함께 찐 것. ¶ 叫花鸡/닭고기 완자를 구운 것.

¶ bié～zhuāngjia(别～庄稼)농작물을 짓밟지 말라. ～féngrènjī(～缝纫机)재봉틀을 발로 밟아 돌리다.

⁑**cài** 菜 名 1. 《**kē** 棵》 채소, 남새. ¶ zhòng～(种～)채소를 심다. 2. 요리, 반찬. ¶ chī～bù chī fàn(吃～不吃饭)반찬은 먹고 밥은 먹지 않는다. zuò～(做～)요리를 하다. **Zhōngguó**～(中国～)중국요리. **sù**～(素～)야채 요리, 소찬(素饌).

†**cáichǎn** 财产(財產) 名 재산, 자산. ¶ dédàole yì bǐ～(得到了一笔～)큰 재산을 얻다. gōnggòng～(公共～)공공 재산. sīyǒu～(私有～)개인 재산.

càidān 菜单(一單) 名 (～儿) 식단, 차림표. ＝**cānpái**(餐牌), **càipǔ**(菜谱)

càidāo 菜刀 名 《**bǎ** 把》 부엌칼, 식칼.

cáifeng 裁缝(一縫) 名 재봉사. ～**pù**(～铺)양복점, 재봉소.

†**cáifù** 财富(財一) 名 부, 재산, 자원. ¶ jīngshén～(精神～)정신적인 재산.

cǎigòu 采购(一購) 動 [기업·조직에서]사들이다, 구입하다. ¶ qù wàidì bàn～(去外地办～)외

지에 가서 구입하는 일을 하다. ~niánhuò(~年货)설에 쓰이는 물건을 사들이다. 名 구매 담당계, 구입원. =cǎigòuyuán(采购员) ¶ zài gōngsi dāng~(在公司当~)회사에서 구매 담당계를 맡다.

*cáiliào 材料 名 1. 재료. ¶ ~jiàn zhù~(建筑~)건축재료. 2. 자료. ¶ sōují~(搜集~)수집 자료. 3. 유용한 물건, 인재, 감. ¶ tā bú shì yǎnxì de~(他不是演戏的~) 그는 배우가 될 그릇이 아니다.

cāi▲mí 猜谜(-謎) 動 수수께끼를 풀다[맞히다.] 〈口〉 cāi▲mèir (猜谜儿)라고 함.

cǎinà 采纳(-納) 動 [남의 의견·건의·요구 따위를]받아 들이다. ¶ ~xuésheng de yìjian(~学生的意见)학생의 의견을 받아들이다.

cáinéng 才能 名 재능, 재간, 수완. ¶ fāhuī~(发挥~)재능을 발휘하다. jùbèi~(具备~)재능을 구비하다.

†cáipàn 裁判 動 [스포츠를]심판하다, [법원에서]재판하다. ¶ ~·de bù gōngzhèng(~得不公正) 판정이 공정하지 못하다. 名 1. [재판소의]판결, 재판. 2. 심판원, 레퍼리. =cáipànyuán(裁判员) ~zhǎng(~长)심판, 레퍼리.

cǎipiào 彩票 名 복권, 추첨권. = jiǎngquàn(奖券)

cǎiqǔ 采取 動 [조치·수단 따위를]취하다, 채용하다. ¶ ~jǐnjí cuòshī(~紧急措施)긴급 조치를 취하다.

cāi▲quán 猜拳 動 가위 바위 보를 하다, [술자리에서 행하는]놀이의 일종. =huá▲quán(划拳)

*cǎisè 彩色 形 천연색의. ~diàn shì(~电视)칼라 텔레비전. ~piàn(~片)천연색 영화.

†cāixiǎng 猜想 動 짐작하다, 추측하다, 알아채다. ¶ ~budàoshi nǐ (~不到是你)당신인 줄 미처 알아채지 못했어.

*cǎiyòng 采用 動 채용하다. ¶ ~xīn cāozuòfǎ(~新操作法)새로운 조작법을 채용하다. ~xiānjìn jì-shù(~先进技术)앞선 기술을 도입하다.

†cáizhèng 财政(財-) 名 재정, 금융. ¶ ~chìzì(~赤字)재정적자. ~guǎnlǐ(~管理)재정관리.

cáizhǔ 财主(財-) 名 부자, 재산가, 자본가.

cān 参(參) 動 1. 가입하다, 참가하다, 참여하다. 2. 참고하다.

*cán 残(殘) 形 1. 불완전하다, 결함이 있다, 흠이 있다. 2. 남은, 여분의, 나머지의. 3. 잔인하다, 흉악하다. 動 잔인하다, 흉악하다.

*cán 蚕(蠶) 名《tiáo 条》〈虫〉 누에. ¶ yǎng~(养~)양잠하다.

†cǎn 惨(慘) 形 1. 비참하다, 끔찍하다, 처참하다. ¶ zāoyù hěn~(遭遇很~)처지가 매우 비참하다. 2. [정도나 상태가]혹심하다, 형편없다. ¶ shūde hěn~(输得很~)형편없이 지다.

cǎn'àn 惨案(慘-) 名 [대규모의] 학살 사건.

cánbào 残暴(殘-) 形 잔학하다, 잔인하고 포악하다. ¶ ~de jūn-wáng(~的君王)잔학한 군주.

C

cānchē 餐车(一車) 名 [열차의] 식당차.

†**cándòu** 蚕豆(蠶一) 名 잠두, 누에콩.

cánfèi 残废(殘廢) ☞ **cánjí**(残疾) 참조.

cāng 仓(倉) 名 1. 창고, 곳간. 2. 배의 일부. 形 1. 푸르다. 2. 급하다, 창졸하다. ~**cù**(~卒)황급하다.

†**cāng** 舱(艙) 名 [배나 비행기의] 객실, 화물실. **huò**~(货~)화물칸. **kè**~(客~)객실.

***cáng** 藏 動 1. 숨다, 숨기다. ¶ ~·zai shù hòutou(~在树后头)나무 뒤에 숨다. ~dōngxi(~东西)물건을 숨기다. 2. 저장하다, 간수하다.¶ ~shū(~书)책을 소장하다.

†**cāngbái** 苍白(蒼一) 動 1. 회백색의, [얼굴에 핏기가 없어]창백하다, 핼쑥하다.¶ liǎnsè~(脸色~)안색이 창백하다. 2. 기운이 없다. ¶ ~wúlì(~无力)핏기 없고 기운 없다.

†**cāngkù** 仓库(倉庫) 名 곳간, 창고. ¶ qīnglǐ~(清理~)창고를 깨끗이 정리하다.

⁑**cānguān** 参观(參觀) 動 참관하다, 견학하다. ¶ ~zhǎnlǎn(~展览)전람회를 참관하다. xièjué~(谢绝~)참관 사절.

***cāngying** 苍蝇(蒼蠅) 名 《**zhī** 只》〈虫〉 파리. ¶ dǎ~(打~)파리를 잡다. ~**pāir**(~拍儿)파리채.

†**cánjí / cánji** 残疾(殘一) 名 불구자, 신체 장애자. ☆ 동의어에 **cánfèi**(残废)가 있으나 사용을 피하는 경향이 있음. ¶ ~**értóng**(~儿童)신체 장애 어린이. ~**jūnrén**(~军人)상이군인.

⁑**cānjiā** 参加(參一) 動 1. 참가하다, 참여하다. ¶ ~kǎoshì(~考试)시험에 응시하다. ~yǎnchū(~演出)공연에 참가하다. 2. [의견을]제시하다. ¶ ~yìjian(~意见)의견을 발표하다.

***cānkǎo** 参考(參一) 動 참고하다, 참조하다. ¶ ~guówài de jīngyàn(~国外的经验)외국의 경험을 참고하다. 名 참고, 참조. ¶ gōng~(供~)참고토록 제공하다.

***cánkù** 残酷(殘一) 形 잔혹하다. ¶ ~de xíngwéi(~的行为)잔혹한 행위. ~wúqíng(~无情)잔혹하고 무자비하다.

***cánkuì** 惭愧(慚一) 形 부끄럽다, 면구스럽다. ¶ gǎndào shífēn~(感到十分~)매우 부끄럽게 느끼다. ~de xīnqíng(~的心情)부끄러운 심정.

***cànlàn** 灿烂(燦爛) 形 찬란하다, 선명하게 빛나다. ¶ ~de yángguāng(~的阳光)찬란한 태양 빛. qiánchéng~(前程~)전도가 찬란하다.

†**cānmóu** 参谋(參謀) 名 참모 ; 상대역, [군대]조언자. 動 권고하다, 조언하다. ¶ qǐng nǐ gěi wǒ ~·~(请你给我~~)저에게 조언을 좀 해주세요.

cànrán 粲然 形 1. 선명하고 빛나다. 2. 뚜렷이 아주 분명하다.

***cánrěn** 残忍(殘一) 形 잔혹하다, 잔인하다.¶ shǒuduàn~(手段~)수법이 잔인하다.

***cāntīng** 餐厅(一廳) 名 [호텔·역·공항 등지의]식당, 레스토랑.

cānyù 参与(參與) 動 참여하다, 가담하다, 개입하다, 참견하다.

cāo 操 動 1. 조작하다, 조종하다. ¶ ~qiāng(~枪)총을 조작하다. 2. [외국어나 방언을]말하다, 쓰다. ¶ ~Éyǔ(~俄语)러시아어로 말하다. 名 체조, 훈련. **zuò~**(做~)체조하다.

cáo 槽 名 [가축의]구유. ¶ bǎ cǎoliào dàojìn~·li(把草料倒进~里)꼴을 구유안에 쏟아 넣다.

⁑**cǎo** 草 名 《**kē** 棵, **zhū** 株, **cóng** 丛》〈植〉 풀, 초본 식물의 총칭. ¶ bá~(拔~)풀을 뽑다. dǎ~(打~)풀을 베다. 形 거칠다, 어설프다, 조잡하다. **cǎo'àn**(草案)[초안]. ☆ 자체(字體), 서체(書體)의 명칭으로도 쓰임.

†**cāochǎng** 操场(–場) 名 1. 운동장. 2. 연병장.

cǎocóng 草丛(–叢) 名 풀숲, 풀이 무성한 수풀.

***cǎodì** 草地 名 《**kuài** 块, **piàn** 片》 1. 잔디. 2. 초원, 초목지.

***cǎomào** 草帽 名 《**dǐng** 顶》 밀짚모자. ¶ dài~(戴~)밀짚모자를 쓰다.

†**cǎoxié** 草鞋 名 《**shuāng** 双, **zhī** 只》 짚신. ¶ dǎ~(打~)짚신을 만들다.

†**cāo▲xīn** 操心 動 마음을 쓰다, 걱정하다, 애태우다. ¶ bié rén de shì nǐ xiā cāo shénme xīn?(别人的事你瞎操什么心?)다른 사람의 일에 너는 왜 쓸데없이 애태우니? tì háizi~(替孩子~)아이 때문에 애를 태우다.

***cǎoyuán** 草原 名 초원, 풀밭.

***cāozòng** 操纵(–縱) 動 1. 조작하다, 조종하다. ¶ ~jīqi(~机器)기계를 조작하다. 2. [정당하지 못한 수단으로]조종하다, 지배하다. ¶ mùhòu~(幕后~)막후 조종하다. ~shìchǎng(~市场)시세를 조작하다, 시장을 지배하다.

†**cāozuò** 操作 動 [기계 등을]조작하다. ¶ ~fāngfǎ(~方法)조작방법. ~guīchéng(~规程)조작규정.

†**cè** 侧(側) 名 옆, 곁, 측면. ¶ lù liǎng~(路两~)도로 양측. 動 [옆으로 비스듬히]기울이다, 한쪽으로 치우치다. ¶ bǎ shēnzi yí~(把身子一~)몸을 옆으로 기울이다.

†**cè** 测(測) 動 1. 측량하다, 측정하다. 2. 추측하다, 예측하다.

†**cè** 册 量 책, 권 ; 책을 세는 단위. ¶ cángshū wǔshí wàn~(藏书五十万~)서적 50만권을 보관하다.

***cè** 策 名 1. 대쪽[옛날 글자를 쓰던 대나무나 나무의 조각.] 2. 책[옛날 과거(科擧) 문체의 하나.] ☆ 왕이 정치적 문제를 간책(簡策)에 써서 의견을 묻는 것을 '策问'이라 하고, 이에 대답은 '对策'이라 하였음. 3. 산술 도구의 일종. 4. 계책, 방법.

cèdòng 策动(–動) 動 책동하다, 획책하다.

cèhuà 策划(–劃) 動 획책하다, 계략을 꾸미다. ☆ 나쁜 의미로 쓰이는 경우가 많음. ¶ mùhòu~(幕后~)막후에서 획책하다. ~yīnmóu(~阴谋)음모를 꾸미다.

***cèliáng** 测量(測–) 動 1. 측량하다. ¶ ~wēndù(~温度)온도를 측량하다. 2. [땅 등을]측정하다. ¶ ~dìxíng(~地形)지형을 측정하

다. 名 측량. ~**chuán**(~船)측량선. ~**tú**(~图)측량도.

cēng 噌 動 1.〈方〉 질책하다, 꾸짖다. 2. 결렬되다, 갈라지다.

⁑**céng** 层(層) 量 층, 겹, 벌. ¶ yì ~báo bīng(一~薄冰)한겹의 엷은 얼음. wǔ~dàlóu(五~大楼)5층 건물. nǐ zhù jǐ~?(你住几~?)당신은 몇층에 삽니까?

†**céng** 曾 副 일찌기, 이전에, 이미. ☆ **céngjīng**(曾经)과 같은 뜻이나 주로 문어(文語)에 쓰이는 경우, 예를 들면 **céngjīng**(曾经)의 예문은 wǒ céngjīng qùguo Běijīng liǎng cì(我曾经去过北京两次)[나는 일찌기 북경에 두번 간적이 있다.]이고 **céng**(曾)를 사용하는 것은 wǒ céng qù Běijīng liǎng cì(我曾去北京两次)[나는 북경에 두번 갔었다]등이다.

cèng 蹭 動 1. 문지르다, 쓸리다. 2. [기름, 흙탕물 따위를]묻히다. 3. 꾸물거리다, 질질 끌다. 4. 발을 끌며 걷다.

céngcì 层次(層－) 名 순서, 단계, 수속.

***céngjīng** 曾经(－經) 副 일찌기, 이전에, 벌써. ¶ ~dāngguo bīng(~当过兵)일찌기 군대에 갔다왔다. wǒ~qùguo Běijīng liǎng cì(我~去过北京两次)나는 일찌기 북경에 두번 간 적이 있다.

†**cèshì** 测试(測試) 動 [기계 따위의 정밀도에 대해]측정하다, 테스트하다.

***cèsuǒ** 厕所(厠－) 名 변소. ☆ 여학생들의 은어(隱語)로 **yīhào**(一号)라 함. ¶ shàng~(上~)변소에 가다. **gōnggòng**~(公共~)공중변소.

†**cèyàn** 测验(測驗) 動 시험하다, 테스트하다. ¶ ~suànshù(~算术)산술을 시험하다. 名 테스트, 시험. ¶ Yīngyǔ~(英语~) 영어시험. **zhìlì**~(智力~)지능검사.

chā 叉 名 1. 포크, 갈퀴종류. = **chāzi**(叉子) 2. (~儿) ×표. **dǎ**~(打~)×표를 하다. 動 포크나 갈퀴 따위로 찍어 집다. ~**yú**(~鱼)생선을 포크로 집다.

***chā** 插 動 1. 끼우다, 삽입하다. ¶ huāpíng li~·zhe yì duǒ huār(花瓶里~着一朵花儿)꽃을 화병에 꽂다. bǎ shǒu~·zai dōuli(把手~在兜里)손을 주머니에 넣다. 2. 중간에 끼어 들다. ¶ ~yí jù huà(~一句话)한 마디 끼어 들다.

chā 差 名 1. 차이, 상이점. 2. [수의]차, 차이, 간격. 3.〈文〉 착오, 실수. 副〈文〉 다소, 대략, 거의.

⁑**chá** 茶 名 차. ¶ dào~(倒~)[용기를 기울여]차를 따르다. qī~(沏~)[뜨거운 물로]차를 타다, 차를 우리다. **hóng**~(红~)홍차. **huā**~(花~)향기로운 꽃잎으로 만든 화차. **lǜ**~(绿~)녹차. ~**yè**(~叶)찻잎.

茶

⁑**chá** 查 動 조사하다, 검사하다. ¶ ~wèishēng(~卫生)위생상태를

C

학습 정보 ❸

茶 chá(차)

1. 차의 歷史

차의 고향은 중국이다. 차의 재배, 제조 및 식용은 모두 중국에서 시작되었기 때문에, 이미 3000년 이상의 역사가 있다. 차는 기호품일 뿐만 아니라, 일종의 약재이기도 하다. 明代의 醫書《**本草纲目**》에는, 진한 차를 달이면 구토, 풍, 열, 담, 침 흘림 등을 치료한다는 기록이 있다. 그때문에, 옛날에 차는 황제에게 바치는 진귀한 물건이었고, 처음 가까운 나라들에 수출될 때도 굉장히 비싼 가격이었다.

670년전에 마르코 폴로가 중국의 진귀한 것을 유럽에 소개할 때, 그 중에 차도 있었다. 그것은 紅茶였다. 17세기 이후, 중국의 차가 광범위하게 대량으로 유럽에 수출되었는데, 특히 많이 수출된 곳이 영국과 러시아였다. 현재의 영어와 프랑스어의 tea, thé는 복건어의 "茶 te⁵"에서 온 것이다. 또 북방어의 "茶 chá"라고 하는 발음은 러시아어의 'чай,' 한국어의「차(茶)」가 되었다.

2. 중국차의 종류

중국에는 북쪽에서 남쪽까지, 차가 200여종이다. 이러한 차는 대개 "花茶 huāchá"(화차), "绿茶 lǜchá"(녹차), "乌龙茶 wūlóngchá"(우롱차), "红茶 hóngchá"(홍차)의 네가지로 나눌 수 있다.

a. 花茶 huāchá

"香片茶 xiāngpiànchá"라고도 한다. 솥에 볶은 차잎 속에 향이 좋은 꽃을 넣어 만든 것. 쟈스민차는 이 "花茶"의 대표적인 것이다.

★ 茉莉花茶 mòlihuāchá / 쟈스민꽃을 넣은 차. ¶ 代代花茶 dàidàihuāchá / 등자나무의 꽃을 넣은 차. ¶ 珠兰花茶 zhūlánhuāchá / 다란꽃을 넣은 차. ¶ 玫瑰花茶 méiguihuāchá / 장미꽃을 넣은 차. ¶ 水仙花茶 shuǐxiānhuāchá / 수선화를 넣은 차. ¶ 柚花茶 yòuhuāchá / 유자꽃을 넣은 차. ¶ 菊花茶 júhuā chá / 국화를 넣은 차. ¶ 金银花茶 / jīnyínhuāchá / 금은화를 넣은 차. ¶ 兰花茶 / lánhuāchá / 난꽃을 넣은 차. ¶ 碧螺香片 / bìluóxiāngpiàn / 동정호 근처의 산에서 생산되는 차에 꽃을 넣은 것 ; 향기로운 냄새가 난다.

b. 綠茶 lǜchá

효소의 활성화를 억제하기 위해, 차잎을 바로 열처리한 미발효 차.

★ 龙井茶 lóngjǐngchá / 절강성 항주·용정 부근에서 생산하는 녹차 ; 잎은 평평하고 매끈매끈하며 선명한 녹색을 하고 있으며, 녹차로서는 가장 유명하다. ¶ 旗枪 qíqiāng / 아직 피지 않은, 창처럼 뾰족한 어린 싹의 차 ; "茶枪 cháqiāng"이라고도 함. ¶ 雀舌 quèshé / 어린 잎으로 만든 "龙井茶"의 일종. ¶ 毛尖茶 máojiānchá / 솜털이 있는, 아직 피지 않은 뾰족한 어린 싹의 차.

★ 雨前茶 yǔqiánchá / 穀雨節(24절기의 하나, 양력 4월 19~21일경) 전에 딴 새싹의 차 ; 이 차는 귀중하게 여겨진다. ¶ 明前茶 míngqiánchá / 清明節(24절기의 하나, 춘분후 15일째, 양력 4월 5~6일경)전에 딴 새싹의 차. "雨前茶"보다도 더욱 귀중하게 여겨진다.

c. 烏龍茶 wūlóngchá

우롱차는 반발효차(발효도중에 열처리한 것)의 일종으로, 福建省의 武夷山 일대에서 생산된 것이 최고급으로 여겨진다.

★ 铁观音 tiěquānyīn / 철관음 ; 우롱차 중 일품으로 여겨진다. 높은 바위산에서 생산되는 차로, 차나무는 야생으로 상당한 세월을 겪은 고목이 많으며, 일반적인 차나무에 비해서 높고 크다. 멀리서 보면 관음상이 우뚝 솟아있는 것처럼 보인다. 게다가 차를 따르면 철과 같은 붉은 차색이 되므로, "철관음"이라 칭하게 되었다. ¶ 水仙茶 shuǐxiānchá / 수선차 ; 이것도 우롱차의 대표적인 것으로, 좀 떫은 맛이 있고, 게다가 맛이 깔끔한 소프트 타입이다. 우롱차와 같이 미발효차와 발효차의 중간인 것으로서는 다음과 같은 것이 있다.

★ 白茶 báichá / 백차 ; 발효를 보통의 8분의 1 정도로 제한하기 때문에 잎은 담록색이고, 차색도 하얀색이며, 맛도 담백하다. ¶ 白毫茶 báiháochá / 백호차. 백차의 일종으로 단맛이 있고, 홍차와 녹차의 중간맛이다. 은백의 솜털로 새싹을 딴 고급차이다.

★ 大方茶 dàfāngchá / 安徽省 歙縣, 浙江省 淳安에서 생산하는 감칠맛이 나는 큰 잎차.

★ 普洱茶 pǔ'ěrchá / 보이차 ; 雲南省의 普洱지구에서 생산된 큰 잎차로, 탄닌산이 많은 재발효차(열처리한 후, 누룩곰팡이를 번식시킨 것). 육류나 기름기 있는 것을 먹은 뒤에 가장 적당하다[보이차는 형태에 따라 다음과 같이 구분된다].

¶ 散茶 sǎnchá / 낱개로 된 차. ¶ 沱茶 tuóchá / 밥그릇 모양으로 압축한 차. ¶ 砖茶 zhuānchá / 벽돌 모양으로 압축한 차. ¶ 饼茶 bǐngchá / 원반 모양으로 압축한 차.

d. 紅茶 hóngchá

중국에는 물론, 발효차(차의 잎에 함유된 효소를 사용하여, 발효시킨 후, 처리한 것)의 대표인 "红茶"도 있다. 홍차는 安徽省 남부, 黃山의 서남쪽 기슭에 있는 祁門縣에서 생산하는 것이 세계적으로 유명하다.

★ 祁门 qímén 红茶 / 기 문 홍 차 ; 祁門지역에서 생산하는 홍차. ¶ 云南 yúnnán 红茶 / 雲南省에서 생산하는 홍차 ; 잎이 크고 흰 솜털이 있다. 유명한 것은 "金芽 jīnyá"(어린 싹의 홍차) : "滇红 diānhóng"("滇"은 운남성의 별칭)이라고도 한다.

e. 그 밖의 명차

★ 毛峰茶 máofēngchá / 安徽省 黃山지구에서 생산하는 차 ; 싹이 부드럽고 가늘며, 솜털이 나있다. 끓는 물을 넣으면 잎이 수직으로 서서 천천히 가라앉아 보고 즐길 수도 있다. ¶ 峨蕊茶 éruǐchá / 四川省 峨眉에서 생산되는 어린 싹의 차 ; 싹이 부드럽고 가늘며, 솜털이 있다. ¶ 碧螺茶 bìluóchá / 江蘇省 太湖 및 湖南省 洞庭의 주변산에서 생산되는 차 ; 잎이 녹색이고 선명하며 광택이 나고, 가늘고 길게 말려 있다. ¶ 云雾茶 yúnwùchá / 江西省 盧山지구에서 생산되는 차.

검사하다. ~zìdiǎn(~字典)자전을 찾아보다.

chá 察 動 1. 관찰하다, 고찰하다. 2. [고찰 후에]보고하다, 추천하다.

****chà** 差 動 부족하다, 모자라다. ¶ hái~yí ge rén(还~一个人)아직 한 사람이 부족하다. ~wǔ fēn liǎng diǎn(~五分两点)2시 5분전. 形 1. 다르다, 차이가 지다. ¶ ~·de hěn yuǎn(~得很远)차이가 많이 난다. 2. [표준에]나쁘

다. ¶ zhìliàng hěn～(质量很～) 질이 매우 떨어진다.

chà 岔 動 1. [옆길로]들어서다, 방향을 전환하다. ¶ chēzi～·shàng le xiǎodào(车子～上了小道)차가 오솔길로 꺾어 들어섰다. bǎ huà～·kāi(把话～开)말을 다른 데로 돌리다. 2. [시간을]엇갈리게 하다. ¶ ～·kai shíjiān xiūxi(～开时间休息)시간을 엇갈리게 하여 휴식하다.

chā▲bān 插班 動 편입하다. ～**shēng**(～生)편입생.

*__chábēi__ 茶杯 名 《**gè** 个, **zhī** 只》 찻잔.

†**chābié** 差别 名 차별, 차이, 구별. ¶ méi yǒu shénme～(没有什么～)별차이가 없다. chéngxiāng～(城乡～)도시와 농촌의 차이.

⁑**chàbuduō** 差不多 形 1. [정도·시간·거리 따위에서]큰 차이가 없다, 거의 비슷하다. ¶ tāmen liǎ niánjì～(他们俩年纪～)그들 둘은 나이가 거의 비슷하다. zěn meyàng? ～le ba?(怎么样? ～了吧?)어때? 거의 비슷하지? 2. 일반적인, 웬만한. ¶ ～de rén dōu cānjiā le(～的人都参加了)웬만한 사람은 모두 참가했다. 副 대강, 대체로, 거의. ¶ ～dōu wàng le(～都忘了)거의 모두 잊었다. ～měitiān lái(～每天来)거의 매일 왔다.

*__chàdiǎnr__ 差点儿(－點兒) 副 하마터면, 자칫하면, 거의. ¶ ～shuāidǎo(～摔倒)하마터면 넘어질 뻔하였다. jīntiān zǎoshang～méi chídào(今天早上～没迟到)오늘 아침에 하마터면 지각할 뻔하였다. ☆ **nénglì chà diǎnr**(能力差点儿)[능력이 조금 뒤떨어진다]의 '差'와 '点儿'는 2단어임.

*__cháguǎn__ 茶馆(－館) 名 《**jiā** 家》 [중국의 전통적인]다방, 찻집.

*__cháhú__ 茶壶(－壺) 名 《**bǎ** 把》 찻주전자, 찻병.

†**chāi** 拆 動 [붙어 있는 것을]뜯다, 분해하다. ¶ ～fángzi(～房子) 집을 허물다. ～**xìn**(～信)편지를 뜯다, 개봉하다.

chāi 差 名 1. 파견된 사람, 심부름꾼. 2. 공무, 직무[파견되어 하는 일.] 動 파견하다, 보내다.

*__chái__ 柴 名 장작, 땔감. ＝**cháihuo**(柴火) dǎ～(打～)땔나무를 하다.

*__cháihuo__ 柴火 名 장작, 땔감, 마른나무. ¶ shāo～(烧～)장작을 때다.

cháimǐ 柴米 名 장작과 쌀 ; 생활 필수품을 대표함. ～**yóuyán**(～油盐) [땔감·곡식·기름·소금 등의]생활 필수품.

chāishi 差事 名 파견되어 수행하는 일 ; 공무. ¶ bú yuànyì gàn zhège～(不愿意干这个～)이 공무를 처리하기를 원하지 않는다. zhège bú shì hǎo～(这个不是好～)이것은 좋은 공무가 아니다.

*__chájī__ 茶几 名 (～儿) 《**zhāng** 张》 찻그릇을 올려 놓는 작은 탁자.

chàjìn 差劲(－勁) 形 [능력·질이]정도가 낮다, 형편없다. ¶ gōngzuò～(工作～)일이 형편없다. zhège rén hěn～(这个人很～)이 사람은 저질이다.

C

chákàn 查看 動 조사하다, 검사하다, 점검하다. ¶ ~huòwù(货物)화물을 점검하다.

chákàn 察看 動 [상황·파악 등을]관찰하다, 살펴보다. ¶ ~fēngxiàng(~风向)풍향을 관찰하다.

†**chān** 搀(攙) 動 1. [양손으로]부축하다, 도와주다. ¶ nǐ~·zhe nàge bìngrén ba(你~着那个病人吧)너는 그 환자를 부축해라. 2. 섞다, 타다. ¶ ~shuǐ(~水)물을 섞다.

chán 禅(禪) 名 〈宗〉 1. 선종(禪宗)[불교의 한 종파.] 2. 불교에 관한 것을 가리킴.

chán 缠(纏) 動 1. 달라붙다, 치근덕거리다. ¶ ~·zhe nǎinai yào táng(~着奶奶要糖)할머니에게 붙어 다니며 사탕을 달라고 조르다. 2. 둘둘감다, 휘감다. ¶ ~xiàn(~线)실을 둘둘 감다.

chán 蝉(蟬) 名 매미. =**zhīliǎo**(知了)

chán 馋(饞) 形 게걸스럽다, 걸신들리다, 먹고 싶어하다. =**zuǐchán**(嘴馋) ¶ tā hěn~(他很~)그는 매우 게걸스럽다. tā tèbié~jiǎozi(她特别~饺子)그녀는 유독 교자만 먹으려고 한다.

†**chǎn** 铲(鏟) 名 (~儿) 《**bǎ** 把》 삽, 부삽. =**chǎnzi**(铲子) 動 [삽이나 괭이로]깎다, 치다, 파다. =**chǎn**(刬) ¶ bǎ dì~·píng(把地~平)땅을 깎아서 평평하게 하다.

chǎn 产(產) 動 1. 낳다, 출산하다. ~**luǎn**(~卵)산란하다. 2. 생산하다, 산출하다, 나다. ¶ Shāndōng~huāshēng(山东~花生)산동성에서는 땅콩이 산출된다.

chǎndì 产地(產-) 名 산지.

†**chàndòng** 颤动(顫動) 動 진동하다, 흔들리다, 떨다.

†**chàndǒu** 颤抖(顫抖) 動 부들부들 떨다. ¶ ~de shēngyīn(~的声音)떨리는 음성. yīnwèi dǎ bǎizi, tā quánshēn~(因为打摆子, 他全身~)학질에 걸려서 그는 온몸을 부들부들 떤다.

chāng 昌 動 1. 번영하다, 창성하다. 2. 무성하다, 성성하다.

***cháng** 场(場) 名 1. 평탄한 공터, 마당 ; 주로 곡식을 말리는 곳. **kān**~(看~)타작 마당을 감시하다. 2. 〈方〉 장터. **gǎn**~(赶~)시장에 가다. 量 차례, 바탕 ; 비·바람·병·사건·전쟁 따위의 횟수를 세는 말. ¶ xiàle yì~yǔ(下了一~雨)한차례 비가 내렸다. shēngle yì~bìng(生了一~病)한차례 병을 앓다. dà kū yì~(大哭一~)한바탕 울었다.
☞ **chǎng**(场) 참조.

***cháng** 肠(腸) 名 《**gēn** 根, **tiáo** 条》 장, 창자. =**chángzi**(肠子)

***cháng** 尝(嘗) 動 1. 맛보다. ¶ xiān~hòu mǎi(先~后买)먼저 맛을 보고 난 후에 산다. ~·~wèidao(~~味道)맛을 보다. 2. 겪다, 경험하다. 3. 시험해 보다.

⁑**cháng** 长(長) 形 [시간적·공간적으로]길다. ⇔ **duǎn**(短) ¶ zhè tiáo lù hěn~(这条路很~)이 길은 매우 길다. wěiba hěn~(尾巴很~)꼬리가 무척 길다. tiān~yè duǎn(天~夜短)낮은 길고 밤은 짧다. 名 1. 길이. ¶ zhè kuài bù sān mǐ~(这块布三米~)이 천

은 3m 길이이다. 2. 장점, 특기. **gè yǒu suǒ**～(各有所～)각기 장점이 있다. 動 […yú(于)의 형태로]뛰어나다, 특별히 잘하다.¶ tā～yú xiězuò(他～于写作)그는 문장력이 뛰어나다.

☞ **zhǎng**(长) 참조.

cháng 偿(償) 動 1. 갚다, 배상하다. 2. 채우다, 만족시키다, 실현하다.

⁑**cháng** 常 副 [단음절어 앞에 많이 쓰임]늘, 언제나, 자주, 때때로. ＝**chángcháng**(常常) ¶ bù～xià yǔ(不～下雨)자주 비가 오지 않는다. 形 1. 일반적인, 보통의. 2. 불변의, 영구적인.

chǎng 厂(廠) 名 공장, 단독으로 쓰이는 곳에서는 **gōngchǎng**(工厂)임. **gāngtiě**～(钢铁～)제철공장. ～**zhǎng**(～长)공장장.

⁑**chǎng** 场(場) 名 [연극의]장, 장면. 量 번, 차례 ; 스포츠 · 영화 · 연극 등의 횟수를 나타냄. ¶ yì～páiqiú sài(一～排球赛)한차례의 배구 시합. yì～yǎnchū(一～演出)1회의 공연.

☞ **cháng**(场) 참조.

chǎng 敞 形 1. [방, 뜰 따위가] 넓다, 널찍하다. 2. [생각, 안목이] 트이다. 動 [창이나 문을]열어 젖히다, [가슴, 입, 옷자락을]벌리다.

*__chàng__ 畅(暢) 形 1. 막힘이 없다, 순조롭게 진행되다. 2. 통쾌하다, 후련하다. 動 1. 펴다, 진술하다. 2. 번성하다, 우거지다.

⁑**chàng** 唱 動 1. 노래하다. ¶ ～gē(～歌)노래를 부르다. ～értóng gēqǔ(～儿童歌曲)어린이 노래를 부르다. 2. 큰 소리로 부르다. ¶ ～piào(～票)[선거개표 때]표를 소리내어 읽다.

⁑**chángcháng** 常常 副 항상, 흔히, 종종. ☆ **cháng**(常)과 다른 점은 복음절어 앞에도 쓰일 수 있음. ¶ tā～gōngzuò dào shēnyè(他～工作到深夜)그는 늘 밤늦게까지 일한다. ～shòu pīpíng(～受批评)항상 비평을 받다.

chángchéng 长城(長一) 名 〈地〉 만리장성.

长城

chángchu 长处(長處) 名 장점. ⇔ **duǎnchu**(短处) ¶ tā yǒu tā de～(他有他的～)그는 그 나름의 장점이 있다.

†**chǎngdì** 场地(場一) 名 [운동장이나 시설용의]공지, 장소, 운동장. ¶ shīgōng～(施工～)공사현장.

†**chángdù** 长度(長一) 名 길이. ¶ zhè kuài bù de～shì sānchǐ(这块布的～是三尺)이 천의 길이는 3척이다.

chángduǎn 长短(長一) 名 1. (～儿) 길이, 치수. ¶ kùzi～héshì(裤子～合适)바지의 길이가 맞는다. 2. [생명의 위험 따위에서]뜻밖의 변고. ¶ xiǎoxin chū shénme～(小心出什么～)뜻밖의 사고가

C

나는 것을 조심하라. 3. 시비(是非), 우열, 좋고 나쁨. ¶ yìlùn biéren~(议论别人~)남의 장단점을 왈가왈부하다. **shuō cháng dào duǎn**(说长道短)이러쿵 저러쿵 시비하다, 남의 흉을 보다.

chánggōng 长工(長一) 名 머슴살이, 정식으로 고용된 노동자. ⇔ **duǎngōng**(短工)

†**chǎnghé** 场合(場一) 名 경우, 상황, 장소. ¶ zài mǒuzhǒng~(在某种~)어떤 상황에서.

***chángjiàn** 常见(一見) 形 자주 보다, 흔히 보다. ¶ ~de xiànxiàng (~的现象)흔히 볼 수 있는 현상.

†**chángjiǔ** 长久(長一) 形 장구하다, 영구하다. ¶ jiānchí~(坚持~)오래도록 지속하다.

†**chàngkuài** 畅快(暢一) 形 후련하다, 기분이 좋다. ¶ xīnqíng~(心情~)기분이 상쾌하다.

chǎngliang 敞亮 形 1. [방 따위가]넓고 환하다, 탁 트이고 환하다. ¶ ~de kètīng(~的客厅)널직하고 환한 응접실. 2. [생각·마음 등이]확 트이다, 분명하다. ¶ tīngle tā de bàogào, xīnli gèng ~le(听了他的报告, 心里更~了) 그의 보고를 들으니, 생각이 더욱 분명해졌다.

***chǎngmiàn** 场面(場一) 名 1. [연극·영화·소설 등의]장면, 광경. 2. 형편, 국면, 정황. ¶ rèliè de~(热烈的~)열렬한 장면. 3. 겉치레, 외관, 외모. **bǎi**~(摆~) 겉치레하다.

***chángpáo** 长袍(長一) 名 두루마기 모양의 중국 고유의 남자옷.

长袍

***chàngpiàn** 唱片 名 《**zhāng** 张, **tào** 套》레코드, 음반. 〈口〉**chàngpiānr**(唱片儿) ¶ fàng~(放~) 레코드를 틀다. guàn~(灌~)레코드를 취입하다. **léishè**~(雷射~)레이저(콤팩트) 디스크.

†**chángqī** 长期(長一) 名 장기, 긴 시간. ¶ ~jìhuà(~计划)장기 계획. ~dàikuǎn(~贷款)장기 대부.

chángr 肠儿(腸兒) 名 소시지. ¶ xiāng~(香~)순대.

***chángshí** 常识(一識) 名 상식, 일반적인 지식. ¶ kēxué~(科学~) 과학 상식. shēnghuó~(生活~) 생활에 관한 상식.

†**chángtú** 长途(長一) 形 장거리의, 먼길의 ~**diànhuà**(~电话) 장거리 전화. ~**lǚxíng**(~旅行) 장거리 여행. ~**qìchē**(~汽车)장거리 버스.

***chángyòng** 常用 形 상용의, 늘 쓰는. ~**cíhuì**(~词汇)상용 어휘.

†**chángyuǎn** 长远(長遠) 形 장구하다, 항구적이다. ¶ ~guīhuà(~规划)장기적인 계획. mùguāng~ (目光~)시야가 원대하다.

***chángzhǎng** 厂长(廠長) 名 공장장.

chángzhēng 长征(長一) 名 긴 여행, 장정(长征); 특히 1934년부

터 1935년까지 걸은 중국 공산당의 12500km의 행군을 가리킴. ¶ ~gànbù(~干部)장정에 참가한 간부.

***chángzi** 肠子(腸—) 名 《**gēn** 根, **tiáo** 条》〈口〉 창자.

***chǎnliàng** 产量(產—) 名 생산량. ¶ tígāo~(提高~)생산량을 향상시키다.

***chǎnpǐn** 产品(產—) 名 산물, 제품. ¶ ~chéngběn(~成本)제품의 원가, 생산비. ~guīgé(~规格)제품의 규격.

***chǎnshēng** 产生(產—) 動 생기다, 발생하다, 나타나다. ¶ ~hǎo de jiéguǒ(~好的结果)좋은 결과가 생기다. ~yǐngxiǎng(~影响)영향이 생기다. jīngyàn~yú shíjiàn(经验~于实践)체험은 실천에서 비롯된다.

†**chǎnwù** 产物(產—) 名 산물, 제품. ¶ shídài de~(时代的~)시대의 산물.

chǎnyè 产业(產業) 名 1. [토지·가옥·공장 등의]사유 재산, 부동산. ¶ yǒu~(有~)재산을 가지고 있다. 2. 산업; 형용사로도 사용한다. ~**bùmén**(~部门)산업부문. ~**gémìng**(~革命)산업혁명. ~**jiè**(~界)산업계.

†**chǎnzhí** 产值(產值) 名 생산지수, 생산액.

***chǎnzi** 铲子(鏟—) 名 《**bǎ** 把》 삽, 부삽.

***chāo** 抄 動 1. 쓰다, 베껴쓰다. ¶ ~wénjiàn(~文件)서류를 베껴쓰다. 2. [지름길로]질러가다. ¶ ~jìnlù(~近路)가까운 길로 질러가다. 3. [조사하여]몰수하다, 검거하다. ¶ ~jiā(~家)재산을 몰수하다, 가택을 수사하다. 4. [손으로]쥐다, 끌어잡다. ¶ ~jiāhuo(~家伙)식기 따위를 치우다.

†**chāo** 超 動 넘다, 초과하다. ~**shēngbō**(~声波)초음파. ~**xiànshí**(~现实)초현실. ~**zhòng**(~重)중량을 초과하다.

cháo 潮 名 1. 조수(潮水), 밀물. **zhǎng**~(漲~)밀물, 만조(滿潮). **luò**~(落~)썰물, 간조(干潮). 2. 습기, 누기. **fàn**~(泛~)습기 차다. 形 습기차다, 눅눅하다. ¶ yīfu hái yǒudiǎnr~(衣服还有点儿~)옷이 아직도 좀 눅눅하다.

cháo 巢 名 1. 보금자리, 둥우리. 2. [도둑 따위의]소굴. 3. 원시시대의 나무위에 지은 집.

⁑**cháo** 朝 動 …으로 향하다. ¶ zuò běi~nán(坐北~南)[가옥 등이]남쪽으로 향해 있다. 介 …을 향하여, …에로. [~·zhe(着)의 형태로 쓰임.] ¶ ~zuǒ guǎi(~左拐)왼쪽으로 돌다. ~·zhe mùbiāo qiánjìn(~着目标前进)목표를 향해 전진하다. ☆ **xiàng**(向)과 차이점은 동사가 추상적인 경우에는 사용할 수 없음. 예를 들면 **xiàng tā xuéxí**(向他学习)[그에게 공부하게 하다]를 **cháo tā**~(朝他~)로 쓸 수는 없다.
☞ **zhāo**(朝) 참조.

***chǎo** 吵 形 시끄럽다, 떠들썩하다. ¶ wàimian hěn~(外面很~)밖이 매우 시끄럽다. 動 1. 떠들다, 떠들어대다. ¶ bǎ háizi~·xǐng le(把孩子~醒了)아이를 떠들어서 잠을 깨우다. 2. 말다툼하다, 다

투다. ＝**chǎo▲jià**(吵架) ¶ liǎng ge rén～·qilai(两个人～起来)두 사람이 말다툼하기 시작했다.

*__chǎo__ 炒 動 기름에 볶다；지지다. ¶ ～liǎng pán cài(～两盘菜)요리를 두 쟁반 볶다. ～**jīdàn**(～鸡蛋)달걀 볶음.

†**cháodài** 朝代 名 왕조(王朝)의 시대.

†**chāo'é** 超额(－額) 動 정액(定額)을 초과하다, 목표액 이상이 되다. ¶ ～wánchéng(～完成)초과 완수하다.

*__chāoguò__ 超过(－過) 動 초과하다, 상회하다. ¶ chǎnliàng～wǎng nián(产量～往年)생산량이 이전보다 초과했다.

*__chǎo▲jià__ 吵架 動 [격렬하게]싸움하다, 말다툼하다. ¶ tā liǎ lǎo～(他俩老～)그들 둘은 늘 싸운다.

cháoliú 潮流 名 조류, 추이, 시대의 추세. ¶ lìshǐ～(历史～)역사의 흐름.

chǎomiàn 炒面(－麵) 名 1. 기름과 양념을 넣고 볶은 국수. 2. 미싯가루.

chǎonào 吵闹(－鬧) 動 [큰 소리로]말다툼하다, 떠들썩하게 언쟁하다.(**AABB**) ¶ wúlǐ～(无理～)일부러 말썽을 부리다. jiào shì li jìnzhǐ～(教室里禁止～)교실 안에서 소란을 금지한다. rénshēng～(人声～)사람들이 왁자지껄하다.

†**chāopiào** 钞票(鈔－) 名《**zhāng** 张, **dá** 沓》지폐. **zhǐbì**(纸币)라고도 함.

†**cháoshī** 潮湿(－濕) 形 축축하다, 눅눅하다, 습도가 높다. ¶ kōng qì～(空气～)공기가 습기차다.

Cháoxiān 朝鲜(－鮮) 名 조선. ～zú(～族)조선족；중국 소수민족의 하나.

朝鲜族

†**cháoxiào** 嘲笑 動 비웃다, 조소하다. ¶ ～biéren(～别人)남을 비웃다.

*__chāoxiě__ 抄写(－寫) 動 베껴 쓰다, 필사(筆寫)하다. (**AABB**) ¶ chéngtiān chāochaoxiěxiě(成天抄抄写写)온종일 베끼고 베껴 쓰다.

chǎo▲zuǐ 吵嘴 動 말다툼하다, 언쟁하다. ＝**zhēngchǎo**(争吵) ¶ tāmen liǎ cónglái méi chǎoguo zuǐ(他们俩从来没吵过嘴)그들 둘은 지금껏 한번도 말다툼하지 않았다.

chātóu 插头(－頭) 名〈電〉플러그(plug). **chāxiāo**(插销)라고도 함. ¶ chā～(插～)플러그를 꽂다. bá～(拔～)플러그를 빼다.

chātú 插图(－圖) 名 삽화, 도해.

*__cháwǎn__ 茶碗 名《**gè** 个, **zhī** 只》찻잔, 찻종.

*__chāxiāo__ 插销(－銷) 名 1. [문·창문 따위의]빗장, 빗장쇠. ¶ chā～(插～)빗장을 지르다. 2. 플러그. ＝**chātóu**(插头)

*chā▲yāng 插秧 動 모내기를 하다.

chā▲yāo 叉腰 動 두손을 허리에 올리다. ¶ shuāngshǒu～(双手～)위와 동일.

*cháyè 茶叶(一葉) 名 찻잎.

chāyì 差异(一異) 名 차이. =chābié(差别) ¶ nánběi qìhou～hěn dà(南北气候～很大)남북의 기후 차이가 매우 크다.

chàyì 诧异(詫異) 動 의아하게 여기다, 이상하게 생각하다. ¶ tā de huà shǐ dàjiā～(他的话使大家～)그의 말은 모두가 의아하게 여긴다.

chāzi 叉子 名 《bǎ 把》 양식용 포크.

chā▲zuǐ 插嘴 動 말참견하다. ¶ bié～!(别～!)말참견하지 말라! chābushang zuǐ(插不上嘴)간섭할 수가 없다.

*chāzuò 插座 名 콘센트.

*chē 车(車) 名 1. 《liàng 辆》 차, 열차, 수레. shàng～(上～)차에 오르다. zuò～(坐～)차를 타다. 2. 바퀴가 달린 기구. fǎng～(纺～)물레. shuǐ～(水～)수차. 3. 기계, 기기(機器). kāi～(开～) 운전하다, 기계를 작동하다. 動 바퀴 달린 기계를 움직이는 데 사용함. ① [선반으로]깎다. ¶ ～língjiàn(～零件)부품을 깎다. ② [수차로]물을 퍼올리다. ¶ ～shuǐ(～水)수차를 사용하여 논·밭에 물을 대다.

*chě 扯 動 1. 당기다, 끌다, 끌어당기다. ¶ ～·zhù māma de yīfu(～住妈妈的衣服)엄마의 옷을 잡아끌다. 2. 찢다, 뜯다, 째다. ¶ ～·xià zuótiān de rìlì(～下昨天的日历)어제의 일력(日曆)을 뜯다. 3. 헛소리하다, 쓸데 없는 소리를 하다. ¶ suíbiàn～(随便～)제멋대로 헛소리하다. ～pí(～皮)쓸데없는 소리를 하다, 시끄럽게 굴다.

chè 彻(徹) 動 1. 꿰뚫다, 관통하다. 2. 치우다, 제거하다. 3. 부수다, 무너뜨리다.

†chè 撤 動 1. 철수하다, 물러나다. ¶ biān dǎ biān～(边打边～)공격하고 철수하다. 2. 제거하다, 치우다. ¶ bǎ zhuōbù～·diào(把桌布～掉)테이블보를 걷어치우다.

chēbǎ 车把(車一) 名 [자동차·자전거 따위의]운전대, 핸들. ¶ fú～(扶～)핸들을 잡다.

*chēchuáng 车床(車一) 名 《tái 台》 선반(旋盤). xuànchuáng(旋床)이라고도 함.

*chèdǐ 彻底(徹一) 形 철저하다. ¶ dǎsǎode bú～(打扫得不～)청소가 철저하지 않다. ～gǎizhèng cuòwù(～改正错误)잘못을 철저히 고치다.

*chējiān 车间(車間) 名 [회사·공장에서의]작업장, 작업현장, 직장. ～zhǔrèn(～主任)현장주임, 직장(職長).

†chēliàng 车辆(車輛) 名 차량, 차의 총칭.

chēlún 车轮(車輪) 名 차바퀴, 수레바퀴.

chēn 嗔(嗔) 動 1. 불평하다, 불만을 토로하다. 2. 성내다, 화내다.

chén 尘(塵) 名 1. 먼지, 티끌. 2. 속세, 인간세상. 3. 도가(道家)에

서의 일세(一世). 4. 불교에서 '六塵'[색(色), 성(聲), 향(香), 촉(觸), 미(味), 법(法)]이라 하여 속세의 6가지 사항을 금기시하였다.

C

chén 臣 名 1. 신하, 백성. 2. 신; 君에 대한 신하의 자칭. 3. 노예.

chén 陈(陳) 動 1. 늘어놓다, 배열하다, 진열하다. 2. 진술하다, 설명하다.

chén 辰 名 1. 진; 십이지(十二支)중의 하나. 2. 진시(辰時)[오전 7시~9시.]

chén 晨 名 새벽, 아침.

*__chén__ 沉 動 1. [물속에]가라앉다, 잠기다. ¶ ~·rù hédǐ(~入河底) 강밑에 가라앉다. 2. [기분을]누르다, 억제하다, [얼굴을]찌푸리다. ¶ ~·zhù qì(~住气)[감정 등을]가라앉히다, 진정하다. bǎ liǎn yì~(把脸一~)얼굴 표정을 한번 찌푸리다. 形 1. [무게가]무겁다. ¶ nàge bāoguǒ hěn~(那个包裹很~)그 소포는 매우 무겁다. 2. [정도가]깊다, 심하다. ¶ shuìde~(睡得~)깊이 잠들다. 3. [머리나 몸이]무겁다, 불편하다. ¶ tóu~(头~)머리가 무겁다.

chèn 衬(襯) 動 1. 안에다 받치다. ¶ ~·shàng yì céng sīmián(~上一层丝绵)명주솜 한겹을 대다. 2. 두드러지게 하다, 어울리게 하다. ¶ lǜyè bǎ hónghuā~·de gèng hǎokàn le(绿叶把红花~得更好看了)푸른 잎이 빨간꽃을 더욱 아름답게 하였다.

*__chèn__ 趁 介 [때·기회 등을]타다, 이용하다[흔히 ~·zhe(着)와 쓰인다.] ¶ ~·zhe tiān méi hēi gǎnkuài huí jiā(~着天没黑赶快回家)날이 어둡기 전에 빨리 집에 돌아가자. ~·zhe rè hē ba(~着热喝吧)뜨거울 때 마시세요. ~ **rè dǎ tiě**(~热打铁)쇠뿔도 단김에 빼랬다.

*__chēng__ 称(稱) 動 1. 부르다, 일컫다, 말하다. ¶ ~tā Xiǎo Zhāng(~他小张)그를 '小張'이라고 부르다. 2. [저울로]무게를 달다. ¶ ~tǐzhòng(~体重)체중을 달다. bǎ zhè dài mǐ~yì~(把这袋米~一~)이 자루의 쌀을 좀 달아 보시오.

†**chēng** 撑 動 1. [상앗대로]배질을 하다, 삿대질하다. ~**chuán**(~船)삿대질하다, 배를 부리다. 2. 지탱하다, 지지하다, 견디다. ¶ shuāngshǒu~·zhe xiàba(双手~着下巴)두손으로 아래턱을 고이다. ~**yāo**(~腰)지지해 주다, 후원자가 되다. 3. 벌리다, 펴다. ~**sǎn**(~伞)우산을 펴다.

chéng 承 動 1. [무게 따위를]받다. 2. [명령 따위를]받다. 3. 맡다, 담당하다. 4. 계속하다, 잇다. 5. 승인하다, 인정하다.

⁑**chéng** 城 名 《**zuò** 座》 성, 성벽; 도시, 성시. **jìn**(进~)도시로 들어가다. ~·**li**(~里)성내(城内), 시내. ~**xiāng**(~乡)도시와 농촌.

⁑**chéng** 成 動 성공하다, 완성하다. ¶ shū xiě·~le(书写~了)쓰는 것을 완성했다. yí shì wú~(一事无~)한 가지의 일도 이루지 못하다. 形 1. 좋다, 된다. ¶ ~, jiù zhème bàn ba(~, 就这么办

吧)좋다, 이렇게 하자. jīntiān bú qù yě~ma?(今天不去也~吗?)오늘은 가지 않아도 됩니까? 2. 훌륭하다, 대단하다, 장하다. ¶ tā kě zhēn~!(他可真~!)그는 정말 대단해! 量 할(割), 10분의 1. ¶ bā~(八~)8할.

*chéng 乘 動 1. [탈것을]타다. ¶ ~chē(~车)차를 타다. 2. [수학에서]곱하다. ¶ wǔ~èr děngyú shí(五~二等于十)5곱하기 2는 10이다. 介 [기회 따위를]이용하다, 타다. =chèn(趁) ¶ ~luàn(~乱)혼란을 타다. ~jī ér rù(~机而入)기회를 타서 침입하다.

*chéng 盛 動 1. [용기에]담다. ¶ ~fàn(~饭)밥을 담다. ~tāng(~汤)국을 떠서 담다. 2. 넣다, 수용하다. ¶ shūbāo xiǎo, ~·buliǎo(书包小, ~不了)책가방이 작아서 넣을 수 없다.

chéng 呈 名 [상급기관의 관청에 올리는]청원서, 탄원서. 動 1. 올리다, 바치다. 2. 갖추다, 나타내다.

chéng 程 名 1. 법칙, 규정. 2. 순서, 과정. 3. 여정, 노정, 도정.

chéng 惩(懲) 動 1. 징벌하다, 처벌하다. 2. 경계하다.

chěng 逞 動 1. [재능이나 기량을]뽐내다, 과시하다. 2. 목표를 성취하다, 달성하다. 3. 내버려두다, 방임하다.

*chèng 秤 名 《bǎ 把, gǎn 杆, tái 台》 저울. ¶ ná~yāoyiyao(拿~约一约)저울로 좀 달아보자. ~gǎn(~杆)저울대. ~tuó(~砣)저울추.

†chéngbāo 承包 動 청부맡다, 도급맡다. ~rén(~人)청부업자.

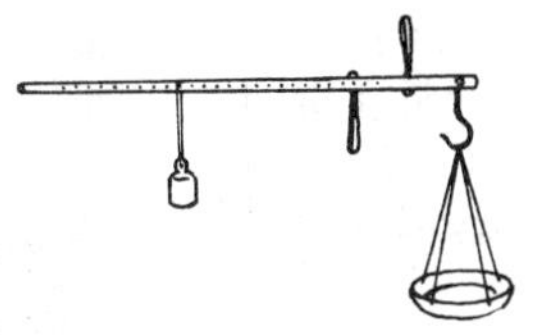

秤

†chéngběn 成本 名 원가, 코스트(cost), 생산비. ¶ ~dī(~低)생산비가 낮다. ~gāo(~高)생산비가 높다. ~jìsuàn(~计算)생산원가.

chéngdān 承担(-擔) 動 맡다, 담당하다, 책임지다. =dāndāng(担当), dānfù(担负) ¶ ~yìwù(~义务)의무를 지니다. ~zérèn(~责任)책임을 지다.

*chéngdù 程度 名 정도, 수준. ¶ ~bù qí(~不齐)수준이 제각각이다. wénhuà~(文化~)문화 수준, 교양 정도 ; 학력.

chéngfá 惩罚(懲罰) 動 징벌하다, 엄하게 처벌하다. ¶ yào hǎohāor ~tā(要好好儿~他)아주 그를 엄하게 처벌해야 한다. 名 벌, 징벌. ¶ shòu~(受~)징벌을 받다.

*chéngfen 成分·成份 名 1. 성분, 요소. ¶ huàxué~(化学~)화학의 성분. 2. 출신 성분, 출신 계급. ¶ dìzhǔ~(地主~)지주 출신. ~bu hǎo(~不好)출신이 나쁘다.

*chénggōng 成功 動 성공하다. ¶ shíyàn~le(实验~了)실험이 성공하였다. 形 [일이]성공적이다. ¶ dàhuì kāide hěn~(大会开得很~)대회가 매우 성공적으로 열

렸다. ~de jiějuéle zhège wèn tí(~地解决了这个问题)이 문제는 성공적으로 해결되었다. 名 성공. ¶ huòdé jí dà de~(获得极大的~)대성공을 거두다.

*chéngguǒ 成果 名 성과, 성적. ¶ chū~(出~)성과가 나다. kēyán~(科研~)과학연구의 성과.

*chēnghu 称呼(稱-) 名 [이름을] 부르다, 일컫다. =jiào(叫) ¶ zěnme~nín?(怎么~您?)성함이 어떻게 되십니까? 名 명칭, 호칭 ; lǎoshī(老师)[선생], bàba(爸爸)[아버지], gēge(哥哥)[형] 따위.

chéngjī 乘机(-機) 動 기회를 타다. ¶ ~fǎngōng(~反攻)기회를 타서 반격하다.

*chéngjì / chéngjī 成绩(-績) 名 《fēn 分, xiàng 项》 성과, 성적, 기록. ¶ qǔdé~(取得~)성과를 거두다. ~dān(~单)성적 통지표.

chéng▲jiā 成家 動 1. [남자가] 장가가다, 결혼하다, 가정을 이루다. ¶ tā guò sānshí le, hái méi~(他过三十了, 还没~)그는 30이 넘었는데 아직 결혼하지 않았다. gēge chéngle jiā(哥哥成了家)형님이 가정을 이루었다. ~lìyè(~立业)결혼하여 독립하다. 2. [학문·기술 등에서]일가를 이루다. chéngmíng~(成名~)명성을 떨치고 일가를 이루다.

*chéngjiù 成就 名 성취, 성과, 업적. ¶ qǔdé hěn dà de~(取得很大的~)대단한 성과를 얻다. 動 [사업을]이루다, 성취하다, 완성하다. ¶ ~gémìng shìyè(~革命事业)혁명사업을 성취하다.

†chéngkè 乘客 名 승객, 손님. ¶ ~míngdān(~名单)승객 명단.

*chéngkěn 诚恳(誠懇) 形 성실하다, 간절하다. (AABB) ¶ ~de tí yìjian(~地提意见)간절하게 의견을 제시하다. tàidu~(态度~)태도가 성실하다.

*chénglì 成立 動 1. [조직·기구 따위를]설치하다, 창립하다, 결성하다. ¶ ~gōnghuì(~工会)노동조합을 결성하다. 2. [이론·의견 따위가]성립되다. ¶ zhège lùndiǎn bù~(这个论点不~)이 논점은 성립될 수 없다.

chéng▲liáng 乘凉 動 바람을 쐬다. ¶ zài shùxia~(在树下~)나무 밑에서 바람을 쐬다.

chěng▲néng 逞能 動 1. [재능이나 기량을]뽐내다, 우쭐대다, 거들먹거리다. ¶ nǐ chěng shénme néng!(你逞什么能!)너는 무얼 뽐내냐! 2. 무리하다, 억지를 쓰다. ¶ bùxíng jiù shì bùxíng, bié~(不行就是不行, 别~)안된다면 안되는 거야, 무리하지 말아라.

*chéngqiān 成千 數 천, 수천. ¶ ~běn shū(~本书)수천권의 책. ~shàngwàn(~上万)수천수만 ; 대단히 많은 수를 형용할 때.

chéngqiáng 城墙(-墻) 名 성벽.

chéng▲rén 成人 動 어른이 되다. ¶ zhǎngdà~(长大~)커서 어른이 되다.
☞ chéngrén(成人) 참조.

chéngrén 成人 名 성인, 어른.
☞ chéng▲rén(成人) 참조.

*chéngrèn 承认(-認) 動 1. 인정하다, 동의하다. ¶ ~cuòwù(~

错误)잘못을 인정하다. ☆ 긍정과 부정의 혼합형은 다음과 같이 사용한다. ¶ chéng bu chéngrèn suí nǐ de biàn(承不承认随你的便)동의하든 동의하지 않든 네 맘이다. 2. [새로운 국가·정권 따위를]승인하다. ¶ ~xīn chénglì de zhèngquán(~新成立的政权)새로 성립된 정권을 승인하다.

†**chéngshí** 诚实(誠實) 形 성실하다, 진실하다. ¶ dài rén~(待人~)성실한 태도로 사람을 대하다. wéirén~(为人~)사람됨이 성실하다.

⁑**chéngshì** 城市 名 《**zuò** 座》 도시, 도회.

chéngshòu 承受 動 1. 접수하다, 감당하다, 이겨내다. ¶ ~yālì(~压力)압력을 견뎌내다. 2. [재산·권리 따위를]이어받다, 계승하다. ¶ ~yíchǎn(~遗产)유산을 물려받다.

***chéngshú** 成熟 動 1. [과일·곡식 따위가]익다, 여물다. ¶ píngguǒ~le(苹果~了)사과가 익었다. 2. [때와 조건이]성숙되다, 무르익다. ¶ tiáojiàn hái méi~(条件还没~)조건이 아직 성숙되지 않았다.

***chéngtiān** 成天 名 온종일, 하루종일. =**zhěngtiān**(整天) ¶ ~wánr(~玩)하루종일 놀다. ~mánglù(~忙碌)종일 바쁘다.

***chéngwàn** 成万(一萬) 數 수만, 만에 달하다. ¶ ~de tīngzhòng(~的听众)수만명의 청중.

chēngwéi 称为(稱爲) 動 …라고 일컫다, …으로 불리우다. ¶ bèi dàjiā~mófàn(被大家~模范)모두에게 모범으로 불리운다.

***chéngwéi** 成为(一爲) 動 …으로 되다, 되다. =**biànchéng**(变成) ¶ zhè zhǐ néng~xīn de qǐdiǎn(这只能~新的起点)이것은 새로운 출발점이 될 수 있는 것에 불과하다.

chéngxiàn 呈现(一現) 動 [어떤 양상을]나타내다, 모습을 보이다, 양상을 띠다. ¶ ~·chū huān lè de jǐngxiàng(~出欢乐的景象)즐거운 장면을 나타내다.

chéngxīn 成心 副 일부러, 고의적으로, 의식적으로. ¶ ~dǎo luàn(~捣乱)고의적으로 소란을 피우다.

†**chéngxù** 程序 名 순서, 단계, 절차. ¶ gōngzuò~(工作~)작업의 순서. sùsòng~(诉讼~)소송의 절차.

†**chéngyǔ** 成语(一語) 名 성어(成語), 관용어.

†**chéngyuán** 成员(一員) 名 성원, 구성 인원. ¶ jiātíng~(家庭~)가족 구성원.

***chēngzàn** 称赞(稱贊) 動 칭찬하다, 찬양하다. ¶ dàjiā~tā zhù rén wéi lè de jīngshén(大家~他助人为乐的精神)모두들 남을 돕는 것을 기쁘게 생각하는 그의 정신을 칭찬하다.

†**chéngzhǎng** 成长(一長) 動 성장하다, 자라다. ¶ zhuózhuàng~(茁壮~)튼튼하게 자라다.

chénjìng 沉静(一靜) 形 1. 고요하다, 잠잠하다. ¶ ~de cūnzhuāng(~的村庄)고요한 촌락. 2. [성격·기질·표정 따위가]평온하다, 조용하다, 차분하다. ¶ biǎoqíng fēicháng～(表情非常～)표정이 매우 평온하다.

†**chénjiù** 陈旧(陳舊) 形 낡은, 오래된, 케케묵은. ¶ nà tào shèbèi～le(那套设备～了)그 설비는 낡았다. ～de guānniàn(～的观念) 케케묵은 관념.

†**chénliè** 陈列(陳一) 動 진열하다, 전시하다. ¶ chúchuāng li～·zhe gèzhǒng shāngpǐn(橱窗里～着各种商品)진열장에 각종 상품이 진열되어 있다. **～pǐn**(～品)진열품.

chénmò 沉默 動 잠자코 있다, 침묵하다. ¶ tā～·le yíhuìr yòu jìxù shuōxiaqu(他～了一会儿又继续说下去)그는 잠시 침묵했다가 다시 계속해서 말했다. 名 침묵. ¶ shǐzhōng bǎochí～(始终保持～) 시종 침묵을 지키고 있다. huìchǎng yípiàn～(会场一片～)회의장은 매우 조용해져 있다.

⁑**chènshān** 衬衫(襯一) 名 《**jiàn** 件》 와이셔츠. **nǚ**～(女～)브라우스.

chénshè 陈设(陳設) 動 진열하다, 장식하다. ＝**bǎishè**(摆设) ¶ ～·zhe gèzhǒng jiājù(～着各种家具)여러가지의 가구를 진열하다. 名 진열, 장식. ¶ shìnèi de～rúgù(室内的～如故)실내의 장식은 그대로이다.

†**chénsī** 沉思 動 가만히 생각하다, 깊이 생각하다.

†**chéntǔ** 尘土(塵一) 名 먼지.

chèn▲xīn 称心(稱一) 動 마음에 들다. **～rúyì**(～如意)마음에 꼭 맞게 만족스럽다.

†**chènzǎo** 趁早 副 (～儿) 일찌감치. ¶ ～qù ba(～去吧)일찌감치 가거라. ～sǐle zhè tiáo xīn ba(～死了这条心吧)일찌감치 단념하거라.

***chénzhòng** 沉重 形 [주로 추상적인 사항에 관해서]무겁다, 무게있다. ¶ ～de dǎjī(～的打击) 치명적인 타격.

chénzhuó 沉着 形 침착하다 ; 냉정하다. ¶ ～de yìngfu júmiàn(～地应付局面)냉정히 국면을 대처하다. yù shì～(遇事～)큰 일을 당해서 냉정함을 잃지 않다.

chēpiào 车票(車一) 名 《**zhāng** 张》승차권, 차표. ¶ dǎ～(打～) 차표를 사다.

†**chètuì** 撤退 動 [군대가]철수하다. ¶ cóng qiánxiàn～(从前线～) 전선으로부터 철수하다.

†**chēxiāng** 车厢(車一) 名 《**jié** 节》 [열차의]차량.

⁑**chēzhàn** 车站(車一) 名 《**gè** 个, **zuò** 座》 역, 버스 정거장, 정류소.

chēzhóu 车轴(車軸) 名 차축.

chēzi 车子(車一) 名 《**liàng** 辆》 1. [소형]차. 2. 〈方〉 자전거.

⁑**chī** 吃 動 1. 먹다. ¶ ～miàn(～面)국수를 먹다. ～dà wǎn(～大碗)큰 그릇으로 먹다. ～guǎnzi(～馆子)음식점에서 식사하다. ～shítáng(～食堂)식당에서 먹다. 2. 마시다. ＝**hē**(喝) ¶ ～jiǔ(～酒)술을 마시다. 3. 피우다. ～yān(～烟)담배를 피우다.

chī 痴 形 어리석다, 분별없다, 미련하다. 動 매혹되다, 열중하다, 미치다.

†**chí** 池 名 연못, 웅덩이, 수영장.

=**chízi**(池子)

***chí** 迟(遲) 形 1. [시간이]늦다, 늦어지다. ¶ lái · ~le(来~了)늦게 왔다. bù~ · dào, bù zǎotuì(不~到, 不早退)지각도 하지 않고 조퇴도 하지 않다. 2. [속도가] 늦다, 느긋이 하고 있다. ¶ ~~ bú qù(~~不去)꾸물거리며 가지 않다.

chí 持 動 1. 가지다, 잡다, 쥐다. 2. 견지하다, 지속하다. 3. 장악하다, 주관하다. 4. 대항하다, 대치하다. 5. 주장하다.

chǐ 齿(齒) 名 1. 이, 이빨. 2. [톱니바퀴의]톱니. 3. 연령(年齡).

***chǐ** 尺 名 《**bǎ** 把》 자. =**chǐzi**(尺子) 量 〈度〉 길이의 단위. 尺; 1/3미터.

chì 赤 動 [몸을]드러내다. ~**jiǎo**(~脚)맨발이 되다. 名 적색(赤色).

***chìbǎng** 翅膀 名 《**duì** 对, **shuāng** 双, **zhī** 只》 1. 날개. ¶ zhǎnkāi ~(展开~)날개를 펴다. 2. 날개의 형(形) · 기능을 지닌 것. ¶ fēijī(飞机~)비행기 날개.

***chībude** 吃不得 動 먹을 수 없다, 먹어서는 안된다. ¶ fāméi le~(发霉了, ~)곰팡이가 피어서 먹을 수 없다.

chībukāi 吃不开(-開) 動 잘 되지 않다, 환영을 받지 않다. ¶ zhèzhǒng zuòfǎ~(这种做法~)이런 방법은 통하지 않는다. zài zhèr~(在这儿~)여기에서는 환영받지 못한다.

chībulái 吃不来 動 입에 맞지 않다, 먹는데 습관이 되지 않다. ¶ ~shēngyúpìan(~生鱼片)생선회는 입에 맞지 않는다.

chībuliǎo 吃不了 動 [양이 많아서]다 먹을 수 없다. ¶ cài tài duō, yí ge rén~(菜太多, 一个人~)요리가 너무 많아서, 혼자서는 다 먹을 수 없다.

chībushàng 吃不上 動 [시간이 맞지 않아]먹을 수 없다. ¶ ~ rèfàn(~热饭)더운 밥을 먹을 수 없다.

chībuxiāo 吃不消 動 견딜 수 없다, 참을 수 없다. ¶ zhème duō de gōngzuò jiào rén~(这么多的工作叫人~)이런 많은 일은 사람으로 하여금 견딜 수 없게 만든다.

chībuzháo 吃不着 動 [먹을것 없어서]먹을 수 없다. ¶ lái wǎn jiù~le(来晚就~了)늦게 오면 먹을 수 없다.

chībuzhù 吃不住 動 지탱해 낼 수 없다. ¶ zhùzi tài xì, ~(柱子太细, ~)기둥이 너무 가늘어서 지탱해 낼 수가 없다.

†**chǐcun** 尺寸 名 1. [옷의]치수, 사이즈. ¶ liáng~(量~)치수를 재다. 2. 〈口〉 분별(分別), 절도(節度), 알맞은 정도. =**fēncun**(分寸) ¶ yǒu~(有~)절도가 있다.

‡**chídào** 迟到(遲-) 動 지각하다. ¶ tā jīntiān yòu~le(她今天又~了)그녀는 오늘 또 지각하였다. ~sānshí fēn zhōng(~三十分钟) 30분 늦게 도착하였다.

†**chìdào** 赤道 名 적도.

chīdekāi 吃得开(-開) 動 해낼 수 있다, 호평을 받다.

chīdelái 吃得来 動 습관이 되어

먹을 수 있다. ¶ ~Sìchuān cài(~四川菜)사천요리를 먹을 수 있다.

chīdexiāo 吃得消 動 버틸 수 있다.

chīdezhù 吃得住 動 버티어 낼 수 있다, 견딜 수 있다.

⁑**chī▲fàn** 吃饭(一飯) 動 밥을 먹다, 식사를 하다 ; 생활해 나가다. ~**wèntí**(~问题)생계 문제.

*__chī▲jīng__ 吃惊(一驚) 動 깜짝 놀라다. ¶ dà chī yì jīng(大吃一惊)크게 놀라다.

†**chíjiǔ** 持久 形 오래 지속되다, 오래 계속되는. ¶ ~hépíng(~和平)영속적인 평화.

†**chī▲kǔ** 吃苦 動 고생을 당하다, 고생하다. ¶ chījìnle kǔ(吃尽了苦)온갖 고생을 다 하였다.

*__chī▲kuī__ 吃亏(一虧) 動 손해를 보다. ¶ gēn tā zuò shēngyi, nǐ shì yào~de(跟他做生意, 你是要~的)그와 장사하면 너는 손해를 보게 된다. chī dà kuī(吃大亏)큰 손해를 보다.

†**chīlì** 吃力 形 힘들다. =**fèilì**(费力) ¶ páshān hěn~(爬山很~)등산은 힘이 든다. ~de zǒulù(~地走路)힘겹게 길을 가다.

chīshi 吃食 名 〈口〉 음식물. ¶ bīngxiāng li méi diǎnr~(冰箱里没点儿~)냉장고 안에 아무 먹을 것도 없다.

chítāng 池汤(一湯) 名 대중 목욕탕의 욕조. ⇔ **péntāng**(盆汤) ¶ xǐ~(洗~)대중 목욕탕에서 목욕하다.

*__chítáng__ 池塘 名 못 ; 연못.

chīxiāng 吃香 形 〈口〉 환영을 받다, 인기가 있다. ¶ zhèzhǒng rén xiànzài hěn~(这种人现在很~)이런 사람들은 지금 매우 인기가 있다.

chíxù 持续(一續) 動 지속하다. ¶ ~·le wǔ tiān(~了五天)5일간 지속되었다. ~shàngshēng(~上升)지속적으로 상승하다.

†**chíyí** 迟疑(遲一) 動 망설이며 결정짓지 못하다, 주저하다. (**AABB**) ¶ ~bùjué(~不决)망설이며 결정하지 못하다.

chízǎo 迟早(遲一) 副 머지않아, 어차피. ¶ ~huì zhīdao(~会知道)조만간 알게 될 것이다.

*__chízi__ 池子 名 〈口〉 못. =**chítáng**(池塘)

*__chízi__ 匙子 名 《**bǎ** 把》 숟가락, 스푼.

†**chǐzi** 尺子 名 《**bǎ** 把》 자 ; 길이를 재는 도구.

*__chōng__ 冲 動 1. 돌진하다, 돌격하다. ¶ ~·xià shān qu(~下山去)산을 뛰쳐 내려가다. 2. 떠내려 보내다, 휩쓸다. ¶ hóngshuǐ~·le cūnzhuāng(洪水~了村庄)홍수가 마을을 휩쓸어 버렸다. 3. [액체를]붓다. ~**chá**(~茶)[차잎을 직접 찻잔에 넣어]뜨거운 물을 붓고 차를 타다.

☞ **chòng**(冲) 참조.

chōng 充 動 1. 가장(假裝)하다, …인 체하다. ¶ ~hángjiā(~行家)전문가인 체하다. **dǎzhǒng liǎn ~pàngzi**(打肿脸~胖子)[일부러 얼굴을 때려서 붓게하여 살찌게 보이도록 하다]허세를 부리다 ; 억지로 능력있는 체하다. 2. 채우다, 메우다. ~**diàn**(~电)

충전하다.

chóng 虫(蟲) 名 (~儿)《tiáo 条, zhī 只》벌레, 곤충. =**chóngzi**(虫子)

†**chóng** 重 副 재차, 거듭. ¶ ~shuō yí biàn(~说一遍)다시 한 번 반복해서 말하다. 量 겹쳐진 것을 세는 단위. yì~~shān(一~~山)무수히 많은 산. 動 중복하다, 겹치다.

☞ **zhòng**(重) 참조.

chǒng 宠(寵) 動 총애하다, 편애하다. ¶ bǎ háizi~·huàile(把孩子~坏了)아이를 편애해서 버릇없게 하였다.

†**chòng** 冲 介 향해서, 대해서. ¶ tā~wǒxiào le(她~我笑了)그녀는 나를 향해 웃었다. 動 …에 근거하다. ¶ ~zhè jù huà yě bù néng yuánliàng(~这句话也不能原谅)이 말만으로도 용서할 수 없다. 形 1. 힘차다, 세차다. ¶ shuōhuà~(说话~)과격하게 말을 하다. 2. 냄새가 강하다. ¶ jiǔwèir hěn~(酒味儿很~)술냄새가 독하다.

☞ **chōng**(冲) 참조.

chǒng'ài 宠爱(寵愛) 動 [윗사람이 아랫사람을]귀여워하다, 총애하다. ¶ dédào fùmǔ~(得到父母~)부모의 총애를 받다. ~nǚ'ér(~女儿)딸을 총애하다.

chóngbài 崇拜 動 숭배하다. ¶ tā zuì~Bèiduōfēn(她最~贝多芬)그녀는 베토벤을 가장 숭배한다.

†**chōngfèn** 充分 形 충분하다. ¶ yǒu~de lǐyóu(有~的理由)충분한 이유가 있다. 副 충분히, 완전히, 십분. ¶ ~fābiǎo yìjian(~发表意见)충분히 의견을 발표하다.

†**chōngfēng** 冲锋(一鋒) 動 돌격하다. ¶ xiàng dí zhèn~(向敌阵~)적진으로 돌격하다. 名 돌격. ~**hào**(~號)돌격 나팔.

†**chóngfù** 重复(重復) 動 중복하다, 반복하다. ¶ nèiróng~(内容~)내용이 중복되다. ~shuōmíng zìjǐ de guāndiǎn(~说明自已的观点)되풀이하여 자신의 관점을 설명하다.

†**chónggāo** 崇高 形 숭고하다, 고상하다. ¶ ~lǐxiǎng(~理想)숭고한 이상. pǐndé~(品德~)품성이 고상하다.

†**chōngjī** 冲击(一擊) 動 세차게 부딪치다. ¶ lànghuā~·zhe ànbiān de yánshí(浪花~着岸边的岩石)물보라가 해안가의 바위에 부딪치다. 名 충격, 쇼크. ~**bō**(~波)충격파.

⁑**chōngmǎn** 充满(一滿) 動 가득하다, 충만하다. ¶ wūzi li~·le kāfēi de xiāngwèi(屋子里~了咖啡的香味)커피향이 방안에 가득찼다. ~xìnxīn(~信心)자신감에 가득차다.

†**chōngshí** 充实(一實) 形 충실하다. ¶ neìróng~(内容~)내용이 충실하다. 動 충실하게 하다. ¶ ~lǐngdǎo bānzi(~领导班子)지도진(指導陣)을 충실하게 하다.

***chōngtū** 冲突 動 충돌하다, 모순이 격화되다. ¶ wénzhāng de lùndiǎn qiánhòu~(文章的论点前后~)문장의 논점이 앞뒤가 모순된다. 名 충돌. ¶ fāshēng~(发生~)충돌이 생기다. **wǔzhuāng**

C

～(武装～)무장 충돌.

chōngxǐ 冲洗 動 물을 부어서 씻다. ¶ bǎ dìbǎn～·gānjìng(把地板～干净)바닥을 물로 씻어 깨끗이하다. ～jiāojuǎnr(～胶卷儿)필름을 현상하다.

*__chóngxīn__ 重新 副 1. 다시. ¶ ～yóulǎn Xīhú(～游览西湖)다시 서호(西湖)를 유람하다. 2. 새로이. ¶ ～bùshǔ(～部署)새로이 배치하다.

chóngyá 虫牙(蟲－) 名 〈口〉 충치. ＝**qǔchǐ**(齲齿)

Chóngyáng 重阳(－陽) 名 중양절; 음력 9월 9일.

*__chóngzi__ 虫子(蟲－) 名 《**tiáo** 条, **zhī** 只》 벌레, 곤충.

†**chōngzú** 充足 動 [구체적인 사물에 대해]충분하다. ¶ shíjiān～(时间～)시간은 충분하다. yáng guāng～(阳光～)햇빛이 충분하다.

⁑**chōu** 抽 動 1. 뽑다, 빼내다. ¶ ～shíjiān(～时间)시간을 내다. 2. 전체로부터 일부를 뽑아내다. ¶ ～yàngr(～样儿)샘플을 뽑다. 3. [식물이 싹 등을]내다. ¶ ～suìr(～穗儿)이삭이 나오다. 4. 들이마시다, 빨아들이다, 퍼올리다. ～**shuǐ**(～水)[펌프로]물을 퍼올리다. ～**yān**(～烟)담배를 피다. 5. [채찍 등으로]때리다. ¶ yòng biānzi～(用鞭子～)채찍으로 때리다. 6. 줄다. ¶ bù～·le yícùn(布～了一寸)천이 한치 줄어들었다.

chóu 仇 名 적(敵), 원수(怨讐). **bào**～(报～)원수를 갚다.

*__chóu__ 愁 動 근심하다, 걱정하다. ¶ bù～chīchuān(不～吃穿)의식(衣食)을 걱정하지 않다.

*__chóu__ 稠 形 농도가 짙다, 걸쭉하다. ⇔ **xī**(稀) ¶ xīfàn hěn～(稀饭很～)죽이 매우 걸쭉하다.

chóu 愁 動 근심하다, 걱정하다. 形 처참하다, 시름겹다, 근심스럽다.

chóu 酬 動 1. [손님에게]술을 권하다. 2. 보답하다, 갚다. 名 보수, 사례, 임금(賃金).

chǒu 瞅 動 〈方〉 보다. ＝**kàn**(看) ¶ ～kòng qù wánr(～空去玩儿)틈을 타서 놀러가다.

*__chǒu__ 丑(醜) 形 [용모가]못생기다. ¶ zhǎng de～(长得～)밉게 생기다. ☆ 축(丑)은 십이지(十二支)의 둘째.

*__chòu__ 臭 形 1. [냄새가]구리다. ¶ zhè gōu hěn～(这沟很～)이 개천은 고약한 냄새가 난다. ～**wèir**(～味儿)악취. 2. 추악하다, 평판이 나쁘다. ¶ zhège rén hěn～(这个人很～)이 사람은 평판이 나쁘다. ～**jiàzi**(～架子)꼴사나운 언동이나 태도.

*__chóubèi__ 筹备(籌備) 動 계획·준비하다. ¶ ～quánguó dàibiǎo dàhuì(～全国代表大会)전국대표대회 준비를 하다. ～**wěiyuánhuì**(～委员会)준비위원회.

chòuchóng 臭虫(－蟲) 名 《 **zhī** 只》 빈대.

†**chóuchú** 踌躇(躊－) 動 주저하다, 망설이다. ¶ ～·le bàn tiān(～了半天)한참 주저하였다.

†**chóuhèn** 仇恨 動 증오하다. ¶ ～zhèzhǒng shèhuì zhìdù(～这种社会制度)이런 사회제도를 증오하다. 名 증오. ¶ bǎ～jìzai xīn zhōng

(把~记在心中)증오를 마음속에 새기다.

chóuhuà 筹划(籌劃) 動 입안하다, 계획하다. ¶ ~jiànshè shuǐkù(~建设水库)댐 건설을 계획하다.

chǒulòu 丑陋(醜一) 形 [용모가] 추하다, [옷차림이]궁상맞다. ¶ xiàngmào~(相貌~)용모가 추하다.

***chóumì** 稠密 形 밀집되어 있다. ¶ rénkǒu~(人口~)인구가 조밀하다. rényān~(人烟~)인가가 빽빽하다. yǔdiǎn~(雨点~)빗발이 세다.

chóurén 仇人 名 원수, 적. ~ **xiāngjiàn fènwài yǎnhóng**(~相见分外眼红)원수끼리 만나 눈에 쌍심지를 켜다.

***chōuti** 抽屉 名 서랍. ¶ lākāi ~(拉开~)서랍을 열다.

†**chōuxiàng** 抽象 名 추상. 形 추상적이다. ¶ ~yìlùn(~议论)추상적으로 의논하다.

***chóuzi** 绸子(綢一) 名 1. 얇고 부드러운 견직물. 2. 리본. ¶ zhā ~(扎~)리본을 달다.

***chū** 初 名 최초, 처음 부분. **nián** ~(年~)연초. **yuè**~(月~)월초. 形 처음의, 첫 단계의. ~**děng**(~等)초등. ~**jí**(~级)초급. 副 처음으로. ¶ ~xúe Hànyǔ(~学汉语)처음으로 중국어를 배우다.

****chū** 出 動 1. [안에서 밖으로]나가다(나오다). ¶ ~mén(~门)외출하다. 2. 밖으로 내다. ¶ ~ zhǔyi(~主意)의견을 내다. 3. 생산하다. ¶ zhèli~shíyóu(这里~石油)여기는 석유가 난다. 4. 일어나다, 나타나다. ¶ ~máobing(~毛病)고장나다. 5. 몸밖으로 나오다. ¶ ~hàn(~汗)땀이 나다. 6. 방향을 나타내는 보어. ① 밖으로 내다. **shuōbu~kǒu**(说不~口)말을 꺼낼 수 없다. ② 식별할 수 있다. **kànde~**(看得~)분간해 낼 수 있다. ③ 결과가 나타나다. **zuò·~chéng jì**(作~成绩)좋은 성적을 내다. ¶ liú · ~yǎnlèi(流~眼泪)눈물을 흘리다.

chú 刍(芻) 名 1. 꼴, 목초(牧草). 2. 초식을 하는 가축. 3. 〈口〉 소견, 하찮은 의견.

chú 厨 名 1. 주방, 부엌. 2. 궤짝, 장농, 찬장. =**chú**(橱)

chú 除 動 1. 제거하다. ¶ ~cǎo(~草)제초하다. 2. 나누다. ¶ yòng èr~liù dé sān(用二~六得三)2로 6을 나누면 3이 된다. 介 …을 제외하고, …이외는. ☆ 의미는 **chúle**(除了)와 같으나, 뒤에 반드시 **yǐwài**(以外), **zhīwài**(之外) 등을 수반함. ¶ ~ tā yǐwài, dōu qùle(~他以外, 都去了)그 사람 이외에는 모두 갔다.

***chú** 锄(鋤) 動 1. 김매다, 제초하다. ¶ ~dì(~地)김을 매다. 2. 제거하다. ~**hài**(~害)해(害)를 없애다. ~**jiān**(~奸)배반자를 제거하다, 매국노를 일소(一掃)하다. 名 《**bǎ** 把》 호미. =**chútou**(锄头)

†**chǔ** 处(處) 動 다른 사람과 함께 지내다, 거주하다, 살다. ¶ tāmen ~ · de hěn hǎo(他们~得很好)그

들은 사이좋게 지낸다. tā zhège rén hěn nán~(他这个人很难~) 그런 자는 사귀기가 쉽지 않다.

☞ **chù**(处) 참조.

C

***chù** 处(處) 名 1. 곳, 장소. ¶ qù~(去~)행선지. zhù~(住~)거처. 2. 처, 국, 부문; 기관의 단위. **bànshì**~(办事~)사무소. **rénshì**~(人事~)인사처. ~**zhǎng**(~长)처장. 量 곳, 군데; 장소를 세는 데 쓰임. ¶ jǐ~rénjiā(几~人家)인가 몇 채.

☞ **chǔ**(处) 참조.

chù 触(觸) 動 1. 접촉하다, 닿다. ~**diàn**(~电)감전되다. 2. 느끼다. ¶ yǒu suǒ~(有所~)느끼는 바가 있다.

chuāi 揣 動 [품·주머니 등에]넣다. ¶ huáili~·zhe qián(怀里~着钱)품안에 돈이 들어있다. ~**shǒur**(~手儿)팔짱을 지르다.

chuài 踹 動 1. 발로 차다. ¶ ~mén(~门)문을 차다. 2. 밟다, 짓밟다. ¶ ~·le yì jiǎo ní(~了一脚泥)발이 도랑에 빠졌다.

⁑**chuān** 穿 動 1. 뚫다. ¶ ~ge dòng(~个洞)구멍을 뚫다. 2. [의류·신발을]입다, 신다. ¶ ~dàyī(~大衣)외투를 입다. ~xié(~鞋)신발을 신다. méi yǒu yīfu~(没有衣服~)입을 옷이 없다. 3. 뚫고 지나가다, 통과하다. ¶ ~hútong(~胡同)골목을 통과하다. ~mǎlù(~马路)대로를 건너다. 4. 꿰다. ¶ ~zhēn(~针)바늘에 실을 꿰다.

⁑**chuán** 船 名《**sōu** 艘, **tiáo** 条, **zhī** 只》배, 선박. **huá**~(划~)배를 젓다. **shàng**~(上~)배에 오르다. **xià**~(下~)배에서 내리다; [언덕을 내리고 오르는 곳으로부터]승선(乘船)하는 뜻으로도 쓰임. **fān**~(帆~)범선, 돛단배.

船

***chuán** 传(傳) 動 전하다, 전파하다, 전수하다. ¶ bǎ shǒuyì~·gei túdì(把手艺~给徒弟)기술을 제자에게 전수하다. ~qiú(~球)공을 패스하다. ~**bō**(~播)전파하다, 널리 퍼뜨리다.

†**chuǎn** 喘 動 헐떡이다, 호흡하다. ¶ pǎode~·buguò qì lai(跑得~不过气来)뛰어오느라고 숨이 턱에 닿았다. ~cūqì(~粗气)거친 숨을 쉬다.

***chuàn** 串 動 1. [한집 한집]돌아다니다. ¶ ~qīnqi(~亲戚)친척집을 돌아다니다. 2. 뒤섞이다, 혼선되다. ¶ kàn·~háng(看~行)[책을 읽다가]줄을 헛갈려 보다. 量 한 줄로 꿰어 놓은 것을 셀 때. ¶ yí~yàoshi(一~钥匙)한 꾸러미의 열쇠.

†**chuándá** 传达(傳達) 動 전하다, 전달하다. ¶ ~wénjiàn(~文件)[위로부터의]지시를 전달하다. 名 접수, 또는 접수원. ~**shì**(~室)공공기관의 접수처.

chuándān 传单(傳單) 名 전단,

삐라. ¶ fā～(发～)전단을 배포하다. sǎ～(撒～)전단을 뿌리다.

*chuāng 疮(瘡) 名 부스럼, 종기, 부스럼 딱지. ¶ zhǎng～(长～)부스럼이 나다.

chuāng 窗 名 《**shàn** 扇》 창. = **chuānghu**(窗户), **chuāngzi**(窗子) ¶ kāi～(开～)창문을 열다. guān～(关～)창문을 닫다.

⁑**chuáng** 床 名 《**zhāng** 张》 침대. **dānrén**～(单人～)1인용 침대. **shuāngrén**～(双人～)2인용 침대.

床

*chuǎng 闯(闖) 動 1. 돌입(突入)하다, 갑자기 뛰어들다. ¶ ～hóngdēng(～红灯)빨간 신호를 무시하고 돌진하다. 2. 경험을 쌓다, 수련하다. ¶ kào yí ge rén zài wàimian～(靠一个人在外面～)혼자 밖에서 수행을 하다.

chuāngbā 疮疤(瘡一) 名 부스럼 딱지 ; 상처 등이 나은 후. ¶ hǎo le～wàngle téng(好了～忘了疼)부스럼이 나으면 아픔을 잊는다 ; 뼈저린 고통도 그때가 지나가면 쉽사리 잊어버린다.

chuàngbàn 创办(創辦) 動 창립하다, 창설하다. ¶ ～xuéxiào(～学校)학교를 창설하다.

*chuángdān 床单(一單) 名 (～儿) 《**tiáo** 条》 시트(sheet). ¶ pū～(铺～)시트를 깔다.

⁑**chuānghu** 窗户 名 《**shàn** 扇》 창. ¶ kāi～(开～)창을 열다.

†**chuāngkǒu** 窗口 名 1. (～儿)창가. 2. [접수 등의]창구. 3. 전체를 대표하는 부분. ¶ yǎnjing shì xīnlíng de～(眼睛是心灵的～)눈은 마음의 창이다. 4. 교류의 경로. ¶ wénhuà jiāoliú de～(文化交流的～)문화교류의 창.

†**chuànglì** 创立(創一) 動 창설하다. ¶ ～xīn xuépài(～新学派)새로운 학파를 창설하다.

†**chuānglián** 窗帘(一簾) 名 (～儿) 《**kuài** 块》 커튼. ¶ lāshàng～(拉上～)커튼을 치다.

†**chuàngshè** 创设(創設) 動 1. 창설하다. =**chuàngbàn**(创办) 2. [조건 등을]만들다. ¶ ～yǒulì de tiáojiàn(～有利的条件)유리한 조건을 만들다.

†**chuàngxīn** 创新(創一) 動 새로 창조하다.

*chuàngzào 创造(創一) 動 만들어내다, 창조하다. ¶ ～xīn jìlù(～新记录)신기록을 세우다. dàdǎn～(大胆～)대담하게 새로운 것을 만들어내다. ～**xìng**(～性)창조성.

*chuāngzi 窗子 名 《**shàn** 扇》 창문. =**chuānghu**(窗户)

*chuàngzuò 创作(創一) 動 [문예작품을]창작하다. ¶ ～wényì zuòpǐn(～文艺作品)문예작품을 창작하다. 名 창작. ¶ gǎo～(搞～)창작 활동에 종사하다. **wényì**～(文艺～)문예작품.

chuǎn▲qì 喘气(一氣) 動 1. 크게

숨쉬다, 심호흡하다. ¶ zhāngzhe dà zuǐ～(张着大嘴～)크게 입을 벌려 심호흡하다. 2. 한숨 돌리다. ¶ nǐ ràng wǒ chuǎn kǒu qì(你让我喘口气)숨 좀 돌리자.

C

*__chuánrǎn__ 传染(傳-) 動 [병원체가]전염하다. ¶ shòu～(受～)전염되다. ～**jíbìng**(～疾病)전염병.

†**chuánshuō** 传说(傳說) 動 말로 전해지다. ¶ zhèli～·zhe zhèyàng yí ge gùshi(这里～着这样一个故事)여기 이러한 이야기가 전해진다. 名 전설, 설화. ¶ méi tīngguo zhège～(没听过这个～)이러한 전설은 들어본 적이 없다.

*__chuántǒng__ 传统(傳統) 名 전통. ¶ bǎochí yōuliáng～(保持优良～)좋은 전통을 유지하다. yǒu～(有～)전통이 있다.

chuánzhī 船只(-隻) 名 선박; 총칭. ☆ 이 단어의 구성은 명사 **chuán**(船)+양사 **zhī**(只).

*__chūbǎn__ 出版 動 출판하다. ¶ ～shījí(～诗集)시집을 출판하다. 名 출판. ～**shè**(～社)출판사.

†**chūbù** 初步 形 초보적인. ¶ ～xíngchéngle lúnkuò(～形成了轮廓)대체적인 윤곽을 구성하였다. ～**fāng'àn**(～方案)초보적인 안(案); 초안.

*__chū▲chāi__ 出差 動 출장가다. ¶ qù Dàlián～(去大连～)대련(大連)으로 출장가다.

chūchǎn 出产(-產) 動 산출하다, 생산하다. ¶ Hénán～miánhua(河南～棉花)하남성(河南省)은 면을 생산한다. ～shíyóu(～石油)석유를 산출하다. 名 산물, 산출물. ¶ ～fēngfù(～丰富)산물이 풍부하다.

chū▲chǒu 出丑(-醜) 動 추태를 보이다, 망신하다, 체면을 잃다. ¶ chūjìnle chǒu(出尽了丑)완전히 창피당했다. dāngzhòng～(当众～)대중 앞에서 추태를 보이다.

*__chùchù__ 处处(處處) 副 도처에, 어디서나, 각 방면에. ¶ ～hé tā zuòduì～(～和他做对)각 방면에서 그와 대립하다. ～pèngbì(～碰壁)도처에서 난관에 부닥치다.

†**chúdiào** 除掉 動 제거하다, 제외하다. 介 …을 제외하고. ＝**chúle**(除了)

⁑**chūfā** 出发(-發) 動 출발하다. ¶ jǐ diǎn～?(几点～?)몇시에 출발합니까? wǒmen cóng zhèli～(我们从这里～)우리는 여기서부터 출발한다.

*__chǔfá__ 处罚(處罰) 動 [법에 의해]처벌하다. ¶ ～fànrén(～犯人)범인을 처벌하다. 名 처벌. ¶ gěiyǐ～(给以～)처벌하다.

*__chúfáng__ 厨房 名 부엌, 주방.

*__chúfēi__ 除非 連 다만 …함으로써만이 비로소, 오직 …하여야. ☆ 종종 **cái**(才), **fǒuzé**(否则), **bùrán**(不然) 등과 호응하여 쓰임. ¶ ～mǎshàng chūfā, fǒuzé jiù láibují(～马上出发, 否则就来不及)즉시 출발해야만 하지, 그렇지 않으면 늦을 것이다. ～nǐ qù qiú tā, tā cáinéng dāying(～你去求他, 他才能答应)네가 가서 그에게 부탁해야만이 그는 승낙할 수 있다.

†**chǔfèn** 处分(處-) 動 처분하다,

처벌하다. ¶ ～fàn cuòwù de xuésheng(～犯错误的学生) 잘못한 학생을 처벌하다. 名 처분. ¶ shòudào～(受到～)처분을 받다.

chūfú 初伏 名 **sānfú**(三伏)의 첫째, 초복 ; 하지(夏至) 후의 세째 경일(庚日).

chū▲hào 出号(一號) 動 (～儿) 규격을 뛰어넘다 ; 아주 크다, 특대호이다. ¶ ～de qiúxié(～的球鞋)특대호의 운동화.

⁑**chuī** 吹 動 1. 바람이 불다, 입으로 불다. ¶ ～dízi(～笛子)피리를 불다. ～fēng(～风)바람이 불다 ; 헤어 드라이어로 머리를 말리다. 2. 〈口〉 은근히 알리다, 슬쩍 귀띔하다. ¶ ～jiāli yǒu qián(～家里有钱)집에 돈이 있다고 슬쩍 귀띔하다. 3. 〈口〉 [두사람 사이가]벌어지다, 실패하다. ¶ tā gēn tā nǚpéngyou～le(他跟他女朋友～了)그는 애인과 헤어졌다.

†**chuí** 垂 動 드리우다, 늘어지다. ¶ shùzhī～・xialai(树枝～下来) 나뭇가지가 아래로 드리우다. ～lèi(～泪)눈물을 흘리다. ～**tóu sàng qì**(～头丧气)의기소침하다, 풀이 죽고 기가 꺾이다.

chuí 捶 動 [방망이・망치 따위로]두드리다, 치다, 다듬다. ¶ ～bèi(～背)등을 두드리다, 안마하다. ～yīshang(～衣裳)옷을 방망이질하다.

chuí 锤(錘) 名 1. 추. 2. 망치, 해머.

chuī▲niú 吹牛 動 허풍을 떨다, 흰소리하다, 나발 불다. **chuīniú-pí**(吹牛皮)라고도 한다.

***chuīshì** 炊事 名 취사. ～**yuán**(～员)요리사, 취사원.

†**chuízhí** 垂直(一直) 形 수직이 되다. ¶ liǎngxiàn～xiāngjiāo(两线～相交)두 선이 수직으로 교차하다.

***chuízi** 锤子(錘一) 名 《**bǎ** 把》 쇠망치, 장도리.

chúkāi 除开(一開)
☞ **chúle**(除了) 참조.

***chū▲kǒu** 出口 動 1. 말을 꺼내다. ¶ zhèzhǒng huà wǒ kě shuōbu chū kǒu(这种话我可说不出口)이런 말은 내가 절대 하지 않는다. ～**chéngzhāng**(～成章)말하는 것이 그대로 문장이 되다. 2. [배가]항구를 떠나다, 출항하다. 3. 수출(輸出)하다. ¶ ～qìchē(～汽车)자동차를 수출하다 ; 수출용 자동차.

***chūkǒu** 出口 名 출구. ¶ chēzhàn～(车站～)역(驛)의 출구.

⁑**chūlai** 出来(一來) 動 1. [안에서 밖으로]나오다. ¶ kuài～(快～) 빨리 나오너라. yuèliang～le(月亮～了)달이 나왔다. 2. [방향을 나타내는 보어로 쓰여] ① 동작이 안에서 밖으로 행해지는 것을 나타냄. ¶ ná・～(拿～)꺼내다, 내놓다. liúchū yǎnlèi lai(流出眼泪来)눈물이 흘러나오다. ② 동작이 완성되거나 실현된 것을 나타냄. ¶ zhǎochū ge qiàoménr lai(找出个窍门儿来)비결을 찾아내다. ③ 은폐된 것에서 노출되는 것을 나타냄. ¶ wǒ rènchū tā lai le(我认出他来了)나는 그를 알아보았다.

***chúle** 除了 介 …을 제외하고는,

C

…을 내놓고는. 뒤에 **yĭwài**(以外), **zhīwài**(之外) 등이 호응되어 쓰임. ☆ 단순히 **chú**(除), **chúdiào**(除掉), **chúkāi**(除开)라고 해도 된다. ¶ ~Běijīng yĭwài, nĭ hái qùguo năr?(~北京以外, 你还去过哪儿?)북경 이외에 당신은 또 어디에 가보았습니까? ~tā zhīwài, suŏyŏu de rén dōu chūqu le(~他之外, 所有的人都出去了)그 사람을 제외하고는 모든 사람이 다 나갔다.

C

***chŭlĭ** 处理(處一) 動 1. [일을]처리하다, [문제를]해결하다. ¶ ~máodùn(~矛盾)모순을 해결하다. wénzì~jī(文字~机)워드 프로세서(word processor). 2. 내린 가격 혹은 시가(時價)로 처분하다. ~**pĭn**(~品)처분품.

†**chūlù** 出路 名 1. 출구 ; 활로(活路). ¶ nóngyè de gēnběn~zài yú jīxièhuà(农业的根本~在于机械化)농업의 기본적인 활로는 기계화에 있다. 2. [상품의]판로. =**xiāolù**(销路)

†**chūmài** 出卖(一賣) 動 팔다 ; 팔아 먹다, 배반하다. ¶ ~mínzú lìyì(~民族利益)민족의 이익을 팔아 먹다.

†**chū▲mén** 出门(一門) 動 (~儿) 1. 외출하다. ¶ tā gāng~(他刚~)그는 방금 외출하였다. 2. [집을 떠나]멀리 가다, 타향에 가다. ¶ tā~hōu cháng gěi mŭqin xiěxìn(他~后常给母亲写信)그는 집을 떠난 후 자주 어머니에게 편지를 썼다.

chū▲míng 出名 動 이름이 나다, 유명해지다. ¶ yíxiàzi jiù chūle míng(一下子就出了名)단번에 유명해졌다. **rén pà~, zhū pà zhuàng**(人怕~, 猪怕壮)사람은 이름이 나는 것을 두려워하며, 돼지는 살찌는 것을 두려워한다.

☞ **chūmíng**(出名) 참조.

chūmíng 出名 動 유명해지다. =**zhùmíng**(著名) ¶ ~de xuézhě(~的学者)유명한 학자.

☞ **chū▲míng**(出名) 참조.

⁑**chūn** 春 名 봄, 봄철. 단독으로 쓰일 때는 **chūntiān**(春天)이라 함.

†**chún** 纯(純) 形 1. 순수하다, 깨끗하다. ~**bái**(~白)순백. ~**jīn**(~金)순금. 2. 숙련되다, 익숙하다. ¶ gōngfu bù~(工夫不~)솜씨가 부족하다.

chún 醇 名 〈化〉 알콜류의 총칭 ; 음역하여 '阿尔科尔'이라고도 씀.

***chúncuì** 纯粹(純一) 形 순수하다, 깨끗하다. (**AABB**) ¶ ~de rén(~的人)순수한 사람. 副 순전히, 단순히, 오직. ¶ ~wèi zìjĭ(~为自己)오직 자기를 위한다.

***chūnjì** 春季 名 봄철.

⁑**Chūnjié** 春节(一節) 名 음력설, 음력 정월. ☆ 중국에서는 정월 행사를 음력으로 지냄. ¶ guò~(过~)설을 보내다.

†**chúnjié** 纯洁(純潔) 形 순결하다, 티없이 깨끗하다. ¶ xīndì~(心地~)조금의 사심도 없다, 마음이 순결하다.

chūnshù 椿树(一樹) 名 《**kē** 棵, **zhū** 株》참죽나무.

⁑**chūntiān** 春天 名 봄. ¶ ~lái le

(~来了)봄이 왔다. ~nuǎnhuo qiūtiān liáng(~暖和秋天凉)봄은 따뜻하고 가을은 선선하다.

chuō 戳 動 1. [뾰족한 것으로]찌르다, 찔러서 구멍을 뚫다. ¶ ~·le tā yí xià, tā cái fāxiàn(~了他一下, 他才发现)그를 콕 찌르는 것을 그는 비로소 발견했다. 2. 〈方〉 [단단한 물건에 부딪혀]삐다, 다치다, 상하다. ¶ dǎ páiqiú~·le shou(打排球~了手)배구를 하다 손가락을 삐었다. 3. 〈方〉 [똑바로]세우다, 곧추 세우다. ¶ tā yìzhí~zài nàr(他一直~在那儿)그는 줄곧 거기에 서 있다. 名 (~儿) 〈口〉 도장, 스템프. =**chuōzi**(戳子) **gài** ~ (盖~)도장을 찍다.

†**chūqī** 初期 名 초기. ¶ kàngzhàn ~(抗战~)항전 초기.

⁑**chūqu** 出去 動 1. [안에서 밖으로]나가다, 외출하다. ¶ tā~le (他~了)그는 외출하였다. 2. [방향을 나타내는 보어로 쓰여]동작이 안에서 밖으로 나가거나, 말하는 사람으로부터 멀어져 가는 것을 나타냄. ¶ zǒu·~(走~)걸어나가다. bié dānxīn, shuǐ sǎ bù~(别担心, 水洒不~)걱정하지 마, 물이 튀지 않아.

*__chūsè__ 出色 形 특별히 훌륭하다, 뛰어나다, 특출하다. ¶ ~de wánchéngle rènwu(~地完成了任务)훌륭히 임무를 완성했다. gōngzuò~(工作~)사업이 특출하다.

*__chūshēn__ 出身 名 출신. ¶ tā shì jìzhě~(他是记者~)그는 기자출신이다. ~bù hǎo~(~不好)출신이 좋지 않다. **kēbān**~(科班~)배우 양성소 출신 ; 정규 교육이나 훈련을 받은 사람.

chū▲shén 出神 動 넋을 잃다, 정신이 나가다. ¶ wàngzhe chuāngwài(望着窗外~)멍하니 창밖을 바라보다.

†**chūshēng** 出生 動 출생하다. ¶ nǐ shì nǎ nián~de?(你是哪年~的?)당신은 몇년생입니까? ~**lǜ**(~率)출생률.

*__chùsheng__ 畜生 名 짐승, 금수(禽獸)의 총칭 ; '짐승 같은 놈'이라는 욕하는 말로도 쓰임. ¶ zhège~!(这个~!)이 짐승같은 놈아!

chúshī 厨师(-師) 名 요리사, 조리사.

†**chū▲shì** 出事 動 사고가 발생하다. ¶ chūle shénme shì(出了什么事?)무슨 일이 일어났습니까?

*__chútou__ 锄头(鋤頭) 名 《**bǎ** 把》 [남방의]괭이형 호미, 호미.

chūxí 出席 動 참석하다, 출석하다. ¶ ~huìyì(~会议)회의에 참석하다.

chūxi 出息 名 1. 발전성, 장래성. **yǒu**~(有~)장래성이 있다. **méi** ~**de**(没~的)장래성이 없는 사람. 2. 〈方〉 수익. ¶ ~dà(~大) 수익이 크다. 動 진보하다, 성장하다.

*__chúxī__ 除夕 名 제야, 섣달 그믐밤.

⁑**chūxiàn** 出现(-現) 動 출현하다, 나타나다. ¶ ~xīn de máodùn (~新的矛盾)새로운 모순이 나타나다.

chǔxù 储蓄(儲-) 動 저축하다, 예금하다. ¶ ~yǐ bèi wǎnnián

(~以备晚年)노년에 대비하여 저축하다. 名 저축, 예금. ¶ ~nián nián zēngjiā(~年年增加)저축이 해마다 증가하다.

C

†**chǔyú** 处于(處於) 動 [어떤 상태에]처하다, [어떤 상황에]놓이다. ¶ ~yōushì(~优势)우세에 처하다.

chū▴yuàn 出院 動 퇴원하다. ⇔ **zhù▴yuàn**(住院)

chūzhěn 出诊(—診) 動 왕진하다. ⇔ **ménzhěn**(门诊) ¶ bànyè~(半夜~)한밤중에 왕진하다.

*__chūzhōng__ 初中 名 〈略〉 초급 중학 ; 우리의 중학교에 해당함. = **chūjí zhōngxué**(初级中学) ⇔ **gāozhōng**(高中)[고등학교]

chúzi 厨子 名 [옛날의]요리사, 현재는 **chúshī**(厨师)로 쓰임.

*__chūzū__ 出租 動 세를 놓다, 임대하다. ~**qìchē**(~汽车)택시. ~**zhàoxiàngjī**(~照相机)빌린 카메라. ~**fángwū**(~房屋)셋방.

⁑__cí__ 词(詞) 名 1. (~儿) 《**gè** 个, **tiáo** 条》 단어, 낱말. ¶ méi~le (没~了)할말이 없다, 말문이 막히다. 2. 《**shǒu** 首》 사(詞) ; 중국 고전 문학 중의 운문의 일종.

†**cí** 雌 形 암컷의. ⇔ **xióng**(雄) ~**huā**(~花)암꽃.

cí 磁 名 〈物〉 1. 자성(磁性). 2. 자기(磁器)=瓷

cí 辞(辭) 名 1. 말, 언사. 2. 사(詞) ; 문체의 하나. 3. 〈文〉 소송, 진술. 動 1. 사직하다, 거절하다. 2. 사퇴하다, 해고하다.

†**cǐ** 此 代 〈文〉 1. 이, 이것. =**zhè**(这) ¶ dì(~地)이 곳, 이 땅. ~**shí**(~时)이 때, 지금. 2. 이곳. =**zhèr**(这儿), **zhèli**(这里)

†**cì** 刺 動 1. 찌르다. ¶ ~·pò(~破)찔러 해치다. 2. 자극하다. ~yǎn(~眼)눈을 자극하다. 3. 풍자하다, 비방하다. ¶ yòng huà ~rén(用话~人)말로써 빈정거리다. 名 (~儿) 가시, 바늘. ¶ huàli dài~(话里带~)말 속에 가시가 있다.

*__cì__ 次 量 횟수(回數)를 나타냄. = **huí**(回) ¶ kànguo yí~(看过一~)한번 보았다. wǒ tíle hǎo jǐ ~, tā cái míngbai le(我提了好几~, 他才明白了)내가 몇번 언급하자 그는 비로소 이해하였다. 形 [품질이]떨어지다, 좋지 않다. ¶ nàge rén hěn~(那个人很~)그 사람은 질이 나쁘다.

cì 赐(賜) 動 베풀어주다, 하사하다. 名 하사품, 상품, 은혜, 혜택.

*__cídài__ 磁带(—帶) 名 자기(磁氣) 테이프, 녹음용 테이프, 녹화용 테이프.

cìdāo 刺刀 名 《**bǎ** 把》 총검. ¶ yòng~zhā(用~扎)총검으로 찌르다. pīn~(拼~)육박전을 하다.

⁑__cídiǎn__ 词典(詞—) 名 《**běn** 本, **bù** 部》 사전, 사서 ; 문자(文字)를 해설하는 **zìdiǎn**(字典)과 반대됨. ¶ biān~(编~)사전을 편찬하다. chá~(查~)사전을 찾다.

cǐhòu 此后(—後) 連 이후, 이 다음, 금후. ¶ ~zài yě méi zhǎoguo tā(~再也没找过他)그후로 다시는 그를 찾지 못했다.

†**cìhou** 伺候 動 시중을 들다, 돌보다. ¶ ~bìngrén(~病人)병자를 돌보다.

†**cíhuì** 词汇(詞彙) 名 어휘. ¶ chángyòng～(常用～)상용어휘.

***cìjī** 刺激 動 1. 자극하다. ¶ ～shēngchǎnlì de fāzhǎn(～生产力的发展)생산력 발전을 자극하다. 2. 타격을 주다. ¶ zhè jiàn shì duì tā～hěn dà(这件事对他～很大)이 사건은 그에게 큰 타격을 주었다. 名 자극. ¶ xúnzhǎo～(寻找～)자극을 찾다.

†**cǐkè** 此刻 名 이 때, 지금.

†**cíqì** 瓷器 名 자기(瓷器).

cìshù 次数(一數) 名 횟수, 도수(度數).

***cǐwài** 此外 連 이 밖에, 이 외에. ¶ ～, hái yǒu liǎng jiàn shì xūyào shuōmíng(～, 还有两件事需要说明)이밖에 또 두가지 일을 설명해야만 합니다.

cìwei 刺猬 名 《**zhī** 只》고슴도치.

†**cìyào** 次要 形 부차적인, 이차적인. ¶ nèiróng shì zhǔ yào de, xíngshi shì～de(内容是主要的, 形式是～的)내용이 주요한 것이고, 형식은 부차적인 것이다.

***cōng** 葱 名 《**gēn** 根, **kē** 棵》〈植〉파. ～**báir**(～白儿)파의 일종. **yáng**～(洋～)양파.

†**cóng** 丛(叢) 名 〈植〉관목, 숲, 덤불. **cǎo**～(草～)풀숲. **shù**～(树～)수풀, 나무숲.

⁑**cóng** 从(從) 介 1. …로 부터, …에서; 동작·장소·시간 등의 출발점을 나타냄. ¶ ～jiā dào xuéxiào(～家到学校)집에서 학교까지. ～qiánbāo li ná qián(～钱包里拿钱)돈지갑에서 돈을 꺼냈다. wǒ～jīnnián qǐ kāishǐ xuéxí Hànyǔ(我～今年起开始学习汉语)나는 올해부터 중국어를 배우기 시작했다. 2. …로, …을; 경유하는 노선·장소를 나타냄. ¶ qìchē～qiáoshang kāiguoqu le(汽车～桥上开过去了)자동차가 다리 위를 통과했다. ～xiǎolù zǒu(～小路走)작은 길을 걷다. 3. …에서, …로 부터; 동작·행위의 근거를 나타냄. ¶ ～shíjì chūfā(～实际出发)실제에서 출발하다. ～lǐlùn lái kàn(～理论来看)이론적으로 보면. 副 [부정사 앞에 쓰여]지금까지, 여태껏. ¶ wǒ～bù shuō huǎng(我～不说谎)나는 여태껏 거짓말을 한 적이 없다. wǒ～méi qùguo Táiwān(我～没去过台湾)나는 여태껏 대만에 가본 적이 없다.

***cóngcǐ** 从此(從一) 副 이제부터, 지금부터. ¶ ～zài yě méiyou jiànguo tā(～再也没有见过他)이후로 한번도 그를 만나지 못했다.

†**cōngcōng** 匆匆 形 매우 급하고 바쁘다, 총총하다. ¶ lái qù～(来去～)바삐 다니다. ～de guòqu(～地过去)바쁘게 지나가다.

†**cóng'ér** 从而(從一) 連 [종속문에 쓰여]따라서, 그리하여, …함으로써. ¶ wǒmen chǎng jiànlìle tuō'érsuǒ, ～dàdà de jiěfàngle fùnǚ de láodònglì(我们厂建立了托儿所, ～大大地解放了妇女的劳动力)우리 공장은 탁아소를 건립함에 따라서 부녀자의 노동력을 크게 해방시켰다.

***cónglái** 从来(從來) 副 지금까지, 이제까지. ¶ ～méi chūguo shìgù(～没出过事故)지금까지 사고가 난 적이 없다. ～méi tīngshuōguo

(～没听说过)지금까지 들어본 적 이 없다.

cōngmáng 匆忙 形 총망하다, 매우 바쁘다.(**AABB**) ¶ lín xíng～(临行～)다급하게 떠나다. cōngcongmángmáng de pǎolai(匆匆忙忙地跑来)매우 분주하게 뛰어 왔다.

*__cōngming__ 聪明(聰—) 形 총명하다, 영리하다, 똑똑하다. ¶ zhège háizi hěn～(这个孩子很～)이 아이는 대단히 영리하다. ～**rén**(～人)똑똑한 사람.

*__cóngqián__ 从前(從—) 名 종전, 이전. ¶ zhèli～shì yípiàn huāngdì(这里～是一片荒地)이곳은 예전에 한때기 황무지였다.

†**cóngróng / cōngróng** 从容(從—) 形 1. [태도가]조용하다, 침착하다. (**AABB**) ¶ jǔzhǐ～(举止～)행동이 침착하다. 2. [시간적·경제적으로]여유가 있다, 넉넉하다.(**AABB**) ¶ gǎn huǒchē shíjiān～xiē hǎo(赶火车时间～些好)기차 시간에 대기에는 좀 여유가 있다. shǒutóu～(手头～)수중에 여유가 있다.

†**cóngshì** 从事(從—) 動 종사하다. ¶ ～jiàoyù gōngzuò(～教育工作)교육 사업에 종사하다. ～yú chuàngzuò(～于创作)창작활동에 종사하다.

cóngtóu 从头(從頭) 副 (～儿) 1. 처음부터. ¶ ～zuòqǐ(～做起)처음부터 시작하다. 2. 다시 새로이. ¶ ～zài shǔ(～再数)다시 새로이 셈하다.

cóngxiǎo 从小(從—) 副 (～儿) 어릴 때부터. ¶ ～ài kàn shū(～爱看书)어릴 적부터 책보기를 좋아했다. ～xué huábīng(～学滑冰)어릴 적부터 스케이트 타는 것을 배웠다.

*__cóngxīn__ 从新(從—) 副 새로, 다시. ＝**chóngxīn**(重新) ¶ yòu～xiěle yí biàn(又～写了一遍)또 다시 한번 새로 썼다.

cóngzhōng 从中(從—) 副 중간에서, 가운데에서. ¶ ～qǔlì(～取利)중간에서 이익을 취하다. ～shuōhe(～说和)중간에서 화해시키다.

*__còu__ 凑 動 흩어진 것을 한곳에 모으다, 모이다, 끼어들어 함께 하다. ¶ ～qián(～钱)돈을 모으다. ～rènao(～热闹)함께 모여 떠들썩하게 즐기다.

còuhe 凑合 動 1. 한 곳에 모으다. ¶ ～zài yìqǐ(～在一起)함께 모이다. 2. [이것 저것]긁어 모으다, 두루 모아놓다. ¶ línshí～(临时～)임시 변통하다. 3. 임시 변통하다, 아쉬운 대로 지내다. ¶ ～·zhe chuān(～着穿)아쉬운 대로 걸치다.

*__còuqiǎo__ 凑巧 形 공교롭다. ¶ zhēn bú～, tā chūqu le(真不～, 他出去了)참 공교롭게도 그는 외출했습니다. 副 때마침, 알맞게도, 공교롭게. ¶ ～wǒ bú yòng, xiān jiègei nǐ(～我不用, 先借给你)마침 나는 소용이 없으니, 먼저 당신께 빌려드리지요. ～gǎnshàng xià xuě, méi néng qùchéng Chángchéng(～赶上下雪, 没能去成长城)공교롭게도 눈이 내려 만리장성에 오를 수가 없었다.

*__cū__ 粗 形 1. 굵다, 굵직하다. ⇔ **xì**(细) ¶ zhè gēn shéngzi tài～(这

학습 정보 ❹

存现句 cúnxiànjù(존현문)

1. 존현문이란?

존현문이란 문장 가운데의 동사가 나타내는 동작·상태의 행위자가 목적어로서 동사의 뒤에 놓여 어순을 이룬 문장의 총칭으로, 의미에 따라 現象文과 存在文으로 구분할 수가 있다.

2. 자연현상의 발생을 나타내는 現象文

¶ 下雨了。비가 왔다.
¶ 刮风了。바람이 불었다.
¶ 开花了。꽃이 피었다.
¶ 打雷了。천둥이 쳤다.

자연현상의 발생을 말할 때는, "雨" "风" "花" "雷"를 동사로 하지 않고, 위의 예문처럼 동사의 뒤에 두어 목적어로 될 경우가 많다. 그러나, 이것을 한국어로 번역할 때는 「비가…」「바람이…」「꽃이…」이 되지,「비를…」「바람을…」이라고는 하지 않는다. 의미상으로 보면, "雨" "风" 등은 목적어라기 보다는 주어라고 하는 편이 좋다고도 생각된다. 이 문제는 오늘날까지도 일치된 견해를 보지 못하고 있지만, 어떻게 부르든간에 이런 명사는 전형적인 주어, 전형적인 목적어와는 분명히 다르다 하겠다.

3. 현상의 발생이라는 것

명사를 주어로 한 다음과 같은 문장, 예를 들어,

¶ 客人来了。손님이 왔다.
¶ 老师来了。선생님이 왔다.

에서는 우선 사람("客人" "老师")이 존재하고 있고, 이 사람이 오늘 온다("来")라고 하는 동작을 한 것이 말하는 사람에게 받아들여진 것이다.

한편으로, 자연 현상의 발생을 나타내는 "下雨了"와 같은 문장에서는 이것과 달라, 현상이 발생하기 시작하여 비나 바람, 꽃, 천둥이 나타나고 현상이 소멸함과 동시에 이런 사물도 없어져버린다.

비, 바람에 대해서 말하자면, 내리기 전에는 우선 비로 존재해 있고, 그것이 오늘 내렸다고 말함으로써 없어지며, 불기전에 바람이라고 하는 것은 존재하나, 그것이 오늘 불었다고 말함으로써 없어진다.

이점이 "客人来了"(손님이 왔다), "老师来了"(선생님이 오셨다) 등의 문장이 나타내는 내용과 크게 다르다.

한편,「비가 그쳤다」라고 하는 경우에는, 비가 우선 존재해 있고, 그것이 오늘 멈쳤다라는 변화를 말하는 것으로, ¶ 雨停了。비가 그쳤다. 와 같이 "雨"가 주어가 된다.

4. 현상문의 특징

「비가 그쳤다」라든가「바람이 불었다」라고 할 때는 "下雨了" "刮风了"와 같이 표현하는 경우가 많지만, 항상 꼭 그렇게 말하는 것은 아니다.

예를 들어, 어딘가에서 내렸거나 비나 바람이 오늘 말하는 사람이 있는 곳까지 전해와서 지금 모습을 나타내, 말하는 사람에게 받아들여지게 됐다고 생각하면,

¶ 雨下起来了。
비가 내리기 시작했다.
¶ 风刮起来了。
바람이 불어왔다.

와 같이 표현할 수 있다. 또한 마찬가지로, 사람의 동작을 말하는 경우, 항상 꼭 사람을 나타내는 명사가 주어가 되는 것은 아니다.

어떤 사람이 어느때 처음 말하는

C

사람 앞에서, 어떤 동작에 의한 모습을 나타낼 때는, 사람을 나타내는 명사를 목적어로 하는데 예를 들어,

¶ 来客人了。 손님이 왔다

라고 할 수 있다. 이런 경우의 손님("客人")은, 누군지 모르지만 어쨌든 손님으로 온 사람인 것이다. 현상문의 목적어는 이런 불특정한 사물의 파악을 나타낸다. 기다리고 있던 손님이 왔다면 "客人来了"라고 한다.

또한 이런 문장의 동사는 그 동작을 말하는 사람이 보는 것에 따라 그것 자체의 존재가 말하는 사람에게 명확하게 되는 것 같은 의미로 제한된다.

¶ 前面来了一辆汽车。
앞에서 한대의 자동차가 왔다.

¶ 他生了一个儿子。
그에게 아들이 생겼다.

¶ 这里就发生了一个问题。
여기에 하나의 문제가 발생했다.

¶ 中国出了个毛泽东。
중국에 모택동이라는 사람이 나타났다.

이상과 같이 존현문의 목적어인 명사는 수사·양사를 동반하는 경우가 많고, 동사 뒤에 "了"는 빠질 수 없다.

5. 존재문

현상문은 말하는 사람 앞에 무언가가 모습을 처음으로 나타내는 것을 말하지만, 반대로 이미 존재하고 있는 것에 대해 말하는 사람이 오늘 처음 눈을 돌려 그 존재를 받아들이는 것을 나타내는 문장도 현상문과 같은 형식을 취한다. 예를 들어, 다음과 같은 문장이다.

¶ 墙上挂着一幅画儿。
벽에 그림 한 장이 걸려있다.

¶ 台上坐着主席团。
단상에 의장단이 앉아있다.

¶ 床上躺着一个人。
침대에 한 사람이 누워 있다.

¶ 蓝蓝的天空，飘浮着白云。
푸른 하늘에 흰구름이 떠있다.

또한 사물의 존재를 듣는 사람에게 소개하는 경우도 듣는 사람의 입장에 서서 그것을 처음 들은 것으로 취급하였기 때문에, 이 어순을 취한 문장이 된다. 예를 들어,

¶ 中国有二十三个省。
중국에는 23개의 성이 있다.

¶ 图书室有书，也有报纸。
도서실에는 책이 있고, 또 신문도 있다.

또한 사물의 소실을 나타낼 때,

¶ 我七岁就死了父亲。
나는 일곱살 때 아버지가 돌아가셨다.

와 같은 문장도 같은 형식을 취한다. 그것은 어떤 것에 처음 눈을 돌려 그 존재를 받아들인다는 의미에서는 앞에 기술한 예문과 같은 것이다.

根绳子太～)이 끈은 너무 굵다. shēngyīn～(声音～)목소리가 굵다. 2. 조잡하다, 투박하다, 거칠다. ⇔ **xì**(细) ¶ zhè pǐ bù hěn～(这匹布很～)이 천은 매우 조잡하다. zhè huór tài～le(这活儿太～了)이 일은 너무 거칠다.

cù 促 形 급하다, 촉박하다. 動 재촉하다, 촉진하다.

***cù** 醋 名 식초. **chī**～(吃～)시기하다, 질투하다.

†**cù** 簇 名 무리, 무더기, 떨기. 量 무리를 이루고 있는 것을 세는데 쓰임. ¶ yí～xiānhuā(一～鲜花)한 떨기의 생화.

†**cuàn** 窜(竄) 動 1. 도망치다, 달아나다. **dōng táo xī**～(东逃西～)이리 저리 달아나다. 2. 몰아

내다, 추방하다.

cuānduo 撺掇 動 부추기다, 꼬드기다, 종용하다. ¶ zìjǐ bú gàn, ~biéren gàn(自己不干, ~别人干) 자신은 안하면서 남에게 하라고 부추기다.

†**cūcāo** 粗糙 形 1. 투박하다, 거칠다. (**AABB**) ¶ ~de shǒu(~的手)투박한 손. 2. 조잡하다, 서투르다. (**AABB**) ¶ shǒugōng~(手工~)수공이 조잡하다.

*__cuī__ 催 動 1. 재촉하다, 독촉하다, 다그치다. ¶ ~háizi zǎo shuì(~孩子早睡)아이에게 일찍 자라고 재촉하다. 2. [성장이나 변화를] 촉진시키다, 빠르게 하다. ~**chǎn**(~产)분만을 촉진하다.

cuì 脆 形 1. 무르다, 부스러지기 쉽다. ¶ zhèzhǒng zhǐ hěn~(这种纸很~)이 종이는 잘 찢어진다. 2. [목소리가]맑다, 낭랑하다, 쟁쟁하다. ¶ shēngyīn hěn~(声音很~)목소리가 매우 낭랑하다. 3. [행동이나 말이]시원시원하다. ¶ tā bànshì bànde~(他办事办得~)그는 일을 시원스럽게 처리한다.

cuīcù 催促 動 재촉하다, 독촉하다. ¶ zàisān~(再三~)여러번 재촉하다.

†**cuīhuǐ** 摧毁 動 때려 부수다, 타파하다, 분쇄하다. ¶ ~díjūn gōngshì(~敌军工事)적군의 구축물을 파괴하다. ~**míxìn**(~迷信)미신을 타파하다.

cuìruò 脆弱 形 취약하다, 연약하다. ¶ gǎnqíng~(感情~)감정이 연약하다.

*__cùjìn__ 促进(一進) 動 촉진하다.¶ ~hézuò(~合作)합작을 촉진하다. ~xuèyè xúnhuán(~血液循环) 혈액순환을 촉진하다.

*__cūlǔ__ 粗鲁(一魯)·粗卤(一鹵) 形 [성격·행동 따위가]우악스럽다, 우락부락하다, 거칠다. ¶ jǔdòng~(举动~)행동거지가 우악스럽다. shuōhuà~(说话~)말이 거칠다.

C

*__cūn__ 村 名 (~儿) 마을, 촌락.

*__cún__ 存 動 1. 저축하다, 예금하다. ¶ bǎ qián~·zài yínháng li(把钱~在银行里)돈을 은행에 예금하다. ~**xíngli**(~行李)화물을 맡기다. 2. 존재하다, 저장하다.

*__cùn__ 寸 量 촌, 치 ; 길이의 단위, 1자(尺)의 10분의 1.

cúnhuò 存货(一貨) 名 재고품. ¶ ~bù duō le(~不多了)재고가 많지 않다.

cún▴kuǎn 存款 動 예금하다, 저금하다.
☞ **cúnkuǎn**(存款) 참조.

cúnkuǎn 存款 名 예금, 저금. ¶ tíqǔ~(提取~)예금을 찾다.
☞ **cún▴kuǎn**(存款) 참조.

cún▴xīn 存心 動 어떤 마음을 먹다, 속셈을 가지다. ¶ nǐ cún de shénme xīn?(你存的什么心?)너는 무슨 마음을 먹고 있느냐? ~**bùliáng**(~不良)심보가 나쁘다.
☞ **cúnxīn**(存心) 참조.

cúnxīn 存心 副 고의로, 일부러. =**yǒuyì**(有意) ¶ ~dǎoluàn(~捣乱)고의로 소란을 피우다.
☞ **cún▴xīn**(存心) 참조.

*__cúnzài__ 存在 動 존재하다. ¶ ~liǎng zhǒng kěnéngxìng(~两种可能性)2가지의 가능성이 있다.

☆ **cúnzai yínháng**(存在银行)[은행에 돈을 맡기다]의 '存'과 '在'는 2단어로 임시로 결합한 것임. 名 존재. ¶ gǎnjuébudào tā de~(感觉不到他的~)그의 존재를 느끼지 못하다.

C

†**cūnzhuāng** 村庄(一莊) 名 《**zuò** 座》 마을, 촌락, 부락.

***cūnzi** 村子 名 마을, 촌락. =**cūnzhuāng**(村庄)

***cuō** 搓 動 1. [손으로]비비다, 문지르다. ¶ zhí~shǒu(直~手)[조급하여]계속해서 손을 비비다. 2. 꼬다. ~máshéngr(~麻绳儿)삼노끈을 꼬다.

***cuō** 撮 動 1. 긁어 모으다. ¶ bǎ tǔ~·qilai(把土~起来)흙을 퍼올리다. 2. 손으로 집다, 집어내다. ¶ ~·le diǎnr yán(~了点儿盐)소금을 조금 집어내다. 量 줌, 웅큼. ¶ yì~yán(一~盐)소금 한 줌.

***cuò** 锉(銼) 名 《**bǎ** 把》 줄, 줄칼. =**cuòdāo**(锉刀) 動 줄질하다, 줄로 쓸다. ¶ bǎ jù~·yi·~(把锯~一~)톱을 줄로 쓸다.

cuò 措 動 1. 배치하다, 놓아두다, 처리하다. 2. 준비하다, 마련하다.

⁂**cuò** 错(錯) 動 1. 교행(交行)하다, 엇갈리다. ¶ ~chē(~车)교행하다. 2. [시간을]겹치지 않도록 피하다. ¶ ~·kāi xiūxi(~开休息)서로 중복되지 않게 휴식하다. 形 틀리다, 맞지 않다. ¶ ~guàile tā(~怪了他)그를 의심한 것은 옳지 않다. ~**biézì**(~别字) 오자, 틀린 글자. 名 (~儿) 틀림, 착오, 잘못. **méi**~(没~)틀림이 없다.

cuòdāo 锉刀(銼一) 名 《**bǎ** 把》 줄, 줄칼. ¶ yòng~cuò(用~锉)줄칼로 줄질하다.

***cuòguò** 错过(錯過) 動 [기회를] 놓치다. ¶ ~·le jīhuì(~了机会) 기회를 놓쳤다.

cuōhe 撮合 動 중매하다, 관계를 맺어 주다. ¶ cóngzhōng~(从中~)중간에서 중매하다.

†**cuòshī** 措施 名 조치, 대책, 시책. ¶ cǎiqǔ~(采取~)조치를 취하다. yùfáng~(预防~)예방조치.

***cuòwù** 错误(錯誤) 名 실수, 잘못. ¶ fàn~(犯~)실수하다, 과오를 범하다. 形 잘못된, 틀린. ¶ ~de gūjì xíngshì(~地估计形势)잘못된 정세를 평가하다.

†**cuòzhé** 挫折 動 좌절하다, 패배하다. 名 좌절. ¶ zhōngtú shòudào~(中途受到~)중도에서 좌절하다.

†**cùshǐ** 促使 動 …하도록 재촉하다, 촉진하다. ¶ ~wèntí jiějué(~问题解决)문제를 해결하도록 재촉하다. ~shèhuì jìnbù(~社会进步)사회진보를 촉진하다.

***cūxīn** 粗心 形 부주의하다, 세심하지 못하다. =**shūhu**(疏忽) ~**dàyi**(~大意)세심하지 못하다, 꼼꼼하지 않다.

D

*dā 搭 動 1. 쌓다, 세우다. ¶ ～jīmù(～积木)집짓기 나무를 쌓다. 2. 맞들다. ¶ bǎ zhuōzi～·zǒu(把桌子～走)책상을 맞들고 가다. 3. [짝이]되다, 더하다, 보태다. ¶ ～·zhe cūliáng chī(～着粗粮吃)잡곡을 더하여 먹다. ～**bànr**(～伴儿)길동무가 되다. 4. 걸치다, 널다. ¶ bǎ yīfu～·zai zhúgānr shang(把衣服～在竹竿儿上)옷을 대나무 장대에 널다. 5. [차·배·비행기 따위를]타다. ～**chuán**(～船)배를 타다.

†dá 达(達) 動 1. 달성하다, 도달하다. =**dádào**(达到) ¶ bù～mùdì bú bàxiū(不～目的不罢休)목적을 이루지 못하면 그만두지 않겠다. ～·chéng xiéyì(～成协议)합의를 보다. 2. 통하다, 가 닿다. 3. 전달하다.

dá 答 動 1. 대답하다. ¶ wú huà kě～(无话可～)대답할 말이 없다. 2. 보답하다, 답례하다.

*dá 打 量 〈譯〉 다스. ☆ 영어 'dozen'의 음역. ¶ yì～qiānbǐ(一～铅笔)연필 1다스.

☞ **dǎ**(打) 참조.

*dá 沓 量 (～儿) 묶음, 뭉치. ¶ yì～xìnzhǐ(一～信纸)편지지 한 묶음.

*⁎dǎ 打 動 1. 때리다, 치다, 두드리다. ¶ ～mén(～门)노크하다. 2. 구타하다, 공격하다. ¶ ～dírén(～敌人)적을 공격하다. 3. 발사하다, 쏘다. ¶ ～qiāng(～枪)총을 쏘다. 4. [우뢰가]울다, 치다. ¶ ～léi(～雷)천둥치다. ～shǎn(～闪)번개치다. 5. 거두어들이다, 포획하다, 푸다. ¶ ～liángshi(～粮食)곡식을 거둬들이다. ～yú(～鱼)물고기를 잡다. ～shuǐ(～水)물을 긷다. 6. 사다. ¶ ～chēpiào(～车票)차표를 사다. ～jiǔ(～酒)술을 사다. 7. 쳐들다, 펴들다. ¶ ～qízi(～旗子)기를 올리다. ～sǎn(～伞)우산을 쓰다. 8. 깨뜨리다, 부수다. ¶ ～jīdàn(～鸡蛋)계란을 깨다. ～xīguā(～西瓜)수박을 깨다. 9. 쌓다, 건조하다. ¶ ～jǐng(～井)우물을 파다. ～qiáng(～墙) 담을 쌓다. 10. 짜다, 제조하다. ¶ ～máoyī(～毛衣)털옷을 짜다. 11. 묶다, 매다, 결박하다. ¶ ～guǒtuǐ(～裹腿)각반을 차다. 12. 바르다. ¶ ～là(～蜡)초를 먹이다. 13. [놀이를]하다. ¶ ～qiūqiān(～秋千)그네를 타다. 14. 발송하다. ¶ ～diànbào(～电报)전보를 치다. ～diànhuà(～电话)전화를 걸다. 15. 확정하다, 결정하다. ¶ ～cǎogǎo(～草稿)초고를 쓰다. ～zhǔyi(～主意)안을 결정하다. 16. [어떤 동작을]하다. ～**duōsuo**(～哆嗦)몸을 덜덜 떨다. ～**gér**(～嗝儿)딸꾹질하다. ～**hāqian**(～哈欠)하품을 하다. ～**kēshuì**(～瞌睡)졸리다. ～**pēnti**(～喷嚏)재채기를 하다. 介 …로부터, …에서. =**cóng**(从) ¶ nǐ～nǎr lái?(你～

~哪儿来?)너는 어디에서 오느냐?
☞ **dá**(打) 참조.

⁑**dà** 大 形 1. 크다. ¶ zhège zuì~(这个最~)이것이 가장 크다. 2. 많다. ¶ chūchǎn~(出产~)산출물이 많다. 3. 손위다, 연상이다. ¶ tāmen liǎ nǎge~?(他们俩哪个~?)그들 두 사람 중 누가 손위입니까? 4. 연령을 말함. ¶ nǐ jīnnián duō~le?(你今年多~了?)너는 올해 몇 살이니? 副 1. [단음절 앞에 와서]크게, 대단히. ¶ ~chīle yí dùn(~吃了一顿)근사하게 식사를 했다. tiān yǐjīng~liàng le(天已经~亮了)날이 이미 매우 밝아졌다. ~yǒu jìnbù(~有进步)크게 진보하다.
☆ 이것들의 例인 **dà chī**(大吃), **dà liàng**(大亮), **dà yǒu**(大有)는 결합정도가 강하여 한 단어로 볼 수도 있음. 2. [bú dà(不大)의 형으로 쓰임]정도가 그다지 심하지 않음을 나타냄. ¶ wǒ bú~xǐhuan hē pútaojiǔ(我不~喜欢喝葡萄酒)나는 그다지 포도주 마시는 것을 좋아하지 않는다. zhèli bú~xià yǔ(这里不~下雨)이곳은 비가 그다지 오지 않는다. 3. [dà bù(大不)의 형으로 쓰임]부정(否定)의 정도가 심함을 나타냄. ¶ gēn guòqù~bù xiāngtóng(跟过去~不相同)과거와 크게 다르다.
☞ **dǎ**(打) 참조.

dá'àn 答案 名 답안.

†**dǎbài** 打败(-敗) 動 1. 쳐서 물리치다, 싸워서 이기다. ¶ ~dírén(~敌人)적을 물리치다 ; 상대편을 무찌르다. 2. 패전하다, 지다. ¶ wǒ páiqiúduì~le(我排球队~了)우리 배구팀이 패하였다.

*__dǎban__ 打扮 動 분장하다, 치장하다, 장식하다. ¶ ~·chéng lǎodàye(~成老大爷)할아버지로 분장을 하다. ài~(爱~)꾸미는걸 좋아하다. 名 분장, 치장, 차림. ¶ kàn tā zhè shēn~!(看他这身~!)그의 치림새 좀 보아라! **xuésheng**~(学生~)학생차림.

†**dàbàn** 大半 名 (~儿) 대부분, 태반. ¶ ~shì shānqū(~是山区)대부분 산악지대이다. 副 (~儿) 대개, 대체로. ☆ **duōbàn**(多半)과 동의어이나 약간 문어적(文語的)임. ¶ tā~bù lái le(他~不来了)그는 십중 팔구 오지 않을 거야.

*__dàbiàn__ 大便 名 대변. 動 대변을 보다.

*__dàchē__ 大车(-車) 名《**guà** 挂, **liàng** 辆》[주로 소나 말이 끄는]대형짐차. ¶ gǎn~(赶~)큰 짐수레를 몰다.

†**dàdà** 大大 副 [대개 2음절어 앞에 사용함]크게, 대단히. ☆ **dà**(大)를 겹친것으로 강조의 기분이 강함. **dàdàde**(大大地)로도 사용됨. ¶ ~chāoguòle yùxiǎng de jiéguǒ(~超过了预想的结果)예상한 결과를 크게 초과했다. chǎnpǐn de zhìliàng~·de tígāo le(产品的质量~地提高了)제품의 질이 대단히 향상되었다.

*__dàdǎn__ 大胆(-膽) 形 대담하다. ¶ ~chuàngxīn(~创新)대담하게 새로운 생산품을 만들다. gòusī~(构思~)구상이 대담하다.

*__dádào__ 达到(達一) 動 도달하다, 달성하다. ☆ 주로 추상적인 것이나 수준 등에 관해 쓰임. ¶ ~yídìng de biāozhǔn(~一定的标准)일정한 기준에 도달하다. ~mùdì(~目的)목적을 달성하다.

*__dǎdǎo__ 打倒 動 때려 눕히다, 타도하다. ¶ ~dírén(~敌人)적을 타도하다.

*__dàdào__ 大道 名 《**tiáo** 条》 큰 길, 올바른 길. ¶ guāngmíng~(光明~)환한 한 길.

__dàdǐ__ 大抵 副 대개, 대략, 대체로. =**dàgài**(大概), **dàdōu**(大都) ¶ niánqīngrén~bú ài chuān bùxié(年轻人~不爱穿布鞋)젊은이들은 대개 헝겊신 신는 것을 좋아하지 않는다. ~**xiāngtóng**(~相同)대개 비슷하다.

*__dàdì__ 大地 名 대지, 전세계. ¶ zhàoyào~(照耀~)대지를 밝게 비추다.

†__dàdōu / dàdū__ 大都 副 대개, 대부분, 대체로. =**dàduō**(大多)

*__dàdòu__ 大豆 名 《**kē** 颗, **lì** 粒》 대두; 콩.

__dàdū__ 大都
☞ **dàdōu**(大都) 참조.

__dǎduàn__ 打断(一斷) 動 1. 자르다. ¶ bèi~·le tuǐ(被~了腿)다리가 잘렸다. 2. 끊다. ¶ ~·le lǎoshī de huà(~了老师的话)선생님의 말씀을 끊어버렸다. ~sīlù(~思路)사고의 맥이 끊어졌다.

†__dàduì__ 大队(一隊) 名 1. 큰 대열, 대대. 2. [인민공사의]생산대대.

__dǎ▲dǔnr__ 打盹儿 動 졸다, 토끼잠자다. ¶ dǎle yíhuìr dǔnr(打了一会儿盹儿)잠시 눈을 좀 붙였다.

__dàduō__ 大多 副 대부분, 거의 다. ¶ bānli~shì Běijīngrén(班里~是北京人)반학생의 대부분은 북경인이다.

__dàduōshù__ 大多数 名 대다수. ¶ zhèxiē rén zhōng~shì jiātíng zhǔfù(这些人中~是家庭主妇)이분들 중 대다수는 가정주부이다.

__dǎfa__ 打发(一發)·動 1. 파견하다. ¶ ~shéi hǎo ne?(~谁好呢?)누구를 파견하는 것이 좋을까요? ~rén qù sòng xìnr(~人去送信儿)사람을 보내 소식을 전하다. 2. 내쫓다, 해고하다. ¶ zhǎo ge jièkǒu bǎ tā~·zǒu le(找个借口把他~走了)구실을 찾아 그를 내쫓았다. 3. 보내다, 허비하다. ¶ ~shíjiān(~时间)시간을 허비하다.

*__dàfang__ 大方 形 1. [재물 따위를 쓰는 것이]시원스럽다. (**AABB**) ¶ huā qián~(花钱~)돈을 쓰는 것이 시원스럽다. 2. [스타일·색깔 따위가]고상하다, 우아하다. (**AABB**) ¶ yàngshi~(样式~)모양이 고상하다. 3. [언행이]시원시원하다, 거침없다. (**AABB**) ¶ jǔzhǐ~(举止~)행동거지가 거침없다.

*__dáfù__ 答复(一復) 動 회답하다. =**huídá**(回答) ¶ sān tiān hòu~nǐ(三天后~你)3일 후 당신에게 회답할께요. 名 회답. ¶ děngzhe nǐ de~(等着你的~)당신의 회답을 기다리고 있어요.

⁑__dàgài__ 大概 副 아마도, 대개는; 시간·수량을 추측할 때에도 사용함. ¶ tā~zhīdao(他~知道)그

는 대강 알고 있을 것이다. tā~yǒu shì bù lái le(她~有事不来了)그녀는 아마 일이 있어 못올 것이다. wǒ~yuèdǐ huíguó(我~月底回国)나는 아마 월말쯤 귀국할 것이다. tā~shíwǔ liù suì(她~十五六岁)그녀는 15, 6세쯤 먹었을 것이다. 名 개략, 개요. ¶ zhǐ zhīdao ge~(只知道个~)개요만 알 뿐이다. 形 대강의, 대충의. ¶ ~de gūjì(~的估计)대강의 추측. ~de nèiróng(~的内容) 대강의 내용.

†**dàgē** 大哥 名 1. 맏형. ☆ 부르는 데도 사용함. 2.〈口〉동년배의 남자에 대한 존칭.

***dàhǎi** 大海 名 큰 바다, 대해. ☆ 이 **dà**(大)는 반드시 대소를 구별하는 것은 아니고, 바다 그 자체를 말함. **dàxiàng**(大象)의 **dà**(大)도 같음.

dàhòunián 大后年(一後一) 名 내후년.

***dàhòutiān** 大后天(一後一) 名 글피.

***dàhuì** 大会(一會) 名 1. [국가나 단체가 여는]전체회의. 2. 대중집회.

dā▲huǒ 搭伙 動 1. 그룹에 들다, 한패가 되다. ¶ zánmen~qù ba(咱们~去吧)우리 한패가 되어 가자. 2. [군대나 학교 등의 집단에서]취사를 공동으로 하다. ¶ zài xuéxiào~(在学校~)학교에서 취사를 공동으로 하다.

dǎ▲huǒ 打火 動 [부싯돌로]불을 일으키다. ~**jī**(~机)라이타.

***dàhuǒr** 大伙儿(一兒) 代〈口〉모두들. =**dàjiā**(大家), **dàjiāhuǒr** (大家伙儿)

***dāi** 待 動 머물다, 체류하다. = **dāi**(呆) ¶ ~yíhuìr(~一会儿)잠시 머무르다. ~·zai jiāli(~在家里)집에 체류하다.

†**dāi** 呆 形 1. 둔하다, 멍청하다. ¶ ~zuòzhe(~坐着)멍하니 앉아 있다. **fā**·~(发~)어리둥절하다. 2. 무표정하다, 어리둥절하다. 3. 빈둥거리다.

dǎi 歹 形 악하다. ¶ bùzhī hǎo~(不知好~)좋은지 나쁜지 모르겠다. ~**rén**(~人)악인.

dǎi 逮 動 잡다, 체포하다. ¶ ~lǎoshǔ(~老鼠)쥐를 잡다. ~niǎo(~鸟)새를 잡다.

⁑**dài** 带(帶) 名 (~儿) 《**gēn** 根, **tiáo** 条》띠, 벨트, 끈, 테이프. **pí**~(皮~)가죽혁대. **xié**~(鞋~)구두끈. 動 1. 차다, 달다. ¶~·zhe shǒubiǎo(~着手表)시계를 차고 있다. 2. 지니다, 휴대하다. ¶ qǐng gěi tā~fēng xìn(请给他~封信)그에게 편지를 가지고 가게 하십시오. 3. 인도하다, 통솔하다. ¶ ~dìdi qù kàn diànyǐng(~弟弟去看电影)동생을 데리고 영화보러 가다. 4. 달리다, 붙어 있다. ¶ ~rìlì de shǒubiǎo(~日历的手表)달력이 달린 시계. 5. 나타내다, 띠다, 머금다. ¶ liǎnshang~·zhe xiàoróng(脸上~着笑容)얼굴에 웃음을 머금고 있다. 6. 돌보다, 양육하다. ¶ ~háizi(~孩子)아이를 돌보다. ~túdì(~徒弟)제자를 기르다.

dài 贷(貸) 動 1. 대부하다, 대출하다. 2. [돈을]꾸다, 차입하다.

dài 怠 形 1. 태만하다, 나태하다.

학습 정보 ❺

◈ 代词 dàicí(대사) ◈

代詞란 사람·사물·성질 등에 언급하는 것으로, 그런 것을 직접 서술하는 것이 아니라, 말하는 사람 등과의 관계를 받아서 표현하는 종류의 말이다.

代詞라고 하는 명칭은, 사람·사물을 나타내는 명사, 동작·상태를 표현하는 동사, 성질을 나타내는 형용사, 부사 등의 품사 대신 사용되어진다는 해석에서 덧붙여진 것이다.

대사는 인칭대사·지시대사·의문대사의 3종류로 나눌 수 있다.

1. 人稱代詞

人稱代詞의 주요한 것에는, "我[们]"(나[우리]), "咱[们]"(나[우리]), "你[们]"(너[희들]), "您"(당신), "他[们]"(그[들]), "她[们]"(그녀[들]), "它[们]"(《사람 이외의 사물·동물의》그것[들]), "人家"(남, 그 사람), "别人"(다른 사람), "大家"(모두), "自己"(자신) 등이 있다.

이런 말을 사용하는 경우, 말로 표현되는 인물에 대해서는 말하는 사람 자신과의 관계, 또는 화제의 인물과의 관계밖에 말의 표면에 나타나지 않는다. 그 때문에, 전화를 걸어 상대방으로부터 "谁?"(누구세요?)라고 듣게 되면 "我"(나야)라고 대답해도, 누군지 모를 수 있다. 그러나 한편, 말을 거는 상대의 이름을 모르는 경우에도 그 사람은 "您"이라 표현하여,

¶ 您贵姓?

당신의 성씨는 무엇입니까?

라고 말할 수 있다.

"他"는 「그」, "她"는 「그녀」라고 번역하는 것이 보통이지만, 중국에서는 자신의 부모를 화제로 하는 경우에 흔히 "他", "她"를 사용할 때가 종종 있다.

2. 指示代詞

指示代詞의 주요한 것에는, "这"(이것), "那"(저것) 및 이런 것들로 구성된다.

장소를 나타내는 경우에는 "这儿"(여기), "这里"(여기), "那儿"(저기), "那里"(저기), 시간을 나타내는 경우에는 "这会儿"(이때), "那会儿"(그때), 방식·상태를 나타내는 "这么"(이렇게), "那么"(그렇게), "这样"(이런), "那样"(그런) 등이 있다.

대상이 말하는 사람 가까이 있으면 "这", 멀리 있으면 "那"가 사용된다. 어떤 곳에서 어떤 알지 못하는 것에 대해 타인에게 물을 때, 묻는 것이 무언가를 우선 상대방에게 전하지 않으면 안된다. 모르는 것을 무엇이든 표현하지 않으면 안된다. 이럴 때 指示代詞를 사용하면, 사물이 말하는 사람으로부터 가깝게 있을 때 "这", 멀리 있을 때 "那"라고 말하고,

¶ 这[那]是什么?"

이것(저것)은 무엇입니까?

와 같이 간단하게 목적을 달성할 수 있다.

또한, 듣는 사람이 말하는 사람의 바로 가까이 있을 때 사물을 말로 표현하는 경우 구체적인 명사를 사용하지 않고, 그것이 자신의 가까이 있는 것인지 멀리 있는 것인지라는 면만을 파악하여 말 할 때도 충분하게 말이 통한다. 때문에, 물건을 살 때 바로 앞의 상품을 가리키면서

¶ 我买这个。

나는 이것을 사겠습니다.

와 같이 "这个"라고 말하는 것만으로 확실히 할 수 있다.

D

3. 疑問代詞

疑問代詞의 주된 것에는, "什么"(무엇), "谁"(누구), "哪"(어느, 어디), "哪儿"(어디), "哪里"(어디), "多会儿"(언제), "怎么"(어떻게, 왜), "怎[么]样"(어떤), "几"(몇), "多少"(얼마) 등이 있다. 이 중에 "几" "多少"는 「疑問數詞」라고 말하기도 한다.

疑問代詞는 말하는 사람이 사람·사물·성질 등을 말하는 사람과의 관계면에서 표현하는 대사의 일종이지만, 이 관계가 특정적일 수 없고, 또는 특정적이지 않은 불특정관계라는 점이 인칭대사·지시대사와 다른 점이다.

사람에게 물건을 물을 때, 대상의 사물에 대해 그것은 어떤 것인지, 어떤 성질인지, 어떤 상태인지 등에 대해 말하는 사람이 확정할 수 없으니, 자신과의 불특정관계를 받아들여 표현하면서 동시에 그것을 구체적으로 표현하도록 듣는 사람에게 부탁하는 수 밖에 없다. 예를 들면, 상대방에게 먹고 싶은 것을 물을 때,

¶ 你吃什么?
당신은 무엇을 드십니까?

와 같이, 모르는 것을 "什么"라고 표현한다.

불특정관계에 있어서 사물을 받아들여 표현하는 대명사는 이렇게 오로지 의문을 표현하는 데 사용되므로 의문대사라고 부르고 있다.

그러나 의문에 제한하지 않고, 불특정관계로 대상을 받아들인 표현에는 모두 이 대명사가 사용된다. 예를 들어,

¶ 我想吃点儿什么。
나는 무언가 먹고 싶다.

에서는 말하는 사람에 있어 먹고 싶은 것을 불특정관계에 있기 때문에 "什么"라고 표현되고,

¶ 什么都可以。
뭐든지 좋다.

와 같이 "可以"(좋다, 괜찮다)라고 말해지는 것은, 말하는 사람에 있어 특정한 것이 아니라, 불특정관계에 있는 것이므로 "什么"라고 표현된다.

이처럼 의문대사라는 명칭으로 불려져도 그 용법은 의문만으로 제한되지 않고 다양하다. 또한, 의문대사 "什么"를 다른 말과 합한 "什么时候"(언제), "什么地方"(어디), "为什么"(왜) 등은, 각각 하나의 의문대사처럼 자주 사용된다.

dàimàn(怠慢)[태만하다, 소홀하다] 2. 소홀하다. 3. 〈文〉 싫증나다, 피로하다. ☆ **dàigōng**(怠工)[태업, 사보타지]와 같은 뜻으로 '怠业', '旷工', '罢工' 등도 쓰인다.

dài 袋 名 (~儿) 주머니. =**dàizi**(袋子) 量 (~儿)자루에 넣은 물건을 세는 단위. ¶ yí~yáfěn(一~牙粉)가루치약 한 자루.

*__dài__ 代 動 대리하다, 대신하다. ¶ qǐng~wǒ mǎi zhāng diànyǐng piào(请~我买张电影票)나를 대신해서 영화표 1장을 사주세요. ~**bàn**(~办)대행하다. ~**bǐ**(~笔)대필하다. ~**kè**(~课)대신 강의하다. 名 시대. **gǔ**~(古~)고대. **jìn**~(近~)근대. **Hàn**(汉~)한대.

⁑**dài** 戴 動 착용하다, 쓰다, 이다. ¶ ~màozi(~帽子)모자를 쓰다. ~shǒutào(~手套)장갑을 끼다. ~yǎnjìng(~眼镜)안경을 쓰다.

†**dài** 待 動 1. 대우하다, 대하다. ¶ tā～wǒ hěn hǎo(她～我很好)그는 나를 무척 잘 대해준다. 2. 기다리다. ¶ shàng～jiějué de wèntí(尚～解决的问题)아직 해결되지 않은 문제.

*__dāibǎn__ 呆板 形 딱딱하다, 고지식하다. (旧) **áibǎn** ¶ biǎoqíng～(表情～)표정이 딱딱하다.

†**dàibàn** 代办(一辦) 動 대신 처리하다. ¶ ～yóugòu yèwù(～邮购业务)통신 구매업무를 대행하다. 名 대리대사, 대리공사.

⁑**dàibiǎo** 代表 動 대표하다, 대신하다, 대리하다. ¶ ～xiàozhǎng fāyán(～校长发言)학교장을 대신하여 발언하다. ～shídài jīngshén(～时代精神)시대정신을 대표하다. 名 대표. ¶ dāng～(当～)대표가 되다. ～**tuán**(～团)대표단.

*__dàibǔ__ 逮捕 動 체포하다. ¶ ～·le shārénfàn(～了杀人犯)살인범을 체포했다.

†**dàidòng** 带动(帶動) 動 1. [동력으로]움직이게 하다. ¶ jīchē～huǒchē(机车～火车)기관차가 기차를 이끌다. 2. 선도하다, 이끌어 나가다. ¶ zài tā～xià(在他～下)그의 선도아래.

⁑**dàifu** 大夫 名 〈口〉 의사. ＝**yī-shēng**(医生)

†**dàijià** 代价(一價) 名 대가(代價), 물건 값. ¶ fùchū～(付出～)대가를 지불하다.

*__dàilǐ__ 代理 動 1. [직무를]대리하다, 대행하다. ¶ ～chǎngzhǎng zhíwù(～厂长职务)공장장의 직무를 대행하다. 2. [위임을 받아서 소송, 납세, 계약 등을]대행하다. ¶ yóu wǒ lái～(由我来～)내가 대행하다.

†**dàilǐng** 带领(帶領) 動 지휘하다, 인도하다, 인솔하다. ¶ ～dàjiā pá shān(～大家爬山)모두를 데리고 등산하다.

dài▲lù 带路(帶一) 動 길안내하다. ¶ zǒuzai qiánbian～(走在前边～)앞서 걸으며 길안내하다.

*__dàitì__ 代替 動 대신하다, 대체하다. ¶ wǒ～nǐ qù(我～你去)나는 너를 대신하여 간다.

†**dài▲tóu** 带头(帶頭) 動 (～儿) 앞장서다, 선두에 서다. ¶ nǐ lái dài ge tóu(你来带个头)당신이 앞장 서십시오.

*__dàiyù__ 待遇 動 [사람을]대우하다. ¶ tóngděng～(同等～)동등하게 대우하다. 名 대우, 취급. ¶ ～hǎo(～好)대우가 좋다. zhōudao de～(周到的～)세심한 대우[배려]. zhèngzhì～(政治～)정치적 대우.

dāizi 呆子 名 바보, 멍텅구리. **shū**～(书～)독서광, 책벌레.

*__dàizi__ 带子(帶一) 名 《**tiáo** 条》 띠, 끈, 밴드.

dàizi 袋子 名 주머니, 자루.＝**kǒu-dai**(口袋)

*__dǎjī__ 打击(一擊) 動 1. 치다, 때리다. 2. 공격하다, 좌절시키다. ¶ ～fànzuì huódòng(～犯罪活动)범죄활동에 타격을 주다.

dǎ▲jià 打架 動 싸움하다, 다투다. ¶ dǎle yí jià(打了一架)싸움을 했다.

*__dàjiā__ 大家 代 모두. ¶ qǐng～ānjìng!(请～安静!)여러분, 조용히

하십시오. 名 1. 대가, 거장. ¶ shūfǎ~(书法~)서도의 대가. 2. 명문, 명가.

*__dǎjiǎo__ 打搅(-攪) 動 1. 방해하다. ¶ ~biéren xuéxí(~别人学习)다른 사람 공부하는 것을 방해하다. 2. 〈應〉 [~le(了)의 형으로 쓰여]폐를 끼치다. __dǎrǎo__(打扰)라고도 함.

*__dàjiē__ 大街 名 《__tiáo__ 条》 큰길, 번화가. ¶ guàng~(逛~)거리를 한가로이 거닐다.

†__dàjiě__ 大姐 名 1. 큰누이, 큰언니. ☆ 부르는데도 사용된다. 2. 친한 여성에 대한 존칭. ¶ Zhāng~(张~)장언니.

*__dǎkāi__ 打开(-開) 動 1. 열다, 펼치다. ¶ ~chōuti(~抽屉)서랍을 열다. 2. 타개하다. ¶ ~júmiàn(~局面)국면을 타개하다.

__dǎkuǎ__ 打垮 動 깨다, 쳐부수다, 타도하다. ¶ ~dírén de jìngōng(~敌人的进攻)적의 공격을 타도하다.

*__dǎ léi__ 打雷 連語 천둥치다. ☆ 자연현상을 나타내는 경우 어순에 주의. ¶ ~xià yǔ de shíhou búyào zhànzai dà shù xià(~下雨的时候不要站在大树下)천둥치고 비올 때 큰 나무 밑에 있지 말아라.

__dāli__ 答理 動 상대해 주다, 응대하다. ☆ 주로 부정문에 쓰임. ¶ bié~tā(别~他)그를 상대하지 말라. tā méi~wǒ(他没~我)그는 나를 거들떠보지도 않았다.

†__dàlì__ 大力 副 강력하게, 힘껏. ¶ ~tuīguǎng(~推广)힘껏 보급하다.

†__dǎliang__ 打量 動 1. [사람의 복장·외모 따위를]관찰하다. ¶ shàngxià~·le yìfān(上下~了一番)위아래로 한번 훑어보았다. 2. …라고 생각하다, 가늠하다. ¶ ~·zhe yǒu èrshí lái suì(~着有二十来岁)20세 가량으로 가늠하다.

†__dàliàng__ 大量 形 대량의. ¶ ~jìnhuò(~进货)다량으로 상품을 사들이다. ~__shēngchǎn__(~生产)대량생산.

__dǎ▲liè__ 打猎 動 사냥하다.

*__dàlù__ 大陆(-陸) 名 대륙. __Yàzhōu__~(亚洲~)아시아 대륙.

__dàmā__ 大妈(-媽) 名 1. 백모, 큰어머니. =__bómǔ__(伯母) 2. 연장의 부인에 대한 존칭.

*__dàmài__ 大麦(-麥) 名 보리, 대맥.

*__dàmén__ 大门(-門) 名 대문, 정문. ¶ xuéxiào~(学校~)학교 정문.

⁑__dàmǐ__ 大米 名 쌀.

__dàmíng__ 大名 名 1. 존함. ⇔ __xiǎomíng__(小名) 2. 명성. ¶ jiǔyǎng~(久仰~)존함은 오래전부터 알고 있었습니다.

__dǎ▲míngr__ 打鸣儿(-鳴兒) 動 [닭이]울다, 울어서 때를 알리다.

__dàmuzhǐ__ 大拇指 名 〈口〉 엄지손가락.

__dān__ 丹 名 붉은색, 적색(赤色).

*__dān__ 担(擔) 動 1. 메다, 지다. ¶ ~shuǐ(~水)물을 긷다. 2. 맡다, 담당하다. ¶ ~zérèn(~责任)책임지다.

☞ __dàn__(担) 참조.

*__dān__ 单(單) 形 하나의, 단독의. ¶ zhè jiàn yīfu shì~de(这件衣服是~的)이옷은 한겹이다. 副 오직, 다만. =__guāng__(光), __zhǐ__(只)

¶ zuò shì～kào rèqíng bú gòu(做事～靠热情不够)단지 정열만 믿고 일하는 것으론 부족하다.

†**dǎn** 胆(膽) 名 (～儿) 1. 담력, 쓸개. =**dǎnzi**(胆子) ～**dà**(～大)대담하다. ～**xiǎo**(～小)소심하다. ☆ **hěn dǎndà**(很胆大), **fēicháng dǎnxiǎo**(非常胆小) 등과 같이 정도보어의 수식을 받을 수 있음. 2. 기물 내부에 물·공기 따위를 넣을 수 있는 물건. **nuǎnpíng**～(暖瓶～)보온병 속에 있는 유리그릇.

†**dǎn** 掸(撣) 動 [먼지떨이 또는 그런 모양의 것으로]먼지 따위를 털다. ¶ ～tǔ(～土)흙을 털다. ～yīfu(～衣服)옷을 털다. ～zhuōzi(～桌子)테이블을 털다.

dàn 诞(誕) 動 태어나다, 탄생하다. **dànchén**(诞辰)[탄신, 생일]

*__dàn__ 蛋 名 1. 알. **jī**～(鸡～)계란. 2. (～儿)계란 모양의 둥근 물건. **liǎn**～(脸～)낯, 얼굴. **shānyao**～(山药～)감자.

†**dàn** 弹(彈) 名 1. [대포·총 따위의]탄환. **pào**～(炮～)포탄. 2. 폭발물을 장진하고 있는 것.
☞ **tán**(弹) 참조.

*__dàn__ 担(擔) 名 짐. 量 1. 중량의 단위 ; 50kg. 2. [멜대로 매는 짐을 셀 때]짐. ¶ yí～shuǐ(一～水)물 한짐.
☞ **dān**(担) 참조.

*__dàn__ 淡 形 1. [소금기가]옅다, 희박하다. ⇔ **xián**(咸) ¶ cài tài～(菜太～)요리가 너무 싱겁다. 2. [농도가]옅다. ⇔ **nóng**(浓) ¶ ～jiǔ(～酒)도수가 약한 술.

*__dàn__ 石 量 섬, 석 ; 용량의 단위, 10'斗'.

*__dàn__ 但 連 그러나, 그렇지만. = **dànshì**(但是) ¶ huì shì huì, ～bú tài shú(会是会, ～不太熟)하려면 하지만 그다지 잘 하지는 못한다.

†**dànbáizhì** 蛋白质(一質) 名 단백질.

†**dànǎo** 大脑(一腦) 名 대뇌.

†**dānchún** 单纯(單純) 形 단순하다. ¶ sīxiǎng～(思想～)머리가 단순하다. 副 오로지, 단순히. ¶ ～zhuīqiú shēngxuélǜ(～追求升学率)오로지 진학률 높이는 것을 추구하다.

†**dāncí** 单词(單詞) 名 단어.

dāndǎ 单打(單一) 名 [테니스·탁구 등의]단식. ⇔ **shuāngdǎ**(双打) **nánzǐ**～(男子～)남자단식.

dǎndà 胆大(膽一) 形 대담하다. ¶ tā hěn～(他很～)그는 매우 대담하다.

dāndài 担待(擔一) 動 〈口〉 감당하다, 책임을 지다. ¶ wǒ kě～·buqǐ(我可～不起)나는 감당할 수 없다.

†**dāndiào** 单调(單調) 形 단조롭다. ¶ sècǎi～(色彩～)색채가 단조롭다.

†**dāndú** 单独(單獨) 副 단독으로, 혼자서. ¶ tā～zhù yí tào fángjiān(她～住一套房间)그녀는 방 한칸에 단독으로 살고 있다.

†**dānfù** 担负(擔負) 動 부담하다, 맡다. ¶ gèrén～huǒshífèi(个人～伙食费)개인이 식비를 부담하다. ～zhe yùnshūde rénwu(～着运输的任务)운송의 책임을 맡다.

*__dāng__ 当(當) 動 1. 상당하다, 필

D

적하다. **yǐ yī～shí**(以一～十)한 사람이 열사람을 상대하다. 2. [···의 일을]맡다, [직무 따위를] 담당하다. ¶ ～yīshēng(～医生) 의사가 되다. ～zhǔxí(～主席)회장을 맡다. 能 당연히 ···해야 한다. ¶ bù～wèn de bú wèn(不～问的不问)반드시 묻지 말아야 될 것은 묻지 않는다. 介 1. 바로 그 시간을 가리킬 때 쓰임. ¶ ～xuéxí de shíhou, búyào xiǎng bié de shì(～学习的时候, 不要想别的事)공부할 때는 딴 짓을 생각하지 말아라. 2. 바로 그 장소를 가리킬 때 쓰임. ～**jiē**(～街) 거리에 접하다. ～**miàn**(～面)마주보다.

☞ **dàng**(当) 참조.

***dǎng** 党(黨) 名 1. 정당 ; 특별히 중국 공산당을 지칭함. ～**yuán**(～员)당원. 2. 개인의 이해 관계로 결성된 집단 ; 당파, 파벌.

†**dǎng** 挡(擋) 動 막다, 차단하다, 가리다. ¶ ～·zhù qùlù(～住去路)가는 길을 막다. ～**fēng**(～风) 바람을 막다.

†**dàng** 当(當) 動 1. ···로 여기다, ···라고 생각하다. ¶ wǒ～nǐ bù lái le(我～你不来了)나는 당신이 안 온 줄 알았다. 2. 저당 잡히다. ¶ bǎ shǒubiǎo～le(把手表～了) 손목시계를 저당잡혔다. 形 적당하다, 적합하다. shì～(适～)적절하다.

☞ **dāng**(当) 참조.

†**dàng'àn** 档案(檔－) 名 분류하여 보관하는 공문서. ☆ 격자로 짠 선반 **dàng**(档)에 분류, 보존되어 있는 것에서 이렇게 부름.

***dàngāo** 蛋糕 名 카스텔라. **shēngrì**～(生日～)생일 케이크.

†**dāngchū** 当初(當－) 名 당초, 처음, 이전. ¶ ～shuōhǎo le(～说好了)이전에 얘기 다 되었다.

†**dāngdài** 当代(當－) 名 당대, 현대. ¶ ～wénxué(～文学)당대문학.

dāngdì 当地(當－) 名 그 지방, 현지. ＝**běndì**(本地) ¶ ～rén(～人)현지인.

dānge 耽搁 · 担搁(擔擱) 動 1. 묵다, 머무르다. ¶ zài Lúndūn ～yì liǎng tiān(在伦敦～一两天) 런던에서 2, 3일 머무르다. bié～ tài cháng shíjiān(别～太长时间) 너무 오랫동안 묵지 말아라. 2. 지연하다, 끌다. ＝**dānwu**(耽误) ¶ bùdé～(不得～)지체할 수가 없다.

dāngjí 当即(當－) 副 〈文〉 즉시, 곧, 바로. ¶ ～zuòchū juédìng (～做出决定)바로 결정을 내리다.

dāng▲jiā 当家(當) 動 집안일을 맡아 처리하다. ¶ zhège jiā děi wǒ lái dāng(这个家得我来当)이 집안 일은 내가 맡아 처리해야 한다. ～·**de**(～的)주인, 호주.

†**dāng▲miàn** 当面(當－) 動 (～儿) 마주보다. ¶ ～shuōqīngchu(～说清楚)맞대고 분명히 말하다. ～diǎnqīng(～点清)직접 일일이 다 조사하다.

dāngnián 当年(當－) 名 1. 그때, 그 당시, 그해. ¶ ～zhèli shì yípiàn huāngdì(～这里是一片荒地) 그 당시 이곳은 황무지였다. **hǎohàn bù tí～yǒng**(好汉不提～勇)

사내 대장부는 자기의 과거를 자랑하지 않는다. 2. 한창 나이, 황금기. ¶ zhèng～(正～)한창때이다.
☞ dàngnián(当年) 참조.

dàngnián 当年(當－) 名 그때, 같은 해. ¶ ～shòuyì(～受益)그해 이익을 얻다.
☞ dāngnián(当年) 참조.

***dǎngpài** 党派(黨－) 名 당파, 파벌.

dàngpu 当铺(－鋪) 名 《jiā 家》 전당포.

dāngqián 当前(當－) 動 직면하다. ¶ dàdí～(大敌～)큰 적이 눈앞에 닥치다. 名 눈앞. ¶ ～de rènwu(～的任务)눈앞의 임무.

***dāngr** 当儿(當兒) 名 1. 바로 그때. ¶ zhèng yào chūmén de～, lái kè le(正要出门的～, 来客了)외출하려고 하는 바로 그때 손님이 왔다. 2. [시간·장소 등의] 간격, 거리. ¶ liú～(留～)거리를 두다.

⁑**dāngrán** 当然(當－) 副 당연히, 물론. ¶ wǒ～zhīdao(我～知道)나는 당연히 안다. 形 당연하다, 물론이다. ¶ nà～de(那～的)그거 당연하다.

***dāngshí** 当时(當時) 名 그때, 당시; 대개 상황어에 사용함. ¶ ～wǒ hái xiǎo(～我还小)당시 나는 아직 어렸다. nǐ～wèishénme bù shuō?(你～为什么不说?)너는 당시 왜 말하지 않았니?

dàngtiān 当天(當－) 名 그날, 당일. ¶ ～huílai?(～回来)당일에 돌아오다. ～de shì～zuòwán(～的事～做完)그날 일은 그날 다한다.

†**dǎngwěi** 党委(黨－) 名 〈略〉 당위원회. ＝**dǎng wěiyuánhuì**(党委员会)

†**dǎngxìng** 党性(黨－) 名 당에 대한 충실성; 당의 이념.

dāngxuǎn 当选(當選) 動 당선하다. ¶ ～wéi dàibiǎo(～为代表)대표로 당선되다.

***dǎngyuán** 党员(黨員) 名 당원.

dāngzhe 当着(當－) 介 …의 앞에서. ¶ ～dàjiā tányitán(～大家谈一谈)사람들 앞에서 좀 이야기해 보다.

***dàngzhēn** 当真(當眞) 動 진실로 받아들이다, 정말로 여기다. ¶ kāi ge wánxiào, bié～(开个玩笑, 别～)농담이니 정말로 여기지 마시오. 形 사실이다. ¶ zhè huà～(这话～)이 말은 사실이다. ～yǒu zhè huí shì?(～有这回事?)정말로 이런 일이 있습니까?

***dāngzhōng** 当中(當－) 名 1. 중간, 한복판. ¶ zhànzai wūzi～(站在屋子～)방 한복판에 서 있다. 2. …사이, …의 가운데. ¶ zài xuésheng～, yǐngxiǎng hěn dà(在学生～, 影响很大)학생들 가운데 영향이 매우 크다.

***dàngzuò** 当做(當－) 動 [⋯로] 여기다, 간주하다. ¶ bǎ tā～xuéxí de bǎngyàng(把他～学习的榜样)그를 학습의 본보기로 삼다.

dàniáng 大娘 名 1. 〈口〉 큰어머니, 백모. ＝**bómǔ**(伯母) 2. 나이 지긋한 부인에 대한 존칭. ¶ Zhāng～(张～)장아주머니.

dǎnqiè 胆怯(膽－) 形 겁이 많다. ¶ ～·qilai(～起来)겁먹게 되었

D

다.

*dānrèn 担任(擔一) 動 맡다, 담임하다. ¶ ~huìyì zhǔxí(~会议主席)회의의 의장을 맡다.

†dànshēng 诞生(誕一) 動 태어나다, 탄생하다. ¶ ~zài nóngmín jiātíng(~在农民家庭)농민 가정에서 태어나다.

D

⁑dànshì 但是 連 그러나, 그렇지만. ☆ kěshì(可是)보다도 역접의 어기가 강함. ¶ huì shì huì, ~hái bùxíng(会是会, ~还不行)할려면 할 수 있지만 아직은 안된다.

dānshù 单数(單數) 名 홀수. ⇔ shuāngshù(双数)

*dānwèi 单位(單一) 名 1. [계산상의]단위. ¶ shìzhì~(市制~)시제의 단위; 중국의 전통적 도량형 제도에 미터법의 요소를 가미하여 1929년 제정한 도량형 제도 단위. 2. [단체·기관 등의]부문. ¶ nǐ zài nǎge~gōngzuò?(你在哪个~工作?)당신은 어느 부서에서 일하고 있습니까? wǒmen~(我们~)우리들의 직장.

*dānwu 耽误(一誤) 動 지체하다, 지체하다가 일을 그르치다. ¶ kě bié~·zhe!(可别~着!)시간을 허비하지 말아라! ~gōngzuò(~工作)일을 게을리하다.

*dǎnxiǎo 胆小(膽一) 形 담이 작다, 겁이 많다, 소심하다.
☆ dǎnzi xiǎo(胆子小)의 의미이지만 hěn dǎnxiǎo(很胆小)처럼 정도부사의 수식을 받을 수 있으므로 한 단어로 취급함. ~guǐ(~鬼)겁장이.

*dān▲xīn 担心(擔一) 動 염려하다. ¶ ~shēntǐ(~身体)건강을 염려하다.

dānxìng 单姓(單一) 名 한글자의 성. Lǐ(李), Zhāng(张), Qián(钱), Sūn(孙) 등의 종류. ⇔ fùxìng(复姓)

dànyào 弹药(彈藥) 名 탄약. ~kù(~库)탄약고.

dānyuán 单元(單一) 名 [교재·집 등의]단원.

dǎnzi 胆子(膽一) 名 담력, 용기. ¶ ~xiǎo(~小)담력이 작다.

dǎnzi 掸子(撣一) 名 《bǎ 把》 먼지떨이. ¶ dǎn~(掸~)먼지떨이로 먼지를 털다. jīmáo~(鸡毛~)닭털로 만든 먼지털이.

†dànzi 担子(擔一) 名 1. 《fù 副》 짐. ¶ dān~(担~)짐을 지다. 2. 〈口〉 책임. ¶ bú pà~zhòng(不怕~重)책임이 무거운 것이 두렵지 않다.

⁑dāo 刀 名 《bǎ 把》 칼, 칼모양의 물건. 量 종이를 세는 단위; 통상 100장을 가리킴.

*dǎo 岛(島) 名 《gè 个, zuò 座》 섬. bàn~(半~)반도.

dǎo 导(導) 動 1. 인도하다, 이끌다. 2. 전도하다. 3. 지도하다. = zhǐdǎo(指导)

⁑dǎo 倒 動 1. 넘어지다, 도산하다. ¶ yóupíng~le(油瓶~了)기름병이 넘어졌다. pùzi~le(铺子~了)가게가 망하고 말았다. 2. 바꾸다. ~chē(~车)차를 갈아타다. ~shǒu(~手)[상품이]다른 사람의 손에 넘겨지다.
☞ dào(倒) 참조.

†dào 道 名 (~儿) 《tiáo 条》 길, 도로. 動 말하다. ☆ 몇개의 정

해진 표현에만 사용됨. =**shuō**(说) **shuō cháng~duǎn**(说长~短)이러쿵 저러쿵 시비하다. **chángyán**~(常言~)흔히 말하듯이. ~**hè**(~贺)축하하다. ~**xiè**(~谢)사의를 표하다. 量 1. 강·하천같이 긴 것을 세는 데 쓰임. ¶ yí~hé(一~河)한줄기의 강. 2. 문·담 따위에 쓰임. ¶ yí~qiáng(一~墙)담 하나. 3. 제목·명령 따위에 쓰임. ¶ yí~mìnglìng(一~命令)첫번째 명령. zhè~tí(这~题)이 문제.

dào 盗(盜) 動 훔치다, 절도하다. **qiè**~(窃~)절취하다.

*__dào__ 到 動 1. 도착하다, …에 미치다. ¶ chūntiān~le(春天~了)봄이 왔다. nǐ~·guo Chángchéng ma?(你~过长城吗?)너 만리장성에 간적 있니? 2. [동사의 보어로 쓰여]동작의 목적에 도달하거나 성취된 것을 나타냄. ¶ bān·~jiāli(搬~家里)집을 이사했다. piào mǎi·~le ma?(票买~了吗?)표를 샀습니까? xiǎngbu·~nín lái le(想不~您来了)네가 오리라고 생각하지 못했다. nà jiàn shì wǒ bànbu·~(那件事我办不~)그일은 해내지 못하겠다. 介 …에(로), …까지. ¶ nǐ ~nǎr qù?(你~哪儿去?)당신은 어디까지 갑니까? cóng zhèr~chēzhàn(从这儿~车站)여기에서 정류장까지.

⁑**dào** 倒 動 1. [상하·전후의 위치나 순서가]거꾸로 되다, 반대로 되다. ¶ zhè miàn jìngzi guà·~le(这面镜子挂~了)이 거울은 거꾸로 걸려있다. 2. 따르다, 붓다. ¶ ~chá(~茶)차를 따르다. ~shuǐ(~水)물을 붓다. 副 오히려, 도리어. =**dàoshì**(倒是) ¶ zhè~hǎo le(这~好了)이것은 오히려 좋았다. pǎole yì tiān, ~bù juéde lèi(跑了一天, ~不觉得累)하루종일 뛰었으나 피곤함이 느껴지질 않는다.

☞ **dǎo**(倒) 참조.

dǎobì 倒闭(-閉) 動 [상점·회사·기업체가]도산하다. ¶ gōngchǎng~(工厂~)공장이 도산하다.

*__dàocǎo__ 稻草 名 《**gēn** 根》 볏짚. ~**rén**(~人)허수아비.

dǎo▲chē 倒车(-車) 動 차를 갈아타다. ¶ qù Xīdān zài nǎli~?(去西单在哪里~?)서단을 가려면 어디에서 차를 갈아타야 합니까?

☞ **dào▲chē**(倒车) 참조.

dào▲chē 倒车(-車) 動 차를 뒤로 몰다. **kāi**~(开~)차를 후진시키다.

☞ **dǎo▲chē**(倒车) 참조.

*__dàochù__ 到处(-處) 副 도처에, 곳곳마다. ¶ ~dōu shì rén(~都是人)도처에 모두 사람이 있다.

*__dàodá__ 到达(-達) 動 도달하다, 도착하다. ¶ ~mùdìdì(~目的地)목적지에 도착하다.

dāodao 叨叨 動 말을 많이하다, 계속 지껄이다. **dāolao**(叨唠)라고도 함.

†**dǎodàn** 导弹(導彈) 名 탄도 미사일.

dàodé 道德 名 도덕. ¶ bú~(不~)부도덕하다. **shāngyè**~(商业~)상업도덕, 상도의.

D

导弹

†**dào▴dǐ** 到底 動 끝까지 하다. ¶ dǎ~(打~)끝까지 싸우다. jiāng gémìng jìnxíng~(将革命进行~) 혁명을 끝까지 진행하다.
☞ **dàodǐ**(到底) 참조.

***dàodǐ** 到底 副 **1.** 마침내, 결국. ¶ ~méi lái(~没来)결국 오지 않았다. **2.** [의문문에 쓰여 어기를 강조]도대체. ¶ ~lái bu lái?(~来不来?)도대체 올거니 안올거니? **3.** 아무래도, 역시. ¶ ~hái niánqìng(~还年轻)아무래도 역시 젊다.
☞ **dào▴dǐ**(到底) 참조.

dào▴jiā 到家 動 절정에 이르다, 최고도에 달하다 ; 주로 보어로 많이 쓰임. ¶ xué Zhōngwén xué·~(学中文学~)중국어를 배우는 것이 완숙해졌다. gōngfu hái méi~(工夫还没~)때가 아직 절정에 이르지 않았다.

dāolao 叨唠(-嘮) 動 〈口〉 이러쿵 저러쿵 말을 많이 하다, 계속 지껄이다. =**dāodao**(叨叨) ¶ ~·le bàntiān(~了半天)한참동안 지껄이다.

***dàoli** 道理 名 도리, 이치. ¶ bù dǒng~(不懂~)이치를 이해할 수 없다. jiǎng~(讲~)도리를 설명하다.

***dàolù** 道路 名 길, 도로 ; 추상적인 의미로도 쓰임. ¶ ~kuānguǎng(~宽广)길이 넓다. ~píngtǎn(~平坦)길이 평탄하다. **rénshēng**~(人生~)인생길.

***dǎoluàn** 捣乱(搗亂) 動 교란하다, 성가시게 굴다, 소란을 피우다. ¶ chéngxīn~(成心~)고의로 소란피우다.

***dǎo▴méi** 倒霉 形 재수없다, 불운하다. ¶ ~dǎotòule(~倒透了)전혀 가지고 다니지 않다. dǎole dà méi le(倒了大霉了)크게 재수없는 일을 당했다.

dào▴qiàn 道歉 動 사과하다, 사죄하다. ¶ xiàng tā~(向他~) 그에게 사과하다.

†**dǎoshī** 导师(導師) 名 **1.** [대학 따위의]지도교사, **2.** 지도자. ¶ gémìng~(革命~)혁명 지도자.

***dàoshì / dàoshi** 倒是 副 오히려. =**dào**(倒) ¶ yǒu zhèyàng de shì? wǒ~bù xiāngxìn(有这样的事? 我~不相信)어떻게 이러한 일이 있을 수 있니? 나는 도대체 못믿겠다.

dào▴shǒu 到手 動 손에 넣다, 획득하다. ¶ huò~le(货~了)물품이 손에 들어왔다.

dào▴tóu 到头(-頭) 動 (~儿) 정점에 이르다, 맨끝에 이르다. ¶ zǒudàole tóur le(走到了头儿了)걸어서 맨끝에 이르렀다. ~lái shì zìjǐ chīkuī(~来是自己吃亏)결국은 자신이 손해 보았다.

***dàotuì** 倒退 動 후퇴하다, 거슬러 올라가다, 뒷걸음치다, 역산하다. ¶ ~shí nián(~十年)10년을

거슬러 올라가다. bù yǔnxǔ～(不允许～)역행을 허락하지 않는다.

dào▲xiè 道谢(—謝) 動 사의를 표하다. ¶ dào yì shēng xiè(道一声谢)사의를 한번 표하다. xiàng lǎoshī～(向老师～)선생님께 감사의 말을 하다.

dǎoxiū 倒休 動 [조직·기관이]휴일을 옮긴다, 경축일 다음날을 휴일로 하거나 대신 가까운 일요일을 근속일로 하는 등의 조치를 취하는 일.

†**dǎoyǎn** 导演(導—) 動 연출하다, 감독하다. 名 연출가, 감독.

†**dǎoyǔ** 岛屿(島嶼) 名 섬.

dǎozhì 导致(導—) 動 [어떤 결과를]야기하다, 초래하다. ¶ ～shībài(～失败)실패를 초래하다.

⁑**dāozi** 刀子 名 《bǎ 把》 〈口〉 작은 칼.

*__dàozi__ 稻子 名 《zhū 株, dūn 墩》 벼.

稻子

*__dàpào__ 大炮 名 《mén 门》 대포. ¶ yòng～hōng(用～轰)대포로 공격하다.

dāpèi 搭配 動 배합하다, 조합하다. ¶ dòngbīn～(动宾～)동사와 빈어를 결합하다.

†**dàpī** 大批 形 대량의. =**dàliàng**(大量) ¶ ～huòwù(～货物)대량의 화물. ～**shēngchǎn**(～生产)대량생산. ☆ **yí dà pī rén**(一大批人)[대량의 사람들]의 **dà**(大)와 **pī**(批)는 두 단어임.

*__dǎpò__ 打破 動 타파하다. ¶ ～jìlù(～记录)기록을 깨다. ～míxìn(～迷信)미신을 타파하다.

dǎ▲qì 打气(—氣) 動 1. [공이나 타이어에]공기를 넣다. ¶ gěi zìxíngchē～(给自行车～)자전거 타이어에 바람을 넣다. 2. 격려하다, 고무하다. ¶ gěi yùndòngyuánmen～(给运动员们～)운동선수들에게 용기를 북돋우다.

dàqiánnián 大前年 名 재재작년.

dàqiántiān 大前天 名 그그저께.

dǎrǎo 打扰(—擾)
☞ **dǎjiǎo**(打搅) 참조.

dàrén 大人 名 대인. ¶ fùqin～(父亲～)아버님.
☞ **dàren**(大人) 참조.

*__dàren__ 大人 名 성인, 어른. ¶ shuō shì～le, búguò èrshí suì(说是～了, 不过二十岁)말하는 것은 어른인데 불과 20살 밖에 안됐다.
☞ **dàrén**(大人) 참조.

dǎ▲sǎn 打伞(打傘) 動 우산을 쓰다. ¶ liǎng ge rén dǎ yì bǎ sǎn(两个人打一把伞)두 사람이 하나의 우산을 썼다.

⁑**dǎsǎo** 打扫(—掃) 動 청소하다. ¶ ～fángjiān(～房间)방을 청소하다. ～wèishēng(～卫生)깨끗이 청소하다.

†**dàsǎo** 大嫂 名 1. 큰 형수. 2. 동년배의 부인이나 친구의 아내에 대한 호칭.

dàsǎochú 大扫除(－掃除) 名 대청소. ¶ zuò～(做～)대청소를 하다.

dǎ▲shǎn 打闪(－閃) 動 번개가 번쩍이다.

dàshà 大厦 名 큰 건물, 고층 건물, 빌딩. ¶ Shànghǎi～(上海～)상해빌딩.

†**dàshēng** 大声(－聲) 名 큰소리. ¶ ～shuō(～说)큰소리로 말하다.

dàshétou 大舌头(－頭) 名 〈口〉 혀가 길어 말이 똑똑하지 않은 사람. ¶ tā yǒudiǎnr～(他有点儿～)그는 약간 혀가 잘 돌아가지 않는다.

*__dàshǐ__ 大使 名 대사. ~**guǎn**(～馆)대사관.

dàshì 大事 名 큰일, 대사. ¶ guójiā～(国家～)국가대사.

dàsì 大肆 副 제멋대로, 함부로. ¶ ～chuīpěng(～吹捧)마구 치켜세우다. ～chuīxū(～吹嘘)함부로 과장해서 말하다.

⁑**dǎsuan** 打算 動 …할 작정이다, 계획이다. ¶ wǒ～xiànzài jiù qù(我～现在就去)나는 지금 바로 갈 계획이다. 名 계획, 타산. ¶ yǒu shénme～ma?(有什么～吗?)어떤 계획을 가지고 있니?

*__dàsuàn__ 大蒜 名 마늘.

dǎting 打听(－聽) 動 물어보다, 알아보다. ¶ nǐ gēn tā～yí xià ba(你跟他～一下吧)너 그에게 한번 물어봐. ～qùxiàng(～去向)행방을 묻다. xiàng péngyou～(向朋友～)친구에게 알아보다.

dǎ▲tóu 打头(－頭) 動 (～儿) 앞장서다. ¶ ～gàn(～干)앞장서서 하다. shéi lái dǎ zhège tóu?(谁来打这个头?)누가 이 일에 선두에 섰느냐?

*__dàxiàng__ 大象 名 코끼리. ☆ 이 경우의 **dà**(大)는 반드시 대소를 구별하는 것은 아님.

☞ **dàhǎi**(大海) 참조.

*__dàxiǎo__ 大小 名 (～儿) 1. 크기. ¶ ～héshì(～合适)크기가 맞다. 2. 어른과 아이, 장유. **méi dà méi xiǎo**(没大没小)젊지도 늙지도 않은. ¶ ～yígòng wǔ kǒu rén(～一共五口人)어른과 아이 모두 합하여 다섯식구이다.

dàxiě 大写(－寫) 名 1. 갖은 자; '壹, 贰, 参' 따위. 2. 대문자. ⇔ **xiǎoxiě**(小写)

†**dàxíng** 大型 形 대형의. ¶ ～gējù(～歌剧)대형가극. ～huòlún(～货轮)대형 화물선.

⁑**dàxué** 大学(－學) 名 《**suǒ** 所》 대학. ¶ jìn～(进～)대학에 들어가다. shàng～(上～)대학에 다니다. ～bìyè(～毕业)대학을 졸업하다. ~**shēng**(～生)대학생.

☆ **dà xuésheng**(大学生)은 나이 먹은 학생을 말함.

*__dàyàn__ 大雁 名 《**zhī** 只》 기러기.

dàye 大爷(－爺) 名 〈口〉 1. 큰아버지, 백부. ＝**bófù**(伯父) 2. 연상의 남자에 대한 존칭. ¶ Wáng～(王～)왕씨 아저씨.

⁑**dàyī** 大衣 名 《**jiàn** 件》 외투, 오버코트.

†**dàyì** 大意 名 대의, 큰뜻. ¶ wénzhāng～(文章～)문장의 대의.

☞ **dàyi**(大意) 참조.

*__dàyi__ 大意 形 부주의하다, 소홀하다. ¶ tā fēicháng～(他非常～)그는 매우 부주의하다. xiǎoshì

yě bù néng～(小事也不能～)작은 일도 부주의해서는 안된다.
☞ **dàyì**(大意) 참조.

⁑**dāying** 答应(一應) 動 1. 대답하다, 응답하다. ¶ ～yì shēng(～一声)한목소리로 대답하다. 2. 동의하다, 승낙하다. ¶ ～míngtiān dàilai(～明天带来)내일 데려오는 것을 허락하다.

dǎ yú 打鱼(一魚) 連語 [그물로] 물고기를 잡다. **sān tiān～, liǎng tiān shài wǎng**(三天～, 两天晒网)사흘간 고기를 잡고 이틀간 그물을 말리다 ; 공부나 일을 인내심을 가지고 꾸준히 하지 못하다.

dàyuē 大约(一約) 副 1. 대략, 대충. ¶ ～wǔ tiān(～五天)대략 5일간. 2. 아마, 다분히. ¶ ～jīn tiān bù lái le(～今天不来了)아마 오늘은 오지 않을 거야.

dàyuè 大月 名 큰달 ; 31일이 있는 달. ⇔ **xiǎoyuè**(小月)

dàzhàn 大战(一戰) 名 대전. **shìjiè**～(世界～)세계대전.

***dǎ▴zhàng** 打仗 動 전쟁하다, 싸우다. ¶ dǎ yí cì zhàng(打一次仗)한차례 싸우다. dǎ shèng zhàng(打胜仗)승전하다.

***dǎ▴zhēn** 打针(一針) 動 주사를 놓다.

***dàzhì** 大致 副 대체로, 대개. ¶ ～fēnwéi liǎng zhǒng(～分为两种)대체로 2종류로 나누다.

†**dàzhòng** 大众(一衆) 名 대중. ～**huà**(～化)대중화.

†**dǎ▴zì** 打字 動 타자를 치다. ～**jī**(～机)타자기. ～**yuán**(～员)타자수, 타이피스트.

†**dàzìrán** 大自然 名 대자연.

⁑**dé** 得 動 1. 얻다. ⇔ **shī**(失) ¶ ～shènglì(～胜利)승리를 획득하다. 2. 완성하다, 다되다. ¶ fàn～le(饭～了)밥이 다되었다. 3. 말을 일단락 지을 때 동의나 금지를 나타냄. =**déle**(得了) ¶ ～, jiù zhème bàn(～, 就这么办)좋아요, 그렇게 합시다.
☞ **de**(得), **děi**(得) 참조.

dé 德 名 1. 덕, 도덕. 2. 은혜, 은덕. 3. 〈地〉 독일. **Déguó**(德国)[독일].

⁑**de** 的 助 1. …의 ; [명사 · 대명사 · 형용사의 뒤에서]소유나 수식 관계를 표시함. ¶ lǎoshī～shūbāo(老师～书包)선생님의 책가방. wǒ～shū(我～书)나의 책. měilì～fēngjǐng(美丽～风景)아름다운 풍경. 2. [중심어가 없는 '的'자 구조를 이루어]앞에서 언급한 사람 또는 사물을 생략했을 때 쓰임. ¶ tā shì xīn lái～(他是新来～)그는 새로 온 사람입니까? zhè zhī gāngbǐ shì jiějie sònggei wǒ～(这枝钢笔是姐姐送给我～)이 펜은 언니가 내게 보낸 것이다. zhè suǒ fángzi shì mùtou zuò～(这所房子是木头做～)이 집은 목조건물이다. zhè li yǒu xìng Wáng～méi you?(这里有姓王～没有?)이곳에 왕씨성을 가진 사람 없습니까? 3. [주로 shì(是)～de(的)의 형식으로 쓰여서]그 동작을 하는 사람, 또는 시간, 장소, 방법 따위를 강조함. ¶ shì tā ràng wǒ qù～(是她让我去～)그녀가 나를 가게끔 한 것이다. tā shì zuò fēijī lái～

(他是坐飞机来~)그는 비행기 타고 왔다. jīntiān zǎoshang jǐ diǎn qǐchuáng~?(今天早上几点起床~?)오늘 아침 몇시에 일어났습니까? nǐ shì zài nǎli xué Hànyǔ~?(你是在哪里学汉语~?)당신은 어디에서 중국어를 배웠습니까? ☆ 마지막 두 예문에서는 …**qǐ de chuáng**(起的床), …**xué de Hànyǔ**(学的汉语)처럼 목적어를 **de**(的)의 뒤에 두어도 의미는 변하지 않음. **4.** 서술문의 끝에 쓰여 불변·확인·긍정의 어기를 나타냄. ¶ wǒ zhidao ~(我知道~)내가 알고 있다. ☆ 위의 예문은「나는 이전부터 알고 있다」라는 기분을 포함하고 있지만, 만약 이것을 **le**(了)을 사용해 **wǒ zhīdao le**(我知道了)라고 하면「지금 처음 알았다」라는 변화의 어기를 띰.

⁑**de** 地 ㉤ 단어나 '连语'가 '状语'(부사어)로 쓰여, 동사·형용사를 수식할 경우에 쓰이며, 그 밖의 경우에는 '的'를 쓰고, 특히 부사어인 형용사 앞에 쓰여 정도를 나타내는 부사가 있을 때는 일반적으로 꼭 '地'를 씀. ¶ tiān jiànjiàn~lěng le(天渐渐~冷了)날씨가 점점 추워졌다. hěn rènzhēn~xuéxí(很认真~学习)매우 성실하게 공부한다.

☞ **dì**(地) 참조.

⁑**de** 得 ㉤ **1.** [동사와 보어의 가운데 쓰여]가능을 나타냄. ⇔ **bu**(不) ¶ nǐ yí ge rén ná·~·dòng ma?(你一个人拿~动吗?)너 혼자 들어서 옮길 수 있니? tīng·~·dǒng(听~懂)들어서 알다. **2.** [동사·형용사의 뒤에 쓰여]결과나 정도를 표시하는 보어를 연결시키는 역할을 함. ☆ '的'자를 쓰기도 함. xiě·~fēicháng hǎo(写~非常好)대단히 잘 썼다. tiānqì rè·~hěn(天气热~很)날씨가 몹시 덥다.

☞ **dé**(得), **děi**(得) 참조.

⁑**dédào** 得到 ㉢ 손에 넣다, 획득하다, 받다. ¶ ~yì zhāng jiǎngzhuàng(~一张奖状)상장 한장을 받다. débudào yìdiǎnr xiāoxi(得不到一点儿消息)소식을 조금도 얻지 못하다. ~bāngzhù(~帮助)도움을 얻다. ~gǔlì(~鼓励)격려를 받다.

*__dehuà__ 的话(-話) ㉤ …하다면, …이면 ; 종속절 뒤에 쓰여 가정의 어기를 나타냄. ¶ rúguǒ nǐ yǒu shì~, jiù buyòng lái(如果你有事~, 就不用来)만약 네게 일이 있다면 오지 않아도 된다. nǐ bú qù~, wǒ yě bú qù(你不去~, 我也不去)네가 가지 않으면 나도 가지 않겠다. ☆ 첫번째 예와 같이 가정을 표시하는 접속사와 호응하여 쓰이기도 하고 두번째 예와 같이 단독으로 되기도 한다. 그 밖에 **bùrán dehuà**(不然的话)[그렇지 않다면], **fǒuzé dehuà**(否则的话)[그렇지 않다면]과 같이 역접을 표시하는 접속사 뒤에 접하여 쓰이기도 한다.

⁑**děi** 得 ㉢ [시간·금전 등이]걸리다, 필요하다. ¶ zuò yí tào xīfú ~sānbǎi kuài qián(做一套西服~三百块钱)양복한벌 맞추는 데 300원이 든다. xiě zhè piān wénzhāng zhìshǎo~yíge yuè(写这篇

文章至少～一个月)이 문장을 짓는 데 적어도 한 달이 걸린다. 能 1. …해야 한다. ¶ nǐ～qīnzì qù(你～亲自去)네가 직접 가야 한다. yǐhòu nǐ～xiǎoxindiǎnr(以后你～小心点儿)이후에 너는 좀 조심해야 한다. 2. …임에 틀림없다. ¶ nǐ yào bú kuài zǒu, jiù ～chídào(你要不快走, 就～迟到) 네가 빨리 가지 않으면 틀림없이 지각할 것이다.

☞ **dé**(得), **de**(得) 참조.

†**déle** 得了 動 허락이나 금지를 나타냄. ¶ ～, bié shuō le(～, 别说了)됐어, 얘기하지마.

⁑**dēng** 灯(燈) 名 《**zhǎn** 盏》 등, 전등. ¶ kāi～(开～)전등을 켜다. guān～(关～)전등을 끄다. **hóng-lǜ**～(红绿～)신호등. **méiyóu**～(煤油～)석유등. **tàiyáng**～(太阳～)태양등.

*__dēng__ 登 動 1. 오르다. ¶ ～shān (～山)산에 오르다. 2. 기재하다. ¶ ～·zai bàoshang(～在报上)신문에 기재하다. 3. 밟다, 발을 디디다. ¶ ～·zai dèngzi shang(～在凳子上)걸상을 발에 디디다. ～sānlúnchē(～三轮车)삼륜차를 타다.

⁑**děng** 等 動 1. 기다리다. ¶ ～yí huìr(～一会儿)잠시 기다리다. 2. …할 때까지 기다리다; 접속사에 가까운 용법. ¶ ～tā huí lai, wǒmen jiù chūfā(～她回来, 我们就出发)그녀가 돌아오면 우리 곧바로 출발하자. 量 등급을 표시함. ¶ yì～jiǎng(一～奖)일등상. tóu～piào(头～票)일등석표. fēn sān～(分三～)3등급으로 나누다. 助 등, 따위; 열거를 표시하며, 중첩하여 사용할 수도 있다. ¶ Běijīng, Shànghǎi, Tiānjīn～dà chéng shì(北京, 上海, 天津～大城市)북경, 상해, 천진 등의 대도시. Yīngyǔ, Déyǔ, Fǎyǔ～～(英语, 德语, 法语～～)영어, 독일어, 불어 등등.

dèng 凳 名 (～儿) 《**zhāng** 张》 걸상, 등받이가 없는 의자. = **dèngzi**(凳子) ⇔ **yǐzi**(椅子)

†**dèng** 瞪 動 1. 눈을 크게 뜨다. ¶ ～·dà yǎnjing(～大眼睛)큰 눈을 휘둥그렇게 뜨다. 2. 눈을 부릅뜨고 노려보다. ¶ ～rén(～人)눈을 부릅뜨고 사람을 노려보다.

*__děngdài__ 等待 動 기다리다; 주로 추상적인 대상을 가리킬 때 사용함. ¶ nàixīn～(耐心～)끈기있게 기다리다. ～shíjī(～时机)시기를 기다리다.

*__děngdào__ 等到 連 …할 때. ¶ ～wǒmen gǎndao, yóuxíng de duìwu yǐjing chūfā le(～我们赶到, 游行的队伍已经出发了)우리가 서둘러 이르렀을 때 시위대열은 이미 출발하였다.

*__děngděng__ 等等 助 기타, 등등; 열거를 표시함. =**děng**(等) ¶ diànshì, bīngxiāng, xǐyījī～(电视, 冰箱, 洗衣机～)텔레비전, 냉장고, 세탁기 등등.

dēngguǎn 灯管(燈－) 名 (～儿) 《**gēn** 根, **zhī** 支》 형광등의 램프, 등.

*__děnghòu__ 等候 動 기다리다. = **děngdài**(等待) ¶ ～kèren(～客人)손님을 기다리다. ～xiāoxi(～

消息)소식을 기다리다.

dēnghuǒ 灯火(燈－) 名 등화, 등불. ¶ ～huīhuáng(～辉煌)등불이 휘황찬란하다. ～**guǎnzhì**(～管制)등화관제.

***dēngjì** 登记(－記) 動 등기하다, 등록하다. ¶ ～hàomǎ(～号码)번호를 등록하다. ～hùkǒu(～户口)호적을 신고하다. 名 등록, 등기. **jiéhūn**～(结婚～)혼인신고.

***dēnglong** 灯笼(燈籠) 名 초롱, 등롱. ¶ dǎ～(打～)초롱을 켜다. diǎn～(点～)초롱불을 붙이다.

***dēngpào** 灯泡(燈－) 名 (～儿) 〈口〉 전구. ＝**diàndēngpào**(电灯泡), **dēngpàozi**(灯泡子)

***děngyú** 等于(－於) 動 …와 같다. ¶ sān jiā èr～wǔ(三加二～五)3더하기 2는 5다.

dēngzhào 灯罩(燈－) 名 (～儿) 전등갓, 램프나 가스등의 등피. ¶ zhāixià～(摘下～)등갓을 벗기다.

***dèngzi** 凳子 名 《**zhāng** 张, **tiáo** 条》 걸상；영어의 'stool', 등받이 없는 bench 종류. ⇔ **yǐzi**(椅子)

***Déwén** 德文 名 독일어. ＝**Déyǔ**(德语)

déxing 德行 形 〈方〉 꼴불견이다；사람의 행동거지나 모습이 남에게 혐오감을 주는 것. ¶ qiáo tā nà～!(瞧他那～!)그의 그 꼬락서니를 보라. ～yàng(～样)꼴사나운 모양.

†**déyì** 得意 形 의기양양하다. ¶ bié zhème～!(别这么～!)이렇게 득의양양하지 말아라. ～**wàngxíng**(～忘形)뜻을 이루자 기쁜 나머지 자기자신을 잊다.

***Déyǔ** 德语(－語) 名 독일어. ＝**Déwén**(德文)

dézui 得罪 動 남의 미움을 사다, 실례가 되다, 남의 기분을 상하게 하다. ¶ ～rén(～人)남의 기분을 상하게 하다.

†**dī** 堤 名 둑, 제방. **jué**～(决～)제방이 터지다. **xiū**～(修～)제방을 쌓다.

⁑**dī** 低 形 1. 낮다；키나 물건의 높이가 낮다. ⇔ **gāo**(高) ¶ fēijī fēide hěn～(飞机飞得很～)비행기가 매우 낮게 뜨다. 2. 보통 수준보다 낮다. ¶ shuǐpíng～(水平～)수준이 낮다. 3. 등급 따위가 낮다. ¶ ～niánjí(～年级)저학년. 動 숙이다, 수그리다, 떨구다. ～**tóu**(～头)머리를 숙이다.

***dī** 滴 動 [빗방울 등이]듣다, 떨어지다, [안약 등을]넣다. ¶ ～yǎnyào(～眼药)안약을 넣다. 量 방울. ¶ yì～shuǐ(一～水)한방울의 물.

***dí** 笛 名 《**gēn** 根》 1. 피리. ＝**dízi**(笛子) ¶ chuī～(吹～)피리를 불다. 2. 기적, 고동, 사이렌.

dí 敌(敵) 名 적, 상대, 적수. ＝**dírén**(敌人) ¶ huàqīng～wǒ jièxiàn(划清～我界线)적과 명백히 경계선을 긋다. 動 1. 대항하다. ～·**buguò**(～不过)당해낼 수 없다. ～·**buliǎo**(～不了)위와 동일. 2. 필적하다. **shì jūn lì**～(势均力～)세력이 백중(伯仲)하다.

***dǐ** 底 名 (～儿) 1. 밑, 바닥. ¶ guō～(锅～)가마 밑. xié～(鞋～)신바닥. 2. [연·월의] 말, 끝. ¶ sān yuè～(三月～)3월 말. 3. 원고, 초안. ¶ dǎ～(打～)초안

을 작성하다.
☞ **dǐr**(底儿) 참조.

†**dǐ** 抵 動 1. 떠받치다, 차단하다. ¶ ~ · zhe mén(~着门)문을 떠받치고 있다. 2. 벌충하다, 보상하다. ~**mìng**(~命)목숨으로 대가를 치르다. 3. 상당하다. ¶ yí ge~liǎ(一个~俩)혼자서 2사람과 맞먹는다. 4. 〈文〉 도착하다. ¶ píng'ān~Jīng(平安~京)평안히 북경에 도착하다.

⁑**dì** 地 名 1. 《**kuài** 块, **piàn** 片》 지면, 땅. **luò**~(落~)땅에 떨어지다. 2. 《**kuài** 块, **piàn** 片》 전지, 논. **zhòng**~(种~)경작하다. 3. (~儿) 바탕. ¶ bái~hónghuā(白~红花)흰색 바탕에 붉은 꽃. 4. 노정, 길. ¶ wǔlǐ~(五里~)5리(2.5km) 길.
☞ **de**(地) 참조.

*__dì__ 递(遞) 動 넘겨주다, 전해주다. ¶ nǐ bǎ shū~ · gei wǒ(你把书~给我)책을 나에게 건네주겠니. ~**chá**(~茶)차를 건네다. ~**yǎnsè**(~眼色)눈짓하다.

⁑**dì**- 第- 接頭 [숫자 앞에 쓰여]순서를 표시함. ¶ ~yī(~一)첫째. ~yī míng(~一名)일등.

dì 帝 名 1. 〈宗〉 하느님, 상제. 2. 천자, 황제, 군주. 3. 제국주의.

dì 缔(締) 動 1. [관계를]맺다, [계약, 조약을]체결하다. 2. 제한하다, 금지하다.

diān 掂 動 손대중하다, 손으로 어림잡아 헤아리다. ¶ ~ · ~zhè běn shū de zhòngliàng(~~这本书的重量)이 책의 무게를 손으로 가늠해 보다. ~qīngzhòng(~轻重)[손으로]무게를 재다.

diān 颠(顛) 動 1. 위 아래로 흔들다. ¶ chē hěn~(车很~)차가 몹시 덜컹거리다. jīdàn~ · pò le(鸡蛋~破了)달걀이 흔들려 깨졌다. 2. 넘어지다, 뒤집히다.

⁑**diǎn** 点(點) 名 (~儿) 점, 방울. =**diǎnzi**(点子) ¶ 'rè'zì xiàmian shì sì ge~('热'字下面是四个~) '熱'자 아래는 4개의 점이 있다. 量 1. (~儿)소량을 나타냄. ¶ shǎo chī~(少吃~)조금 먹다. 2. 시간을 표시할 때. ¶ yì~bàn(一~半)1시반. liǎng~sān kè(两~三刻)2시 45분. 3. 어떤 사항을 세는 데 쓰임. ¶ liǎng~yìjian(两~意见)두가지 의견. 動 1. 점을 찍다. ¶ ~biāodiǎn(~标点)구두점을 찍다. 2. 끄덕이다. ~**tóu**(~头)머리를 끄덕이다;동의 · 승인 · 찬성 · 인사 따위의 표시. 3. 불을 붙이다. ~**dēng**(~灯)등불을 켜다. 4. 액체를 한 방울씩 떨어뜨리다. ¶ ~yàoshuǐ (~药水) 물약을 넣다. 5. 점파하다. ¶ ~huāshēng(~花生)땅콩을 점파하다. 6. 지정하다, 주문하다. ~**cài**(~菜)요리를 주문하다. 7. 지적하다, 귀띔하다. ¶ ~ · chū tā de cuòwù(~出他的错误)그의 잘못을 지적해 내다.

diǎn 踮 動 발끝으로 서다, 발돋움하다. ¶ ~ · qǐ jiǎojiānr kàn(~起脚尖儿看)발끝으로 서서 보다.

⁑**diàn** 电(電) 名 1. 전기. **tíng**~(停~)정전되다. 2. **diànbào**(电报)[전보], **diànhuà**(电话)[전화]의 준말. **dǎ**~(打~)전보를 치다, 전화를 걸다. 動 감전되다. **ái**~

D

(挨~)감전되다.

†**diàn** 店 名 1. 상점. **kāi**~(开~) 상점을 경영하다. 2. 여관. **zhù**~(住~)여관에 머무르다.

diàn 殿 名 높고 큰 건물. 形 맨 뒤의, 최후의. ~**jūn**(~军)꼴찌.

D

†**diàn** 垫(墊) 動 1. [아래에]깔다, 받치다. ¶ ~diànzi(~垫子)깔개를 깔다. 2. 우선 돈을 대신 내다. ¶ xiān tì nǐ~·shàng(先替你~上)우선 당신을 위해 돈을 대신 내주겠어요. 名 (~儿)깔개, 방석. =**diànzi**(垫子)

*__diànbào__ 电报(電報) 名 전보. ¶ dǎ~(打~)전보를 치다. pāi~(拍~)위와 동일.

‡**diànchē** 电车(電車) 名 《**liàng** 辆》 1. 전차. ~**zhàn**(~站)전차 정류소. 2. 〈略〉트롤리버스. =**wúguǐ diànchē**(无轨电车)

电车

*__diànchí__ 电池(電一) 名 《**duì** 对, **jié** 节》전지. **gān**~(干~)건전지.

diāndǎo 颠倒(顚一) 動 1. [상하·전후의 위치가]뒤바뀌다, 상반되다. ~**hēibái**(~黑白)흑백을 전도하다. ~**shìfēi**(~是非)시비를 전도하다. 2. 착란하다, 뒤섞여 어수선하다. ¶ shén hún~(神魂~) 정신이 착란되다.

‡**diàndēng** 电灯(電燈) 名 《**zhǎn** 盏》 전등. ¶ kāi~(开~)전등을 켜다. ~**pào**(~泡)전구.

†**diàndìng** 奠定 動 다지다, 안정시키다. ¶ ~jīchǔ(~基础)기초를 다지다.

*__diàndòngjī__ 电动机(電動機) 名 전동기, 모터. =**mǎdá**(马达)

‡**diànhuà** 电话(電話) 名 전화. ¶ yǒu nǐ de~(有你的~)너에게 전화 왔다. dǎ~(打~)전화를 걸다. guàshàng~(挂上~)전화를 끊다. ~**jú**(~局)전화국. **gōngyòng**~(公用~)공중전화. ~**bù**(~簿)전화번호부.

*__diànjì__ 惦记(一記) 動 늘 생각하다, 염려하다. ¶ ~·zhe háizi de bìng(~着孩子的病)아이의 병을 염려하다.

†**diǎnlǐ** 典礼(一禮) 名 전례, 의식. ¶ jǔxíng~(举行~)의식을 거행하다. **bìyè**~(毕业~)졸업식. **jiéhūn**~(结婚~)결혼식.

diànlǎnchē 电缆车(電纜車) 名 케이블 카(cable car).

†**diànlì** 电力(電一) 名 전력. ~**jīxiè**(~机械)전력기계. ~**xìtǒng**(~系统)전력 계통.

†**diànlíng** 电铃(電鈴) 名 벨, 초인종. ¶ àn~(按~)초인종을 누르다. èn~(摁~)위와 동일.

*__diànliú__ 电流(電一) 名 전류. ¶ ~liúbuguòqu(~流不过去)전류가 흐르지 않다.

†**diànlú** 电炉(電爐) 名 전기난로, 전기 스토브.

†**diànlù** 电路(電一) 名 전기회로. **jíchéng**~(集成~)집적회로.

*__diànmén__ 电门(電門) 名 스위치. =**kāiguān**(开关) ¶ kāi~(开~)스위치를 켜다. guān~(关~)스

학습 정보 ❻

◈ 电脑 diànnǎo(컴퓨터) ◈

1. 컴퓨터(computer)의 개요

컴퓨터의 정식 중국어 번역은 "电子计算机"이지만, 홍콩·대만에서 사용되고 있는 "电脑"가 대륙에도 정착되어 가고 있다.(그러나 컴퓨터 용어는 대륙과 홍콩·대만에서 상당히 다르다.) "微型计算机"(소형 컴퓨터, 마이크로 컴퓨터)는 "微计算机" "微型机" "微机" "微型电脑" "微电脑"처럼 약칭되며, 이 마이콤 계통에 속하는 가장 가까이에 있는 최소형의 상용 컴퓨터가 "个人计算机"(퍼스널 컴퓨터, 퍼스콤)이다.

최근에는 "办公室自动化 bàngōng shì zìdònghuà"(오피스 오토매틱, OA)가 진보·발전하는 한편, 직장뿐 아니라 가정에서도 "个人计算机"나, "文字处理机 wénzì chǔlǐji"(워드프로세스, 워프로)가 보급되고 있다. 컴퓨터는 기계 및 장치 부분을 "硬件 yìngjiàn"(하드웨어), 일에 관한 지식이나 정보·순서 등「컴퓨터에 무언가를 하게 하는」것을 총칭하여 "软件 ruǎnjiàn"(소프트웨어)라 부르며, 그 가운데에서도 컴퓨터에「구체적인 일의 순서나 내용을 지시하는 것」을 "程序 chéngxù"(프로그램)이라 부른다.

퍼스콤 식의 하드웨어의 표준적인 구성은, "主机 zhǔjī"(본체) 외에, "输入设备 shūrù shèbèi"(입력장치)의 "键盘 jiànpán"(키보드), "输出 shūchū 设备"(출력장치)의 "彩色高分辨率显示器 cǎisègāofēnbiànlǜxiǎn shìqì"(칼라 고해상도 디스플레이)와 "打印机 dǎyìnji"(프린터) 등의 "外围 wàiwéi 设备"(주변장치)이다.

2. 워프로·퍼스콤의 용어

★ 电源开关 diànyuán kāiguān / 파워스위치. ¶ 启动 qǐdòng / 시동. ¶ 复位 fùwèi / 리셋. ¶ 执行 zhíxíng / 실행. ¶ 倒退 dàotuì, 后退 hòutuì / 후퇴. ¶ 转换 zhuǎnhuàn / 변환. ¶ 删除 shānchú / 삭제. ¶ 插入 chārù / 삽입. ¶ 更正 gēngzhèng / 정정, 수정. ¶ 半形 bànxíng, 半格 bàngé / 반각. ¶ 全形 quánxíng, 全格 / 전각. ¶ 倍形 bèixíng / 배각. ¶ 移位 yíwèi / 쉬프트. ¶ 锁定 suǒdìng / 잠금. ¶ 换行 huànháng / 줄바꿈. ¶ 对中 duìzhōng, 中心对齐 duìqí / 가운데 정렬. ¶ 右对齐 yòuduìqí / 우측 정렬. ¶ 加网 jiāwǎng, 网格暗影 wǎngge ànyǐng, 背景网点 bèijǐng wǎngdiǎn / 망점, 망선. ¶ 布局显示 bùjú xiǎnshì, 版面设计显示 bǎnmiàn shèjìxiǎnshì / 레이아웃 표시. ¶ 硬拷贝 yìngkǎobèi / 하드 카피. ¶ 词组登录 cízǔ dēnglù / 단어등록. ¶ 造字 zàozì / 글자 만들기.

★ 键盘 jiànpán / 키 보드. ¶ 回车键 huíchē jiàn / 리턴키. ¶ 字母键 / 문자키. ¶ 数字键 shùzìjiàn / 숫자키. ¶ 功能键 gōngnéngjiàn / 기능키. ¶ 控制键 kòng zhìjiàn / 컨트롤키. ¶ 清洗键 qīngxǐ jiàn / 클리어키. ¶ 空格键 kònggéjiàn / 스페이스키. ¶ 击键 jījiàn, 打键, 敲键 qiāojiàn / 타이핑. ¶ 字符 zìfú 显示器 / 문자 표시기. ¶ 屏幕 píngmù / 화면. ¶ 大屏幕液晶 yèjīng 显示器 / 대형 액정 표시기. ¶ 光标 guāngbiāo / 커서. ¶ 系统盘 xìtǒngpán / 시스템 플로피.

★ 初始化 chūshǐhuà / (플로피의) 초기화. ¶ 文件名 / 파일명. ¶ 编码输入 / 코드입력. ¶ 汉字国标码 guóbiāomǎ / 중국한자, GB코드. ¶ 区位 qūwèi / 코드표. ¶ 字库 zìkù / 폰트. ¶ 通道 tōngdào / 채널. ¶ 操作手册 cāo zuòshǒucè / 오퍼레이팅 메뉴얼.

D

3. 컴퓨터의 종류

★ 事务 shìwù 计算机 / 오피스 컴퓨터 ; "办公计算机"라 하기도 한다. ¶ 微型计算机 / 마이크로 컴퓨터. ¶ 小型 xiǎoxíng 计算机 / 소형 컴퓨터. ¶ 通用 tōngyòng 计算机 / 상용 컴퓨터. ¶ 超级 chāojí 计算机 / 수퍼 컴퓨터. ¶ 工作站 gōngzuòzhàn / 워크 스테이션.

★ 单片机 / 원칩컴퓨터. ¶ 数字 shùzì 计算机 / 디지탈 컴퓨터.¶ 模拟 mónǐ 计算机 / 아날로그 컴퓨터. ¶ 混合 hùnhé 计算机 / 혼합 컴퓨터. ¶ 兼容机 jiānróngjī / 호환기. ¶ 膝上型 xīshàngxíng 计算机 / 랩탑컴퓨터. ¶ 桌上 zhuōshàng 计算机 / 데스크탑 컴퓨터. ¶ 第五代 dìwǔdài 计算机 / 제5세대 컴퓨터. ¶ 生物 shēngwù 计算机 / 바이오 컴퓨터.

4. 각종 장치

★ 存储器 cúnchǔqì / 기억장치, 메모리. ¶ 内存 / 내부 메모리. ¶ 外存 / 외부 메모리. ¶ 随机存取 suíjīcúnqǔ 存储器 / 임의추출기억장치, RAM. ¶ 只读 zhǐdú 存储器 / 판독전용기억장치, ROM. ¶ 辅助 fǔzhù 存储器 / 보조기억장치. ¶ 磁盘 cípán / 디스켓. ¶ 软(磁)盘 ruǎn(cí)pán / 플로피 디스켓, FD. ¶ 软盘驱动器 qūdòngqì / 플로피 디스크 드라이브, FDD. ¶ 磁带 / 자기 테이프, MT. ¶ 硬盘 yìng pán / 하드 디스크, HD. ¶ 接口 jiēkoǔ / 인터페이스 ; 접속회로.¶ 磁鼓 cígǔ / 자기 드럼. ¶ 扩展插槽 kuòzhǎnchācáo / 확장 슬롯. ¶ 扩展板 bǎn / 확장보드. ¶ 调制解调器 tiáozhìjiětiáoqì / 모뎀. ¶ 墨带 mòdài / 잉크리본. ¶ 鼠标 shǔbiāo 器 / 마우스. ¶ 选购件 xuǎngòujiàn, 任选 rènxuǎn 部件 / 옵션. ¶ 击打式 jīdǎshì 打印机 / 임팩트식 프린트. ¶ 非 fēi 击打式打印机 / 넌임팩트식 프린트. ¶ 点阵(式) diǎn zhèn(shì) 打印机 / 도트 프린트. ¶ 串行 chuànháng 打印机 / 시리얼 프린트. ¶ 行式 hángshì 打印机, 宽行 kuānháng 打印机 / 라인 프린트. ¶ 页式 yèshì 打印机 / 페이지 프린트. ¶ 激光 jīguāng 打印刷机 / 레이저 프린트.

5. 소프트웨어 등

★ 程序 chéngxù / 프로그램. ¶ 程序设计 shèjì / 프로그래밍. ¶ 程序包 chéngxùbāo / 프로그램 패키지, 포켓 소프트웨어 ; "软件包"라 하기도 함. ¶ 应用 yìngyòng 软件 / 어플리케이션(application) 소프트웨어. ¶ 系统 xìtǒng 软件 / 시스템 소프트웨어. ¶ 操作 cāozuò 系统 / 운영체제, OS. ¶ 磁盘 cípán 操作系统 / 디스크 오퍼레이팅 시스템, DOS. ¶ 编译 biānyì 程序 / 콤파알. ¶ 调试 tiáo shì / 디벅.

★ 位 wèi / 비트. ¶ 字节 zìjié, 位组 wèizǔ / 바이트. ¶ 两个字节 / 2바이트. ¶ 兆 zhào[百万 bǎiwàn]字节 / 메가바이트. ¶ 三十二位[十六位]机 / 32비트[16비트]·머쉰. ¶ 十[十六]进(代)码 / 10[16]진코드. ¶ 十六[二]进制记数法 / 16[2]진법. ¶ 16×16[24×24] 点陈 diǎnzhèn 字库 / 16(24) 도트 폰트.

★ 程序设计语言 / 프로그래밍언어. ¶ 机器 jīqì 语言 / 기계(머신)어. ¶ 汇编 huìbiān 语言 / 어셈블리(assembly)언어. ¶ 高级语言 / 고급언어. ¶ 初学者通用符号 fúhào 指令码 / 베이직. ¶ 面向商业的通用语言 / 코볼. ¶ 公式翻译 fānyì 语言 / 포트란. ¶ PASCAL语言 / 파스칼. ¶ C语言 / C언어.

★ 操作人员 / 오퍼레이터. ¶ 程序(设计)员 / 프로그래머 ; "编程员 biān chéngyuán"이라고도 함. ¶ 系统工程师 gōngchéngshī / 시스템 엔지니어. ¶ 人机通信 / 맨머신커뮤니케이션

6. 기타

★ 工厂 gōngchǎng 自动化 / 팩토리 오토메이션(factory Automation), FA. ¶ 新型信息传递 chuándì 手段 / 뉴미디어. ¶ 联机 liánjī / 온라인. ¶ 网络 wǎngluò / 네트워크. ¶ 区域性 qūyùxìng 网络 / LAN. ¶ 信息 xìnxī 网络系统 / 고속정보통신 시스템, INS. ¶ 附加价值 fùjiājiàzhí 通训网络 / 부가가치통신망, VAN.

★ 数据库 shùjùkù / 데이타 베이스. ¶ 计算机辅助 fǔzhù 数字 / CAI. ¶ 计算机辅助设计 · 制造 / CAD · CAM. ¶ 计算机辅助排字 páizì / 전산사식, CTS : "电脑排版"이라고도 함. ¶ 数(值)控(制) / 수치제어, NC. ¶ 光学字符阅读器 yuèdúqì / 광학문자판독장치, OCR. ¶ 条形码 tiáoxíng mǎ / 바코더.

★ 电译器 diànyìqì / 전자번역기. ¶ 电子手册 / 전자수첩. ¶ 电子系统手册 / 전자수첩.

스위치를 켜다. guān~(关~)스위치를 끄다.

†**diǎn▲míng** 点名(點一) 動 1. 출석을 부르다, 점호를 하다. ¶ diǎndào shéi de míng, shéi dá 'dào'(点到谁的名, 谁答'到')이름을 부르면 '네'라고 대답하세요. ~**bù**(~簿)출석부. 2. 지명하다. ¶ ~pīpíng(~批评)지명하여 비판하다.

*__diànnǎo__ 电脑(電腦) 名 〈略〉 컴퓨터. =**diànzǐ jìsuànjī**(电子计算器).

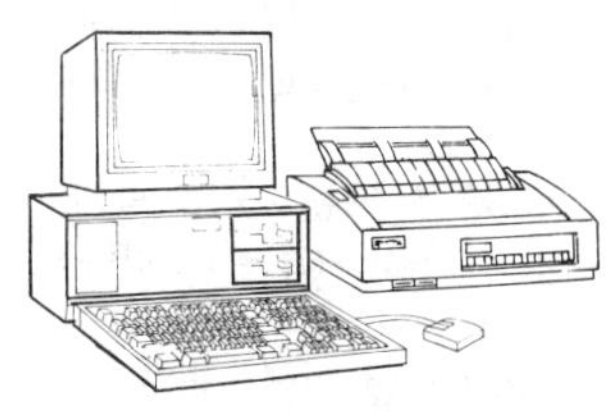

电脑

†**diànqì** 电器(電一) 名 전기기구.

*__diǎnr__ 点儿(點兒) 量 조금, 약간, 다소. =**yìdiǎnr**(一点儿) ¶ jīntiān nuǎnhuo~(今天暖和~)오늘은 조금 따뜻하다. hē~kāishuǐ ba(喝~开水吧)끓인 물 좀 드세요. ☆ 뒤의 예문은 어기를 부드럽게 할 뿐이며, 반드시 양을 나타내는 것은 아님. 다음의 예처럼 명령문에 사용되는 **diǎnr**(点儿)도 단순히 비교의 의미를 명확하게 해줄 뿐 양을 문제 삼는 것은 아님. ¶ nǐ kuài~zǒu ba!(你快~走吧!)너는 좀 서둘러 가라. liú~shén ba!(留~神吧!)좀 주의해라.

*__diànshàn__ 电扇(電一) 名 선풍기. =**diànfēngshàn**(电风扇)

⁑**diànshì** 电视(電視) 名 텔레비전. ¶ kàn~(看~)텔레비전을 보다. ~**dàxué**(~大学)텔레비전 방송대학. ~**jī**(~机)텔레비전 수상기. ~**xīnwén**(~新闻)텔레비전 뉴스. ~**yǎnyuán**(~演员)텔레비전 탤런트.

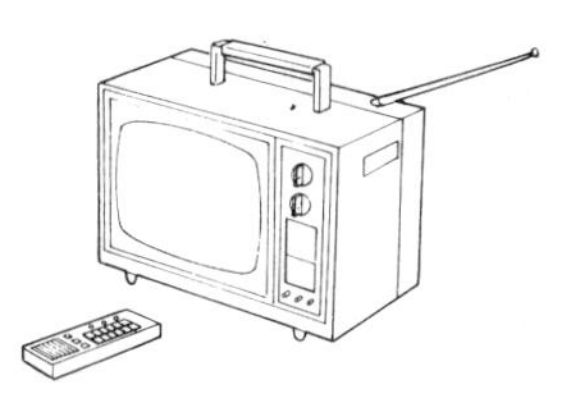

电视

D

*diàntái 电台(電臺) 名 〈略〉 방송국. =guǎngbō diàntái(广播电台)

*diàntī 电梯(電一) 名 승강기, 엘리베이터. ¶ chéng~(乘~)엘리베이터에 타다. kāi~(开~)승강기를 운전하다.

diàntǒng 电筒(電一) 名 회중전등. shǒudiàn(手电), shǒudiàntǒng(手电筒), diànbàng(电棒) 등도 같은 뜻임. ¶ dǎ~(打~)회중전등을 켜다.

*diǎn▲tóu 点头(點頭) 動 (~儿) 머리를 끄덕이다 ; 동의·승인·찬성·인사 따위의 의미를 나타냄. ¶ diǎnle yí xià tóu(点了一下头)머리를 한 번 끄덕였다. ~hāyāo(~哈腰)굽실거리다.

*diànxiàn 电线(電綫) 名 《tiáo 条, duàn 段, juǎn 卷》 전선. ~gānzi(~杆子)전신주.

⁑diǎnxin 点心(點一) 名 《kuài 块》 간식 ; 가벼운 식사.

点心

*diǎnxíng 典型 名 전형 ; 전형적인 사물이나 인물. ¶ shù~(树~)모델로 삼다. 形 전형적이다. ¶ ~rénwù(~人物)전형적인 인물.

diànyā 电压(電壓) 名 전압. ¶ tígāo~(提高~)전압을 높이다. jiàngdī~(降低)전압을 내리다.

⁑diànyǐng 电影(電一) 名 《gè 个, bù 部, chǎng 场》 영화. ¶ kàn~(看~)영화를 보다. pāi~(拍~)영화를 촬영하다. ~yǎnyuán(~演员)영화배우. ~yuàn(~院) 영화관.

电影

*diànyuán 店员(一員) 名 점원.

diǎnzhui 点缀(點綴) 動 1. 단장하다, 장식하다, 점철하다. ¶ ~fēngjǐng(~风景)풍경을 아름답게 하다. 2. 숫자를 채우다, 구색을 맞추다. ¶ búguò~yí xià bàle(不过~一下罢了)단지 구색을 한번 맞출뿐이다. 名 장식, 단장.

†diànzǐ 电子(電一) 名 전자. ~jìsuànjī(~计算机)전자계산기. ~xiǎnwēijìng(~显微镜)전자현미경.

*diànzi 垫子(墊一) 名 깔개, 매트, 방석. cǎo~(草~)볏짚방석, 돗자리.

diāo 叼 動 입에 물다. ¶ ~·zhe yānjuǎnr(~着烟卷儿)입에 담배를 물고 있다. bèi lǎoyīng~·zǒu le(被老鹰~走了)소리개가 물고 갔다.

⁑diào 掉 動 1. 떨어지다, 떨어뜨리다. ¶ ~yǎnlèi(~眼泪)눈물을 떨구다. 2. 내리다, 감소하다. ~ròu(~肉)살이 빠지다, 야위다.

~**yá**(~牙)이가 빠지다. 3. 방향을 바꾸다. ~**tóu**(~头)[차나 배 따위가]방향을 바꾸다, 돌리다. 4.〈方〉잃다, 유실하다. ¶ qiánbāo~le(钱包~了)돈지갑을 잃어버렸다. 5. …해 버리다[동사의 뒤에 쓰여 동작의 완성을 나타냄.] ¶ bǎ yǎnjìng zhāi · ~(把眼镜摘~)안경을 벗어 버리다. mài ~fángzi(卖~房子)집을 팔아 버리다.

†**diào** 调(調) 動 1. 소집하다, 파견하다. ¶ ~shí ge rén(~十个人) 10명 동원하다. 2. 이동하다. ¶ ~gōngzuò(~工作)직업을 바꾸다. 名 (~儿) 악센트, [노래의] 가락, 멜로디. **zǒu**~(走~)가락이 어긋나다, 곡조가 맞지 않다.

†**diào** 吊 動 1. 걸다, 매달다, 들어올리다. ¶ ~shuǐtǒng(~水桶)두레박을 매달다. 2. 모피를 옷의 안이나 밖에 대다. ¶ ~pí'ǎo(~皮袄)모피를 안에 댄 웃도리를 짓다.

†**diào** 钓(釣) 動 낚시하다, [물고기를]낚다. ~**yú**(~鱼)물고기를 낚다.

***diàochá** 调查(調一) 動 조사하다. ¶ pài zhuānjiā~yí xià(派专家~一下)전문가를 파견해서 한번 조사하다. ~qíngkuàng(~情况) 상황을 조사하다. 名 조사. ¶ zuò~(做~)조사를 행하다.

***diàodòng** 调动(調動) 動 1. [위치 · 용도 등을]옮기다, 이동하다. ¶ ~gōngzuò(~工作)전근하다, 전임하다. 2. 동원하다. ¶ ~jījí yīnsù(~积极因素)행동이 적극적인 사람을 동원하다.

***diàogān** 钓竿(釣一) 名 (~儿) 낚싯대. =**diàoyúgān**(钓鱼竿)

†**diàogōu** 钓钩(釣鈎) 名 낚시 ; 사람을 꾀어내는 수단.

diàohuàn 掉换(一換) · 调换(調換) 動 바꾸다. ¶ ~shùnxù(~顺序)순서를 바꾸다. ~wèizhi(~位置)위치를 바꾸다.

***diāokè** 雕刻 動 조각하다. 名 조각.

diāonàn 刁难(一難) 動 일부러 사람을 곤란하게 하다, 못살게 굴다. ¶ ~rén(~人)사람을 곤란에 빠뜨리다.

***dìbǎn** 地板 名 1. 마루, 마루청. ¶ cā~(擦~)마루를 닦다. 2.〈方〉땅, 토지.

†**dìbù** 地步 名 1. [도달한]정도. ¶ xīngfènde dào bù néng rùshuì de ~(兴奋得到不能入睡的~)흥분해서 잠못 이룰 정도에 이르다. 2. [행동의]여지. ¶ liú~(留~)여지를 남겨두다 ; 어찌할 도리 없을 때까지 몰아놓지 않는다.

†**dìdài** 地带(一帶) 名 지대. ¶ cǎoyuán~(草原~)초원지대.

†**dìdao** 地道 形 1. 진짜의, 본고장의, 명산지의. (**AABB**) ¶ ~de Shāndōngcài(~的山东菜) 진짜 산동요리. 2. 알차다, 질이 좋다. ¶ zhège rén bú~(这个人不~)이 사람은 질이 좋지 못하다. gànhuó bú~(干活不~)일하는 것이 알차지 않다.

⁂**dìdi** 弟弟 名 1. 동생, 아우. ☆ 일반적으로 부르는 데 사용치 않음. 형제 순서에 따라 **èrdì**(二弟)[형제 순서가 두번째 동생.] =**lǎodì**(老弟) 2. [친족 · 동년배

중에서]자기보다 어린 남자 ; 막내 동생 등으로도 말함.

*dìdiǎn 地点(一點) 名 지점, 장소. ¶ jíhé~(集合~)집합장소.

†diē 爹 名 〈口〉 아버지, 아빠. ⇔ niáng(娘) ~niáng(~娘)부모, 양친.

☞ bà(爸) 참조.

*diē 跌 動 1. 실족하다, 넘어지다. ¶ cóng chuángshang~·xiàlai(从床上~下来)침대에서 떨어지다. ~·dǎo(~倒)걸려 넘어지다. 2. 물가가 내리다. ~jià(~价)물가가 떨어지다.

dié 碟 名 (~儿) 《zhāng 张》 접시. =diézi(碟子)

*dié 叠 動 [옷 따위를]개다, 포개다. ¶ ~bèizi(~被子)이불을 개다. 量 찬합·옷 따위의 겹치거나 포갠 것을 세는 단위. ¶ yì ~xìnzhǐ(一~信纸)편지지 한묶음.

diēdie 爹爹 名 〈方〉 1. 아빠, 아버지. 2. 조부.

*diézi 碟子 名 《zhāng 张》 접시.

dīfang 提防 動 방비하다, 조심하다. ¶ ~duìfāng jìngōng(~对方进攻)적의 진격에 방비하다.

*dìfāng 地方 名 1. 지방. ⇔ zhōngyāng(中央) ¶ ~zhèngfǔ(~政府)지방정부. 2. 그 지방. =běndì(本地)

☞ dìfang(地方) 참조.

⁑dìfang 地方 名 곳, 장소, 부분. ¶ shénme~(什么~)어디, 어떤 점. zhège huà yǒu duì de~, yě yǒu bú duì de~(这个话有对的~, 也有不对的~)이 말은 옳은 부분도 있고 틀린 부분도 있다.

☞ dìfāng(地方) 참조.

dígu 嘀咕 動 1. 속닥거리다, 중얼거리다. (AABB) ¶ yǒu huà dàshēng shuō, bié dídigūgū(有话大声说, 别嘀嘀咕咕)할말 있으면 크게 얘기해라, 수군수군거리지 말고. 2. 의심하다. ¶ xīnli zhí~(心里直~)마음속으로 줄곧 의심하다.

dìguó 帝国(一國) 名 제국. ~zhǔyì(~主义)제국주의.

*dǐkàng 抵抗 動 저항하다, 대항하다. ¶ ~wàilái qīnlüè(~外来侵略)외부 침략에 대항하다. 名 저항, 대항.

dǐlài 抵赖(一賴) 動 [과실·잘못을]잡아떼다, 부인하다. ¶ bǎibān~(百般~)백방으로 발뺌하다. ~·buguò(~不过)차마 잡아뗄 수가 없다.

*dìléi 地雷 名 《kē 颗》 지뢰. ¶ mái~(埋~)지뢰를 묻다. cǎishàng~le(踩上~了)지뢰를 밟았다.

*dìlǐ 地理 名 지리, 지리학. ¶ ~shú(~熟)지리에 익숙하다.

*dìmiàn 地面 名 1. 지면. 2. 바닥. 3. 〈口〉 지방, 지역. ¶ zhèli yǐjing jìnrù Shāndōng~(这里已经进入山东~)이곳은 이미 산동지역으로 편입되었다.

dīng 丁 名 1. 정 ; 천간(天干)의 네째. 2. 성년 남자. 3. [어떤 일에]종사하는 사람. 数 [순서의] 네번째. jiǎyǐbǐng···(甲乙丙···)갑을병정···.

dīng 叮 動 1. [모기 따위가]물다. ¶ ái wénzi~le(挨蚊子~了)모기에게 물렸다. 2. 캐묻다, 다짐하

며 묻다. ¶ fǎnfù～·le jǐ cì, tā cái fàngxīn le(反复～了几次, 他才放心了)몇차례 반복해서 캐물어서야 그는 비로소 안심했다.

†**dīng** 钉(釘) 動 1. 바짝 뒤쫓다, 지키다. ¶ ～·zhù duìfāng de qiánfēng(～住对方的前锋)상대방 공격수를 바짝 마크하다. 2. 독촉하다, 재촉하다. ¶ ～·zhe tā diǎnr(～着他点儿)그에게 재촉을 좀 하다. 名 (～儿) 못. ☞ **dìng**(钉) 참조.

†**dīng** 盯 動 주시하다, 응시하다. ¶ ～tā yì yǎn(～他一眼)그를 한 번 주시하다.

⁑**dǐng** 顶(頂) 名 (～儿) 꼭대기, 정상. 量 꼭대기가 있는 물건을 세는 데 쓰임. ¶ yí～màozi(一～帽子)한개의 모자. 動 1. 머리에 이다. ¶ bǎ bāofu～·zai tóushang(把包袱～在头上)무거운 짐을 머리에 이다. 2. 지탱하다, 밀다. ¶ bǎ mén～·zhù(把门～住)문을 지탱하다. 3. [풍우를] 무릅쓰다, 마주 대하다. ¶ ～·zhe yǔ chūqu(～着雨出去)비를 무릅쓰고 나가다. 4. 대들다, 반박하다. ¶ wǒ～·le tā jǐ jù(我～了他几句)나는 그에게 몇마디 말로 반박했다. 5. 상당하다. ¶ yì tái shōugējī néng～jǐshí ge rén(一台收割机能～几十个人)한 대의 수확기가 수십 사람에 상당할 수 있다. 6. 대체하다, 대용하다. ¶ ～tā de bān(～他的班) 그를 대신하여 당번을 하다. ～biéren de míngzi(～别人的名字) 남의 이름을 대용하다. 副 아주, 대단히. =**zuì**(最) ¶ wǒ～xǐhuan kàn xiǎoshuō(我～喜欢看小说)나는 상당히 소설 읽는 것을 좋아한다. ～cōngming(～聪明)아주 총명하다. ～hǎo(～好)아주 좋다.

dǐng 鼎 名 [발이 셋 있고 귀가 둘 달린]솥, 남비.

***dìng** 定 動 1. 결정하다, 정하다. ¶ ～shíjiān(～时间)시간을 정하다. ná·～zhǔyi(拿～主意)의견을 결정하다. 2. 주문하다. ～**cài**(～菜)요리를 주문하다. ～**huò**(～货)상품을 주문하다. 副 〈文〉 반드시, 꼭. ☆ 주로 단음절어 앞에 쓰임. ¶ ～néng chénggōng(～能成功)반드시 성공할 수 있다.

***dìng** 订(訂) 動 1. [조약·계약·계획·규칙 등을]예약하다, 정하다. ¶ ～bào(～报)신문을 주문하다. ～fángjiān(～房间)방을 예약하다. ～jìhuà(～计划)계획을 정하다. 2. 철하다. ¶ ～jǐ běn zázhì(～几本杂志)몇권의 잡지를 철하다.

***dìng** 钉(釘) 動 1. 못을 박다. ¶ ～dīngzi(～钉子)못을 박다. 2. [실과 바늘로]단추 따위를 달다. ¶ ～kòuzi(～扣子)단추를 달다. ☞ **dīng**(钉) 참조.

dìng 锭(錠) 名 (～儿, ～子) 1. 방추(紡錘). 2. [금속, 약 따위의] 덩어리, 알.

***dīngdāng** 丁当·叮当(一當) 擬 딸랑딸랑, 댕그랑 ; 금속·질그릇 등이 부딪치는 소리. ¶ tiěmǎ～(铁马～)풍경(風磬)이 딸랑거리다.

dìng'é 定额(一額) 名 정액, 정량, 정원. ¶ zhuāngzài～(装载～)적재

규정량. **shēngchǎn**～(生产～)책임 작업량.

†**dìng▴hūn** 订婚(訂一)·定婚 動 약혼하다.

†**dìngqī** 定期 形 기한을 정하다. ～**kānwù**(～刊物)정기 간행물.

D

dìng▴shén 定神 動 1. 집중하다. ¶ ～yí kàn(～一看)주의력을 집중해서 한번 보다. 2. 마음을 안정시키다. ¶ děng háizi dìngxià shén lai zài shuō(等孩子定下神来再说)아이가 마음을 안정시키고 나서 애기해라.

dìngshūjī 订书机(訂書機) 名 호치키스; 소량의 서류 등을 철하는 도구.

*__dīngzi__ 钉子(釘一) 名 《**kē** 颗, **méi** 枚》 못. ¶ dìng～(钉～)못을 박다. **pèng**～(碰～)장애에 부딪치다.

dǐng▴zuǐ 顶嘴(頂一) 動 〈口〉 [주로 윗사람에게]말대답하다, 말대꾸하다. ¶ hé lǎoshī～(和老师～)선생님께 말대꾸하다.

dìpí 地痞 名 본바닥의 건달.

†**dǐpiàn** 底片 名 [사진의]원판. = **dǐbǎn**(底板)

*__dìqiú__ 地球 名 지구.

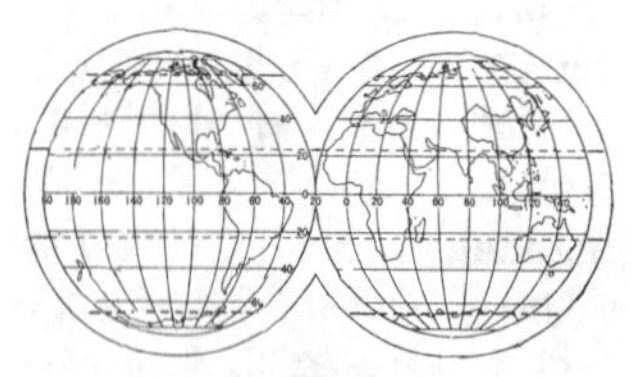

地球

†**dìqū** 地区(一區) 名 지구, 지역.

*__díquè__ 的确 副 확실히, 정말. (**AABB**) ¶ tā～shì ge hǎorén(他～是个好人)그는 정말 좋은 사람이다. ～bù zhīdào(～不知道)정말 모른다.

dǐr 底儿(一兒) 名 1. 밑. 2. 내막, 속사정, 저의. ¶ xīnli méi～(心里没～)마음에 저의가 없다. ☞ **dǐ**(底) 참조.

*__dírén__ 敌人(敵一) 名 적. ¶ dǎdǎo～(打倒～)적을 타도하다.

†**dìshang** 地上 名 지면, 땅바닥.

†**dìshì** 地势(一勢) 名 지세.

†**dìtǎn** 地毯 名 《**kuài** 块》 융단, 양탄자. ¶ pū～(铺～)양탄자를 깔다.

dī▴tóu 低头(一頭) 名 1. 머리를 숙이다. ¶ bèi shuōde dīxiàle tóu(被说得低下了头)꾸중들어 고개를 숙이다. 2. 굴복하다. ¶ sǐ bù～(死不～)죽어도 굴복하지 않는다.

*__dìtú__ 地图(一圖) 名 〈地〉 《**zhāng** 张, **cè** 册》 지도. ¶ guà～(挂～)지도를 걸다.

⁑**diū** 丢 動 1. 잃다. ¶ ～dōngxi(～东西)물건을 잃어버리다. 2. 던지다. ¶ ～shítou(～石头)돌을 던지다. 3. 방치하다. ～·**zai nǎohòu**(～在脑后)온통 잊어버리다.

*__diūdiào__ 丢掉 動 잃다, 없애다. ¶ ～·le qiánbāo(～了钱包)돈가방을 잃어버렸다.

diū▴liǎn 丢脸(一臉) 動 체면이 깎이다, 창피 당하다. ¶ diū fùmǔ de liǎn(丢父母的脸)부모님의 체면을 깎다.

*__diū▴rén__ 丢人 動 체면이 깎이다. =**diū▴liǎn**(丢脸) ¶ bù xián～? (不嫌～?)부끄럽지 않는가?

*__dìwèi__ 地位 名 지위. ¶ ～hěngāo

(～很高)지위가 매우 높다. yǒu ～(有～)지위가 있다.

dǐxi 底细(—細) 名 속사정, 내막. ¶ bù zhī～(不知～)속사정을 모른다.

***dǐxia** 底下 名 1. 밑, 아래. ¶ shù ～(树～)나무 아래. 2. 이후, 다음. =**yǐhòu**(以后) ¶ ～de shìr bù shuō le(～的事儿不说了)이후의 일은 말하지 않겠다.

†**dìxià** 地下 名 1. 지하, 땅밑. ～**tiědào**(～铁道)지하철. 2. 지하[비밀활동]. ～**gōngzuò**(～工作) 지하 공작.

☞ **dìxia**(地下) 참조.

†**dìxia** 地下 名 지면, 땅바닥. ¶ diàozai～(掉在～)땅바닥에 떨어뜨리다.

☞ **dìxià**(地下) 참조.

†**dìxíng** 地形 名 지형. ¶ ～búlì(～不利)지형이 불리하다.

***dìxiong** 弟兄 名 형제. =**xiōngdì** ⇔ **jiěmèi**(姐妹)

dìyù 地狱(—獄) 名 지옥. ⇔ **tiāntáng**(天堂) ¶ xià～(下～)지옥에 떨어지다.

†**dìzhèn** 地震 名 지진. ¶ fāshēng ～(发生～)지진이 발생하다. ～**jì** (～计)지진계. ～**xué**(～学)지진학.

†**dǐzhì** 抵制 動 제압하다, 배척하다. ¶ ～wàihuò(～外货)외국상품을 배척하다.

***dìzhǐ** 地址 名 주소, 소재지. ¶ liú～(留～)주소를 남겨두다.

†**dìzhì** 地质(—質) 名 지질. ～**xué** (～学)지질학.

***dìzhǔ** 地主 名 지주.

***dízi** 笛子 名 《**zhī** 支·枝, **guǎn** 管》 피리. ¶ chuī～(吹～)피리를 불다.

dǐzi 底子 名 1. 밑. ¶ xié～(鞋～) 신발 바닥. 2. 속사정.=**dǐxì**(底细) 3. 기초. ¶ Yīngwén～hǎo (英文～好)영어의 기초가 튼튼하다. 4. 원고, 초고. 5. 나머지. ¶ cháyè～(茶叶～)남은 찻잎. 6. 〈方〉 [직물이나 도안 따위의]바탕.

⁑**dōng** 冬 名 겨울. ☆ 단독으로 사용할 때에는 **dōngtiān**(冬天). ¶ rù～yǐlái(入～以来)겨울에 들어선 이래.

⁑**dōng** 东(東) 名 동쪽. ☆ 개사의 목적어로 사용되는 것 외에 단독으로 사용되는 경우는 일반적으로 **dōngbian**(东边), 또는 **dōngmiàn**(东面)이라고 함. ¶ wǎng ～zǒu(往～走)동쪽으로 걸어가다.

⁑**dǒng** 懂 動 알다, 이해하다. ¶ ～Rìyǔ(～日语)일어를 알다. tā hěn～lǐmào(他很～礼貌)그는 예의가 바르다. bù～dàoli(不～道理)도리를 모르다. tīngbu·～(听不～)알아듣지 못하다. kànbu·～(看不～)보고 이해하지 못하다.

***dòng** 洞 名 (～儿, ～子) 1. 구멍, 동굴. **shān**～(山～)산의 동굴. 2. 영(零)[숫자를 셀 때 '0'에 대체 되어 쓰임.]

⁑**dòng** 动(動) 動 1. [사물·마음을]움직이다. ¶ bié～!(别～!)움직이지마! 2. 옮기다, 바꾸다. ¶ búyào～zhèxiē shū(不要～这些书)이 책들을 옮기지 마시오. 3. 쓰다, 사용하다. ¶ ～nǎojin(～脑

D

筋)머리를 쓰다, 연구하다.

*dòng 冻(凍) 動 1. [물 따위가] 얼다. ¶ hé~le(河~了)강이 얼다. 2. [손발이]얼다. ¶ jiǎo~le(脚~了)발이 얼다. 名 액체가 응결되어 반고체나 젤리 모양으로 된 것. guǒzi~(果子~)과일 젤리.

*dòng 栋(棟) 量 《liǎng 两》 동, 채[집채를 세는 말.] ¶ liǎng~píngfáng(两~平房)단층집 두 채. yí~lóufáng(一~楼房)빌딩 한 동.

*dōngběi 东北(東一) 名 1. [방위의]동북. 2. (Dōngběi)중국의 동북지방.

⁑dōngbian 东边(東邊) 名 (~儿) 동쪽, 동측.

dòng▲bīng 冻冰(凍一) 動 얼음이 얼다. ¶ dòngle yì céng báo bīng(冻了一层薄冰)한층의 살얼음이 얼었다.

dòngbudòng 动不动(動一動) 副 [jiù(就)와 호응하여]늘, 언제나, 걸핏하면. ☆ 어떤 행동이 매우 쉽게 발생하는 것을 표시함. 원치않거나 싫어하는 어기를 포함하고 있음. ¶ ~jiù fā píqi(~就发脾气)걸핏하면 성깔을 부린다.

*dǒngde 懂得 動 알다, 이해하다. ¶ nǐ~zhè jù huà de yìsi ma?(你~这句话的意思吗?)너는 이 말의 의미를 알겠니? xiǎoháizi~shénme!(小孩子~什么!)어린이가 무엇을 알겠는가!

*dōngdōng 冬冬·咚咚 擬 둥둥, 똑똑; 북 또는 문 두드리는 소리.

*dōngfāng 东方(東一) 名 동방.

dòng▲gōng 动工(動一) 動 착공하다, 공사를 시작하다. pòtǔ~(破土~)첫삽을 뜨고 공사를 시작하다.

*dōngguā/dōnggua 冬瓜 名 〈植〉 동과, 동아.

dònghuàpiàn 动画片(動畫一) 名 만화영화. 〈口〉 dònghuàpiānr(动画片儿).

*dōngjì 冬季 名 동계. ¶ ~Àoyùnhuì(~奥运会)동계 올림픽 경기.

†dòngjī 动机(動機) 名 동기. ¶ ~bù chún(~不纯)동기가 불순하다.

†dòngjìng 动静(動靜) 名 1. 인기척, 무슨 소리. ¶ yìdiǎnr~yě méi yǒu(一点儿~也没有)아무런 인기척도 없다. 2. 동정, 양상, 낌새. ¶ yǒu shénme~ma?(有什么~吗?)무슨 낌새가 있습니까?

†dònglì 动力(動一) 名 동력.

dōngmián 冬眠 動 동면하다. 名 동면.

†dōngmiàn 东面(東一) 名 동방, 동편.

*dōngnán 东南(東一) 名 동남(쪽).

†dòngrén 动人(動一) 形 사람을 감동시키다. ¶ shífēn~(十分~) 매우 감동시키다. ~de qíngjǐng(~的情景)감동적인 장면.

*dòng▲shēn 动身(動一) 動 출발하다, 여행을 떠나다. ¶ shénme shíhou~?(什么时候~?)언제 출발하니?

*dòng▲shǒu 动手(動一) 動 1. 시작하다, 착수하다. ¶ dàjiā~(大家~)모두 시작합시다. 2. 손을 대다. ¶ bùxǔ~(不许~)손을 대지 마시오. 3. [사람을]때리다. ¶ shéi xiān dòng de shǒu?(谁先

動的手?)누가 먼저 때렸느냐?

*dòngtan 动弹(動彈) 動 [몸을] 움직이다, 활동하다.¶ lǎnde~(懶得~)몸을 움직이는 것이 귀찮다. ~·bùdé(~不得)움직일 수가 없다.

⁑dōngtiān 冬天 名 겨울. ¶ Běijīng ~bù cháng xià xuě(北京~不常下雪)북경은 겨울에 자주 눈이 내리지 않는다.

⁑dòngwù 动物(動一) 名 동물. ~yuán(~园)동물원.

dōngxī 东西(東一) 名 [방위의] 동서, 동쪽과 서쪽. ¶ dōng…xī…(东…西…)여기…저기…. ① **dōng bēn xī pǎo**(东奔西跑)동분서주하다. ② **dōng dǎo xī wāi**(东倒西歪)비틀거리다, [집이]쓰러질 듯하다. ③ **dōng zhāng xī wàng**(东张西望)여기저기 바라보다, 두리번거리다. ④ **dōng yí jù xī yí jù**(东一句西一句)말을 두서없게 하다.

☞ **dōngxi**(东西) 참조.

⁑dōngxi 东西(東一) 名 1. 《**jiàn** 件, **yàng** 样》 물품, 물건. ¶ mǎi~(买~)물건을 사다. 2. 놈, 자식, 새끼; 인간을 동물로 지칭, 혐오의 감정을 표현한다.¶ zhēn bú shì~!(真不是~!)정말 사람새끼도 아니야. **bèn**~(笨~)멍청한 자식. **lǎo**~(老~)늙은 놈. **xiǎo**~(小~)귀여운 놈.

☞ **dōngxī**(东西) 참조.

dòngyáo 动摇(動一) 動 1. 동요하다, 흔들리다. ¶ háo bú~(毫不~)조금도 흔들림이 없다. ~**fènzǐ**(~分子)선동분자. 2. 흔들다, 동요케하다. ¶ ~·buliǎo tāmen de juéxīn(~不了他们的决心)그들의 결심을 바꾸어 놓지 못하다.

*dòngyuán 动员(動員) 動 1. [군대·무력을]동원하다. ¶ yígòng ~·le yí wàn rén(一共~了一万人)모두 합하여 일만명이 동원되었다. 2. [산업·경제 등을] 전시체제로 하다. 3. 사람을 어떤 활동에 참가시키다, 동원하다. ¶ ~nóngmín zǔzhīqilai(~农民组织起来)농민을 움직여 조직하다.

*dōngzhì 冬至 名 [절기상의]동지; (12월 22일 혹은 23일).

*dòngzuò 动作(動一) 名 동작. ¶ ~mǐnjié(~敏捷)동작이 민첩하다. yōuměi de wǔdǎo~(优美的舞蹈~)우아한 춤 동작. 動 움직이다, 행동하다. ¶ jīqi tūrán bú~le(机器突然不~了)기계가 갑자기 움직이지 않다.

dōu 兜 動 1. [자루·주머니 형태로 물건을]싸다. ¶ yòng shǒujuànr~(用手绢儿~)손수건으로 싸다. **chībuliǎo~·zhe zǒu**(吃不了~着走)다먹지 못해 싸가지고 가다. 2. 책임을 지다. ¶ rúguǒ zhuī zérèn, wǒ~·zhe(如果追责任, 我~着)만약 책임이 따르면 내가 지겠다. 3. 에워싸다, 맴돌다. ¶ ~quānzi(~圈子)선회하다, 빙빙돌다. 名 (~儿, ~子) 호주머니, 자루.

⁑dōu 都 副 1. 모두, 다; 주어가 복수일 때, 술어의 앞에서 사용됨. ¶ zhèxiē~shì wǒ de(这些~是我的)이것들은 모두 내것이다. tā měitiān~yào kàn shū(他每天

~要看书)그는 매일 독서한다. 2. '是'와 연용해서 이유를 설명함. ¶ háizi zhèyàng, ~shì nǐ guàn de(孩子这样, ~是你惯的)아이가 이 모양인 것은 모두 당신이 응석을 받아주었기 때문이오. 3. 이미, 벌써. ¶ tàiyáng~chūlái le (太阳~出来了)태양이 이미 떠올랐다. liǎn~bái le(脸~白了)얼굴이 벌써 하얗게 질렸다. ~shíyī diǎn le, tā hái méi huílai(~十一点了, 她还没回来)벌써 11시가 다 되었는데 그녀는 아직 돌아오지 않았다.

D

*dǒu 斗 名 1. 말; 10되(升)가 '一斗'에 해당함. 2. 소용돌이처럼 생긴 지문. 量 말, 두; 곡식의 분량을 되는 단위.
☞ dòu(斗) 참조.

†dǒu 抖 動 1. 털다, 흔들다. ¶ ~·diào tǔ(~掉土)먼지를 털어내다. ~·kāi bāofupír(~开包袱皮儿)보자기를 털다. 2. 떨다. ¶ dòngde fā·~(冻得发~)추워서 떨다. 3. [기운을]내다, 분발하다. ¶ ~·qǐ jīngshen(~起精神) 기운을 내다.

†dǒu 陡 形 가파르다, 험하다. ¶ lóutī hěn~(楼梯很~)계단이 매우 가파르다.

dòu 豆 名 《kē 颗, lì 粒》 (~儿) 콩. =dòuzi(豆子)

*dòu 斗(鬥) 動 1. 싸우다, 투쟁하다. ¶ ~èbà(~恶霸)악질토호와 싸우다. wǒ~·buguò nǐ(我~不过你)나는 너와 겨룰 수 없다. 2. 동물을 싸우게 하다. ¶ ~qūqur(~蛐蛐儿)귀뚜라미를 싸우게 하여 승패를 정하는 놀이.
☞ dǒu(斗) 참조.

†dòu 逗 動 1. 희롱하다, 놀리다. ¶ tā ná huà~wǒ(他拿话~我) 그가 말로 나를 약올리다. 2. 웃기다. ¶ ~rén xiào(~人笑)사람을 웃기다. 形 〈方〉 우습다, 재미있다. ¶ tā de huà zhēn~(他的话真~)그의 말은 정말 웃긴다.

*dòufu 豆腐 名 《kuài 块》 두부.

dòuhào 逗号(-號) 名 쉼표, 콤마(,).

dòujiāng 豆浆(-漿) 名 콩국.

†dòujiǎor 豆角儿(-兒) 名 콩꼬투리.

*dòuliú 逗留 動 머물다, 체류하다. ¶ zài cǐ~liǎng tiān(在此~两天) 여기에 2, 3일 머무르다. ~qījiān (~期间)체류 기간.

dōur 兜儿(-兒) 名 호주머니, 주머니, 자루. kù~(裤~)바지 주머니.

*dòuyár 豆芽儿(-兒) 名 콩나물. =dòuyárcài(豆芽儿菜) ¶ shòude xiàng kē~(瘦得像棵~)콩나물처럼 말랐다. fā~(发~)콩나물을 내다.

*dòuyóu 豆油 名 콩기름.

*dòuzhēng 斗争(鬥爭) 動 1. 투쟁하다. ¶ ~èbà dìzhǔ(~恶霸地主)악덕지주에 투쟁하다. 2. 분투·노력하다. ¶ wèi xīn Zhōngguó de jiànshè ér~(为新中国的建设而~)신중국 건설을 위해 투쟁하다. 名 투쟁. ¶ jìnxíng~(进行~)투쟁을 하다. =zuò ~(做~)위와 동일. jiējí~(阶级~)계급투쟁.

*dòuzi 豆子 名 《kē 颗, lì 粒》 1. 콩. 2. 콩처럼 생긴 것.

dū 督 動 1. 감독하다, 감찰하다. 2. 재촉하다, 독촉하다. **dūlì**(督励)[독려하다].

⁑**dú** 读(讀) 動 1. [소리내어]읽다, 낭독하다. ¶ qǐng nǐ~·gei wǒ tīng(请你~给我听)나에게 읽어 주세요. 2. 독서하다, 열독하다. ¶ ~yí ge zhōngtóu de shū(~一个钟头的书)1시간 책을 읽다. 3. 공부하다, 배우다. ¶ ~Zhōngwén(~中文)중국어를 배우다.

†**dú** 毒 動 독살하다. ¶ ~·sǐle lǎo shǔ(~死了老鼠)쥐를 독살하였다. 名 1. 독, 해독. ¶ yǒu~(有~)독이 있다. 2. 독극물; 마약 따위. ¶ xī~(吸~)마약을 먹다. 形 1. 강하다, 매섭다. ¶ tài-yáng~(太阳~)태양이 강렬하다. 2. 악랄하다, 잔인하다. ¶ xīn~(心~)근본이 악랄하다.

dú 独(獨) 形 이기적이다. ¶ xìng-gé~, bù suíhe(性格~, 不随和) 성격이 이기적이다, 남과 사이 좋게 지내지 못한다. 副 혼자, 유독. =**zhǐ**(只) ¶ dàjiā dōu dào-qí le, ~yǒu tā méi lái(大家都到齐了, ~有他没来)모두다 도착했는데 유독 그만이 오지 않았다.

*__dǔ__ 堵 動 틀어막다, 막다, 가로막다. ¶ ~lòudòng(~漏洞)구멍을 막다. 形 답답해지다. ¶ xīnli~·dehuāng(心里~得慌)마음이 몹시 답답하다. 量 담장을 세는 단위. ¶ yì~qiáng(一~墙)하나의 울타리.

dǔ 赌(賭) 動 도박하다, 내기하다. ¶ ~·shū le(~输了)내기를 해서 졌다. 名 도박, 노름. **dǎ**~(打~)내기를 하다.

dǔ 笃(篤) 形 1. 성실하다, 돈독하다. 2. [병세가]심하다.

dù 肚 名 1. 배; 단독으로 쓸 때에는 **dùzi**(肚子). 2. (~儿) 복부. =**dùzi**(肚子) **shǒuzhǐtou**~·**r**(手指头~儿)손가락의 불룩 튀어나온 부분.

*__dù__ 渡 動 물을 건너다. ¶ ~hé(~河)강을 건너다.

*-__dù__- 度 接尾 정도를 표시함. **cháng**~(长~)길이. **wēn**~(温~)온도. **yìng**~(硬~)경도. 量 1. 온도·밀도·농도 등의 단위. ¶ shāodào sìshí~(烧到四十~)열이 40도로 올라갔다. 2. 경도·위도의 단위. 3. 횟수를 표시함. ¶ yì nián yí~(一年一~)일 년에 한 차례.

dù 镀(鍍) 動 도금하다. ~**jīn**(~金)도금하다; 간판을 따다.

*__duān__ 端 動 두손으로 가지런히 들다. ¶ zài càiguǎn~pánzi(在菜馆~盘子)음식점에서 쟁반을 두 손으로 들어나르다. 名 일의 발단, 사물의 끝. **liǎng**~(两~)양 끝.

⁑**duǎn** 短 形 짧다. ¶ tuǐ~(腿~)다리가 짧다. bǎ tóufa jiǎn·~(把头发剪~)머리를 짧게 자르다. 動 1. 부족하다, 결핍되다. ¶ ~sān ge rén(~三个人)3명이 부족하다. 2. 빚지다. ¶ wǒ hái ~nǐ wǔshí kuài qián(我还~你五十块钱)나는 네게 아직 50원 빚지고 있다.

*__duàn__ 断(斷) 動 자르다, 끊다. ¶ diànxiàn~le(电线~了)전선을 끊다. ~**jiǔ**(~酒)술을 끊다. ~

nǎi(～奶)젖을 떼다. ～yān(～烟)담배를 끊다.

⁑duàn 段 量 [사물·시간의 한 구분을 나타냄]가늘고 긴 물건의 토막을 셀 때. ¶ liǎng～mùtou(两～木头)두 토막의 나무. yí～shíjiān(一～时间)한동안. yí～tiělù(一～铁路)철로의 한구간.

duǎnbuliǎo 短不了 動 1. 꼭 필요하다. ¶ rén～shuǐ hé yán(人～水和盐)인간은 물과 소금이 꼭 필요하다. 2. 피할 수 없다. ¶ shuí yě～qiú shuí(谁也～求谁)인간이라면 누구나 꼭 누군가를 돕게 된다.

duǎnchu 短处(一處) 名 단점, 결점.＝quēdiǎn(缺点) ⇔ chángchu(长处) ¶ búyào jiē biéren de～(不要揭别人的～)남의 단점을 폭로하지 말아라.

duàndìng 断定(斷定) 動 단정하다, 결론을 내리다. ¶ hěn nán～shì shéi gàn de(很难～是谁干的)누가 유능한지 단정짓기 매우 어렵다.

duǎngōng 短工 名 일용직 ; 임시로 고용한 일꾼. ⇔ chánggōng(长工) dǎ～(打～)품팔이하다.

⁑duànliàn 锻炼(鍛煉) 動 단련하다. ¶ ～shēntǐ(～身体)몸을 단련하다. 名 단련, 시련. ¶ zhè shì yí ge～(这是一个～)이것은 일종의 시련이다.

duǎnpiān 短篇 名 단편. ～xiǎoshuō(～小说)단편소설.

duǎnqī 短期 名 단기. ¶ ～dàikuǎn(～贷款)단기대출.

duànrán 断然(斷一) 副 단연코, 절대로. ☆ 부정의 경우에는 duànhū(断乎)임. ¶ jùjué zuò zìwǒ pī píng(～拒绝做自我批评)단연코 자아비판을 거부하다. 形 단호한, 절대적인. ¶ ～cuòshī(～措施)단호한 조치.

*Duānwǔjié 端午节(一節) 名 단오 ; 음력 5월 5일. ＝Duānyángjié(端阳节)

†duānzhèng 端正 動 바로잡다, 바르게 하다. ¶ ～tàidu(～态度)태도를 바르게 하다. 形 1. 단정하다. (AABB) ¶ duānduan zhèngzhèng de zuòzhe(端端正正地坐着)똑바르게 앉아 있다. wǔguān～(五官～)오관이 단정하다. 2. 바르다. ¶ pǐnxíng～(品行～)품행이 단정하다.

*duànzi 缎子(緞一) 名 단자.

*dūcù 督促 動 독촉하다, 재촉하다. ¶ ～háizi ànshí wánchéng zuòyè(～孩子按时完成作业)아이들에게 제때에 숙제를 끝내도록 독촉하다.

*dùguò 度过(一過) 動 보내다, 지내다. ¶ ～xìngfú de wǎnnián(～幸福的晚年)행복한 말년을 보내다.

*duī 堆 動 쌓다. ¶ bǎ shū～·zai zhuōzi shang(把书～在桌子上)책을 탁자 위에 쌓아두다. 名 (～儿)쌓아놓은 물건, 무더기. ¶ lùn～mài(论～卖)더미로 팔다. 量 무더기, 더미. ¶ yì～huángtǔ(一～黄土)황토 한 더미. yì～rén(一～人)한 무리의 사람들.

⁑duì 对(對) 動 1. 향하다. ¶ miàn～tàiyáng(面～太阳)태양과 마주보다. 2. 대응하다, 대처하다. ¶ hǎohāorde～tā(好好儿地～他)좋

게 그를 대하다. 3. 맞추다, 조절하다. ¶ ～·hǎo jùlí(～好距离) 거리를 잘 조절하다. ～**biǎo**(～表)시계를 맞추다. 4. 섞다, 혼합하다. ¶ ～diǎnr shuǐ(～点儿水) 물을 약간 섞다. 介 …에게, …을 향하여, …에 대하여. ¶ tā～wǒ xiàole yí xià(她～我笑了一下)그녀는 나를 보고 웃었다. wǒ～zhè jiàn shìqing yǒu yìjian(我～这件事情有意见)나는 이 일에 대해 불만이 있다. ～wǒ lái shuō, zhè shì nándé de jīhuì(～我来说, 这是难得的机会)나에게 있어서 이것은 얻기 힘든 기회이다. 形 맞다, 옳다. ¶ nǐ shuōde～(你说得～)너의 말이 옳다. ～, shì zhèyàng de(～, 是这样的)맞아, 이런거야. 量 (～儿) 짝, 쌍. ¶ yí～huāpíng(一～花瓶)한쌍의 꽃병. yí～fūfù(一～夫妇)한쌍의 부부.

duì 兑 形 1. [장식품을]새것으로 바꾸다. 2. [수표·어음 따위를]현금으로 바꾸다. 3. 섞다, 보태다, 타다.

*__duì__ 队(隊) 名 열, 팀. **bàngqiú**～(棒球～)야구팀. ～**yuán**(～员)대원. ～**zhǎng**(～长)대장. 量 무리, 팀을 셀 때. ¶ yí～bīngshì(一～兵士)일군의 병사.

duì'àn 对岸(對一) 名 맞은편 기슭, 대안.

†**duìbǐ** 对比(對一) 動 대비하다. ¶ ～shuāngfāng de shílì(～双方的实力)쌍방의 실력을 대비하다.

⁑**duìbuqǐ** 对不起(對一) 動 1. 면목이 없다. ＝**duìbuzhù**(对不住) ¶ ～fùmǔ(～父母)부모님께 면목이 없다. 2. 〈應〉 미안합니다. ～, ràng nǐ jiǔ děng le!(～, 让你久等了!)미안합니다, 당신을 오래 기다리게 해서요.

duìbuzhù 对不住(對一)
☞ **buìbuqǐ**(对不起) 참조.

†**duìdài** 对待(對一) 動 1. 대우하다, 접대하다. ¶ rèqíng～péngyou(热情～朋友)친절하게 친구를 대접하다. 2. 다루다, 대처하다

†**duìdeqǐ** 对得起(對一) 動 면목이 서다, 떳떳하다. ＝**duìdezhù**(对得住) ¶ zhèyàng zuò～shéi?(这样做～谁?)이러고서 누구인들 떳떳하겠는가?

†**duìfāng** 对方(對) 名 상대편, 적. ¶ zhēngqǔ～de tóngyì(争取～的同意)상대편의 동의를 얻어내다.

†**duìfu** 对付(對一) 動 1. 대처하다, 대응하다, 다루다. ¶ zhège rén nán～(这个人难～)이 사람은 대단히 상대하기 어렵다. 2. 대충대충하다. (**AABB**) ¶ bù hǎoyòng, ～·zhe yòng ba(不好用, ～着用吧)사용하기 불편하지만 아쉬운대로 쓰세요.

†**duìhuà** 对话(對話) 動 대화하다. 名 대화. ¶ jìnxíng～(进行～)대화를 진행하다.

*__duìhuàn__ 兑换(一换) 動 현금으로 교환하다, 화폐로 교환하다.

†**duījī** 堆积(一積) 動 쌓이다, 쌓아 올리다. ¶ ～rú shān(～如山) 산처럼 쌓이다.

†**duìle** 对了(對一) 嘆 그렇습니다, 맞습니다. ¶ ～, hái yǒu yí jiàn shì wǒ hái méi gàosu nǐ(～, 还有一件事我还没告诉你)그렇습니다, 아직 제가 당신께 알려 드리

지 않은 한가지 일이 있습니다.

†**duìlì** 对立(對－) 動 대립하다. ¶ shuāngfāng de yìjian xiāng～(双方的意见相～)쌍방의 의견이 서로 대립하다.

†**duìmén** 对门(對門) 動 (～儿) 대문이 서로 마주하다. 名 (～儿) 건너편, 바로 맞은편.

duìmiàn 对面(對－) 名 1. (～儿) 맞은편. ¶ tā jiā jiù zài wǒ jiā ～(他家就在我家～)그의 집은 바로 우리집 맞은 편에 있다. 2. 정면. ¶ ～láile yí ge rén(～来了一个人)정면으로 한 사람이 왔다. 動 맞대면하다. ¶ liǎng ge rén～zuòzhe(两个人～坐着)두 사람이 마주보고 앉아 있다.

duìtou 对头(對頭) 名 원수, 적수. **sǐ**～(死～)숙적, 라이벌.

*__duìwu__ 队伍(隊－) 名 《**zhī** 支, **lù** 路》 대열, 부대.

*__duìxiàng__ 对象(對－) 名 1. 대상. ¶ yánjiū de～(研究的～)연구의 대상. 2. 연인. ¶ zhǎo～(找～) 연인을 찾다.

*__duìyú__ 对于(對於) 介 …에 대하여, …에 관하여. ¶ ～suǒ miànlín de wèntí, yīnggāi xiǎng duìcè(～所面临的问题, 应该想对策) 직면한 문제에 관하여, 마땅히 대책을 세워야 한다. ☆ **duìyú**(对于)는 **duì**(对)와 비슷한데, 다음과 같은 경우에는 일반적으로 **duìyú**(对于)를 사용하지 않음. ① 목적어가 1음절 명사이거나 대명사일 때. **例**: tā duì rén hěn rèqíng(他对人很热情) 그는 사람들에게 매우 친절하다. ② 목적어가 동작의 대상을 표시하는 경우. **例**: tā duì wǒ xiàozhe shuō(她对我笑着说)그녀는 나를 보고 웃으며 말했다.

dùjì 妒忌 動 질투하다. ＝**jìdu**(忌妒) ¶ ～biéren de cáinéng(～别人的才能)남의 재능을 질투하다.

dùjuān 杜鹃(－鵑) 名 《**zhī** 只》 두견새.

dùkǒu 渡口 名 나루터.

†**dúlì** 独立(獨－) 動 독립하다. ¶ ～sīkǎo(～思考)독자적으로 사고하다. 名 독립. ¶ zhēngqǔ～(争取～)독립을 쟁취하다.

*__dūn__ 蹲 動 1. 웅크려 앉다. ¶ ～·zai dìshang(～在地上)땅바닥에 쪼그려 앉다. 2. [일정한 위치, 장소에서]머무르다. ～**bān**(～班) [낙제하여]유급하다.

*__dūn__ 吨(噸) 量 〈譯〉 톤 ; 1000kg에 해당하는 무게. ☆ 영어 'ton'의 음역.

*__dùn__ 顿(頓) 量 식사·질책·권고 따위의 횟수에 쓰임. ¶ yí～fàn(一～饭)한끼 식사. bèi lǎoshī shuōle yí～(被老师说了一～)선생님에게 한번 질책을 받았다. 動 잠시 멈추다, 좀 쉬다. ¶ ～·le·～, jiēzhe shuō(～了～, 接着说)잠시 멈추었다가 계속 이어서 말하다.

dùn 钝(鈍) 形 1. [칼날 등이]무디다, 예리하지 않다. ⇔ **ruì**(锐) 2. [머리가]우둔하다, 멍청하다.

†**dùnshí** 顿时(頓時) 副 갑자기, 문득. ＝**lìkè**(立刻) ¶ ～juéde shūfu le(～觉得舒服了)갑자기 편안함을 느꼈다.

‡**duō** 多 形 [수량이]많다, 여분이

학습 정보 ❼

◈ 多音字 duōyīnzì(다음자) ◈

1. 한 글자의 두 가지 읽기(破讀)

중국어 한자는 원칙적으로 하나의 뜻, 하나의 음이지만, 일부는 두 가지 이상의 발음을 가진 글자가 있어, 이것을 "破音字" 또는 "多音多义字"라 한다. 예를 들면, "少"는 「적다」「충분하지 않다」라는 의미일 때는 shǎo라고 발음하여(例 : "少数 shǎoshù" "少礼 shǎolǐ")이나, 「어리다」「하급의」라는 의미일 때는 shào라고 발음한다.(例 : "少年 shàonián" "少将 shàojiàng").

이것은 어의의 분화(파생어)를 성조에 따라 나누어 읽는 것으로, 전통적으로 이 같은 한 글자의 두가지 읽기를 "破读 pòdú"(파독)이라 한다. 현대어에는 더우기 "着 zhuó, zháo, zhāo, zhe"와 같이 한 글자로 여러 종류의 발음을 가진 자도 있어 한 글자의 두가지 읽기도 포함하여 "破音字 pòyīnzì"라 총칭한다.

2. 多音字는 왜 생겨났는가?

현대어에 보이는 '多音字'는 그 변별 기능에서 아래와 같이 분류할 수 있다.

a. 多義多音字

의미나 품사의 차이를 발음에 따라 구별한 것.

① 서로 의미상 관련이 있고, 발음의 차이도 성조 또는 성모·운모의 일부만의 변화에 의한 것.

好 hǎo "很好" "友好"등 형용사 용법
hào "好奇" "爱好"등 동사 용법
种 zhǒng "选种" "撒种"등 명사용법
zhòng "种菜" "种田"등 동사용법
还 huán "还书" "还礼"등 동사용법
hái "还是" "还在看书"등 부사용법
吐 tǔ "吐舌头" "吐痰"등 「뱉다」의 의미
tù "呕吐" "吐血"등 「토하다」의 의미
长 cháng "长短" "袖子长了"등 형용사용법
zhǎng "生长" "厂长"등 동(명)사용법
指 zhǐ "指出" "手指"등 동(명)사용법
zhī "指甲"(손톱)라고 할 때
zhí "手指头"(손가락)라고 할 때

그러나 "指"의 발음은 1985년《普通话异读词审音表》에 의해 zhǐ로 통일되었다.

② 의미상 관련이 본래 있지만, 명백히 봐서 취할 수 없는 것.

咽 yān "咽喉" "咽部"등 명사적 용법
yàn "咽唾沫" "咽不下去"등 동사용법
yè "呜咽" "哽咽"등 「울다」의 의미
朴 pǔ "朴素" "纯朴"등 형용사용법
pō "朴刀"(자루가 달린 긴 칼)의 경우

b. 多用多音字

전문용어등 습관상 특수한 발음을 하는 것. 글자의 뜻은 거의 변하지 않는다.

① 습관적인 多音字.

迫 pò "压迫" "迫切"등 일반용어
pǎi "迫击炮"(박격포)—군사용어
排 pái "安排" "颜比"등 일반용어
pǎi "排子车"(큰 손수레)—업계용어
荨 qián "荨麻"(약초명)—의약용어
xún "荨麻疹"(병명)—일반발음

"荨"은 qián이 올바른 발음이었지만, "荨"의 형성자 "荨 xún"으로 부터의 추측으로, "荨麻疹"은 읽는법이 일반화되었고, 공식적으로도 인정되었다. 多音字는 앞의 "指"과 같

이 통합된 경우도 있는 한편, "荨"이나, 또는 뒤에 생긴 외래어의 音譯字처럼 새롭게 읽는 방법이 증가되는 자도 있다.

② 문언체와 백화체에서 다르게 읽는 것.

D

현대에는 때때로 고사성어나 복합어가 섞여 구어음("白话 báihuà")에서는 없는, 문언("文言 wényàn")으로 발전되는 경우가 있다. 문언과 백화의 다르게 읽기는 다음자 발생에 앞선 하나의 큰 모체가 되고 있다.

薄 báo "薄纸" "很薄"등 구어음
bó "薄弱" "轻薄"등 문언음
bò "薄荷"(박하)전용으로 사용하는 음

给 gěi "给我" "给他打电话"등 구어음
jǐ "自给自足" "供给"등 문언음

削 xiāo "削果皮"등 구어음
xuē "剥削" "削弱"등 문언음

血 xiě "流了血" "血乎乎"등 구어음
xuè "输血" "血压"등 문언음

c. **고유명사의 특수음**

성명이나 지명 등 전용의 특수한 발음.

朴 pǔ, pō, pò－성일 때는 Piáo

单 dān－성일 때는 Shàn, 또한 흉노의 왕의 칭호 "单于"의 경우는 Chányú

邪 xié－"莫邪"(보검)일 때는 mòyé

d. **외래어의 음역자**

茄 qié－"雪茄"(엽궐련)일 때는 xuějiā

卡 qiǎ－"卡片"(카드)일 때는 kǎpiàn

e. **正字, 假借字, 古義의 舊讀발음**

县 xiàn 일반독음
xuán "悬 xuán"의 正字용법일 때

艾 ài 일반독음
yì "又 yì"의 假借字일 때

食 shí 일반독음
sì "食马者"등 "饲 sì"의 의미일 때

f. **속음이 異讀으로 남은 것**

谁 shuí외에 shéi

熟 shú외에 shóu

嫩 nèn외에 nùn

있다. ⇔ **shǎo**(少) ¶ rén hěn～(人很～)사람이 매우 많다. zhèli yǒu hěn～rén(这里有很～人)이곳에 매우 많은 사람들이 있다. tā yǒu hěn～shū(他有很～书)그는 매우 많은 책을 가지고 있다. kuàide～(快得～)[비교적]훨씬 빠르다.

☆ 위의 예는 보어를 동반하여 **de**(得)의 뒤에 오기도 하지만 아래 예문처럼 직접 형용사 뒤에 오는 것도 있음. zhème zuò máfan～le(这么做麻烦～了)이렇게 폐를 많이 끼쳐드렸군요. wǒmen zhèli～·le sān ge rén(我们这里～了三个人)우리는 여기 3명이 더 많다. 數 …여, …남짓. ¶ yí ge～yuè(一个～月)한 달 남짓. bā diǎn～(八点～)8시 넘어. 動 정도를 넘다. ¶ ～·le yí ge rén(～了一个人)한명 많다. 副 얼마나, 아무리. ＝**duōme**(多么) ¶ ～piàoliang a!(～漂亮啊!)얼마나 아름다운가!

*__duó__ 夺(奪) 動 탈취하다, 강제로 빼앗다. ¶ ～guànjūn(～冠军)우승을 쟁취하다.

*__duǒ__ 躲(躱) 動 숨다, 피하다. ～·**bují**(～不及)숨을 수 없다. ～**yǔ**(～雨)비를 피하다.

*__duǒ__ 朵(朶) 量 (～儿) 송이 [꽃·구름 따위를 세는 말] ¶ yì～

huā(一~花)꽃 한송이. yì~yún (一~云)한 점의 구름.

***duò** 剁(剁) 動 칼로 잘게 다지다, 썰다. ¶ ~ròuxiànr(~肉馅儿)고기 따위를 다져 만든 소.

***duò** 跺(跥) 動 발을 구르다, 발 전체로 힘주어 밟다. ¶ ~dìbǎn (~地板)땅을 구르다.

duò 堕(墮) 動 빠지다, 떨어지다.

***duōbàn** 多半 名 (~儿) 대다수, 대부분. ¶ ~shì niánqīng rén(~是年轻人)대부분 젊은이들이다. 副 (~儿) 대개, 아마. ¶ ~jīntiān bù lái le(~今天不来了)아마도 오늘은 오지 않을거야

***duǒbì** 躲避 動 1. 비키다, [법망을]피하다. ¶ xiān~jǐ tiān(先~几天)우선 며칠 몸을 피하다. 2. 물러서다, 피하다. ¶ ~kùnnan (~困难)어려움(난관)을 피해가다.

***duǒcáng** 躲藏 動 도망쳐 숨다, 피하다. ¶ sìchù~(四处~)사방으로 도망쳐 숨다. méi chù~(没处~)피할 곳이 없다.

***duò▲jiǎo** 跺脚(跥一) 動 발을 구르다, 발 전체로 힘주어 밟다. ¶ qìde zhí~(气得直~)화가나서 발을 동동 구르다.

***duōkuī** 多亏(一虧) 動 은혜를[덕택을]입다. ¶ zhè háizi méi shòushāng~·le nǐ jíshí gǎnlai(这孩子没受伤~了你及时赶来)이 아이는 당신이 때맞춰 와주신 덕택에 다치지 않았습니다. 副 덕분에, 다행히. ¶ ~nǐ bāngmáng (~你帮忙)다행히 당신께서 도와주셨군요.

duòluò 堕落(墮一) 動 1. 떨어지다, 쇠락하다. 2. [정치가]부패하다, 타락하다. ¶ fǔhuà~(腐化~) 부패·타락하다.

⁑**duōme** 多么(一麽) 副 [감탄문에 쓰여 정도를 물음]얼마나, 오죽. ¶ tā shuō Hànyǔ shuōde~ liúlì a!(她说汉语说得~流利啊!)그녀는 중국어를 얼마나 잘하는지! nàli de fēngjǐng~xīyǐn rén a! (那里的风景~吸引人啊!)그곳의 경치는 사람을 얼마나 매혹시키는지! 代 [의문문에서]얼마나, 어느정도. ＝**duō**(多) ¶ zhè zuò shān yǒu~gāo?(这座山有~高?) 이 산은 높이가 얼마입니까?

***duóqǔ** 夺取(奪一) 動 1. [무력으로]빼앗다, 탈취하다. ¶ ~zhèngquán(~政权)무력으로 정권을 탈취하다. 2. 애써 얻다, 쟁취하다. ¶ ~fēngshōu(~丰收)풍작을 애써 이루다.

duōshǎo 多少 名 [수량의]많고 적음, 분량. ¶ ~bù yídìng(~不一定)분량이 확실하지 않다. 副 1. 다소간, 조금. ¶ ~guǎn diǎnr yòng(~管点儿用)다소 쓸모가 있다. 2. 얼마쯤. ¶ ~gāole yì diǎnr (~高了一点儿)[키가]다소 크다. ☞ **duōshǎo**(多少) 참조.

⁑**duōshao** 多少 代 1. 얼마, 몇. ¶ ~qián?(~钱?)[돈이]얼마입니까? yǒu~rén?(有~人?)사람이 몇명 있나요? ☆ yǒu~ge rén? (有~个人?)처럼 양사를 사용해도 됨. ☞ **jǐ**(几) 참조. 2. [부정의 수량을 나타냄]얼마. ¶ nǐ yào~wǒ jiù gěi nǐ~(你要~我就给你~)당신이 원하는만큼 드리겠습니다. zhīdao~shuō~(知

道~说~)아는대로 말하다. ☞ **duōshǎo**(多少) 참조.

†**duōshù** 多数(－數) 名 다수. ¶ ~rén dōu bù tóngyì(~人都不同意)다수의 사람들이 찬성하지 않았다. shǎoshù fúcóng~(少数服从~)소수가 다수에 복종하다.

†**duōsuo** 哆嗦 動 부들부들 떨다. (**AABB**) (**A里AB**) ¶ qìde zhí ~(气得直~)화가나서 부들부들 떨다.

duòtāi 堕胎(墮－) 動 낙태하다, 인공 유산하다. =**luòtāi**(落胎)

*__duōxiè__ 多谢(－謝) 動 1. 감사하다. ¶ ~nǐ de quàngào(~你的劝告)당신의 충고에 감사드립니다. 2. 〈應〉 대단히 감사합니다.

duō▲xīn 多心 動 걱정하다, 의심을 품다. ¶ méi shuō nǐ, bié~(没说你, 别~)당신 얘기를 한 것이 아니니, 너무 신경쓰지 마시오.

duòxìng 惰性 名 1. 타성, 관성(慣性). 2. 〈化〉 불활성(不活性).

†**duōyú** 多余(－餘) 形 1. 여분의, 나머지의. ¶ bǎ~de liángshi mài-gei wàiguó(把~的粮食卖给外国)남아도는 식량을 외국에 팔다. 2. 쓸데없는, 군더더기의. ¶ bǎ ~de zìjù shāndiào(把~的字句删掉)군더더기 글자와 구를 삭제하다.

†**duō▲zuǐ** 多嘴 動 쓸데없는 말을 하다, 말참견하다. ¶ búyòng nǐ ~(不用你~)너는 쓸데없는 말참견을 할 필요가 없다. nǐ duō shénme zuǐ?(你多什么嘴?)너 무슨 쓸데없는 말을 하니?

dùpí 肚皮 名 〈方〉 배, 복부; 남방 사람이 사용함. =**dùzi**(肚子) ¶ è~(饿~)배가 고프다.

dǔ▲qì 赌气(賭氣) 動 울컥하다, 고집을 부리다. ¶ tā yì~zìjǐ yí ge rén zǒu le(她一~自己一个人走了)그녀는 화가 치밀어서 자기 혼자 가버렸다. hé shéi~?(和谁~?)누구에게 고집을 부렸니?

dǔsè 堵塞 動 1. 막히다, 가로막다. ¶ jiāotōng~(交通~)교통 마비. 2. 메우다, 보충하다.

dúshēngnǚ 独生女(獨－) 名 외동딸.

dúshēngzǐ 独生子(獨－) 名 외아들.

*__dūshì__ 都市 名 대도시. =**dàchéngshì**(大城市)

*__dú▲shū__ 读书(讀書) 動 독서하다; 공부하다. ¶ zhǐ dúguo liǎng nián shū(只读过两年书)한 2년 공부만 하였다. zài Běijīng Dàxué ~(在北京大学~)북경 대학에서 공부하다.

†**dútè** 独特(獨－) 形 독특하다. ¶ ~de fēnggé(~的风格)독특한 품격. jiànjiě~(见解~)견해가 독특하다.

†**dúwù** 读物(讀－) 名 도서. ¶ tōngsú~(通俗~)통속 도서물.

dúzhě 读者(讀－) 名 독자. ~ **Wénzhāi**(~文摘)리더스 다이제스트(Reader's Digest).

dúzǐ 独子(獨－) 名 독자, 외아들. =**dúshēngzǐ**(独生子)

†**dúzì** 独自(獨－) 副 단독으로, 혼자서. ¶ ~zuòzhe hē chá(~坐着喝茶)혼자 앉아서 차를 마시고 있다.

⁑**dùzi** 肚子 名 배, 복부. ¶ ~téng(~疼)배가 아프다. ~li duòshùr(~垛数儿)마음 속에는 이미 속셈이 있다. ~li yǒu xuéwen(~里有学问)속에 든 것이 있다; 학식이 풍부하다. shēng yí~qì(生一~气)마음 속 가득 화를 내다. **tuǐ**~(腿~)장딴지.

dúzòu 独奏(獨一) 動 독주하다. ~**huì**(~会)독주회. **gāngqín**~(钢琴~)피아노 독주.

dǔzuǐ 堵嘴 動 1. 입을 틀어 막다, 말을 못하게 하다. ¶ ~bùshuō(~不说)입을 봉하고서 말을 하지 않다. 2. 말문이 막히다.

E

E

†ē 阿 動 아첨하다, 영합하다, 한쪽으로 치우치다. **qū xué~shì** (曲学~世)곡학아세; 정도(正道)를 벗어난 학문으로 세상 사람에게 아첨하다. 名 〈文〉 1. 큰 언덕. 2. 모퉁이, 모서리. 3. 마룻대.

é 讹(訛) 名 잘못, 거짓됨. 動 속이다, 사취하다. **ébìng**(讹病)[괴병], **ézì**(讹字)[오자].

é 额(額) 名 1. 이마. =**é▴tou**(额头) 2. 액자, 틀. 3. 일정한 분량, 수량.

*é 鹅(鵝) 名 《**zhī** 只》 거위. **tiān** ~(天~)백조(白鳥).

⁑è 饿(餓) 動 굶(기)다, 배가 고프다. ¶ dùzi~le(肚子~了)배가 고프다. 形 배고프다, 굶주리다. ¶ wǒ zhēn~!(我真~!)난 정말 배고프다. ~·dehuāng(~得慌)배가 몹시 고프다.

†è 恶(惡) 形 1. 흉악하다, 모자라다, 격렬하다. ¶ yì cháng~zhàn (一场~战)격렬한 한바탕의 싸움. 2. 악하다, 나쁘다, 열악하다. ~**rén**(~人)악인.

*ē 欸(誒) 嘆 부를 때 사용함. ¶ ~, nǐ kuài lái!(~, 你快来!)어이, 빨리와!

*ế/éi 欸(誒) 嘆 놀람 · 의아 등을 표시함. ¶ ~, tā zěnme zǒu le! (~, 他怎么走了!)어어, 그가 왜 갔지!

*ě/ěi 欸(誒) 嘆 믿지 못한다는 기분을 나타낼 때. ¶ ~, nǐ zhè huà kě bú duì ya!(~, 你这话可不对呀!)엉, 너 이말 맞지 않을걸.

*ề/èi 欸(誒) 嘆 대답, 답장 또는 찬성을 나타냄. ¶ ~, wǒ zhè jiù lái!(~, 我这就来!)응, 곧 갈께! ~, jiù zhème bàn!(~, 就这么办!)응 그래, 이렇게 해!

èhuà 恶化(惡-) 動 악화하다, 악화시키다. ¶ bìngqíng~(病情~)병세가 악화되다. guānxi~(关系~)관계가 악화되다. ~liǎng guó guānxi(~两国关系)양국 관계가 악화되다.

*èliè 恶劣(惡-) 形 아주 나쁘다, 열악하다, 악질이다. ¶ pǐnzhì~(品质~)품성이 나쁘다. xíngwéi ~(行为~)행위가 악질이다.

ēn 恩 名 은혜, 호의. **ēnhuì**(恩惠)[은혜].

èn 摁 動 손가락으로 누르다. ¶ ~diànlíng(~电铃)초인종을 누르다.

ér 儿(兒) 名 1. 아이, 어린이. 2. 젊은이, 청년. 3. 아들, 사내아이. 4. [아비에 대해]저, 소생. 接尾 **ér**은 단독으로 하나의 음절이 되지 못하고, 앞 음절에 흡수되는데 이런 현상을 "**érhuà**"(儿化)라고 한다. "儿化"하는 경우 拼音 표기는 "r"을 사용하며, 몇가지 문법상의 기능이 있다. ① 작은 것을 나타냄; "花儿"(작은 꽃), "小狗儿"(강아지), "小猫儿"(고양이 새끼). ② 動詞·

形容詞를 名詞化시킴 ; "吃儿"(먹을 것), "热闹儿"(법석). ③구체적인 사물을 추상화시킴 ; "门儿"(방법), "根儿"(기초, 후원자). ④ 사물이 다르다는 것을 나타냄 ; "白面"(밀가루)－"白面儿"(헤로인). "老家"(고향)－"老家儿"(부모). ⑤ 形容詞·副詞의 중첩형 뒤에 쓰임 ; "快快儿地"(빨리), "慢慢儿地"(천천히).

***ér** 而 連 같은 종류의 단어 또는 문을 접속함. ☆ 명사 또는 명사류의 어구는 접속할 수 없음. ¶ cōngming～yǒnggǎn de rén(聪明～勇敢的人)총명하고 용감한 사람. zhèzhǒng píngguǒ dà～bù tián(这种苹果大～不甜)이 과일은 크나 달지 않다. zhè bú shì wǒ de, ～shì tā de(这不是我的, ～是他的)이것은 나의 것이 아니라 그의 것이다. wǒ bú shì bù xiǎng mǎi, ～shì méi qián mǎi de(我不是不想买, ～是没钱买的)나는 사고 싶지 않은 것이 아니라, 살 돈이 없는 것이다. ☆ 마지막 두 예문에서 **ér**(而)은 생략해도 문장이 성립됨.

ěr 耳 名 1. 귀. 2. (～子)[기물의]손잡이, 키.

⁑**èr** 二 數 2, 둘. 갖은자는 '弍' 또는 '贰'임. ☆ **èr**(二)과 **liǎng**(两)의 용법상 차이는 **liǎng**(两)을 참조.

ěrbiānfēng 耳边风(－邊風) 名 마이동풍(馬耳東風). ¶ bǎ biéren de quàngào dāngzuò～(把别人的劝告当做～)남의 충고를 마이동풍으로 흘려듣다.

⁑**ěrduo** 耳朵(－朵) 名 《**duì** 对, **shuāng** 双, **zhī** 只》 귀. ¶ nǐ méi zhǎng～a!(你没长～阿!)당신은 귀가 없나요? tā～yǒu diǎnr lóng(他～有点儿聋)그는 귀가 좀 먹었다. ～**cháng**(～长)귀가 밝다. ～**jiān**(～尖)위와 동일. ～**líng**(～灵)위와 동일.

ěrguāng 耳光 名 [양쪽]귀의 뒷부분 때릴 경우에 쓰임, [뺨]따귀. **ěrguāngzi**(耳光子)[뺨 따귀]. ¶ dǎ yí jì～(打一记～)따귀를 때리다. **shān**～(扇～)위와 동일.

érhuà 儿化(兒－) 名 음절 뒤에 권설운모인 '儿'을 붙여 전체 음절을 권설음화시키는 현상.

***ěrhuán** 耳环(－環) 名 《**duì** 对, **fù** 副, **zhī** 只》 귀걸이. 〈口〉 **ěrzhuìr**(耳坠儿), **ěrzhuìzi**(耳坠子). ¶ dài～(戴～)귀걸이를 하다(달다).

érhuàyùn 儿化韵(兒－韻) 名 아화운. '儿化'된 운모.

ěrjī 耳机(－機) 名 1. 수화기. 2. 이어폰.

érkē 儿科(兒－) 名 소아과. ＝ **xiǎo'érkē**(小儿科) ～**yīshēng**(～医生)소아과 의사.

†**érnǚ** 儿女(兒－) 名 아들과 딸 ; 자녀.

⁑**érqiě** 而且 連 게다가, …뿐만 아니라, 또한. ¶ xiěde cháng～kōng(写得长～空)문장이 장황할 뿐만 아니라 내용도 없다. búdàn dōngxi hǎo～jiàqian piányi(不但东西好～价钱便宜)물건이 좋을 뿐만 아니라 값도 싸다.

ěrsháo 耳杓 名 귀이개. **ěrwāzi**(耳挖子)라고도 함.

†**ěrshú** 耳熟 形 귀에 익다. ¶ zhè

shēngyin tīngzhe～(这声音听着～)이 소리는 귀에 익다.

*értóng 儿童(兒－) 名 아동. ～jié(～节)국제 아동일 ; 6월 1일. ☆ 초등학교는 수업을 하지 않고 아동은 각종 행사에 참가함. ～wénxué(～文学)아동문학.

ěrwāzi 耳挖子 名 귀이개. ＝ěrsháo(耳杓)

†éryǐ 而已 助 …만, …뿐. ¶ zhǐ shì zuòmèng～(只是做梦～)단지 꿈일 뿐이다. zhǐ búguò shuō shuo～(只不过说说～)단지 말해 봤을 뿐이다.

⁑èryuè 二月 名 2월.

⁑érzi 儿子(兒－) 名 아들. dà～(大～)장남.

èshā 扼杀(－殺) 動 목을 눌러 죽이다. ¶ ～xīnshēng lìliang(～新生力量)새로운 세력을 압살하다.

éwài 额外(額－) 形 정액[정원] 외의, 초과의. ¶ ～de yāoqiú(～的要求)지나친 요구. ～kāizhī(～开支)초과 지출.

*Éwén 俄文 名 러시아어. ＝Éyǔ(俄语)

*ěxin 恶心(惡－) 形 구역질이 나다. ¶ tóuténg, hái yǒudiǎnr～(头疼, 还有点儿～)머리가 아프고 속도 좀 메스껍다. zhēn jiào rén～!(真叫人～!)정말 메스껍다. 動 혐오감을 일으키다. ¶ bié～rén le(别～人了)혐오감을 일으키지 마라.

*Éyǔ 俄语(－語) 名 러시아어. ＝Éwén(俄文)

F

*⁎fā 发(發) 動 보내다, 부치다, 교부하다, [전보를]치다, 발송하다, [노임을]내주다. ¶ ～jiǎngzhuàng(～奖状)상장을 주다. ～yì fēng xìn(～一封信)편지 한 통을 부치다. ～**píqi**(～脾气)성질을 내다, 화를 내다. 量 발[탄환이나 포탄의 수를 세는 데 쓰임.] ¶ liǎng～zǐdàn(两～子弹)총알 2발. ☞ **fà**(发) 참조.

***fá** 罚(罰) 動 벌하다. ¶ shéi wǎn lái～shéi hē jiǔ(谁晚来～谁喝酒) 누구든지 늦게 오면 벌주를 마신다. ～**zhàn**(～站)벌로 서 있게 하다. 名 벌. **shòu**～(受～)벌을 받다.

***fá** 乏 形 1. 결핍되다, 부족하다. 2. 피로하다. ¶ húnshēn～(浑身～)온몸이 피곤하다.

fá 伐 動 1. 베다, 벌목하다. 2. 공격하다. **zhēng**～(征～)정벌하다.

fá 阀(閥) 名 1. 가문, 문벌. 2. 〈譯〉 밸브. ＝**fámén**(阀门)

fǎ 法 名 1. 법, 법률. ¶ nǐ shǒu diǎnr～ba(你守点儿～吧) 너는 법을 좀 지켜라. 2. 방법, 방식. **xiě**～(写～)서법. **zuò**～(做～)만드는 법, 하는 방법.

fà 发(髮) 名 두발, 머리카락(털). ☆ **máo**(毛)[머리카락 이외의 털]와 구별됨. **jiǎn**～(剪～)머리를 자르다. **lǐ**～(理～)이발하다. ～**zìtóu**(～字头)[한자 부수의]머리. **tàng**～(烫～)머리를 파마하다.

☞ **fā**(发) 참조.

***fābiǎo** 发表(發一) 動 1. [의견·성명 등을]발표하다. ¶ ～shēngmíng(～声明)성명을 발표하다. ～tánhuà(～谈话)담화를 발표하다. 2. [논문 등을]공포하다, 간행하다. ¶ ～wénzhāng(～文章)논문을 발표하다.

fābù 发布(發一) 動 발포하다, 선포하다. ¶ ～mìnglìng(～命令)명령을 발포하다.

***fā▲cái** 发财(發財) 動 돈을 벌다, 재산을 모으다, 부자가 되다. ¶ fāle dà cái(发了大财)돈을 많이 벌다. gōngxǐ～(恭喜～)상업이 번창하시길 ; 옛날 풍습으로 특히 상인 사이에서 정월에 교제 나누는 인사.

fā▲chóu 发愁(發一) 動 근심하다, 걱정하다, 우려하다. ¶ zhèng～méi rén qù ne(正～没人去呢)갈 사람이 없어 걱정하고 있다. fāle bàntiān chóu(发了半天愁)한참동안 걱정하다.

***fāchū** 发出(發一) 動 내다, 보내다. ¶ ～tōngzhī(～通知)통지를 보내다. ～shēngyīn(～声音)소리를 내다.

***fādá** 发达(發達) 動 발달하다, 향상하다, 발전하다. ¶ jīròu～(肌肉～)근육이 발달하다. shāngyè～(商业～)장사가 번창하다.

fā▲dāi 发呆(發一) 動 멍하다, 어리둥절하다. ¶ fā shénme dāi?(发什么呆?)왜 멍청하게 있니?

☆ 아버지가 아이를 혼낼 때, 꽤 심한 말투로 쓰임.

†**fā▲diàn** 发电(發電) 動 1. 전보를 치다. ¶ ~zhùhè(~祝贺)축하 전문을 띄우다. 2. 발전하다. ¶ shuǐlì~(水力~)수력발전. ~**jī**(~机)발전기. ~**zhàn**(~站)발전소.

F

发电站

†**fādòng** 发动(發動) 動 1. 개시하다. ¶ ~zhànzhēng(~战争)전쟁을 개시하다. 2. 동원하다. ¶ ~qúnzhòng(~群众)군중을 동원하다. 3. 시동을 걸다, [기계를]돌아가게 하다. ¶ ~mǎdá(~马达)모터를 돌리다. ~**jī**(~机)발동기, 엔진, 모터.

*__fādǒu__ 发抖(發—) 動 [벌벌·덜덜]떨다. ¶ dòngde~(冻得~)추워서 벌벌 떨다. qìde~(气得~)분해서 부들부들 떨다.

fā▲huāng 发慌(發—) 動 덤비다, 허둥대다, 당황하다, 갈팡질팡하다. ¶ xīnli~(心里~)당황해 하다.

*__fāhuī__ 发挥(發揮) 動 발휘하다, 발양하다. ¶ ~zìjǐ de chángchu(~自己的长处)자신의 장점을 발휘하다. ~jījíxìng(~积极性)적극성을 발휘하다.

†**fā▲huǒ** 发火(發—) 動 발화하다, 발끈 화를 내다.

†**fājué** 发觉(發覺) 動 발견하다, 깨닫다. ¶ ~zìjǐ shàngdàng le(~自己上当了)자기가 속았다는 사실을 깨닫다.

fá▲kuǎn 罚款(罰—) 動 벌금을 내다. ¶ bèi fále kuǎn(被罚了款)벌금이 부과되다.
☞ **fákuǎn**(罚款) 참조.

fákuǎn 罚款(罰—) 名 벌금.
☞ **fá▲kuǎn**(罚款) 참조.

*__fǎláng__ 法郎 名 프랑; 프랑스·스위스 등의 통화단위.

†**fǎlìng** 法令 名 법령. ¶ gōngbù~(公布~)법령을 공포하다.

⁑**fǎlǜ** 法律 名 법률. ¶ zūnshǒu~(遵守~)법률을 지키다.

*__fāmíng__ 发明(發—) 動 발명하다. ¶ ~·le diàndeng(~了电灯)전등을 발명하다. 名 발명. ~**jiā**(~家)발명가. **xīn**~(新~)새로운 발명.

⁑**fān** 翻 動 1. 뒤집다, 뒤지다. ¶ ~dì(~地)땅을 갈아 엎다. ~shū(~书)책을 펴다. 2. 넘다, 건너다. ¶ ~qiángtóu(~墙头)담을 넘다. 3. 번역하다. =**fānyì**(翻译) ¶ ~xiǎoshuō(~小说)소설을 번역하다.

*__fān__ 番 量 1. 종류, 가지, 종. ¶ lìng yǒu yì~zuòfǎ(另有一~做法)다른 방법이 따로 있다. 2. 번, 차례, 바탕. ¶ qīnqiè de quàn gàole yì~(亲切地劝告了一~)한차례 친절히 충고하다. jiěshì yì~(解释一~)한차례 해설하다.

fán 烦(煩) 形 답답하다, 산란하다, 괴롭다. ¶ kàn·~le(看~了)

보는 것은 이제 지겹다. 動 1. 걱정하다[시키다]. 2. 수고[폐]를 끼치다, 수고스럽지만…. ¶ ~nín pǎo yí tàng(~您跑一趟) 미안하지만 한번 수고해 주십시오.

†**fán** 凡 副 무릇, 대저. ☆ **fánshì**(凡是)보다도 문어적임 ; 이것을 사용하지 않아도 문장은 구성되지만, 사용하는 것이 범위를 제한하는 의미가 확실함. ¶ ~chí dào de rén dōu bùxǔ jìnlái(~迟到的人都不许进来)무릇 늦게 온 사람은 들어올 수 없다. 形 평범하다, 보통이다.

fán 繁 動 1. 많다. 2. 번잡하다, 복잡하다. ⇔ **jiǎn**(简)

†**fǎn** 反 動 반항하다, 반대하다. ~**zhàn**(~战)전쟁을 반대하다. 形 반대의, 거꾸로의 ¶ bǎ máoyī chuān · ~le(把毛衣穿~了)스웨터를 뒤집어 입다. 副 반대로, 도리어, 오히려. ¶ shú, ~bù hǎo bàn(熟, ~不好办)익숙하지만 오히려 잘 하지 못하다.

†**fǎn** 返 動 돌아가다, 돌아오다. **yí qù bú fù**~(一去不复~)가서는 다시 돌아오지 않다.

***fàn** 范(範) 名 1. 모형, 주형. 2. 본보기, 모범. 3. 범위, 제한 **fànchóu**(范畴)[범주, 유형].

⁑**fàn** 饭(飯) 名 1. 《**dùn** 顿, **cān** 餐, **fèn** 份, **zhuō** 桌, **kǒu** 口》 식사. ¶ chī~(吃~)식사하다. chéng~(盛~)[그릇에]밥을 담다. 2. 밥. ¶ chī miàn, bù chī~(吃面, 不吃~)국수를 먹고 밥을 먹지 않다.

***fàn** 犯 動 1. 저촉하다, 위반하다. ~**fǎ**(~法)법을 위반하다. ~**jìn**(~禁)금령을 범하다. ~**zuì**(~罪)죄를 범하다. 2. 저지르다, 범하다, 발생하다, 드러나다. ~**bìng**(~病) ① 지병이 재발하다. ② 나쁜 버릇이 되살아나다. ~**píqi**(~脾气)짜증을 내다, 뻣성을 내다, 울화가 치밀다.

fàn 贩(販) 動 1. 판매하다. 2. [상인이]사들이다, 구입하다.

fàn 梵 名 〈宗〉 1. 불교와 관련된 것. 2. [고대의]인도. **Fànwén**(梵文)[범어 ; 산스크리트].

fànbushàng 犯不上
☞ **fànbuzháo**(犯不着) 참조.

fànbuzháo 犯不着 動 …할만한 가치가 없다, …할 필요는 없다, …할만한 것이 못되다. =**fànbushàng**(犯不上) ¶ ~fāhuǒ(~发火)쏠 필요는 없다. ~gēn tā shēngqì(~跟他生气)그에게 화를 낼 필요는 없다.

fàncài 饭菜(飯—) 名 1. 밥과 찬, 식사. 2. 찬, 반찬. **jiǔcài**(酒菜)[술안주].

fǎn▴cháo 返潮 動 습기가 차다. ¶ bǐnggān~le(饼干~了)과자가 축축해졌다.

†**fānchuán** 帆船 名 《**zhī** 只》 돛단배, 범선.

帆船

***fǎndào** 反倒 副 오히려, 도리어.

F

☆ **fǎn'ér**(反而)보다도 구어적인 표현. ¶ ~hái tǐng yǒulǐ shìde(~还挺有理似的)도리어 매우 도리가 있는 것 같다.

⁑**fàndiàn** 饭店(飯一) 名 《**jiā** 家》 [비교적 큰 설비를 갖춘] 1. 호텔, 여관. ¶ Běijīng~(北京~)북경호텔. 2. 〈方〉 레스토랑, 식당.

F

***fǎndòng** 反动(一動) 形 반동적이다. ~**jiējí**(~阶级)반동계급. ~**pài**(~派)반동파. 名 반동, 반작용. ¶ duì zhè cháng yùndòng de~(对这场运动的~)이 운동에 대한 반발.

⁑**fǎnduì** 反对(一對) 動 반대하다. ¶ ~qīnlüè(~侵略)침략에 반대하다.

***fǎn'ér** 反而 副 오히려, 역으로. ☆ **fǎndào**(反倒)보다도 문어적 표현. ¶ fēng búdàn méi tíng, ~yuè lái yuè dà le(风不但没停, ~越来越大了)바람이 멈추지 않을 뿐만 아니라 오히려 갈수록 점점 더 거세졌다.

***fǎnfù** 反复(一復) 動 1. 반복하다, 되풀이하다. ¶ ~shūomíng(~说明)설명을 반복하다. 2. [병이] 도지다, 재발하다. ¶ zài~jiù wēixiǎn le(再~就危险了)다시 도지면 위험해진다. 名 1. 반복. ¶ dòuzhēng huì yǒu~(斗争会有~)투쟁은 반복될 것이다. 2. 재발. ¶ tā de bìng zuìjìn yǒu~(他的病最近有~)그의 병은 최근 재발했다.

***fāng** 方 名 쪽, 방향, 방면. ¶ nà yì~(那一~)그쪽. **wǒ**~(我~)우리측. **shuāng**~(双~)쌍방. 形 네모지다. ~**zhuō**(~桌)네모난 탁자. 量 1. 평방 또는 입방미터. 2. 개, 장[모난 물건을 세는 단위.] ¶ yì~shǒujuànr(一~手绢儿)손수건 한장. 副 〈文〉 1. 지금 한창, 바야흐로. ¶ xuèqì~gāng(血气~刚)혈기가 바야흐로 세지다. 2. 이제 막, 방금, 갓. ¶ nián~èrshí(年~二十)이제 갓 스무살이다.

†**fáng** 房 名 1. 집, 주택, 가옥. = **fángzi**(房子) 2. 방. =**fángjiān**(房间) 量 (~儿)옛날 처첩을 가리킬 때 쓰였음. ¶ liǎng~xífù(两~媳妇)마누라 둘.

***fáng** 防 動 막다, 지키다, 방비하다, 방위하다, 방지하다, 방어하다. ~**dào**(~盗)도난을 방지하다. ~**shuǐ**(~水)방수하다. ~**yì**(~疫)방역하다.

†**fǎng** 纺(紡) 動 [고치·목화에서] 실을 뽑다, 잣다. ¶ ~mián hua(~棉花)솜을 잣다. ~xiàn(~线)방적하다.

⁑**fàng** 放 動 1. 놓아주다, 풀어주다, 방출(放出)하다. ¶ bǎ fúlǔ ~·huiqu(把俘虏~回去)포로를 석방하다. 2. 방목하다. ¶ ~niú(~牛)소를 방목하다. ~yáng(~羊)양을 방목하다. 3. 불을 놓다[지르다]. ¶ ~bàozhú(~爆竹)폭죽을 터뜨리다. 4. 두다, 놓다. ¶ bǎ xíngli~·zai fángjiān li(把行李~在房间里)짐을 방에 놓아두다.

†**fáng'ài** 妨碍 動 방해하다, 훼방놓다. ¶ ~ānmián(~安眠)잠자는 것을 방해하다. ~jiāotōng(~交通)교통을 방해하다.

†**fāng'àn** 方案 名 계획, 설계. ¶

zhìdìng～(制定～)계획을 제정하다. 2. 방안, 방책. **Hànyǔ pīnyīn**～(汉语拼音～)한어병음 방안.

*__fángbèi__ 防备(-備) 動 방비하다, 대비하다. ¶ ～hóngshuǐ xílai(～洪水袭来)홍수의 습격에 대비하다.

fàngbiānpào 放鞭炮 動 폭죽을 터뜨리다. =**fàngbàozhú**(放爆竹)

放鞭炮

⁑**fāngbiàn** 方便 形 1. 편리하다. ¶ jiāotōng～(交通～)교통이 편리하다. 2. 즉석의. ～**miàn**(～面)인스턴트 라면. 3. 알맞다, 적당하다, 적합하다. ¶ zhèr shuō huà bù～(这儿说话不～)여기서 말하기는 적당하지 않다. 4. [돈이] 넉넉하다, 푼푼하다. ¶ shǒutóu bù～(手头不～)수중에 돈이 넉넉하지 않다. 名 편의, 수단, 방편, 방법. ¶ tígōng～(提供～)편의를 제공하다. 動 1. 편의를 꾀하다[도모하다]. ¶ ～chéngkè(～乘客)승객의 편의를 꾀하다. 2. [대소]변을 보다, 용변(用便)보다. ¶ wǒ yào～yí xià(我要～一下)화장실에 가겠습니다.

fāngcái 方才 副 방금, 이제, 막, 지금. ¶ děngdào tiān hēi, tā～huílai(等到天黑, 他～回来)어두어져서야 비로소 돌아왔다.

fǎngchē 纺车(紡車) 名 물레. ¶ yáo～(摇～)물레를 돌리다.

†**fàngdà** 放大 動 크게하다, 확대하다, 증폭하다. ¶ ～xiàngpiàn(～相片)사진을 확대하다.

fàng▲dǎn 放胆 動 마음을 크게 먹다, 용기를 내다. ¶ nǐ jiù～shuō ba, méi rén gàozhuàng(你就～说吧, 没人告状)용기를 내어 말해라, 아무도 고자질하지 않는다.

*__fángdǐng__ 房顶(-頂) 名 지붕, 옥상.

†**fángdōng** 房东(-東) 名 집주인. ⇔ **fángkè**(房客)

⁑**fāngfǎ** 方法 名 방법, 수단, 방식. ¶ zhège～hǎo jíle(这个～好极了)이 방법은 아주 좋다. móuqiú jiějué～(谋求解决～)해결 방법을 꾀하다.

*__fǎngfú__ 仿佛 副 마치 …인 듯하다. ☆ **hǎoxiàng**(好像)보다 문어적인 표현임. ¶ ～shì zuòmèng(～是做梦)마치 꿈을 꾼 것 같다. 動 유사하다, 비슷하다. ¶ múyàng xiāng～(模样相～)모습이 서로 비슷하다.

*__fàng▲jià__ 放假 動 휴가로 쉬다, 방학하다. ¶ fàng yì tiān jià(放一天假)하루 쉬다.

⁑**fángjiān** 房间(-間) 名 《**gè** 个, **jiān** 间》 방. ☆ 이 단어의 구성은 명사 **fáng**(房)과 양사 **jiān**(间)으로 구성되어 있음. ¶ shōushi～(收拾～)방안을 치우다. ～**hàomǎ**(～号码)방 번호, 룸 넘버.

fángkè 房客 名 세든 사람, 차가인(借家人). ⇔ **fángdōng**(房东)

*__fāngmiàn__ 方面 名 방면, 방향, 측면, 측, 쪽. ¶ kāiwǎng Dōngběi～

de lièchē(开往东北~的列车)동북방면행 열차.

fàng▴pì 放屁 動 방귀를 뀌다.

***fàngqì** 放弃(一棄) 動 [원래의 권리·주장·의견 따위를]버리다, 포기하다. ¶ ~xiūxi shíjiān(~休息时间)휴식 시간을 포기하다. ~zìjǐ de yìjian(~自己的意见)자신의 의견을 버리다.

F

†**fàngshè** 放射 動 방사하다, 방출하다. ~**xiàn**(~线)방사선.

***fāngshì** 方式 名 방식, 방법, 일정한 형식·수속. ¶ shēnghuó~(生活~)생활방식, 라이프 스타일.

†**fángshǒu** 防守 動 막아 지키다, 수비하다. ¶ jiāqiáng~(加強~)방비를 강화하다, [구기종목 등에]방어하다, 수비를 확고히 하다.

***fāng▴shǒu** 放手 動 1. 손을 놓다, 손을 떼다. ¶ fàngkāi tā de shǒu(放开他的手)그의 손을 놓다. 2. 광범위하게 하다. ¶ ~fādòng qúnzhòng(~发动群众)광범위하게 군중을 동원하다.

fàngsì 放肆 形 제멋대로 하다, 방자하다. ¶ ~de xíngwéi(~的行为)방자한 행위. bùzhǔn~(不准~)제멋대로 굴면 안된다.

***fàngsōng** 放松(一鬆) 動 늦추다, 느슨하게 하다. ¶ bǎ jīngshén~yíxià(把精神~一下)정신을 이완시키다. ~jǐngtì(~警惕)경계심을 늦추다.

fànguǎn 饭馆(飯館) 名 요리집, 식당. ¶ xià~(下~)식당에 가다.

⁑**fǎngwèn** 访问(訪問) 動 방문하다. ¶ ~qīnyǒu(~亲友)친척과 친구를 방문하다. 名 방문. **zhèngshì**~(正式~)공식 방문.

***fángwū** 房屋 名 가옥, 집, 건물.

fàngxià 放下 動 내려놓다, 내버리다. ¶ ~wǔqì(~武器)무기를 폐기하다.

⁑**fāngxiàng** 方向 名 방향. ¶ míngquè~(明确~)방향을 명확하게 하다. ~bú duì(~不对)방향이 틀리다.

⁑**fàng▴xīn** 放心 動 마음을 놓다, 안심하다. ¶ nín~ba!(您~吧!)안심하세요. ~·buxià(~不下)안심할 수 없다.

⁑**fàng▴xué** 放学(一學) 動 1. 학교가 파하다. ¶ měitiān wǔ diǎn~(每天五点~)매일 5시에 학교가 파한다. 2. 방학하다, 학교가 쉬게 되다. ¶ yí xià dà xuě xuéxiào jiù~le(一下大雪学校就~了)한차례 대설로 학교가 쉬게 되었다.

***fāngyán** 方言 名 방언, 사투리.

†**fàngyìng** 放映 動 상영하다. ¶ ~diànyǐng(~电影)영화를 상영하다.

†**fángyù** 防御 動 방어하다. ¶ jījí~(积极~)적극적으로 방어하다. ~**zhàn**(~战)방어전.

†**fāngzhēn** 方针(一針) 名 방침. ¶ zhìdìng~(制定~)방침을 제정하다. jīběn~(基本~)기본 방침.

***fángzhǐ** 防止 動 방지하다. ¶ ~shíwù zhòngdú(~食物中毒)식중독의 발생을 방지하다.

†**fángzhì** 防治 動 [병, 방충해 등을]예방 치료[퇴치]하다, 막다, 예방하다.

***fǎngzhī** 纺织(紡織) 動 방직하다.

학습 정보 ❽

◈ 方言 fāngyán(방언) ◈

1. 漢語 · 方言 · 共通語

약 50여 민족으로 구성된 중국에서는 중국어 외에도 위구르어 · 티베트어 · 몽골어 등이 사용되고 있다.

중국어는 전인구의 9할을 차지하는 漢族의 언어로 "汉语Hànyǔ"라고 불려진다. 漢語에는 표준어만 있는 것이 아니라 대단히 많은 方言을 포함하고 있다. 예를 들어, 쿵후 영화에 나오는 廣東語, 중국 최대의 경제력을 과시하는 상해에서 사용되는 上海語, 해외 화교에 많은 客家語나 閩語(福建語) 등, 長江(揚子江) 이남에는 북방에 넓게 분포하는 官話와는 다른 다채로운 방언이 있다.

각 방언의 차이는 지극히 커서, 만약 이것이 게르만의 여러 언어나 로망스의 여러 언어라면, 서로 다른 언어라고 간주해도 좋을 정도이다.

중국인 자신도 만약 그 방언에 통달해 있지 않다면 통역을 동반하든가 또는 공통어로 바꾸어 말하는 수밖에 없다. 현재에는 각 방언 구역의 사람들은 일상생활에서는 방언, 공적인 장소에서는 공통어라는 이중 언어 생활을 보내고 있다. 공통어로서의 중국어는 "普通话 pǔtōng huà"라고 말해진다. 공통어는 北京言語를 근원으로 만들어진 것으로, 급속히 보급되고 있다.

2. 七大方言

주요한 漢語方言에는 "官话(北方)方言" "吴方言" "湘方言" "赣方言" "客家方言" "闽方言" "粤方言"의 七大方言이 있다. 각 방언은 어휘나 문법적인 차이도 있지만, 음성면에서의 차이가 가장 크다. 다음은 각각의 분포지역과 주된 음운적 특징을 서술한 것이다. 그리고 문장 중의 「入声」이라는 것은 음절 말미가 「[−p] · [−t] · [−k]」등과 같이 짧게 끝나는 특별한 성조이다. 「声母」란 음절의 처음에 나타나는 子音, 「韵母」란 음절에서 聲母를 제외한 부분, 「中古音」이란 隋 · 唐代의 標準音이다.

a. 官話[Guānhuà] 方言(북방방언)

'官话'란 관리의 교제어라는 의미이다. 중국 본토가 통일된 관료기구에 의해 정비됨과 동시에, 중원지역에 넓게 침투하여, 전국 공통어의 기반이 되었다. 현재에는 長江이북의 漢族 거주지역의 4분의 3을 점하고, 漢族의 7할이 이 방언을 사용하고 있다. 공통어의 기원이 된 北京方言이 가장 대표적이다. 音韻의 특징은, 濁聲母가 없고, 무성음뿐이다.

入聲은 극히 일부지역을 제외하고 소멸되었다(例 : 六 luk>liou). -m으로 끝나는 운미는 -n이 되고(例 : 神-m>-n), 성조는 3에서 7성조로, "普通话"의 4성처럼 4성조의 지역이 가장 많다. 또한 北京方言에서는, 卷舌音이라는 혀를 구부리는 聲母나, 음절을 권설음화시키는 兒化韻, 짧고 약하게 읽는 輕聲 등도 특색으로 들 수 있다.

b. 吳[Wú] 方言(오방언)

長江 이남의 江蘇省 · 浙江省 · 江西省의 일부에 분포한다. 寧波주변을 국경으로, 北部方言[上海](注 : [ ]안은 그중 대표적인 방언을 나타낸다. 아래도 같음)과 南部方言([温州]으로 나눠진다.

音韻의 특징은, 濁聲母가 있는 것이다. 예전의 입성은, 모두 聲門閉鎖音[−ʔ]으로 남아 있다. 鼻音韻尾의 -m이 없어져, -n과 -ng의 구별도

F

없다. 성조는 5에서 8성, 다음절어의 대부분은 連音변화를 일으킨다.

c. 湘[Xiāng] 方言(상방언)

湖南省·廣西 장족자치구의 일부에 분포한다. 보통 新湘方言[长沙]와 老湘方言[双峰]으로 분류된다.

音韻의 특징은 濁聲母가 상당한 지역에서 보존되고 있다는 것이다. 入聲韻母는 성조의 구별로서 일부 지역을 제외하고 남아있지만, 말미자음은 소실되었다. -m 운미, -ng 운미는 -n에 합류되어 있는 경우가 많다. 성조는 5에서 6聲이다.

d. 贛[Gàn] 方言(감방언)

江西省(남부를 제외)·湖南省의 동부에 분포한다.

音韻의 특징은 濁聲母가 없고, 모두 무성음이라는 것. -m 운미는 일률적으로 -n에 합류, 성조는 6개인 경우가 많다. 入聲의 보존 정도는 지역에 따라 달라 末尾子音이 모두 구별되기도 하고, 또는 일부밖에 구별이 남아 있지 않은 경우가 있다.

e. 客家[Kèjiā] 方言(객가방언)

客家란 북방에서 남방으로 이주해온 漢族의 어떤 일파를 가리킨다.

주로 廣東省 동부 중부·福建省 서부·江西省 남부·台灣省 서북부에 분포하지만, 이런 지역 이외에도 華南지방을 중심으로 각지에 점재해 있다. 廣東省 동부의 梅縣方言이 가장 유력하다.

音韻의 특징은 韻尾가 中古音의 체계를 그대로 보존하여, -m, -n, -ng이 구별되어 入聲韻尾의 -p, -t, -k와 상대로 응하고 있다. (入聲이 일부 소실된 것도 있다). 濁聲母는 소멸되어 모두 無濁有氣音이 되었다.

f. 閩[Mǐn] 方言(민방언)

福建省(서부를 제외)·廣東省의 동부 및 雷州半島·海南省·台灣省에 분포한다. 福建省의 방언은 크게 沿海部方言[福州·莆田·厦門]과 內陸部 方言[建甌·邵武·永安]으로 나눠진다. 福建省 이외의 지역에서 말해지고 있는 閩方言은 대체로 연해부 방언의 일파인 "闽南语 Mǐnnányǔ"에 속한다.

音韻의 특징으로는 濁聲母가 대부분의 지역에서 無聲無氣音으로 변화되고 있다.

入聲韻尾를 모두 보존하고 있는 지역이 많다. 성조는 일반적으로 일곱개이며, 連音변화가 복잡하다.

g. 粵[Yuè] 方言(월방언)

廣東省·廣西 장족자치구 및 홍콩·마카오에 분포한다. 廣州市와 홍콩의 방언이 가장 유력하며 보통 cantonese라 부르고 있다.

音韻의 특징으로는 濁聲母와 무성음으로 변화하는 것이다. 入聲은 -p, -t, -k를 모두 남겨, -m, -n, -ng와 대응한다.

성조의 수는 9에서 10성으로 漢語 중 가장 많다. 일부 방언에는 母音의 장단에 따라 의미가 다른 경우가 있다. 더우기 客家方言, 閩方言, 粵方言은 동남아시아에 살고 있는 華僑사이에서도 널리 사용되고 있다.

3. 차이가 큰 南方의 여러 방언

북방의 官話方言은 광대한 지역에 분포되어 있는데도 불구하고 모두 동일하다.

黑龍江省 하얼빈시와 雲南省 昆明市는 직선거리로 3000km 이상이지만, 양지역의 사람은 거의 곤란을 느끼지 않고 대화를 할 수 있다고 한다. 한편 남방의 6방언은 각 방언간의 차이는 물론이고 각 방언내의 下位의 여러 방언간의 차이도 극히 큰 경우가 많다. 福建省의 福淸縣과 莆田縣은 직선거리로 50km 밖에 떨어져 있지 않고, 이와 동시에 沿海部 閩方言에 속하지만 양지역의 말은 거의 통하지 않는다. 게다가 南方方言에서는 방언의 분포 상황도 지

역에 따라서는 상당히 복잡하다. 廣東省 중부의 惠州市에서 호텔 등의 종업원이 되기 위해서는 惠州方言·廣州方言·客家方言·"普通话"를 할 수 없으면 안된다고 하는데, 이것은 惠州市 부근의 복잡하게 뒤섞인 방언 분포를 반영하고 있다.

또한 역사적으로 볼 때 南方의 여러 방언은 官話方言에 비해 옛 漢語의 특징을 보다 많이 보존하고 있다. 두개 정도의 예를 들어 보면,

우선 贛方言(일부)·客家方言·閩方言(일부)·粵方言에서는 入聲이 隋·唐代의 발음에 가까운 상태로 보존되고 있다.

예를 들어, 광주 방언에서 「得·列·急」을 [deg[1]·lid[6]·geb[1]]이라고 발음한다. 다음으로 옛 어휘(또는 의미)가 자주 남방의 방언으로 생겨 남아 있다. 예를 들어,「锅·釜」「箸」를 의미하는 閩方言의 "鼎" "箸",「마시다」를 의미하는 粵方言의 "饮"("饮茶"의 "饮"),「국·온천」을 의미하는 福建省 동북부의 閩方言의 "汤" 등이 그 예이다.

F

*__fāngzi__ 方子 名 [약의]처방전. ¶ kāi~(开~)처방전을 쓰다.

⁑__fángzi__ 房子 名 1. 《__suǒ__ 所, __dòng__ 栋, __zhuàng__ 幢》 집, 건물. 2. 〈方〉《__jiān__ 间》 방.

__fángzū__ 房租 名 집세, 점포세.

__fànhé__ 饭盒(飯—) 名 도시락, 반합. ¶ chī~fàn(吃~饭)도시락을 먹다.

__fānhuǐ__ 翻悔 動 마음이 변하다[돌아서다], 이전에 승낙한 일을 후회하여 번의(翻意)하다. ¶ bùdé~(不得~)마음이 변해서는 안된다.

†__fǎnjī__ 反击(—擊) 動 반격하다, 역습하다. ¶ duì dìrén yǔyǐ~(对敌人予以~)적에게 반격을 가하다.

*__fǎnkàng__ 反抗 名 반항하다. ¶ ~qīnlüè(~侵略)침략에 반항하다.

__fān▲liǎn__ 翻脸(—臉) 動 외면하다, 반목하다, 불쾌한 얼굴을 하다. ¶ ~bú rèn rén(~不认人)외면하고 상대하지 않다. dòng bu dòng jiù~(动不动就~)걸핏하면 불쾌한 얼굴을 하다.

__fǎnmiàn__ 反面 名 반면; 부정적이거나 소극적인 면. ~__jiàocái__(~教材)인민을 교육하기 위한 나쁜 견본. ~__jiàoyuán__(~教员)[교훈을 얻어 자각을 높이기 위한] 반동인물. ~__rénwù__(~人物)반동적이고 부정적 인물, [문예작품중에]부정적 인물.

*__fánnǎo__ 烦恼(煩惱) 動 번뇌하다, 걱정하다, 마음을 졸이다. ¶ ràng rén~de shìqing(让人~的事情)걱정스런 일. 名 번뇌, 걱정. ¶ yǐnqǐ~(引起~)번뇌를 일으키다.

*__fānqié__ 番茄 名 토마토. =__xīhóngshì__(西红柿)

†__fànrén__ 犯人 名 범인. ¶ dàibǔ~(逮捕~)범인을 체포하다.

*__fánróng__ 繁荣(—榮) 形 번영하다, 번창하다. ¶ shìchǎng~(市场~)시장이 번영하다. 動 번영시키다. ¶ ~jīngjì(~经济)경제를 번영시키다.

*__fān▲shēn__ 翻身 動 1. 몸을 돌리다, 엎치락 뒤치락하다. ¶ fānle

hǎo jǐ cì shēn, zěnme yě shuì buzháo(翻了好几次身，怎么也睡不着)여러차례 몸을 뒤척여도 도무지 잠을 이룰 수 없다. 2. [억압에서]해방되다. ¶ fān le shēn de nóngmín(翻了身的农民)해방된 농민.

fánshì 凡是 副 대강, 대체로, 무릇. ¶ ~kànguo yīnghuā de rén, dōu shuō yīnghuā piàoliang(~看过樱花的人，都说樱花漂亮)무릇 벚꽃을 본 사람은 모두 벚꽃이 아름답다고 말한다.

F

fānteng 翻腾(—騰) 動 1. 미친 듯이 날뛰다, 끓어 오르다. ¶ bōlàng~(波浪~)파도가 광란하다. 2. 휘저어 어지럽히다, 뒤척이다, 들추다. ¶ zhěnggè wūzi dōu~·biàn le(整个屋子都~遍了)온 집안을 다 휘저어 어지럽히다.

fàntīng 饭厅(飯廳) 名 식당；가정이나 호텔 등의 비교적 넓은 곳.

fántǐzì 繁体字(—體—) 名 번체자. ⇔ **jiǎntǐzì**(简体字)

⁑**fànwǎn** 饭碗(飯—) 名 1. 밥을 담는 그릇, 밥공기. 2. 직업, 밥벌이. ¶ ~zá le(~砸了)밥그릇이 깨졌다. zhǎo~(找~)직업을 찾다. **tiě**~(铁~)확실한 직업, 평생직업, 굶지 않는 직업.

*__fàwnwéi__ 范围(範圍) 名 범위. ¶ huódòng~(活动~)활동 범위.

*__fǎnxǐng__ 反省 動 반성하다. ¶ yīnggāi shēnkè de~(应该深刻地~)깊이 반성해야 한다. 名 반성.

⁑**fānyì** 翻译(—譯) 動 1. 번역하다. ¶ ~xiǎoshuō(~小说)소설을 번역하다. 2. 통역하다. ¶ ~tuánzhǎng de zhìcí(~团长的致词)단장의 인사말을 통역하다. 名 통역, 번역. ☆ 통역은 **kǒuyì**(口译), 번역은 **bǐyì**(笔译)라고도 함. ¶ dāng~(当~)통역을 담당하다.

†**fǎnyìng** 反应(—應) 動 반응하다. 名 반응.

*__fǎnyìng__ 反映 動 1. 반영하다. ¶ ~nóngmín shēnghuó de shī(~农民生活的诗)농민의 생활을 반영한 시. 2. [하급자가 상급자에게] 보고하다. ¶ ~qíngkuàng(~情况)상황을 보고하다. 名 보고. ¶ tīngqǔ~(听取~)보고를 듣다.

*__fǎnzheng__ 反正 副 어차피, 결국, 어쨌든, 아무튼. ¶ ~jiéguǒ yíyàng(~结果一样)어쨌든 결과는 같다.

†**fàn▲zuì** 犯罪 動 죄를 짓다.

fāpiào 发票(發—) 名 《**zhāng** 张》 1. [상품 발송의]송장(送狀). 2. 영수증. ¶ kāi~(开)영수증을 발행하다(쓰다).

fā▲rè 发热(發熱) 動 열을 발하다(내다). = **fā▲shāo**(发烧) 2. [냉정하지 못하고]열내다, 발끈하다. ¶ tóunǎo~(头脑~)[머리에]발끈 열이 오르다.

⁑**fā▲shāo** 发烧(發燒) 動 열이 나다. ¶ fāle sānshijiǔ dù de shāo(发了三十九度的烧)39도의 열이 나다. fāle sān tiān shāo(发了三天烧)3일간 열이 나다.

†**fāshè** 发射(發—) 動 발사하다. ¶ ~rénzào wèixīng(~人造卫星)인공위성을 발사하다.

⁑**fāshēng** 发生(發—) 動 발생하다,

생기다. ¶ ～·le shénme shì?(～了什么事?)무슨 일이 났니? ～shìgù(～事故)사고가 생기다. 名 [생물의]발생.

fātiáo 发条(發條) 名 태엽, 용수철. ¶ shàng～(上～)태엽을 감다.

⁑**Fǎwén** 法文 名 프랑스어. ＝**Fǎyǔ**(法语)

⁑**fāxiàn** 发现(發現) 動 1. 발견하다. ¶ ～xīn yuánsù(～新元素)신원소를 발견하다. ～·le bù shǎo wèntí(～了不少问题)적지 않은 문제를 발견했다. 2. 깨닫다. ＝**fājué**(发觉) ¶ wǒ～tā hǎoxiàng yǒu shénme xīnshì(我～他好像有什么心事)나는 그에게 무슨 걱정거리가 있는것 같음을 깨달았다.

*__fāxíng__ 发行(發一) 動 [서적·화폐·공채]따위를 발행하다. ¶ ～túshū(～图书)도서를 간행하다. bàozhǐ～liàng(报纸～量)신문 발행량.

fā▴yá 发芽(發一) 動 발아하다, 싹이 트다. ¶ liǔshù～le(柳树～了)버드나무 싹이 트다.

†**fā▴yán** 发言(發一) 動 발언하다. ¶ zài dàhuì shang～(在大会上～)대회에서 발언하다. ～**rén**(～人)발언인.

*__fāyáng__ 发扬(發揚) 動 발양하다, 발양시키다, 발휘하다. ¶ ～mínzhǔ(～民主)민주주의를 발양시키다.

*__fāyīn__ 发音(發一) 名 발음. ¶ ～hěn zhǔnquè(～很准确)발음이 매우 정확하다.

⁑**fǎyǔ** 法语(一語) 名 프랑스어. ＝**Fǎwén**(法文)

†**fāyù** 发育(發一) 動 발육하다. ¶ ～zhèngcháng(～正常)발육정상.

*__fǎyuàn__ 法院 名 법원. ¶ shàng～(上～)법원에 가다.

⁑**fāzhǎn** 发展(發一) 動 발전하다, 확대하다. ¶ ～zǔzhī(～组织)조직을 확대하다. ～dǎngyuán(～党员)당원을 늘리다.

†**fǎzhì** 法制 名 법제, 법률제도.

*__fǎzi__ 法子 名 방법. ¶ méi～(没～)방법이 없다. xiǎng～(想～)방법을 생각하다.

⁑**fēi** 飞(飛) 動 1. 날다. ¶ niǎo～(鸟～)새가 난다. míngtiān yǒu fēijī～Shànghǎi(明天有飞机～上海)내일 상해로 가는 비행기가 있다. 2. 〈口〉 증발하다. **wèir～le**(味儿～了)향기가 날아가다. 副 매우 빨리. ¶ ～pǎo(～跑)나는듯이 달려가다.

*__fēi__ 非 動 1. …이 아니다. 2. …에 맞지 않다. 3. 반대하다, 책망하다. 副 1. [bùkě(不可), bùxíng(不行)이 뒤에 호응해]무슨 일이 있더라도 …하지 않으면 안된다. 2. [cái(才)와 호응해서]꼭, 반드시, 필히. ¶ ～qùbùkě(～去不可)가지 않으면 안된다. ～nǐ qù cái xíng(～你去才行)네가 가지 않으면 안된다. ☆ 다음과 같이 **fēi**(非)만을 사용하는 것도 있음. nǐ～mǎshàng zǒu(你～马上走)너는 곧 가야 한다.

*__féi__ 肥 形 1. 살지다, 지방분이 많다, 살집이 좋다. ☆ 일부 방언을 제외하고, 사람에게 사용하는 것은 적고, 또한 사용하면 상대방에게 불쾌감을 줌. ～**ròu**(～肉)비육, 기름진 고기. 2. [옷의

F

품·신발의 크기 등이]크다, 너르다, 헐렁헐렁하다. ⇔ **shòu**(瘦) ¶ xiùzi tài~le(袖子太~了)소매가 너무 너르다. 3. [땅이]기름지다, 비옥하다. ⇔ **shòu**(瘦) ¶ dì hěn~(地很~)땅이 매우 비옥하다. 名 비료, 거름. **shàng**~(上~)비료를 주다.

F

*__fèi__ 肺 名 폐. ＝**fèizàng**(肺脏)

*__fèi__ 费(費) 動 쓰다, 소비하다, 들이다. ¶ ~shíjiān(~时间)시간을 소비하다. ~**kǒushé**(~口舌)장황하게 말하다. 名 비용. **jiāo**~(交~)비용을 내다.

†**fèi** 废(廢) 動 폐기[폐지]하다, 포기하다, 그만두다. **bàntú ér**~(半途而~)도중에 포기하다. 形 쓸모없는, 효력이 없는, 쓰고 남은. ~**rén**(~人)폐인, 불구자, 병신, 쓸모없는 사람.

*__fèibìng__ 肺病 名 〈口〉 폐병. ＝**fèijiéhé**(肺结核)

⁑**fēicháng** 非常 形 예사롭지 않은, 비상한, 대단한, 특별한. ¶ ~shìjiàn(~事件)특이한 사건. ~shíqī(~时期)비상시기. 副 대단히, 심히. ☆ **de**(地)를 동반하지 않고 직접 피수식어의 앞에 둠. ¶ jīntiān~máng(今天~忙)오늘은 대단히 바쁘다. tā~xiǎoxīn(她~小心)그 여자는 대단히 조심스럽다.

†**fèichú** 废除(廢一) 動 취소·폐기·폐지하다.

fēidàn 非但 連 〈文〉 비단 …뿐만 아니라. ＝**búdàn**(不但) ¶ ~bú rèncuò fǎn'ér shuō biéren bú duì(~不认错, 反而说别人不对)잘못을 인정하지 않을 뿐 아니라 도리어 다른 사람은 틀리다고 말하다.

fēiděi 非得 副 …하지 않으면 안된다, 반드시 …해야 한다[보통 뒤에 '不行' '不成' '不可'가 붙음.] ¶ ~nǔlì bùkě(~努力不可)노력하지 않으면 안된다. yào xiǎng chénggōng, ~jiānchí dàodǐ bùxíng(要想成功, ~坚持到底不行)성공하려면 끝까지 버티지 않으면 안된다.

*__fèihuà__ 废话(廢話) 名 식언, 쓸데없는 말. ¶ wǒ méi gōngfu gēn nǐ shuō~(我没工夫跟你说~)난 네게 쓸데없는 말할 시간이 없다. shǎo shuō~(少说~)허튼소리 마라.

fèi▴huà 费话(一話) 動 불필요한 이야기를 하다. ¶ nǐ gēn tā fèi shénme huà?(你跟他费什么话?)넌 그에게 무슨 쓸데없는 말을 하느냐? shǎo~(少~)잔소리 하지 말라.

⁑**fēijī** 飞机(飛機) 名 《**jià** 架》 비행기. ¶ zuò~(坐~)비행기 타다. ~**chǎng**(~场)공항, 비행장. **zhíshēng**~(直升~)헬리콥터.

飞机

fèi▴jìn 费劲(一勁) 動 (~儿)힘을 들이다, 애를 쓰다. ＝**fèi▴lì**(费力) ¶ yìdiǎnr bú~(一点儿不~)조금도 힘을 들이지 않다. fèile hǎo dà de jìn(费了好大的劲)

많은 힘을 들이다.

†**fēikuài** 飞快(飛—) 形 1. 재빠르다, 날래다. ¶ pǎode~(跑得~)나는 듯이 빨리 달리다. ~de kāiguoqu(~地开过去)자동차를 굉장히 빨리 몰다. 2. [칼 따위가]굉장히 잘 들다, 대단히 예리하다. ¶ liándāo móde~(镰刀磨得~)낫을 날카롭게 갈다.

fèi▲lì 费力(費—)
☞ **fèi▲jìn**(费劲) 참조.

*__féiliào__ 肥料 名 비료. ¶ shàng~(上~)비료를 주다.

fèi▲shì 费事(費—) 動 품을 들이다, 힘을 들이다. ¶ fèibuliǎo duōshao shì(费不了多少事)그리 힘들 것 없다. nà tài~le(那太~了)저것은 너무 번거롭다.

†**fèiténg** 沸腾(—騰) 動 비등하다, 들끓다. ¶ huìchǎng~·qilai(会场~起来)회의장은 들끓기 시작했다.

†**féiwò** 肥沃 形 비옥하다. ¶ tǔdì~(土地~)땅이 비옥하다.

fēiwǔ 飞舞(飛—) 動 춤추며 날다, 춤추듯이 공중에 흩날리다. ¶ xuěhuā~(雪花~)눈송이가 춤추듯이 흩날리다.

fèi▲xīn 费心(費—) 動 마음[신경]을 쓰다, 걱정하다. ¶ jiào nǐ~le(叫你~了)귀찮게 해드려 죄송합니다.

†**fēixíng** 飞行(飛—) 動 비행하다. ~**yuán**(~员)비행사.

†**fèiyòng** 费用(費—) 名 비용.

†**fēiyuè** 飞跃(飛躍) 動 비약하다. ¶ dédàole~fāzhǎn(得到了~发展)비약적으로 발전했다.

fèizàng 肺脏(—臟) 名 폐.

*__féizào__ 肥皂 名 《**kuài** 块, **tiáo** 条》 세탁비누. ☆ 북경 방언은 **yízi**(胰子)임. ¶ dǎ~(打~)비누를 사용한다. **yí tiáo**~(一条~)[두 도막으로 잘라 쓸 수 있는] 비누의 한 개. ~**hé**(~盒)비누곽.

⁑**fēn** 分 動 1. 나누다, 가르다. ¶ ~liǎng bàn(~两半)절반씩 가르다. ~**jiā**(~家)분가하다, 분할하다. 2. 분배하다, 할당하다, 배당하다. ¶ ~kǒuliáng(~口粮)식량을 분배하다. 名 분, 지(支), 파생된 것, 갈라져 나온 것, 전체를 나눈 부분. ¶ sì~zhī sān(四~之三)4분의 3. bǎi~zhī sānshí(百~之三十)30%. ~**gōngsī**(~公司)지사, 지점. 量 1. [시간의 단위]분. 2. [길이·척도의]푼, **cùn**(寸)의 10분의 1. 3. [화폐의 단위]분, 푼, 전 ; **yuán**(元)의 100분의 1.

†**fén** 坟(墳) 名 《**gè** 个, **zuò** 座》 무덤, 묘. **shàng**~(上~)성묘하다.

*__fěn__ 粉 名 가루, 분말. **cā**~(擦~)분을 바르다.

*__fèn__ 份 量 (~儿) 1. 신문·문건을 세는 단위. ¶ yí~bàozhǐ(一~报纸)신문 1부. 2. …의 부분, 몫, 배당. ¶ yí~fàncài(一~饭菜)식사 1인분.

†**fèn** 粪(糞) 名 똥, 대변. ¶ táo~(掏~)분뇨를 퍼내다.

*__fěnbǐ__ 粉笔(—筆) 名 《**gēn** 根, **zhī** 只》 분필, 백묵.

*__fēnbié__ 分别 動 헤어지다, 이별하다. ¶ zànshí~(暂时~)잠시 헤어지다. 2. 식별하다, 구별하다.

F

¶ ~shìfēi(~是非)시비를 가리다. 副 1. 각각, 따로따로. ¶ ~chǔlǐ(~处理)따로따로 처리하다. ~duìdài(~对待)각각 대하다. 2. 분담해서. ¶ ~zhíxíng gè xiàng rènwu(~执行各项任务)분담해서 임무를 수행하다.

†**fēnbù** 分布 動 분포하다, 널려있다. ~**tú**(~图)분포도.

F

fēncun 分寸 名 [일이나 말의] 적당한 정도나 범위. ¶ zhǎngwò ~(掌握~)분별이 있다. shuōhuà méi~(说话没~)말에 분별이 없다.

féndì 坟地(墳一) 名 묘지.

*__fèndoù__ 奋斗(奮鬥) 動 분투하다. ¶ jiānkǔ~(艰苦~)각고분투하다. ~zhōngshēn(~终身)죽을 때까지 분투하다. 名 분투.

†**fēnfēn** 纷纷(紛紛) 形 1. 뒤섞여 어지럽다. ¶ luòyè~(落叶~)낙엽이 우수수 떨어지다. yìlùn~(议论~)의논이 분분하다. 2. 많다, 왕성하다. ¶ ~fābiǎo shēngmíng(~发表声明)계속해서 성명을 발표하다.

†**fēnfu** 吩咐 · 分付 動 분부하다, [말로]시키다, 명령하다. ¶ ~sǎo xuě(~扫雪)눈을 쓸라고 분부하다. tīng~(听~)분부를 듣다.

*__fēng__ 丰(豐) 形 1. 풍부하다, 많다. 2. 크다, 위대하다.

⁑**fēng** 风(風) 名 1. 《**cháng** 场, **gǔ** 股, **zhèn** 阵》 바람. ¶ chuī~(吹~)바람이 불다, 바람을 쏘이다. guā~(刮~)바람이 불다. ~yě tíng le, yǔ yě zhù le(~也停了, 雨也住了)바람도 멎고 비도 그치다. 2. (~儿)소식, 풍문. **lòu**~(漏~)소문이 누설되다.

fēng 蜂 名 벌. ¶ yǎng~(养~)양봉하다.

⁑**fēng** 封 動 봉하다, 막다, 밀폐하다. ¶ yòng là~(用蜡~)납으로 봉하다. 量 통, 꾸러미. ¶ yì~xìn(一~信)편지 1통.

*__fēng__ 疯(瘋) 形 1. 실성하다, 발광하다. **fā**~(发~)발광하다. 2. [농작물이 열매가 열리지 않고] 웃자라다. ¶ zhèxiē kuíhuā~le(这些葵花~了)이 해바라기는 씨가 열리지 않고 웃자랐다.

féng 逢(逢) 動 만나다, 마주치다. ¶ ~rèn biàn shuō(~人便说)사람만 만나면 이야기한다. zhège yuèkān měi~shíwǔ rì chūbǎn(这个月刊每~十五日出版)이 월간지는 매월 15일이면 출판된다.

⁑**féng** 缝(縫) 動 바느질하다, 꿰매다. ¶ ~yīfu(~衣服)옷을 꿰매다. ☞ **fèng**(缝) 참조.

*__fèng__ 缝(縫) 名 (~儿) 《**tiáo** 条》 [옷의]솔기, 이은 부분, 틈, 간극. **jiàn**~**chā zhēn**(见~插针)틈만 보이면 곧 뚫고 들어간다; 기회만 있으면 곧 그것을 이용하다. ☞ **féng**(缝) 참조.

fèng 奉 動 1. 드리다, 바치다. ¶ ~·shàng xiānhuā(~上鲜花)생화를 바치다. 2. 받다. ¶ ~shàng jí mìnglìng(~上级命令)상급의 명령을 받다.

†**fēngchǎn** 丰产(豐產) 名 풍작. ~**tián**(~田)농작물 수확이 많은 농토.

†**fēngchē** 风车(風車) 名 풍구, 풍차.

fèngcheng 奉承 動 아첨하다. ¶ huì～rén(会～人)남에게 아첨하기를 잘한다. ～**huà**(～话)아첨하는 말.

†**fěngcì** 讽刺(諷一) 動 풍자하다. ¶ ～rén(～人)풍자가. 名 풍자. ¶ zhè wúyí shì yí ge～(这无疑是一个～)이것은 틀림없이 풍자이다.

†**fēngē** 分割 動 분할하다.

⁑**fēngfù** 丰富(豐一) 形 풍부하다, 많다. ¶ ～de jīngyàn(～的经验)풍부한 경험. zīyuán～(资源～)자원이 풍부하다. 動 풍부하게 [넉넉하게]하다, [내용 따위를] 높이다. ¶ ～zhīshi(～知识)지식을 풍부하게 하다.

†**fēnggé** 风格(風格) 名 품격, 태도나 방식. ¶ jùyǒu dútè～(具有独特～)독특한 품격을 갖추다.

fēngguāng 风光(風一) 名 풍경, 경치. ¶ běiguó～(北国～)북국의 경치.

***fēngjiàn** 封建 形 봉건적이다. ¶ tóunǎo～(头脑～)생각이 봉건적이다. ～**shèhuì**(～社会)봉건사회. ～**zhǔyì**(～主义)봉건주의.

***fèngjīn** 俸金 名 봉급, 급료. ＝ **fèngjǐ**(俸给)

⁑**fēngjǐng** 风景(風一) 名 《**chù** 处》 풍경, 경치.

†**fēngkuáng** 疯狂(瘋一) 形 미치다, 실성하다.

***fēnglì** 风力(風一) 名 풍력.

fēnglì 锋利(鋒一) 形 1. [공구·무기 등의]끝이 날카롭다. ¶ ～de bǐshǒu(～的匕首)날카로운 비수. 2. [언론·문장 등이]예리하다. ¶ tántǔ～(谈吐～)말이 날카롭다.

fēngmáo 风帽(風一) 名 방한모.

风帽

***fēngmì** 蜂蜜 名 벌꿀. 간단히 **mì**(蜜)라고도 함.

†**fēn▲gōng** 分工 動 분업하다, 분담하다.

†**fēngqì** 风气(風氣) 名 풍조, 기풍. ¶ shùlì zhèngcháng de～(树立正常的～)정상적 기풍을 수립하다. ～bú zhèng(～不正)[사회의] 기풍이 바르지 않다. **shèhuì**～(社会～)사회기풍.

***fēngqín** 风琴(風一) 名 《**jià** 架》 풍금, 오르간. ¶ tán～(弹～)풍금을 치다.

***féngrènjī** 缝纫机(縫紉機) 名 《**jià** 架》 재봉틀. ¶ yòng～féng(用～缝)재봉틀로 박다.

fēngshā 风沙(風一) 名 바람에 날리는 모래, 풍사. ¶ Běijīng de chūntiān～hěn lìhai(北京的春天～很利害)베이징은 봄철에 풍사현상이 매우 심하다. màntiān de～(漫天的～)온 하늘에 가득찬 풍사.

***fēngshōu** 丰收(豐一) 動 풍작하다. ¶ shuǐdào～(水稻～)벼농사가 풍작이다. 名 풍작. ¶ duóqǔ～(夺取～)풍작을 이루다.

***fēngsú** 风俗(風一) 名 풍속. ¶ dǎ pò jiù～(打破旧～)옛 풍속을 타파하다.

†**fēngsuǒ** 封锁(一鎖) 動 봉쇄하다. ¶ ～xiāoxi(～消息)정보를 봉

쇄하다. **jīngjì**~(经济~)경제 봉쇄.

†**fēngxiāng** 风箱(風—) 名 풀무. ¶ lā~(拉~)풀무질하다.

fēngyǔ 风雨(風—) 名 바람과 비, 혹독한 시련, 고초. ¶ jīng~(经~)혹독한 시련을 겪다.

*__fēngzheng__ 风筝(風—) 名 연. ¶ fàng~(放~)연을 날리다.

F

†**fēngzi** 疯子(瘋—) 名〈口〉광인, 미치광이.

fěnhóng 粉红(—紅) 名 분홍색.

fēnhuà 分化 動 1. 분화하다, 갈라지다. ¶ zhè shì cóng shuǐli~·chulai de(这是从水里~出来的)이것은 물에서 나눠진 것이다. 2. 분열하다[시키다] ¶ ~dírén(~敌人)적을 분열시키다.

†**fēnjiě** 分解 動 분해하다.

*__fēnkāi__ 分开(—開) 動 1. 갈라지다, 헤어지다, 분리되다. ¶ ~·le yǒu sān nián le(~了有三年了)헤어진지 3년이 되었다. 2. 나누다, 가르다, 구별하다. zhānzai yìqǐ fēnbukāi(粘在一起分不开)함께 붙어있어 뗄 수 없다.

†**fēnlí** 分离(—離) 動 1. 분리하다. ¶ lǐlùn yù shíjiàn bù kě~de(理论与实践不可~的)이론과 실천은 분리할 수 없는 것이다. 2. 헤어지다, 이별하다. ¶ ~·le duō nián de lǎo zhànyǒu(~了多年的老战友)여러 해 헤어져 있던 옛 전우.

†**fènliàng / fènliang** 分量 名 분량, 무게. ¶ zhège nánguā de~bú xià èrshí jīn(这个南瓜的~不下二十斤)이 호박의 무게는 20근 이상이다. tā zhè huà hěn yǒu~(他这话很有~)그의 말은 꽤 무게가 있다.

†**fēnliè** 分裂 動 분열하다, 분열시키다. ¶ ~wéi liǎng pài(~为两派)두 파로 분열되다. 名 분열. **xìbāo**~(细胞~)세포 분열.

†**fēnmì** 分泌 動 분비하다.

†**fēnmíng** 分明 形 뚜렷하다, 명확하다, 분명하다, 확실하다. ¶ àizèng~(爱憎~)애증이 분명하다. 副 명백히, 분명히, 확실히. ¶ ~shì tā de cuò(~是他的错)명백히 그의 잘못이다.

*__fénmù__ 坟墓(墳—) 名 무덤.

†**fènnù** 愤怒 動 분노하다. ¶ yǐn qǐ dàjiā de~(引起大家的~)모두를 분노하게 하다.

*__fēnpèi__ 分配 動 분배하다, 배급하다. ¶ ~gōngzuò(~工作)일을 분배하다. ~sùshè(~宿舍)기숙사를 할당하다.

fēnqí 分歧 名 불일치, 상이. ¶ fāshēng yìjian~(发生意见~)의견이 갈라지다.

†**fēnsàn** 分散 動 1. 분산하다. ¶ ~zhùyìlì(~注意力)주의력을 분산하다. 2. 널리 배부[배포]하다. ¶ ~chuán dān(~传单)전단을 널리 배포하다.

†**fēnshù** 分数(—數) 名 1. 점수. 2. 분수.

*__fěnsuì__ 粉碎 動 가루로 만들다, 분쇄하다. ¶ ~dírén de yīnmóu(~敌人的阴谋)적의 음모를 분쇄하다. 形 분쇄하다. ¶ shuāide~(摔得~)떨어뜨려 가루가 되다.

*__fěntiáo__ 粉条(—條) 名 (~儿) [녹두나 고구마·감자의 전분으로 만든]당면.

fēntóu 分头(一頭) 副 제각기, 각각, 따로따로, 분담하여. ¶ ~xún zhǎo(~寻找)따로따로 찾다.

fènwài 分外 副 유달리, 특별히. ¶ ~gāoxìng(~高兴)특별히 기쁘다. 形 본분 밖의. ¶ ~de shì (~的事)본분 밖의 일.

***fēnxī** 分析 動 분석하다. ¶ ~wèn tí(~问题)문제를 분석하다. 名 분석.

fènyǒng 奋勇(奮一) 動 용기를 불러 일으키다, 용기를 내다. ¶ ~ qiánjìn(~前进)용기를 내어 전진하다.

***fēnzǐ** 分子 名 1. [분수의]분자. 2. [물질의]입자, 분자.
☞ **fènzǐ**(分子) 참조.

†**fènzǐ** 分子 名 [국가나 단체 등을 구성하는]분자, 사람. **jījí**~(积极~)골수 분자. **zhīshi**~(知识~)지식인.
☞ **fēnzǐ**(分子) 참조.

†**fó** 佛 名 〈宗〉 부처, 불타, 불상. **bài**~(拜~)불상 앞에서 절하다.

†**Fójiào** 佛教 名 〈宗〉 불교.

fǒu 否 副 아니다[구어(口語)의 '不'과 같음.] 助 1. 의문문 끝에 쓰여 물음을 나타내는 조사['么' '吗'와 같이 쓰임.] 2. 단음절어인 '是, 能, 可' 따위의 뒤에 붙어 반문의 어기(語氣)를 나타냄.

†**fǒudìng** 否定 動 부정하다. ¶ ~ tārén de chéngjì(~他人的成绩) 그의 성과를 부정하다. 形 부정의, 부정적인. ¶ chí~tàidu(持~态度)부정적 태도를 견지하다.

fǒujué 否决 動 [의안 따위를] 부결하다. ¶ ~zhè xiàng tí'àn(~这项提案)제안을 부결하다.

***fǒuzé** 否则(一則) 連 만약 그렇지 않으면. ¶ gāi chūfā le, ~jiù gǎn bushàng huǒchē le(该出发了, ~就赶不上火车了)출발해야 한다, 그렇지 않으면 기차 시간에 대지 못한다.

fū 夫 名 1. 남편, 사나이[성년을 가르킴] 2. 육체노동에 종사하는 사람.

fū 敷 動 1. 바르다, 칠하다. 2. 깔다, 펴다, 부설하다. 3. 〈文〉 진술하다.

fū 孵 動 알을 까다, 부화하다. ¶ ~xiǎojī(~小鸡)병아리를 까다.

†**fú** 伏 動 엎드리다, 머리를 숙이다. ¶ ~·zai dìshang(~在地上) 땅에 엎드리다. 名 삼복의 통칭.
☞ **chūfú**(初伏), **zhōngfú**(中伏), **mòfú**(末伏) 참조.

***fú** 扶 動 떠바치다, 부축하다, 짚다, 기대다, 의지하다. ¶ ~·zhe bìngrén(~着病人)환자를 부축하다.

***fú** 浮 動 1. 뜨다, 띄우다. ¶ mǎn liǎn~xiào(满脸~笑)만면에 웃음을 띠다. 2. 일시의, 임시의. ¶ ~jìzhàng(~记帐)임시 출납 장부. 形 들뜨다, 침착하지 않다, 경솔하다. ¶ tā tài~(他太~)그는 너무 경솔하다.

†**fú** 服 動 1. 따르다, 복종하다, 지다, 탄복하다. ¶ wǒ bù~nǐ(我不~你)난 네게 복종하지 않는다. 2. 익숙해지다, 적응하다. **bù~shuǐtǔ**(不~水土)새로운 기후 풍토에 익숙해지지 않다. 3. [약을] 복용하다, 먹다. ¶ rì~sān cì(日~三次)하루에 3번 복용.

†**fú** 幅 量 포목·종이·그림 따위

F

F

학습 정보 ⑨

◈ 复句 fùjù(복문) ◈

1. 복문(複文)이란?

"复文"(복문)이란 두개 또는 두개 이상의, 의미상 관계를 가지고 있는 문장이 상호의존적으로 합해져 만들어진 좀 복잡한 내용을 표현하는 문장으로 "短句"(단문)과 대비를 이룬다.

¶ 风停了, 雨也住了。
바람이 멎고, 비도 그쳤다.

와 같이 복문을 구성하는 각 단문은, 의미상의 관계를 가지고 있을 뿐이며, 문법적 관계를 일으키지는 않는다.

¶ 我知道风停了, 雨也住了。
나는 바람이 멎고, 비도 그쳤다는 것을 알고 있다.

의 예에서는, "风停了, 雨也住了"가 "知道"의 목적어가 되어 전체에서 하나의 단문이며, 복문은 아니다.

2. 單文간의 관련을 나타내는 어구

중국어 複文은 어순만에 의해서도 성립되지만, 複文을 구성하는 單文간의 의미관계를 보다 명확하게 하기 위해, 무언가 관련을 나타내는 어구를 사용하여 연접할 때도 적지 않다. 이런 관련어구에는, 주로 "虽然"(비록), "但是"(그러나) 등의 접속사와 "再" "却" 등의 부사가 사용된다. 관련어구에는 "越… 越…"(~하면 ~할수록), "虽然… 但是…" 등처럼 서로 앞뒤가 호응하여 이루어지는 것이 많지만, "越… 越…" 등처럼 꼭 병용되야 한다는 제한은 없다. 예를 들어, "…, 但是…"라고 할 수 있는 것처럼 단독 사용이 허락되는 것도 적지 않다.

3. 複文을 구성하는 單文간의 관계

복문을 구성하는 단문간의 의미관계를, 관련어구의 용법을 이해하기 쉽도록 아래의 12종류로 분류하여 나타낸다.

a. **병렬관계** : ~이기도 하고, ~이기도 하다.

¶ 风停了, 雨也住了。
바람이 멎고, 비도 그쳤다.

【상용 관련 어구】
"也… 也…" "又… 又…" "既… 也[又]…" "有时… 有时…" "一方面…(另)一方面…" "一会儿… 一会儿…" "一边… 一边…" "是… 不是…"

b. **승접관계** : ~해서, ~했다.

¶ 开始只来了五六个人, 接着来了十来个人, 后来又来了七八个人。
처음에는 5, 6명 밖에 오지 않았지만, 이어서 10여명이 왔고, 뒤에 또 7, 8명이 왔다.

【상용 관련 어구】
"首先…接着…" "开始…后来…"

c. **선택관계** : ~일까, 아니면 ~일까?

¶ 是我来, 还是他来, 还是我们俩一起来?
내가 올까, 그가 올까, 아니면 우리들이 같이 올까?

【상용 관련 어구】
"(还)是… 还是…" "不是… 就是…" "或者… 或者…"

d. **점층관계** : ~일 뿐 아니라 ~이기도 하다.

¶ 他不但不接受批评, 反而把错误推给别人。
그는 비평을 받아들이지 않을 뿐 아니라, 잘못을 남에게 미루기까지 한다.

【상용 관련 어구】
"不但…而且…" "不仅…还…" "况且"

e. **인과 관계** : ~이기 때문에 ~

이다.

¶ 因为昨天下雨, 所以我们没去长城。
어제비가 왔기 때문에, 우리는 만리장성에 가지 못했다.

【상용 관련 어구】
"因为… 所以…" "既然… 就…" "之所以… 是因为…" "因而"

f. **역접관계** : ~이지만, 그러나 ~이다.

¶ 他虽然工作忙, 但是对业务学习抓得很紧。
그는 일이 바쁘지만, 업무상의 학습에도 온 힘을 쏟고 있다.

【상용 관련 어구】
"虽然…但是[可是, 却]…" "然而" "不过" "却"

g. **가정관계** : 만약 ~라면.

¶ 如果你一定要去, 那么我陪你去。
만약 당신이 꼭 가고 싶어 한다면 내가 당신을 데리고 가겠다.

【상용 관련 어구】
"要是[如果, 假如]…就[那么]"

h. **조건관계** : ~이기만하면 ~이다.

¶ 只要你肯努力, 就一定能学好。
당신이 노력하려고만 한다면, 꼭 마스터할 수 있다.

【상용 관련 어구】
"只要… 就…" "只有… 才…" "除非… 才…" "无论[不论]…都[也]…" "不管… 都[也]…"

i. **양보관계** : 설령 ~하더라도.

¶ 即使碰到再大的困难, 他也不屈服。
설령 더 큰 곤란이 부딪치더라도, 그는 또한 굴복하지 않는다.

【상용 관련 어구】
"即使…也…" "尽管…但是[可是, 还是, 也]…" "哪怕…也[都, 总]…" "就是…也…"

j. **취사관계** : 설사 ~해도, ~보다 오히려, ~보다.

¶ 与其等死, 不如起义反抗。
죽기를 기다리느니보다 봉기하여 반항하는 것이 낫다.

【상용 관련 어구】
"与其…不如…" "宁可…也不…"

k. **목적관계** : ~을 위해, ~하지 않도록.

¶ 为了方便顾客, 延长了营业时间。
손님의 편의를 위해 영업시간을 연장했다.

¶ 我再说明一下, 免得引起误会。
오해가 없도록 내가 다시 설명하겠습니다.

【상용 관련 어구】
"为(了)" "为的是" "免得" "省得"

l. **연쇄관계** : "越…, 越…"나 의문대사 등을 사용한다.

¶ 时间越长, 效果越显著。
시간이 길수록, 효과가 분명하다.

¶ 心理想什么, 嘴里说什么。
마음속에 생각한 것은 모두 입으로 말한다.

4. 긴축문(緊縮文)

單文의 형식에 따르면서 가정·조건·승접·점층 등의 관계를 내포하는 복문에 상당하는 고정 문형을, 복문이 압축되어 나왔다는 의미에서 "紧缩句"(긴축문)이라 한다. 예를 들어,

¶ 下雨我们也要去。
비가 와도 우리는 갈 것이다.

는 "就是下雨, 我们也要去"라고 하는 복문에 상당하는 정보량을 가지고 있다. 이 긴축문의 대부분은 "一…就…" "不…不…" 등의 상용 고정 문형으로, 複文의 사용에 의한 장황함을 없애고, 간결하고 세련된 중국어의 문장을 구성하는데 큰 역할을 하고 있다.

E

를 세는 단위. ¶ yì~huà(一~画)한폭의 그림. dà~zhàopiàn(大~照片)대형 사진.

†**fǔ** 俯 動 숙이다, 구부리다, 굽히다. ⇔ **yǎng**(仰)

⁑**fù** 付 動 1. 교부하다, 넘겨주다, 주다, 부치다. ¶ ~ biǎojué(~表决)표결에 부치다. ~**zhī yí xiào**(~之一笑)웃어 넘기다, 일소에 부치다. 2. 지불하다, 지출하다. ¶ ~qián(~钱)돈을 지불하다.

†**fù** 负 動 지다, 책임을 지다, 책임 등 추상적 의미의 목적어를 취하는 것이 많다. ¶ ~zérèn(~责任)책임을 지다. ~**zhài**(~债)빚을 지다.

F

***fù** 副 形 [보조직무를 담당하는 사람]부. ~**jiàoshòu**(~教授)부교수. ~**zhǔrèn**(~主任)부주임. ~**zuòyòng**(~作用)부작용. 量 조, 벌, 쌍, 세트로 되어 있는 것을 셀 때. ¶ yí~shǒutào(一~手套)장갑 한 켤레.

fù 附 動 1. 덧붙이다, 동봉하다. 2. 접근하다. 3. 붙이다, 부착하다.

fù 复(複) 動 1. 겹치다, 중복하다. 2. 복잡하다, 번잡하다. ☆ **fù**(复)는 復의 간체자로도 쓰이며, 이 경우는 '회복하다, 보복하다'의 뜻이 됨.

fù 赋(賦) 動 1. 주다, 부여하다. 2. 세금을 부과하다.

†**fù** 富 形 부유하다, 풍부하다. ¶ ~yú yǎngfēn(~于养分)양분이 풍부하다.

fù 妇(婦) 名 1. 부녀자, 부인. 2. 처(妻), 아내. 3. 며느리.

fǔbài 腐败(腐敗) 形 1. 썩다, 부패하다. ¶ búyào chī~de shíwù(不要吃~的食物)부패한 음식을 먹지 마라. 2. [제도·행위·사고 방식이]썩다, 타락하다, 케케묵다. ¶ zhèngzhì~(政治~)정치가 부패하다. sīxiǎng~(思想~)생각이 진부하다.

†**fùbì** 复辟(復一) 動 복벽하다, 폐위된 천자가 다시 제위에 오르다, [구제도가]부활하다. ¶ ~jūnzhǔzhì(~君主制)군주제를 부활하다.

***fúcóng** 服从(一從) 動 복종하다. ¶ ~mìnglìng(~命令)명령에 복종하다.

***fùdān** 负担(負擔) 動 부담하다. ¶ ~fèiyòng(~费用)비용을 부담하다. 名 부담. ¶ jiǎnqīng~(减轻~)부담을 덜어주다. jiāzhòng~(加重~)부담을 가중하다. **sīxiǎng**(思想~)정신적 부담.

⁑**fǔdǎo** 辅导(輔導) 名 [과외의]지도. 動 지도하다. ¶ ~kèwài huódòng(~课外活动)과외활동을 지도하다. ~**yuán**(~员)지도원, 교관.

fūfù 夫妇(一婦) 名 《**duì** 对》 부부. ¶ xīnhūn~(新婚~)신혼부부.

***fúhào** 符号(一號) 名 기호, 부호. **biāodiǎn**~(标点~)문장부호, 구두점.

†**fúhé** 符合 動 부합하다, 맞다, 일치하다. ¶ ~biāozhǔn(~标准)표준에 부합하다.

***fǔhuà** 腐化 動 1. 타락하다, 부패하다. ¶ shēnghuó~(生活~)생활이 타락하다. 2. 썩다, 부패하다. 形 부패한, 썩은. ¶ ~de shēnghuó(~的生活)타락한 생활.

†**fùhuó** 复活(復－) 動 부활하다, 소생하다. ～**jié**(～节)부활절.

⁑**fùjìn** 附近 形 가까운. ¶ ～dìqū(～地区)인근 지역. 名 부근, 근처. zhè～yǒu mei you yóujú?(这～有没有邮局?)근처에 우체국이 있습니까? chēzhàn～(车站～)정거장 근처.

fùjù 复句(複－) 名 복문(複文). ⇔ **dānjù**(单句)

†**fúlì** 福利 名 복리, 복지. ¶ ～shèshī(～设施)복지 시설.

†**fúlǔ** 俘虏(－虜) 動 포로로 하다. ¶ ～·le wǔ míng díbīng(～了五名敌兵)적 5명을 포로로 잡았다. 名 포로. ¶ dāngle～(当了～)포로가 되다. zhuā～(抓～)포로를 잡다.

†**fùmǔ** 父母 名 부모, 양친.

*__fùnǚ__ 妇女(婦－) 名 부녀자.

*__fūqī__ 夫妻 名 부부. ¶ ～liǎ(～俩)부부 둘. ～**diàn**(～店)[점원을 고용하지 않고]부부 두 사람이 경영하는 작은 가게.

*__fúqi__ 福气(－氣) 名 복, 행운. ¶ yǒu～(有～)복이 있다. méi～(没～)복이 없다.

⁑**fùqin** 父亲(－親) 名 부친. 〈口〉 **bàba**(爸爸).

⁑**fūrén / fūren** 夫人 名 부인, 남의 아내에 대한 경칭. ¶ nín～zài jiā ma?(您～在家吗?)당신의 부인은 집에 있습니까? **zǒngtǒng**～(总统～)대통령 부인.

†**fùrén** 妇人(婦－) 名 기혼녀.

fǔshang 府上 名 1. 댁[남의 집에 대한 높임말.] 2. 댁의 가족. ¶ gǎirì dào～bàifǎng(改日到～拜访)훗날 댁을 찾아 뵙겠습니다.

fù▲shāng 负伤(負傷) 動 부상을 당하다. =**shòu▲shāng**(受伤) ¶ ～bú xià huǒxiàn(～不下火线)경상이어서 전장을 떠나지 않다.

†**fǔshí** 腐蚀(－蝕) 動 1. 부식하다, 썩어 문들어지다. 2. 타락시키다, 좀먹다.

fǔshí 辅食(輔－) 名 이유식(離乳食).

†**fùshí** 副食 名 부식(물). ～**pǐn**(～品)부식품.

†**fùshù** 复述(復－) 動 1. 다시 말하다, 복창하다. 2. 배우거나 읽은 것의 내용을 이해하고 자기 말로 바꾸어 말하다 ; 어학 학습의 하나.

fùtai 富态(－態) 形 복스럽다, 보기좋게 통통하다. (**AABB**) ¶ zhǎng de hěn～(长得很～)매우 복스럽게 생겼다.

*__fǔtou__ 斧头(－頭) 名 《**bǎ** 把》 도끼. =**fǔzi**(斧子)

⁑**fúwù** 服务(－務) 動 복무하다, 근무하다, 일하다. ¶ wèi rénmín～(为人民～)인민을 위해 봉사하다. ～**yuán**(～员)종업원.

⁑**fùxí** 复习(複習) 動 복습하다. ⇔ **yùxí**(预习) ¶ ～gōngkè(～功课)복습하다.

fùxìng 复姓(復－) 名 2자 이상의 성, 복성. **Ōuyáng**(欧阳), **Sīmǎ**(司马) 등등. ⇔ **dānxìng**(单姓)[1자의 성]

*__fǔxiǔ__ 腐朽 形 1. 썩다. ¶ mùtou yǐjing～le(木头已经～了)목재가 이미 썩었다. 2. [사상 · 생활 · 제도가]진부하다, 타락하다, 문란하다. ¶ ～de zhìdù(～的制度)

E

문란한 제도. sīxiǎng～(思想～) 사상이 진부하다.

fūyan 敷衍·敷演 動 대강대강 하다, 부연하다. ¶ tā～·le jǐ jù jiù zǒu le(他～了几句就走了)그는 적당히 몇마디 하고 갔다. ～**liǎoshì**(～了事)적당히 일을 얼버무리다.

F

fùyè 副业(一業) 名 부업, 아르바이트. ¶ gǎo～(搞～)부업하다.

fǔyīn 辅音(輔一) 名 자음(子音).

†**fùyìn** 复印(複一) 動 [원고·인쇄물을]복사하다. ～**jī**(～机)복사기. ～**zhǐ**(～纸)복사 용지.

fùyǒu 富有 形 부유하다, 유복하다. ¶ shēnghuó～(生活～)생활이 유복하다. 動 풍부하다. ¶ ～shēngmìnglì(～生命力)생명력이 풍부하다.

fùyù 富裕 形 부유하다. (**AABB**) ¶ rìzi guòde tǐng～(日子过得挺～)매우 부유하게 살다.

fùyu 富馀(一餘) 形 여유가 있다, 넉넉하다, 남아돌다. ¶ ～de qián (～的钱)남아도는 돈. nǐ yǒu ～de shūbāo ma?(你有～的书包吗?) 남은 가방 있니?

fù▲yuán 复原(復一) 動 [건강 등을]회복하다. '复元'과 같이 쓴다. 2. 복원하다. xiūlǐ～de jiànzhù(修理～的建筑)건축물을 수리 복원하다.

†**fù▲yuán** 复员(復員) 動 1. 제대하다. ～**jūnrén**(～军人)제대 군인. 2, 전시 상태로부터 평화 상태로 되다.

⁑**fùzá** 复杂(複雜) 形 복잡하다. ☆북경일대에서는 **fǔzá**라고 발음하는 사람이 많음. ¶ zhège wèntí shífēn～(这个问题十分～)이 문제는 매우 복잡하다. ～de xīnqíng(～的心情)복잡한 심정. qíngkuàng～(情况～)상황이 복잡하다.

*__fùzé__ 负责(負責) 動 책임이 있다, 책임을 지다. ¶ ～jiàoduì(～校对)교정을 책임지다. 形 책임감이 강하다. ¶ tā duì gōngzuò hěn ～(他对工作很～)그는 일에 대해 매우 책임감이 강하다.

†**fùzhì** 复制(複一) 動 [미술품·서적 등을]복제하다.

fúzhuāng 服装 名 복장. ¶ ～zhěngqí(～整齐)옷차림이 단정하다. ～**diàn**(～店)옷가게.

fúzhī 浮支 名 가불(假拂).

fúzi 浮子 名 낚시찌, 부표.

*__fǔzi__ 斧子 名 (**bǎ** 把) 도끼. ¶ yòng～kǎn(用～砍)도끼로 찍다.

G

*gāi 该(該) 能 …해야 한다. ¶ nǐ lèi le, ~xiūxi yí xià le(你累了, ~休息一下了)지쳤는데, 너 좀 쉬어야 하겠다. ~zuò de yídìng yào zuò(~做的一定要做)할 일은 반드시 해야한다. 動 1. …의 차례다. ¶ zhè yí cì~nǐ qù le(这一次~你去了)이번에는 네가 갈 차례다. jīntiān wǎnshang~·zhe nǐ zhíbān le(今天晚上~着你值班了)오늘 저녁은 네가 당번을 설 차례이다. ☆ 마지막 예문과 같이 **zhe**(着)를 수반하는 경우가 있음. 2. [상·벌·보상 따위가]당연하다, …할만하다, 싸다. **huó~!**(活~!)싸다 싸! 고소하다! ¶ ~! shéi jiào tā táoqì láizhe(~! 谁叫他淘气来着)싸다! 싸! 누가 너더러 심하게 장난을 치랬어! 動 빚지다. ¶ wǒ~tā liǎng kuài qián(我~他两块钱)나는 그에게 2원 빚졌다. 代 이, 그, 저. ¶ ~dì(~地)그 땅. ~rén(~人)그 사람.

*gǎi 改 動 1. 변하다, 바뀌다, 달라지다, 바꾸다. ¶ ~cuòr(~错儿)잘못을 고치다. ~wénzhāng(~文章)문장을 고치다. 2. 바로잡다, 개혁하다. 3. 헐뜯다, 비웃다.

gài 概 名 대략, 대체. 副 일체, 모두.

*gài 盖(蓋) 動 1. 덮다, 씌우다. ☆ 이하의 2, 3, 4의 의미는 어느 것이나 1로부터 파생한 것임. ¶ ~·shàng bèizi(~上被子)이불을 덮다. ~gàizi(~盖子)뚜껑을 덮다. 2. 도장을 찍다. ¶ ~túzhāng(~图章)도장을 찍다. 3. 집을 짓다. ¶ ~fángzi(~房子)집을 짓다. 4. 압도하다. ¶ huānhū shēng~·guòle ta de jiàoshēng(欢呼声~过了他的叫声)환호성이 그의 소리를 압도하다. 名 (~儿) 뚜껑, 덮개. =**gàizi**(盖子) ¶ gàishàng~(盖上~)뚜껑을 덮다. **cháhú**~(茶壶~)차주전자 뚜껑.

†gǎibiān 改编(-編) 動 1. [원작에 근거하여]다시 편집하다, 각색하다. ¶ jù tóngmíng xiǎoshuō~(据同名小说~)같은 제목의 소설에 근거하여 각색하다. 2. [군대를]개편하다.

*gǎibiàn 改变(-變) 動 1. 변하다, 바뀌다, 달라지다. ¶ duì wǒ de tàidu~le(对我的态度~了)나에 대한 태도가 변했다. 2. 바꾸다, 변경하다, 고치다. ¶ ~jìhuà(~计划)계획을 바꾸다. 名 변화, 개변. ¶ yǒu hěn dà de~(有很大的~)큰 변화가 있다.

gāidāng 该当(該當) 能 당연히[마땅히]…해야 한다. ¶ nǐ~dàitóu gàn(你~带头干)네가 솔선수범해야 한다. 動 해당하다. ¶ ~hé zuì?(~何罪?)무슨 죄에 해당하는가?

gǎidòng 改动(-動) 動 [글·조항·순차 등을] 바꾸다, 변동하

다, 변경하다. ¶ zuò wénzì de~(做文字的~)자구(字句)를 변경하다.

*gǎigé 改革 動 개혁하다. ¶ ~jiàoyù zhìdù(~教育制度)교육제도를 개혁하다. 名 개혁. ¶ jīngjì~(经济~)경제개혁. jìnxíng~(进行~)개혁하다.

*gǎijìn 改进(一進) 動 개선하다. ¶ ~gōngzuò(~工作)업무를 개선하다. 名 개선. ¶ méi yǒu rèn hé~(没有任何~)어떤 개선도 없다.

†gàikuò 概括 動 개괄하다, 요약하다. ¶ ~de jièshào yí xià(~地介绍一下)개괄적으로 설명하다. ~wénzhāng nèiróng(~文章内容)글의 내용을 요약하다.

*gǎiliáng 改良 動 개량하다, 개선하다. ¶ ~pǐnzhǒng(~品种)품종을 개량하다. ~tǔrǎng(~土壤)토양을 개량하다. ~mínzhòng shēnghuó(~民众生活)민중의 생활을 개선하다. 名 개량, 개선.

†gàiniàn 概念 名 개념.

gàir 盖儿(蓋兒)
☞ gài(盖) 참조.

*gǎishàn 改善 動 개선하다. ¶ ~liǎng guó guānxi(~两国关系)양국관계를 개선하다. ~shēnghuó(~生活)생활을 개선하다, 별식을 들다, 맛좋은 음식을 먹다. 名 개선. ¶ shēnghuó huánjìng de~(生活环境的~)생활 환경 개선.

gàishù 概数(一數) 名 대략적인 수['几' '多' '左右' '上下' 등으로 표기하거나 수사(數詞)를 연용하여 표기한 수.]

G

gǎitiān 改天 名 후일, 딴날. ¶ ~zài lái(~再来)후일에 다시 봅시다. ~zài shuō ba(~再说吧)딴날 다시 이야기합시다.

*gǎizào 改造 動 개조하다. ¶ ~chǎngfáng(~厂房)공장을 개조하다. ~sīxiǎng(~思想)사상을 개조하다. 名 개조. ¶ jìshù~(技术~)기술 개조.

gài▲zhāng 盖章(蓋一) 動 도장을 찍다. ¶ gài xiàozhǎng de zhāng(盖校长的章)교장의 도장을 찍다.

*gǎizhèng 改正 動 개정하다, 시정하다, 정정하다. ¶ ~cuòwù(~错误)잘못을 시정하다. ~wénzì(~文字)문구를 개정하다.

gàizi 盖子(蓋一)
☞ gài(盖) 참조.

†gān 杆 名 (~儿) 《gēn 根》 기둥, 막대, 장대. qí~(旗~)깃대.
☞ gǎn(杆) 참조.

*gān 肝 名 간, 간장. =gānzàng(肝脏)

*gān 干(乾) 形 1. 건조하다, 마르다. ⇔ shī(湿) ¶ yóuqī wèi~(油漆未~)페인트가 아직 마르지 않았다. 2. 텅비다, 아무 내용도 없다. ¶ jiǔpíng~le(酒瓶~了)술병이 텅비었다. yíqì hē・~le(一气喝~了)단숨에 다 마셔버렸다. 3. 혈연의 관계를 가진, 의리로써 맺은. ~diē(~爹)수양 아버지, 의부. ~érzi(~儿子)수양 아들. 副 헛되이, 그저, 덧없이. ¶ ~děngle tā bàntiān(~等了他半天)공연히 그를 한참이나 기다렸다. ~zháojí(~着急)다만 애태울 뿐 어떻게 하지 못하다. ~kū

(～哭)공연히 울다. ～**xiào**(～笑)억지 웃음을 짓다.
☞ **gàn**(干) 참조.

gān 甘 形 1. [맛이]달다, 달콤하다. ⇔ **kǔ**(苦) 動 만족하다, 달가와하다.

†**gǎn** 杆 名 (～儿) [연장·기구 따위의]대, 자루. **qiānbǐ**～(铅笔～)연필 자루. **qiāng**～(枪～)총대.
☞ **gān**(杆) 참조. 量 자루, 대 [방망이 모양의 기구를 세는 데 쓰임.] ¶ yì～qiāng(一～枪)총 한 자루.

†**gǎn** 秆 名 (～儿) 식물 줄기, 대. =**gǎnzi**(秆子) **mài**～(麦～)보리대.

***gǎn** 赶(趕) 動 1. 뒤쫓다, 따라가다. ¶ ～shímáo(～时髦)유행을 쫓다. ～xiānjìn(～先进)앞선 사람을 뒤쫓다. 2. 서두르다, 다그치다. ¶ ～·dào chēzhàn(～到车站)서둘러 역에 가다. ～**lù**(～路)길을 서둘러 가다. 3. [소·마차 등을]몰다, 부리다. ¶ ～dàchē(～大车)큰 짐수레를 몰다. 4. [어느때까지]기다리다. 5. 때를 만나다, 마침[공교롭게]…하다, [기회를]얻다, 타다. ☆ 대개 ～**shàng**(上)의 형태로 쓰임. ¶ ～·shàng xià xuě(～上下雪)눈을 만나다.

⁑**gǎn** 敢 能 감히 …하다. ¶ ～fù zérèn(～负责任)용감히 책임을 지다. nǐ hái～qù ma?(你还～去吗?)네가 감히 갈 수 있어? nǐ ～shuō zhèyàng de huà!(你～说这样的话!)네가 감히 이런 말을 하다니!

gǎn 感 動 1. 느끼다, 생각하다. 2. 감동시키다. 3. 감사하다.

⁑**gàn** 干(幹) 動 일을 하다. ☆ **zuò**(做)와 같지만, 보다 강한 느낌과 적극성을 내포함. ¶ ～huór(～活儿)일을 하다. nǐ xiǎng～shénme?(你想～什么?)뭘하고 싶니? wǒ bú～le(我不～了)난 안 합니다. nǐ mǎi zhège～shénme?(你买这个～什么?)이거 사서 뭘 할래?
☞ **gān**(干) 참조.

***gān▲bēi** 干杯(乾一) 動 건배하다, 잔을 비우다. ¶ wèi wǒmen de yǒuyì～!(为我们的友谊～!)우리의 우정을 위해 건배! yìlián gānle sān cì bēi(一连干了三次杯)연거푸 3잔을 비웠다.

⁑**gànbù** 干部(幹一) 名 1. 간부; 국가 기관이나 기업·단체 등의 직원. ¶ dāng～(当～)간부 노릇하다. 2. [집단의]중심적 지도자. ¶ gōnghuì～(工会～)노동조합의 간부.

***gāncuì** 干脆(乾一) 形 명쾌하다, 간단명료하다, [성격이]시원스럽다. (**AABB**) ¶ tā zhège rén hěn～(他这个人很～)저 사람은 매우 시원스럽다. ～mǎi xīn de ba!(～买新的吧!)아예 새것을 사자. diànhuà li shuōbuqīngchu, ～zìjǐ pǎo yí tàng, dāngmiàn tán(电话里说不清楚, ～自己跑一趟, 当面谈)전화가 잘 들리지 않으니, 아예 자신이 뛰어가 직접 말해라. ☆ 예문 2, 3의 경우처럼 부사어에 주로 쓰일 때가 많음.

⁑**gǎndào** 感到 動 느끼다, 생각하다, 여기다. =**juéde**(觉得) ¶ ～hěn liángkuai(～很凉快)매우 시

원하게 느끼다. ~wēnnuǎn(~温暖)따뜻하게 느끼다.

***gǎndòng** 感动(—動) 動 감동하다, 감동시키다. ¶ ~·de liúxià yǎnlèi(~得流下眼泪)감동하여 눈물을 흘리다.

***gānfàn** 干饭(乾飯) 名 밥 ; **xīfàn**(稀饭) [죽]에 대해서.

***gāng** 钢(鋼) 名 〈化〉 강철.

***gāng** 缸 名 《**kǒu** 口》 항아리, 독, 단지.

⁑**gāng** 刚(剛) 形 단단하다, 강하다. ⇔ **róu**(柔) 副 1. 지금, 막, 바로. ☆ 행동이나 상황이 일어난지 오래지 않음. =**gānggāng**(刚刚) ¶ tā~huílai(他~回来) 그는 막 돌아왔다. diànyǐng~kāishǐ(电影~开始)영화가 막 시작했다. 2. 마침, 꼭. =**zhèng**(正) ¶ dàxiǎo~hǎo(大小~好) 크기가 딱 알맞다. 3. [jiù(就)와 호응하여]…하자(마자). ¶ wǒ ~xiǎng gěi tā dǎ diànhuà, tā jiù lái le (我~想给他打电话, 他就来了)그에게 전화하려는 데 그가 왔다. 4. 간신히, 겨우, 가까스로. ¶ ~gòu(~够)간신히 족하다.

†**gǎng** 港 名 항구, 항만. **jūn**~(军~)군항. **shāng**~(商~)상업항구. **yú**~(渔~)어항.

⁑**gāngbǐ** 钢笔(鋼筆) 名 《**zhī** 枝》 펜. **zhànshuǐ gāngbǐ**(蘸水钢笔)[잉크를 묻혀 쓰는 펜]과 **zìláishuǐbǐ**(自来水笔)[만년필]둘 다 포함함. ~**jiānr**(~尖儿)펜촉.

⁑**gāngcái** 刚才(剛—) 名 지금, 막, 방금, 이제, 금방. ¶ ~lái de nàge rén shì shéi(~来的那个人是谁?)방금 온 저 사람은 누구냐? ~nǐ shuō shénme láizhe?(~你说什么来着?)너 지금 뭐라고 했지? ~dìzhèn le(~地震了)방금 지진이 났다. tā bǎ~de shìr wàng le(他把~的事儿忘了)그는 방금 전의 일을 잊었다.

***gānggāng** 刚刚(剛剛) 副 마침, 꼭. =**gāng**(刚) ¶ bù duō bù shǎo~yì bēi(不多不少~一杯)많지도 적지도 않은 꼭 한잔이다. 2. 바로 지금, 막, 방금. =**gāngcái**(刚才) ¶ ~zhīdao(~知道)방금 알았다.

gānghǎo 刚好(剛—) 形 꼭 알맞다. ¶ zǒudào chēzhàn, qìchē~tíngxià(走到车站, 汽车~停下)정거장에 도착하자 차가 때마침 섰다.

***gāngjīng** 钢精(鋼—) 名 알루미늄. ¶ ~guō(~锅)알루미늄 냄비.

†**gǎngkǒu** 港口 名 항구, 항만.

†**gānglǐng** 纲领(綱領) 名 강령, 대강(大綱).

***gāngqín** 钢琴(鋼—) 名 《**jià** 架》 피아노. ¶ tán~(弹~)피아노를 치다.

***gāngtiě** 钢铁(鋼鐵) 名 1. 강과 철, 강철. ¶ liàn~(炼~)제강하다. 2. 굳은, 강한. ¶ ~de yìzhì(~的意志)강한 의지.

†**gǎngwèi** 岗位(崗—) 名 수비위치, 직장, 지위. ¶ jiānshǒu~(坚守~)본분을 굳게 지키다. **gōngzuò**~(工作~)직장.

gāngyào 纲要(綱—) 名 1. 중요한 강령. ¶ fēnxī wèntí, xiěchéng ~(分析问题, 写成~)문제를 분석

하고 강령을 작성하다. 2. 개요 [주로 책명이나 서류명에 쓰임.]

*gàngzi 杠子(槓一) 名 1. 굵은 막대기. 2. 철봉. 3. 선. ¶ huà~(划~)굵은 줄을 긋다, 언더라인을 긋다.

†gānhàn 干旱(乾一) 形 [토양·기후가]건조하다, 가물다.

*gàn▲huó 干活(幹一) 動 (~儿) 일을 하다. ¶ gànle yì zhěngtiān huó(干了一整天活)하루 종일 일하다. gàn nónghuór(干农活儿) 농사일을 하다.

gǎnjī / gǎnji 感激 動 감격하다, 감사하다. ¶ hěn~nǐ de bāngzhù (很~你的帮助)도움을 주셔서 정말 감사합니다.

†gǎn▲jí 赶集(趕一) 動 장에 가다.

*gǎnjǐn 赶紧(趕緊) 副 서둘러, 급히, 재빨리. ¶ ~zǒu ba, fǒuzé yào chídào le!(~走吧, 否则要迟到了!)서둘러 가자, 그렇지 않으면 늦겠다. ~qù dǎ diànhuà (~去打电话)급히 가서 전화해라. ~zuò(~做)서둘러 하다.

†gànjìn 干劲(幹勁) 名 (~儿)[일을 하려고 하는]의욕, 열성, 정열. ¶ ~shízú(~十足)열의가 충만하다.

*gānjìng 干净(乾净) 形 1. 깨끗하다, 깔끔하다. (AABB) ¶ zhè fángjiān hěn~(这房间很~)이 방은 아주 깨끗하다. yuànzi sǎo· ~le méiyou?(院子扫~了没有?) 정원을 깨끗이 쓸었니? xǐ·~ (洗~)깨끗이 씻다. 2. 하나도 남지 않다. (AABB) ¶ chī~(吃~)모조리 먹다.

*gǎnjué 感觉(一覺) 動 느끼다, 여기다. =juéde(觉得) ¶ ~lěng (~冷)추위를 느끼다. 名 감각. ¶ zhè zhǐ shì wǒ gèrén de~(这只是我个人的~)이는 내 느낌일 뿐이다.

*gǎnkuài 赶快(趕一) 副 빨리, 얼른, 어서. ¶ xiàqǐ yǔ lai le~jìnlai(下起雨来了, ~进来)비가 오기 시작하니 빨리 들어와라. shíjiān bù zǎo le, wǒmen~zǒu ba (时间不早了, 我们~走吧)시간이 늦었으니 어서 가자.

*gànmá 干吗(幹嗎)·干嘛(幹一) 代 무엇 때문에, 어째서, 왜. = gànshénme(干什么) ¶ nǐ~bú qù?(你~不去)넌 어째서 안가니? ☆ nǐ jìnchéng gàn má?(你进城干吗?)[무엇하러 도시에 가냐?]의 gàn(干)과 má(吗)는 한 단어가 아님.

†gǎnmáng 赶忙(趕一) 副 서둘러, 급히, 재빨리, 얼른. =liánmáng (连忙) ☆ gǎnjǐn(赶紧), gǎnkuài(赶快)는 명령문에 사용되지 않음. ¶ ~zuò jiěshì(~做解释)재빨리 설명하다.

*gǎnmào 感冒 動 감기에 걸리다. ¶ zháoliáng~le(着凉~了)감기에 걸렸다. 名 감기. ¶ dé~le(得~了)감기에 걸렸다.

*gǎnqíng 感情 名 1. 감정. ¶ ~bù hǎo(~不好)감정이 좋지 않다. ~yòngshì(~用事)[냉정하게 고려하지 않고]감정에 의해서 일을 처리하다. 2. 애정, 친근감. ¶ yǒu~(有~)호의를 가지다.

gǎnrǎn 感染 動 1. 전염되다, 감염하다. ¶ shāngkǒu~le(伤口~了)상처가 감염됐다. 2. 감동시

G

키다, 감화하다, 영향을 주다. ¶ tā de jīngshén～·le wǒ(他的精神～了我)그의 정신은 나를 감화시켰다. ～**lì**(～力)감화력.

†**gānrǎo** 干扰(－擾) 動 교란시키다, 방해하다. ¶ páichú wàijiè～(排除外界～)외부의 방해를 배제하다. 名 교란, 방해. **diànbō**～(电波～)전파 방해.

***gǎnshàng** 赶上(趕－) 動 1. 따라잡다[붙다], 시간에 대다. ¶ ～wàiguó de shuǐpíng(～外国的水平)외국 수준을 따라잡다. xiànzài qù néng gǎn deshàng(现在去能赶得上)지금가면 시간에 댈 수 있다. zěnme gǎn yě gǎnbushàng(怎么赶也赶不上)아무리 해도 시간에 댈 수 없다. 2. 만나다. ¶ ～dàxuě(～大雪)큰 눈을 만나다.

†**gānshè** 干涉 動 간섭하다. ¶ ～nèizhèng(～内政)내정을 간섭하다. 名 간섭. **shēngbō**～(声波～)전파 장애.

***gànshénme** 干什么(幹甚麽) 代 〈口〉 어째서, 왜. ¶ nǐ～bù mǎi zhège?(你～不买这个?)넌 어째서 이것을 사지 않느냐? ☆ nǐ zài zhèr gàn shéme ne?(你在这儿干什么呢?)[넌 여기서 무엇을 하느냐?]의 **gàn**(干)과 **shénme**(什么)는 한 단어가 아님.

†**gǎnshòu** 感受 動 받다, 감수하다. ¶ ～fēnghán(～风寒)감기에 걸리다. 名 인상, 느낌, 체득, 감명, 감상, 체험.

***gānshǔ** 甘薯 名 고구마.

gǎntàn 感叹(－嘆) 動 감탄하다. ¶ lìng rén～(令人～)사람을 감탄시키다.

***gǎnxiǎng** 感想 名 감상. ¶ nǐ yǒu shénme～?(你有什么～?)넌 어떤 느낌이 드냐? tán～(谈～)소감을 말하다.

⁑**gǎnxiè** 感谢(－謝) 動 감사하다. ¶ ～nǐ de bāngzhù(～你的帮助)당신의 도움에 감사합니다. 名 감사. ¶ zhōngxīn de～(衷心的～)마음속 깊은 감사.

gānxīn 甘心 動 1. 달가와하다, 기꺼이 원하다. ～**qíngyuàn**(～情愿)기꺼이 진심으로 원하다. 2. 만족해 하다, 흡족해 하다. ¶ bù～luòhòu(不～落后)뒤처지는 것을 달가워하지 않다.

†**gǎnyú** 敢于(－於) 副 대담하게 …하다, 용감하게 …하다. ¶ ～dòuzhēng(～斗争)용감하게 투쟁하다.

gānyù 干预(－預) 動 관여하다, 참견하다. ¶ ～zǐnǚ hūnyīn(～子女婚姻)자녀의 결혼에 참견하다.

gānzàng 肝脏(－臟) 名 〈醫〉 간장.

†**gānzào** 干燥(乾－) 形 건조하다. ¶ kōngqì～(空气～)공기가 건조하다.

***gānzhe** 甘蔗 名 《**gēn** 根, **jié** 节》 사탕수수.

gānzi 竿子 名 《**gēn** 根》 막대, 장대.

gānzi 杆子 名 《**gēn** 根》 막대기, 장대. **diànxiàn**～(电线～)전선주, 전주.

***gǎnzi** 秆子 名 식물 줄기, 대.

***gāo** 糕 名 쌀가루나 밀가루에 다른 재료를 넣어서 찐 떡. **jīdàn**～(鸡蛋～)카스텔라.

*gāo 高 形 1. [물체의 높이·키가]높다. ¶ tā hěn~(他很~)그는 매우 크다. dìwèi~(地位~)지위가 높다. 2. 가격이 높다, 값이 비싸다. =**guì**(贵) ¶ jiàqian~(价钱~)값이 비싸다. 3. [품질·수준·정도 등이 보통 정도보다]높다. ¶ shuǐpíng~(水平~)수준이 높다. yǎnlì~(眼力~)안목이 높다. 名 높이. ¶ zhè dǔ qiáng yǒu sān mǐ~(这堵墙有三米~)이 담장의 높이는 3m다.

gāo 膏 名 (~儿, ~子)기름, 지방(脂肪). 形 비옥하다, 기름지다.

†**gǎo** 稿 名 (~儿) 원고, 초안. = **gǎozi**(稿子) **dǎ**~(打~)초고(원고)를 쓰다.

*gǎo 镐(鎬) 名 《**bǎ** 把》 (곡)괭이. =**gǎotóu**(镐头)

*gǎo 搞 動 1. 하다, 작성하다, 행하다. ☆ **zuò**(做)와 같이 사용하지만, 보다 적극성이 있는 경우가 많음. ¶ ~jǐ ge cài(~几个菜)몇 가지 요리를 하다. ~gōngzuò(~工作)일을 하다. ~shēngchǎn(~生产)생산을 하다. ~zuòyè(~作业)숙제를 하다. 2. 변통하다, [무슨 일에]손을 대다. ¶ nǐ néng~liǎng zhāng diànyǐng piào ma?(你能~两张电影票吗?)영화표 2장을 끊을 수 있느냐?

†**gào** 告 動 1. 청구하다, 요구하다, 신청하다. ~**jià**(~假)휴가를 신청하다. ~**ráo**(~饶)용서를 빌다, 사죄하다. 2. 말하다, 알리다. ¶ wǒ~nǐ yí jù huà(我~你一句话)너에게 한 마디 하겠다. 3. 고발하다, 신고하다.

†**gào▲bié** 告别 動 1. 헤어지다, 작별 인사를 하다. ¶ ~fùmǔ(~父母)부모와 헤어지다. 2. 죽은 자와 최후의 결별을 하면서 애도를 표시하다. ¶ ~yíshì(~仪式)고별식.

†**gāocháo** 高潮 名 1. 만조. 2. [운동의]고조, [소설, 영화, 연극의] 클라이맥스, 절정. ¶ gōngrén yùndòng de~(工人运动的~)노동 운동의 고조. dádào~(达到~)절정에 이르다.

†**gào▲cí** 告辞(一辭) 動 [주인에게]작별을 고하다, 헤어지다. ¶ bù zǎo le, gāi~le(不早了, 该~了)늦었습니다, 가야겠습니다.

*gāodà 高大 形 높고 크다. (**AABB**) ¶ ~de jiànzhù(~的建筑)높고 큰 건물. shēncái~(身材~)체격이 크다.

†**gāoděng** 高等 形 고등의, 고급의. ~**jiàoyù**(~教育)고등교육. ~**xuéxiào**(~学校)[대학·전문학교 등의]고등 교육기관.

†**gāodī** 高低 名 1. 고저, 높이. ¶ liáng~(量~)높이를 재다. 2. 우열, 승부, 정도. ¶ zhēng ge~(争个~)우열을 다투다. **nán fēn**~(难分~)우열을 가르기가 어렵다. 3. 심도, 경중. **bùzhī**~(不知~)일의 경중을 모르다. 副 〈方〉 1. 어쨌든, 어차피, 여하튼. ¶ ~yào lái(~要来)어쨌든 와야 한다. 2. 마침내, 결국. = **dàodǐ**(到底) ¶ ~gǎnshàng le(~赶上了)마침내 따라 잡았다.

†**gāodù** 高度 名 고도, 높이. 形 정도가 매우 높다. ¶ ~de láodòng rèqíng(~的劳动热情)왕성

한 노동의욕.

gāo'ěrfūqiú 高尔夫球(—爾—) 名 1. 골프. ☆「高尔夫」는 영어 'golf'의 음역. ¶ dǎ~(打~)골프치다. 2. 골프공.

†**gāofēng** 高峰 名 고봉, 최고조, 절정.

gāogēnrxié 高跟儿鞋(—兒—) 名 《**shuāng** 双, **zhī** 只》하이힐.

***gāogèr** 高个儿(—個兒) 名 키다리.

†**gāojí** 高级(—級) 形 고급의, 상품의. ~**shāngpǐn**(~商品)고급상품. ~**zhōngxué**(~中学)고등학교[중국의 중학교는 6년제로서 전 3년을 '初级中学' 후 3년을 '高级中学'라고 함.]

***gāoliang** 高粱 名〈植〉고량, 수수. ~**mǐ**(~米)수수쌀.

†**gāoshàng** 高尚 形 고상하다. ¶ fēnggé~(风格~)품성이 고상하다. ~de yúlè(~的娱乐)고상한 오락.

***gāoshèpào** 高射炮 名 《**mén** 门》고사포.

†**gāosù** 高速 形 고속의. ¶ ~fāzhǎn(~发展)빠른 속도로 발전하다. ~**gōnglù**(~公路)고속도로.

gàosù 告诉(—訴) 動 고소하다.
☞ **gàosu**(告诉) 참조.

⁑**gàosu** 告诉(—訴) 動 알리다, 말하다. ¶ qǐng nǐ~tā, jīntiān wǎnshang yào kāihuì(请你~他, 今天晚上要开会)오늘 저녁 회의가 있다고 그에게 알려주시오.
☞ **gàosù**(告诉) 참조.

gǎotóu 镐头(鎬頭)
☞ **gǎo**(镐) 참조.

gāoxiào 高校 名〈略〉고교. = **gāoděng xuéxiào**(高等学校)

⁑**gāoxìng** 高兴(—興) 形 기쁘다, 유쾌하다, 즐겁다. (**AABB**) ¶ jiàndào nín hěn~(见到您很~)만나뵙게 되어 정말 기쁩니다. 動 좋아하다. =**xǐhuan**(喜欢) ¶ wǒ bù~qù(我不~去)나는 가고 싶지 않다. ~kàn diànyǐng(~看电影)영화 보기를 좋아한다.

†**gāoyā** 高压(—壓) 名〈電〉고압. 形 고압의. ~**xiàn**(~线)고압선. ~**zhèngcè**(~政策)고압적인 정책.

gāoyao 膏药(—藥) 名 《**kuài** 块, **tiē** 贴, **zhāng** 张》고약. ¶ tiē~(贴~)고약을 붙이다.

†**gāoyuán** 高原 名 고원.

gǎozhǐ 稿纸(—紙) 名 《**zhāng** 张》원고용지.

***gāozhōng** 高中 名〈略〉고급 중학교. =**gāojí zhōngxué**(高级中学)

gào▴zhuàng 告状(—狀) 動 1. 고소하다, 기소하다. ¶ qù fǎyuàn~(去法院~)법원에 고소하러 가다. 2. 일러 바치다, 고자질하다. ¶ gàole wǒ yí zhuàng(告了我一状)나에게 일러 바쳤다.

gǎozi 稿子 名 1. 원고, 초고. 2. 계획, 구상, 복안.

gāzhiwō 夹肢窝(夾—窩)·胳肢窝(—窩) 名 겨드랑이.

gē 哥 名 형. =**gēge**(哥哥) **dà**~(大~)큰 형. **èr**~(二~)둘째 형.

⁑**gē** 歌 名 (~儿) 《**shǒu** 首, **zhī** 支》노래, 가곡. ¶ chàng~(唱~)노래 부르다.

⁑**gē** 搁(擱) 動 1. 놓다, 두다. =

fàng(放) ¶ ～·zai zhuōzi shang (～在桌子上)탁자 위에 놓다. 2. 내버려두다, 방치하다. =**gēzhì**(搁置) ¶ zhè jiàn shì xiān～·yi·～(这件事先～一～)이 일은 좀 내버려 두자.

*__gē__ 割 動 1. 자르다, 베다, 절개하다, 떼어내다. ¶ ～màizi(～麦子) 보리를 베다. ～**ròu**(～肉)고기를 베어내다, 살을 에다, 고기를 사다, 고기를 팔다. 2. 분할하다, 인도(引渡)하다. 3. 버리다, 헤어지다.

gé 格 名 (～儿) 1. 격자, 방안. =**gézi**(格子) 2. 표준, 규격. 3. 품성, 품격.

†**gé** 隔(隔) 動 1. 막다, 막히다, 사이에 두다. ¶ yòng mùbǎn～·kāi(用木板～开)나뭇판으로 막다. 2. 사이를 두다, 떨어져 있다, 간격을 두다. ¶ shì～liǎng tiān(事～两天)이틀 간격으로 일이 발생하다.

*__gě__ 合 量 합; 용량의 단위; **shēng**(升)의 10분의 1.

⁑**gè/ge** 个(個) 量 1. 개, 명, 사람[주로 전용 양사가 없는 명사에 두루 쓰임.] ¶ yí～rén(一～人)한 사람. liǎng～píngguǒ(两～苹果)사과 2개. sān～xīngqī(三～星期)3주. sì～wèntí(四～问题)네가지 문제. 2. [목적어를 수반하는 동사 뒤에 쓰여]동량사 비슷한 작용을 함. ¶ jiàn～miàn(见～面)만나다. chàng～gē(唱～歌)노래를 부르다. 3. [동사와 보어 사이에 쓰여서]보어를 이끄는 '得'와 비슷한 역할을 함. ¶ yǔ xià～bù tíng(雨下～不停)비가 끊임없이 내리다. sǎo～gānganjìngjìng(扫～干干净净)깨끗이 청소하다.

*__gè__ 各 代 각자, 각기. ¶ zhè sān zhǒng shū wǒ～mǎi liǎng běn(这三种书我～买两本)이 3가지 책을 각기 두 권씩 사다. ～rén yǒu～rén de xíguàn(～人有～人的习惯)사람마다 각자의 습관이 있다. qíngkuàng～～bùtóng (情况～～不同)상황이 각기 다르다. ☆ 마지막 예문은 **gè**(各)를 겹쳐 사용한 것으로 각각 있는 속성을 가진 것을 강조하고 있다. ～**chí jǐ jiàn**(～持己见)각자 자기의 견해를 고집하다. ～**yǒu qiānqiū**(～有千秋)사람마다 다 제각기 자기의 장기를 가지고 있다. ～**shì**～**yàng**(～式～样)가지각색.

gēbei 胳臂
☞ **gēbo**(胳膊) 참조.

*__gébì__ 隔壁(隔－) 名 이웃, 이웃집, 옆방. ¶ liǎng jiā zhù～(两家住～)두 집이 이웃하고 있다.

gèbié 个别(個－) 形 1. 개개의, 개별적인. ¶ ～tánhuà(～谈话) 개별적 담화. 2. 일부러, 극소수의, 극히 드문. ¶ ～qíngkuàng (～情况)극히 드문 상황. jíqí～de shìlì(极其～的事例)극히 드문 사례.

†**gèbié** 各别 形 1. 개개의, 각각의. ¶ ～duìdài gèzhǒng rén(～对待各种人)여러 사람을 각각 대처하다. 2. 특별하다, 유별나다, 유다르다, 신비하다. ¶ zhège rén hěn～(这个人很～)이 사람은 정말 유별나다.

G

***gēbo** 胳膊 名 《**shuāng** 双, **tiáo** 条, **zhī** 只》 팔. =**gēbei**(胳臂)

†**gēchàng** 歌唱 動 1. 노래부르다. ~**jiā**(~家)가수. 2. 찬양하다. ¶ ~zǔguó(~祖国)조국을 찬양하다.

gēda 疙瘩·疙疸 名 1. 종기, 부스럼. ¶ zhǎng~(长~)종기가 나다. 2. 덩어리, 덩이 매듭. ¶ dǎ ~(打~)매듭을 짓다. 3. 쉽게 해결되지 않은 문제, 응어리. ¶ xīnshang de~zǎo qùdiào le(心上的~早去掉了)마음속의 응어리가 벌써 가셨다.

⁑**gēge** 哥哥 名 1. 형, 오빠. 2. 친척 중의 동년배로서 자기보다 나이가 많은 남자. ☆ 1, 2 모두 부르는데 사용된다.

gègè 个个(個個) 名 개개, 각각, 각개, 낱낱, 하나하나. ¶ tā de háizi~dōu hěn cōngming(他的孩子~都很聪明)그의 아이들은 각기 다 총명하다.

***gégé** 各个(-個) 形 각개의, 각각의. ¶ ~fāngmiàn(~方面)각 방면. 副 하나하나씩. ¶ ~jīpò (~击破)각개 격파.

⁑**gěi** 给(給) 動 1. [물건을]주다. ☆「…에 ~을 건네주다」처럼 두 개의 목적어를 취할 수 있음. 이 경우 어순은 「**gěi**(给)+사람을 나타내는 명사·대사+사물」이 되는 것이 보통임. ¶ ~qián(~钱)돈을 주다. nǐ~tā shénme? (你~他什么?)넌 그에게 무엇을 주었느냐? wǒ~tā yì zhī gāngbǐ (我~他一枝钢笔)나는 그에게 연필 한 자루를 주었다. 2. [상대에게 동작, 태도를]취하다, 주다. ¶ ~·le tā yánlì de pīpíng(~了他严厉的批评)그에게 호된 비판을 했다. 3. [동사 뒤에 쓰여]방향을 나타냄. 이 경우 경성(輕聲)에 가깝게 발음할 때가 많음. ¶ jiè·~tā yì bǎ sǎn (借~她一把伞)그에게 우산 한 자루 빌려주다. bǎ nà cháhú dì ·~wǒ ba(把那茶壶递~我吧)찻주전자를 내게 건네다오. 介 1. …에게 …를 위하여. ¶ ~huā jiāo shuǐ(~花浇水)꽃에 물주다. ~nǐ bāngmáng(~你帮忙)너를 도와주마. ☆ 목적어가 **wǒ**(我)의 경우 거만한 어기를 나타냄. **例**: nǐ gěi wǒ gǔnkāi(你给我滚开)꺼져버려. 2. [···에게]···을 당하다. ¶ jīnyú~māo chī le(金鱼~猫吃了)금붕어가 고양이에게 잡아 먹혔다. ☆ 이 표현은 동작 주체를 말하지 않는 경우 **jīnyú gěi chī le**(金鱼给吃了)로 됨.

†**gěiyǐ** 给以(給-) 動 [2음절 동사 앞에 사용되어]주다. ¶ ~bāngzhù(~帮助)도움을 주다. ~jiǎnglì(~奖励)장려하다.

†**gé▴mìng** 革命 動 혁명하다. ¶ gé nǐ de mìng(革你的命) ① 당신을 매장 시키겠다. ② 너를 해고시켜 버리겠다.

☞ **gémìng**(革命) 참조.

***gémìng** 革命 名 《**cháng** 场, **cì** 次》 혁명. **chǎnyè**~(产业~)산업혁명. ~**jūnrén**(~军人)혁명군인.

☞ **gé▴mìng**(革命) 참조.

gémó 隔膜(隔-) 形 1. 거리, 간, 틈. ¶ xiāochú~(消除~)틈을 없애다. 2. 사정에 어둡다, 익숙하

지 못하다. ¶ wǒ duì Éyǔ shízài ~(我对俄语实在~)나는 러시아어에 대해 정말 문외한이다.

***gēn** 根 名 (~儿) 1. 뿌리. **shù** ~(树~)나무뿌리. 2. 밑동, 뿌리. **chéng**~(城~)성밑. **qiáng** ~(墙~)담장 밑. 3. 내력, 근원, 근본, 진상, 기초. **páo~wèn dǐ** (刨~问底)꼬치꼬치 캐묻다, 철저히 따지다. 量 (~儿) 가늘고 긴 것을 세는 데 쓰임. ¶ yì~huǒchái(一~火柴)성냥 한 개비. liǎng~tóufa(两~头发)머리카락 두 가닥.

***gēn** 跟 動 따라가다, 쫓아가다, 붙다. ¶ ~·zhe guǎngbō jiǎngzuò xuéxí(~着广播讲座学习)방송 강좌를 따라가며 학습하다. xià-qǐ yǔ lai~·zhe guāqǐ fēng lai (下起雨来, ~着刮起风来)비가 내리기 시작하자, 이어서 바람이 불기 시작하다. 介 …와[과], …에게. ¶ ~tā yìqǐ qù(~他一起去)그와 함께 가다. nǐ~wǒ yào shénme?(你~我要什么?)넌 나에게 무엇을 원하느냐? wǒ~tā jièle yì zhī gāngbǐ(我~他借了一枝钢笔)나는 그에게 펜 한 자루를 빌렸다. tā de yì jian~wǒ yíyàng (她的意见~我一样)그의 의견은 나와 같다. 連 …와. =**hé**(和) ¶ wǒ~tā shì tóngbān tóngxué(我~他是同班同学)나와 그는 한반 친구이다.

***gēnběn** 根本 名 근본, 기초. ¶ cóng~shang jiějué wèntí(从~上解决问题)근본적으로 문제를 해결하다. 形 중요하다, 주요하다, 기본적이다. ¶ zhè shì zuì~de wèntí(这是最~的问题)이것은 가장 중요한 문제이다. 副 1. [부정문에 많이 쓰여]전연, 도무지, 전혀, 아예. ¶ ~jiù bù míngbai (~就不明白)전혀 모른다. ~jiù méi yǒu de shì(~就设有的事) 전혀 없는 일. 2. 근본적으로, 완전히, 철저히, 뿌리채. ¶ wèntí yǐjìng~jiějué le(问题已经~解决了)문제가 이미 근본적으로 해결되었다.

gēng 更 動 바꾸다, 고치다. 名 경, 무렵.

gēng 庚 名 경 ; 천간(天干)의 일곱번째.

***gēng** 耕 動 [밭을]갈다. ~**dì**(~地)토지를 갈다, 농경지.

***gèng** 更 副 더욱, 한층, 더. ¶ zhège bǐ nàge~hǎo(这个比那个~好)이것이 저것보다 더욱 좋다. ~hǎo de wánchéng rènwu (~好地完成任务)더욱 잘 임무를 완성하다. ~**shàng yì céng lóu**(~上一层楼)다시 한층 더 위로 오르다.

†gēng▴dì 耕地 動 밭을 갈다. ☞ **gēngdì**(耕地) 참조.

†gēngdì 耕地 名 경작지, 농경지. ☞ **gēng▴dì**(耕地) 참조.

***gèngjiā** 更加 副 더욱 더, 한층. ☆ **gèng**(更)과 같은 뜻이나, 2음절어 앞에 많이 쓰임. ¶ wèntí~fùzá le(问题~复杂了)문제가 한층 더 복잡해졌다.

gēngzhèng 更正 動 [자구·내용의]잘못을 고치다, 정정(訂正)하다. ¶ ~cuòzì(~错字)오자를 정정하다.

***gēnjù** 根据(-據) 動 근거하다,

의거하다, 따르다. ¶ nǐ shuō de huà dàodǐ~shénme?(你说的话到底~什么?)네가 하는 말은 도대체 무엇에 근거한 것이냐? ~guīdìng(~规定)규정에 따르다. 名 근거. ¶ shuōhuà yào yǒu~(说话要有~)말에는 근거가 있어야 한다. ~**dì**(~地)근거지.

*__gēnqián__ 跟前 名 (~儿) 옆, 곁, 앞, 근처, 근방. ¶ bié zhànzai wǒ~(别站在我~)내 앞에 서 있지 마시오.
☞ **gēnqian**(跟前) 참조.

†**gēnqian** 跟前 名 슬하(膝下). ¶ ~wú zǐnǚ(~无子女)슬하에 자식이 없다.
☞ **gēnqián**(跟前) 참조.

*__gēnsuí__ 跟随(一隨) 動 뒤따르다, 동행하다, 따라가다. ¶ ~kǎochátuán qù Ōuzhōu(~考察团去欧洲)시찰단을 따라 유럽에 가다.

†**gēnyuán** 根源 名 근원.

*__gēqǔ__ 歌曲 名《**shǒu** 首, **zhī** 只》가곡.

†**gèr** 个儿(個兒) 名 키, 몸집. = **gèzi**(个子)

*__gèrén__ 个人(個一) 名 개인. ⇔ **jítǐ**(集体) ~**zhǔyì**(~主义)개인주의. 2. [공식적으로 의견을 발표할 때]나(자신), 저(자신). ¶ wǒ~de yìjian(我~的意见)저 자신의 의견.

*__gēshǒu__ 歌手 名 가수.

†**gēsòng** 歌颂(一頌) 動 찬양하다, 찬미하다, 칭송하다, 구가하다.

†**gètǐ** 个体(個體) 名 개체. ~**hù**(~户)개인 경영을 하는 가게.

*__géwài__ 格外 副 1. 각별히, 특별히, 유난히. ¶ jīntiān~rè(今天~热)오늘은 유달리 덥다. ¶ zhè běn xiǎoshuō~yǒu yìsi(这本小说~有意思)이 소설은 특별히 재미있다. 2. 달리, 그 외에, 별도로. ¶ yòu~zhǎole chē(又~找了车)별도로 차를 찾다. jīntiān tā dǎbande~piàoliang(今天她打扮得~漂亮)오늘 그녀는 특별히 예쁘게 화장했다.

†**géxīn** 革新 動 혁신하다. ¶ shēngchǎn jìshù búduàn~(生产技术不断~)생산기술을 끊임없이 혁신하다. 名 혁신. **jìshù**~(技术~)기술혁신.

†**gèxìng** 个性(個一) 名 개성. ¶ ~qiáng(~強)개성이 강하다. méi yǒu~(没有~)개성이 없다.

gēzhì 搁置(擱置) 動 놓다, 내버려두다, 보류해 두다, 방임하다. ¶ bǎ wèntí~·qilai(把问题~起来)문제를 내버려두다. bù néng~(不能~)방치해 둘 수 없다.

*__gèzhǒng__ 各种(一種) 代 각종(의), 여러가지. ~**gèyàng**(~各样)각양각색이다.

*__gēzi__ 鸽子(鴿一) 名《**zhī** 只》비둘기.

†**gèzì** 各自 代 각자, 제각기. ¶ ~zhǔnbèi(~准备)제각기 준비하다.

†**gèzi** 个子(個一) 名 체격, 키, 몸집. ¶ ~ǎi(~矮)키가 작다. ~dà(~大)키가 크다. **ǎi**~(矮~)키가 작은 사람, 난장이. **gāo**~(高~)키다리.

gōng 工 名 노동, 작업. ¶ zuòle yì tiān de~(做了一天的~)하루 작업을 하다.

*__gōng__ 弓 名《**zhāng** 张》활. **lā**~(拉~)활을 잡아 당기다. 動

구부리다. ¶ ～·zhe yāo(～着腰)허리를 구부려서.

*gōng 供 動 공급하다, 제공하다. ¶ ～cānkǎo(～参考)참고로 제공하다.

☞ gòng(供) 참조.

†gōng 攻 動 1. 공격하다. ¶ ～chéng(～城)성을 공략하다. 2. 비난하다, 책망하다.

†gōng 公 名 사무, 공무. bàn～(办～)사무를 보다. 形 1. 국유의, 공공의, 공유의, 집단적. ⇔ sī(私) ～kuǎn(～款)공금. 2. 수컷의. ⇔ mǔ(母) ～jī(～鸡)수탉. ～niú(～牛)수소, 황소.

gōng 恭 形 공손하다, 공경하다. 名 용변. =cèsuǒ(厕所)

†gòng 共 副 함께, 같이, 공동으로. ¶ dàjiā～chī(大家～吃)다같이 먹다.

gòng 供 動 1. 공술하다, 자백하다. ¶ ～·chū tónghuǒ(～出同伙)한패인 것을 자백하다. 2. 바치다. ¶ ～xiāng(～香)헌향(獻香)하다. 名 공술, 자백. bī～(逼～)자백을 강요하다. kǒu～(口～)자백.

☞ gōng(供) 참조.

*gōng'ān 公安 名 사회의 치안. ¶ gǎo～(搞～)치안을 유지하다. ～jú(～局)공안국. ～rényuán(～人员)공안원.

gōngbào 公报(一報) 名 성명. ¶ fābiǎo～(发表～)성명을 발표하다. liánhé～(联合～)공동성명.

†gōngbù 公布 動 공포하다. ¶ ～hūnyīnfǎ(～婚姻法)혼인법을 공포하다. ～míngdān(～名单)명단을 발표하다.

*gòngchǎndǎng 共产党(一產黨) 名 공산당.

*gōngchǎng 工厂(一廠) 名 《jiā 家, suǒ 所, zuò 座》 공장. ¶ zài～gōngzuò(在～工作)공장에서 일하다.

*gōngchéng 工程 名 공사, 공정. ～shī(～师)기사. shuǐlì～(水利～)수리공사.

gōngchǐ 公尺

☞ mǐ(米) 참조.

gōngdao 公道 形 공평한, 바른 도리의. =gōngping(公平), hélǐ(合理) ¶ bànshì bù～(办事不～)불공평하게 일하다. jiàqian～(价钱～)가격이 적정하다.

*gōngdì 工地 名 작업현장, 공사현장. ¶ jiànzhù～(建筑～)건축현장.

†gōngdiàn 宫殿 名 《zuò 座》 궁전.

*gōngfu 工夫·功夫 名 1. 시간. ¶ méi～(没～)시간이 없다. 2. 조예, 재주, 솜씨. ¶ tā de zì～hěn shēn(他的字～很深)그의 필체는 꽤 세련되었다. 3. 시(時), 때. ¶ wǒ shàng dàxué nà～(我上大学那～)내가 대학에 다닐 때.

*gōnggòng 公共 名 공공의, 공용의. ～cáichǎn(～财产)공공 재산. ～kè(～课)[대학강의 등의]일반과목. ～qìchē(～汽车)버스.

*gōnggong 公公 名 1. 시아버지. 2. 〈方〉 할아버지. =zǔfù(祖父) 3. 〈方〉 외할아버지. =wàizǔfù(外祖父) 4. 노인장.

*gǒnggù 巩固(鞏一) 形 견고하다, 공고하다, 튼튼하다. ¶ zhèngquán～(政权～)정권이 안정되다.

G

動 견고하게 하다, 튼튼하게 하다, 공공히 하다. ¶ ~guófáng(~国防)국방을 튼튼히 하다.

gònghéguó 共和国(一國) 名 공화국.

***gōnghuì** 工会(一會) 名 노동조합. ¶ zǔzhī~(组织~)노동조합을 결성하다.

gōngjī 公鸡(一鷄) 名 《**zhī** 只》 수탉. ⇔ **mǔjī**(母鸡)

***gōngjī** 攻击(一擊) 動 공격하다, 비난하다. ¶ ~zhèngfǔ de zhèngcè(~政府的政策)정부의 정책을 비난하다.

†**gōngjǐ** 供给(一給) 動 공급하다, 급여하다. ¶ ~dàmǐ(~大米)쌀을 공급하다.

gōngjì/gōngjī 功绩(一績) 名 성과, 성적. ¶ qǔdé~(取得~)성과를 얻다.

⁑**gōngjīn** 公斤 量 킬로그램(kg).

gōngjìng 恭敬 形 공손하다, 정중하다, 예의가 바르다. (**AABB**) ¶ tàidu~(态度~)태도가 공손하다.

***gōngjù** 工具 名 《**jiàn** 件, **yàng** 样》 1. 공구, 작업 도구. 2. 수단, 도구. ~**shū**(~书)공구서 ; 사전·자전·색인·연감 따위의 서적. **jiāotōng**~(交通~)교통수단.

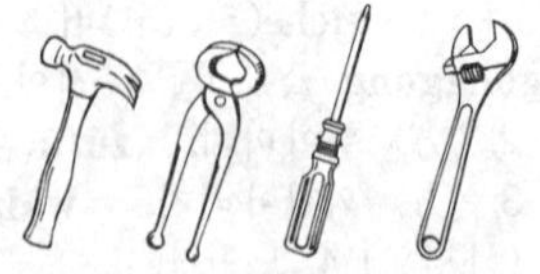

工具

***gōngkāi** 公开(一開) 形 공개의. ⇔ **mìmì**(秘密) ¶ ~de wénjiàn(~的文件)공개 서류. ~**xìn**(~信)공개장. 動 공개하다. ¶ ~láixìn nèirong(~来信内容)서신의 내용을 공개하다.

***gōngkè** 功课(一課) 名 《**mén** 门》 학과목, 수업, 학업 성적. ¶ ~hǎo(~好)성적이 좋다.

†**gōngkè** 攻克 動 점령하다, 정복하다, 함락시키다. ¶ ~kēxué bǎolěi(~科学堡垒)과학의 최고봉을 정복하다.

***gōngláo** 功劳(一勞) 名 공로, 공적. ¶ lìxià~(立下~)공로를 세웠다.

⁑**gōnglǐ** 公里 量 킬로미터(km).

***gōnglù** 公路 名 공로, 도로.

gǒngmén 拱门(一門) 名 아치형으로 된 문, 궁륭형으로 된 문.

†**gōngmín** 公民 名 공민. ~**quán**(~权)공민권.

†**gōngmǔ** 公亩(一畝) 量 〈度〉 아르(a), 100평방미터.

†**gōngnéng** 功能 名 기능, 작용, 효능, 활동 능력.

***gōngnóngbīng** 工农兵(一農一) 名 노동자·농민·군인 ; 시민.

***gōngpíng** 公平 形 공평하다. (**AABB**) ¶ zuòfǎ bù~(做法不~)방법이 불공평하다. mǎimai~(买卖~)매매가 공평하다.

gōngpó 公婆 名 시부모 ; **gōnggong**(公公)과 **pópo**(婆婆). ¶ xiàojìng~(孝敬~)시부모를 공경하다.

gōngqian 工钱(一錢) 名 1. 품삯, 공전. ¶ fù~(付~)품삯을 주다. 2. 〈口〉 노임, 급료, 임금. =**gōngzī**(工资) ¶ lǐng~(领~)노임을 받다.

†**gōngqǐng** 公顷(ㅡ頃) 量 헥타르(ha).

†**gòngqīngtuán** 共青团(ㅡ團) 名 〈略〉 공산주의 청년단. =**gòngchǎn zhǔyì qīngniántuán**(共产主义青年团)

gōngrán 公然 副 공공연히. ¶ ～chūbīng(～出兵)공공연히 파병하다. ～wéifǎn xiédìng(～违反协定)공공연히 협정을 위반하다.

⁑**gōngrén/gōngren** 工人 名 《**gè** 个, **míng** 名》 노동자.

gōngshè 公社(ㅡ社) 名 1. 공동사회, 공동체. **shìzú**～(氏族～)씨족 공동체. 2. 코뮌. **Bālí**～(巴黎～)파리 코뮌. 3. 〈略〉 인민공사. =**rénmín gōngshè**(人民公社)

gōngshì 工事 名 [바리케이드·참호·토치카 따위의]진지, 구축물의 총칭. ¶ wā～(挖～)참호를 파다.

†**gōngshì** 公式 名 일반 법칙, 공식. ¶ tào～(套～)공식을 유도하다. **wùlǐ**～(物理～)물리공식.

*gōngshì** 公事 名 1. 공무. ⇔ **sīshì**(私事) ¶ ～gōngbàn(～公办)공적인 일을 공정하게 원칙적으로 처리하다. 2. 〈口〉 공문서. ¶ kàn～(看～)공문서를 보다.

⁑**gōngsī** 公司 名 회사. **gāngtiě**～(钢铁～)강철회사. **màoyì**～(贸易～)무역회사, 상사.

*gòngtóng** 共同 形 공동의, 공통의. ¶ méi yǒu～yǔyán(没有～语言)공통의 화제가 없다. 副 함께, 다같이. ¶ ～nǔlì(～努力)함께 노력하다.

*gòngxiàn** 贡献(貢獻) 動 공헌하다. ¶ yǒu suǒ～(有所～)공헌한 바가 있다. 名 공헌. ¶ ～hěn dà(～很大)공헌이 매우 크다. zuò～(做～)공헌하다.

†**gōngxù** 工序 名 《**dào** 道》 제조 공정.

*gōngyè** 工业(ㅡ業) 名 공업. ～**huà**(～化)공업화. **qīng**～(轻～)경공업. **zhòng**～(重～)중공업.

†**gōngyìng** 供应(ㅡ應) 動 제공하다, 공급하다, 보급하다. ¶ ～jǐnzhāng(～紧张)공급 부족. ～wùzī(～物资)물자를 공급하다.

†**gōngyìpǐn** 工艺品(ㅡ藝ㅡ) 名 공예품.

†**gōngyòng** 公用 動 공용하다. ¶ zhège cāochǎng shì liǎng xiào～de(这个操场是两校～的)이 운동장은 두 학교가 공용하는 것이다. ～**diànhuà**(～电话)공중전화. ～**cèsuǒ**(～厕所)공중변소. ～**kuàizi**(～筷子)공용 젓가락.

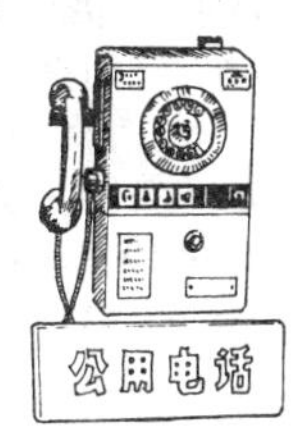

公用电话

†**gōngyuán** 公元 名 서기, 서력, 기원. ～**qián**(～前)기원전.

⁑**gōngyuán** 公园(ㅡ園) 名 공원. ¶ guàng～(逛～)공원을 거닐다.

gōngzhěng 工整 形 [글씨 따위가]세밀하고 정제되다, 깔끔하다. (**AABB**) ¶ xiě zì～(写字～)글씨를 깔끔하게 쓰다.

G

gōngzhèng 公正 形 공정하다, 공평하다, 공명정대하다. (**AABB**) ¶ bànshì~(办事~)일처리를 공정하게 하다. ~de píngjià(~的评价)공정한 평가.

*__gōngzī__ 工资(–資) 名 《**fèn** 份》 임금, 노임. ¶ fā~(发~)임금을 지급하다. zhǎng~(长~)임금이 상승하다. ~gāo(~高)임금이 높다. ~dī(~低)임금이 싸다.

G

⁑__gōngzuò__ 工作 動 일하다, 노동하다, 작업하다. ¶ nǐ zài nǎr~?(你在哪儿~?)너 어디서 일하느냐? měitiān~bā xiǎoshí(每天~八小时)매일 8시간 일한다. 名 1. 《**gè** 个, **jiàn** 件, **xiàng** 项》 공작, 일, 노동, 작업, 업무. ¶ wǒ jīntiān de~hěn duō(我今天的~很多)나는 오늘 일이 많다. gǎo~(搞~)일하다. 2. 직업. ¶ zhǎobudào~(找不到~)일자리를 얻지 못하다.

*__gōu__ 沟(溝) 名 《**dào** 道, **tiáo** 条》 도랑, 하수도, 개천. ¶ wā~(挖~)도랑을 파다.

†__gōu__ 钩(鉤) 名 (~儿) 갈고리. = **gōuzi**(钩子) **chèng**~(秤~)저울고리. **diàoyú**~(钓鱼~)낚시 바늘.

gōu 勾 動 지우다, 그어 버리다. ¶ ~·le zhè bǐ zhàng(~了这笔帐)빚을 청산하다.

⁑__gǒu__ 狗 名 《**tiáo** 条, **zhī** 只》〈動〉 개. ~**tuǐzi**(~腿子)앞잡이, 주구.

⁑__gòu__ 够 形 1. 충분하다, 넉넉하다, 족하다. ¶ qián~bu~?(钱~不~)돈이 충분하니? shíjiān bú~(时间不~)시간이 모자라다. 2. 싫증나다. ¶ zhège huà wǒ kě tīng·~le(这个话我可听~了)이 이야기를 나는 정말 싫증나게 들었다. 副 충분히, 상당히. ¶ jīntiān~lěng de le!(今天~冷的了)오늘은 상당히 춥다. 動 1. [일정한 정도·기준·수준에]오르다, 도달하다. ¶ bú~lǐxiǎng(不~理想)이상에 도달하지 못하다. ~**péngyou**(~朋友)친구가 될 만하다, 친구답다. 2. 손이 닿다, 미치다. ¶ yì shēn shǒu jiù ~·zháo le(一伸手就~着了)손을 뻗쳐 닿다. ~·buzháo(~不着)미치지 못하다.

†__gòuchéng__ 构成(構–) 動 구성하다, 형성하다. ¶ ~fànzuì(~犯罪)죄를 범하다. ~wēixié(~威胁)위협하다.

gòudang 勾当(–當) 名 일, 짓, 수작.¶ nǐ gǎo de shénme~?(你搞的什么~?)너는 무슨 일을 꾸몄느냐? bùkě jiàn rén de~(不可见人的~)얼굴을 들 수 없는 일.

†__gōujié__ 勾结(–結) 動 결탁하다. ¶ tāmen liǎ~·qilai(他们俩~起来)그들 둘은 결탁하기 시작했다.

†__gòumǎi__ 购买(購買) 動 사다, 사들이다. ~**lì**(~力)구매력.

gōuxiāo 勾销(–銷) 動 취소하다. =**qǔxiāo**(取消) ¶ ~zīgé(~资格)자격을 취소하다. **yì bǐ**~(一笔~)빚 따위를 단번에 갚다, 일소하다, 무효로 하다, 취소하다.

*__gōuzi__ 钩子(鉤–) 名 갈고리, 집게 발. **huǒ**~(火~)불갈고리.

†__gòuzào__ 构造(構–) 名 구조.

gū 姑 名 고모, 시누이. 〈文〉 시어머니.

gū 孤 形 고독하다, 외롭다.

gǔ 骨 名 1. 뼈. 2. 뼈대, 골격. 3. 기골, 기개.

***gǔ** 鼓 名 《**gè** 个, **miàn** 面》 북. ¶ qiāo~(敲~)북을 치다. 形 팽팽하다, 땡땡하다. ¶ dùzi~le(肚子~了)배가 땡땡해졌다. yīdài~~de(衣袋~~的)호주머니가 불룩하다. 動 1. [풀무 따위로] 부채질하다, [바람을]일으키다. ¶ ~·zhezuǐ(~着嘴)입을 부풀리다. 2. 고무하다. ¶ ~gànjìn(~干劲)열의를 북돋다.

***gǔ** 股 名 [기관·기업·단체의] 조직 단위, 부문, 계. ~**zhǎng**(~长)계장. 量 한 줄기를 이루는 물건을 세는 단위. ¶ yì~yān(一~烟)한 줄기의 연기.

†**gǔ** 古 形 낡다, 오래되다. ¶ zhè zuò miào~·de hěn(这座庙~得很)이 절은 아주 오래됐다.

gù 故 名 1. 사고, 사건. 2. 원인, 연고(緣故). 副 일부러, 고의로, 본래.

†**gù** 雇 動 고용하다, 세내다, 빌리다. ¶ ~bǎomǔ(~保姆)보모를 고용하다. ~chē(~车)차를 세내다, 임시로 세낸 차.

***gù** 顾(顧) 動 뒤돌아보다, 돌이켜 보다, 바라보다. ¶ ~·bushàng(~不上)돌볼 틈이 없다.

瓜

⁑**guā** 瓜 名 〈植〉 박과 식물(의 과실). ☆ **xīguā**(西瓜)[수박], **nánguā**(南瓜)[호박], **dōngguā**(冬瓜)[동과, 동아], **huángguā**(黄一)[오이] 등 박과 식물의 통칭.

⁑**guā** 刮 動 1. 바람이 불다. ¶ ~fēng(~风)바람이 불다. 2. 깎다, 밀다. ¶ ~húzi(~胡子)수염을 깎다. ~liǎn(~脸)면도하다.

guǎ 寡 形 [양이]적다. ⇔ **duō**(多), **zhòng**(众)

⁑**guà** 挂(掛) 動 1. 걸다. ¶ bǎ dìtú~·zai qiángshang(把地图~在墙上)지도를 벽에 걸다. qiángshang~·zhe yìzhāng yuèlì(墙上~着一张月历)벽에 달력을 걸다. 2. 전화를 끊다. ¶ bǎ diànhuà~·shàng(把电话~上)전화를 끊다. ~ge diànhuà(~个电话)전화를 걸다. 3. 등록하다, 접수시키다, 신청하다. ¶ ~nèikē(~内科)내과에 접수시키다. 量 [송이·줄·대 등의]세트를 세는 단위. ¶ yí~biān(一~鞭)폭죽 한 줄.

guà▲cǎi 挂彩(掛一) 動 1. [개업 축하 때 문 밖에]붉은 비단을 드리우다. ¶ zhāngdēng~(张灯~)초롱을 매달고 붉은 비단을 드리우다. 2. 전투에서 부상하여 피를 흘리다.

†**guǎfu** 寡妇(一婦) 名 과부, 미망인.

***guà▲hào** 挂号(掛號) 動 1. 신청하다, 등록하다, 접수시키다, 수속하다. ¶ guà wàikē de hào(挂外科的号)외과에 접수시키다. ~**chù**(~处)접수처. 2. 등기로 하다. ~**xìn**(~信)등기우편.

***guāi** 乖 形 1. 말을 잘 듣다, 착

G

하다. ¶ zhè háizi zhēn~(这孩子真~)이 아이는 정말 착하다. 2. 사리에 어긋나다. ¶ xué·~le(学~了)교활한 짓을[꾀를]배우다.

*guǎi 拐 動 1. 방향을 바꾸다. ¶ ~·jìn hútong(~进胡同)골목 안으로 꺾어 들어갔다. 2. 다리를 절다. ¶ yì~yì~de zǒu(一~一~地走)다리를 절룩거리며 걷다. 名 1. 목발, 협장. ¶ zhǔ~(拄~)지팡이를 짚다. 2. 숫자의 7.

*guài 怪 形 이상하다, 괴상하다. ~**rén**(~人)괴인, 괴상한 사람. ~**shìr**(~事儿)괴상한 일. 動 책망하다, 원망하다. ¶ bàba~wǒ bù tīnghuà(爸爸~我不听话)아빠는 내가 말을 안듣는 것을 책망했다. ~zìjǐ(~自己)자기를 탓하다. 副〈口〉매우, 정말, 아주. ¶ ~lèi de(~累的)아주 피곤하다. jīntiān~lěng de(今天~冷的) 오늘은 너무 춥다.

***guàibude** 怪不得 動 책망할 수 없다, 탓할 수 없다. ¶ nǐ~tā(你~他)넌 그를 탓할 수 없다. 副 과연, 그러기에, 어쩐지. =**nánguài**(难怪) ¶ tā shì zài Guǎngzhōu zhǎngdà de, ~hěn huì jiǎng Guǎngdōnghuà(他是在广州长大的, ~很会讲广东话)그는 광주에서 자라서인지, 어쩐지 광동어를 매우 잘한다. ~zhème mēnrè (~这么闷热)과연 덥긴 덥구나.

guǎigùn 拐棍 名 (~儿) 《**gēn** 根》 지팡이. =**guǎizhàng**(拐杖) ¶ zhǔ~(拄~)지팡이를 짚다.

†**guǎi▲wān** 拐弯(一彎) 動 굽이[커브]돌다. ¶ guǎi dà wānr(拐大弯儿)크게 굽이돌다. guǎi xiǎo wānr(拐小弯儿)작게 돌다. ~**mò jiǎo**(~抹角)이리저리 돌아가다; 말이나 문장을 빙빙 돌려하다.

†**guǎiwān** 拐弯(一彎) 名 (~儿) 모퉁이.

☞ **guǎi▲wān**(拐弯) 참조.

guǎizhàng 拐杖

☞ **guǎigùn**(拐棍) 참조.

guàmiàn 挂面(掛一) 名 《**bǎ** 把》 마른 국수.

⁑**guān** 关(關) 動 문을 닫다. ⇔**kāi**(开) ¶ qǐng~chuānghu(请~窗户)창문을 닫아주세요. bǎ mén~·shang(把门~上)문을 닫다. ~diànmén(~电门)스위치를 끄다. 名 관문, 난관. ¶ guòle yí ge~(过了一个~)관문을 하나 넘다.

†**guān** 官 名 1. 관리, 벼슬아치. **dāng**~(当~)관리노릇하다. 2. 기관. **wǔ**~(五~)오관.

***guǎn** 管 動 1. 관리하다, 관찰하다. ¶ bié~wǒ(别~我)날 간섭하지 마라. méi rén~(没人~)간섭하는 사람이 없다. 2. [~tā…(~他…) 혹은 ~nǐ(~你)의 형으로]물론하고, 어쨌든. =**bùguǎn**(不管) ¶ ~tā xià bú xià yǔ, zánmen dōu děi mǎ shàng chūfā(~他下不下雨, 咱们都得马上出发)비가 오든 안오든 관계없이 우리는 곧 출발해야 한다. nǐ zěn me shuō, wǒ yě zài shì yí xià (~你怎么说, 我也再试一下)네가 뭐라고 하든 나는 다시 한번 해보겠다. ☆ 이들 문장에 있어서 **tā**(他)와 **nǐ**(你)는 구체적으로 무엇인가 가르키고 있지는 않

음. 名 (~儿) 관, 대롱. =**guǎnzi**(管子) 介 …을 …라고 부르다. ☆ '把·将'과 용법이 비슷하나, 반드시 '叫'를 동반함. ¶ dàjiā dōu~tā jiào Sānmáo(大家都~他叫三毛)모두들 그를 '三毛'라고 부른다.

†**guàn** 罐 名 (~儿) 항아리, 단지, 깡통. =**guànzi**(罐子)

***guàn** 惯(慣) 動 응석부리다, 응석부리게 하다, 기어오르다, 기어오르게 하다. ¶ ~háizi(~孩子)아이의 응석을 받아주다. 形 습관이 되다, 익숙하다. ¶ tīng·~·le làng shēng(听~了浪声)음탕한 소리를 듣는데 익숙해지다. zhè suǒ fángzi wǒ zhù·~le(这所房子我住~了)이집에 사는데 익숙해졌다.

†**guàn** 灌 動 1. 물을 대다, 관개하다. ¶ ~dì(~地)밭에 물을 대다. 2. 부어넣다, 쏟아붓다. ¶ ~nuǎnpíng(~暖瓶)보온병에 물을 넣다. 3. 녹음하다. ¶ ~chàngpiàn(~唱片)레코드에 취입하다.

guāncai 棺材 名 《kǒu 口》 관, 널.

†**guāncè** 观测(觀測) 動 관측하다. ¶ ~yuèshí(~月食)월식을 관측하다. 名 관측. ¶ zuò~(做~)관측하다. **tiāntǐ**~(天体~)천체관측.

***guānchá** 观察(觀一) 動 관찰하다. ¶ ~dìxíng(~地形)지형을 관찰하다. xiángxì de~(详细地~)상세히 관찰하다. 名 관찰. ¶ ~hěn jiānruì(~很尖锐)관찰이 매우 예리하다.

†**guànchè** 贯彻(貫徹) 動 관철하다, 철저히 실행하다. ¶ ~huìyì jīngshén(~会议精神)회의에서 결정된 것을 철저히 실행하다. bǎ yāoqiú~dàodǐ(把要求~到底)요구를 끝까지 관철하다.

guànchuān 贯穿(貫一) 動 1. 관통하다, 꿰뚫다. ¶ zhè tiáo hé~sān shěng(这条河~三省)이 강은 3개 성을 관통한다. 2. 일관하다, 일관되다. =**guànchuàn**(贯串) ¶ zhèzhǒng jīngshén~zài quán shū dāngzhōng(这种精神~在全书当中)이 정신은 책 전체에 일관되어 있다.

guànchuàn 贯串(貫一) 動 일관하다, 일관되다. =**guànchuān**(贯穿) ¶ quán shū~·zhe yí ge jīběn sīxiǎng(全书~着一个基本思想)책 전체가 하나의 기본 사상으로 일관되어 있다.

†**guǎndào** 管道 名 파이프, 도관.

†**guāndiǎn** 观点(觀點) 名 관점, 입장. ¶ ~bù yízhì(~不一致)관점이 불일치하다.

***guāng** 光 名 《dào 道》 빛, 광선. 形 1. 밝다, 광택이 있다, 번들번들하다, 매끄럽다. ¶ zhèzhǒng zhǐ hěn~(这种纸很~)이 종이는 매우 매끄럽다. 2. [주로 보어로 쓰여]조금도 남지 않다, 전혀 없다. ¶ chī·~(吃~)몽땅 다 먹다. hē·~(喝~)다 마셔버리다. qián dōu huā·~le(钱都花~了)돈을 다 써버리다. dōngxi quán mài·~le(东西全卖~了)물건을 다 팔아버렸다. 動 벌거벗다, 벗겨지다, 드러내다. ¶ ~·zhe pìgu(~着屁股)엉덩이를 드러내다. 副 다만, 오직, 홀로. ¶

G

~shuō bú zuò(~说不做)말만하고 실행하지 않다.

†**guǎng** 广(廣) 形 넓다.⇔**xiá**(狭) ¶ fànwéi hěn~(范围很~)범위가 매우 넓다. ~jiāo péngyou(~交朋友)널리 친구와 사귀다.

⁑**guàng** 逛 動 한가롭게 거닐다, 산보하다, 놀러 다니다. ¶ ~gōngyuán(~公园)공원을 거닐다. ~miào(~庙)재(齋)올리는 날 절에 놀러가다. ~shāngdiàn(~商店)상점 구경을 하다.

G

*__guàngài__ 灌溉 動 관개하다. ¶ ~nóngtián(~农田)논에 물대다.

⁑**guǎngbō** 广播(廣-) 動 방송하다. ¶ ~xinwén(~新闻)뉴스를 방송하다. 名 방송. ~**diàntái**(~电台)방송국. ~**tái**(~台)방송국.

†**guāngcǎi** 光彩 名 광채. ¶ fàng~(放~)광채나다. 形 영광스럽다, 명예롭다. =**guāngróng**(光荣) ¶ zhèzhǒng zuòfǎ bù~(这种做法不~)이 방법은 명예롭지 못하다. bù~de juésè(不~的角色)명예롭지 못한 역할.

*__guǎngchǎng__ 广场(廣場) 名 광장. ¶ Tiān'ānmén~(天安门~)천안문 광장.

*__guǎngdà__ 广大(廣-) 形 1. 넓다. ¶ ~de màidì(~的麦地)넓은 보리밭. 2. 범위가 크다, 규모가 크다. ¶ ~de wèishēng yùndòng(~的卫生运动)광범위한 정화 운동. 3. 다수의, 대세의. ¶ ~de dúzhě(~的读者)다수의 독자.

*__guǎngfàn__ 广泛(廣-) 形 광범위하다, 폭넓다. ¶ ~de qúnzhòng yùndòng(~的群众运动)광범위한 대중운동. ~de zhēngqiú yìjian(~地征求意见)광범위하게 의견을 구하다. zhège yùndòng kāizhǎnde fēicháng~(这个运动开展得非常~)이 운동은 몹시 광범위하게 전개됐다.

guǎnggào 广告(廣-) 名 광고, 선전. ¶ chū~(出~)광고내다. dēng~(登~)광고를 싣다.

guānggùnr 光棍儿(-兒) 名 남자 독신자, 홀아비. **dǎ**~(打~)독신 생활을 하다.

*__guānghuá__ 光滑 形 물체의 표면이 매끄럽다, 반들반들하다, 빤질빤질하다. (**AABB**)

†**guānghuī** 光辉(-輝) 名 광휘, 찬란한 빛. ¶ tàiyáng de~(太阳的~)태양의 눈부신 빛. 形 찬란하다, 훌륭하다. ¶ ~de yìshēng(~的一生)화려한 생애.

guāngjǐng 光景 名 1. 경치, 상황. ¶ hǎo~(好~)좋은 상황. 2. 추량, 추정을 표시함. ¶ ~shì yào xià yǔ(~是要下雨)비가 올 것 같다. yǒu shí lǐ~(有十里~)10리[5km] 정도이다.

*__guǎngkuò__ 广阔(廣闊) 形 넓다, 광활하다. ¶ ~de guótǔ(~的国土)광활한 국토.

guāngliàng 光亮 形 밝다. =**míngliàng**(明亮) (**AABB**) ¶ ~de chuānghu(~的窗户)밝은 창.

†**guāngmáng** 光芒 名 광망, 빛발, 빛. ¶ fàng~(放~)빛을 발하다.

*__guāngmíng__ 光明 形 밝다, 환하다. ¶ qiántú~(前途~)전도가 유망하다. ~de dàolù(~的道路)밝은 길; 밝은 미래.

*__guāngróng__ 光荣(-榮) 形 영광스럽다. ¶ wǒ gǎndào fēicháng

～(我感到非常～)대단히 영광스럽게 생각하다. ～rènwu(～任务) 영광스런 임무. 名 명예, 영광. ¶ ～guī dàjiā(～归大家)영광을 모두에게 돌리다.

†**guāngxiàn** 光线(－綫) 名 광선, 빛.

†**guānhuái** 关怀(關懷) 動 관심을 보이다, 배려하다, 보살피다. ¶ ～háizimen de chéngzhǎng(～孩子们的成长)자녀들의 성장에 관심을 갖다. 名 관심, 배려, 친절. ¶ zài Dǎng de～xià(在党的～下) 당의 배려하에 있다.

guàniàn 挂念(掛－) 動 근심하다, 염려하다. ¶ qiānwàn búyào ～!(千万不要～!)절대 염려하지 마세요. ～shēngbìng de nǚ'ér(～生病的女儿)병난 딸을 염려하다.

†**guānjiàn** 关键(關鍵) 名 관건, 열쇠, 키포인트. ¶ ～shì zìjǐ de tàidu(～是自己的态度)관건은 자기의 태도이다. ～shíkè(～时刻) 결정적 순간. wèntí de～(问题的～)문제의 키포인트.

†**guànjūn** 冠军(－軍) 名 우승, 1등, 우승자, 우승팀. ¶ huòdé～(获得～)우승하다.

†**guānkàn** 观看(觀－) 動 관찰하다, 관람하다, 보다. ¶ ～dòngjìng(～动静)동정을 살피다.

guānkǒu 关口(關－) 名 《**dào** 道》 요도(要道), 세관 입구.

*__guǎnlǐ__ 管理 動 1. 감독하다. ¶ ～cáiwù(～财务)재무를 감독하다. 2. 관리하다. ¶ ～túshū(～图书)도서를 관리하다.

†**guānliáo** 官僚 名 관료, 관리. ～**zhǔyì**(～主义)관료주의.

†**guànmù** 灌木 名 관목.

†**guānniàn** 观念(觀－) 名 의식, 관념, 생각.

guānqiè 关切(關－) 形 정이 두텁다, 친절하다. ＝**qīnqiè**(亲切) ¶ ～de xúnwèn(～地询问)친절하게 질문하다. 動 배려하다, 보살피다. ¶ ～júshì fāzhǎn(～局势发展)정세의 변화에 관심을 가지다.

guānsi 官司 名 〈口〉 소송. **chī**～(吃～)소송 당하다, 재판에 걸리다. **dǎ**～(打～)소송을 걸다.

†**guāntóu** 关头(關頭) 名 일의 중요한 시기, 전환점, 고비. ¶ jǐnyào～(紧要～)요긴한 대목.

†**guàntou** 罐头(－頭) 名 《**tīng** 听》 통조림, 깡통. ¶ dǎ～(打～)깡통을 따다.

⁑**guānxi** 关系(關係) 名 관계, 관련. ¶ fùzǐ～(父子～)부자관계. shīshēng～(师生～)사제 관계. **méi**～(没～)관계가 없다, 문제없다, 괜찮다. 動 관계하다, 관련되다. ¶ ～·dào yì jiā rén de xìngmìng(～到一家人的性命)가족 전체의 생사가 관련되다.

⁑**guānxīn** 关心(關－) 動 관심을 갖다, 관심하다. ¶ ～qúnzhòng shēnghuó(～群众生活)대중의 생활에 관심을 가지다. ～de wèn(～地问)친절하게 묻다.

*__guānyú__ 关于(關於) 介 …에 관해서[어떤 행위와 관계되는 것을 이끌어 개사 구조를 이루어서 부사어가 됨.] ¶ zuótiān kāile ge ～jìhuà shēngyù de huì(昨天开了个～计划生育的会)어제 가족

계획에 관한 회의가 열렸다. ~ zhège wèntí, hái yào yánjiū yíxià(~这个问题, 还要研究一下)이 문제에 관하여 더 연구해야 한다. ~zhège wèntí, wǒ zhīdaode hěn shǎo(~这个问题, 我知道得很少)이 문제에 관하여 내가 알고 있는 것은 매우 적다. ☆ 첫번째 예문은 한정어로서, 두번째, 세번째 예문은 부사어로서 사용되었음. **guānyú**(关于)을 사용해 구성된 개사 구조가 부사어로 사용될 경우에 주어 앞에 옴. 따라서 세번째 예문은 **wǒ guānyú**…(我关于…)라 하지 않음.

G

***guànyú** 惯于(慣於) 動 …에 습관되다, …에 버릇되다. ¶ ~zhè zhǒng shēnghuó(~这种生活)이런 생활에 습관이 되었다.

***guānzhào** 关照(關一) 動 **1.** 돌보다. ¶ jiāli de shì, qǐng nǐ~yíxià(家里的事, 请你~一下)집안 일을 돌보아 주십시오. **2.** [구두로]통지하다. ¶ ~Xiǎo Wáng yì shēng(~小王一声)왕군에게 좀 통지해 주십시오.

†**guānzhòng** 观众(觀衆) 名 관중. ¶ ~péngyoumen(~朋友们)신사숙녀 여러분 ; 아나운서, 사회자가 부를 때 사용함.

***guǎnzi** 管子 名 《**gēn** 根, **duàn** 段, **jié** 截》 관, 통, 파이프, 튜브.

guàr 褂儿(一兒) 名 《**jiàn** 件》 중국 적삼. =**guàzi**(褂子)

guà▲xīn 挂心(掛一) 動 근심하다, 염려하다. ¶ zhè jiàn shì yìzhí guàzai xīnshang(这件事一直挂在心上)이 일이 줄곧 마음에 걸린다. =**guàniàn**(挂念)

***guāzǐr** 瓜子儿(一兒) 名 《**kē** 颗, **lì** 粒》 수박씨 · 해바라기씨 · 호박씨 등을 통틀어 일컫는 말[특히 이것들을 소금이나 향료를 넣어 볶은 것.] ¶ kè~(嗑~)씨를 까먹다.

***gǔbǎn** 古板 形 고루하다, 융통성이 없다. ¶ · sīxiǎng~(思想~)사상이 진부하다.

***gǔdài** 古代 名 고대 ; 중국에서는 19세기 중엽 아편 전쟁 이전까지로 구분함. ⇔ **jìndài**(近代), **xiàndài**(现代)

†**gùdìng** 固定 動 고정하다. ¶ bǎ chǎnpǐn guīgé~ · xialai(把产品规格~)제품의 규격을 고정시키다. 形 고정된. ~**gōngzī**(~工资)고정 급료. ~**guānniàn**(~观念)고정관념.

***gūdōng** 咕咚 擬 쿵, 첨벙, 덜컹덜컹 ; 물건이 떨어지는 소리.

***gǔdòng** 鼓动(一動) 動 선동하다, 부추기다. ¶ ~qúnzhòng(~群众)대중을 선동하다.

gūduor 骨朵儿(一兒) 名 〈口〉 봉오리, 망울. ¶ huā~(花~)꽃 봉오리, 꽃망울.

gūfù 辜负(一負) 動 [기대 · 호의를]저버리다, 헛되게 하다. ¶ ~ · le fùmǔ de qīwàng(~了父母的期望)부모의 기대를 저버리다.

†**gǔgàn** 骨干(一幹) 名 골간 ; 전체에서 중요 역할을 하는 사람 또는 사물. ~**fènzǐ**(~分子)핵심인물. **yèwù**~(业务~)업무의 핵심.

gǔgé 骨骼 名 골격.

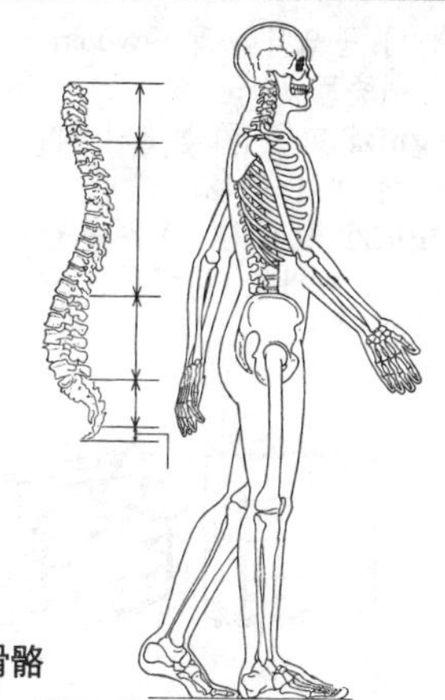

骨骼

*gūgu 姑姑 名〈口〉 고모. =gū-mǔ(姑母)

gǔguài 古怪 形 기괴하다, 괴이하다, 시대 조류에 맞지 않다. (AABB, A里AB) ¶ píqi~(脾气~)성미가 괴팍하다.

*guī 归(歸) 動 1. 모으다, 합치다, …에 속하다. ¶ ~jítǐ suǒyǒu(~集体所有)단체의 소유가 되다. 2. …의 책임이 있다. ¶ zhè shì~wǒ bàn(这事~我办)이 일은 내가 처리한다. zhège wèntí~wǒmenjiějué(这个问题~我们解决)이 문제는 우리가 해결해야 할 일이다.

guī 规(規) 名 1. 콤파스. 2. 규칙, 관례, 규정. 3. 규모.

*guǐ 鬼 名 1. 귀신, 도깨비, 유령, 망령. nào~(闹~)유령이 나오다. 2. 음모, 흉계. ¶ xīnli yǒu~(心里有~)마음 속에 흉계를 품다. 形 약다, 영리하다, 영악하다. ¶ zhè zhī māo hěn~(这只猫很~)이 고양이는 영악하다.

*guì 跪 動 무릎을 꿇다. ¶ ~·zai dìshang(~在地上)땅에 무릎을 꿇다.

⁑guì 贵 形 1. 비싸다. ¶ jiàqian hěn~(价钱很~)값이 매우 비싸다. ~·le liǎng bèi le(~了两倍了)2배 오르다. 2. 귀중하다, 가치가 높다. ¶ ~zài jiānchí(~在坚持)중요한 것은 끝까지 버티는 것이다.

†guìbīn 贵宾(貴賓) 名 귀빈.

†guǐdào 轨道(軌一) 名 궤도, 선로. ¶ tuōlí~(脱离~)궤도를 이탈하다. pūshè~(铺设~)선로를 깔다.

G

*guīdìng 规定(規一) 動 규정하다, 정하다. ¶ ~bǐsài bànfǎ(~比赛办法)경기방법을 정하다. 名 규정. ¶ àn~bàn(按~办)규정에 따르다.

guīfàn 规范(規範) 名 본보기, 규범, 모범. ¶ yǔfǎ~(语法~)문법 규정. 形 규범에 맞다. ¶ zhè-zhǒng yòngfǎ bù~(这种用法不~)이 용법은 틀렸다.

guīgé 规格(規一) 名 규격, 규정. ¶ chǎnpǐn~(产品~)제품규격.

†guīhuà 规划(規劃) 動 계획하다, 기획하다. ¶ quánmiàn~, rán-hòu shīgōng(全面~, 然后施工)전면적으로 계획한 후에 시공하다. 名 계획, 기획. ¶ chángyuǎn~(长远~)장기적인 계획.

*guìhuā 桂花 名 《kē 棵, zhū 株》 계수나무. mùxi(木犀·木樨)의 속칭.

guǐjì 诡计(詭計) 名 계략, 모략, 음모. ¶ gǎo yīnmóu~(搞阴谋~)음모를 꾸미다.

*guīju 规矩(規一) 名 규칙, 표준,

법칙. ¶ shǒu~(守~)규칙을 지키다. 形 단정하다, 성실하다. (AABB) ¶ ~diǎnr!(~点儿!) 행실을 똑바로 해라!

guǐliǎn 鬼脸(-臉) 名 (~儿) 1. 가면. 2. 장난으로 하는 익살맞은 표정. ¶ zuò~(做~)익살스런 표정을 짓다.

***guīlǜ** 规律(規-) 名 법칙, 규칙, 규율. ¶ zìrán~(自然~)자연법칙.

G

***guīmó** 规模(規-) 名 규모. ¶ dà~de xuānchuán(大~地宣传) 대규모적으로 선전하다. ~hóngdà(~宏大)규모가 대단히 크다.

***guīnǚ / guīnü** 闺女(閨-) 名 1. 처녀. 2. 〈口〉 딸.

guǐsuì 鬼祟 形 뒤에서 살금살금 못된 짓을 하는 모양. (AABB) ¶ xíngdòng guǐguisuìsuì de(行动鬼鬼祟祟的)행동이 못됐다.

†**guìtái** 柜台(櫃臺) 名 계산대, 카운터. **zhàn**~(站~)점원이 손님의 시중을 들다.

⁑**guìxìng** 贵姓(貴-) 名 〈應〉 성씨 ; 정중히 부를 때 사용함. ¶ nín~?(您~?)성씨는 무엇입니까?

***guīyú** 归于(歸於) 動 …에 속하다, …에 돌리다. ¶ chéngjì~dàjiā(成绩~大家)성과를 모두에게 돌리다.

***guìyú** 鳜鱼(鱖魚) 名 《**tiáo** 条, **wěi** 尾》 쏘가리.

†**guīzé** 规则(規則) 名 규칙. ¶ jiāotōng~(交通~)교통규칙. 形 정연하다, 규칙적이다, 단정하다. ¶ dòngzuò hěn~(动作很~)동작이 매우 정연하다.

***guìzhòng** 贵重(貴-) 形 귀중하다, 중요하다. ¶ ~wùpǐn(~物品) 귀중품

guǐzi 鬼子 名 놈 ; 외국의 침략자에 대한 욕설.

***guìzi** 柜子(櫃-) 名 [옷이나 서류 따위를 넣어주는]장, 찬장, 궤(짝).

柜子

†**gūjì** 估计(-計) 動 예측하다, 예정하다, 평가하다. ¶ nǐ~yí xià, xiànzài jǐ diǎn?(你~一下, 现在几点?)지금 몇시인지 생각해 보세요. ~tā jīntiān bú huì lái le(~他今天不会来了)그가 오늘 오지 못할 것이라 추정하다. 名 고려, 평가, 추측.

†**gǔjì / gǔjī** 古迹 名 고적. ¶ míngshèng~(名胜~)명승고적.

†**gùkè** 顾客(顧-) 名 고객.

†**gǔlǎo** 古老 形 오래되다, 진부하다, 낡다. ¶ ~de chéngshì(~的城市)오래된 도시. ~de fēngsú(~的风俗)오래된 풍속.

†**gūlì** 孤立 動 고립하다, 고립시키다. ¶ ~dírén(~敌人)적을 고립시키다. 形 고립되어 있다. ~**wúyuán**(~无援)고립무원.

***gǔlì** 鼓励(-勵) 動 격려하다, 북돋우다. ¶ zhèngfǔ~nóngmín duō yǎng zhū(政府~农民多养猪)정부는 농민이 돼지를 많이 기르기를 장려하다.

gūlínglíng 孤零零 形 외롭다, 고독하다, 적적하다.

*__gùlǜ__ 顾虑(顧慮) 動 고려하다, 우려하다, 염려하다, 주저하다. ¶ ~jīnhòu de qiántú(~今后的前途)앞으로의 전도를 염려하다. ~**chóngchóng**(~重重)근심 걱정이 많다. 名 고려, 우려, 근심, 걱정, 심려. ¶ nǐ yǒu shénme~ma?(你有什么~吗?)무슨 근심 있니?

*__gūmǔ__ 姑母 名 고모.

*__gǔn__ 滚 動 구르다, 딩굴다, 굴리다. ¶ ~xuěqiú(~雪球)눈덩이 굴리기 놀이. ~tiěhuán(~铁环)굴렁쇠 굴리기 놀이.

滚铁环

gùn 棍 名 《**gēn** 根》 (~儿)막대기, 몽둥이. =**gùnzi**(棍子)

⁑**gūniang** 姑娘 名 1. 처녀, 아가씨. 2. 〈口〉 딸.

gǔnkāi 滚开(一開) 動 꺼져! 사라져! ¶ nǐ gěi wǒ~(你给我~)꺼져!

锅

*__gǔnzi__ 滚子 名 롤러.

*__guō__ 锅(鍋) 名 《**kǒu** 口》 1. 냄비, 솥, 가마. **shā**~(沙~)질냄비. 2. (~儿)보시기처럼 우묵한 부분. **yāndài**~(烟袋~)파이프의 대통.

⁑**guó** 国(國) 名 국가, 나라. **guì**~(贵~)귀국. **huí**~(回~)귀국하다. **liǎng**~(两~)양국.

†**guǒ** 裹 動 휘감다, 묶어 싸다, 싸매다. ¶ yòng bù~(用布~)천으로 싸다. ~**jiǎo**(~脚)전족하다.

G

⁑**guò** 过(過) 動 1. 가다, 건너다. ¶ ~hé(~河)강을 건너다. 2. 지나다, 경과하다. ¶ ~xīnnián(~新年)설을 쇠다. 3. [역량이나 품질 따위가]우월하다. ¶ díbu·~tāmen(敌不~他们)그들을 당할 수 없다. 副 [단음절의 형용사 앞에 쓰여]정도가 지나침을 나타냄. ¶ yāoqiú~gāo(要求~高)요구가 지나치게 높다. zuòyè~duō(作业~多)숙제가 지나치게 많다.

☞ **guo**(过) 참조.

⁑**-guo** -过(過) 接尾 1. [동사 뒤에 붙어]동작의 완료를 나타냄. ¶ nǐ chī·~fàn le ma?(你吃~饭了吗?)식사 했습니까? 2. [동사 뒤에 놓여]과거의 경험을 나타냄. ¶ wǒ yǐqián lái·~zhèr(我以前来~这儿)나는 이전에 여기에 와 봤다. ☆ 1. 2의 부정은 **méi chīguo**(没吃过), **méiyou lái guo**(没有来过)임.

☞ **guò**(过) 참조.

†**guòchéng** 过程(過一) 名 과정. ¶ zhěnggè~(整个~)전과정.

†**guòdù** 过渡(過一) 動 넘다, 건너

다, 이행하다, 과도하다. ¶ ~shíqī(~时期)과도기.

guǒduàn 果断(-斷) 形 과단성이 있다. ¶ tàidu yào~(态度要~)태도는 과단성이 있어야 한다. cǎiqǔ~cuòshī(采取~措施)과단성 있는 조치를 취하다. ~de juédìng tíngchǎn(~地决定停产) 과단성 있게 생산 정지를 결정하다.

G

†**guófáng** 国防(國-) 名 국방. ¶ gǒnggù~(巩固~)국방을 강화하다. ~**jūn**(~军)국방군.

*__guòfèn__ 过分(過-) 形 지나치다, 분에 넘치다, 과분하다. ¶ nǐ zhèyàng zuò tài~le!(你这样做太~了!)네가 이렇게 하는 것은 너무 지나치다. 副 [2음절어 앞에 사용되어]지나치게, 과도하게. ¶ ~qiángdiào(~強调)지나치게 강조하다. ~qiānxū(~谦虚)지나치게 겸손하다.

*__guójì__ 国际(國際) 名 국제. ~**diànhuà**(~电话)국제전화. ~**jīchǎng**(~机场)국제공항. ~**màoyì**(~贸易)국제무역. ~**xíngshì**(~形势)국제정세. ~**zhǔyì**(~主义)국제주의.

⁑**guójiā** 国家(國-) 名 국가. ~**jīguān**(~机关)국가기관. ~**zhǔxí**(~主席)국가주석.

†**guòjiǎng** 过奖(過奬) 動 〈應〉 과찬이십니다, 과분한 칭찬입니다. ¶ nín~le(您~了)과찬이십니다.

⁑**guòlai** 过来(過來) 動 1. 오다. ¶ ~yìdiǎnr(~一点儿)좀 오너라. 2. [보어로서 사용되어]동작이 말하는 사람 쪽으로 향해 행해지는 것, 정상적인 상태로 되돌아오는 것을 나타냄. ☆ 목적어를 취하는 경우는 일반적으로 **guò**(过)와 **lai**(来)의 사이에 둠. ¶ bǎ xíngli ná·~(把行李拿~)짐을 가져오시오. yǒu yì qún háizi pǎo·~le(有一群孩子跑~了)일군의 아이들이 뛰어왔다. zǒuguò liǎng ge rén lai(走过两个人来) 두 사람이 걸어왔다. tā sūxǐng·~le(她苏醒~了)그녀는 의식을 차렸다.

†**guōlú** 锅炉(鍋-) 名 보일러. ¶ shāo~(烧~)보일러를 때다.

*__guómín__ 国民(國-) 名 국민. ~**dǎng**(~党)국민당. ~**xìng**(~性) 국민성.

†**guò▲nián** 过年(過-) 動 설을 쇠다, 새해를 맞다, 설이 지나다. ¶ guò yí ge quánjiā tuánjù de nián(过一个全家团聚的年)온가족이 모여 설을 쇠다.

guóqí 国旗(國-) 名 《**miàn** 面, **gān** 杆》 국기. ¶ shēng~(升~) 국기를 게양하다.

*__Guóqìngjié__ 国庆节(國慶節) 名 건국기념일. ☆ 중화인민공화국의 국경일은 10월 1일임.

⁑**guòqù** 过去(過-) 名 과거. ¶ ~de shì(~的事)과거의 일. tā bǐ ~huópo duō le(她比~活泼多了) 그녀는 과거보다 훨씬 활발해졌다.

☞ **guòqu**(过去) 참조.

*__guòqu__ 过去(過-) 動 1. 경과하다, 지나가다. ¶ shíjiān yǐjing~le(时间已经~了)시간이 이미 지났다. 2. [뒤에 '了'를 붙여]죽다. ¶ tā zǔfù zuótiān yèli~le(她祖父昨天夜里~了)그녀의 할아버지

는 어제 밤에 돌아가셨다. 3. [보어와 연용해서]뚫고 지나가다, 어떤 상태가 계속 지속되다. ☆ 일반적으로 목적어를 쓸 경우 **guò**(过)와 **qu**(去) 사이에 옴. ¶ chuānguò mǎlù qu(穿过马路去)큰 길을 뚫고 지나갔다. tā hūn·~le(她昏~了)그녀는 기절했다.

☞ **guòqù**(过去) 참조.

*__guǒrán__ 果然 副 과연, 생각한대로. ¶ bàngwǎn~xiàqǐ yǔ lai(傍晚~下起雨来)밤에 과연 비가 내리기 시작했다.

†__guǒshí__ 果实(一實) 名 과실, 성과. ¶ jiē~(结~)열매를 맺다. ~lěilěi(~累累)과일이 산더미 같다. shènglì~(胜利~)승리의 성과.

*__guǒshù__ 果树(一樹) 名 《**kē** 棵, **zhū** 株》 과수.

†__guówáng__ 国王(國一) 名 국왕.

†__guówùyuàn__ 国务院(國務一) 名 국무원. ~**zǒnglǐ**(~总理)국무원 총리 ; 수상.

†__guóyíng__ 国营(國營) 名 국영. ~**huà**(~化)국영화. ~**nóngchǎng**(~农场)국영농장.

*__guòyú__ 过于(過於) 副 [2음절어 앞에 쓰여]지나치게, 너무. ¶ ~jǐnshèn(~谨慎)지나치게 신중하다. ~jǐnzhāng(~紧张)너무 긴장하다. ~zháojí(~着急)너무 조급해하다.

guǒzi 果子 名 과일, 과실. ¶ zhāi~(摘~)과일을 따다. ~**jiàng**(~酱)과일잼.

gūqiě 姑且 副 잠시, 우선. ¶ zhège wèntí~bú lùn(这个问题~不论)이 문제는 우선 의논하지 않는다.

*__gùrán__ 固然 副 1. 물론…지만. ¶ dōngxi~hǎo, dànshì jiàgé tài guì(东西~好, 但是价格太贵)물건은 물론 좋지만, 값이 너무 비싸다. 2. 물론 …거니와. ¶ chénggōng le~hǎo, jíshǐ shībàile yě bié xièqì(成功了~好, 即使失败了也别泄气)성공하면 물론 좋거니와, 설사 실패하더라도 낙심하지 마라.

⁑**gùshi** 故事 名 《**gè** 个, **duàn** 段, **piān** 篇》 1. 전설, 고사, 옛부터 전해오는 이야기. ¶ zhège~wǒ tīng shuōguo(这个~我听说过)이 이야기는 들어본 적이 있다. nǎr yǒu zhèyàng de shì, nǐ shì zài shuō~(哪儿有这样的事, 你是在说~)어디에 이런 일이 있느냐, 넌 옛날 이야기를 하고 있다. jiǎng~(讲~)이야기를 하다. **mínjiān**~(民间~)민간 고사. ~**piàn**(~片)극영화. 2. 플롯, 줄거리, 스토리. ~**xìng**(~性)이야기 줄거리.

*__gǔtou/gútou__ 骨头(一頭) 名 《**gēn** 根, **jié** 节, **kuài** 块》 1. 뼈. 2. 기골. **yìng**~(硬~)굳세어 굽히지 않는 사람. 3. 〈方〉 불만, 풍자. ¶ huàli yǒu~(话里有~)말속에 뼈가 있다.

gǔwén 古文 名 1. 고문 ; '5·4 운동' 이전의 문언문의 통칭. 2. 한(漢)의 '예서(隸書)' 이전의 문자.

†__gùwèn__ 顾问(顧問) 名 고문.

†__gǔwǔ__ 鼓舞 動 1. 고무하다, 격려하다, 북돋우다. ¶ ~rénxīn(~人心)인심을 고무시키다. 2. 흥

G

분하다. ¶ lìngrén～(令人～)사람을 흥분시키다. 名 고무, 격려. ¶ zhè duì dàjiā shì hěn dà de～(这对大家是很大的～)이것은 모두에게 아주 큰 격려이다. hěn shòu～(很受～)매우 고무되다.

†**gùxiāng** 故乡(一鄉) 名 고향. ¶ huáiniàn～(怀念～)고향을 그리워하여. zúqiú de～(足球的～)축구의 발상지.

G

***gùyì** 故意 副 고의로, 일부러. ¶ ～chídào(～迟到)고의로 지각하다. ～diāonàn(～刁难)일부러 남을 못살게 굴다.

***gǔ▲zhǎng** 鼓掌 動 손뼉치다, 박수하다. ¶ gǔle hěn cháng shíjiān de zhǎng(鼓了很长时间的掌)오랫동안 손뼉을 치다. léiyǔ bān de～shēng(雷雨般的～声)우뢰와 같은 박수 소리.

***gùzhàng** 故障 名 고장. ¶ fāshēng～(发生～)고장이 나다.

***gùzhi** 固执(一執) 形 완고하다, 고집스럽다, 집요하다. ¶ tā hěn～(他很～)그는 매우 고집스럽다. ～jǐ jiàn(～己见)자기 의견을 고집하다.

***gǔzi** 谷子 名 《**kē** 颗, **lì** 粒》 조, 좁쌀. ＝**xiǎomǐ**(小米)

H

hā 哈 動 '호'하고 입김을 내뿜다. ¶ wǎng shǒushang~·le yì kǒu qì(往手上~了一口气)손에 '호'하고 입김을 내뿜다.

***hāhā** 哈哈 嘆 하하 ; 웃음소리. ¶ ~dàxiào(~大笑)'아하하'하고 크게 웃다.

†**hāi** 咳 嘆 1. 한탄·후회의 기분을 표현함. ¶ ~, wǒ wèi shénme zhème hútu?(~, 我为什么这么糊涂?)아, 나는 어째서 이렇게 흐리멍텅 할까? 2. 소리지르거나 주의를 끄는 데 쓰임. ¶ ~dào zhèr lái(~到这儿来)어이, 여기에 와줘.

⁑**hái** 还(還) 副 1. 아직, 역시 ; 어떤 상태가 그대로 계속되고 있는 것을 표현함. =**háishì**(还是) ¶ ~méi xǐzǎo(~没洗澡)아직 목욕하지 않았다. duō nián méi jiàn, nǐ hái nàme niánqīng!(多年没见, 你还那么年轻!)오랫동안 만나지 못했지만 자네는 변함없이 젊군. 2. 더욱이, 여전히. ¶ ~yǒu shénme yìjian ma?(~有什么意见吗?)아직 무엇인가 의견이 있습니까? tā búdàn huì Yīngyǔ,~huì Fǎyǔ(她不但会英语, ~会法语)그녀는 영어 뿐만 아니라 프랑스어도 할 줄 안다. 3. 우선, 무엇보다도, 그럭저럭. ¶ gōngzuò~tǐng hǎo de(工作~挺好的)일은 그저그런 정도다. ~kěyǐ(~可以)그런대로 괜찮다. 4. …조차, …조차도. ¶ dàren~bānbudòng, hékuàng xiǎoháizi?(大人~搬不动, 何况小孩子?)어른조차도 옮길 수 없는데 하물며 어린아이가 어떻게? 5. 어째서, 또 ; 반어 또는 감탄의 어기를 나타냄. ¶ wǒ sǐ dōu bú pà,~pà kùn-nan?(我死都不怕,~怕困难?)나는 죽음조차 무서워하고 있지 않는데, 어려운 일을 무서워 하겠는가?
☞ **huán**(还) 참조.

hái 孩 名 (~儿, ~子) 1. 어린이, 아이. =**hái'er**(孩儿) 2. 자녀.

⁑**hǎi** 海 名 바다, 해양, 큰 호수. ☆ 구어로는 **dàhǎi**(大海)라고 할 때가 많음.

***hài** 亥 名 1. 해 ; 십이지(十二支)의 열두번째. 2. 해시(亥時)[밤 9시부터 11시까지의 시간.]

***hài** 害 動 1. 해를 주다. ¶ ~rén(~人)사람을 해치다. 2. 병들다. ~**bìng**(~病)병에 걸리다. ~**xǐ**(~喜)입덧이 나다. ~**yǎn**(~眼)눈병을 앓다. 名 손해. ⇔ **lì**(利)

hài 嗐 嘆 비탄·슬픔을 나타냄. ¶ ~, xiǎngbudào tā bìngde zhèyàng zhòng(~, 想不到他病得这样重)아아! 그의 병이 이렇게 심한 줄은 생각하지 못했어.

hǎi'àn 海岸 名 해안. ~**xiàn**(~线)해안선.

†**hǎibá** 海拔 名 해발.

†**hàichóng** 害虫(-蟲) 名 해충.

†**hàichu** 害处(-處) 名 나쁜점, 결점, 단점, 손실.

***hǎiguān** 海关(一關) 名 세관. ¶ guò~(过~)통관하다.

***hǎijūn** 海军(一軍) 名 해군.

hǎiliàng 海量 名 1. 도량이 크다. ¶ duìbuzhù de dìfang, wàng nín ~bāohán(对不住的地方, 望您~包涵)잘못된 점은, 널리 양해해 주십시오. 2. 큰주량, 대주(大酒). ¶ nín shì~, zài lái yì bēi(您是~, 再来一杯)술을 꽤하는 편이군요, 자 한잔 더 하십시오.

†**hǎimiàn** 海面 名 해면, 해상.

hǎi'ōu 海鸥(一鷗) 名 《**zhī** 只》 갈매기.

***hài▲pà** 害怕 動 무서워하다, 두려워하다. ¶ nǐ bú yòng~(你不用~)두려워할 필요 없습니다. tīng le tā de huà, xīnli yǒudiǎnr~le(听了他的话, 心里有点儿~了)그의 이야기를 듣고 마음이 조금 무서워졌다. ~xiǎotōu lái tōu dōngxi(~小偷来偷东西)도둑이 와서 물건을 훔치는 것은 아닌가하고 걱정하다.

***hài▲sào** 害臊 動 〈口〉 수줍어하다, 부끄러워하다. =**hàixiū**(害羞), **pàsào**(怕臊) ¶ nǐ yǒu shénme kě~de?(你有什么可~的?)당신 부끄러워할 게 뭐 있어요?

⁑**háishì** 还是(還一) 連 1. 또는, 아니면, 혹은 ; 의문문에 사용되어 선택을 나타냄. ¶ zhè shì nǐ de, ~tā de?(这是你的~他的?)이것은 당신 것입니까, 그사람 것입니까? nǐ xǐhuan hē kāfēi, ~xǐhuan hē hóngchá?(你喜欢喝咖啡, ~喜欢喝红茶?)커피를 좋아합니까? 아니면 홍차를 좋아합니까? 2. [wúlùn(无论), búlùn(不论), bùguǎn(不管) 등과 호응하여]…일지라도, 어떻든간에. ¶ bùguǎn guā fēng~xià yǔ, tā tiāntiān duànliàn shēntǐ(不管刮风~下雨, 他天天锻炼身体)바람이 불고 비가 올지라도, 그는 매일 몸을 단련하고 있다. 副 1. 아직도, 여전히. =**hái**(还) ¶ xiànzài~zhèyàng(现在~这样)지금 여전히 이렇다. wǒ shuōle hǎo jǐ cì, tā~bù dǒng(我说了好几次, 他~不懂)나는 몇번이나 이야기 했지만, 그는 아직 알지 못한다. 2. 역시 ; 비교, 고려의 결과를 말함. ¶ nǐ~bú qù de hǎo(你~不去的好)당신은 역시 가지 않는 편이 좋다. 3. 역시, 과연. ¶ ~zuò qìchē kuài(~坐汽车快)역시 자동차를 타면 빠르다. ~rén yǒu bànfǎ(~人有办法)과연 인간은 지혜가 있다.

†**hǎitánghuā** 海棠花 名 해당화.

hǎiwài 海外 名 해외, 외국.

†**hǎixiá** 海峡(一峽) 名 해협.

***hài▲xiū** 害羞 動 부끄럽게 여기다. ¶ dì yī cì dāng zhòng jiǎnghuà, yǒuxiē~(第一次当众讲话, 有些~)처음으로 많은 사람 앞에서 이야기하니 좀 부끄럽다.

†**hǎiyáng** 海洋 名 해양.

***háiyǒu** 还有(還一) 副 또한, 게다가, 그리고. ¶ ~, zǒu de shíhou, bié wàngle guān chuānghu(~, 走的时候, 别忘了关窗户)그리고 외출할 때는 창을 닫는것을 잊지 말도록. ☆ **wǒ hái yǒu yì běn**(我还有一本)[나는 또 한권 갖고 있다]의 **hái**(还)와 **yǒu**(有)는 2단어임.

⁑**háizi** 孩子 名 1. 아이, 아동. ¶ ~dǒngde shénme shì?(~懂得什么事?)어린아이가 무슨 일을 알겠어? 2. 자녀, 자식. ¶ nǐ yǒu jǐ ge~?(你有几个~?)자녀가 몇 명입니까?

孩子

háma 蛤蟆 名 개구리 ; 참개구리 · 두꺼비 등의 총칭.

***hāmìguā** 哈密瓜 名 〈植〉 하미과 ; 신강성(新疆省)의 하미에서 나는 참외의 이름.

hān 酣 動 술을 마시고 즐기다, 거나하게 취하다. 形 한창이다, 절정이다.

***hán** 寒 名 추위. ¶ shòule yìdiǎnr ~(受了一点儿~)감기 기운이 좀 있다.

***hán** 含 動 1. [입에]물다, 머금다. ¶ ~ · zhe táng(~着糖)사탕을 입안에 물고 있다. 2. 머금다, 띠다. ¶ ~ · zhe yǎnlèi(~着眼泪) 눈물을 보이다. ~**xiào**(~笑)웃음을 머금다. 3. [어떤 감정을] 품다, 안다. ~**hèn**(~恨)원한을 품다.

hán 函 名 1. 〈文〉 함, 상자, 봉투. 2. 편지, 서한. **hánshòu**(函授)[통신교육].

⁑**hǎn** 喊 動 1. 소리치다, 큰 소리로 부르다. ¶ ~kǒuhào(~口号) 구호를 외치다. ~sǎngzi(~嗓子) 큰 소리를 지르다, [배우가]발성 연습하다. 2. [사람을]부르다. ¶ ~tā yì shēng(~他一声)그에게 소리를 지르다.

***hàn** 汗 名 《**dī** 滴》 땀. ¶ cā~(擦~)땀을 닦다. chū~(出~)땀을 흘리다. liú~(流~)땀이 흐르다. niē yì bǎ~(捏一把~)손에 땀을 쥐다.

†**hàn** 旱 名 1. 한발, 가뭄. **kàng**~(抗~)가뭄에 견디다. 2. 뭍. ~**lù**(~路)육로. 形 가물다. ⇔ **lào**(涝) ¶ jīnnián tiān~(今年天~)금년은 날이 가물다.

H

†**hàn** 焊 動 용접하다, 납땜하다. ¶ ~gāngguǎn(~钢管)동관을 납땜하다.

†**háng** 行 名 1. 열, 줄, 행렬. ¶ shuāng~(双~)2열. 2. 형제의 순서. ¶ nǐ~jǐ?(你~几?)당신은 몇째 입니까? 3. 업종, 직업. ¶ sījī zhè yì~(司机这一~)운전수라는 직업. **gǎi**~(改~)일을 바꾸다, 전업하다. 量 열을 이루고 있는 것을 셀 때. ¶ liǎng~yǎnlèi(两~眼泪)두 줄기 눈물.
☞ **xíng**(行) 참조.

háng 航 動 [배나 비행기가]운항하다, 항행하다.

†**hángkōng** 航空 名 항공(의). ~**gōngsī**(~公司)항공회사. ~**xìn**(~信)항공우편.

†**hángliè** 行列 名 열, 행렬.

Hánguó 韩国(韓國) 名 한국, 「大韓民國」의 준말. 수도는 '서울' **Shǒuwū'ěr**(首坞尔).

†**hángxíng** 航行 動 항행하다. ¶ ~dàhǎi(~大海)대해를 항해하다.

학습 정보 ⑩

◈ 汉语 Hànyǔ(중국어) ◈

"汉语 Hànyǔ"는 중국인구의 90% 이상을 차지하는 漢民族의 언어이다. 같은 "汉语"라도 北京官話를 중심으로 발달한 공통어와 각 지방의 방언과는 큰 차이가 있다. 같은 북경어를 근원으로 해온 공통어이지만, 중국대륙에서는 "普通话 pǔtōnghuà", 대만이나 홍콩에서는 "国语 guóyǔ", 싱가포르 등의 동남아시아 화교 사이에서는 "华语 Huáyǔ"라고 부른다. 또한 같은 공통어이면서 중국 대륙과 대만·홍콩에서는 다른 표현이나 독특한 표현도 볼 수 있다.

★ 吃大锅饭 chī dàguōfàn / 큰솥의 밥을 먹는다.(능력에 관계없이 같은 대우를 받을 수 있다.) ¶ 半边天 bànbiāntiān / 하늘의 반쪽(신사회의 여성의 일을 말한다.) ¶ 万元户 wànyuánhù / 연간 수입이 1만원을 넘는 농가. ¶ 铁饭碗 tiěfànwǎn / 면직될 염려가 없는 확실한 직업, 평생 직업.

이상과 같은 말이나 "简体字 jiǎntǐzì"는 중국대륙에서는 잘 사용되지만, 대만·홍콩에서는 일반적으로 사용되지 않는다. 그러나 싱가포르에서는 "简体字"는 정식으로 사용되고 있다. 한편 아래와 같은 대만·홍콩 지역의 독특한 표현도 있다.

★ 阿巴桑 ābāsān / 아주머니. ¶ 好鲜 hǎoxiān / 귀엽다, 재미있다. ¶ 外省人 / 외성인 ; 대만에 있는 중국 대륙 출신의 사람. ¶ 跳楼价 tiàolóujià / 덤핑가격. ¶ 妈咪 māmī / 엄마. ¶ 煲粥 bāozhōu / 전화를 길게 하다.

최근에는 홍콩·대만으로부터의 사람이나 문물의 유입에 의해, 홍콩·대만에서 만들어진 언어도 중국대륙에 들어와 중국어로서 정착하는 경향이 있다. 또한 인명·지명이나 문예작품 등의 외국의 고유명사는 아래표를 참고하길 바란다.

〈중국대륙과 대만·홍콩의 서로 다른 중국어 표현〉

中國大陸(중국)	台灣(대만)	香港(홍콩)	한국어
(你)爱人 àiren, 妻子 qīzi	太太 tàitai	太太	처, 부인
(我)爱人, 妻子	内人 nèirén	内人	처, 아내
(你)爱人, 丈夫 zhàngfu	(我)先生, 丈夫	(我)先生, 丈夫	남편
(你)儿子 érzi	少爷 shàoye	少爷	아들, 자제
(你)女儿 nǚ'ér (你)姑娘 gūniang	小姐 xiǎojie	小姐	아가씨, 양
对象 duìxiàng	恋人 liànrén, 爱人	打令 dǎlìng, 恋人	애인, 연인
出租汽车 chūzū qìchē	计程车 jìchéngchē	的士 dìshì	택시
睡午觉 shuì wǔjiào	午睡 wǔshuì	睡午觉	낮잠자다
公共汽车 gōnggòngqìchē	公共汽车	巴士 bāshì	버스
京剧 jīngjù	国剧 guójù, 平剧 píngjù	京剧	경극
煤气 méiqì	瓦斯 wǎsī	瓦斯	가스
加班 jiābān	超勤 chāoqín	炒更 chǎogēng	잔업하다
口红 kǒuhóng	口红	唇膏 chúngāo	립스틱

自行车 zìxíngchē	自行车	单车 dānchē	자전거
地(滚)球 dì(gǔn)qiú	保龄球 bǎolíngqiú	保龄球	볼링
保险杠 bǎoxiǎngàng	保险杠	泵把 bèngbǎ	펌프
超短裙 chāoduǎnqún	迷你裙 míníqún	迷你裙	미니스커트
盒式录音带 héshìlùyīndài	卡式 kǎshì 录音带	卡式录音带	카세트테이프
录像带 lùxiàngdài	录影带 lùyǐngdài	录像带	비디오테이프
生鱼片 shēngyúpiàn	撒西米 sāxīmi	生鱼片	생선회
航天飞机 hángtiān fēijī	太空穿梭机 tàikōng chuānsuōjī	太空梭 tàikōng-suō	우주 버스, 우주 연락선
脚气 jiǎoqì	香港脚 xiānggǎngjiǎo	香港脚	무좀
圆珠笔 yuánzhūbǐ	球尖笔 qiújiānbǐ	原子笔 yuánzǐbǐ	볼펜

H

†**hángyè** 行业(－業) 名 직업, 업종. ~**yǔ**(~语)직업 용어, 업계의 특별용어.

†**hánhu** 含糊·含胡 動 [말을]애매하게 하다, 모호하다. (**AABB**) ~**qí cí**(~其辞)말을 애매하게 하다. 形 애매하다, 소홀히 하다. (**AABB**) ¶ zhè jiàn shì bù néng ~(这件事不能~)이 일은 소홀히 할 수 없다. ☆ '不含糊'는 '칭찬하다, 솜씨가 있다, 훌륭하다' 등의 뜻을 지님.

*__hánjià__ 寒假 名 [학교의]겨울방학. ☆ 중국에서는 전기와 후기 사이의 방학을 가리킴 ; 구정 전후 1개월 정도에 해당함. ¶ fàng~(放~)겨울방학이 되다.

†**hǎnjiào** 喊叫 動 [큰소리로]외치다.

†**hánlěng** 寒冷 形 춥다, 차다. ¶ de jìjié(~的季节)추운계절.

†**hánliàng** 含量 名 함량.

*__hánmao__ 寒毛 名 《**gēn** 根》 배냇머리, 솜털.

*__hànshān__ 汗衫 名 《**jiàn** 件》 내의, 속옷, 셔츠.

*__hányǎng__ 涵养(－養) 名 수양, 교양. ¶ yǒu~(有~)교양이 있다. 動 [물을]축적·보존하다. ¶ ~ shuǐyuán(~水源)[조림 등으로] 수원을 보유하다.

⁑**Hànyǔ** 汉语(漢語) 名 한민족의 언어 ; 한어, 중국어. ~**Pīnyīn Fāng'àn**(~拼音方案)중국어 표음법 ; 현행 로마자 표음방식.

hànzāi 旱灾(－災) 名 한발, 가뭄의 피해. ¶ zāo~(遭~)가뭄이 닥치다.

hànzhū 汗珠 名 (~儿) 《**dī** 滴, **kē** 颗》 땀방울. **hànzhūzi**(汗珠子)라고도 함.

⁑**Hànzì** 汉字(漢－) 名 한자.

hāo 蒿 名 (~子)〈植〉 쑥.

háo 毫 名 1. 털. 2. 붓. 量〈度〉 밀리(milli). **háokè**(毫克)[밀리그램(mg)].

háo 豪 形 1. 호방하다, 기백이 있는, 사나이다운. **háojié**(豪杰)[호걸]. 2. 횡포하다, 권세가 있는.

⁑**hǎo** 好 形 1. 좋다, 훌륭하다, 선량하다. ¶ hěn~(很~)매우 좋다. nǎge~?(哪个~?)어느 것이 좋은가? bìng yǐjīng~le(病已经~了)병이 다 나았다. wǒ zěnme bàn～ne?(我怎么办～呢?)나는 어쩌면 좋을까? hěn～de wánchéngle rènwu(很～地完成了任务)훌륭하게 임무를 완성했다. wǒ zhēn děi～～xièxie tā(我真得～～谢谢她)나는 정말로 그녀에게 감사하지 않으면 안된다.

☆ **hǎo**(好)는 단독으로는 부사어가 될수 없고 **hěn**(很)과 함께 사용되고, 중첩하여 **hǎohāor**(好好儿), **hǎohāorde**(好好儿地)등처럼 사용됨. 2. 친근하다, 사이가 좋다. ¶ ～péng-you(～朋友)사이좋은 친구. 3. 건강하다, 안녕하다. ¶ tā shēnti hěn～(他身体很～)그는 매우 건강하다. 4. [보어로서 사용되어]동작이 완료된 것, 만족한 상태에 도달한 것을 나타냄. ¶ xìn xiě·～le ma?(信写～了吗?)편지는 다 썼습니까? wǒ chuān·～yīfu jiù qù(我穿～衣服就去)나는 옷을 다 입고 곧 외출했다. chī·～le ma?(吃～了吗?)맛있게 드셨습니까? 5. 찬성, 동의를 나타냄. ¶ ～, wǒ bú qù le(～, 我不去了)좋다, 가지 않을께. 副 1. …하기 쉽다, 편하다. ¶ zhè zhī gāngbǐ～yòng(这枝钢笔～用)이 펜은 쓰기 편하다. zhè tiáo lù～zǒu(这条路～走)이 길은 걷기 편하다. 2. 아주, 정말, 참으로 ¶ jīntiān～lěng(今天～冷)오늘은 지독히 춥다. 3. …하도록, …할 수 있게. ¶ bié wàngle dài sǎn, xià yǔ～yòng(别忘了带伞, 下雨～用)우산 가져 가는 것을 잊지 마라, 비올 때 쓰도록.

☞ **hào**(好) 참조.

⁑**hào** 号(號) 名 번호, 이름, 순서. **guà**～(挂～)신청하다, 등록하다, 접수시키다. 動 번호를 매기다, 기호를 붙이다. ¶ ～fángzi(～房子)[군대의 민박시 등에]숙사배치를 하다, 집에 번호를 붙이다. 量 사람 수, 날짜, 횟수 등에 쓰임. **rì**(日)보다도 구어적임. ¶ èryuè jiǔ～(二月九～)2월 9일.

⁑**hào** 好 動 1. 좋아하다, 기뻐하다, 사랑하다. ¶ ～wénxué(～文学)문학을 아끼고 좋아하다. 2. 곧잘 …하다, …하기 쉽다. ＝**ài**(爱) ¶ zhège dìfang～xià yǔ(这个地方～下雨)이 지방은 자주 비가 내린다. tiě～shēng xiù(铁～生锈)철은 녹슬기 쉽다.

☞ **hǎo**(好) 참조.

†**hào** 耗 動 1. 줄다, 낭비하다, 줄이다, 소모하다. ¶ ～tǐlì(～体力)체력을 소모하다. 2. 〈方〉 시간을 허비하다, 꾸물거리다. ¶ bié～·zhe le, kuài shuì ba(别～着了, 快睡吧)꾸물거리지 말고 빨리 자라.

hǎobàn 好办(－辦) 形 하는데 편리하다, 하기쉽다. ¶ zhè shìqing hěn～(这事情很～)이 일은 아주 간단하다.

hǎobàntiān 好半天 名 꽤 긴시간. ¶ děngle～(等了～)오랫동안 기다렸다. ～cái shuōhuà(～才说话)긴 시간이 지나 비로소 입을 열었다.

†**hǎobǐ** 好比 動 정확히 …같다, 마치 …같다. ¶ ～yú'er déle shuǐ(～鱼儿得了水)마치 물고기가 물을 만난 것 같다.

***háobù** 毫不 副 조금도 …하지 않

다, 전혀 …않다 ; 강한 부정을 나타냄. ☆ **bù**(不)의 변조에 대해서는 ☞ **bù**(不) 참조. ¶ ~rèxīn(~热心)조금도 열의가 없다.

†**hǎobù** 好不 副 매우, 완전히, 아주. =**hěn**(很) ☆ 이 경우의 **bù**(不)는 실제 의미를 갖지 못함. **bù**(不)의 변조에 대해서는 ☞ **bù**(不) 참조. ¶ rén lái rén wǎng, ~rènao(人来人往, ~热闹)사람의 왕래가 잦아, 정말로 복잡하다.

hǎoburóngyì 好不容易 副 겨우. ☞ **hǎoróngyì**(好容易)참조.

⁑**hǎochī** 好吃 形 1. 맛있다. ¶ zhè li de cài zhēn~!(这里的菜真~!) 여기의 요리는 정말 맛있다. 2. 먹기 쉽다. ¶ yǒu gǔtou, bù~(有骨头, 不~)뼈가 있어 먹기 불편하다.

*__hǎochu__ 好处(一處) 名 장점, 좋은 점, 잇점. ¶ gè rén yǒu gè rén de~(各人有各人的~)사람에는 각각 장점이 있다. chángpǎo de ~(长跑的~)마라톤의 잇점. 2. 이득, 이익. ¶ lāobudào rènhé~(捞不到任何~)어떤 이익도 얻을 수 없다.

hǎodǎi 好歹 副 어쨌든, 하여튼. ¶ ~zǒng děi qù yí tàng(~总得去一趟)하여튼 한번 가지 않으면 안된다.

*__hǎode__ 好的 形 〈應〉 좋다 ; 승인·승낙하는 것을 표현함.

*__hǎoduō__ 好多 形 많은. =**xǔduō**(许多) ¶ ~rén(~人)많은 사람.

hǎohǎo 好好 ☞ **hǎohāor**(好好儿) 참조.

*__hǎohāor__ 好好儿 形 [대개… de(的)의 형으로]좋다, 괜찮다. ☆ **hǎohǎo**(好好)라고도 함. ¶ gāngcái hái~de, zěnme tū rán kūqilai le?(刚才还~的, 怎么突然哭起来了?)조금전까지 기분이 좋았는데 어째서 갑자기 울기 시작하냐? 副 잘, 충분히. ☆ …**de**(地)의 형태를 띠는 경우가 있음. ¶ nǐ~xiǎngxiang(你~想想)잘 생각해 보세요. zánmen~de wánr jǐ tiān(咱们~地玩儿几天)며칠 맘껏 놀아보자.

†**hǎo jǐ ge** 好几个(一幾個) 連語 몇 개. ¶ ~rén(~人)많은 사람.

†**hǎojiǔ** 好久 副 장시간, 오랫동안. ¶ ~bú jiàn le!(~不见了!)오랫만이군요!

⁑**hǎokàn** 好看 形 아름답다, 예쁘다. ¶ zhǎngde~(长得~)잘 생겼다. ~de yīfu(~的衣服)예쁜 옷. 2. 재미있다. ¶ zhè běn xiǎoshuō hěn~(这本小说很~)이 소설은 매우 흥미진진하다.

*__hàomǎ__ 号码(號碼) 名 (~儿)번호. ¶ chá~(查~)번호를 조사하다. **diànhuà**~(电话~)전화번호. **fángjiān**~(房间~)방번호.

†**háomǐ** 毫米 量 밀리미터(mm).

hàoqí 好奇 形 호기심이 강하다, 호기심이 많다. ~**xīn**(~心)호기심.

†**hǎoróngyì** 好容易 副 겨우, 간신히, 가까스로. ☆ **hǎoburóng yì**(好不容易)와도 같음. ¶ ~cái zhǎodào le(~才找到了)겨우 찾았다. ~gǎnshàng huǒchē le(~赶上火车了)간신히 기차에 올라탔다. zhè huí tā~kǎoshàngle dàxué(这回他~考上了大学)이번

H

에 그는 겨우 대학에 합격했다. ☆ zhè dào xítí hǎo róngyì, shéi dōu huì suàn(这道习题好容易, 谁都会算)[이 연습문제는 매우 쉬워서 누구라도 할 수 있다.]의 **hǎo**(好)와 **róngyì**(容易)는 부사와 형용사의 2단어임.

***hǎotīng** 好听(一聽) 形 [말이나 소리가]듣기 좋다, 사람을 만족시키다. ¶ tā chàng de gē hěn~(她唱的歌很~)그녀의 노래는 매우 아름답다. ~de huà(~的话)재미있는 이야기. shuō de~(说得~)듣기 좋은 말을 하다.

***hǎowánr** 好玩儿(一兒) 形 재미있다. ¶ wéiqí hěn~(围棋很~)바둑은 매우 재미있다.

***hǎowén** 好闻(一聞) 形 냄새가 좋다, 향기가 좋다. ¶ ~bùyídìng hǎochī(~不一定好吃)냄새가 좋다고 해서 맛있다고는 할 수 없다.

†**háowú** 毫无(一無) 副 […한 점이]조금도 없다. ¶ zhè jiàn shì hé nǐ~ guānxi(这件事和你~关系)이 사건은 당신과는 아무런 관계가 없다. ~bànfǎ(~办法)전혀 수단·방법이 없다. ~xīwàng(~希望)한 가닥의 희망조차 없다.

⁂**hǎoxiàng** 好像 動 마치 …인 것 같다, 비슷하다. ¶ jīntiān zhēn nuǎnhuo, ~chūntiān le(今天真暖和, ~春天了)오늘은 정말로 따뜻하여, 마치 봄날 같다. 副 아무래도[…같다] ¶ wǒ~jiànguo tā(我~见过他)아무래도 그녀를 만난적이 있는 것 같다.

***hǎoxiē** 好些 數 많은. ☆ 대개 ~ **ge**(个)의 형을 취함. ¶ láile~rén(来了~人)많은 사람이 왔다.

hǎoyì 好意 名 호의, 선의. ¶ chūyú~(出于~)호의에서 나오다.

hǎozài 好在 副 다행히, 운좋게. ¶ ~míngtiān yě xíng(~明天也行)다행히 내일은 괜찮다.

***hàozhào** 号召(號一) 動 [사람들과 함께 무엇인가를 하려고]부르다, 호소하다. ¶ ~dàjiā qínjiǎn jiéyuē(~大家勤俭节约)모두 근검절약을 외치다. 名 호소. ¶ xiǎngyìng~(响应~)호소에 호응하다.

hàozi 耗子 名 《**zhī** 只》〈方〉쥐. =**lǎoshǔ**(老鼠) **gǒu ná**~(狗拿~)개가 쥐를 잡다 ; 쓸데없는 일을 하다, 쓸데없이 말참견하다.

hāqian 哈欠 名 하품. =**hāxi**(哈息) **dǎ**~(打~)하품하다.

⁂**hē** 喝 動 [물이나 술을]마시다. ¶ tā ài~jiǔ(她爱~酒)그녀는 술을 좋아한다. ~chá(~茶)차를 마시다. ~kāfēi(~咖啡)커피를 마시다. ~tāng(~汤)스프를 마시다. ☞ **hè**(喝) 참조.

†**hē** 呵 嘆 허, 허참, 아하 ; 놀람·경악·의심을 나타냄. ¶ ~, zhēn bùdéliǎo!(~, 真不得了!)허,, 정말 대단한데!

⁂**hé** 河 名 《**tiáo** 条》 1. 강·하천·수로의 통칭. 2. (**Hé**)황하를 가리킴.

†**hé** 核 名 1. [과실의]씨, 고갱이, 핵. 〈口〉 **húr**(核儿). 2. 원자핵. ~**dàntóu**(~弹头)핵탄두. ~**wǔqì**(~武器)핵무기.

⁂**hé** 盒 名 [뚜껑이 있는]작은 상자. =**hézi**(盒子) 量 갑[작은 상

자에 들어있는 물건을 셀 때 쓰임.] ¶ yì~huǒchái(一~火柴)성냥 한갑.

†**hé** 何 代 〈文〉 어떤, 왜, 무엇, 어째서. ¶ ~rén(~人)어떤 사람. tā xuéle hǎojiǔ, ~zhìyú yìdiǎnr jìnbù yě méi yǒu?(他学了好久, ~至于一点儿进步也没有?)그녀는 오래 공부했는데 어째서 조금도 진보하지 못하는 걸까?

***hé** 合 動 1. 닫다, 덮다, 합치다, 모으다. ¶ bǎ shū~·shàng(把书~上)책을 닫다[덮다.] xiàode ~·bushàng zuǐ(笑得~不上嘴)입을 다물지 못할 정도로 웃다. ~**yǎn**(~眼)눈을 감다. 2. 맞다, 일치하다. ¶ zhèng~wǒ yì(正~我意)마음에 꼭 맞다. zhè cài bú tài~wǒ de kǒu(这菜不太~我的口)이 요리는 그다지 내 입에 맞지 않다.

⁑**hé** 和 介 동작의 상대, 비교의 대상을 나타냄. ¶ ~tā tányitán(~他谈一谈)그와 이야기 나누다. tā ~wǒ yíyàng gāo(她~我一样高)그녀는 나만큼 크다. 連 …와, 및; 말과 말을 병렬하는 경우에 쓰임. ☆ 세 가지 이상의 말을 접속하는 경우는 통상 마지막 말 앞에 둠. ¶ qiānbǐ~gānbǐ(铅笔~钢笔)연필과 펜. wǎn~kuàizi(碗~筷子)그릇과 젓가락. zìdiǎn, zázhì~bàozhǐ(字典, 杂志~报纸)자전, 잡지 및 신문. ☆ 대개 명사, 대사, 명사에 상당하는 어구를 맺지만 다음과 같이 동사와 그외의 말을 접속하는 경우도 있음. qù~bú qù, yóu nǐ zìjǐ juédìng(去~不去, 由你自己决定)갈까 말까는 당신 자신이 결정하세요.

☞ **huó**(和), **huò**(和) 참조.

hè 贺(賀) 動 1. 경축하다, 축하하다. 2. [축전, 예물로]축하하다.

hè 赫 形 1. 현저하다, 뚜렷하다. 2. 왕성하다, 대단하다. 名 〈物〉 헤르츠(Hz)의 약칭.

hè 鹤(鶴) 名 〈動〉 두루미, 학.

hè 喝 動 크게 외치다. ¶ dà~yì shēng(大~一声)크게 한번 외치다. **tīng**~(听~)남이 하라는대로 하다.

☞ **hē**(喝) 참조.

hé'ǎi 和蔼(-藹) 形 부드럽다, 상냥하다. (**AABB**) ¶ tàidu~(态度~)태도가 상냥하다.

***hébì** 何必 副 〈文〉 구태여(하필) …할 필요가 있는가, …할 필요가 없다. ¶ yǒu huà mànmàn jiǎng, ~fā píqi ne(有话慢慢讲, ~发脾气呢)할말은 천천히 말하지, 구태여 화를 낼 필요가 있는가! ~rúcǐ(~如此)구태여 그럴 필요가 없다.

†**hébù** 何不 副 〈文〉 [당연히 그렇게 할 수 밖에 없었는데]어찌 …하지 않느냐? ¶ tā shì hángjia, ~xiàng tā qǐngjiào?(他是行家~向他请教?)그는 전문가인데 어찌하여 그에게 가르침을 청하지 않느냐? ~zǎo shuō?(~早说?)왜 빨리 말하지 않느냐?

hè▴cǎi 喝采(-彩) 動 갈채하다, 큰 소리로 좋다고 외치다. ¶ hèle yì shēng cǎi(喝了一声采)큰소리로 갈채하다. **hè dào cǎi**(喝倒采)야유하다.

†**héchàng** 合唱 動 〈音〉 합창하다.

名 합창.

†**héchéng** 合成 動 합성하다, 합하여 …가 되다. ¶ ~yìtǐ(~一体) 일체화하다. ~**gé**(~革)합성피혁.

***hédī** 河堤 名《**dào** 道》하천 둑[제방].

***héduì** 核对 動 대조하다, 대조 검토하다. ¶ ~zhàngmù(~帐目) 장부를 자세히 대조하다.

†**héfǎ** 合法 形 합법적이다, 법에 맞다. ¶ ~kāizhǎn huódòng(~开展活动)합법적으로 활동을 넓혀 가다. ~dìwèi(~地位)합법적 지위.

H

†**hégé** 合格 形 규격에 맞다, 표준에 맞다. ¶ zhìliàng~(质量~)품질은 합격이다.

héhū 合乎 動 합치하다, …에 맞다. ¶ ~guīlǜ(~规律)규칙에 맞다.

***héhuā** 荷花 名《**duǒ** 朵》연꽃.

héhuǒ 合伙 動 (~儿)[생산·무역 등에서]함께 …하다, 한패가 되다, 동료가 되다. ¶ ~jīngyíng (~经营)공동 경영하다.

⁑**hēi** 黑 形 1. 검다, 검정색의. ¶ liǎn dōu shài·~le(脸都晒~了) 얼굴이 온통 타서 검다. ~yánsè (~颜色)검은색. 2. 어둡다. ¶ zhè jiān wūzi tài~le(这间屋子太~了)이 방은 너무 어둡다. tiān ~le(天~了)날이 저물었다. 3. 비밀의, 은밀한. 4. [마음이]나쁘다, 악독하다, 음흉하다. ¶ tā de xīn tài~(他的心太~)그의 마음은 매우 사악하다.

***hēi** 嘿 嘆 1. 가볍게 부르거나, 주의를 환기시킬 때 쓰임. ¶ ~, kuài zǒu ba!(~, 快走吧!)어이, 어서 갑시다. 2. 만족함을 표시함. ¶ ~, wǒ déle dìyī!(~, 我得了第一!)야, 내가 일등했어! 3. 놀라움이나 경탄을 나타냄. ¶ ~, xià xuě le!(~, 下雪了!)야, 눈이 온다!

***hēi'àn** 黑暗 形 어둡다, 깜깜하다. ¶ shāndòng li yípiàn~(山洞里一片~)동굴안은 온통 칠흑같다.

hēibái 黑白 名 흑과 백. ~**piàn** (~片)흑백 영화. 2. 흑백, 시비(是非), 선악. **diāndǎo**~(颠倒~) 선악이 전도되다.

⁑**hēibǎn** 黑板 名《**kuài** 块》칠판, 흑판. ¶ cā~(擦~)칠판을 지우다. ~**bào**(~报)칠판에 붙이는 신문이나 벽보; 가지각색의 색연필로 아름답게 장식해서 쓴 다.

***hēisè** 黑色 名 흑색, 검은색.

hēixīn 黑心 名 나쁜 마음, 검은 심보. 形 속이 검다, 마음이 음흉하다. ¶ tā bú shì nàzhǒng~rén(他不是那种~人)그는 그렇게 음흉한 사람이 아니다.

†**hēiyè** 黑夜 名 캄캄한 밤, 칠야(漆夜).

†**héjīn** 合金 名〈化〉합금.

†**hékǒu** 合口 形 입에 맞다. ¶ zhècài chīqilai~(这菜吃起来~)이 요리는 먹어보니 입에 맞다.

☆ bú tài hé wǒ de kǒu(不太合我的口)[그다지 내 입에 맞지 않다]의 경우 **hé**(合)와 **kǒu**(口)는 2단어로, **hé▲kǒu**(合口)라고 하는 이합동사가 분리됐던 것이라고 볼 수 있음.

***hékǔ** 何苦 副 무엇이 안타까와서, 무엇 때문에. ¶ ~zì xún fánnǎo?

(～自寻烦恼?)무엇때문에 스스로 걱정을 자초하는가?

***hékuàng** 何况 ㊄〈文〉하물며, 항차, 더군다나. ¶ jīntiān qù yǐjīng láibují le, ～míngtiān ne(今天去已经来不及了, ～明天呢)오늘 가는 것도 이미 늦었는데, 하물며 내일이야.

***hélǐ** 合理 ㊊ 도리에 맞다, 합리적이다. ¶ zhège zhìdù bù～(这个制度不～)이 제도는 합리적이지 않다. ～ānpái shíjiān(～安排时间)시간을 합리적으로 안배하다.

†**héliú** 河流 ㊔ 강의 흐름, 하류.

hémù 和睦 ㊊ 화목하다.(**AABB**)

***hěn** 狠 ㊊ 모질다, 잔인하다, 악독하다, 매섭다. ¶ ～·zhe xīn(～着心)마음을 모질게 먹다. dǎde～(打得～)매섭게 때리다. ㊓ 모질게, 매섭게. ¶ ～zòu(～揍)모질게 때리다. ～～de dǎ(～～地打)매섭게 때리다.

⁑**hěn** 很 ㊓ 매우, 아주, 대단히 ; 형용사나 일부 동사, 능원동사를 수식하여 정도를 강조시키는 작용을 함. ¶ wǒ～gāoxìng(我～高兴)나는 매우 기쁘다. tā～xǐhuan dǎ pīngpāngqiú(她～喜欢打乒乓球)그녀는 탁구를 매우 좋아한다. gēge～huì yóuyǒng(哥哥～会游泳)형은 수영을 아주 잘한다. jīntiān tiānqì～hǎo(今天天气～好)오늘 날씨는 매우 좋다.

☆ 1) 위의 마지막 예문을 부정문으로 고치는 경우, 부정사 **bù**(不)의 위치에 의해 의미는 달라진다. ① **bù**(不)를 **hěn**(很)의 앞에 놓는 경우 : jīntiān tiānqì bù hěn hǎo(今天天气不很好)오늘 날씨는 그다지 좋지 않다. ② **bù**(不)를 **hěn**(很)의 뒤에 놓는 경우 : jīntiān tiānqì hěn bù hǎo(今天天气很不好)오늘은 날씨가 매우 좋지 않다. 2) **hěn**(很)이 단음절 형용사의 앞에 쓰이는 경우, 문장이 완결되어 있는 것을 나타낼 뿐, 강조의 작용을 하지 않는 경우가 많음. 3) 다음과 같이 **-de hěn**(-得很)의 형을 이루면, **hěn**(很)은 강조의 작용을 함. ¶ zhè jǐ tiān rède～(这几天热得～)요즘 며칠간 매우 덥다. tā hòuhuǐde～(她后悔得～)그녀는 매우 후회하고 있다.

***hèn** 恨 ㊍ 원망하다, 증오하다. ¶ zuì～bù lǎoshi(最～不老实)불성실한 것을 가장 증오하다. ㊔ 원망, 증오. ¶ huái～zài xīn(怀～在心)마음에 원망을 품다.

hènbude 恨不得 ㊍ …못하는 것이 한스럽다, 간절히 …하고 싶다. **hènbunéng**(恨不能)이라고도 함. ¶ ～mǎshàng jiù dào jiā(～马上就到家)당장이라도 집에 가고 싶다.

***hēng** 哼 ㊍ 1. 신음하다, 콧소리를 내다. ¶ ～·le yì shēng(～了一声)흥하고 콧소리를 냈다. 2. 콧노래 부르다, 흥얼거리다. ¶ ～·zhe míngē(～着民歌)코로 민요를 흥얼거리다.

☞ **hng**(哼) 참조.

héng 衡 ㊔ 저울 ; 무게를 다는 기구.

héng 恒 ㊊ 1. 영구하다, 영원하다. 2. 평상시의, 보통의.

***héng** 横 ㊊ 가로로, 수평의, 횡으

H

로. ⇔ **shù**(竖), **zhí**(直), **zòng**(纵) ¶ ~xiě(~写)가로로 쓰다. 動 가로로 하다, 가로 놓다. ¶ bǎ biǎndan~·guolai(把扁担~过来)멜대를 가로로 놓다. 形 난폭하다, 흉악하다.

héngshu 横竖(一竪) 副〈口〉어쨌든, 어떻든, 아뭏든. =**fǎnzheng**(反正) ¶ ~yào huàn xīn de, nòngzāngle búyàojǐn(~要换新的, 弄脏了不要紧)어쨌든 새 것으로 바꿀 거니까, 더럽혀도 괜찮다.

H

†**héngxīng** 恒星 名〈天〉항성.

hè▴nián 贺年(賀一) 動 새해를 축하하다. ~**piàn**(~片)연하장.

***hépíng** 和平 名 평화. 形 1. 평화롭다. ¶ ~jiěfàng Běijīng(~解放北京)북경을 무혈로 해방하다. 2. 온화하다, 순하다, 부드럽다. ¶ yàoxìng~(药性~)약이 독하지 않다.

***héqi** 和气(一氣) 形 1. 태도가 온화하다, 부드럽다. (**AABB**) ¶ dài rén~(待人~)사람을 대하는 것이 부드럽다. 2. 화목하다. (**AABB**) ¶ dàjiā bǐcǐ~(大家彼此~)모두 서로 화목하다. 名 화기, 화목한 감정, 친밀감. ¶ shāng~(伤~)화목한 감정을 상하다.

héshang 和尚 名 승려, 중.

⁑**héshì** 合适(一適)·合式 形 알맞다, 적당하다, 적합하다. ¶ dàxiǎo zhèng~(大小正~)크기가 꼭 알맞다.

†**hésuàn** 合算 動 수지가 맞다, 채산이 맞다. ¶ zìjǐ zuò fǎn bù~(自己做反不~)손수 만들면 오히려 수지가 맞지 않는다.

***hétao** 核桃 名〈植〉호두. **hútáo**(胡桃)라고도 함.

***hétong** 合同 名 계약, 계약서. ¶ qiāndìng~(签订~)계약을 맺다.

†**héxīn** 核心 名 중심, 핵심, 주요 부분. ¶ zhè xiàng gōngzuò de~(这项工作的~)이 일의 핵심. ~**lìliang**(~力量)중핵적인 힘. ~**zuòyòng**(~作用)중추적인 역할.

héyè 荷叶(一葉) 名〈植〉연잎. ☆ 식품을 쌀 때 사용하기도 함. ¶ yòng~bāo zhūròu(用~包猪肉)연잎으로 돼지고기를 싸다.

***hézi** 盒子 名 1. 작은 상자, 함. ☆ 큰 상자는 **xiāngzi**(箱子)라 함. 2. 상자모양의 폭죽(불꽃). 3. 모제르총. ~**qiāng**(~枪)위와 동일.

hēzuì 喝醉 動 술에 취하다. ¶ wǒ hái méi~(我还没~)나는 아직 취하지 않았다.

***hézuò** 合作 動 합작하다, 협력하다. ¶ jìshù~(技术~)기술합작. ~yīliáo(~医疗)합작 의료제도.

***hng** 哼 嘆 불신, 불만 등의 기분을 나타냄. ¶ ~, shéi xìn nǐ de!(~, 谁信你的!)흥, 누가 당신을 믿겠어요!

☞ **hēng**(哼) 참조.

⁑**hōng** 轰(轟) 動 1. 포격하다, 폭파하다. ¶ yòng dàpào~(用大炮~)대포로 포격하다. 2. 내쫓다, 쫓아내다, 몰아내다. ¶ ~máquè(~麻雀)참새를 쫓다. 擬 쿵, 꽝, 우르르; 폭음, 우뢰 등의 소리.

hōng 烘 動 1. [불, 태양을]쬐다, 말리다, 데우다. 2. 돋보이게 하다, 부각시키다.

hóng 宏 形 1. 넓고 크다, 광대하다. 2. 넓히다, 확대하다.

*hóng 虹 名 《dào 道, tiáo 条》 무지개. =cǎihóng(彩虹) 구어로는 jiàng(虹)이라고도 함. ¶ chū~(出~)무지개가 뜨다.

⁑hóng 红(紅) 形 1. 붉다, 빨갛다. ¶ yèzi dōu~le(叶子都~了)잎이 모두 붉어지다. 2. 혁명적이다. yòu~yòu zhuān(又~又专)정치, 사상면에서도 혁명적이며 기술면에도 뛰어나다. 3. 인기 있다, 명성이 있다, 잘 팔리다. ¶ xiànzài tèbié~(现在特别~)지금은 매우 인기가 있다. 動 빨개지다, 붉히다. ¶ ~·zhe liǎn shuō(~着脸说)얼굴을 붉히며 말하다.

*hǒng 哄 動 1. 속이다, 기만하다. ¶ bié~wǒ le(别~我了)나를 속이지 마라. 2. 구슬리다, 어르다, 달래다. ¶ ~háizi(~孩子)어린애를 달래다.

⁑hóngchá 红茶(紅一) 名 홍차.

hōngdòng 轰动(轟動)·哄动(一動) 動 [많은 사람들을 한꺼번에] 뒤흔들다, 진동시키다, 파문을 일으키다. ¶ ~quánguó(~全国)전국을 뒤흔들다.

Hóngjūn 红军(紅軍) 名 홍군, 붉은 군대; 제 2차 국내 혁명 전쟁 중, 중국 공산당이 지도했던 부대, 또는 1946년 이전의 소련 육군.

hóng▲liǎn 红脸(紅臉) 動 1. [부끄러워]얼굴을 붉히다. ¶ yí jiàn shēngrén jiù~(一见生人就~)낯선 사람을 보면 얼굴이 붉어진다. 2. [화가나서]얼굴을 붉히다. ¶ cōng méi hóngguo liǎn(从没红过脸)지금까지 낯을 붉힌 적이 없다, 다툰 적이 없다.

*hónglǐngjīn 红领巾(紅領一) 名 1. 붉은 목수건; shàoxiānduì(少先队) [소년 선봉대]대원의 상징. ¶ dài~(戴~)붉은 목수건을 착용하다. 2. 소년 선봉대원을 가리킴.

hónglǜdēng 红绿灯(紅綠燈) 名 교통 신호등.

hǒngpiàn 哄骗(一騙) 動 사람을 속이다, 기만하다. ¶ ~xiǎoháir(~小孩儿)어린이를 속이다.

*hóngqí 红旗(紅一) 名 《miàn 面》 1. 홍기, 붉은 기[공산주의의 상징임.] ¶ dǎ~(打~)홍기를 흔들다. 2. 우승기. ¶ zhēng~(争~)우승을 다투다. 3. 본보기. ¶ jiàoyù zhànxiàn shang de~(教育战线上的~)교육계의 좋은 본보기.

hóngrén 红人(紅一) 名 (~儿) 총아(寵兒), 인기있는 사람, 잘 팔리는 사람. ¶ tā shì bùzhǎng de dà~(他是部长的大~)그는 장관의 총애를 받는 사람이다.

†hóngsè 红色(紅一) 名 붉은 빛깔, 적색. 形 혁명적이다, 정치의식이 높다. ¶ zhèngquán(~政权)혁명정권.

hóngshì 红事(紅一) 名 길사(吉事), 경사; 대개 혼례를 가리킴. ⇔ báishì(白事) [흉사]

†hóngshuǐ 洪水 名 홍수. ¶ fā~(发~)홍수가 나다.

†hóngtáng 红糖(紅一) 名 흑설탕, 적사탕.

†hóngwěi 宏伟(一偉) 形 [규모·계획 등이]위대하다, 장엄하다. ¶ guīhuà~(规划~)기획이 거창하다. ~de jiànzhù(~的建筑)웅

학습 정보 ⑪

◈ 红白喜事 hóngbáixǐshì(관혼상제) ◈

"红白喜事 hóngbáixǐshì"는 두 가지로 해석할 수 있다. 하나는 "红喜事"(결혼의 경사)와 "白喜事"(천수를 다한 것을 "喜丧 xǐsāng"이라 한다)로서 결혼과 장례의 의미이다. 또 하나는 "红事"(결혼식), "白事"(장례의식), "喜事"(경사)를 합하여「관혼상제」라고 하는 의미로도 쓰인다. 여기에서는 후자의 해석으로서, 사람의 탄생에서 장례까지의 주된 행사와 관련된 용어를 살펴보자.

1. 출 생

★ 生肖shēngxiāo/사람의 띠 ; "属相 shǔxiàng"이라고도 한다. ¶ 催生礼 cuī shēnglǐ/출산 1개월 전에 출산을 재촉하는 의미로 친정에서 베이비용품 등의 축하 선물을 보내주는 것. ¶ 送喜果 sòng xǐguǒ/아기가 태어난 것을 친정에 알리기 위해 과일이나 붉게 물든 계란을 보내는 것. ¶ 坐月子 zuò yuèzi/몸을 풀다. ¶ 开奶 kāinǎi/옛날, 아이가 태어나면 '잘자라'라는 뜻으로 어머니의 젖보다 먼저 다른 사람의 젖을 먹이는 것.

★ 洗三 xǐsān/아기가 태어난 지 3일째 되는 날 더운물로 목욕을 시키고 명이 길기를 축원하는 의식. ¶ 洗三面 miàn/"洗三"의 축하 모임에서 먹는 국수. ¶ 满月 mǎnyuē, 洗儿会 xǐ'érhuì/옛날, 아기가 탄생한지 만 한달째 되는 날 친척이나 친구를 초대하여 행하는 의식. ¶ 过百岁 guò bǎisuì/아이가 태어나서 100일째 되는 날을 축하하는 행사 ; "百晬 bǎizuì"라고도 한다. ¶ 长命锁 chángmìngsuǒ/자물쇠 모양을 한 금은제품의 어린이 장식품. ¶ 起名字 qǐmíngzi/이름을 짓다.

2. 혼 례

★ 待年 dàinián/시집갈 나이, 적령기. ¶ 弱冠 ruòguàn/남자의 20세. ¶ 媒人 méirén/중매인. ¶ 月老 yuèlǎo/남자 중매인. ¶ 红娘 hóngniáng/여자 중매인. ¶ 岳父 yuèfù/장인, 처의 아버지. ¶ 岳母 yuèmǔ/장모, 처의 어머니. ¶ 泰山 tàishān/장인. ¶ 娘家 niángjiā/친정집. ¶ 婆家 pójiā/시댁, 남편 부모의 집. ¶ 公公 gōnggong/시아버지, 남편의 아버지. ¶ 婆婆 pópo/시어머니, 남편의 어머니.

★ 做媒 zuòméi/중매하다. ¶ 提婚 tíhūn/혼사를 거론하다. ¶ 相亲 xiāngqīn/선보다. ¶ 彩礼 cǎilǐ/납채 예물 ; "财礼 cáilǐ"라고도 한다. ¶ 新郎 xīnláng/신랑. ¶ 新娘 xīnniáng/신부. ¶ 伴娘 bànniáng/신부 들러리를 서는 미혼여성 ; "女傧相 nǚbīnxiàng"이라고도 함. ¶ 伴郎 bànláng/신랑 들러리. 대부분 미혼의 청년 ; "男傧相"이라고도 함. ¶ 双喜字 shāng xǐzì/「喜」자를 2개 나란히 쓴 문자. 결혼식 때, 문 양측이나 식장에 장식한다. ¶ 订婚 dìnghūn/약혼하다 ; "订亲 dìngqīn"이라고도 함.

★ 嫁妆 jiàzhuang/시집갈 때 가지고 가는 물품 ; "嫁奁 jiàlián", "陪嫁 péijià"라고도 함. ¶ 开脸 kāiliǎn/옛날 여자가 시집갈 때, 남자아이와 여자아이가 있는 부인에게 얼굴이나 이마의 솜털을 깨끗하게 손질받는 것. ¶ 上头 shàngtóu/여자가 시집갈 때, 머리를 얹는 것. ¶ 哭嫁歌 kūjiàgē/여자가 시집가기 2, 3일 전에 부모·형제에게 울면서 말하는 것으로, 감사드리거나 이별을 슬퍼하는 말. ¶ 坐花轿 huājiào/시집갈 때 꽃가마 타는 것. ¶ 撒谷豆 sǎ gǔdòu / 신부의 가마가 신랑의 집 문앞에 도착하면, 곡물이나 엿, 과자 등을 뿌리는 것. ¶ 跨马鞍 kuà mǎ'ān / "鞍子 ānzi"는 "安子 ānzi"와 동음이므로, 자식에게 혜택받도록 신부가 가랑이를(?) 벌리고 방에 들어가는 것. ¶ 盖头红 gàitóuhóng / 옛날, 여자가 시집갈 때 머리에 쓰는 붉은 두건.

★ 拜堂 bàitáng / 신랑신부가 천지신령에게 비는 혼례의식 ; "拜天地 tiāndì"라고도 함. ¶ 结婚典礼 jiéhūndiànlǐ / 결혼식 ; "婚礼 hūnlǐ"라고도 함. ¶ 结婚证书 zhèngshū / 결혼증명서. ¶ 婚礼蛋糕 dàngāo / 결혼케이크. ¶ 婚礼喜筵 xǐyán / 결혼피로연 ; "婚礼喜酒 xǐjiǔ"라고도 함. ¶ 主婚人 zhǔhūnrén / 결혼식을 주재하는 쌍방의 家長. ¶ 证婚人 zhèng-hūnrén / 혼례입회인.

★ 洞房 dòngfáng / 신혼부부의 방 ; "新房"이라고도 함. ¶ 吃子孙饽饽 zǐsūn bōbo / 혼례의식을 마친 신랑신부가 형식적으로 반쯤 익힌 물만두를 먹는다. 이때 덧붙여서 "生不生?"(설익혔나?)라고 묻는 것에 대해 "生!"(날것이다)라고 대답한다. 이 "生"은 「낳다」라는 의미이기도 하며, 자손번영의 유래를 담고 있다. ¶ 闹 nào 洞房 / 혼례의 피로연이 끝난 방에 친구나 친척이 신혼부부의 방에 몰려가 놀리는 것 ; "闹新房", "闹房"이라고도 한다.

★ 回门 huímén / 결혼 후, 수일이내(3일째 되는 날 또는 신혼여행에서 돌아오는 날)에 처가집으로 인사하러 가다 : "回宁 huíníng"이라고도 한다.

★ 招养婚 zhāoyǎnghūn / 데릴사위를 맞아들이다 ; "招赘 zhāozhuì", "招(养老)女婿 nǚxu"라고도 한다. ¶ 童养媳 tóngyǎngxí / 민며느리. ¶ 寡妇 guǎfu / 과부, 미망인. ¶ 填房 tiánfáng / 재취로 가다, 후처로 들어가다. ¶ 从良 cóngliáng / 옛날, 기녀가 기적(妓籍)에서 벗어나 결혼하다.

3. 장수의 축하

★ 寿辰 shòuchén / 중년이나 노년의 사람에 대한 탄생 축하일 ; "寿诞 shòudàn"라고도 한다. ¶ 寿面 shòumiàn / 장수를 기원하는 의미에서 먹는 생일축하 국수. ¶ 寿桃 shòutáo / 탄생축하용의 복숭아 또는 복숭아 모양으로 만든 밀가루로 찐 빵. ¶ 寿点 shòudiǎn / 생일케이크 ; "寿糕 shòugāo"라고도 한다. ¶ 花甲 huājiǎ / 만 60세를 말한다. 환갑. ¶ 古稀 gǔxī / 고희. 70세의 별칭. ¶ 做寿 zuò / (노인)의 탄생일을 축하하는 것 ; "祝 zhù 寿", "庆 qìng 寿"라고도 한다. ¶ 拜 bài 寿 / (노인의)탄생일을 축하하고 예배하는 것. ¶ 百年之后 / 사후.

4. 장례의식

★ 丧殡 sāngbìn / 장의. ¶ 丧葬 sāngzāng / 장의와 매장. ¶ 出殡 chūbìn / 출관하다, 장의를 하다. ¶ 棺材 guāncái / 관, 널. ¶ 随葬品 suízàngpǐn / 부장품. ¶ 哭丧棒 kūsāngbàng / 장례식 때 상주가 가지고 있는 막대기. ¶ 殡仪馆 bìnyíguǎn / 장의사.

★ 坟墓 fénmù / 묘. ¶ 墓碑 mùbēi / 묘비. ¶ 土葬 tǔzàng / 토장. ¶ 火葬 huǒzàng / 화장. ¶ 水葬 shuǐzàng / 수장. ¶ 天葬 tiānzāng / 시체를 버려 새가 파먹게 하는 장사법 ; "鸟葬 niǎozàng"이라고도 함.

★ 送终 sòngzhōng / 부모나 연장자의 임종을 지키다, 또는 장례를 치르다.

★ 报庙儿 bàomiàor / 옛날 풍습으로 가족이 죽은 것을 토지신의 사당에 보고하는 행사. ¶ 披麻带孝 pīmádàixiào / 상복을 입고 부모의 상을 치루다.

★ 入殓 rùliàn / 납관하다. ¶ 接三

jiēsān / 사람이 죽은 지 3일째 되는 날에 그 영혼을 불러들여, 공양하는 일. ¶ 送三 sòngsān / 사람이 죽은지 3일째 되는 날에 "接三"공양을 행하고, 그날 저녁에 망령을 보내는 불사. ¶ 出灵 chūlíng / 출관하다 ; "起灵 qǐlíng"이라고도 한다.

★ 打幡 dǎfān / 상주가 장례식의 깃발[조기(弔旗) : 죽은자의 이름·생년월일·사망 일시가 써있는]을 들고 있는 것. ¶ 摔盆儿 shuāipénr / 출관할때, 상주가 질그릇(영전에서 황색 종이를 태우는데 사용한다)을 깨는 의식.

★ 纸钱 zhǐqián / 석박지나 금박지 또는 황색종이 등을, 사각형의 구멍이 뚫린 옛날 돈 모양으로 만든 것. ¶ 撒 sǎ 纸钱 / 출관하여 묘지나 화장터로 향할 때, 도중에 무연불(無緣佛)이 사마(邪魔)를 매수하기 위해 "纸钱"(종이돈)을 뿌리는 것.

★ 骨灰盒 gǔhuìhé / 뼈를 넣는 상자. ¶ 头七 tóuqī / 상당하고 7일째 되는 날. ¶ 五七 wǔqī / 5·7일. 사람이 죽은 후 35일째 되는 날의 법사. ¶ 上坟 shàngfén / 성묘하다.

H

장한 건축.

hóu 喉 名 〈生〉목, 후두(喉頭)

hóu 猴 名 (～儿) 원숭이, 영리한 아이.

†**hǒu** 吼 動 1. [짐승이]울부짖다, 으르렁 거리다, [사람이]고함치다, 큰소리로 외치다. 2. [바람·기적·대포 등이]크게 울리다. ¶ qìdí～·le yì shēng(汽笛～了一声)기적 소리가 길게 울렸다.

⁑**hòu** 后(後) 名 뒤, 후. ☆ 개사의 목적어가 되는 경우를 제외하고, 일반적으로 단독으로 사용되지 않음. ＝**hòubian**(后边), **hòumian**(后面), **hòutou**(后头) ¶ wǎng～tuìle liǎng bù(往～退了两步)뒤로 2, 3보 후퇴했다.

*__hòu__ 厚 形 1. 두텁다, 두껍다. ⇔ **báo**(薄) ¶ ～miányī(～棉衣)두꺼운 면옷. 2. [맛이]진하다. ¶ jiǔwèi hěn～(酒味很～)술이 매우 독하다. 動 두껍게 하다. ¶ ～·zhe liǎnpí(～着脸皮)낯가죽이 두껍다, 뻔뻔스럽다.

hòu 候 名 1. 계절, 기후. 2. 징후, 증상. 動 1. 기다리다. 2. 방문하다, 안부를 묻다. 3. 살피다, 관측하다.

*__hòubian__ 后边(後邊) 名 (～儿) 뒤, 뒷쪽 ; 배후.

hòuchēshì 候车室(一車一) 名 역의 대합실. **mǔzǐ**～(母子～)젖먹이 아이가 있는 어머니를 위한 대합실.

†**hòudài** 后代(後一) 名 1. 뒤의 세대, 후세. ¶ duì～de wénxué yǒu hěn dà de yǐngxiǎng(对～的文学有很大的影响)후세의 문학에 큰 영향을 주다. míng chuán～(名传～)후세에 이름을 남기다. 2. 후세대 사람 ; 자손. ¶ zhè jiā rén méi yǒu～(这家人没有～)이 집에는 후손이 없다.

hòudao 厚道 形 너그럽다, 친절하다, 관대하다. (**AABB**) ¶ wéirén～(为人～)사람됨이 너그럽고 관대하다.

†**hòufāng** 后方(後一) 名 1. [전쟁의]후방. ⇔ **qiánxiàn**(前线) 2. 뒤, 뒷쪽.

†**hòuguǒ** 后果(後一) 名 [장래에 발생할]결과, 귀결 ; 대개 나쁜면에 대해. ¶ zàochéng hěn huài de ~(造成很坏的~)나쁜 결과를 초래하다.

*__hòuhuǐ__ 后悔(後一) 動 후회하다. ¶ ~bùgāi shuō zhèzhǒng huà(~不该说这种话)이 말을 하지 않으면 후회한다. ~yě láibují(~也来不及)후회해도 늦다.

*__hòulái__ 后来(後來) 名 그 후 ; 나중에. ¶ ~zěnmeyàng le?(~怎么样了?)그 후 어떻게 되었느냐? 形 이후의, 다음 세대의. ¶ ~rén(~人)다음 세대의 사람.

*__hóulong__ 喉咙(一嚨) 名 목, 목구멍. ¶ fàngkāi~hǎn(放开~喊)입을 크게 벌려 소리지르다. ~téng(~疼)목이 아프다. ☆「목소리가 좋다」라고 할 때의「목」은 **sǎngzi**(嗓子)를 씀.

hòumén 后门(後門) 名 (~儿) 1. 뒷문, 후문. 2. 뒷구멍, 부정한 수단. **zǒu**~(走~)뒷구멍으로 들어가다 ; 부정하게 목적을 달성하다.

*__hòumian__ 后面(後一) 名 (~儿) 1. 뒤, 뒤쪽, 뒷면. ¶ fángzi~yǒu yí ge huā-yuán(房子~有一个花园)집 뒤에 화원이 있다. 2. [순서로]뒤, 다음. ¶ ~zài tán(~再谈)다음에 다시 얘기하자.

*__hòunián__ 后年(後一) 名 내후년.

hòur 后儿(後兒) 名 〈口〉 모레. **hòurge**(后儿个)라고도 함.

*__hòutiān__ 后天(後一) 名 모레.

*__hòutou__ 后头(後頭) 名 1. 뒤. 2. 다음, 나중.

†**hòutuì** 后退(後一) 動 물러나다, 후퇴하다. ¶ ~jǐ bù(~几步)몇 보 물러나다. jǐngqì~(景气~)경기가 후퇴하다, 경기가 침체하다.

*__hóuzi__ 猴子 名 《**zhī** 只》 〈動〉 원숭이[별칭으로 **shāngōng**(山公), **sān'ér**(三儿)이라고도 함.] ⇒ **yuán**(猿)

猴子

hū 乎 助 1. 의문 또는 반문을 나타냄[구어(口語)의 '吗'에 해당함.] 2. 의문문에서 선택을 나타냄[구어(口語)의 '呢'에 해당함.] 3. 추측의 어기(語氣)를 나타냄[구어(口語)의 '吧'에 해당함.] 介 1. 동사 뒤에 붙어 '于'와 같은 뜻으로 쓰임. 2. 형용사, 부사 뒤에 붙음.

†**hū** 呼 動 1. 숨을 내쉬다. ⇔ **xī**(吸) ¶ ~·chū yì kǒu qì(~出一口气)'휴'하고 숨을 내쉬다. 2. 외치다. ¶ ~kǒuhào(~口号)구호를 외치다. 擬 바람소리 따위 ; 대부분 중첩형으로 사용함. ¶ běifēng~~de chuī(北风~~地吹)북풍이 휙휙 불다.

hū 忽 動 부주의하다, 소홀히 하다. 副 갑자기, 홀연, 문득. **hū'ér**(忽而)[갑자기, 돌연]. 數 길이의 단위 ; '一丝'의 1/10, '一毫'의 1/100.

hú 狐 名 〈動〉 여우, 승냥이.

hú 胡 名 수염. =**húzi**(胡子) 副 마음대로, 엉터리로, 제멋대로.

†**hú** 壶(壺) 名 《**bǎ** 把》 술병, 단지, 주전자. ¶ yì~jiǔ(一~酒) 한병의 술. **chá**~(茶~)차주전자.

*__hú__ 湖 名 호수.

hú 糊 動 [풀로]붙이다, 바르다. ¶ ~xìnfēng(~信封)편지봉투를 풀로 붙이다.

hǔ 虎 名 《**zhī** 只》〈動〉 범, 호랑이. 〈口〉 **lǎohǔ**(老虎).

H

*__hù__ 户 名 문, 집, 가문, 문벌. **mén dāng**~**duì**(门当~对)남녀 두 집안이 엇비슷하다. 量 가구 수를 세는 데 쓰임. ¶ wǔ~rénjiā(五~人家)5세대의 가구.

hù 护(護) 動 1. 지키다, 보호하다. ~**lǐ**(~理)돌보다, 간호하다. 2. 비호하다, 감싸주다.

⁑**huā** 花 名 (~儿) 《**duǒ** 朵, **zhī** 枝, **shù** 束, **cù** 簇》 1. 꽃. 2. 무늬, 도안. 形 얼룩얼룩하다, 알록달록하다. ¶ ~yīfu(~衣服)알록달록한 옷, 꽃무늬 옷. ~**bù**(~布)알록달록한 천, 꽃무늬 천. ~**māo**(~猫)얼룩 고양이. 動 [시간·돈을]사용하다, 쓰다. ¶ hěn~shíjiān(很~时间)많은 시간을 소비하다. ~·le bù shǎo qián(~了不少钱)많은 돈을 썼다.

†**huā** 哗(嘩) 擬 콸콸, 좍좍, 뚝뚝; 중첩해서 사용하는 경우가 많음. ¶ shuǐ~~de xiǎng(水~~地响)물이 콸콸거리며 소리를 내다.

huá 华(華) 形 빛나다, 번성하다. 名 1. 정화(精華), 정수(精粹). 2. 중국, 중국어.

*__huá__ 划(劃) 動 1. [칼 따위로]자르다, 쪼개다. ¶ ~·le ge kǒuzi(~了个口子)긁혀서 상처가 났다. 2. 긋다. ¶ ~huǒchái(~火柴)성냥을 긋다. 3. 물을 헤치다, [배를]젓다. ~**chuán**(~船)배를 젓다.

☞ **huà**(划) 참조.

*__huá__ 滑 形 1. 반들반들하다, 매끄럽다, 미끄럽다. ¶ dì hěn~(地很~)땅이 매우 미끄럽다. 2. 교활하다, 속이다. ¶ zhège rén hěn~(这个人很~)이 사람은 매우 교활하다. 動 미끄러지다. ¶ ~·le yì jiǎo(~了一跤)쭉 미끄러져 구르다. ~·dǎo le(~倒了)미끄러져 넘어졌다. ~**bīng**(~冰)스케이트를 타다. ~**xuě**(~雪)스키를 타다.

滑雪

⁑**huà** 话(話) 名 《**jù** 句, **duàn** 段, **xí** 席, **fān** 番》 말, 이야기. ¶ shuō jǐ jù~(说几句~)몇마디 말을 하다.

⁑**huà** 画(畫) 動 [그림을]그리다. ¶ ~chāzi(~叉子)X자를 그리다. ~dìtú(~地图)지도를 그리다. ~huàr(~画儿)그림을 그리다. ~jìhào(~记号)기호를 그리다. ~**shé tiān zú**(~蛇添足)뱀을 그

리는 데 다리를 그려넣다 ; 쓸데없는 짓을 하다. 名 1. (～儿) 《fú 幅, **zhāng** 张, **zhóu** 轴, **tào** 套》 그림. ¶ qiángshang guàzhe yì zhāng～(墙上挂着一张～)벽에 그림이 한장 걸려있다. 2. [한자의]획. ¶ 'tiān' zì shì sì～('天'字是四～)「天」자는 4획이다.

***huà** 化 動 녹다, 변화하다. ¶ xuě～le(雪～了)눈이 녹았다. 接尾 어떤 성질이나 상태로 변함을 나타냄. **gōngyè**～(工业～)공업화. **jīxiè**～(机械～)기계화. **xiàndài**～(现代～)현대화.

†**huà** 划(劃) 動 1. [선을]긋다, 가르다. ～**jiè**(～界)경계를 긋다. ～**shídài**(～时代)획기적. 2. [돈을]지출하다, 융통하다. ～**kuǎn**(～款)돈을 융통하여 쓰다.
☞ **huá**(划) 참조.

huābái 花白 形 [머리카락이]희끗희끗하다, 반백이다.(**AABB**) ¶ húzi～(胡子～)수염이 희끗희끗하다. ～tóufa(～头发)희끗희끗한 머리.

***huābàn** 花瓣 名 꽃잎.

***huàbào** 画报(畫報) 名 《**běn** 本》 화보.

***huá▴bīng** 滑冰 動 스케이트를 타다.

滑冰

☞ **huábīng**(滑冰) 참조.

***huábīng** 滑冰 名 스케이트. ～**xié**(～鞋)스케이트 신발.
☞ **huá▴bīng**(滑冰) 참조.

***huāchá** 花茶 名 녹차, 화차 ; 쟈스민 등의 향기를 내는 차. **xiāngpiàn**(香片)이라고도 함.

***huāduǒ** 花朵 名 꽃 ; 비유적인 표현에 잘 쓰임. ¶ értóng shì zǔguó de～(儿童是祖国的～)어린이는 조국의 꽃이다.

huāfèi 花费(-費) 動 [시간・돈 등을]소비하다, 소모하다, 들이다. ¶ ～・le yí ge jiàqī(～了一个假期)휴가를 모두 써버렸다.
☞ **huāfei**(花费) 참조.

huāfei 花费(-費) 名 지출, 경비, 비용. ¶ ～hěn dà(～很大)지출이 매우 많다.
☞ **huāfèi**(花费) 참조.

†**huàgōng** 化工 名 〈略〉 화학공업. ＝**huàxué gōngyè**(化学工业)

†**huàhé** 化合 動 화합하다. ～**jià**(～价)원자가(原子價). ～**wù**(～物)화합물.

†**huái** 怀(懷) 動 1. 마음에 품다. ¶ ～・zhe yí piàn xīwàng(～着一片希望)가슴 가득 희망을 품고 있다. ～**hèn**(～恨)한을 품다. 2. 임신하다. ¶ ～・zhe háizi(～着孩子)아이를 뱄다. 名 품, 가슴.

‡**huài** 坏(壞) 形 나쁘다, 상하다, 고장나다. ¶ tā zhēn～!(他真～!)그는 정말 나쁘다. zhìliàng～(质量～)품질이 나쁘다. yú～le(鱼～了)생선이 썩었다. wǒ de shǒubiǎo bèi dìdi nòng・～le(我的手表被弟弟弄～了)내 시계는

H

동생이 망가뜨렸다.

†**huàichu** 坏处(壞處) 名 나쁜 점, 결점, 해로운 점. ¶ méi yǒu~(没有~)결점이 없다.

†**huàidàn** 坏蛋(壞一) 名 나쁜놈, 악당 ; 남을 욕할 때 자주 사용됨. ¶ nǐ zhège~!(你这个~!) 너 이 나쁜놈!

†**huáiniàn** 怀念(懷一) 動 그리워하다, 그리다, 생각하다. =**sīniàn**(思念) ¶ ~guòqù de shíguāng(~过去的时光)지나간 세월을 그리워하다.

H

huàirén 坏人(壞一) 名 나쁜 사람, 악당.

***huáishù** 槐树(一樹) 名 《**kē** 棵, **zhū** 株》〈植〉 홰나무.

***huáiyí** 怀疑(懷一) 動 1. 회의하다, 의심하다. =**yíhuò**(疑惑) ¶ bù néng suíbiàn~biéren(不能随便~别人)다른 사람을 함부로 의심해서는 안된다. 2. 추측하다. ¶ wǒ~tā jīntiān bù lái le(我~他今天不来了)그는 오늘 오지않을 거라고 생각한다. 名 의심, 의혹. ¶ bàoyǒu~(抱有~)의심을 품다.

***huàjiā** 画家(畫一) 名 화가. ¶ tā fùqin shì~(她父亲是~)그녀의 아버지는 화가이다.

***huàjù** 话剧(話劇) 名 《**chū** 出》 신극 ; 중국에서 대화와 동작으로 연출하는 연극.

***huājuǎn** 花卷(一捲) 名 (~儿) 밀가루를 반죽해 둘둘 말아서 찐 빵.

***huālā** 哗啦(嘩一) 擬 와르르[무너져 내리는 소리.] ¶ ~yì shēng, qiáng dǎo le(~一声, 墙倒了)와르르 소리를 내며, 담이 무너졌다.

huān 欢(歡) 形 1. 기쁘다, 즐겁다. 2. 활발하다, 흥겹다.

†**huán** 环(環) 名 (~儿)둥글게 생긴 물건. **tiě**~(铁~)굴렁쇠.

⁑**huán** 还(還) 動 돌려주다, 반납하다, 상환하다. ¶ tā hái méi~·gei wǒ zhàoxiàngjī(他还没~给我照相机)그는 나에게 아직 카메라를 돌려주지 않았다. ~**qián**(~钱)돈을 돌려주다. ~**zhàng**(~帐)빚을 갚다, 외상을 갚다. ~**zuǐ**(~嘴)말대답하다, 말대꾸하다.

☞ **hái**(还) 참조.

huǎn 缓(緩) 形 느리다, 완만하다. 動 1. 연기하다, 늦추다. 2. 완화하다, 풀다. 3. 되살아나다, 회복하다.

huàn 幻 形 1. 공허하다, 덧없다. 2. 가공적이다, 비현실적이다.

†**huàn** 患 動 [병을]앓다. ¶ ~fèiyán(~肺炎)폐렴에 걸리다. ~**bìng**(~病)병에 걸리다.

⁑**huàn** 换(換) 動 바꾸다, 교환하다. ¶ ~língqián(~零钱)잔돈으로 바꾸다. ~jù huà shuō(~句话说)바꾸어 말하면. ~**yīfu**(~衣服)옷을 갈아입다. ~**chē**(~车)차를 갈아타다. ~**qián**(~钱)환전하다.

***huàndēng** 幻灯(一燈) 名 슬라이드, 환등. ¶ fàng~(放~)슬라이드를 상영하다.

†**huāng** 荒 形 거칠다, 황무하다. ¶ dì~le(地~了)땅이 황폐해졌다. 動 게을리하다, 태만하다. ¶ bié bǎ gōngkè~le(别把功课~了)학업을 게을리하지 마라.

***huāng** 慌 動 당황하다, 덤비다, 허둥대다. ¶ búyào!～(不要～)당황하지 마라. 形 [보어로서 de(得)·～의 형태로 쓰여]견딜 수 없음을 나타냄. ¶ téngde·～(疼得～)아파서 견딜 수 없다. mèn de·～(闷得～)너무너무 답답하다.

⁑**huáng** 黄 形 노랗다, 누렇다. 名 1. 부패·타락한 것을 상징한다. ¶ sǎo'～'(扫'～')에로물 추방. 2. (**Huáng**)특히 황하를 지칭할 때. ¶ zhì～(治～)황하를 다스리다. 動 〈口〉 깨지다, 실패하다, 허사가 되다. ¶ mǎimai～le(买卖～了)장사가 망했다. nà jiàn shì～le(那件事～了)그 일은 허사가 되었다.

huǎng 晃 動 1. 빛나다, 반짝거리다. ～**yǎn**(～眼)눈부시다. 2. [그림자나 빛이]스쳐 지나가다, 번쩍하고 지나가다. ¶ yì～jiù bú jiàn le(一～就不见了)획 스쳐 지나가더니 보이지 않았다.
☞ **huàng**(晃) 참조.

huǎng 谎(謊) 名 거짓말. **sā**～(撒～)거짓말을 하다. **shuō**～(说～)위와 동일.

huàng 晃 動 흔들다, 흔들리다, 요동하다. ¶ náqǐ píngzi～·le～(拿起瓶子～了～)병을 들고 흔들었다.
☞ **huǎng**(晃) 참조.

†**huángchóng** 蝗虫(一蟲) 名 《**zhī** 只》〈虫〉 메뚜기. 〈口〉 **màzha**(蚂蚱).

†**huángdì** 皇帝 名 황제.

***huángdòu** 黄豆 名 《**kē** 颗, **lì** 粒》〈植〉 대두(大豆), 콩.

***huánggua** 黄瓜 名 《**gēn** 根, **tiáo** 条》〈植〉 오이.

huánghòu 皇后 名 왕후.

***huǎnghuà** 谎话(謊話) 名 거짓, 거짓말. **jiǎhuà**(假话)라고도 함. ¶ shuō～(说～)거짓말을 하다.

†**huánghūn** 黄昏 名 황혼, 해질무렵.

***huángjiǔ** 黄酒 名 쌀, 차조, 차수수 등으로 빚은 술. ☆ 누런색으로 알콜도수가 높지 않다. '绍兴酒'로 대표됨.

huángli 皇历(一曆)·黄历(一曆) 名 옛날 중국 책력. **lǎo～fānbude**(老～翻不得)옛날 책력을 뒤엎어도 소용없다 ; 지금 옛일을 말해도 소용없다.

huānglihuāngzhāng 慌里慌张(一裏一張) 形 허둥지둥하다, 갈팡질팡하다. **huāngzhang**(慌张)의 강조표현. ¶ ～de pǎolai(～地跑来)허둥지둥 달려오다.

huāngliáng 荒凉 形 황량하다, 쓸쓸하다. ¶ yípiàn～(一片～)온통 황량하고 적막하다.

†**huāngmáng** 慌忙 副 황망히, 황급하게. ＝**jímáng**(急忙) ¶ ～gǎndào xiànchǎng(～赶到现场)급히 현장에 도착하다.

huángméijì 黄梅季 名 장마철. **huángméitiān**(黄梅天)이라고도 함.

†**huángsè** 黄色 名 1. 노랑색. 2. 부패, 타락의 상징 ; 에로. ～**xiǎoshuō**(～小说)포르노 소설.

huángshǔláng 黄鼠狼 名 《**zhī** 只》 족제비. ～**gěi jī bàinián**(～给鸡拜年)족제비가 닭에게 세배하다 ; [méi ān hǎo xīn(没安好心)

과 함께 쓰여]무언가 속셈이 있다.

†**huángyóu** 黄油 名 버터. ¶ mǒ ~(抹~)버터를 바르다.

huāngzhang 慌张(一張) 形 당황하다, 허둥대다. (**AABB, A里AB**) ¶ wèishénme zhèyàng huānghuangzhāngzhāng de?(为什么这样慌慌张张的?)왜 이렇게 당황하는가?

☞ **huānglihuāngzhāng**(慌里慌张) 참조.

H

huǎngzi 幌子 名 1. [간판 등의] 상점표시. 2. 미명, 허울, 간판, 명목. ¶ dǎzhe 'yuánzhù' de~(打着'援助'的~)「원조」라는 명목을 걸고.

†**huǎnhé** 缓和(緩一) 動 1. [정세를]완화하다, 늦추다. ⇔ **jǐnzhāng**(紧张) ¶ yǔqì~·xialai(语气~下来)말투가 느려졌다, 말투가 풀어졌다. 2. 완화시키다. ¶ ~máodùn(~矛盾)모순을 완화시키다.

†**huānhū** 欢呼(歡一) 動 환호하다, 기뻐 소리지르다. ¶ ~shènglì(~胜利)승리에 환호하다.

†**huǎnhuǎn** 缓缓(緩緩) 形 느리다, 느리게. ¶ ~de shuō(~地说)느리게 말하다.

*__huánjìng__ 环境(環一) 名 환경, 상황. ¶ ~bù hǎo(~不好)환경이 나쁘다. **kèguān**~(客观~)객관적 조건. ~**wūrǎn**(~污染)환경오염.

huán▲kǒu 还口(還一) 動 말대답하다, 말대꾸하다. **mà bù**~(骂不~)욕해도 말대꾸하지 않다.

†**huānlè** 欢乐(歡樂) 形 즐겁다, 유쾌하다. ¶ dàochù shì yípiàn~(到处是一片~)가는 곳마다 온통 즐거워하다. ~de jiémù(~的节目)유쾌한 프로그램.

†**huǎnmàn** 缓慢(緩一) 形 느리다, 완만하다. (**AABB**) ¶ xíngdòng~(行动~)행동이 느리다.

huànqǐ 唤起(喚一) 動 1. 불러 일으키다, 분기시키다. ¶ ~mínzhòng(~民众)민중을 분기시키다. 2. [주의, 회상을]불러 일으키다, 환기시키다. ¶ ~tóngnián de huíyì(~童年的回忆)어린시절의 추억을 불러 일으키다.

huàn▲qián 换钱(換錢) 動 1. 환전하다, 돈을 바꾸다. ¶ huàn língqián(换零钱)잔돈으로 바꾸다. 2. 돈으로 바꾸다. ¶ yòng dàmǐ~(用大米~)쌀을 돈으로 바꾸다.

huánrào / huánrǎo 环绕(環繞) 動 1. 둘레를 돌다. ¶ ~zài tàiyáng zhōuwéi(~在太阳周围)태양주위를 돌다. 2. [문제 등을] 중심에 놓다. ＝**wéirào**(围绕)

huànsàn 涣散(渙一) 形 [정신·조직·규율 등이]풀어지다, 풀리다, 뿔뿔이 흩어지다. ¶ jìlǜ~(纪律~)규율이 해이해지다. jīngshén~(精神~)정신이 산만해지다. 動 [정신·조직·규율 등을] 풀어지게 하다, 해이하게 하다. ¶ ~rénxīn(~人心)인심을 잃다.

huán▲shǒu 还手(還一) 動 되받아치다, 반격하다. **dǎ bù**~(打不~)때려도 반격하지 않다. **mà bù huánkǒu**(骂不还口)[욕해도 말대꾸하지 않다]와 함께 사용됨.

†**huānsòng** 欢送(歡一) 動 환송하

다. ¶ ~bìyèshēng(~毕业生)졸업생을 환송하다.

*huānxǐ 欢喜(歡一) 形 기쁘다, 즐겁다. =kuàilè(快乐) (AABB) ¶ mǎnxīn~(满心~)진심으로 기뻐하다. 動 [···을]좋아하다. ☆ xǐhuan(喜欢)과 같은 의미이지만, 남방사람이 사용한다. ¶ ~dǎ páiqiú(~打排球)배구하는 것을 좋아한다.

*huànxiǎng 幻想 動 환상하다, 공상하다. ¶ ~qù yuèqiú(~去月球) 달나라에 가는 것을 공상하다. 名 환상, 공상. ¶ chún shǔ~(纯属~)완전히 환상이다. **kēxué~gùshi**(科学~故事)SF이야기, 공상과학 이야기.

huànxǐng 唤醒(喚一) 動 일깨우다, 깨우치다. **jiàoxǐng**(叫醒)이라고도 함. ¶ ~rénmín(~人民) 인민을 일깨우다.

⁑**huānyíng** 欢迎(歡一) 動 환영하다. ¶ ~nǐ(~你)당신을 환영합니다. 名 환영. ¶ shòu~(受~) 환영받다.

huāpíng 花瓶 名 (~儿) ⟪**duì** 对⟫ 화병.

花瓶

huáqiáo 华侨(華僑) 名 화교 ; 외국에 거주하고 있는 중국인.

*huāshēng 花生 名 ⟪**kē** 颗, **lì** 粒⟫ 〈植〉 땅콩, 낙화생. =**luòhuāshēng**(落花生) ~**yóu**(~油)땅콩 기름.

†**huàshí** 化石 名 화석.

huátī 滑梯 名 미끄럼대. ¶ dǎ~(打~)미끄럼틀을 타다. huá~(滑~)위와 동일.

*huátóu 滑头(一頭) 形 교활하다, 불성실하다. ¶ shuǎ~(耍~)교활한 짓을 하다. 名 교활한 사람, 사기꾼. ¶ nǐ zhège xiǎo~! (你这个小~!)이 교활한 놈아!

*huá▴xuě 滑雪 動 스키를 타다. ☞ **huáxuě**(滑雪) 참조.

*huáxuě 滑雪 名 스키. ☞ **huá▴xuě**(滑雪) 참조.

⁑**huàxué** 化学(一學) 名 화학. ~**gōngyè**(~工业)화학공업. ~**wǔqì**(~武器)화학무기. ~**yuánsù**(~元素)화학원소.

†**huàyàn** 化验(一驗) 名 화학검사.

huāyàng 花样(一樣) 名 (~儿) 1. 무늬, 양식, 디자인. ¶ máoyī de~(毛衣的~)스웨터의 디자인. 2. 속임수, 수작, 술수. =**huāzhāo**(花招) **wánr**~(玩儿~)술수를 부리다.

*huāyuán 花园(一園) 名 (~儿) 화원.

化妆

huà▴zhuāng 化妆(一妝) 動 화장

H

하다. ¶ huà yí cì zhuāng yòng sānshífēn zhōng(化一次妆用三十分钟)한번 화장하는데 30분 걸리다. ~**pǐn**(~品)화장품(化粧品).

***húdié** 蝴蝶·胡蝶 名 《**zhī** 只, **duì** 对》〈虫〉나비. ~**jié**(~结) 나비넥타이, 나비리본, 나비매듭.

hū'ér 忽而 副 돌연, 갑자기. ☆ **hūrán**(忽然)과 같지만, 의미가 비슷한 동사나 형용사의 앞에 연용시켜 쓰는 경우가 많음. ¶ ~shuō, ~xiào(~说, ~笑)말하다가 갑자기 웃어대기도 한다. ~gāo, ~dī(~高, ~低)높았다가 갑자기 낮아지기도 한다.

hūhū 呼呼 擬 바람 따위가 부는 소리. ¶ běifēng~de chuī(北风~地吹)북풍이 윙윙 불다.

***huī** 灰 名 1. 《**bǎ** 把, **cuō** 撮》재. **lú**~(炉~)화로, 담배 따위의 재. 2. 《**céng** 层》먼지. ¶ zhuōzi shang dōu shì~(桌子上都是~)책상위가 온통 먼지이다. 3. 석회. 形 1. 회색의. ~**fà**(~发)희끗희끗한 머리, 반백의 머리. ~**mǎ**(~马) 회색 말. 2. 의기소침하다, 맥이 풀리다, 실망하다. **xīn~yì lǎn**(心~意懒)실망하여 의기소침하다.

†**huī** 挥(揮) 動 휘두르다, 흔들다. ~**shǒu**(~手)손을 흔들다.

⁑**huí** 回 動 1. 돌아가다, 돌아오다. ¶ ~jiā(~家)집에 돌아오다. 2. 방향을 바꾸다. ¶ ~·guò shēn lai(~过身来)몸을 돌리다. 3. 대답하다. ¶ ~xìn(~信)회답 편지를 하다. 4. [동사의 뒤에 놓여] 어떤 상황의 회복·전환을 나타냄. ¶ qǐng ná·~(请拿~)가지고 돌아오세요. 量 번, 회, 차례; 동작의 횟수를 나타냄. ¶ láiguo yì~(来过一~)한번 온적이 있다. zhè shì zěnme~shì?(这是怎么~事?)이게 웬일인가? 이게 어찌된 일인가? yuánlái shì zhème~shì(原来是这么~事)원래 이런 일이구나! 원래 이렇게 된 일이구나!

huǐ 悔 動 뉘우치다, 후회하다. ~**gǎi**(~改)회개하다, 뉘우쳐 돌이키다.

†**huǐ** 毁 動 1. 부수다, 파괴하다, 망가뜨리다, 훼손하다. ¶ ~·le qiánchéng(~了前程)장래를 망쳤다. nǐ zhèyàng zuò huì~·le tā(你这样做会~了他)당신이 이렇게 하면 그를 망칠 것이다. 2. 태우다, 태워버리다, 소각하다. ¶ ~zhèngjù(~证据)증거물품을 태워버리다.

⁑**huì** 会(會) 名 회의, 집회. ¶ zhège jīguān~duō(这个机关~多)이 기관은 회의가 많다. 動 1. 면회하다, 만나다. ¶ ~péngyou(~朋友)친구를 만나다. 2. [외국어에]능숙하다, 잘알다. ¶ ~Yīngyǔ(~英语)영어에 능숙하다. 能 1. …할 수 있다, …할 줄 알다; 학습·훈련의 결과로 얻은 것을 말함. ¶ wǒ~kāi qìchē le(我~开汽车了)나는 자동차 운전을 할 수 있게 되었다. nǐ~hē jiǔ ma?(你~喝酒吗?)당신 술마실 줄 압니까? ~yóuyǒng(~游泳)수영할 줄 알다. ☆ **huì**(会)를 **hěn**(很), **zhēn**(真), **zuì**(最) 등의 정도를 나타내는 부사로 수식하면「능숙

하다」, 「잘하다」라는 의미가 됨. **例**: tā hěn~yóuyǒng(他很~游泳)그는 수영을 잘 한다. tā zhēn ~mǎi dōngxi(她真~买东西)그녀는 물건을 아주 잘산다. 2. …할 것이다; 실현 가능성이 있다. ¶ kěnéng~chídào(可能~迟到)지각할 것이다. yǐ-jīng zhème wǎn le, tā bú~lái de(已经这么晚了, 她不~来的)이미 이렇게 늦었으니, 그녀는 오지 않을 것이다. wǒ yǐwéi tā bú~cuò de(我以为他不~错的)나는 그가 틀릴리 없다고 생각한다.

†**huì** 汇(滙) 動 1. 모이다, 모으다. ¶ ~·rù Chángjiāng(~入长江) 장강으로 합류하다. 2. 환(換)으로 보내다, 송금하다. ~**kuǎn**(~款)송금하다.

huì 绘(繪) 動 [도면, 그림을]그리다, 칠하다, 채색하다.

huì 惠 動 [은혜, 동정 따위를]베풀다, 혜택을 주다. ~**cún**(~存) 받아 간직해 주십시오[주로 사진·책 따위의 기념품을 드릴 때 씀.]

*__huìbào__ 汇报(滙報) 動 [상급 또는 대중에게]종합 보고하다. ¶ ~qíngkuàng(~情况)상황을 보고하다. 名 종합보고. ¶ tīng~(听~)종합보고를 듣다.

*__huìchǎng__ 会场(會場) 名 회의장, 집회장소. ¶ bùzhì~(布置~)회의장을 배치하다.

*__huīchén__ 灰尘(一塵) 名 먼지. = **chéntǔ**(尘土) ¶ luò~(落~)먼지가 쌓이다.

⁑**huídá** 回答 動 회답하다. ¶ ~wèntí(~问题)질문에 답하다. 名 회답. ¶ qǐng yídìng gěi wǒ yí ge~(请一定给我一个~)반드시 저에게 회답해 주세요.

*__huídào__ 回到 動 귀로하다, 돌아가다. ¶ ~Shànghǎi(~上海)상해로 돌아가다.

†**huīfù** 恢复(一復) 動 회복하다, 회복되다. ¶ ~jiànkāng(~健康) 건강을 회복하다. ~yuánzhuàng(~原状)원상태를 회복하다.

huí▲huà 回话(一話) 動 [다른 사람을 통해서]대답하다. ¶ kuài gěi wǒ huí ge huà(快给我回个话) 빨리 나에게 답해 주세요.
☞ **huíhuà**(回话) 참조.

huíhuà 回话(一話) 名 [다른 사람을 통한]대답, 회답. ¶ qǐng nǐ gěi tā dài ge(请你给他带个~) 그에게 회답을 전해 주세요.
☞ **huí▲huà**(回话) 참조.

†**huìhuà** 会话(會話) 動 회화하다. 名 회화.

huǐhuài 毁坏(一壞) 動 부수다, 파손하다, 훼손하다. ¶ ~wénwù(~文物)문화재를 훼손하다.

†**huīhuáng** 辉煌(輝一) 形 휘황찬란하다, 눈부시다. ¶ dēnghuǒ~(灯火~)불빛이 휘황찬란하다. zhànguǒ~(战果~)전과가 혁혁하다.

†**huíjī** 回击(一擊) 動 반격하다. ¶ fènlì~(奋力~)힘을 내어 반격하다. 名 반격. ¶ jǐyǔ~(给予~)반격을 가하다.

*__huí▲jiā__ 回家 動 집으로 돌아가다. ¶ huí yí tàng jiā(回一趟家)집에 한번 돌아가다.

†**huìjiàn** 会见(會見) 動 [주로 외교상의 장소에서]회견하다, 만나

다. ¶ ~wàibīn(~外宾)외국 손님을 만나다.

***huì▴kè** 会客(會—) 動 손님을 만나다. ~**shì**(~室)응접실.

⁑**huílai** 回来(—來) 動 1. 돌아오다. ¶ gāng chūmén yòu~le(刚出门又~了)금방 나가더니 다시 돌아왔다. 2. [동사의 뒤에 놓여] 원상복귀하다 ; 원 상태로 되돌아옴을 나타냄. ¶ pǎo・~(跑~)뛰어 돌아오다. ná・~(拿~)가지고 돌아오다.

Huímín 回民 名 회족. ~**shítáng**(~食堂)회교도 전용 식당. ☆ 회교도는 돼지고기를 먹지 않는 등 한민족과 식습관을 달리하므로, 전용식당이 설치되어 있다.

huìqì 晦气(—氣) 形 불운하다, 불행하다. ¶ zhēn~!(真~!)정말로 재수없다.

⁑**huíqu** 回去 動 1. 돌아가다. ¶ yíxiàle bān mǎshàng jiù~le(一下了班马上就~了)퇴근하자마자 곧 돌아갔다. 2. [동사 뒤에 쓰여]원상태로 돌아감을 나타냄.¶ pǎo・~(跑~)뛰어 돌아가다. zǒuhuí jiā qu(走回家去)걸어서 집에 돌아가다.

***huīsè** 灰色 名 회색. 形 음울한, 침울한, 절망적인. ¶ ~de zuòpǐn(~的作品)퇴폐적인 작품.

†**huìtán** 会谈(會談) 動 회담하다. 名 회담. ¶ jǔxíng~(举行~)회담을 거행하다. **shǒunǎo**~(首脑~)수뇌회담.

***huí▴tóu** 回头(—頭) 動 1. 고개를 돌리다, 되돌아보다. ¶ wǎng qián kàn, búyào~(往前看, 不要~)앞을 보세요, 고개돌리지 말고. ~**lù**(~路)되돌아 가는 길, 퇴보의 길. **zǒu**~(走~)제자리로 되돌아가다. 2. 뉘우치다, 개심하다. ¶ xiànzài~hái bú suàn wǎn(现在~还不算晚)지금이라도 뉘우치면 늦지 않다.

☞ **huítóu**(回头) 참조.

⁑**huítóu** 回头(—頭) 副 조금있다가, 잠시후에. ¶ ~zài shuō(~再说)잠시후에 다시 얘기하자. ~jiàn(~见)조금 있다가 보자.

☞ **huí▴tóu**(回头) 참조.

†**huíxiǎng** 回想 動 회상하다, 생각나다. ¶ ~zhōngxué shídài(~中学时代)중학교 시절을 회상하다.

†**huīxīn** 灰心 形 실망하다, 낙담하다, 낙심하다. ¶ ~sàngqì(~丧气)실망하여 낙심하다, 의기소침하다.

†**huí▴xìn** 回信 動 회신하다, 답장하다. ¶ kuài gěi tā huí fēng xìn(快给他回封信)빨리 그에게 회신해라. xīwàng zǎorì~(希望早日~)빨리 답장해 주시기 바랍니다.

☞ **huíxìn**(回信) 참조.

†**huíxìn** 回信 名 1. 회신, 답장. ¶ gěi fùqin xiě~(给父亲写~)아버지에게 답장을 쓰다. 2. (~儿) 회답. ¶ nà jiàn shì hái méi yǒu~(那件事还没有~)그일은 아직 회답이 없다.

☞ **huí▴xìn**(回信) 참조.

***huíyì** 回忆(—憶) 動 회상하다, 추억하다. ¶ ~tóngnián shídài(~童年时代)어린시절을 회상하다. 名 회상, 추억. ¶ liúxiàle méihǎo de~(留下了美好的~)아

름다운 추억을 남겼다. ~**lù**(~录)회상록.

***huìyì** 会议(會議) 名 회의. ¶ zhàokāi~(召开~)회의를 소집하다.

***huìyuán** 会员(會員) 名 회원. ¶ xiéhuì~(协会~)협회의 회원.

***hùkǒu** 户口 名 1. 호구, 호수와 인구. 2. 호적; 거주권. ¶ bào~(报~)[결혼·출생 등으로 인하여 새로이]입적하다. qiān~(迁~)호적을 옮기다.

***húli** 狐狸 名 《**zhī** 只》 名 여우.

húlihútu 糊里糊涂(一裏一塗)·胡里胡涂(一裏一塗) 形 얼떨떨하다, 흐리멍텅하다, 어리둥절하다. **hútu**(糊涂·胡涂)의 강조 표현. ¶ zhěngtiān~de(整天~的)온종일 흐리멍텅하다.

húluàn 胡乱(一亂) 副 함부로, 멋대로, 되는대로. ¶ ~shuōle jǐ jù huà(~说了几句话)함부로 몇 마디 지껄였다.

hūlüè 忽略 動 소홀히 하다, 등한히 하다. ¶ nǐ~·le zhège wèntí(你~了这个问题)당신은 이 문제를 소홀히 했다.

húluóbo 胡萝卜(一蘿蔔) 名 당근, 홍당무.

†**hūn** 昏 動 기절하다, 의식을 잃다. ¶ tā~·guoqu le(她~过去了)그녀는 기절했다. ~**tóu** ~**nǎo**(~头~脑)정신이 얼떨떨하다, 멍멍하다. 形 어둡다, 희미하다. **tiān**~**dì àn**(天~地暗)온 천지가 캄캄하다.

hūn 婚 動 결혼하다, 혼인하다.

hún 浑(渾) 形 1. [물이]흐리다, 혼탁하다. 2. 멍청하다, 어리석다, 미련하다. 3. 천연적이다, 꾸밈없다.

hún 魂 名 1. (~儿)혼, 넋, 얼. 2. 정신, 기분.

***hùn** 混 動 1. 섞다, 혼합하다, 뒤섞다. ~**wéi yì tán**(~为一谈)동일시하다, 똑같이 취급하다. 2. 그럭저럭 살아가다, 되는대로 살아가다. ~**rìzi**(~日子)그럭저럭 나날을 보내다. 副 함부로, 되는대로, 분별없이. ¶ ~chū zhǔyi(~出主意)되는대로 의견을 내놓다.

hūn'àn 昏暗 形 어둡다, 어두컴컴하다. ¶ wūli~(屋里~)방안이 어둡다. ~de dēngguāng(~的灯光)어두운 등불.

húnào 胡闹(一鬧) 動 터무니없다, 소란을 피우다, 법석을 떨다. ¶ jiǎnzhí shì~!(简直是~!)정말 터무니없군!

†**hùnhé** 混合 動 혼합하다, 함께 섞다. ¶ ~zài yìqǐ(~在一起)함께 섞다. **nánnǚ**~**shuāngdǎ**(男女~双打)남녀 혼합복식.

hūnlǐ 婚礼(一禮) 名 혼례. ¶ jǔxíng~(举行~)결혼식을 거행하다.

†**hùnluàn** 混乱(一亂) 形 혼란하다.¶ chǔyú~zhuàngtài(处于~状态)혼란 상태에 있다. 名 혼란. ¶ xiànyú~(陷于~)혼란에 빠지다.

†**hūnmí** 昏迷 動 혼미하다, 의식불명이다.

†**hùnníngtǔ** 混凝土 名 콘크리트.

†**húnshēn** 浑身(渾一) 名 전신.¶ ~shì hàn(~是汗)전신이 땀투성이다. ~xuěbái(~雪白)온몸이 새하얗다.

학습 정보 ⑫

◈ 货币 huòbì(화폐) ◈

1. 人民幣

중국의 법정 통화는 "人民币元 Rénmínbìyuán"(인민폐)라 부르며, RMB¥라고 약칭된다. "中央发行银行 zhōngyāngfāxíngyínháng"(중앙은행) 인 "中国人民银行"이, 각종 "纸币"(지폐), "硬币 yìnbì"(동전)을 발행하고 있다. "主币"(표준화폐)는 1元 · 2元 · 5元 · 10元 · 50元 · 100元의 6종류이며, "辅币"(보조화폐)는 1分에서 5角까지 여러 종류이다.

인민폐는 1987년 보다 새로운 디자인으로 변하였고, 50元 · 100元의 "大面额纸币"(고액지폐)도 나오고 있다. 아래는, 주요한 신권의 특징을 열거한 것이다.

¶ 壹伯圆 yībǎiyuán 券/100원권 : 최대 통화. 표면에는 중국혁명의 지도자, 모택동 · 주은래 · 유소기 · 주덕의 4인의 초상이 그려져 있다.

¶ 伍拾 wǔshí 圆券/50원권 : 표면에는 노동자 · 농민 · 지식인의 모습이 그려져 있다.

¶ 拾圆券/10원권 : 표면에는 "汉族 Hànzú"(한민족), "蒙古 Měnggǔ 族"(몽골족)의 모습.

¶ 伍圆券/5원권 : 표면에는 "藏族 Zàngzú"(티벳족), "回族"(회족)의 모습.

¶ 贰圆券/2원권 : 표면에는 "维吾尔族 Wéiwu'ěrzú"(위구르족), "彝族 Yízú"(이족)의 모습

¶ 壹圆券/1원권 : 표면에는 "瑶族 Yáozú"(요족), "侗族 Dòngzú"(동족)의 모습이 묘사되어 있다.

통화의 단위는 "圆"이지만, 보통은 발음이 같은 "元 yáun"을 사용한다.

보조화폐 단위는 다음과 같다.

¶ 角 jiǎo/1원의 10분의 1. ▶말할때는 "毛 máo"라고도 한다.

¶ 分 fēn/1원의 100분의 1.

¶ 块 kùai/"元"과 같다. ▶"五块钱"(5원)처럼, 말할때는 "元"과 똑같이 사용한다. 옛날의 "银元"(은화)에 사용한 양사의 인용이다.

2. 外貨

"外汇专业 zhuānyè 银行"(외화전문은행)인 "中国银行"이 "外币"(외화)를 취급한다. 주요한 외화는 다음과 같다.

¶ 日元/일본엔

¶ 美元/미국달러

¶ 英镑 yīngbáng/영국 파운드

¶ 法国法郎 fǎláng/프랑스 · 프랑

¶ 德国马克 mǎkè/독일 · 마르크

¶ 意大利拉 lìyà'ěr/이탈리아 · 리라

¶ 苏布 lúbù/(소련)루블

극히 제한된 장소에서는 "日元" "美元" "港币" 등의 외화가 중국 국내에서 그대로 사용된다.

"兑换处 duìhuànchù"(환전소)는 호텔이나 외국인전용의 상점에 설치되어 있다. 화폐에 준하는 것으로 "旅行支票 lǚxíngzhīpiào"(여행자 수표)나 "信用卡 xìnyòngkǎ"(크레디트 카드)도 "友谊商店 yǒuyìshāngdiàn"등의 큰 상점에서는 사용할 수 있다.

3. 고대의 화폐

중국은 화폐를 사용한 세계 최초의 나라 중 하나이다. 지금부터 3천년 이상이나 옛날인 은이나 주시대에서는 "齿贝"(宝貝)를 통화로 사용해 왔다. 춘추전국시대를 거쳐, 진의 시황제의 전국통일로, 통화도 "方孔钱 fāngkǒngqián"(한가운데에 사각의

구멍이 뚫린 둥근 돈)으로 통일되었고, 이후 청조말기까지 이 형이 계속되었다.

¶ 贝币 bèibì / 패화 · 패전 : 최초에는 진짜 조개를 사용했지만, 후에 뼈나 돌 · 도기 · 동 등으로 형태를 유사하게 하여 대용했다.

¶ 刀币 dāobì / 도화 · 도전 : 춘추전국시대에 제 · 연 · 조 등의 나라에서 사용했던, 칼모양으로 생긴 동전(銅錢).

¶ "齐刀 Qídāo", "即墨刀 Jímòdāo", "安阳刀"등 여러 종류가 있다.

¶ 布币 bùbì / 포화 · 포전 : "布 bù"와 대응에서 같았던 농구인 "鎛 bó"(쟁기의 일종)의 형태와 닮은 동전(銅錢). 전국시대에 조 · 위 · 한을 중심으로 사용되었다.

¶ 蚁鼻钱 yǐbíqián / 의비전 : 전국시대에 초나라에서 사용되었다. "鬼脸钱"(귀면전)이라 속칭되었다.

¶ 半两 bànliǎng / 반량전 : 진시황제가 여러 형태의 화폐를 통일하여 만든 "方孔钱"

¶ 五铢 wǔzhū / 오수전 : 한무제시대부터 당초기까지 700여년간 사용되었던 동전(銅錢)

¶ 通宝 tōngbǎo / 통보 : 당초기부터 중화민국까지 천년 이상이나 사용되었던 통화명. "开元通宝"(당 : 개원통보), "天后通宝"(원－명 : 천계통보)등이 유명하다.

¶ 交子 jiāozi / 교자 : 중국 최초의 지폐. 송의 천성 원년(1023년), 정부에 의해 발행되었다.

¶ 宝钞 bǎochāo / 보초 : 원 · 명 · 청시대에 발행된 지폐. "中统元宝宝钞"(元), "大明通行宝钞"(明) 등이 있다.

¶ 马蹄银 mǎtíyín / 마제은 : 정은의 일종. 명 · 청대에 사용되었다. 말발굽형을 하고 있다.

¶ 银元 / 대형 은화 : "洋钱" "洋钿 táin" "花边钱" "大洋"등으로 속칭되었고, 16세기 후반에 구미에서 대량으로 유입된 은화에서 시작된다. 1935년, 국민당 정부의 "银元"의 유통금지까지 여러 차례 사용되었다.

4. 俗語

사람들은, 2천년 가까이 유통되어 온 구멍뚫린 동전을 "孔方兄 kǒngfāngxiōng"(사각의 구멍 있는것)이라 불렀고, 80년대 후반까지 최고액의 지폐였던 "拾圆券"(10원권)을, 노동자 · 농민 · 병사를 묘사한 디자인으로부터 "大团结 dàtuánjié"(대단결)이라 이름 붙여왔다.

몸 가까이 존재하는 돈에는 대부분 속어가 있지만, 최근에는 개인자영업자나 어음업자를 중심으로, 새로운 속어가 만들어지고 있다.

¶ 一方 fāng / 1만원
¶ 半方 / 5천원
¶ 一吨 dūn / 1천원
¶ 半吨 / 500원
¶ 一棵 kē / 100원
¶ 一条 / 100원
¶ 一张 zhāng / 10원
¶ 一条黄鱼 / 5원권 1장
¶ 一份儿 fènr / 1원
¶ 美子 Měizi / 미국달러
¶ 老日 / 일본엔
¶ 港纸 Gǎngzhǐ / 홍콩 달러

†**húntun** 馄饨(餛飩) 名 혼돈[보통 물만두 보다 작은 만두.]

†**hūnyīn** 婚姻 名 혼인, 결혼.

huō 豁 動 1. 찢어지다, 금가다. 2. 내던지다, 희생하다.

⁑**huó** 活 動 살다, 생존하다. ¶ rén

hái～·zhe ne(人还～着呢)사람이 아직 살아있다. ～**dào lǎo, xué dào lǎo**(～到老, 学到老)늙어 죽을 때까지 배움은 끝나지 않는다 ; 배움의 길은 끝이 없다. 形 생기있다, 생생하다, 생동적이다. ¶ miáoxiěde hěn～(描写得很～) 아주 생생하게 묘사하다. ～**zìdiǎn**(～字典)살아있는 사전[박식한 사람을 비유함.] 名 (～儿) 일. ¶ gàn～(干～)일을 하다. méi～(没～)일이 없다.

H

huó 和 動 [가루나 흙을]개다, 이기다, 반죽하다. ～**miàn**(～面)밀가루를 반죽하다.
☞ **hé**(和), **huò**(和) 참조.

⁑**huǒ** 火 名 《**bǎ** 把, **tuán** 团》 불. **shēng**～(生～)불을 피우다. 動 (～儿)화를 내다, 성을 내다. ¶ tā～le(他～了)그는 화를 냈다.

***huǒ** 伙 量 두리, 패 ; 단체를 이루는 사람을 세는 데 쓰임. ¶ yì～rén (一～人)한 무리의 사람.

***huò** 货(貨) 名 상품, 물건. ～**zhēn jià shí**(～真价实)물건도 진짜고 가격도 싸다 ; 조금도 거짓이 없다, 틀림없다.

huò 祸(禍) 名 화, 재앙, 재난, 사고. ¶ rělai yì cháng～(惹来一场～)화를 일으키다.

huò 货(貨) 形 1. 돈, 화폐. 2. 물건, 상품.

huò 和 動 섞다, 젓다, 배합하다, 혼합하다. ¶ liángshuǐ, rèshuǐ～·zai yìqǐ(凉水, 热水～在一起)찬물과 뜨거운 물을 함께 섞다. 量 번, 탕, 차례 ; 약을 달이거나 세탁할 때 물을 간 횟수를 나타냄. ¶ shuànle liǎng～(涮了两～) 2번 헹구었다.
☞ **hé**(和), **huó**(和) 참조.

***huò** 或 副 [대부분 단음절어 앞에 쓰여]혹시, 아마, 어쩌면. ¶ tā～yǐ zhīdao(他～已知道)그는 아마 이미 알것이다. jīnwǎn dòngshēn, míngzǎo～kě dádào(今晚动身, 明早～可达到)오늘밤 출발하면 내일 아침에는 아마 도착할 것이다. 連 〈文〉 혹은, 또는. ¶ jīntiān～míngtiān(今天～明天)오늘 또는 내일. ～duō～shǎo(～多～少)많거나 적거나, 다소. ～hǎo～huài(～好～坏)좋거나 나쁘거나.

huǒbǎ 火把 名 횃불. ¶ diǎnrán～(点燃～)횃불에 불을 붙이다. jǔzhe～(举着～)횃불을 들고 있다.

†**huǒbàn** 伙伴·火伴 名 (～儿)동료, 동반자.

†**huòbì** 货币(貨幣) 名 화폐.

⁑**huǒchái** 火柴 名 《**gēn** 根, **hé** 盒, **bāo** 包》 성냥. ¶ cā～(擦～)성냥을 긋다. huá～(划～)위와 동일.

⁑**huǒchē** 火车(－車) 名 《**liè** 列, **jié** 节》 기차. ¶ zuò～(坐～)기차에 타다. ～**tóu**(～头)기관차. ～**zhàn**(～站)기차역.

huòchē 货车(貨車) 名 화물열차.

***huòdé** 获得(獲－) 動 [대부분 추상적인 것에 대해]획득하다, 손에 넣다. ¶ ～hǎopíng(～好评)호평을 얻다. ～yínpái(～银牌)은메달을 획득하다.

⁑**huódòng** 活动(－動) 動 1. 움직이다, 활동하다. ¶ ～shǒujiǎo(～手脚)손발을 움직이다. 2. 요동

하다, 흔들리다. ¶ yáchǐ~le(牙齿~了)이가 흔들거린다. 3. 분주하다, 운동하다. ¶ tì tā~(替他~)그를 위해 운동하다, 그를 위해 뛰다. 名 활동. ¶ cānjiā~(参加~)활동에 참가하다. kāizhǎn~(开展~)활동을 전개하다. **tǐyù**~(体育~)스포츠 활동. **yěwài**~(野外~)야외활동. **zhèngzhì**~(政治~)정치활동. 形 고정되지 않다, 융통성 있다, 유동적이다. ¶ tiáowén guīdìngde bǐjiào~(条文规定得比较~)조문을 비교적 융통성있게 제정하다. ~**fángwū**(~房屋)[조립식 의] 이동식 가옥. ~**móxíng**(~模型) 움직이는 모형.

huógāi 活该(—該) 形〈口〉당연하다, 마땅하다, 자업자득이다.

huǒguō 火锅(—鍋) 名 (~儿)1. 신선로. 금속 또는 도기제품으로, 중앙에 연돌이 있고 그 안에 불을 넣는다. 2. 요리이름 ; 그릇으로 고기, 야채를 끓인 후 먹는다. ¶ chī~(吃~)신선로 요리를 먹다.

huòhai 祸害(禍—) 名 1. 화, 재난. **huòshì**(祸事)이라고도 함. ¶ yǐnqǐ~(引起~)재난을 일으키다. 2. 화근. ¶ liúzhe yě shì~(留着也是~)남는것도 화근이 된다. 動 해치다, 더럽히다. ¶ ~zhuāngjia(~庄稼)농작물을 해치다. ~fángjiān(~房间)방을 더럽히다.

huǒhóng 火红(—紅) 形 [불처럼] 붉다, 시뻘겋다. ☆ **bīngliáng**(冰凉), **xuěbái**(雪白)등과 같은 구조의 형용사로, 강조표현은 (**ABAB**). ¶ ~de tàiyáng(~的太阳)타는 듯 붉은 태양.

huǒjī 火鸡(—鷄) 名 《**zhī** 支》〈動〉칠면조.

†**huǒji** 伙计(—計) 名 1. 떼, 무리, 동료, 동업자. ¶ tāmen liǎ shì lǎo~le(他们俩是老~了)그들 둘은 옛 동료이다. 2. [옛날]점원.

***huǒjiàn** 火箭 名 《**zhī** 支, **méi** 枚》로켓. ¶ fāshè~(发射~)로켓을 발사하다. ~**pào**(~炮)로켓포.

†**huǒlì** 火力 名 1. 화력. ¶ ~jiǎnruò(~减弱)화력이 약해지다. jízhōng~(集中~)화력을 강하게 하다. ~**fādiàn**(~发电)화력발전. 2. 폭탄 등의 파괴력.

huólù 活路 名 1. 살길, 살아나갈 방도. ¶ zì zhǎo~(自找~)스스로 살길을 찾다. 2. 해결책, 타개책. ¶ méi yì tiáo~(没一条~)한가닥 해결책도 없다.

huǒlú 火炉(—爐) 名 (~儿) 난로, 스토브. =**lúzi**(炉子) **sān dà**~(三大~)3대 더운지방 ;「남경·무한·중경」을 칭한다.

***huòluàn** 霍乱(—亂) 名 1. 콜레라. 〈譯〉**hǔlièlā**(虎列拉) 2. [한방에서]격심한 구토, 복통 등을 수반하는 위장의 질병.

huǒmiáo 火苗 名〈口〉화염, 불꽃. =**huǒmiáozi**(火苗子), **huǒyàn**(火焰) ¶ cuàn~(窜~)화염에 휩싸이다.

***huópo** 活泼(—潑) 形 활발하다, 활기차다 ; 생기가 있다. (**AABB**) ¶ wénzì~(文字~)문장이 생동적이다.

huǒqì 火气(—氣) 名 1. [한방에

학습 정보 ⑬

◈ 汉字 Hànzì(한자) ◈

1. 漢字의 기원과 그 발전

"汉语 Hànyǔ"를 표기하기 위한 문자, 곧 "汉字"의 기원은 분명하게 나누지 못한다. 기원전 4500년경으로 추정되는 "西安 Xī'ān"(陕西省西安市)의 "半坡 Bànpō"나 "山东 Shāndōng"의 "大汶口 Dàwènkǒu" 등의 신석기 시대에 속하는 유적에서 토기의 표면에 새겨진 부호("刻划符号 kèhuàfúhào")가 발견되었는 데, 혹시 그것이 중국 최고의 문자가 아닐까 하고 주목되고 있다.

현재, 漢字의 기원으로 거슬러 올라갈 수 있는 최고의 문자는, "殷 Yīn"대의 "甲骨文字 Jiǎgǔwénzì"(갑골문자)이다. 그것은 왕이 점친 결과 얻은 신의 판단과 실제로 일어난 일 등을 기록한 문자로, 그 문장을 "卜辞 bǔcí"라 한다. 점에서는 소의 뼈나 거북의 껍질 등을 사용하고, 갑골문자는 그런 딱딱한 소재에 예리한 칼로 직선 모양으로 새겨 기입된 것이다. 또한, 같은 殷대에서 다음의 "周 Zhōu"에 걸쳐 많이 만들어진 "青铜器 qīngtóngqì"에도, 종종 안에 소유자의 가문을 나타내는 紋章이나 청동기를 만든 유래 등이 적혀 있다. 이것을 "金文 jīnwén"이라 한다. 金文은 원래 청동기를 주조하는 점토의 주형에 대나무 주걱으로 새긴 것으로, 글씨 획이 굵고 곡선이 많은 문자로 되어 있다.

문자는 우선 최초에 "日"이나 "人" 또는 "上"처럼 그 이상 분할할 수 없는 단체(單體)문자(이것을 "文 wén"이라 한다)가 만들어졌고, 그 후 몇개인가의 "文"을 조합하여 "时"나 "体" 등의 복체(複體)문자("字"라 한다)가 만들어졌다. 최초의 단계로 사용된 것이 "六书 liù shū"(육서)의 "象形"과 "指事", 제2단계로 사용된 것이 "会意(회의)"와 "形声(형성)"의 방법이라 한다.

① 象形 xiàngxíng / 상형
눈에 보이는 형의 것을 회화적으로 묘사한 방법. 예를 들어 "日" "人" "水" "岛"등.

② 指事 zhǐshì / 지사
추상적인 개념을 기호적으로 표현하는 방법. 예를 들어 "上" "下" "刃" "本" 등.

③ 會意 huìyì / 회의
여러 "文"의 의미를 조합하여, 종합적으로 字義를 나타내는 방법. 예를 들어 "信" "武" "明" "体" 등.

④ 形聲 xíngshēng / 형성
의미를 나타내는 요소와 발음을 나타내는 요소를 조합해서 문자를 만드는 방법. 예를 들어 "江" "桥" "诗" "诚"등.

⑤ 轉注 zhuǎnzhù / 전주
여러개의 문자 사이에서, 서로 다른 문자의 훈이 되는 관계. 훈고학의 방법으로 「互训」이라 한다. 예를 들어 "考"와 "老". "始" "初" 등(단 전주에 관해서는 이설이 많다.)

⑥ 假借 jiǎjiè / 가차
동음의 문자를 빌려서, 해당 문자로 사용하는 방법 예를 들어 "令" "长" "朋" "来" 등.

2. 여러가지 書體

군웅이 전국에 할거한 춘추전국 시대에는 각지에 독자적인 우수한 문화가 활짝피었다. 서쪽의 "周"에서는 선왕의 기록관이였던 "籀 Zhòu"가 "大篆 dàzhuàn"(대전. "籀文 zhòuwén"이라고도 함)이라하는 서체를 만들었다하며, "齐 Qí"나 "鲁 Lǔ"등의 동방 여러나라에서는 세로로 가늘고 긴 직선적인 서체가 사용되었다.

또한, "楚 Chǔ"나 "越 Yuè"등의 남방의 국가들에서는, "鸟书 niǎoshū"(조서. "鸟篆 niǎozhuàn"이라고도 함)라고 하는 굉장히 장식적이고 복잡한 자형의 서체가 사용되어졌다. 이와같은 각지의 여러 서체를 일원화한 것은 "秦始皇 Qínshǐhuáng"(진의 시황제)였다. 시황제는 전국 통일과 함께, 그때까지 각국에 가지각색으로 있었던 모든 제도를 통합하고, 문자도 "李斯 Lǐsī"가 대전을 간략화하여 만든 "小篆 xiǎozhuàn"(소전)을 전국의 표준서체로 정하였다.

소전은 종래의 어느 서체보다도 구조가 간단하고, 쓰기 쉽지만, 중앙집권화에 의한 문서 정치가 침투됨에 따라, 다량의 문서를 쓰는 행정의 경우에서는 곡선이 많은 소전을 쓰기 어렵고 불편한 서체였다. 그래서 소전의 곡선 부분을 직선화하고, 구조도 더욱 간략화한 문자가 쓰여지게 되었다. 그것이 "隶书 lìshū"(예서)이며, 예서는 소전의 "简体字 jiǎntǐzì"(간략하게 한 문자)로서 탄생하였다.

"汉 Hàn"(한)의 시대에는 오로지 隸書가 사용되었다. 당시, 문자는 주로 대나무판("竹简 zhújiǎn")이나 나무판("木简 mùjiǎn"), 또는 견("帛书 bóshū")에 쓰여졌고, 다음 後漢이 되자 돌에 문자를 새겨 "石碑 shíbēi"(석비)를 세우는 것이 유행하기 시작했지만, 여기에 사용되었던 서체는 어쨌든 隸書였다. 그러나 隸書도 얼마 사용되지 않아, 차츰 간략화되었다. 이것이 "行书 xíngshū"(행서)이며 이것을 더욱 무너뜨린 것이 草书 cǎoshū"(초서)이다.

後漢 중기 무렵 품질이 좋은 "纸 zhǐ"가 생산되어졌고, 곧 문자는 종이 위에 쓰여지는 것이 보통이 되었다. 이제까지의 나무나 대나무와 달리 종이는 표면이 매끄럽기 때문에 문서를 쓰는데도 運筆이 변화하기 시작했고, 隸書의 자형도 차츰 변하기 시작했다. 이렇게 생겨난 것이 "楷书 kǎishū"(해서. "真书 zhēnshū"라고도 함)이다. 楷書가 탄생한 것은 4세기 전후라고 추정된다. 그후 9세기가 되자 목판에 의한 인쇄가 본격적으로 행해지게 되었고, 인쇄물에는 楷書가 사용되어, 그 이후는 楷書의 자형이 규범적인 문자로써 넓게 사용되어졌다.

3. 문자개혁

아편전쟁에 의한 열강의 침략을 받은 중국에서는, 지식인들이 문자와 언어의 개혁을 호소하기 시작했다. 열강에 대항하기 위해서는 우선 국민의 교육수준을 높이는 것이 급선무였지만, 漢字는 表意文字이기 때문에 보통 문장을 짓는데도 많은 자수가 필요하고, 또한 한자는 알기 어렵고, 쓰기도 어려웠다. 이제까지 압도적으로 많은 수의 인민이 문맹이었던 것은, 사실 한자 자체가 교육의 보급상 장애가 되어왔기 때문이었다.

여기에서 국가의 교육수준을 높이기 위해 추진되었던 것이 "文字改革 wénzìgǎigé"이였다. 그것은, ① 표준어의 제정, ② 한자를 표현하기 위한 표음문자의 작성, ③ 한자의 간략화를 세가지 축으로 하여 진행되었다.

이 개혁은 清末에서 中華民國시대에 걸쳐 많은 학자들에 의해 각각으로 시행되어졌는데, 예를 들어 간체자에 있어서는, 1935년에 중화민국 정부는 「第1批简体字表」를 공포했다. 게다가 1949년의 중화인민공화국 성립 후에는 문자개혁은 국가사업으로써 강력하게 추진되었고, 위에서 서술한 세가지 중심은 각각

"普通话 pǔtōnghuà"(공통어), "汉语拼音方案 Hànyǔpīnyīnfāng'àn"(병음자모·중국어 로마자에 의한 한어 표음안), "汉字简化 Hànzìjiǎnhuà 方案"(간화자안, 간체자안)으로서 결실을 맺었다.

과거에는 "俗字 súzì" 또는 "别字 biézì"라 불려지며 한단계 낮은 지위로 밖에 주어지지 않았던 간화자는, 읽기 쉽고 쓰기 쉬운 문자로써 사회에서 폭넓게 환영되었다. 1965년에 정부는 정규문자로써 인정한 모든 간화자를 모은 「简化字总表」를 공포하고, 또한 인쇄물에서의 자형을 통일하기 위해 「印刷通用汉字字形表」를 제정하여, 종래의 자형("繁体字 fántǐzì")는 고전작품의 간행 등 특수한 케이스에만 사용하도록 규정했다. 간화자는 국가공인의 정규문자로써, 현재에는 법률이나 공문서, 학교의 교과서나 일반서적, 또는 신문잡지 등에 넓게 사용되어지고 있다. 게다가 문자의 간략화 움직임은 멈출줄 모르고, 민간에서는 「简化字总表」에 들어오지 않은 문자에 대해서도 계속 간략화되어, 정부 미공인의 간체자가 마을에 넘쳐나는 현상이 나타났다. 간체자를 만드는 대표적인 방법은 아래와 같다.

① 옛날부터 민간에서 사용되어 오던 자형에 의한 것 : 号(號), 学(學), 万(萬), 体(體) 등.

② 필획의 일부분만을 사용한 것 : 习(習), 开(開), 广(廣), 丰(豐) 등.

③ 변이나 방의 字形을 생략한 것 : 「言」이나 「糸」등을 부수로 한 문자. 谁(誰), 绿(綠), 银(銀) 등.

④ 「会意」의 방법에 의한 것 : 阴(陰), 尘(塵), 孙(孫), 众(衆) 등.

⑤ 「形声」의 방법에 의한 것 : 疗(療), 艺(藝), 态(態) 优(優) 등.

⑥ 「假借」의 방법으로 필획이 간단한 동음 문자로 대신 쓰는 것 : 谷(穀), 才(纔), 丑(醜), 面(麵) 등.

⑦ 초서체의 자형을 해서화 한 것 : 书(書), 专(專), 兰(蘭) 등.

⑧ 복잡한 자형의 일부를 간단하게 한 것 : 汉(漢), 队(隊), 戏(戲), 赵(趙) 등.

서]염증·화병·음화증 등의 증상을 일으키는 원인이 되는 것. 2. 노기, 성, 화, 기절. ¶ ~dà(~大)성깔이 대단하다.

***huǒshí / huǒshi** 伙食 名 [군대·기관·학교 등의]공동식사. ~**fèi**(~费)식비.

huòshì 或是 連 혹은. ¶ ~nǐqù, ~tā qù, dōu xíng(~你去, ~他去, 都行)당신이 가든, 그가 가든 상관없다.

huǒsù 火速 副 지급하게, 황급히, 화급하게. ¶ bìxū~tōngzhī(必须~通知)황급히 통지해야만 한다.

†**huǒtuǐ** 火腿 名 돼지고기 훈제 ; 햄.

***huòwù** 货物(貨一) 名《**jiàn** 件, **pī** 批》상품, 화물.

huóxiàng 活像 動 꼭 …닮았다, 아주 비슷하다. ¶ ~ge wáwa(~个娃娃)꼭 인형 같다.

huòxǔ 或许(一許) 副〈文〉아마, 어쩌면 …일지도 모른다. =**yěxǔ**(也许) ¶ huìyì~xiàzhōu jǔxíng, hái wèi zhìhòu quèdìng(会议~下周举行, 还未最后确定)회의는 다음주에 거행될지도 모르나, 아직 최종적으로 확정되지는 않았

다.

†**huǒyàn** 火焰 名 화염, 불꽃. ¶ mào～(冒～)화염이 오르다.

†**huǒyào** 火药(一藥) 名〈化〉화약.

huóyè 活页(一頁) 形 [종이를 마음대로 뺐다 끼웠다 할 수 있는]루스리프식의. ～**běnr**(～本儿)루스리프식 노트.

†**huóyuè** 活跃(一躍) 形 활발하다, 활동적이다. ¶ kètáng qìfēn hěn～(课堂气氛很～)교실 분위기가 매우 활기차다. ～rénwù(～人物) 활동적인 인물. 動 활발히 하다, 활기를 띠게 하다. ¶ ～qìfēn(～气氛)분위기를 활발히 하다. ～shēnghuó(～生活)생활을 활성화하다.

⁂**huòzhě** 或者 副 혹은, 아마, 어쩌면. =**huòxǔ**(或许) ¶ kuài diǎnr zǒu, ～hái gǎndeshàng mòbānchē(快点儿走, ～还赶得上末班车)빨리가자, 어쩌면 막차를 탈 수도 있을 것이다. 連 혹은, 아니면. ☆ **huò**(或)와 비슷하지만, 좀 구어적이다. ¶ wǒ míngtiān～hòutiān qù chéngli(我明天～后天去城里)나는 내일이나 모레 시내에 갈 것이다.

†**húqin** 胡琴 名 (～儿) 《**bǎ** 把》〈音〉호금. ¶ lā～(拉～)호금을 켜다.

húr 核儿(一兒) 名〈口〉[과일의]핵, 씨. **lí**～(梨～)배씨. **méi**～(煤～)석탄재.

☞ **hé**(核) 참조.

⁂**hūrán** 忽然 副 갑자기, 별안간. ¶ ～xiàqǐ dàyǔ lai le(～下起大雨来了)갑자기 큰비가 내리기 시작했다.

†**hūshì** 忽视(一視) 動 소홀히 하다, 경시하다, 주의하지 않다. ¶ ～duànliàn shēntǐ(～锻炼身体)체력 단련을 소홀히 하다. bùkě～de lìliang(不可～的力量)경시할 수 없는 힘.

***hùshi** 护士(護一) 名 간호사, 간호원. ☆ **kānhù**(看护)는 옛날말. ～**zhǎng**(～长)수간호원.

†**húshuō** 胡说(一說) 動 터무니없는 말을 하다, 엉터리로 말하다. ¶ ～biéren de huàihuà(～别人的坏话)터무니없이 다른 사람의 험담을 하다. ～**bādào**(～八道)엉터리로 말하다.

hútáo 胡桃

☞ **hétao**(核桃) 참조.

***hútòng**/**hútong** 胡同 名 (～儿) 《**tiáo** 条》골목. ¶ chuān～(穿～)골목을 지나가다.

***hútu** 糊涂·胡涂(一塗) 形 1. 어리석다, 얼떨떨하다, 어리둥절하다. (**AABB, A**里**AB**) ¶ yuè shuō yuè～(越说越～)말할수록 어리둥절하다. 2. [내용이]뒤범벅이다, 지리멸렬하다. **yì tā**～(一塌～)온통 뒤범벅이다.

***hūxī** 呼吸 動 호흡하다. ¶ ～xīnxian kōngqì(～新鲜空气)신선한 공기를 호흡하다. 名 호흡. **réngōng**～(人工～)인공호흡.

⁂**hùxiāng** 互相 副 서로, 상호. ¶ ～bāngzhù(～帮助)서로 돕다. ～máodùn(～矛盾)서로 모순되다, 충돌하다. ～yīcún(～依存)서로 의존하다. ～zūnzhòng(～尊重)서로 존중하다.

†**hūxiào** 呼啸(一嘯) 動 큰소리로

외치다. ¶ lièchē～ér guò(列车～而过)열차가 굉음을 내며 지나가다. běifēng～(北风～)북풍이 몰아치다.

hūyù 呼吁(一籲) 動 [원조·지지·동정 따위를]구하다, 호소하다. ¶ ～dàjiā juānkuǎn(～大家捐款)모두에게 기부를 호소하다. ～**shū**(～书)어필.

*__hùzhào__ 护照(護一) 名 패스포트, 여권. ¶ chí～(持～)여권을 소지하다.

*__hùzhù__ 互助 動 서로 돕다. ¶ ～hézuò(～合作)서로 도와 협력하다.

*__húzi__ 胡子 名 《**bù** 部, **piě** 撇, **zuǒ** 撮, **liǔ** 绺, **bǎ** 把》 수염. ¶ guā～(刮～)수염을 깎다. liú～(留～)수염을 기르다. xù～(蓄～)위와 동일. zhǎng～(长～)수염이 자라다.

H

J

jī 机(機) 名 1. 기계, 기구. 2. [일의]실마리, 단서. 3. 기회, 시기.

†jī 饥(飢) 形 1. 배가 고프다, 굶주리다. ⇔ **bǎo**(饱) 2. 흉작.

jī 击(擊) 動 1. 치다, 두드리다. 2. 공격하다. 3. 부딪치다, 마주치다.

*jī 基 動 기초하다, 의거하다. 形 기본의, 기본적인. 名 1. 기초, 토대. 2. 〈化〉 기.

jī 积(積) 動 쌓다, 축적하다. 形 누적된, 오래된.

⁑jī 鸡(鷄) 名 《**zhī** 只》 닭. **gōng**～(公～)수탉. **mǔ**～(母～)암탉.

jī 激 動 1. [물결이]세차게 일다; [마음을 돌려]감동시키다, 기분을 북돋우다. ¶ ～·qǐ àiguóxīn(～起爱国心)애국심을 북돋우다. 2. 찬물에 몸이 젖어 병이 되다. ¶ bèi yǔshuǐ～·bìng le(被雨水～病了)비를 맞아 병이 났다. 3. 자극하다. ¶ ná huà～tā(拿话～他)말로 그를 자극하다.

†jí 集 動 모으다, 모이다. 名 시장. **gǎn**～(赶～)시장에 가다.

†jí 级(級) 名 1. 등급, 급. **xiàn**～(县～)현급, 현의 등급. 2. 학년. **tóng**～(同～)같은 학년. 3. 계단. **shí**～(石～)돌계단. 量 등급이나 층수를 셀 때. ¶ liù～dàfēng(六～大风)6급의 강풍 ; 초속 12.3m, 우산을 쓸 수 없을 정도의 바람. shí duō～táijiē(十多～台阶)십여층으로 된 계단.

*jí 急 形 1. 초조해 하다, 안달하다. ¶ ～shénme?(～什么?)뭘 초조해 하는 거야. xīnli～·de bù déliǎo(心里～得不得了)애가 타서 어찌할 바를 모르겠다. 2. 서두르다, 분주하다. ¶ ～·zhe yào zǒu(～着要走)서둘러 가려하다.

*jí 极(極) 副 지극히, 몹시. ¶ ～hǎo(～好)아주 좋다. ～zhòng yào(～重要)아주 중요하다. ☞ **jíle**(极了) 참조.

*jí 及 連 〈文〉 및, …(와)과 ; 단어 혹은 연어를 병렬적으로 잇는다. ＝**hé**(和) ¶ gōngrén, nóngmín～zhīshi fènzǐ(工人, 农民～知识分子)노동자, 농민 및 인텔리계층. jīntiān, míngtiān～hòutiān(今天, 明天～后天)오늘, 내일 및 모레.

†jí 即 副 〈文〉 곧. ＝**jiù**(就), **lìkè**(立刻), **mǎshàng**(马上) 連 요컨대, 만약.

⁑jǐ 挤(擠) 形 섞이다, 붐비다. ¶ wūli hěn～(屋里很～)방안이 매우 혼잡하다. 動 1. 비집다. ¶ ～lái～qù(～来～去)밀치락달치락하다. 2. 짜다. ¶ ～yágāo(～牙膏)치약을 짜다.

⁑jǐ 几(幾) 代 [주로 10이하의 수를 예상하여]몇. ¶ ～diǎn zhōng le?(～点钟了?)몇 시 입니까? ☆ 큰 수를 물을 때는 **duōshao**(多少)를 쓴다. 단, **jǐyuè jǐ hào**(几月几号)[몇월 며칠] ; **jǐdiǎn**(几点)[몇 시] 등은 예외이다. 數

몇 ; 불특정한 수를 말할 때. ¶ méi yǒu~ge(没有~个)몇개 없다.

jì 季 名 철, 계절. **sì**~(四~)사계.

*__jì__ 计(計) 名 계획, 계략. 動 세다. ¶ shù yǐ wàn~(数以万~)만으로 헤아리다, 수가 수만에 이르다.

⁑**jì** 记(記) 動 1. 기록하다. ~**zhàng**(~帐)장부를 쓰다. 2. 기억하다, 암기하다. ¶ ~·zai xīnli(~在心里)마음속에 기억하다.

⁑**jì** 寄 動 우편으로 부치다. ¶ ~fēng xìn(~封信)편지를 한통 부치다. bāoguǒ yǐjìng~·zǒu le(包裹已经~走了)소포는 이미 부쳤다.

†**jì** 系(繫) 動 [끈을]매다, 묶다. ¶ ~kòuzi(~扣子)단추를 채우다. ~lǐngdài(~领带)넥타이를 매다.

☞ **xì**(系) 참조.

*__jì__ 既(旣) 連 1. …한 이상은, …한 바에는. ☆ 역할은 **yòu…yòu** …(又…又…)에 가깝지만, 강조하는 역점을 뒤에 두는 경우가 많음. ¶ ~xué, jiù yào xuéhǎo(~学, 就要学好)배우는 이상, 잘 배워야 한다. 2. [yòu(又)또는 yě(也)와 호응하여]…할 뿐 아니라 또…. ¶ wǒ gēge~gāo yòu pàng(我哥哥~高又胖)형은 키가 클 뿐만 아니라 뚱뚱하다. tā~hěn cōngming yòu hěn rènzhēn(她~很聪明又很认真)그녀는 총명할 뿐 아니라 또한 성실하다. zhè zhī gāngbǐ~hěn hǎoxiě yě hěn nàiyòng(这枝钢笔~很好写也很耐用)이 만년필은 쓰기 좋을 뿐 아니라 오래간다.

⁑**jiā** 家 名 집, 가정. ¶ nǐ~zài nǎ li?(你~在哪里?)집이 어디세요? 量 점포, 학교 등을 셀 때. ¶ yì~shāngdiàn(一~商店)상점 하나.

*__jiā__ 夹(夾) 動 1. [양쪽에서]끼우다. ¶ yòng kuàizi~(用筷子~)젓가락으로 집다. 2. 섞이다. ¶ ~·zai rénqún li(~在人群里)인파속에 섞이다.

⁑**jiā** 加 動 더하다, 증가하다. ¶ yī~yī děngyú èr(一~一等于二)1 더하기 1 은 2.

†**jiā** 佳 形 〈文〉 좋다. ¶ chéngjì shèn~(成绩甚~)성적이 대단히 좋다.

†**jiǎ** 甲 名 1. [천간(天干)의]갑 ; 순서의 첫번째를 나타냄. 2. [거북 따위의]껍데기, 각질. 動 〈文〉 제일이다. ¶ ~tiānxià(~天下)천하제일.

*__jiǎ__ 假 形 1. 거짓의. ⇔ **zhēn**(真) ~**huà**(~话)거짓말. 2. 위조의. ~**shuō**(~说)가설.

†**jià** 价(價) 名 값, 가격. **zhǎng**~(涨~)값을 올리다, 값이 올라가다.

†**jià** 假 名 휴가. **fàng**~(放~)휴가로 쉬다. **qǐng**~(请~)휴가를 신청하다.

*__jià__ 架 動 지탱하다, 짜서 만들다. ¶ ~qiáo(~桥)다리를 놓다. 名 (~儿)물건을 놓거나 거는 선반. ¶ yī~(衣~)옷걸이. 量 짜 만들어진 것을 셀 때. ¶ yí~jīqi(一~机器)기계 1대. liǎng~fēijī(两~飞机)비행기 2대.

†**jià** 嫁 動 [여자가]시집가다, 결혼하다. ¶ ~nǚ'ér(~女儿)딸을

시집 보내다.

*jiá'ǎo 夹袄(夾襖) 名 《jiàn 件》 겹저고리.

jiācháng 家常 名 일상생활, 보통 일 ; 많이 있는 일. chě~(扯~) 일상사를 이야기하다. ~fàn(~饭)평상시의 식사 ; 집에서 만든 요리. ~huà(~话)일상의 흔한 이야기.

jiǎdìng 假定 動 가정하다. ¶ ~ tā míngtiān qǐchéng, hòutiān jiù kěyǐ dàodá Shànghǎi(~他明天起程, 后天就可以到达上海)만일 그가 내일 출발한다면, 모레는 上海에 도착할 수 있다. 名 가설, 가정.

†jiàgé 价格(價一) 名 값, 가격. ¶ yōuhuì~(优惠~)우대가격.

†jiā▲gōng 加工 動 가공하다, 수정하다.¶ ~pígé(~皮革)가죽을 가공하다. ~wénzhāng(~文章)문장을 손보다.

jiāhuo 家伙 · 傢伙 名 〈口〉 1. 가구, 악기, 도구, 무기. ¶ chāo~(抄~)무기를 손에 잡다. 2. 녀석, 놈 ; 사람이나 가축을 가리켜 깔보거나, 장난스런 마음으로 부를 때. ¶ nǐ zhè~(你这~) 너 이자식.

†jiājǐn 加紧(一緊) 動 다그치다, 서두르다, 강화하다. ¶ ~jiǎobù (~脚步)발걸음을 빨리하다.

*jiāju 家具 名 《jiàn 件, tào 套》 가구, 가정용품. ¶ dǎ~(打~) 가구를 만들다.

*jiān 肩 名 어깨. =jiānbǎng(肩膀) sǒng~(耸~)[놀라거나, 의아해할 때]어깨를 움츠리다. 動 맡다. shēn~zhòng rèn(身~重任)중대한 임무를 맡다.

⁑jiān 间(間) 名 1. 사이. ¶ tóngshì zhī~(同事之~)동료사이. 2. 방. xǐzǎo~(洗澡~)화장실. 量 방을 셀 때. ¶ yì~wūzi(一~屋子) 방 한칸.

jiān 坚(堅) 形 1. 단단하다, 견고하다. 2. [의지 따위가]굳다, 확고하다.

†jiān 兼 動 겸하다. ¶ chǎngzhǎng ~shūjì(厂长~书记)공장장과 서기를 겸임하다.

†jiān 煎 動 1. [냄비에 소량의 기름을 넣어]강한 불로 부치다. ¶ ~jīdàn(~鸡蛋)달걀부침. 2. 달이다. ¶ ~chá(~茶)차를 달이다. ~yào(~药)약을 달이다. 量 한방에서 약을 달이는 횟수를 표시할 때.

*jiān 尖 形 1. 뾰족하다. ¶ ~xiàba(~下巴)뾰족한 턱. 2. 목소리가 날카롭다. 3. 예민하다, 민감하다. yǎn~(眼~)눈이 밝다. 動 목소리를 날카롭게 하다. ¶ ~·zhe sǎngzi hǎn(~着嗓子喊) 째지는 듯한 목소리로 소리치다. 名 (~儿)끝부분, 선단. ¶ gāngbǐ~(钢笔~)펜끝.

*jiǎn 茧(繭) 名 (~儿)고치. =jiǎnzi(茧子)

†jiǎn 碱 名 〈化〉 알칼리 ; 소다.

*jiǎn 拣(揀) 動 1. 고르다. ¶ ~ yàojǐn de shuō(~要紧的说)요긴한 것을 골라서 말하다. 2. 줍다. =jiǎn(捡)

*jiǎn 捡(撿) 動 줍다. '拣'라고도 쓴다. ¶ ~chái(~柴)땔나무를 줍다.

jiǎn 检(檢) 動 1. 검사하다, 점검

J

하다. 2. 규제하다, 주의하다.

jiǎn 简(簡) 形 간단하다, 단순하다. ⇔ **fán**(繁) 名 편지.

*__jiǎn__ 剪 動 가위로 자르다. ¶ ~tóufa(~头发)머리를 자르다.

*__jiǎn__ 减 動 1. 빼다, 줄이다. ¶ sān~yīděngyú èr(三~一等于二) 3빼기 1은 2. 2. 낮아지다, 쇠퇴하다. ¶ gànjìn bù~dāngnián(干劲不~当年)기력이 한창 때와 맞먹는다.

*__jiàn__ 剑(劍) 名 《**bǎ** 把, **kǒu** 口》 칼, 검. ¶ wǔ~(舞~)검을 휘두르다.

*__jiàn__ 箭 名 《**zhī** 支·枝》 화살. ¶ shè~(射~)활을 쏘다.

⁑**jiàn** 见(見) 動 1. 보다, 눈에 띄다. ¶ qīnyǎn~(亲眼~)직접보다. 2. 나타나다, 드러나다. ¶ bìng yǐ~hǎo(病已~好)병세가 이미 호전되었다. 3. 만나다, 회견하다. ¶ wǒ hěn xiǎng~tā yí xià(我很想~她一下)나는 꼭 그녀를 만나고 싶다. wǒ hái méi~·guo nǐ dìdi(我还没~过你弟弟)나는 아직 당신 동생을 만난 적이 없다.

†**jiàn** 建 動 1. 건축하다. ¶ ~yí zuò lóu(~一座楼)건물 한동을 짓다. 2. 설립하다. ~**guó**(~国)건국하다.

†**jiàn** 溅(濺) 動 [액체가]튀다. ¶ ~·le yì shēn shuǐ(~了一身水) 온몸에 물이 튀었다.

*__jiàn__ 贱(賤) 形 1. [가격이]싸다. ⇔ **guì**(贵) ¶ yì máo qián yì jīn, zhēn~(一毛钱一斤, 真~)한근이 10전이라니, 정말 싸다. 2. 비열하다, 3. 낮다, 비천하다. ¶ ~gǔtou(~骨头)쌍놈.

⁑**jiàn** 件 量 일이나 의복을 셀 때. ¶ liǎng~yīfu(两~衣服)옷 2벌. nà~shì(那~事)그 일.

†**jiàn** 渐(漸) 副 [단음절의 형용사의 앞에 쓰여]차츰차츰, 점점. ☆ 구어에서는 겹쳐서 **jiànjiàn**(渐渐)이라고 쓸 때가 많다. ¶ tiānqì~lěng(天气~冷)날씨가 점점 추워지다. gēshēng~yuǎn(歌声~远)노래소리가 점점 멀어지다.

*__jiānbǎng__ 肩膀 名 (~儿) 《**fù** 副, **shuāng** 双》 어깨. ¶ ~**kuān**(~宽)어깨가 넓다.

†**jiǎnbiàn** 简便(簡—) 形 간편하다, 가볍게 처리되다. ¶ ~de fāngfǎ(~的方法)간단한 방법. shǒuxù~(手续~)수속은 간단하다.

jiānbing 煎饼(煎餅) 名 밀가루, 좁쌀가루 등을 풀어 철판에 얇게 펴서 구운 식품. '油饼' 등을 말아서 먹는다. ¶ tān~(摊~) 전병을 부치다.

⁑**jiǎnchá** 检查(檢查) 動 검사하다, 조사하다. ¶ ~wèishēng(~卫生) 위생상황을 검사하다. 名 검사, 점검. ¶ zuò~(做~)검사·점검을 하다. **tǐgé**~(体格~)신체검사.

⁑**jiānchí** 坚持(堅—) 動 견지하다, 고수하다, 끝까지 버티다. ¶ ~zìjǐ de yìjian(~自己的意见)자기 주장을 고수하다. ~yuánzé(~原则)원칙을 견지하다.

⁑**jiǎndān** 简单(簡單) 形 1. 간단하다, 단순하다. ⇔ **fùzá**(复杂) ¶ tóunǎo~(头脑~)생각이 단순하다. 2. [경력·능력이]평범하다.

☆ 주로 부정형으로 쓰임. ¶ bù ~(不~)대단하다.

***jiǎndāo** 剪刀 名 《**bǎ** 把》가위. = **jiǎnzi**(剪子)

***jiàndào** 见到(見一) 動 보다, 목격하다. ¶ sān ge yuè méi~nǐ le (三个月没~你了)3개월 동안 당신을 만나지 못했다.

jiàndié 间谍(間諜) 名 스파이, 간첩.

†**jiāndìng** 坚定(堅一) 形 확고하다, 흔들림없다. ¶ tā yǒu~de xìnxīn(他有~的信心)그는 흔들림없는 신념이 있다. 動 흔들림없이 한다, 확고한 점이 있다. ¶ ~·le zìjǐ de xìnniàn(~了自己的信念)자기의 신념을 굳히다.

†**jiàndìng** 鉴定(鑑一) 動 [진위를] 감정하다, [우열 등을]평가하다. ¶ ~dāojiàn(~刀劍)칼을 감정하다. 名 감정, 평가. ¶ zuò bìyè~(做毕业~)졸업 평가를 내리다.

***jiāndū** 监督(監一) 動 감독하다. ¶ ~háizi wánchéng zuòyè(~孩子完成作业)아이가 숙제하는 것을 감독하다. 名 감독. ¶ jiēshòu qúnzhòng~(接受群众~)대중의 감독을 받다.

***jiāng** 江 名 1. 《**tiáo** 条》 큰 강. 2. (**Jiāng**)長江[양자강]. ~**nán**(~南)장강이남 지역.

***jiāng** 姜(薑) 名 《**kuài** 块》〈植〉 생강. ~**shì lǎo de là**(~是老的辣)생강은 오래된 것이 맵다; 나이가 들면 경험이 풍부해지고 일을 처리하는 것도 노련하다.

†**jiāng** 僵 形 딱딱하다. ¶ shǒu dòng·~le(手冻~了)손이 얼어서 뻣뻣해졌다. shìqing gǎo·~le(事情搞~了)일이 하다 막혔다.

***jiāng** 将(將) 副 …하려 하다. ¶ fēijī~yào qǐfēi(飞机~要起飞)비행기가 이륙하려 한다. 介 …을; 처치를 표시할 때. ☆ 문어에서 잘 사용되나, 남방의 사람들은 구어에서도 씀. =**bǎ**(把) ¶ ~mén guānhǎo(~门关好)문을 잘 닫다.

⁑**jiǎng** 讲(講) 動 1. 말하다.=**shuō**(说) ¶ wǒ lái~yí xià(我来~一下)제가 말 좀 하겠습니다. ~**huà**(~话)이야기를 하다. 2. 설명하다. ~**shū**(~书)강의하다.

jiǎng 讲(講) 動 1. 이야기하다, 말하다; 북방에서는 주로 **shuō**(说)를 사용함. 2. 설명하다, 강의하다, 해설하다. 3. 상의하다, 의논하다. **jiǎnghuà**(讲话)[이야기하다].

†**jiǎng** 奖(獎) 動 포상·상품을 주다. ¶ ~yì zhī gāngbǐ(~一枝钢笔)만년필 한자루를 포상으로 주다. 名 상, 상품. **dé**~(得~)상을 받다. **fā**(发~)상을 주다.

†**jiàng** 虹 名 《**dào** 道, **tiáo** 条》〈口〉 무지개. =**hóng**(虹)

***jiàng** 酱(醬) 名 1. 된장. 2. 된장에 절인 것. **guǒ**~(果~)과일잼.

***jiàng** 降 動 내리다, 떨어지다. ~**jià**(~价)값을 내리다. ~**yǔ**(~雨)비가 오다.

***jiàngdī** 降低 動 하강하다, 내리다, 낮게 하다. ¶ ~wùjià(~物价)물가를 내리다.

***jiànghu** 糨糊 名 풀. ¶ mǒ~(抹~)풀을 바르다.

***jiǎng▲huà** 讲话(講話) 動 말을 하다, 발언하다. ¶ tā hěn huì~(他很会~)그는 말을 잘한다. ràng

wǒ jiǎng jǐ jù huā(让我讲几句话)내가 말 좀 하게 해주세요.
☞ **jiǎnghuà**(讲话) 참조.

***jiǎnghuà** 讲话(講話) 名 담화, 강연. ¶ fābiǎo~(发表~)담화를 발표하다.
☞ **jiǎng▲huà**(讲话) 참조.

jiāngjìn 将近(將一) 副 거의 …에 가깝다. ¶ ~wǔ diǎn(~五点) 5시 가깝다.

†**jiǎngjīn** 奖金(奬一) 名 상금, 장려금. ¶ huòdé~(获得~)상금을 획득하다.

J

jiāngjiu 将就(將一) 動 [불만이 남지만]할 수 없이 견디다, 참다. ¶ ~·zhe yòng(~着用)[쓰기 어렵지만]어떻게든 참고 쓰다. nǐ jiù~·~ba(你就~~吧)네가 좀 참아라.

†**jiǎngjiu** 讲究(講一) 動 중시하다, 주의를 기울이다. ¶ ~wèishēng(~卫生)위생을 중히 여기다. 形 꼼꼼하다. ¶ chuānde~(穿得~)복장을 꼼꼼히 하다. 名 (~儿)주의를 기울여 행하는 일, 음미하는 일, 볼품. ¶ chǎo cài, huǒhou dà yǒu~(炒菜, 火候大有~)요리를 할 때 불의 세기와 시간이 중요하다.

jiāngjú 僵局 名 막다름, 교착상태. ¶ dǎpò~(打破~)교착상태를 타개하다.

***jiāngjūn** 将军(將軍) 名 장군 ; 육·해·공군의 장관.

***jiānglái** 将来(將來) 名 장래, 미래.

***jiǎng▲lǐ** 讲理(講一) 動 1. 시비를 논하다. ¶ qù gēn tā~(去跟他~)그와 시비를 가리러 가자. 2. 도리를 따르다. **mán bù**~(蛮不~)전혀 도리를 모르다.

***jiǎnglì** 奖励(奬勵) 動 [영예나 포상을 주어]격려하다, 장려하다. ¶ ~xiānjìn(~先进)우수한 인물을 격려하다.

jiǎng▲qíng 讲情(講一) 動 남을 대신하여 허락을 빌다, 남을 위해 용서를 빌다. ¶ shéi lái~yě bùxíng(谁来~也不行)누가 빌러 와도 안된다. tì tā qù~(替他去~)그를 대신해 빌러가다.

jiǎngtái 讲台(講台) 名 연단, 강단. ¶ shàng~(上~)강단에 올라가다 ; 강의하다, 강연하다.

***jiāngù** 坚固(堅一) 形 견고하다, 튼튼하다. ¶ ~nàiyòng(~耐用)튼튼하고 견고하다.

jiànguài 见怪(見一) 動 나무라다, 타박하다. ¶ qǐng búyào~(请不要~)언짢아 마십시오.

***jiǎngxuéjīn** 奖学金(奬學一) 名 장학금.

jiǎngyǎn 讲演(講一) 動 강연하다. 名 강연.

***jiāngyào** 将要(將一) 副 곧 …하다, …할 것 같다 ; 행위나 상황이 가까운 장래에 발생할 것 같음을 표시한다. ¶ tā~lái Běijīng(他~来北京)그는 곧 북경에 온다.

†**jiǎngyì** 讲义(講義) 名 강의를 위해 준비한 프린트 물 ; 강의 안. ¶ fā~(发~)강의안을 나눠주다.

***jiàngyóu** 酱油(醬一) 名 간장.

†**jiǎngzuò** 讲座(講一) 名 강좌. **guǎngbō**~(广播~)라디오강좌.

jiànhǎo 见好(見一) 動 [병이]호전되다, 나아지다. ¶ tā de bìng

~le(他的病~了)그의 병이 호전되다.

*jiànjiàn 渐渐(漸漸) 副 [보통 de (地)와 함께 쓰여]차츰, 점점. ☆ '儿'화하여 jiànjiānr(渐渐儿)로 되기도 함. ¶ tiān~lěng le(天~冷了)날이 점점 추워진다. yǔ~de zhùxialái le(雨~地住下来了)비가 점점 그치기 시작했다.

jiànjiē 间接(間一) 名 간접 ; 간접적으로. ⇔ zhíjiē(直接) ¶ ~de liǎojiě yìxiē qíngkuàng(~地了解一些情况)간접적으로 몇몇 상황을 파악하고 있다. ~xuǎnjǔ(~选举)간접선거.

*jiànjiě 见解(見一) 名 견해, 의견. ¶ gèrén de~(个人的~)개인의 의견. tán yí xià~(谈一下~)견해를 말해 보다.

†jiānjù 艰巨(艱一) 形 매우 곤란하다, 뼈가 부러지다. ¶ ~de rènwu(~的任务)곤란한 임무.

*jiānjué 坚决(堅決) 形 [사고나 행동이]단호하다, 확고하다, 흔들림이 없다. ¶ ~fǎnduì(~反对)단호히 반대하다. tā hěn~(他很~)그는 매우 결연하다. tàidu~(态度~)태도가 단호하다.

⁑jiànkāng 健康 形 건강하다, 건전하다. ¶ tā hěn~(他很~)그는 매우 건강하다. háizi~chéngzhǎng(孩子~成长)아이는 건강하게 성장한다. 名 건강. ¶ tígāo~shuǐpíng(提高~水平)건강수준을 향상시키다. ~jiǎnchá(~检查)건강진단.

*jiānkǔ 艰苦(艱一) 形 고달프다, 고생스럽다. ¶ rìzi hěn~(日子很~)생활이 매우 고달프다. ~de shēnghuó(~的生活)고달픈 생활

*jiànlì 建立 動 세우다, 설립하다. ¶ ~wàijiāo guānxi(~外交关系)외교관계를 수립하다. ~yǒuyì(~友谊)친선을 맺다.

jiǎnlòu 简陋(簡一) 形 [건물이나 설비 등이]간단하고 허술하다, 초라하다. ¶ shèbèi~(设备~)설비가 빈약하다.

⁑jiàn▴miàn 见面(見一) 動 만나다, 회견하다. ¶ zài gōngyuán ménkǒu~(在公园门口~)공원 입구에서 만나다. gēn tā duōnián méi~le(跟他多年没~了)그와 여러해 동안 만나지 못했다. wǒ gēn tā zhǐ jiànguo yí cì miàn(我跟她只见过一次面)나는 그녀와 한번 밖에 만난 적이 없다. sīxiǎng~(思想~)생각을 솔직하게 얘기하는 것.

†jiānmiè 歼灭(殲滅) 動 [적을]섬멸하다. ¶ ~·le dírén(~了敌人)적을 전멸시키다. ~zhàn(~战)섬멸전.

jiǎnmíng 简明(簡一) 形 간단 명료하다. ¶ ~èyào(~扼要)간단명료하면서도 요점이 있다. ~xīnwén(~新闻)뉴스·다이제스트.

*jiānnán 艰难(艱難) 形 곤란하다. ¶ ~de dàolù(~的道路)고달픈 노정. shēnghuó~(生活~)생활이 곤란하다.

*jiānqiáng 坚强(堅一) 形 완강하다, 꿋꿋하다. ¶ yìzhì~(意志~)의지가 굳세다.

†jiǎnqīng 减轻(一輕) 動 경감하다, 가볍게 하다. ¶ ~fùdān(~负担)부담을 경감하다.

†jiànquán 健全 形 1. 건전하다. ¶

J

shēnxīn～(身心～)몸과 마음이 건전하다. 2. 결점이 없다, 완벽하다. 動 완전하게 하다. ¶ ～shēngchǎn zérènzhì(～生产责任制)생산 책임제도를 완비하다.

*jiānruì 尖锐(－銳) 形 1. [관찰력이]매우 날카롭다. ¶ kàn wèntí～(看问题～)문제를 보는 것이 예리하다. 2. [목소리·소리가]날카롭다, 귀에 거슬리다. ¶ ～de shàoshēng(～的哨声)날카로운 호각소리. 3. [언론이나 투쟁이]격렬하다, 첨예하다. ¶ ～de pīpíng(～的批评)날카로운 비평.

*jiǎnshǎo 减少(減－) 動 줄다, 줄이다. ⇔ **zēngjiā**(增加) ¶ jiāotōng shìgù～le(交通事故～了)교통사고가 줄었다. ～kāizhī(～开支)지출을 줄이다. ～rényuán(～人员)인원을 줄이다.

**jiànshè 建设(－設) 動 [국가나 집단을]건설하다. ¶ ～shèhuì zhǔyì guójiā(～社会主义国家)사회주의국가를 건설하다. ～xīn nóngcūn(～新农村)새로운 농촌을 건설하다. 名 건설. ¶ jīngjì～(经济～)경제 건설.

†jiānshì 监视(監視) 動 감시하다. ¶ ～dírén de xíngdòng(～敌人的行动)적의 행동을 감시하다.

jiànshi 见识(見識) 動 견문을 넓히다, 생각을 깊게 하다. ¶ ràng nǐ～·～(让你～～)좀 생각해 보세요. 名 식견. ¶ ～guǎng(～广)견문이 넓다. zhǎng～(长～)식견을 깊게 하다.

*jiǎntǎo 检讨(檢討) 動 잘못을 반성하다, 자기 비판을 하다. ¶ ～zìjǐ de cuòwù(～自己的错误)자기잘못을 비판하다. 名 반성.

jiànwài 见外(見外) 動 타인 취급하다, 남처럼 대하다. ¶ qǐng búyào～(请不要～)남처럼 대하지 말아주세요.

jiànxiào 见笑(見－) 動 1. 웃음거리가 되다 ; 주로 謙辭에 쓰임. ¶ chàng de bù hǎo, ～～(唱得不好, ～～)노래를 잘 못불러, 웃음거리가 될까 부끄럽습니다. 2. 비웃다. ¶ kě bié～(可别～)비웃지 마세요.

jiànxiào 见效(見－) 動 효과가 나타나다. ¶ zhèzhǒng yào～kuài(这种药～快)이 약은 즉시 효과가 나타난다.

†jiǎnyàn 检验(檢驗) 動 검사하다, 검토하다, 검증하다. ¶ yòng shíjiàn～lǐlùn(用实践～理论)실천으로 이론을 확인하다. 名 검사, 검토, 검증.

*jiànyì 建议(建議) 動 제안하다. ¶ ～nǐ zìjǐ qù kànkan(～你自己去看看)네가 직접 가보는 게 좋다고 생각한다. 名 《**tiáo** 条, **xiàng** 项》 제안. ¶ wǒ yǒu zhèyàng de～(我有这样的～)나에겐 이런 제안이 있다. tí～(提～)제안하다.

†jiānyìng 坚硬(堅－) 形 [사물이]딱딱하다. ¶ ～de shítou(～的石头)단단한 돌.

†jiānyù 监狱(監獄) 名 교도소, 감옥. ¶ bèi zhuājìn～(被抓进～)감옥에 처넣다. **dūn**～(蹲～)감옥에 들어가다. **zuò**～(坐～)감옥에 들어가다.

jiànyú 鉴于(鑑－) 動 …를 감안

하여, …에 비추어. ¶ ~zhèzhǒng qíngkuàng(~这种情况)이런 상황을 감안하여.

†**jiànzào** 建造 動 건조하다. ¶ ~fángwū(~房屋)집을 짓다. ~rénzào wèixīng~(人工卫星)인공위성을 만들다.

jiānzhāng 肩章 名 견장; 의복에 다는 계급장.

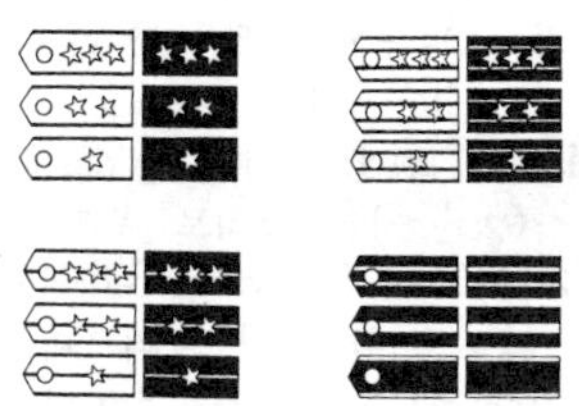

肩章

jiànzhèng 见证(見證) 名 목격자, 현장증인. ¶ lìshǐ de~(历史的~)역사의 증인. 形 목격한, 현장에 마침 있던. ~**rén**(~人)목격자.

*__jiǎnzhí__ 简直(簡直) 副 1. 그야말로, 완전히. ¶ ~biànle yí ge rén(~变了一个人)완전히 사람이 변했다. 2. 〈方〉 차라리. =**suǒxìng**(索性) ¶ nǐ~bié qù le(你~别去了)차라리 가지말아라.

*__jiànzhù__ 建筑(—築) 動 [집·길·다리 등을]건축하다, 만들다. ¶ ~qiáoliáng(~桥梁)다리를 가설하다. 名 건축물. ¶ gǔlǎo de~(古老的~)오랜 건축물.

jiànzhuàng 健壮(—壯) 形 건장하다. ¶ shēntǐ~(身体~)몸이 건장하다.

jiǎnzhǐ 剪纸(—紙) 名 종이를 오려 여러가지 형상이나 모양을 만드는 종이 공예.

剪纸

*__jiǎnzi__ 剪子 名 《**bǎ** 把》 가위. ¶ zhè bǎ~hěn kuài(这把~很快)이 가위는 잘 잘린다. yòng~jiǎn bù(用~剪布)가위로 옷감을 끊다.

†**jiànzi** 毽子 名 [완구의]제기. ¶ tī~(踢~)제기를 차다.

⁑**jiāo** 交 動 1. 넘기다, 건네다. ~**huò**(~货)물품을 건네다. ~**shuì**(~税)세금을 내다. 2. 사귀다, 교제하다. ¶ ~péngyou(~朋友)친구를 사귀다.

jiāo 胶(膠) 名 1. 아교, 접착제. 2. 합성수지, 플라스틱. 3. 수지(樹脂), [나무의]진. **jiāodài**(胶带) ① 자기 테이프, 녹음 테이프. ② 필름(film). =**jiāopiàn**(胶片) ③ [접착용]테이프.

jiāo 娇(嬌) 形 1. [아이, 여자, 꽃 등이]아름답고 사랑스럽다, 아리땁다. 2. 나약하다, 연약하다.

jiāo 骄(驕) 形 1. 거만하다, 교만하다. 2. 자만하다, 뽐내다, 우쭐대다.

jiāo 焦 動 1. 타다, 눋다. 2. 애가 타다, 안달하다.

*__jiāo__ 浇(澆) 動 1. 물을 뿌리다. ¶ ~huā(~花)꽃에 물을 주다. 2. 관개하다. ¶ ~dì(~地)밭에 물

J

을 대다.

⁑**jiāo** 教 動 가르치다. ¶ tā～wǒmen Hànyǔ(她～我们汉语)그녀는 우리에게 중국어를 가르친다.

***jiáo** 嚼 動 1. [음식을]씹다, 깨물어 부수다. ¶ ～·budòng(～不动)씹을 수 없다, 깨물어 부술 수 없다. 2. 음미하다.

***jiǎo** 角 名 1. 모서리, 각, 구석. ¶ qiáng～(墙～)담 모퉁이. 2. 《**shuāng** 双, **zhī** 只》 뿔. ¶ niú～(牛～)쇠뿔. 3. [삼각형의]각. 量 1. [중국 화폐 단위의]角 ; **yuán**(元)의 10분의 1. ☆ 구어에서는 **máo**(毛). 2. [동그란 것의]4분의 1을 셀 때. ¶ yì～bǐng(一～饼)떡 4분의 1쪽.

jiǎo 矫(矯) 動 1. 교정하다, 바로잡다. 2. 가장하다, 속이다. 形 튼튼하다, 씩씩하다.

***jiǎo** 脚 名 1. 《**shuāng** 双, **zhī** 只》 발 ; 발목의 아래부분. **jiǎoxià**(脚下) ① 발 밑, 발 아래. ② 바로, 지금, 목하(目下). ③ 근처, 부근. 2. 물건의 밑동, 산기슭 등. **qiáng**～(墙～)담 밑. **shān**～(山～)산기슭.

†**jiǎo** 搅(攪) 動 1. 고루 섞다. ¶ fàngwán táng, ránhòu～·yi·～(放完糖, 然后～一～)설탕을 넣고, 그리고서 고루 섞다. 2. 방해하다. ¶ ～·de nín méi xiūxihǎo(～得您没休息好)쉬는 데 방해를 했군요.

jiǎo 缴(繳) 動 1. 납부하다. ～**shuì**(～税)납세하다. 2. [무기 등을] 내놓게 하다, 빼앗다. ～**qiāng**(～枪)총을 빼앗다 ; 무장을 해제하다.

***jiào** 窖 名 [물건을 저장하는]땅굴, 지하실. ¶ báicài～(白菜～)배추 구덩이. **bīng**～(水～)얼음 저장고. **wā**～(挖～)구덩이를 파다. 動 땅굴에 저장하다. ¶ bǎ báishǔ～·qilái(把白薯～起来)고구마를 저장하다. ～**jiào**(～窖)움에 저장하다.

†**jiào** 觉(覺) 名 잠. ☆ '觉'는 이 경우에만 한해, **jué**가 아니라, **jiào**라고 발음한다. ¶ shuì yí～(睡一～)한숨자다.

⁑**jiào** 叫 動 1. 외치다. ¶ dàshēng～(大声～)큰 소리로 부르짖다. 2. 부르다. ¶ ～yí ge rén lái(～一个人来)한 사람 불러오다. 3. …라 칭하다, …란 이름이다. ¶ wǒ～Lǐ Xiǎohóng(我～李小红)나는 '李小紅'이라 한다. 介 1. …에게 당하다. '教'라고도 쓴다. ¶ zìxíngchē～tā qízǒu le(自行车～他骑走了)그가 자전거를 타고 가버렸다. 2. …에게 …시키다. '教'라고도 쓴다. ¶ bàba～wǒ qù ná dōngxi(爸爸～我去拿东西)아버지는 내게 물건을 가져 오도록 시켰다.

†**jiào** 较(較) 動 비교하다. ¶ ～·yì·～jìnr(～一～劲儿)힘을 겨루어 보다. 副 비교적, 좀. ¶ ～hǎo(～好)비교적 좋다.

***jiāo'ào** 骄傲(驕－) 形 1. 오만하다, 거만하다. ¶ ～zìmǎn(～自满)자만하고 거만하다. 2. 자랑하다. ¶ gǎndào～(感到～)자랑스럽게 생각하다. 名 자랑. ¶ mínzú de～(民族的～)민족의 긍지.

†**jiǎobù** 脚步 名 1. 보폭. ¶ ～dà

(～大)걸음걸이가 크다. 2. 걸음. ¶ chuánlaile～shēng(传来了～声)발소리가 들려왔다. fàngqīng～(放轻～)발걸음을 가볍게 떼다. ～zhòng(～重)발걸음이 무겁다.

†**jiàocái** 教材 名 교재. ¶ biān～(编～)교재를 편찬하다. **yǔwén**～(语文～)어학교재.

*__jiāodài__ 交代 動 1. 인계하다. ¶ ～gōngzuò(～工作)작업을 인계하다. 2. 설명하다, 분부하다. ¶ ～háizi kānhǎo jiā(～孩子看好家)아이에게 집을 잘 지키도록 말하다.

jiāodào 交道 名 교제, 사귐. **dǎ**～(打～)교제하다.

†**jiàodǎo** 教导(－導) 動 지도하다. ¶ ～háizi yào nàixīn(～孩子要耐心)아이에게 인내심을 갖도록 가르치다. 名 가르침. ¶ tīngcóng lǎoshī de～(听从老师的～)선생님의 지도에 따르다.

†**jiǎodù** 角度 名 1. 각도. ¶ liáng～(量～)각도를 재다. 2. 앵글, 견지, 관점. ¶ cóng tārén de～lái kàn(从他人的～来看)타인의 입장에서 생각하다.

*__jiàoduì__ 校对(－對) 動 1. 기준에 맞는지를 조사하다. 2. 교정하다. ¶ ～gǎozi(～稿子)원고를 교정하다. 名 교정원, 검열원.

jiāogěi / **jiāogei** 交给(－給) 動 [···에게]건네다, 넘기다. ¶ wánchéng～de gōngzuò(完成～的工作)넘겨받은 일을 완성시키다.

†**jiāogěi** / **jiāogei** 教给(－給) 動 [···에게]가르치다. ¶ àn lǎoshī～de fāngfǎ zuò(按老师～的方法做)선생님이 가르쳐 준 방법대로 하다.

jiǎogen 脚跟·脚根 名 발꿈치. **jiǎohòugen**(脚后跟)이라고도 함. ¶ táiqǐ～zǒu(抬起～走)발꿈치를 들고 걷다.

†**jiǎohuá** 狡猾·狡滑 形 교활하다, 방심할 수 없는, 간사하다. ¶ zhège rén hěn～(这个人很～)이 사람은 매우 간사하다. ～de húli(～的狐狸)교활한 여우.

†**jiāohuàn** 交换(－換) 動 교환하다 ; 거래하다. ¶ ～yìjian(～意见)의견을 교환하다. **shāngpǐn**～(商品～)상품교환. ～**tái**(～台)교환대.

jiàohuan 叫唤(叫喚) 動 1. 고함치다. ¶ jíde zhí～(急得直～)급해서 소리치다. 2. [동물이]울다. ¶ gǒu～(狗～)개가 짖다.

*__jiàohuì__ 教会(－會) 名 교회. ～**xuéxiào**(～学校)미션스쿨.

†**jiāojí** 焦急 形 초조해 하다, 애태우다. ¶ ～de shuō(～地说)초조해 하며 말하다. ～bù'ān(～不安)초조해 하며 불안해 하다.

*__jiāojì__ 交际(－際) 動 사귀다, 교제하다. 名 사귐, 교제. ¶ ～guǎng(～广)교제폭이 넓다. shànyú～(善于～)교제에 능숙하다.

jiāojiè 交界 動 경계에 접하다. ¶ hé Běijīng～(和北京～)北京과 인접하다. 名 경계. ¶ liǎng shěng～(两省～)두개 省의 경계.

†**jiàoliàn** 教练(－練) 名 1. 지도. 2. 코치.

jiàoliàng 较量(較－) 動 1. [시합이나 싸움에서]힘을 겨루다, 경쟁하다. 2. 비교하다. ¶ ～yì fān

(~一番)[상세하게]비교해 보다.

***jiāoliú** 交流 動 교류하다. ¶ ~jīngyàn(~经验)경험을 교류하다. 名 교류. ¶ wénhuà~(文化~)문화교류.

jiǎoluàn 搅乱(攪亂) 動 교란하다, 어지럽히다. ~zhìxù(~秩序)질서를 어지럽히다. chéngxīn~(成心~)일부러 말썽을 일으키다.

†**jiǎoluò** 角落 名 1. 구석. ¶ fángjiān de~li(房间的~里)방구석. 2. 변두리, 구석진 곳.

jiǎomiàn 脚面 名 발등. ¶ ~gāo(~高)발등이 높다.

J

jiāonen 娇嫩(嬌一) 形 부드럽다, 가냘프다. ¶ ~de xiǎo shǒu(~的小手)부드러운 작은 손.

jiǎoqì 脚气(一氣) 名 〈醫〉 1. 각기. ¶ huàn~bìng(患~病)각기병을 앓다. 2.〈口〉무좀. =**jiǎoxuǎn**(脚癣) ¶ zhǎng~(长~)무좀이 생기다.

***jiāoqing** 交情 名 친분, 우정, 정분. ¶ lǎo~le(老~了)친분이 오래 되었다. jiǎng~(讲~)우의를 중시하다.

†**jiāoqū** 郊区(一區) 名 교외지구.

***jiāoshè** 交涉 動 교섭하다. ¶ hé duìfāng~(和对方~)상대측과 교섭하다.

***jiàoshī** 教师(一師) 名 교사.

⁑**jiàoshì** 教室 名 《**jiān** 间》 교실.

***jiàoshòu** 教授 動 교수하다, 강의하다. ¶ ~Hànyǔ (~汉语)중국어를 가르치다. 名 교수. **fù**~(副~)부교수. **míngyù**~(名誉~)명예교수.

jiāoshuǐ 胶水(膠一) 名 (~儿) 1. 액체로 된 풀. 2. 고무풀.

†**jiāotán** 交谈(一談) 動 이야기하다. ¶ yòng diànhuà~(用电话~)전화로 이야기하다.

†**jiàotáng** 教堂 名 교회, 예배당.

***jiàotiáo** 教条(一條) 名 교훈의 조목, 교회가 공인한 교의. ¶ tā shì ge lǎo~(他是个老~)그는 교리에 집착하는 사람이다. ~**zhǔyì**(~主义)교조주의.

***jiāotōng** 交通 名 교통. ¶ ~hěn fāngbiàn(~很方便)교통이 매우 편리하다. ~**jǐng**(~警)교통경찰. ~**shìgù**(~事故)교통사고. ~**xìnhào**(~信号)교통신호.

jiàotú 教徒 名 [종교의]신자, 신도.

†**jiāowài** 郊外 名 교외.

†**jiāowǎng** 交往 動 사귀다, 교제하다. ¶ bù hé biéren~(不和别人~)사람과 내왕하지 않다. 名 사귐, 교제. ¶ méi shénme~(没什么~)특별히 교제는 하지 않는다.

***jiāoxié** 胶鞋(膠一) 名 《**shuāng** 双, **zhī** 只》 1. 장화. 2. 운동화.

jiǎo▲xiè 缴械(繳一) 動 1. 무기를 내놓게 하다. ¶ bǎ dírén~(把敌人~)적에게 무기를 내놓게 하다. 2. 무장해제하다. ¶ ~tóuxiáng(~投降)무기를 버리고 투항하다.

jiǎoxìng 侥幸(僥一) 形 운이 좋다. ¶ ~xīnlǐ(~心理)사행심. 名 요행, 요행수.

jiǎoxuǎn 脚癣(一癬) 名 무좀. 〈口〉**jiǎoqì**(脚气).

jiāo▲xué 教学(一學) 動 가르치다, 교수하다.
☞ **jiàoxué**(教学) 참조.

학습 정보 ⑭

◈ 教育 jiàoyù(교육) ◈

1. 교육제도

교육부에 해당하는 교육행정기관은, "国务院 Guówùyuán"(국무원) 소속의 "国家教育委员会(Guójiā jiàoyù wěiyuánhuì"(1985년 6월 이전의 구칭 "教育部 Jiàoyùbù")이다.

만 3세에서 6, 7세까지의 "学前 xuéqián 教育"(취학전 교육)을 행하는 것은 "幼儿园 yòu'éryuán"(유치원)이고, 그 후의 "学制 xuézhì"는 다음과 같다.

a. 義務教育 yìwùjiàoyù(의무교육)

1986년 7월 1일부터 "义务教育法"이 시행되어, 아동은 만 6세(조건이 정비되지 않은 지역에서는 만 7세도 된다)면 "小学 xiǎoxué"(국민학교)에 입학하고, "初中 chūzhōng"(중학교)까지 9년제 의무교육을 받지 않으면 안된다고 정해졌다. 그러나 교육 시스템에 있어서, 넓은 국내의 지역차・조건차를 고려하여, "六・三制" "五・四制" "九年一贯制 yīguànzhì" 등으로 나누어져 있다.

★ 课程表 kèchéngbiǎo / 시간표

¶ 科目 kēmù / 과목

¶ 数学 shùxué / (국민학교)의 산수. (중학교의) 수학 : 국민학교에서 쓰는 말로는 "算术"라 한다.

¶ 语文 yǔwén / 국어

¶ 作文 zúowén / 작문

¶ 自然常识 zìrán・chángshí / 자연상식 : 한국의 이과에 해당. 중학교에서는 "物理" "化学" "生物"로 나누어진다.

¶ 政治 zhèngzhì / 정치 : 한국의 사회과에 해당. 중학교에서는 "地理" "历史"가 더해진다.

¶ 外语 wàiyǔ / 외국어

¶ 生理卫生 shēnglǐ wèishēng / 보건

¶ 劳动技术 láodòng jìshù / 기술

¶ 唱歌 chànggē / (국민학교의)노래부르기 : 중학교에서는 "音乐"라고 한다.

¶ 体育tǐyù / 체육

¶ 图画 túhuà / (국민학교의 그림그리기 : 중학교에서는 "美术 měishù"라 한다.

"高中 gāozhōng"(고등학교)에 들어가면, 전문학교 이외에, "音乐" "美术"은 선택과목이 된다.

★ 课外活动 kèwài huódòng / 과외활동

¶ 上课 shàngkè / 수업이 있다, 수업을 하다, 수업에 가다.

¶ 下 xià 课 / 수업이 끝나다.

¶ 放学 fàngxué / 학교가 파하다, 방학하다.

¶ 暑假 shǔjià / 여름방학

¶ 寒假 hánjià / 겨울방학

¶ 第一学期 xuéqī / 일학기

¶ 上学期 / 지난학기 : 중국은 일반적으로 9—1月과 2—7月로 나누어진 2학기제로, 9월에 입학한다.

¶ 学习成绩册 xuéxí chéngjìcè, 学生手册 xuéshēng shǒucè / 통신부, 성적 통지표

¶ 期中考试 qīzhōng kǎoshì / 중간고사

¶ 期末考试qīmò kǎoshì / 기말고사

¶ 吃零蛋chī língdàn / 빵점 맞다

¶ 零分 língfēn / 영점, 빵점

¶ 满分 mǎnfēn / 만점

¶ 教科书 jiàokēshū, 课本 / 교과서

¶ 家长会 jiāzhǎnghuì / 학부모회

b. 中等 zhōngděng 教育(중등교육)

"中学 zhōngxué"("普通 pǔtōng 中学" 및 "农业 nóngyè, 职业 zhíyè 中学")에는 의무교육의 후기부분에 맞는 초급 중등교육을 행하는 "初级中学"(중학교, 3년또는 4년제로, 생략

하여 "初中"이라 한다)과, 고급중등 교육을 행하는 "高级中学"(고등학교, 3년제. 생략해서 "高中"이라 한다)의 2단계가 있다.

c. 高等 gāoděng 教育(고등학교)

학제상의 "高等学校"(주 : 생략하면 "高校"이지만, 한국의 고교와는 달라, 최고학부임)는 "大学", "学院"(단과대학), "专科 zhuānkē 学校"(전문학교)로 분류되며, 이중 "大学"은 게다가 "综合 zōnghé 大学"(종합대학)과 "专门大学"(전문대학)의 두 타입으로 분류된다. 수학 기간은 "专门学校"는 2, 3년, "大学" "学院"은, 의과 등 특수한 것이 5년 이상이며 이외에는, 일반적으로 4년이다.

★ 系 xì / 학부, 학과.

¶ 语言 yǔyán 文学系 / 어학문학부

¶ 经济学系 / 경제학과

¶ 生物学系 / 문리학과

¶ 电子学系 / 전자공학과

¶ 计算机 jìsuánjī 科学技术系 / 컴퓨터 과학기술과

¶ 经营管理 jīngyíngguǎnlǐ 学系 / 경영학과

★ 专业 zhuānyè / 전공, 학과 : "系"가 더우기 "专业"로 나눠진다.

¶ 生物学系生命工艺学专业 / 생물학부생명공학과

¶ 中国古代史 / 중국 고대사

★ 研究生院 yánjiūshēngyuàn / 대학원

¶ 研究生 / 대학원생

¶ 学位 zuéwèi / 학위

¶ 学士 zuéshì / 학사

¶ 硕士 shuòshì / 석사

¶ 博士 bóshì / 박사

¶ 卒业论文 lùnwén / 졸업논문

¶ 学分 xuéfēn / 학점, 성적

d. 成人教育(성인교육)

충분한 교육을 받지 못한 사람들을 위한 성인 교육이 중국에서 성행하고 있다. 담당 직무능력의 향상이나, 기초적 교육의 보충학습, 신기능·지식 보충을 위한 계속적인 교육, 보다 높은 학력의 취득 등을 목적으로 하여, 초등교육에서 고등교육에 이르기까지, 여러 가지 학교가 설립되고 있다.

★ 业馀 yèyú 学校 / 근무시간외 학교

¶ 广播电视大学 / TV방송 : 약칭은 "电大".

¶ 管理干部学院 / 관리간부대학

¶ 函授 hánshòu 学院 / 통신교육대학

¶ 函授部 / 대학통신강좌

¶ 夜大学 / 야간대학

¶ 教师进修 jìnxiū 学校 / 교사연수학교

e. 기타

★ 盲聋哑 máng lóng yǎ 学校 / 맹·농아학교

¶ 弱智 ruòzhì 儿童补读 fǔdú 学校 → 지식이 모자란 아동을 위한 보충학습학교.

¶ 工读 gōngdú 学校 / (비행청소년 갱생을 위한)소년원

2. 教师 jiàoshī(교사)

지식인을 멸시한 문화대혁명 시대의 영향도 있고, "学生 xuéshēng"(아동·생도·학생)이나 부모가 교사를 경시하기도 했으며, 교사의 "工资待遇 gōngzīdàiyù"(급여대우)도 부당하게 낮았었지만, 지금은 개혁이 진행되고 있다.

★ 学衔 xuéxián / (대학·전문학교 교사의)학위

¶ 教授 jiàoshòu / 교수

¶ 副教授 fùjiàoshòu / 부교수

¶ 讲师 jiǎngshì / 강사

¶ 助教 zhùjiào / 조교

¶ 校长 xiàozhǎng / 교장, 총장

¶ 副校长 fùxiàozhǎng / 부교장

¶ 班主任 bānzhǔrèn / 반담임

¶ 教务 jiàowū 主任 / 교무주임

★ 教学计划 jiàoxué jìhuà / 커리큘럼
¶ 教学大纲 dàgāng / 지도요강 : "教学计划"에 의거하여, 어떤 과목의 교수내용을 정하는 것. 그 과목의 목적이나 과제, 각 장이나 절의 지식범위, 실험이나 작업시간의 배분 등이 포함된다.
¶ 教育实习 jiàoyù shíxí / 교육실습

3. **升学考试** shēngxuékǎoshì(입학시험)

대학 입시로서의 "全国统一考试"(전국통일시험, 약칭 "统考")는 매년 7월에 행해진다. 합격자는 시험의 "分数 fènshù"(점수)에 의해, "志愿 zhìyuān"(지망학교)에 순서대로 배정된다.

★ 考生 / 수험생
¶ 招生数 zhāoshēngshù / 학생모집수
¶ 口试 kǒushì / 구두시험
¶ 笔试 bǐshì / 필기시험
¶ 开卷 kāijuàn 考試 / 참고서류를 가지고 들어가도 되는 시험.
¶ 闭卷 bìjuàn 考試 / 참고서류를 가지고 들어가지 못하는 시험.
¶ 考试题目 tímù / 시험문제
¶ 试卷 shìjiàn / 시험용지, 문제용지
¶ 答卷 dájuàn / (답안이 써있는)답안용지. 답안 : "答案 dá'àn"이라고도 한다. 또는 "试卷" "答卷"과 함께 "卷儿" "卷子"라고도 한다.
¶ 试期 shìqī / 시험일자
¶ "记分 jìfēn"(점수를 기록하다)에는, "百分记分法"(백점만점법)과 "五级 wǔjí 记分法"(5단계 평가법)의 두 종류의 채점법이 잘 사용된다. "百分记分法"에는 "60分" 이상이 "及格 jígé"(합격), "不满 bùmǎn 60分"(60점 미만)이 "不及格"(불합격)이라 하는 것이 보통이다.

"五级记分法"은, "5, 4, 3, 2, 1" 또는 "优秀, 良好, 及格, 不及格, 劣等"이나 "优 yōu, 上[良], 中, 可, 劣" 등이 사용된다. "四级记分法"(4단계 평가법)도 있어, "优, 良, 及格, 不及激"로 나눠진다.

†**jiàoxué** 教学(一學) 名 1. 가르치는 일 ; 교육. 2. 교육과 연구 ; 교학. 3. 교사와 학생.
☞ **jiāo▲xué**(教学) 참조.

*__jiàoxun__ 教训(一訓) 動 꾸짖다, 훈계하다. ¶ ~háizi(~孩子)아이를 가르치고 타이르다. hào~rén(好~人)설교하는 것을 좋아하다. 名 교훈. ¶ jiēshòu~(接受~)교훈을 받아들이다.

†**jiāoyì** 交易 名 《**bǐ** 笔, **zōng** 宗》 교역.

⁑**jiàoyù** 教育 動 교육하다. ¶ ~xià yí dài(~下一代)젊은 세대를 교육하다. 名 교육. ¶ cóngshì~(从事~)교육사업에 종사하다. ~**fāngzhēn**(~方针)교육방침.

*__jiàoyuán__ 教员(一員) 名 교원.

jiǎozhèng 矫正(矯一) 動 교정하다. ¶ ~fāyīn(~发音)발음을 바로잡다.

jiǎozhǐ 脚趾 名 발가락. 〈口〉 **jiǎo zhǐtou**(脚指头)라고 함.

*__jiǎozhǐtou__ 脚指头(一頭) 名 〈口〉 발가락.

⁑**jiǎozi** 饺子(餃一) 名 만두. ¶ bāo ~(包~)만두를 만들다. zhǔ~(煮~)만두를 삶다.

J

饺子

jiàozi 轿子(轎一) 名 《**dǐng** 顶, **tái** 抬》 가마. ¶ tái~(抬~)가마를 메다.

*__jiàozuò__ 叫做 動 …은 …이다, …을 …라 부른다. ¶ zhèzhǒng huā ~júhuā(这种花~菊花)이 꽃은 국화이다.

J

†**jiàqī** 假期 名 휴가기간.

⁑**jiàqian** 价钱(價錢) 名 가격, 값. ¶ ~yě piányi, zhìliàng yě búcuò (~也便宜, 质量也不错)값도 싸고, 질도 좋다. ~gōngdao(~公道)가격이 적정하다. jiǎng~(讲~)값을 흥정하다.

†**jiāqiáng** 加强 動 강화하다, 보강하다. ¶ ~tuánjié(~团结)단결을 강화하다.

*__jiārù__ 加入 動 참가하다, 가입하다. ¶ ~gōnghuì(~工会)노동조합에 가입하다.

*__jiǎrú__ 假如 連 만약. =**rúguǒ**(如果) ¶ ~nǐ bú qù dehuà, wǒ yě bú qù(~你不去的话, 我也不去) 만약 네가 안간다면, 나도 가지 않겠다.

†**jiǎruò** 假若 連 〈文〉 만일 …라면. =**rúguǒ**(如果) ¶ ~débudào dàjiā zhīchí dehuà, jiù zhǐhǎo tíngzhǐ huódòng(~得不到大家支持的话, 就只好停止活动)만일 모두의 지지를 얻지 못한다면, 곧 할 수 없이 활동을 정지한다.

jiāshēng 夹生(夾一) 形 [음식 등이]설익다. ¶ fàn zhǔ · ~le(饭煮~了)밥이 설익었다.

†**jiǎshǐ** 假使 連 〈文〉 만약 …라면, 만일 …라 해도. ¶ ~shéi dōu bú qù, wǒ yě yào qù(~谁都不去, 我也要去)만일 아무도 가지 않는다고 하더라도 나는 가겠다.

*__jiàshǐ__ 驾驶(駕駛) 動 운전하다, 조종하다. ¶ ~qìchē(~汽车)자동차를 운전하다. ~**yuán**(~员) 조종사, 운전사.

*__jiāshǔ__ 家属(一屬) 名 [당사자를 제외한]가족. ¶ gōngrén~(工人~)노동자 가족.

†**jiāsù** 加速 動 속도를 내다. ¶ ~qiánjìn bùfá(~前进步伐)전진의 발걸음을 빨리하다.

†**jiàtiáo** 假条(一條) 名 휴가계 ; 결석 · 결근계. ¶ jiāo~(交~)휴가신청서를 내다.

⁑**jiātíng** 家庭 名 가정. ¶ jiànlì~(建立~)가정을 이루다. ~**chéngyuán**(~成员)가족 구성원. ~**fùnǚ**(~妇女)가정 주부. ~**xiǎo**~(小~)부부와 아이들만의 소가족 ; 핵가족.

jiāwù 家务(一務) 名 가사. ¶ cāochí~(操持~)가사를 꾸려가다. ~láodòng(~劳动)가사노동.

*__jiāxiāng__ 家乡(一鄉) 名 고향. ¶ ~guānniàn qiáng(~观念强)향토의식이 강하다. huí~(回~)고향에 돌아가다.

*__jiāyǐ__ 加以 動 [2음절의 동사로 표현되는 동작 · 행위를]더하다. ¶ ~gǎigé(~改革)개혁하다. ~zhìcái(~制裁)제재를 가하다. 連 게다가, 더 말하면 ; 원인 · 조건을

더하다. ¶ běnlái jiù ruò, ~píláo, suǒyǐ bìngdǎo le(本来就弱, ~疲劳, 所以病倒了)원래 약한데다 피로가 겹쳐 쓰러지고 말았다.

†**jiā▴yóu** 加油 動 1. 급유하다. ~**zhàn**(~站)주유소. 2. (~儿)힘내다. 3. 응원하다. ¶ dàjiā yìqí gěi tā~(大家一齐给他~)모두가 함께 그를 격려하다.

†**jiāzhǎng** 家长(一長) 名 [가부장제에서의]가장, [학생의]부모, 보호자. ~**huì**(~会)학부모회.

†**jiàzhí** 价值(價値) 名 가치. ¶ yǒu~(有)가치가 있다. ~**guān**(~观)가치관.

*__jiàzi__ 架子 名 1. [물건을 놓거나 받치거나 하는]선반, 대, 틀. ¶ liǎnpén~(脸盆~)세면도구 놓는 선반. 2. 골격, 윤곽, 구성. ¶ wénzhāng de~yǐjing dāhǎo le(文章的~已经搭好了)문장의 골격은 이미 구상되었다. 3. [거만한]태도. **bǎi**~(摆~)거드름피우다. ~**dà**(~大)태도가 거만하다.

jǐbèi 脊背 名 등.

⁑**jīběn** 基本 形 근본적인, 근원적인, 주된, 중심적인. ~**máodùn**(~矛盾)근본적인 모순. ~**tiáojiàn**(~条件)주요한 조건. 名 근본, 기본. ¶ rénmín shì guójiā de~(人民是国家的~)인민은 국가의 근본이다. 副 [주로 ~shang(上)의 형태로]기본적으로, 대체로, 거의. ¶ gōngzuò~·shang wánchéng le(工作~上完成了)일은 거의 완성했다.

†**jíbiàn** 即便 連〈文〉설사 …하더라도. =**jíshǐ**(即使) ¶ ~mǎshàng qù, yě láibují le(~马上去, 也来不及了)설사 곧 간다해도 시간에 늦는다.

†**jíbìng** 疾病 名 병, 질병. ¶ zhìliáo~(治疗~)병을 치료하다. yùfáng~(豫防~)병을 예방하다.

†**jīcéng** 基层(一層) 名 하층, 말단. ¶ xià~(下~)말단으로 내려가다. ~**gànbù**(~干部)하급간부.

⁑**jīchǎng** 机场(機場) 名 비행장, 공항. **kōnggǎng**(空港)이라고도 한다.

*__jìchéng__ 继承(繼一) 動 [유산 등을]상속하다, [사업 등을]이어받다. ¶ ~jiāchǎn(~家产)가산을 계승하다. ~shìyè(~事业)사업을 이어받다. ~**quán**(~权)상속권.

⁑**jīchǔ** 基础(一礎) 名 1. 건축의 토대. 2. 일의 기초. ¶ ~hǎo(~好)기초가 제대로 되어있다. yǒu~(有~)기초가 있다. 3. 경제의 기반. ¶ jīngjì~(经济~)경제적 기반.

†**jīchuáng** 机床(機一) 名 《**tái** 台》 공작기계.

⁑**jīdàn** 鸡蛋(鷄蛋) 名 《**gè** 个, **zhī** 只》 달걀. 〈口〉 **jīzǐr**(鸡子儿).

*__jìde__ 记得(記一) 動 기억하고 있다. ¶ ~liǎng nián qián céng fāshēngguo yí cì(~两年前曾发生过一次)아마 2년 전에 한번 일어났던 적이 있다.

†**jīdì** 基地 名 기지. ¶ gōngyè jiànshè~(工业建设~)공업건설기지. **jūnshì**~(军事~)군사기지.

*__jīdòng__ 激动(一動) 動 1. 감격하다, 흥분하다. ¶ xīnqíng~(心情~)마음으로부터 감동하다. 2. 감격시키다, 자극하다. ¶ ~rénxīn(~人心)사람들을 감격시키

J

다.

jīdòng 机动(機動) 形 1. 기계로 움직이는. ~**chē**(~车)자동차. 2. 융통성 있는, 예비의. ~**fèi**(~费)예비비. ~**liáng**(~粮)예비식량.

jìdu 忌妒 動 질투하다, 시기하다. ¶ ~rén(~人)질투하다.

†**jíduān** 极端(極一) 名 극도, 극단. ¶ zǒu~(走~)극단을 걷다. 形 극도의, 극단적인. ¶ duì .gōngzuò ~ rènzhēn(对工作~认真)일에 대해 매우 진지하다.

J

†**jī'è** 饥饿(饑餓) 形 굶주린, 배가 고픈.

⁑**jiē** 街 名《**dào** 道, **tiáo** 条》거리. ~**shàng**(上~)거리, 번화가.

†**jiē** 结(結) 動 열매를 맺다, 열매가 열리다. ¶ kāihuā~guǒ(开花~果)꽃이 피고 열매가 열리다.

☞ **jié**(结) 참조.

⁑**jiē** 接 動 1. 연결하다, 잇다. ¶ ~diànxiàn(~电线)전선을 잇다. 2. 접수하다, 받다. ¶ ~qiú(~球)공을 잡다. 3. 마중나가다. ¶ ~kèrén(~客人)손님을 맞이하다. 4. 접근하다, 닿다.

*__jiē__ 揭 動 1. 벗기다. ¶ ~·xià qiángshang de huà(~下墙上的画)벽에 있는 그림을 떼어내다. 2. 열다. ¶ ~guōgàir(~锅盖儿)남비 뚜껑을 열다. 3. 폭로하다. ¶ ~lǎodǐr(~老底儿)내부사정을 폭로하다.

⁑**jié** 节(節) 動 절약하다, 요약하다. ~**diàn**(~电)절전하다. ~**méi**(~煤)석탄을 절약하다. 量 사물이나 시간을 나누어 셀 때. ¶ liǎng~huǒchē(两~火车)기차 두 량. sān~kè(三~课)3시간 수업. ☆ 명사(名詞)로 '관절, 박자, 절기(節氣), 항목, 정도' 따위의 뜻으로도 쓰임.

†**jié** 截 動 1. 절단하다. ¶ ~·chéng liǎng duànr(~成两段儿)두 동강이로 자르다. 2. 차단하다. ¶ ~huǒchē(~火车)기차를 멈추다. 量 (~儿)긴 물건의 한 부분을 셀 때. ¶ yì~mùtou(一~木头)나무 한 토막.

†**jié** 结(結) 動 1. 묶다. ¶ ~wǎng(~网)망을 짜다. 2. 굳어지다. ¶ ~yìngkuàir(~硬块儿)단단한 덩어리가 되다. 名 매듭. **dǎ**~(打~)매듭 짓다. **húdié**~(蝴蝶~)나비매듭.

☞ **jiē**(结) 참조.

*__jiě__ 解 動 분리하다, 풀다. ¶ ~kòur(~扣儿)매듭을 풀다. ~shéngzi(~绳子)밧줄을 풀다.

jiè 介 動 1. 끼이다, 박히다. 2. 소개하다. 3. 신경을 쓰다.

⁑**jiè** 借 動 1. 빌리다. ¶ wǒ qù túshūguǎn~·le yì běn xiǎoshuō(我去图书馆~了一本小说)나는 도서관에 가서 소설책을 한권 빌렸다. ☆ 빌리는 상대를 나타내기 위해서는 **gēn**(跟)또는 **hé**(和)를 사용한다. **例**: wǒ gēn tā ~·le yì zhī gāngbǐ(我跟他~了一枝钢笔)나는 그에게 펜 한 자루를 빌렸다. 2. [주로 ~·gei(给)로 쓰여]빌려주다. ¶ wǒ~·gei tā yì bǎ sǎn(我~给她一把伞)나는 그녀에게 우산 하나를 빌려주었다. 3. 이용하다. ¶ ~zhège jīhui(~这个机会)이 기회를 이용하다.

학습 정보 ⑮

介词 jiècí(개사)

1. 개사(介詞)란?

단어나 구의 앞에 쓰여, 그것들과 하나가 되어(다른 어구의 앞 또는 뒤에 놓여), 장소·방향·시간·대상·목적 등을 나타내는 말을「介詞」라 한다. 영어에서 말하면 전치사에 해당하는 것이다.

[개사+(개사의)목적어]+다른 어구

¶ [从+北京]+回来/
북경에서 돌아오다.

다른 어구+[개사+(개사의)목적어]

¶ 走+[向+未来)/
미래로 향해 나아가다.

2. 介詞와 동사, 介詞와 접속사.

현대어에 쓰이는 개사의 대부분은, 본래 동사였던 것이 어휘의 의미를 잃어(또는 약화되어), 문법적인 역할을 다하도록 된 것이다.

예를 들어,

¶ 他们在家里。/
그들은 집에 있다.(동사)

¶ 在家里看电视。/
집에서 TV를 보다.(개사)

¶ 咱们比一比看。/
우리 비교해 보자.(동사)

¶ 比山高, 比海深。/ 산보다 높고, 바다보다 깊다.(개사)

와 같이, 동사와 개사의 양쪽을 겸하고 있는 말도 적지 않다. 또한, 연구자나 교수들 사이에서도 그 인정을 둘러싸고 의견이 나눠지는 경우가 있고, 사전이나 문법책에 따라 각각 인정하는 개사의 범위에 약간의 차이가 보인다.

"跟 gēn, 和 hé, 同 tóng, (与 yǔ)"는 개사와 접속사의 겸류이므로 주의해야 한다.

¶ 我跟他都学生。/ 나와 그는 모두 학생이다.(접속사)

¶ 他跟同学游泳去了。/ 그는 학교 친구들과 수영하러 갔다.(개사)

전자의 "跟"은 접속사이고, 후자는 개사이다. 또한,

¶ 我和他谈了几句话。/ 나와 그는 몇 마디 이야기를 나누었다.(접속사) ; 나는 그와 몇마디 이야기를 나누었다.(개사)

와 같이, 어느 것에도 속하는 경우도 생긴다. 현재의 어법으로서는, 개사에는 "跟"(문어로는 "同")을 사용하며, 접속사로는 "和"를 사용하는 경향이 있다.

3. 介詞의 문법적 특징

개사는 그 대부분이 동사에서 변화한 것이므로, 뒤에 목적어를 취하는 등 동사의 기본적인 특징도 남아 있지만,

① 단독으로 술어가 된다.
② 후치 성분 "了, 着, 过" 등을 동반한다.
③ 중첩형으로 쓸 수 있다.

등의 동사의 문법적인 특징은 잃어버려, 그 어느 것도 불가능하다. 예를 들어, "比比山高"라든가 "比了海深"라고는 말하지 않는다. "为了 wèile"나 "为着 wèizhe" 같이 일부의 개사에는 "了" 또는 "着"가 붙는 것도 있지만, 이것은 양상을 나타내는 동사의 후치 성분이 아니라, 말의 구성요소에 지나지 않는다.

4. 介詞의 종류와 용법

【동작·행위가 행해지는 장소·시간】在 zài, 于 yú, 当 dāng/…에서, …로, …일 때

【기점】自 zì, 從 cóng, 自從 zìcóng, 由 yóu, 打 dǎ/…로부터

【공간적·시간적 거리】离 lí/…로

J

부터
【방향 · 목표】朝 cháo, 向 xiàng, 往 wǎng, 至 zhì / …로, …에, …까지
【경로】从 cóng, 顺 shùn, (着)(zhe), 沿 yán(着) / …을, …에 따라
★ 对 duì, 对于 duìyú / …에 대해서, …에 있어서
★ 关于 guān yú, 至于 zhì yú / …에 관해서는, …에 있어서는
【동료 · 상대방】跟 gēn, 和 hé, 同 tóng, 与 yǔ, 问 wèn / …와, …과
【동작 · 행위를 받는 사람 · 상대방】给 gěi, 为 wèi, 替 tì / …에게, …를 위해
【동작 · 행위의 대상】把 bǎ, 将 jiāng, 拿 ná, 管 guǎn / …을
【동작의 대상 · 범위】就 jiù / …에 있어서, …에 대해서
【행위자】叫 jiào, 让 ràng, 被 bèi / …에(의해)
【비교】比 bǐ / …보다
【의거】依 yī(着), 依照 yīizhào, 按 àn (着), 按照 ànzhào, 照 zhào(着), 本着 běnzhe / 에 의해
【근거 · 방식】以 yǐ, 凭 píng, 论 lùn, 据 jù, 根据 gēnjù / …로, …에 의해
【원인】由于 yóuyú, 因 yīn / …때문에
【목적】为 wèi, 为了 wèile, 为着 wèizhe / …을 위해
★ 除(了) chú(le) / …외에, …을 제외하고
【조건이나 기회의 이용】趁 chèn (着), 就着 jiùzhe / …을 틈타, …인 가운데
【과정 · 수단】经 jīng, 经过 jīngguò, 通过 tōngguò / …에 의해, …을 거쳐

5. 기타 「개사적으로」 쓰이는 동사

예를 들어 "用"은, 개사로서 인정되지 않고, 중국의 실용적인 허사(문법관계를 나타내는 말) 사전류를 제외하고, 보통 동사라 여긴다. 그러나, "用"이 목적어를 수반하여 연동문(동사구+동사구) 앞의 구로써 뒷구의 동작 · 행위의 수단 · 방법 · 도구 등을 나타낼 때, 그것은 바로 「개사」의 역할과 같다.

¶ 用钢笔写字。/ 펜으로 글씨를 쓰다.

¶ 用电话或书信通知您。/ 전화나 편지로 당신에게 알려주겠어요.

3.에 나타낸 것과 같은 개사의 문법적 특징을 갖추지 않은 것, 바꿔 말하면, 동사의 문법적 특징이 강하게 남아 완전히 허사화되지 않은 말은 동사의 그룹에 정리하는 것이 일반적이지만, 앞에 서술한 것과 같은 일부의 사전류에서 「개사」로서 취급되고 있는 것은, 실용면을 중시해서 원칙을 완만히 적용한 것이라고 생각된다. 어쨌든, 개사는 소수의 폐쇄된 기능어 그룹임에는 변함이 없으니, 학습자는 4.에 열거한 것 같은 대표적인 것을 그 전형으로 이해하길 바란다.

jiè 戒 動 끊다, 관두다. ~**jiǔ**(~酒)금주하다. ~**yān**(~烟)금연하다.

†**jiè** 届 量 기(期) · 회(回) 등의 순서를 표시할 때. ¶ zhè yí~bìyèshēng(这一~毕业生)금년 졸업생. dì shíyī~Yàyùnhuì(第十一~亚运会)제11회 아시안게임.

jiēba 结巴(結−) 形 어눌한, 말을 더듬는.(**AABB**) ¶ jíde~ · qilai(急得~起来)초조하여 말을 더듬다. 名〈口〉말더듬, 말더듬이.

=kǒuchī(口吃)

†**jiébái** 洁白(潔一) 形 새하얗다, 순백하다.

*__jié▲bīng__ 结冰(結一) 動 결빙하다. ¶ jiéle yì céng báo bīng(结了一层薄冰)얇은 얼음이 얼었다.

*__jiēcéng__ 阶层(階層) 名 계층.

*__jiēchù__ 接触 動 1. 닿다, 접촉하다. ¶ ~shèhuì(~社会)사회에 접하다. 2. [사람과 사람이]사귀다, 충돌하다. ¶ hé tā~bù duō(和他~不多)그와 그다지 접촉하지 않는다.

jiěchú 解除 動 없애다, 해제하다. ¶ ~zhíwù(~职务)직무를 해제하다.

jiēchuān 揭穿 動 폭로하다, 까발리다. ¶ ~dírén de yīnmóu(~敌人的阴谋)적의 음모를 폭로하다.

†**jiědá** 解答 動 대답하다, 해답하다. ¶ ~wèntí(~问题)질문에 해답을 하다. ~·buchūlai(~不出来)대답할 수 없다.

†**jiēdài** 接待 動 응접하다, 접대하다. ¶ ~láikè(~来客)내객을 접대하다. ~**zhàn**(~站)접대실.

*__jiēdào__ 街道 名 1. 거리, 큰 길. 2. 거주구 ; 지역. ¶ ~gōngzuò(~工作)마을내의 일상적 활동.

*__jiēdào__ 接到 動 받다. ¶ ~láixìn(~来信)편지를 받다.

†**jiēduàn** 阶段(階一) 名 [발전의] 단계. ¶ chūjí~(初级~)초급단계. jìnrù dì'èr ge~(进入第二个~)제 2단계로 들어가다.

jiēfā 揭发(一發) 動 들추다, 적발하다. ¶ ~zuòbì xíngwéi(~作弊行为)악덕행위를 적발하다.

*__jiěfàng__ 解放 動 해방하다. ¶ ~sīxiǎng(~思想)[낡은 전통이나 관습의 구속으로부터]사상을 해방하다. 名 해방. ~**jūn**(~军)해방군 ; 특히 중국 인민해방군을 가리킨다.

†**jiégòu** 结构(結構) 名 구조, 구성, 조직.

*__jiè▲guāng__ 借光 動 〈應〉 남에게 뭔가를 부탁할 때, 또는 물을 때의 상투어 ; 실례합니다. ¶ láojià, jiè ge guāng(劳驾, 借个光)죄송합니다만, 말씀 좀 묻겠습니다.

J

*__jiéguǒ__ 结果(結一) 名 결과. ¶ yǒu~le(有~了)결과가 나왔다. 副 결국, 그 결과. ¶ ~háishi méi lái(~还是没来)결국 역시 오지 않았다.

*__jiéhé__ 结合(結一) 動 1. 결합하다, 결부하다. ¶ ~zìjǐ de shíjì qíngkuàng(~自己的实际情况)자신의 실정과 결부하다. lǐlùn yǔ shíjiàn~(理论与实践~)이론과 실천이 결합하다. 2. 부부가 되다. ¶ tāmen liǎ zhōngyú~le(他们俩终于~了)그들 둘은 드디어 부부가 되었다.

*__jié▲hūn__ 结婚(結一) 動 결혼하다. ¶ tā hái méi~(她还没~)그녀는 아직 독신이다. ~**dēngjì**(~登记)혼인신고.

*__jiējí__ 阶级(階級) 名 〈政〉 계급. ~**dòuzhēng**(~斗争)계급투쟁. **wú chǎn**~(无产~)프롤레타리아.

*__jiējiàn__ 接见(一見) 動 [손님과]만나다, 접견하다. ¶ ~wàibīn(~外宾)외국손님과 만나다.

⁑**jiějie** 姐姐 名 언니, 누나. ☆ 호

칭으로도 쓰인다. **dà**~(大~)큰 언니.

***jiējìn** 接近 動 가까이 가다, 접근하다. ¶ ~qúnzhòng(~群众)군중과 가까이하다. hé tā xiǎngfǎ hěn~(和他想法很~)그와 사고 방식이 매우 닮았다.

***jiějué** 解决 動 1. 해결하다. ¶ yòng wǔlì~·buliǎo rènhé wèntí(用武力~不了任何问题)무력으로 어떤 문제도 해결할 수 없다. ~máodùn(~矛盾)모순을 해결하다. 2. [적을]소멸시키다, 없애다. ¶ sānshí fēn zhōng~·le zhàndòu(三十分钟~了战斗)30분만에 전투는 끝났다.

J

***jiěkāi** 解开(-開) 動 풀다, 끄르다. ¶ ~kòuzi(~扣子)단추를 끄르다.

†**jièkǒu** 借口 動 구실로 삼다. ¶ ~tóuténg, bù chūxí huìyì(~头疼, 不出席会议)두통을 구실로, 회의에 출석 안하다. 名 구실. ¶ zhǎo~(找~)구실을 찾다.

†**jiélì** 竭力 動 힘을 다하다 ; 전력을 다하여, 극력하여. ¶ ~fǎnduì(~反对)극력 반대하다. **jìnxīn**~(尽心~)전심전력하다.

†**jiēlián** 接连(-連) 副 계속해서, 잇달아. ¶ tā~shuōle sān cì(他~说了三次)그는 연속 3번 말했다.

†**jiēlù** 揭露 動 들추다, 폭로하다. ¶ ~zhēnxiàng(~真相)진상을 폭로하다.

***jiélùn** 结论(結論) 名 결론. ¶ hái méi néng zuòchū~(还没能做出~)아직 결론을 얻지 못하다. xià~(下~)결론을 내리다.

*****jiěmèi** 姐妹 名 1. 언니와 여동생, 자매. ¶ tā méi yǒu~, zhǐ yǒu yí ge gēge(她没有~, 只有一个哥哥)그녀는 여자 형제가 없고 단지 오빠 1명이 있다. 2. 형제 자매. ¶ nǐmen~jǐ ge?(你们~几个?)너희들은 형제 자매가 몇입니까?

*****jiémù** 节目(節-) 名 종목, 프로그램. ¶ yǎn~(演~)상연물을 공연하다. **diànshì**~(电视~)TV프로그램. **guǎngbō**~(广播~)라디오 프로그램. **yīnyuè**~(音乐~)음악 프로그램.

†**jiěpōu** 解剖 動 해부하다. ¶ ~zìjǐ(~自己)자신을 분석하다 ; 고찰하여 반성하다.

***jiéqi** 节气(節氣) 名 절기 ; 1년을 24계로 나누어 기후의 변화점을 나타내는 데 사용하는 날. **Lìchūn**(立春), **Qīngmíng**(清明), **Dàhán**(大寒) 등.

***jiēqià** 接洽 動 상담하다, 협의하다. ¶ ~gōngzuò(~工作)작업을 협의하다.

†**jiérì** 节日(節-) 名 1. 기념일. **Láodòngjié**(劳动节)[노동절], **Guóqìngjié**(国庆节)[국경일] 등. 2. 전통적인 축제일. **Qīngmíngjié**(清明节)[청명절], **Zhōngqiūjié**(中秋节)[중추절] 등.

jiěsàn 解散 動 해산하다. ¶ ~yìhuì(~议会)의회를 해산하다. yuándì~(原地~)그 자리에서 해산하다.

jiēshang 街上 名 거리, 번화가. ¶ ~jīhū méi yǒu rén(~几乎没有人)거리에는 거의 사람이 없다.

*****jièshào** 介绍(-紹) 動 중매하다, 추천하다, 소개하다. ¶ wǒ lái~

학습 정보 ⑯

◈ 节日 jiérì(경축일) ◈

1. 中國의 경축일

중국의 법정 "节假日 jiéjiàrì"(명절과 휴일)에는 다음과 같은 것이 있다.

★ 元旦 Yuándàn /
원단 : 양력 1월 1일.
¶ 春节 Chūnjié /
춘절 : 음력 1월 1일.
¶ 国际妇女 fùnǚjié /
국제부녀의 날 : 3월 8일
¶ 植树节 Zhíshùjié /
식목일 : 3월 12일
¶ 国际劳动节 láodòngjié /
메이데이 : 5월 1일
¶ 中国青年节 qīngniánjié /
중국청년의 날 : 5월 4일
¶ 国际儿童节 értóngjié /
국제아동절 : 6월 1일
¶ 中国共产党成立记念日 /
중국공산당 창립기념일 : 7월 1일
"建党记念日"라고도 한다.
¶ 中国人民解放军建军节 jiànjūnjié/
중국인민해방군 건군기념일 : 8월 1일
¶ 教师节 Jiàoshījié /
스승의 날 : 9월 10일
¶ 国庆节 Guóqìngjié /
건국기념일 : 10월 1일

모든 사람이 쉬게 되는 날은 "元旦" "春节" "五一劳动节" "国庆节"로, "元旦"은 1일, "春节"는 3일간, "劳动节"는 1일, "国庆节"는 2일간 쉬게 된다. 그러나 실제는 각각 이보다도 많이 쉰다. "三八妇女节" "六一儿童节" "八一建军节" "教师节"는 해당자만이 하루 또는 반나절 쉬게 되며, "植树节" "建党记念日"는 기념행사를 행할 뿐이다.

2. 中國의 전통행사

중국의 전통행사는 1949년의 신중국 성립 이전부터 "农历 nónglì"(음력)에 따라 행해졌다. 음력은 중국의 기후풍토와 생활습관에 밀접해 있고, 공적인면에서는 "公历 gōnglì"(양력) 생활면에서는 "农历"라고 하는 양자가 공존하고 있다. "农历"에 따른 주된 전통행사에는 아래와 같은 것이 있다.

a. 春節 Chūnjié(춘절, 구정)

"春节"은 "年节"이라고도 하며, 일년중 가장 활기찬 때이다. 사람들은 집안이나 거리에서 여러 가지 행사를 즐긴다.

★ 立春 lìchūn / 입춘 : 양력 2월 4일 또는 5일.
"二十四节气 èrshisì jiéqì"(이십사절기)의 최초. "春节"의 전후에 온다.
¶ 除夕 chúxī / 섣달 그믐날 밤.
¶ 大年夜 / 섣달 그믐밤.
¶ 守岁 shǒusuì / (섣달 그믐날 밤에)자지않고 해를 넘기는 것.
¶ 辞岁 císuì / 섣달 그믐날 밤에, 한가족이 신령이나 조상에게 제물을 바치고, 배례하거나 웃어른에게 고두(叩頭)의 예를 올리는 것.
¶ 农历正月 zhēngyuè 初一 /
음력 1월 1일
¶ 初一初二初三 / 정초의 3일간.
★ 贴春联 tiē chūnlián / '춘련'을 붙이다.
¶ 对联 / 대련 : 옛날에는 "桃符" "门贴"라 했다.
¶ 贴剪纸 jiǎnzhǐ /
자른 그림을 붙이다.
¶ 窗花 chuānghuā /
창에 붙어 있는 자른 그림.
¶ 挂年画 guà niánhuà /

(방에)세화를 장식하다.

¶ 放鞭炮 fàng biānpào / 폭죽을 터뜨리다.

¶ 拜年 bàinián / 세배하다.

¶ 贺年片 hèniánpiàn / 연하장.

¶ 团拜 tuánbài / (직장 · 학교 등에서)단체로 신년하례를 하다.

¶ 舞狮子 wǔshizi / 사자춤.

¶ 踩高跷 cǎi gāoqiāo / 높은 나무다리를 타는 춤.

¶ 逛花市 guàng huāshì / 꽃시장을 돌아다니다.

"春节"에 나온 중국의 독특한 정월 요리나 용어에는 다음과 같은 것이 있다.

★ 年糕 niángāo / (중국식)설떡.

¶ 萝卜luóbo 糕 / 무우가 든 떡.

¶ 芋头 yùtou 糕 / 토란이 든 떡.

¶ 蜜钱糖果 mìjiántángguǒ / 설탕에 잰 과일.

¶ 饺子 jiǎozi / 교자 : 원단에 먹는다. 형태가 화폐의 "元宝 yuán bǎo"에 가까우므로 "招财进宝"의 염원을 담고 있다.

b. 元宵節 Yuánxiāojié(원소절, 정월 대보름날)

"春节"은 "农历正月十五日"(음력 1월 15일)까지 계속된다. 마지막날 밤은 신년 최초의 보름달이 뜨는 밤이다. 이 음력 1월 15일을 "元宵节"이라 부른다. "元宵节"은 도교의 三元信仰(1월 15일의 "上元", 7월 15일의 "中元", 10월 15일의 "下元")과 등롱을 걸어 부처에게 제사하는 불교의 습속이 섞인 것으로, '灯dēng笼节"(등롱절)이라고도 "上元 shàng yuán 节"(上元節)이라고도 한다. 이 날, 공원이나 건물 등을 등롱·초롱불 · 리본으로 장식한다.

★ 元宵 / 정월 대보름날 먹는, 소가 들어있는 새알 모양의 식품.

¶ 吃 chī 元宵 / 원소를 먹다.

¶ 花灯 / 장식한 초롱불.

¶ 张 zhāng 灯 / 등롱을 매달다.

¶ 耍 shuǎ 龍灯 / 용등춤 : "龙灯舞"라고도 한다.

¶ 猜 cāi 灯迷 / 등롱에 수수께끼 문제를 붙여놓고 사람들에게 맞추게 하는 놀이.

¶ 观 guān 燈 / 장식한 등롱이나 초롱을 구경하는 것.

¶ 赏冰灯 / shǎng bīng deng / 빙등을 감상하다.

c. 清明節 Qíngmíngjié(청명절)

"二十四节气"의 하나로, 양력 4월 4~6일 경. "清明"의 전날 또는 전전날을 "寒食节"이라 하며, 춘추시대의 충신 "介之推"의 어머니가 불에 타죽은 날이라 전해진다. 이 때, 조상묘를 찾아가거나, 교외로 나가 연을 날리기도 한다.

★ 一百五 Yibǎiwǔ / 동지로부터 105 일째 되는날.

¶ 扫墓 sáomù / 성묘하다.

¶ 踏青 tàqīng / 답청. 봄날 청명절을 전후하여 교외로 나가 산보하며 즐기는 것.

¶ 春游 chūnyóu / 야외로 놀러 나가다.

¶ 荡 dàng 秋千 / 그네를 뛰다.

¶ 打球 / 공놀이를 하다.

¶ 拔河 / 줄다리기.

¶ 放风筝 fàng fēngzheng / 연 날리기를 하다.

¶ 熟蛋 shúdàn / 삶은 달걀 : "舒坦 shūtan"(쾌적하게)라는 말로 쓰이며, 이것을 먹는 지방도 있다.

¶ 禁火 jìnhuǒ 寒食 / 한식. 불로 익힌 음식을 먹는 것을 금하고, 찬밥을 먹는다.

d. 端午節 Duānwǔjié(단오절)

"农历五月初五"(음력 5월 5일)은 "端午节"이다. 이날은 楚의 애국시인 "屈原 Qū Yuán"(굴원)이 멱라강에 몸을 던져 죽은 날로 "诗人节"(시인절)이라고도 한다.

★ 吃粽子 chī zòngzi / 종자를 먹다. (찹쌀에 대추 따위를 넣어 댓잎

이나 갈잎에 싸서 쪄 먹는 단오날 음식의 한가지).

¶ 五香咸肉粽 wǔxiāng xiánròuzòng / 소금에 절인 고기말이.

¶ 红枣 hóngzǎo 粽 / 붉은 대 말이.

¶ 牛角 hiújiǎo 粽 / 형태가 소뿔처럼 생긴 말이.

¶ 龙船竞渡 lóngchuán jìngdù / 용선경기.

★ 悬 xuán 艾 ài 和菖蒲 chāngpú / (처마 근처 따위에)쑥이나 창포를 걸어 두다.

¶ 艾草 àicǎo / 쑥.

¶ 饮雄黄酒 xióng huángjiǔ / 웅황주. (웅황가루와 창포 뿌리를 잘게 썰어 넣은 술)을 중독 예방으로 마시다.

e. 七夕 Qīxī(칠석)

"农历 七月初七"(음력 7월 7일)의 저녁에 행해지는 것이 "七夕"이다. "女节" "乞巧节" Qǐqiǎojié" "双七节" 라고도 한다.

¶ 双七水 shuāngqīshuǐ / 칠석날에 받은 물. 이 물로 몸을 씻으면 병이 걸리지 않는다고 한다.

¶ 牛郎织女 niúlángzhīnǚ / 견우와 직녀.

¶ 天河 / 은하수.

¶ 乞巧 qǐqiǎo / 음력 칠월 칠석날 밤에 부녀자들이 바느질을 잘하게 해달라고 직녀성에 빌던 민간 풍속.

¶ 乞巧棚 pēng / 칠석날, 비단이나 명주의 끈으로 집집마다 만드는 선반장식.

f. 中秋節 Zhōngqiūjié(중추절, 추석)

农历 八月 十五日"(음력 8월 15일)의 밤에 보름달이 뜨며, "中秋节"라 부른다. "月到中秋分外明"(달이 中秋 때 유난히 밝다)고 말해지며, 이날밤, 달구경을 한다. 团圆节 Tuányuánjié"라고도 "八月节" "秋节"라고도 하며, "春节"와 함께 전통행사이다.

★ 赏月 shǎng yuè / 달구경.

¶ 吃月饼 yuèbǐng / 월병을 먹다.

¶ 团圆饼 / 월병(의 별칭).

¶ 豆沙 dòushā 月饼 / 콩소월병.

¶ 五仁 wǔrén 月饼 / 호두·솔방울·땅콩 등이 들어간 월병.

¶ 金腿 jīntuǐ 月饼 / 구운햄 월병.

¶ 团圆酒 / 가족이 함께 모여 단란하게 마시는 술.

¶ 赏月饼 / 달구경하며 식사하는 것.

g. 重陽節 Chóngyángjié(중양절)

"农历 九月 初九"(음력 9월 9일)은 중량절로 다른 이름은 "菊花 júhuā 節"(국화절). "重九"라고도 한다.

★ 登高 dēnggāo / (액막이를 위해) 높은 곳에 오르다.

¶ 赏菊 / 국화를 감상하다.

¶ 菊花酒 / 국화주.

¶ 菊糕 / 중양절 떡. 국화꽃을 넣어 만든 과자.

¶ 重阳糕 / "菊糕"의 별명.

¶ 茱萸 zhūyú / 산수유나무. 액막이로 몸에 꽂는다.

¶ 放风筝 fàng fēngzheng / 연날리기 : 이 날에 행하는 풍습이 있다.

3. 소수민족의 축제

a. 那達慕大會 Nàdámùdàhuì(나다무축제)

"蒙古族 Měngǔgzú"가 7, 8월에 여는 성대한 축제. "那达慕"는 몽고어로 오락 또는 유희의 의미로, 기간 중에는 "赛马 sàimǎ"(경마), "射箭 shèjiàn"(활쏘기), "摔交 shuāijiāo" (몽고씨름) 등이 행해지며, 물자교류도 이루어진다.

b. 潑水節 Pōshuǐjié(물뿌리기 축제)

"傣族 dǎizú"(타이족)의 타이력 정월(4월 중순경)을 축하하는 축제이다. "赛龙船"(용선경기)가 행해지고, 서로에게 물을 뿌려 축복해 준다.

c. 歌節 Gējié(노래 축제)

"壮族 Zhuàngzú(장족)"이 음력 3

월 3일에 행하는 축제로, 몇 명씩 조가 되어, 노래 대결을 벌이는 것이다. 이 축제가 끝나면 봄 농사에 들어간다. "会歌" "坡会" "会"라고도 한다.

d. 火把節 Huǒbǎjié(횃불 축제)

"彝族 Yízú"(이족), "白族 Báizú"(백족), "纳四族 Náxizú"(납서족) 등의 축제로, 음력 6월 24일이나 25일에 행해진다. 집 문앞이나 광장에 횃불을 세우고, 어두워지면 점화하여 노래하거나 춤추며 축하한다.

e. 三月街 Sānyuèjiē(3월시가)

"白族"이 음력 3월 15일부터 1주일간 행하는 것으로, 옛날에는 정기적이었다. 물자의 교류나 가무가 성대하게 행해지고, 민족간의 교류의 장으로서의 역할도 하고 있다. "观音节 Guānyinjié"이라고도 부르며, 일천년 이상의 역사를 가지고 있다.

f. 開齋節 Kāizhāijié(단식이 끝나는 축제)

이슬람력 10월 1일에 행해지는 "斋月"(단식월 · 라마단)이 끝나는 날의 축제이다. "肉孜节 ròuzihié"라고도 한다.

g. 古爾邦節 Gǔ'ěrbāngjié(고이방절)

이슬람력 12월 10일에 양을 죽여 "真主安拉 zhēnzhǔĀnlā"(이슬람교의 신 알라)를 제사하다. "宰牲节 zǎishēngjié"(희생제)라고도 한다.

h. 聖紀節 Shéngjìjié(성기절)

이슬람력 3월 20일로, 이슬람교의 창시자 "穆罕默德"Mùhǎnmòdé"(마호메트)의 탄생을 축하하는 날이다.

f－h는 "伊斯兰教 Yisilánjiào"(이슬람교)의 3대 축제일로, "维五尔族 Wéiwú'ěrzú"(위구르족), "回族 Huízú"(회족), "哈萨克族 Hāsàkèzú"(카자흐족) 등의 信者가 이것을 축하한다.

yí xià(我来～一下)제가 소개하겠습니다. ～qíngkùang(～情況)상황을 설명하다. **zìwǒ**～(自我～)자기소개.

†**jiéshěng** 节省(節－) 動 아끼다, 절약하다. ¶ ～shíjiān(～时间)시간을 절약하다.

⁑**jiēshi** 结实 形 튼튼하다, 견실하다. (**AABB**) ☆ **jiēshí**(结实)는 「열매가 열리다」의 뜻임. ¶ zhè zhāng zhǐ hěn～(这张纸很～)이 종이는 매우 질기다. shēntǐ～diǎnr le(身体～点儿了)몸이 튼튼해졌다.

***jiěshì** 解释(－釋) 動 분석 · 해명하다 ; 설명하다, 해석하다. ¶ ～zhèzhǒng xiànxiàng(～这种现象)이런 현상을 분석·해명하다. ～·qīngchu, miǎnde wùhuì(～清楚, 免得误会)분명히 설명하여 오해를 면하다. 名 해석, 설명. ¶ jìnxíng～(进行～)설명하다. zuò～(做～)위와 동일.

***jiēshòu** 接受 動 받다, 받아들이다. ¶ ～pīpíng(～批评)비평을 받아들이다. ～rènwu(～任务)임무를 받다.

†**jiě▴shǒu** 解手 動 (～儿)용변하다, 대소변을 보다. ¶ jiě dà shǒu(解大手)대변을 보다. jiě xiǎo shǒu(解小手)소변을 보다.

⁑**jiéshù** 结束(結－) 動 끝나다, 종결하다. ¶ ～zhànzhēng(～战争)전쟁을 끝맺다.

***jiē▲tóu** 接头(接一) 動 만나다, 연락하다. ¶ zài fànguǎn~(在饭馆~)레스토랑에서 만나다.

***jiē▲wěn** 接吻 動 입맞춤하다, 키스하다.

†**jièxiàn** 界限 名 1. 경계. ¶ huàqīng~(划清~)경계를 분명히 긋다. 2. 한도. ¶ yǒu~(有~)한도가 있다.

jiè▲yán 戒严(一嚴) 動 계엄령을 내리다. ¶ zhè tiáo lù~le(这条路~了)이 길은 계엄령으로 지날 수 없다. ~**lìng**(~令)계엄령.

†**jiéyuē** 节约(節約) 動 [대규모로] 절약하다. ¶ ~néngyuán(~能源)에너지를 절약하다.

jié▲zhàng 结帐(結帳) 動 장부를 마감하다, 결산하다. ¶ chūfā qián~(出发前~)출발전에 결산하다.

***jiēzhe** 接着 動 받다. ¶ wǒ wǎng xià rēng, nǐ zài xiàmian~(我往下扔, 你在下面~)내가 아래로 던질 터이니 너는 아래에서 받아라. 連 [앞의 말·동작에]연이어, 잇따라. ¶ chàngwán gē, ~yòu tiàowǔ(唱完歌, 又跳舞)노래가 끝나자 이어서 춤을 추다. qǐng~jiǎngxiaqu(请~讲下去)계속 말씀해 주십시오.

jiézhǐ 截止 動 [일정기간 안에]마감하다, 일단락짓다. ¶ bàomíng dào míngtiān~(报名到名天~)신청은 내일로 마감한다.

***jièzhi** 戒指 名 (~儿)반지. ¶ dài~(戴~)반지를 끼다. **dìnghūn**~(订婚~)약혼반지.

jiēzi 疖子(癤一) 名 종기, 부스럼. ¶ zhǎng~(长~)종기가 나다.

†**jí▲gé** 及格 動 급제하다, 합격하다. ¶ liùshí fēn~(六十分~)60분만에 합격하다.

***jìgōng** 技工 名 기술 노동자.

†**jīgòu** 机构(機構) 名 기구. ¶ gǎigé~(改革~)기구를 개혁하다. jīngjiǎn~(精简~)기구를 간소화하다. **guójiā**~(国家~)국가기구.

***jīguān** 机关(機關) 名 1. 기관, 엔진. ~**qiāng**(~枪)기관총. 2. [사무를 처리하는]조직, 단체, 기관. **gōng'ān**~(公安~)공안기관. **xíngzhèng**~(行政~)행정기관.

jìhao 记号(記號) 名 (~儿)기호, 표시. ¶ zuò~(做~)표시를 하다.

⁑**jíhé** 集合 動 집합하다, 모이다, 모으다. ¶ ~·le quánbù rényuán(~了全部人员)전원 집합하다. wǔ diǎn~(五点~)5시 집합.

***jīhū** 几乎(幾一) 副 1. …에 가깝게. ¶ ~yǒu wǔ mǐ cháng(~有五米长)약 5m정도 떨어진. 2. 거의, 하마터면. ¶ ~yào shuìzháo le(~要睡着了)하마터면 잠들뻔했다.

⁑**jìhuà** 计划(計劃) 動 계획하다. ¶ xiān~yí xià zài dòngshǒu(先~一下再动手)먼저 계획한 다음 착수하다. ~hòutiān zǒu(~后天走)모레 갈 계획이다. ~**shēngyù**(~生育)계획출산. 名《**gè** 个, **xiàng** 项》계획. ¶ wǔ nián~(五年~)5개년 계획. ~**xìng**(~性)계획성.

⁑**jīhuì / jīhui** 机会(機會) 名 기회, 시기. ¶ zhǎo~(找~)기회를 발견하다.

J

jìhui 忌讳(-諱) 動 [터부시하여]기피하다. ¶ ~shísān zhège shùzì(~十三这个数字)13이라는 수를 꺼리다.

jíhuò 即或 連〈文〉설사 …라 하더라도. =**jíshǐ**(即使)

***jījí** 积极(積極) 形 적극적이다. ⇔ **xiāojí**(消极) ¶ ~cānjiā(~参加)적극적으로 참가하다. qǐ~zuòyòng(起~作用)적극적인 역할을 하다. ~**fènzǐ**(~分子)행동이 적극적인 사람. ~**xìng**(~性)적극성.

J

†**jíjiāng** 即将(-將) 副〈文〉곧 …일 것이다. =**jiāngyào**(将要), **jiùyào**(就要), **kuàiyào**(快要) ¶ lǐxiǎng~shíxiàn(理想~实现)이상은 곧 실현될 것이다.

jījiǎo 犄角 名〈口〉(~儿) 1. 모서리. ¶ zhuōzi~(桌子~)책상 모서리. 2. 구석. ¶ wūzi~(屋子~)방구석.

☞ **jījiao**(犄角) 참조.

jījiao 犄角 名〈口〉뿔. ¶ zhǎng~(长~)뿔이 나다. niú~(牛~)쇠뿔.

☞ **jījiǎo**(犄角) 참조.

jìjiào 计较(計較) 動 1. 문제삼다. ¶ ~gèrén déshī(~个人得失)개인의 이해득실을 따지다. 2. 논쟁하다. ¶ hé háizi~yě méiyòng(和孩子~也没用)아이와 승강이를 벌여도 소용없다.

***jìjié** 季节(-節) 名 계절. **shōuhuò**~(收获~)수확의 계절. ~**xìng**(~性)계절성.

†**jìjìng** 寂静 形 조용하다, 고요하다. ¶ cūnzi li yípiàn~(村子里一片~)마을 전체가 고요하다. ~de xiàoyuán(~的校园)적막한 교정.

⁂**jíle** 极了(極-) 副 [형용사 뒤에 쓰여]정도가 심함을 표시한다.¶ jīntiān lěng~(今天冷~)오늘 굉장히 춥다. máng~(忙~)매우 바쁘다. rènao~(热闹~)매우 번화하다.

†**jīlěi** 积累(積纍) 動 [조금씩]누적되다. ¶ ~jīngyàn(~经验)경험을 쌓다. ~zījīn(~资金)자금을 축적하다.

jílì 吉利 形 길하다. ¶ tú ge~(图个~)미신을 몹시 믿다. bù~(不~)불길하다.

jílì 极力(極-) 副 힘닿는 한, 극력하여. ¶ ~fǎnduì(~反对)극력 반대하다.

jǐliang / **jíliang** 脊梁 名〈方〉등. =**bèi**(背), **jǐbèi**(脊背) ☆ **jíniang**하고 발음하는 것은 北京 토속어. ¶ guāngzhe~(光着~)웃통을 벗고.

***jīliè** 激烈 形 격렬하다, 극렬하다. ¶ ~de yùndòng(~的运动)격렬한 운동. zhēnglùnde hěn~(争论得很~)격렬하게 논쟁하다.

jīling 机灵(機靈)·机伶(機-) 形 기지가 있다, 약삭빠르다, 영리하다. ¶ zhè háizi zhēn~!(这孩子真~!)이 아이는 정말 기지가 있다.

jílìng 即令 連〈文〉설사 …하더라도. =**jíshǐ**(即使)

***jìlù** 记录(記錄)·纪录(紀錄) 動 기록하다. ¶ ~tánhuà nèiróng(~谈话内容)담화내용을 기록하다. 名 1. 기록. ¶ huìyì~(会议~)회의록. ~**piàn**(~片)기록영

화. ~**piānr**(~片儿)〈口〉 기록영화. 2. 기록자. ¶ dāng~(当~)서기를 맡다. pò~(破~)기록을 깨다.

***jìlǜ** 纪律(紀一) 名 규율. ¶ shǒu~(守~)규율을 지키다. pòhuài~(破坏~)규율을 깨다.

†**jímáng** 急忙 副 서둘러, 급히. ¶ ~pǎochuqu(~跑出去)급히 뛰어나가다.

jīmáo 鸡毛(鷄一) 名 《**gēn** 根》 닭털. ~**dǎnzi**(~掸子)닭털로 만든 털이개.

†**jìmò** 寂寞 形 외롭다. ¶ gǎndào~(感到~)외롭게 느끼다.

***jīn** 金 名〈化〉 1. 금, 황금. ~**sè**(~色)금색. 2. 금속. **wǔ**~(五~)금·은·동·철·주석.

***jīn** 筋 名 《**gēn** 根, **tiáo** 条》 근육, 힘살.

⁑**jīn** 斤 量〈度〉 중량단위. 500g ; 10량. ¶ duōshao qián yì~?(多少钱一~?)한근에 얼마입니까? lùn~mài(论~卖)1근을 얼마에 팔다 ; 흥정하다. **bàn**~**bā liǎng**(半~八两)50보 100보 ; 서로 같다, 비슷하다. ☆ 옛 제도에서는 한 근이 16량이었으므로 반근과 8량은 같은 양이다.

jīn 今 名 지금, 현재, 현대. ⇔ **gǔ**(古), **xī**(昔) 形 현재의, 현대의.

⁑**jǐn** 紧(緊) 形 1. 팽팽하다, 빈틈없다, 빡빡하다. ⇔ **sōng**(松) ¶ lā·~(拉~)팽팽하게 당기다. mén guānde~~·de(门关得~~的)문이 단단히 잠겨 있다. 2. 바짝 죄다, 절박하다. ¶ rènwu~(任务~)일이 절박하다. 動 꽉 죄다. ¶ ~kùyāodài(~裤腰带)허리띠를 졸라매다.

†**jǐn** 仅(僅) 副 가까스로, 겨우. = **jǐnjǐn**(仅仅) ¶ ~bàntiān jiù dào le(~半天就到了)겨우 반나절만에 도착했다.

***jìn** 劲(勁) 名 1. (~儿) 《**bǎ** 把, **gǔ** 股》 힘. **yòng**~(用~)힘쓰다. 2. (~儿)의기. **gǔ**~(鼓~)격려하다. 3. (~儿)태도, 표정. **lǎn**~(懒~)게으른 태도, 게으른 버릇, 게으른 모양. 4. 재미. ¶ xià qí méi~, bùrú dǎqiú qù(下棋没~, 不如打球去)바둑 두는 게 재미없으니, 공놀이 하러가자.

⁑**jìn** 进(進) 動 1. 나아가다, 전진하다. ⇔ **tuì**(退) ~**jūn**(~军)진군하다. 2. 들어가다, 들이다. ⇔ **chū**(出) ¶ qǐng~!(请~!)들어오세요. ~**mén**(~门)문으로 들어가다. 3. [동사 뒤에 붙어]안으로 이동하는 것을 표시한다. ¶ zǒu·~jiàoshì(走~教室)교실로 들어가다. fàng·~bīngxiāng lì(放~冰箱里)냉장고 안에 넣다.

***jìn** 尽(盡) 動 1. 다하다, 다 없어지다. ¶ ~zuìdà nǔlì(~最大努力)최대한의 노력을 하다. **yì yán nán**~(一言难~)한마디로는 다할 수 없다. 2. [동사 뒤에 붙어]그 동작이 완전히 완료한 것, 끝난 것을 표시한다. ¶ qián dōu huā·~le(钱都花~了)돈은 모두 써버렸다. yòng·~lìqi(用~力气)힘을 다 쓰다.

†**jìn** 浸 動 물에 담그다, 잠그다. ¶ ~·zai shuǐli(~在水里)물에 담그다.

⁑**jìn** 近 形 가깝다. ⇔ **yuǎn**(远) ¶ lí jiā hěn~(离家很~)집에서 가

J

깝다. nián~wǔshí(年~五十)나이가 50에 가깝다. ~jǐ tiān(~几天)요며칠, 요즈음.

jìn 禁 動 1. 금하다, 금지하다. 2. 감금하다. 3. 기피하다. **jìnqū**(禁区)[금지·보호구역].

jǐnbiāo 锦标(錦標) 名 우승기, 우승컵. ¶ duó~(夺~)우승을 다투다. ~**sài**(~赛)결승전.

*__jìnbù__ 进步(進一) 動 앞으로 나아가다, 진보하다, 전진하다. ¶ xūxīn shǐ rén~, jiāo'ào shǐ rén luòhòu(虚心使人~, 骄傲使人落后)겸허함은 사람을 진보시키고, 교만함은 사람을 퇴보시킨다. 名 진보. ¶ ~kuài(~快)진보가 빠르다. tā de Zhōngwén shāowēi yǒu xiē~le(她的中文稍徽有些~了)그녀의 중국어는 조금 진보했다. yǒule xiǎnzhù de~(有了显著的~)현저한 진보가 보였다. 形 진보적이다. ¶ ~sīxiang(~思想)진보적 사상.

jīnbuzhù 禁不住 動 1. 참을 수 없다, 견딜 수 없다. ¶ ~kǎoyàn(~考验)시련에 견딜 수 없다. 2. 참아낼 수 없다; 뜻하지 않게, 결국. ¶ ~hǎnchū shēng lai(~喊出声来)참지 못하고 소리를 질렀다.

†**jìndài** 近代 名 근대; 중국에서는 19C중엽부터 「五四운동」 시기까지를 가리킨다.

†**jìnéng** 技能 名 전문적인 기술, 솜씨. ¶ tèshū~(特殊~)특수기능.

*__jīng__ 茎(莖) 名 줄기. 量〈文〉길고 가는 것을 셀 때. ¶ shù~báifà(数~白发)몇 가닥의 백발.

†**jīng** 经(經) 動 1. 지나다, 경과하다. ¶ zhè jiàn shì shì~wǒ shǒu bàn de(这件事是~我手办的)이 일은 내손으로 한 일이다. ~tā yì shuō, wǒ cái zhīdao(~他一说, 我才知道)그가 말하자, 나는 처음으로 알았다. 2. 참다, 견디다. ~·**deqǐ**(~得起)견디어 내다. ~·**buqǐ**(~不起)견딜 수 없다. 名 1. [직물의]날실. 2. 경도(經度). 3. 〈生〉월경(月經).

*__jīng__ 惊(驚) 動 1. 놀라다. ¶ jiǎnzhí~·zhù le(简直~住了)너무나도 놀랐다. 2. [말 등이]놀라 날뛰다. ¶ mǎ~le(马~了)말이 놀라서 뛰었다.

†**jīng** 精 形 1. 정교하다, 정밀하다. ¶ gōngyì hěn~(工艺很~)세공이 정교하다. 2. 자세하다, 정통하다. ¶ ~yú zhēnjiǔ(~于针灸)침구에 정통하다.

*__jǐng__ 井 名 《**kǒu** 口, **yǎn** 眼》 우물. ¶ wā~(挖~)우물을 파다.

jǐng 景 名 1. 경치, 풍경. **xuě**~(雪~)설경. 2. [영화 등의]배경. **wài**~(外~)옥외세트.

†**jìng** 境 名 경계. **guó**~(国~)국경. **rù**~(入~)입국하다.

*__jìng__ 净(淨) 動 정화하다, 깨끗하게 하다. ¶ ~zhuōmiàn(~桌面)탁자를 깨끗이 하다. 形 1. 깨끗한, 청결한. ~**shuǐ**(~水)깨끗한 물. 2. 순수한. ~**zhòng**(~重)순량. 副 오로지. ¶ zhuōshang~shì shū(桌上~是书)책상위는 온통 책뿐이다.

jìng 敬 動 [술·차 등을]올리다, 바치다. ~**jiǔ**(~酒)술을 권하다.

*__jìng__ 静(靜) 動 조용하다. ¶ ~

yuànzi li hěn～(院子里很～)정원은 매우 조용하다. 形 조용히 하다. ¶ qǐng～・yi・～(请～一～)조용히 해주세요. ～・xià xīn lai xiǎng(～下心来想)마음을 조용히 하고 생각하다.

jìng 竞(競) 動 다투다, 경쟁하다.

***jìng** 竟 副 끝내, 드디어 ; 의외로. ¶ shéi zhī ta～dāying le(谁知他～答应了)그가 끝내 승락할 줄 누가 알았겠는가.

***jìng'ài** 敬爱(－愛) 動 경애하다. ¶ ～shīzhǎng(～师长)선생님을 경애하다. ～de Zhāng lǎoshī(～的张老师)경애하는 장선생님.

⁑**jīngcǎi** 精彩 形 멋이 있다, 훌륭하다. ¶ tā de bàogào～de hěn(他的报告～得很)그의 보고는 매우 훌륭하다. ～・de biǎoyǎn(～的表演)훌륭한 연기.

***jǐngchá** 警察 名 순경, 경찰. ¶ bèi～zhuāqu(被～抓去)경찰에 잡혀가다. **jiāotōng**～(交通～)교통경찰. **wǔzhuāng**～(武装～)무장경찰.

⁑**jīngcháng** 经常(經－) 形 일상의, 평상의. ～**fèi**(～费)경상비. 副 언제나, 자주, 잘. ¶ Běijīng de chūntiān～guā fēng(北京的春天～刮风)북경의 봄은 자주 바람이 분다. wǒmen yào～duànliàn shēntǐ(我们要～锻炼身体)우리는 언제나 몸을 단련해야 한다. ～shēngbìng(～生病)병에 잘 걸린다.

†**jīngdòng** 惊动(驚動) 動 [뭔가를 하여]놀라게 하다, 시끄럽게 하다. ¶ ～・le shùshang de niǎo (～了树上的鸟)나무 위의 새를 놀라게 했다.

†**jīngfèi** 经费(經費) 名 경비. ¶ xuējiǎn～(削减～)경비를 삭감하다. **jiàoyù**～(教育～)교육경비.

†**jǐnggào** 警告 動 경고하다. ¶ ～dírén(～敌人)적에게 경고하다. 名 경고. ¶ fāchū～(发出～)경고를 발하다. ～**chǔfèn**(～处分)경고처분.

⁑**jīngguò** 经过(經過) 動 1. [어떤 지점을]경유하다, 통과하다. ¶ zhè qìchē～Xīdān ma?(这汽车～西单吗?)이 버스는 서단을 통과합니까? 2. 경험하다. ¶ ～chōngfèn tǎolùn(～充分讨论)충분한 토론을 거쳐. 名 경과, 과정. ¶ shìjiàn de quánbù～(事件的全部～)사건의 전과정.

†**jīnghuāng** 惊慌(驚－) 形 놀라 허둥지둥하다. ～**shīcuò**(～失措)놀라 허둥대며 어쩔줄을 모르다.

⁑**jīngjì** 经济(經濟) 名 경제 ; 국가경제, 가정경제, 경제활동 등의 모든 것을 포함한다. ¶ tā jiā～kuānyù(他家～宽裕)그의 집은 생활이 넉넉하다. ～**wēijī**(～危机)경제공황. ～**xué**(～学)경제학. ～**zuòwù**(～作物)특용작물. 形 경제적이다. ¶ yòu～yòu shíhuì(又～又实惠)경제적이고 충실하다. ～**cāng**(～舱)여객기의 2등석.

jīngjiǎn 精简(－簡) 動 간소화하다. ¶ ～gōngzuò rényuán(～工作人员)인원을 정리하다. ～jīgòu(～机构)기구를 간소화하다.

†**jìng▲jiǔ** 敬酒 動 술을 권하다. ¶ jìng yì bēi jiǔ(敬一杯酒)술 한잔

J

권하다.

***jīngjù** 京剧(一劇) 名 경극.〈口〉 **jīngxì**(京戏). ☆ 중국의 대표적인 고전극; 清代에 北京에서 완성되어 '京'극이라 칭함. ¶ kàn～(看～)경극을 보다. tīng～(听～)경극을 듣다; 경극은 노래가 주를 이루기 때문.

京剧

jìngkuāng 镜框(鏡一) 名 액자. ¶ xiāng～(镶～)액자를 끼우다.

***jīnglǐ** 经理(經一) 名 지배인. ¶ gōngsī～(公司～)기업의 책임자.

†**jīnglì** 精力 名 정력. ¶ ～chōngpèi(～充沛)정력이 넘쳐 흐르다. xiāohào～(消耗～)정력을 소모하다.

†**jīnglì** 经历(經歷) 动 경험하다. ¶ ～·guo liǎng cì shìjiè dàzhàn(～过两次世界大战)2번의 세계대전을 경험하였다. 名 경험, 경력. ¶ tā de～hěn fùzá(他的～很复杂)그의 경력은 매우 복잡하다.

***jìng▲lǐ** 敬礼(一禮) 动 1. 경례하다, 인사하다. ¶ xiàng jūnqí～(向军旗～)군기에 경례하다. 2. 편지의 결어에 사용한다. ¶ cǐ zhì～(此致～)편지의 맨 끝에 쓰는 경구.

jīngmì 精密 形 정밀하다. ～**yíqì**(～仪器)정밀계기.

***jīngmíng** 精明 形 총명하다, 영리하다. ¶ zhè háizi fēicháng～(这孩子非常～)이 아이는 매우 영리하다. ～qiánggàn(～强干)똑똑하고 빈틈없다.

***jìngōng** 进攻(進一) 动 공격하다, 진공하다. ¶ fāqǐ～(发起～)공격을 하다.

***jīngqí** 惊奇(驚一) 形 의심하다, 놀라다. ¶ gǎndào～(感到～)이상히 여기다.

jīngqiǎo 精巧 形 정교하다, 손때가 묻어 있다. ¶ zuògōng～(做工～)세공이 정교하다. ～de huāpíng(～的花瓶)세공을 한 화병.

***jìngrán** 竟然 副 [뜻밖에]드디어, 의외로. ¶ ～fādòngle zhànzhēng(～发动了战争)결국 전쟁을 시작했다.

†**jīngrén** 惊人(驚一) 形 놀랄만한, 눈부신. ¶ jǔdòng～(举动～)행동이 사람을 놀라게 한다. ～de xiāoxi(～的消息)놀랄만한 소식.

†**jìngsài** 竞赛(競賽) 动 다투다, 경쟁하다. ¶ tǐyù～(体育～)스포츠 경기.

†**jǐngsè** 景色 名 [아름다운]경치, 풍경.

***jīngshén** 精神 名 정신. ¶ guójì zhǔyì～(国际主义～)국제주의 정신. ～wénmíng(～文明)정신문명. **jù jīng huì shén**(聚精会神)정신을 집중하다.

☞ **jīngshen**(精神) 참조.

†**jīngshen** 精神 名 원기, 활력. ¶ yǒu～(有～)활력이 있다. méi～(没～)활력이 없다. 形 활발하다, 생기발랄하다.(**AABB**) ¶ zhè hái-

zi guài~de!(这孩子怪~的!)이 아이는 매우 생기활발하다.

☞ **jīngshén**(精神)

jīngshòu 经受(經一) 動 받다, 견디다. ¶ ~kǎoyàn(~考验)시련에 견디다.

jǐngtì 警惕 動 경계하다. ¶ ~bìngqíng èhuà(~病情恶化)병의 악화를 경계하다. shīqù~(失去~)경계심을 잃다. tígāo~(提高~)경계심을 높이다.

jīngtōng 精通 動 […에]잘 통해 있다, 정통하다. ¶ ~wǔ mén wàiyǔ(~五门外语)5개 외국어에 정통해 있다. ~yèwù(~业务)실무에 밝다.

jìngtóu 镜头(鏡頭) 名 1. 카메라 렌즈. **guǎngjiǎo**~(广角~)광각 렌즈. 2. [사진의]스냅장면, [카메라의]쇼트. **tèxiě**~(特写~)클로즈업.

***jǐnguǎn** 尽管(盡一) 副 [주로 kěshì(可是), háishì(还是) 등과 호응하여]…이지만, …라 하더라도. ¶ tā~gōngzuò hěn jǐnzhāng, kěshì hái jiānchí dúshū(她~工作很紧张, 可是还坚持读书)그녀는 일이 바쁨에도 불구하고, 여전히 공부를 계속하다. ~yǒu jǐ ge guójiā fǎnduì, juéyì háishi tōngguò le(~有几个国家反对, 决议还是通过了)몇 개 국가가 반대했으나, 그래도 결의는 채택되었다.

☞ **jìnguǎn**(尽管) 참조.

jìnguǎn 尽管(盡一) 副 걱정없이, 개의치 않고. ¶ yǒu yìjian~tí, búyào kèqi(有意见~提, 不要客气)의견이 있으면 개의치 말고 내주세요, 괜찮습니다.

☞ **jǐnguǎn**(尽管) 참조.

jǐngwèi 警卫(一衛) 動 [무장을 하고]경비하다. ~**lián**(~连)경비대. 名 경비하는 사람, 경비원.

†**jǐngxiàng** 景象 名 현상, 모양, 모습.

†**jīngyà** 惊讶(驚訝) 形 놀라다. ¶ shífēn~(十分~)매우 놀라다.

⁑**jīngyàn** 经验(經驗) 名 《**gè** 个, **tiáo** 条》경험. ¶ ~hěn fēngfù(~很丰富)경험이 매우 풍부하다. jīlěi~(积累~)경험을 쌓다. 動 경험하다. ¶ zhèyàng de zāinàn wǒ méi~·guo(这样的灾难我没~过)이런 재난은 나는 경험한 적이 없다.

†**jīngyì** 惊异(驚異) 形 놀라며 이상히 여기다.

†**jīngyíng** 经营(經營) 動 1. 경영하다. ¶ ~·de hěn shùnlì(~得很顺利)경영이 매우 순조롭다. ~nóngyè(~农业)농업을 경영하다. ~xuéxiào(~学校)학교를 경영하다. 2. 계획하여 조직하다. ¶ cǎndàn~(惨淡~)고심하여 구상해 내다.

†**jīngyú** 鲸鱼(鯨魚) 名 《**zhī** 只》〈動〉고래.

†**jìngzhēng** 竞争(競爭) 動 경쟁하다, 다투다. ¶ yǒu~nénglì(有~能力)경쟁능력이 있다. **zìyóu**~(自由~)자유경쟁.

†**jīngzhì** 精致 形 세세하고 정교한. ¶ ~de gōngyìpǐn(~的工艺品)정교한 공예품.

jìngzhí 径直(徑直) 副 1. [목적지를 향해서]곧장. ¶ ~huí Běijīng, zhōngtú bú xià chē(~回北京, 中途不下车)도중에 하차하지

J

않고 곧바로 북경으로 돌아가다. 2. [일하기전 준비없이]곧바로, 직접. ¶ ~xiě, bù dǎ cǎogǎo(~写, 不打草稿)초고를 만들지 않고 직접 쓰다.

*jìngzi 镜子(鏡—) 名 《miàn 面, kuài 块》 거울. ¶ zhào~(照~) 거울을 보다.

*jīnhòu 今后(—後) 名 금후. ¶ ~duō liánxì(~多联系)금후 연락을 면밀히 하다.

†jìnhuà 进化(進—) 動 진화하다. ~lùn(~论)진화론.

J

jīnhuáng 金黄 形 황금색이다. (ABAB) ¶ màitián~~de(麦田~~的)밀밭은 황금색으로 빛나고 있다.

*jìniàn 纪念(紀—)·记念(記—) 動 기념하다, 추억으로 삼다. ¶ ~jiànxiào shí nián(~建校十年) 건학 10주년을 기념하다. 名 1. 기념을 나타내는 것. ~pǐn(~品)기념품. 2. 기념품. ¶ liú~(留~)기념으로 보존하다.

*jǐnjí 紧急(緊—) 形 긴급하다, 급박하다. ¶ qíngkuàng~(情况~) 상황이 급박하다. ~guāntóu(~关头)막다른 곳에 몰림.

jīnjié 筋节(—節) 名 1. [문장, 말 따위의]중요한 대목, 요점. 2. 적당한 시기나 정도.

*jǐnjǐn 仅仅(僅僅) 副 가까스로, 겨우. ¶ ~shèngxia sān tiān shíjiān le(~剩下三天时间了)겨우 3일밖에 남지 않았다.

†jìn▲jūn 进军(進軍) 動 진군하다;어떤 목표를 향해 나아가다. ¶ xiàng sì ge xiàndàihuà~(向四个现代化~)4가지 현대화를 향해 진군하다.

*jìn▲kǒu 进口(進—) 動 1. [선박이]입항하다. ¶ ~de chuánzhī(~的船只)입항하는 선박. 2. 수입하다. ~huò(~货)수입품.
☞ jìnkǒu(进口) 참조.

jìnkǒu 进口(進—) 名 [건물의]입구.
☞ jìn▲kǒu(进口) 참조.

*jìnlái 近来(—來) 名 [지나간 시간에 대해]요즈음, 근래. ¶ ~gōngzuò hěn máng(~工作很忙) 요즈음 일이 매우 바쁘다.

⁑jìnlai 进来(進來) 動 1. 들어오다. ¶ kuài~!(快~!)빨리 들어와! 2. [동사 뒤에 붙어서]안으로 들어오는 것을 표시한다. ¶ pǎo·~(跑~)뛰어 들어오다. zǒujìn wū lai(走进屋来)방으로 들어오다.

†jìn▲lì 尽力(盡—) 動 힘을 다하다, 진력하다. ¶ ~ér wéi(~而为)전력을 다하다.

*jǐnliàng 尽量(盡—) 副 할 수 있는 한, 극력으로. ¶ ~zǎo huílai(~早回来)가능한 빨리 돌아오다. ☞ jìnliàng(尽量) 참조.

jìnliàng 尽量(盡—) 動 최대한에 달하다. ☆ 주로 술이나 식사의 양에 쓰임. ¶ cài bù hǎo, zánmen jiǔ yào~(菜不好, 咱们酒要~)요리는 맛없지만, 술은 양껏 마시다.
☞ jǐnliàng(尽量) 참조.

†jǐnmì 紧密(緊—) 形 1. 긴밀하다. ¶ ~jiéhé(~结合)긴밀히 결합하다. guānxi~(关系~)관계가 긴밀하다. 2. 끊임없다. ¶ ~de yǔdiǎn(~的雨点)끊이지 않는 빗방

울.

⁑**jīnnián** 今年 名 금년. ¶ nǐ～duō dà le?(你～多大了?)올해 몇 살이세요?

⁑**jìnqu** 进去(進一) 動 1. 들어가다. 2. [동사 뒤에 붙어서]안에 들이거나 들어가거나 하는 것을 표현. ¶ bān·～(搬～)옮겨놓다.

†**jīnrì** 今日 名 1. 오늘, 금일. **jīntiān**(今天)보다 좀 더 문어적이다. ¶ ～xiūxi(～休息)금일휴업. 2. 오늘날. ¶ ～Běijīng(～北京)오늘날의 북경.

†**jìnrù** 进入(進一) 動 [어떤 범위나 시기에]도달하다, 들어가다. ¶ ～chéngqū(～城区)도시권으로 진입하다. ～xīn jiēduàn(～新阶段)새로운 단계에 도달하다.

*__jīnsè__ 金色 名 금색.

*__jǐnshèn__ 谨慎(謹愼) 形 신중하다. (**AABB**) ¶ ～de huídá wèntí(～地回答问题)신중하게 질문에 대답하다. bànshì～(办事～)일을 신중히 하다. xiǎoxin～(小心～)세심하고 신중하다.

†**jīnshǔ** 金属(一屬) 名 금속.

⁑**jīntiān** 今天 名 1. 오늘. ¶ ～shíyuè yī hào(～十月一号)오늘은 10月 1日이다. 2. 오늘날, 현재. ¶ ～de Zhōngguó(～的中国)오늘날의 중국.

⁑**jìnxíng** 进行(進一) 動 행하다, 진행시키다. ¶ xuéxí～·de zěnme-yàng?(学习～得怎么样?)학습의 진행정도가 어느 정도입니까? ～huìtán(～会谈)회담을 진행시키다. ～tǎolùn(～讨论)토론하다.

†**jìnxiū** 进修(進一) 動 [일시적으로 본업을 떠나]연수하다. ～shēng(～生)연수생.

jǐnyào 紧要(緊要) 形 매우 중요하다. ～**guāntóu**(～关头)중대한 고비. **wúguān**～(无关～)긴요하지 않다.

†**jìn yí bù** 进一步 連語 일보 진행시키다, 한걸음 진행시키다; 더욱더. ¶ ～fāzhǎn yǒuhǎo guān-xi(～发展友好关系)우호관계를 한층더 증진시키다.

†**jīnyú** 金鱼(一魚) 名 《**tiáo** 条》금붕어.

⁑**jǐnzhāng** 紧张(緊張) 形 1. [정신이]긴장되어 있다. ¶ ～·de shuōbuchū huà lai(～得说不出话来)긴장하여 말이 안나오다. 2. [사태가]긴박하다. ¶ gōngzuò～·qilai le(工作～起来了)일이 바빠졌다. 3. 충분히 공급할 수 없는, 부족한.

*__jìnzhǐ__ 禁止 動 금지하다. ¶ ～pāizhào(～拍照)촬영을 금지하다. ～wàichū(～外出)외출을 금지하다. ～xī yān(～吸烟)흡연을 금지하다; 금연.

*__jīnzi__ 金子 名 금의 통칭. ＝**jīn**(金)

jípǔchē 吉普车(一車) 名 《**liàng** 辆》지프. ☆ '吉普'는 영어「jeep」의 음역.

⁑**jīqì** / **jīqi** 机器(機一) 名 《**tái** 台》기계. ¶ ～chū máobing le(～出毛病了)기계가 고장나다. kāidòng～(开动～)기계를 움직이다. zhuāng-pèi～(装配～)기계를 조립하다. ～**rén**(～人)로보트.

*__jíqí__ 极其(極一) 副 매우, 아주. ☆ 여기서의 **qí**(其)는 지시기능을 잃었음. ¶ ～yánzhòng de wèntí(～严重的问题)매우 심각한 문제.

jīqiāng 机枪(機槍) 名 《**tǐng** 挺》〈略〉 기관총. ＝**jīguānqiāng**(机关枪)

†**jìqiǎo** 技巧 名 기교. ¶ yìshù～(艺术～)예술적인 기교.

***jìrán** 既然 連 [jiù(就), yě(也), hái(还)등과 호응하여]…한 이상은, …된 바에야. ¶ ～xué, jiù yào xuéhǎo(～学就要学好)배우는 이상, 잘 배워야 한다. nǐ～yǒu shì, yě kěyǐ huíqu(你～有事, 也可以回去)당신은 일이 있으니 돌아가도 좋습니다. ～tā zìjǐ yuànyi, wǒmen hái néng zǔzhǐ tā ma?(～他自己愿意, 我们还能阻止他吗?)그가 스스로 원하는 이상, 우리가 그를 멈추게 할 수는 없다.

***jīròu** 肌肉 名 근육. ¶ ～fādá(～发达)근육이 발달되어 있다.

†**jíshí** 及时(一時) 形 시기적절하다. ¶ cuòshī cǎiqǔde～(措施采取得～)조치를 시기적절하게 채택했다. ～**yǔ**(～雨)때맞은 비. 副 곧바로. ¶ ～jiějué(～解决)즉시 해결하다.

***jíshǐ** 即使 連 〈文〉 [주로 yě(也)와 호응하여]설사 …여도, 만일 …라 하더라도. ¶ xià dà yǔ, yě bù néng bú qù(～下大雨, 也不能不去)설사 큰 비가 내린다해도 가야만 한다.

***jìshī** 技师(一師) 名 기사. **jìshùyuán**(技术员)과 **gōngchéngshī**(工程师)의 중간정도.

jìshì 既是 連 …인 이상, …된 바에야. ¶ ～nǐ bú yuànyì, wǒ yě jiù bù miǎnqiǎng(～你不愿意, 我也就不勉强)네가 원하지 않는 이상, 나도 무리하게 말하진 않겠다.

jīshù 奇数(一數) 名 기수, 홀수. ⇔ **ǒushù**(偶数)

⁑**jìshù** 技术(一術) 名 《**mén** 门, **xiàng** 项》기술, 솜씨. ¶ ～gāo(～高)솜씨가 좋다. xué～(学～)기술을 배우다. yǒu～(有～)기술이 있다, 솜씨가 있다. ～**yuán**(～员)기사; '工程师'지도 밑에 있는 기사의 직급.

†**jīsù** 激素 名 호르몬.

***jìsuàn** 计算(計一) 動 **1.** 계산하다. ¶ ～zǒngshù(～总数)총 수를 계산하다. ～**chǐ**(～尺)계산자. ～**jī**(～机)계산기. **2.** 계획하다. ¶ xiān～·hǎo, ránhòu zài gàn(先～好, 然后再干)먼저 계획하여, 그리고나서 실행하다. **3.** 모함하다. ¶ ～rén(～人)남을 모함하다.

†**jítǐ** 集体(一體) 名 집단. ⇔ **gèrén**(个人) ～**shēnghuó**(～生活)집단생활. ～**zhǔyì**(～主义)집단우선주의.

jítuán 集团 名 단체, 그룹.

†**jiū** 揪 動 붙잡다, 끌어당기다. ¶ ～·zhù bú fàng(～住不放)붙잡고서 놓지 않다.

酒

⁑**jiǔ** 酒 名 술. ¶ zhè～hěn xiōng

(这~很凶)이 술은 독하다. hē ~(喝~)술을 마시다. yì bēi~ (一杯~)술 한잔. liǎng píng~ (两瓶~)술 2병.

†**jiǔ** 久 形 [시간이]길다. ⇔ **zàn** (暂) ¶ duō~(多~)어느 정도의 시간. děngle hěn~(等了很~)오랫동안 기다렸다.

⁑**jiǔ** 九 數 9, 아홉 ; 아홉번째. ☆ 갖은자는 '玖'

*__jiù__ 救 動 1. 구하다. ~**mìng**(~命)생명을 구하다. ~**rén**(~人)사람을 구조하다. 2. [위험이나 재난을]막다. ~**huǒ**(~火)불을 끄다. ~**zāi**(~灾)재해를 구제하다.

*__jiù__ 就 動 [직책이나 자리에]자리잡다. ~**zhí**(~职)취임하다. ~**zuò**(~座)자리에 앉다. 副 1. 곧, 즉시, 당장 ; [yī(一)에 호응하여]…하자마자. ¶ nǐ děngdeng, wǒ~lái(你等等, 我~来)기다려라, 금방 올테니. tā yì lái, wǒ~zǒu(他一来, 我~走)그가 오면, 곧 가겠습니다. yí kàn~míngbái(一看~明白)한번 보면 안다. 2. …라면, …할 경우에는. ¶ xià yǔ, wǒ~bù zǒu(下雨, 我~不走)비가 오면, 나는 가지 않겠다. nǐ yào shénme, wǒ~gěi nǐ shénme (你要什么, 我~给你什么)네가 무엇을 원하든, 나는 무엇이든 네게 주겠다. 3. …할 때는 이미, 일찌기. ¶ tā shíwǔ suì~cānjiāle gémìng(他十五岁~参加了革命)그는 15살에 이미 혁명에 참가했다. 4. 단지… 뿐 ; 범위를 한정한다. **jiùshì**(就是)와 바꿔 말해도 된다. ¶ ~tā yí ge rén bù zhīdào(~他一个人不知道)단지 그만 모른다. tā~ài kàn shū(她~爱看书)그녀는 책을 읽는 것만이 취미이다. 介 …에 대해서 ; 대상 또는 범위를 표시. ¶ ~gōngzuò jīngyàn lái shuō(~工作经验来说)일에 대한 경험을 말해보면. ~wǒ suǒ zhī(~我所知)내가 알고 있는 바로는. 連 설사…라도 ; 통상 **yě**(也)를 뒤에 동반한다. ¶ nǐ~bù shuō, wǒ yě huì zhīdao(你~不说我也会知道)당신이 말하지 않아도 나는 알 수 있다.

⁑**jiù** 旧(舊) 形 오래된 ; 옛날의, 예로부터의. ¶ zhè jiàn yīfu tài~(这件衣服太~)이 옷은 매우 낡았다. ~chuántǒng(~传统)예로부터의 전통.

jiǔbā 酒吧 名 바, 술집. **jiǔbā-jiān**(酒吧间)이라고도 함. ☆ **bā**(吧)는 영어 「bar」의 음역.

*__jiǔcài__ 韭菜 名〈植〉부추. ¶ gē ~(割~)부추를 베다.

jiūchán 纠缠(糾纏) 動 1. 뒤얽히다, 뒤엉키다. ¶ ~bù qīng(~不清)뒤엉켜 정리가 되질 않는다. 2. 치근덕거리다, 얽히다, 방해하다. ¶ wǒ xiànzài hěn máng, bié xiā~le(我现在很忙, 别瞎~了)나는 지금 바쁘니, 방해하지 말아주세요.

jiūfēn 纠纷(糾紛) 名 분쟁, 다툼. ¶ nào~(闹~)분규가 일어나다. tiáojiě~(调解~)분쟁을 조정하다. yǐnqǐ~(引起~)다툼을 일으키다.

*__jiùfù__ 舅父 名 엄마의 형제 ; 외삼촌

jiùjì 救济(-濟) 動 [물자로]구

제하다. ¶ ~nànmín(~难民)난민을 구제하다. ~**wùzī**(~物资)구호물자.

***jiūjìng** 究竟 副 1. [주로 의문대사를 사용한 의문문에 사용되어]도대체, 결국. ¶ zhè~shì zěnme huí shì?(这~是怎么回事?)이것은 도대체 어떻게 된 것인가? nǐ~tóngyì bù tóngyì?(你~同意不同意?)너는 도대체 동의하는 거니? ☆ 문미에 **ma**(吗)를 사용한 의문문으로 바꿀 수 없다. ~shì shéi?(~是谁?)도대체 누구인가? 2. 과연. ¶ tā~jīngyàn fēngfù, shuō de huà hěn yǒu dàoli(她~经验丰富, 说的话很有道理)과연 그녀는 경험이 풍부하여, 말하는 데 논리가 있다. 名 결과, 일의 귀착. ¶ zhīdao ge~(知道个~)결과를 알고 싶다.

jiǔjīng 酒精 名〈化〉알콜. ¶ gōngyè~(工业~)공업용 알콜.

***jiùjiu** 舅舅 名〈口〉엄마의 형제 ; 외삼촌. ☆ 호칭으로도 쓰인다.

***jiùmǔ** 舅母 名 외숙모. 〈口〉**jiùmà**(舅妈).

***jiūr** 阄儿(鬮兒) 名 [완구]제비. ¶ zhuā~(抓~)제비를 뽑다.

***jiùshì** 就是 連 [yě(也)를 뒤에 동반하여]설사 …하더라도. ¶ ~tā qǐng wǒ, wǒ yě bú qù(~他请我, 我也不去)설사 그가 초대를 해도, 나는 가지 않겠다. ~guā fēng xià yǔ, wǒ yě děi qù(~刮风下雨, 我也得去)설령 바람이 불고 비가 오더라도, 나는 가야만 한다. ☆ zhè jiù shì wǒ de jiā(这就是我的家)[여기가 우리집입니다], bù dǒng jiù shì bù dǒng(不懂就是不懂)[모르는 것은 모르는 것이다]등의 문장에 둘 수 있는 **jiù**(就)와 **shì**(是)는 2단어이다.

jiǔwō 酒窝(−窩)·酒涡(−渦) 名 (~儿)보조개. ¶ xiǎnchū yí duì~(显出一对~)양볼에 보조개를 보이다.

jiǔxí 酒席 名 술자리, 연회석. ¶ bǎi~(摆~)술자리를 마련하다. shè~(设~)술자리를 마련하다.

⁑**jiǔyuè** 九月 名 9월.

†**jiūzhèng** 纠正(糾−) 動 [사상·행동·방식 등의]나쁜점을 바꾸다. ¶ ~cuòwù(~错误)잘못을 개선하다.

jiùzhì 救治 動 처치하여 치료하다. ¶ ~shāngyuán(~伤员)부상자를 치료하다.

jíwéi 极为(極爲) 副 [주로 2음절어를 수식하여]극히, 매우. ¶ ~búlì(~不利)매우 불리하다. ~zhòngyào(~重要)매우 중요하다.

jíxiáng 吉祥 形 상서럽다, 운이 좋다. ~**huà**(~话)운이 좋은 문구(글). **tú**~(图~)미신을 믿다.

jīxiào 讥笑(譏−) 動 조롱하다, 비웃다. ¶ ~tārén(~他人)타인을 비웃다.

***jīxiè** 机械(機−) 名 기계. ☆ 집합적·추상적으로 쓰는 경우가 많다. 개별적인 기계는 **jīqi**(机器). ~**huà**(~化)기계화. 形 기계적이다. ¶ gōngzuò fāngfǎ tài~(工作方法太~)일의 방법이 너무나 기계적이다. ~de tàoyòng gōngshì(~地套用公式)공식을 기계적으로 적용하다.

jìxing 记性(記−) 名 기억력. ¶ ~hǎo(~好)기억력이 좋다. ~

J

huài(～坏)기억력이 나쁘다. bù zhǎng～(不长～)기억력이 나쁘다 ; 나쁜 일을 맞는데 익숙하다.

jíxìngzi 急性子 形 성급한. ¶ ～rén(～人)성급한 사람. 名 성급한 사람. ¶ tā shì ge～(他是个～)그는 성급한 사람이다.

⁑**jìxù** 继续(繼續) 動 계속하다. ¶ ～gōngzuò(～工作)일을 계속하다. 名 계속, 연장. ¶ xuéxiào shēnghuó de～(学校生活的～)학교생활의 연장.

jìyì 记忆(記憶) 動 기억하다, 생각해 내다. 名 기억. ～**yóu xīn**(～犹新)아직도 기억에 생생하다.

†**jǐyǔ** 给予(給一) 動 〈文〉 [뒤에 2음절의 동사를 동반하여]주다. ¶ ～bāngzhù(～帮助)도움을 주다. ～tóngqíng(～同情)동정하다. ～zhīchí(～支持)지지하다.

†**jìyú** 鲫鱼(鯽魚) 名 《**tiáo** 条》 붕어.

†**jìzǎi** 记载(記載) 動 기록하다, 기재하다. ¶ ～lìshǐ shìshí(～历史事实)사실(史實)을 기록하다. 名 기재된 문장 ; 기사, 기록. ¶ gēnjù dāngshí de～(根据当时的～)당시의 기록에 의하면.

jízǎo 及早 副 일찍. =**chènzǎo**(趁早) ¶ ～zhǔnbèi(～准备)일찍 준비하다.

*__jízào__ 急躁 形 조바심하다, 초조해하다, 안절부절 못하다. ¶ píqi～(脾气～)성급하다. ～qíngxù(～情绪)초조한 마음. 動 제대로 준비하지 않고 착수하다, 일을 서두르다. ¶ ～màojìn(～冒进)조급하게 저돌적으로 돌진하다.

*__jìzhě__ 记者(記一) 名 기자. **shèyǐng**～(摄影～)카메라맨. **xīnwén**～(新闻～)신문기자. ～**zhāodàihuì**(～招待會)기자회견.

*__jízhōng__ 集中 動 모으다, 집중하다. ¶ bǎ dàjiā de yìjian～・qilai(把大家的意见～起来)모두의 의견을 집약하다. ～jīnglì(～精力)신경을 집중시키다.

*__jīzǐr__ 鸡子儿(鷄一兒) 名 〈口〉 달걀. =**jīdàn**(鸡蛋)

jū 拘 動 1. 체포하다, 구류하다. 2. 구속받다, 얽매이다. 3. 완고하다.

jū 居 動 1. 살다, 거주하다. 2. …에 있다, …을 차지하다. **jūliú**(居留)[거류].

†**jú** 局 名 [정부기관 등의]국, 부국. ～**zhǎng**(～长)국장.

⁑**jǔ** 举(擧) 動 올리다, 들어 올리다, 제시하다. ¶ ～・chū shìshí(～出事实)사실을 제시하다. ～**bēi**(～杯)잔을 들다. ～**shǒu**(～手)손을 들다.

⁑**jù** 句 名 문장. =**jùzi**(句子) **zào**～(造～)문장을 만들다. 量 문장이나 단어를 셀 때. ¶ yí～huà(一～话)한마디.

jù 具 名 기구, 용구, 도구, 가구 등. 量 시체, 관, 기물 따위를 셀 때. **jùjié**(具结)[보증서, 계약서].

⁑**jù** 锯(鋸) 名 《**bǎ** 把》 톱. ¶ lā～(拉～)톱질하다. 動 톱질하다. ¶ ～mùtou(～木头)나무토막을 톱질하다.

†**jù** 聚 動 [의견을]모으다, 취합하다. ¶ ～・zai yìqǐ shāngliang(～在一起商量)함께 모여 의논하다. ☆ 화학용어로 '폴리'라는 접두

J

어로 쓰임.

†**jù** 距 動 떨어지다, 사이를 두다. ¶ liǎng dì xiāng~shí lǐ(两地相~十里)양지방은 서로 10리 떨어져 있다. ~jīn yǐ yǒu shí nián(~今已有十年)지금으로부터 10년이 되었다.

†**jù** 据(據) 動 1. 점거하다. 2. 의지하다. 介 …에 의하면; 근거를 표시. ¶ ~tiānqì yùbào, xiàwǔ huì xià yǔ(~天气预报, 下午会下雨)일기예보에 의하면, 오후에는 비가 올 것이다. ~rén shuō, nàli xiàle dà xuě(~人说, 那里下了大雪)사람들의 말에 따르면, 거기에 큰 눈이 내렸다고 한다. ☆ 이 문장은 **jùshuō**~(据说~)이라고도 할 수 있지만, 이 경우 1단어로 봐도 된다.
☞ **jùshuō**(据说) 참조.

juān 捐 動 기부하다. ~**kuǎn**(~款)돈을 기부하다. 名 세금. **shàng**~(上~)납세하다.

juān 圈 動 1. [선반 등에]넣다, 가두다. ¶ bǎ zìjǐ~·qilai(把自己~起来)스스로 자기자신을 가두다. 2. 〈口〉 구류하다. ¶ bèi~·qilai le(被~起来了)쳐넣다.
☞ **juàn**(圈), **quān**(圈) 참조.

***juǎn** 卷(捲) 動 1. 말다. ¶ ~xiùzi(~袖子)소매를 걷다. 2. 말아올리다. ¶ ~·qǐ chéntǔ(~起尘土)먼지를 날리다. 名 (~儿)둥글게 말아놓은 것. **pūgai**~(铺盖~)둘둘 만 이부자리. 量 두루마리를 셀 때. ¶ yì~zhǐ(一~纸)종이 한 퉁구리.
☞ **juàn**(卷) 참조.

***juàn** 卷 名 (~儿)답안. =**juànzi**(卷子) **jiāo**~(交~)답안을 내다. **pàn**~(判~)채점하다. 量 서적류의 권수를 표시. ¶ dì yī~(第一~)제1권. shàng~(上~)상권.
☞ **juǎn**(卷) 참조.

juàn 圈 名 [가축을 넣는]우리. **qǐ**~(起~)우리를 청소하다; 변이나 짚을 긁어내다. **zhū**~(猪~)돼지우리.
☞ **juān**(圈), **quān**(圈) 참조.

juànzi 卷子 名《**fèn** 份, **zhāng** 张》답안. ¶ jiāo~(交~)답안을 내다. pàn~(判~)답안을 조사하다; 채점하다.

†**jǔbàn** 举办(舉辦) 動 [활동·사업을]행하다, 개최하다. ¶ ~xuéshù jiǎngzuò(~学术讲座)학술강좌를 개최하다.

†**jùbèi** 具备(-備) 動 준비하다, 구비하다. ¶ ~tiáojiàn(~条件)조건이 구비되어 있다.

†**jùběn** 剧本(劇-) 名 각본, 희곡.

†**júbù** 局部 名 국부, 일부분. ¶ ~dìqū yǒu zhènyǔ(~地区有阵雨)일부지역에서는 소나기가 오겠습니다. ~**mázuì**(~麻醉)국부마취.

†**jùchǎng** 剧场(劇場) 名 극장. = **xìyuàn**(戏院)

***jùdà** 巨大 形 커다란, 거대한. ¶ ~de chéngjiù(~的成就)큰 성과. ~de yóuchuán(~的油船)거대한 유조선.

jǔdòng 举动(舉動) 名 행동, 거동. ¶ ~wényǎ(~文雅)거동이 품위 있다.

juē 撅 動 1. [꼬리를]세우다. ~**zuǐ**(~嘴)[입을]뽀로통히 내밀다, 뽀로통한 얼굴을 하다. 2. 〈口〉

J

꺾다. =**zhé**(折) ¶ ~·le yì gēn shùzhī(~了一根树枝)나뭇가지를 하나 꺾었다.

*__jué__ 掘 動 파다. =**wā**(挖) ¶ ~jǐng(~井)우물을 파다.

†**jué** 决(決) 動 1. 결정하다. 2. 결심하다. 副 [부정사의 앞에 쓰여서]결코; 확고한 부정을 표시. ¶ ~bú hòuhuǐ(~不后悔)결코 후회하지 않는다. ~wú lìwài(~无例外)결코 예외는 없다.

†**jué** 绝(絶) 動 1. 끊다, 단절하다. 2. 다하다, 끝나다. 副 1. [부정사의 앞에 쓰여]절대로; 완전한 부정을 표시. ¶ ~fēi ǒurán(~非偶然)절대로 우연이 아니다. ~wú cǐ shì(~无此事)절대로 이런 뜻은 없다. 2. [단음절 형용사 앞에 쓰여]매우. ¶ ~hǎo de jīhui(~好的机会)절호의 기회.

⁑**juéde** 觉得(覺—) 動 1. 느끼다. ¶ wǒ~dùzi téng(我~肚子疼)난 배가 아프다. ~quánshēn fāshāo(~全身发烧)전신에 열을 느끼다. ~lèi(~累)피곤하다. 2. …라 생각하다. ¶ nǐ~zěnmeyàng?(你~怎么样?)당신은 어떻게 생각합니까? wǒ~háishi xiān bù shuō hǎo(我~还是先不说好)내가 생각하기에 먼저 말하지 않는 것이 좋다.

⁑**juédìng** 决定(決—) 動 결정하다, 정하다. ¶ wǒ~jīntiān chūfā(我~今天出发)나는 오늘 출발하기로 결정했다. yíqiè yóu lǐngdǎo~(一切由领导~)모두 상사가 결정한다. 名 결정. ¶ zuòchū~(做出~)결정을 내리다. 形 결정적인. ¶ ~xìng de shènglì(~性的胜利)결정적인 승리. ~yīnsù(~因素)결정적 요소.

*__juéduì__ 绝对(絶對) 形 절대적이다. ⇔ **xiāngduì**(相对) ¶ ~fúcóng(~服从)절대 복종하다. 副 완전히, 절대로. ¶ ~bù yǔnxǔ(~不允许)절대로 용서할 수 없다.

†**jué▲kǒu** 决口(決—) 動 [제방이]무너지다, 터지다. ¶ hédī~le(河堤~了)제방이 붕괴하다.

juésài 决赛 名 결승전.

jué▲wàng 绝望(絶—) 動 절망하다.

☞ **juéwàng**(绝望) 참조.

juéwàng 绝望(絶—) 名 절망.

☞ **jué▲wàng**(绝望) 참조.

*__juéwù__ 觉悟(覺—) 動 각성하다, 자각하다. ¶ shǐzhōng bù~(始终不~)언제까지도 자각하지 않다. 名 자각. ¶ ~gāo(~高)자각이 향상하다. ~dī(~低)자각이 낮다. **jiējí**~(阶级~)계급의 자각, 계급의식.

*__juéxīn__ 决心 名 결심, 결의. ¶ xià~(下~)결심하다.

†**juéyì** 决议(決議) 名 결의. ¶ tōngguò~(通过~)결의를 채택하다.

*__jū▲gōng__ 鞠躬 動 허리굽혀 절하다. ¶ gěi lǎoshī jūle yí ge gōng(给老师鞠了一个躬)선생님께 절했다. jū jiǔshí dù gōng(鞠九十度躬)크게 허리를 굽혀 절하다.

*__júhuā__ 菊花 名 《**duǒ** 朵》 국화, 국화꽃.

†**jùjí** 聚集 動 모으다, 집합하다. ¶ ~lìliang(~力量)힘을 모으다.

*__jùjué__ 拒绝(—絶) 動 저항하다, 거절하다. ¶ duànrán~(断然~)단

J

호히 거절하다. ~pīpíng (~批评)비평에 귀를 기울이지 않다. ~yòuhuò(~诱惑)유혹을 거부하다.

*__jùlèbù__ 俱乐部(－樂－) 動〈譯〉 클럽. 원래는 영어 club의 음역.

†__jùlí__ 距离(－離) 動 떨어져 있다. ¶ ~Xī'ān wǔshí gōnglǐ(~西安五十公里)서안에서 50km 떨어져 있다. 名 거리. ¶ yǒu yí duàn ~(有一段~)약간 거리가 있다.

†__jùliè__ 剧烈(劇－) 形 격하다, 격렬하다. ¶ ~de dòuzhēng(~的斗争) 결렬한 투쟁.

J

†__júmiàn__ 局面 名 국면. ¶ dǎkāi~(打开~)국면을 타개하다. wěndìng~(稳定~)국면을 안정시키다.

†__jūmín__ 居民 名 거주민, 주민. ¶ jiēdào~(街道~)마을 주민.

†__jūn__ 军(軍) 名 1. 군대. **cái**~(裁~)군축하다. 2. 군대의 편성단위 ; **shī**(师)의 1급 위.

†__jūn__ 均 形 같다, 균등하다. ¶ fēnde bù~(分得不~)나누는 법이 같지 않다. 副〈文〉다같이, 모두. =**dōu**(都) ¶ gè xiàng rènwu~yǐ shùnlì wánchéng(各项任务~已顺利完成)임무는 모두 순조롭게 달성했다. lǎoshào~ān(老少~安)노소가 다 편안하다.

†__jūnbèi__ 军备(軍備) 名 군비. ¶ cáijiǎn~(裁减~)군비를 축소하다. kuòchōng(扩充~)군비를 확장하다.

*__jūnduì__ 军队(軍隊) 名《**zhī** 支》 군대. ¶ chūdòng~(出动~)군대를 출동하다.

__jūnfá__ 军阀(軍閥) 名 군벌.

*__jūnguān__ 军官(軍－) 名 무관, 장교.

__jūnì/jūni__ 拘泥 動 구애되다. ¶ bù~xíngshì(不~形式)형식에 구애되지 않다.

*__jūnjiàn__ 军舰(軍艦) 名《**sōu** 艘, **tiáo** 条, **zhī** 只》 군함.

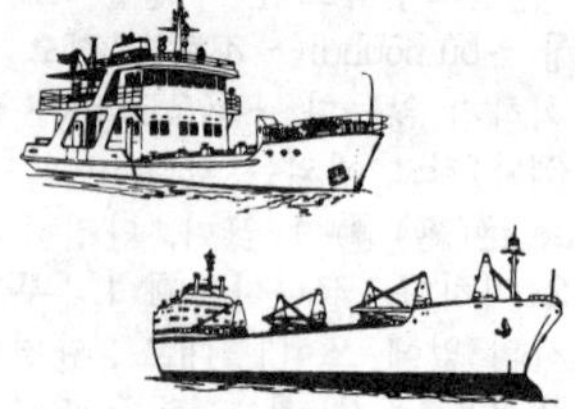

军舰

†__jūnrén__ 军人(軍－) 名 군인. **zhíyè**~(职业~)직업군인.

*__jūnshì__ 军事(軍－) 名 군사. ~**jīdì**(~基地)군사기지.

†__jūnyún__ 均匀 形 균일하다, 고르다, 평균적이다. ¶ ~de hūxīshēng(~的呼吸声)고른 호흡소리. fēnpèide~(分配得~)똑같이 나누다.

*__jūrán__ 居然 副 뜻밖에. ¶ tā~dāying le(她~答应了)그녀는 뜻밖에 허락했다.

*__júshì__ 局势(－勢) 名 국면, 정세. ¶ jǐnzhāng~(紧张~)긴장된 정세.

__jūshù__ 拘束 動 구속하다, 속박하다. ¶ ~háizi de huódòng(~孩子的活动)아이들의 활동을 구속하다. 形 어색하다, 거북하다. ¶ búyào~(不要~)어려워하지 마세요.

*__jùshuō__ 据说(據說) 動 들은바에 의하면[…한 일이다]. =**tīng**

shuō(听说) ¶ ~tā yǐjīng huí guóle(~他已经回国了)그는 이미 귀국했다고 한다. ~nàli xiàle dà-xuě(~那里下了大雪)거기엔 큰 눈이 왔다고 한다.

*__jùtǐ__ 具体(一體) 形 1. 구체적이다. ¶ ~dǎsuan(~打算)구체적으로 계획하다. ~fēnxī(~分析)구체적으로 분석하다. **~huà**(~化)구체화하다. 2. 특정의. ¶ ~de rén(~的人)특정인.

*__jǔxíng__ 举行(擧一) 動 행하다, 거행하다. ¶ ~huìtán(~会谈)회담을 행하다. ~kǎoshì(~考试)시험을 실시하다.

†**jùyǒu** 具有 動 [주로 추상적 사물을]갖다, 지니다. ¶ ~cáinéng(~才能)재능을 지니다. ~shèng-lì de xìnxīn(~胜利的信心)성공할 자신이 있다.

jùyuàn 剧院(劇一) 名 《**jiā** 家, **zuò** 座》 극장. =**xìyuàn**(戏院)

†**jūzhù** 居住 動 살다, 거주하다. ¶ ~zài jiāowài(~在郊外)교외에 살다. ~tiáojiàn(~条件)거주조건.

*__júzi__ 橘子 名 《**gè** 个, **bàn** 瓣》 귤. 속어로 '桔子'라고 쓴다. ¶ ~bàn(~瓣)귤송이.

⁑**jùzi** 句子 名 문장. ¶ zhège~tài cháng(这个~太长)이 문장은 너무 길다. fēnxī~de jiégòu(分析~的结构)문장구조를 분석하다.

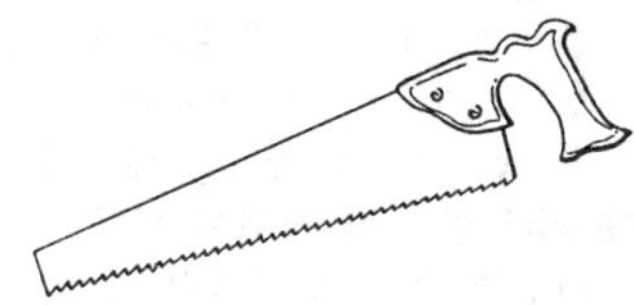

锯子

*__jùzi__ 锯子(鋸一) 名 《**bǎ** 把》 톱. ¶ lā~(拉~)톱질하다.

J

K

kǎ 卡 動 [사람·재산을]억류하다, 보류하다, 막다. ~**bózi**(~脖子)목을 누르다; 치명상을 가하다. 量〈略〉 칼로리. =**kǎlùlǐ**(卡路里) ☆ 프랑스어 calorie의 음역.

☞ **qiǎ**(卡) 참조.

kǎ 咯 動 [목·기관으로부터]이물질을 내뱉다, 칵하고 내뱉다. ¶ bǎ yúcì~·chulai(把鱼刺~出来)생선가시를 칵하고 내뱉다.

***kāchā** 喀嚓 擬 물건이 깨지는 소리; 뚝, 우지직, 쨍그렁.

kǎchē 卡车(－車) 名 《**liàng** 车两》 트럭. ☆ '卡'는 영어 'car'의 음역. =**zǎizhòng qìchē**(载重汽车)

⁑**kāfēi** 咖啡 名 《**bēi** 杯》 〈譯〉 커피. ☆ 영어 'coffee'의 음역. ¶ wǒ xǐhuan hē~(我喜欢喝~)나는 커피를 좋아한다. **sùróng**~(速溶~)인스턴트 커피.

⁑**kāi** 开(開) 動 1. [뚜껑·문 등을] 열다, [꽃이]피다. ¶ ~chuānghu(~窗户)창문을 열다. ~mén(~门)문을 열다. yīnghuā~le(樱花~了)벚꽃이 피었다. 2. [스위치를]켜다, 작동시키다. ¶ ~diàndēng(~电灯)전등을 켜다. ~diànmén(~电门)[전기]스위치를 켜다. 3. [기계를]조작하다, 운전하다. ¶ ~qìchē(~汽车)자동차를 운전하다. ~**yèchē**(~夜车)밤을 새우다, 철야하다. 4. [회의를]열다, 거행하다. ¶ ~huānsònghuì(~欢送会)환송회를 열다. 5. 끓다. ¶ shuǐ~le(水~了)물이 끓었다. 6. [동사 뒤에 보어로 쓰여]동작이나 상태가 확대되어 감을 나타냄. ¶ xiāoxi chuán·~le(消息传~了)소식이 널리 전해졌다. zǒu·~(走~)떠나다, 출발하다, [어떤 장소로부터]떨어지다.

†**kāibàn** 开办(開辦) 動 [사업 등을]시작하다, 개업하다, 설립하다. ¶ ~yèxiào(~夜校)야학을 설립하다.

***kāi▴chē** 开车(開車) 動 1. [기계·차를]움직이다, 운전하다. ¶ kāile wǔ nián chē(开了五年车)5년 동안 차를 운전했다. 2. 발차하다. ¶ jǐ diǎn~?(几点~?)몇시에 발차합니까? ~**shíjiān**(~时间)발차시간.

†**kāichú** 开除(開－) 動 제명하다, 해고하다, 면직시키다, 제적하다. ¶ ~xuésheng liǎng míng(~学生两名)학생 2명을 제적하다. tā bèi~le(他被~了)그는 제명되었다.

kāi▴dāo 开刀(開－) 動 1. 아무개를 본보기로 징계하다, …부터 먼저 손을 대다. ¶ xiān cóng shéi ~hǎo?(先从谁~好?)우선 누구부터 손을 볼까? 2. 〈口〉 외과수술을 하다.

***kāidòng** 开动(開動) 動 [차량·기계를]가동시키다, 운전하다. ¶ ~jīqì(~机器)기계를 가동시키다. ~nǎojīn(~脑筋)머리를 쓰다.

kāiduān 开端(開一) 名 발단, 시작. ¶ liánghǎo de～(良好的～) 좋은 시작.

†**kāifā** 开发(開發) 動 개발하다, 개척하다. ¶ ～huāngshān(～荒山) 황폐한 산을 개간하다. ～zīyuán (～资源)자원을 개발하다.

†**kāi▴fàn** 开饭(開飯) 動 식사준비를 하다, 밥을 먹다. ¶ ～le(～了)식사준비가 되었다, 식사할 시간이다.

†**kāifàng** 开放(開一) 動 1. [꽃이] 피다. ¶ xiānhuā～(鲜花～)아름다운 꽃이 피다. 2. 개방하다, 공개하다. ¶ měitiān dōu～(每天都～)매일 열려 있다. xīngqītiān bù～(星期天不～)일요일은 열지 않는다. ～**zhèngcè**(～政策)개방 정책.

***kāiguān** 开关(開關) 名 1. [전기의]스위치. 〈口〉 **diànmén**(电门). ¶ kāi～(开～)스위치를 켜다. dǎ kāi～(打开～)위와 동일. guānshàng～(关上～)스위치를 끄다. 2. 콕크, 밸브.

***kāi▴huì** 开会(開會) 動 회의를 열다, 모임을 갖다. ¶ kāile sān tiān huì(开了三天会)3일 동안 회의를 했다.

†**kāi▴kǒu** 开口(開一) 動 입을 열다, 말을 하다. ¶ tā dīzhe tóu, bù kěn～(她低着头, 不肯～)그녀는 고개를 숙이고, 입을 열려고 하지 않는다.

***kāi▴mù** 开幕(開一) 動 1. [연극의]막을 열다. ¶ lí～hái yǒu shí fēn zhōng(离～还有十分钟)막을 열 때까지 아직 10분 남았다. 2. [회의를]시작하다. ～**diǎnlǐ**(～典礼)개업식, 개회식.

†**kāipì** 开辟(開一) 動 1. [길을]열다 ; [새로운 국면을]개척하다, [사업의 기반을]조성하다. ¶ ～xīn hángxiàn(～新航线)새로운 항공노선을 열다. 2. 개척하여 발전시키다. ¶ ～shānqū(～山区) 산간지역을 개척하다. 名 개벽 ; 천지의 시작.

kāi▴qiāng 开枪(開槍) 動 총을 쏘다, 발포하다. ¶ kāile yì qiāng (开了一枪)총을 한발 쐈다.

†**kāishè** 开设(開設) 動 개설하다, 설립하다, 설치하다. ¶ ～fēnhào (～分号)지점을 개설하다.

⁑**kāishǐ** 开始(開一) 動 1. 시작하다, 개시하다. ¶ huìyì～le(会议～了)회의가 시작되었다. 2. 착수하다. ¶ ～shíyàn(～实验)실험에 들어가다. 名 시작. ¶ xīn de ～(新的～)새로운 시작.

⁑**kāishuǐ** 开水(開一) 名 끓는 물, 끓인 물. ¶ hē～(喝～)끓인물을 마시다. shāo～(烧～)물을 끓이다. **liáng**～(凉～)끓여 식힌 물.

kāitōng 开通(開一) 動 [막힌것을]뚫다, 열다, 개통하다. ¶ ～fēngqì(～风气)통풍을 잘시키다, 통풍을 잘하다.
☞ **kāitong**(开通) 참조.

kāitong 开通(開一) 形 개명하다, 깨다, 진보적이다. ¶ tā fùmǔ dōu hěn～(他父母都很～)그의 부모는 모두 진보적이다. yìdiǎnr yě bù～(一点儿也不～)조금도 진보적이지 않다.
☞ **kāitōng**(开通) 참조.

kāi▴tóu 开头(開頭) 動 (～儿)시작하다, 시작되다. ¶ nǐ xiān kāi

ge tóur(你先开个头儿)당신이 먼저 시작하시오.
☞ **kāitóu**(开头) 참조.

***kāitóu** 开头(開頭) 名 처음, 최초, 시작. ¶ wànshì~nán(万事~难)어떤 일이든 시작이 어렵다. 副 처음에는. ¶ ~wǒ bù xiāngxìn(~我不相信)처음에 나는 믿지 않았다.
☞ **kāi▴tóu**(开头) 참조.

kāiwài 开外(開–) 名 …이상 ; 주로 연령에 사용함. ¶ wǔshí~(五十~)50세 이상.

kāixiāo / kāixiao 开销(開銷) 動 지출하다, 지불하다. ¶ gòu~de(够~的)지불하기에 충분하다. 名 지불, 지출, 비용. ¶ měi yuè ~hěn dà(每月~很大)매월 지출이 많다.

†**kāi▴xué** 开学(開學) 動 신학기가 시작되다. ¶ xīn xuéqī jǐ hào~he?(新学期几号~呢?)신학기가 언제 시작됩니까?

†**kāiyǎn** 开演(開–) 動 [연극 · 영화 따위를] 시작하다. ¶ jǐ diǎn ~?(几点~?)몇 시에 공연을 시작합니까?

***kāizhǎn** 开展(開–) 動 전개하다, 펼치다, 넓히다. ¶ ~jítǐ huódòng (~集体活动)집단생활을 전개하다. 形 명랑하다, 쾌활하다, 낙관적이다. ¶ sīxiǎng~(思想~)생각이 낙관적이다.

kāi▴zhāng 开张(開張) 動 개점하다, 개업하다. ¶ shí nián qián kāi de zhāng(十年前开的张)10년 전에 개점했다. **chóng dǎgǔ lìng** ~(重打鼓另~)처음부터 다시 새로하다 ; 권토중래.

kāizhī 开支(開–) 動 1. 지출하다. ¶ bù yīngdāng yòng de qián, jiānjué bù~(不应当用的钱, 坚决不~)써서는 안될 돈은 절대로 지출하지 않는다. 2.〈方〉 임금을 지불하다. ¶ měi yuè wǔ hào~(每月五号~)매월 5일 임금을 지불한다. 名 지출, 비용. ¶ jiéshěng~(节省~)비용을 절약하다. jūnshì~(军事~)군사지출.

kān 刊 動 1. 새기다, 조각하다. 2. 간행하다, 출판하다.

†**kān** 看 動 지키다, 돌보다, 파수하다. ~**jiā**(~家)집을 보다. ~**mén**(~门)문을 지키다, 집을 보다.
☞ **kàn**(看) 참조.

***kǎn** 砍 動 1. [도끼 · 칼 등으로] 찍다, 패다. ¶ ~ · le yì dāo(~了一刀)한칼로 찍다. ~chái(~柴)장작을 패다. 2.〈方〉 던지다, 팔매질하다. ¶ ~shítou(~石头)돌을 던지다.

⁑**kàn** 看 動 1. 보다, 구경하다. ¶ ~ · le tā yì yǎn(~了她一眼)그녀를 힐끗 보았다. ~diànshì(~电视)텔레비전을 보다. ~xiǎoshuō(~小说)소설을 보다. 2. 조사하다, 관찰하다. ¶ ~mài(~脉)진맥하다, 맥을 짚다. 3. 진찰하다, 진료하다. ¶ dàifu bǎ wǒ de bìng~ · hǎo le(大夫把我的病~好了)의사가 나의 병을 치료해 주었다. 4. 방문하다, 위문가다. ¶ ~péngyou(~朋友)친구를 방문하다. ~bìngrén(~病人)환자를 위문하다. 5. [관찰해서]…라고 생각하다, 판단하다. ¶ nǐ~

zénme yàng?(你～怎么样?)당신은 어떻게 생각합니까?
☞ **kān**(看) 참조.

⁑**kàn▲bìng** 看病 動 1. 진찰하다. ¶ Wáng dàifu gěi rén～qù le(王大夫给人～去了)왕의사는 진찰하러 갔다. 2. 진찰받다. ¶ xiàwǔ dào yīyuàn qù～(下午到医院去～)오후에 병원에 진찰받으러 가다.

†**kànbuqǐ** 看不起 動 경시하다, 경멸하다, 깔보다, 업신여기다. ¶ ～rén(～人)남을 멸시하다.

kàndài 看待 動 대하다, 다루다, 취급하다. =**duìdài**(对待) ¶ dāng qīn mèimei～(当亲妹妹～)친여동생처럼 대하다.

***kànfǎ** 看法 名 견해, 보는 방법. ¶ yǒu～(有～)견해를 가지고 있다. ☆ 특히 부정적인 견해를 가지고 있는 경우에 잘 쓰임. **例**: tā hěn yǒu kànfǎ(他很有看法)그는 크게 견해를 달리하고 있다.

***kāng** 糠 名 [곡물의]겨, 부스러기, 기울. ¶ shāi～(筛～)겨를 체로 치다. ☆ 부들부들 떠는 것을 형용하는 데도 사용됨. **例**: liǎng tuǐ shāi kāng(两腿筛糠)두다리를 부들부들 떨다.

***káng** 扛 動 1. [책임, 임무 따위를]맡다. 2. 어깨에 메다. ¶ ～qiāng(～枪)총을 메다.

kàng 抗 動 1. 저항하다, 싸우다, 맞서다. 2. 거절하다, 항거하다.

***kàng** 炕 名 《**gè** 个, **pù** 铺》 온돌, 방구들. ¶ shuìzai～·shang(睡在～上)온돌 위에서 자다. shāo～(烧～)온돌에 불을 피우다.

⁑**kànjian** 看见(－見) 動 보다, 보이다, 눈에 띄다. ¶ nǐ～·le ma?(你～了吗?)너 봤니? **kàndejiàn**(看得见)볼 수 있다, 보이다. **kànbujiàn**(看不见)보이지 않다.

kàngjù 抗拒 動 항거하다, 저항하다, 반대하다, 거역하다. ¶ lìshǐ chāoliú bù kě～(历史潮流不可～)역사의 조류에 거역할 수 없다.

†**kàngyì** 抗议(－議) 動 항의하다. ¶ ～qīnlüè xíngwéi(～侵略行为)침략행위에 항의하다. qiángliè～(强烈～)강열하게 항의하다.

†**kànlai** 看来(－來) 動 보기에 …인 것 같다, 보아하니. ¶ ～yào xià yǔ le(～要下雨了)보아하니 비가 내릴 것 같다.

kànqí 看齐(－齊) 動 본받다, …과 같이 하다. ¶ xiàng mófàn rénwù～(向模范人物～)모범적 인물을 본받다.

†**kànqīng** 看轻(－輕) 動 얕보다, 깔보다, 경시하다. ¶ búyào～zhège wèntí(不要～这个问题)이 문제를 얕보지 마라.

kāntàn 勘探 動 지질을 조사하다. **tànkān**(探勘)이라고도 함. ～**duì**(～队)지질 조사대.

†**kàntòu** 看透 動 간파하다, 알아차리다. ¶ ～·le tā de qǐtú(～了他的企图)그의 의도를 알아차렸다.

kànwàng/kànwang 看望 動 [친척·친구 등을]방문하다, 문안하다. ¶ huí jiā～fùmǔ(回家～父母)집에 돌아가 부모를 문안하다.

†**kānwù** 刊物 名 [정기 또는 부정기의]간행물. ¶ fāxíng～(发行

~)간행물을 발행하다. **dìngqī~**(定期~)정기 간행물.

†**kànzhòng** 看中 動 보고 마음에 들다. ¶ tā~·le nàge gūniang(他~了那个姑娘)그는 그 아가씨에게 매혹되었다. wǒ~nǎge jiù mǎi nǎge(我~哪个就买哪个)나는 보고 마음에 드는 것을 산다.

***kǎo** 考 動 1. 조사하다, 검사하다. 2. 시험을 보다, 시험을 받다. ¶ ~nǐ yí xià(~你一下)당신 한번 시험해 봅시다. ~·shàngle dàxué(~上了大学)대학에 합격했다.

⁑**kǎo** 烤 動 1. 불에 굽다. ¶ ~báishǔ(~白薯)고구마를 굽다. 2. 불에 쬐여 말리다, 불을 쪼이다. ¶ ~shǒu(~手)손을 불에 쬐다.

⁑**kào** 靠 動 1. [···에]기대다. ¶ ~qiáng(~墙)벽에 기대다. 2. 접근하다, 닿다. ¶ ~àn(~岸)[배를]물가에 대다, 기슭에 닿다. 3. 의존하다, 의지하다. ¶ ~rèn chīfàn(~人吃饭)남에게 의지하여 생활하다. 4. 믿다, 신뢰하다. ¶ tā hěn~·dezhù(他很~得住)그는 정말 믿을 만하다. zhège rén yǒudiǎnr~·buzhù(这个人有点儿~不住)이 사람은 신뢰할 수 없는 점이 있다. 介 ···에 연하여. ¶ ~yòu xíngshǐ(~右行驶)우측으로 통행하다.

kǎochá 考查 動 점검하다, 시험하다, 심사하다. ¶ ~xuéxí chéngjì(~学习成绩)학습의 성과를 점검하다, 학습 성적을 조사하다.

†**kǎochá** 考察 動 1. 현지 조사하다, 시찰하다. ¶ qù Zhōngguó~jiào yù(去中国~教育)중국에 교육 시찰하러 가다. ~**tuán**(~团)시찰단. 2. 정밀히 관찰하다, 고찰하다. ¶ ~cáiliào(~材料)자료를 정밀히 고찰하다. 名 고찰. ¶ zuò kēxué~(做科学~)과학적 고찰을 하다.

kǎo▲huǒ 烤火 動 불을 쬐다. ¶ wéi lú~(围炉~)난로를 둘러싸고 불을 쬐다.

†**kàojìn** 靠近 動 1. ···에 가깝다, 가까이 있다. ¶ ~ménkǒu de rén qǐng guānshàng mén(~门口的人请关上门)입구 가까이 있는 사람이 문을 닫으세요. 2. 가까이 다가가다, 접근하다. ¶ lúnchuán mànmànde~mǎtou(轮船慢慢地~码头)기선이 천천히 부두에 접근했다.

kàolǒng 靠拢(-攏) 動 가까이 다가가다, 접근하다. ¶ xiàng qián~(向前~)[정렬시]앞으로 다가가다.

***kǎolǜ** 考虑(-慮) 動 생각하다, 고려하다. ¶ ~·dào hòuguǒ(~到后果)뒤의 결과를 고려하다. ~·de bù chéngshú(~得不成熟)생각이 성숙되지 못하다.

kàoshan 靠山 名〈口〉 믿고 의지할 사람, 후원자, 보호자. ¶ tā shì dàjiā de~(他是大家的~)그는 모두의 후원자이다. yǒu~(有~)빽이 있다.

***kǎoshì** 考试(-試) 動 시험보다, 테스트하다. ¶ kuài~le(快~了)곧 시험이 있다. 名 시험, 테스트. ¶ cānjiā~(参加~)시험을 받다, 시험에 참가하다. yǒu~(有~)테스트가 있다, 시험이 있다. zhǔnbèi~(准备~)시험준비를 하다.

†**kǎoyàn** 考验(一驗) 名 시험, 시련. ¶ jīngshòu～(经受～)시련을 겪다.

kǎpiàn 卡片 名《**zhāng** 张》카드. ☆ '卡'는 영어 card의 음역. **dāncí**～(单词～)단어카드. **zīliào**～(资料～)자료카드.

kē 苛 形 1. 심하다, 가혹하다. 2. 번거롭다, 성가시다.

†**kē** 科 名 1. 과. **lǐ**～(理～)이과. **wén**～(文～)문과. **yá**～(牙～)치과. **yǎn**～(眼～)안과. 2. 과[사무조직의 한 부문.] **cáiwù**～(财务～)재무과. **mìshū**～(秘书～)비서과. ～**zhǎng**(～长)과장.

***kē** 棵 量 포기, 그루[식물을 세는 데 쓰임.] **zhū**(株)라고도 함. ¶ yì～báicài(一～白菜)배추 한 포기. liǎng～shù(两～树)2그루의 나무.

***kē** 颗(顆) 量 알, 방울[둥글고 작은 알맹이 모양과 같은 것을 세는 데 쓰임.] ¶ yì～hànzhūzi(一～汗珠子)구슬땀 한 방울. liǎng～xīngxing(两～星星)별 2개.

kē 磕 動 1. [단단한 물건에]부딪치다. 2. 툭툭치다. 3. 갉아먹다.

***ké** 壳(殼) 名〈口〉(～儿) 껍질, 껍데기. ¶ jīdàn～(鸡蛋～)달걀 껍질.

☞ **qiào**(壳) 참조.

⁑**kě** 渴 形 [목이]마르다, 타다. ¶ wǒ kǒu～le(我口～了)나는 목이 탔다.

***kě** 可 副 1. 정말로, 절대로. ¶ ～bié wàng le!(～别忘了)절대 잊지 말아라. nà～bùxíng!(那～不行!)그것은 절대 안된다. jīntiān～zhēn rè!(今天～真热!)오늘은 정말 덥다. 2. [동사 앞에 쓰여]…할 수 있다, …하기에 충분하다. ¶ méi yǒu shénme～chī de(没有什么～吃的)아무것도 먹을 만한 것이 없다. 連 그러나. =**kěshì**(可是) ¶ dào diǎn le, ～tā hái méi lái(到点了, ～他还没来)시간이 됐지만 그는 아직 오지 않았다.

†**kè** 客 名 손님. =**kèren**(客人) **sòng**～(送～)손님을 보내다. **zuò**～(做～)손님으로 가다. 量〈方〉식사 따위의 1인분. ¶ yí～kèfàn(一～客饭)정식 1인분.

⁑**kè** 课(課) 名《**jié** 节, **táng** 堂》수업, 강의. ¶ jiāo yǔwén～(教语文～)국어 수업을 가르치다. **jiǎng**～(讲～)강의하다. **shàng**～(上～)[교사가]수업을 하다, [학생이]수업에 나오다. **xià**～(下～)수업이 끝나다. 量 과, 레슨[교과서 따위의 한 단락.] ¶ dì wǔ～(第五～)제 5 과.

⁑**kè** 刻 量〈譯〉15분. =**yíkè**(一刻) ☆ 영어 'quarter'의 음역. ¶ sì diǎn sān～(四点三～)4시 45분. yí～zhōng(一～钟)15분간. 動 새기다, 조각하다. ¶ ～túzhāng(～图章)도장을 새기다.

***kè** 克 量〈譯〉그램(g). ☆ 프랑스어 gramme의 음역. 動 극복하다, 억제하다, 이기다.

***kě'ài** 可爱(一愛) 形 사랑스럽다, 귀엽다. ¶ zhè háizi zhēn～!(这孩子真～!)이 아이는 정말 귀엽다. ～de zǔguó(～的祖国)사랑스런 조국.

⁑**kèběn** 课本(課一) 名 교과서.

K

jiàokēshū(教科书)라고도 함. ¶ Yīngyǔ～(英语～)영어 교과서.

kèbó 刻薄 形 각박하다, 냉혹하다, 박정하다. ¶ cíyǔ～(词语～) 말이 각박하다. dài rén～(待人～)사람을 대하는 것이 각박하다.

†**kěbushì** 可不是 動〈應〉그렇죠, 그렇고 말구요; 상대의 말에 강하게 동의할 때 쓰임. ¶ ～ma!(～嘛!)그럼요!

†**kèchéng** 课程(課－) 名 《**mén** 门》[학교의]교과과정, 커리큘럼. ～**biǎo**(～表)교과 과정표.

kēdǒu 蝌蚪 名〈動〉올챙이.

K

***kèfú** 克服 動 극복하다. ¶ ～kùnnan(～困难)어려움을 극복하다.

***kèguān** 客观(－觀) 名 객관. ⇔ **zhǔguān**(主观) 形 객관적이다. ¶ kàn wèntí～(看问题～)문제를 보는 방법이 객관적이다. ～de píngjià(～地评价)객관적으로 평가하다.

kěhèn 可恨 形 밉살스럽다, 가증스럽다, 원망스럽다. ¶ nǐ zhēn～!(你真～!)넌 정말 밉살스럽다. ～de qīnlüèzhě(～的侵略者)가증스런 침략자.

†**kējì** 科技 名〈略〉과학기술. = **kēxué jìshù**(科学技术)

***kě jiàn** 可见(－見) 連語 [이상의 일에서]…을 알 수 있다. ¶ ～tā shì duōme shēngqì le(～他是多么生气了)그가 얼마나 화가 났는지 알 수 있다.

kěkào 可靠 形 믿을만하다, 믿음직스럽다, 미덥다. ¶ wéirén～(为人～)사람됨이 믿음직스럽다. tā de xiāoxi～(他的消息～)그의 정보는 믿을만하다. zhège dōngxi hěn～(这个东西很～)이 물건은 믿을만하다.

kěkě 可可 名〈譯〉코코아. 영어 'cocoa'의 음역.

kěkǒu 可口 形 입에 맞다, 맛있다. ¶ zhè tāng hěn～(这汤很～)이 국은 정말 맛있다.

kèkòu 克扣 動 [재물을]가로 채다, 떼어먹다. ¶ ～gōngrén de gōngzī(～工人的工资)노동자의 임금을 떼어먹다.

***kèkǔ** 刻苦 形 1. 고생을 참아내다, 노력하다, 몹시 애를 쓰다. ¶ ～xuéxí(～学习)열심히 공부하다. 2. [생활이]검소하다. ¶ shēnghuó hěn～(生活很～)생활이 매우 검소하다.

†**kēlì** 颗粒(顆－) 名 알, 과립. ¶ ～féiliào(～肥料)과립 비료.

***kělián** 可怜(－憐) 形 1. 가련하다, 불쌍하다. ¶ ～de háizi(～的孩子)가련한 아이. 2. 볼품없다, 초라하다, 가치없다. ¶ shǎode～(少得～)극히 적다, 적어서 말할 가치가 없다. 動 동정하다. ¶ qǐng～・～wǒ(请～～我)저를 동정해 주세요.

***kěn** 啃 動 갉아먹다, 쏠다. ¶ lǎoshǔ bǎ chōuti～・huài le(老鼠把抽屉～坏了)쥐가 서랍을 쏠아서 망가뜨렸다. ～píngguǒ(～苹果)사과를 갉아먹다.

⁑**kěn** 肯 動 승낙하다, 동의하다, 수긍하다. 能 기꺼이 …(하려)하다. ¶ tā～xià kǔ gōngfu(他～下苦功夫)그는 기꺼이 힘든 수행을 하려한다. shéi dōu bù～shuō(谁都不～说)아무도 말하려 하지

않다.

*kěndìng 肯定 動 긍정하다, 인정하다. ⇔ fǒudìng(否定) ¶ ~chéngjì(~成绩)공적을 인정하다. 形 긍정적인. ⇔ fǒudìng(否定) ¶ chí~tàidu(持~态度)긍정적인 태도를 지니다. 副 확실히, 틀림없이. =yídìng(一定) ¶ tā~lái ma?(她~来吗?)그녀는 꼭 옵니까? ~shì zhēn de(~是真的)틀림없이 진짜이다.

⁑kěnéng 可能 能 가능하다, …할 수 있다. ¶ tíqián yí ge yuè jiāogōng shì wánquán~de(提前一个月交工是完全~的)한달 앞당겨 공사해도 충분히 가능하다. ~xìng(~性)가능성. 副 아마도, 아마. =yěxǔ(也许) ¶ xiàwǔ~xià yǔ(下午~下雨)오후에 비가 올지도 모른다. tā~bú zài jiā(他~不在家)그는 집에 없을지도 모른다. hěn~tā yǐjing huíguó le(很~他已经回国了)아마도 그는 이미 귀국했을 것이다. 名 가능성. ¶ yǒu zhèzhǒng ~(有这种~)이럴 가능성이 있다.

*kēng 坑 名 (~儿, ~子) 1. 구멍, 구덩이, 움푹패인 곳. dàn~(弹~)지진·폭탄 등이 폭발한 뒤 지면에 생긴 구덩이. wā~(挖~)구멍을 파다. 2. 동굴, 갱도, 지하도. 動 빠뜨리다. ¶ ~rén(~人)사람을 함정에 빠뜨리다.

kěnqiè 恳切(懇-) 形 간절하다, 진지하다, 정중하다. ¶ ~de qǐngqiú(~地请求)간절히 부탁하다. yáncí~(言词~)말씨가 진지하다.

*kěpà 可怕 形 두렵다, 무섭다. ¶ yàngzi hěn~(样子很~)모습이 무섭다. ~de jíbìng(~的疾病)무서운 질병.

kěqì 可气(-氣) 形 화나다, 속상하다. ¶ zhège rén zhēn~!(这个人真~!)이 사람은 정말 화났다. ~de shìqing(~的事情)화나는 일, 속상한 일.

⁑kèqi 客气(-氣) 形 1. [교제 장소에서]예의가 바르다, 정중하다. (AABB) ¶ shuōhuà hěn~(说话很~)말을 정중하게 한다. 2. 겸손하다. (AABB) ¶ nǐ tài ~le(你太~了)당신은 너무 겸손하군요! 動 사양하다. ¶ tā~·le yì fān, bǎ lǐwù shōuxialai le(他~了一番, 把礼物收下来了)그는 한바탕 사양하더니만, 선물을 받았다.

*kèren 客人 名 《gè 个, wèi 位》 손님, 방문객. ⇔ zhǔren(主人) ¶ láile liǎng wèi~(来了两位~)두 분의 손님이 오셨다. zhāodài~(招待~)손님을 초대하다.

⁑keshì 可是 連 그러나, …지만, …이나. ☆ dànshì(但是)와 같은 용법으로 쓰이지만, 역접의 어기는 약한편임. ¶ děngle hǎo bàntiān, ~tā méi lái(等了好半天, ~他没来)한참을 기다렸으나 그는 오지 않았다.

*kēshuì 瞌睡 名 앉아 졺, 말뚝잠. dǎ~(打~)말뚝잠을 자다. 形 졸리다. ¶ yì xiǔ méi shuì, báitian ~·de yàomìng(一宿没睡, 白天~得要命)한잠도 못잤더니, 낮에 졸려 죽겠다.

⁑késou 咳嗽 名 기침. ¶ hǎoróng-

K

yì zhǐzhùle～(好容易止住了～)간신히 기침이 멈췄다. 動 기침을 하다. ¶ ～bu～?(～不～?)기침을 합니까? ～·le yì shēng(～了一声)기침을 콜록하다.

†**kètáng** 课堂(課－) 名 교실. ¶ ～tǎolùn(～讨论)교실에서의 토론. ～zuòyè(～作业)교실에서의 과제.

*kètīng 客厅(－廳) 名 《**jiān** 间》 객실, 응접실. ¶ ～li láile kèren(～里来了客人)응접실에 손님이 와 있다.

*kē▲tóu 磕头(－頭) 動 이마를 땅에 조아리며 절하다；옛날의 예(禮). ¶ guìzai dìxia～(跪在地下～)땅에 꿇어앉아 절하다. kē sān cì tóu(磕三次头)세번 절하다.

†**kěwàng** 渴望 動 갈망하다. ¶ ～yǐ jiǔ(～已久)오래 전부터 갈망하고 있다.

*kèwén 课文(課－) 名 교과서의 본문；주석이나 연습문제에 대해.

*kěwù 可恶(－惡) 形 얄밉다, 괘씸하다, 가증스럽다. ¶ zhè jiāhuo zhēn～!(这家伙真～!)이 녀석 정말 가증스럽다. ～de rén(～的人)얄미운 사람.

*kěxī 可惜 形 섭섭하다, 아쉽다, 애석하다, 아깝다. ¶ zhè shǒutào hái méi pò, rēngle duō～(这手套还没破, 扔了多～)이 장갑은 아직 닳지 않아, 버리기에 너무 아깝다. ～tā yǐjing zǒu le(～她已经走了)서운하게도 그녀는 이미 떠났다.

*kěxiào 可笑 形 우습다, 가소롭다. ¶ nà xiàngsheng zhēn～!(那相声真～!)그 만담은 정말 우습다! jiǎnzhí～!(简直～!)정말 가소롭군!

⁑**kēxué** 科学(－學) 名 과학. ¶ jiǎng～(讲～)과학을 중시하다. ～**gōngzuòzhě**(～工作者)과학연구자. ～**jiā**(～家)과학자. ～**yuàn**(～院)과학원；비교적 규모가 큰 연구기관. 形 과학적이다. ¶ zhè yàng zuò bú tài～(这样做不太～)이렇게 하면 그다지 과학적이지 않다.

†**kēyán** 科研 名 〈略〉 과학연구. ＝**kēxué yánjiū**(科学研究) ¶ gǎo～(搞～)과학연구에 종사하다.

⁑**kěyǐ** 可以 動 상관없다, 허락하다. ¶ ～, nǐ qù ba(～, 你去吧)좋아요, 당신이 가세요. 能 1. …할 수 있다[가능이나 능력을 나타냄.] ¶ nǐ～bāngmáng ma?(你～帮忙吗?)당신 도와줄 수 있어요? tiānqì rè le, ～yóuyǒng le(天气热了, ～游泳了)날씨가 더우니 수영할 수 있다. 2. …해도 좋다, 지장없다[허가를 나타냄.] ¶ zhèr～chōu yān ma?(这儿～抽烟吗?)여기에서 담배 피워도 됩니까? ☆ 이 질문에 대한 부정의 답은, **bù kěyǐ**(不可以), **bùxíng**(不行), **bù néng** (不能)의 어느 것이라도 됨. 3. …하는 편이 좋다. ¶ nǐ～bù lǐ tā(你～不理他)당신은 그를 상대하지 않는 것이 좋다.

kèzhì 克制 動 [감정을]억제하다, 누르다. ¶ ～·buzhù zìjǐ de gǎnqíng(～不住自己的感情)자신의 감정을 억제할 수 없다.

*kōng 空 形 [속이]텅 비다, 아무

도 없다. ¶ ~fánzi(~房子)텅비어 있는 집. ~píngzi(~瓶子)빈병. 副 부질없이, 공연히, 헛되이. ¶ ~hǎokàn(~好看)쓸데없이 예쁘기만 하다.

☞ **kòng**(空) 참조.

†**kǒng** 孔 名 구멍. ¶ chuān~(穿~)구멍을 뚫다. 量〈方〉우물, 주거용 동굴[yáodòng(窑洞)]등을 세는 데 쓰임.

⁑**kòng** 空 動 비우다, 공백으로 하다. ¶ ~liǎng háng xiě(~两行写) 2줄 비우고 쓰다. bǎ fángjiān~·chulai(把房间~出来)방을 비우다. 形 비다, 비어 있다. ¶ chē xiāng li~·de hěn(车厢里~得很) 차 안이 텅비어 있다. ~**dì**(~地)공터, 빈땅. ~**fáng**(~房)빈집. 名 (~儿) 1. 빈시간, 틈. ¶ yǒu~zài lái(有~再来)시간 있으면 다시 오겠다. **chōu**~(抽~) 틈을 내다. 2. 틈새, 사이. ¶ méi yǒu xiàjiǎo de~(没有下脚的~) 발디딜 틈이 없다.

☞ **kōng**(空) 참조.

kòngbái 空白 名 공백, 여백. ¶ bǔ~(补~)공백을 메우다.

†**kǒngbù** 恐怖 形 무서워하다, 두려워하다. ¶ gǎndào~(感到~) 두려움을 느끼다. 名 공포, 테러. ¶ yípiàn~(一片~)가득찬 공포감. **bǎisè**~(白色~)백색테러.

kōngdòng 空洞 名 공동. ¶ xíngchéngle~(形成了~)공동을 이루고 있다. 形 내용이 없다, 공허하다. (**AABB**) ¶ nèiróng~(内容~)내용이 공허하다.

***kǒnghuāng** 恐慌 形 두렵다, 무섭다, 당황하다. ~**wànzhuàng**(~万状)공포에 떨다. 名 공황. ¶ shìjièxìng de~(世界性的~)세계적 공황.

†**kōngjiān** 空间(—間) 名 공간. ¶ lìyòng~(利用~)공간을 이용하다.

***kōngjūn** 空军(—軍) 名 공군. ¶ ~fēixíngyuán(~飞行员)공군 비행원, 파이롯트.

***kǒngpà** 恐怕 副 1. 아마 …일 것이다. ¶ ~jīntiān láibují le(~今天来不及了)오늘 아마 늦었을 것이다. 2. 대체로, 대략. ¶ ~yǒu shí diǎn le(~有十点了)대략 10시쯤 일 것이다.

***kōngqì** 空气(—氣) 名 공기. ¶ xīnxiān~(新鲜~)신선한 공기.

†**kōngqián** 空前 形 공전의, 전대미문의. ¶ ~de guīmó(~的规模) 공전의 규모. ~**juéhòu**(~绝后) 전무후무하다.

†**kǒngquè** 孔雀 名 《**zhī** 只》공작.

†**kōngshǒu** 空手 名 (~儿) 맨손, 맨주먹 ; 아무것도 가지고 있지 않음. ¶ ~huílai(~回来)빈손으로 돌아오다.

kòngxián 空闲(—閑) 名 여가, 틈, 짬. ¶ yǒu~(有~)틈이 있다. méi~(没~)틈이 없다. 形 1. 한가하다. ¶ ~de shíhou(~的时候) 한가할 때. 2. 비어 있다. ¶ ~de dìfang(~的地方)빈 곳.

***kòngzhì** 控制 動 제압하다, 제어하다. ¶ ~rénkǒu(~人口)인구를 억제하다. ~zìjǐ(~自己)자신을 컨트롤하다. 名 제어. **zìdòng**~(自动~)자동제어.

***kōngzhōng** 空中 名 공중. ~**xiǎojie**(~小姐)스튜어디스, 여자 승

무원.

kōngzhú 空竹 名 [북의 동체와 비슷하게 생긴]죽방울; 디아볼로. 2개의 막대기 사이에 당겨진 실로 던지고 받는 놀이. ¶ dǒu~(抖~)죽방울을 돌리다.

kòngzi 空子 名 1. 빈자리, 빈틈, 틈새. ¶ jǐ ge~(挤个~)빈틈을 비집다. 2. 기회. ¶ zuān~(钻~)기회를 타다.

kōu 抠(摳) 動 1. 파다, 후비다. ¶ ~bízi(~鼻子)코를 후비다. 2. 파고들다, 추궁하다. ¶ ~zìyǎnr(~字眼儿)글귀만 파고 들다. 形 〈方〉 인색하다, 째째하다. ¶ nǐ zhēn~!(你真~!)당신 정말 인색하군!

K

⁑**kǒu** 口 名 1. 입. ☆ 구어에서는 **zuǐ**(嘴)도 쓰임. 2. (~儿) 입과 비슷한 것. ¶ píng~(瓶~)병 주둥이. 3. (~儿) 출입구. ¶ mén~(门~)출입구. 量 1. 식구[가족수를 세는 데 쓰임.] ¶ wǒ jiā sì~rén(我家四~人)우리집은 4 식구이다. 2. 마리[돼지를 셀 때 쓰임.] ¶ yì~zhū(一~猪)한마리의 돼지. 3. 우물 따위를 세는데 쓰임. ¶ yì~jǐng(一~井)우물 하나.

†**kòu** 扣 動 1. [단추를]채우다, 걸다. ¶ ~kòuzi(~扣子)단추를 채우다. 2. 덮다, 가리다, 씌우다. ¶ yòng wǎn~·zhù(用碗~住)그릇으로 덮어놓다. 3. 구류하다. ¶ ~rén(~人)사람을 구류하다. 4. 공제하다, 빼다. ¶ ~gōngzī(~工资)급료를 공제하다. 名 (~儿) 매듭. =**kòuzi**(扣子) **huó**~(活~)매듭. **sǐ**~(死~)옭매듭.

kǒucái 口才 名 말재간, 구변. ¶ yǒu~(有~)말재간이 있다. ~bù hǎo(~不好)말재간이 좋지 않다.

kǒuchī 口吃 動 말이 어눌하다, 말을 더듬거리다. 名 말더듬이.

***kǒudài** 口袋 名 (~儿) 주머니. ¶ tāo~(掏~)주머니를 뒤지다.
☞ **kǒudai**(口袋) 참조.

†**kǒudai** 口袋 名 《**gè** 个, **tiáo** 条》 부대, 자루. ¶ yì~dàmǐ(一~大米)한자루의 쌀. **miàn**~(面~)밀가루 부대. **zhǐ**~(纸~)종이자루.
☞ **kǒudài**(口袋) 참조.

***kǒuhào** 口号(-號) 名 《**gè** 个, **jù** 句》 슬로건, 구호. ¶ hǎn~(喊~)구호를 외치다.

***kǒuhóng** 口红(-紅) 名 립스틱. ¶ mǒ~(抹~)립스틱을 바르다.

kòuliú 扣留 動 구류하다, 차압하다, 압수하다. ¶ ~·le sān tiān (~了三天)3일간 구류했다.

†**kǒuqì** 口气(-氣) 名 입심, 말버릇. ¶ tīng tā de~(听他的~)그의 말투로 보아.

***kǒuqín** 口琴 名 하모니카. ¶ chuī~(吹~)하모니카를 불다.

***kǒuqīng** 口轻(-輕) 形 1. [요리나 스프의]맛이 담백하다. ⇔ **kǒuzhòng**(口重) ¶ zhège cài~(这个菜~)이 요리는 맛이 담백하다. 2. 담백한 맛을 좋아하다. ⇔ **kǒuzhòng**(口重) ¶ wǒ~(我~)나는 담백한 맛을 좋아한다.

†**kǒushì** 口试(-試) 名 구두시험. ⇔ **bǐshì**(笔试)[필기시험]

†**kǒutóu** 口头(-頭) 名 구두. ~**fānyì**(~翻译)통역하다. ~**huì-**

bào(～汇报)구두 보고.

kǒuwèi 口味 名 (～儿) 1. 음식의 맛. ¶ zhège cài～hǎo(这个菜～好)이 요리는 맛이 좋다. 2. 맛에 대한 기호, 미각 ; 넓은 의미의 기호. ¶ hé～(合～)입맛에 맞다. bù hé～(不合～)기호에 맞지 않다.

kǒuxìn 口信 名 (～儿) 전언, 전갈. ¶ shāo～(捎～)전갈을 전하다.

kǒuyin 口音 名 1. 발음, 음성. ¶ tīng tā de～, xiàng Guǎngdōng rén(听他的～, 像广东人)그의 말소리를 들어보니 광동인 같다. 2. 사투리. ¶ Shànghǎi～(上海～)상해 사투리.

†**kǒuyǔ** 口语(一語) 名 구두어, 구어. ¶ tā～qiáng(他～强)그는 회화에 강하다.

†**kǒuzhào** 口罩 名 (～儿) 마스크. ¶ dài～(戴～)마스크를 쓰다.

†**kǒuzhòng** 口重 形 1. [요리나 스프의]맛이 진하다, 짜다. ⇔ **kǒuqīng**(口轻) 2. 진한 맛을 좋아하다. ⇔ **kǒuqīng**(口轻) ¶ Shānxī rén～(山西人～)산서인은 진한 맛을 좋아한다.

*__kòuzi__ 扣子 名 1. 매듭. ¶ dǎ huó～(打活～)매듭을 짓다. 2. 단추. ¶ jì～(系～)단추를 채우다.

扣子

kū 枯 動 [식물이]시들다, 이울다, 마르다.

⁑**kū** 哭 動 울다. ¶ bié～le(别～了)울지마라.

⁑**kǔ** 苦 形 1. 쓰다. ⇔ **tián**(甜) ～**yào**(～药)쓴 약. 2. 고통스럽다, 고되다, 고생스럽다. ¶ bú pà～(不怕～)고생을 두려워하지 않는다. 動 고통스럽게 하다, 고생시키다. ¶ zhè kě～·le wǒ le(这可～了我了)이것은 정말로 나를 고생시켰다. ～**xià**(～夏)여름을 타다.

*__kuā__ 夸(誇) 動 1. 과장하다, 허풍치다. ～**kǒu**(～口)허풍을 떨다. 2. 칭찬하다. ¶ ～háizi(～孩子)아이를 칭찬하다.

†**kuǎ** 垮 動 붕괴하다, 무너지다, 망가지다. ¶ lèi·～shēntǐ(累～身体)과로로 몸을 망쳤다.

kuà 挎 動 [팔, 어깨, 허리에]걸다, 메다, 차다. ¶ ～·zhe lánzi(～着篮子)바구니를 메고 있다.

kuà 跨 動 1. [가랑이를 벌리고]뛰어넘다. ¶ ～·jìn dàmén(～进大门)대문을 성큼 들어서다. 2. 두다리를 벌리고 걸터 앉다. ¶ ～·shàng mǎ(～上马)말을 타다. 3. [일정한 수량·시간·장소를]넘다. ¶ ～niándù(～年度)해를 넘기다. ～**guó gōngsī**(～国公司)다국적 기업.

kuādà 夸大(誇一) 動 과대하다, 과장하다. ¶ ～shìshí(～事实)사실을 과장하다.

⁑**kuài** 块(塊) 名 덩어리, 조각. ¶ qiēchéng～(切成～)덩어리로 자르다. 量 1. 덩이, 조각, 장[덩어리 또는 조각 모양의 물건을 헤아리는 데 쓰임.] ¶ yí～xiāngzào

(一~香皂)비누 한 조각. liǎng~shítou(两~石头)돌 두덩어리. 2. 일정한 넓이로 잘라진 토지 따위를 세는 데 쓰임. ¶ yí~dì(一~地)한 구획의 땅. 3.〈口〉화폐 단위. =**yuán**(元) ¶ sān~wǔ máo liù(三~五毛六)3원 56전.

⁑**kuài** 快 形 1. [동작이]빠르다. ⇔ **màn**(慢) ¶ zǒude~(走得~)빨리 걷다. wǒ de biǎo~yìdiǎnr(我的表~一点儿)내 시계는 조금 빠르다. yǒu yì tiáo gǒu hěn~de pǎolai le(有一条狗很~地跑来了)한 마리의 개가 빨리 달려왔다. ~diǎnr zǒu ba(~点儿走吧)좀 빨리 걷자. 2. [머리 회전 속도가]빠르다, 예민하다. ¶ tā fǎnyìng shífēn~(他反应十分~)그는 머리 회전이 매우 빠르다. 3. [연장 따위가]예리하다, 날카롭다. ⇔ **dùn**(钝) ¶ zhè bǎ dāozi zhēn~(这把刀子真~)이 칼은 정말 날카롭다. 副 1. 빨리, 어서, 얼른. ¶ nǐ~shuō a!(你~说啊!)너 빨리 말해라! 2. [뒤에 le(了)를 수반하여]곧, 머지않아. =**kuàiyào**(快要) ¶ ~dào qīyuè le(~到七月了)곧 7월이 된다.

kuàibǎnr 快板儿(-兒) 名 비교적 빠른 박자로 '拍板'[3개의 나무쪽으로 된 리듬악기]과 '竹板'[2개의 대쪽으로 된 리듬악기]을 치며, 간혹 대사를 섞어 노래하는 중국 민간 예능의 한가지. ¶ shuō~(说~)[위의 것을]공연하다.

†**kuàicān** 快餐 名 [식당·레스토랑의]빨리나오는 가벼운 식사; 즉석 음식, 패스트푸드.

†**kuàichē** 快车(-車) 名 급행열차, 급행버스. ⇔ **mànchē**(慢车)

***kuàihuo** 快活 形 유쾌하다. (AABB)=**kuàilè**(快乐) ¶ xīnli~(心里~)마음이 유쾌하다. ~de shēngyīn~(~的声音)쾌활한 목소리.

***kuàijì** / **kuàiji** 会计(會計) 名 회계원, 출납계. ¶ dāng~(当~)회계를 맡다.

***kuàikuàide** 快快地 副 빨리. ¶ ~pǎo(~跑)빨리 달리다.

***kuàilè** 快乐(-樂) 形 즐겁다, 유쾌하다. (AABB) ¶ rìzi guòde zhēn~(日子过得真~)매일 정말 즐겁다. wánrde hěn~(玩儿得很~)즐겁게 놀다. ~de xiàoshēng(~的笑声)즐거운 웃음소리.

kuàixìn 快信 名 속달우편. ¶ jì~(寄~)속달로 붙이다.

kuàiyào 快要 副 [뒤에 le(了)를 수반하여]곧 …할 것이다.
☆ **kuàiyào**(快要)는 **kuài**(快)와 **yào**(要)의 부사가 결합한 것임. ¶ ~dào shǔjià le(~到暑假了)곧 여름방학이 될 것이다. tàiyáng~xià shān le(太阳~下山了)해가 곧 질 것이다.

⁑**kuàizi** 筷子 名 《**shuāng** 双, **gēn** 根, **zhī** 枝》 젓가락. ¶ yòng~chī fàn(用~吃饭)젓가락으로 식사를 하다. **gōngyòng**~(公用~)공용 젓가락.

kuàizuǐ 快嘴 名 입이 가벼운 사람을 일컬음.

***kuājiǎng** 夸奖(誇獎) 動 칭찬하다, 찬양하다. =**chēngzàn**(称赞) ¶ lǎoshi~tā jìnbù kuài(老师~他进步快)선생님은 그의 진보가 빠르다고 칭찬하셨다. jí kǒu~

(极口～)극구 칭찬하다.

kuā▲kǒu 夸口(誇－) 動 허풍을 떨다. ¶ zài biéren miànqián～(在别人面前～)다른 사람 앞에서 허풍을 떨다.

⁑**kuān** 宽(寬) 形 [폭이]넓다. ⇔ **zhǎi**(窄) ¶ jiān～(肩～)어깨가 넓다. 動 늦추다, 느슨하게 하다. ～**yī**(～衣)옷을 벗다 ; 편안하게 하다, 즐겁게 하다. 名 폭. ¶ hé～wǔ mǐ(河～五米)강의 폭은 5m이다. 形 1. 느슨하다, 관대하다. 2. 여유롭다, 넉넉하다.

†**kuǎn** 款 名 《**bǐ** 笔》1. (～子) 돈, 경비. **bō**～(拨～)[정부기관 등] 돈을 지출하다. **qǔ**～(取～)돈을 찾다. 2. (～儿) 서명, 싸인. 3. [법령, 규정, 조약 따위의]조항, 조목. ☆ '条' 다음이 '款'이며, '款' 다음이 '项'임.

†**kuānchang** 宽敞(寬－) 形 넓다, 널찍하다. (**AABB**) ¶ zhèyàng bǎi xiǎnde～(这样摆显得～)이렇게 놓으니 넓어보인다. ～de fángjiān(～的房间)넓은 방.

†**kuānchuo** 宽绰(寬綽) 形 1. 널찍하다, 여유가 있다. (**AABB**) ＝**kuānchang**(宽敞) 2. 부유하다, 풍족하다. (**AABB**) ＝**fùyù**(富裕) ¶ shēnghuó～(生活～)생활이 풍족하다.

†**kuǎndài** 款待 動 환대하다, 후하게 대접하다. ¶ ～kèren(～客人) 손님을 환대하다. 名 후한 대접, 환대. ¶ shòudào rèqíng～(受到热情～)뜨거운 환대를 받았다.

***kuāng** 筐 名 (～儿) 《**fù** 副, **gè** 个》 [대 또는 버드나무가지를 엮어 만든]광주리. ¶ bēi～(背～)광주리를 지다. 量 광주리로 헤아릴 수 있는 것을 세는 데 쓰임. ¶ yì～tǔdòu(一～土豆)감자 한 광주리.

†**kuáng** 狂 動 미치다, 미쳐 날뛰다. 形 격렬하다, 맹렬하다, 심하다. ¶ nǐ zhè huà shuōde yǒudiǎnr～(你这话说得有点儿～)당신의 그 말은 좀 심하다.

***kuàng** 矿(礦) 名 1. 광맥. **jīn**～(金～)금광. 2. 광물. **tiě**～(铁～)철광석. 3. 광산. **xià**～(下～)채굴장으로 내려가다.

kuàng 旷(曠) 形 1. 텅비고 넓다, 널찍하다. 2. 마음이 넓다.

†**kuǎngchǎn** 矿产(礦產) 名 광물 자원. ¶ ～fēngfù(～丰富)광물 자원이 풍부하다.

†**kuángfēng** 狂风(－風) 名 폭풍. ¶ ～bàoyǔ(～暴雨)폭풍우.

kuànggōng 矿工(礦－) 名 광산 노동자.

kuàng▲gōng 旷工(曠－) 動 [노동자가]이유없이 결근하다, 무단 결근하다. ¶ kuàng sān tiān gōng(旷三天工)3일 동안 무단 결근하다.

kuàng▲kè 旷课(曠課) 動 [학생이]무단 결석하다.

***kuàngqiě** 况且 連 하물며, 게다가, 더구나. ¶ píngcháng rén jiù duō, ～jīntiān shì xīngqītiān(平常人就多, ～今天是星期天)평일에도 사람이 많은데, 게다가 오늘은 일요일이다.

kuàngshān 矿山(礦－) 名 《**gè** 个, **zuò** 座》 광산.

†**kuàngshí** 矿石(礦－) 名 광석.

***kuàngwù** 矿物(礦－) 名 광물.

K

kuàngyè 矿业(礦業) 名 광업.

kuānzi 框子 名 테, 테두리. ¶ yǎnjìng~(眼镜~)안경테. dìng~(定~)범위를 정하다, 제한을 설정하다.

kuāngzi 筐子
☞ **kuāng**(筐) 참조.

†**kuānkuò** 宽阔(寬闊) 名 크기, 넓이. ¶ ~de mǎlù(~的马路)넓은 거리. 形 1. [강, 도로 따위의 폭이]넓다. 2. [옷 따위가]헐렁헐렁하다. 3. [도량 따위가]크다, 넓다.

kuǎnshì 款式 名 격식, 양식, 스타일, 디자인. ¶ ~xīnyǐng(~新颖)디자인이 참신하다.

kuǎnxiàng 款项(一項) 名 1. [기관·단체 등이 취급하는]돈, 자금. 2. [법령·조약·규칙 등의] 항목.

kuānzhǎi 宽窄(寬一) 名 (~儿) 폭, 넓이. ¶ ~hé zhè jiān chàbuduō(~和这间差不多)넓이는 이 방과 비슷하다.

kuǎ▲tái 垮台(一臺) 動 와해하다, 무너지다, 실패하다. ¶ zhèngquán~le(政权~了)정권이 무너졌다.

kuāyào 夸耀(誇一) 動 과시하다, 뽐내다, 자랑하다. ¶ ~zìjǐ(~自己)자신을 과시하다.

***kùchǎ** 裤衩(褲一) 名 (~儿)[속옷의]팬티, 잠방이, 반바지. **sānjiǎo**~(三角~)삼각팬티.

kǔchu 苦处(一處) 名 괴로움. ¶ bǎ guòqù de~jiǎngchulai(把过去的~讲出来)지금까지의 괴로움을 말하다. wǒ yǒu wǒ de~(我有我的~)나는 내 나름대로의 괴로움이 있다.

***kuī** 亏(虧) 動 1. 손해보다. ¶ chī·~le(吃~了)손해봤다. 2. 결핍되다, 부족하다. **lǐ**~(理~)이치에 맞지않아 입장이 약하다. 副 1. …의 덕분에. ¶ ~nǐ tíxǐng, yàobù wǒ jiù wàngle(~你提醒, 要不我就忘了)나를 깨워준 덕분입니다, 그렇지 않으면 나는 잊어버릴 뻔했어요. 2. 잘도 그런[이야기를 하다, 짓을 하다]. ¶ ~nǐ shuōdechū!(~你说得出!)잘도 그런 말을 하는군.

kuì 馈(饋) 動 드리다, 선사하다, 증정하다.

kuì 愧 形 부끄럽다, 부끄러워하다. ¶ wènxīn wú~(问心无~)양심에 부끄럽지 않다.

kuǐlěi 傀儡 名 1. 꼭두각시. 2. 괴뢰, 또는 그런 조직. ~**zhèngquán**(~政权)괴뢰정권.

kuīxīn 亏心(虧一) 形 마음에 꺼려하다, 양심에 부끄럽다. ¶ zuò~shì(做~事)양심에 부끄러운 일을 하다. juéde~(觉得~)마음에 꺼림직함을 느끼다.

†**kūlong** 窟窿 名 1. 굴. ¶ bīng~(冰~)[강가에 얼어있는]얼음을 뚫은 구멍. wā~(挖~)굴을 파다. 2. 결손 ; 구멍. ¶ dǔ~(堵~)구멍을 메우다.

***kǔmèn** 苦闷(一悶) 形 고민하다. ¶ gǎndào~(感到~)고민하다. xīnli~(心里~)마음에 고민이 있다.

kūn 坤 名 ['乾'과 상대적으로]어머니, 여자, 땅 등의 의미로 쓰임.

***kǔn** 捆 動 묶다, 매다. ¶ yòng

shéngzi～·jiēshi(用绳子～结实)밧줄로 단단히 묶다. ～shéngzi(～绳子)밧줄로 묶다. 量 단, 묶음, 다발[묶은 다발로 된 것을 셀 때.] ¶ yì～chái(一～柴)땔나무 한 단.

*kùn 困 動 1. 두르다, 포위하다. ¶ bèi dà xuě～·zai shānli(被大雪～在山里)폭설로 조난되어 산에 갇히다. 2. 〈方〉 자다. '睏'이라고도 씀. ¶ yí jiào～·dào tiān dà liàng(一觉～到天大亮)날이 샐 때까지 잠을 자다. 形 졸리다. '睏'라고도 씀. ¶ ～·sǐ le(～死了)졸려 죽겠다.

kūnchóng 昆虫(一蟲) 名 곤충.

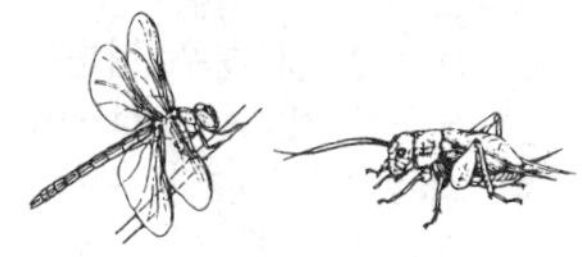

昆虫

⁑kùnnan 困难(一難) 形 1. 곤란하다, 장애가 많다, [환경이]복잡하다. ¶ bànchéng zhè jiàn shì～·de hěn(办成这件事～得很)이 일을 성공시키는 것은 매우 어렵다. 2. 곤궁하다. ¶ shēnghuó～(生活～)생활이 어렵다. 名 곤란, 장애. ¶ nǐ yǒu shénme～ma?(你有什么～吗?)무슨 어려운 일 있습니까?

kuò 扩(擴) 動 넓히다, 확대하다.

†kuò 阔(闊) 形 1. 부유하다. 2. [면적이]넓다, 광활하다. 3. [시간적으로]멀다. ¶ tā jiā hěn～(他家很～)그의 집은 대단히 부유하다.

*kuòchōng 扩充(擴一) 動 확대하다, 확충하다. ¶ ～shèbèi(～设备)설비를 확충하다.

*kuòdà 扩大(擴一) 動 확대하다, 넓히다. ¶ ～yǐngxiǎng(～影响)영향력을 넓히다. ～zhànguǒ(～战果)전과를 확대하다.

kuòjiàn 扩建(擴一) 動 [건물을]확장하다. ¶ ～chǎngfáng(～厂房)공장을 확장하다.

kuòqi 阔气(闊氣) 形 호사스럽다, 사치스럽다. ¶ jiǎng páichang, bǎi～(讲排场, 摆～)허세를 부리다, 사치스럽다.

kuòsàn 扩散(擴一) 動 넓히다, 확산하다. ¶ ～yáoyán(～谣言)유언비어를 퍼뜨리다. ～yǐngxiǎng(～影响)영향력을 확대하다.

kǔtóu/kǔtou 苦头(一頭) 名 (～儿) 괴로움, 고생. ¶ chījìn～(吃尽～)온갖 고통을 겪다.

⁑kùzi 裤子(褲一) 名 《tiáo 条》 바지. ¶ chuān～(穿～)바지를 입다. tuō～(脱～)바지를 벗다.

K

L

***lā** 拉 動 1. 당기다, 끌다, 이끌다. ¶ ~xiǎoháizi de shǒu(~小孩子的手)아이의 손을 끌다. ~chē(~车)수레를 끌다. ~duìwu(~队伍)부대를 인솔하여 이동하다. 2. [차에 실어]운반하다. ¶ ~féiliào(~肥料)비료를 운반하다. 3. 돕다, 거들다. ¶ ~tā yì bǎ(~他一把)그를 돕다. 4. [현악기를]켜다, 연주하다. ¶ xiǎotíqín(~小提琴)바이올린을 켜다. 5. 연결하다, 맺다. ~**guānxi**(~关系)[주로 나쁜 일로]관계를 맺다. ~**jiāoqing**(~交情)사귀다, 친교를 맺다.

☞ **lá** (拉) 참조.

lá 拉 動 베다, 썰다, 자르다. =**gē**(割) ¶ shǒushang~·le ge kǒuzi(手上~了个口子)손을 좀 베였다.

☞ **lā** (拉) 참조.

là 蜡(蠟) 名 《**gēn** 根, **zhī** 只》1. 초, 양초. =**làzhú**(蜡烛) ¶ diǎn~(点~)양초를 켜다. 2. 납, 밀랍.

***là** 辣 形 1. 맵다. ¶ wǒ bù xǐhuan chī~de(我不喜欢吃~的)나는 매운 걸 좋아하지 않는다. 2. 잔혹하다, 잔인하다. ¶ shǒuduàn hěn~(手段很~)수단이 매우 악랄하다.

***la** 啦 助 **le**(了)와 **a**(啊)의 합음; 문미에 쓰여 동작이 완성된 것, 상황이 변화한 것에 대해 감탄의 느낌을 더함. ¶ tā yǐjing lái~(他已经来~)그는 이미 왔다. tā zǎojiù zǒu~(她早就走~)그녀는 이미 가버렸다.

***lǎba** 喇叭 名 《**gè** 个, **zhī** 只》1. [악기의]나팔 종류. ¶ chuī~(吹~)나팔을 불다. ~**huā**(~花)나팔꽃; **qiānniúhuā**(牵牛花)의 속칭. 2. 확성기, 스피커.

***lái** 来(來) 動 1. 오다. ¶ nǐ míngtiān néng~ma?(你明天能~吗?)당신 내일 올 수 있으세요? ~zhèr sān nián le(~这儿三年了)여기 온 지 3년 되었다. ~·le yì fēng xìn(~了一封信)편지가 한 통 왔다. ☆ 이 경우 어순이 자연현상을 표시하는 **guāfēng**(刮风), **xiàyǔ**(下雨)등과 같다는 점에 주의. **例**: kètīng li~·le kèren(客厅里~了客人)응접실에 손님이 와 있다. 2. 그 어떤 동작을 할 때. ¶ zài~yí ge(再~一个)[연기·노래 따위를 재청할 때]앙코르. wǒ bànbuliǎo, nǐ~ba(我办不了, 你~吧)나는 할 수 없으니, 네가 해 봐. 3. [다른 동사 앞에 쓰여]나아가 동작을 일으키는 것을 말한다. ¶ wǒ~niàn yí biàn ba(我~念一遍吧)제가 한번 읽겠습니다. 4. 방향을 나타내는 보어; 대개 輕聲으로 읽음. ¶ qǐng jìn ·~ba(请进~吧)들어오세요. mǎihuí yì běn shū~(买回一本书~)책을 한 권 사서 돌아오다. 數 정도, 쯤['来' 앞의 수보다 약간 작거나 큰 정도의

수를 표시함.] ¶ shí~ge rén(~个人)10명 정도[10명이 채 안되는]의 사람. sānchǐ~cháng(三尺~长)3자(尺) 정도의 길이. 助 회상의 어기(語氣)를 나타냄. = **láizhe**(来着) ¶ zhè huà wǒ duōhuìr shuō~?(这话我多会儿说~?)이 이야기를 언제 했지요?

†**lài** 赖(賴) 動 1. 의지하다, 기대다. 2. [어느 장소에 머물러]떠나려 하지 않다, 가려하지 않다. ¶ ~·zai bèiwōr li(~在被窝儿里)언제까지나 이불 안에 있으려 한다. 3. [잘못을]부인하다, 시치미떼다. ~**zhài**(~债)트집잡아 빚을 갚지 않다, 빚을 떼먹다. 4. [남에게 죄나 잘못 따위를]뒤집어 씌우다. ¶ zìjǐ zuòcuò le, bù néng~biéren(自记做错了,不能~别人)자기가 잘못한 것을 남에게 뒤집어 씌워서는 안된다. 形 [보통 부정형으로 쓰여]못하다, 나쁘다. ¶ zhuāngjia zhǎngde zhēn bú~!(庄稼长得真不~!)농사가 정말 잘 됐다.

lài 癞(癩) 名 문둥병, 나병. =**máfēng**(麻疯)

†**láibīn** 来宾(來一) 名 내빈, 내객.

***láibují** 来不及(來一) 動 시간적으로 늦다, 미치지 못하다. ⇔ **láidejí**(来得及) ¶ xiě xìn yǐjing~le(写信已经~了)편지로는 이미 미치지 못한다. hòuhuǐ yě~le(后悔也~了)후회해도 늦었다. 副 …하는데 시간이 맞지 않다. ¶ jīntiān wǒmen~kàn tā le(今天我们~看他了)오늘은 그를 만나러 가기에 시간이 맞지 않는다.

***láidào** 来到(來一) 動 …에 오다, 도착하다. ¶ nín~Hánguó yǐjing jǐ nián le?(您~韩国已经几年了?)당신은 한국에 온 지 몇년 됐습니까?

***láidejí** 来得及(來一) 動 시간에 대다, 늦지 않다. ⇔ **láibují**(来不及) ¶ xiànzài qù hái~ma?(现在去还~吗?)지금 가면 늦지 않나요? 副 …에 시간맞춰 할 수 있다. ¶ ~zhǔnbèi(~准备)시간 맞춰 준비하다.

***láihuí** 来回(來一) 動 왕복하다. ~**piào**(~票)왕복표. 名 (~儿) 왕복. ¶ dǎ yí ge~(打一个~)한번 왕복하다. 副 여러 차례 왔다 갔다 하다. ¶ ~zǒudòng(~走动)왔다갔다 하다.

***láiwǎng** 来往(來一) 動 왕래하다. (**AABB**) ¶ jiēshang~de rén hěn duō(街上~的人很多)거리에는 오가는 사람이 매우 많다. 名 왕래.

☞ **láiwang**(来往) 참조.

†**láiwang** 来往(來一) 動 교제하다, 사귀다. ¶ gēn tā~(跟他~) 그와 교제하다. 名 교제, 사귐. ¶ wǒ gēn tā cónglái méi yǒu rènhé~(我跟他从来没有任何~) 나와 그와는 지금까지 어떤 교제도 없다.

☞ **láiwǎng**(来往) 참조.

†**láixìn** 来信(來一) 名 [상대방으로부터의]편지, 답신.

†**láiyuán** 来源(來一) 名 기원, 내원. ¶ méi yǒu jīngjì~(没有经济~)수입원이 없다. 動 [~yú(于)의 형태로]…에서 기원하다, …에서 생기다. ¶ ~yú qúnzhòng de shēnghuó(~于群众的生活)민

L

중의 생활에 기원을 두다.

***láizhe** 来着(來—) 助 …하고 있었다; 회상의 어기를 나타냄. ¶ nǐ gāngcái shuō shénme~?(你刚才说什么~?)당신은 방금 무얼 말했니? shì tīng shéi shuō de~?(是听谁说的~?)누구 이야기였더라? zuótiān wǎnshang wǒ kàn diànshì~(昨天晚上我看电视~)어제밤 나는 TV를 보고 있었다.

†**láizì** 来自(來—) 動 …에서 오다. ¶ ~Měiguó(~美国)미국에서 오다. ~qiánxiàn de yì fēng xìn(~前线的一封信)전선에서 온 한통의 편지.

***lājī** 垃圾 名 《**duī** 堆》쓰레기. ¶ dào~(倒~)[용기를 기울여서]쓰레기를 버리다. **duī**(~堆)쓰레기더미. ~**xiāng**(~箱)쓰레기통.

***làjiāo** 辣椒 名 고추. ~**jiàng**(~酱)고추장, ~**miàn**(~面)고춧가루.

lālong 拉拢(—攏) 動 동료로 끌어들이다. ¶ yòng jīnqián~(用金钱~)금전을 미끼로 동료로 끌어들이다. ~rén(~人)사람을 포섭하다.

lǎma 喇嘛 名 라마, 라마승. ~**jiào**(~教)라마교.

†**lán** 篮(籃) 名 (~儿)《**zhī** 只》바구니. =**lànzi**(篮子) ¶ kuàzhe ~(挎着~)바구니를 팔에 걸다. **tóu**~(投~)[농구에서]슛하다.

***lán** 拦(攔) 動 가로막다, 저지하다. ¶ ~·zhù qùlù(~住去路)갈 길을 가로막다.

***lán** 蓝(藍) 形 남빛의, 남색의. ~**tiān**(~天)푸른 하늘. 名 쪽빛, 남색. **qīng chū yú**~(青出于~)'제자가 스승을 능가한다'는 뜻; 청출어람.

†**lǎn** 懒(懶) 形 1. 게으르다, 나태하다. ⇔ **gín**(勤) **hào chī**~**zuò**(好吃~做)먹기만 좋아하고 일에는 게으르다. 2. [몸이]피로를 느끼다, 나른하다. ¶ shēnshang fā·~(身上发~)몸이 나른하다.

***làn** 烂(爛) 動 1. 썩다, 부패하다. ¶ shuǐguǒ~le(水果~了)과일이 썩었다. 2. 무르다, 물렁하다. ¶ zhǔde hěn(煮得很~)매우 무르도록 삶다. 3. [오래되어]낡다, 너덜너덜하다. ¶ yīfu chuān·~le(衣服穿~了)옷이 오래 입어 너덜너덜해지다. 形 어수선하다, 뒤죽박죽이다. ~**tānzi**(~摊子)수습하기 어려운 국면.

lánbǎoshí 蓝宝石(藍寶—) 名 사파이어(sapphire).

***lǎnde** 懒得(懶—) 動 […하는 것이]귀찮다, 내키지 않다. ¶ lèide shénme dōu~zuò(累得什么都~做)피곤해서 뭘하든 모두 귀찮다. ~shuō(~说)말하기 귀찮다.

***lǎnduò** 懒惰(懶—) 形 나태하다, 게으르다.

***láng** 狼 名 《**tiáo** 条, **zhī** 只》〈動〉이리; 잔인한 사람.

***làng** 浪 名 파도, 물결. **wú fēng bù qǐ**~(无风不起~)바람이 없으면 파도가 일지 않는다; 아니땐 굴뚝에 연기 날까?

†**lángān** 栏杆(欄—) 名 [다리·전망대 등의]난간, 손잡이.

†**lǎngdú** 朗读(—讀) 動 큰 소리로 읽다, 낭독하다. ¶ ~kèwén(~课文)본문을 낭독하다.

†làngfèi 浪费(一費) 動 낭비하다, 헛되다, 비경제적이다. ¶ fǎnduì ~(反对~)낭비를 반대하다. ~shíjiān(~时间)시간을 낭비하다.

†lǎngsòng 朗诵(一誦) 動 [시가·문장 등을]큰 소리로 읽다, 낭송하다.

lánhuā 兰花(蘭一) 名 난, 난꽃.

*lánqiú 篮球(籃一) 名 농구. ¶ dǎ~(打~)농구하다. ~sài(~赛)농구 시합.

lántú 蓝图(藍圖) 名 청사진 ; 설계도, 미래안. ¶ miáohuì zǔguó jiànshè de~(描绘祖国建设的~)조국건설의 청사진을 그리다.

lànyòng 滥用(濫一) 動 남용하다. ¶ ~zhíquán(~职权)직권을 남용하다.

*lāo 捞(撈) 動 1. [물속에서 물체를]건지다. ¶ ~yú(~鱼)고기를 잡다. 2. [부정한 수단으로]손에 넣다, 획득하다. ¶ ~yì bǎ(~一把)한 몫 보다.

†láo 牢 名 감옥, 외양간. **zuò**~(坐~)감옥살이를 하다. 形 견고하다, 흔들림없다. ¶ kǔn·~(捆~)단단히 묶다. ~~bǎzhù(~~把住)꽉 잡다.

láo 劳(勞) 名 노동, 일, 수고, 공로. 動 일하다, 노동하다, 수고하다.

lǎo 老 形 1. 늙다, 나이먹다, 오래된 옛날의. ¶ tā bǐ wǒ~yìdiǎnr(他比我~一点儿)그는 나보다 약간 나이를 먹었다. bōcài~le(菠菜~了)시금치가 쇠었다. **fáng-zi**(~房子)오래된 가옥. ~**péng-yǒu**(~朋友)오랜 친구 ~**zhǔgù**(~主顾)단골 손님, 오랜 고객. 2.〈口〉막내의, 끝의. ¶ ~érzi(~儿子)막내 아들. ~mèizi(~妹子)막내 여동생. 副 1. 오래도록. ¶ ~méi jiàn nǐ a!(~没见你啊!)오랫동안 만나지 않았군요. 2. 매우, 몹시, 대단히. ¶ ~dà(~大)매우 크다. ~gāo(~高)매우 높다. ~hǎo(~好)매우 좋다. ~yuǎn(~远)매우 멀다. ~zǎo(~早)훨씬 이전이다. ☆ 이것들의 결합은 비교적 고정되어 있어, 어떤 형용사와도 자유롭게 결합되는 것은 아님. 3. 언제나, 항상. ¶ tā~ài kāi wánxiào(他~爱开玩笑)그는 언제나 농담을 한다. 接頭 한 글자로 된 성(姓)이나 형제의 항렬 등의 앞에 붙여 호칭으로 씀. ¶ ~Wáng(~王)왕씨. ~**èr**(~二)차남. ~**dà**(~大)맏이.

L

lào 烙 動 1. 다리미질하다. ¶ ~yīfu(~衣服)옷을 다리다. 2. 반죽한 밀가루를 냄비에 굽다. ¶ ~liǎng zhāng bǐng(~两张饼)밀가루빵 2장을 굽다.

†lǎobǎixìng 老百姓 名〈口〉일반인민 ; 군인·정부기관의 직원과 구별할 때.

†lǎobǎn 老板 名 상점주인. **zhǎng-guìde**(掌柜的)이라고도 함.

làobǐng 烙饼(一餅) 名《**zhāng** 张, **kuài** 块, **yá** 牙》철판냄비나 질냄비로 구운 밀전병 ; 안에 기름이나 소금 등을 섞음.

*lǎodàniang 老大娘 名〈口〉아줌마 ; 연배의 여성에 대한 경칭, 주로 모르는 여성일 경우.

*lǎodàye 老大爷(一爺) 名〈口〉아저씨 ; 연배의 남성에 대한 경

칭, 주로 모르는 남성일 경우.

***láodòng** 劳动(勞動) 動 노동하다. **bù~zhě bù dé shí**(不~者不得食)일하지 않는 자는 먹지마라. 名 노동. ~**jié**(~节)노동절. ~**mófàn**(~模范)모범 노동자. **nǎolì**~(脑力~)정신노동, **tǐlì**~(体力~)육체 노동. ~**zhě**(~者)노동자.
☞ **láodong**(劳动) 참조.

láodong 劳动(勞動) 動 수고를 끼치다, 폐끼치다. ¶ ~nín pǎo yí tàng(~您跑一趟)수고스럽지만 한번 다녀와 주십시오.
☞ **láodòng**(劳动) 참조.

láofáng 牢房 名 감옥, 우리. ¶ guānzai~li(关在~里)우리에 가두다.

†**láogù** 牢固 形 견고하다, 흔들림 없다. ¶ jīchǔ~(基础~)기초가 견고하다. ~de yǒuyì(~的友谊) 변치않는 우정.

⁑**lǎohǔ** 老虎 名 《**zhī** 只》 호랑이. **qiū**~(秋~)초가을의 무더위.

***láo▲jià** 劳驾(勞駕) 動 〈應〉 실례합니다 ; 길을 비켜달라고 할 때나 일을 부탁할 때. **láo nín jià**(劳您驾)라고도 함. ¶ ~, nǐ gěi wǒ ná càidān lai(~, 你给我拿菜单来)실례지만, 메뉴 좀 부탁합니다.

†**lǎojiā** 老家 名 1. 고향집, 고향. ¶ huí~(回~)고향으로 돌아가다. sòng nǐ huí~(送你回~)저 세상으로 보내주마. 2. 본적지, 원적. =**yuánjí**(原籍) ¶ ~shì nǎr de?(~是哪儿的?)본적이 어디세요?

†**láokao** 牢靠 形 1. 튼튼하다, 견고하다. ¶ zhè zhāng zhuōzi zuòde zhēn~(这张桌子做得真~)이 책상은 튼튼하게 만들었다. bànshì~(办事~)일의 처리가 확실하다. 2. 믿음직하다, 확실하다. ¶ bǎ shìqing tuōgei~de rén(把事情托给~的人)일을 신뢰할 수 있는 사람에게 맡기다.

⁑**lǎolao** 姥姥 名 1. 〈口〉 외할머니. 2. 〈方〉 산파. =**shōushēngpó**(收生婆)

lǎonián 老年 名 노년 ; 60, 70세 이상.

***lǎopo** 老婆 名 〈口〉 아내, 규수. =**qīzi**(妻子)

lǎopór 老婆儿(-兒) 名 할머니 ; 친근함을 나타냄.

lǎoqì 老气(-氣) 形 〈方〉 1. 노련하다, 노숙하다. (**AABB**) ¶ bànshì hěn~(办事很~)일처리가 매우 차분하다. 2. [복장 등이] 촌스럽다, 옛스럽다. (**AABB**) (**A里AB**) ¶ yánsè tài~(颜色太~)색깔이 너무 수수하다.

***lǎorén / lǎoren** 老人 名 1. 노인. 2. 늙은 부모, 또는 조부모를 가리킴. **shàng yǒu**~(上有~)[부양해야 할]부모가 아직 살아있다 ; 종종 xià yǒu háizi(下有孩子)[자식이 있다]와 함께 쓰임.

†**lǎorenjia** 老人家 名 〈口〉 1. 연장자에 대한 존칭. ¶ nǐ~jīnnián duōdà niánjì le?(你~今年多大年纪了?)댁의 어르신은 올해 연세가 어떻게 되세요? 2. 남에게 자신 또는 상대방의 부모를 말할 때. ¶ ~xīnkǔle yíbèizi, bǎ wǒmen lāchědà(~辛苦了一辈子, 把我们拉扯大)아버지는 평생 고생

하시며 우리들을 키워주셨다.

láosao 牢骚(一騷) 動 불만을 토로하다, 푸념하다. ¶ ~·le bàntiān(~了半天)한참동안 불평을 늘어 놓았다. 名 불평, 불만, 푸념. **fā**~(发~)불평하다.

⁑**lǎoshī** 老师(一師) 名 [학교의] 선생님. ¶ Mǎ~(马~)마선생님. ~, nín zǎo!(~, 您早!)선생님, 안녕히 주무셨어요?

*__lǎoshì__ 老是 副 언제나. ¶ tā~chídào(她~迟到)그녀는 언제나 지각한다.

*__lǎoshi__ 老实(一實) 形 1. 성실하다, 정직하다.(**AABB**) ¶ tā yòu ~yòu rènzhēn(他又~又认真)그는 성실하고 진지하다. shuō~huà(说~话)솔직히 말하다. ~shuō, zhè bú shì zhēn de(~说, 这不是真的)솔직하게 말하면 이것은 진실이 아니다. ~**rén**(~人)올곧은 사람. 2. 예의바르다, 단정하다, 꼼꼼하다.(**AABB**) ¶ nǐ~diǎnr!(您~点儿!)좀 점잖해져라.

⁑**lǎoshǔ** 老鼠 名 《**zhī** 只》 쥐. 주로 **jiāshǔ**(家鼠)[집쥐]를 가리킴. ☆ 北京語에서는 **hàozi**(耗子)라고도 함.

*__lǎotàipó__ 老太婆 名 고령의 여성, 할머니.

*__lǎotàitai__ 老太太 名 1. 노부인에 대한 존칭. 2. 남의 어머니 ; 자신의 모친을 가리키는 경우도 있다.

lǎotiānyé 老天爷(一爺) 名 하느님. ¶ ~, bǎ wǒ xiàle yí tiào(~, 把我吓了一跳)에구머니, 정말 놀랐다. wǒ de~!(我的~!)하느님 맙소사!

lǎotóur 老头儿(一頭兒) 名 1. 노인, 늙은이, 영감. 2. 자기 또는 남의 아버지의 속칭.
☞ **lǎotóuzi**(老头子) 참조.

lǎotóuzi 老头子(一頭一) 名 1. 할아버지 ; 혐오스럽게 말할 경우가 있음. ☞ **lǎotóur**(老头儿)참조. 2. 나이먹은 남편을 칭할 때.

*__lǎoxiāng__ 老乡(一鄉) 名 고향사람, 동향인. =**tóngxiāng**(同乡) ¶ zánmen shì~(咱们是~)우리는 동향인이다. 2. 농민 ; 호칭에 사용함.

lǎoyā 老鸦(一鴉) 名 《**zhī** 只》 〈方〉 까마귀. =**wūyā**(乌鸦)

*__lǎoye__ 老爷(一爺) 名 1. [옛날]관리에 대한 존칭, 현재는 풍자적으로 사용됨. 2. [옛날]관리나 지주 집의 하인이 칭할 때 ; 어르신, 마님, 주인님. 3. 〈口〉 외할아버지. =**wàizǔfù**(外祖父)

*__lǎoyīng__ 老鹰(一鷹) 名 《**zhī** 只》 소리개, 매. **yuān**(鸢)라고도 함.

*__lǎozǎo__ 老早 副 1. 아침 일찍. ¶ ~jiù qǐlai le(~就起来了)아침 일찍 일어났다. 2. 벌써, 훨씬 전에. ¶ ~jiù zhīdao le(~就知道了)벌써 알고 있었다.

lǎozi 老子 名 1. 〈口〉 아버지. ¶ ~yǒu shénme~yǒu shénme érzi(有什么~有什么儿子)그 아버지에 그 아들. 2. 이 몸 ; 자신을 높여 부르는 말.

lā▲qiàn 拉纤(一縴) 動 1. 배를 끌다, 배의 밧줄을 끌다. 2. 중개하다, 주선하다.

lā▲shǐ 拉屎 動 〈口〉 대변을 보다.

lātā/lāta 邋遢 形 〈口〉 칠칠지 못하다, 깔끔하지 못하다.(**AABB, A里AB**) ¶ chuān yīfu~(穿衣服~)제대로 옷을 입지 않다. bànshi lālatātā(办事邋邋遢遢)일이 매끄럽지 못하다.

*__làyuè__ 腊月(臘—) 名 음력 12月.

*__làzhú__ 蜡烛(蠟燭) 名 《**gēn** 根, **zhī** 支·枝》 양초. ¶ diǎn~(点~)양초를 켜다.

†__lè__ 乐(樂) 形 기쁘다, 즐겁다. ¶ zhēnshì~·sǐ rén!(真是~死人!) 정말로 기쁘다. 動 〈口〉 웃다, 미소짓다. =**xiào**(笑) ¶ nǐ~shénme?(你~什么?)너는 왜 웃느냐?

⁑**le** 了 助 **1.** [동사 또는 형용사의 뒤에 붙어]동작이나 변화가 완성된 것을 나타냄. ¶ mǎi·~yì běn shū(买~一本书)책을 한 권 샀다. chī·~fàn jiù zǒu(吃~饭就走)식사가 끝나면 곧 외출한다. shuǐwèi dī·~liǎng chǐ(水位低~两尺)수위가 2자 낮아졌다. **2.** [문미에 쓰여]변화나 새로운 사태의 발생을 표시함. ¶ xià yǔ~(下雨~)비가 내린다. jiǔ bù hē~(酒不喝~)술은 마시지 않기로 했다. bìng hǎo~(病好~)병이 좋아졌다. fàn liáng~(饭凉~)밥이 식었다. ☆ wǒ chīle fàn le(我吃了饭了)[나는 밥을 먹었다], wǒ kànle xiǎoshuō le(我看了小说了)[나는 소설을 읽었다]등의 문장에 둘 수 있는 두 개의 **le**(了)는, **1**, **2**를 합쳐서 사용한 것임. 단, 목적어나 수량을 나타내는 수식어를 동반할 경우에는 통상적으로 문미에 **le**(了)를 쓰지 않음. **例**: wǒ kànle yì běn xiǎoshuō(我看了一本小说) 나는 소설을 한 권 읽었다. wǒ hēle yì bēi chá(我喝了一杯茶)나는 차를 한잔 마셨다.
☞ **liǎo**(了) 참조.

*__lèguān__ 乐观(樂觀) 形 낙관적이다. ⇔ **bēiguān** (悲观) ¶ ~de kànfǎ(~的看法)낙관적인 견해, 희망적인 관측.

*__lēi__ 勒 動 [끈으로]꼭 묶다, 단단히 졸라매다. ¶ ~·jǐn kùyāodài(~紧裤腰带)허리띠를 바짝 죄다.

*__léi__ 雷 名 《**shēng** 声》 천둥, 우뢰. ¶ dǎ~(打~)천둥이 치다.

lěi 垒(壘) 動 쌓아 올리다, 구축하다. ¶ ~qiáng(~墙)담을 쌓다. 名 [야구나 소프트볼의]베이스.

lèi 泪 名 눈물. ¶ liú~(流~)눈물을 흘리다.

⁑**lèi** 累(纍) 形 피곤하다, 지치다. ¶ juéde~(觉得~)피로를 느끼다. ~le ma?(~了吗?)지쳤습니까? yìdiǎnr yě bú~(一点儿也不~)조금도 피곤하지 않다. ~·huài le(~坏了)몹시 지치다.

*__lèi__ 类(類) 量 종류. ¶ zhè shì lìng yí~wèntí(这是另一~问题)이는 또 다른 종류의 문제이다. fēn liǎng~(分两~)2종류로 나누다.

léidá 雷达(—達) 名 〈譯〉 레이다; 영어 'radar'의 음역.

†__lèisì__ 类似(類—) 形 유사한, 서로 닮음. ¶ ~cuòwù(~错误)유사한 오해.

†__lèixíng__ 类型(類—) 名 유형.

léiyǔ 雷雨 名 〈天〉 뇌우.

*__léizhui__ 累赘(—贅) 形 쓸데없다, 번거롭다, 번잡하다. ¶ bù xián ~(不嫌~)귀찮아 하지 않다.

gǎndào~(感到~)귀찮게 느끼다. 動 귀찮게 하다, 폐를 끼치다. ¶ ~rén(~人)남에게 폐를 끼치다. 名 귀찮게 하는 것, 거추장스럽게 하는 것. ¶ dōngxi tài duō, yě shì~(东西太多, 也是~)짐이 너무 많은 것도 거추장스럽다.

léng 棱 名 (~儿, ~子)모서리, 모퉁이.

⁑**lěng** 冷 形 춥다, 시리다, 차갑다. ⇔ **rè**(热) ¶ jīntiān zhēn~!(今天真~!)오늘 정말 춥다. ~**fàn**(~饭)찬밥. ~**shuǐ**(~水)찬물.

†**lèng** 愣 動 멍해지다, 멍청해지다. ¶ ~·le bàntiān cái shuō(~了半天才说)한참을 멍하니 있다 비로소 이야기를 했다. 形 사려 깊지 못하다, 무분별하다. ¶ ~bù chéngrèn(~不承认)어쩌해도 허락할 수 없다. ~**xiǎozi**(~小子)분별없는 녀석.

lěngbufáng 冷不防 副 뜻밖에, 돌연. ¶ ~shuāile yì jiāo(~摔了一交)뜻밖에 한번 넘어졌다.

†**lěngdàn** 冷淡 形 냉담하다.(**AABB**) ¶ tàidu~(态度)태도가 쌀쌀맞다. 動 냉대하다, 쌀쌀하게 대하다. ¶ bié~·le kèren(别~了客人)손님에게 쌀쌀하게 대하지 말아라.

*__lěngjìng__ 冷静 (一靜) 形 냉정하다.(**AABB**) ¶ nǐ~diǎnr!(你~点儿!)좀 침착해라. ~·de sīkǎo(~地思考)냉정하게 생각하다. ~·xialai(~下来)냉정해지다.

†**lěngquè** 冷却 動 냉각시키다, 식다, 식히다. ¶ ~yǐnqíng(~引擎)엔진을 냉각시키다.

lěngxiào 冷笑 動 비웃다, 냉소하다. ¶ ~·le jǐ shēng(~了几声)좀 비웃었다.

lèyì 乐意(樂一) 動 기꺼이 …하다. ¶ ~bāngmáng(~帮忙)기꺼이 돕다. 形 만족하다. =**mǎnzú**(满足) ¶ zuǐshang méi shuō, xīnli hěn bú~(嘴上没说, 心里很不~)말로는 안했지만, 마음속으로는 매우 불만스러웠다.

*__lí__ 梨 名 《**gè** 个, **zhī** 只》 배.

*__lí__ 犁 名 《**zhāng** 张》 쟁기. 動 쟁기질하다. ¶ ~dì(~地)땅을 갈다.

lí 厘 量 〈度〉 1. 시제(市制)의 길이·무게 단위; 리. 2. 이율의 단위; 리.

⁑**lí** 离(離) 量 1. 떠나다, 갈라지다. ¶ ~jiā(~家)집을 떠나다. 2. 결핍하다. ¶ ~·le shuǐ jiù bùxíng(~了水就不行)물이 없어서는 안된다. zhuāngjia~·buliǎo shuǐ(庄稼~不了水)농작물은 물이 없어서는 안된다. 介 …에서, …로 부터; 시간·공간의 간격을 표시함. ¶ wǒ jiā~chēzhàn hěn jìn(我家~车站很近)우리집은 정거장에서 매우 가깝다. ~kāiyǎn zhǐ yǒu bàn ge xiǎoshí le(~开演只有半个小时了)연극 시작까지 30분밖에 없다.

⁑**lǐ** 里(裏) 名 1. 안, 속. =**lǐbian**(里边), **lǐmiàn**(里面), **lǐtou**(里头) ☆ 전치사의 목적어가 되는 경우를 제외하고 일반적으로 단독으로 쓰이지 않음. ¶ wǎng~zǒu(往~走)안으로 들어가다. 2. [명사 뒤에 붙어]어떤 범위내에 있음을 나타냄; 보통 경성(輕聲)으로 발음됨. ¶ shǒu·~(手~)

L

손안, 수중. **fángjiān**~(房间~) 방안. 量 거리의 단위 ; 0.5킬로미터.

*__lǐ__ 理 動 상대하다, 상관하다, 아랑곳하다. ¶ bié~tā(别~他)그에게 상관말아라. bú ài~rén(不爱~人)[사람을]상대하기를 싫어하다. 名 도리, 사리. **yǒu**~(有~)도리에 맞다. **méi**~(没~)사리에 맞지 않다.

†**lì** 力 名 힘. **chū**~(出~)힘을 내다. 動 힘쓰다. 노력하다. ¶ ~zhēng shàngyóu(~争上游)보다 높은 목표에 도달하기 위해 힘쓰다.

†**lì** 利 名 이익, 벌이 ; 이자, 이윤.

†**lì** 例 名 보기, 예. =**lìzi**(例子)

*__lì__ 粒 名 (~儿) 입자, 알갱이. ¶ mǐ~(米~)쌀알. 量 알, 톨[알갱이 상태의 것을 세는 데 쓰임.] ¶ yí~zhǒngzi(一~种子)씨 한알.

*__lì__ 立 動 1. 서다. =**zhàn**(站) ¶ ~·zai ménwài(~在门外)문밖에 서 있다. 2. 세우다. ¶ bǎ lǐngzi~·qilai(把领子~起来)옷깃을 세우다. 3. 제정하다, 설정하다. ¶ ~guīju(~规矩)규율을 제정하다.

*__li__ 哩 助 〈方〉 **ne**(呢)와 같음. ☆ 남방사람들이 잘 사용하며, 일반적으로 의문문에는 사용하지 않음. ¶ shíjiān hái zǎo~(时间还早~)시간이 이르군요. háizi hái méi shuìxǐng~(孩子还没睡醒~)아이는 아직 깨어나지 않았군.

⁑**liǎ** 俩(倆) 數 〈口〉 둘, 두 사람. **liǎng ge**(两个)와 같음. ¶ fūqī~(夫妻~)부부 두 사람. tāmen~dōu zǒu le(他们~都走了)그들 둘 다 가버렸다.

⁑**lián** 连(連) 動 1. 잇다, 연결하다. ¶ xīn~xīn(心~心)마음과 마음이 잇닿다. 2. 안에 포함하다, …도 넣다. ¶ ~wǒ sān ge rén(~我三个人)나를 포함하여 3 사람이다. 副 계속하여. ¶ ~chàngle shí zhī gē(~唱了十只歌)연달아 10곡을 불렀다. ~**nián**(~年)여러해 계속. ~**yè**(~夜)며칠 밤 계속, 밤새껏. 介 [주로 yě(也), dōu(都)와 호응하여]…조차도, …마저도. ¶ zěnme~zhège zì yě bú rènshi?(怎么~这个字也不认识?)어찌 이런 글자도 모르냐? ~wǒ dōu zhidao(~我都知道)나까지도 알고 있다. 名 [군대의]중대. ~**zhǎng**(~长)중대장.

lián 联(聯) 動 연결하다, 연합하다. **Liánhéguó**(联合国)[유엔, 국제연합].

⁑**liǎn** 脸(臉) 名 《**zhāng** 张, **fù** 副》 얼굴, 면목. ¶ guā~(刮~)얼굴을 면도하다. xǐ~(洗~)얼굴을 씻다. méi~jiàn tā(没~见他)그를 대할 면목이 없다.

†**liàn** 练(練) 動 연습하다, 훈련하다. ¶ ~gōngfu(~工夫)무술을 연마하다. ~máobǐ zì(~毛笔字)붓글씨 연습을 하다.

*__liàn__ 炼(煉) 動 1. 정제하다, 단련하다. ~**jiāo**(~焦)코크스를 만들다. 2. [문장을]다듬다. ~**zì**(~字)자구를 퇴고하다.

*__liàn'ài__ 恋爱(戀愛) 動 연애하다. 名 연애. **tán**~(谈~)연애하다.

liánbāng 联邦(聯—) 名 연방. ~**gònghéguó**(~共和国)연방 공

학습 정보 ⑰

◈ 连动句·兼语句 liándòngjù · jiānyǔjù(연동문·겸어문) ◈

1. 연동문 · 겸어문이란?

술어 부분이 2개(이상)의 동사(구)인 문장 중, 그것이 하나의 주제로 일관된 동작 · 행위로서 주어가 계속되는 문장을 "连动句 liándòngjù"(연동문)이라 한다. 또한 전후 2개의 동사(구) 중 앞 동사의 목적어가 의미상, 뒤의 동사(구)가 나타내는 동작 · 행위를 제공하는 사람이 되는 문장을 "兼语句 jiānyǔjù"(겸어문)이라 한다.

연동문은 **주어+술어[동사$_1$(+목적어$_1$)+동사$_2$(+목적어$_2$)]**로 나타낼 수 있고,

겸어문은 **주어+술어[동사$_1$+목적어$_1$+동사$_2$+(목적어$_2$)]**로 나타낼 수 있다.

2. 연동문 · 겸어문의 역할

보통 단어에 술부가 2개 이상인 동사(구)로 구성되었으므로 연동문이나 겸어문이라 이름 붙여졌기 때문에 특별히 주의할 필요는 없다. 예를 들어,

¶ 我天天看书写文章。
나는 매일 책을 읽고, 글을 쓴다.

¶ 高大妈忙着倒茶递烟。
고(高) 아주머님은 서둘러 차를 따르며 담배를 건네 주었다.

라는 문장에서는 동사구가 병렬되어 있을 뿐으로, 2개의 동사구가 나타내는 동작 · 행위는 서로 관계하지 않고 양자를 바꾸어 써 넣어도 문장의 뜻에는 큰 영향이 없다.

술부가 2개 이상의 동사로 된 여러가지 문형 중에서 연동문과 겸어문 두 종류를 다른 것과 구별하여 취급하는 것은, 이것들이 영어의 to 부정사(不定詞)나 -ing의 분사형(分詞形)과 같은 것으로, 중국어 문장 구성에서 빠질 수 없는 중요한 역할을 하기 때문이다. 예를 들어,

¶ 妈妈去买菜。
어머니는 채소를 사러 간다.

이 [연동문]은 어머니가 어딘가에 가고, '야채를 산다'라는 뜻이 아니고, '야채를 산다("买菜")'라고 하는 「목적」을 가지고 가는 ("去")것을 나타내고 있다.

¶ 我留他吃午饭。
나는 그를 붙잡아 점심을 먹자고 했다.

이 [겸어문]은 내("我")가 그("他")를 붙잡아("留"), 그("他")가 점심("午饭")을 먹는다("吃")이다.

3. 연동문의 여러 형태

★ 동사$_1$(구)가 동사$_2$(구)가 나타내는 동작 · 행위의 방식이나 상황을 나타내는 것.

¶ 他用刀子刻字。
그는 칼로 글자를 새긴다.

¶ 他们争着发言。
그들은 앞 다투어 발언했다.

★ 동사$_2$(구)가 동사$_1$(구)이 나타내는 동작 · 행위의 목적을 나타내는 것.

¶ 到机场接朋友。
친구를 마중하려 공항에 가다.

★ 동작 · 행위의 전 · 후관계 [동사$_1$(구)→동사$_2$(구)]를 나타내는 것.

¶ 我跳到黄河里去洗一个澡。
나는 황하에 뛰어들어가 목욕을 했다.

★ 동작 · 행위의 인과 관계(원인 → 결과)를 나타내는 것.

¶ 我有事没能参加。
나는 일이 있어 참가할 수 없다.

★ 긍정 표현 뒤에 같은 부정 표현을 두어 보충하는 것.

L

¶ 他紧握战友的手不放。
그는 전우의 손을 꽉 쥐고 놓지 않았다.

★ 동사$_1$에 "有" "没有" "无"가 오는 것(후치수식처럼 된다).

¶ 他没有资格人工会。
그는 노동조합에 들어올 자격이 없다.

¶ 我有件事跟你商量。
나는 당신과 상담할 일이 있다.

4. 겸어문의 여러 형태

★ 동사$_1$이 사역의 의미를 가진 것.

"请 qǐng, 叫 jiào, 让 ràng, 使 shǐ, 派 pài, 劝 quàn, 送 sòng, 催 cuī, 逼 bī, 选 xuǎn, 指使 zhǐshǐ, 委托 wěituō, 派遣 pàiqiǎn, 启发 qǐfā, 鼓励 gǔlì, 引导 yǐndǎo, 说服 shuōfú, 催促 cuīcù, 命令 mìnglìng, 允许 yǔnxǔ, 请求 qǐngqiú, 要求 yāoqiú, 答应 dāying, 劝说 quànshuō, 组织 zǔzhī, 领导 lǐngdǎo, 招集 zhāojí" 등.

¶ 我们请他做报告。
우리는 그에게 보고하도록 청했다.

¶ 老师叫我们背生词。
선생님은 우리에게 새로운 단어를 외우라고 하셨다.

¶ 政府派代表团去中国。
정부는 대표단을 중국에 파견했다.

★ 동사$_1$이 애증(愛憎) · 좋고 나쁨을 나타내는 것.

"爱 ài, 恨 hèn, 嫌 xián, 怪 guài, 烦 fán, 夸 kuā, 骂 mà, 笑话 xiàohua, 喜欢 xǐhuan, 讨厌 tǎoyàn, 佩服 pèifu, 感谢 gǎnxiè, 称赞 chēngzàn, 责备 zébèi, 祝贺 zhùhè" 등.

¶ 我喜欢他老实。
나는 그가 성실한 것이 좋다.

¶ 我感谢你告诉了我这个消息。
이 소식을 나에게 알려주어 고맙습니다.

¶ 我嫌他讲话罗唆。
나는 그가 말이 많은 게 싫다.

¶ 老师骂他们不听话。
선생님은 그들이 말을 듣지 않아 꾸짖었다.

★ 동사$_1$이 "有" "没有"인 것.(똑같이 「출현이나 소멸」을 나타내는 "生 shēng" "来 lái" "死 sǐ"등이 동사$_1$에 올 때도 있다).

¶ 屋内有人说话。
방안에서 누군가 말을 하고 있다.

¶ 她有个女孩叫小芹。
그녀에게는 '소근'이라 불리우는 딸아이가 있다.

¶ 没有谁能阻挡我们前进。
우리들의 전진을 막을 자는 없다.

¶ 动物园里死了一只熊猫叫伟伟。
동물원에 '웨이웨이'라는 판더 한 마리가 죽었다.

5. 겸어문 · 연동문이 융합한 문장

¶ 我陪他去参观展览。
나는 그가 전시회를 참관하러 가는데 동반했다.

이 예문은 [我他], [他去…]가 겸어의 관계를 맺고 있고, 게다가 [去], [参观展览]이 연동의 관계를 맺고 있다.

¶ 那个导游带我们走进一座挺幽雅的院子。
① 우리들은 그 가이드에 안내되어 그윽하고 운치있는 정원으로 들어갔다(가이드가 우리들을 안내하여, 우리는 정원에 들어갔다). ② 그 가이드는 우리들을 데리고 매우 그윽하고 운치있는 정원으로 들어갔다. 이 예문에서는 ①에 나타난대로 겸어문으로 해석할 수 있지만, ②와 같이 "导游"가 [带我们]하여 [走进…] 한 동작 · 행위의 전후관계의 명시로 취하면 연동문이라고 인정할 수도 있다.

화국.

liáncí 连词(連詞) 名 연사, 접속사.

liǎndànr 脸蛋儿(臉一兒) 名 [주로 아이들의]볼, 얼굴. **liǎndànzi**(脸蛋子)라고도 함.

*__liándāo__ 镰刀(鎌一) 名 《**bǎ** 把》낫. ¶ yòng~gē màizi(用~割麦子)낫으로 밀을 베다.

liáng 良 形 좋다, 훌륭하다, 선량하다.

*__liáng__ 粮 名 곡물, 식량.

*__liáng__ 量 動 [계기로]달다, 재다. ¶ ~dì(~地)토지를 측량하다. ~tǐwēn(~体温)체온을 재다. ☞ **liàng**(量) 참조.

⁑**liáng** 凉 形 차갑다, 시원하다. ¶ fàn~le(饭~了)밥이 식었다. tiān~le(天~了)날씨가 서늘해졌다. ~**fēng**(~风)서늘한 바람. ~**kāishuǐ**(~开水)끓여서 식힌 물. 動 낙심하다, 실망하다. ¶ yì tīng, xīn dōu~le(一听, 心都~了)듣고서는 매우 실망했다.

⁑**liǎng** 两(兩) 數 1. 2, 둘 ; 개수를 셀 때. ☆ 순서를 말할 경우에는 **èr**(二)을 씀. ¶ ~ge rén(~个人)두 사람. ~běn zázhì(~本杂志)잡지 2권. ~ge zhōngtóu(~个钟头)2시간. ~qiān(~千)2천. ~wàn(~万)2만. ~wànwàn(~万万)2억. ☆ **qiān**(千), **wàn**(万), **wànwàn**(万万) 등의 자리수를 나타내는 수 앞에서는 **liǎng**(两)을 쓰지만, **shì**(十) 앞에서는 **èr**(二)을 쓴다. **bǎi**(百) 앞에서는 **èr**(二)을 쓰는 경우가 많지만, **liǎng**을 쓸 때도 있음. 2. [10까지의]불특정의 숫자. ¶ děng~tiān(等~天)2, 3일 기다리다. 量 무게의 단위 ; 1근의 10분의 1, 50그램. ¶ èr~(二~)2냥. ☆ 일반적으로 도량형 단위 앞에서는 **èr**(二), **liǎng**(两) 어느 것을 써도 되지만, 이 경우에 한해서는 **liǎng liǎng**(两两)이라고 말하지 않음.

†**liàng** 量 名 양, 수량. **jiàngyǔ**~(降雨~)강수량. 動 헤아리다, 평가하다. ¶ ~nǐ yě méi zhège dǎn(~你也没这个胆)너도 그만큼의 배짱은 없겠지. ~tā yě bù gǎn(~他也不敢)그도 그만큼의 용기는 없나보다. ☞ **liáng**(量) 참조.

liàng 晾 動 1. [그늘이나 바람 잘 드는 곳에서]말리다, 널다. ¶ ~yīfu(~衣服)옷을 널다. 2. 식히다. ¶ ~·liángle zài hē(~凉了再喝)식혔다가 마시다.

⁑**liàng** 亮 形 밝다, 환하다. ¶ dēng hěn~(灯很~)등불이 매우 밝다. 動 1. 빛나다. ¶ tā de wūzi~dēng le(他的屋子~灯了)그의 방에 불이 켜졌다. 2. 날이 밝다, 날이 새다. ¶ tiān dōu~le(天都~了)날이 완전히 밝았다.

⁑**liàng** 辆(輛) 量 차를 셀 때 ; 대, 량. ¶ yí~qìchē(一~汽车)자동차 한 대.

liàngcí 量词(一詞) 名 양사 ; 사람이나 사물 또는 동작의 단위를 표시하는 품사.

†**liánghǎo** 良好 形 좋다, 양호하다. ¶ jīngshén zhuàngtài~(精神状态~)정신상태가 양호하다.

†**liàngjiě** 谅解(諒一) 動 용서하다, 이해하다. ¶ tā hěn~nǐ de kǔ-

L

학습 정보 ⑱

◈ 量词 liàngcí(양사) ◈

1. 量詞란 무엇인가?

「量词」란 수를 세는 단위이다. 따라서 양사에는 미터(m)나 그램(g) 등의 도량형의 단위가 포함된다. 그러나 양사의 특징은 형태의 구별이나 용기 등도 단위로서 셀 때가 있다. 이와 같은 단위를 설정하는 것에 있어, 예를 들면 물의 경우, "一滴水"(한방울의 물), "一杯水"(한잔의 물), "一片水"(한편의 물)과 같이, 분량은 크게만 나타내는 것이 아니라, 물의 모양을 구체적으로 나타낼 수 있다. "一片水"의 "片"은 본래는 나무 조각을 가리켰다. 후에 평평하고 얇은 것을 세는 양사로서 널리 사용되게 되었다. 이와 같이 세는 사물의 형상·특성에 맞게 사용되는 양사를 「개체양사」라 한다. 개체양사는 양사의 특징을 대표하는 것으로, "一片肉"(한조각의 고기), "两片面包"(두조각의 빵), "三片叶子"(3장의 잎)과 같이 수량을 세는 단위로서의 역할과 함께 고기 등이 「평평하고 넓은」 형태임을 나타내고 있다. "片"은 물이나 땅처럼 크고 넓은 것에 대해서도, 또는 풍경·소리·기분 등에 대해서도 사용할 수 있다. 이러한 경우에는 수사는 "一" 또는 "几"로 제한되며 단위로서의 역할은 약화되어 뒤에 오는 명사를 형용하는 역할 쪽이 강하다. 예를 들어, "一片沙漠"(끝없이 넓은 사막), "一片真心"(한량없는 진심) 등 수사와 양사의 조합을 「数量词」라 부른다.

2. 名量詞와 動量詞

양사는 사람이나 사물을 세는 「名量词」와 동작의 양을 세는 「动量词」로 크게 나눠진다. 명량사는 수사와 결합되어 명사를 수식한다. 동량사는 수사와 결합되어 동사의 뒤쪽에 놓여 동작의 횟수나 기간을 나타낸다.

¶ 我们讨论了三次。

우리는 3차례 토론했다.

횟수를 나타내는 동량사에는 "回 huí, 趟 tàng, 遍 biàn, 顿 dùn, 下 xià" 등이 있고, 시간을 나타내는 동량사에는 "阵 zhèn"이 있다.

"回"는 "次"에 비해 구어에서 많이 사용된다. "遍"은 한회 한회 주의하여 행하는 경우에 사용하고, "下"는 간단하게 끝나게 하는 경우에 사용한다. "趟"은 왕복한 횟수를 셀 때에 사용하고, "顿"은 「먹는다, 때리다」 등 제한된 동사에만 사용할 수 있다. 수사 "一"은 자주 생략된다.

3. 名量詞의 분류

a. 개체양사

사물의 형태의 특징에서 온 것. ① 평면을 가진 것에는 "张 zhāng" ["一张桌子", "一张床", "一张纸", "一张相片"]. ② 긴 것을 셀 때는 "条 tiáo"["一条路", "一条河", "一条裤子"]. ③ 가늘고 원통형인 것에는 "管 guǎn", ["一管毛笔", "一管笛"] 등.

b. 집합양사

두 개 이상의 것을 한 단위로 세는 것.
"一对 duì 花瓶", "一双 shuāng 鞋", "一套 tào 西服", "一群 qún 人" 등.

c. 부분양사

전체 중 일부분을 세는 것.
"一些人", "两滴眼泪", "一层 céng 意思" 등.

d. 용기양사

용기에 담는 것을 한 단위로 세는 것.
"一杯 bēi 水", "两盒 hé 饼干", "三碗 wǎn饭" 등.

e. **임시양사**

본래는 명사인 것을 빌려서 양사로 사용하는 것.
"一身新衣服"(한 벌의 새옷), "一手好手艺"(좋은 솜씨) 등.

f. **도량형양사**

"十里路", "五斤 jīn 酒" 등.

g. **자주양사**

"一年", "两国", "三天", "四小时"와 같이 뒤에 명사가 붙지 않는 양사. 자주양사는 양사를 필요로 하지 않는 특수한 명사라해도 괜찮다.

h. **복합양사**

2개의 양사를 조합한 것.
"人次 réncì"(연인원), "架次 jiàcì"(연 대수, 연 기수) 등.

4. 수량사의 역할

수사가 "一"인 경우, 수량사를 중첩하여 명사를 수식할 수 있다. 사물이 다수인 것을 구체적으로 표현할 때 사용한다.

¶ 桌子上摆着一盘一盘的水果。
탁자위에 몇 접시의 과일이 늘어져 있다.

양사자체도 중첩하여 사용할 수 있는데, 예외가 없는 것을 나타낸다.

¶ 条条道路通北京。
어떤 길도 북경으로 통한다.

중첩한 수량사는 동사·형용사를 수식할 수가 있고「잇달아, 점점」의 의미를 나타낸다.

¶ 我们两个人两个人地出发了。
우리들은 두사람씩 출발했다.

¶ 天气一天一天地暖和起来了。
날씨가 점점 따뜻해졌다.

수량사는 동사·형용사를 수식할 수 있다.

¶ 两次, 三次地修改。
두번, 세번 수정했다.

¶ 一口吞下。 한 입에 삼켰다.

위의 예처럼 수사가 "一"일 때는, 「단숨에, 힘써서」라는 의미가 더해진다. 「"一"+양사」는 영어의 부정관사 (a, an)과 비슷한 역할을 한다. "一"는 생략할 수도 있다.

¶ 古代有(一)位老人, 住在华北, 名叫愚公。
옛날에 어떤 노인이 화북에 살고 있었는데, 그 이름을 '우공'이라 했다.(새로운 사물의 도입을 나타낸다.)

¶ 咱们是一家人。
우리는 한 가족이다(동일성을 나타낸다.)

¶ 我们要把我国建设成为一个强大的民主主义国家。
우리는 우리나라를 강대한 민주주의 국가로 건설할 것이다.(추상적인 사물에 더해져 구체화·강조를 한다.)

¶ 文学上有(一)部《红楼梦》。
문학에 있어서는『홍루몽』이라는 작품이 있다.(고유명사에 더해져, 소개의 역할을 한다.)

L

zhōng(他很～你的苦衷)그는 너의 고충을 잘 이해한다.

***liángkuai** 凉快 形 서늘하다, 시원하다.(**AABB**) ¶ qiūtiān～(秋天～)가을은 시원하다. 動 시원한 바람을 쐬다, 더위를 식히다. ¶ xǐ ge zǎo～·～(洗个澡～～)목욕을 하여 더위를 식히다. zài shùyīn xià～(在树阴下～)나무그늘에서 시원한 바람을 쐬다.

†**liǎngpáng** 两旁(兩－) 名 양측, 양쪽. ¶ lù~(路~)길 양쪽.

*__liángshi__ 粮食 名 《**kē** 颗, **lì** 粒》 곡류, 식량.

†**liángshuǐ** 凉水 名 찬물. ☆「끓여 식힌 물」은 **liángkāishuǐ**(凉开水)라 함.

†**liǎngtóu** 两头(兩頭) 名 (~儿) 1. 양끝, 양쪽. ¶ ~jiān(~尖)양끝이 뾰족하다. 2. 쌍방. ¶ ~shòuqì(~受气)양쪽에서 비난받다, 둘 사이에 끼여 꼼짝 못하다.

liángxīn 良心 名 양심. ¶ píng~jiǎng(凭~讲)양심에 손을 얹고 말하다. shòu~de qiǎnzé(受~的谴责)양심의 가책을 받다. **méi**~(没~)양심이 없다.

L

*__liánhé__ 联合(聯－) 動 연합하다. ¶ liǎng pài~(两派~)두 파가 연합하다. 形 공동의. ~**gōngbào**(~公报)공동 코뮈니케. ~**shēngmíng**(~声明)공동성명. 副 공동으로. ¶ ~jǔbàn(~举办)공동으로 개최하다.

†**liánhuān** 联欢(聯歡) 動 함께 모여 즐기다, 친목을 맺다. ~**huì**(~会)친목회.

†**liánjiē** 连接(連－) 動 연접하다, 잇닿다. ¶ ~búduàn(~不断)끊임없이 이어져 있다. ~xiànlù(~线路)회로를 잇다.

liánlěi/**liánlei** 连累(連－) 動 연루되다, 말려들다. ¶ shòu~(受~)말려들다. ~tārén(~他人)다른 사람이 말려들게 하다.

liánlián 连连(連連) 副 계속해서, 반복하여. ¶ ~chēngzàn(~称赞)계속해서 칭찬하다.

*__liánluò__ 联络(聯絡) 動 연락하다. ¶ gēn tā~(跟他~)그와 연락하다. 名 연락. ~**bànshìchù**(~办事处)연락사무소. ~**wǎng**(~网)연락망.

*__liánmáng__ 连忙(連－) 副 얼른, 급히, 재빨리[…하다]. =**gǎnmáng**(赶忙) ☆ **gǎnjǐn**(赶紧), **gǎnkuài**(赶快)와는 달리 명령문에 쓸 수 없음. ¶ ~ràng zuò(~让座)얼른 자리를 양보했다. ~zhàn qilai(~站起来)재빨리 일어서다.

†**liánméng** 联盟(聯－) 名 연맹, 동맹. **Guójì**~(国际~)국제연맹. **jūnshì**~(军事~)군사동맹.

*__liǎnpén__ 脸盆(臉－) 名 세면기, 세수대야.

liǎnpí 脸皮(臉－) 名 1. 체면, 안면, 정실(情實). ¶ sīpò~(撕破~)정실을 끊다. 2. 낯가죽, 수치심. ~**báo**(~薄)낯가죽이 얇다. ~**hòu**(~厚)뻔뻔스럽다, 낯가죽이 두껍다. **méi**~(没~)수치를 모른다, 뻔뻔스럽다.

*__liǎnsè__ 脸色(臉－) 名 안색, 표정. ¶ ~nánkàn(~难看)표정이 험악하다.

⁑**liánxì** 联系(聯－) 動 연락하다, 관련되다. ¶ lǐlùn~shíjì(理论~实际)이론이 실제와 결부되다. gēn tā~·bushang(跟他~不上)그와 연락되지 않다. 名 연락. ¶ qǔdé~(取得~)연락하다.

⁑**liànxí** 练习(練習) 動 연습하다. ¶ ~fāyīn(~发音)발음을 연습하다. 名 연습, 연습문제. ¶ zuò~(做~)연습하다, 숙제를 하다. ~**běn**(~本)연습장.

*__liánxù__ 连续(連續) 副 계속해서,

연속해서. ¶ ~sān nián fēngshōu (~三年丰收)3년 연속해서 풍작이다.

*liányīqún 连衣裙(連一) 名 《jiàn 件》 원피스.

*liánzi 帘子(簾一) 名 《guà 挂》 발, 커튼. ¶ guà~(挂~)발을 달다. xiān~(掀~)발을 젖히다.

*liànzi 链子(鏈子) 名 《tiáo 条》 쇠사슬, [자전거·오토바이 따위의]체인.

liāo 撩 動 1. [소매 등을]걷어올리다, 쓸어올리다. ¶ ~bèizi(~被子)이불을 개다. ~qúnzi(~裙子)치마를 걷어 올리다. 2. [물을]손으로 뿌리다. ¶ ~shuǐ(~水)물을 뿌리다.

liáo 聊 動 〈口〉[형식 차리지 않고]잡담하다, 한담하다. ¶ ~·le yì wǎnshang(~了一晚上)밤새도록 이야기하다. suíbiàn~·yi·~(随便~一~)편안히 말하다. ~tiānr(~天儿)잡담하다.

*liǎo 了(瞭) 動 끝나다, …해 버리다. ¶ ~·le yí jiàn xīnshì(~了一件心事)일이 한 건 끝났다.
接尾 [de(得), bu(不)와 연용하여]가능·불가능을 표시함. **chī-bu**·~(吃不~)먹을 수 없다. **chī-de**(吃得~)먹을 수 있다. **qùde**·~(去得~)갈 수 있다. **qùbu**·~(去不~)갈 수 없다.
☞ **le**(了) 참조.

†liào 料 名 (~儿)재료. **bù**~(布~)천. **lǐ**~(里~)안감.

liào 撂 動 〈口〉 1. 내려 놓다, 놓아 두다. ¶ bǎ shū~·zai zhuōshang(把书~在桌上)책을 책상 위에 내려 놓다. zhè jiàn shì xiān ~·yi·~(这件事先~一~)이 일은 우선 좀 놓아 두자. 2. 쓰러뜨리다, 버려두다. ¶ bǎ tā~·dǎo le(把他~倒了)그를 쓰러뜨렸다.

*liǎobude 了不得 形 1. 대단하다, 굉장하다, 비범하다. 2. 심하다, 지독하다. 3. 큰일이다, 야단이다. =**bùdéliǎo**(不得了) ¶ kě~, tā hūnguoqu le(可~, 他昏过去了)정말 큰일났다, 그가 기절했다. quánshēn téngde~(全身疼得~)온몸이 아파 참을 수 없다. duōde~(多得~)대단히 많다.

*liǎobuqǐ 了不起 形 훌륭하다, 보통이 아니다, 굉장하다. ¶ tā zhēn ~!(他真~!)그는 정말 대단하다.

liǎocǎo 潦草 形 허술하다, 조잡하다.(**AABB**) ¶ gōngzuò bù néng ~(工作不能~)일을 허술하게 해서는 안된다.

*liǎojiě 了解 動 1. 이해하다, 잘 알다. ¶ ~dàjiā de xīnlǐ(~大家的心理)모두의 생각을 잘 이해하다. 2. 알아 보다, 조사하다. ¶ zhè shì zěnme huí shì, nǐ qù~ yí xià(这是怎么回事, 你去~一下)이는 도대체 어떻게 된 것인지 당신이 가서 조사 좀 해보세요. ~qíngkuàng(~情况)상황을 조사하다.

liáoliàng 嘹亮·嘹喨 形 [목소리가]맑고 깨끗하다, 쟁쟁하다. ¶ gēshēng~(歌声~)노래소리가 맑고 곱다. ~de kǒuhào shēng(~的口号声)쟁쟁한 구호소리.

†liáo▲tiānr 聊天儿(一兒) 動 〈口〉 잡담하다, 한담하다. =**tán▲tiān**(谈天) ¶ liáole yì wǎnshang tiānr

L

(聊了一晚上天儿)밤새도록 이야기했다. **liáo dà tiānr**(聊大天儿) 많이 이야기하다.

líba 篱笆(籬－) 名 《**dào** 道》 울타리. ~**qiáng**(~墙)울타리.

*__lǐbài__ 礼拜(禮－) 名 1. 예배. ¶ zuò~(做~)예배하다. ~**táng**(~堂)예배당. 2.〈口〉주, 1주간. =**xīngqī**(星期) ¶ xià~(下~)다음주. 3.〈口〉요일. =**xīngqī**(星期) ~**sān**(~三)수요일. ~**tiān**(~天)일요일. 4.〈略〉일요일. =**lǐbàitiān**(礼拜天)

⁑**lǐbian** 里边(裏邊) 名 (~儿)[시간·공간의]안, 속. ¶ zài zhè sān tiān~xià jiélùn(在这三天~下结论)3일 이내로 결론을 내리다. xiāngzi~dōu shì yīshang(箱子~都是衣裳)트렁크 안은 모두 옷이다.

líbié 离别(離別) 動 떠나다, 헤어지다. ¶ ~jiāxiāng(~家乡)고향을 떠나다.

*__lìchǎng__ 立场 名 입장, 태도. ¶ nǐ zhànzai shénme~shang shuōhuà?(你站在什么~上说话?)당신은 어떤 입장에서 이야기하고 있습니까? zhànwěn~(站稳~)입장을 확실히 하다.

liě 咧 動 [입을 옆으로 찢어지듯이]벌리다. ~**zuǐ**(~嘴)[옆으로 찢어지듯이]입을 벌리다.

†**liè** 列 名 열. **zuìqián**~(最前~)맨 앞줄. 量 줄, 열[행렬을 이룬 것을 세는 데 쓰임.] ¶ yí~huǒchē(一~火车)열차 한 대.

liè 劣 形 1. 나쁘다, 좋지않다. ⇔ **yōu**(优) 2. 미숙하다, 서투르다.

†**liè** 裂 動 찢어지다, 깨지다, 트다. ¶ bèi fēng chuī·~le(被风吹~了)바람에 날려 찢어지다. shǒu~le(手~了)손이 트다.

†**lièchē** 列车(－車) 名 열차. **guójì**~(国际~)국제열차. **línshí**~(临时~)임시열차. ~**yuán**(~员)승무원.

liè▲fèng 裂缝(－縫) 動 (~儿)찢어지다, 금이 가다. ¶ lièle yì tiáo fèngr(裂了一条缝儿)한 줄의 금이 생겼다.

†**lièrén** 猎人(獵－) 名 사냥꾼, 엽사.

lièshì 烈士 名 전사, 열사 ; 정의나 혁명을 위해 목숨을 바친 사람. **gémìng**~(革命~)혁명열사. ~**língyuán**(~陵园)열사묘지.

*__lǐ▲fà__ 理发(－髮) 動 머리를 깎다, 머리모양을 정돈하다, 남녀 모두 쓰인다. ¶ lǐ yí cì fà duōshao qián?(理一次发多少钱?)이발요금이 얼마입니까? ~**guǎn**(~馆)이발소, 미장원. ~**yuán**(~员)이발사, 미용사.

理发

†**lìfāng** 立方 名 1. 입방, 입방체. =**lìfāngtǐ**(立方体) 2. m^3, 세제곱. 量 입방미터.

⁑**lìhai** 利害·厉害(厲－) 形 사납다, 지독하다, 대단하다. ☆ '利害'를 **lìhài**라 발음하면 「이해」,「이익과 손해」의 의미가 됨. ¶ tā zhēn～!(她真～!)그녀는 정말 사납다. tā bìngde～(他病得～)그는 병이 대단하다. dùzi téngde～!(肚子疼的～!)배가 몹시 아프다. tā de shǒuduàn tài(他的手段太～)그의 수단은 정말 지독하다. 名 격렬함, 지독함, 본때. ¶ ràng nǐ zhīdao wǒ de～(让你知道我的～)너에게 우리의 본때를 보여주마.

*lǐhuā 李花 名 《duǒ 朵》 오얏꽃.

lǐhuì 理会(一會) 動 1. 알다, 이해하다. ¶ zhè jù huà de yìsi bù nán～(这句话的意思不难～)이 말의 의미는 어렵지 않다. 2. 깨닫다, 주의하다. 보통 부정문에 쓰임. =zhùyì(注意) ¶ jiàole bàntiān, tā dōu méi～(叫了半天, 他都没～)한참을 불렀지만 그는 눈치채지 못했다. 3. 신경쓰다, 아랑곳하다. 보통 부정문에 쓰임. ¶ shéi yě bù～tā(谁也不～他)아무도 그를 상대해 주지 않는다.

*lí▲hūn 离婚(離一) 動 이혼하다. ¶ tā líguo liǎng cì hūn(她离过两次婚)그녀는 2번 이혼했다.

†lìjí 立即 副 〈文〉 곧, 즉시. =lìkè(立刻) ¶ ～chūfā(～出发)즉시 출발하다.

*lìji 痢疾 名 이질. ¶ déle～(得了～)이질에 걸리다. nào～(闹～)이질이 유행하다.

*lǐjiě 理解 動 이해하다. ¶ wǒ bù néng～tā de xīnqíng(我不能～她的心情)나는 그녀의 마음을 이해할 수 없다. bù kě～(不可～)이해할 수 없다. 名 이해. ¶ débudào dàjiā de～(得不到大家的～)모두의 이해를 얻을 수 없다.

*líkāi 离开(離開) 動 떠나다. ¶ tā yǐjing～Běijīng le(他已经～北京了)그는 이미 북경을 떠났다.

⁑lìkè 立刻 副 곧, 즉시. ☆ mǎshàng(马上)에 비해, 약간 문어적임. ¶ wǒ～jiù qù(我～就去)곧 가겠습니다.

lìlái 历来(歷來) 副 지금까지, 종래로. =cónglái(从来), yíxiàng(一向) ¶ wǒmen～zhǔzhāng…(我们～主张…)우리는 여태까지 …라고 주장해 왔다.

⁑lìliang 力量 名 1. 《gǔ 股》 힘. =lìqi(力气) 2. 능력. ¶ jìn yíqiè～(尽一切～)전력을 다하다. 3. 효력. ¶ zhè yàowù～dà(这药物～大)이 약품은 효력이 크다.

*lǐlùn 理论(一論) 名 이론. ¶ ～yào hé shíjiàn jiéhé(～要和实践结合)이론은 실천과 결부되어야 한다.

lìluo 利落 形 1. [말·동작이]시원스럽다, 민첩하다, 재빠르다. (AABB) ¶ shǒujiǎo bú～(手脚不～)동작이 재빠르지 못하다. shuōhuà～(说话～)말하는 것이 시원스럽다. 2. 단정하다, 정연하다.(AABB) ¶ yīzhuó～(衣着～)옷차림이 단정하다. 3. 말끔하다, 끝나다. ¶ bàn·～(办～)말끔히 처리하다.

礼帽

lǐmào 礼帽(禮一) 名 《dǐng 顶》

L

예복용 모자 ; 예모.

***lǐmào** 礼貌(禮一) 名 예의, 에티켓. ¶ ~dài rén(~待人)예의바르게 사람을 대하다. jiǎng~(讲~)예의를 중시하다. yǒu~(有~)예의가 바르다.

***límǐ** 厘米 量 센티미터(cm).

***lǐmiàn** 里面(裏一) 名 안, 속. = **lǐbian**(里边) ¶ chēxiāng~(车厢~)차내, 차칸. wūzi~(屋子~)실내.

†**límíng** 黎明 名 새벽, 여명.

lín 林 名 1. 숲, 수풀. 2. 임업(林業). =**línyè**(林业)

***lín** 淋 動 물을 뿌리다, [비에]젖다. ¶ yīfu dōu~·shī le(衣服都~湿了)옷이 흠뻑 젖었다. āi yǔ~(挨雨~)비에 젖다.

***lín** 临(臨) 動 …에 임하다. ¶ ~jiē de chuānghu(~街的窗户)거리에 면한 창문. ~bié(~别)이별에 임하다. ~zǒu(~走)출발하려하다.

***líng** 铃(鈴) 名 (儿~)종, 방울. ¶ dǎ~(打~)종을 울리다. ~xiǎng(~响)종이 울리다. **diànhuà**~(电话~)전화벨. **shàngkè**~(上课~)수업시작 벨.

⁑**líng** 〇·零 數 0 ; 영어로 제로(zero), 수의 빈자리. ¶ yī jiǔ jiǔ~nián(一九九~年)1990년. yāo~bā hào fángjiān(一~八号房间)108호실. yìqiān~bā(一千~八)1008. ☆ 빈자리가 계속되어도 **líng**(零)은 한번만 씀.

†**líng** 灵(靈) 形 1. 효과가 있다, 영험이 있다. ¶ zhè fāngfǎ zhēn~!(这方法真~!)이 방법은 정말 효과가 있다. 2. 영리하다, 약삭빠르다. ¶ nǎozi~(脑子~)머리 좋다. **xīn~shǒu qiǎo**(心~手巧)영리하고 손재주가 있다.

***lǐng** 领(領) 動 1. 이끌다, 인솔하다. ~**duì**(~队)팀을 이끌다. 2. 수령하다. ¶ ~gōngzī(~工资)임금을 받다. 量 벌, 장[의복·자리를 세는 데 쓰임.] ¶ yì~xí(一~席)자리 한 장.

***lìng** 另 形 다른, 그밖의 ¶ ~yì huí shì(~一回事)다른 일. 副 별도로, 따로. ¶ ~xiǎng bànfǎ(~想办法)별도로 방법을 생각하다. ~yǒu dǎsuan(~有打算)따로 생각이 있다.

***língbian** 灵便(靈一) 形 [기관이]예민하다, [움직임이]재빠르다, [도구 등이]간편하다. ¶ shǒujiǎo~(手脚~)손발이 날쌔다.

***lǐngdài** 领带(領帶) 名 《**tiáo** 条》 넥타이. ¶ dǎ~(打~)넥타이를 매다. jì~(系~)위와 동일.

língdang 铃铛(鈴鐺) 名 방울, 초인종. ¶ ~xiǎng(~响)초인종이 울리다. yáo~(摇~)방울을 울리다.

***lǐngdǎo** 领导(領導) 動 지도하다, 영도하다. ¶ ~rénmín qiánjìn(~人民前进)인민을 이끌고 전진하다. 名 지도, 지도자. ¶ gōngchǎng~(工厂~)공장의 간부. xuéxiào~(学校~)학교의 간부.

lǐnghǎi 领海(領一) 名 영해 ; **gōnghǎi**(公海)[공해]에 대해. ¶ qīnfàn~(侵犯~)영해를 침범하다.

†**lǐnghuì** 领会(領會) 動 파악하다, 납득하다, 이해하다. ¶ wǒ hái méi~nǐ de yìsi(我还没~你的意

L

思)나는 아직 너의 생각을 이해할 수 없다.

†**línghún** 灵魂(靈一) 名 영혼;혼, 인격.

***línghuo** 灵活(靈一) 形 1. 기민하다, 재빠르다. ¶ tóunǎo~(头脑~)머리회전이 빠르다. guānjié bú tài~(关节不太~)관절이 그다지 자유롭지 않다. 2. 임기응변 능력이 있다, 구애되지 않다, 융통성 있다. ~**xìng**(~性)융통성.

†**língjiàn** 零件 名 부품, 부속품. ¶ pèi~(配~)부품을 조립하다.

lǐngjiào 领教(領一) 動 1. 배우다, 가르침을 받다. =**qǐngjiào**(请教) ¶ xiàng lǎoshī~(向老师~)선생님께 배우다. 2. [어떤 수단이나 기량에 대해]인식하다, 어느 정도 알다. ¶ tā de nà yí tào, wǒ zǎojiù~·guo le(他的那一套, 我早就~过了)그가 하는 수법을 나는 이미 알고 있었다.

lǐngkōng 领空(領一) 名 영공. ¶ qīnfàn~(侵犯~)영공을 침범하다.

***língli** 伶利 形 총명하다, 영리하다.(**AABB**) ¶ cōngming~(聪明~)총명하고 똑똑하다. kǒuchǐ~(口齿~)말주변이 뛰어나다.

língmài 零卖(一賣) 動 소매하다, 낱개로 팔다. ¶ bù~(不~)낱개로 팔지 않다. 名 소매.

†**língqián** 零钱(一錢) 名 1. 잔돈. ¶ huàn~(换~)잔돈으로 바꾸다. méi yǒu~(没有~)잔돈이 없다. 2. 자잘한 지출비용, 용돈. ¶ huā~(花~)용돈을 쓰다.

***língshòu** 零售 動 소매하다. ⇔ **pīfā**(批发) ~**jiàgé**(~价格)소매가격.

língsuì 零碎 形 자잘하다, 잡다하다.(**AABB**) ¶ línglingsuìsuì de xiǎoshì hái bù shǎo(零零碎碎的小事还不少)자잘한 잡무가 아직 많이 남아 있다. ~huó(~活)자질구레한 일. 名 (~儿)소소한 물건, 잡동사니. ¶ shèngxia xiē ~(剩下些~)자잘한 일이 남아 있다.

†**lǐngtǔ** 领土(領一) 名 영토. ~**zhǔquán**(~主权)영토 주권.

línguó 邻国(鄰國) 名 이웃 나라.

***lìngwài** 另外 副 그 밖에, 별도로. ¶ wǒ~hái yǒu yìxiē(我~还有一些)그 밖에 좀 더 있다. 連 또, 게다가. ¶ ~, bàn shǒuxù shí hái yào jiāo shǒuxùfèi(~, 办手续时还要交手续费)게다가, 수속할 때 수수료를 주어야 한다.

língxīng 零星 形 자질구레하다.(**AABB**) ¶ ~shìr(~事儿)자질구레한 일. línglingxīngxīng de xiāoxi(零零星星的消息)소량의 [단편적인]소식.

***lǐngxiù** 领袖(領一) 名 [조직·집단의]지도자, 영도인.

língyàn 灵验(靈驗) 形 1. 신통한 효과가 있다. ¶ zhège fāngzi hěn~(这个方子很~)이 치료법은 효과가 있다. 2. [예언·예보 등이]맞다, 적중하다. ¶ tā de huà hěn(他的话很~)그의 말은 곧잘 적중한다.

língyòng 零用 動 소소한 데 쓰다, 잡비로 쓰다. ¶ zhè shì shēnghuófèi, shèngxia de~(这是生活费, 剩下的~)이것은 생활비입니

다, 남는 것은 용돈으로 쓰세요. 名 용돈, 잡비. ¶ měi yuè～wǔ kuài(每月～五块)매월 용돈은 5원이다.

†**lǐngyù** 领域(領－) 名 1. 국가의 영역. 2. 범위. ¶ shēnghuó～(生活～)생활 영역.

***lǐngzi** 领子(領－) 名 옷깃, 칼라. ¶ shùqǐ～(竖起～)옷깃을 세우다.

†**lìnián** 历年(歷－) 名 과거 여러 해, 매년. ¶ zhèzhǒng shì～dōu yǒu(这种事～都有)이런 일은 매년 나타났다.

***línjū** 邻居(鄰－) 名 이웃, 이웃집. ¶ wǒmen zhù～(我们住～)우리는 이웃에 산다.

lìnsè 吝啬(－嗇) 形 인색하다, 쩨쩨하다. ～**guǐ**(～鬼)쩨쩨한 놈, 구두쇠.

***línshí** 临时(臨時) 副 그때가 되어서야, 경우가 되어서야. ¶ ～zhǎo rén(～找人)때가 되어서야 급히 사람을 모으다. 形 임시의, 잠정적인. ～**bànfǎ**(～办法)임시 수단. ～**gōng**(～工)임시공. ～**zhèngfǔ**(～政府)임시 정부.

***lìqi** 力气(－氣) 名 [근육의]힘. ¶ fèi～(费～)힘이 들다. mài～(卖～)노동력을 팔다, 힘을 쓰다. yǒu～(有～)힘이 있다.

†**lìqīng** 沥青(瀝－) 名 아스팔트, 역청. ¶ pū～(铺～)아스팔트를 깔다.

†**lìqiú** 力求 動 노력하여 추구하다, 애써 노력하다. ¶ ～wánshàn(～完善)완전을 목표로 노력하다.

***lǐr** 里儿(裏兒) 名 [옷 등의]안감. ⇔ **miànr**(面儿) ¶ dàyī～(大衣～)외투의 안감.

L

⁑**lìrú** 例如 連 예를 들면. ¶ tā xuéhuìle bù shǎo shǒuyì, ～xiū shǒubiǎo, ānzhuāng shōuyīnjī děngděng(他学会了不少手艺～, 修手表, 安装收音机等等)그는 시계 수리, 라디오 조립 등 많은 기술을 가졌다.

†**lìrùn** 利润(－潤) 名 이익, 이윤. ¶ zhuīqiú～(追求～)이윤을 추구하다.

lǐshì 理事 名 이사. **chángrèn**～(常任～)상임이사.

lìshǐ 历史(歷－) 名 1. 역사. ¶ xué～(学～)역사를 배우다. 2. 개인의 경력. ¶ tā de～bǐjiào fùzá(他的～比较复杂)그의 경력은 비교적 복잡하다. 3. 과거의 사실, 지나간 일. ¶ zhè jiàn shì zǎoyǐ chéngwéi～(这件事早已成为～)이 일은 벌써 과거사가 되었다.

***líshù** 梨树(－樹) 名 《**kē** 棵, **zhū** 株》〈植〉배나무.

***lǐtáng** 礼堂(禮－) 名 《**zuò** 座》 강당, 홀.

***lǐtou** 里头(裏頭) 名 안, 속, 뒤. ＝**lǐbian**(里边)

†**liū** 溜 名 1. 미끄러지다. ¶ cóng shùshang～·xialai(从树上～下来)나무에서 미끄러져 내려오다. ～**bīng**(～冰)스케이팅 타다 ; 지방에 따라서는 롤러 스케이트. 2. 빵소니치다, 몰래 빠져 나가다. ¶ cóng hòumén～·chulai(从后门～出来)뒷문으로 빠져 나오다.

liū 熘 動 요리법의 일종 ; 볶다. ～**ròupiàn**(～肉片)녹말가루 갠 것 따위를 입혀서 볶은 편육 요리.

⁑**liú** 留 動 1. 머무르다, 머무르게 하다. ¶ ～·zai jiāli(～在家里) 집에 머무르다. 2. 남기다, 물려 주다. ¶ ～·zhe zìjǐ yòng(～着自己用)자기 것으로 남겨 두다.

⁑**liú** 流 動 1. 흘리다, 흐르다. ¶ liǎnshang～·le xiě le(脸上～了血了)얼굴에 피가 흘렀다. ～yǎnlèi(～眼泪)눈물을 흘리다. 2. 떠돌다, 유랑하다. 3. 이동하다, 유동하다.

liù 六 數 6, 여섯. ☆ 갖은자는 '陆'임.

liù 遛 動 1. 어슬렁거리다, 서성이다. ¶ ～mǎlù(～马路)거리를 서성이다. 2. [소·말 따위를]천천히 끌고 다니다. ¶ ～shēngkou(～牲口)가축을 운동시키다.

†**liúchuán** 流传(一傳) 動 [사적·작품 등이]전해지다, 유포되다. ¶ zhège gùshi yìzhí～·dáo jīntiān(这个故事一直～到今天)이 이야기는 오늘날까지 계속 전해 온다. ～zài qúnzhòng zhī zhōng de gùshi(～在群众之中的故事)대중사이에 전해져 오는 이야기.

***liúdòng** 流动(一動) 動 1. [액체·기체가]흐르다, 유동하다. 2. 이동하다. ⇔ **gùdìng**(固定) ～**túshūguǎn**(～图书馆)이동도서관.

liúhuáng 硫磺 名 〈化〉 유황.

liú▲jí 留级(一級) 動 유급하다, 낙제하다. ¶ liúguo liǎng cì jí(留过两次级)2번 낙제했다.

***liúlì** 流利 形 [말·문장 따위가] 유창하다. ¶ tā shuō yì kǒu～de Yīngyǔ(她说一口～的英语)그녀는 매우 유창한 영어를 구사한다.

liúlù 流露 動 [생각이나 감정이] 자연스럽게 겉으로 드러나다, 넘쳐 흐르다. ¶ ～·chū bùmǎn(～出不满)불만을 겉으로 표현하다.

***liúmáng** 流氓 名 1. 건달, 부랑자. 2. 난폭한 행동, 불량한 짓. ¶ tā zhēn～(他真～)그의 처사는 난폭하다. shuǎ～(耍～)희롱하다, 행패를 부리다.

***liúniàn** 留念 動 기념으로 남겨두다, 남겨 기념으로 삼다.

⁑**liú▲shén** 留神 動 주의하다, 조심하다. ¶ liú diǎnr shěn ba(留点儿神吧)좀 조심하세요. ～bié shuāi·zhe(～别摔着)넘어지지 않도록 주의하세요.

***liúshēngjī** 留声机(一聲機) 名 《**jià** 架》 축음기.

***liǔshù** 柳树(一樹) 名 《**kē** 棵, **zhū** 株》 버드나무.

†**liúshuǐ** 流水 名 1. 유수, 흐르는 물. ～**zhàng**(～帐)[구식]금전 출납부 ; 분석하지 않고 중점없이 단순히 사물을 나열하는 서술 또는 기록. ～**zuòyè**(～作业)일관된 작업. 2. 상점의 매상액. ¶ zuòle wǔwàn～(做了五万～)5만원의 매상액을 올렸다.

***liú▲xīn** 留心 動 주의하다. ¶ ～měi yí jiàn xiǎoshì(～每一件小事)어떤 작은 일에도 주의하다. liú diǎnr xīn(留点儿心)조심하세요.

***liúxíng** 流行 動 널리 퍼지다, 유행하다. ¶ zài quánguó～(在全国～)전국에서 유행하고 있다. 形 유행하고 있는. ～**gē**(～歌)유행가.

***liú▲xué** 留学 (一學) 動 유학하다. ¶ zǎonián～Fǎguó(早年～法国)젊은시절 프랑스에 유학하다.

L

~shēng(~生)유학생.

†**liúyù** 流域 名 유역. ¶ Huánghé ~(黄河~)황하유역.

⁑**liùyuè** 六月 名 6월.

lìwài 例外 名 예외. ¶ shéi yě bù néng~(谁也不能~)누구도 예외일 수 없다.

⁑**lǐwù** 礼物(禮-) 名 《**jiàn** 件, **fèn** 份》선물, 예물. ¶ sòng~(送~)선물을 주다.

lìxī 利息 名 이율, 이자.

*__lǐxiǎng__ 理想 名 꿈, 희망, 이상. ¶ yǒu yuǎndà de~(有远大的~)원대한 이상이 있다. ¶ hěn~de hūnyīn(很~的婚姻)매우 이상적인 결혼. hái bú gòu~(这不够~)아직 이상적이지 못하다.

L

*__lìyì__ 利益 名 이익, 이득. ¶ zhuīqiú gè rén~(追求个人~)개인의 이익을 추구하다.

⁑**lìyòng** 利用 動 활용하다, 이용하다, 살리다. ¶ ~fèiliào(~废料)폐품을 이용하다.

*__lǐyóu__ 理由 名 《**gè** 个, **tiáo** 条, **diǎn** 点》이유. ¶ nǐ yǒu shénme ~bù tóngyì?(你有什么~不同意?)무슨 이유로 찬성하지 않나요? méi yǒu rènhé~(没有任何~)어떠한 이유도 없다.

*__lǐyú__ 鲤鱼(鯉魚) 名 《**tiáo** 条》〈動〉잉어.

lìzhèng 立正 名 차려；군대·체조의 호령.

lìzī 荔枝 名〈植〉여지, 여지의 과실.

*__lìzi__ 栗子 名〈植〉밤. **tángchǎo** ~(糖炒~)감귤(甘栗)；뜨거운 모래 속에 넣어 구운 밤.

*__lìzi__ 例子 名〈口〉예. ¶ jǔ~(举~)예를 들다.

荔枝

†**lóng** 龙(龍) 名 《**tiáo** 条》〈動〉용. ¶ yìtiáo~jiàoyù(一条~教育)일관적인 교육.

*__lóng__ 聋(聾) 形 귀가 먹다, 귀가 어둡다. ¶ ěr bù~, yǎn bù huā(耳不~, 眼不花)귀도 잘 들리고, 눈도 침침하지 않다.

†**lǒng** 拢(攏) 動 1. 접근하다. ~**àn**(~岸)[배를]항구에 대다. 2. [입을]다물다, 모으다；합치다, 합쳐지다. ¶ xiàode zuǐ~·bu zhǔ(笑得嘴~不住)턱이 빠질 정도로 웃다. 3. 묶다, 동이다. ¶ yòng shéngzi~·zhù(用绳子~住)밧줄로 묶다. 4. 머리를 다듬다, 빗다. ¶ ~tóufa(~头发)머리를 빗다.

†**lǒngduàn** 垄断(壟斷) 動 [시장을]독점하다, [이익을]독점하다. ~**zīběn**(~资本)독점 자본.

lóngtǒng 笼统(籠統) 形 어렴풋하다, 흐리멍텅하다, 막연하다. (**AABB**) ¶ bù néng guāng~de jiěshì, yào jùtǐ de jiǎngjiang(不能光~地解释, 要具体地讲讲)막연하게 설명할 것이 아니라, 구체적으로 말해 보세요. ~de jiǎng (~地讲)어렴풋이 이야기하다.

lóngtou 龙头(龍頭) 名 1. 수도꼭지. **shuǐlóngtou**(水龙头)라고도 함. ¶ nǐng~(拧~)수도꼭지를

학습 정보 ⑲

◈ 旅游 lǚyóu(여행) ◈

관광이나 "商务 shāngwù"(비즈니스)로 중국에 가는 한국 사람들의 수가 계속 증가하고 있고, 중국의 "对外开放地区 duìwàikāifàngdìqū"(외국인이 여행할 수 있는 지역)도 증가하고 있다. 중국에 갈 때는 단체든 개인이든 우선 "护照 hùzhào"(여권), 다음으로 중국의 "签证 qiānzhèng"(비자)을 취득해야 한다. 비자취득에는 "中国国际旅行社 lǚxíngshè"(중국 국제 여행사) 등 "接待单位 jiēdàidānwèi"(관련기관)의 "邀请信 yāoqǐngxìn"(초청장)이 필요하다.

★ 입국노선은 항공편으로 "大韩航空"이나 "아시아나航空", "中国民航"(중국민항) 등의 "直达航线 zhídáhángxiàn"(직항편)과 홍콩 경유의 두 가지가 있다. 항운편은 仁川에서 "天津", "威海", "青岛" 등으로 가는 항로가 개설되어 있다.

1. 출입국

국제선이 출입하는 공항은 북경에서는 "首都国际机场 Shǒudū guójì jīchǎng"(수도국제공항), 상해에서는 "虹桥 Hóngqiáo 机场"(홍교공항)이다. 입국시에는 먼저 "检疫处 jiǎnyìchù"(검역소)에서 "旅客健康申明卡 lǚkè jiànkáng shēnmíngkǎ"(여행자 건강증명서)를 건네 받는다. "检查护照"(여권심사)에서는 단체손님은 "团体 tuántǐ 签证"(단체비자)의 번호 순으로 통과하지만, "个人 gèrén 签证"(개인비자)의 여객은 "入境·出境登记卡 rùjìng·chūjìng dēngjìkǎ"(출입국기록카드)를 제출한다.

화물을 맡기고, "海关"(세관)에 "旅客行李申报单 shēnbàodān"(휴대품 신고서)을 제시하고 세관 도장이 찍힌 두 번째 장을 받았다가 출국할 때 다시 제출하게 된다.

★ 入境日期 rìqī / 입국일

¶ 出生 chūshēng日期 / 생년월일

¶ 护照号码 hàomǎ / 여권번호

¶ 来华目的 lái Huá mùdì / 중국방문목적

¶ 在华地址 zài Huá dìzhǐ / 중국내의 주소

¶ 来自 láizì · 前往 qiánwǎng / 출발지 · 목적지

¶ 签字 qiānzì / 서명, 날인

★ 手提行李 shǒutíxíngli / 휴대화물

¶ 托运 tuōyùn行李 / 탁송수하물

¶ 携带进境 / 휴대하고 입국하다

¶ 携带出境 / 휴대하고 출국하다

¶ 旅行自用物品 / 여행자 개인 사용물품

¶ 币名 bìmíng / 외화

¶ 牌名 páimíng / 상표(브랜드)

¶ 照相机 zhàoxiàngjī / 카메라

¶ 录音机 lùyīnjī / 녹음기

¶ 摄像机 shèxiàngjī / 비디오 카메라

¶ 货物及货样 huòyàng / 상품과 견본

¶ 馈赠礼品 kuìzèng lǐpǐn / 증정품

2. 교통수단

a. 비행기

일정이 빠듯한 여행자가 중국 국내의 이동에서 가장 많이 이용하는 것은 "中国民航国内航线 guónèihángxiàn"(중국민항국내선)인데, 현재 중국 민항은 여섯개의 "航空公司"(항공회사)로 나뉘어져 운영되고 있다. 이 6대 항공회사는 "中国西南航空公司", "中国国际航空公司", "中国东方航空公司", "中国西北航空公司", "中国南方航空公司", "中国北方航空公

司"이다. 이러한 민항계 회사와 다른 인민해방군계나 홍콩계 등의 항공 회사도 국내편을 운영하고 있다.

공항은 "出发 chūfā"(출발)과 "到达 dàodá"(도착)으로 나누어진다. 출발의 경우는 "出港动态 chūgángdòngtài"(출발상황)등을참고로한다."验证处 yànzhèngchù"(비자 등의 검사)와 "安全检查 ānquánjiǎn chá"(몸·수하물 검사)를 통과하고, "候机室 hòujīshì"(대합실)에서 "登机通知 dèngjī tōngzhī"(탑승안내)를 기다린다.

★ 候机楼 / 공항로비

¶ 机场大楼问询处 wènxùnchù / 공항빌딩 안내소.

¶ 飞往…的第×号航班 hángbān / …로 가는 ×편.

¶ 机票 jīpiào / 항공권

¶ 头等舱 tóuděngcāng / 일등석

¶ 经济 jīngjì 舱 / 이등석

¶ 登机牌 / 탑승권

¶ 登机门 / 탑승구

¶ 座位号 zùowèihào / 좌석번호

¶ 行李牌 / 탁송수화물 인수증

¶ 挂上标签 biāoqiān / 꼬리표를 붙이다.

¶ 到达站 dàodázhàn / 목적지

★ 国际航线 / 국제선

¶ 衔接 xiánjiē 航班 / 접속편

¶ 飞行员 fēixíngyuán / 항공기 조종사

¶ 空中小姐 kōngzhōng xiǎojie, 女乘务员 / 스튜어디스

¶ 乘务长 chéngwùzhǎng / 승무원장

¶ 太平门 tàipíngmén / 비상출구

¶ 系好 jìhǎo 安全带 / 안전벨트 착용

¶ 救生衣 jiùshēngyi / 구명복

¶ 氧气罩 yǎngqìzhào / 산소마스크

¶ 请勿吸烟 xiyān / 금연

¶ 有[无]人使用 yǒu[wú]rén shǐyòng / 사용중[비어있음]

¶ 起飞 qǐfēi / 이륙

¶ 着陆 zhuólù / 착륙

¶ 误点 wùdiǎn, 延误 yánwù / 지연

b. 철도·배

"火车 huǒchē"(기차)에는 "特快 tèkuài"(특급)이나 급행에 해당하는 "直快 zhíkuài", "客快 kèkuài"와 "普通客车"(보통열차)의 4종류이다. 장거리 열차에는 "卧铺 wòpù"(침대)가 있고, "软卧 ruǎnwò"(일등 침대)와 "硬卧 yìngwò"(보통침대)의 구별이 있다.

또한 "不吸烟车 bùxiyānchē"(금연차)도 등장했다. 식사는 "餐车 cānchē"(식당차)에서 하든가, "盒饭 héfàn"(도시락)도 팔러온다. 국내의 배 여행에서는 "长江游 Chángjiāngyóu"(장강유람)가 가장 유명하다.

★ 售票处 shòupiàochù / 표파는 곳

¶ 火车票 / 기차표

¶ 加快票 jiākuàipiào / 특급(급행)표

¶ 卧铺票 / 침대표

¶ 车次 chēcì / 열차번호

¶ 站台 zhàntái / 플랫폼

¶ 站台票 / 입장권(플랫폼 입장표)

¶ 退票 tuìpiào / 표를 반환하다

¶ 越站 yuèzhàn 乘车 / 타고가다(목적지를)지나치다

¶ 检票口 jiǎnpiàokǒu / 개찰구

¶ 车厢 chēxiāng / 차량

¶ 始发站 shǐfāzhàn / 시발역

¶ 终点站 zhōngdiǎnzhàn / 종착역

★ 轮船 lúnchuán / 기선

¶ 客船 kèchuán / 객선

¶ 游船 yóuchuán / 유람선

¶ 码头 mǎtou / 부두

¶ 一等舱 yīděngcāng / 일등선실

3. 시내 교통

대도시 시민의 다리인 "公共汽车 gōnggòng qìchē"(버스)나 "无轨电车 wúguǐ diànchē"(트롤리 버스)이다. "出租 chūzū 汽车"(택시)는 적지 않지만, "面包车 miànbāo chē"(마이크로 버스)를 이용한 합승 버스인 "小 xiǎo 公共汽车"(미니버스)가 주요도

로를 운행하고 있다. 또한, 북경·천진 등에서는 "地铁 dìtiě"(지하철)도 있다.

★ 交通路线示意图 shìyìtú / 교통노선안내도
¶ 出租汽车站 / 택시타는 곳
¶ 司机 sījī / 운전수
¶ 售票员 shòupiàoyuán / 차장, 표파는 사람
¶ 长途 chángtú 汽车 / 장거리 버스
¶ 区间车 qūjiānchē / 구간버스
¶ 头班车 tóubānchē / 첫차
¶ 末班车 mòbānchē / 막차
★ 上 shàng 车 / 승차
¶ 下 xià 车 / 하차
¶ 倒[换] dǎo[huàn] 车 / 차를 갈아타다
¶ 坐过车 / 차를 타고 가다 목적지를 지나치다
¶ 招手 zhāoshǒu 上车, 就近 jiùjìn 下车 / (미니버스에서)손을 흔들어 타다, 근처에서 내리다

4. 호텔

"饭店 fàndiàn"외에, "宾馆 bīnguǎn", "大厦 dàshà", "酒店 jiǔdiàn" 등이 「호텔」이지만, 경우에 따라서는 "外宾招待所 wàibīn zhāodàisuǒ"(외국인 손님 접대소)라고 하는 시설에 숙박할 수도 있다. "旅馆 lǚguǎn", "旅社 lǚshè"는 소규모 숙박소로 보통 외국인은 머물지 않는다. 대표적인 호텔로서는 "北京 Běijīng 饭店"이나 "友谊 Yǒuyì 宾馆" 등의 민족계와, "假日 Jiàrì"(홀리데이·인)이나 "希尔顿 Xī'ěrdùn"(힐튼) 등 외국기업과의 합작호텔이 있다.

방은 "单人房 dānrénfáng"(싱글룸), "双人房 shuāngrénfáng"(트윈룸), "套间 tàojiān"(스위트룸)이 갖추어져 있다. 설비로서는 "餐厅 cāntīng"(레스토랑)이나 "商店拱廊 shāngdiàn gǒngláng"(쇼핑아케이드) 외에, "商务中心 shāngwù zhōngxīn"(비즈니스 센타)나 "健身 jiànshēn 中心"(스포츠 센터)를 갖춘 곳도 있다.

★ 总服务台 zǒngfúwùtái / 프론트
¶ 投宿登记 tóusùdēngjì / 체크인
¶ 房间号码 hàomǎ / 방 번호
¶ 房费 fángfèi, 房租 fángzū / 방 값
¶ 退 tuì 房 / 체크아웃
¶ 保险箱 bǎoxiǎnxiāng / 소형금고
¶ 中餐厅 zhōngcāntīng / 중국식당
¶ 西餐厅 / 양식 레스토랑
¶ 酒巴 jiǔbā / 바
¶ 咖啡厅 kāfēitīng / 커피숍
¶ 迪斯科舞厅 dísikē wǔtīng / 디스코홀
¶ 大厅 dàtīng / 로비
★ 蒸汽浴 zhēngqìyù, 桑拿浴 sāngnáyù / 사우나
¶ 按摩 ànmó / 안마, 마사지
¶ 干洗 gānxǐ / 드라이클리닝
¶ 叫醒 jiàoxǐng / 모닝콜
¶ 送餐服务 sòngcān fúwù / 식사배달
¶ 总经理 zǎngjīnglǐ / 총지배인

5. 관광

투어 손님에는 "地陪 dìpéi"(현지 가이드, 그 도시만에 대한 가이드)와 "全陪 quánpéi"(중국 여행 중의 전 일정에 대한 가이드)의 "陪同 péitóng"(수행)이 따르며, "旅游车 lǚyóuchē"(관광버스)로 관광한다. 개인 여행의 경우는 현지에서의 "一日游 yīrìyóu"(당일 왕복관광)등에 참가하는 것도 좋다.

★ 旅游胜地 / 관광명소
¶ 导游 dǎoyóu / 관광안내, 가이드
¶ 旅游小册子 xiǎocèzi / 관광팜플렛
¶ 门票 / 입장료
¶ 半日游 / 반나절 투어
¶ 大(型)客(车) / 대형관광버스
★ 寺庙 sìmiào / 사원
¶ 记念碑 / 기념비
¶ 动物园 / 동물원
¶ 博物馆 / 박물관

¶ 美术馆 / 미술관
¶ 公园 / 공원
¶ 植物园 / 식물원
¶ 电影院 / 영화관
¶ 剧场 jùchǎng / 극장
¶ 杂技 / 곡예
★ 照相馆 zhàoxiàngguǎn / 사진관
¶ 快洗 / 급속 현상
¶ 胶卷 jiāojuǎn / 필름
¶ 休息室 / 휴게실
¶ 收费厕所 cèsuǒ / 유료화장실
¶ 禁止入内, 游客止步 / 출입금지
¶ 禁止拍照 jìnzhǐ pāizhào, 禁止摄影 shèyǐng / 촬영금지

틀다. 2. 〈方〉 자전거의 핸들.

†**lǒngzhào** 笼罩(籠一) 動 감싸다, 덮어씌우다, 휩싸이다, [연기·안개 등이]자욱하다. ¶ chénwù ~·zhe cūnzhuāng(晨雾~着村庄)아침 안개가 마을을 뒤덮고 있다.

†**lóngzi** 笼子(籠一) 名 《**zhī** 只》 [비교적 큰]바구니.

lóngzi 聋子(聾一) 名 귀머거리.

⁑**lóu** 楼(樓) 名 1. 《**zuò** 座》 [2층 이상의]빌딩. ¶ èr hào~(二号~) 2동. 2. 《**céng** 层》 [건물의]층. ¶ zhù èr~(住二~)2층에 살다.

*****lǒu** 搂(摟) 動 껴안다, [가슴에]품다. ¶ ~·zai huáili(~在怀里) 가슴에 안다.

*****lòu** 漏 動 1. [물이]빠지다, 새다. ¶ shuǐhú~le(水壶~了)주전자의 물이 샜다. 2. [비밀이]누설되다, 새다. ¶ ~·le fēngshēng (~了风声)비밀이 누설됐다.

lou 喽(嘍) 動 [문미에 쓰여] **le** (了)와 비슷한 역할을 함. ¶ bié shuō~(别说~)말하지마.

lòudǒu 漏斗 名 깔때기. =**lòuzi** (漏子)

*****lóufáng** 楼房(樓一) 名 《**suǒ** 所, **zuò** 座, **dòng** 栋, **zhuàng** 幢》 2층 이상의 건물, 빌딩.

⁑**lóushàng** 楼上(樓一) 名 위층; 2층. ¶ tā zài~(他在~)그는 2층에 있다.

*****lóutī** 楼梯(樓一) 名 [건물의]계단, 층계. ¶ shàng~(上~)계단을 오르다. ~dǒu(~陡)계단이 가파르다.

⁑**lóuxià** 楼下(樓一) 名 아래층, 일층.

†**lǒuzi** 篓子(簍一) 名 [밑이 깊은] 대바구니.

⁑**lù** 路 名 《**tiáo** 条, **duàn** 段》 1. 길, 도로, 노정(路程). ¶ xiūhǎo le~(修好了~)도로를 정비했다. yí duàn~(一段~)한 구간의 노정. 2. (~儿, ~子)방법, 수단.

lù 录(錄) 動 1. 기록하다, 기재하다. 2. 쓰다, 베끼다.

*****lù** 露 名 이슬. =**lùshui**(露水)

*****lù** 鹿 名 《**zhī** 只》 〈動〉 사슴.

*****lǘ** 驴(驢) 名 《**tiáo** 条, **tóu** 头, **zhī** 只》 당나귀.

*****lǚ** 铝(鋁) 名 〈化〉 알루미늄. ~**guō**(~锅)알루미늄 냄비.

lǚ 旅 動 여행하다. ~**chéng**(~程)여정, 여로.

⁑**lǜ** 绿(綠) 形 녹색의, 푸른. ~**sè** (~色)초록색.

⁑luàn 乱(亂) 形 혼란하다, 무질서하다, 어지럽다. ¶ zhuōzi shang hěn~(桌子上很~)책상위가 매우 어지럽다. 副 제멋대로, 함부로. ¶ ~hǎn(~喊)마구 소리지르다.

luànzi 乱子(亂一) 名 소동, 분쟁. ¶ chū~(出~)소동이 일어나다. nào~(闹~)분쟁을 야기하다. rě~(惹~)분쟁을 일으키다.

*__lǜchá__ 绿茶(綠一) 名 녹차. ☆ **lóngjǐng**(龙井), **dàfāng**(大方) 등이 잘 알려져 있음.

lùchéng 路程 名 노정, 도정. ¶ sān tiān~(三天~)3일간의 노정.

*__lǚcì__ 屡次(屢一) 副 자주, 여러 번. ¶ ~shòudào pīpíng(~受到批评) 여러 차례 비판받다.

lùdēng 路灯(一燈) 名 가로등. ¶ ~liàng le(~亮了)가로등이 켜지다. yì pái~(一排~)죽 늘어선 가로등.

†**lùdì** 陆地(陸一) 名 육지.

*__lǜdòu__ 绿豆(綠一) 名〈植〉 녹두. ~**tāng**(~汤)녹두로 만든 수프; 여름에 차 대신 마셔서 더위를 쫓음.

†**lüè** 略 動 생략하다. 副 대강, 조금. ~**zhī yī èr**(~知一二)대략[조금]알다.

†**lüèduó** 掠夺(一奪) 動 수탈하다, 약탈하다. ¶ ~cáiwù(~财物)재물을 수탈하다.

lüèwēi 略微 副 조금, 약간. = **shāowēi**(稍微) ¶ ~wǎnle yìdiǎnr(~晚了一点儿)약간 늦었다. ~yǒudiǎnr gǎnmào(~有点儿感冒)약간의 감기 기운이 있다.

lüèyǔ 略语(一語) 名 약어. =**suōlüèyǔ**(缩略语)

*__lùfèi__ 路费(一費) 名 여비, 노자. ¶ huíjiā de~(回家的~)귀성 여비.

*__lǚguǎn__ 旅馆(一館) 名《**gè** 个, **jiā** 家, **zuò** 座》 여관. ¶ zhù~(住~)여관에 묵다.

†**lùguò** 路过(一過) 動 지나가다, 통과하다. ¶ ~Wǔhàn(~武汉) 무한을 경유하다.

*__lùjūn__ 陆军(陸軍) 名 육군.

*__lǚkè__ 旅客 名 여객, 승객.

†**lùkǒu** 路口 名 갈림길, 길목. **shízì**~(十字~)십자로, 네거리 입구.

*__lùlú__ 辘轳(轆轤) 名 도르래, 활차. ¶ yáo~(摇~)도르래를 돌리다.

lūn 抡(掄) 動 휘두르다. ¶ ~dāo(~刀)칼을 휘두르다. ~quántou dǎ rén(~拳头打人)주먹을 휘둘러 사람을 때리다.

*__lún__ 轮(輪) 名 (~儿) 《**zhī** 只》 바퀴. =**lúnzi**(轮子) 量 달·태양 등을 세는 데 쓰임. ¶ yì~míngyuè(一~明月)밝은 달. 動 [순서에 따라]차례가 되다. ¶ zhè huí~·dào wǒ le(这回~到我了)이번에는 내 차례다.

*__lùn__ 论(論) 動 …를 기준으로 하다, …을 단위로 계산하다. ¶ gōngzī~tiān fù(工资~天付)급료는 날짜를 단위로 계산하여 지급한다. ~gè mài(~个卖)낱개로 팔다.

*__lúnchuán__ 轮船(輪一) 名 《**zhī** 只, **sōu** 艘》 기선.

†**lúnkuò** 轮廓(輪一) 名 윤곽, 테두리. ¶ shìjiàn de~(事件的~) 사건의 윤곽.

†**lúnliú** 轮流(輪一) 動 순서대로 하다; 차례차례. ¶ ~zhírì(~值日)

돌아가면서 당직하다.

lúntāi 轮胎(輪—) 名 타이어; 속어로 **pídài**(皮带), **chētāi**(车胎), **lúndài**(轮带)등이라고도 함.

***lùnwén** 论文(論—) 名《**piān** 篇》논문. ¶ xiě~(写~)논문을 쓰다. zuò~(做~)논문을 작성하다.

***lúnzi** 轮子(輪—) 名《**zhī** 只》바퀴.

***luó** 锣(鑼) 名《**miàn** 面, **zhāng** 张》징. ¶ qiāo~(敲~)징을 치다.

***luó** 箩(籮) 名 밑이 사각인 대나무 광주리.

luó 罗(羅) 動 1. [그물 따위로] 잡다. 2. 진열하다, 벌여놓다.

luó 螺 名 1. [조개류의]권패류. 2. [나선형의]무늬, 지문.

L

***luò** 落 動 1. 떨어지다, 낙하하다, 잠기다. ¶ ~·zai dìshang(~在地上)지면으로 떨어지다. tàiyáng ~shān le(太阳~山了)해가 산 너머로 졌다. **yí kuài shítou~·le dì**(一块石头~了地)[걱정거리가 해결되어]한숨 돌리다. 2. 내리다, 낮추다. ¶ bǎ liánzi~·xiàlai(把帘子~下来)발을 내리다.

***luóbo** 萝卜(蘿蔔) 名〈植〉무우. ¶ bá~(拔~)무우를 뽑다.

***luò▲hòu** 落后(—後) 動 1. 낙오하다, 뒤떨어지다, 낙후되다. ¶ mànmànde, yǒu xiē rén kāishǐ~le(慢慢地, 有些人开始~了)천천히, 몇몇 사람들이 뒤처지기 시작했다. 2. [일의 진척이]뒤처지다, 늦어지다.

☞ **luòhòu**(落后) 참조.

***luòhòu** 落后(—後) 形 [수준보다] 낮다, 처져있다. ¶ sīxiǎng~(思想~)사상이 뒤떨어지다. ~de shēngchǎn fāngshì(~的生产方式)낙후된 생산방식. ~**fēnzǐ**(~分子)[사상적으로]뒤처진 사람.

☞ **luò▲hòu** (落后) 참조.

***luohùashēng** 落花生 名《**kē** 颗, **lì** 粒》낙화생, 땅콩.

†**luójí** / **luóji** 逻辑(邏輯) 名〈譯〉논리, 로직. ☆ 영어 logic의 음역. ¶ ~shang máodùn(~上矛盾)논리적으로 모순이다. bù hé ~(不合~)논리에 맞지 않다. ~**xué**(~学)논리학.

luósī 罗丝(—絲) 名〈口〉나사, 나사못. ¶ nǐng~(拧~)나사못을 조이다. ~**dīng**(~钉)나사못.

***luōsuo** 罗唆(囉—)·罗嗦(囉—) 形 [말이]많다, 수다스럽다. (**AABB**, **A里AB**) ¶ chéngtiān luōluosuōsuō(成天囉囉唆唆)하루종일 지루하게 이야기하고 있다. shǒuxù~(手续~)수속이 번거롭다. 動 한 말을 뇌고 또 뇌다. ¶ ~·le bàntiān, yě méi shuōqīngchu(~了半天, 也没说清楚)오랫동안 장황하게 이야기했지만, 결국 확실히 말하지 않았다. wǒ bù gēn nǐ~le(我不跟你~了)너와 이것저것 이야기하고 싶지는 않다. shǎo~jǐ jù(少~几句)수다 좀 그만 떨어라.

骆驼

*lùotuo 骆驼(駱駝) 名 《fēng 峰, pǐ 匹》 낙타. dānfēng～(单峰～) 단봉낙타. shuāngfēng～(双峰～)쌍봉낙타.

luò▲wǔ 落伍 動 1. 대열에서 탈락하다, 낙오하다. 2. 시대에 뒤떨어지다.

*luózi 骡子(騾一) 名 《pǐ 匹, tóu 头》 노새.

†lùshang 路上 名 1. 노상. ¶ ～tíngzhe yí liàng chē(～停着一辆车)노상에 차 한대가 서 있다. 2. 도중. ¶ ～dōu hǎo ma?(～都好吗?)도중에 내내 편안했나요?

lǚshè 旅社 名 여관；주로 여관 명칭에 쓰임.

†lǜshī 律师(一師) 名 변호사. ¶ qǐng～(请～)변호사를 의뢰하다.

*lùshui 露水 名 《dī 滴, kē 颗》 이슬.

†lǚtú 旅途 名 여행 도중, 여행길. ¶ zhù～yúkuài!(祝～愉快)즐거운 여행이 되시길!

*lùxiàn 路线(一綫) 名 《tiáo 条》 1. 도로, 노선. ¶ hánghǎi～(航海～)항로, 항해길. 2. 활동방침. ¶ qúnzhòng～(群众～)대중 노선.

*lù▲xiàng 录像(錄一) 動 녹화하다. ～dài(～带)비디오 테이프. ～jī(～机)녹화기, 비디오 테이프 레코더.

⁑lǚxíng 旅行 動 여행하다. ¶ wǒ yí ge rén qù～(我一个人去～)나는 혼자서 여행간다. 名 여행. ～she(～社)여행사. ～tuán(～团)여행단. ～zhèng(～证)여행 증명서. ～zhīpiào(～支票)여행자 수표.

lǚxíng 履行 動 실천하다, 이행하다. ¶ ～hétong(～合同)계약을 이행하다. ～yìwù(～义务)의무를 다하다.

†lùxù 陆续(陸續) 副 계속하여, 끊임없이.(AABB) ¶ rénmen～dàodá huìchǎng(人们～到达会场)사람들이 계속해서 회의장에 모여들었다.

⁑lù▲yīn 录音(錄一) 動 녹음하다. ～dài(～带)녹음 테이프. ～jī(～机)녹음기, 테이프 레코더.

lǚyóu 旅游 動 여행하다, 관광하다. ¶ qù Ōuzhōu～(去欧洲～)유럽으로 관광가다. 名 관광. ～shìyè(～事业)관광사업. ～shǒupàr(～手帕儿)관광토산품인 손수건.

*lúzi 炉子(爐一) 名 난로, 화로, 아궁이 따위의 총칭. ¶ shēng～(生～)난로를 켜다.

L

M

⁑**mā** 妈(媽) 名 〈口〉 엄마, 어머니. =**māma**(妈妈) ☆ 정중한 표현은 **mǔqīn**(母亲)임.

†**mā** 抹 動 1. 닦다, 문지르다, 훔치다. 2. 잡아누르다, 내리다, 떨구다. **mābù**(抹布)[행주, 걸레].

***má** 麻 名 1. ⟪**zhū** 株⟫ 〈植〉 삼, 마. 2. ⟪**lǚ** 缕⟫ 삼의 섬유. 形 [표면이]거칠다, 꺼슬꺼슬하다. ¶ yímiàn guāng, yímiàn~(一面光, 一面~)한쪽은 매끈매끈하고 한쪽은 꺼슬꺼슬하다. 動 저리다, 마비되다. =**mámù**(麻木) ¶ jiǎo dūn · ~le(脚蹲~了)쪼그리고 앉아서 발이 저리다.

⁑**mǎ** 马(馬) 名 ⟪**pǐ** 匹⟫ 1. 〈動〉 말(馬). ¶ qí~(骑~)말을 타다. xià~(下~)말에서 내리다. shuān~(拴~)말을 매다, 고삐를 매다. yìn~(饮~)말에게 물을 먹이다. **gōng**~(公~)숫말. **mǔ**~(母~)암말. **qí**~**zhǎo**~(骑~找~)① 현상을 유지하면서 더욱 나은 것을 찾다. ② 자기가 갖고 있는 것을 망각하고 다른 곳에서 찾다. 2. [장기의]말. 3. 〈姓〉 성씨(**Mǎ**).

***mà** 骂(罵) 動 1. 욕하다. ¶ ~rén(~人)남을 욕하다. ~yí dùn(~一顿)한바탕 욕하다. **pò kǒu dà**~(破口大~)심하게 욕을 퍼붓다. 2. 꾸짖다. ¶ ái lǎoshī~(挨老师~)선생님에게 혼나다.

⁑**ma** 吗(嗎) 助 1. [문미에 쓰여] 의문의 어기(语气)를 나타냄. ¶ tā lái~(他来~)그는 옵니까? ☆ **ma**(吗)는 한국어의 「…니까?」에 가깝지만 문장 가운데 **shéi**(谁), **shénme**(什么)같은 의문을 나타내는 말이 있는 경우에는 사용할 수 없음. 따라서 tā shì shéi ma?(他是谁吗?)는 잘못된 것임. 그러나 nǐ yǒu shénme shì ma?(你有什么事吗?)[무슨 일이 있습니까?]의 **shénme**(什么)는 불특정한 것을 나타내는 지시 대사이므로, 이 문장은 틀린 것이 아님. 2. [문중에 쓰여]잠시 멈춤의 어기(語氣)를 나타냄. ¶ nǐ~, guǎnhǎo zìjǐ jiù xíng le(你~, 管好自己就行了)너는 말이야, 네 일이나 신경쓰면 돼. 3. 반어법을 구성하여 긍정의 뜻을 표시함. ¶ zhè xiàng huà~?(这像话~?)이것이 말이 됩니까? 4. 확실한 긍정의 어기(語氣)를 나타냄. ¶ wǒ jiù bú xìn~!(我就不信~!)나는 믿지 않아!

⁑**ma** 嘛 助 1. '당연하다, 충분히 알고 있음'을 나타내는 어기(語氣)를 나타냄. ¶ zìjǐ rén~, bié kèqi(自己人~, 别客气)절친한 사이니, 사양하지 마시오. 2. 의문문에 사용하여 강조하는 어기(語氣)를 나타냄.

***mábì** 麻痹 動 둔감하게 하다, 마비시키다. ¶ ~rénmen de dòuzhì(~人们的斗志)사람들의 투지를 마비시키다. ~**dàyi**(~大意)경계심을 잃다, 경각심이 무디고 처

신이 소홀하다.

*mǎchē 马车(馬車) 名 《liàng 辆》 1. [사람을 태우는]마차. 2. 짐마차. ¶ gǎn~(赶~)마차를 몰다. ~fū(~夫)마부.

*mǎdá 马达(馬達) 名 〈譯〉 《tái 台》 모터, 발동기. ☆ 영어 'motor'의 음역. ~chuán(~船)모터 보트. ¶ zhè jīqì shì dāidòng de(~这机器是~带动的)이 기계는 모터로 움직인다.

mádài 麻袋 名 《tiáo 条, zhī 只》 [발이 굵은]마대. ¶ zhāung~(装~)마대에 담다.

⁑máfan 麻烦(—煩) 動 귀찮게[번거롭게]하다, 폐를 끼치다. ¶ zìjǐ zuò, bù~biéren(自己做, 不~别人)자신이 함으로써 남을 귀찮게 하지 않는다. duìbuqǐ, ~nǐ le(对不起, ~你了)귀찮게 해서 죄송합니다. 形 귀찮다, 성가시다. ¶ yìdiǎnr yě bù~(一点儿也不~)조금도 귀찮지 않다.

*mǎhu 马虎(馬—) 形 소홀하다, 등한하다, 건성건성하다.(AABB, A里AB) ¶ gōngzuò~(工作~) 일을 건성건성하다.

*mái 埋 動 1. [흙·눈 따위로]묻다, 파묻다. ¶ ~·zai dìxià(~在地下)땅속에 묻다. ~dìléi(~地雷)지뢰를 묻다. 2. 숨기다, 감추다, 밝히지 않다.

⁑mǎi 买(買) 動 사다, 구입하다. ¶ nǐ zhè yīfu shì~de, háishi zuò de?(你这衣服是~的, 还是做的?)이옷은 산 것이냐? 만든 것이냐? ~zhāng piào(~张票)표를 사다. ~dōngxi(~东西)물건을 사다.

⁑mài 卖(賣) 動 1. 팔다, 판매하다. ¶ zhèr~yóupiào ma?(这儿~邮票吗?)여기서 우표를 팝니까? lùn bǎ~(论把~)한 묶음으로 팔다. 2. 자랑하다, 과시하다. ~lǎo(~老)늙은 체하다, 노인 티를 내다. ~cōngming(~聪明)잘난 체하다. 3. 힘을 다하다, 전력을 다하다. ~lìqi(~力气)전심 전력하다, 있는 힘을 다하다.

*mài 麦(麥) 名 〈植〉 보리종류, 맥류[보리, 밀, 귀리, 호밀 등.]

†mài 迈(邁) 動 큰 걸음으로 나아가다, 내디디다. ¶ ~·jìn ménkǎn(~进门坎)문지방을 넘다, 방문하다.

mài▲bù 迈步(邁—) 動 발걸음을 내디디다. ¶ màile yí dà bù(迈了一大步)큰 걸음으로 걷다. ~qiánjìn(~前进)가슴을 펴고 전진하다.

máicáng 埋藏 동 묻히다, 매장되다, 감추어 두다. ¶ dìxià~·zhe fēngfù de zīyuán(地下~着丰富的资源)땅속에 풍부한 자원이 묻혀있다. ~zài xīnli de huà(~在心里的话)마음속에 묻어두고 있는 말. 名 매장.

máifu 埋伏 動 매복하다. ¶ ~bīngmǎ(~兵马)병마를 매복시키다. 2. 잠복하다, 숨다. ¶ ~dāngqián zhèngjú~·zhe wēijī(当前政局~着危机)눈앞의 정국은 위기가 도사리고 있다. 名 매복. ¶ zhòng~le(中~了)복병을 만났다. dǎ~(打~)매복하다, 숨기다.

*mǎimai 买卖(買賣) 名 1. 장사, 매매. ¶ ~hái suàn búcuò(~还算不错)장사가 그럭저럭 된다. zuò~(做~)장사를 하다. 2. [개인

M

이 경영하는]상점, 점포. ¶ kāi ~(开~)점포를 개업하다.

máimò 埋没 動 매몰하다, 묻히다. ¶ shēnyǐng ~ zài rénqún zhōng (身影~在人群中)모습이 사람들 속에 묻혀 버리다. ~réncái(~人才)인재를 매장시키다.

màinong 卖弄(賣—) 動 뽐내다, 자랑하다, 뻐기다. **~xiǎo cōngming**(~小聰明)조금 총명한 것을 뻐기다.

mái▲tóu 埋头(—頭) 動 몰두하다, 정신을 집중하다. ¶ ~xuéxí (~学习)공부에 몰두하다. **~kǔ gàn**(~苦干)일에 몰두하다, 억척스레 일하다.

***máizàng** 埋葬 動 매장하다, 묻다. ¶ ~·le jiù zhìdù(~了旧制度) 낡은 제도를 묻어버리다. ~zài féndì(~在坟地)묘지에 묻다.

***màizi** 麦子(麥—) 名 《**kē** 棵, **zhū** 株》 보리 ; 특히 밀.

mǎkè 马克(馬—) 名 마르크 ; 독일의 화폐 단위(Mark).

máli 麻利 形 날래다, 민첩하다. (**AABB**) ¶ gànhuó~(干活~)일하는 것이 민첩하다. tā de dòngzuò hěn~(他的动作很~)그의 동작은 민첩하다.

***mǎlíngshǔ** 马铃薯(馬鈴—) 名 〈植〉 감자. ☆ 지방에서는 **tǔdòur**(土豆儿), **yángyù**(洋芋), **shānyaodàn**(山药蛋)이라고도 함.

⁑**mǎlù** 马路(馬—) 名 《**tiáo** 条》 [넓은]도로, 큰 길. ¶ chuān~(穿~)길을 지나가다. guò~(过~) 위와 같음. yà~(轧~)도로를 롤러로 다지다 ; 거리를 어슬렁 어슬렁 돌아다니다(배회하다).

⁑**māma** 妈妈 名 〈口〉 엄마, 어머니. **mā**(妈)라고도 한다. ¶ wǒ ~zài yínháng gōngzuò(我~在银行工作)어머니는 은행에서 근무하신다.

***mǎmahúhú** 马马虎虎(馬馬—) 形 1. 그저 그렇다, 그리 나쁘지는 않다. 2. 부주의하다, 대충하다, 건성건성하다. ¶ tā bànshì lǎo shì ~(他办事老是~)그는 일을 늘 대충대충한다.

†**mámù** 麻木 動 마비되다, 저리다, 감각이 없다. ¶ shǒu dōu~le(手都~了)손이 마비되어 버렸다. dòng·~le(冻~了)추위로 감각을 잃다. jiǎo~le bù tīng shǐhuan le(脚~了不听使唤了~)발이 마비되어 말을 듣지 않았다.

†**mán** 蛮(蠻) 形 거칠다, 난폭하다, 사리를 분별하지 못하다.

mán 瞒(瞞) 動 [진실을]숨기다, 속이다, 감추다. ¶ ~·zhe fùmǔ (~着父母)부모를 속이다. ~·buguò dàjiā de yǎnjing(~不过大家的眼睛)많은 사람들의 눈은 속이지 못한다.

⁑**mǎn** 满(滿) 形 가득하다, 꽉 차다. ¶ wūli zuò·~·le rén(屋里坐~了人)방안에 사람이 가득 앉았다. ~dùzi huà(~肚子话)가슴속에 가득한 말. ~tóu hàn (~头汗)얼굴이 땀투성이다. 動 [기한이]다 차다, 만기가 되다. ¶ tā dào zhèr lái hái bù~yì nián (她到这儿来还不~一年)그녀가 여기에 온지 아직 1년이 못되었다. 副 1. 매우, 아주, 대단히. ¶ tā duì gōngzuò~jījí(他对工作~

积极)그는 일에 아주 적극적이다. 2. 전혀, 전연. ~**bú zàihu**(~不在呼)전혀 개의치 않다, 조금도 걱정하지 않다.

⁑**màn** 慢 形 속도가 느리다, 시간이 걸리다. ⇔ **kuài**(快) ¶ shuōhuà~(说话~)말을 느리게 한다. ~diǎnr zǒu(~点儿走)좀 천천히 가자, 안녕히 가세요. bié zháojí, ~·zhe diǎnr chī(别着急, ~着点儿吃)서둘지 말고, 천천히 드세요. zhè zuò zhōng~sān sì fēn(这座钟~三四分)이 시계는 3, 4분 느리다. 動 늦추다, 미루다, 기다리다. ¶ ~·zhe gàosu tā(~着告诉他)조금 시간이 지난 후에 그에게 알립시다.

***màn** 漫 動 1. [물이]넘치다, 범람하다. 2. 가득하다, 충만하다. 3. 제한없다, 끝없다. 副 마음대로, 멋대로.

†**màncháng** 漫长(一長) 形 길다, 지루하다. ¶ ~de héliú(~的河流)기나긴 강 줄기. ~de suìyuè(~的岁月)긴긴 세월.

mànchē 慢车(一車) 名 완행(보통)열차, 보통 버스. ⇔ **kuàichē**(快车)

⁑**máng** 忙 形 바쁘다. ¶ nǐ jīntiān~ma?(你今天~吗?)너 오늘 바쁘니? gōngzuò~(工作~)일이 바쁘다. 動 서두르다, 바쁘다. ¶ ~shénme, zài zuò yíhuìr(~什么, 再坐一会儿)뭐가 그리 바빠요, 더 있다 가세요. bié~·zhe zǒu(别~着走)서둘러 가지 말아라.

máng 茫 形 1. 아득하다, 망망하다. 2. 무지하다, 막연하다.

mángcóng 盲从(一從) 動 맹종하다, 무턱대고 따르다. ¶ yào dúlì sīkǎo, bù néng~(要独立思考, 不能~)독자적으로 사고해야지, 맹종할 수 없다.

***máng** 盲 動 눈이 멀다, 보이지 않다. 副 맹목적으로.

†**mángmù** 盲目 形 맹목적인. ¶ ~zhuīsuí(~追随)맹목적으로 따르다.

***mànmànde** 慢慢地 副 천천히, 느릿느릿. **mànmānrde**(慢慢儿地)라고도 함. ¶ ~zǒulù(~走路)천천히 걷다. ~lái(~来)천천히 해라, 서둘지 마라. ☆ 흔히 중국 사람을 두고 느긋함을 비유하여 「만만디」라 표현하기도 함.

†**mǎnqiāng** 满腔(滿一) 名 가슴 속에 가득참. ¶ ~de rèqíng(~的热情)가슴 가득찬 열정.

màntiáosīlǐ 慢条斯理(一條一) 形 태연자약하다, 침착하다. ¶ děngle bàntiān, cái~de lái kāi mén(等了半天, 才~地来开门)한참 동안 기다려서야 태연스럽게 문을 열러왔다. shuōqǐ huà lai~(说起话来~)말하는 것이 침착하다.

***mántou** 馒头(饅頭) 名 밀가루로 만든 찐빵 종류의 식품 ; 소가 들어 있지 않은 만두. ☆ 한국어의 「만두」는 **bāozi**(包子) 혹은 **jiǎozi**(饺子)임. ¶ zhēng~(蒸~)만두를 찌다.

mànxìngzi 慢性子 名 1. 느린 성격. ¶ ~rén(~人)성미가 느린 사람. 2. 느린 성격의 사람. ⇔ **jíxìngzi**(急性子) ¶ tā shì~(他是~)그는 굼벵이 같은 사람이다.

***mǎnyì** 满意(滿一) 動 만족하다, 만족스럽다. ¶ bāo nǐ~(包你~)

M

책임지고 널 만족시키겠다. tā~de xiào le(他~地笑了)그는 만족스럽게 웃었다. nín~bu~?(您~不~?)당신은 만족하십니까? ☆이 말의 긍정과 부정의 반복은 **mǎn bù mǎnyì**(满不满意)와 같이 긍정형의 부분만 **mǎn**(满)자 하나로 쓸 수 있음. **kě bù kěyǐ**(可不可以), **zhī bù zhīdao**(知不知道)등도 같은 예에 해당함.

*__mányuàn__ 埋怨 動 [생각대로 되지 않아]남을 원망하다, 탓하다. ¶ ~jiāli rén bù zǎo gàosu tā(~家里人不早告诉他)집안 식구가 미리 그에게 알려주지 않은 것을 탓하다. zìjǐ nòng de, bié~rén(自己弄的, 别~人)자신이 저질렀으면, 남을 원망하지 마라.

M

*__mǎnzú__ 满足(滿-) 動 만족하다, 만족시키다. ¶ nǐ néng~wǒ de yuànwàng ma?(你能~我的愿望吗?)내 희망을 너는 만족시킬 수 있느냐? ~qúnzhòng de xūyào(~群众的需要)군중의 요구를 만족시키다. ~xiànzhuàng(~现状)현상황에 만족하다. 形 충분하다, 만족스럽다, 족하다. ¶ néng zhèyàng, wǒ jiù fēicháng~le(能这样, 我就非常~了)이렇게 할 수 있어 나는 매우 만족스럽다.

⁑__māo__ 猫 名《**zhī** 只》〈動〉고양이. ¶ yǎng~(养~)고양이를 기르다. **gōng**~(公~)수고양이. **láng**~(郎~)위와 동일. **mǔ**~(母~)암고양이.

⁑__máo__ 毛 名《**gēn** 根, **liǔ** 绺, **zuō** 撮》털 ; 체모, 깃털. ¶ bá~(拔~)털을 뽑다. 量 중국의 화폐단위. **jiǎo**(角)의 속칭 ; **yuán**(元)의 10분의 1.

*__mǎo__ 卯 名 1. 십이간지(十二干支)의 네번째를 지칭. 2. 묘시(卯時) ; 오전 5시~7시까지.

*__mào__ 冒 動 1. [땀·연기 같은 것이]나다, 뿜어나오다, 발산하다. ~**hàn**(~汗)땀이 나다, 땀을 흘리다. ~**yān**(~烟)연기가 나다. 2. [위험을]개의치 않다, 무릅쓰다. ¶ ~yǔ qiánjìn(~雨前进)비를 무릅쓰고 전진하다.

__mào__ 貌 名 1. 용모, 생김새. 2. 외관, 태도.

*__mào__ 茂 形 1. 무성하다, 우거지다. 2. 다채롭다, 풍성하고 훌륭하다.

*__máobǐ__ 毛笔(-筆) 名《**guǎn** 管, **zhī** 支》붓. ~**zì**(~字)붓글씨.

*__máobìng / máobing__ 毛病 名 1. [개인의]흠, 약점, 나쁜 버릇. ¶ tā yǒu tōu dōngxi de~(他有偷东西的~)그는 물건을 훔치는 버릇이 있다. 2. 고장, 실수. ¶ jīqi chū~le(机器出~了)기계가 고장났다. 3. 결점, 결함. ¶ zhǎo~(找~)결점을 찾다. 4. 〈方〉 병, 질병. ¶ zhè diǎnr xiǎo~, búyàojǐn(这点儿小~, 不要紧)이 정도의 병은 괜찮아요.

__màochōng__ 冒充 動 1. …인 체하다, 가장하다, 사칭하다. ¶ ~nèiháng(~内行)전문가인 체하다.

*__máodùn__ 矛盾 動 모순되다. ¶ shuōhuà qiánhòu~(说话前后~)말의 앞뒤가 모순이 되다. zìxiāng~(自相~)자가 당착. 名《**gè** 个, **duì** 对》모순, 대립. ¶ zhìzào~(制造~)대립을 낳다.

__máofáng__ 茅房 名〈口〉화장실,

변소. ＝**cèsuǒ**(厕所) ¶ shàng～(上～)화장실에 가다.

màohào 冒号(—號) 名 쌍점, 콜론(：). ¶ diǎn(点～)콜론을 찍다.

⁑**máojīn** 手巾 名 《**kuài** 块, **tiáo** 条》 수건, 타월.

***máokǒng** 毛孔 名 모공, 털구멍.

máolǘ 毛驴(—驢) 名 (～儿)《**tiáo** 条, **tóu** 头, **zhī** 只》[작은]당나귀.

mào▲míng 冒名 動 남의 명의(名義)를 사칭하다. ～**dǐngtì**(～顶替)남의 이름을 도용하다.

màor 帽儿(—兒) 名 형태나 용도가 모자처럼 생긴 것, 뚜껑. **bǐ**～(笔～)붓뚜껑.

☞ **màozi**(帽子) 참조.

màorán 贸然(貿—) 副 경솔하게, 성급하게. ¶ ～xià jiélùn(～下结论)경솔하게 결론을 내리다.

màoshèng 茂盛 形 [식물이]무성하다, 우거지다. ¶ shùyè～(树叶～)나뭇잎이 무성하다.

***màoshi** 冒失 形 경솔하다, 경망하다, 덜렁대다.(**AABB**) ¶ shuōhuà búyào tài～(说话不要太～)말을 너무 경망스럽게 하지 마라. ～**guǐ**(～鬼)경망스러운 사람, 덜렁이.

***máoxiàn** 毛线(—綫) 名 《**gēn** 根, **zhī** 只, **gǔ** 股, **tuán** 团》 털실.

***máoyī** 毛衣 名 《**jiàn** 件》 털옷, 스웨터. ¶ dǎ～(打～)털옷을 짜다. zhī～(织～)위와 동일.

***màoyì** 贸易(貿—) 名 교역, 무역. ☆ 국내에서의 교역, 유통을 포함함. ¶ gǎo～(搞～)무역을 하다. ～**gōngsī**(～公司)무역회사, 상사. **guójì**～(国际～)국제무역. **guónèi**(国内～)국내무역.

⁑**màozi** 帽子 名 《**dǐng** 顶》 모자. ¶ dài～(戴～)모자를 쓰다.

☞ **màor**(帽儿) 참조.

***máquè** 麻雀 名 1. 《**zhī** 只》 참새. **jiāqiǎor**(家雀儿)라고도 함. 2. 마작. **májiàng**(麻将)이라고도 함. ¶ dǎ～(打～)마작을 하다. **chā**(叉～)위와 동일. **cuō**(搓～)위와 동일.

⁑**mǎshàng** 马上(馬—) 副 곧, 즉시. ☆ **lìkè**(立刻)보다 구어적임. ¶ ～jiù yào chūfā le(～就要出发了)곧 출발할 것이다.

***máshéng** 麻绳(—繩) 名 《**tiáo** 条》 삼노끈, 삼밧줄.

***mǎtou** 码头(碼頭) 名 《**gè** 个, **zuò** 座》 1. 부두, 선창. ～**gōngrén**(～工人)하역 노동자, 부두 인부. 2. 〈方〉 교통이 편리한 상업도시. **shuǐlù**～(水陆～)수륙교통이 발달한 상업도시.

mǎxì 马戏(馬戲) 名 《**chǎng** 场》 곡마, 곡예, 서커스. ～**tuán**(～团)곡마단.

mǎyǐ 蚂蚁(螞蟻) 名 《**zhī** 只》 개미. ～**dòng**(～洞)개미굴. ～**kěn gǔtou**(～啃骨头)적은 힘을 모아 큰일을 달성하다.

máyóu 麻油 名 참기름. ＝**xiāngyóu**(香油), **zhīmayóu**(芝麻油).

mázi 麻子 名 1. 마마자국, 곰보자국. ¶ zhǎngle yì liǎn～(长了一脸～)온 얼굴에 곰보자국이 생겼다. 2. 얼굴이 얽은 사람.

mázuì 麻醉 動 1. 마취하다. 2. [생각하는 힘 따위를]마비시키다. 名 마취. **júbù**～(局部～)국부마취.

M

*me 么(麽) 接尾 1. 접미사의 하나. 2. 가사(歌詞)중에 붙이는 뜻없는 글자. 助 전반(前半)의 문구 말미에 쓰여, 어기(語氣)의 함축성을 나타냄.

méi 眉 名《**dào** 道, **tiáo** 条》눈썹. ☆ 단독으로 쓰일 경우는 **méimao**(眉毛). 단, **yì tiáo méi**(一条眉)[한 가닥의 눈썹]처럼 양사를 동반하기도 하며, **méi**(眉)만으로도 좋다.

*méi 煤 名 석탄. ¶ shāo~(烧~)석탄을 태우다. wā~(挖~)석탄을 파다.

méi 霉(黴) 名〈生〉곰팡이, 균. **fā**~(发~)곰팡이가 슬다, 부패하다.

*méi 枚 量 매, 장, 개 [바늘, 동전, 메달같은 것을 셀 때 쓰임.] ¶ yì~jìniànzhāng(一~纪念章)1개의 기념 배지.

⁑méi 没 動 없다. =**méi yǒu**(没有) ¶ ~qián(~钱)돈이 없다. ~rén bāngzhù wǒ(~人帮助我)나를 도와줄 사람이 없다, 아무도 나를 도와주지 않는다. ☆ 이 경우의 **rén**(人)은 **méi**(没)의 목적어이면서 **bāngzhù**(帮助)의 주어를 겸하고 있다. **例**: ~rén lǐ wǒ(~人理我)아무도 나에게 신경쓰지 않는다, 나에게 신경써 주는 사람이 없다. ~**shénme**(~什么)아무것도 아니다, 괜찮다. ~**shìr**(~事儿)위와 동일. ~**shuō de**(~说的)말할 것 없다, 괜찮다, 신경쓸 것 없다. 副 …않다. =**méiyou**(没有) ¶ ~chī(~吃)먹지 않는다, 먹지 않았다. ☆ 동작·행위가 현재의 시점에서 완료되지 않았거나, 과거의 어떤 시점에서 발생하지 않았던 것을 나타내며 이 둘의 구별은 없다. **例**: tā~lái(他~来)그는 오지 않는다, 그는 오지 않았다.

méi 媒 名 중매인, 매파. 動 매개하다. **chùméi**(触媒)[촉매].

⁑měi 每 代 …마다, 매, 각. ☆ 보통 수사, 양사, 양사성의 명사 앞에 쓰임. ¶ ~rén(~人)각자. ~xīngqīliù(~星期六)매주 토요일. ~**nián**(~年)매년. ~**tiān**(~天)매일. ~**yuè**(~月)매월. 副 늘, 항상. ¶ ~féng shíwǔ rì chūbǎn(~逢十五日出版)매월 15일에 출판된다.

*měi 美 形 1. 아름답다. ¶ fēngjǐng hěn~(风景很~)경치가 아름답다. 2. 좋다, 즐겁다, 만족하다. ¶ rìzi guòde tǐng~(日子过得挺~)생활이 정말 즐겁다. shìqing bànde~(事情办得~)일을 잘한다.

*mèi 妹 名 여동생, 누이동생.

mèi 昧 形 1. [사리에]어둡다, 어리석다. 2. 속이다. 3. 숨다, 숨기다.

mèi 媚 動 아첨하다, 비위를 맞추다. 形 요염하다, 아름답다.

†**méicuòr** 没错儿(—錯兒) 形 틀림 없다, 옳다, 맞다. ¶ tīng wǒ de~(听我的~)내 말을 들으면 틀림없다. ~, jiù shì tā xiě de(~, 就是她写的)틀림없어, 바로 그녀가 쓴 것이다.

*méifǎr 没法儿(—兒) 形 방법이 없다, 어쩔 수 없다. ¶ ~shuō qīngchu(~说清楚)잘 설명할 방법이 없다.

***měige** 每个(一個) 代 어떤 것도, 누구도. =**měi yí ge**(每一个) ¶ ~rén(~人)사람마다.

měiguān 美观(一觀) 形 [외관 따위가]아름답다, 보기 좋다. ¶ yàngshi~dàfang(样式~大方)디자인이 아름답고 우아하다.

⁑**méi guānxi** 没关系(一關係) 連語 1. 관계없다, 괜찮다, 염려없다, 문제없다. ¶ zhè jiàn shì gēn nǐ ~(这件事跟你~)이 일은 너와 관계없다. 2. 〈應〉 천만에요, 괜찮아요. ¶ ~, wǒ yí ge rén qù (~, 我一个人去)괜찮아요, 저 혼자 갈께요.

méiguì/méigui 玫瑰 名 《**kē** 棵, **zhū** 株》 장미 ; 때찔레.

***méihǎo** 美好 形 [생활·앞날·희망 등 추상적인 것에 쓰여]좋다, 훌륭하다, 아름답다. ¶ ~de rìzi(~的日子)행복한 나날.

***méihuā** 梅花 名 《**duǒ** 朵》 매화꽃.

***měilì** 美丽(一麗) 形 아름답다, 미려하다. ¶ nàli de fēngjǐng zhēn ~(那里的风景真~)그곳의 경치는 정말 아름답다.

***měimǎn** 美满(一滿) 形 원만하다, 행복하다. ¶ ~de hūnyīn(~的婚姻)행복한 결혼. shēnghuó ~(生活~)생활이 원만하다.

***méimao** 眉毛 名 《**dào** 道, **tiáo** 条, **shuāng** 双》 눈썹. ¶ ~zhòng (~重)눈썹이 짙다.

měiměi 每每 副 언제나, 항상 ; 과거의 일이나, 항상 발생하는 일에 쓰임. ¶ ǒu'ěr qù lǚxíng, piān~yùshàng yǔtiān(偶尔去旅行,偏~遇上雨天)이따금 여행을 갈때면 항상 비가 온다.

⁑**mèimei** 妹妹 名 1. 여동생, 누이동생. 2. [친척 중의]같은 항렬에서 자신보다 나이가 어린 여자.

†**měi nián** 每年 連語 매년.

***méiqì** 煤气(一氣) 名 1. 메탄가스. ¶ shāo~(烧~)가스를 때다. ~**lú**(~炉)가스 난로. 2. 석탄의 불완전 연소시 생기는 유독 기체. ¶ zhòng~(中~)가스 중독이 되다. ~**zhòngdú**(~中毒)일산화탄소 중독.

***méiqiú** 煤球 名 (~儿) [석탄가루를 빚어 만든]알탄. ¶ shāo~ (烧~)알탄을 때다. ~**lúzi**(~炉子)알탄 난로.

méiren 媒人 名 중매인, 중매장이. ¶ zuò~(做~)중매를 서다.

***měishù** 美术(一術) 名 미술. ~**guǎn**(~馆)미술관. ~**pǐn**(~品)미술품. ~**xuéyuàn**(~学院)미술학원.

méitàn 煤炭 名 석탄. = **méi**(煤) ¶ ~gōngyè(~工业)석탄공업.

⁑**měitiān** 每天 名 매일. ☆ 원래는 **měi**(每)와 **tiān**(天)의 2단어이지만, 항상 합쳐서 사용되기 때문에 1단어로 취급함. ¶ nǐ~jǐ diǎn qǐchuáng?(你~几点起床?) 당신은 매일 몇시에 일어납니까?

†**méitóu** 眉头(一頭) 名 미간. ¶ zhòu~(皱~)눈살을 찌푸리다.

méiwán 没完 動 끝이 없다, 언제까지 계속되다, 끝장을 보다. ¶ shuō ge~(说个~)끝없이 지껄이다. rúguǒ zài dǎ rén, wǒ kě gēn nǐ~(如果再打人, 我可跟你~)만약 또 다른 사람을 때리면, 너와 끝장을 보겠다. ~**méi liǎo**(~没

M

了)한도 없고 끝도 없다.

†**méiyòng** 没用 形 쓸모가 없다, 소용이 없다. ¶ kū yě~(哭也~) 울어봐야 소용없다.

*__méiyóu__ 煤油 名 석유. ☆ 지방에서는 **huǒyoú**(火油), **yángyóu**(洋油)라고도 한다. ~**dēng**(~灯)석유등. **lú**(~炉)석유난로.

⁑**méi yǒu** 没有 連語 **yǒu**(有)의 부정형. **méi**(没)만 사용할 때도 있음. ☆ **méiyǒu**(没有)를 하나의 동사로 간주할 수도 있음. ① 없다, 가지고 있지 않다. ¶ ~piào(~票)표를 가지고 있지 않다. ~fàn chī(~饭吃)먹을 밥이 없다. ☆ 이 경우의 **chī**(吃)는 의미상 **fàn**(饭)의 수식어가 됨. **例**: ~yīfu chuān(~衣服穿)입을 옷이 없다. ② 없다, 존재하지 않다. ¶ wūli~rén(屋里~人)방안에 사람이 없다. ③[비교로 쓰여서]…만 못하다. ¶ nǐ~tā gāo(你~他高)너는 그만큼(키가) 크지 않다.

☞ **méiyou**(没有) 참조.

⁑**méiyou** 没有 副 1. …않다. =**méi**(没) ¶ tā hái~lái(他还~来)그는 아직 오지 않았다. nǐ chīfàn le~?(你吃饭了~?)당신은 밥을 먹었습니까? ☆ **méiyou**(没有)가 문미에 와서 의문문을 이루는 경우는, 일반적으로 **méi**(没)하나만 쓰지 않는다. 2. …않았다. =**méi**(没) ¶ ~tīng shuōguo(~听说过)들어본 적이 없다.

☞ **méi yǒu**(没有) 참조.

méiyǔ 梅雨·霉雨 名 장마. =**huángméiyǔ**(黄梅雨).

měiyuán 美元 名 달러, 미국 달러; 미국의 화폐 단위.

méizi 梅子 名〈植〉매실, 매화나무.

†**mēn** 闷(悶) 動 1. 공기를 통하지 않게 하다. 2. 뜸들이다. ¶ tínghuǒ hòu, ~yíhuìr(停火后,~一会儿)불을 끄고 잠시 뜸을 들이다. 3. 틀어 박히다. ¶ ~·zài jiāli kàn shū (~在家里看书)집에 틀어박혀 책을 읽다. 形 답답하다, 갑갑하다. ¶ wūli rén tài duō, kōngqì tài~(屋里人太多,空气太~)방안에 사람이 너무 많아서, 공기가 답답하다.

☞ **mèn**(闷) 참조.

⁑**mén** 门(門) 名 (~儿) 《**gè** 个, **dào** 道, **shān** 扇》문, 출입구. ¶ kāi~(开~)문을 열다. guān~(关~)문을 닫다. 量 1. 대포를 세는 데 쓰임. ¶ yì~pào(一~炮)대포 한 문. 2. 기술·학과 등을 세는 데 쓰임.¶ yì~kēxué(一~科学)과학의 한 부분. liǎng~gōngkè(两~功课)두 과목.

*__mèn__ 闷(悶) 形 1. 마음이 편치 않다, 우울하다. 2. 밀폐하다, 꼭닫다. ¶ xīnli~·dehāung(心里~得慌)마음이 몹시 우울하다. ~**jiǔ**(~酒)홧김에 마시는 술; 홧술.

☞ **mēn**(闷) 참조.

⁑**-men** -们(們) 接尾 …들[사람을 나타내는 대사나 명사의 뒤에 붙어 복수를 나타냄.] ¶ wǒ·~(我~)우리. háizi·~(孩子~)아이들. ☆ 앞에 복수를 나타내는 말(수량사)이 있는 경우에는 사용하지 않는다. 예를 들어, zhèxiē háizimen(这些孩子们), sān ge

M

xuéshēngmen(三个学生们) 처럼 은 말하지 않는다.

†**méng** 蒙 動 1. 덮다, 쓰다. ¶ ～tóu shuì dà jiào(～头睡大觉)머리를 덮고 푹자다. 2. 받다, 입다. ¶ ～nín zhàogu(～您照顾)당신의 보살핌을 받았습니다, 신세졌습니다. ☆ **mēng**(蒙) : '속이다, 기만하다'의 뜻이며, **Měng**(蒙) : 「몽고족」을 지칭함.

†**měng** 猛 形 1. 맹렬하다, 극심하다, 사납다, 세차다. ¶ fēng guāde ～(风刮得～)바람에 세차게 불다. láishì～(来势～)밀려오는 기세가 맹렬하다. 2. 용감하다, 용맹하다. 3. 세다, 강하다.

*__mèng__ 梦(夢) 名 《**cháng** 场》 꿈, 몽상, 공상. ¶ wǒ zài ～·li jiàndaòle māma(我在～里见到了妈妈)나는 꿈속에서 엄마를 만났다. **zuò**～(做～)꿈을 꾸다, 공상하다. 動 꿈꾸다, 공상하다.

mèngjiàn 梦见(夢見) 動 꿈에 보다. ¶ zuòmèng～·le māma(做梦～了妈妈)꿈에 엄마를 보았다.

†**měngliè** 猛烈 形 격렬하다, 맹렬하다. ¶ ～de jìngōng(～地进攻) 격렬하게 공격하다. yǔshì～(雨势～)비가 세차다.

ménglóng 朦胧(－朧) 形 [달빛이]흐리다.(**AABB**) ¶ yèsè～(夜色～)밤이 흐리다.

ménglóng 蒙眬(－矓)·蒙胧(－朧) 形 [졸려서]몽롱하다.(**AABB**) ¶ ～zhōng juéde yǒu rén tuī tā(～中觉得有人推他)몽롱한 가운데 어떤 사람이 그 자신을 미는 것을 느꼈다.

mēngpiàn 蒙骗(－騙) 動 사람을 속이다, 기만하다. ¶ ～lǎorén(～老人)늙은이를 속이다. nǐ shòu tā～le(你受他～了)너는 그에게 속았다.

†**měngrán** 猛然 副 갑자기, 돌연히, 뜻밖에. ¶ ～xiǎngqǐ yí jiàn shì(～想起一件事)갑자기 한가지 일이 생각났다.

†**mèngxiǎng** 梦想(夢－) 動 공상하다, 망상하다. ¶ ～·bu dào(～不到)꿈에도 생각하지 못하다. 名 공상, 망상.

mènhúlu 闷葫芦(悶－蘆) 名 수수께끼, 알 수 없는 일, 오리무중(五里霧中). ¶ zhè jiàn shì zhēn shì ge～(这件事真是个～)이 일은 정말 수수께끼이다.

ménkǎn 门槛(門檻)·门坎(門－) 名 《**dào** 道, **tiáo** 条》 (～儿)문지방, 문턱. ¶ gāo pānbuqǐ(～高攀不起)문턱이 높아 올라가지 못하다. kuà～(跨～)문지방을 넘어가다. mài～(迈～)위와 동일.

*__ménkǒu__ 门口(門－) 名 (～儿)출입구, 문어귀, 현관.

ménlu 门路(門－) 名 1. 비결, 방법. ¶ mōbuzháo～(摸不着)실마리가 잡히지 않다. 2. 연고, 연줄. **zhǎo**～(找～)연줄을 찾다. **zuān**～(钻～)연줄을 파고들다.

*__ménpái__ 门牌(門－) 名 (～儿)문패. ～**hàomǎ**(～号码)문패번호, 번지.

ménpiào 门票(門－) 名 《**zhāng** 张》[공원·박물관 등의]입장권.

†**mēnrè** 闷热(悶熱) 形 [날씨가]찌다, 무덥다.(**AABB**) ¶ zhè jǐ tiān hěn～(这几天很～)요며칠 동안 몹시 무덥다.

M

mēn▲tóur 闷头儿(悶頭兒) 動 말없이 꾸준히 노력하다. ¶ ~gàn(~干)꾸준히 일을 하다.

ménwàihàn 门外汉(門一漢) 名 문외한. ¶ duìyú shùxué, wǒ wánquán shì ge~(对于数学,我完全是个~)수학에 있어서, 나는 완전히 문외한이다.

*__ménzhěn__ 门诊(門診) 名 외래 진찰. ¶ kàn~(看~)외래 진료를 하다. ~**bù**(~部)외래 진찰실.

†**mī** 眯 動 1. 눈을 가늘게 뜨다, 실눈을 뜨다. ¶ ~·zhe yǎn kàn(~着眼看)눈을 가늘게 뜨고 보다. 2. 〈方〉 잠깐 졸다. ¶ ~yíhuìr(~一会儿)잠깐 졸다.

*__mí__ 迷 動 1. 빠지다, 심취하다. ¶ ~·shàngle zúqiú(~上了足球)축구에 심취하다. 2. 헷갈리다, 판단력을 잃다. 名 [무언가에]빠져 있는 사람, 애호가, 광(狂). **qiú**~(球~)구기종목 팬. **xì**~(戏~)연극팬.

mí 弥(彌) 動 1. 가득차다. 2. 보충하다, 벌충하다. ~**màn**(~漫)자욱하다, 가득차다. 副 한층 더, 더욱 더.

⁑**mǐ** 米 名 《**lì** 粒》 1. 쌀. =**dàmǐ**(大米) **nuò**~(糯~)찹쌀, **cāo**~(糙~)현미. 2. 껍질을 벗긴 뒤의 곡물. **huāshēng**~(花生~)땅콩. **xiā**(虾~)껍질 벗긴 새우; **xiāmi**로 발음한다. 量 〈度〉 미터(m). 〈旧〉 **gōngchǐ**(公尺) ¶ yì~qī(一~七)1미터 70센티.

*__mì__ 蜜 名 1. 꿀, 벌꿀, 물엿. ¶ cǎi~(采~)꿀을 따다. **fēng**~(蜂~)벌꿀. 2. 처녀, 미스(miss).

*__mì__ 密 形 1. 조밀하다, 빽빽하다. ⇔ **xī**(稀) ¶ zhòngde tài~(种得太~)빽빽하게 심다. 2. [관계가] 가깝다, 친하다. 3. 정밀하다, 주도 면밀하다.

*__mián__ 棉 名 면, 목화. =**miánhua**(棉花)

miǎn 勉 動 1. 힘쓰다, 노력하다. 2. 고무 격려하다.

mián 眠 名動 잠(자다), 동면(하다).

mián 绵(綿) 名 풀솜. 形 1. 연약하다, 부드럽다. 2. [유리·수정 따위가]흐리다.

miǎn 免 動 1. 제거하다, 면하다. ~**fèi**(~费)무료. ~**shuì**(~税)면세. 2. 어떤 사물의 영향을 받지 않다, 벗어나다. ¶ zǎo xiē chūfā, yǐ~gǎnbushàng fēijī(早些出发,以~赶不上飞机)일찍 출발해서 비행기를 놓치지 않게 해라. 3. …해서는 안된다, 할 수 없다, 허락하지 않다. **xiánrén**~**jìn**(闲人~进)관계자외 출입금지.

*__miàn__ 面(麵) 名 1. 곡물의 가루; 특히 밀가루. ☞ **miànr**(面儿)참조. **dòu**~(豆~)콩가루. **xiǎomǐ**~(小米~)좁쌀가루. **yùmǐ**~(玉米~)옥수수 가루. 2. 국수. =**miàntiáo**(面条) ¶ chī~bù chī fàn(吃~不吃饭)국수를 먹고 밥을 먹지 않다. **qiē**~(切~)칼국수. 3. 얼굴, 낯. 4. 면(面), 평면. 量 평평한 물건을 세는 데 쓰임. ¶ yí~jìngzi(一~镜子)거울 한 개. 動 향하다, 면하다. ¶ bèi shān~shuǐ(背山~水)산을 등지고 강을 향하다.

*__mián'ǎo__ 棉袄(一襖) 名 《**jiàn** 件》 솜저고리.

M

⁑**miànbāo** 面包(麵－) 名 1. 《**kuài** 块》 덩어리 상태의 빵. 2. 《**piànr** 片儿》 썬 빵. **chē**(～车)미니버스, 마이크로 버스의 속칭.

***miánbù** 棉布 名 면포, 면직물.

***miǎnbuliǎo** 免不了 動 피할 수 없다, 면하기 어렵다, …하지 않을 수 없다. ¶ kùnnan shì～de(困难是～的)어려움은 피할 수 없다. ～chūcuò(～出错)실수하기 마련이다.

***miǎnde** 免得 連 …하지 않도록. ¶ duō wèn jǐ jù, ～zǒucuò lù(多问几句, ～走错路)길을 잘못 들지 않도록 여러번 물어 보아라. 動 면하다, 피하다. ¶ ～shībài(～失败)실패를 면하다.

†**miànduì** 面对(－對) 動 마주 보다, 직면(直面)하다. ¶ ～xiànshí(～现实)현실에 직면하다.

***miànfěn** 面粉(麵－) 名 밀가루.

***miánhua** 棉花 名 《**kē** 棵, **zhū** 株, **tuán** 团》 면화, 면. ¶ zhāi～(摘～)목화를 따다.

†**miànjī** 面积(－積) 名 면적.

†**miànkǒng** 面孔 名 얼굴 ; 얼굴 생김새, 표정. ¶ bǎnzhe～(板着～)무뚝뚝한 표정을 하다. cíxiáng de～(慈祥的～)자상한 얼굴.

miǎnlì 勉励(－勵) 動 격려하다, 고무(鼓舞)하다. ¶ tā～wǒmen nǔlì gōngzuò(他～我们努力工作)그는 우리가 열심히 일하도록 격려했다. hùxiāng～(互相～)서로 격려하다.

†**miànlín** 面临(－臨) 動 직면하다, 당면하다. ¶ ～kùnnan(～困难)어려움에 직면하다.

†**miànmào** 面貌 名 1. 용모, 얼굴 생김새. ¶ ～duānzhèng(～端正)이목구비가 단정하다. 2. 양상, 상태. ¶ jīngshén～(精神～)정신 상태. shèhuì～(社会～)세상, 세태.

***miànqián** 面前 名 눈앞, 면전. ¶ zài zhòngrén～shuōbuhǎo(在众人～说不好)여러사람 앞에서는 말을 잘 못한다. shènglì～bù jiāo'ào(胜利～不骄傲)승리 앞에서 교만하지 않다.

***miǎnqiǎng** 勉强 動 강요하다. ¶ bú yuànyì suànle, bié～tā le(不愿意算了, 别～他了)원하지 않으면 됐어, 그에게 강요하지 마라. 形 1. 무리하게, 간신히, 마지못하다. (**AABB**) ¶ ～tóngyì le(～同意了)마지못해 동의했다. 2. [논리·이유 따위가]부족하다, 타당하지 않다. ¶ zhè tiáo lǐyóu hěn～(这条理由很～)이 이유는 설득력이 부족하다.

***miànr** 面儿(－兒) 名 1. [물체의]표면, 겉면. ⇔ **lǐr**(里儿) 2. [곡물 이외의]분말, 가루. **hújiāo**～(胡椒～)후춧가루. **yào**～(药～)가루약.

miánshā 棉纱(－紗) 名 면사, 무명실.

miànshú 面熟 形 낯익다. ¶ xiǎngbuqǐ míngzi, dàn hěn～(想不起名字, 但很～) 이름은 생각나지 않지만, 낯은 익다.

miǎntiǎn / miǎntian 腼腆 形 부끄러워하다, 낯을 가리다, 어색해하다. (**AABB**) ¶ tā hěn～(她很～)그녀는 부끄러움을 잘 탄다.

⁑**miàntiáo** 面条(麵條) 名 (～儿) 국수. ¶ chī～(吃～)국수를 먹다. gǎn～(擀～)국수를 뽑다.

M

miànxiàng 面向 動 …쪽으로 향하다. ¶ ~wèilái(~未来)미래로 향하다.

miánxù 棉絮 名 1. 목화 섬유, 무명실. 2. [이불이나 요를 만드는] 솜.

*__miányáng__ 绵羊(綿—) 名 《**zhī** 只》면양.

†**miányī** 棉衣 名 《**jiàn** 件》솜옷, 무명옷. ¶ chuān~(穿~)솜옷을 입다.

†**miànzi** 面子 名 1. 물체의 표면. 2. 체면, 얼굴. **ài**~(爱~)체면을 중히 여기다. **diū** ~(丢~)체면을 잃다. **liú** ~(留~)체면을 세우다. **méiyǒu**~(没有~)체면이 아니다, 면목이 없다. 3. 정의(情誼), 의리, 정분. ¶ bù gěi~(不给~)정분을 내세우지 않다. jiǎng~(讲~)의리를 중히 여기다.

*__miáo__ 苗 名 (~儿) 《**gēn** 根》1. 새싹, 모종. **mài** ~(麦~)보리·밀의 모종. 2. 새싹 모양의 사물. **huǒ**~(火~)불꽃.

miáo 描 動 모사(模寫)하다, 그대로 베끼다, 본떠서 그리다. ¶ zhàozhe yàngzi~(照着样子~)견본대로 본떠 그리다.

miáo 瞄 動 겨누다, 주시하다. ¶ ~·de zhǔn(~得准)정확히 겨누다.

miǎo 藐 形 작다, 멀다. 動 경시하다, 깔보다.

*__miǎo__ 秒 名 초[시간, 각도, 경위도 등의 단위.] ¶ yì~zhōng(一~钟)1초간.

*__miào__ 庙(廟) 名 《**zuò** 座》절, 사당, 종묘.

*__miào__ 妙 形 훌륭하다, 좋다, 교묘하다. ¶ zhège bànfǎ zhēn~!(这个办法真~!)이 방법은 정말 기막히다. ~**jì**(~计)묘계, 묘책.

miàohuì 庙会(廟會) 名 옛날, 잿날 또는 일정한 날에 절 부근에 임시로 설치하던 시장. **gǎn**~(赶~)재회(齋會)에 물건을 사러(팔러)가다. **guàng**~(逛~)재 올리는 날에 묘당에 놀러 가다.

miáotiao 苗条(—條) 形 [여자의 몸이]날씬하다, 호리호리하다.(AABB) ¶ shēncái~(身材~)몸매가 날씬하다.

†**miáoxiě** 描写(—寫) 動 본뜨다, 묘사하다.

miáo▴zhǔn 瞄准(—準) 動 (~儿) 조준하다, 겨누다. ¶ ~mùbiāo (~目标)목표물을 겨누다.

míbǔ 弥补(彌補) 動 [결점 따위를]보충하다, 메우다. ¶ ~sǔnshī(~损失)손실을 만회하다. ~quēxiàn(~缺陷)결함을 보완하다.

*__miè__ 灭(滅) 動 1. 끄다, 꺼지다. ¶ dēng~le(灯~了)불이 꺼졌다. ~**huǒ**(~火)불을 끄다. 2. 소멸하다, 멸망하다. ~**chóng**(~虫) 해충을 박멸시키다. ~**shǔ**(~鼠) 쥐를 없애다. 3. 침수하다.

mièwáng 灭亡(滅—) 動 멸망하다, 멸망시키다. **zìqǔ**~(自取~) 자멸하다.

*__mǐfàn__ 米饭(—飯) 名 쌀 또는 좁쌀로 지은 밥;특히 쌀밥.

*__mìfēng__ 蜜蜂 名 《**zhī** 只》꿀벌.

†**míhu** 迷糊 形 [의식이나 눈이] 명확하지 않다, 모호하다, 혼미하다.(**AABB**) ¶ shuì·~le(睡~了)잠이 덜깨어 어리둥절하다. chéngtiān mímihūhū de(成天迷迷

糊糊的)하루종일 정신이 없다.

míhuo 迷惑 動 미혹되다, 현혹되다, 미혹시키다. ¶ wǒ yě~le(我也~了)나도 매혹되었다. huāyán qiǎoyǔ~·buliǎo rén(花言巧语~不了人)감언이설로 사람을 현혹시킬 수 없다.

mìjué 秘诀(一訣) 名 비결. ¶ chuánshòu~(传授~)비결을 전수하다.

mímàn 弥漫(彌一) 動 [연기·안개·물 등이]자욱하다, 가득차다. ¶ wūzi li~·zhe chéntǔ(屋子里~着尘土)방안이 먼지로 가득하다. yānwù~(烟雾~)안개[연기]가 자욱하다.

***mìmì** 秘密 名 비밀, 비밀스러운 일. ¶ bǎoshǒu~(保守~)비밀을 지키다. 形 비밀하다. ⇔ **gōngkāi** (公开) **~huìyì** (~会议)비밀회의.

***mǐn** 抿 動 1. [머리를]쓰다듬어 붙이다, 매만지다. ¶ ~·le yí xià qián'é tóufa(~了一下前额的头发)앞머리를 매만지다. 2. 약간 다물다, 오므리다. ¶ ~zuǐ(~嘴)입을 오므리다. 3. [술 따위를]입을 대고 조금 마시다.

***mínbīng** 民兵 名 민병.

***míng** 名 名 (~儿) 이름, 명칭. **chū**~(出~)유명해지다. **diǎn**~(点~)이름을 부르다, 출석을 부르다. **qǐ**~(起~)[아이에게]이름을 지어주다. 量 1. 어떤 신분을 가진 사람을 세는 단위. ¶ wǔshí duō~gōngrén(五十多~工人) 50여명의 노동자. xuésheng sì~(学生四~)학생 4명. ☆ 단독으로 사람을 세는 경우에 **gè**(个)를 씀. 예를 들어 wǔshí duō míng rén(五十多名人)이라고는 일반적으로 말하지 않음. 2. 순위를 나타냄. ¶ huòdé dì yī~(获得第一~)일등을 차지하다.

míng 铭(銘) 名 명(銘). 動 1. 글자를 새기다. 2. 마음에 새기다, 간직하다.

†míng 鸣(鳴) 動 1. [새·짐승·곤충 등이]울다. 2. 소리를 내다; 울다, 울리다. **~luó kāi dào** (~锣开道)징을 울려 길을 열다; 닥쳐 올 일에 대비해서 여론을 조성하다.

†mìng 命 名 《**tiáo** 条》 1. 생명. ¶ jiǎnle yì tiáo~(捡了一条~)구사일생으로 살다. **jiù**~(救~)목숨을 구하다. 2. 운명. ¶ ~bu hǎo(~不好)불운하다. ~kǔ(~苦) 위와 동일. **kǔ**~(苦~)불행한 운명. 3. 명령. ¶ yuándì dài~(原地待~)제자리에서 명령을 기다리다.

míng 冥 形 1. 어둡다. 2. 심오하다, 깊다. 3. 어리석다, 우매하다. 名 저승.

⁑míngbai 明白 形 1. 분명하다, 명백하다.(**AABB**) ¶ lǎoshī jiǎngde shífēn~(老师讲得十分~)선생님은 매우 분명하게 설명하셨다. 2. 공공연하다, 공개적이다.(**AABB**) ¶ ~de tíchū yāoqiú(~地提出要求)공공연히 요구를 하다. 3. 총명하다, 분별있다, 현명하다. ¶ nǐ māma zhēn shì ge~rén(你妈妈真是个~人)당신 어머니는 정말 현명하시군요. 動 알다, 이해하다. ¶ wǒ bù~nǐ de yìsi(我不~你的意思)나는 네 뜻

M

을 이해하지 못하겠다.

míngē 民歌 图《**shǒu** 首, **zhī** 只》민요, 민가.

míngfán 明矾(一礬) 图 명반, 백반; **báifán**(白矾)이라고도 함. ☆ 보통, 물의 정화에 사용함.

***míngliàng** 明亮 形 1. [빛이]밝다, 환하다.(**AABB**) ¶ zhè jiān fángjiān hěn~(这间房间很~)이 방은 매우 밝다. ~de kètīng(~的客厅)밝은 응접실. 2. 빛나다, 반짝거리다.(**AABB**) ¶ ~de yǎnjīng(~的眼睛)빛나는 눈. 動 명백하다, 분명하다. ¶ xīnli~le(心里~了)마음이 환해졌다.

***mìnglìng** 命令 動 명령하다. ¶ ~sān lián chūfā(~三连出发)제3중대에게 출발을 명령하다. 名《**dào** 道, **tiáo** 条》명령. ¶ tīngcóng~(听从~)명령에 따르다. xià~(下~)명령을 내리다. zhíxíng~(执行~)명령을 실행하다. ~**jù**(~句)명령문.

***míngmíng** 明明 副 분명히, 명백히. ¶ ~zhīdao, gùyì zhuāng bù zhīdào(~知道, 故意装不知道)뻔히 알면서, 일부러 모른 체하다.

⁑**míngnián** 明年 名 내년, 명년. ¶ ~sìyuè(~四月)내년 4월.

míngpiàn 名片 名(~儿)《**zhāng** 张》명함. ¶ jiāohuàn~(交换~)명함을 교환하다. liúxià~(留下~)명함을 남기다.

míngqi 名气(一氣) 名〈口〉명성, 평판. ¶ tā shì yí wèi hěn yǒu~de yīshēng(他是一位很有~医生)그는 아주 평판이 좋은 의사이다. yǒu diǎnr xiǎo~(有点儿小~)약간의 명성이 있다.

***míngquè** 明确(一確) 形 명확하다. ¶ fāngxiàng~(方向~)방향이 명확하다. ~de mùbiāo(~的目标)명확한 목표. ~de zhǐchū(~地指出)명확하게 지적하다. 動 명확하게 하다. ¶ ~dāngqián de rèn-wu(~当前的任务)당면한 임무를 명확히 하다. ~mùdì(~目的)목적을 명확히 하다.

míngshēng 名声(一聲) 名 명성, 평판. ¶ tā~bú tài hǎo(他~不太好)그는 평판이 그리좋지 않다.

†**míngshèng** 名胜(一勝) 名《**chù** 处》명승, 경치가 좋은 곳. ~**gǔjì**(~古迹)명승 고적.

***míngtiān** 明天 名 1. 내일. ¶ ~jiàn!(~见!)내일 만나자. 2. 가까운 장래, 앞날. ¶ wǒmen xīwàng néng yǒu yí ge hépíng, měihǎo de~(我们希望能有一个和平, 美好的~)우리는 평화와 아름다운 장래가 있기를 바란다.

***míngxiǎn** 明显(一顯) 形 뚜렷하다, 분명하다. ¶ zìjì~(字迹~)필적이 뚜렷하다. tā~biànlǎo le(他~变老了)그는 확실히 늙었다. zhè hěn~shì yí ge jièkǒu(这很~是一个借口)이는 분명히 핑계다.

míngxīng 明星 名 [영화의]스타, [사교계의]스타. **diànyǐng**~(电影~)영화 배우.

***míngxìnpiàn** 明信片 名(~儿)《**zhāng** 张》우편엽서, 그림엽서.

***míngyì** 名义(一義) 名 1. 이름, 명칭, 명의. ¶ yǐ gèrén de~(以个人的~)개인의 명의로. 2. [···shang(上)의 형식으로]명의상, 형식상. ¶ ~shang shì tā de(~上是他的)명의상 그의 것이다.

*míngyù 名誉(－譽) 名 명예, 명성. ¶ bàihuài～(败坏～)명예를 손상시키다. 形 명예상의. ～**huìyuán**(～会员)명예 회원. ～**jiàoshòu**(～教授)명예 교수.

†mìngyùn 命运(－運) 名 1. 운명. ¶ gòng～(共～)운명을 함께하다. 2. 발전·변화해 가는 추세 ; 장래. ¶ bùzhī～rúhé(不知～如何)앞날이 어떻게 될지 모른다.

⁑míngzi 名字 名 이름, 성명. ¶ nǐ jiào shénme～?(你叫什么～?)당신은 이름이 무엇입니까? qǐ～(起～)이름을 붙이다, 이름을 짓다.

†míngjiān 民间(－間) 名 민간(의). ～**màoyì**(～贸易)민간 무역. ～**wénxué**(～文学)민간 문학.

*mǐnjié 敏捷 形 [동작이]빠르다, 민첩하다. ¶ dòngzuò～(动作～)동작이 민첩하다.

†mínyòng 民用 形 민용의, 민간의 ; 인민의 생활에 사용함. ～**hángkōng**(～航空)민간항공. ～**jiànzhù**(～建筑)민용건축, 민간건축.

*mínzhǔ 民主 名 민주. ¶ jiǎng～(讲～)민주를 중요시하다. 形 민주적이다. ¶ zuòfēng bú tài～(作风不太～)수법이 민주적이지 않다. ～xuǎnjǔ(～选举)민주적 선거.

⁑mínzú 民族 名 민족. ¶ Zhōngguó yǒu wǔshí duō ge～(中国有五十多个～)중국에는 50여개의 민족이 있다. **shǎoshù**～(少数～)소수민족 ; 한민족(漢民族) 이외의 민족.

*mìqiè 密切 形 밀접하다. ¶ guānxi～(关系～)관계가 밀접하다, 친한 사이이다. 動 밀접하게 하다, 긴밀하게 하다. ¶ ～gànqún guānxi(～干群关系)정부와 민중의 관계를 밀접하게 하다. 副 꼼꼼하게, 주도면밀하게. ¶ ～zhùshì júshì de fāzhǎn(～注视局势的发展)정세의 발전을 주의깊게 주시하다.

*mìshu 秘书(－書) 名 비서. ¶ dānrèn～gōngzuò(担任～工作)비서일을 담당하다. ～**zhǎng**(～长)비서실장.

miù 谬(謬) 形 1. 틀리다, 사리에 맞지 않다. 2. 잘못하다, 착오하다.

*míxìn 迷信 動 맹신하다, 맹목적으로 신앙·숭배하다. ¶ ～wàiguó chǎnpǐn(～外国产品)외국상품을 숭배하다. 形 미신적이다, 맹신적이다. ¶ tā fēicháng～(他非常～)그는 대단히 미신적이다. ～sīxiǎng(～思想)미신적인 사상. 名 미신(迷信). ¶ pòchú～(破除～)미신을 타파하다.

†míyǔ 谜语(謎語) 名 《**tiáo** 条》 수수께끼. 〈口〉 **mèir**(谜儿). **cāi**～(猜～)수수께끼를 알아맞추다. **pò**～(破～)수수께끼를 풀다.

*mō 摸 名 1. 어루만지다, 쓰다듬다. ¶ ～xiǎoháir de tóu(～小孩儿的头)어린아이의 머리를 쓰다듬다. 2. [손으로]더듬다, 집어내다. ～**hēir**(～黑儿)어둠속을 더듬다, 암중 모색하다. 3. 모색하다, 탐지하다, 짐작하다. 4. 기습하다.

mó 模 名 모범, 본보기, 표준, 규범. 動 본뜨다, 모방하다.

*mó 磨 動 갈다, 문지르다, 광을 내다. ～**dāo**(～刀)칼을 갈다.

mó 摩 動 1. 마찰하다, 비비다. 2. 어루만지다, 쓰다듬다.

*mǒ 抹 動 1. 바르다, 칠하다. ～**yóu**(～油)기름을 칠하다. 2. 닦

다, 문지르다. ¶ ～·le yì bǎ hàn(～了一把汗)한줌의 땀을 닦다. 3. 지우다, 삭제하다, 없애다. ¶ ～·diào zhè jǐ ge zì(～掉这几个字)이 몇 글자를 삭제하다.

*mò 末 名 최후(의), 마지막(의). ～**bānchē**(～班车)막차. **lǎo**～(老～)막내, 막내동이.

mò 沫 名 거품, 포말. **tuò**～(唾～)침. **féizào**～**r**(肥皂～儿)비누거품.

*mò 没 動 1. [사람이나 사물이]물에 잠기다, 가라앉다. 2. 사라지다, 숨다. 3. 몰수하다. 4. 소멸하다.

*mò 墨 名 《**kuài** 块》 먹. **yán**～(研～)먹을 갈다.

M

*mò 磨 動 1. 맷돌로 갈다. ～**miàn**(～面)제분하다. 2. 방향을 바꾸다, 반전하다. ¶ bǎ chētóu～·guolai(把车头～过来)차를 유턴하다, 차머리를 돌리다. 名 《**gè** 个, **pán** 盘, **yǎn** 眼》 맷돌. **diàn**～(电～)전동식 맷돌. **tuī**～(推～)맷돌질하다. ☆ 일반적으로 중국식 맷돌은 눌러서 움직이는 것임.

móceng 磨蹭 動 1. 느릿느릿 걷다, 꾸물거리다.(**AABB**) ¶ kuài diǎnr, bié～le(快点儿, 别～了)좀 빨리해라, 꾸물거리지 말고. 2. 졸라대다, 물고 늘어지다, 귀찮게 굴다. ¶ gēn wǒ～yě méiyòng(跟我～也没用)나에게 졸라대도 소용없다. ～·le bàntiān, tā zǒng suàn dāying le(～了半天, 她总算答应了)한참을 졸라대고서야, 간신히 그녀는 응락했다.

mò 默 形 말이 없다, 조용하다. 動 외워쓰다.

mòdà 莫大 形 막대하다, 더 없이 크다. ¶ ～de guāngróng(～的光荣)더 없이 큰 영광.

*mófàn 模范(一範) 名 모범, 모범인물. ¶ píngxuǎn～(评选～)모범인물을 뽑다. **jiàoshī**(～教师)모범교사.

†mófǎng 模仿·摹仿 動 흉내내다, 모방하다. ¶ ～shìfàn dòngzuò(～示范动作)시범동작을 흉내내다.

mòfēi 莫非 副 설마 …란 말인가? 혹시 …이 아닐까? ¶ ～wǒ tīng cuò le?(～我听错了?)혹시 내가 잘못 들었단 말인가?

mòfú 末伏 名 말복 ; 삼복(三伏)의 하나, 입추가 지난 뒤의 첫번째 경일(慶日).

*mógu 蘑菇 名 〈植〉 식용의 버섯. 動 치근거리다, 귀찮게 달라붙다.(**AABB**) ¶ bié gēn wǒ～le(别跟我～了)나에게 치근덕거리지 말아라. pào(泡～)귀찮게 달라붙어 시간을 끌다.

蘑菇

*mòhé 墨盒 名 (～儿)먹통. **mòhé·zi**(墨盒子)라고도 함.

*móhu 模糊 形 분명하지 않다, 모호하다.(**AABB, A里AB**) ¶ zìjì～(字迹～)필적이 분명하지 않다. 動 흐리게하다, 애매하게 하다. ¶ ～·le qūbié(～了区别)구분을 애매하게 하다.

mòlì 茉莉 名 〈植〉 말리, 쟈스민.

～**huā chá**(～花茶)쟈스민차.

茉莉

mólián 磨练(—練) 動 [어려운 환경 속에서]단련하다, 연마하다. ¶ ～yìzhì(～意志)의지를 단련하다.

mòmò 默默 副 묵묵하게, 잠잠하게. ¶ ～de gōngzuò(～地工作) 묵묵히 일을 하다.

†**mòshēng** 陌生 形 [환경에 있어서]형편을 잘 모르다, 익숙하지 않다, [사람에 있어서]낯설다. 생소하다. ¶ gǎndào～(感到～)생소하게 느껴지다. ～**rén**(～人)낯선 사람.

***mòshuǐ** 墨水 名 (～儿) 먹물, 잉크. ¶ guàn～(灌～)잉크를 넣다. **dùzi li yǒu**～(肚子里有～)뱃속에 든 것이 있다 ; 학식이 있다.

mōsuo 摸索 動 1. 더듬어 찾다. ¶ ～·zhe qiánjìn(～着前进)더듬으며 앞으로 나아가다. 2. [방향·방법 등을]모색하다, 탐색하다. ¶ ～jīngyàn(～经验)경험을 모색하다.

***mǒu** 某 代 어느, 아무, 모(某) ; 확실치 않은 때·장소·사물 등을 가리킴. ¶ ～rén(～人)어떤 사람, 아무개. ～xiērén(～些人) 몇몇 사람. **Zhāng**～(张～)장 아무개.

***mótuōchē** 摩托车(—車) 名 《**liàng** 辆》 오토바이. ☆ '摩托'는 영어 'motor'의 음역. ¶ kāi～(开～)오토바이를 몰다. qí～(骑～)오토바이를 타다.

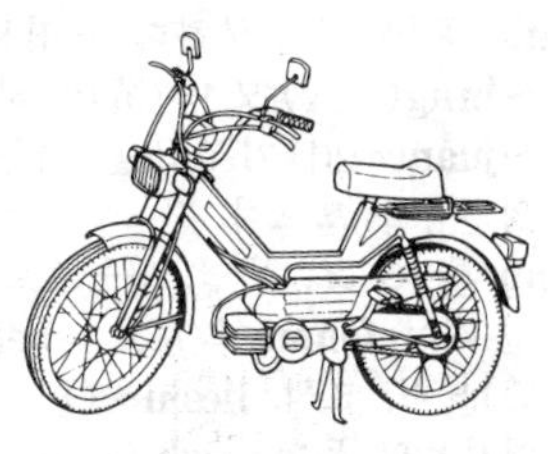

摩托车

mòxiě 默写(—寫) 動 [배운 글자나 읽은 문장을]외워서 쓰다 ; 학습법의 일종. ¶ ～shēngzì(～生字)새 낱말을 외워쓰다.

†**móxíng** 模型 名 견본, 모형, 모델. ¶ fēijī～(飞机～)비행기 모형. zào～(造～)모형을 만들다.

móu 谋(謀) 名 지략, 계략 動 1. 도모하다, 꾀하다. 2. 의논하다, 상의하다.

mú 模 名 1. (～儿)틀, 모형. 2. (～子)주형, 거푸집.

†**mǔ** 母 形 암컷(의). ⇔ **gōng**(公) ～**jī**(～鸡)암탉. ～**niú**(～牛)암소. 名 어머니, 모친.

***mǔ** 亩(畝) 量 〈度〉 토지 면적의 단위 ; 1/15헥타아르(6.667아르).

†**mù** 木 名 1. 목재, 재목. ＝**mùtou**(木头) 2. 나무, 수목. 形 1. 저리다, 마비되다. ¶ jiǎo dòng·～le(脚冻～了)발이 얼어서 마비되었다. 2. 소박하다, 검소하다.

mù 沐 動 1. [머리를]씻다, 감다, 목욕하다. 2. [휴일에]쉬다.

mù 目 名 눈. 動 보다, 간주하다, 주시하다.

mù 牧 動 1. [가축을]방목하다.

M

~**yáng**(~羊)양을 방목하다. ~**niútóng**(~牛童)목동. 2. [백성을]다스리다.

mù 募 動 널리 구하다, 모집하다. ~**bìng**(~兵)모병(募兵)하다. ~**juān**(~捐)기부금을 거두다, 의연금을 모으다.

†**mù** 墓 名 묘, 무덤. 단독으로 쓰일 때는 **fénmù**(坟墓). ~**bēi**(~碑)묘비, 묘석. **lièshì**~(烈士~) 열사들의 무덤. ~**zhì**(~志)묘지(墓誌). **gōng**~(公~)공동묘지.

†**mù** 幕 名 《**dào** 道》 커튼, 막. ¶ lākāi~(拉开~)커튼을 밀어열다. **kāi**~(开~)개막하다. **bì**~(闭~)폐막하다. 量 [연극의]막. ¶ dì yī~(第一~)제1막. dú~jù(独~剧)단막극.

M

mù 暮 名 저녁, 해질녘. 形 늦다, 마지막에 가깝다. 動 저물다. ~**yún chūn shù**(~云春树)먼 여행길에 있는 친구를 그리워하는 정이 간절하다 ; 두터운 우정.

mù 穆 形 1. 공손하다, 조심성이 많다. 2. 화목하다, 두텁다. 3. 온화하다, 조용하다.

mùbǎn 木板 名 《**kuài** 块》 판, 목판. ~**yìnshuā**(~印刷)목판 인쇄.

***mùbiāo** 目标(-標) 名 1. 목표물, 표적. 2. 목표. ¶ dádào~(达到~)목표를 달성하다. dìng~(定~)목표를 정하다.

†**mùcái** 木材 名 목재, 재목.

†**mùchǎng** 牧场(-場) 名 목장, 방목장.

***mǔdan** 牡丹 名 《**kē** 棵, **zhū** 株》 목단, 모란. ~**huā**(~花)모란꽃.

***mùdì** 目的 名 목적. ¶ dádào~(达到~)목적을 달성하다. míngquè~(明确~)목적을 분명히 하다. ~**dì**(~地)목적지.

牧场

***mùgōng** 木工 名 1. 목공(일), 목수일. ¶ tā huì gàn~(他会干~) 그는 목수일을 할 줄 안다. 2. 목수. 〈口〉 **mùjiang**(木匠).

†**mùguāng** 目光 名 식견, 시야. ~**rú dòu**(~如豆)시야가 좁다 ; 우물안의 개구리.

***mǔjī** 母鸡(-鷄) 名 《**zhī** 只》 암탉. ⇔ **gōngjī**(公鸡)

***mùjiang** 木匠 名 〈口〉 목수. = **mùgōng**(木工)

***mùliào** 木料 名 목재.

mùlù 目录(-錄) 名 목록. **kǎpiàn**~(卡片~)카드 목록. **túshū**~(图书~)도서 목록. 2. 목차, 차례.

†**mùmín** 牧民 名 목축민.

***mùqián** 目前 名 현재, 목하(目下), 지금. ¶ ~hái bú huì yǒu shénme wēixiǎn(~还不会有什么危险)지금은 아직 별 위험이 없을 것이다. ~xíngshì(~形势)현정세.

****mǔqin** 母亲(-親) 名 어머니, 모친 ; 남의 어머니를 지칭할 때.

***mùtàn** 木炭 名 숯, 목탄. =**tàn**(炭) ¶ shāo~(烧~)숯을 때다.

****mùtou** 木头(-頭) 名 《**gēn** 根, **kuài** 块》 나무, 목재.

***múyàng** 模样(-樣) 名 1. 모양, 형상, 모습. ¶ tā nà~hěn kě'ài

(她那～很可爱)그녀의 모습은 매우 사랑스럽다. 2. [시간 · 연령에 있어서]대략, 대강. ¶ sānshí suì～(三十岁～)30세 쯤, 30살 가량.

múzi 模子 名 〈口〉 주형(鑄型), 거푸집.

N

⁑**ná** 拿 動 1. [손으로]잡다, 쥐다, 가지다. ¶ shǒuli~·zhe yì bǎ sǎn(手里~着一把伞)손에 우산 한 자루를 쥐고 있다. ~bāoguǒ qù(~包裹去)소포를 받으러 가다. ~·shàng dōngxi lai(~上东西来)물건을 가지고 오다. ~·jìn xíngli qu(~进行李去)화물을 가지고 들어가다. 2. 장악하다, 파악하다. 3. 포획하다, 붙잡다, 사로잡다. ¶ ~·le yí ge zéi(~了一个贼)1명의 도둑을 잡았다. 介 1. …으로. ¶ ~rèshuǐ xǐ(~热水洗)뜨거운 물로 씻다. 2. …을, …에 대해. ¶ bié~tā kāi wánxiào!(别~他开玩笑!)그를 놀리지 마라. 3. [대개 ~…lái shuō(~…来说)의 형태로]…에 있어서, 말하자면. ¶ ~zhìliàng lái shuō(~质量来说)품질에 있어서는.

⁑**nǎ** 哪 代 1. [사람, 시간, 장소, 사물 가운데 하나를 지칭]어느 것, 어느. ¶ nǐ xiǎng jiè~běn shū?(你想借~本书?)너는 어떤 책을 빌리고 싶니? 2. [임의의 물건을 가리킬 때]어느 것. ¶ nǐ jiè~běn shū dōu kěyǐ(你借~本书都可以)어떤 책을 빌리든 괜찮다. ☆ 1. 2.에서 수사나 양사 앞에서는 **něi**라고 발음되는 경우가 많음. 3. [반어적인 표현에서]왜, 어떻게. ¶ zhè xiàng gōngzuò yí ge rén~néng zuòhǎo?(这项工作一个人~能做好?)이 일을 어찌 혼자 해낼 수 있으랴?

☞ **na**(哪) 참조.

⁑**nà** 那 代 저것, 저;그것, 그. ⇔ **zhè**(这) ☆ 수사나 양사 앞에서는 **nèi**라고 발음되는 경우가 많음. ¶ ~jiàn yīfu(~件衣服)그 옷. ~shì shénme?(~是什么?)저것은 무엇입니까? 連 [앞문장을 받아서]그래서, 그러면. ¶ ~nǐ shuō zěnme bàn?(你说怎么办?)그래서 어떻게 하겠다는 거야?

nà 纳(納) 動 1. 받아 넣다, 들이다. 2. 채용하다, 접수하다. 3. 납부하다, 바치다.

nà 捺 動 1. 손으로 누르다. 2. 억제하다, 진정하다, 참다.

nà 钠(鈉) 名 〈化〉 나트륨(Na).

⁑**na** 哪 助 어기(語氣)조사. **a**(啊)와 같음. 앞에 **-n**으로 끝나는 말이 오면, **a**에서 **na**로 변음함. ¶ jiāyóu gàn~!(加油干~!)힘내라, 분발해라.

☞ **nǎ**(哪) 참조.

†**nǎbian** 哪边(-邊) 代 (~儿) 어디, 어느쪽.

***nàbian** 那边(-邊) 代 (~儿) 거기, 저기.

⁑**nǎge** 哪个(-個) 代 1. 어느 것, 어느. ☆ **něige**라고 발음되는 경우가 있다. 2. 3.도 같다. ¶ ~shì wǒ de?(~是我的?)어느 것이 내 것입니까? 2. 임의의 물건을 가리킬 때. ¶ nǐ yào~, gěi nǐ~(你要~, 给你~)너가 원하는 것을 주겠다. 3. 〈方〉 누구.

=**shéi**(谁)

⁑**nàge** 那个(一個) 代 그것, 저것. 그. ⇔ **zhège**(这个) ☆ **nèige**라고 발음되는 경우가 많음. ¶ ~wèntí(~问题)그 문제. wǒ yào zhège, bú yào~(我要这个, 不要~)나는 이것을 원하고, 저것은 원하지 않는다.

*__nàhuìr__ 那会儿(一會兒) 代 그때. ☆ **nèihuìr**이라고 발음되는 경우가 있음. ¶ ~nǐ hái xiǎo ne(~你还小呢)그때는 너가 아직 어렸단다.

nǎi 乃 代 1. 너, 당신의. 2. 그, 그의. 連 이에, 그래서. 副 비로소, 겨우, 오히려, 마침내.

⁑**nǎi** 奶 名 젖, 유방. ¶ hái zài chī ~de háizi(还在吃~的孩子)아직 젖을 먹는 아이. 動 젖을 먹이다, 키우다, 기르다. ¶ ~háizi(~孩子)아이에게 젖을 먹이다.

nài 奈 動 참다, 견디다. 副 어찌, 어떻게.

†**nài** 耐 動 참다, 견디다.

†**nàifán** 耐烦(一煩) 形 번거로움을 견디다, 인내하다, 잘 참다. ¶ bú~(不~)참지 못하다. tā jiāode yòu~yòu xìxīn(她教得又~又细心)그녀는 참을성이 있고, 세심하게 가르친다.

nàijiǔ 耐久 形 오래가다, 내구성이 좋다. ¶ zhèzhǒng shāngpǐn piányi~(这种商品便宜~)이 상품은 싸고 오래간다. bú~(不~) 오래가지 못하다.

*__nǎinai__ 奶奶 名 1. 〈口〉 [아버지 쪽의]조모, 할머니. 2. 〈口〉 일반적으로 노부인에 대한 호칭. 3. 〈方〉 아들의 처.

*__nǎitóu__ 奶头(一頭) 名 (~儿) 1. 〈口〉 젖꼭지. =**rǔtóu**(乳头) 2. 포유류의 젖꼭지.

*__nàixīn__ 耐心 形 인내심이 강하다, 참을성이 있다, 끈기있다. ¶ tā jiāode yìdiǎnr yě bù~(他教得一点儿也不~)그는 조금의 참을성도 없이 가르친다. ~děngdài(~等待)끈기있게 기다리다. 名 인내, 참을성이 강함. ¶ zuò shì yào yǒu~(做事要有~)일을 하는데 인내심이 있어야 한다.

nàixìng 耐性 名 참을성, [병에 대한]내성, 인내성. ¶ tā píqi bào, méi~(他脾气暴, 没~)그는 성격이 거칠고, 참을성이 없다. gàn zhèzhǒng huó děi yǒu~(干这种活得有~)이런 일을 하는 데는 참을성이 있어야 한다.

†**nàiyòng** 耐用 形 질기다, 오래가다, 오래 쓸 수 있다. ¶ jīngjiǔ ~(经久~)오래 사용할 수 있다. ~xiāofèipǐn(~消费品)내구성 소비제품.

nǎiyóu 奶油 名 [식품에서의]크림.

⁑**nǎli** 哪里(一裏) 代 1. 어디 ; 장소를 나타냄. ¶ nǐ zhùzai~?(你住在~?)당신은 어디에 삽니까? 2. [연용하여]장소의 범칭(範稱). ¶ tā zǒudào~, háizi jiù gēndào~(她走到~, 孩子就跟到~)그녀가 가는 곳마다 아이가 따라간다. 3. 어째서, 어떻게 ; 반어문에 사용함. ¶ ~huì yǒu zhèyàng de shì ne!(~会有这样的事呢!)어떻게 이런 일이 있을 수 있는가? 4. 〈應〉 [반복으로 사용하여]천만에요, 별말씀을요 ; 자신에 대

한 겸손을 나타내는 말.

⁑nàli 那里(—裏) 代 거기, 저기; 비교적 먼 장소, 또는 멀게 느껴지는 장소를 나타냄. =**nàr**(那儿) ¶ ~de fēngjǐng hěn měilì(~的风景很美丽)그곳의 풍경은 매우 아름답다. tāmen~qìhòu zěnmeyàng?(他们~气候怎么样?)그들이 있는 곳의 기후는 어떻습니까?

⁑nàme 那么(—麽) 代 1. …처럼, …정도; 성질·상황·방법 등의 정도를 나타냄. ¶ jīntiān méi yǒu zuótiān~lěng(今天没有昨天~冷)오늘은 어제처럼 춥지 않다. wǎnkǒu~cū(碗口~粗)사발의 가장자리만큼 크다(굵다). 2. 저렇게, 이렇게; 구체적인 가리킴 없이 정도를 과장함. ¶ tā de shēntǐ~jiēshi(他的身体~结实)그의 몸은 너무 튼튼하다. 3. 양사의 앞에 쓰여 추량(推量)을 나타냄. ¶ jiào~liǎng sān ge rén jiù xíng le(叫~两三个人就行了)2, 3사람 정도 부르면 된다. 連 그러면, 그렇다면. ¶ ~, wǒ jiù zǒu le(~, 我就走了)그럼, 저는 가보겠습니다.

nà▲mènr 纳闷儿(納悶兒) 動 〈口〉 답답하다, 갑갑해하다, 납득이 가지 않다. ¶ xiǎngle xiǎng, dàn juéde~(想了想, 但觉得~)아무리 생각해도 납득이 가지 않는다. xīnli zhí~(心里直~)마음이 계속 답답하다.

***nàmexiē** 那么些(—麽—) 代 그 정도, 저 정도; 수가 많은 것을 나타냄. ¶ nǐ zěnme huì yǒu~qián?(你怎么会有~钱?)당신이 어떻게 그 많은 돈을 가질 수 있겠습니까?

***nàmezhe** 那么着(—麽—) 代 그렇게 하다. ¶ nǐ bié~!(你别~!)당신 그렇게 하지 마십시오!

⁑nán 男 形 남자의. ☆ 명사를 수식하든가, 조사 **de**(的)와 결합하여 명사구를 만들며 단독으로 쓰이는 경우는 드물다. 名 남자, 남성, 아들. ~**chē**(车)남성용 자전거. ~**de**(~的)남자. ~**xuésheng**(~学生)남학생.

⁑nán 南 名 남쪽. ☆ 개사의 목적어가 되는 경우를 제외하고 일반적으로 단독으로 쓰이지 않는다. =**nánbian**(南边), **nánmiàn**(南面) ¶ wǎng~fēi(往~飞)남쪽으로 날다.

⁑nán 难(難) 形 곤란하다, 어렵다. ¶ zhè bìng bù~(这并不~)이것은 결코 어렵지 않다. 副 …하기 어렵다. ¶ hànzì~xiě(汉字~写)한자는 쓰기 어렵다. lù hěn huá, hěn~zǒu(路很滑, 很~走)길이 미끄러워, 걷기 힘들다. 動 곤란하다. ¶ zhège wèntí bǔ wǒ~·zhù le(这个问题把我~住了)이 문제가 나를 곤란하게 한다.

☞ **nàn**(难) 참조.

†nàn 难(難) 名 재앙, 재난. ¶ yù~(遇~)재난을 당하다.

☞ **nán**(难) 참조.

***nánbian** 南边(—邊) 名 1. (~儿) 남, 남쪽. ¶ xuéxiào~yǒu yóujú(学校~有邮局)학교 남쪽에 우체국이 있다. 2. (**Nánbian**) 〈口〉 양자강 유역 및 그 남쪽 지역.

***nánchī** 难吃(難—) 形 [음식이] 맛없다, 먹기 나쁘다, [약이]먹기

N

어렵다. ¶ zhè cài hěn～(这菜很～)이 요리는 매우 맛없다. ⇔ **hǎochī**(好吃)

nánchu 难处(難處) 名 난점, 곤란. ¶ yǒu shénme～, qǐng jǐnguǎn jiǎng(有什么～, 请尽管讲)어떤 어려움이 있으면, 마음놓고 말씀하세요. tā yǒu tā de～(他有他的～)그에게는 그 나름대로의 어려움이 있다.

***nándào** 难道(難一) 副 설마 …이겠는가? 문미에 대개 **bùchéng**(不成), **ma**(吗)를 동반한다. ¶ ～tā bìngle bùchéng?(～他病了不成?)설마 그가 병이 난건 아니겠지? zhè～shì jiǎ de ma?(这～是假的吗?)이것이 설마 거짓말이겠는가?

†**nándé** 难得(難一) 形 얻기 어렵다, 구하기 힘들다. ¶ tā～jìn chéng lai(她～进城来)그녀는 좀처럼 도시에 오지 않는다. ～de jīhuì(～的机会)얻기 어려운 기회.

***nánfāng** 南方 名 남, 남쪽, 남방, 남부.

náng 囊 名 1. 주머니, 자루, 부대. 2. 주머니처럼 생긴 것.

***nánguā/nángua** 南瓜 名 호박. ☆ 지방에서는 **wōguā**(倭瓜), **lǎowōguā**(老倭瓜), **běiguā**(北瓜), **fānguā**(番瓜)라고도 한다.

***nánguài** 难怪(難一) 形 나무랄 수 없다, 이상할 것 없다. ¶ zhè yě～, tóu yī cì ma!(这也～, 头一次嘛!)처음이니까, 이것도 나무랄 수 없다. 副 …하는 것도 당연하다, 과연, 어쩐지. ¶ tā jīntiān méi jīngshen, yuánlái tā gǎnmào le(～他今天没精神, 原来他感冒了)어쩐지 그가 오늘 정신이 없다했더니, 알고보니 감기에 걸렸구나.

***nánguò** 难过(難過) 形 1. 고생스럽다, 지내기 어렵다. ¶ rìzi zhēn～(日子真～)생활이 정말 고생스럽다. 2. 괴롭다, 슬프다. ¶ tīngle zhège xiāoxi, xīnli hěn～(听了这个消息, 心里很～)이 소식을 들으니, 마음이 괴롭다. ～de liúxià yǎnlèi(～地流下眼泪)슬피 눈물을 흘리다.

***nánháir** 男孩儿(一兒) 名 남자아이. ☆ **nánháizi**(男孩子)보다 친근하게 말할 때 쓰임.

***nánháizi** 男孩子 名 남자아이. ☞ **nánháir**(男孩儿) 참조.

***nánkàn** 难看(難一) 形 1. 보기 싫다, 흉하다, 꼴사납다. ¶ liǎnsè hěn～(脸色很～)안색이 매우 안좋다. 2. 떳떳하지 못하다, 면목이 없다. ¶ zuò zhèzhǒng shìqing, yě bù juéde～?(做这种事情, 也不觉得～?)이런 일을 하고도 부끄럽지 않니?

†**nánmiǎn** 难免(難一) 動 불가피하다, 피할 수 없다. ¶ shéi dōu～fàn cuòwù(谁都～犯错误)누구라도 과오를 피할 수는 없다.

†**nánmiàn** 南面 名 남, 남쪽.

nànmín 难民(難一) 名 난민.

nánnǚ 男女 名 1. 남녀, 남성과 여성. ¶ qīngnián～(青年～)젊은 남녀. 2. 〈方〉 자녀 ; 아들과 딸.

***nánrén** 男人 名 성인 남자. ☞ **nánren**(男人) 참조.

nánren 男人 名 〈口〉 남편, 신랑. ＝**zhàngfu**(丈夫) ☞ **nánrén**(男人) 참조.

*****nánshòu** 难受(難ㅡ) 形 1. [육체적으로]참을 수 없다, 견딜 수 없다. ¶ téngde~(疼得~)아파서 견딜 수 없다. wèi~(胃~)위상태가 좋지 않다. 2. [정신적으로] 괴롭다, 견딜 수 없다. ¶ xīnli hěn~(心里很~)마음이 몹시 괴롭다. tīngqilai~(听起来~)듣기가 괴롭다.

†**nántí** 难题(難題) 名 어려운 문제, 난제. ¶ chū~(出~)어려운 문제를 내다. shùxué~(数学~) 수학의 어려운 문제.

*****nántīng** 难听(難聽) 形 1. 듣기 싫다, 귀에 거슬리다. ¶ zhème jiān de shēngyīn, zhēn~(这么尖的声音, 真~)이렇게 날카로운 소리는 정말 듣기 싫다. 2. 듣기 괴롭다, 듣기 거북하다. ¶ màde zhēn~(骂得真~)듣기 거북할 정도로 욕을 하다. 3. 체면이 없다, 망신스럽다. ¶ zhèzhǒng shìqing shuōchuqu duō~(这种事情说出去多~)이 일을 발설하면 얼마나 망신스럽겠는가!

nánwei 难为(難爲) 動 1. 난처하게 하다, 괴롭히다, 혼내주다. ¶ yǒuyì~rén(有意~人)일부러 사람을 괴롭히다. bié~tā le(别~他了)그를 난처하게 하지 마라. 2. 〈應〉 감사하다, 고맙다, 수고했다. ¶ shénme dōu bāng wǒ bànhǎo le, zhēn~nǐ le(什么都帮我办好了, 真~你了)모든 것을 도와 주셔서 정말 감사합니다.

*****nánwén** 难闻(難聞) 形 냄새가 고약하다, 역겹다. ¶ yì gǔ~de wèir(一股~的味儿)고약한 냄새.

†**nányǐ** 难以(難ㅡ) 副 …하기 어렵다. ¶ ~jiějué(~解决)해결하기 어렵다. ~rěnnài(~忍耐)참기 어렵다.

†**nánzǐ** 男子 名 남자.

náo 挠(撓) 動 긁다, 긁적거리다. ¶ ~yǎngyang(~痒痒)가려운 데를 긁다. gǒu~dì(狗~地)개가 땅을 긁다.

nǎo 脑(腦) 名 1. (~子)뇌, 두뇌. **dà**~(大~)대뇌. **xiǎo**~(小~) 소뇌. **zhōng**~(中~)중뇌. 2. 우두머리, 두목.

nǎo 恼(惱) 動 1. 화내다, 성내다. ¶ yí jù wánxiào, tā jiù~le(一句玩笑, 他就~了)한마디의 농담에 그는 그만 화를 냈다. 2. 고민하다, 고뇌하다.

******nào** 闹(鬧) 形 떠들썩하다, 시끄럽다, 안정되지 않다. ¶ zǒuláng hěn~(走廊很~)복도가 매우 시끄럽다. wūzi li~·de hěn(屋子里~得很)방안이 매우 소란스럽다. 動 1. 떠들다, 아우성치다, 소란을 피우다. ¶ yòu kū yòu~(又哭又~)울며 아우성치다. 2. [감정 따위를]드러내다, [불평 따위를]늘어놓다, 부리다. ~**píqi**(~脾气)화를 내다. ~**qíngxù**(~情绪)기분이 상하다. 3. [재해·질병·전란 따위의 나쁜 일이] 생기다, 일어나다, 발생하다. ~**dùzi**(~肚子)배탈이 나다, 설사를 하다. ~**sǎngzi**(~嗓子)목이 아프다, 목을 앓다. ~**wùhuì**(~误会)오해가 생기다. ~**xiàohua**(~笑话)[지식이나 경험의 부족으로 실수하여]웃음을 자아내다, 웃음거리가 되다. ~**yìjian**(~意见)의견이 맞지 않다, 의견충돌

N

이 일어나다, 말다툼하다. 4. [열성적으로]…하다. ~**gémìng**(~革命)혁명을 하다. ~**shēngchǎn**(~生产)생산하다. 5. [무언가를 얻기 위해]다투다, 소란피우다. ~**dìwèi**(~地位)지위를 얻으려고 다투다, 권세욕에 사로잡히다. ~**míngyù**(~名誉)명예욕에 사로잡히다, 명예를 얻으려고 하다. ~**tèshū**(~特殊)자신만은 특별한 것처럼 주장하다 ; 엘리트 의식을 드러내다.

⁑**nǎodai** 脑袋(腦一) 名 〈口〉 뇌, 골, 머리. =**tóu**(头) ¶ nǐ yǒu jǐ ge ~gǎn zhème zuò?(你有几个~敢这么做?)감히 이런 일을 하다니, 목숨이 아깝지 않느냐? ~**téng**(~疼)머리가 아프다. ~**bānjiā**(~搬家)목이 달아나다.

***nǎojīn** 脑筋(腦一) 名 두뇌, 머리 ; 사상, 의식. **dòng**~(动~)머리를 쓰다. **jiù**~(旧~)낡은 사상. **shāng**~(伤~)골치아프다, 골머리를 앓다.

†**nǎolì** 脑力(腦一) 名 지력, 이해력, 사고력, 기억력. ~**láodòng**(~劳动)정신노동.

***nǎonù** 恼怒(惱一) 動 성내다, 노하다. ¶ tīngle zhè jù huà, tā shífēn~(听了这句话, 他十分~)이 말을 듣고 그는 매우 화를 냈다.

⁑**nǎozi** 脑子(腦一) 名 〈口〉 뇌, 머릿골. =**nǎo**(脑) 2. 두뇌, 기억력. =**nǎojīn**(脑筋) ¶ ~hǎo(~好)머리가 좋다. tā méi yǒu~(他没有~)그는 머리가 나쁘다.

***nǎpà** 哪怕 連 [yě(也)와 호응하여]설령, 가령, 비록. ¶ ~shèng yí ge rén, yě yào jiānchí dàodǐ(~剩一个人, 也要坚持到底)비록 한 사람이 남더라도 끝까지 견지해야 한다.

⁑**nǎr** 哪儿(一兒) 代 〈口〉 어디. =**nǎli**(哪里) ¶ nǐ jiā zài~?(你家在~?)당신의 집은 어디입니까? shuōdào~, bàndào~(说到~, 办到~)말한대로 하다. ~**de huà**!(~的话!)〈應〉 천만에요, 별말씀을요.

⁑**nàr** 那儿(一兒) 代 〈口〉 1. 거기 ; 비교적 먼 장소, 또는 심리적으로 멀게 느껴지는 곳. =**nàli**(那里) ¶ fàngzai~ba(放在~吧)거기에 놓으십시오. nǐ~(你~)당신이 있는 곳. tā~(他~)그가 있는 곳. 2. 그때. ¶ dǎ~qǐ(打~起)그때부터.

†**náshǒu** 拿手 形 [어떤 기술에 있어]뛰어나다, 훌륭하다, 자신있다, 노련하다. ¶ nǐ de~cài shì shénme?(你的~菜是什么?)당신이 가장 잘 만드는 요리는 무엇입니까? ~**hǎoxì**(~好戏)가장 잘하는 재주, 장기(長技).

nà▴shuì 纳税(納一) 動 세금을 내다, 납세하다.

***nǎxiē** 哪些 代 어느, 어떤. ☆ **něixiē**라고도 발음함. ¶ ~xíngli shì nǐ de?(~行李是你的?)어떤 짐들이 당신의 것입니까?

⁑**nàxiē** 那些 代 그것들[사람이나 사물의 둘 이상임을 지칭함.] ☆ **nèixiē**라고도 발음한다. ¶ ~dōu shì tā zìjǐ mǎi de(~都是她自己买的)그것들은 모두 그녀 스스로 산 것이다. ~**rén**(~人) 그 사람들.

N

†**nǎyàng** 哪样(–樣) 代 [성질이나 상태를 묻는]어떤(것). ¶ nǐ yào ~yánsè de?(你要~颜色的?)당신은 어떤 색깔을 원하십니까?

⁑**nàyàng** 那样(–樣) 代 1. 그렇게, 저렇게[성질·상태·방식·정도 따위를 표시함.] ¶ méi nǐ shuō de~hǎo(没你说的~好)너가 말한 것처럼 그렇게 좋지 않다. 2. 그런. ¶ ~de rén(~的人)그런 사람.

nè 讷(訥) 動 말을 더듬다. 形 말이 서투르다, 입이 무겁다.

⁑**ne** 呢 助 1. 의문의 어기(語氣)를 나타냄. ¶ zěnme bàn~?(怎么办~?)어떻게 하지? 2. [명사, 혹은 명사성의 단어 뒤에서]어떠한가를 묻는다. ¶ wǒ mǎi zhège, nǐ~?(我买这个, 你~?)나는 이것을 사는데, 너는? nǐ de shūbāo ~?(你的书包~?)네 가방은? 3. 확인하는 어기를 나타냄. ¶ hái yuǎnzhe~!(还远着~!)아직 멀었어요! 4. 동작·상태의 계속을 나타냄. ¶ wàimian xià yǔ~(外面下雨~)밖에 비가 내리고 있다.

něi 哪 代 〈口〉 어느. ☆ **nǎ**(哪)와 **yī**(一)의 합음. ~**ge**(~个)어느 것. ~**xiē**(~些)어떤 것들. ~**nián**(~年)어느 해.

***nèi** 内 名 1. 안, 안쪽, 속, 내부. ⇔ **wài**(外) ¶ zài bàn nián~(在半年~)반년 이내에. 2. 처(妻), 처가 친척.

nèi 那 代 저것, 저기. ☆ **nà**(那)와 **yī**(一)의 합음. 단, 수가 하나인 것을 가리키는 데만 국한되지 않고, **nèi sān ge**(那三个)라고도 할 수 있다.

nèibù 内部 名 내부. ~**fāxíng**(~发行)내부 발행, 비공개 출판. ~**xiāoxi**(~消息)내부 뉴스.

něige 哪个(–個)
☞ **nǎge**(哪个) 참조.

nèigé 内阁(–閣) 名 내각. ¶ zǔchéng xīn~(组成新~)새로운 내각을 구성하다.

nèige 那个(–個)
☞ **nàge**(那个) 참조.

***nèiháng** 内行 名 전문가, 숙련자. ¶ qǐng~gěi kànkan(请~给看看)전문가에게 보입시다. **chōng**~(充~)전문가인 체하다. 形 숙련되다, 노련하다, 정통하다. ¶ zhòng dàozi hěn~(种稻子很~)농사를 짓는데 정통하다.

***nèikē** 内科 名 내과. ⇔ **wàikē**(外科) ~**yīshēng**(~医生)내과의사.

⁑**nèiróng** 内容 名 내용. ¶ chōngshí~(充实~)내용에 충실하다. ~fēngfù(~丰富)내용이 풍부하다.

nèiwài 内外 名 내외, 안과 밖. ¶ ~wénmíng(~闻名)국내외로 유명하다.

nèixīn 内心 名 마음, 내심. ¶ fāzì~de xǐyuè(发自~的喜悦)내심 기뻐하다, 마음속으로부터의 기쁨.

nèizhèng 内政 名 내정, 국내의 정치. ¶ gānshè~(干涉~)내정에 간섭하다.

nèn 恁 代 1. 이, 그, 저. 2. 어떠한, 무슨. 副 이렇게, 저렇게, 이처럼, 그토록.

***nèn** 嫩 形 1. [경험이]부족하다, 서툴다. ⇔ **lǎo**(老) ¶ tā suīrán nénggàn, dàn hái yoǔxiē~(他虽

然能干,但还有些～)그는 비록 일은 잘하지만, 아직 경험이 부족하다. 2. [음식이]만만하다, 말랑말랑하다. ¶ ròu chǎode～(肉炒得～)고기를 만만하게 볶다. 3. 부드럽다, 연하다, 여리다. ～**yè**(～叶)부드러운 잎, 여린 잎.

⁑**néng** 能 能 할 수 있다 ; 능력 · 가능성을 나타냄. ¶ nǐ míngtiān～qù ma?(你明天～去吗?)당신 내일 갈 수 있습니까? nǐ～yóu èr gōnglǐ ma?(你～游二公里吗?)너는 2킬로미터를 헤엄칠 수 있느냐? ☆ 단순히 수영할 수 있는지 없는지만을 묻는 경우에는, **huì**(会)를 사용한다. nǐ～kàndǒng Zhōngwén bào ma?(你～看懂中文报吗?)당신은 중국어 신문을 읽을 수 있습니까? jīntiān～xià yǔ ma?(今天～下雨吗?)오늘 비가 올까요? ☆ 사실상의 가능성을 말하는 경우의 **néng**(能)은 의문 또는 반어의 표현에 사용되는 일이 많다. 名 능력, 재능, 인재. **gè jìn qí**～(各尽其～)각자 자기의 능력을 다 발휘하다.

*__nénggàn__ 能干(—幹) 形 유능하다, 재능있다, 능란하다, 솜씨있다, 일을 잘하다. ¶ tā zhēn～!(他真～!)그는 정말 일을 잘한다.

⁑**nénggòu** 能够 能 1. …할 수 있다. ¶ ～zìjǐ zǒu le(～自己走了)혼자 갈 수 있다. zhèxiē wèntí, wǒmen～jiějué(这些问题, 我们～解决)이 문제들을 우리는 해결할 수 있다. 2. [조건상이나 도리상]허가함을 표시함. ¶ ～liánxù shǐyòng sān xiǎoshí(～连续使用三小时)3시간 동안 계속 사용할 수 있다. zhège huódòng, wǒmen dōu～cānjiā(这个活动, 我们都～参加)이 활동은 우리 모두 참가할 수 있다.

*__nénglì__ 能力 名 능력, 역량. ¶ tā méi yǒu～dānrèn zhège gōngzuò(他没有～担任这个工作)그는 이 일을 맡을 능력이 없다. yǒu～(有～)능력이 있다.

†**néngliàng** 能量 名 1. 〈物〉 에너지. 2. [인간의]활동능력, 수용력, 용량, 능률. ¶ rén bù duō, kěshì～bù xiǎo(人不多, 可是～不小)사람은 많지 않으나, 역량은 크다.

néngnai 能耐 名 〈口〉 기능, 능력, 수완. ¶ tā yǒu diǎnr～(他有点儿～)그는 수완이 좀 있다.

†**néngyuán** 能源 名 에너지원 ; 석탄 · 석유 · 수력 · 풍력 등.

†**ńg** 嗯(唔) 嘆 의문을 나타낸다. ¶ ～, nǐ shuō shénme?(～, 你说什么?)응, 뭐라고?

†**ňg** 嗯(唔) 嘆 의외 · 불만 등을 나타냄. ¶ ～, nǐ zěnme hái méi qù?(～, 你怎么还没去?)응, 너 왜 아직 안갔어?

†**ǹg** 嗯(唔) 嘆 응, 네. ¶ tā～· le yì shēng, jiù zǒu le(他～了一声, 就走了)그는 응 한마디 대답하고 곧 갔다.

*__ní__ 泥 名 《**kuài** 块, **tān** 滩》 진흙, 진흙상태인 것. **luóbo**～(萝卜～)[강판에 간]무우즙. ～**tuǐ**(～腿)촌놈 ; 농민에 대한 비칭.

⁑**nǐ** 你 代 1. 너, 자네, 당신. ☆ 경칭은 **nín**(您). ¶ ～zǎo(～早)안

N

녕하세요? ~bú qù ma?(~不去吗?)당신은 안 갑니까? ~bàba(~爸爸)당신 아버지. ~de shūbāo(~的书包)네 책가방. ~nàr(~那儿)당신이 있는 곳. ~máng ~de(~忙~的)네 일은 네가 해라. ~qù~de(~去~的)너 가고 싶은 대로 가라; 너 마음먹은대로 해라. 2. 상대방의 조직·기관 등을 가리킴[형식은 단수이나 의미상은 복수를 나타냄.] ¶ ~chǎng(~厂)당신의 공장. ~xiào(~校)귀교, 너희 학교. 3. ['你…我…'의 형태로 쓰여]서로, 저마다, 제각기의 의미를 나타냄. ¶ ~kàn wǒ, wǒ kàn~(~看我, 我看~)서로 쳐다보다. **~sǐ wǒ huó**(~死我活)결사적으로, 목숨을 걸고.

nǐ 拟(擬) 動 1. 기초(입안)하다, 계획하다. 2. …하려 하다, …할 예정이다. 3. 모방하다, 본뜨다.

†**nì** 腻(膩) 形 1. [음식이]기름기가 너무 많다, 느끼하다. ¶ zhè cài yǒudiǎnr~(这菜有点儿~)이 음식은 좀 느끼하다. 2. 물리다, 싫증나다, 지긋지긋해지다. ¶ nàxiē huà wǒ dōu tīng·~le(那些话我都听~了)그런 말들은 지긋지긋 하도록 들었다.

nì 泥 動 1. [흙·석회로]바르다, 칠하다. 2. 고집하다. 3. 빠지다, 탐닉하다, 얽매이다.

nì 逆 名 역, 반대. 動 거스리다, 거역하다, 불순하다.

niān 蔫 動 [초목·과일 등이]시들다, 마르다, 쭈그러들다. ¶ shài·~le(晒~了)햇볕에 시들다. 形 기운이 없다, 주눅이 들다, 의기소침하다. jīntiān zěnme zhème ~?(今天怎么这么~?)오늘 왜 이렇게 기운이 없지?

⁑**nián** 年 名 1. 해, 년. ☆ 앞에 직접 수사를 쓰며 양사를 쓰지 않음. ¶ sān~(三~)3년. 2. 매년(의), 연간(의). ¶ ~chǎnliàng(~产量)연간 생산량. 3. 정월, 새해, 설. **guò**~(过)설을 쇠다.

***nián** 粘(黏) 形 1. 찐득찐득하다, 끈적끈적하다, 끈기가 있다. ¶ zhè jiāngmǐ hěn~(这江米很~)이 찹쌀은 매우 끈기가 있다. 2. [진득진득]붙다, 붙이다.

***niǎn** 碾 名 《**pán** 盘》 롤러(roller). =**niǎnzi**(碾子) 動 [연자매·돌절구·맷돌 등으로 곡물 따위를]빻다, 찧다, 갈다, 정미하다. ~**mǐ**(~米)쌀을 빻다, 정미하다.

niǎn 捻 動 [손가락으로]비비다, 꼬다, 비틀다. ¶ ~húzi(~胡子)수염을 비비다. 名 (~儿)꼬아 만든 것. =**niǎnzi**(捻子) **dēng**~(灯~)등심, 심지. **zhǐ**~(纸~)종이 노끈.

⁑**niàn** 念 動 1. [소리내어]읽다, 낭독하다, 생각하다, 그리워하다. ¶ gěi nǎinai~xìn(给奶奶~信)할머니에게 편지를 읽어드리다. 2. 공부하다. ¶ ~dàxué(~大学)대학에서 공부하다. 名 염려, 생각, 사려.

†**niándài** 年代 名 1. 시기, 시대. ¶ zài zhè dàyuèjìn de~(在这大跃进的~)이 대약진의 시대에. 2. 연대. ¶ wǔshí~(五十~)1950년대.

niàndao 念叨·念道 動 [걱정하거나 사모하는 마음에서]여러번

N

되풀이하여 이야기하다, 걱정하다, 사모하다. ¶ lǎo～zài wàidì shàng dàxué de nǚ'ér(老～在外地上大学的女儿)외지에서 대학에 다니는 딸 이야기를 자주 되풀이하다.

†**niándǐ** 年底 名 연말, 세밑, 세모. ¶ dàole～, dàjiā hěn máng(到了～, 大家很忙)연말이 되자, 모두 매우 바쁘다.

†**niáng** 娘 名 1. 〈口〉 어머니. ＝ **mǔqin**(母亲) 2. 처녀, 젊은 여자, 딸.

niángjia 娘家 名 친정. ⇔ **pójia**(婆家) ¶ huí～(回～)친정에 돌아가다.

***niánjí** 年级(一級) 名 학년. ¶ xiǎoxué sì～(小学四～)국민학교 4학년.

⁑**niánjì** 年纪(一紀) 名 [사람의]연령, 나이. ¶ nǐ duō dà～?(你多大～?)[어른에게]몇살 입니까? ～dà(～大)나이가 많다. shàng～le(上～了)나이 먹다.

***niánlíng** 年龄(一齡) 名 연령, 나이 ; 인간 이외의 동물이나 식물에도 사용한다.

⁑**niánqīng** 年轻(一輕)・年青 形 젊다. ¶ tā hái～(他还～)그는 아직 젊다. ～**rén**(～人)젊은이.

***niàn▲shū** 念书(一書) 動 학문을 하다, 공부하다. ¶ tā hái zài～(他还在～)그는 아직 학생이다. ～**rén**(～人)학생.

***niàntou** 念头(一頭) 名 생각, 마음, 의사. ¶ dǎxiāo kǎo dàxué de～(打消考大学的～)대학입시를 포기하다. chǎnshēngle dāng huàjiā de～(产生了当画家的～)화가가 되려는 생각을 품다.

†**niántóur** 年头儿(一頭兒) 名 1. 여러 해, 오랜기간. ¶ tā gàn zhè yì háng, yǒu～le(他干这一行, 有～了)그가 이 일을 한 지 여러 해가 되었다. 2. 시대, 세월, 세상. ¶ ～gǎi le(～改了)시대가 변했다. zhè～(这～)이 시대.

***niǎnzi** 碾子 名 《**pán** 盘》 [곡물 따위를 빻는]연자매, 연자방아. ¶ tuī～(推～)[미는 방법으로]방아를 돌리다. **shí**～(石～)돌방아.

***niǎo** 鸟(鳥) 名 (～儿) 《**zhī** 只》 새, 조류.

鸟

†**niào** 尿 動 오줌누다, 소변을 보다. ～**chuáng**(～床)[침대에]오줌을 싸다, 야뇨하다. 名 《**pào** 泡》 소변, 오줌. **sā**～(撒～)소변을 보다, 오줌싸다.

***niē** 捏 動 1. [손가락으로]집다, 쥐다. ¶ ～bízi(～鼻子)코를 쥐다. 2. [손으로]빚다, 빚어 만들다. ¶ ～jiǎozi(～饺子)만두를 빚다. ～nírénr(～泥人儿)진흙 인형을 빚다. ☆ **niē yì bǎ hàn**(捏一把汗)[손에 땀을 쥐다]와 같은 관용표현을 제외하고, 손으로 쥐는 동작에 **niē**(捏)를 쓰는 것은 남방의 방언적인 사용법이다. **例** : ～chútou bǐng(～锄头柄)호미자루를 쥐다. 3. 날조하다, 꾸며대다. 4. 누르다, 막다.

niè 蹑(躡) 動 1. 살금살금 걷다.

N

2. 미행하다, 뒤를 밟다.

niè 啮(嚙) 動 1. [쥐, 토끼류가] 쏠다, 갉아 먹다. 2. 침식하다.

nièhézi 啮合子(嚙一) 名 클러치 (clutch).

nièzi 镊子(鑷一) 名 《**bǎ** 把》 족집게, 핀셋. ¶ yòng~jiā(用~夹) 족집게로 집다.

níhóngdēng 霓虹灯(一燈) 名 네온사인. ☆ '霓虹'은 영어 'neon'의 음역.

nílóng 尼龙(一龍) 名 〈譯〉 나일론. ☆ 영어 'nylon'의 음역.

⁑**nǐmen** 你们(一們) 代 **nǐ**(你)의 복수형; 너희들, 당신들, 자네들.

⁑**nín** 您 代 제 2인칭 단수를 나타냄; 당신. **nǐ**(你)를 높여 부르는 말. ☆ 복수형은 일반적으로 **nínmen**(您们)이라 하지 않고, **nǐmen**(你们)이라고 한다.

níng 宁(寧) 形 편안하다, 평온하다. 動 [친정에]문안 드리다. ☆ 남경(南京)의 별칭(**Níng**).

†**níng** 拧(擰) 動 1. [수건 따위를] 짜다, 비틀다, [새끼를]꼬다. ¶ ~máojīn(~毛巾)수건을 짜다. bǎ má~·chéngshéngzi(把麻~成绳子)삼을 새끼로 꼬다. 2. 꼬집다. ¶ ~·le tā yì bǎ(~了他一把) 그를 한번 꼬집었다.
☞ **nǐng**(拧) 참조.

níng 凝 動 1. 엉겨붙다, 응결하다. 2. 정신을 모으다, 주의를 집중시키다.

†**nǐng** 拧(擰) 動 [힘주어]틀다, 비틀다, 비틀어 돌리다. ¶ ~luósī(~螺丝)나사를 비틀어 돌리다. ~shuǐlóngtou(~水龙头)수도꼭지를 틀다.
☞ **níng**(拧) 참조.

nìng 佞 動 [남에게]아첨하다, 알랑거리다. 形 말재주가 있다, 구변이 있다.

***nìngkě** 宁可(寧一) 副 1. 차라리 …하더라도, 오히려[…할지언정]. ¶ ~bú shuìjiào, yě yào kànwán zhè běn shū(~不睡觉, 也要看完这本书)차라리 잠을 못자더라도 이 책을 끝까지 읽고 싶다. 2. […할 정도라면]차라리. ¶ yǔqí zài zhèr děng chē, ~zǒuzhe qù(与其在这儿等车, ~走着去)여기서 차를 기다리느니 차라리 걸어가겠다.

nìngkěn 宁肯(寧一) 連 차라리 […하는 것이 낫다], 설령[…할지라도]. ¶ ~zhànzhe sǐ, jué bú guìzhe shēng(~站着死, 决不跪着生)서서 죽는 한이 있더라도 절대 무릎을 꿇고 살지 않겠다.

níngshì 凝视(一視) 動 주시하다, 응시하다. ¶ ~·zhe qiángshang de huàr(~着墙上的画儿)벽의 그림을 주시하고 있다. ~·zhe yuǎnfāng(~着远方)먼 곳을 응시하고 있다.

nìngyuàn 宁愿(寧願) 連 차라리 […하고자 한다], 차라리[…할지언정], 오히려[…하고 싶다.] ¶ ~xīshēng, yě bú tuìquè(~牺牲, 也不退却)차라리 죽을지언정, 물러서지 않겠다.

†**níshuǐjiàng** 泥水匠 名 미장이. =**wǎjiang**(瓦匠)

***nítǔ** 泥土 名 1. 흙, 토양. 2. 점토, 진흙.

⁑**niú** 牛 名 《**tóu** 头, **tiáo** 条》 〈動〉 소. 動 1. 언쟁하다, 허풍치다.

2. 완고하다, 거만하다. ☆ 견우성을 의미(二十八宿 중의 하나).

牛

†**niǔ** 扭 動 [얼굴 따위를]돌리다, 돌아보다 ; [몸을]좌우로 흔들며 걷다, 흐느적 흐느적 걷다, [발목 따위를]삐다, 접질리다. ¶ ~guò liǎn lai(~过脸来)얼굴을 돌리다, 뒤돌아보다. yì~yì~de zǒu(一~一~地走)몸을 좌우로 흔들며 걷다. ~·le yāo(~了腰)허리를 삐다.

*__niǔkòu__ 纽扣(紐一) 名 (~儿) 단추 ; 추의 총칭. ¶ jì~(系~)단추를 채우다.

niǔ 拗 形 완고하다, 고집불통스럽다.

⁑**niúnǎi** 牛奶 名 우유. ¶ jǐ~(挤~)우유를 짜다. qǔ~(取~)우유를 받다.

niúpíqi 牛脾气(一氣) 名 고집불통, 황소고집. ¶ tā shì~(他是~)그는 고집불통이다.

*__niúròu__ 牛肉 名 쇠고기.

†**niǔzhuǎn** 扭转(一轉) 動 1. [몸 따위를]돌리다. ¶ ~·guò shēntǐ lai(~过身体来)몸을 돌려오다. 2. [올바른 방향으로]전환하다, 방향을 바로잡다, 전환시키다. ¶ ~júmiàn(~局面)국면을 전환시키다.

*__nízi__ 呢子 名 울, 나사(羅紗). ¶ ~dàyī(~大衣)울 코트.

⁑**nóng** 农(農) 名 1. 농업, 농사. 2. 농민.

nóng 脓(膿) 名 고름, 농즙. ~**xuè**(~血)농혈, 피고름.

*__nóng__ 浓(濃) 形 [액체나 기체 따위의 농도가]진하다, 짙다, 농후하다. ⇔ **dàn**(淡) ¶ méimao hěn cū hěn~(眉毛很粗很~)눈썹이 굵고 짙다. ~**chá**(~茶)진한 차. 2. [정도가]깊다, 강렬하다, 왕성하다. ¶ xìngqù hěn~(兴趣很~)흥미 진진하다.

*__nòng__ 弄 動 1. 가지고 놀다, 만지다, 다루다. ¶ ~shāzi(~沙子)모래를 만지다, 모래장난하다. shǒubiǎo bèi dìdi~·huài le(手表被弟弟~坏了)시계는 동생이 망가뜨렸다. 2. 하다, 행하다, 만들다. ☆ '弄'은 원래 쓰여야 할 동사의 구체적 설명이 불필요하거나 곤란한 경우 등에 그 동사를 대신해서 쓰여짐. ¶ bǎ yīfu~·zāng le(把衣服~脏了)옷을 더럽히다. zěnme yě~·bumíngbái(怎么也~不明白)어째서 모르니? 3. [어떻게든]손에 넣다, 장만하다. ¶ ~diǎnr liángshi lai(~点儿粮食来)양식을 약간 장만하다.

†**nóngchǎng** 农场(農場) 名 [대규모의]농장.

*__nóngcūn__ 农村(農一) 名 농촌. ¶ chéngshì hé~de chābié(城市和~的差别)도시와 농촌의 격차.

*__nóngjù__ 农具(農一) 名 농기구.

⁑**nóngmín** 农民(農一) 名 농민.

†**nóngtián** 农田(農一) 名 농지, 농토.

†**nóngyào** 农药(農藥) 名 농약. ¶

N

dǎ~(打~)농약을 뿌리다. sǎ~(洒~)위와 동일.

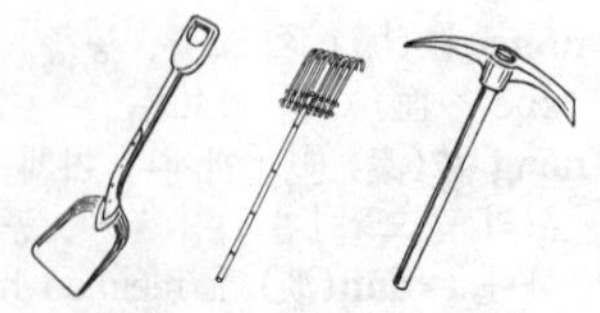

農具

*nóngyè 农业(農業) 名 농업. ¶ cóngshì~(从事~)농업에 종사하다, 농사를 짓다.

†nóngzuòwù 农作物(農一) 名 농작물, 농산물.

nú 奴 名 1. 노예, 종. 2. 저[여자의 자칭.]

nǔ 努 動 1. 힘쓰다, 노력하다. 2. 돌출하다.

†nù 怒 形 1. 격노하다, 분노하다. fā~(发~)노하다, 성내다. 2. 기세가 강성하다, 위세가 왕성하다. ~fàng(~放)[꽃이]활짝피다, 만발하다.

⁑nǚ 女 形 여성의. ☆ 명사를 수식하든가, 조사 de(的)와 결합해서 명사구를 만들며 단독으로 쓰이는 경우는 드물다. 名 1. 여자. ⇔ nán(男) 2. 딸. 3. 암컷. ~de(~的)여자, 여자의 것. ~shòuhuòyuán(~售货员)여점원. ~yǎnyuán(~演员)여배우.

†nuǎn 暖 形 따뜻하다, 온화하다. ¶ chūntiān~(春天~)봄은 따뜻하다. 動 따뜻하게 하다, 데우다. ¶ ~·yi·~shǒu(~一~手)손을 녹이다.

⁑nuǎnhuo 暖和 形 [기후·환경이]따뜻하다. ¶ tiānqì jiànjiàn~·qilai(天气渐渐~起来)날씨가 점점 따뜻해지다. 動 따뜻하게 하다, 불을 쬐다. ¶ jìn wūzi li~·~(进屋子里~·~)방안에 들어와 불을 쬐시오.

†nuǎnqì 暖气(一氣) 名 1. 스팀, [난방용]증기. 2. 증기 난방장치. ¶ shāo~(烧~)스팀을 때다, 증기를 피우다.

*nuǎnshuǐpíng 暖水瓶 名 보온병.

nüè 虐 形 1. 잔인하다, 가혹하다, 포악하다. 動 해치다, 학대하다.

⁑nǚ'ér 女儿(一兒) 名 딸. ¶ wǒ yǒu liǎng ge~(我有两个~)나에게 딸이 둘 있다.

*nǚgōng 女工 名 1. 여자 노동자, 여공. 2. [바느질·자수 등의]여자가 하는 일. 2.는 '女红'이라고도 쓴다.

*nǚháir 女孩儿(一兒) 名 딸, 여자아이, 소녀. ☆ nǚháizi(女孩子)보다도 친근한 표현방법이다.

*nǚháizi 女孩子 名 여자아이.
☞ nǚháir(女孩儿) 참조.

núlì 奴隶(一隸) 名 노예. ¶ zuò~(做~)노예가 되다.

⁑nǔ▴lì 努力 動 노력하다. ¶ dàjiā zài nǔ yì bǎ lì(大家再努一把力)모두 다시 한번 노력합시다. ~xuéxí Zhōngwén(~学习中文)열심히 중국어를 공부하다.
☞ nǔlì(努力) 참조.

⁑nǔlì 努力 形 열심이다. ¶ tā hěn~(她很~)그녀는 노력가이다, 그녀는 매우 열심이다. 名 노력. ¶ zuò~(做~)노력하다.
☞ nǔ▴lì(努力) 참조.

†nuó 挪 動 1. 옮기다, 움직이다, 운반하다. ¶ ~dìfang(~地方)장소를 옮기다. rén~huó, shù~sǐ

(人～活, 树～死)사람은 환경이 바뀌어도 잘 살지만, 나무는 옮기면 잘 죽는다. 2. 돈을 빌다, 융통하다.

nuò 诺(諾) 動 1. 승낙하다, 허락하다. 2. 대답하다.

nuò 喏 嘆 자, 저봐, 거봐, 여보시오.

nuò 懦 形 연약하다, 나약하다, 겁이 많다.

***nuòruò** 懦弱 形 패기가 없고 연약하다, 용기없고 나약하다, 무기력하다. ¶ xìnggé～(性格～) 성격이 나약하다.

nuóyòng 挪用 動 [공금을 개인적인 용도에]유용하다, 돌려쓰다. ¶ ～gōngkuǎn(～公款)공금을 유용하다.

***nǚrén** 女人 名 성인 여자, 부인. ☞ **nǚren**(女人) 참조.

nǚren 女人 名 〈口〉 처, 마누라, 아내. =**qīzi**(妻子) ☞ **nǚrén**(女人) 참조.

***nǚshì** 女士 名 여사 ; 여성에 대한 경칭.

***nǚxu** 女婿 名 1. 사위. 2. 〈口〉 남편. =**zhàngfu**(丈夫) ¶ tā zěnme jiàle zhème ge～?(她怎么嫁了这么个～?)그녀는 왜 이런 남편에게 시집을 왔는가?

†**nǚzǐ** 女子 名 여자. ～**dàxué**(～大学)여자대학.

N

O

*ō 喔 嘆 1. 아! 오![말이나 행동 따위를 이해하였음을 나타냄.] 2. 아니! 아이쿠! 아차![놀람이나 고통 따위의 어기(語氣)를 나타냄.] ¶ ～, yuánlái shì tā!(～, 原来是他!)아, 그였구나!

ō 噢 嘆 아! 오![이미 이해했거나 납득하였음을 나타냄.]

*ó 哦 嘆 아니! 어![커다란 놀라움·반신 반의함을 나타냄.] ¶ ～, shì zhèyàng de ma?(～, 是这样的吗?)아니! 그런거예요?

ǒ 嚄 嘆 어! 아니![놀람이나 의혹을 표시함.]

*ò 哦 嘆 어! 어머![놀람·찬탄 따위를 나타냄.] ¶ ～, wǒ míngbai le(～, 我明白了)어! 알았다.

O

ōu 欧(歐) 名 1. 유럽. ＝Ōuluóbā(欧罗巴) 2.〈物〉옴(ohm) ; 전기 저항의 단위.

ǒu 偶 名 1. 인형, 꼭두각시, 허수아비. 2. 쌍, 짝, 배우자. 副 우연히.

*ǒu 藕 名 《gēn 根, jié 节》〈植〉연근, 연뿌리. ～**duàn sī lián**(～断丝连)연뿌리는 끊어져도 실은 이어지다 ; 관계가 끊어진 듯하나 미련이 남아 있어 관계를 철저히 끊지 못하다[흔히 남녀간의 인연을 말함.]

ōudǎ 殴打(毆－) 動 [사람을]때리다, 구타하다. ¶ bèi rén～(被人～)남에게 구타당하다.

*ǒu'ěr 偶尔(－爾) 副 간혹, 이따금, 때때로. ¶ tā zhǐ shì～lái wánr(他只是～来玩儿)그는 단지 가끔 놀러올 뿐이다. ☆ '偶然'과는 달리 완전히 부사로만 쓰이며, 술어나 관형어로는 쓰이지 않음.

ōuhuà 欧化(歐－) 動 [풍속이나 언어가]서구화하다, 유럽화하다. ¶ shēnghuó～(生活～)생활이 서구화되다. **quánpán**～(全盘～)전면적인 서구화.

òu▲qì 怄气(慪氣) 動 화내다, 골나다, 언짢아하다. ¶ òule yí dùzi qì(怄了一肚子气)잔뜩 화가 치밀다. gēn tā～(跟他～)그에게 화를 내다.

*ǒurán 偶然 形 우연하다, 우연스럽다. ¶ ～xiànxiàng(～现象)우연한 현상. ⇔ **bìrán**(必然) 副 우연히, 뜻밖에. ¶ ～yùdàole yí ge lǎopéngyou(～遇到了一个老朋友)우연히 옛 친구를 만났다.

ǒushù 偶数(－數) 名 짝수, 우수. ⇔ **jīshù**(奇数)

*ǒutù 呕吐(嘔－) 動 토하다, 게우다. ¶ ～bù zhǐ(～不止)구토가 멈추지 않다.

Ōuzhōu 欧洲(歐－) 名 유럽주. **Ōuluóbāzhōu**(欧罗巴洲)의 약칭. ～**gòngtóngtǐ**(～共同体)유럽 공동체(E.C.).

P

*__pā__ 趴 動 1. 엎드리다. ¶ ~·zai chuángshang(~在床上)침대에 엎드리다. 2. [몸을 앞으로 기울여]물건 따위에 기대다. ¶ ~·zai zhuōzi shàng(~在桌子上)책상 위에 기대다.

pā 啪 擬 탕탕, 짝짝, 딱딱[총소리·박수소리·물건이 부딪치며 나는 소리.]

pá 扒 動 1. [손·갈퀴로]긁어 모으다. 2. 긁다. 3. 약한불로 오래 삶다. 4. 소매치기 하다.

*__pá__ 耙 名 갈퀴, 쇠스랑, 써레, 고무래. =**pázi**(耙子) 動 갈퀴질하다, 써레질하다, 고무래질하다. ¶ yòng pázi~dì(用耙子~地)갈퀴로 땅을 갈퀴질하다.

⁑**pá** 爬 動 1. 기다, 기어가다. ¶ ~·zhe qù(~着去)기어가다. 2. 기어오르다. ¶ ~shān(~山)등산하다, 산에 오르다. ~shù(~树)나무에 오르다. 3. [덩굴같은 것이]뻗다.

⁑**pà** 怕 動 1. 무서워하다, 두려워하다. 2. 꺼리다, …에 약하다. 3. 근심하다, 염려하다. ¶ lǎo shǔ ~māo(老鼠~猫)쥐는 고양이를 무서워한다. ~**hēi**(~黑)검은 것을 꺼려하다. ~**lěng**(~冷)추위를 타다. ~**shuǐ**(~水)물을 꺼려하다, 물에 약하다. ~**xiū**(~羞)부끄러워하다, 수줍어하다. 副 아마(…일 것이다). =**kǒngpà**(恐怕) ¶ tā~láibuliǎo ba(他~来不了吧)그는 아마 올 수 없을 것이다. jīntiān~yǒu sānshí dù ba(今天~有三十度吧)오늘은 아마 30도는 될 것이다.

*__pāi__ 拍 動 1. 손바닥으로 치다. ¶ ~mǎpì(~马屁)아첨하다, 비위를 맞추다. ~**qiú**(~球)공을 치다. 2. 촬영하다. ~**diànyǐng**(~电影)영화를 촬영하다. 3. [전보 따위를]치다, 보내다. ~**diàn**(~电)전보를 치다. ~**diànbào**(~电报)위와 동일. 名 (~儿) 1. 채, 치는 도구, 라켓. =**pāizi**(拍子) **qiú**~(球~)라켓. 2. 박자.

*__pái__ 牌 名 1. (~儿) 《**fù** 副, **kuài** 块, **zhāng** 张》간판, 상표. =**páizi**(牌子) **guà**~(挂~)간판을 걸다. **mào**~(冒~)가짜상표; 상표를 도용하다. 2. 《**zhāng** 张》 카드; 일종의 오락용품. 3. 방패, 패[표창을 위한 메달, 트로피 따위.]

*__pái__ 排 動 차례로 놓다, 배열하다. ~**duì**(~队)정렬하다, 열을 짓다. 名 1. [군대의]소대. 2. 줄, 열. 量 열·줄을 이룬 것을 세는데 쓰임. ¶ liǎng~shù(两~树)두줄로 늘어선 나무.

⁑**pài** 派 動 1. 파견하다, 임명하다, 맡기다. ¶ ~jūnduì(~军队)군대를 파견하다. ~zhuānjiā diàochá yí xià(~专家调查一下)전문가를 파견하여 조사해 보다. 2. 분배하다, 할당하다. 3. 꾸짖다, 책망하다. 名 1. 파, 파벌. ¶ fēnchéng liǎng~(分成两~)두 파로 나누어

P

지다.
2. 기풍, 스타일(style), 태도.

páichang 排场(-場) 名 규모, 체면, 겉치레, 겉보기. **jiǎng**~(讲~)겉치레에 신경쓰다. 形 겉치레를 하다, 겉치장을 하다. ¶ kànshangqu zhēn~(看上去真~)보기에 너무 겉치장을 했다.

†**páichì** 排斥 動 배척하다. ¶ hùxiāng~(互相~)서로 배척하다. ~yìjǐ(~异己)자기와 견해가 다른 사람을 배척하다.

páichú 排除 動 배제하다, 제거하다. ~**wàn nàn**(~万难)온갖 고난을 다 물리치다.

***pàichūsuǒ** 派出所 名 파출소.

†**páiháng** 排行 名 [형제·자매의] 장유(長幼)의 순서. ¶ ~dì sān (~第三)형제 중에 세째이다.

páihuái 徘徊 動 1. 배회하다, 왔다갔다 하다. ¶ zài ménwài~(在门外~)문밖에서 배회하다. 2. 망설이다, 주저하다, 결단을 내리지 못하다. ¶ ~bù qián(~不前)망설이며 앞으로 나아가지 못하다.

†**páiliè** 排列 動 배열하다, 정열하다. ¶ yī xìngshì bǐhuà~(依姓氏~笔画)성의 획수에 따라 배열하다.

páilou 牌楼(-樓) 名 [옛날, 차양이 있고, 둘 또는 네개의 기둥이 있는]장식용의 건축물, [현재는, 대나무나 목재를 사용하여 만든]경축용 아치.

pāimài 拍卖(-賣) 動 1. 경매하다. 2. 할인판매하다, 바겐세일하다. 名 1. 경매. 2. 세일, 할인. **dà**~(大~)대 바겐세일.

⁑**páiqiú** 排球 名 배구, 배구공. ¶ dǎ~(打~)배구하다. ~**duì**(~队)배구팀.

†**pāishè** 拍摄(-攝) 動 촬영하다. ¶ ~wàijǐng(~外景)로케이션을 하다.

†**pāi▲shǒu** 拍手 動 박수치다.

pàitóu 派头(-頭) 名 (~儿)위엄, 위신, 기세. ¶ hěn yǒu~(很有~)제법 위엄이 있다.

†**pāi▲zhào** 拍照 動 사진을 찍다, 촬영하다. ¶ pāile liǎng zhāng zhào (拍了两张照)사진 2장을 찍다.

páizhào 牌照 名 1. 운전면허증. 2. [옛날의]영업허가증.

pāizi 拍子 名 채, 라켓. **cāngying**~(苍蝇~)파리채.

†**páizi** 牌子 名 팻말, 상표.

***pān** 攀 動 1. [무엇을 잡고]기어오르다. ¶ ~shù(~树)나무에 기어오르다. 2. 지위가 높은 사람과 관계를 맺다. ¶ ~qīnqi(~亲戚)친척관계를 이용하다. 3. 끌어들이다, 연루시키다.

†**pán** 盘(盤) 動 1. 빙빙돌다, 둘둘 감다, 구불구불 구부리다. ¶ qìchē~shān ér shàng(汽车~山而上)자동차가 산을 빙빙돌아 올라가다. 2. 자세히 조사(검사)하다. ~**huò**(~货)화물을 검사하다, 재고를 조사하다. ~**zhàng**(~帐)장부를 조사하다. 名 (~儿)큰접시. =**pánzi**(盘子) 量 양, 대, 그릇 [표면이 넓은 것, 평평한 것, 장기나 바둑의 횟수, 감을 수 있는 것 등의 수량을 나타냄.] ¶ xià yì~qí(下一~棋)바둑을 한 판 두다. liǎng~cídài (两~磁带)녹음테이프 2개.

†**pàn** 畔 名 [강·호수·도로 등의]

가, 가장자리, 주위, 부근. ¶ hé ~(河~)강 가.

pàn 判 動 1. 나누다, 분별하다, 판단하다. ¶ ~juànzi(~卷子)시험 답안을 채점하다. 2. 판결하다, 선고하다, 평정하다. ¶ ~·le wǔ nián xíng(~了五年刑)5년 형을 선고하다. 3. 헤어지다. 4. 분명하다, 명백하다.

pàn 叛 動 배반하다. **bèi**~(背~) 배반하다(=反叛).

†**pàn** 盼 動 1. 바라다, 희망하다. ¶ ~fàngjià(~放假)방학을 고대하다. 2. 보다. **zuǒ gù yòu**~(左顾右~)이리저리 두리번거리다 ; 이러지도 저러지도 못하다.

pánchan 盘缠(盤纏) 名 〈口〉 여비. =**lùfèi**(路费) ¶ hǎoróngyì còu-gòule~(好容易凑够了~)겨우 여비를 마련했다.

†**pāndēng** 攀登 動 [무엇을]붙잡고 기어오르다, 등반하다. ¶ ~kēxué gāofēng(~科学高峰)과학의 더 높은 목표를 향해 전진하다.

†**pànduàn** 判断(-斷) 動 판단하다. ¶ nǐ lái~yí xià zhēnjiǎ(你来~一下真假)당신이 진위를 판단해 보시오. 名 판단. ¶ tā de~shì zhèngquè de(他的~是正确的)그의 판단이 정확하다.

pànduànjù 判断句(-斷-) 名 판단문 ; 사물의 함의(涵義)를 해석하거나, 사물의 이동(異同)을 판단하는 문장.

páng 庞(龐) 形 1. 방대하다. 2. 난잡하다, 번잡하다. 名 (~儿, ~子)얼굴, 낯.

‡**páng** 旁 名 1. […의]옆, 가, 곁. =**pángbiān**(旁边) **lù**~(路~)길옆. 2. (~儿)한자의 편방(偏旁). **dānlìrén** ~(单立人~)사람인변. **shuānglìrén**~(双立人~)두인변. **yánzì**~(言字~)말씀언변. 形 다른, 별개의, 딴. ¶ tā yǒu~de shì, xiān zǒu le(他有~的事, 先走了)그는 다른 일이 있어 먼저 갔다. ~**rén**(~人)다른 사람.

pǎng 耪 動 [가래·쟁기 따위로] 땅을 일구다. ~**dì**(~地)땅[논밭]을 갈다.

‡**pàng** 胖 形 뚱뚱하다, 살지다. ⇔ **shòu**(瘦) ¶ fā~(发~)[사람이] 살찌다. ~**wáwa**(~娃娃)토실토실 살찐 아기.

‡**pángbiān** 旁边(-邊) 名 (~儿) 옆, 곁, 측면, 부근, 근처. ¶ zhuōzi~(桌子~)책상 옆. liǎng~(两~)양 측.

***pángxiè** 螃蟹 名 《**zhī** 只》 게.

***pàngzi** 胖子 名 뚱보, 뚱뚱이. ¶ ~bú shì yì kǒu chī de(~不是一口吃的)뚱뚱한 사람은 한 입 먹어 그렇게 된 것은 아니다.

pánníxīlín 盘尼西林(盤-) 名 〈譯〉 페니실린. ☆ 영어 'penicillin'의 음역. 현재는 **qīngméisù**(青霉素)라고 쓰는 경우가 많음. ¶ dǎ~(打~)페니실린을 주사하다.

pánsuan 盘算(盤-) 動 주판을 놓다, 타산하다, 궁리하다. ¶ xīnli~·zhe xià yí bù gāi zěnme bàn(心里~着下一步该怎么办)다음에는 어떻게 할 것인지 마음속으로 궁리하다.

pàntour 盼头儿(-頭兒) 名 희망, 바램. ¶ yǒu~(有~)희망이

P

있다, 가망이 있다.

pàntú 叛徒 名 반도, 반역자, 역적. ¶ zǔzhī li chūle~(组织里出了~)조직내에 반역자가 나타났다.

***pànwàng** 盼望 動 간절히 바라다, 희망하다. ¶ ~shìqing chénggōng(~事情成功)일이 성공하기를 간절히 바라다.

pánxuán 盘旋(盤－) 動 1. 선회하다, 빙빙돌다. ¶ fēiji zài kōngzhong~(飞机在空中~)비행기가 공중에서 선회하다. 2. 배회하다, 서성거리다.

***pánzi** 盘子(盤－) 名 《**zhī** 只》[요리를 담는]쟁반. ¶ duān~(端~)쟁반을 들어나르다. shuā~(刷~)쟁반을 씻다.

†**pāo** 抛 動 1. 던지다. ¶ ~máo(~锚)닻을 내리다. ~**qiú**(~球)공을 던지다. 2. 버려두다, 방치하다. ¶ ~·zai nǎohòu(~在脑后)잊어버리다. 3. 따돌리다, 떨구어 놓다. 4. 투매하다, 헐값에 팔다.

pāo 泡 形 푸석푸석하다, 말랑말랑하다. 名 남성의 생식기.

páo 刨 動 1. 파다, 파내다. ~**dì**(~地)땅을 파다. ~**kēng**(~坑)구덩이를 파다. 2. 〈口〉 빼다, 공제하다, 감하다. ¶ ~Xiǎo Lǐ yìwài dōu zài(~小李以外都在)이군만 빼고 모두 있다. 3. [흙이나 물을]젓다, 긁어 모으다, 밀어 젖히다.

páo 袍 名 (~儿)두루마기, 도포, 중국식의 긴 옷.

⁑**pǎo** 跑 動 1. 달리다, 뛰다. ¶ ~·shàng yí ge rén lai(~上一个人来)한 사람이 달려왔다. ~**bù**(~步)구보, 조깅을 하다. 2. 도망하다, 달아나다. ¶ tùzi~le(兔子~了)토끼가 달아났다. 3. [어떤 일을 위해]뛰어다니다, 분주하다. ¶ ~gōngzuò(~工作)일을 하러 바쁘게 뛰어다니다. ~·le hǎo jǐ cì(~了好几次)여러차례 뛰어다니다.

***pào** 炮 名 1. 《**mén** 门, **zūn** 尊》대포. **fàng**~(放~)대포를 쏘다. **kāi**~(开~)위와 동일. 2. 폭죽. 3. 다이너마이트.

***pào** 泡 動 1. 물에 담그다. ¶ ~·ruǎn le(~软了)물에 담궈 약해졌다[부드러워졌다]. ~chá(~茶)차에 끓인 물을 붓다. 2. [고의적으로]시간을 낭비하다, 질질 끌다. ¶ zài cháguǎn~·le yí shàngwǔ(在茶馆~了一上午)찻집에서 오전을 보내다. 名 (~儿) 1. 거품, 포말, 물집. **shuǐ**~(水~)수포, 물집. 2. 거품같이 생긴 것. **dēng**~(灯~)전구.

†**pǎo▲bù** 跑步 動 구보를 하다.

pàocài 泡菜 名 김치.

†**pàodàn** 炮弹(－彈) 名 《**fā** 发》포탄.

pàohuǒ 炮火 名 포화. ¶ màozhe~qiánjìn(冒着~前进)포탄을 무릅쓰고 전진하다.

pāo▲máo 抛锚(－錨) 動 1. 닻을 내리다. 2. [자동차 따위가]고장이 나서 (중간에서)멎다. ¶ pǎodào bànshānyāo, qìchē~le(跑到半山腰, 汽车~了)산허리 반쯤 가서, 자동차가 고장났다.

***pāoqì** 抛弃 動 버리고 돌보지 않다, 던져버리다, 포기하다. ¶~

zìjǐ de lìyì(～自己的利益)자신의 이익을 포기하다. bèi rénmín suǒ ～(被人民所～)인민에게 버림받다.

pàotǐng 炮艇 名 《**sōu** 艘, **zhī** 只》 작은 군함.

pàozhang 炮仗 名 폭죽. ¶ fàng ～(放～)폭죽을 터뜨리다.

páozi 袍子 名 《**jiàn** 件》 [중국식 의]긴 옷.

†**pázi** 耙子 名 갈퀴, 고무래, 쇠스랑.

***pēi** 呸 嘆 피, 체, 흥, 퉤 ; 질책 또는 경멸을 나타냄.

pēi 胚 名 1. 〈生〉 배, 눈. 2. 씨앗, 종자.

***péi** 陪 動 1. 모시다, 동반하다, 수행하다. ¶ ～kèren cānguān(～客人参观)손님을 모시고 참관하다. 2. 용서를 빌다, 사죄하다. 3. 시중들다.

péi 培 動 1. [흙으로]덮다, 북돋우다. 2. 배양하다, 양성하다.

***péi** 赔(賠) 動 1. 배상하다, 변상하다. ¶ wǒ kě～・buqǐ(我可～不起)나는 배상할 수 없다. ～**búshi**(～不是)사죄하다, 사과하다. 2. 손해를 보다, 밑지다. ～**běn**(～本)[원금을]손해 보다, 밑지다. ～**qián**(～钱)밑지다, 손해보다.

pèi 佩 動 1. [허리에]차다, [가슴에]달다. 2. 탄복하다, 감복하다. 名 허리띠에 다는 장식품.

pèi 沛 形 성대하다, 왕성하다, 세차다, 힘차다.

***pèi** 配 動 1. 남녀가 결합하다, 결혼하다, [동물을]교배시키다, 교미시키다. ¶ ～duìr(～对儿)짝을 짓다, 한 쌍으로 만들다, 교미시키다. 2. 배합하다. ¶ ～yánsè(～颜色)색깔을 배합하다. ～yào(～药)약을 조제하다(짓다). 3. [부족한 물품을]보충하다, 채워넣다, 끼워넣다, 맞추다. ¶ ～yàoshi(～钥匙)열쇠를 맞추다. 4. [어떤것에 덧붙여]그것이 더 돋보이게 하다, 받쳐주다. ¶ hóng～lǜ(红～绿)붉은색에 푸른색을 받침하다. ～**yuè**(～乐)백 뮤직을 넣다. 5. […할]자격이 있다, […할]만하다, […에]어울리다. ¶ bú～dāng lǎoshī(不～当老师)교사가 될 자격이 없다. wǒ zhīdao zìjǐ～・bushàng nǐ(我知道自己～不上你)나는 자신이 당신과 어울리지 않다는 것을 안다.

pèibèi 配备(-備) 動 1. [인력이나 물자를 수요에 따라]분배하다, 꾸리다. ¶ ～gǔgàn(～骨干)핵심적인 인력・물자를 분배하다. 2. [병력을]배치하다. ¶ ～yí ge lián de bīnglì(～一个连的兵力)1개 중대의 병력을 배치하다. 名 잘 갖추어진 설비, 장치, 장비. ¶ zhèli yíqiè～qíquán(这里一切～齐全)여기는 모든 설비가 갖추어져 있다.

péi▲běn 赔本(賠-) 動 손해를 보다, 밑지다. ¶ péile lǎoběn le(赔了老本了)원금을 손해보았다. ～de mǎimai(～的买卖)밑지는 장사.

†**péicháng** 赔偿(賠償) 動 배상하다, 변상하다. ¶ ～sǔnshī(～损失)손해를 배상하다.

***pèifu** 佩服 動 탄복하다, 감탄하다. ¶ wǒ zhēn～nǐ(我真～你)당

P

신에게 정말 탄복했다.

†**pèihé** 配合 動 1. 협동하다, 협력하다, 조화되다, 딱맞다. ¶ tāmen liǎ~·de hěn hǎo(他们俩~得很好)그들 둘은 호흡이 잘 맞다. 2. 어울리다, 배합하다. ¶ shàngyī hé kùzi yánsè~·de hǎo(上衣和裤子颜色~得好)상의와 바지 색깔이 잘 어울린다.

†**péitóng** 陪同 動 모시고 다니다, 수행하다, 동반하다. ¶ ~qiánwǎng cānguān(~前往参观)동반하여 참관하다.

*__péiyǎng__ 培养(一養) 動 1. 배양하다. ¶ ~xìjūn(~细菌)세균을 배양하다. 2. [인재를]기르다, 양성하다. ¶ ~jiēbānrén(~接班人) 후계자를 양성하다.

†**péiyù** 培育 動 기르다, 재배하다. ¶ ~shùmiáo(~树苗)묘목을 기르다. ~qīnxìn(~亲信)측근을 양성하다.

P

*__pēn__ 喷(噴) 動 1. 내뿜다, 분출하다. ¶ shuǐ~·chulai le(水~出来了)물이 뿜어 나오다. ~**qī**(~漆)래커로 분무하여 칠하다. 2. [물 등을]뿌리다.

*__pén__ 盆 名 (~儿)[윗부분이 벌어지고 밑부분이 좀 좁은]원형의 그릇 ; 대야·화분·버치 따위. **huā**~(花~)화분. **liǎn**~(脸~) 세수대야. 量 화분이나 대야에 들어있는 물건을 세는 데 쓰임. ¶ yì~shuǐ(一~水)한 세수대야의 물.

†**péndì** 盆地 名 분지. ¶ Sìchuān~(四川~)사천분지.

pēng 烹 動 1. 삶다, 끓이다. 2. 볶다. 3. 위협하다, 놀라게 하다.

péng 朋 名 1. 벗, 동무, 친구. 2. 화폐 단위[옛날에는 조개 껍질을 화폐로 썼음.]

†**péng** 棚 名 1. (~儿, ~子) [천]막, 우리. **dā**~(搭~)천막을 치다. 2. 동바리. 3. 천정.

péng 蓬 名 〈植〉 쑥. 形 문란하다, 어지럽다, 흐트러지다.

*__pěng__ 捧 動 1. 받들다, 두손으로 받쳐들다. ¶ ~·zai xiōngqián(~在胸前)가슴에 안다. 2. 성원하다, 후원하다, 떠받들다. ~**chǎng**(~场)성원하다, 기세를 돋구어주다. 量 움큼[두손으로 떠받치거나 움켜쥘 수 있는 물건들에 쓰임.] ¶ yì~dòur(一~豆儿)콩 한움큼.

⁑**pèng** 碰 動 1. 부딪치다, 충돌하다, 만지다. ~**bēi**(~杯)잔을 부딪치다, 건배하다. 2. [우연히]만나다. ~**dìngzi**(~钉子)난관에 부딪히다, 거절당하다. ~**tóu**(~头) 머리를 부딪히다, 만나다. ~**yùnqi**(~运气)운에 맡기다, 팔자소관이다. 3. 시도해 보다, 시험해 보다. 4. 집적거리다, 건드리다.

†**péngbó** 蓬勃 形 왕성한 모양, 활기있는 모양.(**AABB**) **zhāoqì**~(朝气~)생기 발랄하다.

*__pèngjiàn__ 碰见(一見) 動 우연히 만나다, 뜻밖에 만나다. ¶ zài jiēshang~·le tóngxué(在街上~了同学)길에서 우연히 학교 친구를 만났다.

péngpài 澎湃 形 1. 큰 물결이 서로 맞부딪쳐 솟구치는 모양. 2. [기세나 사조 따위가]거세게 일어나 넘치는 모양, 들끓다. ¶ gémìng yùndòng xiōngyǒng~(革命运动汹涌~)혁명운동이 거세게

들끓다.

*‡**péngyou** 朋友 名 1. 친구, 벗. ¶ jiāo~(交~)친구를 사귀다, 친구가 되다. **hǎo**~(好~)좋은 친구, 친한 친구. **lǎo**~(老~)오랜 친구, 옛 친구. 2. 애인, 연인. **nán**~(男~)남자 친구. **nǚ**~(女~)여자 친구.

†**péngzhàng** 膨胀(一脹) 動 팽창하다. **tōnghuò**~(通货~)통화팽창, 인플레이션.

pēnqìshì 喷气式(噴氣一) 形 제트식의. ~**fēijī**(~飞机)제트기.

pēntì 喷嚏(噴一) 名 재채기. **tìpen**(嚏喷)이라고도 함. ¶ dǎ~(打~)재채기를 하다.

*‡**pēnwùqì** 喷雾器(噴霧一) 名 분무기, 스프레이.

*‡**pī** 披 動 1. [겉옷을]걸치다.¶ ~·zhe dàyī(~着大衣)외투를 걸치다. 2. [책을]펼치다. 3. [머리 따위가]헝클어지다. 4. 분산하다, 나누다. 形 두 쪽으로 갈라지다, 쪼개지다. ¶ tóur~le(头儿~了)끝이 갈라졌다.

*‡**pī** 劈 動 1. [도끼 따위로]쪼개다, 패다. ¶ ~mùchái(~木柴)도끼로 장작을 패다. 2. 벼락치다. ¶ léi bǎ shù~le(雷把树~了)벼락이 나무를 치다.

*‡**pī** 批 動 비평하다, 비판하다. **méi**~(眉~)[문서·작문의 윗부분에 적어 넣은 의견·주의·비평 등.] ¶ ~wénjiàn(~文件)서류에 주를 달다. 量 [사람의]일군, 일단, [물건의]한 무더기. ¶ yì~rén(一~人)일군의 사람 [무리, 떼, 군중 따위.] yì~huòwù(一~货物) 한 무더기의 화물.

*‡**pí** 皮 名 1. 《**céng** 层》 피부, 살갗 ; [동물의]가죽, [식물의]껍질. **niú**~(牛~)쇠가죽. **shù**~(树~) 나무껍질. ~**xié**(~鞋)가죽구두. 2. (~儿) 《**zhāng** 张, **kuài** 块》 싸는 것, 포장, 덮개. **bāofu**~(包袱~)보자기. **jiǎozi**~(饺子~)만두피. **shū**~(书~)책의 표지. 3. 표면, 겉, 외면. 形 1. 눅눅하다. 2. 까불다. 3. 굳다, 단단하다. 4. 무감각하다, 뻔뻔스럽다.

pí 疲 形 1. 피곤하다, 피로하다. 2. 시세가 떨어지다.

*‡**pǐ** 匹 量 1. [말·노새 따위의]가축을 세는 단위. ¶ yì~mǎ(一~马)한 필의 말. 2. [포·비단 따위 옷감의]길이 단위. ¶ liǎng~bù(两~布)포목 두 필. 動 필적하다, 맞먹다.

pǐ 劈 動 1. 가르다, 쪼개다, 나누다. 2. [껍질 따위를]벗기다, 떼어버리다, 꺾다.

*‡**pǐ** 癖 名 무엇을 지나치게 즐기는 나쁜 습관[버릇], 고질, 중독, 벽(癖). **jiǔ**~(酒~)알콜 중독. **yān**~(烟~)니코틴 중독.

*‡**pì** 屁 名 방귀. ¶ nǐ dǒng ge~(你懂个~)개뿔[쥐뿔]도 모르다. **fàng**~(放~)방귀를 뀌다 ; 허튼 소리하다, 엉터리 없다.

*‡**piān** 偏 動 치우치다, 쏠리다, 기울다. ¶ tàiyáng~xī(太阳~西) 해가 서쪽으로 기울었다. jìngzi guà·~le(镜子挂~了) 거울을 삐뚤게 걸다. 副 기어코, 일부러, 꼭. ¶ dàjiā bú ràng tā qù, tā~yào qù(大家不让他去, 他~要去) 모두 그를 못 가게 하는데도 그는 기어코 가려한다.

P

***piān** 篇 量 편 ; 일정한 형식을 갖춘 문장을 세는 단위. ¶ yì~lùnwén(一~论文)한 편의 논문.

⁑**piàn** 片 名 (~儿) [평평하고 얇은]조각, 판, 편. **ròu**~(肉~)얇게 썬고기. 動 얇게 자르다, 깎다, 저미다, [껍질 등을]얇게 벗기다. ¶ ~ròupiàn(~肉片)고기를 얇게 저미다. 量 1. 면적 또는 범위를 세는 단위. ¶ yí~màidì(一~麦地)일대의 보리밭. 2. 얇고 작은 사물이나 작게 잘라진 부분을 세는 단위. ¶ yí~yào(一~药)약 1알.

***piàn** 骗(騙) 動 1. 속이다, 기만하다. ¶ ~rén(~人)남을 속이다. 2. 속여 빼앗다, 사취하다. ~**qián**(~钱)돈을 사취하다.

***piànmiàn** 片面 形 일방적이다, 단면적이다. ¶ ~de kàn wèntí(~地看问题)일방적으로 문제를 보다.

P

***piānpiān** 偏偏 副 1. 기어코, 일부러, 굳이. ¶ tā~bù chéngrèn(她~不承认)그녀는 일부러 인정하지 않는다. 2. 마침, 공교롭게, 뜻밖에, 하필, 유달리. ¶ ~xià yǔ le(~下雨了)공교롭게도 비가 왔다. gànmá~xuǎn tā?(干吗~选他?)하필 그를 뽑았니?

piānqiǎo 偏巧 副 1. 마침내, 때마침. ¶ wǒ zhèngzài zhǎo tā, ~tā lái le(我正在找他, ~他来了)내가 그를 찾고 있는데, 때마침 그가 왔다. 2. 공교롭게, 뜻밖에. ¶ shàngwǔ táoxué le, xiàwǔ yòu ~pèngjiànle lǎoshī(上午逃学了, 下午又~碰见了老师)오전에 무단결석을 했는데, 오후에 공교롭게 선생님을 만났다.

piànqǔ 骗取(騙一) 動 편취하다, 사취하다. ¶ ~dàliàng de jīnqián(~大量的金钱)대량의 돈을 사취하다. ~qúnzhòng de xìnrèn(~群众的信任)얼렁수를 써서 군중의 신임을 얻다.

piānr 片儿 名 영화, 필름. **cǎisè**~(彩色~)칼라영화. **hēibái**~(黑白~)흑백영화.

⁑**piányi** 便宜 形 1. [값이]싸다, 헐하다. ¶ jiàqian~(价钱~)가격이 싸다. yǒu mei you zài~diǎnr de?(有没有再~点儿的?)좀더 싸게는 안 됩니까? ~**huò**(~货)싼 물건. 2. 달콤하다, 적절하다. ¶ méi nàme~de shì(没那么~的事)그렇게 입에 맞는 일은 없다. 動 1. 값을 깎다, 에누리하다. ¶ wù-jià~·le sān chéng(物价~了三成)물건값을 30% 깎다. 2. 좋게(잘)해주다. ¶ zhècì~·le nǐ(这次~了你)이번엔 당신에게 잘 해 준 것이다. 名 공짜, 이익. **zhàn**~(占~)이익을 보다, 잇속을 차리다.

piānzi 片子 名 1. 필름, 영화. 2. 레코드.
☞ **piànzi**(片子) 참조.

piànzi 片子 名 조각, 명함, 카드. ¶ tiě~(铁~)쇳조각.
☞ **piānzi**(片子) 참조.

piànzi 骗子(騙一) 名 사기꾼.

†**piāo** 漂 動 [물이나 액체위에]뜨다, 이리저리 떠다니다, 표류하다, 떠돌다. ¶ shuǐshang~·zhe yì céng yóu(水上~着一层油)물위에 한 층의 기름이 떠있다.

***piāo** 飘(飄) 動 [바람에]나부끼

다, 펄럭이다, 흩날리다. ¶ suí fēng~(随风~)바람에 나부끼다.

*̣*piào 票 名 《zhāng 张》 1. 표, 증서, 증명서. chē~(车~)승차권. mén~(门~)입장권. 2. (~儿) 지폐.

*pí'ǎo 皮袄(一襖) 名 《jiàn 件》 모피로 안을 댄 중국식 웃옷.

*̣*piàoliang 漂亮 形 1. 아름답다, 보기좋다, 예쁘다. (AABB) ¶ zhǎngde~(长得~)아름답게 생기다, 예쁘다. 2. [일처리·행동 따위가]뛰어나다, 훌륭하다. ¶ shìqing bànde~(事情办得~)일을 뛰어나게 잘 처리하다.

piáor 瓢儿(一兒) 名 1. 표주박, 쪽박, 바가지, 국자, 주걱 2. 사람의 머리. kāi~(开~)머리가 깨지다.

†piāoyáng 飘扬(飄揚) 動 바람에 펄럭이다, 휘날리다. ¶ hóngqí suí fēng~(红旗随风~)붉은 기가 바람에 펄럭이다.

píbāo 皮包 名 《zhī 只》 가죽지갑.

pǐchai 劈柴 名 《kuài 块》 땔나무, 장작. ¶ pī~(劈~)장작을 패다.

*pídài 皮带(一帶) 名 《tiáo 条》 가죽밸트, 가죽혁대. ¶ jì~(系~) 혁대를 매다.

pídàn 皮蛋 名 피단, 송화단[중국 음식의 한 가지]. sōnghuā(松花)라고도 함.

piē 撇 動 [거품 따위를]걷어내다, 건지다, 뜨다. ¶ ~yóu(~油)기름을 걷어내다.

☞ piě(撇) 참조.

piě 撇 動 던지다, 뿌리다, 내던지다. ¶ ~shǒuliúdàn(~手榴弹)수류탄을 던지다. 名 (~儿)한자의 필획인 'ノ'(삐침). 量 'ノ'과 같은 모양의 물건을 세는 데 쓰임. ¶ liǎng ~ méimao(两 ~ 眉毛) 치켜올라간 두 눈썹.

☞ piē(撇) 참조.

*pīfā 批发(一發) 動 도매하다. ⇔ língshòu(零售) ~jià(~价)도매가격.

*pífá 疲乏 形 피로하다, 피곤하다. ¶ quánshēn wúlì, fēicháng~(全身无力, 非常~)온 몸에 힘이 없고, 매우 피곤하다. 名 피로, 피곤. ¶ xiāochú~(消除~)피로를 없애다.

*pífū 皮肤(一膚) 名 피부.

*pìgu 屁股 名 1. 〈口〉 궁둥이, 엉덩이, 둔부. ¶ guāngzhe~wánr(光着~玩儿)엉덩이를 내놓고 놀다. ~chén(~沉)한 군데에 오래 앉아 있다 ; 엉덩이가 무겁다. 2. 꽁무니, 꽁다리. xiāngyān~(香烟~)담배 꽁초.

*̣*píjiǔ 啤酒 名 맥주. ☆ '啤'는 영어 'beer'의 음역. ¶ hē~(喝~)맥주를 마시다. xiān~(鲜~)생맥주.

†píjuàn 疲倦 動 피곤하다, 피로하다. ¶ gǎndào~(感到~)피곤함을 느끼다.

*píláo 疲劳(一勞) 形 피로해지다, 지치다. ¶ shēnxīn~(身心~)심신이 지치다. 名 피곤, 피로. ¶ ~guòdù(~过渡)과로하다.

pímáo 皮毛 名 1. 털과 가죽, 모피. 2. 겉 껍데기, 피상적인 것. lüè zhī~(略知~)피상적으로만 알다.

P

pīn 拼 動 연접하다, 맞붙이다, [하나로]잇다, 합치다. ¶ bǎ zhè liǎng zhāng zhuōzi~·qilai(把这两张桌子~起来)이 두 책상을 맞붙여라. ~·chéng sānjiǎoxíng(~成三角形)삼각형으로 연결하다.

pìn 聘 動 1. 초빙하다, 초대하다. ¶ ~gùwèn(~顾问)고문을 초빙하다. 2. 〈口〉 시집가다. ¶ ~gūniang(~姑娘)딸을 시집보내다

†**pǐndé** 品德 名 품격, 품성. ¶ ~chónggāo(~崇高)품성이 숭고하다.

⁑**píng** 瓶 名 (~儿)병. =**píngzi**(瓶子) **huā**~(花~)화병. 量 병을 세는 데 쓰임. ¶ yì~píjiǔ(一~啤酒)맥주 한 병.

***píng** 平 形 평평하다, 평탄하다, 반반하다. ¶ lùmiàn bù~(路面不~)길 표면이 평평하지 않다. 動 평평하게 만들다, 평평하게 하다. ¶ ~dì(~地)땅을 평평하게 고르다.

P

***píng** 评(評) 動 논평하다, 비평하다, 판정하다. ¶ ~fēnr(~分儿)점수를 매기다.

***píng** 凭(憑) 動 [몸을 …에]기대다, 의지하다, 의거하다. ¶ ~chuāng yuǎn wàng(~窗远望)창에 기대어 멀리 바라보다. 介 …을 근거로, …에 따라. ¶ ~shénme zhème shuō ya?(~什么这么说呀?)무엇을 근거로 이렇게 말하는가? 連 설사(설령)…라 할지라도. ¶ ~nǐ zěnme shuō, wǒ yě bú xìn(~你怎么说, 我也不信)당신이 아무리 말해도, 나 역시 믿지 않는다.

***píng'ān** 平安 形 평안하다, 무사하다.(**AABB**) ¶ píngping'ān'ān de dàodá mùdìdì(平平安安地到达目的地)평안히 목적지에 도달하다. **yílù**~(一路~)편안한 여행이 되시길.

***píngcháng** 平常 形 보통이다, 평범하다, 수수하다, 일반적이다. ¶ huà suī~, kě yìyì shēnkè(话虽~, 可意义深刻)말은 비록 평범하나, 뜻은 매우 깊다. 名 평소, 평시. ¶ wǒ~zǎoshang liù diǎn bàn qǐchuáng(我~早上六点半起床)나는 평소 아침 6시 반에 일어난다.

***píngděng** 平等 名 평등, 대등. ¶ yào jiǎng~(要讲~)평등을 중요시해야 한다. 形 평등하다, 대등하다. ¶ ~duìdài(~对待)평등하게 대하다. ~**hùlì**(~互利)호혜평등.

***píngdì** 平地 名 《**kuài** 块》 평지.

†**píngfán** 平凡 形 평범하다.(**AABB**) ¶ shìjì bù~(事迹不~)업적이 비범하다. ~de rén(~的人)평범한 사람.

†**píngfāng** 平方 名 [수학의]제곱, 평방. ~**gēn**(~根)제곱근. ~**gōnglǐ**(~公里)평방 킬로미터(km^2). 量 평방미터(m^2). =**píngfāngmǐ**(平方米)

⁑**píngguǒ** 苹果(蘋-) 名 사과. ¶ zhāi~(摘~)사과를 따다. ~**jiàng**(~酱)사과잼. ~**sū**(~酥)애플파이.

†**pínghéng** 平衡 形 평형하다, 균형이 맞다, 수지가 맞다. ¶ gōngqiú~(供求~)수급이 균형이 맞다. 動 평형되게 하다, 균형있게 하다. ¶ ~shōuzhī(~收支)수지

를 균형있게 하다.

†**píngjià** 评价(評價) 動 평가하다. 名 평가. ¶ ~wénxué zuòpǐn(~文学作品)문학 작품을 평가하다. huòdé le hěn hǎo de~(获得了很好的~)호평을 받았다.

***píngjìng** 平静(一靜) 形 1. [상황, 환경 따위가]평온하다, 평정하다. 2. [태도, 감정 따위가]조용하다, 고요하다.(**AABB**) ¶ xīnli hěn bù~(心里很不~)마음이 몹시 뒤숭숭하다.

†**píngjūn** 平均 動 평균하다, 균등히 하다. ¶ bǎ liǎng ge rén de shōurù~yí xià(把两个人的收入~一下)두 사람의 수입을 균등히 하다. ~**fēntān**(~分摊)비용을 균등하게 부담하다. 形 균등한, 평균적인. ~**sùdù**(~速度)평균속도. 副 평균적으로. ¶ bǎ dàngāo ~de fēnchéng liù kuài(把蛋糕~地分成六块)케이크를 고르게 6등분하다.

píng▲lǐ 评理(評一) 動 시비를 가리다, 어느 쪽이 옳은가를 결정하다. ¶ nǐ lái píngping zhège lǐ(你来评评这个理)당신이 이에 대해 시비를 좀 가려 주십시오. ràng dàjiā~(让大家~)여러 사람에게 시비를 가리게 하다.

†**pínglùn** 评论(評論) 動 평론하다, 비평하다. ¶ ~bǐsài jiéguǒ(~比赛结果)시합의 결과를 논평하다. ~hǎohuài(~好坏)좋고 나쁨을 평론하다. 名 평론. ¶ fābiǎo ~(发表~)평론을 발표하다.

⁑**pīngpāngqiú** 乒乓球 名 〈譯〉 탁구, 탁구공. ☆ 乒乓은 영어 'ping-pong'의음역. ¶ dǎ~(打)탁구를 치다.

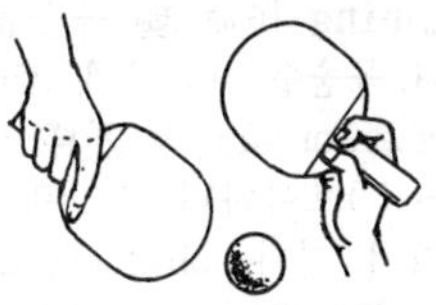

乒乓球

†**píngshí** 平时(一時) 名 1. 평시, 평소. ¶ ~bā diǎn shàngbān(~八点上班)평소 8시에 출근하다. 2. 평상시(平常時). ¶ ~wèi zhànshí zuòhǎo zhǔnbèi(~为战时做好准备)평상시 전시를 위해 잘 준비하다 ; 유비무환.

†**píngtǎn** 平坦 形 평탄하다.(**AABB**) ¶ qiánjìn de dàolù bù~(前进的道路不~)전도가 평탄하지 못하다. kuānkuò~de mǎlù(宽阔~的马路)넓고 평탄한 길.

píngxī 平息 動 1. 평온해지다, 가라앉다, 수습되다. ¶ fēngbō zhōngyú~le(风波终于~了)풍파가 마침내 가라앉았다. 2. [반란을]평정하다, 진압하다. ¶ ~pànluàn(~叛乱)반란을 진압하다.

píngxíng 平行 形 1. [지위나 등급이]대등한, 동등한, 동급의. ¶ ~dānwèi(~单位)동등한 조직·기관. 2. 병행하다, 동시에 행하다. ¶ ~zuòyè(~作业)병행작업, 동시에 작업을 하다. 3. 평행하다. ~**sìbiānxíng**(~四边形)평행사변형. ~**xiàn**(~线)평행선.

***píngyuán** 平原 名 평원.

⁑**píngzi** 瓶子 名 병. ¶ zhuāngzai ~li(装在~里)병에 담다.

†**pínkǔ** 贫苦(貧一) 形 빈곤하다,

곤궁하다. ¶ shēnghuó~(生活~) 생활이 빈곤하다.

***pīn▴mìng** 拼命 動 목숨을 내던지다, 목숨을 버리다. ¶ kàn yàngzi, zhēnshi yào~le(看样子, 真是要~了)보아하니, 정말로 목숨을 버리려 한다. pīnshàng zhè tiáo lǎo mìng yě yào wánchéng zhège rènwu(拼上这条老命也要完成这个任务)이 한 목숨을 걸고라도 이 임무를 완성해야 한다. 副 필사적으로. ¶ ~gōngzuò(~工作) 필사적으로 일하다.

pínpín 频频(頻頻) 副 빈번히, 자주. ¶ ~zhāoshǒu(~招手)자꾸 손짓하다.

pìnqǐng 聘请(一請) 動 초빙하다. ¶ ~zhuānjiā(~专家)전문가를 초빙하다.

†**pínqióng** 贫穷(貧窮) 形 가난하다, 빈곤하다. ¶ jiājìng~(家境~)집이 가난하다.

P

†**pīnyīn** 拼音 動 음소를 결합하여 한 음절로 만들다, 표음 문자로 표기하다. **~zìmǔ**(~字母)표음자모 ; 한어병음방안에서 채택한 26개의 로마자.

***pǐnzhì** 品质(一質) 名 1. 품성, 소질, 인품. ¶ dàodé~(道德~) 도덕적 품성. 2. 품질. ¶ ~yōuliáng(~优良)품질이 우수하다.

†**pǐnzhǒng** 品种(一種) 名 1. [식물·가축의]품종. ¶ gǎiliáng~(改良~)품종을 개량하다. 2. 제품의 종류. ¶ zēngjiā huòsè~(增加货色~)제품의 종류를 증가시키다.

pípá / pípa 琵琶 名 《**miàn** 面》 비파 ; 현악기의 일종.

***pīpàn** 批判 動 비판하다. 名 비판. ¶ shòu~(受~)비판받다.

***pīpíng** 批评(一評) 動 비평하다, 장단점을 지적하다, 시비를 가려 비판하다. ¶ kāizhǎn wényì~(开展文艺~)문예 비평을 열다. 名 비평, 비판. ¶ shòudào yánlì de ~(受到严厉的~)심한 비판을 받다.

***píqi** 脾气(一氣) 名 1. 성격, 기질, 성벽(性癖). ¶ zhège~xūyào gǎiyigǎi(这个~需要改一改)이 성격은 고쳐야 한다. zuǒ~(左~)비뚤어진 기질[근성]. 2. 성깔, 화를 잘내는 성질. **fā**~(发~)짜증내다, 화내다. ¶ tā yǒu~(她有~)그녀는 성깔이 있다.

***píqiú** 皮球 名 고무공. ¶ pāi~(拍~)공치기를 하다.

pìrú 譬如
☞ **bǐrú**(比如) 참조.

***píta** 疲塌·疲沓 形 느슨해지다, 이완되다, 열의가 식다, 애매모호하다.(**AABB**) ¶ lǎo áishuō jiù ~le(老挨说就~了)혼이 날 때마다 열의가 식는다. chéngtiān pípitātā(成天疲疲塌塌)온종일 흐리멍텅하다, 온종일 정신이 없다. zuòfēng~(作风~)[일·활동의] 태도·자세가 느슨해지다.

***píxié** 皮鞋 名 《**shuāng** 双, **zhī** 只》 가죽구두.

皮鞋

***pī▴zhǔn** 批准(一準) 動 1. [조약을]비준하다, [하급기관의 의견

·건의·요구 등을]허가하다. ¶ shàngjí~·le wǒ de shēnqǐng(上级~了我的申请)상급기관에서 나의 신청을 허가했다.

*__pízi__ 皮子 名 《**zhāng** 张, **kuài** 块》 피혁, 모피.

*__pō__ 坡 名 (~儿)비탈, 언덕, 비탈진 곳. **pá**~(爬~)비탈을 오르다. **xià**~(下~)비탈을 내려가다. 形 경사지다, 비스듬하다. ¶ ~·zhe fàng(~着放)비스듬히 놓다.

†**pō** 泼(潑) 動 [힘을 들여]물을 뿌리다. ~**shuǐ**(~水)물을 뿌리다.

pō 颇(頗) 副 〈文〉[단음절 단어 앞에 쓰여]자못, 꽤, 상당히, 몹시. ¶ ~gǎn xìngqù(~感兴趣)자못 흥미가 있다. ~jiā(~佳)상당히 좋다. ~jiǔ(~久)매우 오래다, 상당한 시간이다. ☆ 2음절어 앞에서는 대부분 **pōwéi**(颇为)라 함. **例**: **pōwéi biézhi**(颇为别致)상당히 특이하다. **pōwéi mǎnyì**(颇为满意)상당히 만족하다.

⁑**pò** 破 動 1. 찢어지다, 찢다, 해지다, 파손되다, 부수다, 망가지다. ¶ yīfu~le(衣服~了)옷이 해졌다. 2. [큰돈을 헐어]잔돈으로 바꾸다. ¶ bǎ yì yuán de chāopiào ~·chéng liǎng zhāng wǔ jiǎo de(把一元的钞票~成两张五角的)1원짜리 지폐를 50전짜리 2장으로 바꾸다.

†**pò▲chǎn** 破产(一產) 動 파산하다.

pòchú 破除 動 타파하다, 배제하다. ¶ ~míxìn(~迷信)미신을 타파하다.

pòfèi 破费(一費) 動 돈을 쓰다, 금전상의 손해를 끼치다, 시간을 들이다. ¶ yòu ràng nǐ~, zhēn bù hǎo yìsi(又让你~, 真不好意思)또 당신에게 돈을 쓰게해서 정말 미안합니다.

†**pòhài** 迫害 動 박해하다. ¶ ~hé zìjǐ yìjian bùtóng de rén(~和自己意见不同的人)자신과 의견이 다른 사람을 박해하다. 名 박해. ¶ shòu~(受~)박해를 받다.

*__pòhuài__ 破坏(一壞) 動 1. [건축물 따위를]파괴하다, [추상적인 것을]훼손하다, 손해를 입히다. ¶ ~míngyù(~名誉)명예를 훼손하다. 2. [사회제도·풍속·습관 따위를]타파하다, 변혁시키다. ¶ ~jìlǜ(~纪律)규율을 타파하다. 3. [조약·규칙·규약 따위를] 위반하다. ¶ ~xiédìng(~协定) 협정을 위반하다.

pójia 婆家 名 시가, 시집, 시댁. ⇔ **niángjia**(娘家) ¶ zhǎobudào ~(找不到~)시집보낼 곳을 찾지 못하다, 시댁을 찾을 수 없다.

†**pòlàn** 破烂(一爛) 形 해져 너덜너덜하다, 낡아 빠지다, 남루하다. (**AABB**) 名 쓰레기, 폐품, 넝마. ¶ mài~(卖~)폐품을 팔다. shōu~(收~)폐품을 회수하다.

pòmiè 破灭(一滅) 動 파멸하다, [환상이나 희망이]깨지다, 사라지다. ¶ xīwàng~(希望~)희망이 사라지다.

*__pópo__ 婆婆 名 시어머니. ~**jiā**(~家)시댁, 시집.

†**pòqiè** 迫切 形 절실하다, 절박하다. ¶ ~yāoqiú(~要求)절실하게

P

요구하다. ~de xūyào(~的需要) 절실한 필요.

***pū** 扑(撲) 動 1. [바람이 얼굴에] 덮쳐오다, 스치다. ¶ ~chéntǔ(~尘土)먼지가 덮치다. 2. 뛰어들다, 돌진하다, 달려들다. ¶ ~·xiàng dírén(~向敌人)적을 향해 돌진하다.

***pū** 铺(鋪) 動 [물건을]깔다, [자리를]펴다. ¶ ~bèirù(~被褥)이부자리를 펴다. ~tiělù(~铁路)철로를 깔다. ~·píng dàolù(~平道路)도로를 포장하다.

†**pù** 铺(鋪) 名 1. (~儿) 《**jiā** 家》 가게, 상점, 점포. =**pùzi**(铺子) **mào**~(帽~)모자가게. **ròu**~(肉~)정육점. **xié**~(鞋~)신발가게. **yān**~(烟~)담배가게. 2. [나무] 침상. **dā**~(搭~)침상을 만들다, 침상을 세우다. **shàng**~(上~)[열차 따위의]윗층 침대. **xià**~(下~)하단 침대.

P

***pǔbiàn** 普遍 形 보편적이다, 널리 퍼져 있다. ¶ zhèzhǒng qīngxiang hěn~(这种倾向很~)이런 경향이 매우 보편적이다. ~liúxíng(~流行)널리 유행하다.

pùbù 瀑布 名 폭포.

***pūchī** 扑哧(撲一) 擬 키드득, 키득 키득[웃음소리]. ¶ ~yì shēng xiàoqilai(~一声笑起来)키득 키득하며 웃다.

***pūgai** 铺盖(鋪蓋) 名 《**tiáo** 条, **chuáng** 床, **tào** 套》 요와 이불, 침구. ¶ juǎn~(卷~)이부자리를 말다; 해고 당하다, 야간도주하다.

†**pǔjí** 普及 動 1. 보급되다, 확대되다, 퍼지다. ¶ ~quánguó(~全国)전국으로 보급되다. 2. 널리 퍼지게 하다, 보편화시키다, 대중화시키다. ¶ ~wèishēng chángshí(~卫生常识)위생상식을 보편화시키다. 形 보급하다. ~**běn**(~本)[출판물의]보급판.

***pūkè** 扑克(撲一) 名 〈譯〉 트럼프. ☆ 영어 'poker'의 음역. **dǎ**~(打~)트럼프를 하다. ~**pái**(~牌) 트럼프 카드.

扑克

púsa 菩萨(一薩) 名 보살, [넓은 뜻으로]부처나 신, 자비심이 많은 사람.

pǔshí 朴实(樸實) 形 소박하다, 검소하다, 꾸밈이 없다. =**pǔsù**(朴素)(**AABB**) ¶ tā chuānde hěn~(他穿得很~)그는 매우 검소하게 옷을 입는다.

***pǔsù** 朴素(樸一) 形 [색깔·모양 따위가]화려하지 않다, 소박하다, [문장 따위가]질박하다.(**AABB**) ¶ shēnghuó~(生活~)생활이 소박하다. ~de yǔyán(~的言语)꾸밈없는 말.

pútao 葡萄 名 《**kē** 颗, **lì** 粒, **chuàn** 串, **jià** 架, **kē** 棵》 포도. ~**jiǔ**(~酒)포도주.

***pūtōng** 扑通(撲一) 擬 쿵, 콰당, 풍덩; 땅이나 물에 무거운 물건이 떨어지는 소리. ¶ ~yì shēng tiàorù shuǐ zhōng(~一声跳入水中)

'풍덩' 하고 물속으로 뛰어들다.

*__pǔtōng__ 普通 形 보통이다, 일반적이다.(**AABB**) ¶ ~láodòngzhě(~劳动者)보통 노동자. ~**huà**(~话)현대 중국어의 표준어.

pūzhāng 铺张(鋪張) 動 [형식적으로 잘 보이기 위해]지나치게 겉치장에 신경쓰다, 겉치레하다, 지나치게 꾸며대다. ¶ ~làngfèi(~浪费)허세를 부리며 낭비하다.

*__pùzi__ 铺子(鋪－) 名 《**jiā** 家》 가게, 점포, 상점[주로 개인이 경영하는 소규모 점포를 말함.] ¶ kāi~(开~)가게를 열다, 개업하다. guān~(关~)가게를 닫다; 폐업하다.

P

Q

⁑**qī** 七 數 7, 일곱. ☆ 갖은자는 '柒'. 뒤에 第4聲 음절이 오면 第2聲으로 발음됨.

*__qī__ 期 名 시기, 기일 ; 정해진 일정한 시일. **àn**~(按~)기한에 따라. **dào**~(到~)기일이 되다, 기한이 되다. 量 기(期) ; [어떤 시기를 몇으로 구분한 그 하나를 말함.] ¶ zhè běn zázhì yǐjing chūbǎnle shíjǐ~(这本杂志已经出版了十几~)이 잡지는 이미 십몇 기(期)까지 출판되었다.

qī 妻 名 (~子)처, 아내.

qī 凄 形 1. 차다, 싸늘하다. 2. 쓸쓸하다, 처량하다. 3. 슬프다, 처참하다. ~**cǎn**(~惨)처참하다, 참혹하다. ~**rán**(~然)슬프다, 쓸쓸하다.

qī 欺 動 1. 속이다, 기만하다. 2. 업신여기다, 깔보다.

†**qī** 漆 名 옻칠 ; 니스·페인트·락카 따위 도료의 총칭. **shàng**~(上~)페인트를 칠하다. 動 [옻칠이나 페인트를]칠하다. ¶ ~ guìzi(~柜子)장에 옻칠을 하다.

†**qí** 棋 名《**pán** 盘》 장기, 바둑. **xià**~(下~)장기나 바둑을 두다. ~**pán**(~盘)바둑판. ~**zǐr**(~子儿)바둑돌.

*__qí__ 旗 名 1.《**miàn** 面, **gǎn** 杆》 기. =**qínzi**(旗子) **dǎ**~(打~)기를 흔들다. **guà**~(挂~)기를 걸다. **shēng**~(升~)기를 올리다. **jiàng**~(降~)기를 내리다. ☆ 단독으로 쓰일 때는 대부분 **qízi**(旗子)라고 하며, 수식어를 동반하거나, 양사와 함께 사용하는 경우는 **qí**(旗)라고 함. **例** : hóng~(红~)홍기. yí miàn~(一面~)기 하나. 2. 내몽고 자치구의 행정 구역 단위. 현(縣)에 해당함.

†**qí** 其 代 그것, 그. ~**cí**(~次)다음, 그 다음. ~**hòu**(~后)그 후. **rén jìn**~**cái**(人尽~才)사람마다 자기의 재능을 충분히 발휘하다.

†**qí** 齐(齊) 形 가지런하다, 질서정연하다, 단정하다, 갖추어지다, 완비되다. ¶ rén hái méi~(人还没~)사람들이 아직 다 오지 않았다. kèren dōu lái · ~le ma?(客人都来~了吗?)손님들이 모두 왔느냐? 動 1. 맞추다. ¶ ~ · zhe biānr jiǎn(~着边儿剪)가장자리를 맞추어 자르다. 2. [같은 정도에]이르다, 도달하다, 다다르다. ¶ zhǎngde~jiānbǎng gāo le(长得~肩膀高了)어깨가 닿을 정도로 컸다.

qí 奇 形 기이하다, 진기하다.

⁑**qí** 骑(騎) 動 [동물이나 자전거 등에 다리를 벌리고]올라 타다, [걸터]앉다. ¶ ~mǎ(~吗)말을 타다. ~zìxíngchē(~自行车)자전거를 타다. **hǔ nán xià**(~虎难下)호랑이를 타고 있어 내리기가 힘들다 ; ① 어떤 일을 중도에서 중지하고 손을 뗄 수 없다. ② 이러지도 저러지도 못하는 딱한 처지. ~**mǎ zhǎo mǎ**(~

马找马)① 현상을 유지하면서 더 나은 것을 찾다. ② 자기가 갖고 있는 것을 망각하고 다른 곳에서 찾다.

骑马

qǐ 乞 動 빌다, 구걸하다.

*̣**qǐ** 起 動 1. 일어서다, 일어나다. ~**chuáng**(~床)일어나다, 기상하다. **zǎo shuì zǎo**~(早睡早~) 일찍자고 일찍 일어나다. 2. 발생하다, 생기다, 일으키다, 흥기하다. ¶ tiānshang~·le yún le(天上~了云了)하늘에 구름이 일다. ~fēng le(~风了)바람이 일다. ~yíxīn(~疑心)의심이 생기다. 3. [물집, 땀띠, 종기 따위가]생기다, 나다. ¶ shǒu shang ~pào(手上~泡)손에 물집이 생기다. 4. [cóng(从)과 함께 쓰여]시작하다. ¶ cóng míngtiān ~(从明天~)내년부터. cóng nà nián~(从那年~)그해부터. 5. 떼다, 뽑다, 빼다, 끌어 내리다, 캐내다. ¶ ~dīngzi(~钉子)못을 빼다. 6. 기안하다, 초안하다. ¶ ~gǎozi(~稿子)기고하다, 원고를 쓰기 시작하다. 7. [이름 따위를]붙이다, 짓다. ¶ ~míngzi(~名字)이름을 짓다. 8. [동사 뒤에 보어로 사용되어]동작이 위로 향해 행해지거나 시작되는 것을 나타낸다. ¶ tí·~xiāngzi (提~箱子)상자를 들어 올리다. xiǎng·~yí jiàn shì(想~一件事) 한 가지 일을 생각해내다.

qǐ 岂(豈) 副 〈文〉어찌 …하겠는가? 어떻게 …하겠는가? 그래 …이란 말인가? ¶ ~néng róngrěn(~能容忍)어떻게 용인할 수 있겠는가? ~**yǒu cǐ lǐ**(~有此理)어찌 이럴 수가 있는가?

*****qì** 气(氣) 名 1.《**gǔ** 股, **lǚ** 缕, **tuán** 团》기체, 가스, 공기. 2. (~儿)호흡, 숨. ¶ méi~le(没~了)숨이 멎었다. 3. 성(내다), 화(내다), 노(하다). ¶ tā shēngle hěn dà de~(他生了很大的~)그는 매우 화가 났다. 動 화나게 하다, 약을 올리다, 노기를 북돋우다. ¶ gùyì~rén(故意~人)일부러 사람을 화나게 하다. zhēn ~·sǐ rén!(真~死人!)정말 울화통 터지게 하는군!

qì 汽 名 증기, 김.

qì 弃 動 버리다, 포기하다. **pāo** ~(抛~)던져 버리다, 포기하다.

qì 器 名 1. 그릇, 기구, 용구. 2. 신체기관.

†**qì** 砌 動 [벽돌이나 돌을]쌓다. ~**qiáng**(~墙)[돌 따위로]담을 쌓다. ~**zào**(~灶)부뚜막을 쌓다. ~**zhuān**(~砖)벽돌을 쌓다.

†**qiā** 掐 動 꼬집다, 누르다, 조르다, 꺾다, 끊다. ¶ ~bózi(~脖子) 목을 누르다 ; 꼼짝 못하게 하다. ~huār(~花儿)꽃을 꺾다. 量 (~儿) 〈方〉 움큼, 줌. ¶ yì ~jiǔcài(一~韭菜)부추 한 움큼.

qiǎ 卡 動 〈口〉 걸리다, 끼(이)다, 꽂다. ¶ yúcì~·zai sǎngzi li(鱼刺~在嗓子里)생선 가시가 목에

Q

걸리다.

qià 恰 副 마침, 알맞게, 바로, 꼭. ¶ nǐ lái diànhuà shí, ~~wǒ bú zài(你来电话时, ~~我不在)네가 전화했을 때 마침 나는 없었다. 形 적당하다, 타당하다.

†**qiàdàng** 恰当(-當) 形 알맞다, 적절하다, 적당하다. ¶ ~de pīpíng(~地批评)적절하게 비평하다. cuòcí bú~(措词不~)[문장 또는 말의]배치가 적당하지 않다.

*__qiàhǎo__ 恰好 形 적당하다, 알맞다. ¶ nǐ láide~, wǒ zhèng zhǎo nǐ ne(你来得~, 我正在找你呢)마침 잘 왔구나, 내가 지금 너를 찾고 있었어.

*__qiān__ 铅(鉛) 名 납 ; 화학 원소중의 'Pb'를 말함, 연(鉛). ~**zhòngdú**(~中毒)납중독.

qiān 迁(遷) 動 1. 옮기다, 이사하다. ⇒ **bān**(搬) 2. 변화하다, 변천하다.

*__qiān__ 签(簽) 動 1. 날인하다, 서명하다. 2. [요점, 의견을]몇 자 적다.

*__qiān__ 牵(牽) 動 끌다, 이끌다, 잡아당기다. ¶ ~ · zhe yì zhī yáng (~着一只羊)양 한 마리를 끌다. shǒu~ · zhe shǒu(手~着手)손으로 손을 잡아끌다.

⁑**qiān** 千 數 천. ¶ liǎng~rén(两~人)2000명의 사람. ~**fāng bǎi jì**(~方百计)온갖 방법·계략을 다하다. ~**xīn wàn kǔ**(~辛万苦)천신만고, 온갖 노고.

qián 乾 名 하늘 ; 군주, 남편, 남자 등의 뜻으로 쓰임. ⇔ **kūn**(坤)

qián 潜 動 1. 잠기다, 자맥질하다. 2. 숨기다, 잠복하다.

⁑**qián** 钱(錢) 名 화폐, 돈. ¶ huā~(花~)돈을 쓰다. duōshao~?(多少~?)얼마입니까? gàn huór zhèng~(干活儿挣~)일을 해서 돈을 벌다. zuò mǎimai zhuàn~(做买卖赚~)장사를 해서 돈을 벌다. 量 중량의 단위 ; 1량(两)의 10분의 1.

⁑**qián** 前 名 1. [공간적으로]앞. ☆ 단독으로 쓰일 때는 일반적으로 **qiánbiān**(前边), **qiánmian**(前面), **qiántou**(前头)라고 함. 단, 개사의 목적어로서는 단독으로 쓸 수 있음. ¶ wǎng~zǒu(往~走)앞으로 걸어가다. xiàng~kàn(向~看)앞을 보다. 2. [시간적으로]전(前), 이전.

⁑**qiǎn** 浅(淺) 形 1. 얕다. ⇔ **shēn**(深) ¶ shuǐ hěn~(水很~)물이 매우 얕다. 2. [감정·친분·교분이]깊지 않다[얕다]. ¶ jiāoqing~(交情~)교분이 두텁지 않다. 3. 정도가 낮다, [소견, 지식, 학문 등이]천박하다, 내용이 쉽다. ¶ zhè piān wénzhāng hěn~(这篇文章很~)이 문장은 평이하다. 4. [색이]연하다. ~**hóng**(~红)담홍색.

qiǎn 遣 動 파견하다, 보내다.

*__qiàn__ 欠 動 1. 빚지다, 빌어쓰고 갚지 못하다. ~**zhài**(~债)부채, 빚, 빚지다. 2. 부족하다, 모자라다. ¶ hái~liǎng ge(还~两个)아직 2개 모자라다. 3. 몸을 위로 뻗다, 발돋움하다. ¶ ~ · zhe jiǎo kàn(~着脚看)발돋움하고 보다. 名 하품. ¶ dǎ hā~(打呵~)하품하다.

*__qiānbǎiwàn__ 千百万(-萬) 數 수

Q

천 수백만. ¶ ~rén de xīnyuàn (~人的心愿)수천 수백만의 염원.

qiánbèi 前辈(—輩) 名 선배, 상사, 연장자.

⁑**qiānbǐ** 铅笔(鉛筆) 名 《**zhī** 枝》 연필. ¶ xiāo~(削~)연필을 깎다. ~**hé**(~盒)필통. ~**tóur**(~头儿)몽당연필.

⁑**qiánbian** 前边(—邊) 名 (~儿) 1. 앞(쪽). ¶ zài~zǒu(在~走)앞에서 걷다. 2. [문장이나 말의] 앞 부분. ¶ yǐjing zài~jiǎngguo (已经在~讲过)이미 앞에서 말한 적이 있다.

qiánchéng 前程 名 전도. ¶ ~ yuǎndà(~远大)전도가 양양하다.

qiān▲dào 签到(簽—) 動 [회의 참가시]서명하다, [출근부에]싸인하다. ¶ tì biéren~(替别人~)다른 사람을 대신해서 서명하다. ~**bù**(~簿)출근부. ~**chù**(~处)[대회 등의]접수처.

***qiāndìng** 签订(簽訂) 動 조인하다, [조약을]체결하다, 함께 서명하다. ¶ ~hétong(~合同)계약을 체결하다, 계약에 서명하다.

†**qiánfāng** 前方 名 앞, 앞쪽, 전방, 전선. ¶ kāifù~(开赴~)전선으로 출동하다.

***qiāng** 枪(槍) 名 《**gǎn** 杆, **zhī** 只》 창, 총. **kāi**~(开~)발포하다.

qiāng 呛(嗆) 動 사레가 들리다. ¶ hē chá hē · ~le(喝茶喝~了) 차를 마시다가 사레 들렸다. ~· sǐ wǒ le(~死我了)사레들려 죽겠다.

☞ **qiàng**(呛) 참조.

qiāng 腔 名 1. 〈生〉 강, 동물의 신체에서 비어 있는 부분. 2. (~儿) 곡조, 가락. 3. 말의 어투, 말씨. ¶ Tiānjīn~(天津~) 천진 말투. xuésheng~(学生~) 학생 말씨.

⁑**qiáng** 墙(墻) 名 1. 《**miàn** 面》 벽. ¶ ~ · shang guàzhe yì zhāng huàr(~上挂着一张画儿)벽에 그림 한 장이 걸려있다. 2. 《**dào** 道, **dǔ** 堵》 담. ¶ qìle yì dǔ~(砌了一堵~)담장 하나를 쌓다.

***qiáng** 强 形 강하다, 힘이 세다. ⇔ **ruò**(弱) ¶ gōngzuò nénglì~ (工作能力~)업무능력이 탁월하다. zérènxīn~(责任心~)책임감이 강하다.

☞ **qiǎng**(强) 참조.

***qiǎng** 抢(搶) 動 1. 탈취하다, 약탈하다, 뺏다. ¶ ~dōngxi(~东西)물건을 뺏다. 2. 급히 하다, 서두르다, 앞다투다. ¶ bèi biéren~ · le xiān(被别人~了先)다른 사람에게 선두를 추월당하다. háizimen~ · zhe huídá wèntí(孩子们~着回答问题)아이들이 앞다투어 질문에 대답하다. 3. 벗겨지다, 벗기다, 닦아내다. ¶ bǎ guōdǐ~ · yi · ~(把锅底~一~) 가마솥 밑을 닦아내다.

qiǎng 强 動 억지로 하다, 강제로 하다, 무리하게 하다. ¶ ~ zuò xiào liǎn(~作笑脸)억지로 웃는 얼굴을 하다.

☞ **qiáng**(强) 참조.

qiàng 呛(嗆) 動 [자극성의 기체가 호흡기관에 들어가]숨이 막히다, 코를 찌르다. ¶ yān~sǎngzi(烟~嗓子)연기에 목이 막히다.

☞ **qiāng**(呛) 참조.

qiāngbì 枪毙(槍斃) 動 총살하다,

Q

총살되다.

†**qiángbì** 墙壁(墻－) 名 《**dǔ** 堵》 벽, [벽돌로 쌓은]담. ＝**qiáng**(墙)

*__qiángdà__ 强大 形 강대하다, 강력하다. ¶ ～de zhīyuán(～的支援) 막강한 지원.

†**qiángdào** 强盗 名 강도.

qiāngdiào 腔调(－調) 名 (～儿) 1. 가락, 곡조. 2. 전통 희곡의 곡조[중국 희곡에서 계통을 이루는 곡조로 지방에 따라 '西皮' '二黄' 등의 강조가 있음.] 3. 말투, 어조. ¶ yí fù liúmáng～(一副流氓～)건달같은 말투.

†**qiángdiào** 强调(－調) 動 강조하다. ¶ ～zhòngdiǎn(～重点)중점을 강조하다.

†**qiángdù** 强度 名 강함, 강도[굳셈의 정도.]

*__qiángliè__ 强烈 形 강렬하다, 선명하다. ¶ liúxiàle～de yìnxiàng(留下了～的印象)강렬한 인상을 남기다.

Q

*__qiǎngpò__ 强迫 動 강박하다, 강요하다, 핍박하다. ¶ ～láodòng(～劳动)강제노동을 시키다.

*__qiángzhuàng__ 强壮(－壯) 形 강건하다, 건장하다. ¶ ～de shēntǐ(～的身体)건장한 신체.

*__qiánhòu__ 前后(－後) 名 1. [어떤 시간의]전후, 경(頃), 쯤. ¶ yuándàn～(元旦～)정월 전후. 2. 처음부터 끝까지, 전기간, 전후 합해서. ¶ ～gòng yì nián(～共一年)전후 합해서 모두 1년. 3. [공간의]앞과 뒤. ¶ fángwū～dōu shì càidì(房屋～都是菜地)집 앞뒤가 모두 채소밭이다.

*__qiánjìn__ 前进(－進) 動 전진하다, 발전하다. ¶ fènyǒng～(奋勇～) 용감하게 앞으로 나아가다.

qiānjiù 迁就(遷－) 動 [다른 사람을]관대하게 대하다. ¶ zǒng～tā, duì tā yě bù hǎo(总～他, 对他也不好)항상 그에게 관대하게 대하는 것은, 그 자신에게도 좋지 못하다.

*__qiánmian__ 前面 名 (～儿) 1. 앞, 앞쪽. 2. [순서의]앞, 먼저. ¶ ～láile yí ge rén(～来了一个人)앞에서 한 사람이 왔다. páizai zuì～(排在最～)제일 앞에 줄을 서 있다.

qiān▲míng 签名(簽－) 動 서명하다, 사인하다. ¶ zài láibīnbù shang～(在来宾簿上～)방명록에 사인하다. qiān zìjǐ de míng(签自己的名)자신의 이름을 사인하다.

*__qiánnián__ 前年 名 재작년. **dà**～(大～)재 재작년.

qiānqiú 铅球(鉛－) 名 1. (투)포환. ¶ tuī～(推～)포환을 던지다. 2. 투포환 경기.

qiánshuǐ 潜水 動 잠수하다. ～**tǐng**(～艇)잠수함. ～**yī**(～衣)잠수복. ～**yuán**(～员)잠수원.

*__qiántiān__ 前天 名 그저께. **dà**～(大～)그그저께.

qiántǐng 潜艇 名 《**sōu** 艘》 잠수함. **qiánshuǐtǐng**(潜水艇)이라고도 함.

*__qiántou__ 前头(－頭) 名 [시간·장소의]앞, 앞쪽. ⇔ **hòutou**(后头)

*__qiántú__ 前途 名 전도, 미래. ¶ yǒu～(有～)장래성이 있다. ～yuǎndà(～远大)전도가 양양하다.

*__qiānwàn__ 千万(－萬) 副 절대로,

부디, 제발, 아무쪼록. ¶ ~bùkě dàyi(~不可大意)부디 방심하지 마십시오.

qiánxiàn 前线(一綫) 名 전선, 전방. ¶ shàng~(上~)전선으로 가다.

*__qiānxū__ 谦虚(謙虛) 形 겸허하다. ⇔**jiāo'ào**(骄傲) ¶ tā shì fēicháng ~de rén(他是非常~的人)그는 매우 겸허한 사람이다. 動 겸손하다, 겸손의 말을 하다. ¶ bié ~le(别~了)겸손해 하지 마세요.

qiānxùn 谦逊(謙遜) 動 겸손하다. =**qiānxū**(谦虚) ¶ biǎoxiànde hěn~(表现得很~)태도가 매우 겸손하다. ~de shuō(~地说)겸손하게 말하다.

†**qiànyì** 歉意 名 유감의 뜻. ¶ shēn biǎo~(深表~)심히 유감의 뜻을 표하다.

qiàn▲zhài 欠债(一債) 動 빚지다, 돈을 빌리다. ¶ qiàn tā de zhài (见他的债)그에게 빚지다. bú qiàn shéi de zhài(不欠谁的债)누구에게도 빚지지 않다.

*__qiánzi__ 钳子(鉗一) 名 《**bǎ** 把》 집게, 뻰찌, 족집게.

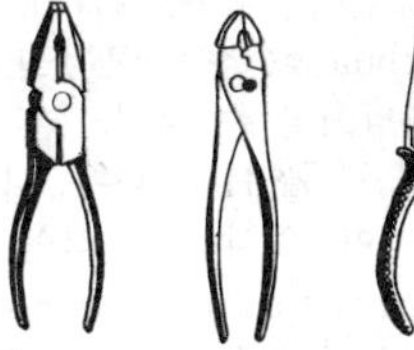

钳子

qiāo 锹(鍬) 名 《**bǎ** 把》 삽.

⁑**qiāo** 敲 動 두드리다. ~**gǔ**(~鼓) 북을 두드리다. ~**mén**(~门)문을 두드리다.

qiāo 跷(蹺) 動 1. 다리를 들다[꼬다], 손가락을 세우다. ¶ ~·zhe tuǐ zuò(~着腿坐)다리를 꼬고 앉다. 2. 발돋움하다. ¶ ~·zhe jiǎo(~着脚)발돋움하다.

⁑**qiáo** 桥(橋) 名 《**zuò** 座》 다리, 교량. **dúmù**~(独木~)외나무 다리. **dā**~(搭~)다리를 가설하다. **guò**~(过~)다리를 건너다. **guò hé chāi**~(过河拆~)강을 건넌 뒤 다리를 부수어 버리다 ; 배은망덕하다.

*__qiáo__ 瞧 動 〈口〉 구경하다, 보다. =**kàn**(看) ¶ nǐ děngzhe~ba(你等着~吧)너 두고 보자. ~·le tā yì yǎn(~了他一眼)그를 힐끗 쳐다보았다. ~·**buqǐ**(~不起) 경시하다. ~·**deqǐ**(~得起)존경하다.

*__qiǎo__ 巧 形 1. 교묘하다, 공교하다, 솜씨가 있다. **shǒu**~(手~)손재주가 좋다. 2. 공교롭다. ~**yù** (~遇)공교롭게 만나다.

qiào 壳(殼) 名 식물의 단단한 껍질, 동물의 껍데기. 〈口〉 **ké**(壳).

qiào 俏 形 1. [자태가]곱다, [말씨가]재치있다, [행동이]슬기롭다. 2. [상품이]시새나다, 경기가 좋다.

†**qiào** 翘(翹) 動 한쪽끝이 위로 들리다, 휘다, 비틀리다. ¶ ~·qǐ dàmuzhǐ(~起大拇指)엄지손가락을 세우다, 칭찬을 나타내는 몸짓. ~**wěiba**(~尾巴)꼬리를 쳐들다 ; 잘난 체하고 뽐내다.

qiào 撬 動 [몽둥이·칼·송곳 따위로]지레질하다, 억지로 비틀어 열다. ¶ bǎ mén~·kāi le(把门

~开了)문을 비틀어 열다.

qiáobuqǐ 瞧不起 動 〈口〉 깔보다, 경시하다. ⇔ **qiáodeqǐ**(瞧得起) ¶ bù néng~tā(不能~他)그를 깔볼 수 없다.

qiáojū 侨居(僑-) 動 외국에서 살다, 거류하다. ¶ ~Měiguó(~美国)미국에서 살다.

qiǎokèlì 巧克力 名 《**kuái** 块》 〈譯〉 초콜렛. ☆ 영어 'chocolate'의 음역.

qiáoliáng 桥梁(橋-) 名 1. 다리, 교량. 2. 중개, 매개, 다리. ¶ qǐ ~zuòyòng(起~作用)매개 역할을 하다.

†**qiàomén** 窍门(竅門) 名 (~儿) 비결, 요점, 요령. ¶ zhǎo~(找~)비결을 찾다.

†**qiǎomiào** 巧妙 形 교묘하다. ¶ zuòfǎ~(做法~)방법이 교묘하다. ~de jìcè(~的计策)교묘한 술책.

qiàopi 俏皮 形 1. [용모나 옷차림이]보기좋다, 멋지다. 2. [행동 따위가]세련되고 매력있다, 활기가 있다, 말에 유머가 있다.

†**qiāoqiāo** 悄悄 副 (~儿) 조용하게. ¶ ~·de zǒuguolai(~地走过来)조용히 걸어왔다.

qiāozhà 敲诈(-詐) 動 [남의 재물을]사기(공갈)쳐서 빼앗다. ¶ ~qiáncái(~钱财)사기쳐서 금품을 갈취하다.

†**qiàqià** 恰恰 副 꼭, 바로, 마침. ¶ ~xiāngfǎn(~相反)꼭 서로 반대가 되다.

***qiàqiǎo** 恰巧 副 때마침, 공교롭게도, 운좋게. ¶ wǒ qù shí, ~tā gāng chūqu(我去时, ~他刚出去)내가 갔을 때, 공교롭게도 그는 자리를 비웠다.

qiāsuàn 掐算 動 손꼽아 헤아리다[육갑(六甲)을 짚는 방식으로 손가락 마디를 세는 것을 말함.] ¶ ~·le yí xià rìzi(~了一下日子)날마다 손꼽아 헤아리다.

†**qìcái** 器材 名 기재, 기구, 기자재. ¶ tǐyù~(体育~)체육 기구.

qī▲chá 沏茶 動 [뜨거운 물을 부어]차를 우리다, 차를 타다. ¶ gěi kèren qīle bēi chá(给客人沏了杯茶)손님에게 차를 대접하다.

⁑**qìchē** 汽车(-車) 名 《**liàng** 辆》 자동차. ¶ kāi~(开~)차를 운전하다. zuò~(坐~)자동차에 타다. **chūzū**~(出租~)렌트카, 택시. **gōnggòng**~(公共~)버스. ~**zhàn**(~站)버스 정류장.

†**qǐchū** 起初 名 최초, 처음. ¶ ~tā hái bú xìn(~他还不信)처음에는 그 또한 믿지 않았다. ~wǒ yǒudiǎnr hàipà(~我有点儿害怕)처음에 나는 약간 무서웠다.

⁑**qǐ▲chuáng** 起床 動 일어나다, 기상하다. ¶ nǐ měitiān jǐ diǎn~?(你每天几点~?)당신은 매일 몇 시에 일어납니까? shāode qǐbuliǎo chuáng(烧得起不了床)열이 나서 일어날 수 없다.

***qícì** 其次 名 1. 그 다음, 다음. 2. 부차적인 위치, 이차적인 위치. ¶ guānjiàn shì nèiróng, ~cái shì xíngshì(关键是内容, ~才是形式)내용이 중요하고, 형식은 부차적이다.

qīdài 期待 動 기대하다. ¶ ~chūntiān dàolái(~春天到来)봄이

Q

오길 기대하다. ~·zhe tāmen shùnlì guīlai(~着他们顺利归来) 그들이 무사히 돌아오길 기대하고 있다.

qǐdǎo 祈祷(一禱) 動 기도하다, 빌다. 名 기도.

*__qiē__ 切 動 [칼이나 기계 따위로] 끊다, 자르다, 썰다, 저미다. ¶ ~cài(~菜)야채를 썰다.

†**qiě** 且 副 잠깐, 잠시, 당분간. ¶ ~fàng yí xià(~放一下)잠시 내려놓으세요. 連 또한, 더우기, 게다가. ¶ gāo~pàng(高~胖)키가 크고 뚱뚱하다.

qiè 窃(竊) 動 훔치다, 도둑질하다.

qiè 怯 形 1. 겁이 많다, 소심하다, 비겁하다. 2. 무서워하다, 겁내다.

†**qièshí** 切实(一實) 形 확실하다, 적절하다, 현실에 가깝다, 실제적이다. (**AABB**) ¶ ~kěxíng de fāngfǎ(~可行的方法)적절하고 실행 가능한 방법.

*__qiézi__ 茄子 名 〈植〉 가지.

*__qǐfā__ 启发(啓發) 動 계발하다, 계몽하다. ¶ ~dàjiā de jījíxìng(~大家的积极性)여러 사람들의 적극성을 계발하다.

†**qǐfēi** 起飞(一飛) 動 [비행기가] 이륙하다, 날아오르다. ¶ fēijī jiāngyào~(飞机将要~)비행기가 곧 이륙할 것이다.

†**qìfēn** 气氛(氣一) 名 분위기. ¶ zài yǒuhǎo de~zhōng jìnxíng huìtán(在友好的~中进行会谈)우호적인 분위기속에서 회담을 진행하다. shìyìngbuliǎo zhèyàng de~(适应不了这样的~)이런 분위기에 적응할 수 없다.

†**qìfèn** 气愤(氣憤) 形 분개하다, 분노하다.

*__qīfu__ 欺负(一負) 動 얕보다, 괴롭히다, 업신여기다. ¶ bié~rén(别~人)남을 얕보지 마라.

†**qìgài** 气概(氣一) 名 기개, 기백. ¶ yīngxióng~(英雄~)영웅의 기개.

qǐgǎn 岂敢(豈一) 副 〈文〉 어찌 감히 …하겠는가? ¶ ~bù fúcóng(~不服从)어찌 감히 복종하지 않겠는가?

*__qíguài__ 奇怪 形 1. 괴상하다, 괴이하다, 기괴하다. (**AABB**) ¶ ~de xiànxiàng(~的现象)기이한 현상. 2. 의아하다, 이상하다, 뜻밖이다. (**AABB**) ¶ gǎndào~(感到~)의외로 여기다.

†**qìguān** 器官 名 [생물의]기관.

qīhēi 漆黑 形 칠흙 같다, 아주 검다, 매우 어둡다. (**ABAB**) ¶ ~de tóufa(~的头发)아주 검은 머리. ~de yèwǎn(~的夜晚)칠흙같은 밤. wàimiàn~, shēn shǒu bú jiàn wǔ zhǐ(外面~, 伸手不见五指)밖이 너무 어두워, 아무것도 보이지 않다.

†**qìhòu** 气候(氣一) 名 1. 기후. ¶ wēnhé de~(温和的~)온화한 기후. ~yìcháng(~异常)기후가 불순하다. 2. 정세, 동향. ¶ zhèngzhì~(政治~)정치 상황. 3. 결과, 성과, 성취. **chéng**~(成~) 결과를 얻다, 성취하다. ☆ 대개 **chéngbuliǎo**~(成不了~)와 같은 부정형으로 쓰임.

†**qíjì** 奇迹 名 기적. ¶ chuàngzào~(创造~)기적을 낳다.

Q

***qījiān** 期间(一間) 名 기간. ¶ chūnjié~(春节~)설날 기간, 구정 기간.

qǐjiàn 起见(一見) 動 [wèi(为)…~의 형태로]…하기 위하여, …의 목적으로. ¶ wèi ānquán~(为安全~)안전을 위하여. wèi shènzhòng~(为慎重~)신중을 기해서.

†**qǐjìn** 起劲(一勁) 形 (~儿) 기운이 나다, 흥이 나다, 열심이다. ¶ gànde~(干得~)열심히 일하다. wánrde~(玩儿得~)신나게 놀다. ~fǎnduì(~反对)기를 쓰고 반대하다.

⁑**qǐlai** 起来 動 1. 일어서다, 일어나다, 일어나 앉다. ¶ nǐ~, ràng tā zuòxia(你~, 让她坐下)너 일어나, 그녀를 앉게 해라. 2. [잠자리에서]일어나다, 기상하다. ¶ zǎochen liù diǎn~(早晨六点~) 아침 6시에 일어나다. 3. [동사 뒤에 붙어] ① 동작이 위로 향함을 나타냄. ¶ bǎ háizi bào·~(把孩子抱~)아이를 안아 올리다. ☆ 동사가 목적어를 수반하는 경우, 위와 같이 **bǎ**(把)를 사용하여 전치시키든가, **náqǐ shūlai**(拿起书来)[책을 쥐다]와 같이 **qǐ**(起)와 **lai**(来)의 중간에 위치시킴. ② 동작, 혹은 상태의 시작을 나타냄. ¶ tiānqì huǎnhuo·~(天气暖和~)날씨가 따뜻해졌다. ③ 동작이 완성 혹은 목적에 도달한 것을 나타냄. ¶ shū tānbǎi·~le(书摊摆~了)책을 다 늘어놓았다. zhōngyú xiǎng·~le(终于想~了)마침내 생각났다. ④ [뿔뿔이 흩어진 것이] 통일되어 딱 이루어진 상태가 된 것을 나타냄. ¶ nóngmín dōu zǔzhī·~le(农民都组织~了)농민이 모두 조직되었다.

***qǐmǎ** 起码(一碼) 副 최저한도로, 최소한, 적어도. ¶ ~xūyào sān tiān(~需要三天)최소한 3일은 필요하다. ~de tiáojiàn(~的条件) 최저한도의 조건.

***qīn** 亲(親) 動 입맞추다, 키스하다. ¶ tā~·le yí xià háizi(她~了一下孩子)그녀는 아이에게 입맞추었다. ~**zuǐ**(~嘴)키스하다. 形 혈연관계이다, 직계의. ¶ ~jiěmèi(~姐妹)친자매. ~xiōngdì(~兄弟)친형제.

qīn 侵 動 1. 침입하다, 침략하다. 2. 침식하다. ~**shí**(~蚀)침식하다.

†**qín** 琴 名 1. 거문고. 2. 풍금·피아노·바이올린·하모니카 따위와 같은 종류의 악기의 통칭. ☞ **fēngqín**(风琴), **gāngqín**(钢琴), **xiǎotíqín**(小提琴), **kǒuqín**(口琴) 참조.

qín 勤 形 부지런하다, 근면하다. ⇔ **lǎn**(懒)

***qīn'ài** 亲爱(親愛) 形 [~de(的)의 형태로]친애하다, 사랑하다. ¶ ~de zǔguó(~的祖国)사랑하는 조국. ~de ×× tóngzhì(~的××同志)친애하는 …씨.

***qíncài** 芹菜 名 〈植〉 미나리.

qīn'ěr 亲耳(親一) 副 자신의 귀로, 직접. ¶ ~tīngguo de xiāoxi(~听过的消息)직접 들은 소식.

†**qīnfàn** 侵犯 動 침범하다. ¶ ~lǐngkōng(~领空)영공을 침범하다.

***qīng** 青 形 1. 푸르다 ; 녹색·남색·흑색까지 포함한 말이기도

함. ~**bù**(~布)검은 천. ~**yǎn**(~眼)검은 눈. 2. [농작물 등이]푸르다, [나이가]젊다. **nián**~(年~)나이가 젊다.

*__qīng__ 清 形 [액체나 기체가]깨끗하다, 맑다. ¶ shuǐ hěn~(水很~)물이 매우 맑다. 動 청산하다, 결산하다, 정리하다. ¶ ~yí xià zhàngmù(~一下帐目)장부를 정리하다, 결산하다.

*__qīng__ 轻(輕) 形 1. [무게·비중 따위가]가볍다. ⇔ **zhòng**(重) ¶ xiàng yǔmáo yíyàng~(像羽毛一样~)깃털처럼 가볍다. 2. [정도가]가볍다, 경미하다. ¶ niánjì hěn~(年纪很~)나이가 매우 어리다. 3. [책임 등이]가볍다. ¶ gōngzuò hěn~(工作很~)일이 매우 수월하다.

qīng 倾(傾) 動 1. 경사지다, 기울어지다. 2. [마음이]기울다, 끌리다, 치우치다.

†**qíng** 情 名 감정, 애정.

⁑**qíng** 晴 形 [날씨가]맑다, 개다. ¶ tiān~le(天~了)하늘이 맑았다.

⁑**qǐng** 请(請) 動 1. 요청하다, 청구하다, 부탁하다. ¶ ~sān tiān jià(~三天假)3일의 휴가를 청하다. ~rén bāngmáng(~人帮忙)남에게 도움을 청하다. 2. 초빙하다, 초청하다, 부르다. ¶ ~yīshēng(~医生)의사를 부르다. 3. [동사 앞에 쓰여]상대방에게 어떤 일을 부탁하거나 전할 때 쓰는 경어. ¶ ~zuò(~坐)앉으세요. ~fàngxīn(~放心)안심하세요. ~hē bēi chá(~喝杯茶)차 한 잔 드세요. ☆ **qǐngwèn**(请问)[말좀 물어보겠습니다]은 구조는 비슷하나, 여기에 해당되지 않고 한 단어와 같이 취급함.

*__qǐng__ 顷(頃) 量 논밭의 면적 단위 ; 6.667헥타아르. =100mǔ(亩)

qìng 庆(慶) 動 축하하다, 경하하다.

qīngbái 清白 形 깨끗하다, 순결하다, 청백하다, 결백하다. (**AABB**) ¶ lìshǐ~(历史~)경력이 깨끗하다.

†**qíngbào** 情报(一報) 名 정보. ¶ shōují~(收集~)정보를 수집하다. jūnshì~(军事~)군사 정보.

qīngbiàn 轻便(輕一) 形 [제작·사용 따위가]간편하다, 편리하다. ~**mótuōchē**(~摩托车)스쿠터(scooter).

qīngbó 轻薄(輕一) 形 [대개 여성의 말이나 행동이]경박하다, 경솔하다. ¶ nà nǚrén tài~(那女人太~)그 여자는 매우 경박하다.

*__qīngcài__ 青菜 名 1. 배추의 일종. 2. 야채의 총칭.

†**qīngchén** 清晨 名 새벽녘, 동틀 무렵, 이른 아침.

†**qīngchú** 清除 動 [깨끗하게]제거하다, 완전히 없애다. ¶ ~lājī(~垃圾)쓰레기를 청소하다.

⁑**qīngchu** 清楚 形 1. 분명하다, 명백하다. (**AABB**) ¶ shéi duì shéi cuò hěn~(谁对谁错很~)누가 옳고 누가 그른지 아주 명백하다. huà bìxū shuō·~diǎnr(话必须说~点儿)말은 분명하게 해야 한다. 2. 명석하다, 맑다. (**AABB**) ⇔ **hútu**(糊涂·胡涂) ¶ tóunǎo~(头脑~)머리가 명석하다. 動 이해하다, 알다. ¶ hěn~zìjǐ de

Q

chǔjìng(很~自己的处境)자신의 처지를 잘 알다. nǐ~zhè jiàn shì ma?(你~这件事吗?)당신은 이 일을 압니까?

†**qīngchūn** 青春 名 청춘. ¶ bǎ~xiàngei zǔguó(把~献给祖国)청춘을 조국에 바치다.

***qīngdàn** 氢弹(氫彈) 名 《**kē** 颗》 수소폭탄.

qīngdàn 清淡 形 1. [맛이나 향기가]산뜻하다, 연하다. (**AABB**) ¶ ~de huā xiāng(~的花香)산뜻한 꽃향기. 2. [맛이]담백하다. (**AABB**) ¶ xǐhuan~, bù xǐhuan yóunì(喜欢~, 不喜欢油腻)담백한 것을 좋아하고, 느끼한 것은 싫어한다. 3. 경기가 나쁘다, 불경기이다, 한산하다. (**AABB**) ¶ jìnlái shēngyi~(近来生意~)요즘 장사가 불경기이다.

qìnghè 庆贺(慶賀) 動 경하하다, 축하하다. ¶ ~shènglì(~胜利) 승리를 축하하다.

Q

***qǐng▲jià** 请假(請-) 動 [사정이 있어]쉬다, 휴가를 받다. ¶ qǐng sān tiān jià(请三天假)3일의 휴가를 받다. ~**tiáo**(~条)휴가원, 결석계.

***qīngjiāo** 青椒 名 〈植〉 피망, 서양고추.

***qǐng▲jiào** 请教(請-) 動 지도를 바라다, 가르침을 받다. ¶ xiàng biéren~(向别人~)다른 사람에게 가르침을 청하다.

***qīngjié** 清洁(-潔) 形 청결하다, 깨끗하다. ¶ shìnèi hěn~(室内很~)실내가 매우 깨끗하다. 名 청결. ¶ rénrén jiǎng~(人人讲~)사람마다 청결을 중요시한다.

***qīngjìng** 清静(-靜) 形 조용하다, 고요하다. (**AABB**) ¶ zhǎo ge~de dìfang tántan(找个~的地方谈谈)조용한 곳을 찾아 이야기합시다.

***qíngjǐng** 情景 名 광경, 정경, 장면. ¶ dòngrén de~(动人的~) 감동적인 장면.

qǐngkè 顷刻(頃-) 名 순식간에, 눈깜짝할 사이. ¶ ~jiān dàyǔ xiàleqilai(~间大雨下了起来)순식간에 큰 비가 오기 시작했다.

***qǐng▲kè** 请客(請-) 動 손님을 초대하다, 한턱내다. ¶ jīntiān wǒ~(今天我~)오늘은 내가 한턱내겠다. qǐng nǐ de kè(请你的客) 네게 한턱 내지.

qīngkuài 轻快(輕-) 形 [동작·마음이]경쾌하다, 가뿐하다. ¶ jiǎobù~(脚步~)발걸음이 경쾌하다.

‡**qíngkuàng** 情况 名 1. 상황, 정황. ¶ ~yuè lái yuè bù hǎo(~越来越不好)상황이 점점 나빠지다. 2. [군사상의]긴급사태. ¶ yǒu~(有~)긴급사태가 발생하다. méi yǒu shénme~(没有什么~)별다른 이상이 없다.

qínglǎng 晴朗 形 하늘이 맑다, 말끔히 개이다. ¶ tiānqì~(天气~)날씨가 활짝 개이다.

***qīnglǐ** 清理 動 청산하다, 깨끗이 정리하다. ¶ ~wénjiàn(~文件) 서류를 정리하다.

†**qínglǐ** 情理 名 정리, 사리, 도리. ¶ héhū~(合乎~)도리에 맞다.

qíngmiàn/**qíngmian** 情面 名 안면, 정실, 체면. ¶ jiǎng~(讲~) 정실을 중히 여기다.

*Qīngmíng 清明 名 청명절[24절기의 하나]; 4月 5, 6日경. 성묘를 하는 풍습이 있음.

*qīngnián 青年 名 청년; 15, 6세부터 30세 정도까지. ¶ ~rén(~人)청년. ~shíqī(~时期)청년기, 청년시대

*qīngqì 氢气(氫氣) 名〈化〉수소.

*qīngqīngde 轻轻地(輕輕—) 副 가만히, 살짝, 가볍게. ¶ ~guānmén(~关门)살짝 문을 닫다.

*qǐngqiú 请求(請—) 動 청구하다, 바라다. ¶ ~fùmǔ yuánliàng tā(~父母原谅他)부모에게 그를 용서해 줄 것을 바라다. 名 청구, 요구. ¶ jiēshòule wǒ de~(接受了我的~)내 요구를 받아들였다. wǒ yǒu yí ge~(我有一个~)나는 한가지 부탁이 있다.

†qīngshì 轻视(輕視) 動 경시하다. ¶ wèntí suī xiǎo, dàn bù néng~(问题虽小, 但不能~)문제는 비록 작지만, 소홀히 할 수 없다.

*qǐngshì 请示(請—) 動 지시를 바라다, [상급기관에]물어보다. ¶ ~zhège wèntí(~这个问题)이 문제에 대해 지시를 바랍니다. zhè jiàn shì yǐjing~·guo shàngjí le(这件事已经~过上级了)이 일은 이미 상부에 물어보았다.

*qīngsōng 轻松(輕鬆) 形 [일 따위가]수월하다, [기분이]홀가분하다, 가뿐하다, 가볍다. (**AABB**) ¶ shuōde~, bànqilai bú nàme~(说得~, 办起来不那么~)말은 쉬우나, 하기는 그렇게 쉽지 않다. ~de dǎbàile duìfāng(~地打败了对方)가볍게 상대방을 물리쳤다. ~yúkuài(~愉快)마음이 가뿐하고 유쾌하다.

*qíngtiān 晴天 名 맑게 개인 하늘, 맑은 하늘. ¶ jīntiān~(今天~)오늘은 좋은 날씨이다, 날씨가 맑다.

qǐngtiě 请帖(請—) 名 초대장. ¶ fā~(发~)초대장을 띄우다.

*qīngtíng 蜻蜓 名〈虫〉《zhī 只》 왕잠자리.

*qīngwā 青蛙 名〈動〉《zhī 只》 (청)개구리.

‡qǐngwèn 请问(請問) 動〈應〉잠깐 여쭙겠습니다, 말 좀 물어봅시다. ¶ ~yí xià, qù chēzhàn zěnme zǒu?(~一下, 去车站怎么走?) 말 좀 물어봅시다, 역까지 어떻게 갑니까?

†qīngxī 清晰 形 뚜렷하다, 분명하다. ¶ fāyīn~(发音~)발음이 분명하다.

†qīngxiàng 倾向(傾—) 動 한쪽으로 기울다, 편들다, 마음이 쏠리다. ¶ wǒ de yìjian~fǎnduì(我的意见~反对)내 의견은 반대이다. tā~zìjǐ de érzi(他~自己的儿子)그는 자기의 아들편을 들었다. 名 경향. ¶ yǒu míngxiǎn de~(有明显的~)뚜렷한 경향이 있다.

†qīngxǐng 清醒 形 [머릿속이]맑고 깨끗하다, 뚜렷하다, 분명하다. ¶ tóunǎo~(头脑~)머리가 맑고 깨끗하다. 動 의식을 회복하다, 정신을 차리다. ¶ cóng hūnmí zhōng~·guolai(从昏迷中~过来)혼미한 상태에서 의식을 회복했다.

*qíngxing 情形 名 일의 상황, 정황, 형편. ¶ dāngshí de~(当时

的～)당시의 상황.

*qíngxù 情绪(一緖) 名 1. 감정, 의욕. ¶ shēngchǎn～(生产～)생산 의욕. 2. 불만. nào～(闹～) 불만을 표시하다, 불평을 터뜨리다.

†qīngyì 轻易(輕一) 形 수월하다, 쉽다. ¶ bú shì～kěyǐ jiějué de wèntí(不是～可以解决的问题)쉽게 해결할 수 있는 문제가 아니다. 副 [부정·금지문에 사용하여]함부로, 쉽사리, 좀체[…하지 않다.] ¶ bù～fābiǎo yìjian(不～发表意见)함부로 의견을 발표하지 않는다.

*qíngyuàn 情愿(一願) 動 진심으로 바라다；차라리…할 지언정[…하지 않는다.] ¶ ～zìjǐ shòulèi, yě bù máfan biéren(～自己受累, 也不麻烦别人)차라리 내 자신이 힘들지언정, 다른 사람을 귀찮게 하지는 않는다. liǎngxiāng～(两厢～)쌍방이 원하다.

*qìngzhù 庆祝(慶一) 動 [축하일이나 공동의 기쁨을]경축하다. ¶ ～Guóqìng(～国庆)국경일을 경축하다.

qínjiǎn 勤俭(一儉) 形 근검하다, 근면하다. (AABB) ¶ yìzhí hěn～(一直很～)줄곧 근검하다. ～chíjiā(～持家)근면하고 알뜰하게 집안 살림을 꾸리다.

†qīnkǒu 亲口(親一) 副 본인의 입으로, 친히, 스스로. ¶ zhè jiàn shì shì tā～ jiǎng de(这件事是他～讲的)이 일은 그가 직접 말한 것이다.

*qínkuai 勤快 形 〈口〉부지런하다, 근면하다. (AABB) =qínláo (勤劳) ¶ tā hěn～(他很～)그는 매우 부지런하다.

†qínláo 勤劳(一勞) 形 부지런히 일하다, 근로하다, 근면하다.⇔ lǎnduò(懒惰) ¶ ～de rén(～的人)근면한 사람.

*qīnlüè 侵略 動 침략하다. ¶ pàibīng～biéde guójiā(派兵～别的国家)출병하여 다른 나라를 침략하다. fǎnduì～(反对～)침략에 반대하다. 名 침략. ～jūn(～军) 침략군. ～zhànzhēng(～战争)침략전쟁. ～zhě(～者)침략자.

†qīnmì 亲密(親一) 形 친밀하다, 친하다. (AABB) ¶ tāmen de guānxi hěn～(他们的关系很～) 그들의 관계는 매우 친밀하다. ～de zhànyǒu(～的战友)친밀한 전우. ～de jiāotán(～地交谈)친밀하게 이야기하다.

*qīnqī / qīnqi 亲戚(親一) 名 《jiā 家, mén 门》[혼인관계에 의한]친척；인척. chuàn～(串～) 친척집에 나들이가다. zǒu～(走～)친척과 왕래하다, 친척을 방문하다.

*qīnqiè 亲切(親一) 形 1. 친근하다, 친밀하다. (AABB) ¶ yì tīngdào Shànghǎihuà jiù gǎndào～(一听到上海话就感到～)상해말을 듣자마자 친근감이 느껴졌다. 2. 배려있다, 친절하다. (AABB) ¶ lǎoshī de～jiàodǎo(老师的～教导)선생님의 친절한 가르침.

*qīnrè 亲热(親熱) 形 친밀하다, 친절하다, 다정하다. (AABB) ¶ nǐ kàn tāmen nà gǔ～jìnr(你看他们那股～劲儿)그들의 다정

Q

한 모습을 봐라. ~de dǎ zhāohu (~地打招呼)친절하게 인사하다.

†**qīnrén** 亲人(親—) 名 직계의 친족 또는 배우자 ; 가족.

†**qīnrù** 侵入 動 [적 또는 유해한 것이]내부에 침입하여 들어오다, 침입하다. ¶ bìngjūn~tǐnèi(病菌~体内)병균이 몸 안에 침입하다.

qīnshēn 亲身(親—) 副 친히, 스스로, 몸소. ¶ ~jīnglì(~经历) 몸소 겪다.

qīnshēng 亲生(親—) 形 자기가 낳다, 자신을 낳다 ; 실제의. ¶ ~zǐnǚ(~子女)친자식. ~fùmǔ (~父母)친부모.

***qǐnshì** 寝室(寢—) 名 《**jiān** 间》 침실. =**wòshì**(卧室)

†**qīnshǒu** 亲手(親—) 副 자기손으로, 손수. ¶ ~gěi háizi chuānshàng yīfu(~给孩子穿上衣服)손수 아이에게 옷을 입히다.

†**qínwùyuán** 勤务员(—務員) 名 부대나 정부기관의 잡역부.

†**qīnyǎn** 亲眼(親—) 副 자신의 눈으로, 직접. ¶ ~mùdǔ(~目睹) 직접 목격하다.

***qīnzì** 亲自(親—) 副 몸소, 친히, 직접. ¶ ~dòngshǒu(~动手)친히 착수하다. zuì hǎo shì nǐ~qù (最好是你~去)네가 직접 가는 것이 가장 좋다.

***qióng** 穷(窮) 形 가난하다, 궁핍하다. ¶ tā jiā hěn~(他家很~) 그의 집은 매우 가난하다. 副 쓸데없이, 공연히, 부질없이. ¶ bié~nào le(别~闹了)쓸데없이 떠들지 마라.

***qióngkǔ** 穷苦(窮—) 形 가난하고 고생스럽다. ¶ ~de rìzi(~日子) 궁핍한 생활.

†**qióngrén** 穷人(窮—) 名 가난한 사람.

***qípáo** 旗袍 名 (~儿) 《**jiàn** 件》 중국식의 원피스 부인복 ; 차이나 드레스.

旗袍

***qīpiàn** 欺骗(—騙) 動 사람을 속이다, 기만하다. ¶ ~gùkè(~顾客)고객을 속이다.

qíquán 齐全(齊—) 形 완전히 갖추다, 완비하다, 마련하다. ¶ shāngpǐn~(商品~)상품이 완전히 갖추어져 있다. zhǔnbèi~(准备~)준비가 완전하다.

qì▲quán 弃权(—權) 動 기권하다. ¶ tóu~piào(投~票)기권표를 던지다.

***qǐ▲shēn** 起身 動 1. 출발하다. ¶ sān tiān qián~qù Tiānjīn le(三天前~去天津了)3일전에 천진으로 갔다. 2. [잠자리에서]일어나다. =**qǐchuáng**(起床)

***qíshí** 其实(—實) 副 사실은, 실제는. ¶ biǎomiàn shang hěn lǎoshi, ~lìhaide hěn(表面上很老实, ~利害得很)겉보기에는 점잖지만, 실제는 매우 이해득실을 따진다.

qíshì 歧视(—視) 動 차별대우하다, 경시하다. ¶ ~fùnǚ(~妇女)

Q

여성을 멸시하다. ~wàidìrén(~外地人)타지인을 차별대우하다.

qǐ▲shì 起誓 動 맹세하다, 서약하다. ¶ ~bú zài chídào(~不再迟到)다시는 늦지 않겠다고 맹세하다.

***qìshuǐ** 汽水 名 (~儿) 《**píng** 瓶》 탄산음료, 사이다 ; 소다수의 종류.

***qítā** 其他 代 기타, 그외. ☆ 사물에 사용하는 경우에는 '其它'라고도 씀. ¶ ~de dìfang wǒ méi qùguo(~的地方我没去过)그곳 외에 나는 가본 적이 없다.

†**qìtǐ** 气体(氣體) 名 기체.

†**qǐtú** 企图(一圖) 動 의도하다, 기도하다. ¶ ~móufǎn(~谋反)반역을 꾀하다. 名 모반, 기도. ¶ lìng yǒu~(另有~)다른 의도가 있다.

⁑**qiū** 秋 名 1. 가을. 단독으로 쓰일때는 **qiūtian**(秋天). **shēn**~(深~)늦가을. ~**yǔ**(~雨)가을비. 2. 때, 시기[주로 좋지 않은 때를 가리킴.] **duōshì zhī**~(多事之~)다사다난한 때.

⁑**qiú** 球 名 (~儿)공, 볼. **dǎ**~(打~)[야구·테니스 등의]구기를 하다.

***qiú** 求 動 청하다, 부탁하다, 구하다. ¶ ~nǐ bāng ge máng(~你帮个忙)당신이 도와주세요. bù ~gèrén mínglì(不~个人名利)개인의 명리를 구하지 않다.

†**qiúchǎng** 球场(一場) 名 [야구·농구·축구 등의 구기를 하는] 구장, 운동장.

qiúfàn 囚犯 名 죄수, 수인. ¶ yāsòng~(押送~)죄인을 압송하다.

qiūfēn 秋分 名 추분.

***qiūjì** 秋季 名 가을철.

†**qiūlíng** 丘陵 名 구릉.

qiūqiān 秋千(鞦韆) 名 추천, 그네. ¶ dǎ~(打~)그네 뛰다.

qiūshōu 秋收 動 가을에 농작물을 거두어 들이다, 추수하다. 名 가을철에 수확한 농작물. ¶ zhīyuán~(支援~)수확물을 지원해 주다.

⁑**qiūtiān** 秋天 名 가을. ¶ chūntiān nuǎn, ~liáng(春天暖, ~凉)봄은 따뜻하고, 가을은 시원하다.

***qiūyǐn** 蚯蚓 名 〈虫〉 《**tiáo** 条》 지렁이.

***qìwèi** 气味(氣一) 名 1. 냄새, 내. ¶ ~fēnfāng(~芬芳)냄새가 향기롭다. 2. [좋지 않은]성격, 성미, 기질, 성향. ~**xiāngtóu**(~相投)마음이 맞다, 의기 투합하여 한패가 되다.

†**qìwēn** 气温(氣一) 名 기온. ¶ ~shàngshēng(~上升)기온이 올라가다.

qīxiàn 期限 名 기한. ¶ guòle~(过了~)기한이 넘었다. guīdìng ~(规定~)기한을 정하다.

qǐxiān 起先 副 처음에, 최초로. ¶ ~hái bù xiāngxìn(~还不相信)처음에는 믿지 않았다.

***qìxiàng** 气象(氣一) 名 1. 기상, 날씨, 기상학. ¶ xué~(学~)기상학을 배우다. 2. 분위기, 기색, 주위의 상황, 양상, 사태. ¶ yí piàn xīn~(一片新~)새로운 양상.

qíxīn 齐心(齊一) 動 마음을 합치다, 뜻을 같이하다. ~**xiélì**(~协力)마음을 합쳐 협력하다.

†**qìyā** 气压(氣壓) 名 기압. ¶ ~hěn gāo(~很高)기압이 매우 높다. **gāo**~(高~)고기압. **dī**~(低~)저기압.

***qǐyè** 企业(-業) 名 《**gè** 个, **jiā** 家》 기업. ¶ bàn~(办~)기업을 경영하다. ~**huà**(~化)기업화. ~**jiā**(~家)기업가.

†**qǐyì** 起义(-義) 動 봉기하다, 의거를 일으키다. 名 봉기. **Nánchāng**~(南昌~)[1927년 8월 1일의]남창 봉기.

***qìyóu** 汽油 名 휘발유, 가솔린. ~**jī**(~机)가솔린 엔진(기관). ~**zhàn**(~站)주유소.

***qíyú** 其余(-餘) 代 그 나머지, 남은 것, 여분. ¶ chú wǒ yǐwài, ~de rén dōu huíqu ba(除我以外, ~的人都回去吧)나를 제외한 나머지 사람은 모두 돌아가세요.

†**qǐyuán** 起源 動 …에 기원하다, 생기다, 일어나다. ¶ zhège chuánshuō~yú Héběi yídài(这个传说~于河北一带)이 전설은 하북일대에서 기원한 것이다. 名 기원. ¶ zhuījiū shìqíng~(追究事情~) 사건의 진상을 추궁하다.

⁑**qīyuè** 七月 名 7월.

qízhěng 齐整(齊-)
☞ **zhěngqí**(整齐) 참조.

†**qízhì** 旗帜 (-幟) 名 1. 《**miàn** 面》 깃발. 2. 모범, 본보기. ¶ gōngyè zhànxiàn de yí miàn~(工业战线的一面~)공업 부문의 본보기. 3. 기치 ; 대표적이거나 혹은 호소력있는 어떤 사상·학술 또는 정치 역량. ~**xiānmíng**(~鲜明)정치적 태도가 분명하다.

***qízhōng** 其中 名 그 속, 그 중[안]. ¶ ~wǔ ge rén shì xué shùxué de(~五个人是学数学的)그 중 다섯명은 수학을 배운다.

†**qīzǐ** 妻子 名 처와 자식.
☞ **qīzi**(妻子) 참조.

***qīzi** 妻子 名 처.⇔**zhàngfu**(丈夫)
☞ **qīzǐ**(妻子) 참조.

qízi 旗子 名 《**miàn** 面》깃발.
☞ **qí**(旗) 참조.

***qū** 蛆 名 《**tiáo** 条》 구더기. ¶ shēng~le(生~了)구더기가 생겼다. ~**chóng**(~虫)구더기 ; 나쁜 일만 하는 비열한 사람.

qū 驱(驅) 動 1. [가축을]몰다. 2. 빨리 달리다. 3. 쫓아내다, 몰아내다.

qū 曲 動 1. 굽다, 곧지 않다. 2. 바르지 않다. 공정하지 않다.

qū 屈 動 1. 구부리다, 굽히다. 2. 굴복하다, 무릎을 꿇다.

***qū** 区(區) 名 행정구획의 하나. ① 성급(省級)의 자치구. ② 시의 관할지역.

†**qú** 渠 名 《**tiáo** 条》 인공 수로. **kāi**~(开~)수로를 열다.

qǔ 曲 名 1. 《**shǒu** 首, **zhī** 只》 곡. =**qǔzi**(曲子) 2. 노래, 곡조. 3. 멜로디, 악보.

***qǔ** 取 動 1. 가지다, 찾다, 찾아가지다. ~**kuǎn**(~款)[은행에서] 돈을 찾다. 2. 고르다, 골라 뽑다, 선발하다. ~**míng**(~名)이름을 짓다 ; 명성을 떨치다.

†**qǔ** 娶 動 아내를 얻다, 장가가다. ⇔ **jià**(嫁) ¶ ~xífur(~媳妇儿)아내를 맞아들이다, 장가들다.

⁑**qù** 去 動 1. 가다. ¶ ~Bālí(~巴黎)파리에 가다. nǐ dào nǎr~?(你到哪儿~?)너는 어디에 가느

Q

냐? ~kànyikàn(~看一看)좀 보러가다. tā kàn diànyǐng~le(她看电影~了)그녀는 영화를 보러 갔다. xiàwǔ wǒ~bǎihuò shāngdiàn mǎi dōngxi(下午我~百货商店买东西)오후에 나는 백화점에 물건사러 간다. 2. 제거하다, 없애다. ¶ ~·le pí zài chī(~了皮再吃)껍질을 벗겨 먹다. ~·diào fùdān(~掉负担)부담을 없애다. 3. [동사 뒤에서] ① 사람이나 사물이 화자(話者)가 있는 곳에서 다른 곳으로 옮겨감을 나타냄. ¶ pǎo·~(跑~)달려가다. jìn·~(进~)들어가다. ② 동작의 계속 따위를 나타냄. ¶ yóu tā shuō·~(由他说~)그가 말하고 싶은대로 하게 하다. zhàoyàng zuò·~(照样做~)그대로 해라, 하던대로 해라. ☆ 3.은 경성으로 발음함.

†**quān** 圈 動 1. 동그라미를 치다, 원을 그리다. ¶ bǎ cuòzì~·chulai(把错字~出来)틀린 글자에 동그라미를 치다. 2. 둘러싸다, 테를 두르다. ¶ bǎ càidì~·qilai(把菜地~起来)채소밭을 둘러싸다. 名 1. (~儿)원(圓), 동그라미. **huà**~(画~)원을 그리다. 2. (~儿)고리, 환, 테. 3. 범위, 권. 量 (~儿)둥근 것을 세는 데 쓰임. ¶ wéile yì~rén(围了一~人) 사람들이 둥글게 에워쌌다.

†**quán** 拳 名 주먹. =**quántou**(拳头) ¶ dǎle yì~(打了一~)[주먹으로]한 대 때렸다.

⁑**quán** 全 形 1. 온전하다, 완전하다. ¶ dōngxi yùbèi·~le(东西预备~了)물건이 다 준비되었다. 2. 전체의, 모든. ¶ ~shìjiè de rénmín(~世界的人民)전 세계의 사람들. 副 전부, 완전히, 다. = **dōu**(都). ☆ **quán**(全)과 **dōu**(都)를 함께 사용할 때도 있음. ¶ wǒ~wàng le(我~忘了)나는 모두 잊어버렸다. jiēshang~shì ní(街上~是泥)길거리가 온통 진흙투성이다. wǒ~dōu bú yào(我~都不要)나는 아무것도 원하지 않는다. ☆ **quán**(全)과 **dōu**(都)는 어순이 고정돼 있는 것으로 써 한 단어로 간주해도 됨.

quán 权(權) 動 1. 〈文〉 저울추. 2. 권력, 권한, 권세. ¶ zhǎngwò dà~(掌握大)대권을 장악하다. **rén**~(人~)인권. **xuǎnjǔ**~(选举~)선거권.

***quàn** 劝(勸) 動 권하다, 타이르다, 충고하다, 설득하다. ¶ wǒ~ tā jiè yān(我~他戒烟)나는 그에게 담배를 끊으라고 충고했다.

quàn 券(劵) 名 권, 표, 증권. **rùchǎng**~(入场~)입장권. **gōngzhài**(公债~)공채 증권.

***quánbù** 全部 名 전부, 전체. ¶ ~zérèn(~责任)모든 책임. wèntí yǐjīng~jiějué le(问题已经~解决了)문제는 이미 전부 해결되었다.

†**quàngào** 劝告(勸一) 動 권고하다, 충고하다. ¶ wǒ qīnqiè de~·le tā yì fān(我亲切地~了他一番) 나는 예의바르게 그에게 충고했다.

***quánguó** 全国(一國) 名 전국. ¶ ~gèdì(~各地)전국 각지.

***quànjiě** 劝解(勸一) 動 1. 권유하다, 타이르다, 달래다, 위로하다.

Q

¶ ~tā bú yào tài nánguò le(~她不要太难过了)그녀에게 너무 괴로워하지 말라고 위로했다. zěnme~yě bùxíng(怎么~也不行)아무리 타일러도 안된다. 2. 화해시키다, 중재하다. ¶ ~dǎjià de shuāngfāng(~打架的双方)싸운 쌍방을 중재하다.

†**quánjú** 全局 名 전체 국면, 대세. ¶ zhàogu~(照顾~)전체 국면을 고려하다.

*__quánlì__ 权力(權一) 名 1. 권력. ¶ guójiā~(国家~)국가권력. 2. 직권. ¶ xíngshǐ~(行使~)직권을 행사하다.

*__quánlì__ 权利(權一) 名 권리. ⇔ **yìwù**(义务)

*__quánmiàn__ 全面 名 전면, 전체. ¶ zhàogu~(照顾~)전체적으로 고려하다. 形 전면적이다, 전반적이다. ¶ ~zhīchí(~支持)전반적으로 지지하다.

quánqiě 权且(權一) 副 〈文〉 잠시, 우선, 당분간. =**zànqiě**(暂且) ¶ ~zhàocǐ bànlǐ(~照此办理)우선 이렇게 처리하다.

quánrán 全然 副 전연, 전혀, 도무지. ¶ ~bú gù tārén de lìyì(~不顾他人的利益)다른 사람의 이익을 완전히 무시하다.

quánshuǐ 泉水 名 샘물 ; 지하에서 용솟아 오르는 물.

quāntào 圈套 名 올가미, 책략, 함정, 꾀. ¶ shàng~(上~)올가미에 걸리다, 꾀에 넘어가다. shèxià~(设下~)올가미를 놓다.

*__quántǐ__ 全体(一體) 名 전체, 전부. ~**huìyì**(~会议)전체회의, 총회.

*__quántou__ 拳头(一頭) 名 주먹. ¶ gāojǔ~shìwēi(高举~示威)주먹을 높이 쳐들며 시위하다.

quánwēi 权威(權一) 名 1. 권위. **zuìgāo**~(最高~)최고권위. 2. 권위자. ¶ yīxuéjiè de~(医学界的~)의학계의 권위자.

quányuán 泉源 名 1. 원천, 샘의 근원. 2. 원천 ; 어떤 사물이 생기는 근원. ¶ shēngmìng de~(生命的~)생명의 원천. zhìhuì de(智慧的~)지혜의 원천.

*__quānzi__ 圈子 名 1. 원, 동그라미. ¶ dōu~(兜~)빙빙 돌다, 선회하다. 2. 범위, 테두리. ¶ shēnghuó~(生活~)생활 범위.

†**qūbié** 区别(區一) 動 구별하다. ¶ yào zhùyì~zhè liǎng ge cí de yòngfǎ(要注意~这两个词的用法)이 두 단어의 용법을 구별하는데 주의해야 한다. 名 차이, 구별. ¶ lüè yǒu~(略有~)대략 차이가 있다.

qǔchǐ 龋齿(齲齒) 名 충치. 〈口〉 **chóngyá**(虫牙)라고도 함.

†**qúdào** 渠道 名 수로 ; 파이프, 루트. ¶ wàijiāo~(外交~)외교 루트.

*__qǔdé__ 取得 動 취득하다, 얻다, 획득하다. ¶ ~chénggōng(~成功)성공을 얻다. ~liánxì(~联系)연계를 맺다.

†**quē** 缺 動 1. 모자라다, 부족하다. ¶ ~cáiliào(~材料)재료가 부족하다. 2. [기물이]부서지다, 파손되다. ¶ wǎnkǒu~·le yí kuài(碗口~了一块)그릇의 가장자리 일부가 깨지다. 名 공석, 결원. **bǔ**~(补~)결원을 보충하다.

Q

***qué** 瘸 形 다리에 장애가 있어 부자유스럽다. 動 절름거리다, 다리를 절다. ¶ tuǐ yǒudiǎnr~(腿有点儿~)다리를 좀 절름거리다.

***què** 却 副 도리어, 오히려, 반대로, 그러나. ¶ biéren shēngqì, tā ~hāhā dà xiào(别人生气, 他~哈哈大笑)다른 사람은 화가났음에도, 그는 '하하'하며 크게 웃었다. 動 물러나다, 후퇴하다.

***quēdiǎn** 缺点(一點) 名 결점, 단점, 결함. ⇔ **yōudiǎn**(优点)

***quēdìng** 确定(確一) 動 확실히 하다, 명확히 하다, 확인하다. ¶ ~chūxí rénshù(~出席人数)출석 인수를 확인하다. 形 확정적이다, 명확하다. ¶ ~de dáfù(~的答复)명확한 대답.

***quēfá** 缺乏 動 결핍되다, 모자라다. ¶ ~chángshí(~常识)상식이 모자라다. ~jīngyàn(~经验)경험이 부족하다. ~yǔshuǐ(~雨水)비가 모자라다.

Q

***quēshǎo** 缺少 動 [사람이나 수량이]모자라다, 결핍하다. ¶ ~língjiàn(~零件)부품이 모자라다.

***quèshí** 确实(確實) 形 확실하다. (**AABB**) ¶ débudào~de xìnxī (得不到~的信息)확실한 정보를 얻지 못하다. yǒu~de bǎozhèng (有~的保证)확실한 보증이 있다. 副 확실히, 정말로. ¶ wǒ~ bù zhīdào(我~不知道)나는 정말 모른다.

quē▴xí 缺席 動 [회의나 수업을] 쉬다, 결석하다.

***qún** 群 量 무리, 떼[무리를 이루고 있는 것을 세는데 쓰임.] ¶ yì~yáng(一~羊)한 무리의 양. 名 무리, 떼. **chéng**~(成~)무리를 이루다.

†**qúndǎo** 群岛(一島) 名 군도(群島).

⁑**qùnián** 去年 名 작년.

***qúnzhòng** 群众(一衆) 名 군중, 대중, 사람들. ☆ 공산당원이나 관료로부터 구별하여 일반 대중을 가리키는 때도 있음. ~**xīnli** (~心理)군중 심리.

⁑**qúnzi** 裙子 名 《**tiáo** 条》 치마, 스커트. ¶ chuān~(穿~)치마를 입다.

裙子

***qùshì** 去世 動 [어른이]세상을 떠나다, 서거하다, 사망하다. ¶ fùmǔ dōu~le(父母都~了)부모님이 모두 돌아가셨다.

†**qùwèi** 趣味 名 흥미, 흥취, 재미. ¶ hěn yǒu~(很有~)매우 재미있다.

qùxiàng 去向 名 행방. ¶ bùzhī ~(不知~)행방을 모르다. ~bùmíng(~不明)행방불명(되다).

***qǔxiāo** 取消 動 취소하다, 폐지하다. ¶ ~niánlíng xiànzhì(~年龄限制)연령 제한을 폐지하다. ~zīge(~资格)자격을 취소하다.

***qǔyì** 曲艺(一藝) 名 곡예 ; 줄타기, 곡마 등의 대중 연예.

***qūyù** 区域(區一) 名 구역. ~**xìng** (~性)지역성. ~**zìzhì**(~自治) 구역 자치. ~**fángshǒu**(~防守)

지역 방어.

†**qūzhé** 曲折 形 1. 굽다, 구불구불하다, 꼬불꼬불하다. (**AABB**) ¶ qūquzhézhé de xiǎolù(曲曲折折的小路)꼬불꼬불한 작은 길. 2. 복잡하다, 곡절이 있다. (**AABB**) ¶ ～biànhuà(～变化)복잡한 변화. qíngjié～(情节～)줄거리가 복잡하다. 名 곡절, 복잡하게 얽힌 사정. ¶ lǐmian yǒu bù shǎo～(里面有不少～)이면에 많은 우여 곡절이 있다. ～**yūhuí**～(迂回～)우여 곡절.

R

***rǎn** 染 動 1. 물들이다, 염색하다. ¶ ~zhijia(~指甲)손톱에 물들이다, 매니큐어를 칠하다. 2. [질병에]감염되다, 걸리다, [나쁜 습관에]물들다. ¶ ~bìng(~病)[병에]감염되다, 걸리다. **yì chén bù** ~(一尘不~)조금도 때묻지 않다, 순진하다.

***rán'ér** 然而 連 그렇지만, 그러나, 그런데. ¶ tā suīrán shībàile hěn duō cì, ~bìng bù huīxīn(他虽然失败了很多次, ~并不灰心)그는 비록 여러차례 실패했지만, 결코 낙심하지 않는다.

***rǎng** 嚷 動 큰 소리로 부르다, 부르짖다. ☆ '嚷嚷'은 **rāngrang**이라고도 발음함. ¶ nǐ bié~le, dàjiā dōu shuìjiào le(你别~了, 大家都睡觉了)큰소리 치지 말아라, 모두 잠들었다.

⁑**ràng** 让(讓) 動 1. 양보하다, 사양하다. ¶ tā bǐ nǐ xiǎo, ~·zhe tā diǎnr ba(他比你小, ~着他点儿吧)그가 너보다 어리니까, 네가 좀 양보해라. 2. 안내하다. ¶ bǎ kèren~·jìn wūli(把客人~进屋里)손님을 집안으로 안내하다. 3. …에게 …하게 하다. =**jiào**(叫) ¶ ~tā qǔ qù(~他取去)그에게 가져가게 하다. bú~tā qù(不~他去)그에게 가게 하지 말아라. 4. …에게 …당하다. =**jiào**(叫) ¶ nàge wǎn~tā shuāi le(那个碗~他摔了)그 그릇은 그가 깼다. shù ~fēng guādǎo le(树~风刮倒了)나무가 바람이 불어 넘어졌다. ☆ 위의 마지막 두 예문에서는 **ràng**(让), **bèi**(被), **jiào**(叫)중 어느 것이나 사용해도 되지만, shù bèi guādǎo le(树被刮倒了)[나무가 (바람에) 넘어졌다]처럼 동작·행위의 주체를 말하지 않은 경우에는 **bèi**(被)밖에 사용할 수 없음.

ràng▴bù 让步(讓一) 動 양보하다. ¶ ràngle yí dà bù(让了一大步)크게 양보했다.

rángr 瓤儿(一兒) 名 1. [오이나 귤 등의]과육, 속. =**rángzi**(瓤子) **júzi~r**(橘子~儿)귤의 속. 2. 사물의 속, 알맹이, 내용. ¶ xìnpír hé xìn~(信皮儿和信~)편지봉투와 편지.

rāngrang 嚷嚷 動 〈口〉 1. 외치다, 큰 소리를 지르다. ¶ nǐ~ shénme?(你~什么?)넌 뭐라고 떠드는 거니? 2. 널리 알리다. ¶ zhè jiàn shì, nǐ kě bié luàn~(这件事, 你可别乱~)이 일을 남에게 알려서는 안된다.

⁑**ránhòu** 然后(一後) 連 연후에, 그러한 후에, 그리고나서. ¶ xiān dǎ cǎogǎo, ~zài chāo(先打草稿, ~再抄)먼저 초고를 작성하고나서 베껴쓰다.

†**ránliào** 燃料 名 연료. **gùtǐ**~(固体)고체연료. **qìtǐ**~(气体~)기체연료. **yètǐ**~(液体~)액체연료.

†**rǎnliào** 染料 名 염료.

†**ránshāo** 燃烧(一燒) 動 연소하다.

†**ráo** 饶(饒) 動 1. 끌어들이다, 더하다, 보태다, 덤을 주다. ¶ bié bǎ tā~·zai lǐtou(别把他~在里头)그 사람을 안에 끌어들이지 말아라. mǎi liǎng píng píjiǔ~yí ge bēizi(买两瓶啤酒~一个杯子)맥주 2병을 사면 컵 하나를 덤으로 준다. 2. 용서하다, 양보하다, 관용하다. ¶ ~·le tā ba(~了他吧)그를 용서해 줍시다. jué bù qīng~(决不轻~)결코 쉽게 용서하지 않다.

*__rào__ 绕(繞) 動 1. 둘둘 감다, 빙글빙글 돌다. ¶ ~shí quānr(~十圈儿)10바퀴 돌다. ~xiàn(~线)실을 감다. 2. 우회하다. ~**xíng**(~行)우회하다. ~**dào ér xíng**(~道而行)우회하여 지나가다. 3. [문제가]뒤얽히다, 혼란해지다. ¶ zhèxiē wèntí yìzhí~·zhe wǒ(这些问题一直~着我)이 문제들이 줄곧 나를 혼란스럽게 한다.

ràokǒulìng 绕口令(繞一) 名 (~儿)잰말놀이 ; 발음하기 어려운 말을 빨리 외우는 놀이.

rǎoluàn 扰乱(擾亂) 動 어지럽히다, 혼란하게 하다, 교란하다. ¶ ~shèhuì zhì'ān(~社会治安)사회의 치안을 어지럽히다.

rào▲wānr 绕弯儿(繞彎兒) 動 1. 〈口〉 산보하다. ¶ měitiān zǎoshang xiān qù~(每天早上先去~)매일 아침 먼저 산책하러 간다. 2. 빙돌려서 말하다, 넌지시 말하다. ¶ yǒu huà zhí shuō, bié lǎo~(有话直说, 别老~)할말 있으면 딱잘라 하시오, 빙빙 돌려 말하지 말고.

rào▲yuǎnr 绕远儿(繞遠兒) 動 멀리 돌다, 우회하다. ¶ cóng zhèr zǒu rào dà yuǎnr le(从这儿走绕大远儿了)이쪽으로 가면 멀리 돌아가게 된다.

*__rě__ 惹 動 1. [나쁜 결과를]일으키다, 야기하다. ~**máfan** (~麻烦) 말썽을 일으키다. 2. [분노·웃음 등을]일으키다. ¶ ~māma shēngqì(~妈妈生气)엄마를 화나게 하다. 3. [주의 등을]끌다. ¶ ~rén zhùyì(~人注意)남의 주의를 끌다.

‡**rè** 热(熱) 形 1. 덥다, 뜨겁다. ⇔ **lěng**(冷) ¶ jīntiān hěn~(今天很~)오늘은 매우 덥다. chèn~hē ba(趁~喝吧)뜨거울 때 마시세요. zuì~de shíhou(最~的时候)가장 더울 때. **dà~tiān**(大~天)혹심하게 더운 날. 動 덥히다, 데우다. ¶ bǎ cài~yí xià(把菜~一下)요리를 좀 데우다. 2. 열성적이다.

*__rè'ài__ 热爱(熱愛) 動 열애하다, 열렬히 사랑하다. ¶ ~zìjǐ de gōngzuò(~自己的工作)자신의 일에 애착을 가지다. ~zǔguó(~祖国) 조국을 사랑하다.

†**rèdài** 热带(熱帶) 名 열대. **yà**~(亚~)아열대.

rèdù 热度(熱一) 名 〈口〉 [정상보다 높은]체온, 열. ¶ yǒu~(有~)열이 있다.

rèhu 热乎·热呼(熱一) 形 〈口〉 1. [음식물 등이]따뜻하다, 따끈따끈하다.(**AABB**) 2. 사이가 좋다, 친밀하다.(**AABB**) **rèhuo**(热和)라고도 함.

rèhuo 热和(熱一) ☞ **rèhu** (热乎·热呼) 참조.

R

†**rèliàng** 热量(熱一) 名 열량, 칼로리(calorie).

*__rèliè__ 热烈(熱一) 形 열심이다, 열렬하다. ¶ ~de zhǎngshēng(~的掌声)열렬한 박수소리. ~huānyíng(~欢迎)열렬히 환영하다.

‡**rén** 人 名 1. 사람, 인간. ¶ nǐ jiā yǒu jǐ kǒu~?(你家有几口~?)당신은 식구가 몇명입니까? 2. [일반의]사람, 매인(每人), 일반인. ~**suǒ gòng zhī**(~所共知)사람들이 주지하다시피[보통 문장의 첫머리에 놓임.] 3. 품성, 성격, 사람됨. ¶ tā~búcuò(他~不错)그는 성격이 좋다. 4. 낯, 체면, 명예. **diū**~(丢~)체면을 잃다. 5. 몸, 건강. ¶ zhè liǎng tiān~bú dà shūfu(这两天~不大舒服)요즘 몸이 그다지 편치 않다. 6. [동사 뒤에 쓰여]어떤 상태·사태를 일으키는 것을 말함;특정한 사람을 가리키는 것은 아님. ¶ qìsǐ~(气死~)화가나다.xià~(吓~)놀라게 하다. xiū~(羞~)부끄럽다, 부끄럽게 되다.

*__rěn__ 忍 動 참다, 견디다. ¶ dàjiā ~·zhe xiào(大家~着笑)모두 웃음을 참고 있다. ~·**buzhù**(~不住)참을 수 없다.

*__rèn__ 任 動 1. 임명하다, 임용하다. ¶ bèi~·wéi xiàozhǎng(被~为校长)교장으로 임명되다. 2. 그냥 내버려두다, 마음대로 하게 하다. ¶ ~rén bǎibù(~人摆布)남의 마음대로 좌지우지되다. 連 …을 막론하고, …을 물론하고. ¶ ~shéi shuō tā yě bù tīng(~谁说他也不听)누가 말을 하든 그는 듣지 않는다.

*__rèn__ 认(認) 動 1. 분간하다, 식별하다. ¶ ~·buchū shì shéi(~不出是谁)누구인지 분간이 안되다. ~**zì**(~字)글자를 알다[읽다]. 2. 인정하다, 동의하다. ~**cuòr**(~错儿)잘못을 인정하다. ~**shū**(~输)패배를 인정하다. 3. 남과 새로운 관계를 맺다. ¶ ~lǎoshí(~老师)스승으로 삼다. ~shīfu(~师傅)[제자가]스승으로 섬기다. 4. [~le(了)의 형태로]감수하다, 단념하다, 달게 받다. ¶ péiběnr wǒ yě~le(赔本儿我也~了)손해를 봐도 나는 감수하겠다.

*__rènao__ 热闹(熱鬧) 動 번화해지다, 떠들썩거리다, 즐겁게 하다. ¶ zánmen~yí xià ba(咱们~一下吧)우리 신나게 놉시다. 形 번화하다, 왁자지껄하다.(**AABB**) ¶ Shànghǎi bǐ Běijīng~·de duō(上海比北京~得多)상해는 북경보다 훨씬 번화하다. 名 (~儿)번화, 떠들썩함, 흥청거림. **kàn**~(看~)구경을 하다.

†**réncái** 人才·人材 名 1. 재능·인격을 갖춘 인물, 유능한 인재. 2. 〈口〉 아름답고 단정한 모습;용모. ¶ nà guīnü~duō hǎo!(那闺女~多好!)저 처녀는 용모가 얼마나 단정하고 고운가!

réndào 人道 名 사람이 지켜야 할 도리;인도(人道). ¶ bù~(不~)사람이 지켜야 할 도리가 아니다, 비인간적이다. bù jiǎng~(不讲~)사람이 지켜야 할 도리를 중히 여기지 않다. ~**zhǔyì**(~主义)인도주의.

*__rènde__ 认得(認一) 動 1. [경험이 있어]알고 있다. ¶ ~shàng shān

R

de lù(～上山的路)산에 오르는 길을 알고 있다. wǒ～zhè wèi tóngzhì(我～这位同志)나는 이 사람을 알고 있다. zhège zì wǒ bú～(这个字我不～)이 글자를 나는 모른다. 2. [주로 사람, 글자, 길 따위를]알다.

*rēng 扔 動 1. 던지다. ¶ ～shǒuliúdàn(～手榴弹)수류탄을 던지다. ～qiú(～球)공을 던지다. 2. 버리다. ¶ bǎ nà jiàn shì～·zai nǎohòu(把那件事～在脑后)그 일을 완전히 잊어버렸다. bú yòng de dōngxi dōu～·diào(不用的东西都～掉)필요없는 물건은 모두 내버려라.

*réng 仍 副 〈文〉[대부분 단음절어 앞에 쓰여]여전히, 아직도. ＝ réngrán(仍然) ¶ tā～wú xiāoxi(他～无消息)그는 아직도 소식이 없다.

*réngjiù 仍旧(－舊) 副 여전히, 변함없이. ¶ tā～shì nàge yàngzi(他～是那个样子)그는 여전히 그 모습이다. 形 예전 그대로이다. ¶ yíqiè～(一切～)모든 것이 예전 그대로이다.

†réngōng 人工 形 인공의. ⇔ tiānrán(天然) ～hú(～湖)인공 호수. 名 인력, 일손, 일꾼. ¶ fèi～(费～)인력이 들다.

*réngrán 仍然 副 1. 변함없이, 여전히, 아직도 ; 변화가 없음을 말함. ¶ tā～zài nàli gōngzuò(他～在那里工作)그는 아직도 거기에서 일한다. 2. 원래대로 ; 원 상태로 해놓는 것을 말함. ¶ tā bǎ xìn kànwán, ～zhuāngzai xìnfēng li(她把信看完, 装在信封里)그녀는 편지를 다 보고나서, 그대로 봉투에 집어 넣었다.

*rènhé 任何 代 어떠한[…라도.] ¶ méi yǒu～lǐyóu(没有～理由)어떠한 이유도 없다.

†rénjiā 人家 名 (～儿) 《hù 户, jiā 家》 1. 인가, 집. ¶ yǒu shí hù～(有十户～)10가구의 집이 있다. 2. 가정. ¶ qínjiǎn～(勤俭～)부지런하고 검소한 가정. 3. 여자의 장래 시댁, 신랑감. ¶ tā yǒule～le(她有了～了)그녀는 결혼할 남자가 있다, 그녀는 이미 약혼하였다.

☞ rénjia(人家) 참조.

*rénjia 人家 代 1. [불특정의]사람 ; 다른 사람. ¶ bié guǎn～zěnme shuō(别管～怎么说)남이야 뭐라 하든 상관하지 마라. 2. [특정의]사람, 저 사람들. ¶ ～yǒu de shì qián(～有的是钱)저 사람은 돈 밖에 없다. 3. 나 ; 친밀감이나 유머적인 의미를 포함하고 있음. ¶ ～děng nǐ děngle bàntiān le(～等你等了半天了)나는 당신을 한나절이나 기다렸다.

☞ rénjiā(人家) 참조.

†rénjiān 人间(－間) 名 인간세상, 속세, 인간사회. ～dìyù(～地狱) 인간 생지옥. ～lèyuán(～乐园) 인간 낙원.

*rénkǒu 人口 名 1. 인구. ¶ Zhōngguó yǒu duōshao～?(中国有多少～?)중국의 인구는 얼마나 됩니까? ～pǔchá(～普查)인구조사. 2. 식구, 가족수. ¶ àn～gōngyìng(按～供应)가족수에 따라 공급하다, 가족수에 의해 배급량을 결정하다.

*rénlei 人类(一類) 名 사람, 인류.

†rénlì 人力 名 인력, 사람의 노동. ¶ làngfèi～wùlì(浪费～物力)인력과 물적 자원을 낭비하다.

rénmǎ 人马(一馬) 名 1. 군대, 부대. ¶ dàduì～kāiguolai le(大队～开过来了)군대가 이동해 왔다. 2. 인원, 요원. ¶ wǒmen biānjíbù de～bǐjiào zhěngqí(我们编辑部的～比较整齐)우리 편집진은 비교적 잘 갖추어져 있다.

⁑rénmen 人们(一們) 名 사람들, 인간. ¶ ～dōu shuō tā búcuò(～都说他不错)사람들은 모두 그가 좋다고 말한다.

⁑rénmín 人民 名 인민. ¶ liǎng guó～de yǒuyì(两国～的友谊)양국 인민의 우의. ～bì(～币)인민폐 ; 중국의 법정 화폐. ☆ 元(yuán)＝块(kuài), 角(jiǎo)＝毛(máo), 分(fēn)

人民币

†rěnnài 忍耐 動 인내하다. ¶ qǐng～yí xià ba(请～一下吧)좀 참으세요. hěn néng～(很能～)참을성 있다. 名 인내. ～lì(～力)인내력. ～xìng(～性)참을성.

rènpíng 任凭 動 자유에 맡기다, 마음대로 하게 하다. ¶ liú qù～nǐ zìjǐ(留去～你自己)가든지 말든지 네 마음대로 해라. 連 …일지라도, …하여도, …하더라도. ¶ ～biéren zěnme quàn, tā háishi yào qù(～别人怎么劝, 他还是要去)다른 사람이 아무리 타일러도 그는 여전히 가려고 한다.

rénqíng 人情 名 인정. ¶ bù jiǎng～(不讲～)몰인정하다. bú jìn～(不近～)인정머리 사납다. ～wèi(～味)인정미.

rénquán 人权(一權) 名 인권. ¶ bǎohù～(保护～)인권을 보호하다.

†rénqún 人群 名 사람의 무리, 군중.

*rénrén 人人 名 사람마다, 누구나, 각자. ¶ ～kuā(～夸)누구나 칭찬하다. chàbuduō～dōu qù yóuyǒng(差不多～都去游泳)거의 모두 다 수영하러 간다.

rénshēn 人参(一參) 名 고려인삼 ; 인삼. ☆ 보통 인삼은 húluóbo(胡萝卜)라 함.

rénshēng 人生 名 인생. ～guān(～观)인생관.

rénshì 人士 名 [이름있는]인물, 인사.

⁑rènshi 认识(認識) 動 1. 알다, 알고 있다. ¶ wǒ～tā(我～她)나는 그녀를 안다. tā bú～zì(他不～字)그는 글을 모른다 ; 배움이 적다, 교양이 없다. 2. 인식하다. ¶ ～·dàole wèntí de yánzhòngxìng(～到了问题的严重性)문제의 심각성을 인식했다. 名 인식. ～lùn(～论)인식론.

rénshǒu 人手 名 일손, 일하는 사람. ¶ ～bùzú(～不足)일손이 부족하다.

†rěnshòu 忍受 動 [고통·곤란 등

R

을]견디어내다, 참다, 이겨내다. ¶ ~·zhe shīqù qīnrén de tòngkǔ(~着失去亲人的痛苦)육친을 잃은 슬픔을 견디내다.

†**réntǐ** 人体(-體) 名 인체.

⁑**rènwéi** 认为(認爲) 動 …라고 여기다, …라고 생각하다. ¶ wǒ~bú zhèyàng zuò hǎo(我~不这样做好)나는 이렇게 하지않는 것이 좋다고 생각한다. ☆ **yǐwéi**(以为)보다도 이성적, 객관적인 판단을 말하는 경우가 많음.

***rénwù** 人物 名 1. 인물. **dà**~(大~)큰인물. 2. [문학·예술작품 속의]등장인물. **zhǔyào**~(主要~)주요인물. 3. 인물화.

***rènwu** 任务(-務) 名 《**xiàng** 项》 임무. ¶ bùzhì~(布置~)임무를 할당하다. wánchéng~(完成~)임무를 달성하다.

†**rénxīn** 人心 名 인심, 사람의 마음.

†**rènxìng** 任性 形 제멋대로 하다, 마음내키는 대로 하다. ¶ nàge rén yǒudiǎnr~(那个人有点儿~)저 사람은 좀 제멋대로 군다.

rénxíngdào 人行道 名 보도, 인도. ¶ zǒu~(走~)보도를 걷다.

†**rènyì** 任意 副 제멋대로, 임의대로. ¶ ~chàngtán(~畅谈)마음껏 흉금을 털어놓고 얘기하다. ~xíngdòng(~行动)제멋대로 행동하다.

***rényuán** 人员(-員) 名 인원, 직원, 부원. **gōngzuò**~(工作~)직원. **zhíbān**~(值班~)당직 요원.

rényuánr 人缘儿(-緣兒) 名 인간 관계; 남과의 관계. ¶ tā~búcuò(她~不错)그녀는 사람들과의 관계가 좋다. ~hǎo(~好)평판이 좋다. yǒu~(有~)붙임성이 있다.

***rénzào** 人造 形 인조의, 인공의. ~**huángyóu**(~黄油)마아가린. ~**píngyuán**(~平原)인공평원. ~**wèixīng**(~卫星)인공위성.

⁑**rènzhēn** 认真(認眞) 形 진지하다, 성실하다. ¶ gōngzuò~(工作~)일하는 것이 성실하다. ~xuéxí(~学习)성실하게 공부하다.

rénzhǒng 人种(-種) 名 인종. **yǒusè**~(有色~)유색 인종.

***rèqíng** 热情(熱-) 形 열정적이다, 친절하다, 마음이 따뜻하다. ¶ tā duì rén hěn~(她对人很~)그녀는 사람들에게 매우 친절하다. ~jiēdài(~接待)따뜻하게 맞이하다. 名 정열, 열정, 의욕. ¶ láodòng~(劳动~)노동의욕.

rě▲shì 惹事 動 일을 저지르다, 문제를 일으키다. ¶ dàochù~(到处~)도처에서 문제를 일으키다.

***rèshuǐ** 热水(熱-) 名 더운[뜨거운]물. ~**dài**(~袋)[고무제품의]더운물 주머니. ~**píng**(~瓶)보온병.

***rèxīn** 热心(熱-) 形 열심이다, 열의가 있다. ¶ tā shì ge~rén(她是个~人)그녀는 열의가 있는 사람이다. ~bāngzhù biéren(~帮助别人)열심히 다른 사람을 돕다.

⁑**rì** 日 名 1. 태양. ~**shàng sān gān**(~上三竿)해가 세발이나 떴다, 해가 벌써 높이 뜨다; 늦잠을 잔 경우에 쓰임. 2. 낮. ~~**yèyè**(~~夜夜)밤낮으로. 3. 하루, 날, 일. ¶ gǎi~zài tán(改~再谈)후일 다시 이야기하자. **shí**

R

yuè yī～(十月一～)10월1일. 4. 매일, 날마다, 나날이. ¶ chǎnliàng～zēng(产量～增)생산량이 나날이 증가한다.

*rìcháng 日常 形 일상적인, 일상의. ～gōngzuò(～工作)일상적인 일. ～huìhuà(～会话)일상 회화. ～shēnghuó(～生活)일상 생활.

*rìchéng 日程 名 일정, 스케줄. ～ānpái(～安排)일정 안배.

rìguāng 日光 名 햇빛, 일광. ¶ zhōngrì bú jiàn～(终日不见～)종일 햇빛이 보이지 않는다.

*rìjì 日记(一記) 名 《piān 篇, duàn 段, běn 本》 일기. ¶ jì～(记～)일기를 쓰다. ～běn(～本) 일기장.

*rìlì 日历(一曆) 名 일력.

*rìqī 日期 名 기간, 날짜. ¶ qǐchéng de～(起程的～)출발한 날짜.

*rìshí 日食 名 일식. ¶ fāshēngle～(发生了～)일식이 생겼다. ☆ 개기일식, 부분일식, 금환식은 각각 rìquánshí(日全食), rìpiānshí(日偏食), rìhuánshí(日环食)이라고 함.

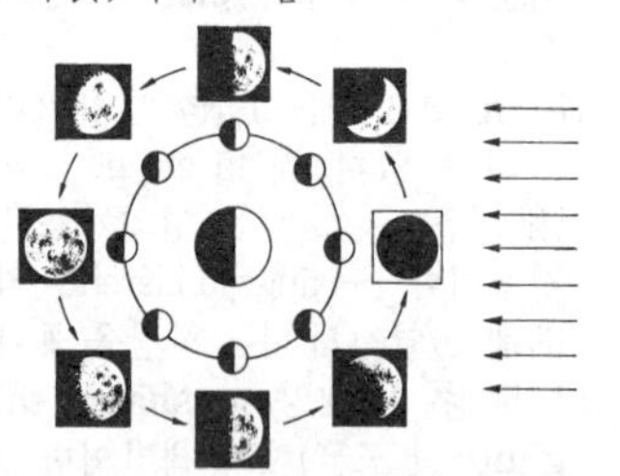

日食

⁑Rìwén 日文 名 일본어, 일어. = Rìyǔ(日语)

†rìyè 日夜 名 밤낮, 주야.

†rìyì 日益 副 날로, 일익. ¶ chéngshì jiànshè～fāzhǎn(城市建设～发展)도시건설 사업은 날로 발전하고 있다.

†rìyòng 日用 形 일용의. ～pǐn(～品)일용품. 名 생활비. ¶ měi yuè liú bāshí yuán zuò～(每月留八十元做～)매월 80원을 생활비로 남겨두다. ～zhàng(～帐)가계부.

⁑Rìyǔ 日语(一語) 名 일본어. = Rìwén(日文)

*rìyuán 日元 名 엔(円), 일본엔.

⁑rìzi 日子 名 1. 기일, 날, 날짜. ¶ dìng yí ge～(定一个～)날짜를 정하다. 2. 날수, 날짜, 기간. ¶ zǒule yǒu xiē～le(走了有些～了) 간지 여러 날이 되었다. 3. 생활, 살림, 삶. ¶ guòzhe yúkuài de～(过着愉快的～)즐거운 생활을 보내다. zhè～méifǎr guò(这～没法儿过)이런 생활은 견딜 수 없다.

†róng 容 動 받아들이다, 포함하다. ¶ wūzi xiǎo, ～·buxià(屋子小, 容不下)방이 작아서 다 들어갈 수 없다.

róngnà 容纳(一納) 動 [사람이나 물건을]수용하다, 넣다. ¶ fángjiān xiǎo, zhǐ néng～wǔ ge rén(房间小, 只能～五个人)방이 작아 단지 5명만 수용할 수 있다.

†róngqì 容器 名 용기, 그릇.

†róngxìng 荣幸(榮一) 形 영광이다, 영광스럽다. ¶ gǎndào shífēn～(感到十分～)매우 영광스럽다.

†róngxǔ 容许(一許) 動 허가하다, 허락하다. ¶ bù～yǒu zhèzhǒng xíngwéi(不～有这种行为)이런 행위는 용납하지 못한다.

†róngyè 溶液 名 용액.

R

‡róngyì 容易 形 쉽다, 용이하다. ¶ zhè dào tí hěn~(这道题很~)이 문제는 매우 쉽다. mài lìqi zhèng qián bù~(卖力气挣钱不~)육체노동으로 돈을 버는 것은 쉽지 않다. 副 …하기 쉽다, …하기 일쑤다. ¶ ~shēngbìng(~生病)병에 잘 걸리다.

***róngyù** 荣誉(榮譽) 名 영예, 명예. ¶ huòdé~(获得~)영예를 얻다.

***róu** 揉 動 1. [손으로 몇 번]문지르다, 비비다, 주무르다. ¶ ~yǎnjing(~眼睛)눈을 비비다. 2. 손으로 둥글게 빚다, 이기다, 반죽하다. ¶ ~miàn(~面)밀가루를 반죽하다.

‡ròu 肉 名 《**kuài** 块, **piàn** 片》고기. ¶ chī~(吃~)고기를 먹다. **niú**~(牛~)쇠고기. **zhū**~(猪~)돼지고기. **féi**~(肥~)비계. **shòu**~(瘦~)살코기. **jī**~(肌~)근육.

róuhé / róuhe 柔和 形 연하고 부드럽다. ¶ shǒugǎn~(手感~)감촉이 부드럽다. ~de dēngguāng(~的灯光)부드러운 전등불빛.

ròumá 肉麻 形 소름이 끼치다, 혐오스럽다, 징그럽다. ¶ ràng rén~(让人~)사람으로 하여금 소름끼치게 하다. ~de chuīpěng(~的吹捧)메스껍게 치켜 세우다.

†róuruǎn 柔软(一軟) 形 유연하다, 부드럽다. ¶ dòngzuò~(动作~)동작이 유연하다. ~**tǐcāo**(~体操)유연 체조.

***rú** 如 動 [주로 부정형으로]더 낫다, 미치다. ¶ wǒ bù~tā(我不~他)나는 그에게 미치지 못한다. zǒu bù~děng(走不~等)가는 것은 기다리는 것만 못하다. 連 〈文〉 만일, 만약. ¶ ~bù tóngyì, qǐng gàosu wǒ(~不同意, 请告诉我)만약 동의하지 않으면, 나에게 알려주시오.

***rù** 入 動 1. 안으로 들어오다. ~**jìng**(~境)입국하다. ~**mén**(~门)입문하다. ~**yuàn**(~院)입원하다. 2. [학교 · 단체 · 조직에] 들어가다, 가입하다. ~**dǎng**(~党)입당하다. ~**wǔ**(~伍)입대하다.

***ruǎn** 软(軟) 形 1. 부드럽다. ¶ zhè kuài táng hěn~(这块糖很~)이 사탕은 매우 부드럽다. 2. 연약하다, 약하다, 나른하다. ¶ liǎng tuǐ fā·~(两腿发~)두 다리가 나른하다. 3. [마음이]여리다, 무르다. **ěrduo**~(耳朵~)귀가 여리다, 다른 사람의 말을 쉽게 믿는다. **xīn**~(心~)마음이 여리다, 쉽게 마음을 움직이다.

ruǎnhuo 软和(軟一) 形 〈口〉 부드럽다, 온화하다.(**AABB**) ¶ rùzi hěn~(褥子很~)이불이 매우 부드럽다. ~de yángmáo(~的羊毛)부드러운 양털.

†ruǎnruò 软弱(軟一) 形 연약하다, 약하다. ¶ xìnggé~(性格~)성격이 연약하다.

***ruǎnwò** 软卧(軟一) 名 부드러운 침대의 침대차, 열차의 일등 침대. ⇔ **yìngwò**(硬卧)

***ruǎnxí** 软席(軟一) 名 [열차의] 부드러운 좌석. ⇔ **yìngxí**(硬席)

rù‸chǎng 入场(一場) 動 입장하다. ~**quàn**(~券)입장권.

†rúcǐ 如此 代 이와 같이, 이처럼.

R

학습 정보 ⑳

◈ 儒教 Rújiào(유교) ◈

1. 儒教란?

"儒教"는 춘추말기에 "鲁"(노 : 현재의 山東省 曲阜市 일대)에서 태어난 "孔子 Kǒngzǐ"(공자 : 기원전 551-479년. 이름은 "丘 Qiū", 자는 "仲尼 Zhòngní", "孔夫子"라고도 함)를 시조로 한 사상체계로 그 사상을 신봉하며 실천하는 입장에서는 "儒教"라 하고, 교설을 서술한 문헌 "经书"의 학습을 중시하는 입장에서는 "儒学"(유학)이라 한다.

공자는 빈곤한 생활 가운데에서 부지런히 공부하여 30세 전후에 "曲阜"에서 학원을 열어 교육에 종사했다. 그의 학원은 출신 계급을 묻지 않고 받아들였기 때문에, 특히 서민계층의 자제가 많이 모였다고 한다. 공자는 "周"의 건국자 중 한 사람인 "周公"(周公旦 : 禮樂을 창시한 인물)의 치세를 이상으로 하고 주공이 세운 질서를 그대로 지켜, 인간의 본성에 입각한 "德治主义" 정치를 행하는 것을 목표로 하였다. 그러나 그의 생각은 약육강식의 춘추·전국 시대의 통치자들에게는 받아들여지지 않아, 그 때문에 공자와 제자들은 박해를 받아 유랑의 길에 나서기도 했다.

더구나 유교는 옛부터 "佛教", "道教"와 더불어 「三教」라고 불려지지만, 유교는 사후의 세계에서의 혼의 구제를 말하지 않고, 또한 신앙이나 회사에 의한 바램의 달성을 상정하지 않는다는 점에서, 종교보다는 오히려 윤리학의 체계에 가깝다고 생각된다.

[유교의 대표적인 덕목]

a. 仁 / rén「인」

유교에서 가장 중요시되는 덕으로, "人"과 同音이기 때문에, 인간의 본질적인 미덕의 의미로, 협의로는 '인정깊고 친절하다'는 것을, 광의로는 '고결한 인격'을 가리킨다.

b. 義 / yì「의」

사람의 행동이 사회적 집단 내부의 규범에 합치하고 있는 것. 행동의 올바름.

c. 忠 / zhōng「충」

자신 및 타인에 대해 조금의 허위도 없이, 성의를 다하는 것.

d. 孝 / xiào「효」

자식이 부모에 대해 가져야할 경애의 감정.

2. 儒教의 역사

儒教가 국가의 중심 사상이 된 것은, 前漢의 "武帝"(무제 : 성명은 儒哲. 재위 기원전 141-87년)의 시대이다. 무제는 많은 학자들로부터 국정에 관한 의견을 듣고 그 당시 유학자 "董中舒"(동중서)의 제안에 의해 유교를 유일한 정당 사상으로 하고, 유교를 국가 공인의 학문으로 정했다. 국립대학에 있는 "太学"에 경서를 교수하는 박사관을 설치하고, 그곳에서 유학을 수학한 자, 또는 민간에서 유학 도덕을 실천하고 있는 평판이 높은 자 중에서 관리를 선발했다. 이것을 「儒教의 國教化」라 한다. 이 이후, 유교는 1911년의 "辛亥革命"까지 극히 일부의 시기를 제외하고 국가의 중심적 사상으로 계속되었다. 또한 유교는 중국의 주변국가에도 큰 영향을 주어, 한국이나 일본 등의 국가에서도 일찍부터 국가의 중심사상으로 신봉되었다.

유교가 국가의 중심 사상이 되고, 유학을 배우는 학생 중에서 국가의 중추에 위치하는 관리를 채용하도록 하자, 사람들은 다투어 경서를 배우게 되었다. 게다가 随代에 시작된 "科举"(과거)가 거의 경서에서 출제된 것은 그 경향으로 한층 박차를 가하게 했다.

과거를 경서에서 출제하기 위해서는, 우선 경서의 해석을 통일해 둘 필요가 있다. 그 때문에 당의 "太宗"(태종 : 성명은 李世民. 재위 626-649년)은 "孔颖达"(공영달)에게 명하여《五经正义》(오경 정의)를 편찬하게 하여, 그때까지 여러 종류의 해석이 있었던 경서에 국가 공인의 통일 해석을 정했다. 과거의 문제는 여기에서 출제 되었기 때문에, 사람들은 이 책만을 배우게 되었고, 따라서 유학은 해석이 고정된, 번잡한 훈고주석만을 배우는 학문이 되었다. 그러나, 宋이 되자 사회에 여러 가지 변혁이 일어나고, 유교에도 새로운 경향이 나타났다. 그 대표는 "朱熹"(주희 : 1130-1200년. "朱子"라고도 함)로, 그는 우주나 자연의 근본에 관계되는 원리로부터 사회의 본연의 자세, 또는 개인의 수양에 관한 문제 등에 대해 폭넓고 장대한 철학체계를 구축하여, 그 때까지의 훈고주석만을 쫓아왔던 유학의 면목을 일신했다. 주자에 의한 학문체계를 "朱子学" 또는 "宋学"이라 한다. 주자학은 元·明·清 시대의 국가공인의 학문이 되었다.

그러나 주자학은 너무나도 思辨的·抽象的이었으므로, 청대가 되자 그 주관적·유심적인 학풍에 대한 반동으로, 유학에 실증적인 학풍이 일어났다.

이것을 "考证学"이라 부른다. 고증학자들은 "实事求是"(사실에 입각하여 진실을 구하는 것. 현재, 근대화를 진행하는 데 있어서 「실제에 입각하여 정확한 방법을 찾아낸다」라고 하는 의미에서도 사용된다)를 표어로 하여 고전 언어학이나 문헌학에 관계한 깊은 조예에 뒷받침되는 엄밀한 문헌비평의 위에 서서 경서로 부터 공자의 진의를 추측한다고 하는 진솔한 노력을 거듭했다. 고증학은 특히 역사학이나 언어학의 분야에서 큰 성과를 거두었고, 중국에 처음으로 근대적인 학문 방법을 세운 것으로 높이 평가된다.

신해혁명에 의해 清이 멸망됨과 동시에, 유교도 국교로서의 지위로 부터 벗어나, 반대로 봉건시대의 잔재로서 심한 비판을 받게 되었다.

1919년의 "五四运动"에서는 격한 반유교·반봉건의 운동이 일어났고, 그 후에도 유교에 대한 비판은 혁명운동의 일환으로써 끊임없이 계속되었다. 특히 해방 후의 "无产阶级文化大革命"(프롤레타리아 문화대혁명 : 약칭 "文革"이라 한다. 1966-76년)의 시기에는 "批林批孔运动"이 일어나 공자와 그의 저서에 대한 철저한 비판운동이 전개되었다. 그러나 현재에는 공자에 대해서도 훌륭한 교육자로서의 평가가 부여되고 있고, 경서에도 역사적인 자료로서 학술적인 눈으로 보는 등, 유교를 고전문화의 하나로서 취급하려는 경향이 대세이다.

3. 주요한 경서

중국의 유교 고전을 "经书"(경서)라 부른다. 특히《易经》《书经》《诗经》《礼记》《春秋》를 유교의 근간을 이룬 "五经"(오경)이라 했다.

★ 五經 / 오경

a.《周易 Zhōuyì》/「주역」

《易经》(역경)이라고도 하며 옛날에는 점을 치기 위한 실용서였지만, 고대의 성인이나 주공이 저술했다는 전설에서 경서로 여겨진다. 음양의 조합에 의해 삼라만상의 변화를 말한다.

b.《尚书 Shàngshū》/「상서」

《书经》(서경)이라고도 한다. 고대의 성인이나 名君·賢臣의 말을 모은 책이라고 여겨진다.

c.《诗经 Shījīng》/「시경」

고대의 民歌나 祭祀歌를 모은 책. 거의 3천여편이었던 것을, 공자가 지금의 305편으로 선정했다고 한다.

d.《礼记 Lǐjì》/「예기」

사회질서를 유지하는 윤리적 규범인 "礼"의 이념을 종합적으로 서술한 책. 禮에 대해서는 이외에 "周礼"(주례)와 "仪礼"(의례)의 두 종류의 경서가 있다.

e.《春秋 Chūnqiū》/「춘추」

공자의 태어난 노나라의 연대기. 원래는 역사 사실의 나열에 지나지 않지만, 공자가 가필했다는 전설에서 경서라 했다. 그 해석에는《左氏传》(좌씨전),《公羊传》(공양전),《谷梁传》(곡량전)의 3종류가 있고, 모두 경서라 여겨진다.

★ 四書/사서

주자가 초학자 필독의 문헌으로 여겼으며, 아래의 4종류의 책이다.

a.《论语 Lúnyǔ》/「논어」

공자의 사후, 제자들이 스승의 언동을 기록한 것.

b.《孟子 Mèngzǐ》/「맹자」

공자의 손자이었던 자사(子思)에게 유학을 배운 孟子("孟轲")의 저서. 공자의 사상을 발전시켜, "正道"에 의한 정치를 설명했다.

c.《大学 Dàxué》/「대학」

「礼记」의 안에 있는 1편. 「大学」(천하의 지도자가 될 자가 배우는 학문)에 대해 서술한 것.

d.《中庸 Zhōngyōng》/「중용」

「礼记」안의 1편. 誠과 中(=不偏)을 기본개념으로 하는 사상을 서술한 것.

¶ ~yǒnggǎn(~勇敢)이처럼 용감하다.

*__rúguǒ__ 如果 連 만약 …라면. ☆ **yàoshi**(要是)정도로 구어적인 말은 아니지만, 아주 일반적으로 사용됨. ¶ ~xià yǔ jiù bú qù(~下雨就不去)만약 비가 오면 가지 않겠다.

*__rúhé__ 如何 代 어떻게, 어떤. ¶ nǐ rènwéi~?(你认为~?)너는 어떻게 생각하니? ~jiěshì zhèzhǒng xiànxiàng?(~解释这种现象?)어떻게 이런 현상을 해석할 수 있을까요?

rù▲huǒ 入伙 動 [도적·부랑자 등의]무리에 들어가다, 패거리에 끼어 들다.

†**rújīn** 如今 名〈文〉현재, 지금. ¶ ~bù bǐ dāngnián(~不比当年)지금은 옛날과 다르다; 지금은 옛날에 미치지 못한다.

Rújiào 儒教 名〈宗〉유교.

rù▲mén 入门 動 (~儿) 1. 입문하다. 2. 기초를 터득하다.

rù▲mí 入迷 動 매혹되다, 정신이 팔리다. ¶ kàn xiǎoshuō kànde~le(看小说看得~了)소설을 보느라고 정신이 팔렸다.

rùnnián 闰年(閏-) 名 윤년.

*__ruò__ 弱 形 1. 약하다, 허약하다. **nián lǎo tǐ**~(年老体~)나이가 들어 몸이 허약하다. 2. 못하다, 손색이 있다. ¶ tā nénglì~(她能力~)그녀는 능력이 뒤떨어진다.

†**ruò** 若 連〈文〉만약. ¶ ~yǒu shì, qǐng zhíjiē yǔ wǒ liánxì(~有事, 请直接与我联系)만약 일이 있으면, 직접 나에게 연락하시오. 動

R

〈文〉 …과 같다. ～**jí**～**lí**(～即～离)가까이 있는 것 같기도 하고, 떨어져 있는 것 같기도 하다.

†**ruògān** 若干 代 약간, 어느 정도. ¶ hái cúnzài～wèntí(还存在～问题)아직 약간의 문제가 남아 있다. ～**rén**(～人)약간명.

†**rù▲shén** 入神 動 마음을 뺏기다, 정신이 팔리다. ¶ tīngde～le(听得～了)듣느라 정신이 팔렸다. 形 절묘하다, 입신의 경지에 들다. ¶ zhè zì xiěde～(这字写得～)이건 정말 명필이다.

rúshù 如数(一數) 副 숫자대로, 전부. ～**guīhuán**(～归还)숫자대로 전부 돌려주다.

†**rútóng** 如同 動 마치…와 같다, 흡사…이다. ¶ dài wǒmen～qīnrén yíyàng(待我们～亲人一样)우리를 친가족처럼 대해주다.

rǔtóu 乳头(一頭) 名 유두, 젖꼭지. 〈口〉 **nǎitóu**(奶头).

rù▲xí 入席 動 [연회 · 의식에서] 자리에 앉다, 착석하다. ¶ zhǔkè yìtóng～(主客一同～)주객이 함께 자리에 앉다.

rù▲xué 入学(一學) 動 1. 입학하다. ～**kǎoshì**(～考试)입학시험. 2. 초등학교에 들어가다. ～**niánlíng**(～年龄)취학연령.

rǔzhào 乳罩 名 브러저(brassiere).

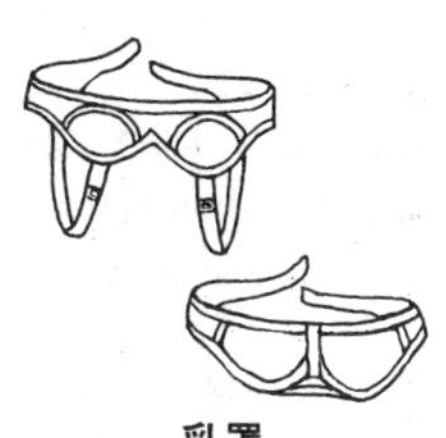

乳罩

rùzi 褥子 名 《**tiáo** 条》 요. ¶ pū～(铺～)요를 깔다. bèi～(被～)이불과 요, 침구. zuo～(坐～)방석.

R

S

*sā 撒 動 1. 방출하다, 뿌리다, 갈기다. ¶ ~chuándān(~传单)전단을 뿌리다. ~**niào**(~尿)오줌을 누다. ~**wǎng**(~网)그물을 치다. 2. 부리다, 제멋대로 하다, 표면에 드러내다. ~**jiāo**(~娇)응석부리다, 애교 부리다.
☞ **sǎ**(撒) 참조.

*sǎ 洒(灑) 動 1. [물을 땅에]뿌리다. ¶ xiān~shuǐ, hòu sǎo dì(先~水, 后扫地)먼저 물을 뿌리고 나서 바닥을 쓸어라. 2. 엎지르다, 뿌려서 사방에 흩뜨리다. ¶ mǐ~·le yí dì(米~了一地)쌀이 온 바닥에 엎질러졌다.

*sǎ 撒 動 1. [과립 모양의 물건을] 흩뿌리다, 살포하다. ~**zhǒng**(~种)종자를 뿌리다, 씨를 뿌리다. 2. 엎지르다, 흘리다. ¶ xiǎoxin diǎnr, bié bǎ tāng~le(小心点儿, 别把汤~了)조심해라, 국을 엎지르지 않도록.
☞ **sā**(撒) 참조.

sà 萨(薩) 名 1. 주로 음역자(音譯字)에 쓰임. 2. 인명(人名), 지명(地名) 등에 쓰임. **sàkèguǎn**(萨克管)[색소폰], **Sàmǎnjiào**(萨满教)[샤머니즘], **Sàtè**(萨特)[사르트르 : 프랑스의 실존주의 철학자].

*sā▲huǎng 撒谎(一謊) 動 〈口〉 거짓말을 하다, 허튼 소리를 하다. =**shuō▲huǎng**(说谎) ¶ nǐ sā shénme huǎng a!(你撒什么谎啊!)너 뭔가 거짓말을 하는구나!

*sāi 腮 名 뺨, 볼. 〈口〉 **sāibāngzi**(腮帮子). **jiān zuǐ hóu**~(尖嘴猴~)뾰족한 입과 원숭이 볼 ; 아주 못생기거나 탐욕스러운 것을 비꼬는 말로 쓰임.

*sāi 塞 動 1. 집어넣다, 쑤셔넣다. ¶ húluàn~·jìn xiāngzi lǐ(胡乱~进箱子里)아무렇게나 상자 안에 쑤셔넣다. 2. 막다. ¶ bǎ dòng~·zhù(把洞~住)굴을 막아버렸다. 名 (~儿) 마개, 뚜껑. =**sāizi**(塞子) ¶ bǎ~sāishàng(把~塞上)마개를 막다. bǎ~bá le(把~拔了)마개를 뽑다(따다). **píng**~(瓶~)병마개.

sài 塞 名 1. 요새, 보루. 2. 변경, 변방.

*sài 赛(賽) 動 1. 겨루다, 경쟁하다. ¶ ~shéi kuài(~谁快)누가 빠른지를 겨루다. 2. 필적하다 ; 비길 만하다. ¶ luóbo~lí(萝卜~梨)무우가 배만큼 달다.

†**sāibāngzi** 腮帮子(一幫一) 名 〈口〉 뺨, 볼. =**sāi**(腮) ¶ gǔ~(鼓~)[화가나서]뺨을 볼록하게 하다.

*sài▲mǎ 赛马(賽馬) 動 경마를 하다.
☞ **sàimǎ**(赛马) 참조.

*sàimǎ 赛马(賽馬) 名 경마.
☞ **sài▲mǎ**(赛马) 참조.

*sài▲pǎo 赛跑(賽一) 名 경주하다.
☞ **sàipǎo**(赛跑) 참조.

*sàipǎo 赛跑(賽一) 名 달리기, 경주.
☞ **sài▲pǎo**(赛跑) 참조.

*sài▲qiú 赛球(賽一) 動 구기시합

S

을 하다.

☞ sàiqiú(赛球) 참조.

sàiqiú 赛球(賽一) 名 구기시합.

☞ **sài▲qiú**(赛球) 참조.

*__sāizi__ 塞子 名 마개, 뚜껑.

*__sākāi__ 撒开(一開) 動 놓아주다, 늦추다. ¶ ~shǒu ràng tā zǒu(~手让他走)손을 놓아주며 그를 가게 하다.

⁑**sān** 三 數 3, 셋. ☆ 갖은자는 '叁'.

⁑**sǎn** 伞(傘) 名 (**bǎ** 把) 우산. ¶ chēng~(撑~)우산을 펴다. dǎ~(打~)우산을 쓰다. **yáng**~(阳~)양산. **yǔ**~(雨~)우산. **zhédié**~(折叠~)접는 우산.

伞

†**sǎn** 散 形 흩어진, 분산된, 분해된. ¶ mùxiāng~le(木箱~了)나무 상자가 분해되었다.

☞ **sàn**(散) 참조.

†**sàn** 散 動 1. 흩어지다, 분산되다. ¶ huì~le(会~了)회의가 끝났다. 2. (흩)뿌리다, 퍼지다. ¶ wūli~·mǎnle yānwèir(屋里~满了烟味儿)방안에 담배냄새가 가득 퍼져 있다. 3. 배제하다, 털어버리다. ¶ kān diànyǐng~xīn(看电影~心)영화를 보며 기분을 풀다.

☞ **sǎn**(散) 참조.

⁑**sàn▲bù** 散步 動 산보하다. ¶ sàn le yíhuìr bù(散了一会儿步)잠시 산보했다. zài gōngyuán~(在公园~)공원에서 산보하다.

*__sànbù__ 散布 動 흩어지다, 뿌리다. ¶ ~chuándān(~传单)전단을 뿌리다. ~yáoyán(~谣言)헛소문을 퍼뜨리다.

*__sànfā__ 散发(一發) 動 발산하다, 내뿜다, 분배하다. ¶ huār~·zhe fāngxiāng(花儿~着芳香)꽃이 향기를 발산하고 있다.

sānfú 三伏 名 삼복. **chūfú**(初伏), **zhōngfú**(中伏), **mòfú**(末伏)의 총칭 ; 여름의 가장 더운 시기.

sàng 丧(喪) 動 1. 상실하다, 잃다. 2. 빼앗기다.

sàng▲qì 丧气(喪氣) 動 의기 소침하다. **chuí tóu**~(垂头~)의기소침하다, 기가 죽어 고개를 푹 떨구다.

☞ **sàngqi**(丧气) 참조.

sàngqi 丧气(喪氣) 形 〈口〉 재수가 나쁘다, 불길하다. ¶ yí dà zǎo yùshàng zhèzhǒng rén, zhēn~!(一大早遇上这种人, 真~!)아침부터 이런 사람을 만나다니, 정말 재수없다. ~**huà**(~话)불길한 이야기, 재수없는 이야기.

☞ **sàng▲qì** 丧气(喪氣) 참조.

sāngshì 丧事(喪一) 名 장례, 장의. ¶ bàn~(办~)장례를 치르다.

†**sàngshī** 丧失(喪一) 動 상실하다, 잃다. ¶ ~xìnxīn(信心)자신을 잃다.

*__sāngshù__ 桑树(一樹) 名 (**kē** 棵, **zhū** 株) 뽕나무.

⁑**sǎngzi** 嗓子 名 1. [생리기관인]목(구멍). ¶ ~téng(~疼)목이 아프다. chě~hǎn(扯~喊)목청을 돋우어 외치다. 2. 목소리, 목청. ¶

yí fù hǎo～(一副好～)아주 좋은 목소리.

sānjiǎo 三角 名 삼각. ～**bǎn**(～板)삼각자, 삼각꼴. ～**xíng**(～形)삼각형.

*__sànkāi__ 散开(－開) 動 분산하다, 무질서하다, 흩어지다. ¶ bié jǐzai yìqǐ, ～yìdiǎnr(别挤在一起, ～一点儿)함께 너무 모여있지 말고, 좀 흩어져라.

*__sānlúnchē__ 三轮车(－輪車) 名 《**liàng** 辆》[사람이 타는]삼륜차. ¶ dēng～(登～)삼륜차를 타다.

†**sǎnwén** 散文 名 산문. ～**shī**(～诗)산문시.

⁑**sānyuè** 三月 名 3월.

*__sāo__ 骚(騷) 動 소란을 피우다, 소동을 일으키다. ～**dòng**(～动)소동을 피우다. 形 1. 음탕하다. 2. 수컷의.

sāo 搔 動 [손톱으로]긁다. ～**tóu**(～头)머리를 긁다, ～**yǎng**(～痒)가려운 데를 긁다.

⁑**sāo** 臊 名 지린내, 노린내. 形 지리다, 노리다. ¶ wūzi li yǒudiǎnr～(屋子里有点儿～)방안에 노린내가 좀 난다.

S

⁑**sǎo** 扫(掃) 動 1. 쓸다, 소제하다. ¶ bǎ chuáng～·yi·～(把床～一～)침대를 좀 청소해라. ～**dì**(～地)땅을 쓸다, 청소하다. ～**fáng**(～房)집안을 쓸다, 대청소하다. 2. [매우 빨리]좌우로 움직이다. ¶ ～yì yǎn(～一眼)힐끗 휘둘러 보다.

sǎochú 扫除(掃－) 動 1. 청소하다. **dà**～(大～)대청소. 2. 쓸어버리다, 제거하다, 없애다. ¶ ～wénmáng(～文盲)문맹을 없애다.

*__sǎo▲dì__ 扫地(掃－) 動 1. 땅을 쓸다, 청소하다. 2. [명예·신용 따위가]땅에 떨어지다, 없어지게 되다. ¶ míngyù～(名誉～)명예가 땅에 떨어지다.

*__sǎosao__ 嫂嫂 名 〈方〉 형수, 아주머니. =**sǎozi**(嫂子)

sǎo▲xìng 扫兴(掃興) 動 흥이 깨지다. ¶ zhēn ràng rén～!(真让人～!)정말 흥을 깨는군! gāoxìng ér lái, ～ér guī(高兴而来, ～而归)기쁘게 왔다가, 흥이 깨져 돌아가다.

*__sàozhou__ 扫帚(掃－) 名 《**bǎ** 把》비, 빗자루.

*__sǎozi__ 嫂子 名 〈口〉 형수.

sā▲qì 撒气(－氣) 動 1. [공·타이어 따위의]공기가 새다, 바람이 빠지다. ¶ chēdài～(车带～)차바퀴가 바람이 빠지다. 2. 울분을 토하다, 화풀이하다. ¶ ná háizi～(拿孩子～)아이에게 화풀이하다.

sā▲shǒu 撒手 動 손을 놓다, 손을 늦추다. ～**bù guǎn**(～不管)수수방관 하다.

*__sǎ▲shuǐ__ 洒水(灑－) 動 물을 뿌리다. ～**chē**(～车)살수차.

sā▲tuǐ 撒腿 動 내빼다, 달아나다, 후다닥 뛰어가다. ¶ kàn yǒu rén lái le,～jiù pǎo(看有人来了,～就跑)어떤 사람이 온 것을 보고는 후다닥 뛰어 달아났다.

sā▲yě 撒野 動 야비한 행동을 하다, 행패를 부리다. ¶ nǐ zài zhèr sā shénme yě?(你在这儿撒什么野?)너 여기서 무슨 행패를 부리는 거니? dàochù～(到处～)도처에서 행패를 부리다.

*sè 色 名 1. 색, 색깔. bái～(白～)흰색. hēi～(黑～)검은색. 2. 경치, 모양.
☞ shǎi(色) 참조.

*sè 涩(澀) 形 1. [맛이]떫다. ¶ shìzi hái yǒudiǎnr～(柿子还有点儿～)감이 아직 좀 떫다. 2. 매끄럽지 않다, 원활하지 못하다. ¶ chōuti fā・～(抽屉发～)서랍이 매끄럽지 않다.

†sècǎi 色彩 名 1. 색채, 색. ¶ ～xiānmíng(～鲜明)색이 선명하다. 2. [사상적]경향, 편향 ; [사물의]취지. ¶ zuòzhě de gǎnqíng～(作者的感情～)작자의 사상 경향. dìfāng～(地方～)지방색, 향토색.

*sēng 僧 名 승려(僧侶), 중.

*sēnlín 森林 名《gè 个, chù 处, piàn 片》수풀, 삼림. zhǐ jiàn shùmù, bú jiàn～(只见树木, 不见～)나무를 보고, 숲을 보지 못하다 ; 일부분에 사로 잡혀 전반적인 판단을 하지 못하다.

shā 沙 名 모래. =shā(砂) yì pán sǎn～(一盘散～)온 쟁반에 흩어진 모래 ; 산만하여 단결력이 없는 오합지중. 形 [소리가] 거칠다, 목이 쉬어 맑지 않다. ～sǎngzi(～嗓子)쉰 목소리.

†shā 纱(紗) 名 [면화나 삼 따위] 방적용 가는 실 ; 이런 실을 이용한 성글게 짠 직물. fǎng～(纺～)방적하다.

*shā 杀(殺) 動 1. 죽이다, 살해하다. ¶ ～jī(～鸡)닭을 죽이다. 2. 힘을 약화시키다. ¶ ～chē(～车)차에 제동을 걸다, 브레이크를 밟다. ～・zhù bú zhèng zhī fēng(～住不正之风)사회의 악폐를 막다.

*shā 刹 動 멈추다, 그치게 하다, 정지시키다. ～bǎ(～把)핸드 브레이크, 제동간.

*shā 煞 動 1. 매듭짓다, 마무리하다. 2. 조이다, 동여매다.

*shá 啥 代〈方〉무엇, 어느, 무슨, 아무. =shénme(什么) ¶ nǐ xìng～?(你姓～?)당신의 성은 무엇입니까?

*shǎ 傻 形 어리석다, 멍청하다, 미련하다. ¶ wǒ zhēn～(我真～)나는 정말 멍청하다.

*shāfā 沙发(一發) 名〈譯〉소파. 영어 'sofa'의 음역.

shāguō 沙锅(一鍋) 名《zhī 只》[뚝배기・약탕관 따위와 같은] 질그릇.

shāi 筛(篩) 動 1. 체질하다, 체로 치다. ¶ ～méi(～煤)석탄을 [체로]골라내다. 2. [술을]데우다, 덥히다. ¶ ～jiǔ(～酒)술을 데우다.

*shǎi 色 名〈口〉(～儿)색, 색깔. diào～(掉～)색이 날다, 색깔이 바래다. tào～(套～)[칼라인쇄로] 채색하다.
☞ sè(色) 참조.

*shài 晒(曬) 動 [햇빛에]말리다, 햇볕을 쬐다. ¶ ～bèi(～被)이불을 말리다. ～tàiyáng(～太阳)햇볕을 쬐이다, 일광욕하다.

*shāizi 筛子(篩一) 名 체, 어레미. ¶ yòng～guòyiguo(用～过一过) 체로 좀 치다.

*shājīn 纱巾(紗一) 名《kuài 块》스카프.

*shāmò 沙漠 名 사막.

⁑shān 山 名《zuò 座》산. pá～(爬～)산을 오르다. shàng～(上～)산에 오르다. xìa～(下～)산

S

을 내려가다, 하산하다.

shān 衫 名 (~儿)《**jiàn** 件》홑웃옷, 적삼. **duǎnxiù**~(短袖~) 반소매 셔츠, 블라우스.

shān 扇 動 1. 부채질하다. '搧'라고도 씀. ~**huǒ**(~火)[부채로]불을 부치다. 2. 부추기다, 선동하다. =煽 ~**fēng diǎn huǒ**(~风点火) 선동하여 사건을 일으키다, 남을 부추겨 나쁜 짓을 하게 하다.
☞ **shàn**(扇) 참조.

shān 删 動 [자구(字句)를]삭제하다, 빼버리다. ¶ ~·diào jǐ ge jùzi(~掉几个句子)문장 몇 개를 삭제하다.

*__shǎn__ 闪(閃) 動 1. 날쌔게 피하다, 재빨리 비키다. ~·**kāi**(~开)비키다, 피하다. ~**shēn**(~身)몸을 비키다. 2. 번쩍번쩍하다, 번쩍이다. ¶ xīngguāng~~(星光~~) 별빛이 번쩍이다. 名 번개. **dǎ**~(打~)번개가 치다.

*__shàn__ 扇 名 (~儿)《**bǎ** 把》부채. =**shànzi**(扇子) 量 짝, 틀, 장; 문·창 등을 세는 데 쓰임. ¶ kāi yí~chuānghu(开一~窗户)창문 한 짝을 열다.
☞ **shān**(扇) 참조.

⁑**shàn** 善 形 1. 착하다, 어질다. ⇔ **è**(恶) 2. 좋다, 훌륭하다. 3. 친절하다, 온순하다. 4. 사이좋다, 친하다.

shàncháng 擅长(-長) 動 장기가 [재간이]있다, 정통하다, 뛰어나다. ¶ ~shùxué(~数学)수학에 뛰어나다. 名 장기, 재간.

†**shāndì** 山地 名 1. 산지. 2. 산에 있는 농지. ¶ ~zhòngzhe guǒshù(~种着果树)산지에 과일 나무를 심고 있다.

†**shǎndiàn** 闪电(閃電) 名《**dào** 道》번개.

†**shāndǐng** 山顶(-頂) 名 산정, 산꼭대기. ¶ pádào~(爬到~)산꼭대기에 기어 오르다.

shāndòng 扇动(-動) 動 1. 선동하다, 부추기다, 꼬드기다. ¶ ~bùmíng zhēnxiàng de rén nàoshì(~不明真相的人闹事)진상을 모르는 사람을 선동하여 일을 일으키다. 2. [부채 모양의 것을]부치다, 흔들다. ¶ ~chìbǎng(~翅膀)날개를 흔들다, 날개짓하다.

†**shānfēng** 山峰 名《**zuò** 座》산의 봉우리. ¶ ~liánmián(~连绵) 산봉우리가 끊임없이 이어져 있다.

*__shāng__ 伤(傷) 動 1. 상하다, 다치다, 해롭다. ¶ yānjiǔ~shēntǐ(烟酒~身体)담배와 술은 몸에 해롭다. 2. [기분을]상하다, 괴로워하다, 고민하다. ¶ ~gǎnqíng(~感情)감정을 상하게 하다. ~nǎojīn(~脑筋)골머리를 앓다, 골치아프다. 3. 식상하다, 물리다, 질력나다. ¶ chī·~le(吃~了)물리도록 먹었다. 名《**chù** 处, **kuài** 块》상처. ¶ ~hái méi hǎo(~还没好)상처가 아직 다 낫지 않았다.

*__shāng__ 商 動 1. 상의하다, 상담하다. 2. 몫을 얻다. 名 1. 상업, 장사. 2. 상인, 장사꾼.

shǎng 赏(賞) 動 1. 상을 주다. 2. 감상하다, 구경하다.

⁑**shàng** 上 名 1. 위, 상부, 위쪽. ☆ 단독으로 쓰일 때는 일반적으로 **shàngbiān**(上边), **shàngmian**

S

(上面), **shàngtou**(上头)로도 쓰임. 그러나 개사의 목적어로서는 단독으로 쓰임. ¶ wǎng~kàn(往~看)위를 보다. 2. 장소・범위를 나타냄. ¶ liǎn・~(脸~)얼굴. **bàozhǐ**~(报纸~)신문지상. **shēnghuó**~(生活~)생활면. 動 1. 오르다. ¶ ~gōnggòng qìchē(~公共汽车)버스에 오르다. ~**chuán**(~船)배에 타다. ~**jiē**(~街)거리로 나가다. ~**shān**(~山)산에 오르다. 2. 칠하다, 바르다, 더하다. ¶ kuài~diǎnr yào!(快~点儿药!)빨리 약을 발라라! 3. 어떤 시점을 기준으로 해서 그것보다 먼저 일어난 일을 나타냄. ¶ ~yí cì(~一次)지난 번. ~yí zhàn(~一站)앞 정거장. ~**xīngqī**(~星期)지난 주. 4. [나사나 태엽을]감다. ¶ biǎo gāi~xián le(表该~弦了)시계의 태엽을 감아야 한다. ~luósī(~螺丝)나사를 감다. 5. [신문 등에]기재하다, 싣다. ~**zhàng**(~帐)장부에 기입하다, 장부에 올리다. 6. [규정된 시간에 작업 따위를]시작하다. ~**bān**(~班)출근하다. ~**kè**(~课)수업하다. 7. [보어로 쓰여]높은 곳에 이름, 목적의 달성, 동작의 완성을 나타냄. ¶ dēng・~shāndǐng(登~山顶)산꼭대기에 오르다. kǎo・~dàxué(考~大学)대학에 합격하다. guān・~mén(关~门)문을 닫다. 介 …로, …에[방향을 나타냄.] ¶ nǐ ~nǎr qù?(你~哪儿去?)당신 어디에 갑니까?

shāngbā 伤疤(傷一) 名 《**kuài** 块, **tiáo** 条, **dào** 道》 흉터.

⁑**shàng▴bān** 上班 動 (~儿)출근하다. ⇔ **xià▴bān**(下班) ¶ jǐ diǎn ~?(几点~?)몇 시에 출근합니까? shàngle yì tiān bān(上了一天班)하루 일을 끝내다.

⁑**shàngbiān** 上边(一邊) 名 (~儿) 1. 위, 위쪽. 2. 전단, 전면. 3. 표면. 4. 상급, 상부. ¶ ~láile mìnglìng(~来了命令)상부에서 명령이 내려왔다.

shāngbiāo 商标(一標) 名 상표. **zhùcè**~(注册~)등록상표.

shàng▴cāo 上操 動 [집단에서] 체조나 훈련을 하러 가다. ¶ měitiān zǎoshang liù diǎn~(每天早上六点~)매일 아침 6시에 체조하러 간다. shàng zǎocāo(上早操) 아침 체조 하러 가다.

***shāngchǎng** 商场(一場) 名 [상점이 모여있는]시장, 상가. **bǎihuò**~(百货~)백화점.

***shàngcì** 上次 名 전회, 먼저 번, 전번. ⇔ **xiàcì**(下次) ¶ ~jiǎngguo de shì(~讲过的事)지난 번에 말했던 일.

***shàng▴dàng** 上当(一當) 動 속다, 꾐에 빠지다. ¶ shàngle tā de dàng(上了他的当)그의 속임수에 걸려 들었다.

†**shàngdì** 上帝 名 하느님, 상제.

⁑**shāngdiàn** 商店 名 《**jiā** 家》 상점 ; 백화점, 마켓. **bǎihuò**~(百货~)백화점. **rìyè**~(日夜~)24시간 영업하는 상점.

***shàng▴dòng** 上冻(一凍) 動 얼다. ¶ hé~le(河~了)강이 얼었다.

***shāng▴fēng** 伤风(傷風) 動 감기에 걸리다. ¶ xiǎoxin shāngle fēng

S

(小心伤了风)감기에 걸리지 않게 조심해라.

☞ **shāngfēng**(伤风) 참조.

*__shāngfēng__ 伤风(傷風) 名 감기.

☞ **shāng▲fēng**(伤风) 참조.

†**shānghài** 伤害(傷一) 動 상하다, 손상시키다, 해치다. ¶ ~shēntǐ (~身体)몸을 상하다, 몸을 해치다. ~zìzūnxīn(~自尊心)자존심을 상하다.

*__shānghán__ 伤寒(傷一) 名 1. 장티푸스. **chángshānghán**(肠伤寒)이라고도 함. ¶ dé~le(得~了)장티프스에 걸리다. 2. [한방에서의]감기.

†**shànghuí** 上回 名 지난 번, 전 번. =**shàngcì**(上次)

*__shàngjí__ 上级(一級) 名 상사, [조직등의]상급. ¶ bàogào~(报告~) 상부에 보고하다.

shàng▲jìnr 上劲儿(一勁兒) 動 힘이 나다, 흥미가 생기다, 흥이 나다. ¶ yuè shuō yuè~(越说越~)말하면 할수록 흥이 나다.

⁑**shàng▲kè** 上课(一課) 動 [교사가]수업을 하다, [학생이]수업을 받다. ¶ jǐ diǎn~?(几点~?)몇시에 수업을 하는가?

shàngkōng 上空 名 상공.

†**shāngkǒu** 伤口(傷一) 名 상처. ¶ yǎng~(养~)상처를 치료하다. bāozā~(包扎~)상처를 싸매다.

⁑**shànglai** 上来(一來) 動 1. 올라오다. ¶ kuài~ba!(快~吧!)빨리 올라와라! 2. [보어로 쓰여]동작이 높은 곳을 향해 가는 것, 성공 또는 완성된 것을 나타냄. ¶ páshàng shān lai(爬上山来)산을 오르다. dábu·~(答不~)잘 대답하지 못하다. shuō bu·~(说不~)말이 안되다, 말을 잘 못하다.

⁑**shāngliang** 商量 動 상담하다, 협의하다, 의논하다. ¶ wǒ yǐjing hé tā~·hǎo le(我已经和他~好了)나는 이미 그와 협의했다. zánmen~·~ba(咱们~吧)우리 상의해 봅시다. ~duìcè(~对策) 대책을 협의하다.

*__shàngmian__ 上面 名 (~儿)위, 위쪽. =**shàngbian**(上边)

*__shānpǐn__ 商品 名《**gè** 个, **jiàn** 件, **pī** 批》상품.

*__shàngqiān__ 上千 數 천이나 되다; 숫자가 매우 많음을 나타냄. ¶ ~qúnzhòng(~群众)천명이나 되는 군중.

shàngqiě 尚且 連 …조차, …한데, …까지도, 그럼에도 불구하고. 흔히 뒤에 **hékuàng**(何况)을 동반함. ¶ dàren~juéde lèi, gèng hékuàng háizi ne(大人~觉得累, 更何况孩子呢)어른도 피곤한데, 하물며 어린아이야.

⁑**shàngqu** 上去 動 1. 올라가다. ¶ shàng lóu qu(上楼去)위층으로 올라가다. 2. [보어로 쓰여]동작이 높은 곳으로 향해 가거나, 먼곳으로 가는 것을 나타냄. ¶ zǒu·~(走~)걸어 올라가다. tā bǎ suǒyǒu de lìliang shǐ·~le(他把所有的力量使~了)그는 모든 힘을 다 기울였다.

†**shāngrén** 商人 名 상인.

†**shàngshēng** 上升 動 상승하다.

†**shàngshù** 上述 動 상술하다, 위에서 말하다. 名 상술.

shàngsi 上司 名 상사. =**shàngjí** (上级) ¶ dǐngtóu~(顶头~)직속

S

상관.

shāngtǎo 商讨(一討) 動 토의하다, 협의하다. ¶ ~duìcè(~对策) 대책을 협의하다.

*__shàngtou__ 上头(一頭) 名 위, 위쪽, 상부. =**shàngbian**(上边) ¶ zhè shì~de mìnglìng(这是~的命令)이것은 상부의 명령이다.

†**shāngǔ** 山谷 名 산골짜기.

*__shàngwàn__ 上万(一萬) 數 만 이상, 몇 만의 수. **chéngqiān**~(成千~)수천 수만, 대단히 많은 수.

*__shǎngwu__ 晌午 名〈口〉정오, 점심 때, 한낮. =**zhōngwǔ**(中午)

⁑**shàngwǔ** 上午 名 오전⇔**xiàwǔ**(下午) ¶ ~zài jiā(~在家)오전에는 집에 있다.

*__shàngxià__ 上下 名 1. 지위의 높고 낮음. ¶ quánjiā~(全家~)온 가족. 2. 위에서 아래까지. ¶ ~dǎliang(~打量)위에서 아래까지 살펴보다. 3. 고저(高低), 좋고 나쁨, 우열. **nán fēn**~(难分~)우열을 가리기 어렵다. 4. [수량사의 뒤에 쓰여]안팎, 내외, 쯤, 가량. ¶ sìshí~(四十~)40세 가량. 動 오르내리다. ¶ ~lóutī(~楼梯)계단을 오르내리다.

*__shāng▲xīn__ 伤心(傷一) 動 마음 아파하다, 슬퍼하다, 상심하다. ¶ wèi jiānglái~(为将来~)장래의 일로 마음 아파하다.

⁑**shàng▲xué** 上学(一學) 動 학교에 가다. ¶ qī suì~(七岁~)일곱살에 학교에 가다.

†**shàngxún** 上旬 名 상순.

shàngyǎn 上演 動 상연하다. ¶ ~xīn diànyǐng(~新电影)새 영화를 상영하다.

*__shāngyè__ 商业(一業) 名 상업. ~**bùmén**(~部门)상업 부문. ~**chéngshì**(~城市)상업도시.

*__shàngyī__ 上衣 名 《**jiàn** 件》 상의, 웃도리, 저고리.

shàng▲yǐn 上瘾(一癮) 動 인이 박이다, 고질이 되다, 중독되다. ¶ xià wéiqí xià · ~le(下围棋下~了)바둑에 중독이 되었다.

†**shàngyóu** 上游 名 강의 상류.

shāngyuán 伤员(傷員) 名 [주로 군대의]부상자.

*__shàngyuè__ 上月 名 지난달. **shàng ge yuè**(上个月)라고도 함. ⇔**xiàyuè**(下月)

shānhú 珊瑚 名 산호. ~**jiāo**(~礁)산호초.

shānlǐng 山岭(一嶺) 名 산봉우리, 연봉.

*__shānmài__ 山脉(一脈) 名 《**dào** 道, **tiáo** 条》 산맥.

*__shānpō__ 山坡 名 산의 정상과 평지 사이의 경사면, 산비탈. **bàn**~(半~)산 중턱.

†**shānqū** 山区(一區) 名 산간지구, 산악지대.

shānshuǐ 山水 名 1. 산에서 흐르는 물. 2. [산천의]풍경, 산과 물. ¶ jiāxiāng de~(家乡的~)고향의 경치. 3. 산수화.

†**shǎnshuò** 闪烁(閃爍) 名 1. 반짝이다, 번쩍번쩍하다. ¶ xīngxing~(星星~)별이 반짝이다. 2. [말을]얼버무리다, 요리조리 피하다. ~**qí cí**(~其词)말을 얼버무리다[둘러대다].

*__shānyáng__ 山羊 名 《**zhī** 只》〈動〉염소. ~**hú**(~胡)염소 수염.

shǎnyào 闪耀(閃一) 動 반짝이

S

며 빛나다. ¶ fánxīng～(繁星～)뭇별들이 반짝이며 빛나다.

shānyě 山野 名 산야, 야산.

†**shànyú** 善于(一於) 動 …에 능숙하다, …를 잘하다. ¶ ～cílìng(～辞令)말을 잘하다, 말주변이 좋다. ～guānchá(～观察)관찰을 잘하다. ～tuánjié qúnzhòng(～团结群众)대중을 잘 단결시킬 줄 알다.

shànzì 擅自 副 제멋대로, 독단적으로. ¶ bùzhǔn～rùnèi(不准～入内)제멋대로 안에 들어와서는 안된다. ～zuòzhǔ(～作主)제멋대로 처리하다.

*__shànzi__ 扇子 名 《**bǎ** 把》부채. ¶ shān～(扇～)부채를 부치다, 부채질하다. **tuán**～(团～)둥근 부채. **zhé**～(折～)쥘부채.

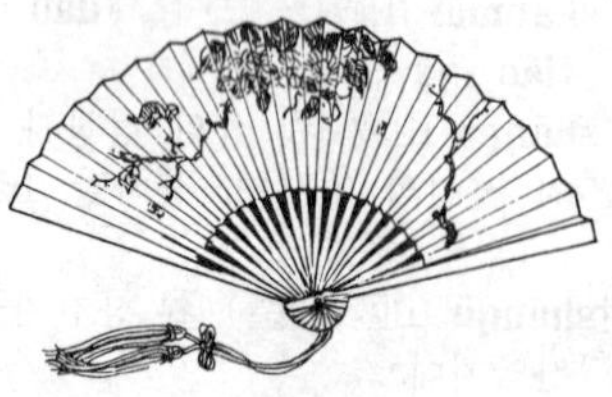

扇子

S

shāo 梢 名 1. (～儿)나뭇가지의 끝, 우듬지. **shù**～(树～)나뭇가지의 끝. 2. 가늘고 긴 물건의 끝부분. **biàn～r**(辫～儿)변발의 끝부분, 변발 끝의 땋아져 있지 않은 부분.

⁑**shāo** 烧(燒) 動 1. 태우다, 불사르다. ¶ tā bǎ nà fēng xìn～·diào le(她把那封信～掉了)그녀는 그 편지를 불태워 버렸다. ～**huǒ**(～火)불을 피우다. ～**méiqì**(～煤气)가스를 때다. 2. 가열하다, 끓이다, 밥을 짓다. ～**fàn**(～饭)밥을 짓다. ～**shuǐ**(～水)물을 끓이다. 3. 열이 나다. ¶ ～·de lìhai(～得利害)열이 심하게 나다. 名 열. **fā**～(发～)열이 나다.

shāo 捎 動 인편에 보내다[전하다], 가는[오는]길에 가져가다[오다]. ¶ ～kǒuxìnr(～口信儿)전갈하다.

*__shāo__ 稍 副 조금, 약간. ¶ ～děng yí xià(～等一下)잠깐 기다리세요.

*__sháo__ 勺 名 (～儿) 《**bǎ** 把》국자, 주걱. =**sháozi**(勺子) **fàn**～(饭～)밥주걱.

⁑**shǎo** 少 形 1. 적다. ⇔ **duō**(多) ¶ lái de rén hěn～(来的人很～)온 사람이 적었다. hěn～rén lái(很～人来)오는 사람이 매우 적다. ☆ **hěn shǎo**(很少)나 **hěnduō**(很多)가 한정어로 뒤의 말을 수식하는 경우에 조사 **de**(的)를 쓰지 않음. 그러므로 마지막 예문은 **hěn shǎo de rén lái**(很少的人来)라고 하지 않음. 2. [hěn(很)과 함께 쓰여]좀처럼 …하지 않다. ¶ tā hěn～shuōhuà(她很～说话)그녀는 말수가 적다. hěn～xià xuě(很～下雪)좀처럼 눈이 내리지 않는다. zhèyàng de jīhui hěn～yǒu(这样的机会很～有)이런 기회는 좀처럼 생기지 않는다. 動 1. 부족하다, 모자라다, 빠지다. ¶ hái～qī ge(还～七个)아직 일곱 개 모자라다. 2. 없어지다, 잃다. ¶ shūjià shang～·le sān běn shū(书架上～了三本书)책꽂이에서 책이 3권 없어졌다.

*****shāobing** 烧饼(燒餅) 名 《**gè** 个, **kuài** 块》 주식(主食)의 일종 ; 밀가루를 반죽하여 원형 또는 사각의 평평한 모양으로 만들어 표면에 참깨를 뿌려 구운 빵의 일종. ¶ kǎo～(烤～)위의 빵을 굽다.

†**shàobīng** 哨兵 名 초병, 보초병.

shǎojiàn 少见(一見) 形 보기 드물다, 진귀하다. ¶ zhèzhǒng rén hěn～(这种人很～)이런 사람은 매우 보기 드물다.

shāomai 烧卖(燒賣) 名 돼지고기·양파·소금·후추 따위를 혼합하여 얇은 피에 넣고 찐 만두의 일종 ; 속어로 '烧麦'라고도 씀.

*****shàonián** 少年 名 1. 소년기 ; 10세 전후부터 15, 6세 정도까지의 시기. 2. 소년, 소녀. ～**xiānfēngduì**(～先锋队)소년 선봉대 ; 소년을 대상으로 한 과외 활동, 사상교육 조직.

†**shàonǚ** 少女 名 소녀.

*****shǎopéi** 少陪 動 〈應〉 먼저 실례합니다, 실례하겠습니다 ; 연회석 따위에서 일이 있어 먼저 자리를 떠날 때 쓰는 말. ¶ wǒ hái yǒu diǎnr shì, ～le(我还有点儿事, ～了)나는 일이 좀 있어서, 먼저 실례하겠습니다.

†**shǎoshù** 少数(一數) 名 소수. ¶ ～fúcóng duōshù(～服从多数)소수는 다수에 복종한다. ～**mínzú**(～民族)소수 민족.

⁑**shāowēi** 稍微 副 조금, 약간, 다소. ¶ qǐng nín～děng yíhuìr(请您～等一会儿)잠시 기다려주십시오. bìng～hǎo yìdiǎnrle(病～好一点儿了)병이 좀 호전되다.

*****shàoxiānduì** 少先队(一隊) 名 〈略〉 소년 선봉대. ＝**shàonián xiānfēngduì**(少年先锋队)

*****sháoyao** 芍药(一藥) 名 〈植〉 작약, 작약꽃.

shàoye 少爷(一爺) 名 1. [옛날] 관리·지주·자산계급 따위 집안의 아들 ; 도련님, 도령, 젊은 나으리. 2. [옛날]다른 사람의 아들을 높여 부르는 말 ; 아드님, 자제.

shǎoyǒu 少有 形 드물다, 별로 없다, 희귀하다. ¶ zhèzhǒng shìqing hěn～(这种事情很～)이런 일은 매우 드물다.

*****sháozi** 勺子 名 《**bǎ** 把》 국자.

shàshí 霎时(一時) 名 삽시간, 순식간, 잠깐 사이. ¶ tā～bú jiàn le(他～不见了)그가 잠깐 사이에 없어졌다.

shātān 沙滩(一灘) 名 《**kuài** 块》 사주, 모래톱, 백사장.

shātáng 砂糖 名 사탕, 굵은 설탕.

shǎxiào 傻笑 動 바보스레 웃다, 실없이 웃다. ¶ tā chòngzhe wǒ ～(他冲着我～)그는 나를 향해 실없이 웃었다.

shāyǎn 沙眼 名 〈醫〉 트라코마. ¶ dé～le(得～了)트라코마에 걸렸다.

*****shāzi** 沙子 名 《**lì** 粒, **bǎ** 把, **cuō** 撮》 모래.

shǎzi 傻子 名 바보, 천치. ☆ 형용사 **shǎ**(傻)가 접미사를 수반하여 명사화된 것.

†**shē** 奢 形 1. 사치스럽다, 낭비하다. 2. 과분하다, 지나치다.

shē 赊(賒) 動 외상으로 사다[팔

다]. ¶ yígài bù~(一概不~)외상 절대사절. ~**mài**(~卖)외상으로 팔다. ~**zhàng**(~帐)외상의 장부기재, 외상 계산서.

shé 舌 名 1. 혀. =**shétou**(舌头) 2. 혀 모양의 물건. 3. 목탁, 방울속의 추.

***shé** 蛇 名 《**tiáo** 条》〈動〉 뱀. **huà ~tiān zú**(画~添足)뱀을 그리는데 다리를 그려넣다 ; 쓸데없는 짓을 하다.

***shé** 折 動 1. [가늘고 긴 것이]끊어지다, 꺾어지다, 부러지다. ¶ shùzhī~le(树枝~了)나뭇가지가 부러졌다. 2. 밑지다, 손해보다. ~**běnr**(~本儿)본전에 밑지다.
☞ **zhé**(折)참조.

shè 社 名 1. 조직체, 단체, 조합 2. 지신(地神), 지신제. 3. '人民公社' 혹은 '合作社'의 준말.

shè 摄(攝) 動 1. 섭취하다, 흡수하다. 2. 촬영하다. ~**yǐng**(~影)촬영하다.

†**shè** 设(設) 動 차리다, 배치하다, 세우다, 설치하다. ~**yàn**(~宴) 잔치를 열다, 주연을 베풀다.

***shè** 射 動 1. 쏘다, 발사하다. ¶ ~·zhòngle yì zhī niǎo(~中了一只鸟)새 한마리를 명중시켰다. 2. 발산[방사]하다. ¶ yángguāng ~·jìn wūzi(阳光~进屋子)햇빛이 방안에 비치다.

***shèbèi** 设备(設備) 動 갖추다, 설비하다. ¶ yīyuàn~·de búcuò (医院~得不错)병원 설비가 잘 되어 있다. 名 설비.¶ nuǎnqì~(暖气~)난방 설비. zìláishuǐ~(自来水~)수도 설비.

***shěbude** 舍不得(捨—) 動 [버리거나 헤어지기]아쉽다, 아깝다, 미련이 남다, 섭섭하다. ¶ zhè diǎnr dōngxi yǒu shénme~de?(这点儿东西有什么~的?)이 물건이 뭐가 아깝니? ~chī(~吃) 먹기 아깝다.

shēchǐ 奢侈 形 사치스럽다, 낭비하다. ¶ shēnghuó~(生活~) 생활이 사치스럽다.

†**shěde** 舍得(捨—) 動 아깝지 않다, 미련이 없다, 아쉬워하지 않다. ¶ gànhuó~chūlì(干活~出力) 힘을 아끼지 않고 일하다, 열심히 일하다.

†**shèfǎ** 设法(設—) 動 방도를 세우다, 방법을 강구하다. ¶ ~jiějué (~解决)방법을 강구하여 해결하다. **xiǎng fāng**~(想方~)갖은 방법을 다하다, 여러가지 방법을 생각하다.

⁂**shèhuì** 社会(—會) 名 사회. **jiù** ~(旧~)구사회 ; 특히 1949년 이전의 중국 사회를 말함. ~**zhǔyì** (~主义)사회주의.

⁂**shéi** 谁(誰) 代 1. 누구, 아무. 2. 누군가.
☞ **shuí**(谁) 참조.

†**shèjī** 射击(—擊) 動 사격하다. 名 [스포츠의]사격. ~**bǐsài**(~比赛) 사격경기.

shèjí 涉及 動 …에 관계하다, 관련하다, 미치다. ¶ zhè jiàn shì~·dào yí ge rén de pǐnzhì wèntí (这件事~到一个人的品质问题) 이 일은 한 사람의 품성문제에 관련있다.

***shèjì** 设计(設計) 動 설계하다. ¶ ~tú'àn(~图案)도안을 설계하다. 名 설계. ¶ gǎo~(搞~)설

계 일을 하다.

shèlùn 社论(一論) 名 사설. ¶ fā-biǎo～(发表～)사설을 발표하다. **yuándàn**～(元旦～)연두에[신문에] 실리는 사설.

shě▲mìng 舍命(捨一) 動 목숨을 버리다, 목숨을 내던지다. ¶ shěle zìjǐ zhè tiáo mìng yě děi bǎ nǐ jiùchulai(舍了自己这条命也得把你救出来)내 목숨을 버려서라도 당신을 구해 내겠다. ～**jiù rén**(～救人)목숨을 던져 사람을 구하다.

shēn 申 動 1. 설명하다, 이야기하다. 2. 펴다, 펼치다. 3. 보내다, 송치하다. 4. 거듭하다, 되풀이하다. 名 1. 십이지(十二支)의 9번째. 2. 오후 3시～5시 사이.

*__shēn__ 身 名 1. 몸, 신체. **quán**～(全～)온 몸. **shàng**～(上～)상반신. **xià**～(下～)하반신. 2. 생명. **fèn bú gù**～(奋不顾～)헌신적으로 분투하다. 接尾 물체의 주요 부분. **jī**～(机～)비행기의 동체, 기체. 量 벌, 착[상하로 된 옷을 세는 데 쓰임.] ¶ yì～xīn yīfu(一～新衣服)새옷 한벌.

*__shēn__ 伸 動 1. [신체나 물체의 일부분을]펴다, 내뻗다. ¶ ～lǎnyāo(～懒腰)기지개를 켜다. ～shǒu(～手)손을 뻗다. 2. 설명하다, 피력하다. =**shēn**(申)

⁑**shēn** 深 形 1. 깊다. ⇔ **qiǎn**(浅) ¶ shuǐ～ma?(水～吗?)물이 깊니? 2. [시간이]깊다, 오래되다. ¶ yè～le(夜～了)밤이 깊었다. 3. 내용이 어렵다. ¶ zhè běn shū hěn～(这本书很～)이 책은 매우 어렵다. 4. [정이]두텁다. ¶ qíngyì～(情意～)정이 두텁다, 정이 깊다. 5. [색이]짙다. ¶ yánsè tài～(颜色太～)색이 너무 짙다.

*__shén__ 神 名 1. 신. **wú～lùn**(无～论)무신론. 2. 정신, 정기, 신경, 주의력. **jiǒng jiǒng yǒu**～(炯炯有～)눈이 반짝이고 기백이 넘치다, 눈에 영채가 돌다.

shěn 审(審) 動 1. 심사하다, 연구하다. 2. 심문하다, 취조하다.

shèn 渗(滲) 動 새다, 조금씩 흘러나오다, 스며들다. ¶ hànzhū～·chulai le(汗珠～出来了)땀방울이 흘러 나왔다. ～·dào dìli(～到地里)땅속으로 스며들다.

shēnbiān 身边(一邊) 名 신변, 몸. ¶ ～wú zǐnǚ(～无子女)곁에 돌봐줄 자식이 없다. ～zǒng dài zhe yì běn shū(～总带着一本书)항상 몸에 책을 지니고 있다.

†**shēncái** 身材 名 체격, 몸집, 몸매. ¶ ～hǎo(～好)체격이 좋다. ～miáotiao(～苗条)몸매가 날씬하다.

†**shěnchá** 审查(審査) 動 상세히 조사하다, 심사하다. ¶ ～jiātíng qíngkuàng(～家庭情况)가정형편을 조사하다. ～lùnwén(～论文)논문을 심사하다.

†**shēndù** 深度 名 심도, 깊이.

shēnfen 身分·身份 名 1. 신분, 자격. ¶ yǐ zhǔrèn～chūxí huìyì(以主任～出席会议)주임의 자격으로 회의에 출석하다. 2. 지위, 체면. ¶ yǒushī～(有失～)체면을 잃다, 품위를 잃다.

⁑**shēng** 声(聲) 名 (～儿)음(音), 소리. ¶ shuōhuà～(说话～)말하는 소리. yǔ～(雨～)빗소리. 量

S

음이나 소리를 내는 횟수. ¶ hǎnle liǎng~(喊了两~)2, 3번 소리질렀다, 몇 번 불렀다.

⁑**shēng** 生 動 1. 낳다, 태어나다. ¶ ~háizi(~孩子)아이를 낳다. 2. 생기다, 자라나다. ¶ shùgēn shang~·le yí ge mógu(树根上~了一个蘑菇)나무뿌리 위에 버섯 하나가 자라났다. 3. 생기다, 발생하다. ~**bìng**(~病)병이 나다. ~**qì**(~气)화가나다. 形 설다, 날 것이다, 덜익다. ¶ zhèxiē xīguā hái shì~de(这些西瓜还是~的)이 수박들은 아직 덜 익은 것이다. zhège yú bù néng~chī(这个鱼不能~吃)이 생선은 날것으로 먹을 수 없다. 2. 낯설다, 생소하다. ~**dìfang**(~地方)낯선 곳. ~**rén**(~人)낯선 사람. ~**zì**(~字) 모르는 글자.

***shēng** 升 動 오르다, 올라가다, 올리다. ⇔ **jiàng**(降) ¶ ~guóqí(~国旗)국기를 게양하다. 量 리터(liter) ; **dǒu**(斗)의 10분의 1. ¶ yì~píjiǔ(一~啤酒)맥주 1리터.

shéng 绳(繩) 名 (~儿)《**gēn** 根, **tiáo** 条》끈, 줄, 새끼, 밧줄. = **shéngzi**(绳子)

***shěng** 省 動 1. 절약하다. ¶ ~shíjiān(~时间)시간을 절약하다. 2. 덜다, 줄이다. ¶ ~yí dào shǒuxù(~一道手续)수속 하나를 줄이다. 名 성 ; 중국의 제 1급 행정단위. ~**zhǎng**(~长)성장(省長), 성지사.

***shèng** 胜(勝) 動 1. 이기다, 승리하다. **yǐ shǎo~duō**(以少~多) 소수로 다수를 이기다. 2. 낫다, 우월하다. ¶ yí ge~·sì yí ge(一个~似一个)모두 다 우월하다.

shèng 盛 形 1. 흥성하다, 번성하다. 2. 세차다, 왕성하다, 성대하다. 3. 성행하다, 널리 유행하다.

***shèng** 剩 動 남다. =**shèngxia**(剩下)~**fàn**(~饭)밥을 남기다, 남은 밥.

***shēng▲bìng** 生病 動 병에 걸리다. ¶ shēngle yì cháng dà bìng(生了一场大病)큰 병이 났다, 큰 병을 앓다.

***shēngchǎn** 生产(-產) 動 1. 생산하다. ¶ ~shíyóu(~石油)석유를 생산하다. 2. 출산하다. ¶ tā kuài~le(她快~了)그녀는 곧 출산할 것이다. 名 생산. ~**dàduì**(~大队)생산대대 ; 인민공사의 하부조직. ~**fāngshì**(~方式)생산방식. ~**lì**(~力)생산력.

***shēngcí** 生词(-詞) 名 새 단어, 새 낱말.

†**shēngcún** 生存 動 살아남다, 생존하다. ~**jìngzhēng**(~竞争)생존경쟁.

shèngdà 盛大 形 [단체행사 등이] 성대하다. ¶ ~de yànhuì(~的宴会)성대한 연회.

†**shèngdàn** 圣诞(聖誕) 名 예수의 탄생일. ~**jié**(~节)성탄절, 크리스마스. ~**lǎorén**(~老人)산타클로스. ~**qiánxī**(~前夕)크리스마스 이브.

***shěngde** 省得 連 …하지 않도록, …하지 않기 위해서. ¶ dàole jiù lái xìn, ~wǒ guàniàn(到了就来信, ~我挂念)내가 염려하지 않도록, 도착하는 대로 편지하세요.

***shēngdiào** 声调(聲調) 名 1. 말투, 어조. ¶ ~jī'áng(~激昂)어

S

학습 정보 ㉑

◈ 声调 shēngdiào(성조) ◈

1. 調置와 調類

단어에 강약·고저 악센트를 조직적으로 두어 의미를 구별하는 것은 차이나·티베트 어족의 큰 특색의 하나로, 이것을 「声调言语」(tone language)라 한다.

중국어는 음절 내부의 고저 악센트에 의해 어휘의 차이를 나타낸다. 예를 들어 공통어에서는 높고 평평하게 si라고 하면 "丝"(실사)이며, si라고 위에서 아래로 내려오는 발음은 "四"(숫자의 4), sǐ라고 머무르게 하는 것 같이 발음하면 "死"(죽다)의 의미가 되니, sī, sǐ, sì는 각각 다른 말이 된다. 이러한 음의 고저는, 1음절 내에서 곡선처럼 변하는데, 이 형태를 "调置 diàozhí" 또는 "调型 diàoxíng"이라 한다.

북경어에는 4개의 調置유형이 있는데, 陰平·陽平·上聲·去聲이라 부른다. 이와 같은 하나의 방언 내의 조형패턴을 "调类 diàolèi"라 한다. 각 방언간에는 조류는 같으면서도, 실제의 "调值"는 다른 경우가 많다. 북경어 및 이것에 기초한 공통어에서는 양평성은 높게 상승하는 발음이지만, 武漢의 방언에서는 하강조로 발음된다.

2. 여러가지 聲調符號

성조부호는 "调号 diàohào"라 하며, 시대·용도에 따라 여러 종류의 방법이 있다.

a. 漢語拼音方式

병음 로마자의 주모음 위에 제 1성에서부터 제4성의 표시를 **sī·sí·sǐ·sì**와 같이 붙인다.

경성은 표시가 없으나, 경우에 따라서는 si처럼 ∘표시를 붙일 때도 있다.

b. 五段階調値方式

저음 [1˩], 반저음 [2˨], 중음 [3˧], 반고음 [4˦], 고음 [5˥]의 5가지로 나눠지며, 이것의 연속에 의해 실제의 조치를 나타낸다.

예를 들면, 공통어의 제1성은 55˥, 제2성은 35˧˥, 제3성은 214˨˩˦, 제4성은 51˥˩로 표기한다.

c. 옛날 방식

옛날에는 압운상의 필요에서 平上去入의 구별을 한자의 네 귀퉁이에 반원 마크를 붙여 표시했다. 평성 ꜀□, 상성 ꜂□, 거성 □꜄, 입성 □꜆. 현재에도 평성 가운데, 양평성을 ꜁□으로 구별하여 사용한다.

3. 공통어의 성조

a. 四聲

공통어에는 "阴平 yīnpíng"(第 1聲), "阳平 yángpíng"(第 2聲), "上声 shǎngshēng"(第 3聲), "去声 qùshēng"(第 4聲)의 4종류의 성조가 있고, 이것을 "四声 sìshēng"이라 한다. 또한, 4성 이외에 「경성」이라 불려지는 조치의 일정하지 않은 짧고 가벼운 악센트형이 있지만, 이것은 제 1성에서 제 4성까지의 變調(음의 변화)의 일종이라고 생각된다.

성조의 제 1성에서부터 제 4성까지를 그려보면 다음과 같다.

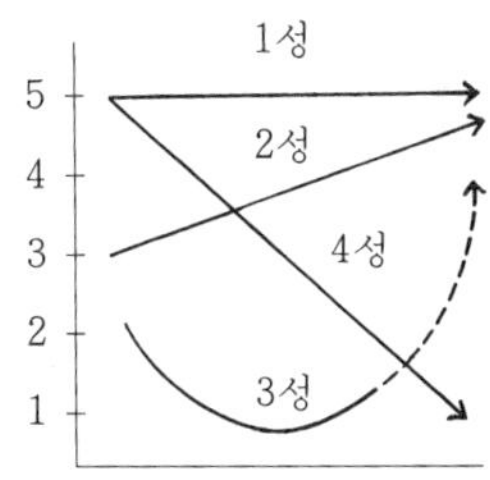

S

四聲 가운데에서는, 제 3성이 가장 어렵다. 발음의 요령은,

① **第1聲**이 높고 평평한 긴장을 계속 유지하는 것에 대해,

② **第3聲**은 목을 잡아 당기듯이 낮은 곡조로 내려 끊고, 마지막에 잠깐 성대의 긴장을 풀면 후미가 자연히 올라간다.

③ **第2聲**은 보통 높이에서 단숨에 위로 올라가는 곡조이다.

④ **第4聲**은 반대로, 소리내는 부분을 높게 긴장시키고, 잠시 힘을 빼면 하강곡조가 된다.

고저의 형태에 구애되지 않고, 높고 낮은 곡조를 내기 위한 목소리(성대)의 긴장과 풀어줌의 연속적인 형태로서 四聲을 파악하면 자연스런 발음이 된다.

b. 輕聲

이상의 예외로, 앞 음절에 대해서 가볍고 짧게 발음되는 것을 「轻声」이라 한다. 그러나 고유의 성조 패턴대로가 아닌, 앞 음절과의 연속에 의한 음의 약화 현상으로 음의 높이도 바로 앞의 성조에 따라 결정된다.

① **1성 + 경성 ⇒ 半低調**

② **2성 + 경성 ⇒ 中 調**

③ **3성 + 경성 ⇒ 半高調**

④ **4성 + 경성 ⇒ 低 調**

경성에 의한 말은, 접미어나 어기사·조사·동사 어미 및 2음절 이상의 구어 어휘 등으로, 품사 구분이나 의미의 식별기능을 담당하기도 한다. 같은 漢字에서도, 경성이 있는 것과 없는 것에 따라 의미가 변하는 경우가 있다. 예를 들어, "妻子 qīzǐ"는 「처와 자식」이지만, "妻子 qīzi"는 「처」의 의미가 된다. 또한, 경성으로 하고 안하고에 따라 "帘子 liánzi"(커튼)과 "莲子 liánzǐ"(연꽃의 열매)와 같이 전연 의미가 달라지는 것도 있다.

c. 變調

연속하여 음절을 발음하면 본래의 성조가 변화하는 것을 "变调"라 부르며, 공통어에서는 아래의 종류가 있다.

단, 표기상은 원래 성조대로인 것이 많다.

① 第3聲＋第3聲(원래 3聲인 경성을 포함한다)→第2聲＋第3聲

예 广场 guǎngchǎng → (실제의 발음)guángchǎng

哪里 nǎli→náli

② 第3聲＋그외의 성조 → 半3聲＋그외의 성조

예 老師 lǎo 214 shī→lǎo 21 shī

③ "一 yī"는 서수사인 경우 이외에, 뒤에 第1聲·第2聲·第3聲이 계속되면 4聲으로 변하고, 뒤에 第4聲이 오면, 第2聲으로 변조한다. 경성이 오는 경우도 본래의 성조에 따라 같은 변조를 일으킨다.

예 一天 yītiān→yìtiān

一起 yīqǐ→yìqǐ

一共 yīgòng→yígòng

④ "不 bù"는 뒤에 第4聲이 오면 第2聲으로 변조한다.

예 不看 bùkàn→búkàn

"七 qī", "八 bā"도 종래 "一"과 같이 변조되는 것이 많았지만, 지금은 원래의 성조대로 발음하는 것이 보통이다.

조가 격앙되다. 2. 성조 ; 고저 악센트[특히 중국어의 사성(四聲)을 말함.]

***shēngdòng** 生动(一動) 形 생동감있다, 생기발랄하다, 활력이 있다. ¶ qíngjié miáoxiěde～(情节

S

描写得～)줄거리가 생동감있게 묘사되어 있다. ～de gùshi(～的故事)생동감있는 이야기.

*shěnghuì 省会(－會) 名 성도(省都); 성정부(省政府)소재지.

shènghuì 盛会(－會) 名 성회, 성대한 모임. ¶ tuánjié yǒuyì de～(团结友谊的～)단결과 우정의 성대한 모임.

⁑shēnghuó 生活 動 활동하다, 생활하다. ¶ cóng xiǎo～zài nóngcūn(从小～在农村)어려서부터 농촌에서 생활하다. wǒ gēn tā yìqǐ～·guo(我跟他一起～过)나는 그와 함께 생활한 적이 있다. 名 1. 생활, 활동. ¶ ānpái～(安排～)생활설계를 하다. **zhèngzhì**～(政治～)정치 활동. 2. 〈方〉 일. = **huó**(活) ¶ zuò～(做～)일을 하다.

shēng▴huǒ 生火 動 불을 피우다. ¶ ～zuò fàn(～做饭)불을 피워 밥을 짓다. shēngbuzháo huǒ(生不着火)불이 붙지 않다.

shēngjiàng 升降 名 승강, 오르고 내림. ～**jī**(～机)승강기, 엘리베이터. ～**tī**(～梯)에스컬레이터.

*shēngkou 牲口 名《**tóu** 头》 가축, 집짐승. ¶ gǎn～(赶～)가축을 몰다. ～**péng**(～棚)축사, 우리.

†shēnglǐ 生理 名 생리; 몸의 움직임이나 기능. ～**xué**(～学)생리학.

*shènglì 胜利(勝－) 動 1. 이기다, 승리하다. ¶ jiěfàng zhànzhēng～le(解放战争～了)해방전쟁에서 승리했다. 2. 성공하다. ¶ dàhuì～bìmù(大会～闭幕)대회는 성공적으로 끝났다. 名 승리. ¶ qǔdé～(取得～)승리를 얻다.

shěnglüè 省略 動 생략하다. ¶ ～·le xiángxì dìzhǐ(～了详细地址)상세한 주소지는 생략했다.

*shēngmíng 声明 動 성명하다. ¶ tā～·le yào duó guànjūn(他～了要夺冠军)그는 우승할 것이라고 선언했다. 名 성명. ¶ fābiǎo～(发表～)성명을 발표하다. **liánhé**～(联合～)공동 성명.

*shēngmìng 生命 名 명, 수명, 생명. ☆ **xìngmìng**(性命)보다도 좀 문어적이며, 대개 비유적인 것에 사용됨. ¶ ～bù xī, zhàndòu bù zhǐ(～不息, 战斗不止)생명이 있는 한 싸우다. **zhèngzhì**～(政治～)정치 생명.

shēngpà 生怕 動 …할까봐 몹시 두려워하다. ¶ ～zǒulòule fēngshēng(走漏了风声)소문이 샐까봐 두려워하다.

*shēng▴qì 生气(－氣) 動 화내다, 성내다. ¶ tā yǒudiǎnr～le(她有点儿～了)그녀는 좀 화가 났다. shēng háizi de qì(生孩子的气)아이에게 화를 내다.

⁑shēngrì / shēngri 生日 名 생일. ¶ guò～(过～)생일을 쇠다.

shěng▴shì 省事 動 수고를 덜다. ¶ zhèyàng kěyi shěng hěn duō shì(这样可以省很多事)이렇게 하면 많은 수고를 덜 수 있다. ☞ **shěngshì**(省事) 참조.

shěngshì 省事 形 편리하다, 간단하다. ¶ chī shítáng～(吃食堂～)식당에서 식사를 하는 것이 편리하다. ☞ **shěng▴shì**(省事) 참조.

*shēngwù 生物 名 생물. ～**xué**(～学)생물학.

shèngxia 剩下 動 남다. ¶ ~de dōu liúgei tā ba(~的都留给他吧) 남은 것은 모두 그에게 남겨주시오. ~liǎng ge(~两个)2개 남다.

shēng▲xué 升学(—學) 動 진학하다. ¶ yǒu yí bàn shēngle dàxué(有一半升了大学)반수가 대학에 진학했다. ~**lǜ**(~率)진학률.

*__shēngyì / shēngyi__ 生意 名 장사, 영업. ¶ zuò~(做~)장사를 하다. ~xīnglóng(~兴隆)장사가 번성하다.

⁑**shēngyīn** 声音(聲—) 名 음(音), 소리, 음성. ¶ hěn dà de~(很大的~)큰 소리. shuōhuà de~(说话的~)말하는 소리. bǎ~fàngdī(把~放低)소리를 낮게 하다.

†**shèngyú** 剩余(—餘) 動 남다. 名 잉여, 나머지.

*__shēngzhǎng__ 生长(—長) 動 생장하다, 성장하다, 나서 자라다. ¶ ~zài Běijīng(~在北京)북경에서 나서 자라다.

*__shéngzi__ 绳子(繩—) 名 《**tiáo** 条, **gēn** 根》새끼, 밧줄, 노끈. ¶ kǔn ~(捆~)노끈으로 묶다.

S

†**shēnhòu** 深厚 形 깊고 두텁다. ¶ ~de yǒuyì(~的友谊)깊은 우정.

†**shénhuà** 神话(—話) 名 1. 신화. 2. 황당 무계한 말.

*__shénjīng__ 神经 (—經) 名 《**gēn** 根, **tiáo** 条》신경. ~**bìng**(~病) 정신병. ~**guòmǐn**(~过敏)신경과민.

*__shēnkè__ 深刻 形 깊다, 강하게 마음에 남다. ¶ ~de yìnxiàng(~的印象)깊은 인상. jiàoxun hěn ~(教训很~)교훈이 매우 깊다.

shēnliang 身量 名 (~儿)〈口〉신장, 키. ¶ dǎliangle yí xià duìfāng de~(打量了一下对方的~) 상대방의 키를 훑어보았다. ~bù gāo(~不高)키가 크지 않다.

⁑**shénme** 什么(—麽) 代 1. 무엇, 어떤, 무슨. ¶ zhè shì~?(这是~?) 이것은 무엇이냐? nǐ xǐhuan chī ~?(你喜欢吃~?)당신은 무엇을 먹기 좋아합니까? nǐ jiào~míngzi?(你叫~名字?)당신은 이름이 무엇입니까? 2. 왜, 무얼. nǐ kū~?(你哭~?)너는 왜 우니? nǐ xiào ~?(你笑~?)너는 왜 웃어? nǐ xǐhuan tā~?(你喜欢她~?)당신은 그녀의 어디가 좋습니까? 3. 무언가. ¶ nǐ yǒu~shì ma?(你有~事吗?)당신은 무슨 일이 있습니까? ☆ 이 경우의 **shénme**(什么)는 의문사가 아니라 부정사(不定詞)이기 때문에, 문미의 **ma**(吗)와 함께 사용할 수 있음. 문미의 **ma**(吗)가 없으면, **shénme**(什么)는 의문사가 되며, nǐ yǒu shénme shì?(你有什么事?)는「무슨일인가?」라고 말하는 의미가 됨. 4. [연용해서]예외가 없음을 나타냄. ¶ nǐ yào~, wǒ jiù gěi nǐ ~(你要~, 我就给你~)너가 원하는 것을 주겠다.

*__shénmede__ 什么的(—麽—) 助 [하나의 성분이나 몇 개의 병렬 성분 뒤에 쓰여]…등, …따위. ¶ xīfàn, mántou, xiáncài~(稀饭, 馒头, 咸菜~)죽, 만두, 짠지 등등.

†**shénmì** 神秘 形 신비롭다.

shěnpàn 审判(審—) 動 심판하다, 재판하다. ¶ ~fànrén(~犯人)범인을 재판하다. 名 심리, 판결. ¶ fǎyuàn zuòchū de~(法院做出

的～)법원에서 내린 심판.

†**shénqi** 神气(－氣) 名 1. 표정, 태도. ¶ shuōhuà shí de～(说话时的～)말할 때의 태도. 形 원기 왕성하다, 위세가 좋다. ¶ tóufa jiǎnde hěn duǎn, xiǎnde shífēn～(头发剪得很短, 显得十分～)머리를 짧게 잘라서, 매우 활발해 보인다. 2. 으스대다, 뽐내다, 거드름을 피우다. ¶ bié zhème～!(别这么～!)그렇게 뽐내지 마라!

shēnqíng 深情 名 깊은 정, 깊은 감정, 깊은 친분. ¶ huáizhe wúxiàn de～(怀着无限的～)무한한 깊은 정을 품고 있다. ～**hòuyì**(～厚意)깊고 두터운 정.

*__shēnqǐng__ 申请(－請) 動 신청하다. ¶ ～bǔzhù(～补助)보조금을 신청하다. 名 신청. ¶ tíchū～(提出～)신청하다. ～**rén**(～人)신청인. ～**shū**(～书)신청서.

†**shénqíng** 神情 名 안색, 표정, 기색. ¶ déyì de～(得意的～)득의만만(양양)한 표정. ～yánsù(～严肃)표정이 엄숙하다.

†**shēnrù** 深入 動 깊이 들어가다, 깊이 침투하다. ¶ ～qúnzhòng(～群众)군중 속으로 깊이 파고 들다. 形 깊다, 투철하다, 철저하다. ¶ fēnxīde～(分析得～)철저히 분석하다.

†**shénsè** 神色 名 안색, 기색, 표정. ¶ ～huāngzhang(～慌张)당황한 기색이다.

shēnshang 身上 名 1. 몸. ¶ ～bù shūfu(～不舒服)몸이 불편하다. 2. 몸주위, 신변. ¶ ～bù gānjìng(～不干净)청렴하지 않다.

†**shénshèng** 神圣(－聖) 形 신성하다. ¶ ～de lǐngtǔ(～的领土)신성한 영토.

⁑**shēntǐ** 身体(－體) 名 몸, 신체; 건강상태에 대해 말하는 경우가 많음. ¶ nǐ～hǎo ma?(你～好吗?)건강하세요? wǒ～yǒudiǎnr bù shūfu(我～有点儿不舒服)나는 몸이 좀 불편하다.

shénxian 神仙 名 1. 신선, 선인. 2. 앞일을 예견하거나 통찰력이 있는 사람, 유유자적하게 걱정없이 생활하는 사람.

shēn▴yāo 伸腰 動 허리를 쭉펴다, 몸을 곧게 펴다. ¶ shēn lǎn yāo(伸懒腰)기지개를 켜다.

†**shēnyè** 深夜 名 심야, 깊은밤. ¶ gōngzuòdào～(工作到～)심야까지 일을 하다.

shènzàng 肾脏(腎臟) 名 신장, 콩팥.

*__shènzhì__ 甚至 副 심지어, …까지도, …조차도. **shènzhìyú**(甚至于)라고도 함. ¶ ～lián huà dōu shuōbuchūlai le(～连话都说不出来了)말조차 나오지 않았다.

shènzhìyú 甚至于
☞ **shènzhì**(甚至) 참조.

†**shènzhòng** 慎重(愼－) 形 신중하다, 주의깊다.

†**shēnzi** 身子 名 신체, 몸. ¶ ～bú dà shūfu(～不大舒服)몸이 좀 편치 않다.

*__shěnzi__ 婶子(嬸－) 名〈口〉숙모, 동서, 아주머니.

†**shèshì** 摄氏(攝－) 名 섭씨. ¶ shíbā～dù(十八～度)섭씨 18도. ～**wēndùjì**(～温度计)섭씨온도계.

*__shétou__ 舌头(－頭) 名 《**tiáo** 条》 혀. ¶ tǔ～(吐～)혀를 내밀다.

S

†**shèxiǎng** 设想(設一) 動 1. 예상하다, 상상하다. ¶ ~shí nián yǐhòu de guāngjǐng(~十年以后的光景)10년 후의 모습을 상상하다. hòuguǒ bùkān~(后果不堪~)결과는 상상조차 할 수 없다. 2. 구상하다, 배려하다. ¶ wèi qúnzhòng~(为群众~)군중을 위해 배려하다.

*__shèyǐng__ 摄影(攝一) 動 촬영하다. ~**jìzhě**(~记者)카메라 맨, 사진기자. ~**péng**(~棚)촬영소, 스튜디오.

shī 失 動 1. 잃다, 놓치다. 2. 실수하다. 3. 못찾다. ~·**ér**(~儿)미아(迷兒).

shī 施 動 1. 시행하다, 실시하다. 2. 주다, 뿌리다, 살포하다. 3. [은혜 따위를]베풀다. 4. 쏘다, 방사하다.

shī 师(師) 名 1. 스승, 선생님. 2. [군대의]사단.

*__shī__ 诗(詩) 名《**shǒu** 首》시. ¶ zuò~(做~)시를 짓다.

*__shī__ 湿(濕) 形 축축하다, 습하다. ¶ yīfu hái yǒudiǎnr~(衣服还有点儿~)옷이 아직 좀 축축하다.

shí 石 名 돌. =**shítou**(石头)

shí 时(時) 名 1. 때, 시기, 시대. ¶ zhè~(这~)이 때. nà~(那~)그때. 2. 정해진 시간. ¶ àn~shàngbān(按~上班)시간에 맞춰 출근하다. 量 시. =**diǎn**(点) ¶ shàngwǔ bā~(上午八~)오전 8시.

⁑**shí** 十 數 10, 열. ☆ 갖은자는 '拾'. 11, 12 …는 **yī**(一)를 생략하여 **shíyī**(十一), **shí'èr**(十二) …라고 하지만, 111, 112…는 **yìbǎi yìshiyī**(一百一十一), **yìbǎi yìshi'èr**(一百一十二)처럼, **yī**(一)를 생략하지 않는 것이 보통임. ¶ ~lái ge rén(~来个人) 10여명의 사람.

†**shí** 实(實) 形 1. 충실하다, 가득하다. 2. 진실한, 성실한. 名 1. 실제. 2. 과실, 열매. 3. 종자, 씨앗.

*__shí__ 食 動 1. 먹다. 2. 식사하다. 名 1. 음식. 2. [~儿]먹이, 사료.

shí 识(識) 動 알다, 식별하다, 인식하다. **yí zì bù**~(一字不~)한 글자도 모르다, 문맹이다.

*__shí__ 拾 動 줍다, 집다. =**jiǎn**(捡) ¶ ~màisuìr(~麦穗儿)보리이삭을 줍다.

*__shǐ__ 屎 名 1. 대변, 똥. **lā**~(拉~)똥을 누다. 2. 눈·귀의 분비물. **ěr**~(耳~)귀지. **yǎn**~(眼~)눈곱.

shǐ 史 名 1. 역사. 2. 사관(史官). ~**jì**(~记)사기; 사마천(司馬遷)이 지은 역사서.

*__shǐ__ 使 動 1. 파견하다, 사람을 보내다. ¶ ~rén qù kàn qíngkuàng(~人去看情况)사람을 보내 상황을 살피다. 2. [사역의 표현으로]어떤 결과를 초래하는 것을 말한다. ¶ zhè jù huà~tā shēngqì(这句话~他生气)이 말이 그를 화나게 했다.

†**shǐ** 驶(駛) 動 1. [말이나 차가]달리다, 질주하다. 2. [차를]몰다, 운전하다.

shì 世 名 시대, 세계. **dāngjīn zhī**~(当今之~)오늘날. **jǔ~wén míng**(举世闻名)온 세상에 널리 이름이 나다.

shì 式 名 1. 식, 양식, 모양. 2. 의식, 의례, 식전.

S

***shì** 市 名 1. 저자, 시장. **cài**～(菜～)식료품 시장. **shàng**～(上～)시장에 가다. 2. [행정단위로서의]시. ～**zhǎng**(～长)시장.

⁑**shì** 事 名 (～儿)일, 사건, 용무. ¶ yǒu shénme～ma?(有什么～吗?)무슨 일이 있습니까? dàodǐ shì zěnme huí～?(到底是怎么回～?)도대체 어떻게 된 일입니까? **chū**～(出～)사고가 일어나다. **méi**～**zhǎo**～(没～找～)쓸데없는 일을 하다 ; 남의 흠을 애써 찾다.

⁑**shì** 试(試) 動 시험하다, 시험삼아 해보다. ¶ ～·～kàn(～～看)시험해 보다. nǐ kuài bǎ nà liàng chē～yí xià(你快把那辆车～一下)당신이 빨리 그 차를 시험해 보세요.

⁑**shì** 是 動 1. 주어의 내용이 **shì**(是) 뒤에 오는 것과 동일함, 또는 동류인 것을 나타냄. ¶ tā～Běijīng rén(他～北京人)그는 북경인이다. wǒ yào de～zhège, bú～nàge(我要的～这个, 不～那个)내가 원하는 것은 이것이지, 저것이 아니다. zhè bú～mǎi de, ～zìjǐ zuò de(这不～买的, ～自己做的)이것은 산 것이 아니고, 자신이 만든 것이다. wǒ～zuótiān lái de(我～昨天来的)나는 어제 왔다. 2. 존재를 나타냄. ¶ mǎn shēn～hàn(满身～汗)온몸이 땀투성이다. pángbiān～yì suǒ gōngchǎng(旁边～一所工厂)옆에 공장이 있다. 3. 양보를 나타냄. ¶ dōngxi jiù～jiù, kě hái néng yòng(东西旧～旧, 可还能用)물건이 낡긴 낡았지만, 아직 쓸만하다. 4. 적당함을 나타냄. ¶ lái de～shíhou(来的～时候)제 때에 왔다. fàngde～dìfang(放得～地方)제 자리에 놓았다. 5. 예외가 없음을 나타냄. ¶ ～huór tā dōu kěn gàn(～活儿他都肯干)일이라면 그는 뭐든지 한다. 6. 선택 의문문의 문장에 쓰임. ¶ nǐ yào de ～dà de, ～xiǎo de?(你要的～大的, ～小的?)당신이 원하는 것은 큰 것입니까, 작은 것입니까? nǐ～chī mǐfàn, háishi chī miànbāo?(你～吃米饭, 还是吃面包?)너는 밥을 먹니, 빵을 먹니? 7. 어기(語氣)를 강조함. ¶ ～shéi gàosu nǐde?(～谁告诉你的?)누가 너한테 일러 주더냐? dōngxi～hǎo(东西～好)물건은 확실히 좋다. 形 1. 맞다, 옳다. **zì yǐ wéi**～(自以为～)스스로 옳다고 여기다. 2. 〈應〉예, 그렇습니다. ☆ **duì**(对)보다도 정중하게 말하는 경우에 쓰임.

shì 势(勢) 名 1. 세력, 권세. 2. 기세, 형세, 동향. 3. 수컷의 생식기.

shì 饰(飾) 動 1. 장식하다, 수식하다. 2. 분장하다, 숨기다.

shì 视(視) 動 1. 보다. 2. 간주하다, …로 여기다. 3. 시찰하다, 살피다.

shì 释(釋) 動 1. 해석하다, 설명하다. **zhù**～(注～)주석. 2. [의심, 원한 따위를]풀다. ¶ huànrán bīng～(涣然冰～)의문이 깨끗이 풀리다.

⁑**shíbā** 十八 數 18. ～**bān wǔyì**(～般武艺)십팔반 무예 ; 여러가지 재주.

***shībài** 失败(－敗) 動 1. 패배하

학습 정보 ㉒

◈ …是 shì(…이다) ◈

1. "是"

현대 중국어의 "是"는 주로 말하는 사람의 긍정판단을 나타내며, 한국어의 「…이다」에 해당하는 의미를 가지고 있는 말이다. 그러나,

¶ 谁? —是我。
누구세요? —저예요.

와 같이, "是"는 긍정이 되는 대상 "我" 앞에 놓여지며 한국어의 경우와는 어순이 반대가 된다. 또한, 상대의 질문에 대해 긍정의 대답을 하는 경우에,

¶ 你是学生吗?—是。
당신은 학생입니까?—그렇습니다.

와 같이 한 단어만으로도 사용할 수 있다.

2. 문장의 형식이 단순한 경우

1) 술부(述部)가 주부(主部)로 받아들인 사물에 대해 그것이 무엇인지, 누구인지, 어떤 종류의 사물인지를 설명하는 명사 또는 명사적인 표현인 경우에는, "是"를 필요로 한다.

① 목적어가 명사나 인칭대사인 경우
¶ 他最佩服的是你。
그가 가장 존경하는 사람이 당신이다.
¶ 我是外语学院的一年级学生。
나는 외국어 학원의 1학년 학생이다.

② 목적어가 "的"를 수반하는 어구의 경우
¶ 《琵琶行 pípáxíng》是白居易的(=白居易的作品)。
「琵琶行」은 「백거이」것(작품)이다.
¶ 今天做的都是好吃的(=好吃的食品)。
오늘 만든 것은 모두 맛있는 것(맛있는 음식)이다.

③ 어떤 장소에 존재하는 사물을 말하는 경우
¶ 靠墙是一排书架。
벽쪽으로 책꽂이가 한 줄로 늘어서 있다.
¶ 他满身是泥。
그는 온몸이 진흙 투성이다.
¶ 这叫杜鹃花, 一到春天, 这儿遍地都是。
이것은 두견화라 하는데, 봄이 되면 이곳에 온통 가득찬다.

주의 이런 것은 어떤 장소를 한 종류의 것이 차지하고 있다는 표현이며, 단독으로 물건이 있다는 것을 말하는 "有…"와는 다르다.

④ 목적어가 수량이나 날짜·출신에 대해 표현하는 경우
"是"는 생략될 때가 많다.
¶ 我(是)二十。나는 스무살이다.
¶ 今天(是)十月一号。
오늘은 10월 1일이다.
¶ 明天(是) 星期二。
내일은 화요일이다.
¶ 他(是)山西人。그는 산서인이다.

주의 부정문의 경우에는 "是"는 생략할 수 없다.
¶ 我不是二十。
나는 스무살이 아니다.
¶ 今天不是十月一号。
오늘은 10월 1일이 아니다.

2) 술부가 형용사·동사 등, 사물의 성질·상태·동작 등을 말하는 경우에는 본래 "是"를 필요로 하지 않는다.

그 때문에 이런 술부에 "是"가 사용되는 경우는, 여러가지 예상·예단(豫斷)·생각이 전제되어 있는 위에서 말하는 사람이 자신의 생각을 분명히 하도록 한다는 내용의 문장이다.

¶ 身上虽冷，心里是暖的。
몸은 비록 춥지만, 마음은 따뜻하다.

¶ 书是有的。책은 가지고 있다.

¶ 我是不会开这种拖拉机的。
나는 이런 트랙터를 운전할 수 없다.

② "是"을 강하게 발음하는 경우

¶ 他手艺是高明，做出来的菜就不一样。
그의 솜씨는 아주 뛰어나, 만들어내는 음식이 다르다.

¶ 我们的战士是很英勇。
우리 병사는 매우 용감하다.

③ "不是…"와 나란히 있는 경우

¶ 屋子里不是太冷而是太热。
방안은 너무 추운게 아니라, 너무 덥다.

¶ 我是有事，不是偷懒。
나는 일이 있어서 그런거지, 게으름을 피우는 것이 아니다.

3. 문장의 형식이 복잡한 경우

문장의 술부가 단순한 경우에는, "是"는 긍정을 표시하지만, 문장의 형식이 단순하지 않은 경우에는, 주부로 받아들인 일에 대해 말하는 사람이 목적이나 원인 등 그 배경이 되는 일에 대해 설명하거나 해명하는 내용의 표현이다. 그 내용에 대해 말하는 사람의 긍정이 "是"로 표현된다.

¶ 麻烦的是他生病来不了。
곤란한 것은, 그가 병으로 올 수 없다는 것이다.

¶ 我最后一次见到他是在上海。
내가 마지막으로 그를 만난 곳은 상해였다.

¶ 他犯错误是(因为)平时骄傲了。
그가 과실을 범한 것은, 평소 너무 오만했기 때문이다.

4. 질문에 대한 긍정의 대답의 경우

다음과 같은 질문 안에 "是"가 있으면 긍정의 대답에 "是"를 사용할 수 있다.

¶ 你是新来的吗?－是的。
당신은 새로왔습니까?－네, 그렇습니다.

"是"가 없는 질문에 대해서도 질문자가 전제로 하고 있는 생각을 긍정할 때는 "是"라고 대답할 수 있다.

¶ 你为什么要走开呢?－是啊， 我当初要是不走该多好。
당신 왜 떠났습니까?－그래요, 애당초 가지않았더라면 좋았을 텐데.

주의 이 "是"는, 질문의 배후에 있는 「당신은 떠나지 말았어야 했다」라는 질문자의 생각에 대해 「그렇다」라고 긍정하고 있는 것을 나타낸다. 단, 부정의 대답에서는 질문 중에 "是"가 없을 때는 "不是"라고 대답할 수 없다.

¶ 那是图书馆吗?－不是。
저것은 도서관입니까?－아니오.

¶ 你就走吗?－不，我还要住几天。
당신은 곧 떠납니까?－아니오, 저는 며칠 더 머물겁니다.

5. "是不是"의 의문문

예를 들어, "你是不是学生?"(당신은 학생입니까?)와 같이 목적어가 명사인 의문문에서는, "是不是"는 단순한 의문을 나타낸다. 그러나 다음과 같은 경우에서는, 질문자가 상대에게 자신의 예상에 대한 확신을 구하는 것이 된다.

¶ 你明天去游泳是不是?
당신은 내일 수영하러 가죠?

¶ 你是不是明天不来了?
당신은 내일 안오죠?

6. 관용구

"是"을 사용한 주된 관용구로는 다음과 같은 것이 있다.

[**有的是**] 많이 있다, 얼마든지 있다 : "多的是"라고도 한다.

S

¶ 钱有的是, 但是不能乱用。
돈은 얼마든지 있지만 함부로 쓸 수 없다.
¶ 我们村里有的是壮劳力。
우리 마을에는 건장한 일꾼이 숱하다.
¶ 比他好的人多的是, 你为什么偏偏要找他呢?
그보다 좋은 사람이 얼마든지 있는데, 너는 왜 기어코 그만 찾느냐?
[一是一, 二是二] 대단히 꼼꼼하다 : "丁是丁", "卯是卯"라고도 한다.
¶ 他处理任何问题, 都一是一, 二是二, 绝不马虎。
그는 어떤 문제를 처리하는 데도 매우 꼼꼼하여, 절대 엉터리로 하지 않는다.

다. ¶ juésài wǒmen duì～le(决赛我们队～了)결승전에서 우리팀이 졌다. 2. 실패하다. ¶ shìyàn～le(试验～了)시험에서 실패했다. 名 1. 패배. 2. 실패. ～**shì chénggōng zhī mǔ**(～是成功之母)실패는 성공의 어머니이다.

***shíbǎn** 石板 名 《**kuài** 块》 1. 판 상태의 돌. 2. [문구의]석판.

shìbì 势必(勢－) 副 꼭, 반드시, 필연코. ¶ zhèyàng zuò～huì shībài(这样做～会失败)이렇게 하면 반드시 실패할 것이다.

†**shìbīng** 士兵 名 병사, 사병.

***shǐbude** 使不得 動 쓸 수 없다, 못쓰게 되다. ⇔ **shǐde**(使得) ¶ qíngkuàng biàn le, lǎo bànfǎ～(情况变了, 老办法～)상황이 변해서, 옛날 방법은 쓸 수 없다.

***shícháng** 时常(時－) 副 늘, 항상, 자주. ¶ ～gǎndào tóuténg(～感到头疼)항상 머리가 아프다.

***shìchǎng** 市场(－場) 名 시장. **guónèi**～(国内～)국내시장. **guówài**～(国外～)국외시장. **nóngmào**～(农贸～)농업부산물을 파는 시장 ; 자유 시장.

shīchuán 失传(－傳) 動 쓰이지 않고 있다. ¶ nàge fāngzi～le(那个方子～了)그 처방전은 쓰이지 않고 있다.

***shídài** 时代(時－) 名 [역사의]시대, [인생의]시기. **fēngjiàn**～(封建～)봉건시대. **qīngnián**～(青年～)청년시대.

shìdài 世代 名 1. 세대, 연대. 2. 대대. (**AABB**) ¶ ～wùnóng(～务农)대대로 농업에 종사하다. shìshidàidai chuánxiaqu(世世代代传下去)세세대대로 전해 내려오다.

***shìdàng** 适当(適當) 形 적당하다, 적절하다, 알맞다. ¶ zài～de shíhou(在～的时候)적당한 시기에.

***shǐde** 使得 動 1. 사용할 수 있다. ⇔ **shǐbude**(使不得)¶ zhè zhī bǐ～shǐbude?(这枝笔～使不得?)이 연필은 사용할 수 있습니까? 2. [의도·계획·사물 따위가]…한 결과를 낳다, …하게 하다. ¶ zhè jiàn shì～wǒ hěn wéinán(这件事～我很为难)이 일은 나를 매우 난처하게 한다. 形 되다, 좋다, 알맞다. ¶ zhège zhǔyi dào～(这个主意倒～)이 생각이 오히려 좋다.

***shìde** 是的 動 〈應〉그렇다 ; 단정의 대답. ¶ ～, wǒ shì zuótiān lái

S

de(~, 我是昨天来的)그렇습니다, 저는 어제 왔습니다.

*shìde 似的 助 [xiàng (像), hǎoxiàng(好像)등과 호응해서]마치 …와 같다. ¶ xiàng xuě~nàme bái(像雪~那么白)마치 눈처럼 하얗다.

shīdiào 失掉 動 잃다, 잃어버리다. ¶ ~jīhui(~机会)기회를 놓치다. ~liánxì(~联系)연락이 두절되다. ~wēixìn(~威信)위신을 잃다. ~xìnyòng(~信用)신용을 잃다.

shíduo 拾掇 動 1. 정리하다, 수습하다. ¶ bǎ zhuōzi~yí xià(把桌子~一下)책상을 정리하다. 2. 수리하다. ¶ ~zhōngbiǎo(~钟表)시계를 수리하다. 3. 요리하다, 처치하다. ¶ bǎ zhè tiáo yú~yí xià(把这条鱼~一下)이 생선을 요리하세요.

⁑shí'èr 十二 數 12, 열 둘. ¶ yì nián yǒu~ge yuè(一年有~个月) 1년은 12달이다. ~**shǔ**(~属)십이지(十二支)

⁑shí'èryuè 十二月 名 12월. ☆ 음력 12月은 **làyuè**(腊月)라고 함.

十二支

shīfàn 师范(師範) 名 1. 사범, 사범학교. ¶ shàng~(上~)사범학교에 다니다. ~**xuéyuàn**(~学院)사범학교. 2. 모범. ¶ wéi shì~(为世~)세상의 사표(師表)가 되다.

shìfàng 释放(釋—) 動 1. 석방하다. ¶ ~zhèngzhìfàn(~政治犯)정치범을 석방하다. 2. 방출하다. ¶ ~néngliàng(~能量)에너지를 방출하다.

*shī▲féi 施肥 動 비료를 주다. ¶ gěi zhuāngjia shīle yí cì féi(给庄稼施了一次肥)농작물에 한차례 비료를 주다.

⁑shífēn 十分 副 [대개 두 음절의 형용사 앞에 쓰여]매우, 대단히. ¶ zhège wèntí~fùzá(这个问题~复杂)이 문제는 대단히 복잡하다. ~gāoxìng(~高兴)상당히 기쁘다.

†shìfēi 是非 名 1. [일의]시비, 옳고 그름. **míng biàn**~(名辨~)시비를 분명히 가리다. 2. 다툼, 싸움. **rě**~(惹~)싸움을 일으키다.

†shìfǒu 是否 副 …인지 아닌지. ¶ nǐ~qīnzì qù yí tàng(你~亲自去一趟)당신이 친히 한번 다녀올 수 있는지요?

⁑shīfu 师傅(師—) 名 1. 스승, 사부, 사장(師匠). 2. [목수·이발사·운전수 등]특수기능을 가진 사람의 경칭. ☆ **tóngzhì**(同志)에 대신하여 널리 사용됨.

*shīgē 诗歌(詩—) 名 《**shǒu** 首》 시, 시가.

†shìgù 事故 名 《**qǐ** 起》 사고. ¶ chū~(出~)사고가 일어나다. fāshēng~(发生~)위와 동일.

shǐguǎn 使馆(—館) 名 대사관. ¶ ~gōngzuò rényuán(~工作人

S

员)대사관 근무 직원 ; 대사관원. **zhùwài**~(驻外~)외국주재 대사관.

shìhào 嗜好 名 기호, 취미, 도락 [대개 좋지 않은 것을 가리킴.] ¶ méi shénme~(没什么~)이렇다할 취미가 없다.

*__shìhé__ 适合(適一) 動 적합하다. ¶ ~kǒuwèi(~口味)입에 맞다, 구미에 맞다. ~qíngkuàng(~情况) 상황에 적합하다.

⁑**shíhou** 时候(時一) 名 (~儿) 1. 시간. ¶ yòngle duōshao~?(用了多少~?)몇 시간 걸렸습니까? 2. 때, 시각. ¶ wǒ qù de~, tā zhèng zài jiā(我去的~, 她正在家)내가 갔을 때 그녀는 마침 집에 있었다. shénme~le?(什么~了?)언제였어요? **nà**~(那~)그때, 당시.

†**shíhuà** 实话(實話) 名 실화, 진실한 말. ¶ shuō~, kāishǐ wǒ bù xiāngxìn nín de huà(说~, 开始我不相信您的话)사실을 말하자면, 처음에 나는 당신의 말을 믿지 않았다.

shǐhuan 使唤(一喚) 動 1. 남을 부리다, 심부름시키다. ¶ tā huì ~rén(他会~人)그는 사람을 잘 부릴 줄 안다. 2. [도구·가축 등을]부리다, 다루다. ¶ zhè pǐ mǎ yìdiǎnr bù tīng~(这匹马一点儿不听~)이 말은 전혀 말을 듣지 않는다.

†**shíhuī** 石灰 名 석회. 속어로 **báihuī**(白灰)라고 한다.

shíhuì 实惠(實一) 形 실질적이다, 실용적이다. ¶ zài jiāli zuò fàn chī bǐ zài wàimian chī~xiē(在家里做饭吃比在外面吃~些)집안에서 식사하는 것이 밖에서 먹는 것보다 훨씬 실속이 있다.

shī▲huǒ 失火 動 실화하다, 불이 나다. ¶ gōngchǎng~le(工厂~了)공장에 불이 났다.

†**shíjī** 时机(時機) 名 시기, 기회.

*__shíjì__ 实际(實際) 形 1. 실제의, 현실의, 구체적인. ¶ ~xíngdòng(~行动)실제행동. 2. 현실적이다. ¶ xiǎng wèntí bù~(想问题不~)현실적이지 못한 문제를 생각하다. 名 현실, 실제. ¶ ~shang, zhǐ zhùle sāntiān(~上, 只住了三天)실제는, 3일간만 머물렀다.

*__shìjì__ 世纪(一紀) 名 세기. ¶ běn~(本~)금세기.

†**shìjì / shìjī** 事迹 名 [개인이나 집단의]행위, 공적, 사적. ¶ xiānjìn~(先进~)진보적인 업적.

shìjià 市价(一價) 名 시가, 시장가격.

⁑**shíjiān** 时间(時間) 名 1. 시간, 틈. ¶ xiàwǔ yǒu~ma?(下午有~吗?)오후에 시간 있어요? méi yǒu ~kàn bìngrén qù(没有~看病人去)환자를 문병갈 시간이 없다. **bàngōng**~(办公~)업무시간. 2. 시, 시각. ¶ ~dào le(~到了)시간이 되었다. **Běijīng**~(北京~)북경시간 ; 서머타임기간을 제외하고 한국과 1시간의 차이가 남. **xiàlìng**~(夏令~)서머타임, 하기 일광 절약 시간.

*__shíjiàn__ 实践(實踐) 動 실천하다. ¶ ~zìjǐ de nuòyán(~自己的诺言)자신의 약속을 지키다. 名 실천. ~**chū zhēn zhī**(~出真知)실천은 참된 지식을 낳는다 ; 진

S

정한 지식은 실천에서 온다.

*shìjiàn 事件 名 《qǐ 起》 사건. ¶ fāshēng～(发生～)사건이 발생하다.

shíjiang 石匠 名 석공 ; 돌을 조각하여 세공하는 사람.

†shíjié 时节(時節) 名 1. 계절, 시절. nóngmáng～(农忙～)농번기. 2. 시, 시대. ¶ gāng jiěfàng nà～(刚解放那～)막 해방되던 때.

⁂shìjiè 世界 名 세계. ～guān(～观)세계관. ～yǔ(～语)세계어, 에스페란토어. ～zhǔyì(～主义)세계주의, 코즈모폴리터니즘.

†shǐ▲jìn 使劲(一勁) 動 (～儿)힘을 쓰다, 힘을 내다. ¶ nǐ bāng wǒ shǐ bǎ jìnr(你帮我使把劲儿)힘 좀 빌려주세요.

⁂shíjiǔ 十九 數 19. 열아홉.

†shìjuàn 试卷(試一) 名 시험답안.

*shíkè 时刻(時一) 副 늘, 언제나, 항상.(AABB) ¶ ～bú wàng jiānfù de zhòngrèn(～不忘肩负的重任)짊어진 중책을 한시도 잊지 않다. 名 시간, 시각. ¶ guānjiàn de～(关键的～)중대한 시기 ; 생사의 갈림길.

†shíkuàng 实况(實一) 名 실제 상황, 실황. ～zhuǎnbō(～转播)실황 중계방송.

shīlǐ 失礼(一禮) 動 실례하다, 예의에 벗어나다. ¶ duìbuqǐ, ～le (对不起, ～了)미안합니다, 실례했습니다.

shílì 实力(實一) 名 [군사・경제 등의]실력. ¶ ～xiāngdāng(～相当)실력이 상당하다. yǒu～(有～)실력이 있다.

shìlì 视力(視一) 名 시력. ¶ ～jiǎntuì(～减退)시력이 감퇴하다.

†shìli 势力(勢一) 名 [경제・정치・군사 등의] 힘, 세력. ¶ péiyǎng zìjǐ de～(培养自己的～)자신의 세력을 배양하다. ～de jūnhéng(～的均衡)세력의 균형.

shìli 势利(勢一) 形 권리나 이익을 중시하다. ¶ zhè ge rén hěn ～(这个人很～)이 사람은 권세나 이익을 중시한다. ～yǎn(～眼)권세나 재물에 빌붙는 인간.

shīlíng 失灵(一靈) 動 [부품이나 신체기관이]고장나다, 작동하지 않다. ¶ chēzhá～le(车闸～了) 브레이크가 고장났다. tīngjué～(听觉～)청력을 잃다.

shílìng 时令(時一) 名 계절, 시절. ～shāngpǐn(～商品)계절상품.

⁂shíliù 十六 數 16, 열여섯.

*shíliu 石榴 名 1. 《kē 颗, zhū 株》 석류나무. 2. 석류열매.

shímáo 时髦(時一) 名 유행. ¶ gǎn～(赶～)유행을 따르다. 形 유행하고 있다, 현대적이다. ¶ zhèzhǒng fàxíng hěn～(这种发型很～)이 머리모양이 매우 유행한다.

shī▲mián 失眠 動 잠을 이루지 못하다. ¶ zuówǎn～le(昨晚～了)어젯밤에 잠을 이루지 못했다. ～zhèng(～症)불면증.

shìmín 市民 名 시민.

shīpéi 失陪 動 〈應〉 실례하다. ¶ wǒ yǒu shì, ～le(我有事, ～了)일이 있어 먼저 실례하겠습니다.

*shípǐn 食品 名 식품. ～shāngdiàn(～商店)식품점.

*shíqī 时期(時一) 名 시, 시기, 시대. ¶ kùnnan～(困难～)고난의

S

시대.

⁑**shíqī** 十七 數 17, 열일곱.

⁑**shìqing** 事情 名 일, 사건. ¶ yìwài de~(意外的~)예상밖의 일. jīntiān méi yǒu~yào zuò(今天没有~要做)오늘은 해야 할 일이 없다.

***shīqù** 失去 動 잃다. ¶ ~xiàolì(~效力)효력을 잃다.

⁑**shísān** 十三 數 13, 열 셋.

shìshàng 世上 名 세상. **~wú nán shì, zhǐ pà yǒu xīn rén**(~无难事, 只怕有心人)마음만 먹으면 못할 일이 없다, 모든 일은 마음먹기에 달렸다.

shíshī 实施(實一) 動 실시하다. ¶ ~qíngkuàng(~情况)실시상황.

†**shíshí** 时时(時時) 副 항상, 언제나, 늘. ¶ ~xiǎngdào(~想到)언제나 생각해 내다.

shíshì 时事(時一) 名 시사. **~shùpíng**(~述评)시사 해설.

†**shíshì** 实事(實一) 名 실제의 일. **~qiú shì**(~求是)사실에 토대하여 진리를 탐구하다.

***shìshí** 事实(一實) 名 사실. ¶ bǎi~(摆~)사실을 나열하다. ~zhèngmíng(~证明) 사실이 증명하다.

†**shìshì** 逝世 動 [어른이]세상을 떠나다, 서거하다.

***shíshíkèkè** 时时刻刻(時時一) 副 시시각각. ¶ ~dōu zài wèi nǐ cāoxīn(~都在为你操心)시시각각으로 당신을 위해 걱정하다.

⁑**shísì** 十四 數 14, 열 넷.

⁑**shítáng** 食堂 名 식당. ¶ chī~(吃~)식당에서 먹다.

shītǐ 尸体(一體) 名 《**jù** 具》 시체.

***shítou** 石头(一頭) 名 《**kuài** 块》 돌. ¶ rēng~(扔~)돌을 던지다.

***shīwàng** 失望 動 실망하다. ¶ duì qiántú~le(对前途~了)장래에 실망했다. 名 실망.

†**shìwēi** 示威 動 시위하다, 데모하다. ¶ nǐ zhè shì duì shéi~?(你这是对谁~?)너 누구에게 시위하는 거니? 名 시위, 데모.

⁑**shíwǔ** 十五 數 15, 열 다섯.

***shíwù** 食物 名 먹을 것, 음식. **~zhòngdú**(~中毒)식중독.

†**shìwù** 事务(一務) 名 1. 사무. ¶ ~fánmáng(~繁忙)사무가 매우 바쁘다. ~xìng gōngzuò(~性工作)사무적인 일. 2. 총무. **~kē**(~科)총무과.

***shìwù** 事物 名 사물. **xīnshēng~**(新生~)[사회주의 세계에서] 새롭게 태어난 사물.

†**shíxí** 实习(實習) 動 실습하다. ¶ qù gōngchǎng~(去工厂~)공장에 가서 실습하다. **~shēng**(~生)실습생.

***shíxiàn** 实现(實現) 動 실현하다. ¶ cháng shíqī de yuànwàng zhōngyú~le(长时期的愿望终于~了)오랜 염원이 마침내 실현되었다. ~·le zìjǐ de yuànwàng(~了自己的愿望)자신의 희망을 실현했다.

***shìxiān** 事先 名 사전; 사전에, 미리. ¶ ~zuòhǎo zhǔnbèi(~做好准备)사전에 준비해 두다. ~liánxì(~联系)사전에 연락하다.

shìxiàn 视线(視線) 名 시선, 눈길. ¶ shùnzhe tā de~kànqu(顺着他的~看去)그의 시선에 따라

S

보다.

shī▲xiào 失效 動 무효이다, 효력을 잃다. ¶ yuèpiào guòqī～le(月票过期～了)정기권이 기한을 넘어 무효가 되었다.

shīxíng 施行 動 1. [법률·제도를]실시하다. ¶ ～chéngbāozhì(～承包制)청부제도를 실시하다. 2. [어떤 방식으로]일을 행하다, 실행하다. ¶ ～zhēncì mázuì shǒushù(～针刺麻醉手术)침으로 마취수술을 하다.

shíxīng 时兴(時興) 動 유행하다. ¶ zhèzhǒng màozi xiànzài bù～le(这种帽子现在不～了)이런 모자는 지금 유행하지 않는다.

***shíxíng** 实行(實－) 動 [정책이나 계획을]실행에 옮기다. ¶ ～gōngyèhuà(～工业化)공업화를 실행하다.

***shíyàn** 实验(實驗) 動 실험하다. 名 실험. ¶ zuò～(做～)실험을 하다. **huàxué**～(化学～)화학실험. ～**shùjù**(～数据)실험데이터. ～**xiǎoxué**(～小学)실험초등학교.

***shìyàn** 试验(試驗) 動 시험하다. ¶ ～xīn jīqi(～新机器)새로운 기계를 시험하다. 名 시험, 실험. ☆ 학교에서의 '시험', '테스트'는 **kǎoshì**(考試)라 표현함. ～**tián**(～田)농업 시험용 전답. ～**zhàn**(～站)시험장, 시험센터.

shī▲yè 失业(－業) 動 실업하다, 직업을 잃다. ～**gōngrén**(～工人)실업 노동자.

***shìyè** 事业(－業) 名 1. 사업. ¶ gàn yì fān～(干一番～)사업을 하다. 2. 특히 국가의 경비로 행해지는 비생산성 기구. ～**dānwèi**(～单位)위와 같은 사업단위.

⁑**shíyī** 十一 數 11, 열하나. ☆ 두 다리를 유머스럽게 말하는 것. ¶ zǒu～hào(走～号)걸어서 가다. zuò～lù lái de(坐～路来的)11번을 타고 왔다; 걸어서 왔다.

†**shìyí** 适宜(適－) 形 적당하다, 적합하다, 적절하다. ¶ tā～dānrèn zhèzhǒng gōngzuò(他～担任这种工作)그가 일을 맡는 것이 적당하다.

shìyì 示意 動 의사를 표시하다. ¶ yǐ mù～(以目～)눈짓하다.

shīyíng 失迎 動 〈應〉 마중나가지 못해 죄송합니다.

shìyìng 适应(適應) 動 적응하다, 부응하다. ¶ ～huánjìng(～环境)환경에 적응하다. bú～shuǐtǔ(不～水土)기후·풍토에 적응하지 못하다.

⁑**shíyīyuè** 十一月 名 11월.

***shíyòng** 实用(實－) 形 실용적이다. ¶ yàngzi hǎokàn, dàn bù～(样子好看, 但不～)모양은 예쁘지만, 실용적이지 않다. ～**zhǔyì**(～主义)실용주의. 動 실제로 사용하다. ¶ ～yǐhòu, zài xià jiélùn(～以后, 再下结论)실제로 사용한 후에, 결론을 내리다.

***shǐyòng** 使用 動 사용하다. ¶ ～jīqi(～机器)기계를 사용하다.

***shìyòng** 适用(適－) 形 사용하기에 적합하다, 쓰기에 알맞다. ¶ zhège bànfǎ hěn～(这个办法很～)이 방법이 사용하기에 적합하다. ～yú jiāoshū(～于教书)가르치기에 알맞다.

***shíyóu** 石油 名 석유. ¶ ～gōngren(～工人)석유채굴 노동자.

shī▲yuē 失约(-約) 動 약속을 어기다. ¶ tā bùzhī wèishénme, jīntiān～le(她不知为什么, 今天～了)그녀가 웬일인지 오늘은 약속을 어겼다.

⁑**shíyuè** 十月 名 10월. ¶ ～yī rì(～一日)10월 1일; 중국의 국경절.

*__shízài__ 实在(實-) 副 확실히, 참으로. ¶ shìqing～nán bàn(事情～难办)일이 참으로 하기 어렵다. 形 진실되다, 참되다, 알차다.(**AABB**) ¶ shíshizàizài de běnshi(实实在在的本事)실재의 능력. 名 실재, 사실. ¶ shuō～de, wǒ bú yuànyì gēn tā jiànmiàn(说～的, 我不愿意跟他见面)정말로, 나는 그와 만나고 싶지 않다.
☞ **shízai**(实在) 참조.

shízai 实在(實-) 形 〈方〉 성실하다, 착실하다.(**AABB**) ¶ gōngzuò zuòde hěn～(工作做得很～)일을 매우 착실하게 하다.
☞ **shízài**(实在) 참조.

†**shízhì** 实质(實質) 名 실질. ¶ wèntí de～(问题的～)문제의 본질. ～shàng(～上)실질상, 본질적으로, 사실상.

S

*__shǐzhōng__ 始终(-終) 副 시종일관으로, 언제나. ¶ ～bǎochí ānjìng(～保持安静)시종일관 조용히 하고 있다.

*__shīzi__ 虱子 名 《**zhī** 只》 이; 악폐, 폐단. ¶ zhuō～(捉～)이를 잡다.

*__shīzi__ 狮子(獅-) 名 《**tóu** 头》〈動〉 사자.

shízì 十字 名 십자, 십자형. ～**lù**(～路)십자로. ～**lùkǒu**(～路口) 십자로의 모퉁이, 네거리, 사거리.

狮子

*__shí▲zì__ 识字(識-) 動 문자를 알다; 읽고 쓸 줄 안다. ¶ shíde liǎng ge zì(识得两个字)어느 정도 읽고 쓸 줄 아는 소양이 있다. bù～(不～)글자를 모르다; 교양이 없다.

*__shìzi__ 柿子 名 〈植〉 감. ～**jiāo**(～椒)피망.

shízú 十足 形 1. 순도가 높다. ¶ ～de huángjīn(～的黄金)순금. 2. 충분하다, 완전무결하다. ¶ ～de lǐyóu(～的理由)충분한 이유. gànjìn～(干劲～)투지가 충만하다.

⁑**shōu** 收 動 1. 받다, 접수하다, 수용하다, 간수하다. ¶ qǐng～·xià ba(请～下吧)받아 주십시오. bǎ qián～·qilai(把钱～起来)돈을 받아 주십시오. 2. 수확하다. ¶ ～màizi(～麦子)보리를 거두어 들이다.

⁑**shóu** 熟 形 〈口〉 익다. = **shú**(熟) ¶ fàn yǐjīng zhǔ·～le(饭已经煮～了)밥은 이미 다 되었다.

⁑**shǒu** 手 名 《**shuāng** 双, **zhī** 只》 손. ¶ ～·li tízhe píbāo(～里提着皮包)손에 가방을 들고 있다. jǔqǐ～lai(举起～来)손을 들다. **lā**～(拉～)손을 끌다, 손을 쥐다. 接尾 사람을 나타냄. **shénqiāng**～(神枪～)사격의 명수. **tuōlājī**～(拖拉机～)트랙터 운전사. 量 기능·능력에 사용함. ¶ tā yǒu yì~hǎo shǒuyì(他有一~好手艺) 그는 손재주가 훌륭하다. zuòde yì~hǎo cài(做得一~好菜)요리 솜씨가 아주 좋다.

*shǒu 首 名 머리. 量 수 ; 시나 노래를 세는 데 쓰임. ¶ yì~shī(一~诗)시 한수.

†shǒu 守 動 1. 지키다, 수비하다, 방비하다. ~**chéng**(~城)성을 지키다. ~**mén**(~门)문지기를 하다, 문을 지키다, 골(goal)을 수비하다. **néng gōng néng**~(能攻能~)공격도 수비도 할 수 있다. 2. 준수하다. ¶ ~shíjiān(~时间)시간을 준수하다. 3. 접근하다, 가까이하다. ¶ ~·zhe jiāménkǒur shàng dàxué(~着家门口儿上大学)집문을 가까이하고 대학에 다니다, 집에서 대학에 다니다.

*shòu 受 動 1. 받다. ⇔ **shòu**(授) ¶ ~jiàoyù(~教育)교육을 받다. ~huānyíng(~欢迎)환영을 받다. 2. 받다[당하다], 입다. ¶ ~wěiqu(~委屈)누명을 쓰다, 억울함을 당하다. 3. 참다, 견디다. ~·**buliǎo**(~不了)견딜 수 없다.

*shòu 寿(壽) 名 1. 장수(長壽). 2. 연령, 나이, 수명. 3. 생신, 생일 축하.

⁑shòu 瘦 形 1. 마르다. ⇔ **pàng**(胖) ¶ tā zhǎngde hěn~(她长得很~)그녀는 매우 말랐다. 2. 기름기가 적다. ⇔ **féi**(肥) ~**ròu**(~肉)살코기. 3. [옷 등이]작다, 꼭끼다. ⇔ **féi**(肥) ¶ kùyāo tài ~(裤腰太~)바지허리가 너무 꼭 낀다.

†shǒubèi 手背 名 손등. ⇔ **shǒuxīn**(手心)

⁑shǒubiǎo 手表 名 《**kuài** 块, **zhī** 只》 손목시계. ¶ dài~(戴~)손목시계를 차다.

shōucheng 收成 名 [농작물의] 수확, 작황. ¶ jīnnián~bù hǎo(今年~不好)올해 수확은 좋지 않다.

*shōudào 收到 動 받다, 수령하다, 얻다. ¶ ~·le yì fēng xìn(~了一封信)편지 한 통을 받았다. ~liánghǎo xiàoguǒ(~良好效果)좋은 효과를 얻다.

*shòudào 受到 動 …을 받다, 입다, 당하다. ¶ ~huānyíng(~欢迎)환영을 받다. ~sǔnshī(~损失)손실을 입다.

shǒudiàn 手电(-電) 名 《**bǎ** 把》 회중전등. **shǒudiàntǒng**(手电筒)이라고도 함

*shǒudū 首都 名 수도. ¶ Běijīng shì Zhōngguó de~(北京是中国的~)북경은 중국의 수도이다.

*shǒuduàn 手段 名 1. 수단, 방법, 수법. ¶ wèi dádào mùdì bù zé~(为达到目的不择~)목적을 달성하기 위해 수단·방법을 가리지 않다. 2. 부정한 방법, 수완, 솜씨. ¶ shǐ~(使~)수단을 부리다, 잔꾀를 부리다.

shǒufēngqín 手风琴(-風-) 名 아코디언, 손풍금. ¶ lā~(拉~)손풍금을 타다.

†shōugē 收割 動 [농작물을]수확하다, 가을걷이하다. ¶ ~xiǎomài(~小麦)밀을 수확하다. ~**jī**(~机)수확기, 바인더.

*shǒugōng 手工 名 수공, 손일. ~**yè**(~业)수공업.

shǒu▲guǎ 守寡 動 [여자가]재혼하지 않다, 과부로 수절하다. ¶ shǒule dà bànbèizi guǎ(守了大半辈子寡)생애의 대부분을 과부로 수절하다.

*shōuhuò 收获(-獲) 動 수확하다. ¶ ~zhuāngjia(~庄稼)농작물을 거둬들이다. 名 수확 ; 비유적인 것에도 사용됨. ¶ xuéxí~(学习~)학습의 성과.

†shòuhuòyuán 售货员(-貨員) 名 판매원, 점원.

†shōují 收集 動 모으다, 수집하다.

shǒujiǎo 手脚 名 1. 손발 ; 동작, 거동. ¶ huāngle~(慌了~)당황하여 어쩔 줄 모르다, 허둥대다. 2. 〈方〉 책략, 잔꾀, 간계. **nòng**~(弄~)간계를 부리다.

⁑shǒujīn / shǒujin 手巾 名 1. 《**tiáo** 条》수건, 타월. 2. 《**kuài** 块》〈方〉 손수건.

*shōujù 收据(-據) 名 영수증, 수취증. ¶ kāi~(开~)영수증을 떼다.

*shǒujuàn 手绢(-絹) 名 (~儿) 《**kuài** 块》 손수건. **shǒupà**(手帕)라고도 함.

*shòu▲lèi 受累 動 1. 고생을 하다, 수고를 하다. 2. 〈應〉 수고를 끼치다. ¶ ràng nín~le(让您~了)수고를 끼쳤습니다.

*shǒuliúdàn 手榴弹(-彈) 名 《**kē** 颗》 1. 수류탄. ¶ rēng~(扔~)수류탄을 던지다. 2. [육상경기의]수류탄 던지기.

shōumǎi 收买(-買) 動 1. 사들이다. ¶ ~jiùshū(~旧书)고서를 사들이다. 2. 매수하다, 포섭하다. ¶ ~rénxīn(~人心)돈으로 인심을 사다.

†shòumìng 寿命(壽-) 名 수명.

shǒunǎo 首脑(-腦) 名 수뇌, 리더, 영도자. ~**huìyì**(~会议)수뇌회의 **zhèngfǔ**~(政府~)정부수뇌.

shǒupà 手帕
☞ **shǒujuàn**(手绢) 참조.

*shòupiào 售票 動 표를 팔다. ~**chù**(~处)표파는 곳, 매표구. ~**yuán**(~员)매표원.

shòu▲qì 受气(-氣) 動 모욕을 당하다, 학대를 받다. ¶ shòu pópo de qì(受婆婆的气)시어머니의 학대를 받다. ~**bāor**(~包儿)천덕꾸러기.

手枪

†shǒuqiāng 手枪(-槍) 名 《**bǎ** 把, **zhī** 只》 피스톨, 권총. ¶ yòng~dǎ(用~打)권총을 쏘다.

*shōurù 收入 動 수록하다, 받아들이다, 포함하다. ¶ ~xīn cíyǔ(~新词语)새 어휘를 수록하다. 名 《**bǐ** 笔, **xiàng** 项》 수입. ¶~gāo(~高)수입이 높다. ~dī(~低)수입이 낮다. ~wēibó(~微薄)수입이 매우 적다.

shòu▲shāng 受伤(-傷) 動 상처를 입다, 부상을 당하다. =**fù▲shāng**(负伤) ¶ shòule zhòngshāng(受了重伤)중상을 입었다.

⁑shōushi 收拾 動 1. 거두다, 치우다, 정리하다. ¶ bǎ wūzi~ · gānjìng(把屋子~干净)방을 깨끗이 정리하다. 2. 준비하다, 꾸리다.

S

¶ ～yàoxiāng(～药箱)구급상자를 준비하다. 3. 수리하다. ¶ ～jīqi(～机器)기계를 수리하다. ～píxié(～皮鞋)구두를 수선하다. 4. 〈口〉 벌을 주다, 혼내주다. ¶ zǎowǎn～·le nǐ(早晚～了你)조만간 너를 혼내줘야겠다.

†**shǒushì** 手势(一勢) 名 손짓, 손시늉. ¶ dǎ～ràng tā guòlai(打～让他过来)손짓해서 그를 오게 하다.

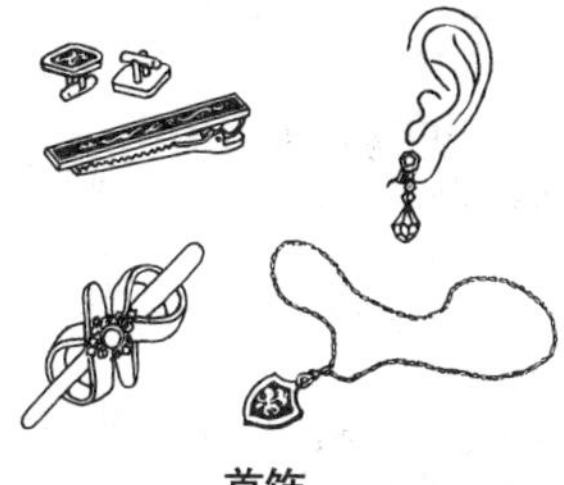

首饰

shǒushi 首饰(一飾) 名 장신구, 액세서리. ¶ jīnyín～(金银～)금은 액세서리.

*__shǒushù__ 手术(一術) 名 수술. ¶ dòng～(动～)수술을 하다. zuò～(做～)위와 동일.

†**shōusuō** 收缩(一縮) 動 줄어들다, 수축하다.

*__shǒutào__ 手套 名 (～儿) 《**fù** 副, **shuāng** 双, **zhī** 只》 장갑. ¶ dài～(戴～)장갑을 끼다.

shōutīng 收听(一聽) 動 [방송을] 듣다. ¶ ～tiānqì yùbào(～天气豫报)일기예보를 듣다.

shǒuwàn 手腕 名 (～儿)1. 수완, 술수, 수단. ¶ shuǎ～(耍～)술수를 부리다, 잔꾀를 부리다. 2. 능력, 역량, 재간. ¶ ～gāo(～高)꽤 재간이 있다.

☞ **shǒuwànzi**(手腕子) 참조.

Shǒuwù'ěr 首坞尔(一塢爾) 名 〈譯〉 서울. ☆ 한국의 수도 'seoul'의 음역.

*__shǒuxiān__ 首先 副 1. 맨 먼저, 우선. ¶ ～bàomíng(～报名)맨 먼저 신청하다. ～fāyán(～发言)제일 먼저 발언하다. 2. 첫째. ¶ ～yīnggāi kǎolǜ de shì～(～应该考虑的事)첫번째로 고려해야 할 일.

shǒuxiàng 首相 名 수상.

*__shǒuxīn__ 手心 名 1. 손바닥. ⇔ **shǒubèi**(手背) 2. (～儿)수중, 손아귀.

*__shǒuxù__ 手续(一續) 名 수속. ¶ ～fùzá(～复杂)수속이 복잡하다. bàn～(办～)수속을 하다.

shǒuyì 手艺(一藝) 名 수공업 노동자의 기능, 기예. ¶ xué～(学～)기술을 몸에 익히다.

*__shōuyīnjī__ 收音机(一機) 名 《**jià** 架, **tái** 台》 라디오. ¶ tīng～(听～)라디오를 듣다. **bàndǎotǐ**～(半导体～)트랜지스터 라디오.

*__shǒuzhǎng__ 手掌 名 손바닥.

shǒuzhǎng 首长(一長) 名 [정부 각부문 및 군대의]수반, 수뇌.

*__shǒuzhǐ__ 手指 名 손가락. 〈口〉 **shǒuzhǐtou**(手指头)라 쓰기도 함.

*__shǒuzhǐtou__ 手指头(一頭) 名 〈口〉 손가락. ¶ bāizhe～suàn(掰着～算)손가락을 꼽으면서 세다.

shǒuzhuó 手镯(一鐲) 名 《**duì** 对, **zhī** 只》 팔찌.

*__shòuzi__ 瘦子 名 몹시 여윈 사람. ☆ 형용사 **shòu**(瘦)가 접미사를 수반해서 명사화된 것.

⁑**shū** 书(書) 名 《**běn** 本, **cè** 册, **bù** 部, **juàn** 卷》 책, 서적. ¶ kàn

S

～(看～)책을 보다. niàn～(念～) [소리내어]책을 읽다; 공부하다.

*shū 梳 動 [빗으로]머리를 빗다, 빗질하다, 머리를 땋다. ¶ ～biànzi(～辫子)머리를 땋다.

⁑shū 输(輸) 動 1. 나르다, 운송하다. 2. 패하다, 지다. ⇔ yíng(赢) ¶ ～·le wǔ ge qiú(～了五个球) [배구나 축구 등에서]5점 차이로 지다. shéi～·le shéi hē fájiǔ(谁～了谁喝罚酒)지는 사람이 벌주를 마시다.

*shū 疏 動 소통시키다, [막힌 것을]트다. 形 1. 성기다, 드문드문하다, 희박하다. ⇔ mì(密) 2. 생소하다, 소원하다. 3. 소홀하다. 4. 분산시키다. 5. 모자라다, 실속이 없다.

shú 赎(贖) 動 1. 대금을 치르고 저당을 도로 찾다. 2. 속죄하다. ～zhì(～罪)속죄하다.

⁑shú 熟 形 1. 익다, 여물다. ☆ 1, 2.처럼 말하는 경우는 shóu라고 발음되는 경우가 많음. ¶ pútao ～le(葡萄～了)포도가 익었다. 2. 잘 알다, 익숙하다. ¶ Běijīng wǒ yǐjīng～le(北京我已经～了)북경에 나는 이미 익숙해졌다.

⁑shǔ 数(數) 動 1. 세다, 헤아리다. ¶ dào～dìsān ge(倒～第三个)거꾸로 세어 세번째, 뒤에서부터 세번째. ～·buqīng(～不清) [너무 많아서]확실하게 셀 수 없다. 2. [비교해서]손꼽히다, 두드러진 축에 들다. ¶ quán bān～tā de chéngjì hǎo(全班～她的成绩好) 반 전체에서 그녀의 성적은 좋은 축에 든다.

☞ shù(数) 참조.

shǔ 属(屬) 動 속하다. ¶ wǒ shì ～lóng de(我是～龙的)나는 용띠이다. 名 속; 생물의 분류학상의 단위 중의 하나[같은 부류]; '门', '纲', '目', '科', '属', '种'의 순으로 세분화됨.

⁑shù 树(樹) 名 《kē 棵, zhū 株》 나무, 수목. ～yè(～叶)나뭇잎.

*shù 数(數) 名 (～儿)수, 숫자. ¶ shǔ～(数～)수를 세다. 數 수, 여러, 몇. ～cì(～次)수차례, 여러번. ～rì(～日)수일. shí～(十～)십명.

☞ shǔ(数) 참조.

shù 竖(豎) 形 수직의, 세로의. 動 세우다, 곧추 세우다. ¶ bǎ zhùzi～·qilai(把柱子～起来)기둥을 세우다.

†shù 束 動 묶다, 매다. ¶ ～tóufà (～头发)머리를 묶다. 量 묶음, 다발; 묶인 것을 세는 데 쓰임. ¶ yí～xiānhuā(一～鲜花)생화 한 묶음.

*shuā 刷 動 솔질하다; 닦다, 칠하다. ～guō～wǎn(～锅～碗)설거지하다. ～yá(～牙)이를 닦다. 名 《bǎ 把》 솔. ＝shuāzi(刷子)

†shuǎ 耍 動 1. 〈方〉 놀다, 장난하다. ¶ jǐ ge háizi zài yuànzi li～ (几个孩子在院子里～)몇 명의 아이가 정원에서 놀고 있다. 2. 가지고 놀다, 조종하다. ¶ ～hóur (～猴儿)원숭이를 시켜 재주를 부리게 하다; 엉터리 짓을 하다. 3. 부리다, 발휘하다. ～píqi (～脾气)화내다, 성내다. ～tàidu (～态度)뽐내다, 뻐기다. ～xiǎo cōngming(～小聪明)잔꾀를 부리다.

*shuāi 摔 動 1. 던지다, 내던지다. ¶ bǎ màozi wǎng chuángshang yì～(把帽子往床上一～)모자를 침대 위에 내던지다. 2. 떨어뜨려 부수다[깨뜨리다]. ¶ bǎ huāpíng～le(把花瓶～了)화병을 떨어뜨려 깨뜨렸다. 3. 넘어지다, 자빠지다. ¶ ～·le ge gēntou(～了个跟头)곤두박질 쳤다.

*shuǎi 甩 動 1. 흔들다, 내던지다. ¶ ～biànzi(～辫子)땋은 머리를 흔들다. ～shǒuliúdàn(～手榴弹) 수류탄을 내던지다. 2. 떼어놓다, 떼어버리다, 떨구다. ¶ ～chē(～车)기관차에서 차량(칸) 등을 떼놓다. ～**shǒu bú gàn**(～手不干) 손을 떼고 상관하지 않다, 손을 놓고 일을 하지 않다.

*shuài 率 動 1. 인솔하다, 거느리다. 2. 따르다, 그대로 하다.

*shuāibài 衰败(－敗) 動 쇠약해지다. ¶ jīngshen～le(精神～了)원기가 없어졌다.

shuāi▲jiāo 摔跤 動 자빠지다, 넘어지다. ¶ bù xiǎoxin shuāile yì jiāo(不小心摔了一跤)조심하지 않으면 넘어진다.

☞ **shuāijiāo**(摔跤) 참조.

shuāijiāo 摔跤 名 레슬링, 씨름. ¶ ～bǐsài(～比赛)레슬링 시합.

☞ **shuāi▲jiāo**(摔跤) 참조.

shuāilǎo 衰老 動 늙고 쇠약하다, 노쇠하다. ¶ tā wǔshí suì jiù kāishǐ～le(他五十岁就开始～了)그는 50세에 노쇠현상이 나타나기 시작했다. yíxiàzi xiǎnde shífēn～(一下子显得十分～)갑자기 매우 쇠약해 보인다.

†shuàilǐng 率领(－領) 動 거느리다, 이끌다, 인솔하다. ¶ ～duìwu(～队伍)대오를 거느리다.

†shuāiruò 衰弱 動 쇠약하다, 약해지다. ¶ xīnzàng～(心脏～)심장이 약하다.

shuān 拴 動 비끄러매다, 붙들어매다, 묶다. ¶ yòng shéngzi～·hǎo(用绳子～好)노끈으로 잘 묶다. ～·zai shùshang(～在树上) 나무에 붙들어 매다.

shuàn 涮 動 1. 물로 흔들어 씻다, 헹구다. **xǐxi**～～(洗洗～～)헹구어 씻어내다. 2. 얇게 썬 고기를 끓는 물에 넣어 데친 후, 조미료를 찍어서 먹는 요리법의 하나. ～**yángròu**(～羊肉)양고기를 샤브샤브로 만들어 먹는 요리.

*shuāng 霜 名 1. 서리. ¶ xià～(下～)서리가 내리다. 2. 서리 모양의 것. **shì**～(柿～)시상, 시설(柿雪).

⁂shuāng 双(雙) 形 1. 두, 쌍(의), 양쪽(의)[둘씩 쌍을 이룬 것을 뜻함.] ⇔ **dān**(单) ～**rén fángjiān**(～人房间)2인용 방. 2. 짝수의. ⇔ **dān**(单) ～**hào**(～号)짝수 번호. 量 쌍, 매 ; 쌍을 이룬 것을 세는 데 쓰임. ¶ yì～xié(一～鞋)신발 한 켤레. liǎng～kuàizi(两～筷子)젓가락 두 쌍.

shuāngdǎ 双打(雙－) 名 [구기의]복식. ⇔ **dāndǎ**(单打) **nǚzǐ**～(女子～)여자 복식.

*shuāngfāng 双方(雙－) 名 쌍방. ¶ zài～tóngyì xià(在～同意下) 쌍방의 동의하에.

shuǎngkuai 爽快 形 1. 상쾌하다, 후련하다, 개운하다.(**AABB**) ¶ xǐ ge zǎo, juéde～duō le(洗个澡,

S

觉得~多了)목욕을 하고 나니 훨씬 개운하게 느껴진다. 2. [성격이]시원스럽다, 호쾌하다.(AABB) ¶ tā shuōhuà hěn~(他说话很~)그는 말을 시원스럽게 한다.

shuǎnglì 爽利 形 시원시원하다, 깨끗하다. ¶ bànshì~(办事~)일하는 것이 시원시원하다.

shuāngshǒu 双手(雙一) 名 양손. ¶ wǒ jǔ~zànchéng(我举~赞成)나는 쌍수를 들고 찬성한다.

shuāngshù 双数(雙數) 名 짝수, 우수(偶數). ⇔ **dānshù**(单数) ☆ 한민족(漢民族)은 짝수를 존중하는 경향이 강함.

*__shuǎngzhí__ 爽直(一直) 形 시원시원하다, 솔직 담백하다. ¶ wéirén~(为人~)사람됨이 솔직 담백하다.

*__shuā▲yá__ 刷牙 動 이를 닦다. ¶ shuāwán yá zài shuìjiào(刷完牙再睡觉)이를 닦고 나서 자다.

*__shuāzi__ 刷子 名 《**bǎ** 把》 솔, 브러쉬.

*__shūbāo__ 书包(書一) 名 가방. ¶ bēi~(背~)가방을 메다. guà~(挂~)가방을 걸다. tí~(提~)가방을 들다.

shūběn 书本(書一) 名 책, 서적의 총칭. ~**zhīshi**(~知识)책속의 지식. ¶ qǐng fānkāi~(请翻开~)책을 펼치십시오.

⁑**shūcài** 蔬菜 名 〈植〉 야채, 채소. ☆ **yěcài**(野菜)는 식용으로 하는 산나물.

†**shūchàng** 舒畅(一暢) 形 상쾌하다, 시원하다, 쾌적하다. ¶ xīnqíng~(心情~)마음이 편안하고 쾌적하다.

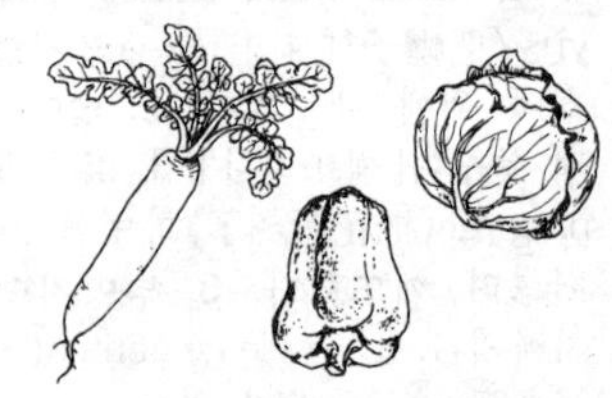

蔬菜

shūchū 输出(輸一) 動 1. [외부로]보내다, 내보내다. 2. 수출하다. ¶ ~qìchē(~汽车)자동차를 수출하다. 名 1. 수출, 진출. ⇔ **jìnkǒu**(进口) ¶ zīběn~(资本~)자본진출. 2. 출력, 아웃풋(output), 발전력.

⁑**shūdiàn** 书店(書一) 名 《**jiā** 家》 서점, 책방.

*__shūfù__ 叔父 名 아버지의 동생, 숙부. 〈口〉 **shūshu**(叔叔)

⁑**shūfu** 舒服 形 편안하다, 상쾌하다, 안락하다. ¶ shēnshang bù~(身上不~)몸이 편치 않다. zhè huà ràng rén xīnli~(这话让人心里~)이 말은 듣는 사람의 마음을 후련하게 한다.

†**shùfù** 束缚(一縛) 動 속박하다, 속박시키다. ¶ ~sīxiǎng(~思想)사상을 제한하다. 名 속박, 구속. ¶ dǎpò~(打破~)속박을 타파하다.

shùgàn 树干(樹幹) 名 나무줄기. ¶ ~cū(~粗)나무 줄기가 굵다,

shūhu 疏忽 動 소홀히 하다, 부주의하다. ¶ ~·le zhège wèntí(~了这个问题)이 문제를 소홀히 하다. shì wǒ yìshí~le(是我一时~了)내가 잠시 소홀했다. ~zhíshǒu(～职守)직분을 소홀히 하다.

⁑**shuí** 谁(誰) 代 1. 누, 누구. ☆ 말할 때는 대개 **shéi**라고 발음함. ¶ nǐ zhǎo～?(你找～?)당신은 누구를 찾습니까? ～yě méiyou lái(～也没有来)아무도 오지 않았다. 2. 아무, 누군가 ; 불특정한 사람을 가리킴. ¶ yǒu～yuànyi qù ma?(有～愿意去吗?)누군가 가고 싶은 사람 있습니까? 3. 누구도, 아무도, 누구라도 ; 임의의 어떤 사람을 가리킴. ¶ ～dōu kěyǐ zuò(～都可以做)누구라도 할 수 있다, 누구든 해도 된다.

⁑**shuǐ** 水 名 1. 물 ; 온도의 고저에 상관없이 말할 때 쓰임. ¶ ～liáng le(～凉了)물이 차갑다. **dǎ**～(打～)물을 긷다. 2. 즙, 액. **júzi**～(橘子～)오렌지 주스.

†**shuì** 税 名 세, 세금. **shàng**～(上～)세금을 내다. **chōu**～(抽～)세금을 징수하다. **yìnhuā**～(印花～)인지세(印紙税).

⁑**shuì** 睡 動 [잠을]자다. ¶ háizi yǐjīng～·zháo le(孩子已经～着了)아이는 이미 잠들었다. ～**wǔjiào**(～午觉)낮잠을 자다. **zǎo**～**zǎo qǐ**(早～早起)일찍 자고 일찍 일어나다. ～**zǎojiào**(～早觉)늦잠을 자다. ～**hǔzi**(～虎子)잠꾸러기, 잠보.

*__shuǐbèng__ 水泵 名 《**tái** 台》 물펌프. ☆ '泵'은 영어 pump의 음역.

*__shuǐchē__ 水车(－車) 名 1. 양수기. 2. 수차. 3. 물을 운반하는 차.

†**shuǐdào** 水稻 名 논벼, 논에서 재배하는 벼. **hàndào**(旱稻)[陸稻(밭벼)]에 대한 말.

†**shuǐfèn** 水分 名 수분.

*__shuǐguǎnzi__ 水管子 名 1. 수도관. ¶ ～dòngle(～冻了)수도관이 얼었다. 2. 호스.

⁑**shuǐguǒ** 水果 名 과일, 과실.

水果

⁑**shuì▲jiào** 睡觉(－覺) 動 자다. ¶ shuìle yí jiào(睡了一觉)한잠 잤다.

shuǐjīng 水晶 名 수정.

*__shuǐkù__ 水库(－庫) 名 《**zuò** 座》 댐, 저수지. ¶ xiū～(修～)저수지를 건조하다.

†**shuǐlì** 水力 名 수력. ～**fādiàn**(～发电)수력발전.

†**shuǐlì** 水利 名 1. 수리. 2. [略] 수력공사. ＝**shuǐlì gōngchéng**(水利工程) ¶ xīngxiū～(兴修～)수리공사를 하다.

shuǐlóngtóu 水龙头(－龍頭) 名 수도꼭지.

†**shuìmián** 睡眠 名 수면.

*__shuǐní__ 水泥 名 시멘트. ～**dì**(～地)시멘트 바닥.

shuǐpiáo 水瓢 名 [호리병 박을 둘로 쪼개어 만든]물바가지. ¶ ná～yǎo shuǐ(拿～舀水)바가지로 물을 뜨다.

⁑**shuǐpíng** 水平 名 1. 수준기. 2. 수준, 수평, 레벨. ¶ dádào zuì hǎo～(达到最好～)최고 수준에 달하다. ～**hěn chà**(～很差)수준

이 떨어지다. ~hěn dī(~很低)수준이 낮다. shēnghuó~(生活~)생활 수준. wénhuà~(文化~)문화 수준；교육 정도, 교양.

shuǐshǒu 水手 名 선원.

shuìyī 睡衣 名 잠옷.

睡衣

shuǐtǎ 水塔 名《**zuò** 座》급수탑.

*__shuǐtǒng__ 水桶 名《**zhī** 只》물통.

shuǐzāi 水灾(一災) 名 수해. ¶ nào~(闹~)수해가 나다.

*__shūjí__ 书籍(書一) 名 서적, 책. **kējì**~(科技~)과학기술 관계의 서적.

*__shūjì / shūji__ 书记(書記) 名 서기；사회주의 정당·집단의 간부. **dǎngwěi**~(党委~)당위원회 서기. **zǒng**~(总~)총서기.

S

*__shūjià__ 书架(書一) 名 책꽂이, 서가. ¶ bǎ shū fàngzai~shang(把书放在~上)책을 서가에 놓다.

*__shǔjià__ 暑假 名 여름방학, 여름휴가. ⇔ **hánjià**(寒假) ¶ kuài yào dào~le(快要到~了)곧 여름방학이 시작된다. fàng~(放~)여름방학을 하다.

†**shùjù** 数据(數據) 名 데이터, 통계수치.

*__shù▲kǒu__ 漱口 動 양치질하다, 입을 가시다. ¶ shù liǎng cì kǒu(漱两次口) 2, 3번 양치질을 하다.

†**shùlì** 树立(樹一) 動 세우다, 수립하다[추상적인 좋은 것에 대해 쓰임.] ¶ ~bǎngyàng(~榜样)본보기를 세우다.

*__shúliàn__ 熟练(一練) 形 숙련되어 있다, 능숙하다. ¶ jìshù~(技术~)기술이 숙련되다.

*__shùliàng__ 数量(數一) 名 수, 수량. ¶ ~hé zhìliang de guānxi(~和质量的关系)양과 질의 관계.

*__shùlín__ 树林(樹一) 名 수풀, 숲. **shùlínzi**(树林子)라고도 함.

*__shūmǔ__ 叔母 名 **shūfù**(叔父)의 처；숙모.

†**shùmù** 树木(樹一) 名 수목；총칭.

†**shùmù** 数目(數一) 名 수, 숫자. ~**zì**(~字)숫자.

†**shùn** 顺(順) 動 1. 따르다, 좇다. ¶ nǐ jiù~·zhe tā ba(你就~着他吧)그의 말대로 해라. 2. 가지런히 하다, 정리하다. ¶ ~·yi·~tóufa(~一~头发)머리를 다듬다. 介 …를 따라서. ¶ ~hé biān zǒu(~河边走)강변을 따라 걷다. 形 순조롭다. ¶ yílù shang hěn~(一路上很~)오는 도중에 매주 순조로웠다. ~**fēng**(~风)순풍.

*__shùnbiàn__ 顺便(順一) 副 (~儿)…하는 김에. ¶ bú yòng zhuān zǒu yí tàng, ~dàihuilai jiù xíng le(不用专走一趟, ~带回来就行了)일부러 갈 필요없이, 돌아오는 길에 가져오면 된다. wǒ zài~shuō yí xià(我再~说一下)내가 뒤이어서 말하겠다.

shùn'ěr 顺耳(順一) 形 [말이] 귀에 거슬리지 않다, 마음에 들다. ¶ tīngzhe bú~(听着不~)듣기

에 귀에 거슬린다.

shùnkǒu 顺口(順一) 形 1. 술술 읽히다, 유창하게 말하다. ¶ niàn-qilai~(念起来~)읽기에 편하다. 2.〈方〉입에 맞다, 구미에 맞다. ¶ chīzhe~(吃着~)매우 맛이 좋다. 副 입에서 나오는 대로, 건성으로. ¶ ~dāying(~答应)건성으로 대답하다.

***shùnlì** 顺利(順一) 形 순조롭다. ¶ gōngzuò~(工作~)일이 순조롭다.

***shùnshǒu** 顺手(順一) 副 (~儿) 1. 닥치는 대로. ¶ ~náqi yí ge (~拿起一个)닥치는대로 하나를 들어올리다. 2. 겸사겸사, 하는 김에. ¶ wūzi sǎowán le, ~yě bǎ yuànzi sǎoyisao(屋子扫完了, ~也把院子扫一扫)방안을 다 청소하고 나서, 겸사겸사 정원을 청소하자. 形 (~儿)순조롭다. ¶ cóng yì kāishǐ jiù bú~(从一开始就不~)처음부터 순조롭지 못하다.

shùnxù 顺序(順一) 動 순서를 따르다. ¶ ~rùchǎng(~入场)순서를 따라 입장하다. 名 순서. ¶ àn~páihǎo(按~排好)순서대로 나열하다.

†**shùnyǎn** 顺眼(順一) 形 보기좋다, 아름답다, 모양이 좋다. ¶ zhè tú'àn kànshangqu bú~(这图案看上去不~)이 디자인은 보기에 아름답지 않다.

***shùnzhe** 顺着(順一) 介 …에 따라서. ¶ ~zhè tiáo lù yìzhí zǒu (~这条路一直走)이 길을 따라 계속 걷다.

⁑**shuō** 说(說) 動 1. 말하다. ¶ gēn tā~(跟他~)그에게 말하다. zěnme~hǎo ne?(怎么~好呢?)어떻게 말해야 좋을까? ~yào xià dà yǔ(~要下大雨)큰비가 내릴 것이라고 말하다. 2. 혼내다, 꾸짖다, 야단치다. ¶ bǎ xiǎoháizi~·le yí dùn(把小孩子~了一顿)아이를 한바탕 혼냈다.

†**shuōbudìng** 说不定(說一) 動 …라고 말할 수 없다; …일지도 모른다. ¶ ~tā yǐjing zǒu le(~她已经走了)그녀는 이미 출발했을지도 모른다.

†**shuōfǎ** 说法(說一) 名 1. 말하는 법, 표현법. ¶ huàn yí ge~(换一个~)다른 말로 하면, 바꿔말하면. 2. 의견, 견해. ¶ tā de~ shì bú duì de(他的~是不对的)그의 의견은 옳지 않다.

†**shuōfú** 说服(說一) 動 설복하다, 설득하다. ¶ shéi yě~·buliǎo shéi (谁也~不了谁)서로 설득할 수 없다. tā bèi~le(他被~了)그는 설복당했다. ~duìfāng(~对方)상대를 설득하다.

***shuō▲huà** 说话(說話) 動 말하다. ¶ ài~(爱~)말하기 좋아하다. shuō dà huà(说大话)큰소리치다. ~yào yǒu zhèngjù(~要有证据) 말하는데 증거가 있어야 한다.

†**shuō▲huǎng** 说谎(說謊) 動 거짓말을 하다. ¶ méi shuōguo yí jù huǎng(没说过一句谎)한마디도 거짓말한 적이 없다. ~**dàwáng** (~大王)거짓말 대장.

shuō▲méi 说媒(說一) 動 중매를 서다, 중매를 하다. ¶ tì rénjia~(替人家~)남의 중매를 서다.

***shuōmíng** 说明(說一) 動 1. 설명하다. ¶ ~chídào de yuányīn

S

(~迟到的原因)지각한 원인을 설명하다. 2. 증명하다, 입증하다. ¶ hěn néng~wèntí(很能~问题)문제점을 잘 입증할 수 있다. 名 설명. ~**shū**(~书)설명서. ~**wén**(~文)설명문.

shuō▲qíng 说情(說－) 動 인정에 호소하다, 남을 위해 통사정하다. ¶ tì zìjǐ de háizi~(替自己的孩子~)자기의 아이 대신 통사정하다.

***shùpí** 树皮(樹－) 名 나무껍질. ¶ bāo~(剥~)나무껍질을 벗기다.

shūrù 输入(輸－) 動 1. [밖에서] 들여오다. ¶ ~xīn sīxiǎng(~新思想)신사상을 받아들이다. 2. 입력하다, 인풋(input)하다. ¶ ~xìnxī(~信息)정보를 입력하다.

†**shūshì** 舒适(－適) 形 기분이 좋다, 쾌적하다, 편하다. ¶ fángjiān bú dà, dàn hěn~(房间不大, 但很~)방은 크지 않지만 매우 편하다.

⁑**shūshu** 叔叔 名〈口〉1. 아저씨; 숙부. 2. 아버지와 동년배이거나 연하인 남자에 대한 호칭. ¶ ~, āyí, nǐmen hǎo(~, 阿姨, 你们好)[아이들이 어른들에게]아저씨, 아줌마, 안녕하세요.

***shúxī** 熟悉 動 잘 알고 있다, 숙지하다, 정통하다. ¶ wǒmen liǎ hěn~(我们俩很~)우리 두 사람은 서로 잘 알고 있다. ~qíngkuàng(~情况)상황을 숙지하다.

***shùxué** 数学(數學) 名 수학. ~**jiā**(~家)수학자.

shùyīn 树阴(樹陰) 名 (~儿)나무 그늘. ¶ zài~xià chéngliáng(在~下乘凉)나무 그늘 아래서 서늘한 바람을 쐬다.

shūyíng 输赢(輸贏) 名 승패. ¶ sài ge~(赛个~)승패를 겨루다.

***shǔyú** 属于(屬於) 動 …에 속하다. ¶ wèilái~niánqīng yídài(未来~年青一代)미래는 젊은 세대의 것이다.

shūyuǎn 疏远(－遠) 形 가깝지 않다, 소원하다. ¶ guānxi~(关系~)관계가 소원하다. 動 소원하게 하다. ¶ gùyì~tā(故意~他)일부러 그를 멀리하다.

shūzhǎn 舒展 動 [주름·구김살 등을]펴다; [기분이]맑아지다. ¶ ~·kāi méitóu(~开眉头)찌푸린 양미간을 펴다. 形 [심신이]편안하다, 쾌적하다. ¶ dòngzuò~(动作~)동작이 자유롭다. xīnqíng~(心情~)기분이 편안하다.

***shùzhī** 树枝(樹－) 名《**gēn** 根, **zhī** 只》나뭇가지. ¶ zhé~(折~)나뭇가지를 꺾다.

shūzhuō 书桌(書－) 名 (~儿) 책상. ¶ zuòzai~qián xuéxí(坐在~前学习)책상 앞에 앉아 공부하다.

***shūzi** 梳子 名《**bǎ** 把》빗. ¶ yòng~shū tóu(用~梳头)빗으로 머리를 빗다.

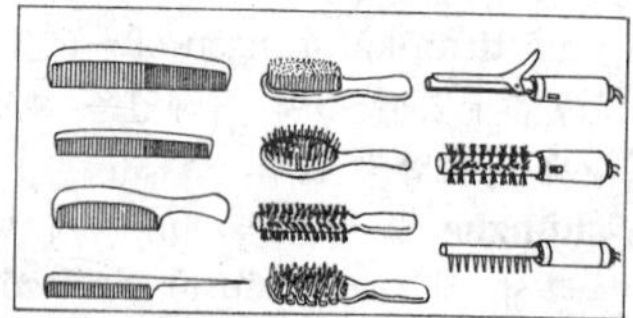

梳子

***shùzì** 数字(數－) 名 1. 숫자. **Ālābó**~(阿拉伯~)아라비아 숫자.

S

Luómǎ～(罗马～)로마숫자. 2. 수량. ¶ mángmù zhuīqiú～(盲目追求～)맹목적으로 수량만을 추구하다.

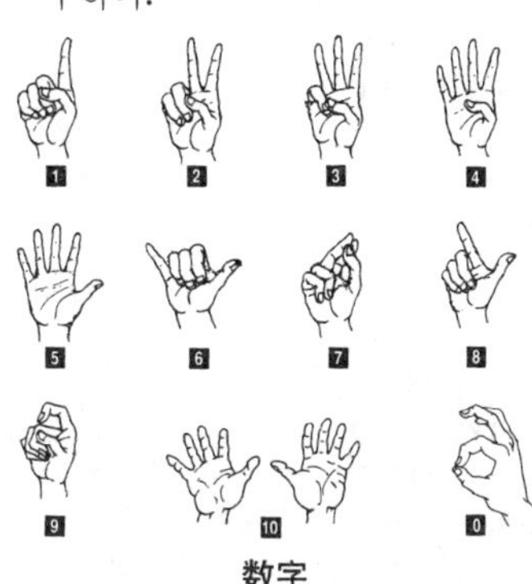

数字

***sī** 私 [形] 1. 사유(私有)의. 2. 개인적인, 사적인. 3. 비밀의, 은밀한.

***sī** 思 [動] 1. 생각하다, 고려하다. 2. 그리워하다.

***sī** 丝(絲) [名] 1. 생사, 견사. ¶ zhè shì～de(这是～的)이것은 생사이다. 2. (～儿)실같이 가느다란 것. **luóbo**～·**r**(罗卜～儿)무우채. **tiě**～(铁～)철사.

***sī** 撕 [動] 찢다, 째다, 뜯다. ¶ bǎ bù～·chéng liǎng kuài(把布～成两块)천을 2조각으로 찢다. bǎ xìn～·kāi(把信～开)편지를 찢다.

⁑**sǐ** 死 [動] 죽다. ¶ ～·le rén(～了人)사람이 죽었다. dǎ·～(打～)때려 죽이다, 타살하다. [副] 죽어도, 절대로, 필사적으로. ¶ ～bù chéngrèn(～不承认)절대로 인정하지 않다. 3. [형용사 등의 뒤에 쓰여]정도가 지나침을 나타냄. ¶ jí·～le(急～了)급해 죽겠다. lèi·～le(累～了)피곤해 죽겠다. qì·～wǒ le(气～我了)화나 죽겠다. xiào·～le(笑～了)웃겨 죽겠다. [形] 1. 움직이지 않다, 융통성이 없다. ～**guīju**(～规矩)융통성 없는 규칙. ～**shuǐ**(～水)고인 물. 2. 막다르다, 막히다. ～**hútong**(～胡同)막다른 골목.

⁑**sì** 四 [數] 4, 넷. ☆ 갖은자는 '肆'.

sì 似 [動] 닮다, …것 같다. **guī xīn**～**jiàn**(归心～箭)집에 가고 싶은 마음이 간절하다.

†**sǐbǎn** 死板 [形] 1. 활발하지 않다, 생동적이지 않다, 활기가 없다. (**AABB**) ¶ biǎoqíng～(表情～)표정에 생기가 없다. 2. [일의 처리에]융통성이 없다, 틀에 박히다.(**AABB**) ¶ zuòshì～(做事～)일하는 것이 융통성이 없다.

†**sīchóu** 丝绸(絲綢) [名] 견직물.

†**sìchù** 四处(－處) [名] 사방, 도처, 여러 곳. ¶ ～xúnzhǎo(～寻找)사방을 찾다.

sīguā/**sīgua** 丝瓜(絲－) [名] 수세미. ～**ráng**(～瓤)수세미 속.

sīháo 丝毫(絲－) [形] 추호, 극히 적은 수량, 조금도[…하지 않다]. ¶ bù róngxǔ yǒu～shūhu(不容许有～疏忽)조금의 소홀함도 허용하지 않다.

***sìhu** 似乎 [副] 마치 …인 것 같다, …인 듯하다. ¶ ～míngtiān yào xià yǔ(～明天要下雨)내일 비가 내릴 것 같다.

⁑**sījī** 司机(－機) [名] 운전수. **huǒchē**～(火车～)기관사.

sìjì 四季 [名] 사계, 4계절. ¶ ～rú chūn(～如春)1년내내 봄같다.

†**sīkǎo** 思考 [動] 생각하다, 사고하다. ¶ dúlì～(独立～)홀로 생각하다, 자주적으로 사고하다.

S

sìliào 饲料(飼－) 名 사료. ¶ bàn～(拌～)사료를 섞다.

†**sīlìng** 司令 名 사령관. ～**yuán**(～员)사령관. **zǒng**～(总～)총사령관.

sìmiàn 四面 名 사면, 주위. ～**bāfāng**(～八方)사방팔방. ～**Chǔgē**(～楚歌)사면 초가. ～**shòudí**(～受敌)사면을 적에게 둘러싸이다.

†**sīniàn** 思念 動 그리워하다.¶ ～yuǎnfāng de qīnrén(～远方的亲人)멀리있는 친척을 그리워하다.

***sīrén** 私人 名 개인, 민간, 연고자. ¶ rènyòng～(任用～)연고자를 임용하다. 形 사적인, 개인적인. ～**qǐyè**(～企业)사기업.

sīshì 私事 名 개인의 일, 사사로운 일. ¶ shàngbān shíjiān nèi bàn～(上班时间内办～)근무시간에 개인적인 일을 하다.

†**sīsuǒ** 思索 動 깊이 생각하다, 사색하다. ¶ ～wèntí(～问题)문제를 깊이 생각하다.

†**sǐwáng** 死亡 動 사망하다. ～**lǜ**(～率)사망률.

S

†**sīwéi** 思维(－維)·思惟 名 사유. ¶ ～fāngshì(～方式)사유 방식.

sìxiàli 四下里(－裏) 名 사방, 주변, 각처. =**sìchù**(四处) ¶ ～zhāngwàng(～张望)사방을 둘러보다.

⁂**sīxiǎng** 思想 動 생각하다, 숙고하다. ¶ tā～·le yì fān(他～了一番)그는 곰곰이 생각했다. 名 사상, 생각. ¶ zhèzhǒng～yàobudé(这种～要不得)이런 생각은 쓸모 없다.

sǐ▲xīn 死心 動 단념하다. ¶ gāncuì sǐle zhè tiáo xīn ba(干脆死了这条心吧)아예 그런 생각을 버려라, 아예 단념해라. zěnme yě bù～(怎么也不～)아무리해도 단념하지 못하다.

sǐxīnyǎnr 死心眼儿(－兒) 形 융통성이 없다, 완고하다. ¶ nǐ zhēn～!(你真～!)당신 정말 융통성이 없군!

†**sìyǎng** 饲养(飼養) 動 사육하다. ¶ ～jiāqín(～家禽)가금을 기르다. ～**yuán**(～员)사육사.

sīyí 司仪(－儀) 名 [식의]진행자, 사회자.

†**sīyǒu** 私有 名 개인 소유, 사유. ～**cáichǎn**(～财产)사유재산. ～**tǔdì**(～土地)사유지.

⁂**sìyuè** 四月 名 4월.

†**sìzhōu** 四周 名 사방, 주위, 둘레. ¶ ～kànbuqīngchu(～看不清楚)주위가 잘 보이지 않다.

***sōng** 松(鬆) 名 소나무. ～**qiú**(～球)솔방울. 形 느슨하다, 헐겁다. '鬆'이라고도 씀. ¶ luósī～le(螺丝～了)나사가 느슨하다. pídài～le(皮带～了)벨트가 헐겁다. 動 늦추다, 느슨하게 하다. ¶ ～kǒu qì(～口气)한시름 놓다. bǎ tǔ～·yi·～(把土～一～)[쟁기따위로]땅을 좀 부드럽게 하다, 밭을 고르다.

⁂**sòng** 送 動 1. 보내다, 배달하다, 전달하다. ¶ ～xìn(～信)편지를 배달하다. 2. 선사하다, 증정하다, 주다. ¶ jiějie～·le wǒ yì zhī gāngbǐ(姐姐～了我一枝钢笔)언니가 나에게 만년필 한자루를 주었다. 3. 배웅하다, 전송하다, 바래다 주다. ¶ bǎ kèren～·dào ménkǒu(把客人～到门口)손님을 현관까지 배웅하다.

†sòng▴bié 送别 動 송별하다, 배웅하다. ¶ ～péngyou(～朋友)친구를 배웅하다.

sōngdong 松动(鬆動) 動 늦추다, 풀다, 부드럽게 하다. ¶ ～luósī(～螺丝)나사를 풀다. yáchǐ～le(牙齿～了)이가 흔들린다. 形 붐비지 않다, 여유가 있다, 궁색하지 않다. ¶ shǒutóur～(手头儿～)수중에 여유가 있다.

sōngkuai 松快(鬆一) 形 여유가 생기다, 경쾌하다, 상쾌하다, 후련하다.(**AABB**) ¶ shǎole yì zhāng zhuōzi, xiǎnde～duō le(少了一张桌子, 显得～多了)책상 하나가 없어지니, 훨씬 더 넓어 보인다.

†**sòng▴lǐ** 送礼(一禮) 動 선물을 보내다[하다]. ¶ gěi tā～(给他～)그에게 선물을 하다.

*__sōngshù__ 松树(一樹) 名 《**kē** 棵, **zhū** 株》〈植〉소나무.

†**sòngxíng** 送行 動 배웅하다, 전송하다.

sōu 搜 動 수색하다, 찾다. ¶ ～shēn(～身)[숨긴 물건이 있는지] 몸을 수색하다. ～wūzi(～屋子)방을 수색하다.

sōu 馊(餿) 形 [음식이]쉬다, 쉰 내가 나다. ¶ fàn～le(饭～了)밥이 쉬었다. luànchū～zhǔyi(乱出～主意)마구 잔꾀를 내다.

†**sōu** 艘 量 척; 배를 세는 데 쓰임. ¶ jūnjiàn shí～(军舰十～)군함 10척.

sōubǔ 搜捕 動 수색하여 체포하다. ¶ ～lǐngdǎorén(～领导人)지도자를 체포하다.

sōuchá 搜查 動 수사하다, 탐색하다. ¶ ～dúpǐn(～毒品)마약류를 수사하다.

†**sōují** 搜集 動 수집하다. ¶ ～yìjian(～意见)의견을 모으다. ～yóupiào(～邮票)우표를 수집하다.

sōusuǒ 搜索 動 수색하다, 수사하다, 자세히 뒤지다. ¶ sìchù～(四处～)사방을 수색하다.

sōuxún 搜寻(一尋) 動 여기저기 찾다, 물으며 찾다. ¶ ～shīwù(～失物)분실물을 여기저기 찾다. ～**shì fēi**(～是非)트집잡다.

*__sū__ 苏(蘇) 動 1. 회생하다, 소생하다. 2. 고난에서 벗어나다. 3. 잡다, 취(取)하다. 名 소련(蘇聯)의 준말.

sù 塑 動 빚다, 소조하다. ～**xiàng**(～像)토우를 만들다, 조소하다.

⁂**suān** 酸 名 산. 形 1. 시다, 시큼하다. ¶ zhège lí zhēn～(这个梨真～)이 배는 정말 시다. ～**méi**(～梅)오매(烏梅)의 통칭. 2. [피곤해서]몸이 시큰시큰하다. ¶ gēbo fā・～(胳膊发～)팔이 시큰거린다.

*__suàn__ 蒜 名 《**tóu** 头, **bàn** 瓣》마늘. ¶ dǎo～(捣～)마늘을 찧다. ～**bànr**(～瓣)마늘쪽. ～**ní**(～泥)짓찧은 마늘.

⁂**suàn** 算 動 1. 계산하다. ¶ ～・～duōshao qián(～～多少钱)얼마인지 계산해 보다. ～・**qīng**(～清)청산하다. 2. 계산에 넣다, 셈에 넣다. ¶ bié～wǒ(别～我)나를 셈에 넣지 말아라. 3. …라고 여겨지다, …인 셈이다. ¶ bú～zhòngyào(不～重要)중요하다고

S

는 할 수 없다.

†**suànjì** 算计(一計) 動 1. 세다, 계산하다. =**jìsuàn**(计算) 2. 생각하다, 예상하다. ¶ ～·zhe zhèhuìr gāi dào le(～着这会儿该到了)이번에는 도착할 것이라고 생각하다. 3. 남을 몰래 모해하다. ¶ lǎo xiǎng～biéren(老想～别人)항상 다른 사람을 모해하려고 생각한다.

suānlǎn 酸懒(一懶) 形 몸이 시큰시큰하고 피로하다, 노작지근하다. ¶ shēnshang～(身上～)몸이 노작지근하다.

*__suànle__ 算了 動〈應〉그만두다, 개의치 않다, 됐다. ¶ ～, ～, bú gàn le!(～, ～, 不干了!)됐어! 됐어! 하지 않겠어!

suānméi 酸梅 名 오매. ～**tāng**(～汤)오매탕; 매실을 끓여서 설탕을 넣은 청량음료.

suàn▲mìng 算命 動 사람의 운세를 점치다. ¶ nǐ gěi wǒ suàn yí xià mìng(你给我算一下命)내 운세 좀 봐주세요. ～**xiānsheng**(～先生)[흔히 풍자적으로]점장이.

S

*__suànpán/suànpan__ 算盘(一盤) 名 《**bǎ** 把》주판. **dǎ**～(打～)주판을 놓다; 손익을 따지다.

†**suànshì** 算是 動 …인 셈이다, …으로 치다, …으로 간주하다. ¶ zhè yí cì～ràng nǐ cāizháo le(这一次～让你猜着了)이번에는 네가 알아맞춘 셈이다.

*__suànshù__ 算术(一術) 名 산수. ¶ suàn～(算～)산수를 하다.

suànxué 算学(一學) 名 1. 수학. 2. [사칙연산 등의]산술.

suàn▲zhàng 算帐(一帳) 動 1. [장부상의 숫자를]계산하다, 청산(결산)하다. ¶ qǐng nǐ suàn yì bǐ zhàng(请你算一笔帐)당신이 한번 계산해 주세요. 2. 결판을 내다, 끝장을 내다. ¶ děngzhe huílai gēn nǐ～(等着回来跟你～)돌아와서 너와 결판을 내겠다.

sùcài 素菜 名 야채요리, 정진요리.

sùcháng 素常 名 평상, 평소. ¶ ～dài rén hěn héqi(～待人很和气)평소 남을 따뜻하게 대한다.

†**sùchéng** 速成 動 속성으로 배우다, 단기에 마스터하다. 名 속성. ¶ ～shízì bān(～识字班)속성문자 학습교실.

*__sùdù__ 速度 名 속도. ¶ jiākuài～(加快～)속도를 가하다.

†**súhuà** 俗话(一話) 名 (～儿) 1. 속담. 2. 속어.

suī 虽(雖) 連 1. 비록 …이지만. =**suīrán**(虽然) 2. 설사…이더라도. =**zòngrán**(纵然)

*__suí__ 随(隨) 動 1. 따르다, 따라가다. ¶ ～·zhe jìjié de biànhuà(～着季节的变化)계절의 변화에 따르다. 2. 순종하다, 순응하다, 따르다. ¶ wǒ～nǐ(我～你)나는 당신을 따르겠다.

suì 穗 名 (～儿)이삭. **dào**～(稻～)벼이삭. **mài**(麦～)보리이삭.

*__suì__ 碎 動 부서지다, 깨지다. ¶ wǎn dǎ·～le(碗打～了)사발을 깨뜨렸다. 形 자질구레하다, 부스러져 있다, 온전치 못하다. ～**huār**(～花儿)작은 무늬, 자잘한 무늬.

⁑**suì** 岁(歲) 量 살, 세; 나이를 세는 말. ¶ nǐ jǐ ～le?(你几～了?)

[아이에게]너는 몇 살이니? tā jīnnián sānshiliù～(她今年三十六～)그녀는 올해 서른 여섯살이다.

†**suí▲biàn** 随便(隨－) 動 마음대로(좋을 대로)하다. ¶ qǐng suí nǐ de biàn ba(请随你的便吧)당신 좋을 대로 하십시오.
☞ **suíbiàn**(随便) 참조.

⁑**suíbiàn** 随便(隨－) 形 1. 무책임하다, 부주의하다. (**AABB**) ¶ shuōhuà～(说话～)말을 함부로 하다. tā hěn～(他很～)그는 제멋대로이다. 2. 제멋대로이다, 함부로 하다.(**AABB**) ¶ búyào～dòng biéren de dōngxi(不要～动别人的东西)남의 물건에 함부로 손대지 마시오.
☞ **suí▲biàn**(随便) 참조.

suìdào 隧道 名 《**kǒng** 孔, **tiáo** 条》 터널. ¶ wā～(挖～)터널을 파다.

***suíhe** 随和(隨－) 形 사이좋게 지내다, 상냥하다. ¶ tā hěn～(他很～)그는 매우 상냥하다. píqi～(脾气～)기질이 상냥하다.

†**suíhòu** 随后(隨後) 副 뒤이어, 바로 뒤에, 그 다음에. ☆ 주로 뒤에 '就'를 연용함. ¶ nín xiān zǒu, wǒ～jiù qù(您先走, 我～就去)당신 먼저 가세요, 저는 뒤이어 곧 갈테니까요.

†**suíjí** 随即(隨－) 副 〈文〉 즉시, 곧. ¶ ～chūfā(～出发)곧 출발하다.

⁑**suīrán** 虽然(雖－) 連 [**dànshì**(但是), **kěshì**(可是), **què**(却)등과 호응하여]비록 …일지라도. ¶ tā ～bìng le, dànshì bù xiūxi(她～病了, 但是不休息)그녀는 비록 병에 걸렸지만 쉬지 않는다. ～xià yǔ le, kěshì wǒ hái yào qù(～下雨了, 可是我还要去)비록 비가 내릴지라도, 나는 갈 것이다. wǒ hěn xǐhuan xuéxí Zhōngwén, ～Zhōngwén hěn nán(我很喜欢学习中文, ～中文很难)나는 중국어 공부를 좋아한다, 중국어가 비록 어려울지라도. ☆ 마지막 예문은 **suīrán**(虽然)에 의해서 이끌어진 종속절이 후치된 형태임.

***suíshí** 随时(隨時) 副 수시로, 언제나, 때를 가리지 않고. ¶ ～fāxiàn wèntí, ～jiějué(～发现问题, ～解决)문제를 발견하는 대로 수시로 해결하다.

†**suíshǒu** 随手(隨－) 副 (～儿)…하는 김에, 손이 가는 대로. ＝ **shùnshǒu**(顺手)～**guān mén**(～关门)드나드는 김에 문을 닫으시오, 문을 열어놓지 마시오[게시용어].

⁑**suìshu** 岁数(歲數) 名 (～儿)〈口〉 나이, 연령. ¶ nín duō dà～?(您多大～?)[어른에게]연세가 어떻게되세요? shàng～le(上～了)나이가 많다. ～**bù ráo rén**(～不饶人)나이는 속일 수 없다.

***suīshuō** 虽说(雖說) 連 〈口〉 비록…이라도, 비록…하지만. ＝ **suīrán**(虽然) ¶ ～wǒ shàngle niánjì, dàn shǒujiǎo hái néng dòng(～我上了年纪, 但手脚还能动)내가 비록 나이는 먹었지만, 손발은 아직 움직일 수 있다[건장하다.]

suìyuè 岁月(歲－) 名 세월. ～**bù ráo rén**(～不饶人)세월은 사람을 기다리지 않는다.

S

†**suízhe** 随着(隨—) 副 …따라서, …뒤이어. ¶ ~shēnghuó shuǐpíng de tígāo(~生活水平的提高)생활 수준의 향상에 따라.

sùjìng 肃静(肅靜) 形 정숙하다, 고요하다. ¶ huìchǎng li~wú shēng(会场里~无声)회의장은 고요하며 아무 소리도 들리지 않는다. bǎochí~(保持~)조용히 하시오.[게시 용어]

sùjìng 素净(—淨) 形[복장 따위가]수수하다, 점잖다.(**AABB**)

sù▲kǔ 诉苦(訴—) 動 괴로움을 하소연하다. ¶ dàochù~(到处~)여기 저기에서 괴로움을 하소연하다. ¶ sù guòqù de kǔ(诉过去的苦)과거의 괴로움을 하소연하다.

sùlái 素来(—來) 副 평소부터, 전부터, 진작부터. ¶ tā~bànshì rènzhēn(他~办事认真)그는 평소에 성실하게 일한다.

*__sùliào__ 塑料 名 플라스틱, 합성수지. ☆ 북경 일대에서는 속어로 **suòliào**라고 발음하는 사람이 많음. ~**tǒng**(~桶)플라스틱 통. ~**xié**(~鞋)플라스틱 신발, 비닐구두.

S

*__sǔn__ 笋 名 죽순. =**zhúsǔn**(竹笋)

†**sǔnhài** 损害(損—) 動 손상시키다, 해치다, 손해를 주다. ¶ ~jiànkāng(~健康)건강을 해치다.

†**sǔnhuài** 损坏(損壞) 動 파손시키다, 훼손시키다. ¶ ~gōnggòng cáiwù(~公共财物)공공물을 파손시키다.

*__sūnnǚ__ / **sūnnü** 孙女(孫—) 名 (~儿)손녀 ; 아들의 딸.

*__sǔnshī__ 损失(損—) 動 손실하다, 손해보다. ¶ ~rénlì wùlì(~人力物力)인력과 물적자원을 손해보다. 名 손실. ¶ ~dá shíyì měiyuán(~达十亿美元)손실은 10억 달러에 달한다.

*__sūnzi__ 孙子(孫—) 名 1. 손자 ; 아들의 아들. ¶ bào~(抱~)손자를 안다. 2. [남을 경멸하여 욕하는 말]손자뻘 되는 놈, 꼬마, 애송이. ☆ 상대를「손자」라 부르는 것은, 아들보다도 한 세대 아래 사람으로 취급하는 것으로, 경멸감을 나타내는 말임.

*__suō__ 缩(縮) 動 1. 줄어들다, 수축하다. ¶ máoyī~le(毛衣~了)스웨터가 줄어들었다. 2. 움츠리다. ¶ ~tóu(~头)머리를 움츠리다. ~**tóu**~**nǎo**(~头~脑)무서워 기를 펴지 못하는 모양, 벌벌떠는 모양.

*__suǒ__ 锁(鎖) 動 1. 자물쇠를 채우다, 잠그다. ¶ bǎ mén~·shàng(把门~上) 문을 잠그다. xiāngzi~·bushàng le(箱子~不上了)상자에 자물쇠가 채워지지 않는다. 2. 감치다. ¶ ~kòuyǎnr(~扣眼儿)단춧구멍을 [감치다]시뜨다. 名《**bǎ** 把》자물쇠. ¶ ménshang shàng~(门上上~)문에 자물쇠를 잠그다.

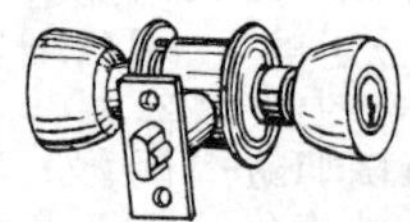

锁

*__suǒ__ 所 量 채, 동 ; 집을 세는 데 쓰임. ¶ yì~fángzi(一~房子)집 한채. 助 1. [동사의 앞에 놓여] …하는 바. ¶ tā~tí de yìjian(他

학습 정보 ㉓

◈ 缩略语 suōlüèyǔ(약어) ◈

1. 약어(略語)란?

중국에는 많은 "缩略语"(약어)가 사용되고 있는데, "理工科 lǐgōngkē"(이공과)처럼 우리말과 같은 형태의 약어도 있고, 형태는 같으나 뜻은 우리 말과 다른 것도 많다.

예를 들어 "高校 gāoxiào"는 「고등학교」가 아니라, 대학이나 대학원 등의 「고등교육기관」을 가리킨다. 또한 뜻은 같으나 형태가 다른 것이 있는데, 예를 들면 「지하철도」를 우리는 「地下鐵」이라 하지만, 중국에서는 "地铁 dìtiě"라고 부른다.

더욱 중요한 것은, 한국에서는 약어라 하면 일반적으로 명사적인 連語를 간략화한 것이지만, 중국어에서 사용하는 약어는 명사적 언어 뿐만 아니라, 동사 등도 포함되며 그 범위는 넓어 한국과 약간의 차이가 있으니 주의해야 한다.

《동사를 포함한 약어의 예》

★ 扫除文盲 → 扫盲 sǎománg 문맹자를 퇴치하다.

¶ 整顿作风 → 整风 zhěngfēng 기풍을 바로잡다.

¶ 调查研究 → 调研 diàoyán 조사연구하다.

¶ 研究讨论 → 研讨 yántǎo 심포지엄을 하다.

¶ 冲洗扩大 → 冲扩 chōngkuò 필름을 현상하여 프린트하다.

¶ 调整工资 → 调资 tiáozī 임금을 조정하다.

¶ 裁减军备 → 裁军 cáijūn 군축하다.

2. 약어의 구성법과 그 분류

약어는 그 구성방식에서 크게 6 종류로 나누어진다.

a. 語素 생략형

어소(의미를 가지고 있는 최소단위의 造語要素)를 생략하고, 남은 부분을 압축하여 新語形을 만드는 것.

약어 구성법 중 가장 자주 사용되어지는 것으로, 다음과 같이 생겨난 신어의 큰 근원이 되고 있다.

★ 劳动模范 → 劳模 láomó 노동규범

¶ 高级中学 → 高中 gāozhōng 고등학교.

¶ 七言绝句 → 七绝 qījué 칠언절구.

¶ 工厂矿山 → 工矿 gōngkuàng, 厂矿 chǎngkuàng 공장과 광산.

¶ 彩色照片 → 彩照 cǎizhào 칼라사진.

¶ 土地改革 → 土改 tǔgǎi 토지개혁.

¶ 外交部部长 → 外长 wàizhǎng 외무부 장관.

¶ 军人家属 → 军属 jūnshǔ 군인의 가족.

b. 공통어소 압축형

병렬된 연어(連語) 가운데 공통되는 부분의 한쪽을 생략하고, 압축한 것.

★ 中学小学 → 中小学 zhōngxiǎoxué 국민학교·중학교.

¶ 高中初中 → 高初中 gāochūzhōng 중학·고등학교.

¶ 中型小型→中小型 zhōngxiǎoxíng 중형·소형.

¶ 使馆领事馆→使领馆 shǐlǐngguǎn 대사관과 영사관.

¶ 工业农业 → 工农业 gōngnóngyè 농공업.

¶ 省内省外 → 省内外 shěngnèiwài 성의 안과 밖.

¶ 土产特产 → 土特产 tǔtèchǎn 토산품.

¶ 原料材料 → 原材料 yuáncáiliào 원재료.

c. 절단형

이것은 두 가지 형태가 있다.

《총칭의 일부를 생략한 것》

★ 师范学校→师范 shīfàn 사범학교.

¶ 长途电话→长途 chángtú 장거리 전화.

¶ 南开大学→南开 Nánkāi (天津의)남개대학.

¶ 复旦大学→复旦 Fùdàn (상해의)복단대학.

¶ 罐头食品→罐头 guàntóu 통조림 식품.

《수식어를 생략한 것》

★ 在延安文艺座谈会上的讲话→讲话 Jiǎnghuà (모택동)문예강연.

¶ 人民公社→公社 gōngshè 인민공사. ¶ 中国人民解放军→解放军 Jiěfàngjūn 인민해방군.

d. 다른 것으로 바꿔쓰는 형

이것은 주로 지명의 별칭 등이 포함된다. 복음절의 지명을, 다른 한음절의 별칭으로 바꿔 약칭을 구성한다.

예를 들어, "上海→沪 Hù" "云南→滇 Diān"과 같이 바꿔쓰며, "京沪线"(북경-상해 철도선), "滇缅 Miǎn 公路"(운남 미얀마도로)등의 약칭을 구성한다.

★ 南京→宁 Níng

¶ 山西→晋 Jìn ¶ 广州→穗 Suì

¶ 江西→赣 Gàn ¶ 山东→鲁 Lǔ

¶ 河南→豫 Yù ¶ 河北→冀 Jì

¶ 湖南→湘 Xiāng

e. 숫자나 의미의 귀납형

《숫자 귀납형》

★ 身体好, 学习好, 工作好→三好 sānhǎo 건강·학습·일의 3가지 모두 우수하다.

¶ 定产, 定购, 定销→三定 sāndìng 국가에 의한 식량의 통일적인 구매·판매 방법. 식량의 구매 기준 수확량과 구매량을 정하여, 소비자에 대한 판매량을 정한 것.

¶ 爱祖国, 爱人民, 爱劳动, 爱科学, 爱社会主义→五爱 wǔ'ài 조국·인민·노동·과학·사회주의의 5가지를 사랑하는 것.

¶ 讲文明, 讲礼貌, 讲卫生, 讲秩序, 讲道德；心灵美, 语言美, 行为美, 环境美→五讲四美 wǔjiǎng sìměi 문명·예의·위생·질서·도덕의 5가지를 중시하고, 마음·말씨·행위·환경의 4가지 미를 존중하는 것.

《의미귀납형》

★ 四害 sìhài 4가지 해로움：파리·모기·쥐·참새라는 인간에게 해를 주는 4종류의 동물을 말한다. 비유적인 의미에도 사용한다.

¶ 五毒 wǔdú 5가지 독：전갈·뱀·지네·두꺼비·도마뱀 등의 독성을 가진 5종류의 동물. 비유적인 의미에도 사용한다.

¶ 三大法宝 sāndà fǎbǎo 3대 법보：통일전선, 무장투쟁, 당건설.

¶ 三大敌人 dírén 3가지 적：봉건주의, 제국주의, 관료주의.

¶ 三转一响 sānzhuǎn yīxiǎng 3가지의 "转"(돌아가는 것)과 1가지의 "响"(울리는 것)：자전거·재봉틀·손목시계·라디오.

f. 날짜의 약어

사건이름·기념일 등에서 앞에 붙은 날짜의 "月", "日" 등을 생략한 것.

★ 五四运动 Wǔ-Sì yùndòng 5·4운동.

¶ 五卅事件 Wǔ-Sà shìjiàn 5·30사건.(1925년)상해에서 일어난 반제국주의 운동.

¶ 九·一八事变 Jiǔ-Yībā shìbiàn 9·18사변·「만주」사변.

S

～提的意见)그가 제의한 의견. 2. [bèi(被)…～, wéi(为)…～의 형태로 쓰여]피동을 나타냄. ¶ wǒ ～rènshi de rén(我～认识的人)내가 알고 있는 사람. wǒ bèi zhè qíngjǐng～jīdòng le(我被这情景～激动了)나는 이 광경에 감격되었다. wéi rén～xiào(为人～笑) 남들의 웃음거리가 되다.

†**suōduǎn** 缩短(縮一) 動 줄이다, 단축하다. ¶ ～jùlí(～距离)거리를 단축하다.

suōliàn 销链(銷鏈) 名 (～儿) 《**gēn** 根, **tiáo** 条》 쇠사슬.

*__suōlüèyǔ__ 缩略语(縮一語) 名 약어(略語).

suǒnà / suǒna 唢呐(嗩一) 名 《**zhī** 只》 수르나이, 태평소 ; 나팔의 일종.

suǒsuì 琐碎(瑣一) 形 자질구레하고 번거롭다.(**AABB**) ¶ ～de shìqing(～的事情)사소한 일.

suǒtou 锁头(鎖頭) 名 《**bǎ** 把》 자물쇠.

*__suǒwèi__ 所谓(一謂) 形 소위, 이른바. ¶ ～zhuānjiā(～专家)소위 전문가. 動 …라고 말하는. ¶ tāmen～de 'zìyóu'(他们～的'自由') 그들이 말하는 '자유'.

†**suōxiǎo** 缩小(縮一) 動 축소하다, 줄이다.

†**suǒxìng** 索性 副 차라리, 아예, 마음껏. ¶ wǒmen～zài shì yí cì ba(我们～再试一次吧)우리 차라리 다시 한번 해보자. ～bù lǐ tā le(～不理他了)아예 그를 무시해라.

⁑**suǒyǐ** 所以 連 …때문에 ; 대부분 **yīnwei**(因为)와 호응하여 인과관계를 나타낸다. ¶ yīnwei tiānqì bù hǎo, ～wǒmen méi qù Chángchéng(因为天气不好, ～我们没去长城)날씨가 좋지 않아서, 우리는 만리장성에 가지 않았다. nà běn zìdiǎn tài jiù, ～wǒ bù mǎi (那本字典太旧, ～我不买)그 사전이 너무 오래되었기 때문에 나는 사지 않는다.

suǒyǐn 索引 名 색인. ¶ chá～(查～)색인에서 조사하다.

*__suǒyǒu__ 所有 形 모든. ¶ ～de liliang(～的力量)모든 힘, 전력. 動 소유하다. ¶ guī wǒ～(归我～) 내가 소유하다. ～**quán**(～权)소유권. 名 소유하는 것, 소유물.

†**suǒzài** 所在 名 1. 장소. ～**dì**(～地)소재지. 2. 존재하는 곳. ¶ yuányīn～(原因～)원인의 소재.

súqi 俗气(一氣) 形 조잡하고 속되다, 천하다, 통속적이다. ¶ tā shì fēicháng～de rén(他是非常～的人)그는 매우 속된 사람이다.

sùqīng 肃清(肅一) 動 [나쁜 사람이나 나쁜 생각을]철저히 없애다, 숙청하다, 추방하다. ¶ ～zīběn zhǔyì de yǐngxiǎng(～资本主义的影响)자본주의의 영향을 추방하다.

sūruǎn 酥软(一軟) 形 [몸이]나른하다, 노른하다, 힘이 빠지다. ¶ sìzhī～wúlì(四肢～无力)사지가 노곤하며 힘이 없다.

⁑**sùshè** 宿舍 名 숙사, 기숙사. ¶ zhù～(住～)기숙사에 살다.

*__sùxiàng__ 塑像 名 《**zūn** 尊, **zuò** 座》 소상, 조소. ¶ sùzào～(塑造～)조소를 만들다.

sùxiě 速写(一寫) 名 1. 스케치.

¶ rénwù～(人物～)인물스케치. 2. 현지통신, 스케치풍의 짧은 문장.

sùyíng 宿营(一營) 動 숙영하다. ¶ zài yěwài～(在野外～)야외에서 숙영하다.

sùzào 塑造 動 1. [점토나 석고로] 인물을 만들다. 2. [문학작품에 있어서]인물을 묘사하다. ¶ ～ rénwù xíngxiàng(～人物形象)인물 형상을 묘사하다.

T

⁑tā 他 代 그, 그 사람 ; 제 3인칭 단수, 남성. ☆ 이전에는 남성·여성·사물의 구별없이 '他'라고 표기되었지만, 오늘날에는 '他' '她' '它'로 구분하여 쓰임. ¶ ~shì wǒ dìdi(~是我弟弟)그는 내 남동생이다. wǒ hé~(我和~)나와 그. guǎn~yǒulǐ huò wúlǐ, zhè shì ge guījù(管~有理或无理, 这是个规矩)이치에 맞든 안맞든 이것은 규칙이다. ☆ 이 문장의 **tā**(他)는 특별히 무언가를 가리키는 것이 아님.

⁑tā 她 代 그녀 ; 제 3인칭 단수, 여성. ☆ '她'라는 글자는 20세기에 들어서 서양문자의 대명사를 번역하여 새롭게 만든 것으로, 예전에는 남녀의 구별없이 '他'라고 썼다. 무생물을 가리키는 경우에는 통상 '它'를 쓰지만, 조국·선박 등에 대해서는 '她'를 쓰는 경우가 있음. ¶ ~shì wǒ mèimei(~是我妹妹)그녀는 내 여동생이다.

⁑tā 它 代 그것 ; 제 3인칭 단수, 사물을 가리킴. ☆ 영어의 'it'에 해당하지만 'it'만큼 사용되지 않고, 용법에도 제한이 있음. ¶ nǐ bǎ ~shōuqilai(你把~收起来)자네, 그것을 치우게.

†tā 塌 動 1. 넘어지다, 무너지다, 붕괴하다. ¶ fángzi~le(房子~了)집이 무너졌다. qiáo~le(桥~了)다리가 내려 앉았다. yǐzi ~le(椅子~了)의자가 망가졌다. 2. 꺼지다, 움푹 패다. ¶ dì~·le yí kuài(地~了一块)땅이 약간 패였다. 形 납작하다. ~**bízi**(~鼻子)납작한 코 ; 납작코인 사람.

*tǎ 塔 名 《**zuò** 座》 탑.

塔

†tà 踏 動 밟다. **jiǎo~shí dì**(脚~实地)발로 땅을 밟다, 착실하게 하다.

tāi 胎 名 1. [사람이나 포유동물의]태, 태아. 2. [어떤 일의]시작, 근원. 3. 〈譯〉타이어(tyre). **nèi~**(内~)튜브. **lún~**(轮~)차의 타이어.

*tái 台(臺) 名 1. 대. 2. 단, 무대. 量 기계·차량 등을 세는 데 쓰임. ¶ yì~jīqi(一~机器)기계 1대.

⁑tái 抬 動 1. [물건을 두 사람 이상이]들다, 들어올리다. ¶ ~dānjià(~担架)들것을 들다. 2. 쳐들다. ~**tóu**(~头)머리를 쳐들다. 3. 말다툼하다, 언쟁하다. ¶ wèi yìdiǎnr xiǎoshì ~ge méiwán(为一点儿小事~个没完)사소한 일 때문에 언쟁이 끝나지 않다.

⁑tài 太 副 [대부분 문미에 le(了)를 동반하여 정도가 일정한 한

도를 지나친 것을 나타냄]대단히 …하다, 몹시 …하다. ¶ ~hǎo le(~好了)대단히 좋다. wǒ~máng le(我~忙了)나는 너무 바쁘다. ~yuǎn(~远)너무 멀다.

tài 泰 形 편안하다, 태평하다, 안녕하다. 副 몹시, 거의

⁑**tàidu** 态度(態一) 名 태도, 몸짓, 거동, 기색. ¶ ~bù hǎo(~不好)태도가 나쁘다. **duānzhèng**~(端正~)태도를 단정히 하다. **shuǎ**~(耍~)뽐내다 ; 화를 내다.

táifēng 台风(颱風) 名 태풍. ¶ ~dēnglù(~登陆)태풍이 상륙하다. dì liù hào~(第六号~)제 6 호 태풍.

táijiē 台阶(臺階) 名 섬돌, 층계. ¶ zhǎo~xià(找~下)모면할 구실을 찾다, 빠져나갈 길을 찾다.

†**tàijíquán** 太极拳(一極一) 名 태극권 ; 중국의 권법 중 하나인데 오늘날 건강체조로 널리 보급되고 있음.

太极拳

***tàitai** 太太 名 [옛날의]아줌마, 마님, 부인. **lǎo**~(老~)자당(慈堂), 남의 어머니에 대한 존칭, 노부인에 대한 존칭. **yí**~(姨~)첩.

⁑**tàiyáng** 太阳(一陽) 名 태양. ¶ shài~(晒~)햇볕을 쬐다, 일광욕하다. ~shēngqǐ(~升起)태양이 떠오르다.

⁑**tāmen** 他们(一們) 代 그들 ; 제 3 인칭 복수, 남성. 단, 남녀가 뒤섞여 있는 경우도 '他们'으로 대용하는 경우가 많음. ¶ ~liǎ(~俩)그들 둘.

⁑**tāmen** 她们(一們) 代 그 여자들 ; 제 3 인칭 복수, 여성.

⁑**tāmen** 它们(一們) 代 그것들 ; 제 3인칭 복수, 사물을 가리킴.

***tān** 滩(灘) 名 사주, 모래톱, 개펄. 量 무더기, 웅덩이 ; 진흙, 액체가 고여 있는 것을 세는 데 쓰임. ¶ yì~shuǐ (一~水)한 웅덩이의 물.

tān 贪(貪) 動 탐내다. ¶ ~xiǎopiányi(~小便宜)작은 이익을 탐내다. ~**dé wú yàn**(~得无厌)끝없이 욕심을 부리다, 욕심이 그지없다.

***tān** 摊(攤) 動 1. 늘어 놓다, 펴다, 펼쳐 놓다, 벌이다. ¶ ~·le yì zhuōzi(~了一桌子)책상 가득 늘어놓았다. 2. 지지다, 부치다. ¶ ~jiānbǐng(~煎饼)전병을 부치다. 3. 분담하다, 할당하다. ¶ měi rén~wǔ yuán(每人~五元)사람마다 5원씩 부담하다. 名 (~儿)노점. =**tānzi**(摊子) **shuǐguǒ**~·**r**(水果~儿)과일 노점. 量 액체 상태의 것이 한곳에 엉겨 있는 것을 세는 데 쓰임. ¶ yì~xiě(一~血)피 한 무더기.

***tán** 痰 名 《**kǒu** 口》 담, 가래. **tǔ**~(吐~)가래를 뱉다.

⁑**tán** 谈(談) 動 말하다, 이야기하

다. ¶ zài wūli～ba(在屋里～吧) 방안에서 이야기 합시다. ～Běijīng(～北京)북경에 대해 이야기하다. ～**huà**(～话)말을 하다.

*__tán__ 弹(彈) 動 1. 타다, 켜다, 연주하다. ¶ ～gāngqín(～钢琴)피아노를 치다. 2. 튕기다, [탄성을 이용하여]발사하다, 쏘다.
☞ **dàn**(弹) 참조.

*__tàn__ 炭 名 목탄의 통칭 ; 숯. ¶ shāo～(烧～)숯을 굽다.

tàn 叹(嘆) 動 한숨쉬다, 탄식하다. ¶ ～yì kǒu qì(～一口气)휴ー하고 한숨을 쉬다.

*__tàn__ 探 動 1. 정찰하다, 정탐하다. ¶ ～xiāoxi(～消息)소식을 알아보다. 2. [친척이나 친구를]방문하다. ～**qīn**(～亲)친척을 방문하다. 3. [머리나 상체를]앞으로 내밀다. ～**tóu**～**nǎo**(～头～脑) 머리를 내밀고 주위를 두리번거리며 살피다 ; 행위가 은밀하다.

*__tǎnbái__ 坦白 形 솔직하다, 담백하다. ¶ xīnli shífēn～(心里十分～)마음이 매우 솔직하다. 動 [죄나 잘못을]솔직하게 털어놓다, 숨김없이 고백하다. ¶ ～cóng kuān, kàngjù cóng yán(～从宽, 抗拒从严)솔직하게 고백하면 관대하게 처리하고, 반항하면 엄벌에 처한다.

⁑**tāng** 汤(湯) 名 탕, 끓는 물, 국. ¶ hē diǎnr～ba(喝点儿～吧)국을 좀 드세요. **bōcài**～(菠菜～) 시금치국. **huàn**～**bú huàn yào**(换～不换药)탕국만 바꾸고 약은 바꾸지 않다 ; 형식만 바꾸고 내용은 바꾸지 않다.

tāng 蹚 動 [진창·얕은 물 따위를]걸어서 건너다. ¶ ～shuǐ(～水)[걸어서]내를 건너다.

⁑**táng** 糖 名 1. 설탕. ¶ fàng diǎnr～(放点儿～)설탕을 조금 넣다. 2. 《**kē** 颗, **kuài** 块》 사탕, 엿. ¶ hánzhe～shuìjiào(含着～睡觉)사탕을 문 채로 잠이 들었다. mǎile yì jīn～(买了一斤～)사탕 한 근을 사다. 3. 〈化〉 탄수화물.

táng 搪 動 1. 막다, 지탱하다. 2. 얼버무리다, 책임을 회피하다. 3. [진흙, 도료 따위를]바르다, 칠하다.

tǎng 淌 動 흐르다, 흘러 내리다. ¶ quánshēn～·zhe hàn(全身～着汗)온몸에 땀이 흐르다. ～**lèi**(～泪)눈물을 흘리다.

⁑**tǎng** 躺 動 옆으로 드러눕다, 가로눕다. ¶ ～·dǎo bú gàn le(～倒不干了)드러누워 아무일도 하지 않는다. ～·zai chuángshang(～在床上)침대에 드러눕다.

*__tàng__ 烫(燙) 動 1. 데다, 화상입다. ～**shǒu**(～手)손을 데다. 2. 다리다, 다리미질하다. ¶ ～yīfu(～衣服)옷을 다리다. ～**fà**(～发) 파마하다. 形 뜨겁다. **gǔn**～(滚～)매우 뜨겁다.

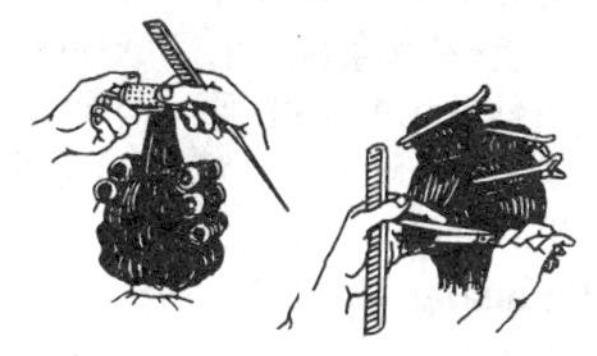

烫发

*__tàng__ 趟 量 차례, 번 ; 어느 장소에 가는 횟수를 나타냄. ¶ qùguo yí～(去过一～)한번 간 적이 있

T

다. bái pǎole yí～(白跑了一～)한 번 헛걸음했다.

*tángdì 堂弟 名 아버지쪽 남자 형제의 아들에 해당하는 종제(從弟); 사촌 (남)동생.
☞ biǎodì(表弟) 참조.

*tánggē 堂哥 名 아버지쪽 남자 형제의 아들에 해당하는 종형(從兄); 사촌 형님.
☞ biǎogē(表哥) 참조.

*tángguǒ 糖果 名 사탕·카라멜 종류.

tǎnghuò 倘或
☞ tǎngruò(倘若) 참조.

†tǎngruò 倘若 連 만약…한다면; 대개 문어적인 표현에 사용한다. tǎnghuò(倘或), tǎngshǐ(倘使)라고도 함. ¶ tā～shìqián zhīdao le, yídìng bú ràng wǒ zǒu(他～事前知道了, 一定不让我走)그가 만약 사전에 알았더라면, 반드시 나를 가지 못하게 했을 것이다.

tǎngshǐ 倘使
☞ tǎngruò(倘若) 참조.

*tán▴huà 谈话(談話) 動 이야기하다, 담화하다. ¶ yánsù de tánle yí cì huà(严肃地谈了一次话)엄숙하게 한차례 이야기했다. tāmen zhèng zài wūli～(他们正在屋里～)그들은 마침 방안에서 이야기하고 있다. 名 [정치적인] 담화. ¶ fābiǎo～(发表～)담화를 발표하다.

tánhuáng 弹簧(彈－) 名 용수철, 스프링.

†tǎnkè 坦克 名 《liàng 辆》〈譯〉 탱크, 전차. ☆ 영어 'tank'의 음역. ～chē(～车) 위와 동일.

†tánlùn 谈论(談論) 動 담론하다, 논의하다.

坦克

†tánpàn 谈判(談－) 動 교섭하다, 담판하다, 회담하다. ¶ ～biānjiè wèntí(～边界问题)국경문제에 대해 담판하다.

†tàn▴qì 叹气(嘆氣) 動 탄식하다, 한숨쉬다. ¶ ～·le yì kǒu qì(～了一口气)한숨쉬다.

†tànsuǒ 探索 動 탐색하다, 찾다. ¶ ～zhēnlǐ(～真理)진리를 탐구하다.

*tán▴tiān 谈天(談－) 動 (～儿) 잡담하다, 한담하다. ¶ tánle yì wǎnshang tiān(谈了一晚上天)밤새도록 잡담했다.

tàntīng 探听(－聽) 動 탐문하다, 알아보다. ¶ ～xiāoxi(～消息)소식을 탐문하다.

tāntú 贪图(貪圖) 動 욕심부리다, 탐내다. ¶ ～piányi(～便宜)하찮은 이득에 욕심을 내다.

tànxī 叹息(嘆－) 動 탄식하다. ¶ ～zìjǐ de mìngyùn(～自己的命运)자신의 운명을 탄식하다.

tán▴xīn 谈心(談－) 動 마음을 터놓고 이야기하다. cùxī～(促膝～)무릎을 맞대고 터놓고 얘기하다.

tānzi 摊子(攤－) 名 1. 노점. ¶ bǎi～(摆～)노점을 벌이다. 2. 국면. ¶ ～pūde tài dà(～铺得太大)

[사업 따위에]일을 크게 벌이다.

***tǎnzi** 毯子 名 1. 《**tiáo** 条》 모포, 담요. 2. 《**kuài** 块》 카펫, 융단.

***tāo** 掏 動 1. [주머니에서]꺼내다, 끌어내다. ¶ cóng kǒudài li~ · chū shǒujuànr lai(从口袋里~出手绢儿来)주머니에서 손수건을 꺼내다. ~**yāobāo**(~腰包)사재를 털다, 비용을 부담하다. 2. 파다, 파내다. ¶ zài qiángshang~ · le ge dòng(在墙上~了个洞)벽에 구멍 하나를 파다.

***táo** 桃 名 (~儿) 복숭아 나무, 복숭아 열매. =**táozi**(桃子)

***táo** 逃 動 1. 달아나다, 도망치다. ¶ ~ · dào yuǎnchù qu(~到远处去)멀리 도망갔다. ~ · **buliǎo**(~不了)도망갈 수 없다. 2. 도피하다, 은둔하다.

táo 陶 名 질그릇, 토기. 動 도야하다, 교화하다, 양성하다.

táo 淘 動 1. [쌀 따위를]일다. ¶ ~mǐ(~米)쌀을 일다. 2. [우물 · 도랑 따위를]치다, [단지 따위를]가시다. ¶ ~fèn(~粪)분뇨를 치다. 形 버릇없다, 장난이 심하다. =**táoqì**(淘气), **wánpí**(顽皮) ¶ zhè háizi tài~!(这孩子太~!) 이 아이는 장난이 너무 심하다.

***tǎo** 讨(討) 動 1. 토벌하다, 정벌하다. 2. 요구하다, 재촉하다. 3. 초래하다, 야기하다. 4. 토론하다, 연구하다. 5. 비난하다, 문책하다.

***tào** 套 量 세트를 이루고 있는 것을 세는 데 쓰임. ¶ yí~xīfú(一~西服)양복 한 벌. 動 1. 씌우다, 덧씌우다, 껴입다. ¶ lǐngkǒu xiǎo, ~ · bujìnqu(领口小, ~不进去)목 둘레가 너무 작아서 껴입을 수 없다. 2. 모방하다, 본뜨다, 베끼다. ¶ ~gōngshì(~公式) 공식에 맞추다. 名 1. 굴레, 고리, 올가미. 2. 수법, 말투.

***tāochū** 掏出 動 끄집어 내다, 꺼내다. ¶ ~língqián(~零钱)동전을 꺼내다.

†**táocí** 陶瓷 名 도자기.

陶瓷

tǎo▲fàn 讨饭(討飯) 動 걸식하다, 빌어먹다. ¶ yánlù~(沿路~)여기저기에서 구걸을 하다. ~ · **de**(~的)거지.

***táohuā** 桃花 名 《**duǒ** 朵》 복숭아꽃.

táo▲huāng 逃荒 動 기근으로 인하여 살던 곳을 버리고 먼곳으로 떠나가다. ¶ ~táodào Dōngběi(~逃到东北)기근을 피해 동북으로 가다.

⁑**tǎolùn** 讨论(討論) 動 토론하다. ¶ ~wèntí(~问题)문제를 토론하다. 名 토론. ¶ kāizhǎnle yì cháng~(开展了一场~)한바탕 토론을 벌이다.

táo▲mìng 逃命 動 구사일생으로 살아나다. ¶ zhǐ gù zìjǐ~(只顾自己~)자신이 살아남을 일만 생각하다.

táopǎo 逃跑 動 도주하다, 도망가다. ¶ fànrén~le(犯人~了)범인

T

이 도주했다.

*táoqì 淘气(一氣) 形 장난이 심하다. ¶ tā zhēn~!(他真~!)그는 정말 장난이 심하다. ~guǐ(~鬼)장난꾸러기, 개구장이.

*táoshù 桃树(一樹) 名 《kē 棵, zhū 株》 복숭아나무.

táotài 淘汰 動 도태하다 ; 나쁜것을 버리고 좋은 것을 남기다.¶ chéngjì bù hǎo, jiù yào~(成绩不好, 就要~)성적이 나쁘면, 탈락될 것이다. ~sài(~赛)승자전, 토너먼트.

*táo▲xué 逃学(一學) 動 학업을 게을리하다, 학교를 무단결석 하다. ¶ táole sān tiān xué(逃了三天学)학교를 3일간 무단결석 했다.

*tǎoyàn 讨厌(討厭) 動 싫어하다, 미워하다, 혐오하다. ¶ ~jiāwù huó(~家务活)집안일을 싫어하다. 形 싫다, 밉살스럽다, 혐오스럽다. ¶ nǐ zhēn~!(你真~!)너 정말 밉살스럽다!

†tāshi 塌实·踏实(一實) 形 1. [작업·학습태도 따위가]착실하다, 성실하다, 알뜰하다. (AABB) ¶ tātashíshí de gōngzuò(塌塌实实地工作)성실하게 일하다. 2. [마음이]놓이다, 편안하다. (AABB) ¶ zǒng gǎndào yǒuxiē bù~(总感到有些不~)항상 좀 편치 않다.

†tè 特 形 특별한. ~děng(~等)특등. 副 특별히. ¶ nénglì~qiáng(能力~强)능력이 특히 뛰어나다.

⁑tèbié 特别 形 특별하다, 특이하다, 별다르다. ¶ tā píqi~(他脾气~)그는 성격이 유별나다. 副 특히, 각별히, 유달리. ¶ jīntiān ~lěng(今天~冷)오늘은 특히 춥다. 2. 특별히, 일부러 ¶ tā zài huìshang~tídàole nǐ(他在会上~提到了你)그는 회의에서 고의적으로 당신에 대해 언급했다.

tècháng 特长(一長) 名 특장, 특색, 장점. ¶ méi shénme~(没什么~)별 특기가 없다.

†tècǐ 特此 副 [공문 등에]이상 …을 알립니다. ¶ ~tōngzhī(~通知)이상 통지 드립니다.

†tèdì 特地 副 일부러, 모처럼. ¶ ~lái zhǎo nǐ(~来找你)일부러 당신을 찾아왔다.

*tèdiǎn 特点(一點) 名 특징, 특색, 특이한 것. ¶ méi shénme~(没什么~)이렇다할 특징이 없다.

téng 誊(謄) 動 옮겨쓰다, 베끼다. ¶ zhè gǎozi tài luàn, ~yào ~yí biàn(这稿子太乱, 要~一遍)이 원고는 매우 난잡하니, 다시 한번 옮겨써야 한다.

⁑téng 疼 形 아프다. ¶ shāngkǒu fēicháng~(伤口非常~)상처가 매우 아프다. sǎngzi~(嗓子~)목이 아프다. 動 몹시 사랑하다, 매우 아끼다. ¶ zhīdao~rén(知道~人)다른 사람을 사랑할 줄 알다.

†téng 腾(騰) 動 1. 질주하다, 도약하다. 2. [물가·기구 따위가] 오르다, 올라가다. ☆ 동사 뒤에 보어로 쓰여 동작의 반복을 나타냄.

*téngtòng 疼痛 形 괴롭다, 아프다. ¶ shāngkǒu~(伤口~)상처가 아프다.

téngxiě 誊写(謄寫) 動 베끼다, 옮겨쓰다. ¶ ~bǐjì(~笔记)노트를 베껴쓰다.

T

*téngzi 藤子 名〈口〉〈植〉등나무, 등나무 줄기.

tèsè 特色 名 특색. ¶ wǒ xiào de ~(我校的~)우리 학교의 특색.

*tèshū 特殊 形 특수하다, 특별하다. gǎo~(搞~)특별대우하다, 특권을 주장하다. ~dàiyù(~待遇)특별대우. ~huà(~化)특수화, 특권층화.

†tèwu 特务(一務) 名 특무, 스파이, 첩보원. ~jīguān(~机关)특수기관, 첩보기관.

†tèyì 特意 副 특별히, 일부러. ¶ xièxie nǐ~lái jiē wǒmen(谢谢你~来接我们)일부러 마중나와 주셔서 감사합니다.

†tèzhēng 特征·特徵 名 특징. ¶ wàimào~(外貌~)외형상의 특징.

*tī 剔 動 1. [뼈에서 살을]발라내다. ¶ bǎ gǔtou~·gānjìng(把骨头~干净)뼈에서 살을 깨끗하게 발라내다. 2. [나쁜 부분을]골라내다, 제거하다. ¶ zhè shì~·chulai de cìpǐn(这是~出来的次品)이것은 골라낸 불량품이다.

⁑tī 踢 動 차다. ¶ ~·le yì jiǎo(~了一脚)한번 차다. ~qiú(~球)공을 차다, 축구하다.

*tí 题(題) 名《dào 道, gè 个》테마, 제목. ¶ chūle yí ge~(出了一个~)문제를 하나 냈다. 動 적다, 쓰다, 서명하다. ~míng(~名)서명하다. ~shī(~诗)[그림·벽 따위에]시를 쓰다.

⁑tí 提 動 1. 손에 들다, 쥐다. ¶ shǒuli~·zhe ge lánzi(手里~着个篮子)손에 바구니 하나를 들고 있다. 2. 끌어올리다, 높이다. ¶ tā~·de hěn kuài(他~得很快)그는 승진이 빠르다. 3. 제시하다. ¶ ~yìjian(~意见)의견을 제시하다. 4. 언급하다, 말을 꺼내다. ¶ xìnzhōng~·dàole zhè jiàn shì(信中~到了这件事)편지 속에 이 일을 언급했다. 5. [일정을]앞당기다. ¶ wǎng qián~·le sān tiān(往前~了三天)3일 앞당겼다.

*tǐ 体(體) 名 1. 신체, 몸. 2. 형식, 스타일. 3. 서체, 체재, 문체.

tì 剃 動 [칼로 머리·수염 따위를]깍다. ~tóu(~头)머리를 깍다, 이발하다.

*tì 替 動 대신하다. ¶ wǒ~nǐ qù gēn tā shuō(我~你去跟他说)내가 너 대신 가서 그에게 말할께. Xiǎo Wáng méi lái, nǐ~tā ba(小王没来, 你~他吧)왕군이 오지 않았으니 네가 그 대신 해라. 介 …를 위하여, …때문에. ¶ nǐ jiàndào tā, ~wǒ wènhǎo(你见到他, ~我问好)네가 그를 만나면 내 대신 안부 좀 전해줘. ~nǐ gāoxìng(~你高兴)당신 때문에 기쁘군요.

⁑tiān 天 名 1. 하늘, 창공. ¶ ~ hái méi liàng(~还没亮)날이 아직 밝지 않았다. ~·shang báiyún piāo(~上白云飘)하늘에 흰 구름이 떠 있다. 2. 하루, 날, 일. ¶ yì~(一~)하루. yǒu yì~(有一~)어느날. 3. 시간. ¶ ~bù zǎo le(~不早了)시간이 늦었다. 4. 기후, 날씨. ¶ ~lěng(~冷)날씨가 춥다. ~rè(~热)날씨가 덥다.

*tiān 添 動 보태다, 더하다, 첨가하다. ¶ ~·le máfan(~了麻烦)폐를 끼치다, 번거롭게 하다.

*tián 田 名《kuài 块》밭, 논, 전

지, 경작지. **zhòng**~(种~)경작하다.

*__tián__ 填(塡) 動 1. [빈 곳을]채우다, 메우다. ~**gōu**(~沟)도랑을 메우다. ~**kòng**(~空)빈 자리를 메우다. 2. [서류에]기입하다. ~**biǎo**(~表)표에 기입하다.

⁑__tián__ 甜 形 1. 달다. ¶ zhè píngguǒ yòu dà yòu~(这苹果又大又~)이 사과는 크고 달다. 2. [잠이]깊다, [기분이]즐겁다. ¶ shuìde~(睡得~)달게 자다. xiàode ~(笑得~)즐겁게 웃다.

*__tiǎn__ 舔 動 [혀 따위로]핥다. ¶ ~zuǐchún(~嘴唇)입술을 핥다.

tí'àn 提案 名 제안. ¶ tā de~bèi cǎinà le(他的~被采纳了)그의 제안이 받아들여졌다.

†**tiāncái** 天才 名 1. 타고난 재능. ¶ yìshù~(艺术~)예술적 재능. 2. 천재. ¶ tā kěyi chēngwéi~(他可以称为~)그는 천재라 불릴 만하다.

†**tiándì** 田地 名 1. 전지, 논밭, 경작지. 2. 입장, 처지, 형편. ¶ dàole rúcǐ de~(到了如此的~)이런 지경에 이르렀다.

*__tiánguā / tiángua__ 甜瓜 動 《**gè** 个, **zhī** 只》참외.

*__tiānhuā__ 天花 名 1. 천연두. ¶ chū~(出~)천연두에 걸리다. 2. 옥수수의 수꽃.

†**tiānkōng** 天空 名 하늘, 공중. ¶ ~zhōng guàzhe yì lún míngyuè(~中挂着一轮明月)하늘에 밝은 달이 떠 있다.

*__tiānliàng__ 天亮 名 새벽, 동틀무렵. ¶ xuédào~(学到~)새벽까지 공부하다. ☆ **tiān liàng le** (天亮了)[날이 밝았다]의 **tiān**(天)과 **liàng**(亮)은 2단어이다.

*__tiánmì__ 甜蜜 形 유쾌하다, 편안하다, 즐겁다. (**AABB**) ¶ ~de shēnghuó(~的生活)행복한 생활.

⁑__tiānqì__ 天气(-氣) 名 일기, 날씨. ¶ jīntiān~hǎo(今天~好)오늘은 날씨가 좋다. ~**yùbào**(~豫报)일기예보.

†**tiānrán** 天然 形 천연의, 자연의. ~**bīng**(~冰)천연빙. ~**qì**(~气)천연가스.

†**tiānsè** 天色 名 하늘빛, 일기, 날씨, 시간. ¶ ~hái zǎo(~还早)시간이 아직 이르다.

*__tiānshang__ 天上 名 천상, 하늘. ¶ ~yǒu shǔbuqīng de xīngxing(~有数不清的星星)하늘에 헤아릴 수 없이 많은 별들이 있다.

tiāntáng 天堂 名 천국, 극락. ⇔ **dìyù**(地狱) **shàng yǒu~, xià yǒu Sū Háng**(上有~, 下有苏杭)하늘에는 극락이 있고, 땅에는 소항이 있다 ; 소주와 항주가 가장 살기좋은 곳임을 말할 때 쓰인다.

*__tiāntiān__ 天天 名 (~儿) 매일. ¶ ~duànliàn shēntǐ(~锻炼身体)매일 몸을 단련하다. hǎohǎo xuéxí, ~xiàngshàng(好好学习, ~向上)열심히 공부하여 매일 향상되다.

tiántou 甜头(-頭) 名 (~儿) 1. 단맛, 감미. 2. 묘미, 맛, 좋은점, 이득. ¶ chángdàole~(尝到了~)맛들였다, 즐거움을 맛보다.

†**tiānwén** 天文 名 천문, 천문학. ~**guǎn**(~馆)천문관. ~**tái**(~台)천문대.

天文台

†**tiānxià** 天下 名 1. 나라, 세계, 온 세상. ¶ ~dà luàn(~大乱)온 세상이 크게 어지럽다. 2. 국가의 통치권. **dǎ**~(打~)정권을 잡다.

tiánxiě 填写(塡寫) 動 [서류 등의 공간에]써넣다, 기입하다. ¶ ~shēnqǐngshū(~申请书)신청서에 기입하다.

†**tiányě** 田野 名 전야, 들판, 들.

tiānzāi 天灾 名 천재, 자연재해. ~**rénhuò**(~人祸)천재와 인재.

†**tiānzhēn** 天真(一眞) 形 1. 천진하다, 순진하다. ¶ ~de háizi(~的孩子)천진한 아이. ~**lànmàn**(~烂漫)천진난만하다. 2. 머리가 단순하다, 유치하다. ¶ guò yú~(过于~)너무 단순하다.

†**Tiānzhǔjiào** 天主教 名 천주교, 카톨릭교.

*__tiāo__ 挑 動 1. [멜대로]메다. ¶ ~shuǐ(~水)물을 지다. 2. 선택하다, 고르다. ¶ ~ge hǎo rìzi(~个好日子)길일을 고르다. ~máobing(~毛病)흠을 찾다, 결점을 찾아내다. 名 짐. **tiāozi**(挑子)라고도 함.

☞ **tiǎo**(挑) 참조.

⁑**tiáo** 条(條) 名 (~儿)가늘고 긴 것; 테이프, 증서, 메모 등.

☞ **tiáozi**(条子) 量 가늘고 긴 것을 세는 데 쓰임. ¶ yì~hé(一~河)한 줄기의 강. liǎng~gǒu(两~狗)2마리의 개.

tiáo 调(調) 動 1. 고루섞다, 혼합하다. 2. 중재하다, 조정하다. 形 일정하다, 적당하다.

†**tiǎo** 挑 動 1. [막대기 따위로]쳐들다, 받치다, 들어 올리다. ¶ bǎ qízi~ · qilai(把旗子~起来)기를 달다, 게양하다. 2. [막대기나 끝이 뾰족한 것으로]후비다, 쑤시다, 끄집어내다. ¶ bǎ huǒ~ · kāi(把火~开)화롯불을 돋우다, 난롯불을 쑤시다. ~**cì**(~刺)가시를 파내다. 3. 도발하다, 일으키다. ¶ yòu~ · qǐ yí jiàn shì(又~起一件事)또 일 하나를 일으켰다.

☞ **tiāo**(挑) 참조.

⁑**tiào** 跳 動 껑충뛰다, 도약하다. ¶ yòu bèng yòu~(又蹦又~)껑충껑충 뛰다.

tiǎobō 挑拨(一撥) 動 충동질하다, 이간시키다, 분쟁을 일으키다. ¶ ~wǒmen zhī jiān de guānxi(~我们之间的关系)우리 관계를 이간시키다, 우리 사이를 갈라놓다. ~**shìfēi**(~是非)부추겨서 문제를 일으키다, 시비를 걸다.

†**tiàodòng** 跳动(一動) 動 약동하다, 뛰다, 고동치다. ¶ xīnzàng~(心脏~)심장이 뛰다.

*__tiàogāo__ 跳高 名 (~儿) 높이뛰기.

*__tiáogēng__ 调羹(調一) 名 《**zhī** 只》 국순가락; 작은 도자기 제품의 순가락.

tiáohé / tiáohe 调和(調一) 形 조화롭다, 알맞다, 어울리다. ¶ sècǎi~(色彩~)색채가 조화롭다.

T

動 1. 조정하다, 중재하다, 화해시키다. ¶ cóngzhōng(从中～)중간에서 조정하다. 2. [대개 부정의 형태로]타협하다, 양보하다. ¶ bù～de dòuzhēng(不～的斗争)타협하지 않는 투쟁.

*tiáo▲jì 调剂(調劑) 動 1. [의사의 처방에 따라]약을 조제하다. 2. [적당히]조절하다, 조정하다.

⁑tiáojiàn 条件(條—) 名 조건. ¶ bú gòu～(不够～)조건이 충분치 못하다. jiǎng～(讲～)조건을 이야기하다. mǎnzú～(满足～)조건을 만족시키다.

†tiáojié 调节(調節) 動 조절하다, 조정하다. ¶ ～wēndù(～温度)온도를 조절하다.

tiáojiě 调解(調—) 動 조절하다, 중재하다. ¶ ～jiātíng jiūfēn(～家庭纠纷)가정분규를 조정하다.

†tiàolì 条例(條—) 名 조례.

†tiáopí 调皮(調—) 形 1. 장난치다, 까불다. ¶ zhè háizi kě zhēn～?(这孩子可真～!)이 아이는 정말 까분다. 2. 말을 잘 듣지 않다, 다루기 어렵다. ¶ zhè pǐ mǎ yǒudiǎnr～(这匹马有点儿～)이 말은 말을 잘 듣지 않는다.

tiàoshéng 跳绳(—繩) 名 줄넘기. 動 줄넘기를 하다.

tiáotíng/tiáoting 调停(調—) 動 조정하다, 중재하다. ¶ ～líhūn(～离婚)이혼을 중재하다.

*tiào▲wǔ 跳舞 動 춤을 추다. ¶ tiào yí ge wǎnshang de wǔ(跳一个晚上的舞)밤새도록 춤추다.

tiǎoxìn 挑衅 動 도전하다, 도발하다. ¶ míngmù zhāngdǎn de～(明目张胆地～)공공연하게 도발하다. 名 도발. ¶ zài biānjìng jìnxíng～(在边境进行～)국경에서 도발행위를 하다. **wǔzhuāng**～(武装～)군사도발.

†tiāoxuǎn 挑选(—選) 動 고르다, 선택하다. ¶ ～yīliào(～衣料)옷감을 고르다.

*tiàoyuǎn 跳远(—遠) 名 (～儿) 멀리뛰기. **sānjí**～(三级～)삼단뛰기.

*tiáoyuē 条约(條約) 名 조약. ¶ dìjié～(缔结～)조약을 맺다.

*tiàozao 跳蚤 名 《zhī 只》 벼룩.

*tiǎo▲zhàn 挑战(—戰) 動 도전하다. ～**shū**(～书)도전장.

†tiáozhěng 调整(調—) 動 조정하다. ¶ ～gōngzī(～工资)임금을 조정하다. ～jiàgé(～价格)가격을 조정하다.

tiáozhou 笤帚 名 《bǎ 把》 비, 빗자루. ¶ yòng～sǎo dì(用～扫地)빗자루로 청소하다.

*tiáozi 条子(條—) 名 1. 가늘고 긴 것 ; 테이프 따위. ¶ zhǐ～(纸～)길고 가는 종이조각 ; 메모용지, 테이프 등. 2. 증서, 메모. ¶ liú～(留～)메모를 남기다.

tíbá/tíba 提拔 動 발탁하다, 등용하다. ¶ ～xīn gànbù(～新干部)새로운 간부를 발탁하다.

†tíbāo 提包 名 《zhī 只》 손가방, 핸드백. ¶ kuàzhe～(挎着～)팔에 핸드백을 걸다.

†tǐcāo 体操(體—) 名 체조. ¶ zuò～(做～)체조를 하다. ～**bǐsài**(～比赛)체조경기. **guǎngbō**～(广播～)라디오 체조.

*tíchàng 提倡 動 제창하다. ¶ ～shuō pǔtōnghuà(～说普通话)표

T

준어로 말할 것을 제창하다.

***tíchū** 提出 動 제출하다, 제의하다. ¶ ~jǐnggào(~警告)경고를 하다. ~yìjian(~意见)의견을 내다.

***tiē** 贴(貼) 動 붙이다. ¶ ~yóupiào(~邮票)우표를 붙이다.

***tiě** 铁(鐵) 名 철, 쇠. 形 확고부동하다. ¶ ~de shìshí(~的事实)확고부동한 사실. 動 확실하게 하다. ¶ ~·le xīn(~了心)결심을 굳히다.

tiědào 铁道(鐵一) 名 《**tiáo** 条》 철도. **dìxià**~(地下~)지하철.

***tiějiang** 铁匠(鐵一) 名 철공, 대장장이. ~**pù**(~铺)철공소, 대장간.

***tiělù** 铁路(鐵一) 名 철도. ¶ ~wǎng(~网)철도망. ~**xiàn**(~线)철도, 레일.

***tiěqiāo** 铁锹(鐵鍬) 名 《**bǎ** 把》 삽, 가래, 스콥. ¶ ná~wā tǔ(拿~挖土)삽으로 흙을 파다.

tiěsī 铁丝(鐵絲) 名 《**gēn** 根, **tiáo** 条, **duàn** 段》 철사, 철선. ~**wǎng**(~网)철조망, 철망.

***tiěxiān** 铁锨(鐵鍁) 名 《**bǎ** 把》 삽. ¶ yòng~chǎn tǔ(用~铲土)삽으로 흙을 파다.

†**tígāng** 提纲(一綱) 名 [문장·발언 등의]대강, 요지.

⁑**tígāo** 提高 動 [위치·정도·수준·품질 등을]높이다, 향상시키다. ¶ ~jìshù shuǐpíng(~技术水平)기술 수준을 높이다.

***tígōng** 提供 動 [의견·자료·물자·조건 등을]제공하다. ¶ qíngbào(~情报)정보를 제공하다. ~yuánliào(~原料)원료를 공급하다. ~yuánzhù(~援助)원조를 제공하다.

†**tìhuan** 替换 動 [일을]교대하다, [옷을]갈아입다, [물건을]교체하다. ¶ nǐ qù~tā yí xià(你去~他一下)당신이 가서 그와 교대하시오. ~de yīfu(~的衣服)갈아입은 옷. ~liànxí(~练习)[외국어학습의]바꿔넣기 연습.

***tǐhuì** 体会(體會) 動 체득하다, 이해하다, 체험하여 터득하다. ¶ ~·dào bànshì yào kào dàjiā bāngzhù(~到办事要靠大家帮助)일을 하는 데 있어 여러 사람의 도움이 필요하다는 것을 체득하였다. 名 체득, 이해. ¶ shēn yǒu ~(深有~)마음깊이 깨달은 바 있다.

†**tǐjī** 体积(體積) 名 체적. ¶ ~dà(~大)체적이 크다.

†**tǐlì** 体力(體一) 名 체력. ¶ xiāohào~(消耗~)체력을 소모하다. ~**láodòng**(~劳动)육체노동.

†**tíliàn** 提炼(一煉) 動 정련하다, 정제하다, 추출하다.

†**tǐmian** 体面(體一) 名 체면, 품위. ¶ yǒushī~(有失~)체면을 잃다. 形 1. 체면이 서다, 떳떳하다, 명예롭다. ¶ bù~de shì(不~的事)불명예스런 일. 2. 아름답다, 보기좋다. ¶ zhǎngde~(长得~)잘 생겼다.

***tímù** 题目(題一) 名 1. 제목. ¶ lùnwén de~(论文的~)논문의 제목. 2. [시험 등의]문제.

†**tīng** 厅(廳) 名 1. 큰방, 홀. **xiūxi**~(休息~)휴게실, 라운지. **yīnyuè**~(音乐~)음악당, 콘서트홀. 2. [관공서의]사무실. **bàngōng**~(办公~)관공서, 관청.

⁑**tīng** 听(聽) 動 1. 듣다. ¶ nǐ~·

T

dedǒng tā de huà ma?(你~得懂他的话吗?)너는 그의 말을 알아들었니? tā~·le hěn gāoxìng le(她~了很高兴了)그녀는 듣고 매우 기뻐했다. ~guǎngbō(~广播) 방송을 듣다. ~yīnyuè(~音乐) 음악을 듣다. 2. 받아 들이다, 따르다. ¶ wǒ~nǐ de(我~你的)나는 당신 말을 듣겠다. wǒ gàosu tā le, kě tā bù~(我告诉他了, 可他不~)나는 그에게 말했지만, 그는 듣지 않는다.

tíng 停 動 1. 멎다, 정지하다, 중지하다. 2. 머물다, 체류하다. 3. 정거하다, 정박하다. 名 (~儿)몫, 할, 분[전체를 몇 몫으로 나누어 그 중의 한 몫을 '一停'이라고 함.]

⁑**tǐng** 挺 動 [허리 등을]곧게 펴다. ~**yāo**(~腰)허리를 펴다. 副 [대개 뒤에 de(的)를 동반해서]매우, 아주, 대단히. ☆ **hěn**(很)과는 다르며, 정도를 강조하는 역할을 함. ¶ tā~rènzhēn de(他~认真的)그는 매우 성실하다. zhèr ~rènao de(这儿~热闹的)여기는 매우 번잡하다. 量 기관총을 세는 데 쓰임. ¶ yì~jīguānqiāng(一~机关枪)기관총 1정.

T

***tíngdùn** 停顿(一頓) 動 중단하다, 정돈하다, 중지되다. ¶ ~·le yíhuìr(~了一会儿)잠시 중단하다. 名 말 중간, 휴지, 쉼.

***tīng▲huà** 听话(聽話) 動 [윗사람의]말을 듣다, 순종하다. ¶ nǐ zěnme zhème bù~?(你怎么这么不~?)너 어째서 이렇게 말을 안듣니? ☆ tā tīngle wǒ de huà jiù shēngqì le(他听了我的话就生气了)[그녀는 내말을 듣고 화를 냈다.]의 **tīng**(听)과 **huà**(话)는 2단어이다. 여기에 대해서 xué sheng yào tīng lǎoshī de huà(学生要听老师的话)[학생은 선생님의 말을 들어야 한다]의 **tīng**(听)과 **huà**(话)는 1단어를 임시로 분리시킨 것으로 간주할 수 있다.

⁑**tīngjian** 听见(聽見) 動 들리다, 듣다. ¶ ~xiǎoniǎo tímíng(~小鸟啼鸣)작은새의 지저귀는 소리가 들린다. **tīngdejiàn**(听得见)[들린다], **tīngbujiàn**(听不见)[들리지 않다, 듣지 못하다.]

tǐngjìn 挺进(一進) 動 [군대가] 전진하다, 용감하게 나아가다.¶ xiàng qián~(向前~)앞으로 용감하게 나아가다. ~**duì**(~队) 돌격대.

†**tíngliú** 停留 動 머물다, 묵다, 멈추다. ¶ qiáoshang jìnzhǐ~(桥上禁止~)다리 위에서 멈춰 서서는 안된다.

⁑**tīng▲shuō** 听说(聽說) 動 1. 남이 말하는 것을 듣다 ; 듣는 바로는, 듣자하니. ¶ zhè jiàn shì wǒ yǐjing~le(这件事我已经~了)이 일을 나는 이미 들었다. wǒmen dōu~·guo zhège gùshi(我们都~过这个故事)우리들은 모두 이 이야기를 들었다. ~tā yǐjing huíguó le(~她已经回国了)듣자하니 그녀는 이미 귀국했다고 한다. ☆ 마지막 예문의 **tīngshuō**(听说)는 **tīng rén shuō**(听人说)[다른 사람의 말로는]과 같이 **tīng**(听)과 **shuō**(说)로 나눌 수 있음. 2. 〈方〉 말을 듣다, 순종하다. ¶ zhège háizi yìdiǎnr yě bù~(这个

孩子一点儿也不~)이 아이는 전혀 말을 듣지 않는다.

*tīngxiě 听写(聽寫) 動 [수업에서]받아쓰기를 하다. ¶ wǒ niàn, nǐmen~(我念, 你们~)내가 읽을테니, 너희들은 받아써라. 名 받아쓰기.

tíngzhàn 停战(-戰) 動 정전하다, 휴전하다. ~xiédìng(协定) 휴전협정.

*tíngzhǐ 停止 動 정지하다, 중지하다. ¶ ~nèizhàn(~内战)내전을 중지하다. ~yíngyè(~营业) 영업을 정지하다.

†tīngzhòng 听众(聽衆) 名 청중. ¶ ~diǎnbō de jiémù(~点播的节目)리퀘스트 프로그램, 희망프로.

†tíngzi 亭子 名 정자.

tìpen 嚏喷(-噴) ☞ pēntì(喷嚏) 참조.

*tíqián 提前 動 [예정이나 계획보다]앞당기다. ¶ ~wánchéng rènwu(~完成任务)예정보다 일찍 임무를 달성하다.

tǐtiē 体贴(體貼) 動 자상하게 돌보다, 살뜰히 보살피다. ¶ ~fùmǔ(~父母)양친을 보살피다. ~rùwēi(~入微)세세한 것까지 돌보다, 극진히 돌보다.

†tì▲tóu 剃头(-頭) 動 머리를 깎다, 이발하다. ~tiāozi yì tóu rè (~挑子一头热)떠돌이 이발사의 한쪽 멜대는 뜨겁다.; 편애하다, 한쪽만 사랑하다.[옛날, 떠돌이 이발사가 멜대 한쪽에는 이발기구를 담고, 또 다른 한쪽에는 더운물을 담아 다닌 데서 유래한 말.]

†tíwèn 提问(-問) 動 [교사가 학생에게]질문하다.

†tǐwēn 体温(體-) 名 체온. ¶ liáng~(量~)체온을 재다.

*tǐxì 体系(體-) 名 체계, 시스템. ¶ zì chéng~(自成~)스스로 체계를 세우다.

†tǐxiàn 体现(體現) 動 구현하다, 체현하다.

†tíxǐng 提醒 動 주의를 환기시키다, 일깨우다. ¶ ~dàjiā búyào wàng xíngli(~大家不要忘行李) 모두들 짐을 잊지 않도록 주의시키다.

†tíyì 提议(-議) 動 제의하다, 제안하다, 의견을 내다. ¶ yǒu rén ~ràng lǎoshī chàng ge gēr(有人~让老师唱个歌儿)어떤 사람이 선생님에게 노래하라고 제안했다. 名 제의, 제안. ¶ zànchéng tā de(赞成他的~)그의 제안에 찬성하다.

‡tǐyù 体育(體-) 名 체육. ~chǎng (~场)운동장. ~guǎn(~馆)체육관. ~kè(~课)체육수업.

*tīzi 梯子 名 《jià 架》 사닥다리.

*tízi 蹄子 名 발굽. ¶ mǎ~(马~) 말발굽.

‡tōng 通 動 1. 통하다, 관통하다. ¶ huǒchē zhí~Běijīng(火车直~北京)기차는 북경으로 직통한다. zhè tiáo lù~·dào chéngli(这条路~到城里)이 길은 성안으로 통해 있다. 2. 통하게 하다. ¶ kāi chuānghu~fēng(开窗户~风) 창문을 열어 바람을 통하게 하다. 3. 통신하다. ¶ ~ge diànhuà (~个电话)전화를 넣다, 전화를 걸다. 4. 알다, 능통하다, 통달하다. ¶ tā~sān guó yǔyán(他~

T

학습 정보 ㉔

◈ 体育 tǐyù(스포츠) ◈

1. 스포츠

★ 跑步 pǎobù / 달리기. ¶ 慢跑 mànpǎo / 조깅. ¶ (做)早操 (zuò)zǎocāo / 아침체조. ¶ 晨练 chénliàn, 晨运 chényùn / 아침트레이닝. ¶ 广播操 guǎngbōcāo / 라디오 체조. ¶ 空间操 gōngjiāncāo / (직장에서의) 일하다 잠깐하는 체조. ¶ 健美操 jiànměicāo / 건강미를 목적으로 하는 중국식 에어로빅. ¶ 眼保健操 yǎn bǎojiàncāo / 눈 체조, 근시예방을 목적으로 하는 자기지압.¶ (打)太极拳 (dǎ)tàijíquán / 태극권. ¶ 八段锦 bāduànjǐn / 팔단금. 중국 고유의 건강증진을 위한 운동법. ¶ 气功 qìgōng / 기공. ¶ 吸氧 xīyǎng 健身运动 / 에어로빅. ¶ 爵士舞 juéshìwǔ / 재즈댄스. ¶ 健身房 jiànshēnfáng / 체육실. ¶ 拉力器 lālìqì / 엑스밴드.

★ 减肥 jiǎnféi / 다이어트. ¶ 蒸汽浴 zhēngqìyù, 桑那浴 sāngnàyù / 사우나. ¶ 森林浴 sēnlínyù / 삼림욕. ¶ 冷水浴, 血管浴 xuèguǎnyù / 냉수욕. ¶ 冬泳 dōngyǒng / 한중(寒中)수영. ¶ 爬山 páshān / 등산. ¶ 徒步 túbù 旅行, 远足 yuǎnzú / 하이킹. ¶ 自行车 zì xíngchē 远足 / 사이클링. ¶ 文体活动 wéntǐhuódòng / 레크리에이션.

2. 학교의 체육

★ 体育课 tǐyùkè / 체육수업. ¶ 体育系 xì / (대학의)체육학과. ¶ 运动场 yùndòngchǎng / 운동장, 그라운드. ¶ 体育馆 / 실내 체조장, 체육관. ¶ 运动服 / 운동복. ¶ 运动裤衩 kùchǎ / 트레이닝 팬츠. ¶ 灯笼裤 dēnglongkù / 골프바지, 니커보커즈. ¶ 跑鞋 pǎoxié / 러닝 슈즈. ¶ 运动鞋 / 운동화.

★ 铁杠 tiěgàng / 철봉. ¶ 跳远 tiàoyuǎn / 멀리뛰기. ¶ 跳箱 tiàoxiāng / 뜀틀 경기. ¶ 垫子 diànzi / 매트. ¶ 躲避球 duǒbìqiú / 도지보올, 피구. ¶ 拔河 báhé / 줄다리기. ¶ 跳绳 tiàoshéng / 줄넘기.

★ 达标 dábiāo / "国家体育锻炼标准"(국가체육단련기준)에 달하는 것. ¶ 运动员 / 선수. ¶ 校队 xiàoduì / 학교대표팀. ¶ 校际赛 xiàojìsài / 학교대항경기 ¶ 拉拉队 lālāduì / 응원단. ¶ 课间操 kèjiāncāo / 수업외 쉬는 시간에 행하는 체조. ¶ 校医 xiàoyī / 학교 의사.

3. 일반 용어

★ 队 duì / 팀. ¶ 队友 duìyǒu / 팀메이트. ¶ 全队配合 pèihe / 팀워크. ¶ 领队 lǐngduì / 감독. ¶ 教练 jiàoliàn / 코치.

★ 训练 xùnliàn, 锻炼 duànliàn / 트레이닝. ¶ 严格 yángé的训练 / 하드트레이닝. ¶ 最好的竞技 jìngjì 状态 / 베스트 컨디션. ¶ 保持最好的竞技状态 / 베스트 컨디션을 유지하다. ¶ 最好(最高)成绩(记录) / 최고 성적, 최고기록. ¶ 超高难动作 / 최고난도 동작, 울트라C.

★ 运动员精神 / 스포츠맨쉽. ¶ 对手 / 라이벌. ¶ 粗野 cūyě 动作 / 조잡한 동작. ¶ 老手, 老运动员 / 베테랑선수. ¶ 新选手, 新队员 / 신인 선수. ¶ 有发展前途 fāzhǎn qiántú 的队员 / 호프, 기대주(선수). ¶ 全能运动员 / 만능선수. ¶ 国家集训队 / 국가대표팀. ¶ 劲旅 jìnglǚ / 강한 팀, 강적.

★ 各就位! gè jiùwèi / 각자 위치로! ¶ 预备!yùbèi / 준비! ¶ 比分 bǐfēn / 득점, 스코아.¶ 领先 lǐngxiān / 리드하다. ¶ 险胜 xiǎnshèng / 신승. ¶ 起跑线 qǐpǎoxiàn, 出发线 chūfāxiàn / 출발선. ¶ 终点线 / zhōngdiǎn xiàn / 결승선.

4. 경기명칭

★ 奥林匹克运动会 Àolínpǐkè yùndònghuì / 올림픽; "奥运会 Àoyùnhuì" 라고도 한다. ¶ 国际奥委会 Guójì Àowěihuì / 국제 올림픽위원회(IOC). ¶ 奥林匹克会徽 huìhuī / 오륜마크. ¶ 奥林匹克会旗 huìqí / 오륜기. ¶ 世界杯 shìjièbēi 赛 / 월드컵대회. ¶ 世界大学生运动会 / 유니버시아드.¶ 亚洲 Yàzhōu 运动会 / 아시아 경기대회; "亚运会"라고도 한다. ¶ 全国运动会 / (중국의) 전국체육대회; "全运会" 라고도 한다.

★ 锦标赛 jǐnbiāosài / 선수권시합. ¶ 邀请赛 yāoqǐngsài / 초청시합. ¶ 表演赛 / 시범경기. ¶ 淘汰赛 táotàisài / 토너먼트. ¶ 开幕式 kāimùshì / 개회식. ¶ 闭幕 bìmù 式 / 폐회식. ¶ 团体操 / 매스게임. ¶ 火炬 huǒjù / 성화. ¶ 火炬传递接力跑 chuándì jiēlìpǎo / 성화 릴레이. ¶ 点燃圣火盆 shènghuǒpén / 성화대에 불을 붙이다.

★ 决赛 juésài / 결승. ¶ 半决赛 / 준결승. ¶ 半复赛 / 준준결승. ¶ 进入决赛 / 결승에 진출하다. ¶ 发奖仪式 fājiǎng yíshì / 시상식, 표창식. ¶ 奖章 jiǎngzhāng / 메달. ¶ 金牌 jīnpái, 金质奖章 / 금메달. ¶ 名次 míngcì / 순위. ¶ 冠军 guànjūn / 우승, 챔피언. ¶ 亚军 yàjūn / 제 2 위. ¶ 第三名 / 제 3 위. ¶ 三连冠 / 3연승. ¶ 连胜三局 / 3 연승.

★ 打破 dǎpò 世界记录 / 세계 신기록. ¶ 平世界记录 / 세계 타이기록. ¶ 青年世界记录 / 쥬니어 세계 신기록. ¶ 亚洲记录 / 아시아 신기록. ¶ 全国记录 / 국내 신기록. ¶ 刷新 shuāxīn (世界)记录 / (세계)기록을 갱신하다. ¶ 东道国 dōngdàoguó / 개최국.

5. 경기종목

★ 田径 tiánjìng 运动 / 육상경기. ¶ 游泳 yóuyǒng / 수영. ¶ 跳水 tiàoshuǐ / 다이빙. ¶ 花样 huāyàng 游泳 / 수중 발레. ¶ 举重 jǔzhòng / 역도. ¶ 射击 shèjī / 사격. ¶ 射箭 shèjiàn / 양궁. ¶ 自行车比赛 / 자전거 경기.

★ 体操比赛 / 체조 경기. ¶ 艺术 yìshù 体操 / 신체조. ¶ 技巧 jìqiǎo / 무예. ¶ 击剑 jījiàn, 剑术 / 펜싱. ¶ 中国摔跤 shuāijiāo / 중국 씨름. ¶ 武术 wǔshù / 무술.

★ 滑雪 huáxuě / 스키. ¶ 速度滑冰 sùdù huábīng (比赛) / 스피드 스케이트(대회). ¶ 花样滑冰(比赛) / 피겨 스케이트(대회). ¶ 划船 huáchuán / 보트. ¶ 皮划艇 píhuátǐng / 카누. ¶ 摩托艇 mótuōtǐng / 모터 보트. ¶ 摩托车 / 모터 사이클. ¶ 潜水 qiánshuǐ / 잠수. ¶ 跳伞 tiàosǎn / 행글라이더.

T

三国语言)그는 3개국어에 능통하다. 形 통하다. ¶ yìsi bù~(意思不~)의미가 통하지 않다.

☞ **tòng**(通) 참조.

***tóng** 铜(銅) 名 〈化〉 구리. 원소기호(cu).

***tóng** 同 形 같다. **dà~xiǎo yì** (大~小异)대동소이하다. 介 동작의 대상을 나타냄. =**gēn**(跟), **hé**(和) ¶ ~tā yìqǐ qù chéngli(~他一起去城里)그와 함께 시내에 가다. 連 병렬을 나타냄. =**hé**(和) ¶ zhège~nàge(这个~那个)이것과 그것.

tóng 童 名 어린이, 아동. =**tóng**(僮) 形 미혼의, 미성년의.

***tǒng** 桶 名 통. **qìyóu**~(汽油~) 휘발유통.

†**tǒng** 筒 名 의복 따위의 통모양으로 된 부분. **kù～·r**(裤～儿) 바지통. 量 통모양의 물건을 세는 데 쓰임. ¶ yì～cháyè(一～茶叶)찻잎 1통.

tǒng 捅 動 1. [칼·막대기 따위로]쿡쿡 찌르다, 찔러 구멍을 내다. 2. 드러내다, 나타내다. ¶ shìqing～·chuqu le(事情～出去了)일이 드러났다. ～**lòuzi**(～漏子)소동을 일으키다, 말썽을 부리다, 문제를 일으키다.

tǒng 统(統) 動 1. 거느리다, 관할하다. 2. 통합하다, 합산하다. 名 1. 실마리, 단서. 2. 계통, 연속적인 관계.

*__tòng__ 痛 形 아프다. ＝**téng**(疼) ☆ 남방 사람이 잘 사용한다. ¶ tóu～(头～)머리가 아프다. 副 심하게, 몹시, 매우. ～**dǎ**(～打) 몹시 때리다. ～**mà**(～骂)호되게 꾸짖다. ～**yǐn**(～饮)실컷 술을 마시다.

*__tòng__ 通 量 횟수를 나타냄. ¶ màle tā yí～(骂了他一～)그를 한바탕 꾸짖었다. shuōle yí～dà dàoli(说了一～大道理)대법칙을 한차례 말했다.

☞ **tōng**(通) 참조.

tóng▲bān 同班 動 동급생이다. ～**tóngxué**(～同学)동기동창.

†**tóngbàn** 同伴 名 (～儿) 길동무, 동행자, 동료, 짝. ¶ wǒmen shì～(我们是～)우리들은 동료이다.

†**tóngbāo** 同胞 名 동포. ¶ Gǎng-Ào～(港澳～)홍콩과 마카오의 동포. Táiwān～(台湾～)대만동포.

†**tōngcháng** 通常 形 통상의, 일반의, 보통의. ¶ ～de fāngfǎ(～的方法)통상적인 방법. ～de qíngkuàng(～的情况)일반적 상황. ～tā měitiān qù gōngyuán sànbù(～他每天去公园散步)보통 그는 매일 공원에 산책하러 간다.

tǒnggòng 统共(統－) 副 모두, 통틀어. ＝**yígòng**(一共) ¶ ～láile wǔ ge rén(～来了五个人)모두 5명이 왔다.

‡**tōngguò** 通过(－過) 動 1. 지나가다, 통과하다. ¶ huǒchē～qiáoliáng(火车～桥梁)기차가 다리를 통과하다. 2. [의견·주장·의안·법안 등이]통과되다, 채택되다. ¶ jíshǐ yìjian tōngbuguò, yě bù gāi fàngqì tā(即便意见通不过, 也不该放弃它)비록 의견이 통과되지 않더라도, 그것을 포기해서는 안된다. 介 …을 통해서, …에 의해서. ¶ ～shūxìn láiwǎng liánxì(～书信来往联系)편지 왕래를 통해 연락하다.

tóngháng 同行 名 동업자. ¶ wǒmen liǎ shì～(我们俩是～)우리 둘은 동업자이다.

tōnghóng / tònghóng 通红(－紅) 形 진홍빛이다, 새빨갛다. ¶ shǒu dòngde～(手冻得～)손이 얼어 새빨갛다.

tónghuà 童话(－話) 名 동화.

†**tǒngjì** 统计(統計) 動 통계하다, 합계하다. ¶ bǎ rénshù～yí xià(把人数～一下)인원을 합산하다. 名 통계, 합계. ¶ rénkǒu～(人口～)인구통계.

*__tòngkǔ__ 痛苦 形 고통스럽다, 괴롭다. ¶ xīnli shífēn～(心里十分～)마음이 매우 괴롭다. ～de yàngzi(～的样子)고통스러운 모

습. 名 고통, 아픔. ¶ jīngshén shang de~(精神上的~)정신적인 고통.

⁑**tòngkuai** 痛快 形 1. 유쾌하다, 통쾌하다.(**AABB**) ¶ xǐ ge~(洗个~)통쾌하게 씻어 버렸다. 2. 시원스럽다, 솔직하다. (**AABB**) ¶ shuōhuà hěn~(说话很~)아주 시원스럽게 말하다.

†**tóngméng** 同盟 名 동맹. ¶ jiéchéng~(结成~)동맹을 맺다.

***tóngqíng** 同情 動 동정하다 ; 공감하다, 찬성하다. ¶ ~tā(~他) 그를 동정하다. ~**xīn**(~心)동정심.

tōngróng/tōngrong 通融 動 1. 융통하다, 변통하다. ¶ qǐng nǐ ~·~(请你~)편의를 좀 봐주세요. 2. [단기간]돈을 융통하다. ¶ wǒ xiǎng gēn nǐ~èrshí kuài qián(我想跟你~二十块钱)나는 당신에게 20원을 빌리고 싶습니다.

⁑**tóngshí** 同时(一時) 名 동시(에). ¶ ~fāshēng(~发生)동시에 발생하다. yǔ cǐ~(与此~)이와 동시에. 介 …와 동시에, 또한, 게다가. ¶ rènwu jiānjù, ~shíjiān yòu hěn jǐnpò(任务艰巨, ~时间又很紧迫)일은 힘들고, 시간 또한 급박하다.

tóng▴shì 同事 動 같은 직장에서 일하다. ¶ wǒ hé tā~·le wǔ nián le(我和他~了五年了)나와 그는 5년 동안 같이 근무했다.
☞ **tóngshì**(同事) 참조.

***tóngshì** 同事 名 동료, 동업자. ¶ wǒmen shì~(我们是~)우리는 동료이다.
☞ **tóng▴shì**(同事) 참조.

†**tōngshùn** 通顺(一順) 形 [문장 따위의]조리가 서 있다, 매끄럽다. ¶ zhège jùzi bù~(这个句子不~)이 문장은 매끄럽지 않다.

†**tōngsú** 通俗 形 통속적이다. ~**dúwù**(~读物)통속적인 간행물, 대중 간행물.

tōngtōng 通通 副 모두, 전부. = **tǒngtǒng**(统统) ¶ bù gāoxìng de shì~wàngdiào(不高兴的事~忘掉)즐겁지 않은 일은 모두 잊어버려라.

tōngtǒng 通统(一統) 副 모두, 전부. =**tǒngtǒng**(统统)

†**tǒngtǒng** 统统(統統) 副 모두, 전부. ☆ **tōngtōng**(通通), **tōngtǒng**(通统)이라고도 함. ¶ ~jiǎngchulai(~讲出来)모두 이야기하다.

†**tóngwū** 同屋 名 [기숙사 등의] 동숙자, 동숙인. 動 한방을 쓰다, 같은 방에 살다.

***tóngxiāng** 同乡(一鄉) 名 한고향 사람. **lǎoxiāng**(老乡)이라고도 함.

†**tōng▴xìn** 通信 動 통신하다, 편지를 내다. ¶ yí gè yuè tōng yí cì xìn(一个月通一次信)한달에 한 번 편지를 한다.

tóng▴xué 同学(一學) 動 같은 학교에서 배우다. ¶ wǒ hé tā tóng guo sān nián xué(我和他同过三年学)나와 그는 3년간 같은 학교에서 공부한 적이 있다.
☞ **tóngxué**(同学) 참조.

⁑**tóngxué** 同学(一學) 名 1. 클래스메이트, 동창생. 2. 학생. 교사가 학생을 부를 때 쓰는 말. ¶ Lín ~(林~)임군.

T

☞ **tóng▲xué**(同学) 참조.

*__tōngxùn__ 通讯(-訊) 動 통신하다. 名 통신, 통신기사. ¶ Xīnhuáshè~(新华社~)신화사 통신. ~**chù**(~处) 연락처, 통신의 주소. ~**shè**(~社)통신사. ~**yuán**(~员)[비전문의]리포터, 통신원.

*__tóngyàng__ 同样(-樣) 形 같다, 마찬가지다. ¶ ~de jiéguǒ(~的结果)같은 결과.

†**tóngyī** 同一 形 1. 같은, 동일한. ~**xíngshì**(~形式)같은 형식. 2. 일치하다. ~**xìng**(~性)동일성.

⁑**tóngyì** 同意 動 동의하다, 승인하다. ¶ ~tāmen de yāoqiú(~他们的要求)그들의 요구에 동의하다.

*__tǒngyī__ 统一(統一) 形 일치한, 단일한, 통일적인. ¶ ~lǐngdǎo(~领导)일원화 지도. 動 통일하다. ¶ ~sīxiǎng(~思想)사상을 통일하다. 名 통일. ¶ zǔguó de~(祖国的~)조국의 통일.

*__tōngzhī__ 通知 動 통지하다, 알리다. ¶ ~dàjiā kāihuì(~大家开会)모두에게 회의가 열린다는 것을 알리다. 名 통지, 연락. ¶ fā~(发~)통지를 보내다.

⁑**tóngzhì** 同志 名 동지. ¶ Lǐ~(李~)이동지. ☆ 옛날에는 혁명과업에 참가하는 사람들 사이에서 사용되던 호칭이었지만, 지금은 일반인 사이에서도 보통으로 사용된다.

†**tǒngzhì** 统治(統一) 動 다스리다, 지배하다, 통치하다. 名 지배, 통치. ¶ jūnshì zhèngquán de~(军事政权的~)군사정권에 의한 지배.

tóngzǐr 铜子儿(銅-兒) 名 〈口〉 옛날의 동으로 만든 화폐.

T

*__tōu__ 偷 動 훔치다. ¶ qiánbāo bèi~·qu le(钱包被~去了)지갑을 도둑 맞았다. ~dōngxi(~东西)물건을 훔치다.

⁑**tóu** 头(頭) 名 1. 머리. ¶ táiqǐ~lai(抬起~来)머리를 들다. 2. 머리카락. **tuī**~(推~)머리를 밀다, 이발하다. 3. (~儿) 사물의 끝부분. ¶ liǎng~jiān(两~尖)양쪽 끝이 뾰족하다. **qiānbǐ**~(铅笔~)몽당연필. 4. (~儿) 일의 시작 또는 단서. ¶ dàole~le(到了~了)정점에 이르렀다. **cóng~dào wěi**(从~到尾)처음부터 끝까지. 接頭 [수량사의 앞에 쓰여서]처음의, 최초의. ¶ ~yī cì(~一次)제 1회, 최초의. ~jǐ ge(~几个)처음 몇 개. 量 소나 당나귀 등의 동물을 세는 데 쓰임. ¶ yì~niú(一~牛)한마리의 소.

*__tóu__ 投 動 1. [목표를 향해]던지다. ¶ ~shǒuliúdàn(~手榴弹)수류탄을 던지다. 2. 뛰어들다. ~**hé**(~河)[죽으려고]강에 뛰어들다. ~**jǐng**(~井)[죽으려고]우물에 뛰어들다.

*__tòu__ 透 動 1. 스며들다, 침투하다, 통하다. ¶ ~·buguò qì lai(~不过气来)숨도 쉴 수 없다. 2. 표면에 나타나다. ¶ bái lǐ~hóng(白里~红)흰바탕에 붉은 빛이 약간 난다. 形 [~·le(了)의 형태에서 보어로 사용하여]철저하다, 완전하다, 투철하다. ¶ yīshang dōu shī·~le(衣裳都湿·~了)옷이 모두 젖었다. nàge rén huài·~le(那个人坏~了)그 사람은 정말 나쁘다. zhè jiàn shì máfan·~le(这件事麻烦~了)이 일은

정말 번거롭다.

tóuděng 头等(頭一) 形 제일의, 최고의. ~**jiǎng**(~奖)일등상.

tòudǐng 透顶(一頂) 形 [정도가] 극도에 이르다, 짝이 없다. ¶ hútu~(糊涂~)어리석기가 한량없다.

⁑**tóufa** 头发(頭髮) 名 《**gēn** 根, **liǔ** 绺》 머리털, 두발. ☆ **fà**(发)만을 단독으로 사용하는 경우는 드물다. ¶ liú~(留~)머리카락을 기르다.

tóugǔ 头骨(頭一) 名 두개골.

†**tóujī** 投机(一機) 動 1. 배짱이 맞다, 의기투합하다. ¶ huà bù~(话不~)말이 맞지 않다. 2. 투기하다. ~**fènzǐ**(~分子)기회주의자. ~**qǔqiǎo**(~取巧)기회를 틈타 교묘하게 이득을 취하다.

*__tóujīn__ 头巾(頭一) 名 《**kuài** 块, **tiáo** 条》 두건, 스카프.

tóukǎo 投考 動 투고하다, 응시하다. ¶ ~Běijīng Dàxué(~北京大学)북경대학에 응시하다.

tóuli 头里(頭裏) 名 앞, 전방. ¶ nǐ~zǒu, wǒ suíhòu jiù dào(你~走, 我随后就到)당신이 앞에 가세요, 곧 뒤따라 갈테니.

tòuliàng/tòuliang 透亮 形 1. 투명하다, 밝다. (**ABAB**) ¶ fángjiān li yòu gānjìng yòu~(房间里又干净又~)방안은 깨끗하고 밝다. 2. 명백하다, 분명하다, 밝다. ¶ xīnli géwài~le(心里格外~了)마음이 매우 밝아졌다.

†**tòumíng** 透明 形 투명하다. ¶ ~de shājīn(~的纱巾)투명한 스카프.

†**tóunǎo** 头脑(頭腦) 名 1. 두뇌; 생각, 머리. ¶ ~qīngchu(~清楚) 두뇌가 명석하다. 2. 조리, 요령, 실마리, 갈피. ¶ mōbuzháo~(摸不着~)실마리를 잡을 수 없다. 3. 〈口〉 수뇌, 지도자. ☆ **AABB** 형의 중첩형식을 취할 때가 있음. ¶ zánmen chǎng de tóutounǎonǎomen(咱们厂的头头脑脑们)우리 공장의 수뇌들.

*__tóu▲piào__ 投票 動 투표하다. ¶ tóu fǎnduì piào(投反对票)반대표를 던지다. tóu tā de piào(投他的票)그에게 투표하다.

†**tóurù** 投入 動 돌입하다, 투입하다. ¶ ~shìyùnxíng(~试运行)시운전에 들어가다. ~zhàndòu(~战斗)전투 상황에 돌입하다.

*__tóuténg__ 头疼(頭一) 形 머리가 아프다, 골치가 아프다. ¶ wǒ hěn~(我很~)나는 머리가 몹시 아프다; 애먹다.

*__tōutōude__ 偷偷地 副 남몰래, 슬쩍. ¶ ~kànle wǒ yì yǎn(~看了我一眼)슬쩍 보다, 슬쩍 훔쳐보다. ~liū le(~溜了)살짝 빠져나갔다.

†**tóuxiáng** 投降 動 항복하다. ¶ kuài~ba!(快~吧!)빨리 항복하시오!

tóu▲zī 投资(一資) 動 투자하다. ¶ ~wǔ wàn yuán(~五万元)5만원 투자하다.

*__tū__ 秃 形 벌거숭이다, 민둥민둥하다. ¶ shān shì~de(山是~的)산이 벌거숭이다. 動 대머리이다, 머리가 벗어지다. ¶ tā hái bú dào sìshí suì, jiù yǐjing~dǐng le(他还不到四十岁, 就已经~顶了)그는 아직 40세가 되지 않았는

T

데 이미 머리가 벗어졌다. qiānbǐtóu～le(铅笔头～了)연필끝이 무뎌졌다.

tū 突 動 뚫다, 돌파하다. 副 갑자기, 돌연히. 形 [주위에 비해] 돌출하다, 두드러지다.

tú 途 名 1. 길, 도로. 2. 노정, 역정. ～**chéng**(～程)도정, 과정.

***tú** 图(圖) 動 계획하다, 도모하다, 바라다. ¶ zhǐ～shěngshì(只～省事)단지 수고를 덜기만을 바라다.

***tú** 涂(塗) 動 1. [페인트·화장품 따위를]바르다, 칠하다. ¶ ～qī(～漆)페인트를 칠하다. 2. 지우다. ¶ xiàngpí～·budiào (橡皮～不掉)지우개로 지울 수 없다.

***tǔ** 土 名 1. 흙, 토양. 2. 땅, 토지. 形 토속적인, 향토적인. ¶ tā dǎbande tài～(他打扮得太～) 그의 옷차림은 너무 토속적이다, 그의 옷차림은 너무 촌스럽다.

⁑**tǔ** 吐 動 1. 토하다, 뱉다. ～**tán**(～痰)가래를 뱉다. 2. 실토하다, 털어 놓다. ～**zì qīngchu**(～字清楚)말을 분명히 하다.
☞ **tù**(吐) 참조.

***tù** 吐 動 구토하다, 게우다. ¶ ěxinde yào～(恶心得要～)구역질이 나서 토할 것 같다.
☞ **tǔ**(吐)

***tuán** 团(團) 名 1. 단체, 집단. ～**yuán**(～员)단원. ～**zhǎng**(～长) 단장. 2. [군대의]연대. 量 뭉치, 다발 ; 덩어리를 세는 단위. ¶ yì～máoxiàn(一～毛线)털실 한 뭉치. yì～zhǐ(一～纸)종이 한뭉치.

***tú'àn** 图案(圖－) 名 도안, 디자인. ¶ ～xīnyǐng(～新颖)디자인이 참신하다. xióngmāo～de yóupiào(熊猫～的邮票)팬더 모양의 우표, 팬더가 그려져 있는 우표.

***tuánjié** 团结(團結) 動 단결하다. ¶ bǎ qúnzhòng～·qilai(把群众～起来)군중을 단결시키다. ～yíqiè lìliang(～一切力量)모든 힘을 결집하다. 名 단결. ¶ ～jiù shì lìliang(～就是力量)단결은 힘이다.

†**tuántǐ** 团体(團體) 名 단체. ～**bǐsài**(～比赛)단체전.

***tūchū** 突出 形 1. 돌출하다, 툭 튀어나오다. ¶ ～de quángǔ(～的颧骨)툭튀어 나온 광대뼈. 2. 뚜렷하다, 두드러지다, 뛰어나다. ¶ chéngjì～(成绩～)성적이 뛰어나다. 動 중점을 두다, 두드러지게 하다. ¶ ～zhòngdiǎn(～重点)중점을 두드러지게 하다, 중점을 분명히 하다.

†**túdi** 徒弟 名 제자, 도제. ¶ dài～(带～)제자를 두다. shōu～(收～)위와 동일.

***tǔdì** 土地 名 땅, 토지, 농토, 전답. ¶ ～gǎigé(～改革)토지개혁.

***túdīng** 图钉(圖釘) 名 압정, 압핀. ¶ àn～(按～)압핀을 꽂다.

***tǔdòu** 土豆 名 (～儿) 〈口〉 감자. ＝**mǎlíngshǔ**(马铃薯)

tǔgǎi 土改 名 〈略〉토지개혁. ＝ **tǔdì gǎigé**(土地改革) ¶ gǎo～(搞～)토지개혁을 하다.

†**túhuà** 图画(圖畫) 名 도화, 그림. ～**kè**(～课)회화 수업.

⁑**tuī** 推 動 1. 밀다. ¶ ～·budòng(～不动)밀어도 움직이지 않다. ～·bukāi(～不开)밀어도 열리지 않다. ～**chē**(～车)차를 밀다. ～**dǎo**(～倒)밀어 넘어뜨리다. 2. 추론하다. ¶ ～·buchū jiélùn(～不

T

出结论)결론을 추론할 수 없다. 3. [책임을]미루다, 전가하다. ¶ bǎ kùnnan～·zai biéren shēnshang(把困难～在别人身上)어려운 점을 남에게 전가시키다.

*tuí 颓(頹) 動 1. 무너지다, 허물어지다. 2. 넘어지다, 기울다. 3. [국운, 정력 따위가]쇠퇴하다.

**tuǐ 腿 名 1. 《shuāng 双, zhī 只, tiáo 条》 다리. ¶ tā～cháng(她～长)그녀는 다리가 길다. 2. (～儿)물건의 다리 부분. ¶ yǎnjìng～(眼镜～)안경다리. zhuōzi～(桌子～)책상다리.

**tuì 退 動 1. 물러나다, 물러서다. ¶ ～jū dì'èrxiàn(～居第二线)제2선으로 물러나다. 2. 무르다, 반환하다. ¶ ～piào(～票)표를 무르다. 3. [색이]바래다, 퇴색하다. '褪'라고도 쓴다. ¶ ～·le sè le(～了色了)색이 바랬다.

†tuì▲bù 退步 動 퇴보하다, 후퇴하다.

☞ tuìbù(退步) 참조.

†tuìbù 退步 名 1. 퇴보. 2. 뒷걸음질할 여지. ¶ liú ge～(留个～)후퇴의 여지를 남겨두다.

☞ tuì▲bù(退步) 참조.

tuīcè 推测(－測) 動 추측하다, 헤아리다. ¶ ～biànhuà de guòchéng(～变化的过程)변화의 과정을 추측하다.

*tuīchí 推迟(－遲) 動 미루다, 연기하다. ¶ ～hūnqī(～婚期)혼기를 미루다.

tuìchū 退出 動 1. 물러나다, 퇴장하다. ¶ ～zhàndòu(～战斗)전투에서 물러나다. 2. 탈퇴하다. ¶ ～zǔzhī(～组织)조직을 탈퇴하다.

†tuīcí 推辞(－辭) 動 거절하다, 사퇴하다. ¶ ～bú qù(～不去)거절하고 가지 않다.

*tuīdòng 推动(－動) 動 추진하다. ¶ ～guójì jiāoliú(～国际交流)국제교류를 추진하다.

†tuīfān 推翻 動 1. [결론 따위를]뒤집다, 번복하다. ¶ ～yǐqián de jiélùn(～以前的结论)이전의 결론을 번복하다. 2. [옛 정권을]전복시키다, 뒤집다. ¶ ～fǎndòng zhèngquán(～反动政权)반동정권을 전복시키다.

*tuīguǎng 推广(－廣) 動 널리 보급하다, 확충하다. ¶ ～xiānjìn jīngyàn(～先进经验)선진적 경험을 보급하다. ～pǔtōnghuà(～普通话)표준어를 보급시키다.

*tuījiàn 推荐(－薦) 動 추천하다. ¶ ～yōuxiù de réncái(～优秀的人才)우수한 인재를 추천하다. ～tā chūxí huìyì(～他出席会议)그를 천거해서 회의에 출석하게 하다.

†tuījìn 推进(－進) 動 추진하다, 밀고나가다. ¶ ～zuòyòng(～作用)추진작용.

tuīqiāo 推敲 動 퇴고하다. ¶ ～cuòcí(～措辞)문구를 다듬다. fǎnfù～(反复～)반복해서 퇴고하다.

tuīxíng 推行 動 추진하다, 보급하다. ¶ ～xīn de zhèngcè(～新的政策)새로운 정책을 추진하다.

†tuìxiū 退休 動 [정년으로]퇴직하다. ～gōngrén(～工人)퇴직노동자. ～jīn(～金)퇴직금.

†tūjī 突击(－擊) 動 1. 돌격하다. ¶ xiàng dírén zhèndì～(向敌人阵地～)적군의 진지로 돌격하다.

T

2. [단기간에]집중적으로 일을 하다. ¶ ~qiǎngjiù(~抢救)전력을 다하여 응급치료를 하다.

†**tújìng** 途径(-徑) 名 경로, 절차, 순서, 수단. ¶ hépíng jiějué de~(和平解决的~)평화적 해결의 절차. **wàijiāo**~(外交~)외교루트, 외교절차.

***tūn** 吞 動 삼키다. ¶ bǎ wányào ~·xiaqu(把丸药~下去)환약을 삼키다.

tūntuntǔtǔ 吞吞吐吐 形 [말 따위가]횡설수설하다, 떠듬거리다, 우물쭈물하다. ¶ shuōhuà~(说话~)말을 횡설수설하다.

***tuō** 托 動 1. 받치다, 고이다, 받쳐들다. ¶ liǎng shǒu~·zhe xiàba(两手~着下巴)양손으로 턱을 받치다. 2. 부탁하다, 의뢰하다. ¶ ~tā mǎi běn shū(~他买本书)그에게 책 한 권 사다달라고 부탁하다. 3. 빙자하다, 핑계 삼다. ~**bìng**(~病)병을 핑계 삼다. 名 (~儿)받침, 깔개. =**tuōzi**(托子) **chá**~(茶~)찻잔 받침.

***tuō** 拖 動 1. 끌다, 잡아당기다. ¶ nábudòng, zhǐhǎo~·zhe zǒu(拿不动, 只好~着走)들 수 없으니, 끌고 가는 수밖에. 2. 끌다, 늦추다, 미루다. ¶ jīntiān néng zuò de shì bù néng~·dào míngtiān(今天能做的事不能~到明天)오늘 할 수 있는 일은 내일로 미뤄서는 안된다.

⁑**tuō** 脱 動 1. 빠지다, 벗어지다. ¶ tóufa dōu~·guāng le(头发都~光了)머리카락이 모두 빠졌다. 2. 빠지다, 누락하다, 빠뜨리다. ¶ ~·le jǐ ge zì(~了几个字)몇 자가 빠졌다. 3. 벗다. ¶ ~yīfu(~衣服)옷을 벗다.

†**tuó** 驮(馱) 動 [사람·가축의]등에 지다, 싣다. ¶ ~liángshi(~粮食)양식을 싣다.

***tuǒdang** 妥当(-當) 形 타당하다. (**AABB**) ¶ tā de yìjian bù~(他的意见不~)그의 의견은 타당하지 않다.

***tuōdiào** 脱掉 動 벗어 버리다, 벗다. ¶ ~shàngyī, ránhòu diéhǎo(~上衣, 然后叠好)윗옷을 벗은 다음 잘 개어놓다.

***tuō'érsuǒ** 托儿所(-兒-) 名 탁아소. ¶ shàng~(上~)탁아소에 가다.

***tuōlājī** 拖拉机(-機) 名 《**tái** 台》 트랙터.

***tuōlí** 脱离(-離) 動 […로 부터] 이탈하다, 떠나다. ¶ ~jiātíng(~家庭)가정을 버리다. ~shēngchǎn(~生产)생산현장에서 이탈하다.

***tuòmo** 唾沫 名 《**kǒu** 口》 침, 타액. ¶ tǔ~(吐~)침을 뱉다.

tuōxié 拖鞋 名 슬리퍼(slipper), 샌들.

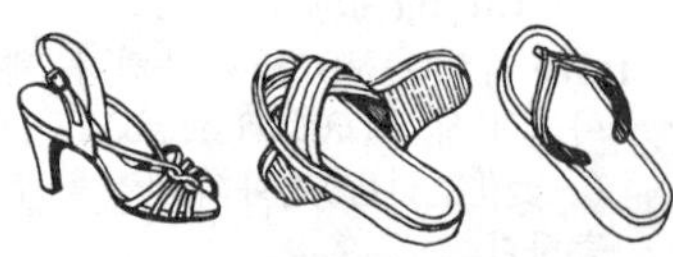

拖鞋

†**tūpò** 突破 動 타파하다, 돌파하다. ¶ ~nánguān(~难关)난관을 돌파하다.

⁑**tūrán** 突然 副 갑자기, 별안간, 돌연히. ¶ ~xíjī(~袭击)갑자기 습격하다. 形 갑작스럽다, 돌연하

T

다. ¶ shìqing hěn～(事情很～)일이 매우 갑작스럽다.

túrán 徒然 副 공연히, 쓸데없이. ¶ ～de guòle yì nián(～地过了一年)공연히 1년을 보냈다.

***tǔrǎng** 土壤 名 흙, 토양. ¶ ～gǎiliáng(～改良)토양 개량.

⁑**túshū** 图书(圖書) 名 도서. ¶ ～zīliào(～资料)도서자료. ～**guǎn**(～馆)도서관.

***túzhāng** 图章(圖－) 名 《**kē** 颗, **kuài** 块》 도장, 인감, 스탬프. ¶ gài～(盖～)도장을 찍다.

***túzhǐ** 图纸(圖紙) 名 도면, 설계도. ¶ jiànzhùwù de～(建筑物的～)건물의 설계도.

tūzi 秃子 名 대머리.

***tùzi** 兔子 名 《**zhī** 只》 토끼. ～**bù chī wōbiān cǎo**(～不吃窝边草)토끼는 집 근처의 풀을 먹지 않는다 ; 도적은 자기가 살고 있는 곳에서 나쁜 일을 하지 않는다. ～**wěiba**(～尾巴)토끼의 꼬리 ; [chángbuliǎo(长不了)와 함께]토끼의 꼬리는 길 수가 없다, 오래 갈 리 없다.

T

W

†**wā** 蛙 名 개구리. 〈口〉 **qīngwā**(青蛙)[청개구리].

***wā** 挖 動 1. 파다, 파내다, 후벼내다, 깎아내다, 긁아내다, 후비다, 발굴하다. ¶ ~ěrduo(~耳朵)귀를 후비다. ~kēng(~坑)구덩이를 파다. ~tǔ(~土)흙을 파내다. 2. 빼내다, 빼돌리다.

***wǎ** 瓦 名 《**kuài** 块, **piàn** 片, **lǒng** 垄》기와.
☞ **wà**(瓦) 참조.

wà 瓦 動 [기와를]이다. ¶ ~wǎ(~瓦)지붕에 기와를 이다.
☞ **wǎ**(瓦) 참조.

***wa** 哇 助 **a**(啊)가 변음한 것.☆ **a**(啊)가 **'u' 'ao' 'ou'** 따위로 끝나는 앞음절로 인해 변음하게 됨.
☞ **a**(啊) 참조.

***wādān** 挖单(—單) 名 1. 옷을 보관하는 주머니. 2. 요술용 천. 3. 냅킨(napkin).

***wāi** 歪 形 비스듬하다, 비뚤다, 비딱하다, 기울다. ¶ ~dài màozi(~戴帽子)모자를 비딱하게 쓰다. ~**mén xié dào**(~门邪道)사도(邪道); 올바르지 못한 길. 動 기울이다, 비스듬히 하다, 비뚤게 하다. ¶ bǎ xiàn huà · ~le(把线画~了)선을 비뚤게 그렸다.

⁑**wài** 外 名 밖, 바깥, 겉. ☆ 단독으로 사용되는 경우에는, 일반적으로 **wàibian**(外边), **wàimian**(外面), **wàitou**(外头)라 함. 단, 개사의 목적어로서는 단독으로 사용할 수 있음. ¶ wǎng~zǒu(往~走)밖으로 나갔다.

***wàibì** 外币(—幣) 名 외화, 외국화폐. =**wàihuì**(外汇)

⁑**wàibian** 外边(—邊) 名 (~儿) 밖, 바깥. ¶ zài~chīfàn(在~吃饭)밖에서 식사하다. zhè mén cóng~kāibukāi(这门从~开不开)이 문은 밖에서는 열리지 않는다.

wàibīn 外宾(—賓) 名 외국에서 온 손님, 외교사절.

†**wàibù** 外部 名 1. 외부, 밖, 바깥. 2. 표면, 겉면.

***wàidì** 外地 名 외지, 타지, 타향. ¶ zài~shàng dàxué(在~上大学)타지에서 대학에 다니다. ~**rén**(~人)타지인.

***wàigōng** 外公 名 〈口〉 외조부; 어머니쪽의 조부. =**wàizǔfù**(外祖父) ☆ 남방 사람들이 잘 사용함. 북방에서는 **lǎoye**(老爷)라 부름.

⁑**wàiguó** 外国 名 외국. ¶ dào~qù(到~去)외국에 가다. ~**diànyǐng**(~电影)외국영화. ~**huò**(~货)외국제품. ~**rén**(~人)외국인. ~**yǔ**(~语)외국어.

***wàiháng** 外行 形 [어떤 일에]문외한이다, 경험이 없다, 전문가가 아니다. ⇔ **nèiháng**(内行) ¶ zhèzhǒng shuōfǎ tài~(这种说法太~)이런 견해는 정말 터무니없는 말이다. ~**huà**(~话)비전문가의 말. 名 문외한, 비전문가.

***wàihào** 外号(—號) 名 (~儿)별

W

명. ¶ qǐ~(起~)별명을 붙이다.

wàihuì 外汇(一滙) 名 외화, 외국환.

外滙

†**wàijiāo** 外交 名 외교. ¶ gǎo~sānshí duō nián le(搞~三十多年了)외교활동을 30여년 했다. ~**bù**(~部)외교부 ; 외무성.

†**wàijiè** 外界 名 외계, 외부, 국외. ¶ shòu~de yǐngxiǎng(受~的影响)외부의 영향을 받다.

***wàikē** 外科 名 외과. ¶ kàn~(看~)외과에서 진찰받다. ~**yīshēng**(~医生)외과의사.

wàikuài 外快 名 부수입 ; 팁 따위. **wàishuǐ**(外水)라고도 함. ¶ lāo~(捞~)부수입을 긁어 모으다.

***wàimian** 外面 名 (~儿)밖, 바깥 ; 외견, 외관. ¶ ~hěnrènao(~很热闹)밖이 매우 시끄럽다. xiūshì~(修饰~)겉을 꾸미다.

***wàipó** 外婆 名〈口〉외조모 ; 어머니쪽의 조모. =**wàizǔmǔ**(外祖母) ☆ 남방사람이 잘 사용함. 북방에서는 **lǎolao**(姥姥).

†**wāiqū** 歪曲 動 왜곡하다. ¶ ~shìshí(~事实)사실을 왜곡하다.

wàirén 外人 名 1. 남, 다른사람, 타인, 모르는 사람. ¶ yòu bú shì ~, bú yòng kèqi(又不是~, 不用客气)남도 아닌데, 사양하지 마세요. 2. 어떤 조직이나 범위외의 사람, 외부인. 3. 외국인.

***wàisheng** 外甥 名 (~儿)남편 누이의 아들, 생질.

wàishengnǚ 外甥女 名 (~儿)남편 누이의 딸, 생질녀.

***wàisūn** 外孙(一孫) 名 외손자 ; 딸의 아들.

wàitào 外套 名 《**jiàn** 件》(~儿) 외투, 오버.

***wàitou** 外头(一頭) 名 밖, 바깥. ¶ ~hěn lěng(~很冷)밖은 매우 춥다.

***wàiwén** 外文 名 외국어, 외국문자.

⁑**wàiyǔ** 外语(一語) 名 외국어. ¶ dǒng liǎng mén~(懂两门~)2개 국어를 알다. xuě~(学~)외국어를 배우다.

***wàizǔfù** 外祖父 名 외조부 ; 어머니쪽의 조부.

***wàizǔmǔ** 外祖母 名 외조모 ; 어머니쪽의 조모.

***wǎjiang** 瓦匠 名 미장이. **níshuǐjiang**(泥水匠)이라고도 함

wāku 挖苦 動 비꼬다, 빈정대다, 조롱하다. ¶ bié~rén(别~人)남을 조롱하지 마라. fěngcì~(讽刺~)풍자하여 비꼬다.

***wān** 弯(彎) 動 굽히다, 구부리다. ¶ ~·zhe yāo(~着腰)허리를 굽히다. 形 굽다, 구불구불하다. ~**dào**(~道)굽은 길, 커브. ~**lù**(~路)위와 동일. 名 (~儿)굽어진 곳, 모퉁이. =**wānzi**(弯子) ¶ zhè gēn zhúgān yǒu ge~(这根竹竿有个~)이 대나무 장대에 구부러진 데가 있다.

⁑**wán** 完 動 1. [~le(~了)의 형태

로 동사의 뒤에 보어로 쓰여]끝내다, 끝마치다, 완결되다. ¶ yòng·~le(用~了)다 썼다. mài·~le(卖~了)다 팔았다. zuò·~le(做~了)다 했다. 2. [~·le(~了)의 형태로]끝장나다, 죽다. ¶ yú lí le shuǐ jiù~le(鱼离了水就~了)고기는 물을 떠나면 죽는다.

*wán 玩 動 (-儿) 1. 놀다, 놀이하다. 2. [부당한 방법 또는 수단 등을]쓰다, 부리다, 피우다. 3. 업신 여기다, 경시하다.

*wán 顽(頑) 形 1. 미련하다, 어리석다, 우둔하다. yú~(愚~)우둔하다. 2. 완고하다, 고집이 세다. 3. 짓궂다, 장난이 심하다.

†wán 丸 量 환, 알; 환약을 세는 데 쓰임. ¶ yí cì chī sān~(一次吃三~)1회에 3알 복용하다.

⁑wǎn 碗 名 《zhī 只》 주발, 공기, 사발; 그릇에 담겨진 물건을 세는 데 쓰임. ¶ yì~fàn(一~饭)밥 한 그릇. hē liǎng~jiǔ(喝两~酒)술 2잔을 마시다.

†wǎn 挽 動 1. 잡아당기다, 끌다. ¶ shǒu~·zhe shǒu(手~着手)손에 손을 잡다. 2. 옷을 위로 걷어올리다. ¶ ~xiùzi(~袖子)소매를 걷어올리다.

W

⁑wǎn 晚 名 저녁, 밤. **cóng zǎo dào**~(从早到~)아침부터 밤까지. 形 시간이 늦다, 늦어지다. ¶ shíjiān~le(时间~了)시간이 늦었다. lái·~le(来~了)늦게 도착했다, 지각했다. 動 [시간적으로]늦다, 늦게 되다. ¶ ~·le sān tiān(~了三天)3일씩이나 지연됐다.

⁑wàn 万(萬) 數 1. 만; 수의 단위를 나타냄. ¶ liǎng~wǔ(两~五)2만 5천. 2. 수가 많음을 나타낼 때. ~**guó**(~国)만국. ~**shì**(~事)만사, 모든 일. 副 반드시, 절대로. ¶ ~bù néng xíng(~不能行)절대 해서는 안된다.

†wánbèi 完备(-備) 形 완비되어 있다, 모두 갖추어져 있다, 완전하다. ¶ yí tào~de gōngjù(一套~的工具)한 세트의 완비된 공구.

wǎnbèi 晚辈(-輩) 名 친족관계의 순위가 아래인 사람; 후배, 젊은 사람.

wánbì 完毕(-畢) 動 끝나다, 끝내다. ¶ gōngzuò~(工作~)일이 끝나다.

⁑wánchéng 完成 動 완성하다, 끝내다, 완수하다. ¶ gōngchéng jīběnshang~le(工程基本上~了)공사는 거의 완성했다. ~rènwu(~任务)임무를 완수하다.

*wāndòu 豌豆 名 완두.

⁑wǎnfàn 晚饭(-飯) 名 저녁(밥). ¶ chī~(吃~)저녁을 먹다.

†wànfēn 万分(萬-) 副 [2음절 형용사의 앞 또는 뒤에 쓰여]대단히, 매우. ¶ ~gǎnjī(~感激)대단히 감사합니다. jiāojí~(焦急~)매우 조급해 하다.

†wáng 王 名 1. 왕, 왕씨. 2. 우두머리, 수령. 3. 〈文〉 연장자.

*wǎng 网(網) 名 《zhāng 张》 그물, 망[그물 형태의 조직이나 계통.] **sā**~(撒~)그물을 치다.

⁑wǎng 往 動 가다. ¶ ~Běijīng kāihuì(~北京开会)북경에 회의하러 가다. 介 [장소·방위를 나

타내는 말을 목적어로 하여]…로, …로 향하여. =**xiàng**(向) ☆ '往'의 발음은 예전에 동사일 때는 **wǎng**, 개사일 때는 **wàng**으로 읽혔지만 지금은 **wǎng**으로 통일되었다. ¶ qù chē-zhàn~nǎbian zǒu hǎo ne?(去车站~哪边走好呢?)정류장에 가서는 어느 쪽으로 가야 합니까? ~dōng zǒu(~东走)동쪽으로 가다. ~qián kàn(~前看)앞을 보다. ~yòu guǎi(~右拐)오른쪽으로 돌다. tā~wǒ liǎnshang kànle yì yǎn(他~我脸上看了一眼)그는 내 얼굴을 힐끗 보았다. ☆ 마지막 예문은, **liǎn**(脸)만으로는 장소를 나타낼 수 없고, 반드시 **shang**(上)을 덧붙여서 장소화시켜야 한다.

⁑**wàng** 忘 動 [~·le(了)의 형태로 쓰여]잊다, 망각하다. ¶ bié~·le ná shū(别~了拿书)책을 [가지고 오는 것을]잊지 말아라. ~·le dàilai le(~了带来了)가지고 오는 것을 잊었다.

*__wàng__ 望 動 바라보다, 조망하다. ¶ dēng gāo yuǎn~(登高远~)높이 올라 멀리 바라보다. 介 …에, …를 향하여. =**wǎng**(往) ¶ ~shàng qiáo(~上瞧)위를 보다.

†**wǎngdōu** 网兜(網—) 名 망태기, 그물 바구니.

*__wǎnghòu__ 往后(—後) 名 훗날, 앞으로. ¶ ~de rìzi(~的日子)앞으로의 생활. ~bié zhèmezhe(~别这么着)앞으로 이래서는 안된다. ☆ **wǎng hòu kàn**(往后看)[뒤쪽을 보다]의 **wǎng**(往)과 **hòu**(后)는 2단어이다.

*__wàngjì__ 忘记(—記) 動 잊어버리다. =**wàngle**(忘了) ¶ wǒ shuō de huà nǐ búyào~(我说的话你不要~)내가 한 말을 넌 잊지말아라. ~dài qiánbāo(~带钱包)지갑을 가져오는 것을 잊었다.

†**wǎnglái** 往来(—來) 動 왔다갔다하다, 왕래하다, 교제하다. ¶ bù xiāng~(不相~)서로 왕래가 없다. 名 왕래, 교제.

wàngle 忘了
☞ **wàng**(忘) 참조.

wǎngluó 网罗(網羅) 動 망라하다, 긁어 모으다. ¶ ~réncái(~人材)인재를 불러 모으다. 名 물고기나 새를 잡는 그물.

*__wǎngnián__ 往年 名 왕년, 옛날. ¶ ~zhèshí zǎo xià xuě le(~这时早下雪了)예전의 이 무렵에는 일찍 눈이 내렸다.

*__wǎngqiú__ 网球(網—) 名 테니스, 테니스 공. ¶ dǎ~(打~)테니스를 치다. ~**pāi**(~拍)테니스 라켓.

†**wàngquè** 忘却 動 〈文〉 망각하다, 잊어버리다. ¶ xǔduō wǎngshì zǎoyǐ~le(许多往事早已~了)많은 옛일을 일찍이 잊어버렸다.

*__wàngshèng__ 旺盛 形 성하다, 왕성하다.¶ ~de shēngmìnglì(~的生命力)왕성한 생명력. jīnglì~(精力~)정력이 왕성하다.

†**wángù** 顽固(頑—) 形 보수적이다, 완고하다, 고집스럽다. ¶ sīxiǎng~(思想~)생각이 보수적이다. **lǎo**~(老~)완고한 사람, 고집쟁이.

*__wǎngwǎng__ 往往 副 왕왕, 늘, 항상. ¶ xīngqītiān tā~qù gōng

W

yuán sànbù(星期天她～去公园散步)일요일에 그녀는 항상 공원에 산책하러 간다. ～chídào(～迟到)항상 지각하다.

†**wǎngyuǎnjìng** 望远镜(－遠鏡) 图 《**jià** 架》 망원경.

wǎnhuí 挽回 動 만회하다, 돌이키다. ¶ bùkě～de sǔnshi(不可～的损失)돌이킬 수 없는 손실. ～lìquán(～利权)이권을 만회하다. ～yǐngxiǎng(～影响)사태를 회복하다.

*__wǎnhuì__ 晚会(－會) 图 야회, 이브닝파티. **liánhuān**～(联欢～)친목 만찬회. **wényì**～(文艺～)문예의 밤 ; 영화, 연예 따위.

wǎnhūn 晚婚 图 만혼.

wǎnjiān 晚间(－間) 图 저녁, 밤.

†**wǎnjiù** 挽救 動 1. 구해내다, 구제하다. ¶ ～shīzú qīngnián(～失足青年)비행청소년을 교화시키다. 2. 만회하다.

*__wánjù__ 玩具 图 《**jiàn** 件, **zhī** 只》 장난감, 완구. ¶ wánr～(玩儿～)장난감을 갖고 놀다.

玩具

wánle 完了 ☞ **wán**(完) 참조.

wǎnliú 挽留 動 만류하다, 권하여 말리다. ¶ zàisān～(再三～)거듭 만류하다.

†**wánměi** 完美 形 완전하여 결함이 없다, 매우 훌륭하다.

wànnéng 万能(萬－) 形 1. 만능이다, 온갖 일에 능하다. 2. 용도가 넓다, 다방면에 효능이 있다. ～**jiāo**(～胶)만능 접착제. ～**jīchuáng**(～机床)만능 공작기계.

†**wánnòng** 玩弄 動 1. 희롱하다, 놀리다, 우롱하다. ¶ ～yìxìng(～异性)이성을 희롱하다. 2. [수단·재간을]쓰다, 피우다, 부리다. ¶ ～huálì de cízǎo, méi yǒu shíjì nèiróng(～华丽的词藻, 没有实际内容)화려한 수식만 부려 실질적인 내용이 없다. ～**xiǎocōngming**(～小聪明)교활한 수법을 부리다.

*__wánpí__ 顽皮(頑－) 形 장난이 심하다, 개구장이다. ¶ ～de háizi(～的孩子)장난꾸러기.

†**wánqiáng** 顽强(頑－) 形 의지가 굳다, 완강하다. ¶ ～de yìzhì(～的意志)확고한 의지. ～de xuéxí(～地学习)확고한 의지를 가지고 배우다.

wānqū 弯曲(彎－) 形 꼬불꼬불하다, 구불구불하다.(**AABB**) ¶ wānwanqūqū de gōnglù(弯弯曲曲的公路)구불구불한 도로.

⁂**wánquán** 完全 形 완전하다, 충분하다.(**AABB**) ¶ jiěshìde bù～(解释得不～)설명이 불충분하다. 副 완전히, 전혀, 전적으로. ¶ ～tóngyì(～同意)전적으로 동의하다.

⁂**wánr** 玩儿(－兒) 動 1. 놀다. ¶ ～·le sān tiān(～了三天)3일간 놀았다. 2. [어떤 종류의]놀이를 하다, [어느 장소에]놀러가다. ¶ ～pán qí(～盘棋)장기를 두다. ～

W

Yíhéyuán(～颐和园)이화원에 놀러가다. 3. 쓰다, 부리다, 피우다. ～**shǒuduàn**(～手段)수단을 부리다.

†**wánshàn** 完善 形 완전하다, 완벽하다, 나무랄 데가 없다. ¶ shèbèi～(设备～)설비가 완비되어 있다.

⁑**wǎnshang** 晚上 名 저녁, 밤；날이 저물 무렵부터 깊은 밤까지. 영어의 'evening'에 상당함. **yèli**(夜里)[밤중；night]의 의미로 사용될 때도 있음. ¶ ～wǒmen qù kàn xì(～我们去看戏)밤에 우리는 연극을 보러간다.

*__wánshuǎ__ 玩耍 動 놀다, 장난하다. ¶ zài yuànzi li～(在院子里～)정원에서 놀다.

†**wànsuì** 万岁(萬歲) 名 만세；장구하기를 축복하는 말.

*__wànwàn__ 万万(萬萬) 數 억；수의 단위를 나타냄. ＝**yì**(亿) ¶ jiǔ～(九～)9억. 副 [부정형을 강조하여]절대로, 결코, 도저히. ¶ ～bùkě cūxīn dàyi(～不可粗心大意)절대 소홀히 해서는 안된다.

*__wánxiào__ 玩笑 動 농담하다. 名 농담. **kāi**～(开～)농담하다.

wányào 丸药(—藥) 名 환약, 알약. ¶ pèi～(配～)환약을 짓다.

†**wànyī** 万一(萬—) 名 뜻밖의 일, 만약의 일. ¶ yǐ fáng～(以防～)만일에 대비하다. 副 만일, 만약. ¶ ～shībài, nà zěnme bàn?(～失败, 那怎么办?)만일 실패하면 어떻게 하지?

*__wányìr__ 玩意儿(—兒)·玩艺儿(—藝兒) 名〈口〉1. 장난감, 완구. 2. 사람 또는 사물을 하찮게 여기거나 스스럼없게 여겨 쓰는 표현. ¶ shì shénme～?(是什么～?)무슨 물건인가？ zhè～bù hǎo duìfu(这～不好对付)이 녀석은 다루기 어렵다.

*__wánzhěng__ 完整 形 완전하다, 온전하다.(**AABB**) ¶ bǎoliúde hěn～(保留得很～)아주 온전하게 보관하다. ～de gùshi qíngjié(～的故事情节)완성된 이야기 줄거리.

*__wǎsī__ 瓦斯 名〈譯〉가스；특히 가연성인 것. ☆ 영어 'gas'의 음역. ～**dēng**(～灯)가스등.

*__wāwā__ 哇哇 擬 우는 소리；앙앙, 엉엉. ¶ ～de kū(～地哭)앙앙 울다.

*__wáwa__ 娃娃 名 1. 아기, 어린애. 2. 인형.

⁑**wàzi** 袜子 名 《**shuāng** 双, **zhī** 只》양말, 버선. ¶ chuān～(穿～)양말을 신다.

*__wēi__ 危 形 1. 위험하다, 위태롭다. ⇔ **ān**(安) 2. 위독하다, 위험에 빠뜨리다.

*__wēi__ 威 名 위엄, 존재, 위력. 動 위협하다, 협박하다. **wēibī**(威逼)[협박하다].

wēi 微 副 몰래, 은밀히.＝**wēiwēi**(微微) 形 작다, 미세하다. 量〈度〉미크론 (micron)；1mm의 1000분 의 1.

*__wéi__ 为(爲) 動 …이 되다, …로 삼다, …로 생각하다. ¶ bài nǐ～shī(拜你～师)당신을 스승으로 삼다. 介 …당하다, …에 의하여 …되다[수동을 나타냄.] ☆ 이 경우 **wèi**라고 발음되는 때도 있음. ¶ ～rénmen suǒ huānyíng de xīn chǎnpǐn(～人们所欢迎的新产品)사람들에게 환영받는 신 상품.

☞ **wèi**(为) 참조.

*__wéi__ 违(違) 動 1. 어기다, 위반하다. **wéiyuē**(违约)[위약하다]. 2. 헤어지다, 떨어지다. 3. 피하다, 회피하다.

*__wéi__ 围(圍) 動 1. 둘러싸다, 에워싸다. ¶ ～·zhe zhuōzi zuòxià(～着桌子坐下)책상을 둘러싸고 앉다. ～**chéng dǎ yuán**(～城打援)도시를 포위하고 적의 지원군을 치다. 2. […주위를]두르다, 감다. ¶ ～wéijīn(～围巾)목도리를 두르다. 量 1. 집게뼘 ; 엄지손가락과 집게손가락을 벌린 길이. 2. 아름 ; 양팔을 벌려 두른 둘레의 길이.

*__wéi__ 唯 副 다만, 단지, 오로지. 連 그러나, 그런데. =**wéi**(惟)

†**wěi** 尾 名 1. 꼬리, 꽁무늬. 단독으로 사용할 때는 **wěiba**(尾巴). 2. 끝, 맨뒤, 말단, 말미. **cóng tóu dào**～(从头到～)처음부터 끝까지. **yǒu tóu wú**～(有头无～)시작은 있고 끝이 없다 ; 용두사미. 量 마리 ; 물고기를 세는 데 쓰임. ¶ liǎng～jīnyú(两～金鱼)금붕어 2마리.

wěi 委 動 1. 위임하다, 위탁하다, 맡기다. 2. 포기하다, 버리다. 3. 전가시키다, 덮어 씌우다. 名 위원, 위원회.

wèi 卫(衛) 動 지키다, 보위하다. ～**bīng**(～兵)호위병. ～**duì**(～队)호위대, 경호대

*__wèi__ 胃 名 (～子)위, 밥통.

*__wèi__ 喂 動 먹이를 주다 ; 사육하다. ¶ wǒ jiā～·le yì tiáo gǒu(我家～了一条狗)우리집은 개 1마리를 기른다. ～**nǎi**(～奶)우유를 먹이다. 嘆 부르는 소리 ; 야, 어이, 여보세요. ¶ ～, kuài lái ya(～, 快来呀)어이, 빨리와.

⁑**wèi** 位 量 분, 어른 ; 사람을 정중하게 셀 때 쓰임. ¶ láile liǎng～kèren(来了两～客人)손님 두분이 왔다. nà～tóngzhì shì shéi?(那～同志是谁?)저 분은 누구입니까? 名자리, 위치.

⁑**wèi** 为(爲) 介 1. …을 위하여 ; 행위의 대상을 나타냄. ☆ **gěi**(给)와 같은 용법이지만, **wèi**(为) 쪽이 문어적이다. ¶ ～dàjiā chūlì(～大家出力)모두를 위해 힘을 내라. ～rénmín fúwù(～人民服务)인민을 위해 봉사하다. 2. 목적을 나타냄. ¶ ～gòngtóng mùbiāo ér fèndòu(～共同目标而奋斗)공동의 목표를 위하여 분투하다. 動 원인·이유를 나타냄. ¶ zhè bú shì～qián(这不是～钱)이것은 돈 때문이 아니다.

☞ **wéi**(为) 참조.

*__wèi__ 未 副 〈文〉 1. 아직 …않다. ¶ cǐ rén～lái(此人～来)이 사람은 아직 오지 않았다. 2. **bù**(不)와 같다. ¶ ～zhī kěfǒu(～知可否)가부(可否)를 모르겠다.

*__wěiba__ 尾巴 名 1. 《**tiáo** 条, **gēn** 根》[동물의]꼬리. ¶ yáo～(摇～)꼬리를 흔들다. 2. [물체의]꼬리부분, 끝. ¶ huìxīng～(彗星～)혜성의 꼬리. 3. 줏대가 없는 사람, 종속자, 추종자.

†**wéibèi** 违背(違－) 動 위배하다, 어기다, 어긋나다. ¶ ～tiáoyuē

W

guīdìng(～条约规定)조약의 규정을 어기다.

†**wèibì** 未必 副 반드시 …한 것은 아니다, 꼭 그렇다고 할 수 없다. ¶ tā～zhīdao(他～知道)그가 꼭 안다고는 할 수 없다. zhèyàng shuō～zhèngquè(这样说～正确)이렇게 말하는 것이 꼭 정확하다고는 할 수 없다.

wéibór 围脖儿(圍－兒) 名《**tiáo** 条》〈口〉목도리, 머플러. ＝**wéijīn**(围巾) ¶ wéi～(围～)목도리를 두르다.

wèicháng 未尝(－嘗) 副 1. 일찍기 …한 적이 없다. ¶ zhìjīn～huáguo xuě(至今～滑过雪)지금까지 스키를 타본 적이 없다. 2. 결코 …이지 않다. ☆ 부정사의 앞에 쓰여 이중부정을 나타냄. ¶ zhèyàng zuò yě～bùkě(这样做也～不可)이렇게 해도 안되는 것은 아니다.

†**wéichí** 维持(維－) 動 유지하다. ¶ ～zhì'ān(～治安)치안을 유지하다. ～zhìxù(～秩序)질서를 유지하다.

*__wěidà__ 伟大(偉－) 形 위대하다. ¶ ～de lǐngxiù(～的领袖)위대한 지도자. ～de zǔguó(～的祖国)위대한 조국.

⁑**wèidao** 味道 名 1. 맛. ¶ ～xiānměi(～鲜美)맛이 매우 좋다. 2. [추상적인]맛, 맛의 깊이, 풍미. ¶ xiěde yǒu～(写得有～)운치있는 서법으로 쓰다.

wéidú 惟独(－獨) 副 유독…만. ¶ ～tā yí ge rén bú qù(～他一个人不去)유독 그 한 사람만 간다.

†**wéifǎn** 违反(違－) 動 위반하다. ¶ ～jiāotōng guīzé(～交通规则)교통규칙을 위반하다.

*__wēifēng__ 威风(－風) 形 위풍이 있다, 위세가 좋다. ¶ kànshangqu hěn～(看上去很～)보기에 매우 위풍이 있다. 名 위풍, 위세. ¶ shuǎ～(耍～)뽐내다, 위세를 과시하다.

†**wēihài** 危害 動 해를 끼치다, 해치다. ¶ ～shēntǐ jiànkāng(～身体健康) 건강을 해치다. ～zhì'ān(～治安)치안을 어지럽히다. 名 해, 위해.

†**wéihù** 维护 動 보호하다, 옹호하다, 지키다.¶ ～zūnyán(～尊严) 존엄을 지키다.

†**wēijī** 危机(－機) 名 위기. **jīngjì**～(经济～)경제위기, 공황.

*__wéijīn__ 围巾(圍－) 名《**tiáo** 条》목도리, 머플러, 스카프.¶ dài～(戴～)스카프를 두르다. wéi～(围～)위와 동일.

wéikǒng 惟恐 動〈文〉다만 …가 두렵다. ¶ ～zìjǐ luòhòu yú shídài(～自己落后于时代)자신이 시대에 뒤떨어질까봐 두려워하다.

wèikǒu 胃口 名 1. 식욕.¶ ～búcuò(～不错)식욕이 좋다. ～dà(～大)위와 동일. 2. 구미, 흥미. ¶ zhè lèi shū bù hé tā de～(这类书不合他的～)이런 책은 그의 구미에 맞지 않다.

*__wèilái__ 未来(－來) 名 미래, 앞날. ¶ zài～sān tiān nèi jiāng yǒu dà xuě(在～三天内将有大雪)앞으로 3일 내에 큰 눈이 올 것이다.

wèiláo 慰劳(－勞) 動 위문하다. ¶ ～cóng qiánxiàn guīlai de zhàn-

W

shì(～从前线归来的战士)전선에서 돌아온 전사를 위문하다.

⁑**wèile** 为了(爲－) 㐀 …을 위하여; 목적을 나타냄. ¶ ～nín de shēntǐ jiànkāng qǐng bú yào xī yān(～您的身体健康请不要吸烟)당신의 건강을 위해 담배를 피우지 마세요. ～dádào mùdì(～达到目的)목적달성을 위해.

*__wèimiǎn__ 未免 副 …을 면할 수 없다, 아무래도 …이다. ¶ ～bù lǐmào(～不礼貌)아무래도 예의가 없다. nǐ de tàidu～shēngyìngle xiē(你的态度～生硬了些) 너의 태도는 아무래도 딱딱하다.

wēimiào 微妙 形 미묘하다. ¶ guānxi～(关系～)관계가 미묘하다. ～de biànhuà(～的变化)미묘한 변화.

*__wéinán__ 为难(爲難) 動 난처하다, 곤란하다. ¶ bié zhème～tā le(别这么～他了)너무 그를 곤란하게 하지 마라. 形 괴롭다, 곤란하게 느끼다. ¶ xiǎnde yǒudiǎnr～(显得有点儿～)좀 괴로워 보인다.

†**wéiqí** 围棋(圍－) 名 바둑.

†**wěiqu** 委屈 動 1. [부당한 비난이나 대우를 받아서]억울하다, 원망스럽다. ¶ xīnli yì～, tā kūleqilai(心里一～, 她哭了起来)억울해서 그녀는 울기 시작했다. juéde～(觉得～)억울하게 느끼다. 2. 남에게 유감스런 생각을 하게 하다, 억울한 일을 당하게하다. ¶ zhǐdé～tā le(只得～他了)그가 억울하다해도 어쩔 수 없다.

*__wèir__ 味儿(－兒) 名 1. 《gǔ 股》 맛, 냄새. ¶ chángchang～zěnmeyàng(尝尝～怎么样)맛이 어떤지 먹어봐라. 2. 재미, 흥취, 운치. **gòu**～(够～)재미있다. **búgòu**～(不够～)재미가 없다. **méi**～(没～)위와 동일.

†**wéirào** 围绕(圍繞) 動 둘러싸다, 주위를 돌다; [문제 등을]중심에 놓다. ¶ ～·zhe zhège wèntí zhǎnkāi tǎolùn(～着这个问题展开讨论)이 문제를 중심으로 토론을 전개하다.

wéirén 为人(爲－) 名 사람 됨됨이, 위인, 인품. ¶ tā de～dàjiā dōu zhīdao(他的～大家都知道)그의 사람됨은 모두 안다. ～hòudao(～厚道)인품이 온후하다.

†**wēiruò** 微弱 形 미약하다, 빈약하다.

*__wèishēng__ 卫生(衛－) 名 위생. ¶ jiǎng～(讲～)위생에 주의하다. 形 위생적이다. ¶ hē shēngshuǐ, bú～(喝生水, 不～)끓이지 않은 물을 마시면 비위생적이다. dǎsǎo～(打扫～)청소를 깨끗이 하다; 대청소하다. ～**jiān**(～间)화장실, 위생설비가 달려있는 방. ～**qiú**(～球)공모양의 나프탈렌. ～**shèbèi**(～设备)위생설비[수세식 변기나 하수도와 통하는 욕조·세면기 등을 말함.] ～**zhǐ**(～纸)화장지. ～**dài**(～带)생리대.

*__wéishēngsù__ 维生素(維－) 名 비타민. ☆ 예전에는 영어 'vitamin'의 음역어를 **wéitāmìng**(维他命)이라 했음.

⁑**wèishénme** 为什么(爲－麽) 代 왜, 어째서; 원인·이유를 물을 때. ☆ **zěnme**(怎么)에 비해, 원인·이유를 단도 직입적으로 묻는 기분이 강함. ¶ nǐ～bú qù?(你

~不去?)너는 왜 안가니? ~bù zǎo yìdiǎnr shuō?(~不早一点儿说?)왜 좀 일찍 말하지 않았니?

†**wéishǒu** 为首(爲一) 動 [yǐ(以)…의 형태로 쓰여]…을 우두머리로 삼다, 선두로 하다. ¶ yǐ mǒumǒu~de dàibiǎotuán(以某某~的代表团)아무개를 중심으로 하는 대표단.

wěishù 尾数(一數) 名 1. 소수점 이하의 수. 2. 우수리. ¶ shěqù~(舍去~)우수리를 없애다.

†**wěituō** 委托 動 위탁하다, 의뢰하다. ¶ zhè jiàn shì xiǎng~nǐ bàn(这件事想~你办)이 일은 당신이 하도록 위탁하고 싶습니다.

wēiwēi 微微 副 조금, 약간, 살짝. ¶ ~yí xiào(~一笑)살짝 웃다.

†**wèiwèn** 慰问(一問) 動 위문하다. ~**yǎnchū**(~演出)위문공연.

⁑**wēixiǎn** 危险(一險) 形 위협하다, 위험하다. ¶ zǒu nà tiáo lù hěn~(走那条路很~)그 길을 걷는 것은 매우 위험하다. 名 위험. ¶ tuōlí~(脱离~)위험에서 벗어나다.

†**wēixiǎo** 微小 形 미소하다, 작다. ¶ jíqí~(极其~)극히 작다.

*__wēixiào__ 微笑 動 미소짓다. 名 미소. ¶ fúxiànchū~(浮现出~)미소를 띠다.

†**wēixié** 威胁(一脅) 動 위협하다. ¶ cǎiqǔ~shǒuduàn(采取~手段)위협수단을 취하다. ~hépíng(~和平)평화를 위협하다. 名 위협.

*__wèixīng__ 卫星(衛一) 名 1. 위성. **rénzào**~(人造~)인공위성. 2. 위성처럼 어떤 것의 주위를 에워싸고 종속적 관계에 놓여 있는 것. ~**chéngshì**(~城市)위성도시. 3. 인공위성. ¶ fāshè~(发射~)인공위성을 발사하다.

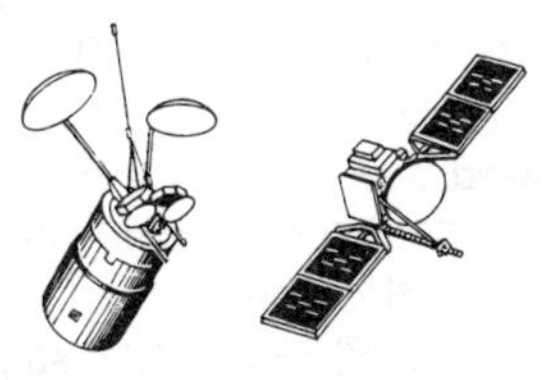

卫星

wéixiū 维修(維一) 動 정비하다, 점검수리하다. ¶ ~jīqì(~机器)기계를 정비하다. ~qìchē(~汽车) 자동차를 정비하다. ~rényuán(~人员)정비원.

†**wéiyī** 唯一 形 하나밖에 없는, 유일한. ¶ ~chūlù(~出路)유일한 활로.

†**wèiyú** 位于 動 …에 위치하다. ¶ Tiānjīn~Běijīng dōngnán(天津~北京东南)천진은 북경 동남쪽에 위치한다.

*__wěiyuán__ 委员(一員) 名 위원. ~**huì**(~会)위원회.

wěizào 伪造(僞一) 動 위조하다. ¶ ~zhèngjiàn(~证件)증명서를 위조하다.

*__wèizhe__ 为着(爲一) 介 …을 위해. ¶ ~lǐxiǎng de shíxiàn(~理想的实现)이상적인 실현을 위해.

†**wéizhǐ** 为止(爲一) 動 [dào(到)…~의 형태로 쓰여]…을 끝으로 하다. ¶ jīntiān dào zhèr~(今天到这儿~)오늘은 여기까지 한다.

*__wèizhi__ 位置 名 위치, 지위, 자리. ¶ zhànyǒu zhòngyào de~(占有重要的~)중요한 위치를 차지한다.

W

wěizhuāng 伪装(僞裝) 動 위장하다. ¶ ~·de qiǎomiào(~得巧妙)교묘하게 위장하다. ~zhōnglì(~中立)중립을 위장하다. 名 위장. ¶ sīpò~(撕破~)위장한 것을 벗기다.

wèizi 位子 名 자리, 좌석. ¶ kòng~(空~)빈자리. zhàn~(占~)자리를 차지하다.

*__wēn__ 温 形 따뜻하다. ~**shuǐ**(~水)온수, 미지근한 물. 動 1. 데우다, 열을 가하다. ~**jiǔ**(~酒)술을 데우다. 2. 복습하다. ~**kè**(~课)복습하다.

wén 文 名 1. 문자, 말. 2. 문장, 문체. 形 문어적인. ¶ shuō huà shuōde hěn~(说话说得很~)말을 어렵게 한다. 量 푼, 닢；옛날, 동전을 세는 단위. ¶ yì~qián(一~钱)동전1푼.

⁑**wén** 闻(聞) 動 냄새를 맡다. ☆ 현대어에서는「듣다」라는 의미로는 사용되지 않음. ¶ nǐ~·~zhè shì shénme wèir(你~~这是什么味儿)이게 무슨 냄새인지 맡아 보아라.

†**wěn** 吻 動 키스하다, 입맞춤하다. ¶ ~·le~wáwa de liǎndàn(~了~娃娃的脸蛋)아기의 얼굴에 입맞춤하다. 名 키스, 입맞춤.

W

*__wěn__ 稳(穩) 形 1. 확고하다, 안정되다. ¶ dōngxi yào fàng·~(东西要放~)물건을 안정되게 놓아두세요. 2. 확실하다, 틀림없다. ¶ tā bànshì hěn~(他办事很~)그는 일을 확실하게 한다.

⁑**wèn** 问(問) 動 1. 묻다, 질문하다. ¶ ~tā nà jiàn shì(~他那件事)그에게 그 일에 대해 물어보다. 2. 심문하다, 추궁하다, 책임을 묻다. ¶ bèi~·zhù le(被~住了)추궁당했다. 介 …에게, …로부터, 향하여；요구하는 상대를 나타냄. ¶ ~tā jiè qián(~他借钱)그에게 돈을 빌리다.

†**wēndài** 温带(-帶) 名 온대.

wěndang 稳当(穩當) 形 온당하다, 타당하다, 안정되다.(**AABB**) ¶ dì bù píng, fàngbu·~(地不平, 放不~)땅이 평평하지 않아 잘 놓을 수 없다. bànshì wěnwendāngdāng de(办事稳稳当当的)일처리가 온당하다.

†**wěndìng** 稳定(穩-) 形 [국면이]안정되다, 가라앉다, 변동이 없다.

*__wēndù__ 温度 名 온도. ¶ ~yǒuxiē dī(~有些低)온도가 조금 낮다. ~**jì**(~计)온도계. **shìnèi**~(室内~)실내온도. **shìwài**~(室外~)실외온도. **zuìgāo**~(最高~)최고온도.

†**wěngù** 稳固(穩-) 形 [기초 등이]튼튼하다, 든든하다, 안전하고 견고하다. 動 견고하게 하다, 안정시키다.

†**wēngwēng** 嗡嗡 擬 곤충소리, 기계가 내는 소리 등；붕붕, 앵앵. ¶ mìfēng~de fēi(蜜蜂~地飞)꿀벌이 붕붕거리며 날다.

⁑**wèn▴hǎo** 问好(問-) 動 안부를 묻다；문안드리다. ¶ huíjiā wèn māma hǎo(回家问妈妈好)집에 가면 엄마에게 안부 전해라.

*__wēnhé__ 温和 形 1. [기후가]따뜻하다, 온화하다.(**AABB**) ¶ Kūnmíng de qìhòu hěn~(昆明的气候很~)곤명의 날씨는 매우 따뜻

하다. 2. [성격이]온화하다, [태도가]부드럽다.(AABB) ¶ xìngqíng~(性情~)성격이 온화하다. tā de tàidu hěn~(她的态度很~)그녀의 태도는 매우 부드럽다.
☞ **wēnhuo**(温和) 참조.

*__wènhòu__ 问候(問-) 動 안부를 묻다, 문안드리다. ¶ zhìyì jiérì de ~!(致以节日的~!) 명절 문안을 드리다.

⁑**wénhuà** 文化 名 1. 문화. ~**gōng**(~宫)교양이나 오락활동을 위한 시설 ; 문화센터. ~**guǎn**(~馆)위와 동일. 2. 학문, 교양. ¶ méi~(没~)지식이 없다, 교양이 없다. yǒu~(有~)교양이 있다. ~**shuǐpíng**(~水平)교육정도.

wēnhuo 温和 形 [물건이]따뜻하다. ¶ tāng hái~ne(汤还~呢)국이 아직 따뜻하다.
☞ **wēnhé**(温和) 참조.

†**wénjiàn** 文件 名 《**fèn** 份》 1. 서류, 공문서. **juémì**~(绝密~)극비서류. 2. [정치나 학술의]문헌.

wénjian 闻见(聞見) 動 냄새맡다. ¶ ~hú wèir(~煳味儿)타는 냄새가 나다.

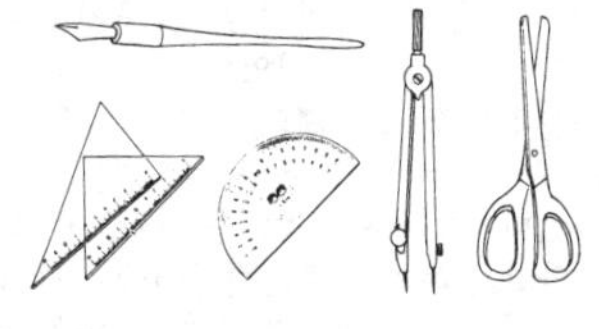
文具

†**wénjù** 文具 名 문구, 문방구. ¶ mǎiqí~(买齐~)문구를 다 사두다. ~**diàn**(~店)문방구점. ~**hé**(~盒)문구상자.

wénmáng 文盲 名 문맹자, 까막눈(이). ¶ sǎochú~(扫除~)문맹을 퇴치하다.

*__wénmíng__ 文明 名 문명. ¶ wùzhì~(物质~)물질문명. 形 1. 문화적이다. ¶ ~guójiā(~国家)문화국가. jiǎng~(讲~)도덕을 중요시하다, 예의바르게 하다. 2. [풍속·습관·사물 등이]현대적이다. ~**gùnr**(~棍儿)스틱, 개화 지팡이.

†**wénmíng** 闻名(聞-) 動 이름(명성)을 듣다, 유명하다. ¶ ~ yú shìjiè(~于世界)세계에 이름이 알려져 있다.

*__wēnnuǎn__ 温暖 形 따뜻하다, 온난하다. ¶ tiānqì~(天气~)기후가 따뜻하다. 動 따뜻하게 하다. ¶ ~rénxīn(~人心)사람의 마음을 따뜻하게 하다.

wénpíng 文凭(-憑) 名 [정부발행의]증서 ; 특히 졸업증서를 가리킴. ¶ nádào dàxué~(拿到大学~)대학졸업 증서를 받다.

†**wēnquán** 温泉 名 《**yǎn** 眼》 온천. ⇔ **lěngquán**(冷泉) ¶ xǐ~(洗~)온천에 들어가다.

wēnróu 温柔 形 온유하다, 부드럽고 순하다. ¶ tā hěn~(她很~)그녀는 매우 온유하다.

⁑**wèntí** 问题(問題) 名 1. 문제, 질문. ¶ wǒ yǒu ge~(我有个~)질문이 있습니다. 2. 사고, 의외의 일, 고장. ¶ yòu chū~le(又出~了)또 문제가 생겼다.

*__wénwù__ 文物 名 문물 ; 문화재, 문화유산.

wēnxí 温习(-習) 動 복습하다.

학습 정보 ㉕

◈ 文言·白话 wényán·báihuà(문장어) ◈

1. 문언과 백화

"文言"(고문)과 "白话"(백화문)은 중국에서의 "书面语言 shūmiàn yǔyán"(문장어)의 2대 분류이며, 전통적인 문어문을 "文言", 일상생활에서 말해지는 구어에 가깝게 쓰여지는 문장을 "白话"라고 한다. 또한, 소리내어 읽었을 때 들어서 이해할 수 있는 것을 "白话", 들어서는 이해되지 않고 눈으로 봐야만 이해가 되는 것을 "文言"이라 할 수 있다. 양자의 외면적인 차이는 크며, 어휘나 어법 등의 면에서도 큰 차이가 있다.

a. 문장의 길이

《论语 Lúnyǔ》의 첫머리에 있는 "子曰, 学而时习之, 不亦说乎"라고 하는 문언을 백화로 옮기면, "先生说, 学习然后按一定的时间去复习它, 那也不是快乐的事情嘛?"가 되므로 문언은 백화보다도 문장이 짧은 것이 보통이다.

b. 어휘의 차이

문언은 단음절어를, 백화는 2음절어를 중심으로 하여, 문언에서 단음절어도 백화에서는 2음절이 되는 것이 많다. 예를 들어, "日"→"太阳 tàiyang", "廉"→"便宜 piányi", "目"→"眼睛 yǎnjing", "知"→"知道 zhīdao"등이 있다.

c. 語法의 차이

[어순] 문언에서는 의문대사의 목적어나, 부정문에서의 대사인 목적어는 동사의 앞에 위치하게 된다.

¶ 吾谁欺。
내가 누구를 속였다는 거야?

¶ 时不我待。
세월은 나를 기다려 주지 않는다.

[품사] 문언에서는 동일한 문자가 여러 종류의 품사를 겸하는 것이 백화보다도 많다.

¶ 豕人立而啼。
돼지가 사람처럼 서서 울었다.

¶ 登泰山而小天下。
태산에 올라 아래를 보니, 세상이 작게 느껴진다.

2. 文言의 역사

중국에서 현재 남아있는 가장 오래된 문장은, 殷代말기(기원전 1300~1000년경)의 "卜辞 bǔcí"(갑골문자)나 거의 동시대의 청동기에 쇠를 녹여 거푸집에 부어진 명문("金文 jīnwén")이다. 거의 그때부터, 중국에서는 쓰는 말과 하는 말 사이에 큰 차이가 있었다고 생각된다. 춘추전국시대가 되자 각지에서 고도의 문화가 번성했고, 많은 책들이 저술되어졌다. 그중에서도 눈에 띄게 활약한 것은 "诸子百家 zhūzǐ bǎijiā"라 불리는 사상가들이었다. 당시, 각지역에는 상당히 큰 방언의 분기가 있었지만, 사상가들이 쓴 문장은 지방독자의 표현을 포함하면서도, 표준어적인 문어로서 전국에 통용되었다. 그들이 쓴 문장이 후에 문언의 기본적인 스타일이 되었다. 秦의 전국통일 이후, 漢이 대제국을 건설하여 문화적 상황이 안정됨에 따라, 문어는 한층 정비되었고, 문장스타일도 거의 고정화되었다.

前秦에서 秦·漢代까지의 산문은, 문학적인 수사가 적은 소박한 문장이었다. 그러나 그후, 문학예술이 발달하고, 魏晋·南北朝시대에 걸쳐 장식적인 수사를 집결시킨 미문을 만드는 것이 유행하기 시작하자, 문어와 구어의 격차는 더욱 크게 되었다. 가장 현저한 예는, 六朝시대에 한창 만들어진 "骈文 piánwén"(변문. 쌍두마차의 말 "骈"이 나란히 있는 것처럼 가지런한 문장으로, 四字句, 六字句를 많이 사용하며, 대구에 의해 구성된 미문의 한 형식(변려문 · 사륙문이라고도 한다)이다. 그러나, 唐代가 되자 형식보다 문장의 내용의 충실을 구하는 움직임이 일어나, 다시 前秦시대의 간결한 문장 스타일로 되돌아가는 경향이 성행하였다. 이것이 "韩愈 Hán Yù"(한유)나 "柳宗元 Liǔ Zōngyuán"(유종원)이 주장한 고문 부흥운동이며, 그들이 모범으로 한 "古文 gǔwén"이란 前秦의 사상가나 역사가의 문장이었다.

문언문의 주류는 이 "古文"과 "骈文"이며, 이 두가지가 20세기 초까지 문어의 중심이었다.

3. 白话의 역사

구어를 기초로 한 문어를 "白话"라 하는 것은, 연극의 "白"(대사)라는 말과, "明白如话"(말하는 것처럼 분명하다)를 압축한 표현이라고 말해진다. 문언이 정통의 지위를 차지하고 있던 시대에도 특수한 경우에서는 백화가 사용되어졌다. 그것은 역사서나 개인의 전기 등에서 인물의 말을 직접 화법으로 인용하는 경우로, 그러한 역사서나 개인의 전기 등에서 인물의 말을 직접 화법으로 인용하는 경우로 그러한 조기 백화의 예는《世说新语 Shìshuō xīnyǔ》(세설신어 : 5세기 전반에 南朝, 宋의 劉義慶이 쓴 일화집) 등에 보인다.

지금 완성된 형태로 볼 수 있는 최고의 백화자료는, 당대에 사원에서 불교설화를 그림으로 풀어 민중에게 이야기로 들려주던 "变文 biànwén"(변문 : 현존하는 사본은 돈황의 莫高窟에서 발견된 돈황문헌의 일부)이다. 이것은 중이 이야기와 노래를 섞어 설교를 할 때의 대본으로, 다른 사람에게 보여지는 성격의 사람이 아니기 때문에 구어가 쓰였다고 생각된다. 다음 宋이 되자, 문자를 알지못하는 민중을 상대로 유명한 역사 이야기 등을 재미있게 이야기로 들려주는 야담 등의 연예가 마을에서 상연되게 되었다. 그런 이야기의 대본을 "话本 huáběn"이라 한다. 게다가 元이 되자, 같은 민중을 상대로 한 연극("杂剧 zájù")가 상연되고, 또한 明·清 시대에는 "章回小说 zhānghuí xiǎoshuō"(장회소설 : 야담의 대본에서 발전하여, 제 1회, 제 2회와 몇 장으로 구분한 형식의 소설)이라 불려지는 엄청난 수의 통속 소설 등이 쓰여지게 되었다. 이런 것들은 모두 전통적인 세계와는 상관없는 민중을 상대로 행해진 저술 활동이었으므로 당연히 백화가 사용되었다. 이렇게 해서 백화에 의한 작품 수는 점차 증가했지만, 백화로 쓰여진 책은 끝까지 유학세계에서의 교양과는 거리가 먼 것이었으므로 백화언어로서의 가치는 한 단계 낮은 것으로 인식되어졌다.

백화의 지위가 향상되기 시작한 것은 중화민국이 성립되고 나서이다. 그 계기가 된 것은 1917년에 "胡适 Hú Shì"(호적)이 잡지《新青年 Xīnqīngnián》에 발표한 "文学改良刍议 chúyì"로, 호적이 거기에서 주장한 백화에 의한 근대적인 문학의 확립은, "陈独秀 Chén Dúxiù"(진독수)나 "钱玄同 Qián Xuántóng"(전현동) 등의 젊은 지식인들에게 열렬한 지지를 받았다.

"鲁迅 Lǔ Xùn"(노신)이『新青年』에 1918년 5월 발표한《狂人日记 Kuángrén rìjì》(광인일기)는 처음으로 백화로 쓰여진 근대적인 소설로서 사회에 큰 영향을 주었다. 그 이후, 백화를 사용한 문장을 쓰도록 하는 조류가 점차 성행하게 되었다.

근대 문학의 세계에서는 1930년대에는 구어문을 사용하는 것이 거의 주류였지만, 그래도 사회에는 아직 문언을 사용하는 사람이 꽤 있었고, 중화민국 시대에는 신문이나 논설문은 여전히 문언으로 쓰여졌다. 헌법을 시초로 한 법률이나 정부의 공문서, 학교에서 사용되는 교과서, 또는 신문이나 잡지 등의 기사가 대부분 백화로 쓰여지게 되고, 백화가 완전히 문장어의 중심이 된 것은, 1949년의 중화인민공화국 성립 이후의 일이다.

¶ ~gōngkè(~功课)복습하다.

⁑**wénxué** 文学(一學) 名 문학. ~**jiā**(~家)문학가. ~**zuòpǐn**(~作品)문학작품.

wényán 文言 名 문언, 문장어.

*__wényì__ 文艺(一藝) 名 문예 ; 문학·예술의 총칭. ~**jiè**(~界)문예계. ~**tuántǐ**(~团体)문예단체.

⁑**wénzhāng** 文章 名 1.《**piān** 篇, **duàn** 段》문장, 논문. ¶ xiě~(写~)문장을 쓰다. 2. 내포된 뜻. ¶ huàli yǒu~(话里有~)말속에 숨은 뜻이 있다.

*__wénzhàng__ 蚊帐(一帳) 名《**dǐng** 顶》모기장. ¶ guà~(挂~)모기장을 치다.

†**wěnzhòng** 稳重(穩一) 形 [언어·태도가]침착하고 중후하다, 점잖다.(**AABB**) ¶ jǔzhǐ~(举止~)행동거지가 점잖다.

W

*__wénzì__ 文字 名 문자, 언어, 문장. ¶ ~tōngshùn(~通顺)문장이 매끄럽다.

*__wénzi__ 蚊子 名《**zhī** 只》모기. ¶ bèi~dīng le(被~叮了)모기에게 물렸다.

*__wō__ 窝(窩) 名 1. 둥지, 둥우리, 보금자리. **dā**~(搭~)둥지를 치다. 2. 소굴. 量 배 ; 동물이 새끼를 낳거나 알을 부화하는 횟수를 말함. ¶ yì~xiǎogǒu(一~小狗)한 배의 강아지.

⁑**wǒ** 我 代 1. 나, 저 ; 제 1인칭 단수. ¶ ~shì xuésheng(~是学生)나는 학생이다. tā shì~mèimei(她是~妹妹)그녀는 내 여동생이다. nǐ yì yán, ~yì yǔ(你一言, ~一语)저마다 한마디씩 말하다. ☆ 이 예의 **nǐ**(你)와 **wǒ**(我)는 특정인을 가리키는 것이 아니고, 호응하는 불특정인을 나타냄. 2. 자신을 포함한 집단을 말함. ¶ ~guó(~国)우리나라. ~xiào(~校)우리학교.

†**wò** 卧 動 눕다, 드러눕다. ~**bìng**(~病)앓아눕다. ~**chuáng bù qǐ**(~床不起)앓아누워 일어나지 못하다 ; 중병에 걸리다.

*__wò__ 握 動 1. 쥐다, 잡다. ~**quán**(~拳)주먹을 쥐다. ~**shǒu**(~手)악수하다. 2. 장악하다.

*__wōguā / wōgua__ 倭瓜 名〈方〉호박. =**nánguā**(南瓜)

⁑**wǒmen** 我们(一們) 代 우리, 우리들 ; 제 1인칭 복수. ☆ **zánmen**(咱们)이 상대방을 포함하는 것에 대해, **wǒmen**(我们)은 상대방을 배제하고 자기측만을 가리키는 데 사용됨. ¶ ~de xuéxiào(~的学校)우리 학교. ~dàjiā

(～大家)우리 모두.

†**wōpeng** 窝棚(窩—) 名 막, 가건물, 움집.

†**wòshì** 卧室 名 《**jiān** 间》 침실.

⁑**wò▴shǒu** 握手 動 악수하다. ¶ gēn tā～(跟他～)그와 악수하다.

*__wōtóu__ 窝头(窩頭) 名 잡곡류의 가루를 원추형으로 빚어서 찐 음식 ; 한쪽 엄지손가락을 집어넣고 만들므로 바닥이 움푹 패어 있다. **wōwōtóu**(窝窝头)라고도 함.

†**wū** 屋 名 가옥, 집, 방. 단독으로 사용할 때는 **wūzi**(屋子). ¶ tā zài～·li(他在～里)그는 방에 있다. **běi**～(北～)[정원이 사방으로 둘러싸인 전통가옥인 **sìhéyuàn**(四合院)의]북쪽 집 ; 남향의 가장 좋은 집. **xī**～(西～)[四合院의]서쪽 집.

†**wú** 无(無) 動 1. 〈文〉 없다. ＝**méi yǒu**(没有) 2. …하지 않다.

†**wǔ** 舞 名 춤, 무용.

⁑**wǔ** 五 數 5, 다섯. ☆ 갖은자는 '伍'임.

*__wǔ__ 捂 動 가리다, 덮다, 막다. ¶ ～·zhe zuǐ xiào(～着嘴笑)입을 가리고 웃다. ～**gàizi**(～盖子)덮다, 은폐하다.

†**wù** 物 名 물건, 물품.

*__wù__ 雾(霧) 名 안개. ¶ xià～(下～)안개가 끼다.

*__wù__ 误(誤) 動 1. 늦다, 지체하다, 지각하다. ¶ huǒchē～diǎn le(火车～点了)기차가 연착했다. ～·le jīhui(～了机会)기회를 놓쳤다. 2. 잘못되다, 오인하다.

wù 勿 副 〈文〉 …하지 말라, …해서는 안된다.

†**wúbǐ** 无比(無—) 形 비할 바가 없다, 아주 뛰어나다. ¶ guāngróng～(光荣～)더없이 영광스럽다.

wùbì 务必(務—) 副 〈文〉 반드시, 꼭, 필히. ¶ ～zhǔnshí chūxí(～准时出席)반드시 시간에 맞춰 출석하시오.

wúcóng 无从(無從) 副 …할 방법이 없다, 어쩔 도리가 없다. ¶ yìshí～shuōqǐ(一时～说起)순간 어떻게 말해야 좋을지 몰랐다. ～xiàshǒu(～下手)손댈 길이 없다.

†**wǔdǎo** 舞蹈 動 춤추다, 무용하다. 名 춤, 무용, 댄스. ¶ tiào～(跳～)춤을 추다.

†**wǔduàn** 武断(—斷) 形 독단적이다, 주관적이다, 고압적이다.

†**wúfǎ** 无法(無—) 副 …할 방법이 없다. ¶ ～ānwèi(～安慰)위로할 방법이 없다.

⁑**wǔfàn** 午饭(—飯) 名 점심밥, 점심식사. ¶ huíjiā chī～(回家吃～)집에 가서 점심 먹자.

wúfáng / **wúfāng** 无妨(無—) 動 무방하다, 지장없다, 괜찮다. ＝**bùfáng**(不妨) ¶ yǒu yìjian～zhí shuō(有意见～直说)의견이 있으면 솔직히 말해도 괜찮다.

wúfēi 无非(無—) 副 단지 …에 지나지 않다, 반드시 …이다. ¶ yòng zhèzhǒng fāngfǎ, ～duō huā yìdiǎnr shíjiān bàle(用这种方法, ～多花一点儿时间罢了)이런 방법을 쓰면, 반드시 시간이 좀 더 들게 될 것이다.

wúgù 无故(無—) 副 이유없이, 까닭없이. ¶ ～chídào(～迟到)이

W

유없이 지각하다.

wúguài 无怪(無一) 動 이상할 것 없다, …인 것이 당연하다. ¶ zuóyè xiàle yì cháng dà xuě, ~tiān zhèyàng lěng(昨夜下了一场大雪, ~天这样冷)어제밤 큰 눈이 한바탕 내렸으니, 날씨가 이렇게 추운 것도 당연하다.

***wūguī** 乌龟(烏龜) 名 《**zhī** 只》 거북이.

***wūhēi** 乌黑(烏一) 形 새까맣다. (**ABAB**) ¶ tóufa~(头发~)머리카락이 새까맣다.

†**wǔhòu** 午后(一後) 名 오후.

***wùhuì** 误会(誤會) 動 오해하다. ¶ wǒ~·le tā de yìsi(我~了他的意思)나는 그의 뜻을 오해했다. shǐ rén~(使人~)남에게 오해하게 하다. 名 오해.

***wùjià** 物价(一價) 名 물가. ¶ ~shàngzhǎng(~上涨)물가가 오르다.

†**wùjiàn** 物件 名 물건, 물품.

wǔjiào 午觉(一覺) 名 낮잠. ¶ shuì~(睡~)낮잠을 자다.

†**wùjiě** 误解(誤一) 動 오해하다. ¶ ~·le tā de huà(~了他的话)그의 말을 오해했다. ~qí yì(~其意)그뜻을 오해하다, 말하려는 뜻을 오해하다. 名 오해. ¶ chǎnshēng~(产生~)오해를 낳다. xiāochú~(消除~)오해를 없애다.

wǔjīn 五金 名 금·은·동·철·석의 5가지 금속. 보통 금속의 총칭. ~**diàn**(~店)철물점.

†**wúkě** 无可(無一) 副 〈文〉…할 수 없다. ~**nàihé**(~奈何)어찌 할 도리가 없다, 방법이 없다.

wūlài 诬赖(誣賴) 動 모함하다, 중상하다, 생사람 잡다. ¶ ~hǎorén(~好人)착한 사람을 모함하다. 名 중상모략가.

wǔlì 武力 名 무력, 군사력. ¶ yòng~jiějué wèntí(用~解决问题)무력으로 문제를 해결하다.

***wùlǐ** 物理 名 1. 만물의 이치, 내적법칙. 2. 물리학.

†**wúliáo** 无聊(無一) 形 1. 무료하다, 지루하다, 심심하다. ¶ wú shì kě zuò, gǎndào~(无事可做, 感到~)할 일이 없어 심심하다. 2. 무의미하다, 시시하다, 너절하다. ¶ lǎo tán chī chuān, tài~le(老谈吃穿, 太~了)늘 먹고 입는 얘기만해서 너무 무의미하다.

***wúlùn** 无论(無論) 連 [뒤에 선택성의 일이나 임의를 나타내는 대명사를 써서]…에도 불구하고, …에 관계없이. ¶ ~guā fēng xià yǔ, cóng bù quēqín(~刮风下雨, 从不缺勤)바람이 불고 비가 내림에도 불구하고 결석하지 않는다. ~duō shǎo dōu yào nálai(~多少都要拿来)몇 개이든지 모두 가져와라. ~**rúhé**(~如何)어쨌든.

†**wūmiè** 诬蔑(誣一) 動 중상하다, 비방하다, 모독하다, 모욕하다. ¶ zàoyáo~(造遥~)요언[유언비어]을 날조하여 중상모략하다.

wúmíngzhǐ 无名指(無一) 名 무명지, 약손가락.

†**wùpǐn** 物品 名 물품. **guìzhòng**~(贵重~)귀중품.

***wǔqì** 武器 名 《**jiàn** 件, **pī** 批》 무기. ¶ náqǐ~zhàndǒu(拿起~战斗)무기를 가지고 싸우다.

***wùqì** 雾气(霧氣) 名 안개. ¶ ~

téngténg(~腾腾)안개가 자욱하다.

†**wǔqián** 午前 名 오전.

†**wúqíng** 无情(無一) 形 비정하다, 무정하다. ¶ ~de shìshí(~的事实)냉혹한 사실.

†**wūrǎn** 污染 動 오염시키다, 오염되다. ¶ ~huánjìng(~环境)환경을 오염시키다. **kōngqì**~(空气~)대기오염.

†**wǔrǔ** 侮辱 動 모욕하다, 명예를 훼손하다. ¶ ~réngé(~人格)인격을 모독하다. 名 모욕.

wúshí 无时(無時) 副 …한 적이 없다 ; [부정사 bù(不)을 동반하여]언제나, 항상. **wúkè**(~无刻) 시시각각, 수시로, 언제나.

*__wúshù__ 无数(無數) 形 무수하다, 매우 많다. ¶ ~shìshí(~事实)무수한 사실. sǐshāng~(死伤~)사상자가 매우 많다.

†**wǔshù** 武术(一術) 名 무술.

†**wúsuǒwèi** 无所谓(無一謂) 動 상관없다, 아랑곳하지 않다. ¶ tā xīnli zháojí, què zhuāngchū~de yàngzi(他心里着急, 却装出~的样子)그의 마음은 매우 조급했지만, 오히려 태연자약한 모습을 하고 있다.

†**wǔtái** 舞台(一臺) 名 무대. ¶ zhèngzhì~(政治~)정치무대. ~**jiāndū**(~监督)무대감독. ~**bùjǐng**(~布景)무대배경.

†**wùtǐ** 物体(一體) 名 물체.

*__wútiáojiàn__ 无条件(無條一) 形 무조건적이다. ¶ ~tóuxiáng(~投降)무조건 항복.

†**wútóng** 梧桐 名 《**kē** 棵, **zhū** 株》 벽오동.

*__wúxiàn__ 无线(無綫) 名 무선. ~**diànhuà** (~电话) 무선전화. ~**diàntái**(~电台)무선국.

*__wúxiàn__ 无限(無一) 形 한도가 없다, 무한하다. ¶ ~guāngmíng(~光明)한없이 밝다. qiánchéng~(前程~)전도가 무한하다.

*__Wǔxīng Hóngqí__ 五星红旗(一紅一) 名 오성기 ; 중화인민공화국의 국기.

*__wūyā__ 乌鸦(烏鴉) 名 《**zhī** 只》 까마귀. **tiānxià**~**yībān hēi**(天下~一般黑)[천하의 까마귀는 똑같이 검다.]⇒세상의 악한은 모두 마찬가지로 악하다.

†**wúyí** 无疑(無一) 形 의심할 바 없다, 틀림없다. ¶ zhèzhǒng xíngwéi・~shì cuòwù de(这种行为~是错误的)이런 행위는 틀림없이 잘못된 것이다.

*__Wǔ-Yī__ 五一 名 메이데이 ; 5월 1일(노동절).

*__wúyòng__ 无用(無一) 形 쓸모없다, 쓸데없다. ~**zhī wù**(~之物) 무용지물.

⁑**wǔyùe** 五月 名 5월

†**wūyún** 乌云(烏雲) 名 《**kuài** 块, **piàn** 片》 검은 구름, 먹장 구름.

*__wùzhì__ 物质(一質) 名 물질 ; 특히 금전이나 생활물질을 말함. ¶ ~wénmíng(~文明)물질문명.

†**wǔzhuāng** 武装(一裝) 動 무장하다. ~**dào yáchǐ**(~到牙齿)완전무장하다. 名 무장. ¶ jiěchú~(解除~)무장을 해제하다.

⁑**wūzi** 屋子 名 《**jiān** 间》 방. = **fángjiān**(房间)

†**wùzī** 物资(一資) 名 물자. ¶ zhànlüè~(战略~)전략물자. ~**jiāoliú**(~交流)물자교류.

W

● 品詞分類表

実詞

分類		例語
名詞		家 jiā　人 rén　男的 nánde　女的 nǚde　名字 míngzì 故事 gùshi　办法 bànfǎ　方法 fāngfǎ　关系 guānxi
	方位詞	上 shàng　下 xià　前 qián　后 hòu　左 zuǒ
動詞		办 bàn　做 zuò　挂 guà　动 dòng　说 shuō　唱 chàng 帮助 bāngzhù　参观 cānguān　参加 cānjiā　答应 dāying
	助動詞（能願動詞）	能 néng　会 huì　可以 kěyǐ　要 yào　应该 yīnggāi
	方向動詞	来 lái　去 qù　出来 chūlai　出去 chūqu　进来 jìnlai
	判断詞	是 shì　像 xiàng
形容詞		大 dà　小 xiǎo　好 hǎo　坏 huài　红 hóng 不错 búcuò　利害 lìhai　许多 xǔduō　整齐 zhěngqí
数詞		一 yī　二 èr　三 sān　两 liǎng　十 shí　百 bǎi　千 qiān
助数詞（量詞）		个 gè　只 zhī　张 zhāng　块 kuài　条 tiáo　公里 gōnglǐ
代詞	人称代詞	我 wǒ　你 nǐ　他（她、它）tā　我们 wǒmen　你们 nǐmen
	疑問代詞	谁 shéi、shuí　什么 shénme　哪 nǎ　哪儿 nǎr
	指示代詞	这 zhè　那 nà　这里 zhèli　那里 nàli　这么 zhème

W

虛詞

分 類		例 語
副 詞		很 hěn 太 tài 都 dōu 不 bù 没(有) méi(you) 还 hái 再 zài 又 yòu 倒 dào 非常 fēicháng 稍微 shāowēi 马上 mǎshàng 已经 yǐjing 刚 gāng 也许 yěxǔ 一起 yìqǐ 一定 yídìng 在 zài 正在 zhèngzài 总 zǒng 别 bié
前 置 詞		从 cóng 往 wǎng 在 zài 跟 gēn 把 bǎ 叫 jiào 让 ràng 被 bèi 为了 wèile 对于 duìyú
接 続 詞		和 hé 跟 gēn 或者 huòzhě 但是 dànshì 可是 kěshì 如果 rúguǒ 虽然 suīrán 不但 búdàn 而且 érqiě 因为 yīnwei 所以 suǒyǐ
助詞	構造助詞	的 de 地 de 得 de
	時態助詞	着 zhe 了 le 过 guo
	語気助詞	吗 ma 呢 ne 吧 ba 了 le 啊 a
感 嘆 詞		啊 ā、á、ǎ、à 唉 ài 哦 ó、ò 哎呀 āiyā 哎哟 āiyō
擬声語(象声詞)		哗 huā 轰 hōng 咯噔 gēdēng 哗啦 huālā

W

X

⁑xī 西 名 서쪽. ☆ 개사의 목적어로 사용되는 경우를 제외하고는 단독으로 사용할 때 **xībian**(西边), 또는 **xīmiàn**(西面)이라 함. ¶ yóu～wǎng dōng(由～往东)서쪽에서 동쪽으로 향하다.

†xī 锡(錫) 名 〈化〉 주석.

⁑xī 吸 動 들이 마시다, 들이키다, 빨아들이다. ¶ zhèr kěyi～yān ma?(这儿可以～烟吗?)여기에서 담배 피워도 됩니까? zhèzhǒng zhǐ bù～shuǐ(这种纸不～水)이런 종이는 물을 빨아들이지 않는다.

xī 熄 動 불이 꺼지다, 불을 끄다. ¶ bǎ dēng～le(把灯～了)불을 껐다.

***xī** 稀 形 1. 성기다, 드문드문하다. ¶ tóufa～(头发～)머리카락이 드문드문하다. 2. 수분함량이 많다, 묽다. ¶ jiāoshuǐ tài～, bù nián(胶水太～, 不粘)풀이 너무 묽어서 붙지 않는다.

†xí 席 名 1. 《**lǐng** 领, **zhāng** 张》 [갈대·대나무·풀 따위로 짠] 자리의 총칭. =**xízi**(席子) ¶ pū liǎng zhāng～(铺两张～)자리를 2장 펴다. 2. 연회석; 요리의 테이블. ¶ bǎi wǔ zhuō～(摆五桌～)5자리 연회석을 마련하다. 量 자리, 차례, 바탕. ¶ yǔ zhòng xīn cháng de yì～huà(语重心长的一～话)간곡하고 의미 심장한 한 차례의 말.

⁑xǐ 洗 動 1. 씻다. ¶ ～yīfu(～衣服)옷을 빨다. 2. 현상하다. ¶ ～xiàngpiàn(～相片)사진을 현상하다. 3. 트럼프 카드를 뒤섞다, 마작의 패를 흔들어 섞다. ～**pái**(～牌)위와 동일.

†xǐ 喜 名 〈口〉 [결혼·임신·출산 등의]경사(慶事); 임신. ¶ tā shēnshang yǒu～(她身上有～)그 여자는 임신했다.

†xì 系 名 1. 계열, 계통, 시스템. **tàiyáng**～(太阳～)태양계. 2. [대학의]학부, 학과. ¶ Zhōngwén～(中文～)중국어 학과. 動 매다, 묶다. ¶ ～mǎ(～马)말을 매다. ☞ **jì**(系) 참조.

***xì** 戏(戲) 名 《**chū** 出, **tái** 台, **cháng** 场》 연극, 극. ¶ kànle sān chū～(看了三出～)연극을 3번 봤다. **xìqǔ**(戏曲)[희곡, 전통극].

⁑xì 细(細) 形 1. 가늘다. ¶ bózi hěn～(脖子很～)목이 매우 가늘다. 2. [소리가]가늘다, 약하다. ¶ sǎngyīn～(嗓音～)목소리가 가늘다. 3. 정교하다, 섬세하다, 정밀하다, 매끈하다. ¶ zhè kuài bù zhēn～(这块布真～)이 천은 정말 섬세하다. 4. 주의깊다, 상세하다. ¶ ～kàn(～看)주의깊게 보다.

***xiā** 虾(蝦) 名 《**zhī** 只》 새우. ～**mi**(～米)말려서 껍질과 머리를 제거한 새우.

***xiā** 瞎 動 실명하다. ¶ ～·le yì zhī yǎn(～了一只眼)한쪽 눈을 실명했다. 副 되는대로, 마구, 근거없이. ¶ bù dǒng bié～shuō(不

학습 정보 ㉖

◈ 戏曲 xìqǔ(전통극) ◈

1. 중국의 주된 전통극

★ 京剧 jīngjù / 경극, 중국의 대표적인 고전극. ¶ 河北梆子 héběi bāngzi / 하북성 지방극의 하나로 노래하는 곡조에는 높은 감정이 어려있으며, 반주도 강하고, "板胡 bǎnhú"(호궁의 일종)과 "梆子"(박자목)을 주요 악기로 한다. ¶ 评剧 píngjù / 1910년경 하북성 唐山지역에서 만들어진 것으로, "落子 làozi" 또는 "蹦蹦戏 bèng-bengxì"라고도 한다. 반주악기는 "河北梆子"와 비슷하다. ¶ 二人转 èrrén-zhuàn / 길림성 지방극의 하나로 두 사람이 노래와 이야기를 연기한다. 옛날에는 배우들 사이에서 "秧歌 yānggè", "双调 shuāngdiào"라고 불렸는데, 일반적으로는 "蹦蹦 bèngbeng" "地蹦子 dìbèngzi"라고 말해지고 있다.

★ 秦腔 qínqiāng / 섬서지방의 연극의 하나로 "枣木梆子 zǎomùbāngzi"(대추나무로 된 박자목)으로 박자를 맞추기 때문에 "梆子腔 bāngziqiāng"이라고도 한다. 또한, "梆子"를 칠 때, "梆梆 guāngguāng"하는 소리가 나기 때문에 "梆梆子"라고도 한다. "板胡", "二胡 èrhú"(뱀가죽으로 만든 공명통의 호궁), "三弦 sānxián"(뱀가죽으로 만든 줄), "琵琶 pípa"(비파)등으로 반주한다. ¶ 山东 shāndōng 梆子 / 음악은 멜로디가 높고 격하여 감정이 흥분되므로 "高调 gāodiào 梆子"라고도 한다. 주된 악기는 "板胡", "二胡", "三弦" 등.

★ 昆剧 kūnjù / 강소성 지방극의 하나로 "昆曲 kūnqǔ"와 같다. 옛날에는 "昆山腔 kūnshānqiāng", "昆腔"라고 칭했지만, 청대 이래로 "昆曲"라고 불렸다. "曲笛 qǔdí"(횡적)을 주악기로 하고, 그밖에 "笙 shēng"(생), "箫 xiāo", "唢呐 suǒnà", "三弦", "琵琶" 등으로 반주.

★ 黄梅剧 huángméijù / 안휘성 지방극의 하나로 옛날에는 "黄梅调 huángméidiào" 또는 "采茶戏 cǎicháxì"라고 칭했다. ¶ 徽剧 huījù / 안휘성 지방극의 하나로 옛날의 "青阳腔 qīngyángqiāng"과 "徽戏 huīxì"를 결합한 것. ¶ 沪剧 hùjù / 상해의 지방극. "花鼓戏 huāgǔxì"라고도 한다.

★ 越剧 yuèjù / 월극. 절강성 지방극의 하나로 이전에는 배우나 여성만의 것이었다. 곡조는 그윽하며 억양이 있어 아름답다. ¶ 莆仙戏 púxiānxì / 복건성의 옛 지방극의 하나로 옛날에는 "兴化戏 xīnghuàxì"라 불려졌다. ¶ 粤剧 yuèjù / 광동성 지방극의 하나로 광동·광서·대만 및 동남아시아 지방에서 유행되고 있다.

★ 湘剧 xiāngjù / 호남성 지방극의 하나로 "长沙 Chángshā 湘剧"과 "衡阳 Héngyáng 湘剧"의 두파로 나눠진다. ¶ 汉剧 hànjù / 호북성 지방극의 하나로 옛날에는 "楚调 chǔdiào", "汉调 hàndiào"라 불려졌다. ¶ 豫剧 yùjù / 호북성 지방극의 하나로 "河南梆子"라고도 한다.

★ 川剧 chuānjù / 사천성 지방극의 하나로 역사가 오래고, 전통적인 레파토리가 많다. ¶ 蒲州梆子 púzhōu bāngzi / 산서성 지방극의 하나로 "蒲剧 pújù"라고도 한다. 곡조는 높고 격하며, 거칠고 호쾌하다. ¶ 赣剧 gànjù / 강서성 지방극의 하나로, 여러 멜로디의 연극이다. "饶河剧 ráohéjù"와 "信河剧 xìnhéjù"의 2대 유파가 1950년에 결합한 것.

2. 경 극

중국의 대표적인 연극이며, "国剧

guójù"(국극)이라고도 한다. 또한, 북경은 한때 "北平 Běipíng"이라고 불린 적이 있으므로, "平剧 píngjù" 라고도 한다. 경극은 옛날부터 북경에 있었던 것이 아니고, 지방극인 "徽戏"와 "汉戏"를 기초로 하여, "昆曲" "秦腔" 등의 우수한 점이나 특징을 흡수하여 발전시킨 것이다.

a. 음 악

경극의 반주 음악은 "板腔体 bǎnqiāngtǐ"에 속하며, 주된 곡조는 "西皮 xīpí" "二黄 èrhuáng"의 두 계통이었으므로, 경극을 "皮黄"이라고도 한다.

★ "文场 wénchǎng"(연극의 반주 중 관현악 부분). 사용하는 음악은 "四大件 sìdàjiàn"(네 종류의 주된 것)라고 부르는 "京胡 jīnghú"(경극용 고음 호궁), "月琴 yuèqín", "京二胡 jīng'èrhú"(경극용 중음 호궁), "三弦" 외에 "笛子 dízi", "笙 shēng" "唢呐 suǒnà" "海笛 hǎidí" 등.

★ "武场 wǔchǎng"(연극의 반주 중 타악기 부분). 사용하는 악기는 "板鼓 bǎngǔ"(박자를 맞추는 데 사용한다. 가죽안에 나무를 붙인 작은 북), "大锣 dàluó"(큰징), "小锣 xiǎoluó"(작은징), "铙钹 náobó"(바라), "堂鼓 tánggǔ"(북), "水钹 shuǐbó"(중심벌), "大铙 dànáo"(대심벌), "镲锅 chǎguō"(소심벌), "碰星 pèngxīng"(잔처럼 생긴 두 개의 작은 종을 쳐서 소리내는 것) 등.

b. 직 책

★ 生 shēng(남성역)

① 老生 lǎoshēng(중·노년의 남성. 노래와 연기를 주로 한다.)
㉠ 安工 ān'gōng 老生(착한 역의 중·노년)
㉡ 衰派 shuāipài 老生(쇠약한 중·노년)
㉢ 靠把 kàobǎ 老生(격투를 하는 중·노년)
㉣ 红生 hóngshēng(삼국지의 관우)

② 小生 xiǎoshēng(청소년의 남성. 노래와 연기를 주로한다.)
㉠ 扇子生 shànzishēng(귀공자)
㉡ 穷生 qióngshēng(가난한 서생)
㉢ 雉尾生 zhìwěishēng(갓에 꿩의 꼬리를 장식한 무예에 능통한 빼어난 인물)

③ 武生 wǔshēng(용맹스런 남성. 싸움을 주로 한다.)
㉠ 长靠 chángkào 武生(갑옷을 입은 무사)
㉡ 短打 duǎndǎ 武生(가벼운 옷차림의 협객)

④ 娃娃生 wáwashēng(남자어린이.)

★ 旦 dàn(여성역)

① 正旦 zhèngdàn("青衣 qīngyī"라고도 한다. 양가집 여성. 노래와 대사를 주로 한다.)

② 花旦 huādàn(활발하고 아름다운 여자. 연기와 대사를 주로 한다.)
㉠ 闺门旦 guīméndàn(활발하며 시집갈 나이의 아가씨)
㉡ 贴旦 tiēdàn(요염한 여자)
㉢ 泼辣旦 pōlàdàn(심술궂은 노파)
㉣ 玩笑旦 wánxiàodàn(수다스러운 여자)

③ 武旦 wǔdàn(용맹스런 여자·요정. 싸움을 주로 한다.)

④ 刀马旦 dāomǎdàn(여자대장·여협객. 대사·연기·싸움을 주로 한다. "花旦·武旦"이 겸하기도 한다.)

⑤ 老旦 lǎodàn(노년의 부인. 노래와 연기를 주로 한다.)

⑥ 彩旦 cǎidàn(여자 광대.)

★ 净 jìng / 花脸 huāliǎn(거칠고 호쾌한 남성)얼굴에 분장을 한다.

① 正净 zhèngjìng("铜锤 tóngchuí", "大花脸 dàhuāliǎn", "黑头子 hēitóuzi"라고도 한다. 노래를 주로 한다.)

② 副净 fùjìng("架子 jiàzi 花脸" 또는 "二花脸 èrhuāliǎn"라고도 한다. 연기와 대사를 주로 한다.)

③ 武净 wǔjìng("武二花 wǔ'èrhuā"라고도 한다. 싸움을 주로 한다.)

X

★ 丑 chǒu / 三花脸(광대역 또는 사악한 남성. 눈과 코 부분을 흰 정방형이나 마름모형으로 칠한다.)

① 文丑 wénchǒu(싸움을 하지 않고, 연기와 대사를 주로 하는 광대.)

② 武丑 wǔchǒu(싸움을 하는 광대.)

c. 노래 · 대사 · 연기 · 싸움 · 공중회전

★ "唱 chàng"은 "唱腔 chàngqiāng"(곡조)으로, 배우에 있어서 절대 필요한 조건이라 할 수 있다. 연극에 정통한 사람들 사이에서는 연극을 보는 것을 "听戏 tīngxì"(연극을 듣다)라고 할만큼 노래하는 것을 중시하고 있다.

★ "念 niàn"은 "念白 niànbái"(대사를 하다)로, "道白 dàobái"라고도 한다. "道白"에는 "韵白 yùnbái"(곡조를 붙여 대사하는 것)과 "京白"(북경어로 대사를 하는 것)의 두 종류가 있다. 전문가들 사이에서는 "千斤白口 qiānjīn báikǒu, 四两唱 sìliǎng chàng"이라고 한다. 요컨대, 노래에 네 냥의 무게가 있다고 한다면, 대사에는 천근의 무게가 있다는 것으로, 대사의 중요함을 표현하고 있다.

★ "做 zuò"는 "做派 zuòpài"(연기)이다. "做工 zuògōng"이라고도 한다. 걷는 방법 등으로 표현한다. 그 때문에 연기를 특히 중시한다.

★ "打 dǎ"는 "武打 wǔdǎ"(싸움)이다. 경극에는 "文戏 wénxì"(노래와 연기를 주로 하는 연극)과 "武戏 wǔxì"가 있고, "武打"는 "武戏"의 생명이다.

★ "翻 fān"는 "翻跟头 gēntou"(공중회전)로, 이것은 경극이 자랑하는 기술의 하나이다.

d. 분장(脸谱 liǎnpǔ)

★ 모 습

경극의 분장은 "脸谱"라고 한다. 분류하면 대략 "整脸 zhěngliǎn"(거의 전 얼굴을 단색으로 나타낸다), "三块瓦脸 sānkuàiwǎliǎn"(양뺨과 이마의 삼등분에 분장을 한다), "老脸 lǎoliǎn"(나이든 얼굴을 나타낸다), "碎脸 suìliǎn"(빈틈없는 분장을 한 얼굴), "歪脸 wāiliǎn"(비뚤어진 얼굴), "元宝脸 yuánbǎoliǎn"(얼굴 양측이 치켜 올라간 것 같은 분장을 하다), "奸白脸 jiānbáiliǎn"(흰색 한가지로 칠한 간신의 얼굴), "豆腐块 dòufukuài"(눈과 코 사이에 두부같은 사각모양으로 희게 칠한 얼굴) 등이 있다.

★ 색의 표현

① 赤色 : 대부분 충의와 혈기가 넘치는 것을 나타낸다.

② 白色 : 음험하고 교활한 인물에 사용된다.

③ 黑色 : 우직하고 난폭한 모습을 나타낸다.

④ 青色 : 사악한 산적 또는 백성을 모아 지배자에게 반항하는 영웅을 나타낸다.

⑤ 黄色 : 맹렬한 것을 나타낸다.

⑥ 绿色 : 요괴를 나타낸다.

⑦ 金 · 银色 : 부처나 신선을 나타낸다.

⑧ 紫色 : 정의 · 청정함을 나타낸다.

懂别~说)모르는 것을 마구 말하지 마라. ~cāoxīn(~操心)괜히 마음을 조리다.

xiá 霞 名 《**piàn** 片, **duǒ** 朵》 노을, 안개.

⁑**xià** 下 名 **1.** 밑, 아래. ☆ 단독으로 사용할 때는 일반적으로 **xià-bian**(下边), **xiàmian**(下面), **xià-tou**(下头)라 함. 단, 개사의 목적어로서는 단독으로 쓰일 수 있

음. ¶ wǎng~kàn(往~看)밑을 보다. **lóu**~(楼~)아래층. 2. 순서의 뒤에 있는 것을 가리킴. ~**xīngqī**(~星期)다음주. ~**cè**(~册)하권. ~**cì**(~次)다음. ~**huí**(~回)위와 동일. 動 1. 내려가다, 내리다. ¶ ~chē(~车)차에서 내리다. ~shān(~山)산을 내려오다, [태양이]산에서 지다. 2. [비나 눈이]내리다. ¶ wàitou~·zhe yǔ ne ma?(外头~着雨呢吗?)밖에 비가 내리고 있니? ~xuě(~雪)눈이 내리다. 3. 사용하다, 시간을 들이다. ¶ ~gōngnfu(~工夫)공을 들이다, 시간을 들이다. 4. [동사의 보어로 쓰여]동작이 아래로 내려가는 것, 동작의 결과로 고정·안정된 느낌을 나타냄. ¶ nǐ zuò·~ba(你坐~吧)앉으세요. tuō·~yīfu(脱~衣服)옷을 벗다. dǎ·~jī chǔ(打~基础)기초를 다지다. 量 (~儿) 번·회 ; 동작의 횟수를 나타냄. ¶ kàn yí~(看一~)한번 보다. shuō yí~(说一~)한번 말하다.

⁂**xià** 夏 名 여름. 단독으로 사용할 때는 **xiàtiān**(夏天)이라 함.

*__xià__ 吓(嚇) 名 놀라다, 무서워하다, 위협하다. ¶ bèi kùnnan~·dǎo(被困难~倒)어려움으로 놀라자빠지다. ~·le wǒ yí tiào(~了我一跳)나를 깜짝 놀라게 했다.

xiàba 下巴 名〈口〉아래턱. **xiàbakēr**(下巴颏儿)라고도 함.

xià▲bān 下班 動 (~儿) 근무시간이 끝나다, 퇴근하다. ⇔ **shàng▲bān**(上班) ¶ xiàle bānr, mǎiwán cài zài huí jiā(下了班儿, 买完菜再回家)퇴근하면서 시장을 보고 집에 돌아오다.

xiàbèizi 下辈子(一輩一) 名 내세(來世). ⇔ **shàngbèizi**(上辈子) ¶ zhè yíbèizi méi xīwàng le,~zài shuō(这一辈子没希望了, ~再说)현세에서는 희망이 없으니, 내세에 다시 얘기하자.

⁂**xiàbian** 下边(一邊) 名 (~儿) 밑, 아래. ¶ cóng~páshàng yí ge rén lai(从~爬上一个人来)밑에서 한 사람이 기어 올라왔다.

xià▲chǎng 下场(一場) 動 물러나다, 퇴장하다, 무대에서 내려오다.

☞ **xiàchang**(下场) 참조.

xiàchang 下场 名 인간의 말로, 결말 ; 주로 좋지 않은 일에 대해. ¶ méi yǒu hǎo~(没有好~)좋은 결말이 없다. yīng yǒu de ~(应有的~)당연한 결말.

☞ **xià▲chǎng**(下场) 참조.

*__xiàcì__ 下次 名 다음 번, 이 다음. ⇔ **shàngcì**(上次) ¶ ~zài shuō ba(~再说吧)다음에 다시 말하자.

*__xià▲dì__ 下地 動 [집에서]밭으로 나가다, 들에 일하러 가다. ¶ tiān méi liàng jiù~gànhuó qù le(天没亮就~干活去了)날이 밝지 않았는데 밭으로 일하러 갔다. 2. [환자가]병상 신세에서 벗어나다, 침대에서 내려오다. ¶ yīshēng shuō zuì hǎo xiān búyào ~(医生说最好先不要~)의사가 침대에서 내려오지 않는 것이 가장 좋다고 말했다.

†**xiágǔ** 峡谷(峽一) 名 험한 계곡, 협곡.

*__xiàhu__ 吓唬(嚇一) 動〈口〉깜짝 놀

라게 하다, 위협하다. ¶ bú shì ~nǐ, tā zhēn shēngqì le(不是~你, 他真生气了)당신이 놀라지 않아, 그는 정말 화가났다.

xiāhuà 瞎话(一話) 名 거짓말. ¶ biān~(编~)거짓말을 꾸며 대다. shuō~(说~)거짓말을 하다.

†**xiàhuí** 下回 名 이 다음, 다음 번. =**xiàcì**(下次)

†**xǐ'ài** 喜爱(一愛) 動 좋아하다, 애호하다, 호감을 가지다, 사랑하다. ¶ cóng xiǎo~wénxué(从小~文学)어려서부터 문학을 좋아하다.

*__xiàjí__ 下级(一級) 名 [사람이나 조직 따위의]하급, 하부. ¶ ~fúcóng shàngjí(~服从上级)하부는 상부에 복종한다.

†**xiàjì** 夏季 名 하계, 여름.

†**xiàjiàng** 下降 動 내려가다, 하강하다. ¶ qìwēn~(气温~)기온이 내려가다.

⁑**xià▲kè** 下课(一課) 動 수업이 끝나다. ⇔ **shàng▲kè**(上课) ¶ měitiān wǔ diǎn~(每天五点~)매일 5시에 수업이 끝난다.

⁑**xiàlai** 下来(一來) 動 1. 내려오다. ¶ kuài~ba(快~吧)빨리 내려와라. 2. [동사·형용사 뒤에 보어로 쓰여]동작이 아래쪽으로 행해지는 것, 어떤 상황이 유지되는 것을 나타냄. ¶ shānshang luòxià yí kuài shítou lai(山上落下一块石头来)산에서부터 돌 한개가 굴러 떨어졌다. fēng tíng·~le(风停~了)바람이 멈췄다. tiān hēi·le(天黑~了)날이 어두워져 왔다.

xiàlǐbài 下礼拜(一禮一) 名 〈口〉 내주, 다음주. =**xiàxīngqī**(下星期)

†**xiàliè** 下列 形 다음에 열거하다, 하기(下記)하다. ¶ ~wèntí(~问题)다음에 열거한 문제.

xiàliú 下流 名 1. 하류. ¶ Chángjiāng~(长江~)장강의 하류. 2. 낮은[비천한] 지위. 形 비열하다, 천하다, 쌍스럽다. ¶ zhēn~!(真~!)정말 비열하다. ~**huà**(~话)쌍스러운 말.

*__xiàmian__ 下面 名 (~儿) 1. 하부, 아래. ¶ chē zài~děngzhe ne(车在~等着呢)차가 아래에서 기다리고 있다. 2. [순서의]뒤. ¶ ~wǒ lái tán dì sān ge wèntí(~我来谈第三个问题)다음에는 세번째 문제에 대해 얘기하죠.

*__xiān__ 掀 動 열다, 벗기다, 젖히다. ¶ ~guōgài(~锅盖)솥뚜껑을 열다. 2. 솟구쳐 오르다, 힘있게 흔들어 올리다. ¶ ~·qǐ fùnǚ yùndòng de gāocháo(~起妇女运动的高潮)여성운동을 최고조로 높이 고무시키다.

*__xiān__ 鲜(鮮) 形 1. 새롭다, 신선하다, 싱싱하다. ~**huā**(~花)생화. ~**píjiǔ**(~啤酒)생맥주. 2. 맛이 좋다. ¶ zhè tāng zhēn~!(这汤真~!)이 국은 정말 맛이 좋다.

⁑**xiān** 先 副 우선, 먼저. ¶ nǐ~zǒu ba(你~走吧)당신 먼저 가세요. wǒ děi~bǎ zuòyè zuòhǎo(我得~把作业做好)나는 우선 숙제를 해야 한다. ~chībǎole zài shuō(~吃饱了再说)우선 배불리 먹고나서 얘기하자.

xián 弦 名 (~儿) 《**gēn** 根》 1.

X

활시위, 악기의 현. 2. 시계의 태엽. **shàng**~(上~)태엽을 감다.

†**xián** 嫌 動 싫어하다, 역겨워하다, 꺼리다, 불만스럽게 생각하다. ¶ ~gōngzi tài dī(~工资太低)임금이 너무 낮은 것을 불만스럽게 생각하다. wǒ~tā zuǐ kuài(我~她嘴快)나는 그녀의 입이 가벼운 것이 싫다.

*__xián__ 闲(閑) 形 한가하다, 할 일이 없다. ¶ méi yǒu~gōngfu(没有~工夫)한가할 틈이 없다. 2. 관계가 없다, 쓸 데가 없다. ~**rén miǎn jìn**(~人免进)관계자외 출입금지, 무용자 출입금지.

⁑**xián** 咸(鹹) 形 맛이 짜다, 소금기 있다. ⇔ **dàn**(淡) ¶ cài zuò·~le(菜做~了)요리가 짜게 되었다.

†**xiǎn** 显(顯) 動 나타내다, 드러내다. ¶ ~língtōng(~灵通)신통력을 발휘하다. ~**lǎo**(~老)늙어 보이다.

*__xiàn__ 县(縣) 名 현(縣); 행정단위. **shěng**(省)의 하위조직.

*__xiàn__ 线(綫) 名 1. 《**gēn** 根》 실, 선, 줄. **chuān zhēn yǐn**~(穿针引~)바늘에 실을 꿰다; 중개 역할을 하다. 2. 《**tiáo** 条》 선, 직선. ¶ huà yì tiáo~(画一条~)선을 하나 그리다. 量 추상적인 사물에 쓰이고, 수사로는 '一'와 함께 쓰이며 아주 작음을 나타냄. ¶ yí~guángmíng(一~光明)한 줄기의 빛.

xiàn 馅 名 (~儿) [떡·만두 따위에 넣는]소(속). **jiǎozi**~(饺子~)교자의 소. **lòu**(露~)정체가 드러나다, 드러나다.

xiàn 限 名 한도, 기한. ¶ yǐ nián-dǐ wéi~(以年底为~)연말을 기한으로 하다. 動 범위를 정하다, 제한하다, 지정하다. ¶ ~sān tiān wángōng(~三天完工)3일 이내에 작업을 완성하다.

†**xiàn** 陷 動 빠지다, 움푹패이다. ¶ xié~·zai nílì le(鞋~在泥里了)신발이 진흙속에 빠졌다. yǎn-jing shēnshēnde~·xiaqu(眼睛深深地~下去)눈이 깊게 움푹 들어가다.

xiàn 献(獻) 動 바치다, 드리다, 올리다. ¶ xiàng yǎnyuán~huā(向演员~花)배우에게 꽃을 바치다. ~**yīnqín**(~殷勤)아첨하다, 비위를 맞추다.

xiáncài 咸菜(鹹—) 名 짠지, 소금에 절인 야채. ¶ yān~(腌~)짠지를 담그다.

†**xiànchéng** 县城(縣—) 名 현(縣)정부의 소재지.

*__xiànchéng__ 现成(現—) 形 (~儿) 기성의, 이미 갖추어져 있는. ¶ ~de yīfu(~的衣服)기성복. huí-jiā chī~de(回家吃~的)집에 가서 마련된 음식을 먹자. ~**fàn**(~饭)지어놓은 밥; [힘 안들이고 손에 넣을 수 있는 이익]불로소득. ~**huà**(~话)방관자의 무책임한 발언(비평).

⁑**xiàndài** 现代(現—) 名 현대; 중국에서는 주로 5·4운동 이후를 가리킴. ~**huà**(~化)근대화, 현대화[하다].

*__xiǎnde__ 显得(顯—) 動 [어떤 상황·모습이]드러나다, …하게 보이다. ¶ chuānshàng zhè shēn yīfu ~hěn jīngshen(穿上这身衣服~

很精神)이 옷을 입으니 매우 발랄해 보인다.

xiàndìng 限定 動 한정하다.¶ ~fànwéi(~范围)범위를 한정하다.

†**xiànfǎ** 宪法(憲一) 名 헌법. ¶ zhìdìng~(制定~)헌법을 정하다.

***xiāng** 乡(鄉) 名 1. 시골, 촌, 고향. **xià**~(下~)[도시에서]농촌으로 가다. **huí**~(回~)귀향하다. 2. 향(鄉); 행정단위. **xiàn**(县)의 하위.

***xiāng** 箱 名 [큰]상자, 트렁크. 단독으로 사용할 때는 **xiāngzi**(箱子). 量 상자에 담긴 것을 세는 데 쓰임. ¶ yì~yīfu(一~衣服)1상자의 옷.

⁑**xiāng** 香 形 1. 향기가 좋다, 향기롭다. ¶ ~wèir(~味儿)좋은 향기. 2. 맛이 좋다, 맛있다. ¶ chīzhe hěn~(吃着很~)맛있게 먹다. 3. 기분이 좋다. ¶ shuìde~(睡得~)푹자다, 달콤하게 자다. 名 향기, 냄새.

xiāng 镶(鑲) 動 1. 끼워넣다, 박아넣다. ~**yá**(~牙)이를 끼워넣다, 의치하다. 2. 테를 두르다, 가선을 두르다. ¶ yòng jìngkuàng~·shàng(用镜框~上)액자에 넣다.

***xiāng** 相 副 1. 서로, 함께. ¶ ~jù shèn yuǎn(~距甚远)서로 멀리 떨어져 있다. 2. 동사 앞에 쓰여 상대방에 행하는 동작을 나타냄. ¶ lìng yǎn~kàn(另眼~看)특히 주의해서 보다.

⁑**xiǎng** 想 動 1. 생각하다. ¶ ràng wǒ~·yi·~(让我~一~)잠시 생각하게 해주세요. ~·le bàntiān, kě~·bumíngbai(~了半天, 可~不明白)한참 생각했지만 잘 모르겠다. 2. 추측하다, 예상하다. ¶ wǒ~tā bù lái(我~他不来)나는 그가 안올 거라고 생각한다. 3. […하기를]원하다, 바라다. ¶ nǐ~mǎi shénme dōngxi?(你~买什么东西?)당신은 무슨 물건을 사고 싶습니까? wǒ~xué kāi qìchē(我~学开汽车)나는 자동차 운전을 배우고 싶다. ☆ 이렇게 심리활동을 나타내는 동사는, wǒ hěn xiǎng jiàn tā(我很想见他)[나는 매우 그를 만나고 싶다]와 같이 **hěn**(很)의 수식을 받을 수가 있다. 4. 그리워하다, 몹시 생각하다. ~**jiā**(~家)집을 그리워하다, 집 생각을 하다.

⁑**xiǎng** 响(響) 名 (~儿) 울림, 소리, 음향. ¶ yìdiǎnr~yě tīngbujiàn(一点儿~也听不见)어떤 소리도 들리지 않는다. 動 소리가 나다, 울리다. ¶ shàngkèlíng~le(上课铃~了)수업 시작 종이 울렸다. 形 소리가 크다, 우렁차다. ¶ zhōngshēng zhēn~(钟声真~)종소리가 정말 크게 울린다.

***xiàng** 巷 名 《**tiáo** 条》 골목.

象

***xiàng** 象 名 1. 《**tóu** 头》 코끼리. ☆ 구어로는 **dàxiàng**(大象)이

X

라고 하는 경우가 많다. 2. 형상, 모양, 상태.
☞ **xiàng**(像) 참조.

⁑**xiàng** 像 名 사진, 초상. ☆표기는 이하의 동사, 개사의 경우를 포함하며, 한때 '象'으로 통합되었지만, 지금은 분리되었다. ¶ zhào yí ge~(照一个~)사진을 1장 찍다. qiángshang guàzhe yì zhāng~(墙上挂着一张~)벽에 한장의 그림이 걸려있다. 動 1. 닮다, 비슷하다. ¶ tā hěn~tā mǔqin(她很~她母亲)그녀는 어머니와 매우 닮았다. 2. …인것 같다, …같다. ¶ ~yào xià yǔ le(~要下雨了)비가 내릴 것 같다. 介 …같은. ¶ ~tā zhèyàng de rén(~他这样的人)그와 같은 사람. tā~yí zhèn fēng shìde pǎochuqu le(他~一阵风似的跑出去了)그는 바람처럼 달려나갔다.

⁑**xiàng** 向 動 대하다, 향하다, 면하다. ¶ zhè jiān fángzi~dōng(这间房子~东)이 집은 동향이다. 介 1. …쪽으로; 동작의 방향을 나타냄. =**cháo**(朝) ¶ ~dōng zǒule shí gonglǐ(~东走了十公里)동쪽으로 10km 갔다. ~qián kàn(~前看)앞을 보다. 2. 동작의 대상을 나타냄. ☆ 이 경우는 **chào**(朝)와 바꿔 쓸 수 없다. ¶ ~lǎoshī qǐngjiào(~老师请教)선생님에게 가르침을 청하다. ~tā xuéxí(~他学习)그에게 배우다; 그를 본보기로 하다.

*__xiàng__ 项(項) 量 항목을 세는 데 쓰임. ¶ sān~tiáojiàn(三~条件) 3가지 조건.

xiǎngbì 想必 副 반드시 …일 것이다, …임에 틀림없다. ¶ ~nǐ yǐjing zhīdao le(你已经知道了)당신이 이미 알고 있음이 틀림없다. zhè jiàn shì~nǐ hái méi tīngshuō(这件事~你还没听说)이 일에 대해 당신은 아직 듣지 못했을 것이다.

*__xiāngcháng__ 香肠(−腸) 名《**gēn** 根》소시지; 돼지나 소의 창자에 고기와 양념을 다져넣어 가공한 중국식 순대.

xiāngchǔ 相处(−處) 動 함께 살다, 교제하다, 왕래하다. ¶ ~·de hěn hǎo(~得很好)사이좋게 지내다. zhège rén nányǐ~(这个人难以~)이 사람은 교제하기 어렵다.

*__xiǎngchū__ 想出 動 생각해 내다. ¶ zhōng yú~dá'àn lai le(终于~答案来了)마침내 답을 생각해 냈다.

†**xiāngcūn** 乡村(鄉−) 名 시골, 농촌. ¶ chéngshì hé~(城市和~) 도시와 농촌.

*__xiāngdāng__ 相当(−當) 形 1. 상당하다, 엇비슷하다. ¶ shuāngfāng lìliang~(双方力量~)쌍방의 힘이 엇비슷하다. 2. 적당하다, 적합하다. ¶ zhǎobuchū~de cí lái xíngróng(找不出~的词来形容)표현하는 데 적당한 말을 찾을 수 없다. 副 상당히, 무척, 꽤. ¶ tā zhège rén~lìhai(她这个人~利害)그녀는 상당히 수완이 좋다. tā niánjì~lǎo le(他年纪~老了)그는 나이가 꽤 들었다. ~chūsè(~出色)상당히 뛰어나다. ~kùnnan(~困难)무척 곤란하다.

†**xiàngdǎo** 向导(−導) 動 길을 안

내하다. 名 가이드, 길 안내자. ¶ gěi nǐ dāng～(给你当～)당신에게 가이드를 맡기죠.

†**xiāngduì** 相对(一對) 動 서로 대립하다 ; 상대적으로. ¶ ～lái shuō(～来说)상대적으로 말하면. 形 상대적인. ¶ ～duōshù(～多数) 상대적 다수. ～yōushì(～优势) 상대적 우위.

***xiǎngfǎ** 想法 動 방법을 생각하다. ¶ děi～tōngzhī tā(得～通知他)방법을 생각해서 그에게 알려야 한다.
☞ **xiǎngfa**(想法) 참조.

***xiǎngfa** 想法 名 생각, 의견. ¶ zhège～búcuò(这个～不错)이 방법이 좋다. wǒ dào méi shénme～(我倒没什么～)나는 이렇다 할 방법이 없다.
☞ **xiǎngfǎ**(想法) 참조.

***xiāngfǎn** 相反 形 상반되다, 반대되다 ; 반대로, 역으로. ¶ yìjian～(意见～)의견이 대립되다. xiàng～de fāngxiàng pǎoqu(向～的方向跑去)반대방향으로 달려갔다. búdàn méiyou shōuliǎn, ～de, gèng lìhai le(不但没有收敛, ～地, 更利害了)신중해지기는 커녕 오히려 더 심해졌다.

xiǎngfú 享福 動 안락하게 살다, 행복을 누리다.

xiānggān 相干 形 [대부분 부정 또는 반어의 형태로 쓰여]서로 관계하다, 상관하다. ¶ zhè shì gēn nǐ yǒu shénme～?(这事跟你有什么～?)이 일이 당신과 무슨 관계 있습니까?

xiānghǎo 相好 形 서로 친하다, 사이가 좋다. ¶ tāmen liǎ tèbié～(他们俩特别～)그들은 특히 사이가 좋다. 名 친한 친구. **lǎo**～(老～)옛 친구.

†**xiānghù** 相互 形 상호의. ☆ 상황어가 되는 경우에는 대부분 **hùxiāng**(互相)이라고 함. ¶ ～zuòyòng(～作用)상호작용.

xiāngjì 相继(一繼) 副 잇따라. ¶ yùndòngyuán～dàodá zhōngdiǎn(运动员～到达终点)운동선수들이 잇따라 결승점에 도달했다.

⁑**xiāngjiāo** 香蕉 名 《**chuàn** 串, **gēn** 根》 바나나.

xiǎngkāi 想开(一開) 動 생각을 넓게 갖다. ¶ búyào zébèi zìjǐ,～diǎnr(不要责备自己,～点儿)자신을 탓하지 말고, 생각을 좀 넓게 가져라.

***xiànglái** 向来(一來) 副 본래부터, 종래로, 여태까지. ¶ ～shì shuōdào zuòdào(～是说到做到)여태까지 말한 것에 지쳤다.

***xiàngliàn** 项链(項鏈)·项练(項練) 名 (～儿) 《**gēn** 根, **tiáo** 条》 목걸이. ¶ dài～(戴～)목걸이를 하다.

†**xiǎngliàng** 响亮(響一) 形 [소리나 음이]높고 크다, 우렁차다. ¶ de zhōngshēng(～的钟声)크게 울리는 종소리.

xiàngmào 相貌 名 용모. ¶ ～duānzhèng(～端正)용모가 단정하다.

xiàng▲miàn 相面 動 관상을 보다. ¶ qǐng rén gěi xiàngxiang miàn(请人给相相面)다른 사람에게 관상을 봐달라고 하다.

***xiàngmù** 项目(項一) 名 항목, 종

X

목. ¶ zhè shì jīnnián de zhòngdiǎn～(这是今年的重点～)이것은 올해의 중점 항목이다. zuì náshǒu de～(最拿手的～)가장 자신 있는 종목.

*xiǎngniàn 想念 動 [고향이나 떨어져 있는 사람을]그리워하다. ¶ ～jiāxiāng de qīnrén(～家乡的亲人)고향의 가족을 그리워하다.

xiángōngfu 闲工夫(閑－) 名 시간, 틈. ¶ méi yǒu～gēn nǐ fèihuà(没有～跟你费话)자네와 쓸데없는 말할 시간없어.

*xiàngpí 橡皮 名 1. 고무. ～gāo(～膏)반창고. 2. 《kuài 块》 지우개. ¶ yòng～cādiào(用～擦掉)지우개로 지우다.

*xiàngpiàn 相片 名 《zhāng 张》[인물의]사진. 〈口〉 xiàngpiānr(相片儿).

*xiàngqí 象棋 名 장기. ¶ xià～(下～)장기를 두다.

xiāngqīn 乡亲(鄉親) 名 1. 동향인. ¶ wǒmen shì～(我们是～)우리는 동향인이다. 2. 농촌의 마을 사람들에 대한 호칭으로 사용된다. ～men(～们)마을 사람들.

*xiàngrìkuí 向日葵 名 해바라기.

†xiǎngshēng 响声(響聲) 名 소리. ¶ shāshā de～(沙沙的)쏴쏴하는 소리.

X

*xiàngsheng 相声(－聲) 名 [중국의]재담, 만담. ¶ shuō shuāngkǒu～(说双口～)둘이서 번갈아 가며 만담을 하다.

xiāngshí 相识(－識) 動 서로 알다. ¶ wǒmen～yǐjing wǔ nián le(我们～已经五年了)우리는 안지 이미 5년이 되었다. 名 아는 사람. ¶ wǒmen shì lǎo～le(我们是老～了)우리는 오래 알고 지내는 사람이다.

†xiǎngshòu 享受 動 향수하다, 누리다. ¶ ～zhuānjiā dàiyù(～专家待遇)전문가로서의 대우를 받다. ～yīnyuè(～音乐)음악을 즐기다. 名 향락, 즐김. ¶ zhuīqiú～(追求～)향락을 추구하다.

*xiāngsì 相似 形 닮다, 비슷하다. ¶ tāmen de jīnglì hěn～(他们的经历很～)그들의 경력은 매우 비슷하다.

*xiāngtóng 相同 形 서로 같다, 똑같다. ¶ dédào de jiélùn shì～de(得到的结论是～的)얻은 결과는 같다.

*xiāngwèir 香味儿(－兒) 名 《gǔ 股》 향기.

*xiángxì 详细(詳細) 形 상세하다, 자세하다. (AABB) ¶ zhīdaode hěn～(知道得很～)아주 상세하게 알다. jìnxíngle～de shōumíng(进行了～的说明)상세한 설명을 진행했다.

*xiāngxia 乡下(鄉－) 名 〈口〉 시골, 지방. ¶ ～de xíguàn(～的习惯)시골스런 습관; 촌스러움.

*xiǎngxiàng 想象·想像 動 상상하다. ¶ ～·buchū nǐ xiànzài biànchéngle shénme yàngzi(～不出你现在变成了什么样子)당신이 지금 어떤 모습으로 변했을지 상상이 안된다. 名 상상. ¶ zhè zhǐ shì wǒ de～, shíjì qíngkuàng hái bù qīngchu(这只是我的～, 实际情况还不清楚)이것은 단지 나의 상상일 뿐이며, 실제 상황은 아직 잘 모른다.

학습 정보 ㉗

象声词 xiàngshēngcí(의성어)

1. "象声词"란?

"象声词"란, 물체의 소리나 인간·동물의 소리 등을 언어음으로 모방하여 한자로 표기한 말을 가리키며, 우리말로는 「의성어」라 한다.

"象声词"는, 본래 한자가 가지고 있는 표의와 표음의 특질을 이용하여 만들어졌으므로, 중국의 고전중에서도 많이 볼 수 있다.

"欸乃 ǎinǎi"(배를 저을 때 나는 노의 삐걱거리는 소리), "趵趵 bōbō"(동물이 발을 디딜 때 나는 소리), "噌吰 chēnghóng"(종이나 북소리), "拨剌 bōlà"(물고기가 물에서 뛰노는 소리), "呢喃 nínán"(제비가 우짖는 소리) 등, 현대의 구어에서는 거의 쓰이지 않는 것도 있지만, "喃喃 nánnán"(웅얼거리는 소리, 또는 그 모습), "喋喋 diédié"(재잘거리는 소리, 또는 그 모습) 등은, "喃喃自语 zìyǔ"(웅얼웅얼 혼자 말하다)라든가 "喋喋不休 bùxiū"(쉬지 않고 재잘거리다)와 같은 형태로 현대어의 일부로서 계속 이어지고 있다.

본 사전에서는, 구어로 사용하는 "象声词"에 대해서는 「의성어」로 취급했지만, 문어로밖에 사용되지 않는 것은, 그 어원의 여하를 막론하고 「의성어」로서 취급하지 않았다. 또한, "象声词" 가운데에는, "噌 cēng", "刺溜 cīliū" 등, 소리와 모습의 쌍방을 나타내는 것도 있고, "丝丝 sīsī", "丝丝拉拉 sīsīlālā"같이 의태적인 의미만 가지고 있는 것도 있지만, 그러한 말은 「의성어」로서 취급했다.

2. 의미에 따른 분류

"象声词"는, 그 형용하는 것에 따라 크게 다음과 같이 나눌 수 있다.

a. 물체의 소리

【천둥소리】轰 hōng, 轰隆 lōng 隆, 咕 gū 隆隆, (벼락은)嘎啦 guālā

【빗소리】哗 huā, 滴滴答答 dīdīdādā

【바람소리】呼 hū, 飕飕 sōusōu

【종소리】当 dāng

【벨소리】嘀铃铃 dīlīnglīng, 丁零零 dīnglīnglīng

【포성】轰, 轰隆

【총성】(단발음은)砰 pēng, 嘭 pēng, 嘡 tāng, (연발음은)哒 dā 哒哒, (산발음은)乒乒乓乓 pīngpīngpāngpāng

【바닥에 떨어지는 소리】欻欻 chuāchuā, 咚咚 dōngdōng, 噔噔 dēngdēng, 啪嗒 pādā 啪嗒

【북소리】咚咚

【징소리】嘡 tāng, 锵 qiāng

【부딪치는 소리】(큰 소리는)嘣 bēng, 咚 dōng, 咣 guāng, 当 dāng, 哐 kuāng, 啪 pā, 乓 pāng, 嘭 pēng, 丁当, 丁冬 dōng, 当啷 lāng, 咣当, 咣啷, 哐当, 哐啷, 嘡啷, 丁零当郎 dīnglingdānglāng, 乒里乓啷 pīnglipānglāng, 唏哩哗啦 xīlihuāla, (작은 소리는)咔 kā, 喀 kā 哒, 吧嗒 bādā, 啪嗒, 嘁嘁喳喳 qīqīchāchā, 嘁哩喀喳 qīlikāchā

【부러지는 소리】吧, 嘎巴 gābā, 喀吧, 劈啪

【삐걱거리는 소리】嘎, 嘎吱 gāzhī, 咯 gē 吱, 叽叽嘎嘎 jījīgāgā, 叽吱咯吱 jīzhīgēzhī

【액체에서 나는 소리】吧唧 bājī, 咕嘟 gūdu, 噗唧 pūjī, 哗啦 huālā, 扑通 pūtōng

【기체에서 나는 소리】刺 cī, 哧 chī, 嗖 sōu, 兹 zī, 扑哧 pūchī

b. 인간의 소리

【웃는 소리】哈 hā 哈, 嘎嘎, 咯 gē 咯, 呵 hē 呵, 嘿 hēi 嘿, 扑哧

pūchī, (살짝웃는 모습은)嘻 xī 嘻
【우는 소리】哇 wā, 哇哇, 呜 wū 呜 wū, (아기는)呱 guā 呱
【말하는 소리】叽叽嘎嘎 jījīgāgā, 叽叽喳喳 jījīzhāzhā, 叽里咕噜 jīligūlū, 叽里呱啦 jīliguālā, 喊喊喳喳 qīqīzhāzhā, 哇啦 wālā 哇啦, 呜噜 wūlū 呜噜
【부르는 소리】嗷 áo 嗷, 欧 ōu
【재채기】阿嚏 ātì
【기침】喀 kā
【코고는 소리】呼 hū 呼, 呼噜 lū 呼噜

c. 동물의 울음소리

【고양이】喵 miāo, (새끼고양이는)咪 mī 咪 【양】咩 miē 【소】哞 mōu, 闷儿 mēnr 【말】咴儿咴 huīrhuīr 【개】汪 wāng 汪 【쥐】吱 zī 【닭】咯咯咯, (암탉은)咕咕, (수탉)喔 wō 【새】叽叽 jījī, 喳喳 zhāzhā, 啾啾 jiū jiū 【집오리·거위】嘎嘎 【까마귀】呱呱 guāguā, 嘎嘎, 哇哇, 哑哑 yāyā 【개구리】呱呱 【귀뚜라미】瞿 qū

3. "象声词"의 특징

a. 구성

음절수에 따라 분류하면, 1음절(A형), 2음절(AA형, AB형), 3음절(AAB형, ABB형), 4음절(AABB형, ABAB형, A里AB형, ABCD형, ABCB형)처럼 기본 패턴으로 나눌 수 있다. 또한, AB형은 ABAB형으로 할 수도 있고, AABB형은 AA형을 두 개 중첩할 수도 있다. 그밖에, 표현의 필요에 따라 「반복」이나 「중첩」 등에 의한 변형도 쓸 수 있다.

① 1음절어
[A형] 嚓 cā, 噌 cēng, 呼 hū, 哗 huā
② 2음절어
[AA형] 哗哗, 汪汪, 唧唧 jījī
[AB형] 轰隆, 丁当, 喀嚓 kāchā
③ 3음절어
[AAB형] 丁丁当, 滴滴答 dīdīda, 咚咚嚓 cā
[ABB형] 嘀铃铃 dīlīnglīng, 轰隆隆, 哗啦啦 huālālā
④ 4음절어
[AABB형] 丁丁当当, 滴滴答答
[ABAB형] 哇啦哇啦, 呜噜呜噜, 呼噜呼噜
[A里(哩)AB형] 叽里呱啦, 叽里呱拉, 唏哩哗啦 xīlihuālā
[ABCD형] 丁零当郎 dīnglingdāng lāng, 喊哧喀嚓 qīchikāchā, 乒零乓啷 pīnglingpānglāng
[ABCB형] 叽吱咯吱, 劈嗒啪嗒

b. 발음

① "象声词"는 보통, 제 1성으로 발음하지만, 회화중에서 사용하는 경우, 말하는 사람의 어기에 따라 다소 변화가 있다. 또한, 문어에서 온 말은 제 1성 이외의 성조로 발음할 때도 많다.
② A형의 의성어로 동물의 울음소리나 연속음을 나타낼 때는, 소리를 길게 늘이거나 중첩하여 AA형으로 할 때가 많다.
③ "咕嘟", "咕噜", "呱唧" 등과 같은 AB형 2음절어는, B음절을 경성으로 발음하면 동사가 되는 것도 있다. 예를 들어, "咕嘟 gūdū 咕嘟"는 「펄펄」이나 「부글부글」 등 액체가 끓는 소리를 나타내지만, gūdu라고 발음하면 「장시간 끓이다」의 의미가 된다.
④ A里AB형과 ABCD형의 경우, 2음절째의 「里」와 「B」는 항상 경성으로 발음한다.
⑤ 구어의 "象声词"가 2음절 이상인 말은 보통, 액센트를 가장 뒤음절에 둔다.

c. 용법

① 단독으로 사용하는 경우
¶ 咚, 咚, 咚, 听到有人敲门 / '똑, 똑, 똑'하고 문을 두드리는 소리가 들렸다.
② 명사를 수식하는 경우

[의성어+"的"+명사] ¶ 哗哗的雨声/'쏴쏴'하는(내리는) 빗소리. ¶ 隆隆的炮声/'쿵쿵'하는(울리는) 대포소리. ¶ 劈哩啪啦的掌声/'짝짝'하는 박수소리.

[AA형+"声"] ¶ 沙沙声/'쏴아쏴아'하는 소리. ¶ 嗡嗡声/'웅웅'거리는 소리.

③ 동사를 수식하는 경우 : 단발음이나 짧은 동작을 나타내는 데, "刷 shuā 的一跳, 就到了对岸"('휙'하고 뛰어, 건너편 언덕에 닿았다)와 같이 동사의 앞에 "一"를 붙여 말할 때도 있다. 연속된 음을 나타내는 데, 곧잘 동사의 앞에 "直", 동사의 뒤에 "一阵" 등을 붙인다.

[의성어+"地"+동사] ¶ 阿嚏, 阿嚏地直打嚏喷 tìpen/'애취, 애취'하고 계속 재채기를 하다. ¶ 唏哩哗啦地下了一阵雨/'좍좍'하고 비가 한바탕 내렸다.

[의성어+동사] ¶ 肚子咕噜噜直响/배에서 '꾸루룩' 소리가 나다.

[동사+"得"+의성어+"的"] ¶ 哭得呜呜的/'엉엉' 울고 있다. ¶ 风刮得呼呼的/바람이 '휘이휘이' 분다.

④ 기타

[A형+"的一声"][AB형+"一声"] 짧은 음을 나타낼 때가 많으므로, 1음절이나 2음절어의 "象声词"를 사용할 때가 많다. ¶ 吧的一声, 弦 xián 断了/'퉁'하고, 현이 끊어졌다. ¶ 鲤鱼吧唧 jī 一声打了个挺儿/잉어가 '팔딱' 튀었다.

[의성어+"的一下(子)"]동작이 민첩한 모습을 나타낸다. ¶ 他噌地一下站起来/그는 '획' 일어섰다.

[의성어+"的几声"]연속된 음을 나타내기 위해 2음절 이상의 "象声词"를 사용할 때가 많다. ¶ 听到乒乓乒乓的几声枪响 qiāngxiǎng/'빵, 빵'하는 산발적인 총소리가 들렸다.

[의성어+"的几下"]연속된 동작을 나타낸다. ¶ 啪 pā 啪(的)几下, 拍死了几个蚊子 wénzi/'딱딱'하며 모기를 몇 마리 때려 죽였다.

⁑**xiāngxìn** 相信 動 믿다. ¶ tā zhège rén gēnběn bù néng~(他这个人根本不能~)이 사람은 도대체 믿을 수가 없다. nǐ~bu~tā de huà?(你~不~他的话?)너는 그의 말을 믿느냐?

***xiāngyān** 香烟(一煙) 名 《**zhī** 枝, **gēn** 根, **hé** 盒, **bāo** 包, **tiáo** 条, **tǒng** 筒》 담배.

xiàngyáng 向阳(一陽) 動 해를 향하다; 남향이다. ¶ zhè jiān fáng~(这间房~)이 방은 남향이다.

xiàngyàng 像样(一樣) 形 (~儿) 그럴듯 하다, 형태를 갖추다, 보기 좋다. **xiàngyàngzi**(像样子)라고도 함. ¶ zhè zhāng huà huàde tǐng~(这张画画得挺~)이 그림은 아주 그럴듯하게 그렸다. zhēn bú~!(真不~!)정말 맵시 없다.

***xiǎngyìng** 响应(響應) 動 호응하다, 응답하다, 공명하다. ¶ ~zhèngfǔ jiéshuǐ de hàozhào(~政府节水的号召)정부의 절수구호에 호응하다.

†**xiāngyóu** 香油 名 참기름.

*xiāngzào 香皂 名 《kuài 块》 화장비누.

†xiàngzhēng 象征(一徵) 動 상징하다. ¶ gǎnlǎnzhi~hépíng(橄欖枝~和平)올리브의 가지는 평화를 상징한다. 名 상징. ¶ tuánjié de~(团结的~)단결의 상징.

⁑xiāngzi 箱子 名 《gè 个, kǒu 口》 [옷 따위를 넣어두는]상자, 트렁크. pí~(皮~)가죽 트렁크.

xiàngshēngcí 象声词(一聲詞) 名 의성어.

xiànhài 陷害 動 [사람을]모함하다, 모해하다. ¶ ~hǎorén(~好人)좋은 사람을 모함하다.

†xiānhóng 鲜红(鮮紅) 名 선홍색. 形 선홍색의. ¶ ~de dǎngqí(~的党旗)선홍색의 당기.

*xiānhòu 先后(一後) 副 뒤이어, 계속, 연이어, 잇따라. ¶ ~fābiǎo-le wǔ piān lùnwén(~发表了五篇论文)연달아 5편의 논문을 발표했다. 名 선후, 앞과 뒤, 먼저와 나중. ¶ zǒng děi yǒu ge~ba(总得有个~吧)항상 선후가 있어야 한다.

†xiānhuā 鲜花(鮮一) 名 생화, 신선한 꽃.

†xiánhuà 闲话(閑話) 動 〈文〉 한담하다. 名 1. (~儿) 잡담, 여담. ¶ gàn huó shí bú yào shuō~(干活时不要说~)일할 때는 잡담하지 말아라. 2. 불평, 남의 뒷말, 험담. ¶ bú pà biéren shuō~(不怕别人说~)다른 사람이 험담하는 것을 두려워하지 않다.

*xiānjìn 先进(一進) 形 진보적이다, 선진적이다. ¶ dádào~shuǐpíng(达到~水平)선진 수준에 달하다. ~de jìshù(~的技术)선진기술.

xiànkuǎn 现款(現一) 名 현금. ¶ fù~(付~)현금으로 지불하다. tíqǔ~(提取~)현금을 인출하다.

xiánliáo 闲聊(閑一) 動 잡담하다, 한담하다. ¶ zuótiān wǎnshang wǒmen~·le yíhuìr(昨天晚上我们~·了一会儿)어제밤에 우리는 잠시 한담을 나누었다.

†xiànlù 线路(綫一) 名 회로, 노선. diànchē~(电车~)전차, 트롤리버스의 노선. shūdiàn~(输电~)송전선.

†xiānmíng 鲜明(鮮一) 形 1. [색이]선명하다, 밝다. ¶ sècǎi~(色彩~)색채가 선명하다. 2. 명확하다, 뚜렷하다. ¶ qízhì~(旗帜~)정치적 태도가 분명하다.

*xiànmù 羡慕 動 선망하다, 부러워하다. ¶ hěn~nǐ, dànshì bìng bú jìdu(很~你, 但是并不忌妒)당신을 매우 부러워하지만 결코 질투하지는 않는다.

*xiānqián 先前 名 이전. ¶ yǔ~dà bùtóng(与~大不同)예전과 크게 다르지 않다.

*xiǎnrán 显然(顯一) 形 명백하다, 분명하다. ¶ tā zhèyàng zuò ~shì gùyì de(他这样做~是故意的)그가 이렇게 하는 것은 분명히 고의이다.

xiánrén 闲人(閑一) 名 1. 한가한 사람, 일없이 노는 사람. ¶ zánmen jiā bù yǎng~(咱们家不养~)우리집은 일없이 노는 사람을 받아주지 않는다. 2. 관계없는 사람. ~miǎn jìn(~免进)관계자외 출입금지.

xiànrù 陷入 動 1. [불리한 상황에]빠지다. ¶ ~kùnjìng(~困境) 곤경에 처하다. 2. 깊이 빠져들다, 몰두하다, 열중하다. ¶ ~chénsī(~沉思)깊은 생각에 잠기다.

⁑**xiānsheng** 先生 名 1. 선생 ; 교사, 의사. 그 밖의 지식인에 대한 호칭. 2. [옛날]타인 또는 자신의 남편.

xiánshì 闲事(閑一) 名 자기와 상관없는 일, 남의 일, 중요하지 않은 일. ¶ shǎo guǎn~!(少管~!)남의 일에 상관 좀 적게 해라.

xiǎnshì 显示(顯一) 動 뚜렷하게 나타내다, 현시하다. ¶ ~·chū dàzìrán de wēilì(~出大自然的威力)대자연의 위력을 뚜렷이 나타내다.

*__xiànshí__ 现实(現實) 形 현실적이다. ¶ nǐ de xiǎngfa bú~(你的想法不~)당신의 생각은 현실적이지 못하다. 名 현실. ¶ miànduì ~(面对~)현실을 직시하다.

xiāntiān 先天 名 선천. ~**bùzú**(~不足)선천적으로 체질이 허약하다.

†**xiānwéi** 纤维(纖維) 名 섬유.

xiǎnwēijìng 显微镜(顯一鏡) 名 《**jià** 架》 현미경.

*__xiànxiàng__ 现象(現一) 名 현상. ¶ bù hélǐ de~(不合理的~)불합리적인 현상.

xiǎnxiē 险些(險一) 副 (~儿) 자칫하면, 하마터면, 거의. ¶ ~bèi chē zhuàng le(~被车撞了)하마터면 차에 치일 뻔했다. yí bù liúshén, ~chū shìgù(一不留神, ~出事故)조심하지 않아 자칫하면 사고날 뻔했다.

†**xiānxuè** 鲜血(鮮一) 名 선혈.

†**xiānyàn** 鲜艳(鮮艷) 形 산뜻하고 아름답다. ¶ shēn chuān~de mínzú fúzhuāng(身穿~的民族服装)몸에 산뜻하고 아름다운 민속의상을 입었다. sècǎi~(色彩~)색채가 산뜻하고 아름답다.

xiányí 嫌疑 名 혐의. ¶ yǒu~(有~)혐의가 있다.

xiànyú 限于(一於) 動 …이 한정을 받다, …에 한정되다. ¶ ~dāngshí de tiáojiàn, zhǐ néng zhèyàng zuò(~当时的条件, 只能这样做)당시의 조건에 한해, 단지 이렇게밖에 할 수 없다.

⁑**xiànzài** 现在(現一) 名 지금, 현재. ¶ ~jǐ diǎn zhōng?(~几点钟?)지금 몇시에요? ~kāishǐ ba(~开始吧)지금 시작합시다.

*__xiànzhì__ 限制 動 제한하다, 구속하다. ¶ ~yānjiǔ de liàng(~烟酒的量)술과 담배의 양을 제한하다. 名 제한, 구속. ¶ shòu shíjiān de~(受时间的~)시간의 제한을 받다.

*__xiǎnzhù__ 显著(顯一) 形 현저하다, 뚜렷하다. ¶ chéngjì~(成绩~)성적이 두드러지다.

†**xiāo** 削 動 [칼로]껍질을 벗기다, 깎다. ¶ ~qiānbǐ(~铅笔)연필을 깎다.

xiāo 消 動 사라지다, 없어지다. ¶ wù yǐ~le(雾已~了)안개는 이미 사라졌다. tā de qì~le(他的气~了)그의 화는 풀어졌다.

⁑**xiǎo** 小 形 1. [크기가]작다, [면적이]좁다, [수가]적다, [정도가]얕다, [소리가]낮다, [나이가]어

X

학습 정보 ㉘

◈小吃·点心 xiǎochī·diǎnxin(간식)◈

1. 단맛 · 짠맛의 간식("甜, 咸点心")

중국의 식생활 중 빼놓을 수 없는 것이 "小吃", "点心"이다. 가볍게 배고픔을 해결하기 위해 먹는 것으로, "包子 bāozi"(만두), "面 miàn"(면종류)등의 가벼운 식사에서 과자에 이르기까지 대단히 범위가 넓다. "菜 cài"(요리)와의 구별도 애매하다. 일반적으로 "甜 tián 点心"(단맛의 간식)과 "咸 xián 点心"(짠맛의 간식)라하는 분류 방법을 취한다. "小吃"이란 간단한 식사를 가리키며, 주식과 부식이 하나가 된 "咸点心"을 말할 때가 많다.

a. 단맛의 간식

★ 豆沙 dòushā 包子 / 콩 소가 든 찐빵. ¶ 寿桃 shòutáo / 경사 때 쓰는 복숭아 모양으로 된 찐빵. ¶ 马拉糕 mǎlāgāo / 중국풍의 카스텔라. ¶ 杏仁糕 xìngréngāo / 아몬드가 들어간 카스테라. ¶ 八宝糕 bābǎogāo / 나무열매를 넣은 떡. ¶ 蜜枣凉糕 mìzǎo liánggāo / 대추양갱. ¶ 赤豆糕 chìdòugāo / 팥을 쪄 만든 양갱.

★ 酥饼 sūbǐng / 바삭바삭하게 구운 과자. ¶ 芝麻 zhīma 酥饼 / 소가 들어간 참깨파이. ¶ 核桃 hétao 酥饼 / 호두파이.

b. 짠맛의 간식

★ 馒头 mántou / 만두(안에 아무것도 넣지 않고 찐 빵). ¶ 花卷 huājuǎn / 꽃처럼 말린 형태의 만두. ¶ 包子 bāozi / 포자(안에 소가 들어있는 만두). ¶ 肉 ròu 包子 / 고기만두. ¶ 小笼 xiǎolóng 包子 / 피가 얇은 한입 크기의 고기만두.

★ 饼 bǐng / 병. 쌀가루나 밀가루를 사용하여 둥글고 평평하게 만든 과자. ¶ 烙饼 làobǐng / 철판에 기름을 두르고 구운 "饼". ¶ 烧饼 shāobǐng / "烙饼"보다 두꺼운 원형의 "饼". ¶ 牛舌饼 / 짠맛의 장방형으로 된 '烧饼'. ¶ 龙虾片 lóngxiāpiàn / 새우구이.

★ 蒸饺子 zhēngjiǎozi / 찐만두. ¶ 水饺子 shuǐjiǎozi / 물만두. ¶ 锅贴儿 guōtiēr / 구운만두. ¶ 三鲜 sānxiān 饺子 / 생선 · 조개 · 새우 · 고기 등이 골고루 들어간 만두. ¶ 鱼皮饺 yúpíjiǎo / 생선을 으깬 어육과 밀가루를 반죽해서 만든 피가 투명한 만두.

★ 馄饨 húntun / 훈탕(중국식 만두국). ¶ 云吞 yúntūn / (광동방언으로)훈탕. ¶ 抄手 chāoshǒu / (사천 방언으로)훈탕. ¶ 炸 zhá 馄饨 / 튀긴훈탕. ¶ 烧卖 shāomài / 돼지고기 · 양파 · 소금 · 후추 따위를 혼합하여 얇은 피에 넣고 찐 만두의 일종. ¶ 花 huā 烧卖 / 꽃모양으로 된 '烧卖'. ¶ 四喜 sìxǐ 烧卖 / 경사 때 만드는 4색의 '烧卖'.

★ 面条 miàntiáo / 면류. ¶ 粥 zhōu, 稀饭 xīfàn / 죽. ¶ 油条 yóutiáo / 기름에 튀긴 가늘고 긴 빵.

c. 기타

★ 杏仁 xìngrén 豆腐 / 행인 두부. ¶ 开口笑 kāikǒuxiào / 중국식 도너츠. ¶ 萨其马 sàqímǎ / 중국식 밥풀과자. ¶ 花生糖 huāshēngtáng / 땅콩사탕. ¶ 杏仁茶 xìngrénchá / 아몬드 단팥죽. ¶ 芝麻糊 zhīmahú / 참깨 단팥죽.

2. 각지의 독특한 간식

"北面南饭 běimiànnánfàn"이라 하는 것처럼 일반적으로 주식은 북방에서는 "面食 miànshí"(밀가루로 만든 식품)이 많으며, 남방에서는 쌀이 많다. 북방식의 "茶馆 cháguǎn"은, 차를 마시는 것이 주목적이며, 차

X

에 곁들여 내는 과자로 "瓜子儿 guāzǐr"(수박이나 호박씨에 맛을 곁들여 구운 것)이나 "糖果儿"(설탕과자)를 먹는 정도인데 반해, 남방식은 "饮茶"하며 간식류를 먹는 것에 중점을 두고 있다.

a. 북경지방

★ 小窝头 xiǎowōtóu / 밤과자. ¶ 豌豆黄 wāndòuhuáng / 완두떡. ¶ 芸豆卷 yúndòujuǎn / 강남콩 소가 든 카스텔라말이. ¶ 肉末烧饼 ròumòshāobǐng / 잘게 다진 고기를 넣은 '烧饼'. ¶ 银丝花卷 yínsīhuājuǎn / 밀가루를 국수처럼 뽑아 꽃모양으로 만든 만두. ¶ 山药饼 shānyàobǐng / 마로 만든 '饼'.

b. 천진지방

★ "狗不理"包子 Gǒubulǐ bāozi / 천진의 고기 만두 전문점. "狗不理" 만두. ¶ 耳朵眼炸糕 ěrduoyǎn zhágāo / 팥이 들어간 도너츠. ¶ "十八街"麻花 shíbājiē máhuā / 꽈배기 모양의 튀긴 과자.

c. 사천지방

★ 担担面 dāndànmiàn / 얼큰하고 매운 국수. ¶ 钟水饺 zhōngshuǐjiǎo / (매달린 종처럼 반원형으로 속을 싼) 물만두. ¶ 温江凉粉 wēnjiāng liángfěn / 뜨거운 물에서 데쳐내어 조미한 국물을 찍어 먹는 면. ¶ 鸡肉抄手 jīròu chāoshǒu / 닭고기 훈탕.

d. 광동지방

★ 叉烧包 chāshāobāo / 돼지고기를 간장에 무쳐 구운 것을 넣은 만두. ¶ 脆皮春卷 cuìpí chūnjuǎn / 잘게 썬 속을 엷게 구운 밀전병으로 싸서 기름에 튀긴 것. ¶ 伊府面 yīfǔ miàn / 계란이 들어간 평평한 모양의 면. ¶ 及第粥 jídìzhōu / 내장이 들어간 죽. ¶ 鱼生粥 yúshēngzhōu / 생선 조각을 넣은 죽.

e. 강소지방

★ 酥油烧饼 sūyóu shāobǐng / 파가 들어간 '烧饼'. ¶ 酒酿饼 jiǔniàngbǐng / 술이 들어간 만두. ¶ 淮安汤包 Huái'ān tāngbāo / 회안수프를 넣은 고기만두. ¶ 五色玉兰饼 yùlánbǐng / 다섯 종류의 소가 들어간 '烧饼'.

f. 절강지방

★ 嘉兴鲜肉粽子 Jiāxīng xiānròu zòngzi / 가흥고기말이. ¶ 湖州猪油豆沙粽子 Húzhōu zhūyóu dòushā zòngzi / 湖州의 팥이 들어간 말이. ¶ 杭州麻心汤团 Hángzhōu máxīn tāngtuán / 항주의 참깨가 든 백옥단자. ¶ 幸福双 xìngfúshuāng / 살구와 고기가 들어간 훈탕. ¶ 猫耳朵 māo'ěrduo / 밀가루를 고양이 귀모양으로 빚어 찐 식품.

g. 그밖의 지방

★ 炒米粉 chǎomǐfěn / (복건·대만지방의)볶은 쌀가루. ¶ 汀州豆腐干 Tīngzhōu dòufugān / (복건지방의)정주에서 만든 맛을 낸 건조두부. ¶ 刀削面 dāoxiāomiàn / (산서지방의)밀가루를 반죽하여 길게 뽑은 것을 자른 중국식 칼국수. ¶ 过桥面 guò-qiáomiàn / (운남지방의)뜨거운 국에 소를 함께 넣어 끓이면서 먹는 면.

리다. ⇔ **dà**(大) ¶ tā dǎnzi hěn ～(他胆子很～)그는 담력이 작다. dìfang～(地方～)장소가 좁다. tā bǐ wǒ～sān suì(他比我～三岁)그는 나보다 3살 어리다. ～mèimei(～妹妹)가장 아래 여동생. 2. 시간이 짧다 ; 잠시동안. ¶ ～zuò yíhuìr(～坐一会儿)잠시 앉으세요. 接頭 성 앞에 붙어 친밀함을 나타내는 호칭어가 됨. ¶ ～Wáng(～王)왕씨, 왕군.

†**xiào** 校 名 학교. 〈口〉 **xuéxiào**(学校). ～**zhǎng**(～长)교장.

⁑**xiào** 笑 動 1. 웃다. ¶ tīngle tā

X

de huà, dàjiā dōu～·qilai(听了他的话,大家都～起来)그의 말을 듣고 웃기 시작했다. ～·de hébulǒng zuǐ(～得合不拢嘴)[좋은 일이 있어]입을 다물지 못하다. 2. [경멸하여]조소하다, 비웃다. ¶ nǐ zěnme～wǒ ne?(你怎么～我呢?)자네 어째서 나를 비웃는가? ～biéren bèn(～别人笨)다른 사람의 어리석음을 비웃다.

*__xiǎobiàn__ 小便 動 소변을 보다. 名 소변.

__xiǎobiànr__ 小辫儿(－辮兒) 名 《__tiáo__ 条》 짧게 땋은 머리. ¶ shū～(梳～)머리를 땋다.

*__xiǎochī__ 小吃 名 간단한 음식, 스낵.

†__xiāochú__ 消除 動 소멸시키다, 없애버리다, 해소하다. ¶ ～duìlì(～对立)대립을 없애다. gùlǜ～le(顾虑～了)걱정이 없어졌다.

*__xiǎode__ 晓得(曉－) 動 알다. ☆ 옛날에는 남방사람이 잘 사용했지만, 지금은 북방사람도 사용한다. =__zhīdao__(知道) ¶ shéi～!(谁～!)누가 아는가!

†__xiāo▲dú__ 消毒 動 소독하다. ¶ cānjù yào dìngqī～(餐具要定期～)식기는 정기적으로 소독해야 한다. yòng fèishuǐ xiāoguo dú le(用沸水消过毒了)끓는 물로 소독했다.

*__xiǎo'ér__ 小儿(－兒) 名 소아. ～__kē__(～科)소아과. =__érkē__(儿科)

*__xiāofèi__ 消费(－費) 動 소비하다. ¶ ～cáiwù(～财物)재물을 소비하다. 名 소비. ¶ ～shuǐpíng(～水平)소비의 수준.

__xiǎofèi__ 小费(－費) 名 팁. ¶ bù shōu～(不收～)팁을 받지 않다.

†__xiǎoguǐ__ 小鬼 名 1. 저승사자. 2. 아이에 대한 애칭. ¶ nǐ zhè～zhēn jīling!(你这～真机灵!)요녀석 정말 영리하군!

*__xiàoguǒ__ 效果 名 효과. ¶ jiāoxué～bù hǎo(教学～不好)교육효과가 좋지 않다. jiǎngqiú～(讲求～)효과를 추구하다.

*__xiǎoháir__ 小孩儿(－兒) 名 〈口〉 아이, 어린애. ¶ zhàoying～(照应～)어린애를 돌보다.

*__xiǎoháizi__ 小孩子 名 어린애.

†__xiāohào__ 消耗 動 1. 소모하다, 소비하다. ¶ ～tǐlì(～体力)체력을 소모하다. diànlì～(电力～)전력이 소모되다. 2. 소모시키다. ¶ ～dírén de yǒushēng lìliang(～敌人的有生力量)적의 병력(兵力)을 소모시키다.

*__xiāohuà__ 消化 動 소화하다. ¶ zhǐ tīng bù～bùxíng(只听不～不行)듣기만하고 이해하지 못하면 안된다. ～__bùliáng__(～不良)소화불량.

*__xiàohua__ 笑话(－話) 動 비웃다, 조롱하다. ¶ bù néng～rénjia de quēxiàn(不能～人家的缺陷)다른 사람의 결점을 비웃어서는 안된다. 名 (～儿)우스운 이야기, 웃음거리. ¶ tā hěn huì jiǎng～(他很会讲～)그는 우스갯소리를 잘 한다. jiànzhí shì～!(简直是～!)그야말로 웃기는 이야기이다! __nào__～(闹～)웃음을 자아내다, 웃음거리가 되다.

*__xiǎohuǒzi__ 小伙子 名 〈口〉 젊은이, 총각.

*__xiāojí__ 消极(－極) 形 소극적이

다. ⇔ **jījí**(积极) ¶ cǎiqǔ~de tàidù(采取~的态度)소극적인 태도를 취하다. ~dǐkàng(~抵抗) 소극적으로 저항하다.

⁑**xiǎojie** 小姐 名 1. 아가씨. ☆ 호칭으로 많이 사용됨. 2. 미혼여자의 존칭 ; 미스(miss). ☆ 주로 외국인에 대해 사용됨. ¶ Mǎlì ~(玛丽~)미스 메어리.

xiǎokàn 小看 動〈口〉경시하다, 깔보다. ¶ kě bié~ · le tā de zuòyòng(可别~了它的作用)그의 역할을 깔보지 마라.

xiào▴lì 效力 動 진력하다, 힘쓰다. ¶ suìshu dà le, yě xiàobuliǎo shénme lì le(岁数大了, 也效不了什么力了)나이가 많아서, 아무런 힘도 쓸 수 없다. wèi guó~(为国~)국가를 위해 힘쓰다.

☞ **xiàolì**(效力) 참조.

xiàolì 效力 名 효과, 효력, 효능. ¶ tā de huà~hěn dà(他的话~很大)그의 말은 효과가 아주 크다. ~xiǎnzhù(~显著)효과가 현저하다.

☞ **xiào▴lì**(效力) 참조.

xiàoliǎn 笑脸(一臉) 名 《**fù** 副》 (~儿)웃는 얼굴. ¶ miǎnqiǎng zhuāngchū yí fù~(勉强装出一副~)억지로 웃는 얼굴을 짓다. ~xiāngyíng(~相迎)웃는 얼굴로 환영하다.

xiǎoliǎngkǒu 小两口(一兩一) 名 (~儿)〈口〉젊은 부부.

xiāolù 销路(銷一) 名 판로, 판매루트. ¶ ~guǎng(~广)판로가 넓다. méi yǒu~(没有~)판로가 없다.

***xiàolǜ** 效率 名 효율. ¶ ~gāo(~高)효율이 높다. ~dī(~低)효율이 낮다.

***xiǎomài** 小麦(一麥) 名 밀. ¶ ~fǎnqīng(~返青)봄에 밀이 싹을 틔우다.

***xiǎomǐ** 小米 名 (~儿)좁쌀 ; **dàmǐ**(大米)[쌀]의 대비어.

***xiāomiè** 消灭(一滅) 動 1. 소멸하다, 없애다. ¶ kǒnglóng zhè gǔshēngwù · zǎoyǐ~le(恐龙这古生物早已~了)공룡이라는 이 고생물은 일찌기 소멸되었다. 2. 없애다, 멸하다, 소멸시키다. ¶ ~cāngying(~苍蝇)파리를 퇴치하다.

†**xiàomīmī** 笑眯眯 形 (~儿)눈을 가늘게 뜨고 미소짓는 모양, 빙그레 웃는 모양. ='笑迷迷, 笑眯嘻儿, 笑眯悠儿' ¶ nǎinai lǎo shì ~de(奶奶老是~的)할머니는 항상 빙그레 웃고 계신다.

xiāomó 消磨 動 1. [정력을]소모하다. ¶ ~yìzhì(~意志)의지를 약화시키다. 2. [헛되이]보내다. ¶ ~shíjiān(~时间)시간을 헛되이 보내다.

***xiǎopéngyǒu** 小朋友 名 어린이를 부르는 말. ¶ ~, nǐ jǐ suì le?(~, 你几岁了?)꼬마야, 너 몇살이니?

***xiǎoqi** 小气(一氣) 形 인색하다, 옹졸하다, 쩨쩨하다. ¶ nǐ zhēn ~!(你真~!)자네 정말 쩨쩨하군!

xiāoqiǎn 消遣 動 심심풀이하다, 소일하다. ¶ kàn xiǎoshuō~(看小说~)소설을 읽으며 소일하다.

†**xiàoróng** 笑容 名 《**fù** 副》 웃는 얼굴, 웃음띤 얼굴. ¶ liǎnshang duīmǎnle~(脸上堆满了~)만면

X

에 웃음을 띠고 있다.

xiàoshè 校舍 名 교사.

†**xiāoshī** 消失 動 소실하다, 사라지다, 없어지다. ¶ ~zài rénqún zhōng(~在人群中)인파속으로 사라졌다.

⁑**xiǎoshí** 小时(一時) 名 [단위로서의]시간. ☆ 양사는 **gè**(个)이지만, **zhōngtóu**(钟头)와는 달리 써도 되고 안써도 된다. ¶ bā ge~(八个~) 8시간. láihuí děi liǎng~(来回得两~)왕복 2시간 걸린다.

xiāoshòu 销售(銷一) 動 판매하다. ¶ běn diàn~gè lèi gōngyìpǐn (本店~各类工艺品)이 가게는 각종 공예품을 판매한다.

⁑**xiǎoshuō** 小说(一說) 名《**piān** 篇, **běn** 本, **bù** 部》(~儿)소설. **duǎnpiān**~(短篇~)단편소설.

†**xiǎotíqín** 小提琴 名 바이올린.

***xiǎotōur** 小偷儿(一兒) 名 좀도둑. ¶ wǒ bǎ qiánbāo bèi~gěi tōu qu le(我把钱包被~给偷去了)나는 돈지갑을 좀도둑에게 도둑맞았다.

⁑**xiāoxi** 消息 名《**gè** 个, **tiáo** 条, **zé** 则》 1. 소식, 뉴스. ¶ gàosu nǐ yí ge hǎo~(告诉你一个好~)당신에게 좋은 소식 하나 알려주겠다. 2. 기별, 소식, 편지. ¶ méi yǒu~(没有~)편지가 없다.

⁑**xiǎoxīn / xiǎoxin** 小心 動 주의하다, 조심하다. ~**qìchē**(~汽车)차 조심해라. 形 주의깊다, 조심스럽다, 세심하다. ¶ yǐhòu nǐ děi ~diǎnr(以后你得~点儿)앞으로 너는 좀더 조심해야 한다. bànshì ~(办事~)신중하게 일하다.

xiǎoxīnyǎnr 小心眼儿(一兒) 形 마음이 좁다, 옹졸하다. ¶ tā jiù shì~de rén(他就是~的人)그야말로 옹졸한 사람이다. xiǎngkāi xiē, bié zhème~(想开些, 别这么~)좀 넓게 생각해라, 이렇게 마음좁게 갖지말고.

***xiàoxīxī** 笑嘻嘻 形 미소짓는 모양, 해죽이 웃는 모양. ¶ tā chéngtiān~de(她成天~的)그녀는 온종일 해죽이 웃고 있다.

⁑**xiǎoxué** 小学(一學) 名 초등학교. ¶ shàng~(上~)초등학교에 다니다. ~**shēng**(~生)초등학생.

xiǎoyìsi 小意思 名 촌지, 성의, 작은 마음의 표시. ¶ zhè shì wǒ de yìdiǎnr~(这是我的一点儿~)이것은 내 작은 성의이다.

***xiàozhǎng** 校长(一長) 名 교장, 학장.

†**xiǎozǔ** 小组(一組) 名 세포;서클, 소그룹, 작업반.

⁑**xiàqu** 下去 動 1. 내려가다. ¶ wǒ jiù~(我就~)곧 내려갈께. zánmen~kànkan(咱们~看看)우리 내려가 보자. 2. [동사·형용사 등의 뒤에서 보어로 쓰여]동작이 높은 곳에서 낮은 곳으로, 가까운 곳에서 먼 곳으로 향하는 것, 어떤 상태가 그대로 계속 되고 있는 것 등을 나타낸다. ¶ cóng shānshang gǔn · ~(从山上滚~)산위에서 굴러내려 가다. yìzhí shuō · ~(一直说~)계속 말해 나가다. bù néng zhèyàng~(不能这样~)이대로 갈 수는 없다.

xiāshuō 瞎说(一說) 動 마구 지껄이다, 허튼 소리를 하다. ¶ bù zhīdào, bié~(不知道, 别~)모르

X

면 허튼 소리하지 마라.

⁑**xiàtiān** 夏天 名 여름. ¶ ~lái le (~来了)여름이 왔다.

†**xiàtou** 下头(一頭) 名 1. 밑, 아래. ¶ dàqiáo~(大桥~)대교 밑. 2. 하부, 하부조직. ¶ yào tīngting ~de fǎnyìng(要听听~的反映)일반 사람들의 의견을 들어봐야 한다.

⁑**xiàwǔ** 下午 名 오후. ⇔ **shàngwǔ**(上午) ¶ ~méi yǒu kòng(~没有空)오후에는 시간이 없다. ~sān diǎn bàn(~三点半)오후 3시 반.

xià▴xiāng 下乡(一鄉) 動 농촌으로 가다, 하향하다. ¶ sòng huò ~(送货~)물건을 농촌으로 보내다.

⁑**xiàxīngqī** 下星期 名 내주, 다음주. ⇔ **shàngxīngqī**(上星期)

⁑**xià xuě** 下雪 連語 눈이 내리다. ¶ xiàle yì cháng xuě(下了一场雪)눈이 한 차례 내렸다.

†**xiàxún** 下旬 名 [달의]하순.

†**xiàyóu** 下游 名 하류, 강밑.

⁑**xià yǔ** 下雨 連語 비가 내리다. **gān dǎ léi bú**(干打雷不~)마른 벼락만치고 비는 내리지 않는다 ; 큰 소리만 치고 실천은 하지 않다.

***xiàyuè** 下月 名 다음달, 내달. **xiàgeyuè**(下个月)라고도 함. ⇔ **shàngyuè**(上月)

xiàzhì 夏至 名 하지.

xiāzi 瞎子 名 맹인, 장님.

xiázi 匣子 名 갑, 함, 작은상자 ; 케이스. ¶ mǎile yì~diǎnxin(买了一~点心)간식 한 상자를 샀다.

†**xìbāo** 细胞(細一) 名 세포.

***xīběi** 西北 名 1. 서북. 2. (**Xīběi**) 중국의 서북지방.

⁑**xībian** 西边 名 (~儿)서, 서쪽. ¶ gōngyuán~(公园~)공원의 서쪽.

***xībó** 稀薄 形 [공기 등이]엷다, 희박하다. ¶ kōngqì~(空气~)공기가 희박하다.

***xībù** 西部 名 서부.

***xīcān** 西餐 名 양식. ⇔ **zhōngcān**(中餐) ¶ bù xíguàn chī~(不习惯吃~)양식에 습관되지 않다.

***xiē** 歇 動 1. 쉬다, 휴식하다. ¶ zuòxià~yíhuìr(坐下~一会儿)앉아서 잠시 쉽시다. 2. 그만두다, 정지하다. ~**shǒu**(~手)일손을 멈추다, 잠시 중지하다.

⁑**xiē** 些 數 1. 몇, 조금, 약간 ; 확정적이 아닌 적은 수량을 나타냄. ¶ jiù zhème~, zěn néng gòu yòng!(就这么~, 怎能够用!)이 정도로 어찌 충분히 쓸 수 있겠는가! kuài~zǒu(快~走)좀 빨리 걸어라. ☆ 이 경우의 **xiē**(些)는 분량을 나타내는 것이 아니고, 단지 명령의 어기를 더해주는데 지나지 않는다. 2. 조금, 얼마쯤. ¶ chī~dōngxi(吃~东西)약간의 음식을 먹다. **qián~tiān**(前~天)수일 전.

⁑**xié** 鞋 名 《**shuāng** 双, **zhī** 只》 신발 ; 단화. ☆ 장화·부츠는 **xuēzi**(靴子). ¶ chuān~(穿~)신발을 신다. tālazhe~(趿拉着~)신을 질질 끌다.

***xié** 斜 形 기울다, 비스듬하다, 비뚤다. ¶ ~tǎng zài shāfā shang(~躺在沙发上)쇼파 위에 비스듬히 눕다. 動 기울다, 기울이다. ¶ ~·zhe yǎn kàn rén(~着眼

X

看)눈을 흘겨 남을 보다.

*xié 血 名 《dī 滴, tān 滩, piàn 片》〈口〉 피, 혈액.
☞ xuè(血) 참조.

⁑xiě 写(寫) 動 쓰다. ¶ ~xìn(~信)편지를 쓰다. ~zì(~字)글씨를 쓰다. ~gāngbǎn(~钢板)등사줄판으로 [원지를]긋다.

†xiè 卸 動 1. [짐을]내리다, 부리다. ¶ ~chē(~车)수레에서 짐을 내리다. 2. 분해하다, 해체하다, 뜯다. ¶ ~língjiàn(~零件)부속품을 분해하다.

*xiè 谢(謝) 動 1. 감사하다. ¶ búyòng~(不用~)별 말씀을 다하십니다. 2. [꽃이]지다, 시들다. ¶ huā~le(花~了)꽃이 지다.

xièdài 懈怠 形 게으르다, 태만하다. ¶ shìguān jǐnyào, bù yǔnxǔ yǒu sīháo~(事关紧要, 不允许有丝毫~)일이 중대하니, 조금의 게으름도 허락하지 않는다.

†xiédìng 协定(協一) 動 협정하다. ¶ ~gānglǐng(~纲领)강령을 협정하다. 名 협정. ¶ qiānshǔ~(签署~)협정에 싸인하다. wénhuà jiāoliú~(文化交流~)문화교류 협정.

xiēhòuyǔ 歇后语(一後語) 名 헐후어 ; 숙어(熟語)의 일종으로 대부분이 해학적이고 형상적인 어구로 되어 있음.

X

†xiéhuì 协会(協會) 名 협회.

xiélì 协力(協一) 動 협력하다. ¶ qíxīn~(齐心~)마음을 모아 협력하다.

xiépō 斜坡 名 비탈, 경사.

xiéqì 邪气(一氣) 動 부당한 풍습이나 태도, 좋지않은 기풍. ¶ yādǎo~(压倒~)좋지 않은 기풍을 억누르다.

†xiè▲qì 泄气(一氣) 動 공기가 새다, 바람빠지다, 기가 죽다, 낙담하다. ¶ xiàng ge xièle qì de píqiú(像个泄了气的皮球)바람빠진 공처럼, 기가 죽다.
☞ xièqì(泄气) 참조.

*xièqì 泄气(一氣) 形 한심하다. ¶ zhè diǎnr shì dōu gànbuliǎo, nǐ yě tài~le(这点儿事都干不了, 你也太~了)이 일도 할 수 없다니, 너 정말 한심하구나.
☞ xiè▲qì(泄气) 참조.

*xiéshāng 协商(協一) 動 [의견의 일치를 구하여]협의하다. ¶ zhèyàng de wèntí zhǐ néng~jiějué(这样的问题只能~解决)이런 문제는 단지 협의하여 해결할 수 있다.

xiěshēng 写生(寫一) 動 사생하다. ¶ qù jiāowài~(去郊外~)교외에 가서 사생하다. 名 사생화. ¶ zhè fú shuǐcǎi~hǎojí le(这幅水彩~好极了)이 수채화 스케치는 근사하다.

⁑xièxie 谢谢(謝謝) 動 1. 감사하다. ¶ ~nǐ de bāngzù(~你的帮助)당신의 도움에 감사드립니다. 2. 〈應〉 감사합니다.

†xiézhù 协助(協一) 動 협조하다, 원조하다.

†xiēzi 蝎子 名 전갈.

†xiézuò 协作(協一) 動 협동하다, 협력하다, 협업하다. 名 협동, 협력.

†xiězuò 写作(寫一) 動 문장을 쓰다 ; 특히 문학작품을 쓰다. ¶ ~xiǎoshuō(~小说)소설을 쓰다.

*__xīfàn__ 稀饭(一飯) 名 죽. ☆ 남방 사람들이 잘 사용한다. 북방에서는 __zhōu__(粥), __shuǐzhōu__(水粥). ¶ áo~(熬~)죽을 쑤다.

*__xīfāng__ 西方 名 서, 서방. ¶ ~guójiā(~国家)구미 각국.

‡__xīfú__ 西服 名 《__tào__ 套, __jiàn__ 件》양복. ¶ yí tào~(一套~)양복 한 벌.

*__xífù__ 媳妇(一婦) 名 1. 며느리. __érxífu__(儿媳妇)라고도 한다. ¶ qǔ~(娶~)장가들다, 아내를 얻다. 2. 손아래 친척의 아내.

__xífur__ 媳妇儿(一婦兒) 名 〈方〉 1. 처, 아내. 2. 결혼한 여성.

*__xīgài__ 膝盖(一蓋) 名 무릎.

*__xīguā / xīgua__ 西瓜 名 《__gè__ 个, __kuài__ 块, __yá__ 牙》 수박.

‡__xíguàn__ 习惯(習慣) 動 습관이 되다, 익숙해지다. ¶ yǐjīng~yú zhèzhǒng shēnghuó(已经~于这种生活)이미 이런 생활에 습관이 되었다. 名 습관. ¶ cóng xiǎo yǎngchéng jiǎng wèishēng de~(从小养成讲卫生的~)어려서부터 위생에 주의하는 습관을 길렀다.

*__xīhan__ 希罕·稀罕 形 소중히 하다, 진귀하게 여기다. ¶ shéi~nǐ nà pò dōngxi?(谁~你那破东西?)누가 너의 그 망가진 물건을 소중히 여기겠는가? 名 (~儿) 진품, 아주 특출한 물건. ¶ kàn~(看~)진귀한 물건을 보다.

__xǐhào__ 喜好 動 […을]좋아하다. ¶ ~tǐyù yùndòng(~体育运动)스포츠를 좋아한다.

*__xīhóngshì__ 西红柿(一紅一) 名 토마토. __fānqié__(番茄)라고도 함. __tángbàn__~(糖拌~)토마토의 설탕 버무림.

‡__xǐhuan__ 喜欢(一歡) 動 1. 좋아하다, 호감을 가지다, 애호하다, 사랑하다. ¶ wǒ bù~zhèzhǒng rén(我不~这种人)나는 이런 사람을 좋아하지 않는다. dàjiā dōu~tā(大家都~她)모두 그녀를 좋아한다. wǒ~tīng yīnyuè(我~听音乐)나는 음악듣기를 좋아한다. ☆ 마지막 예문은 우리말에서는 「음악을 좋아한다」이지만, 중국에서는 「음악을 듣는 것을…」라고 동사를 사용하는 것이 보통이다. **例** : xǐhuan kàn diànyǐng(喜欢看电影)[영화 보기를 좋아한다.] xǐhuan dǎ pīngpāngqiú(喜欢打乒乓球)[탁구치기를 좋아한다.] xǐhuan chī tián de(喜欢吃甜的)[단것 먹기를 좋아한다.] 2. 즐거워하다, 기뻐하다. ¶ nǐ zěnme lǎo bù~?(你怎么老不~?)당신은 왜 항상 즐거워하지 않는가?

†__xíjī__ 袭击(襲擊) 動 습격하다, 기습하다. ¶ hóngshuǐ~·le cūnzhuāng(洪水~了村庄)홍수가 마을을 기습했다. gǎo tūrán~(搞突然~)기습공격을 하다 ; [학교에서]불시에 시험을 보다.

†__xìjù__ 戏剧(戲劇) 名 극, 연극.

†__xìjūn__ 细菌(細一) 名 세균.

__xīlàn__ 稀烂(一爛) 形 1. 퍼지다, 뭉크러지다, 흐물흐물하다. ¶ yòng gāoyāguō zhǔde~(用高压锅煮得~)압력솥에서 퍼지도록 삶다. 2. 산산조각나다, 박살나다. ¶ bōlibēi shuāide~(玻璃杯摔得~)유리잔이 땅에 떨어져 산산조각 나다.

학습 정보 ㉙

◈ 信 xìn(편지) ◈

편지의 "信封 xìnfēng"(편지봉투)나 "明信片 míngxìnpiàn"(엽서)위에 쓰는 데에 있어, "地址 dìzhǐ"(주소), "收信人 shōuxìnrén"(수취인), "寄信人 jìxìnrén"(발송인) 등의 쓰는 방법에는 일정한 규칙이 있다. 또한, "信纸 xìnzhǐ"(편지지)에 쓰는 문장도 아래 나타낸 바와 같이 어떤 정도, 형태에 따라 쓰는 경우가 다르다.

1. 편지지 쓰는 방법

일반적으로 여섯 개의 부분으로 나눌 수 있다. 즉, "称呼 chēnghu"(부름, 호칭), "开头 kāitóu"(서두의 인사), "正文 zhèngwén"(본문), "结尾 jiéwěi"(말문), "签名 qiānmíng"(서명) 및 "日期 rìqī"(날짜)이며, 여기에 "附言 fùyán"(추신)이 들어갈 때도 있다.

称呼	尹菊真同志：
开头	您好！近来 …………
正文	…………………………
	……….
	………………………………
	………….
结尾	祝您
	工作顺利！
签名	李源度
日期	…年…月…日
附言	又及：……………

a. 稱呼(호칭)

횡서나 종서로 쓸 수 있으며, 우선 상대방의 호칭으로부터 시작한다. 호칭 뒤에는 :(콜론)을 찍는 경우가 많다. 친족이라면, ¶ 父亲 fùqin[爸爸 bàba] / 아버님 ; "爸爸"는 구어로, 친근한 느낌이 든다. ¶ 母亲 mǔqin[妈妈 māma] / 어머니. ¶ 兄 xiōng[哥哥 gēge] / 형. ¶ 弟 dì[弟弟 dìdi] / 동생. ¶ 姐姐 jiějie[姐 jiě] / 언니. ¶ 妹妹 mèimei[妹 mèi] / 여동생. 선생님에게는 "老师", "教授", 학우에게는 "同学 tóngxué"라고 하는 것이 보통이다. 보통 아는 사이인 경우에는 "同志 tóngzhì". 상대방이 남성이라면 "兄", "大哥 dàgē", 여성이라면 "姐", "大姐". 간부에 대해서는 "书记 shūjì"(서기), "厂长 chǎngzhǎng"(공장장), "主任 zhǔ-rèn"(주임) 등 구체적인 직책을 쓰는 경우가 많다. 더욱이 친애의 정을 담고 싶은 상대방에게는, 앞에 "尊敬的 zūnjìngde", "敬爱的 jìng'àide" "亲爱的 qīn'àide" 등을 쓰며, 뒤에 절친한 사이라면 이름만, 그 외의 관계에서는 성명이나 성과 경칭을 붙인다. ¶ 尊敬的刘老师 / 존경하는 유선생님. ¶ 亲爱的秀娟 Xiùjuān / 친애하는 수연.

서로의 친밀도에 따라 "称呼"는 여러가지로 변한다.

b. 開頭(서두의 인사)

"你[您]好"(안녕하세요?)로 시작하는 경우가 많다. 손윗사람이나 연배에게는 "近来 jìnlái 身体好吧"(요즘 건강하신지요?) 등, 일이나 건강을 언급하는 편이 좋다.

다음에 언급한 말은, 해외로의 상업통신문에 사용하는 정도이며, 국내에서는 일반적으로 사용하지 않는다. ¶ 敬陈者 jìngchénzhě(손윗 사람에 대해), 敬启者 jìngqǐzhě, 径启者 jìngqǐzhě(동년배 · 친구에 대해) / 삼가 아룁니다. ¶ 敬复者 jìngfùzhě / 경복자 ; 삼가회답을 올립니다.

c. 結尾文(말문)

상대방에게 경의나 축원의 말로 끝맺음을 한다. 일반적으로 다음과 같이 말하는 경우가 많다. ¶ 此致 cǐzhì / 이에 …에 보냅니다. ¶ 此致敬礼 jìnglǐ / 서신의 끝에 쓰이는 상투어. ¶ 祝 zhù 你身体健康 jiànkāng / 건강하시길 빕니다. ¶ 祝您工作顺利 shùnlì / 일이 순조롭길 빕니다. ¶ 祝您幸福 xìngfú / 행복하길 빕니다.

d. 信封(편지봉투)

용도에 따라 편지봉투를 사용하는 방법이 나누어져 있다. "庆贺 qìnghè", "报喜 bàoxǐ" (경사)에는 붉은 봉투를 사용하고, 흰봉투를 사용하지 않는다.

"吊唁 diàoyàn"(조문), "丧事 sàngshì"(장례식)에는 흰봉투를 사용하는 습관이 있다.

e. 기타

현재는 편지에 사용하는 말은 구어가 좋지만, 문어를 사용하면 압축된 문장이 될 수 있다. 옛날에는, 서간 전용의 문체로서 "尺牍文 chǐdúwén"(서간문)이 사용되었다. 앞에서 말한 "敬启者" 등은 그 한 예이다. 현재는 상업통신문 등으로 그 일부가 사용되고 있다. ¶ 膝下 xīxià / …님 ; 부모 또는 가족의 손윗사람에 대해 사용한다. ¶ 惠鉴 huìjiàn / 혜감, 고람. ¶ 恭读 gōngdú / 배독 ; 삼가읽음. ¶ 华翰敬悉 huáhàn jìngxī / 귀하의 편지는 읽어보았습니다. ¶ 光临 guānglín / 방문. ¶ 惠顾 huìgù / 혜고. ¶ 复赐朵云 fùcì duǒyún / 답장 주세요. ¶ 专此奉告 zhuāncǐ fènggào / 이에 알려드립니다.

2. 正文 zhèngwén(본문)의 예

a. 賀年片 hèniánpiàn(연하장)

신년이 되면 연하장을 쓰는 풍습이 중국 국내에는 없지만, 외국과는 크리스마스 카드를 겸하여 주고 받는다.

¶ 新年好 / 새해를 축하드립니다. 恭贺新禧 / 신년을 삼가 축하합니다.

¶ 祝您新年快乐, 生活幸福 / 신년을 축하드리며, 행복하시길 바랍니다.

¶ 祝您全家新春愉快 / 새해에 온 가족이 행복하시길 바랍니다.

¶ 将满载的幸福与喜悦, 悄悄的带给你 / 당신에게 행복과 기쁨이 충만하시길 바라겠습니다. ; 좀 색다른 표현.

¶ 祝贺新年, 并祝你身体健康, 学习进步 / 신년을 축하하며, 아울러 당신의 건강과 학업의 진보를 빕니다 ; 상대방이 학생일 경우.

b. 慶賀信 qìnghèxìn(축하편지)

구어를 사용한 결혼 축하 편지.

¶ 前天接到你结婚的请柬, 很高兴. 吉日良辰, 容当面贺喜 / 어제 당신이 결혼한다는 편지를 받고 매우 기뻤습니다. 좋은 날 직접 찾아뵙고 축하드리겠습니다.

문어를 사용한 경우,

¶ 欣悉你俩结婚喜讯, 不胜雀跃之至. 现呈喜联成副, 忻祈哂纳 / 두 사람이 결혼한다는 소식을 듣고 뛸듯이 기뻤습니다. 여기 결혼축하 대련을 보내드리니 웃으며 받아 주시기 바랍니다.

c. 問候信 wènhòuxìn(안부편지)

¶ 前不久给你寄去一信, 未知是否收到? 至今没有接到回音, 甚是挂念. (中略)时间过得真快, 这个暑假你准备怎样学习, 娱乐和休息, 希望复我一信 / 얼마전에 당신에게 편지 보냈는데, 받았는지요? 지금까지 답장을 받지 못해 몹시 걱정이 됩니다. (중략) 시간이 정말 빨리 지났군요. 이번 여름방학에 당신은 어떻게 공부하며, 즐기고 휴식할 건지요? 답장 주시기 바랍니다.

d. 道歉信 dàoqiànxìn(사과편지)

¶ 昨因家母患病需亲自送她入医院留医, 未能前去参加会议, 甚表歉意, 敬请将昨天开会的纪要给我寄一份, 谢谢! / 어제 어머님이 병이 나셔서

제가 직접 병원에 모시고가 입원시키느라고 회의에 참석할 수 없었습니다. 이에 깊이 사과드립니다. 어제 회의의 요록을 한부 보내주시면 감사하겠습니다!

e. 吊慰信 diàowèixìn(조문편지)

¶ 当听到你母亲不幸去世的消息, 我内心感到难言的悲痛. 她贤慧的德行, 我们将永远铭记在心 / 당신 어머님이 불행히도 돌아가셨다는 소식을 듣고, 내심 말하기 어려운 비통함을 느꼈습니다. 그의 어진 덕행을, 우리는 영원히 마음속에 새길 것입니다.

¶ 奉到讣函, 惊悉尊大人溘然逝去, 不胜悲痛 / 사망통지를 받고, 아버님이 갑자기 돌아가신 것을 알게 되어, 너무나도 비통합니다.

f. 請柬 qǐngjiǎn / (초대편지)

¶ 一九九×年春节即将到来, 为感谢您对我社工作的大力支持, 现定于×月 ×日 下午 ×时在××电影院举行新春联欢会, 会后放映电影《××》, 敬请莅临. 祝新春愉快!(附上电影票×张) / 199×년 구정이 다가옵니다. 우리 회사의 일에 대해 크게 힘써 주셔서 감사드리며, ×월 ×일 오후 ×시 ××극장에서 구정 친목회를 거행하기로 정했으며, 모임 이후에 영화《××》를 방영할 것이니, 왕림해 주셔서 즐거운 새해가 되길 바랍니다.(영화표 ×장을 동봉합니다.)

g. 情書 qíngshū(연애편지)

연애의 진행단계에 따라 말의 쓰임이 변하는 것은 말할 것도 없다. 호칭이나 끝맺음도 변화한다. 상대방의 이름만을 쓰는 것에서부터, 이름의 앞에 "亲爱的"(친애하는)가 붙고, 그것이 "我亲爱的"가 되고, 더우기 "我最 zuì 亲爱的"로 진행되는 것이 보통이다. 보통 성은 생략하고, 이름 앞에 "小"를 붙여, "小×"라고 하면 더욱 친밀함을 나타내게 된다. "情书"는 두 사람의 비밀스런 일이다. 일정한 형태는 있지만, 거기에는 깊은 생각이 필요하다. 다음의 두번째 문장의 호칭은 그 예이다.

¶ 陈宝兰同志 : 当我提笔写这封信时, 我的心急剧地跳着. 我在想, 您接到这封信时, 会有怎样的感觉, 怎样的心情? 也许, 您会觉得我这个人太唐突? (中略) 假如您不拒绝我友谊的祈求, 希望您给我一个回音. 祝 快乐! 林一胜 / 진보란씨 : 이 편지를 쓸 때, 내 마음은 급하게 뛰고 있습니다. 당신이 내 편지를 받았을 때 어떤 느낌, 어떤 심정일지 생각해 봅니다. 혹시, 당신은 내가 너무 당돌하다고 생각하시는 지요? 당신이 우정을 맺고 싶은 내 바램을 거절하지 않으신다면, 저에게 답장주시기 바랍니다. 건강하십시오! 임일승.

¶ 俊, 我亲爱的 : 离别了八天, 我发觉我更想念你. 真恨不得生出翅膀飞回到你的身旁. (中略) 小俊, 我们就快回来了, 后天我们搭中午的快车返回, 你接到这封信时, 不用回信了, 广州见. 祝 快乐! 并飞给你热烈的吻! 爱你的素云 / 준. 내 사랑하는 사람 : 헤어진지 8일이 되니, 당신이 더욱 그리워짐을 알게 되었습니다. 정말로 날개가 생겨 당신 곁으로 날아가고 싶습니다. (중략) 우리는 곧 돌아갈 것이며, 모레 정오의 급행열차를 타고 돌아갈 겁니다. 이 편지받고, 답장할 필요는 없습니다. 광주에서 봐요. 건강하세요! 아울러 당신에게 열렬한 키스를 보냅니다! 당신을 사랑하는 소운.

h. 商業文 shāngyèwén(상업통신문)

쓰는 방법은 일반 편지와 기본적으로는 다르지 않다. 때로 명칭을 생략하기도 하고, 표제를 덧붙이며, 동봉서류를 부치는 등, 목적에 따라 나누어 사용하면 좋다.

¶ 关于薄板存货一事 一向承蒙格外惠顾, 谨此致谢. 四月五日惠函奉悉. 所询薄板, 现在存货已罄, 难以供

X

应，实在遗憾．日后有货，再行奉告．谨此奉答／판금 재고 건에 관하여，항상 각별히 돌봐주셔서 감사드립니다. 4월 5일 귀하의 편지를 받아보았습니다. 물어보신 판금은，지금 재고가 없으니，정말 유감입니다. 앞으로 물건이 생기면 다시 알려드리겠습니다. 이에 답장 올립니다.

3. 상용어

a. 서두

¶ 来信收到，谢谢／편지 잘 받았습니다. 감사합니다.

¶ 初次通信，请原谅我的唐突／처음 편지드립니다. 저의 실례를 용서해주십시오.

¶ 迟复为歉／답장이 늦어 죄송합니다.

¶ 其后一切可好？ 谨此致意／그후 모든 것이 좋으신지요？ 이에 안부드립니다.

¶ 平常承蒙各种照顾，衷心表示感谢／항상 여러가지로 돌봐주셔서，진심으로 감사드립니다.

b. 끝맺음

¶ 信写得不好， 很对不起／편지를 너무 못써서 죄송합니다.

¶ 详细拟于日后面谈／자세한 얘기는 후일 만나서 얘기합시다.

¶ 烦请火速回信／급히 답장주십시오.

¶ 请今后赐予更多的指导和关注／앞으로 더 많은 지도와 관심을 주십시오.

¶ 请向您母亲问好／당신 어머님께 안부전해주세요.

¶ 我的丈夫也嘱我代向您问好／제 남편도 저에게 대신 당신에게 안부전하라고 했습니다.

¶ 特此通知／이에 특히 알려드립니다.

¶ 如信内另纸／편지 안의 별지대로.

¶ 随函寄上两张照片／편지와 함께 두장의 사진을 부치다.

c. 기타

¶ 亲启／친전(친히 뜯어보시라는 뜻.)

¶ ××先生带交 dàijiāo[托 ××先生带信]／××선생편에 보내다.

¶ ××先生转交／××선생에게 전해주세요.

†**xīliú** 溪流 名 계류，계곡，산골짜기를 흐르는 시내.

⁑**xīn** 心 名 1. 《**kē** 颗》 심장. ¶ xiàde～dōu yào tiàochulai le(吓得～都要跳出来了)놀라서 심장이 튀어나올 뻔했다. 2. 《**tiáo** 条》 마음，생각，기분. ¶ tā de～bù hǎo(他的～不好)그의 마음이 좋지 않다.

⁑**xīn** 新 形 새롭다. ¶ zhè běn shū hěn～(这本书很～)이 책은 매우 새 것이다. ～**yīfu**(～衣服)새 옷. 副 금방，새로이，갓. ¶ tā shì～lái de xuésheng(他是～来的学生)그는 새로온 학생이다.

⁑**xìn** 信 名 1. 《**fēng** 封》 편지. ¶ láile yì fēng～(来了一封～)편지 한 통이 왔다. jì～(寄～)편지를 부치다. xiě～(写～)편지를 쓰다. 2. (～儿) 소식，정보. **kǒu**～(口～)전언. 動 믿다，신임하다. ¶ zhège rén bùkě～(这个人不可～)이 사람은 믿을 수 없다. nà kěnéng shì yáoyán，～・budé(那可能是谣言，～不得)그것은 소문일 수 있으니，믿을 수 없다.

†**xīn'ài** 心爱(一愛) 形 진심으로 사랑하다，아끼다. ¶ zhèxiē shū

X

shì tā zuì~de dōngxi(这些书是她最~的东西)이 책들은 그녀가 가장 아끼는 것이다.

*xīnán 西南 名 서남.

xīnbìng 心病 名 1. 걱정, 고민. ¶ háizi de shì shì tā de yí kuài~(孩子的事是他的一块~)아이의 일이 그의 걱정거리이다. 2. 은밀한 것, 꺼림직한 것, 약점. ¶ shuōdào~shang(说到~上)약점을 건드리다.

xīncháng 心肠(-腸) 名 1. 마음씨, 성격. ¶ ~hǎo(~好)마음씨가 좋다. ~ruǎn(~软)마음이 약하다. 2.〈方〉마음 상태, 기분, 재미. =xīnsi(心思) ¶ méi nà~(没那~)그렇게 재미 없다.

*xīndé 心得 名 심득[체험하거나 깨달은 바의 지식·기술·사상 따위를 말함.] ¶ xuéxí~(学习~)학습해서 얻은 것.

⁑xìnfēng 信封 名 (~儿)편지봉투.〈口〉xìnpír(信皮儿). ¶ bǎ~fēnghǎo(把~封好)편지 봉투를 봉하다.

*xīng 星 名《kē 颗》별. ☆ 단독으로 쓸 때는, 대개 xīngxing(星星).

*xīng 腥 名 비린 것. ¶ bù chī~(不吃~)비린것을 먹지 않는다. 形 비리다. ¶ yǒu yì gǔ~wèir(有一股~味儿)비린내가 나다.

X

xīng 兴(興) 動 성행하다, 유행하다. ¶ xiànzài zhèng~míniqún ne(现在正~迷你裙呢)지금 미니스커트가 유행하고 있다. zhège zǎo bù~le(这个早不~了)이것은 예전에는 유행하지 않았다.

xíng 刑 名 1. 형, 형벌. huǎn~(缓~)집행유예. 2. 고문·학대 따위. ¶ shàng~(上~)고문하다.

⁑xíng 行 形 좋다, 괜찮다, 충분하다. ¶ zhèyàng~ma?(这样~吗?)이래도 됩니까? ~, jiù zhèyàng ba(~就这样吧!)좋아요! 이렇게 하죠! 動 걷다, 가다. rì~qiānlǐ(日~千里)하루에 천리를 가다. ☞ háng(行) 참조.

⁑xǐng 醒 動 잠에서 깨다. ¶ háizi hái~·zhe(孩子还~着)아이가 아직 깨어있다. yèli~·le hǎo jǐ cì(夜里~了好几次)밤에 몇번 잠에서 깼다. qù bǎ tā jiào·~(去把他叫~)그를 깨우러 가라. 2. 의식을 회복하다. ¶ tā~·guolai le(她~过来了)그녀는 정신이 들었다. ~jiǔ(~酒)술이 깨다.

xǐng 擤 動 코를 풀다. ¶ ~bítì(~鼻涕)코를 풀다.

†xìng 性 名 [남녀의]성, 성격.

⁑xìng 姓 動 성이…이다, …을 성으로 하다. ¶ nǐ~shénme?(你~什么?)당신은 성이 무엇입니까? wǒ~Zhāng(我~张)나는 장씨이다. zhèli yǒu~Wáng de mei you?(这里有~王的没有?)여기에 왕씨라는 사람이 있습니까? déyìde wàngle zìjǐ~shénme(得意得忘了自己~什么)뜻을 이루자 자신의 성을 잊어버렸다; 매우 기쁜 모양, 자신의 성을 잊을 정도로 득의양양하다. ☆ 위 예문 중의 wǒ xìng Zhāng(我姓张)의 xìng(姓)이 동사인 경우는, 부정의 경우에 wǒ bú xìng Zhāng(我不姓张)[나는 장씨가 아니다]라고 한다. 名 성. ¶ zhǐ xiě~, búyòng xiě míng(只写~, 不用写名)

학습 정보 ㉚

◈ 姓名 xìngmíng(성명) ◈

1. 성의 베스트 3

중국인의 이름은 보통 풀네임(full name)으로 부른다. "我姓李, 名字叫时宜"(내성은 이, 이름은 시의입니다)라고 자기 소개를 할 때도, 패밀리네임(family name "姓")이나 세컨드네임(second name "名字")을 구별하여 말한다. 이것은, "单姓 dānxìng"(한 글자의 이름)이 압도적으로 많고, 동성인 사람과의 혼동을 피하기 위해, 이름까지 말하는 습관이 생겨난 것 같다.

중국인에게 많은 성을 흔히 "张王李赵遍地刘 Zhāng Wáng Lǐ Zhào biàndì Liú"(장, 왕, 이, 조와 유의 성은 아주 흔하다. "刘"는 "流 liú"와 같은 발음으로 두루 쓰이는 말이 되었다.)라고 한다. 통계조사에 의하면 중국에서 가장 많은 성은 "李"이고, 약 9천만의 사람이 된다고 추정된다. 다음으로 많은 것이 "王"이고, 세 번째가 "张"이라고 한다. "张三李四"란 서민에게 가장 많은 성씨의 대명사이다.

2.「百家姓」

중국인의 성의 종류는 많다. 역사적으로 변천은 있지만, 약 모두 6천 정도이며, 잘 나타나는 성은 2천 정도라고 말해진다. 그중에서도 특히 대중적인 성을, 사자일행(四字一行)의 운문으로 이어 엮은 것이「百家姓」이라는 책이다. 실제로는 약 500개의 성이 수집되어 있고, "百家 bǎijiā"라는 것은 수가 많은 것을 가리킨다. 이 책에는 "单姓"이 약 450, "复姓 fùxìng"(복성, 두 자 이상의 성)이 약 60개 들어있고, "赵钱孙李, 周吴郑王…"라고 하는 성의 나열로 시작한다.

복성에는 다음과 같은 것이 있다.

① "司马 Sīmǎ", "贾正 Jiàzhèng", "上官 Shàngguān"같이 관직명에서 나온 것.

② "诸葛 Zhūgě", "东郭 Dōngguō", "西门 Xīmén", "欧阳 Ōuyáng"처럼 출신지 · 거주지 · 봉지를 붙인 것.

③ "公孙 Gōngsūn", "仲孙 Zhòngsūn"처럼 선조의 작위나 호를 사용한 것.

④ "万俟 Mòqí", "爱新觉罗 Àixīnjuéluó"등처럼 소수민족 출신의 것.

또한 "复姓"은 아니지만, 시댁의 성과 친정의 성을 함께 써 "林杨"과 같이 이름 붙이는 습관도 일부에는 남아있다.

3. 성읽는 방법 · 변별법

성에는 특별하게 읽는 방법을 취하는 경우도 있다. 복성인 "诸葛"의 "葛 Gě"나 "万俟"의 "万 Mò"는 유명하지만 다른 것도 많다. 예를 들어 "种 Chóng, 盖 Gě, 华 Huà, 缪 Miào, 区 Ōu, 朴 Piáo, 仇 Qiú, 任 Rén, 单 Shàn, 冼 Xiǎn, 解 Xiè, 燕 Yān" 등. 이렇게 읽는 방법을 "破读 pòdú"라 하며, 성의 발음을 일반적으로 읽는 것과 구별하여, 변별하기 쉽게 하고 있다.

성이나 이름에는 어려운 자도 많다. 본인이 써야만 확실하지만, 구두로 설명해주는 방법도 있다. 한자를 방이나 구조로 분해하여 설명하는 방법과, 잘 알고 있는 지명 · 인명을 빌리는 방법의 두 가지가 있다.

a. 한자(漢字) 분해법

"张"＝弓长 gōng cháng 张 Zhāng

"章"＝立早 lì zǎo 章 Zhāng

"王"＝三横一竖 sānhéng yīshù 王 Wáng

"汪"＝三点水王 sāndiǎnshuǐwáng 汪 Wāng

X

"胡"=古月 gǔ yuè 胡 Hú
"吴"=口天 kǒu tiān 吴 Wú
"陈"=耳东 ěr dōng 陈 Chén
"刘"=文刀 wén dāo 刘 Liú
"李"=木子 mù zǐ 李 Lǐ
"林"=双木 shuāng mù 林 Lín

b. 차용법
"曹"=曹操 Cáo cāo 的曹
"杜"=杜甫 DùFǔ 的杜
"邓"=邓小平 Dèng Xiǎopíng 的邓
"郑"=郑州 Zhèngzhōu 的郑
"黄"=黄河 Huánghé 的黄

이러한 설명법은 중국의 전신전화국 등이 출판한 「姓氏字典」류에 상세하게 있다.

또한, 편지의 자필싸인 등 흘려쓰는 자도 많아, 자체는 개인차이가 있어 판독하기 어렵다. 대부분 초서나 행서체이므로, 흘림자나 삼체천자문(三體千字文) 등의 자전류를 참조하든가, 서도에 대한 지식이 있는 사람에게 묻는 것이 좋다. 성명은 간체자로 쓰는 사람과 번체자를 쓰는 사람이 있으므로, 두가지 자체를 숙지해 둘 필요가 있다.

예를 들어, "尝 Cháng－嘗", "俯 Fǔ－頫", "和 Hé－龢", "节 Jié－節", "开－開" 등.

4. 남녀의 이름 / 형제의 이름

중국인의 이름은 글자모양만으로는 남녀의 구별이 어렵다. 한 때 여자아이의 이름에도 "建国", "建军", "卫东" 등의 이름을 붙일 때가 있었다. 그러나 남녀의 이름에도 일정한 경향은 있다.

남성에는 강인·웅대·견고의 이미지가 있는 문자가 많이 사용된다. 예를 들어, "伟 wěi, 雄 xióng, 魁 kuí, 刚 gāng, 武 wǔ, 锋 fēng, 岭 lǐng, 虎 hǔ, 龙 lóng, 博 bó" 등.

여성의 이름에는 草, 玉, 女자가 붙은 문자나 화조풍월(花鳥風月)에 관한 문자가 많다. 예를 들어, "婷 tíng, 娟 juān, 玲 líng, 珠 zhū, 燕 yàn, 凤 fèng, 巧 qiǎo, 慧 huì, 霞 xiá, 月 yuè, 云 yún, 艳 yàn, 美 měi" 등.

이름의 한 글자가 같든지, 같은 계열의 한자를 사용하는 것은 부모 자식간에는 쓰지 않고 형제나 아버지쪽의 종형제에 쓴다. 예를 들어, 형·제·종형제의 경우는, "杨时虎 Shíhǔ, 杨时彪 Shíbiāo, 杨时鹰 Shíyīng" "陈鑫 Xīn, 陈淼 Miǎo, 陈森 Sēn" 등.

중국에서는 보통, 풀네임(full name)으로 사람을 부르기 때문에, 세컨드네임만 신경쓰는 게 아니라, 성과 이름의 자형, 자의의 밸런스에 유의하여 이름을 짓는 경우가 많다.

성만 쓰고 이름은 안써도 된다.

X

*__xíngchéng__ 形成 動 형성하다, 형성되다. ¶ ～xiànzài zhèzhǒng júmiàn(～现在这种局面)지금의 이 같은 정세가 형성되다.

*__xíngdòng__ 行动(－動) 動 행동하다. ¶ lìkè～·qilai(立刻～起来) 즉시 행동에 옮기다. 名 행동. ¶ yòng shíjì～gěiyǐ huídá(用实际～给以回答)실제행동으로 답하다.

__xìng'ér__ 幸而 副 다행히, 운좋게, 요행으로. ¶ ～fāxiànde zǎo, méi yǒu shēngmìng wēixiǎn(～发现得早, 没有生命危险)다행히 일찍 발견하여 생명의 위험이 없다.

*__xīngfèn__ 兴奋(興奮) 動 흥분하다, 흥분시키다. ¶ bié tài～le!(别太～了!)너무 흥분하지 마시오! chǔyú ～ zhuàngtài(处于 ～状态) 흥분상태에 있다. ～__jì__(～剂)흥

분제. 名 흥분.

⁑**xìngfú** 幸福 形 행복하다. ¶ hěn ~de shēnghuó(很~的生活)아주 행복한 생활. 名 행복. ¶ hǎobùróngyì cái dédào de~(好不容易才得到的~)가까스로 얻은 행복.

†**xìng gāo cǎi liè** 兴高彩烈(興-) 連語 매우 흥겹다, 매우 기쁘다.

***xìnggé** 性格 名 성격. ¶ ~shuǎnglǎng(~爽朗)성격이 밝다. ~zhíshuǎng(~直爽)성격이 시원하다.

xìnghǎo 幸好 副 다행히, 운좋게, 요행으로. ¶ xià yǔ le, ~méi chūqu(下雨了, ~没出去)비가 왔지만, 다행히 나가지 않았다.

***xìnghuā** 杏花 名 살구꽃.

***xìngjí** 性急 形 [성격이]성급하다, 급하다. ¶ bié zhème~!(别这么~!)이렇게 성급해 하지마!

***xìngkuī** 幸亏(-虧) 副 다행히도, …덕분에. ¶ dàjiā lái bāngmáng(~大家来帮忙)다행히 모두 와서 도와주었다. ~kǎoshàng dàxué le(~考上大学了)다행히 대학에 합격했다.

xíng▲lǐ 行礼(-禮) 動 경례하다. ¶ xíngle ge lǐ(行了个礼)경례를 했다. xíng zhùmù lǐ(行注目礼)목례하다.

⁑**xíngli** 行李 名 《jiàn 件》 [여행의]화물, 짐. ¶ bǎ~fàngzai fángjiān li(把~放在房间里)짐을 방에 두다. **dǎ**~(打~)짐을 꾸리다.

***xìngmíng** 姓名 名 성명. ¶ tián~(填~)[표에]성명을 써넣다.

***xìngmìng** 性命 名 《**tiáo** 条》 목숨, 생명. ¶ bǎozhùle~(保住了~)목숨을 건졌다.

†**xìngnéng** 性能 名 성능.

⁑**xīngqī** 星期 名 1. 주. ¶ zhège~(这个~)이번 주. **shàng**~(上~)지난 주. **xià**~(下~)다음 주. 2. 요일. ¶ jīntiān~jǐ?(今天~几?)오늘은 무슨 요일입니까? ~**rì**(~日)일요일. ~**tiān**(~天)위와 동일. ~**yī**(~一)월요일. ~**èr**(~二)화요일. ~**sān**(~三)수요일. ~**sì**(~四)목요일. ~**wǔ**(~五)금요일. ~**liù**(~六)토요일. 3. **xīngqīrì**(星期日)[일요일]의 약어. ¶ ~xiūxi(~休息)일요일은 휴일이다.

xìngqíng 性情 名 성격. ¶ ~wēnshùn(~温顺)성격이 온순하다.

***xìngqù** 兴趣(興-) 名 흥미, 재미, 즐거움, 관심. ¶ nǐ duì shénme gǎn~?(你对什么感~?)당신은 어떤 것에 흥미가 있습니까? yǒu~(有~)흥미가 있다. méi~(没~)흥미가 없다.

***xìngr** 杏儿(-兒) 名 살구.

†**xíngrén** 行人 名 길가는 사람, 통행인, 보행자.

***xíngróng** 形容 動 형용하다, 묘사하다. ¶ zhège cí yòng lái~sùdù kuài(这个词用来~速度快)이 말은 속도가 빠름을 형용하는데 사용된다. 名〈文〉형상, 용모. ¶ ~qiáocuì(~憔悴)모습이 초췌하다.

†**xíngshǐ** 行驶(-駛) 動 [차·배가]다니다, 통행하다, 운항하다. ¶ lièchē xiàng nán~(列车向南~)열차가 남쪽으로 달리다.

***xíngshì** 形式 名 형식, 형(型). ¶ ~hé nèiróng(~和内容)형식과 내용.

***xíngshì** 形势(-勢) 名 1. 지세,

지형 ; 대부분 군사적인 경우에 쓰임. ¶ ~xiǎnyào(~险要)지형이 험하다. 2. 형세. ¶ guójì~(国际~)국제정세.

*xìngshù 杏树(-樹) 名 《kē 棵, zhū 株》〈植〉 살구나무.

†xíngtài 形态(-態) 名 형태. yì-shí(意识~)의식형태, 이데올로기.

xīngwàng 兴旺(興-) 形 번창하다, 왕성하다, 흥성하다. ¶ shìyè ~fādá(事业~发达)사업이 번창하다.

†xíngwéi 行为(-爲) ¶ mófàn~(模范~)모범적 행위.

xǐngwù 省悟 動 각성하다, 깨닫다. ¶ miànduì xiànshí zhōng yú ~le(面对现实终于~了)현실에 직면하여 마침내 깨달았다.

*xíngxiàng 形象 名 모양, 형상. ¶ yīngxióng rénwù de~(英雄人物的~)영웅인물의 형상. 形 구체적이다. ¶ miáoxiě de fēicháng~(描写得非常~)매우 구체적으로 묘사하다.

xīngxīng 星星 名 작은 점. ~ zhī huǒ(~之火)작은 불티.
☞ xīngxing(星星) 참조.

*xīngxing 星星 名 《kē 颗》〈口〉 별.
☞ xīngxīng(星星) 참조.

X

†xíngxīng 行星 名 행성, 혹성.

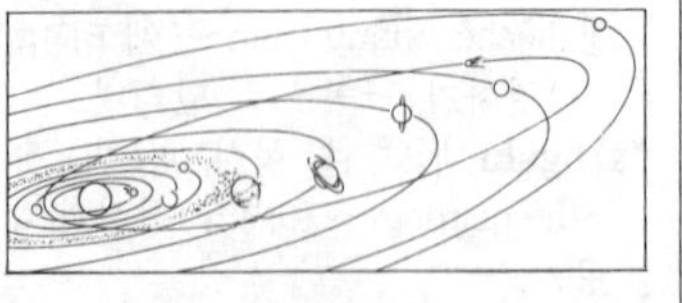

行星

xīngxǔ 兴许(興許) 副 〈方〉 혹은, 어쩌면, 혹시…일지도 모른다. =yěxǔ(也许) ¶ ~tā huì zhīdao(~他会知道)어쩌면 그가 알지도 모른다.

*xíngzhèng 行政 名 행정. ¶ duō nián gǎo~(多年搞~)여러해 행정지에서 일하다. ~jīgòu(~机构)행정기구.

*xìngzhì 性质(-質) 名 성질. ¶ ~bùtóng de wèntí(~不同的问题)성질이 다른 문제.

*xíngzhuàng 形状(-狀) 名 [물체의]형상, 외관. ¶ wùtǐ de~(物体的~)물체의 형상.

*xìngzi 性子 名 1. 성정, 성질. ~ jí(~急)성질이 급하다. jí~(急~)급한 성질. shǐ~(使~)화를 내다. 2. [술·약의]성질. ¶ zhè-zhǒng yào~dà(这种药~大)이런 약은 강하다.

xīngzuò 星座 名 〈天〉 성좌, 별자리.

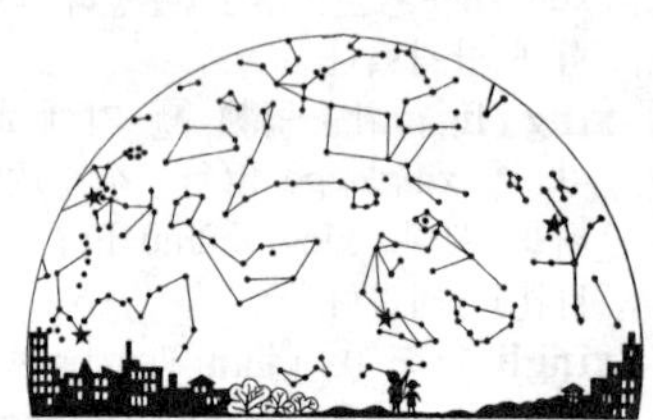

星座

†xìnhào 信号(-號) 名 [빛·전파·음·동작 등에 의한]신호. dǎ~(打~)신호를 보내다. fā~(发~)위와 동일. ~dēng(~灯)신호등.

xīnhěn 心狠 形 잔혹하다, 냉혹하다. ~shǒu là(~手辣)마음이

독하고 하는 짓이 악랄하다.

*xīnhuāng 心慌 形 1. 당황하다. ~yì luàn(~意乱)마음이 어지럽고 생각이 산란하다; 당황하여 어찌할 바를 모르다. 2. 〈方〉 심장이 심하게 고동치다. ¶ ~qì duǎn(~气短)심장이 격하게 뛰고 호흡이 가쁘다.

*xìnì 细腻(細膩) 形 1. 보드랍고 매끄럽다. ¶ pífū~(皮肤~)살결이 곱다. 2. [묘사·표현·연기 등이]섬세하다, 세밀하다. ¶ xīnlǐ huódòng miáoxiěde~(心理活动描写得~)심리활동을 세밀하게 묘사했다.

xīnjí 心急 形 초조하다, 애타다, 조급하다. ~chībuliǎo rè dòufu(~吃不了热豆腐)마음이 급하면 뜨거운 두부를 먹을 수 없다; 마음이 급하면 일을 손해본다.

‡xīnkǔ 辛苦 形 고생스럽다, 수고롭다. ¶ ~de láodòng(~的劳动)고생스런 노동. 動 고생하다, 수고하다. ¶ zhè shìr hái děi nín~yí tàng(这事儿还得您~一趟)이 일은 아무래도 당신이 한 번 수고해 주셔야 하겠습니다. 2. 〈應〉 수고했습니다. ¶ nín~le(您~了) 수고하셨어요!

xīnláng 新郎 名 신랑. ⇔ xīnniáng(新娘)

*xīnlǐ 心理 名 심리, 감정.

‡xīnnián 新年 名 신년, 새해. ¶ ~hǎo(~好)새해 복 많이 받으세요. yíng~(迎~)새해를 맞이하다.

†xìnniàn 信念 名 신념.

xīnniáng 新娘 名 신부. 특히 xīnniángzi(新娘子)라고도 함.⇔xīnláng(新郎)

†xìnpír 信皮儿(-兒) ☞ xìnfēng(信封) 참조.

†xīnqín 辛勤 形 부지런하다, 근면하다. ¶ ~láodòng(~劳动)부지런히 일하다.

*xīnqíng 心情 名 심정, 마음, 기분. ¶ ~bù hǎo(~不好)기분이 좋지 않다. méi~xiě huíxìn(没~写回信)답장 쓸 마음이 없다.

†xīnrén 新人 名 신인, 새인물, 새사람, 새인간.

*xìnrèn 信任 動 신임하다, 신뢰하다. ¶ dàjiā dōu fēicháng~nǐ(大家都非常~你)모두들 당신을 매우 신임하고 있다. 名 신임, 신뢰.

†xīnshǎng 欣赏(-賞) 動 감상하다, 음미하다. ¶ ~yīnyuè(~音乐)음악을 감상하다.

†xīnshēng 新生 形 갓 태어난, 막 나타난, 새로 생긴. ~lìliang(~力量)새로운 힘. ~shìwù(~事物)[사회주의 세계에서의]새로 생긴 사물. 名 신입생.

†xīnshì 新式 形 신식의, 최신의. ¶ ~bīngqì(~兵器)최신병기.

†xīnshì / xīnshi 心事 名 걱정거리, 시름. ¶ ~chóngchóng(~重重)걱정거리가 태산이다. nǐ hǎoxiàng yǒu shénme~(你好像有什么~)당신은 무슨 걱정거리가 있는 것 같다.

xīnshui 薪水 名 임금, 급료. = gōngzī(工资)

†xīnsi 心思 名 1. 생각, 염두, 기분. ¶ kàntòule tā de~(看透了他的~)그의 마음을 꿰뚫어 보았다. 2. 머리, 지력, 애. ¶ wākōng

~suànji rén(挖空~算计人)남을 모해하려고 갖은 궁리를 다하다. 3. 어떤 일을 하고 싶은 기분, 심정. ¶ méi~gēn nǐ fèihuà(没~跟你费话)당신과 쓸데없는 말하고 싶은 기분이 없다.

xínsi 寻思(尋一)
☞ **xúnsi**(寻思) 참조.

*__xīnténg__ 心疼 動 몹시 아끼다, 사랑하다. ¶ ~háizi(~孩子)아이를 몹시 사랑하다. ~nà jǐ ge qián(~那几个钱)그 몇 푼의 돈을 아끼다.

*__xìntǒng__ 信筒 名 우체통.

‡**xīnwén** 新闻(一聞) 名 뉴스, 새로운 일이나 소식. ☆「신문」은 **bào**(报), 또는 **bàozhǐ**(报纸). ~**jìzhě**(~记者)신문기자. **tóutiáo** ~(头条~)톱기사.

†**xìnxī** 信息 名 소식, 기별; 정보.

*__xīnxiān/xīnxian__ 新鲜(一鮮) 形 신선하다, 진귀하다. ¶ ~de shūcài(~的蔬菜)신선한 야채. sānshí nián qián xǐyījī hái shì~dōngxi(三十年前洗衣机还是~东西)30년 전 세탁기는 진귀한 물건이었다.

xīnxiǎng 心想 動 마음속으로 말하다. =**xīnshuō**(心说)

xìnxiāng 信箱 名 1. 우체통. 2. 사서함. ¶ Běijīng wǔshísān hào~(北京五十三号~)북경사서함 53호. 3. 우편함.

*__xìnxīn__ 信心 名 자신, 확신, 신념. ¶ tā yǒu jiāndìng de~(他有坚定的~)그는 확고한 신념이 있다. mǎnhuái~(满怀~)자신 만만하다.

†**xīngxíng** 新型 形 신형의, 신식의. ¶ ~de qìchē(~汽车)신형의 자동차.

xīnxū 心虚(一虛) 形 1. [잘못을 저질러]켕기다, 제발 저리다. **zuò zéi**(做贼~)도둑이 제발 저리다. 2. 불안하다, 걱정이 되다. ¶ méi bǎwò gǎndaò~(没把握感到~)자신이 없어 불안하다.

xìnyǎng 信仰 動 [어떤 종교를] 믿다, [주의·주장을]신봉하다, [개인을]흠모하다, 존경하다. ¶ ~Jīdūjiào(~基督教)기독교를 믿다. 名 신앙, 신봉, 경모. ¶ tā shì ge méi yǒu~de rén(他是个没有~的人)그는 아무것도 신봉하지 않는 사람이다.

†**xīnyǎnr** 心眼儿(一兒) 名 내심, 마음속, 기지, 슬기, 눈치. ¶ tā ~kě duō(他~可多)그는 눈치가 많다. tāmen yí ge~(他们一个~)그들은 한통속이다. **xiǎo**~(小~)마음이 좁다.

†**xīnyì** 心意 名 《**piàn** 片》 마음, 성의.

xīnyuàn 心愿(一願) 名 염원, 희망.

*__xīnzàng__ 心脏(一臟) 名 심장; 중심부. ¶ ~tíngzhǐle tiàodòng(~停止了跳动)심장이 고동을 멈췄다; 사망한 것을 돌려서 말하는 것. Běijīng shì Zhōngguó de~(北京是中国的~)북경은 중국의 심장부이다.

*__xìnzhǐ__ 信纸(一紙) 名 편지지.

*__xiōng__ 胸 名 가슴. ☆ 단독으로 쓸 때는 대개 **xiōngpú**(胸脯). **áng shǒu tǐng**~(昂首挺~)머리를 들고 가슴을 펴다. ~yǒu chéng zhú(~有成竹)속에 이미 타산이 있다.

X

†**xiōng** 凶(兇) 形 1. 흉악한, 흉폭한. ¶ yí fù~xiàng(一副~相)흉폭한 인상. nàge rén tài~(那个人太~)그 사람은 매우 흉악하다. 2. 정도가 심하다, 지독하다, 지나치다. ¶ yǔ láide hěn~(雨来得很~)비가 지독하게 내리다.

***xióng** 熊 名 《**zhī** 只》〈動〉 곰.

***xióng** 雄 形 수컷의. ⇔ **cí**(雌) ~**huā**(~花)수꽃.

⁑**xiōngdì** 兄弟 名 형제, 형과 아우. ¶ ~liǎ(~俩)형제 둘.

☞ **xiōngdi**(兄弟) 참조.

⁑**xiōngdi** 兄弟 名 〈口〉 1. 아우, 동생. =**dìdi**(弟弟) 2. 자기보다 나이 어린 남자를 친근하게 부르는 말. 3. 자기 동년배나 뭇 사람들 앞에서 자신을 낮추어 하는 말.

☞ **xiōngdì**(兄弟) 참조.

†**xiōng'è** 凶恶(兇惡) 形 흉악하다. ¶ ~de dírén(~的敌人)흉악한 적.

xiōnghěn 凶狠(兇一) 形 [성격·행위가]흉폭하다, 흉악하다. ¶ ~de tàidu(~的态度)흉폭한 태도.

xiōngkǒu 胸口 名 명치를 중심으로한 가슴의 중앙부분.

***xióngmāo** 熊猫 名 《**zhī** 只》 판다. **māoxióng**(猫熊)이라고도 함. **dà**~(大~)위와 동일. **xiǎo**~(小~)아기 판다곰.

熊猫

†**xiōngměng** 凶猛(兇一) 形 흉맹하다, 사납다, ¶ ~de yěshòu(~的野兽)사나운 짐승. láishì~(来势~)기세가 사납다.

***xiōngpú** 胸脯 名 (~儿)가슴, 흉부. ¶ tǐng~(挺~)가슴을 펴다.

xiōngshǒu 凶手(兇一) 名 범인, 하수인. ¶ yánchéng~(严惩~)범인을 엄벌에 처하다. **shārén**~(杀人~)살인범.

***xióngwěi** 雄伟(一偉) 形 웅대하다, 당당하고 장대한. ¶ ~de jiànzhù(~的建筑)웅대한 건축물.

†**xióngzhuàng** 雄壮(一壯) 形 웅장하다, 힘차다. ¶ qìshì~(气势~)기세가 웅장하다.

***xīqí** 希奇·稀奇 形 진귀하다, 드물다. ¶ zhè yǒu shénme~de?(这有什么~的?)이게 뭐가 진귀한가?

xīqǔ 吸取 動 흡수하다, 빨아들이다. ¶ zǒngjié jīngyàn~jiàoxun(总结经验~教训)경험을 총괄하여 교훈을 받아들이다.

***xǐque** 喜鹊(一鵲) 名 《**zhī** 只》까치. ☆ 까치가 울면 경사가 있다 여김. ¶ ~fēilai bàoxǐ(~飞来报喜)까치가 좋은 소식을 가져온다.

***xīshǎo** 稀少·希少 形 희소하다, 적다, 드물다. ¶ xíngrén chēliàng~(行人车辆~)행인과 차의 왕래가 드물다.

***xīshēng** 牺牲(犧一) 動 [정의를 위해]목숨을 버리다, 희생하다. ¶ ~zìjǐ de xiūxi shíjiān wèi dàjiā fúwù(~自己的休息时间为大家服务)자신의 휴식시간을 희생하여 여러 사람들을 위해 봉사하다.

xǐshì 喜事 名 1. 기쁜 일, 경사. ¶ zhè shì quánjiā rén de yí jiàn

X

dà～(这是全家人的一件大～)이 것은 가족 모두의 큰 경사이다. 2. 특히 결혼을 가르킴. ¶ bàn～(办～)결혼식을 하다.

***xīshōu** 吸收 動 1. 흡수하다, 빨아들이다. ¶ ～xīnxiān kōngqì(～新鲜空气)신선한 공기를 들이마시다. 2. 조직이나 단체가 어떤 사람을 자신의 멤버로 영입하다. ¶ ～tā rùdǎng(～他入党)그를 입당하게 하다.

xǐ shǒu 洗手 連語 손을 씻다 ; 나쁜 일에서 손을 빼다 ⇒ 발을 씻다. ～**bú gàn**(～不干)나쁜짓을 더이상 하지 않다.

***xìtǒng** 系统(一統) 名 계통, 시스템. ¶ xíngchéng wánzhěng de～(形成完整的～)완전한 체계를 형성하다. 形 체계적인, 계통적이다. ¶ ～xuéxí(～学习)계통을 세워 학습하다, 체계적으로 공부하다.

xiū 休 動 그만두다, 쉬다. ¶ zhēnglùn bù～(争论不～)언쟁이 그치지 않다. 副 〈文〉…하지마라, …해서는 안된다. ¶ guòqù de shì～tí le(过去的事～提了)과거일은 꺼내지 말아라. ～xiǎng táotuō(～想逃脱)벗어나려고 생각하지 마라. ～yào huāngzhāng(～要慌张)당황해 하지마라. **xiánhuà～tí**(闲话～提)쓸데없는 말은 꺼내지 마라.

X

***xiū** 修 動 1. 수리하다. ¶ ～biǎo(～表)시계를 수리하다. 2. [건조물을]건설하다, 건축하다. ¶ ～lù(～路)길을 닦다, 도로를 정비하다. ～qiáo(～桥)다리를 수리하다, 다리를 놓다. 3. 학습하다, 연구하다. ¶ ～zhéxué(～哲学)철학을 연구하다. 4. 정돈하다, 다듬다. ¶ ～zhǐjia(～指甲)손톱을 손질하다.

***xiū** 羞 動 1. 수줍다, 부끄럽다. ¶ ～·hóngle liǎn(～红了脸)부끄러워 얼굴을 붉혔다. 2. 부끄럽게 하다, 난처하게 하다, 무안하게 하다. ¶ dàjiā yìqǐ～·qǐ tā lai(大家一起～起他来)모두 함께 그녀를 난처하게 했다.

xiǔ 宿 量 밤을 세는 데 쓰임. ☆ '宿'는 이 경우에만 **xiǔ**라고 발음된다. 그 밖의 경우는 **sù**. ¶ zhùle yì～(住了一～)하룻밤 묵었다. tánle bàn～(谈了半～)한밤중까지 이야기했다. wǒ yì～dōu méi shuì(我一～都没睡)나는 밤새 자지 않았다.

†**xiù** 绣(繡) 動 수놓다, 자수하다. ¶ ～zhuōbù(～桌布)탁상보에 수를 놓다. 名 자수.

***xiù** 锈(銹) 動 녹슬다. ¶ suǒ～·zhù le(锁～住了)자물쇠가 녹슬었다. 名 녹. **shēng**～(生～)녹이 슬다.

xiūbǔ 修补(一補) 動 수리하다, 고치다. ¶ ～chētāi(～车胎)타이어를 수리하다.

xiūchǐ 羞耻 名 부끄러움, 수치, 치욕. ¶ bù zhī tiānxià hái yǒu～èr zì(不知天下还有～二字)천하에 '수치심'라는 것을 모른다. gǎndào～(感到～)수치심을 느끼다.

***xiūgǎi** 修改 動 [문장·계획 등을] 고치다, 개정하다. ¶ ～kèběn(～课本)교과서를 개정하다.

***xiūjiàn** 修建 動 [토목 건조물을] 짓다, 건설하다. ¶ ～qiáoliáng(～

桥梁)교량을 건조하다.

*__xiūlǐ__ 修理 動 1. 수리하다. ¶ ~xié(~鞋)신발을 수선하다. 2. 전지하다, 가위질하여 다듬다. ¶ ~zhīyè(~枝叶)나뭇잎을 다듬다.

‡__xiūxi__ 休息 動 쉬다, 휴식하다. ¶ xiànzài~shí fēn zhōng(现在~十分钟)지금 10분간 쉬자.

*__xiūyǎng__ 休养(—養) 動 1. 휴양하다. ¶ xūyào~yí duàn shíjiān(需要~一段时间)잠시 휴양할 필요가 있다. zài jiā~(在家~)집에서 휴양하다. 2. [국가나 국민의 경제력을]회복·발전시키다.

†__xiūyǎng__ 修养(—養) 動 수양하다. 名 수양. ¶ hěn yǒu wénxué~(很有文学~)문학에 대한 조예가 깊다.

†__xiūzhèng__ 修正 動 1. 수정하다. ¶ ~·le jǐ chù wénzì(~了几处文字)몇 곳의 문자를 수정했다. 2. [마르크스·레닌주의를]왜곡하다. ~__zhǔyì__(~主义)수정주의.

†__xiūzhù__ 修筑 動 세우다, 건설하다, 건축하다. ¶ ~gōnglù(~公路)도로를 건설하다.

*__xiùzi__ 袖子 名 《__zhī__ 只》 소매. ¶ wǎn~(挽~)소매를 걷다.

‡__xīwàng__ 希望 動 희망하다. ¶ tā~zài yīyuàn gōngzuò(她~在医院工作)그녀는 병원에서 근무하기를 원한다. wǒ~nǐ hǎohǎode wánchéng rènwu(我~你好好地完成任务)나는 당신이 임무를 잘 완수하기를 바랍니다. 名 희망, 바램. ¶ qīngshàonián shì wǒmen de~(青少年是我们的~)청소년은 우리의 희망이다.

*__xìxīn__ 细心(細—) 形 주의깊다, 면밀하다, 세심하다. ¶ tā shì ge~rén(她是个~人)그녀는 세심한 사람이다. zuòshì hěn~(做事很~)주의깊게 일하다. ~guānchá(~观察)주의 깊게 관찰하다.

__xīyáng__ 西洋 名 서양, 구미.

†__xīyī__ 西医(—醫) 名 1. 서양의학. ¶ kàn zhōngyī, háishi kàn~?(看中医, 还是看~?)중의[한방]로 진찰받나요, 아니면 서양의학으로 진찰받나요? 2. 서양의학의 의사. ¶ tā shì wèi~(他是位~)그는 서양의이다.

*__xǐyī__ 洗衣 動 세탁하다, 빨래하다. ~__fěn__(~粉)[세탁용]세제, 가루비누. ~__jī__(~机)세탁기.

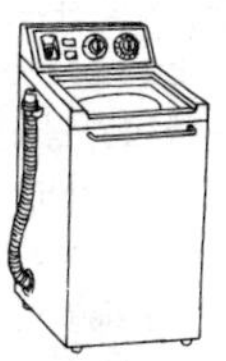

洗衣机

*__xīyǐn__ 吸引 動 흡인하다, 빨아 당기다, 끌다, 유인하다, 매료시키다. ¶ zhè bù zuòpǐn~·le wúshù dúzhě(这部作品~了无数读者)이 작품은 무수한 독자들을 매료시켰다.

*__xìyuàn__ 戏院 名 극장. =__jùchǎng__(剧场)

†__xǐyuè__ 喜悦 形 즐겁다, 유쾌하다. ¶ mǎnxīn~(满心~)기쁨으로 가득차다.

‡__xǐ▲zǎo__ 洗澡 動 온몸을 씻다 ; 목욕하다. ¶ xǐ lěngshuǐ zǎo(洗冷水澡)냉수욕을 하다. ~__jiān__(~

X

間)욕실.

*xìzhì 细致(細一) 形 섬세하다, 세밀하다, 공들이다, 꼼꼼하다. ¶ jiǎncháde hěn~(检查得很~)꼼꼼히 검사하다.

†xízi 席子 量《lǐng 领, zhāng 张》거적자리·삿자리·돗자리 따위의 총칭. ¶ pū~(铺~)돗자리를 깔다.

†xū 需 動 필요하다. àn~fēnpèi (按~分配)필요에 따라 분배하다.

xū 须(須) 能〈文〉…할 필요가 있다, …해야 한다. ¶ hái~jìxù cháyicha(还~继续查一查)아직 계속해서 조사해 볼 필요가 있다. shàng~gǎijìn(尚~改进)또한 개량하지 않으면 안된다.

*xǔ 许(許) 動 허락하다. ¶ ~nǐ qù, wèishénme bù~wǒ qù?(~你去, 为什么不~我去?)당신은 가도 되는데, 왜 나는 가면 안됩니까? bù~dòngshǒu(不~动手)손으로 만지면 안된다. 副 아마도, 혹시. ¶ tā xiàwǔ~lái(他下午~来)그는 오후에 혹시 올지 모른다.

†xuán 悬(懸) 動 걸다；매달다；미결인 채로 있다, 결말이 나지 않았다. ¶ nà jiàn shì hái~·zhe ne(那件事还~着呢)그 일은 아직 현안으로 남아있다.

*xuǎn 选(選) 動 고르다, 선택하다, 뽑다. ¶ ~dàibiǎo(~代表)대표를 뽑다.

†xuānbù 宣布 動 정식으로 발표하다, 선언하다. ¶ dāngzhòng~(当众~)많은 사람 앞에서 선언하다. ~zhèngjiàn(~政见)정견을 발표하다. ~zhùyì shìxiàng(~注意事项)주의사항을 발표하다.

*xuānchuán 宣传(一傳) 動 선전하다；설명하여 널리 알리다. ¶ ~kēxué zhòngtián de zhòngyàoxìng(~科学种田的重要性)과학적인 경작의 중요성을 선전하다. 名 선전.

xuànfēng 旋风(一風) 名 회오리바람, 선풍. ¶ yí zhèn~(一阵~)일진의 회오리 바람, 한 차례의 광풍.

†xuāngào 宣告 動 선고하다.

†xuǎnjǔ 选举(選舉) 動 선거하다. ¶ ~guójiā zhǔxí(~国家主席)국가주석을 선거하다. 名 선거.

xuánkōng 悬空(懸一) 動 허공에 뜨다, 우뚝 솟다.

xuān▴shì 宣誓 動 맹세하다, 선서하다. ¶ jǔshǒu~(举手~)손을 들어 맹세하다.

xuǎnshǒu 选手(選一) 名 선수.

xuànwō 旋涡·漩涡(一渦) 名 1. (~儿) 소용돌이. ¶ bèi juǎnjìn ~(被卷进~)소용돌이에 말려들다. 2. 연루시키는 일, [어떤 사건의]소용돌이. ¶ ~zhōng de rénwù(~中的人物)[어떤 사건에]연루된 인물.

†xuányá 悬崖(懸一) 名 낭떠러지, 벼랑. ~**juébì**(~绝壁)깎아지른 듯한 절벽.

†xuānyán 宣言 名 선언. ¶ fābiǎo ~(发表~)선언을 발표하다.

*xuǎnzé 选择(選擇) 動 선택하다, 고르다. ¶ ~duìxiàng(~对象)대상을 선택하다；결혼 상대를 고르다.

xuánzhuǎn 旋转(一轉) 動 [점·축을 중심으로]회전하다. ¶ dìqiú rào dìzhóu~(地球绕地轴~)지구

는 지축을 중심으로 회전한다.

⁑**xǔduō** 许多(許一) 形 대단히 많은, 허다한. (**AABB**) ¶ ~rén(~人)많은 사람. 名 많음. ¶ hái yǒu~(还有~)아직 많이 있다.

⁑**xué** 学(學) 動 1. 배우다. ¶ wǒ ~·guo sān nián de Hànyǔ(我~过三年的汉语)나는 3년간 중국어를 배웠다. ~chàng gē(~唱歌)노래를 배우다. ~dào lǎo(~到老)평생을 배우다. 2. 흉내내다, 모방하다. ¶ ~tā de shēngdiào(~他的声调)그의 목소리를 흉내내다. 名 학문. **qiú**~(求~)학문을 하다. **wùlǐ**~(物理~)물리학.

⁑**xuě** 雪 名 《**cháng** 场, **piàn** 片》 눈. ¶ xià~(下~)눈이 내리다.

†**xuè** 血 名 피, 혈액. ☆ 단독으로 쓰일 때는, 대개 **xiě**라고 발음한다.

☞ **xiě**(血) 참조.

***xuěbái** 雪白 形 [눈처럼]새하얗다. (**AABB**) ¶ ~de qiáng(~的墙)새하얀 벽. ☆ **xuěbái**(雪白)와 같이 「명사+형용사」의 구조를 가진 형용사는 일반의 형용사와는 달리, 중첩형의 강조 표현을 만드는 경우 **AABB**의 형을 취한다. 또한 **hěn**(很)이외의 정도 부사의 수식을 받을 수 없다.

†**xuéfèi** 学费(學費) 名 학비.

†**xuèguǎn** 血管 名 《**gēn** 根》 혈관. **máoxì**~(毛细~)모세혈관.

†**xuěhuā** 雪花 名 [공중에 날리는] 눈송이. ¶ piāo~(飘~)눈이 흩날리다.

†**xuéhuì** 学会(學會) 名 학회.

☞ **xuéhuì**(学会) 참조.

***xuéhuì** 学会(學會) 動 습득하다, 마스터하다. ¶ wǒ~·le huábīng(我~了滑冰)나는 스케이트를 탈 수 있게 되었다. rén bú dà, dào ~·le piàn rén(人不大, 倒~了骗人)아직 어린아이인데, 사람을 속일 줄 안다.

☞ **xuéhuì**(学会) 참조.

†**xuékē** 学科(學一) 名 학과.

***xuénián** 学年(學一) 名 학년.

***xuéqī** 学期(學一) 名 학기.

⁑**xuésheng** 学生(學一) 名 학생, 생도.

†**xuéshí** 学时(學時) 名 [학교 수업의]시간, 시한.

***xuéshù** 学术(學術) 名 학술.

†**xuéshuō** 学说(學說) 名 학설.

xué▴tú 学徒(學一) 動 견습공이 되다, 도제(徒弟)가 되다. ¶ zài gōngchǎng xuéle sān nián tú(在工厂学了三年徒)공장에서 3년간 견습공으로 있었다.

☞ **xuétú** (学徒) 참조.

xuétú 学徒(學一) 名 도제, 견습생, 실습생. ¶ dāng~(当~)도제가 되다, 견습생이 되다. ~**gōng**(~工)견습공.

☞ **xué▴tú** (学徒) 참조.

†**xuéwèi** 学位(學一) 名 [박사·석사 따위의]학위.

***xuéwen** 学问(學問) 名 《**mén** 门》 학문. ¶ tā hěn yǒu~(他很有~)그는 지식이 넓다. ~yuè zuò yuè dà(~越做越大)학문이 할수록 깊어지다.

⁑**xuéxí** 学习(學習) 動 배우다, 학습하다. =**xué**(学) ¶ ~wàiyǔ(~外语)외국어를 배우다. ~wénhuà(~文化)문화를 배우다. 名 학습.

⁑**xuéxiào** 学校(學一) 名 《**suǒ** 所》 학교. ¶ shàng~(上~)학교에 가다.

xuèxíng 血型 名 혈액형. ¶ chá~(查~)혈액형을 검사하다.

†**xuèyā** 血压(一壓) 名 혈압. ¶ liáng~(量~)혈압을 재다. ~gāo(~高)혈압이 높다. **gāo**~(高~)고혈압.

***xuèyè** 血液 名 1. 혈액. 〈口〉 **xiě**(血). 2. 혈액처럼 중요한 것. ¶ shíyóu shì gōngyè de~(石油是工业的~)석유는 공업의 원천이다. búduàn xīshōu xīnxiān~(不断吸收新鲜~)끊임없이 새로운 혈액을 흡수하다.

***xuéyuán** 学员(學員) 名 [대학이나 각종 훈련학교의]학생. ¶ hángxiào~(航校~)항공학교의 학생.

⁑**xuéyuàn** 学院(學一) 名 [의학·음악·어학·공학·사법 등의]단과대학 ; 칼리지.

†**xuézhě** 学者(學一) 名 학자.

†**xuézhì** 学制(學一) 名 학제, 교육제도.

***xuēzi** 靴子 名 《**shuāng** 双》 장화, 부츠. ☆ 단화는 **xié**(鞋). ¶ chuān~(穿~)부츠를 신다.

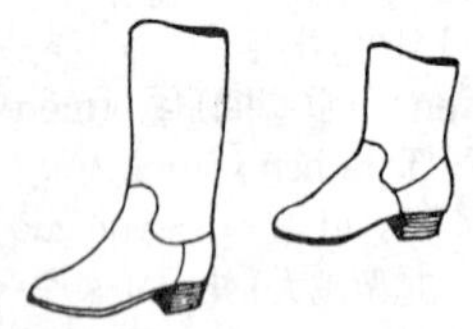

靴子

†**xǔkě** 许可(許一) 動 허가하다, 허락하다. ¶ kǎoshì bù~dài zìdiǎn(考试不~带字典)시험에는 사전을 가지고 와서는 안된다. méi yǒu~bùdé rùnèi(没有~不得人内)허가없이는 안에 들어갈 수 없다.

xūmíng 虚名(虛一) 名 허명 ; 헛된 명성. ¶ kōng yǒu~(空有~)헛되이 명성을 얻다. tú~(图~)헛된 명성을 추구하다.

†**xūn** 熏 動 1. 연기로 그을리다 ; 냄새·향기를 스며들게 하다. ¶ liǎn~·hēi le(脸~黑了)얼굴이 연기에 검게 그을렸다. 2. 냄새가 코를 찌르다. ¶ bèi xiāodúshuǐ~·de chuǎnbuguò qì lai(被消毒水~得喘不过气来)크레졸액 냄새가 코를 찔러 숨이 막힐 것 같다.

***xún** 寻(尋) 動 찾다. ~**rén qǐshì**(~人启事)구인광고.

xùn 训(訓) 動 가르치다, 지도하다. ¶ yòu bèi lǎoshī~·le yí tòng(又被老师~了一通)또 선생님으로부터 야단을 맞다. dòngbudòng jiù~rén(动不动就~人)걸핏하면 다른 사람에게 설교한다.

xúncháng 寻常(尋一) 形 보통이다, 흔해 빠지다, 평범하다, 예사롭다. ¶ jīntiān de jǔzhǐ bù~(今天的举止不~)오늘 행동은 심상치 않다.

†**xúnhuán** 循环(一環) 動 순환하다. ¶ cùjìn xuèyè~(促进血液~)혈액순환을 촉진하다. 名 순환.

***xùnliàn** 训练(訓練) 動 훈련하다. ¶ ~jǐngquǎn(~警犬)경찰견을 훈련하다.

†**xúnsi** 寻思(尋一) 動 〈口〉 생각하다. (旧) **xínsi**. ¶ wǒ~nǐ jīntiān bù lái le(我~你今天不来了)

X

오늘은 당신이 오지 않을거라고 생각했다. nǐ zài hǎohāor～·～(你再好好儿～～)다시 한번 잘 생각해 보세요.

*xùnsù 迅速 形 신속하다, 급속하다, 재빠르다. ¶ dòngzuò～(动作～)동작이 민첩하다. ～pò'àn(～破案)신속히 사건을 해결하다.

†xúnwèn 询问(詢問) 動 [의견을] 구하다, 문의하다, 질문하다, 알아보다. ¶ ～yìjian(～意见)의견을 묻다.

*xúnzhǎo 寻找(尋－) 動 찾다. ¶ ～jiějué wèntí de bànfǎ(～解决问题的办法)문제해결 방법을 찾다.

†xùshù 敍述 動 서술하다. 名 서술.

†xūwěi 虚伪(虛僞) 形 거짓이다, 허위이다, 위선적이다. ¶ tàidu～(态度～)태도가 위선적이다.

xùwén 序文·敍文 名 서문.

*xūxīn 虚心(虛－) 形 겸허하다. ¶ biǎoxiànde fēicháng bù～(表现得非常不～)태도가 무척 교만하다. ～xuéxí(～学习)겸허하게 배우다. ～**tǎn huái**(～坦怀)허심탄회하다, 흉금을 털어 놓다.

⁑**xūyào** 需要 動 […을]필요로 하다, …해야 한다. ¶ bù～nǐ de tóngqíng(不～你的同情)당신의 동정은 필요치 않다. 名 수요, 필요.

†xūyào 须要(須－) 能 …할 필요가 있다, 반드시 …해야 한다. ¶ kāi chē～zhùyì ānquán(开车～注意安全)운전할 때는 안전에 주의해야 한다.

xǔ▲yuàn 许愿(許願) 動 [신이나 부처에게]기도하다, 소원을 빌다. ¶ shāoxiāng～(烧香～)향불을 피우고 소원을 빌다. **xǔxià kōng yuàn**(许下空愿)경솔하게 떠맡다, 실없는 약속을 하다.

X

Y

†**yā** 鸭(鴨) 名 오리. 〈口〉 **yāzi**(鸭子). **kǎo**~(烤~)통오리구이.

*__yā__ 压(壓) 動 1. 누르다. ¶ zhè hézi pà~(这盒子怕~)이 상자는 누르면 찌그러진다. 2. 억누르다, 억압하다. ¶ ~·buzhù huǒ (~不住火)분노를 억제할 수 없다. 3. [언제까지나]보류해 두다, 방치하다. ¶ ~·zhe běnqian(~着本钱)자금을 묵혀두다. ~·le bàn ge yuè(~了半个月)보름 동안 방치했다.

†**yā** 押 動 1. 저당하다, 담보로 저당하다. ~**jīn**(~金)보증금, 담보금. 2. 구류하다. ¶ bèi~·qilai(被~起来)구류되다. 3. 호송하다. ~**chē**(~车)차를 호송하다.

*__yā__ 呀 嘆 놀라움을 나타냄. ¶ ~, kuài dào diǎn le(~, 快到点了)아, 벌써 시간이 다 되었군! 擬 문을 열고 닫을 때 나는 소리. ¶ mén~de yì shēng kāi le(门~的一声开了)문이 삐걱하고 열렸다.

☞ **ya**(呀) 참조.

⁑**yá** 牙 名 1. 《**kē** 颗》 이. =**yáchǐ**(牙齿) **shuā**~(刷~)이를 닦다. 2. 상아. ~**kuài**(~筷)상아 젓가락. ~**zhāng**(~章)상아 도장.

*__yá__ 芽 名 (~儿) [나무나 풀의]눈, 싹. **fā**~(发~)싹이 트다.

*__yǎ__ 哑(啞) 動 [목소리가]쉬다. ¶ shēngyīn fā~(声音发~)목이 쉬었다. ~·zhe sǎngzi shuō(~着嗓子说)쉰 목소리로 말하다.

*__yà__ 轧(軋) 動 [롤러 등으로]밀다, 깔아뭉개다. ¶ bǎ cāochǎng~·píng(把操场~平)운동장을 평평하게 고르다. ~**mǎlù**(~马路)연인들이 거리를 돌아다니며 즐거운 시간을 보내다.

⁑**ya** 呀 助 **a**(啊)와 같다. **a**앞의 음이 **a, e, i, o, ü**로 끝날 경우 변음하여 **ya**가 됨.

☞ **yā**(呀) 참조.

yǎba 哑巴(啞—) 名 농아, 벙어리.

yáchen 牙碜(—磣) 形 [음식물에 모래가 섞여]껄끄럽다. ¶ fàn chī·zhe~(饭吃着~)밥이 꺼끌꺼끌하다.

*__yáchǐ__ 牙齿(—齒) 名 《**kē** 颗, **pái** 排, **kǒu** 口》 치아, 이.

*__yādàn__ 鸭蛋(鴨—) 名 오리알. ~**liǎnr**(~脸儿)통통하고 긴 얼굴.

yā▲duì 压队(壓隊) 動 [대열의 뒤에서]앞의 부대나 대열을 감시·보호하다. ¶ lǎoshī zài hòumian~(老师在后面~)선생님이 뒤에서 감독하고 계시다.

*__yágāo__ 牙膏 名 《**guǎn** 管, **tǒng** 筒, **zhī** 支》 치약. jǐ~(挤~)치약을 짜다.

yàgēnr 压根儿(壓—兒) 副 〈口〉 본래, 원래, 전혀. ☆ **yā**(压)는 이 경우만은 **yà**로 발음됨. ¶ ~ jiù méi xiǎng hé nǐ zhēng(~就没想和你争)너와 다툴 생각은 전혀 없다.

yājiè 押解 動 [범인이나 포로를] 호송하다.

†yàjūn 亚军(亞軍) 名 [경기 시합의]제 2 위, 준우승.

*yákē 牙科 名 치과. ~yīsheng(~医生)치과의사.

*yālì 压力(壓－) 名 압력, 압박. ¶ dǐngzhù láizì gè fāngmiàn de ~(顶住来自各方面的~)각 방면으로부터의 압력을 견디다.

yámen 衙门(－門) 名 [옛날의] 관청.

⁑yān 烟 名 1. 《zhī 枝, bāo 包, tiáo 条》 담배. =xiāngyān(香烟) ¶ chōu~(抽~)담배를 피우다. xī ~(吸~)위와 동일. jiè~(戒~) 금연하다. 2. 《gǔ 股, lǚ 缕》 연기. ¶ mào~(冒~)연기가 나다.

烟

*yān 淹 動 물에 잠기다, 빠지다. ¶ bèi shuǐ~le(被水~了)물에 잠기다.

*yān 腌 動 소금에 절이다. ¶ ~báicài(~白菜)배추를 절이다(담그다).

*yán 盐(鹽) 名 소금. ¶ yì cuō~(一撮~)소금 한 줌.

*yán 沿 名 (~儿) 1. 가장자리, 가. kàng~·r(炕~儿)온돌의 가장자리. 2. 물가. hé~(河~)강가. 介 [흔히 zhe(着)를 수반하여] …를 따라. ¶ ~·zhe hébiān zǒu(~着河边走)강가를 따라 걷다. 動 [옷·이불 따위에]가선을 두르다. ¶ ~xiékǒu(~鞋口)신발목에 가선을 두르다.

†yán 严(嚴) 形 엄하다, 엄중하다, 빈틈 없다. ¶ bǎ guànzi gài·~le(把罐子盖了~)통에 뚜껑을 꼭 덮었다. bǎ mén guān·~(把门关~)문을 꼭 닫다.

*yǎn 眼 名 1. 눈.=yǎnjing(眼睛) 2. (~儿)작은 구멍. ěrduo~·r(耳朵~儿)귓구멍. kòu~·r(扣~儿)단추구멍. 3. 음악의 박자. yǒu bǎn yǒu~(有板有~)박자에 맞다 ; 논리 정연하다, 빈틈이 없다. 量 우물 등을 셀 때 쓰임. ¶ dǎle yì~jǐng(打了一~井) 우물을 하나 팠다.

*yǎn 演 動 상영하다, 연기하다. ¶ ~diànyǐng(~电影)영화를 상영하다.

*yàn 咽 動 삼키다, 넘기다. ¶ bǎ fàn~·xiaqu(把饭~下去)밥을 넘기다. ~tuòmo(~唾沫)침을 삼키다.

*yáncháng 延长(－長) 動 늘이다, 연장하다. ¶ huìyì~le sān tiān(会议~了三天)회의가 3일간 연장됐다. ~qīxiàn(~期限)기한을 연기하다.

*yǎnchū 演出 動 공연하다, 상연하다. ¶ ~wényì jiémù(~文艺节目)문예작품을 상연하다. 名 상연. ¶ yì cháng~(一场~)1회 공연. wèiwèn~(慰问~)위문공연.

†yāncōng 烟囱 名 《gēn 根, zhī 枝》 굴뚝, 연통.

*yāndài 烟袋 名 담뱃대, 곰방대. ~·guōr(~锅儿)담배통, 대통.

yāndǒu 烟斗 名 담뱃대, 파이프.

†yāng 秧 名 식물의 모, 모종. chā

~(插~)모내기하다. ~**tián**(~田)모판, 못자리.

⁑**yáng** 羊 名 《**zhī** 只》〈動〉양. ¶ fàng~(放~)양을 방목하다.

†**yáng** 扬(揚) 動 1. 높이 올리다, 높이 들다. ¶ ~·qǐ liǎn lai(~起脸来)얼굴을 번쩍 들다. ~**méi**(~眉)눈썹을 올리다. ~**shǒu**(~手)손을 쳐들다. 2. [위로]뿌리다. ~**cháng**(~场)[풍구·넉가래 따위로]마당질하다.

†**yáng** 洋 形 현대적이다, 세련되다. ⇔ **tǔ**(土) ¶ tā dǎbande tǐng ~de(他打扮得挺~的)그는 세련되게 치장을 하였다. 名 1. 대양, 바다. 2. 해외(의), 외국(의). **liú**~(留~)외유하다, 유학하다. ~**rén**(~人)외국인, 서양인.

yǎng 氧 名 산소. =**yǎngqì**(氧气) **quē**~(缺~)산소가 결핍되다.

***yǎng** 仰 動 우러러보다, 머리를 쳐들다. ¶ ~·qǐ liǎn(~起脸)얼굴을 들다, 우러러보다.

***yǎng** 养(養) 動 1. [동식물을]기르다, 사육하다. ¶ ~huā(~花)꽃을 재배하다. ~māo(~猫)고양이를 기르다. 2. [아이를]낳다, 키우다. ¶ ~háizi(~孩子)아이를 낳다. 3. 양생하다. ¶ ~shēntǐ(~身体)몸을 보양하다.

***yǎng** 痒(癢) 形 가렵다, 근질근질하다. ¶ quánshēn fā·~(全身发~)몸 전체가 가렵다.

***yàng** 样(樣) 名 모양, 모습. ¶ kàn tā nà shénqi~!(看他那神气~!)그의 저 의기양양한 모습 좀 봐라! 量 종류, 형태. ¶ yí~cài(一~菜)한 가지 요리.

†**yǎngài** 掩盖(-蓋) 動 1. 덮어 씌우다. ¶ dà xuě~·le màimiáo(大雪~了麦苗)폭설이 보리싹을 뒤덮었다. 2. 감추다. ¶ ~shìshí(~事实)사실을 감추다.

yàngběn 样本(樣-) 名 1. 견본, 모델. 2. [출판물의]카탈로그.

yángchē 洋车(-車) 名 《**liàng** 辆》〈口〉인력거. ¶ lā~(拉~)인력거를 끌다.

†**yǎngchéng** 养成(養-) 動 키우다, 양성하다. ¶ ~jiǎng wèishēng de hǎo xíguàn(~讲卫生的好习惯)위생을 중시하는 좋은 습관을 기르다.

yángcōng 洋葱 名 양파, 옥파.

***yángé** 严格(嚴-) 形 엄격하다, 엄하다. ¶ yāoqiú~(要求~)요구가 엄격하다. ~zūnshǒu jìlǜ(~遵守纪律)규율을 엄수하다.

yānggao 央告 動 부탁하다, 간청하다, 애원하다. ¶ ~māma mǎi wánjù(~妈妈买玩具)어머니에게 장난감을 사달라고 애원하다.

***yángguāng** 阳光(陽-) 名 햇빛, 일광. ¶ ~zhàojìn wū lai(~照进屋来)햇빛이 방안을 비치다.

†**yǎnghuà** 氧化 動 〈化〉 산화(酸化)하다. 名 산화.

†**yánghuī** 洋灰 名 시멘트. =**shuǐní**(水泥) ~**dì**(~地)시멘트 바닥.

†**yánghuǒ** 洋火 名 《**gēn** 根, **hé** 盒》〈口〉 성냥. =**huǒchái**(火柴) ¶ ~gùnr(~棍儿)성냥개비. cāzháo yì gēn~(擦着一根~)성냥 한 개비를 켜다.

***yǎnghuo** 养活(養-) 動 〈口〉 1. [사람·동물을]키우다, 기르다. ¶ ~quánjiā rén(~全家人)일가를 부양하다. 2. 아이를 낳다.

†**yǎngliào** 养料(養一) 名 양분, 영양분. ¶ xīshōu~(吸收~)양분을 흡수하다.

***yángliǔ** 杨柳(楊一) 名 1. 백양나무와 버드나무. 2. 버드나무.

***yǎngqì** 氧气(一氣) 名〈化〉산소. ¶ shū~(输~)산소를 흡입시키다.

***yángròu** 羊肉 名 양고기. ~**chuànr**(~串儿)양고기 꼬챙이 구이. **shuàn**~(涮~)양고기 샤브샤브 요리.

***yángshù** 杨树(楊樹) 名《**kē** 颗, **zhū** 株》백양나무, 사시나무.

***yǎnguāng** 眼光 名 1. 눈길, 시선. ¶ bǎ~tóudào chuāngwài(把~投到窗外)시선을 창 밖에 두다. 2. 안목, 견식, 관점. ¶ ~chángyuǎn(~长远)시야가 넓다. **yǒu**~(有~)안목이 있다.

†**yángxiàng** 洋相 名 꼴불견, 추태 ; 별로 좋지 못한 이미지로 사용됨. **chū**~(出~)보기 흉한 꼴을 보이다 ; 웃음거리가 되다.

yǎngyang 痒痒 形〈口〉가렵다. **shǒu**~(手~)[무엇인가 하고 싶어]손이 근질근질하다 ; 특히 사람을 때리고 싶을 때. 名 (~儿) 가려운 곳. ¶ náo~(挠~)가려운 곳을 긁다.

yǎngzhàng 仰仗 動 부탁하다, 의뢰하다. ¶ ~quánshì(~权势)권세에 의지하다.

⁑**yàngzi** 样子(樣一) 名 1. 모습, 모양, 표정. ¶ qiáo nǐ zhè fù~!(瞧你这副~!)너의 그 표정 좀 봐라. 2. 견본, 표본. 3.〈口〉형세, 추세. ¶ kàn~, yào xià yǔ le(看~, 要下雨了)보아하니 비가 올 것 같다.

†**yánhǎi** 沿海 名 연해. ¶ ~gǎngkǒu chéngshì(港口城市)연안 항구도시.

†**yǎnhóng** 眼红(一紅) 形 1. 탐나다, 샘이 나다. ¶ kànzhe~(看着~)보면 탐이 난다. 2. 혈안이 되다, 눈에 핏발이 서다. ¶ qìde~(气得~)핏발을 세워 화내다.

†**yǎnhù** 掩护(一護) 動〈軍〉엄호하다, 비호하다. ¶ ~zhuǎnyí(~转移)[부대의]이동을 엄호하다. 名 전투시에 몸을 숨길 곳 ; 참호, 엄폐물.

†**yánhuǎn** 延缓(一緩) 動 늦추다, 연기하다. ¶ kāixué rìqī~yì zhōu(开学日期~一周)개학이 일주일 연기되다.

***yànhuì** 宴会(一會) 名 회식, 연회. ¶ jǔxíng~(举行~)연회를 개최하다. kāi~(开~)위와 동일.

yǎnjiǎng 演讲(一講) 動 연설하다, 강연하다. ¶ dēngtái~(登台~)연단에 서서 강연하다.

***yǎnjìng** 眼镜(一鏡) 名 (~儿)《**fù** 副》안경. ¶ dài~(戴~)안경을 쓰다. **jiēchù**~(接触~)콘택트 렌즈. **yǐnxíng**~(隐形~)위와 동일.

⁑**yǎnjing** 眼睛 名《**zhī** 只, **shuāng** 双》〈口〉눈. ¶ nǐ~xiā le(你~瞎了)눈은 두었다 뭐하니! zhēngkāi~(睁开~)눈을 뜨다.

***yánjiū** 研究 動 연구하다, 검토하다. ¶ ~yǔfǎ(~语法)문법을 연구하다. ~xiàxīngqī de gōngzuò(~下星期的工作)다음주의 작업에 대해 검토하다. ~**suǒ**(~所)연구소.

†**yānjuǎnr** 烟卷儿(一兒) 名 담배,

Y

궐련. ＝**xiāngyān**(香烟) ¶ zuǐli diāozhe～(嘴里叼着～)입에 담배를 물고 있다.

***yǎnkàn** 眼看 副 1. 곧, 순식간에. ¶ ～jiù Chūnjié le(～就春节了)곧 春節(구정)이 다가온다. 2. [대개 ～·zhe(着)의 형태로 쓰여]빤히 보면서. ¶ ～·zhe chē kāizǒu le(～着车开走了)빤히 쳐다보면서 차를 놓쳤다.

***yǎnlèi** 眼泪 名 《**dī** 滴, **chuàn** 串, **háng** 行, **bǎ** 把》 눈물. ☆ **lèi**(泪)는 단독으로 쓰일 수 없음. ¶ liú～(流～)눈물을 흘리다.

***yánlì** 严厉(嚴厲) 形 엄하다, 호되다. ¶ wǒ de dǎoshī fēicháng～(我的导师非常～)나의 지도교사는 매우 엄하다. ～de pīpíng(～的批评)호된 비판.

***yánmì** 严密(嚴－) 形 엄중하다, 엄밀하다. ¶ píngzi gàide hěn～(瓶子盖得很～)병을 매우 단단히 막았다. ～zhùshì shìjiàn de fāzhǎn(～注视事件的发展)사태의 발전을 엄밀히 주시하다.

†**yānmò** 淹没 動 1. 물에 잠기다, 침몰하다. ¶ hóngshuǐ～·le cūnzhuāng(洪水～了村庄)홍수로 마을이 잠겼다. 2. 지워지다, 파묻히다, 사라지다. ¶ shuōhuà shēng bèi kǒuhào shēng suǒ～(说话声被口号声所～)이야기 소리가 구호를 외치는 소리에 파묻히다. ～zài rénqún li(～在人群里)사람들 속에 사라지다.

yǎnpí 眼皮 名 (～儿)눈꺼풀, 눈가죽. ¶ ～zhí dǎjià(～直打架)눈꺼풀이 계속 맞붙는다；매우 졸리운 모습. **shàng**～(上～)윗눈꺼풀. **xià**～(下～)아래 눈꺼풀.

yán▲qī 延期 動 기일을 미루다. ～**fákuǎn**(～罚款)연체료. ¶ huìyì～le(会议～了)회의가 연기되었다.

yàn▲qì 咽气(－氣) 動 숨을 거두다. ¶ yànbuxià zhè kǒu qì(咽不下这口气)도저히 숨을 거둘 수 없다；도저히 단념할 수 없다.

***yǎnqián** 眼前 名 1. 눈앞, 목전. ¶ yì nián qián de qíngjǐng yòu fúxiàn zài～(一年前的情景又浮现在～)1년 전의 정경이 또 눈앞에 떠오른다. 2. 현재, 목하. ¶ ～de júshì(～的局势)현재의 정세.

yǎnquān 眼圈 名 (～儿)눈언저리, 눈가. ¶ ～yì hóng, yǎnlèi liúlexialai(～一红, 眼泪流了下来)눈언저리가 붉어지더니 눈물이 흘러 내렸다. ～fāhēi(～发黑)눈언저리가 검게 되다.

***yánsè** 颜色(顏－) 名 1. 색, 색채. ¶ ～bù hǎo(～不好)색이 좋지 않다. qiǎn～(浅～)옅은 색. shēn～(深～)짙은 색. **zǒu**～(走～)색이 바래다. 2. [상대에게 내보이는]무서운 얼굴빛(행동). ¶ gěi tā diǎnr～kànkan(给他点儿～看看)그에게 따끔한 맛을 보여 주다.

☞ **yánshai**(颜色) 참조.

†**yǎnsè** 眼色 名 1. 눈짓. **dì**～(递～)눈짓하다. **shǐ**～(使～)위와 동일. 2. 눈빛, 눈치. ¶ kàn～(看～)눈치를 살피다.

yánshai 颜色 名 〈口〉 안료, 염료.

☞ **yánsè**(颜色) 참조.

†**yánshí** 岩石(巖－) 名 《**kuài** 块》

학습 정보 ㉛

◈ 颜色 yánsè(색) ◈

1. 중국에서의 특징

중국에서는 「색」을 "颜色 yánsè"라 하며, 색의 표현도 구체적이고 다양하다. 「青」이라는 색을 예를 들어보자. 「하늘」이나 「바다」의 색을 표현할 때, 중국에서는 "蓝 lán"을 사용하여, "蓝天 lántiān"(푸른 하늘)이나 "蓝色的大海"(푸른바다)라고 한다.

「푸른신호」, 「초목」, 「물」 등의 표현은, 중국에서는 "绿 lǜ"를 사용하고, "绿灯 lǜdēng"(푸른 신호), "绿叶 lǜyè"(푸른 잎), "碧绿 bìlǜ 的 湖水"(푸르른 호수) 등으로 말한다. 또한 "青马 qīngmǎ"(푸른 말)나 "青菜 cài"(푸른 야채) 등은 "青 qīng"을 쓰는 경우도 있다.

무채색인 白과 黑의 중간색을 가리키는 경우, 중국어에서는 "苍 cāng"을 사용하며, "白 bái", "灰 huī", "黑 hēi" 등의 색명과 조합하여 표현한다.

색조의 수식으로, 중국에서는 곧잘 "深 shēn"(짙다), "浅 qiǎn"(엷다), "浓 nóng"(농후하다), "淡 dàn"(열다) 등을 사용한다.

2. 주요한 색

★ 三原 sānyuán 色, 三基 jī 色 / 삼원색 ; 광선 등에서는 "红 hóng"(빨강) "绿"(녹색), "蓝"(푸른색)을 가리킨다. "加 jiā 色 三原色"(가법혼색의 삼원색)이라고도 한다. 그림의 도구 따위에서는 "品 pǐn 红, 黄, 蓝"을 가리킨다. 또한 "减 jiǎn 色 三原色"(감법혼색의 삼원색)이라고도 한다.

¶ 光谱 guāngpǔ 色 / 스펙트럼의 가시광색 ; 보통 "赤 chì(红), 橙 chéng, 黄, 绿, 青(蓝), 蓝(靛 diàn), 紫 zǐ"의 7색을 가리킨다.

¶ 单 dān / 단색.

¶ 复 fù 色 / 복색

¶ 间 jiàn 色 / 중간색.

¶ 暖 nuǎn 色 / 따뜻한 색

¶ 冷 lěng 色, 寒 hán 色 / 차가운 색

¶ 五彩 cǎi / 오색 "红, 黄, 赤, 白, 黑"를 가리켰고, 색이 많은 것의 형용에도 쓰였다.

¶ 彩色 / 칼라

3. 주된 색의 표현

색채 감각은, 개인 차나 시대 차, 게다가 지역에 따라 각각 다른 경우가 많으므로, 여기에서는 보다 친근한 색으로 생각되어지는 것을 나타냈다.

a. 하나의 색 이름으로 단색을 표현

★ 朱 zhū 色 / 주색

¶ 绯 fēi 色 / 주홍색

¶ 银 yín 色 / 은색

¶ 光谱蓝 / 스펙트럼의 남색

b. 두 개의 색명을 조합하여 복색을 표현

★ 紫红 / 자홍색.

¶ 灰红 / 불그스름한 회색

¶ 粉 fěn 紅色 / 분홍색

¶ 藏 zàng 青蓝 짙은 남보라색, 감색

¶ 银灰色 / 은회색

¶ 黄褐 hè 色 / 황갈색

¶ 黄赭 zhě 色 / 누르스름한 홍갈색

c. 색을 나타내는 수식어를 덧붙인 표현

★ 深红 / 진홍

¶ 浅蓝 / 남백색

¶ 淡黄色 / 담황색

¶ 浓绀 gàn 色 / 자흑색

¶ 嫩 nèn 绿 / 연녹색

¶ 翠 cuì 绿 / 청록색

¶ 暗 án 绿 / 해송색(海松色)

¶ 焦 jiāo 赭色 / 짙은 갈색
¶ 鲜 xiān 红 / 선홍색

d. 사물의 이름을 빌린 표현

【식물】
¶ 秋海棠 qiūhǎitáng 色 / 베고니아
¶ 肉桂 ròuguì 色 / 계수나무색
¶ 蔷薇 qiángwēi 色 / 장미색
¶ 亚麻 yámá 色 / 아마색
¶ 紫丁香 dīngxiáng 色 / 라일락
¶ 向日葵 xiàngrìkuí 色 / 해바라기색
¶ 金盏菊 jīnzhǎnjú 色 / 금잔국 색깔
【동물】
¶ 驼 tuó 色 / 낙타색
¶ 鹿毛 lùmáo 色 / 사슴색
¶ 象牙 xiàngyá 色 / 상아색
【광물·안료】
¶ 铜 tóng 色 / 낙타색
¶ 珊瑚 shānhú 色 / 산호색
¶ 硫黄 liúhuáng 色 / 유황색
¶ 群青 qún / 군청색
【먹는것】
¶ 饼干 bǐnggān 色 / 비스켓색
¶ 奶油 nǎiyóu 色 / 크림색
¶ 蜂蜜 fēngmì 色 / 꿀색
¶ 栗子 lìzi 色 / 밤색
¶ 桑葚 sāngshèn 色 / 오디색
¶ 胡萝卜 húluóbo 色 / 홍당무색
¶ 巧克力 qiǎokèlì 色 / 초콜릿색
【인간】
¶ 肉 ròu 色 / 살색
¶ 金发 jīnfà 色 / 금발색
【자연】
¶ 沙土 shātǔ 色 / 모래색

e. 사물의 이름과 색깔명을 조합한 표현

【식물】
¶ 茜 qiàn 红 / 알리자린색
¶ 玫瑰 méigui 红 / 붉은 장미색
¶ 樱桃 yīngtáo 红 / 체리핑크
¶ 罂粟 yīngsù 红 / 붉은 양귀비색
¶ 水仙 shuǐxiān 黄 / 노란 수선화색
¶ 草 cǎo 绿 / 푸른 풀잎색
¶ 杉 shān 录 / 푸른 해송(海松)색
¶ 勿忘草 wùwàngcǎo 蓝 / 물망초색
¶ 芍药 sháoyao 紫 / 모란색
¶ 叶 yè 绿 / 나뭇잎색
¶ 樱花 yīnghuā 白 / 흰벚꽃색
¶ 苔 tái 绿 / 푸른 이끼색
【동물】
¶ 金丝雀 jīnsīquè 黄 / 노란카나리아색
¶ 赤鸢 chìyuān 色 / 붉은 솔개색
¶ 鲑鱼 guīyú 红 / 붉은 연어색
¶ 牡蛎 mǔlì 白 / 흰굴색
¶ 鲨 shā 灰色 / 상어색
¶ 鼠 shǔ 灰色 / 쥐회색
¶ 孔雀 kǒngquè 蓝 / 푸른 공작색
【광물·안료】
¶ 铁 tiě 青 / 스틸블루
¶ 金 jīn 黄色 / 금색. 골든 옐로우
¶ 铜绿 / 동록. 동청
¶ 银 yín 白 / 은백색
¶ 银灰色 / 은회색
¶ 铅 qiān 灰 / 연색
¶ 琥珀 hǔpò 黄 / 호박색
¶ 胭脂红 / 연지색
¶ 镉 gé 黄 / 카드뮴 옐로우
¶ 铬 gè 黄 / 크롬 옐로우
¶ 钴 gǔ 蓝 / 코발트 블루우
【먹는것】
¶ 葡萄 pútao 红 / 붉은 포도색
¶ 苹果 píngguǒ 绿 / 푸른 사과색
¶ 柠檬 níngméng 黄 / 노란 레몬색
¶ 乳 rǔ 白 / 밀크 화이트
¶ 玉米 yùmǐ 黄 / 노란 옥수수색
¶ 乳黄 / 크림색
¶ 杏 xìng 黄色 / 살구색
¶ 橄榄 gǎnlǎn 录 / 올리브색
¶ 蜜柑 mìgān 橙 / 귤색
¶ 茄 qié 紫色 / 가지색
【마시는 것】
¶ 可可棕 kěkězōng / 코코아브라운
¶ 葡萄酒 jiǔ 红 / 붉은 포도주색
【인간】
¶ 血 xuè 红 / 피색
【자연】
¶ 天蓝 / 하늘색
¶ 海蓝 / 푸른 바다색

¶ 湖hú青 / 다크 블루우
¶ 土tǔ黄 / 황토색
¶ 淡湖蓝 / 물색
f. 기타
★ 那不勒斯nàbùlèsi黄 / 네이블 옐로우
¶ 土耳其tǔ'ěrqí蓝 / 초록을 띤 엷은 남빛
¶ 普鲁士pǔlǔshì蓝 / 감청색
¶ 撤克逊sàkèxùn蓝 / 삭스블루
¶ 中国蓝 / 오리엔탈블루
g. 색명 뒤에 의태어 등을 붙인 표현
★ 红艳艳yànyàn的晚霞wǎnxiá / 붉고 선명한 저녁노을
¶ 红扑扑pūpū的脸蛋儿liǎndànr / 새빨간 얼굴
★ 黄澄澄dēngdēng的麦穗màisuì / 샛노란 보리이삭
¶ 黄灿灿càncàn的葵花 / 금빛 찬란하게 빛나는 해바라기
★ 绿茸茸róngróng的草地 / 파릇파릇한 잔디
¶ 蓝晶晶jīngjīng的宝石 / 푸르게 빛나는 보석
★ 白茫茫mángmáng的雪地 / 끝없이 하얀 설원
¶ 黑乎乎hūhū的铁锅tiěguō / 시커먼 솥
¶ 黑咕隆咚hēigulōngdōng的山洞shāndòng / 캄캄한 동굴
¶ 灰沉沉chénchén的天空 / 잿빛 하늘

암석.

yǎnshì 掩饰(一飾) 動 [결점·잘못 등을]덮어 숨기다, 속이다. ¶ ~zìjǐ de guòshī(~自己的过失) 자신의 과실을 은폐하다.

†**yǎnshuō** 演说(一說) 動 연설하다. 名 연설. ¶ fābiǎo~(发表~) 연설을 하다.

***yánsù** 严肃(嚴肅) 形 엄숙하다, 진지하다. ¶ ~de qìfēn(~的气氛)엄숙한 분위기. nǐ~diǎnr(你~点儿)좀더 진지하라.

***yàntai** 砚台(硯臺) 名 《**fāng** 方, **kuài** 块》 벼루.

***yāntong** 烟筒 名 《**gēn** 根》 굴뚝, 연통.

Yánwang 阎王(閻一) 名 염라대왕. ~**zhài**(~债)고리대금. ~**zhàng**(~帐)위와 동일.

yānwù 烟雾(一霧) 名 연기와 안개, 수증기. ¶ fàng~(放~)안개가 끼다.

†**yànwù** 厌恶(厭惡) 動 싫어하다, 혐오하다. ¶ bié rěrén~(别惹人~)남에게 혐오감을 주지 않도록 하라.

***yǎn▲xì** 演戏(一戲) 動 극을 공연하다, 연기하다. ¶ tā hěn huì~(她很会~)그녀는 연기를 매우 잘 한다.

yányǔ 言语(一語) 名 말, 언어. =**yǔyán**(语言) ¶ ~bù tōng(~不通)말이 통하지 않다. ☞ **yányu**(言语) 참조.

yànyǔ 谚语(諺語) 名 속어, 속담.

yányu 言语(一語) 動 〈方〉 말하다, 부르다, 대답하다. ¶ yǒu shénme shì, ~yì shēng(有什么事~一声)무슨 일이 있으면 소리치시오. zěnme bù~?(怎么不~?) 어째서 대답을 하지 않느냐? ☞ **yányǔ**(言语) 참조.

***yǎnyuán** 演员(一員) 名 배우, 연기자. **diànyǐng**~(电影~)영화

배우.

*__yánzhe__ 沿着 介 …를 따라(끼고). ¶ ~zhè tiáo lù yìzhí zǒu(~这条路一直走)이 길을 따라 곧장 걷다.

__yānzhi__ 胭脂 名 [화장품·물감의] 연지. ¶ cā~(擦~)연지를 찍다.

†__yánzhì__ 研制(—製) 動 개발하여 생산하다. ¶ zhège xīn chǎnpīn shì zhè jiā gōngchǎng~de(这个新产品是这家工厂~的)이 신제품은 이 공장에서 개발한 것이다.

*__yánzhòng__ 严重(嚴—) 形 심각하다, 중대하다. ¶ tā fàn le~de cuòwù(他犯了~的错误)그는 중대한 실수를 범했다. bìngqíng~(病情~)병세가 심각하다. ~de júmiàn(~的局面)중대한 국면.

__yǎnzhōngdīng__ 眼中钉(—釘) 名 눈엣가시. ¶ bǎ tā dāngchéng (把他当成~)그를 눈엣가시로 여기다. ~, __ròuzhōngcì__(~肉中刺) 눈엣가시; __yǎnzhōngdīng__(眼中钉)을 더 강하게 표현한 것.

__yǎnzhūzi__ 眼珠子 名 〈口〉 눈알, 안구. =__yǎnzhūr__(眼珠儿) 2. [눈에 넣어도 안 아플만큼]귀여운 사람; 대개 자신의 자식에 대한 표현.

*__yànzi__ 燕子 名 《__zhī__ 只》 제비. ¶ ~cā yán(~擦檐)제비가 처마를 스치듯 날다.

†__yǎnzòu__ 演奏 動 연주하다. 名 연주.

*__yāo__ 腰 名 허리. ¶ chāzhe~(叉着~)허리에 손을 얹다. __shǎn__~(闪~)허리를 삐다. __wān__~(弯~) 허리를 굽히다.

__yāo__ 邀 動 초대하다, 초빙하다. ¶ ~tā lái jiǎngyán(~他来讲演)그를 초빙하여 강연하게 하다.

__yāo__ 幺 數 __yī__(一)와 같다. 전화번호나 방 호수를 말할 때 __qī__(七)와의 혼동을 피하기 위해서 쓰임. ¶ sān~sì fángjiān(三~四房间)314호실.

†__yáo__ 窑(窯) 名 [벽돌·기와·도자기 등을 굽는]가마.

*__yáo__ 摇 動 흔들다, 흔들어 움직이다. ~__tóu__(~头)머리를 좌우로 흔들다; 거부·부정의 몸짓.

*__yǎo__ 咬 動 물다, 깨물다. ¶ bèi gǒu ~le(被狗~了)개에게 물렸다.

†__yǎo__ 舀 動 [국자로 액체 따위를] 푸다. ¶ cóng gāngli~shuǐ(从缸里~水)독에서 물을 푸다.

‡__yào__ 药(藥) 名 《__fù__ 副, __fú__ 服, __jì__ 剂, __wèi__ 味, __wán__ 丸, __lì__ 粒, __piàn__ 片》 약. ¶ chī~(吃~)약을 먹다. 動 약을 먹여 죽이다.¶ ~· sǐ liǎng zhī lǎoshǔ(~死两只老鼠) 약으로 쥐 2마리를 죽이다.

*__yào__ 要 動 필요하다, 바라다, 원하다. ¶ wǒ~zhège(我~这个)나는 이것을 원한다. tā~wǒ tì tā xiě fēng xìn(他~我替他写封信) 그는 내게 자기 대신 편지를 써 달라고 했다. 能 …하려고 하다, …할 것이다, …하고야 말 것이다[염원이나 굳은 의지를 나타냄.] ¶ ~xià yǔ le(~下雨了)비가 올 것 같다. wǒ~qù kàn diànyǐng(我~去看电影)나는 영화를 보러 가고 싶다. wǒ~dǎ diànhuà (我~打电话)나는 전화를 걸어야 한다. 連 만약 …라면. =__yào-shi__(要是) ¶ míngtiān~xià yǔ, wǒ jiù bú qù le(明天~下雨我就

不去了)내일 만약 비가 온다면 나는 가지 않을 것이다.

†**yáobǎi** 摇摆(一擺) 動 흔들리다. ¶ yíng fēng~(迎风~)바람에 흔들리다. zuǒyòu~(左右~)좌우로 흔들리다.

yāobǎnr 腰板儿(一兒) 名 1. 허리와 등. ¶ tǐngzhe~(挺着~)등을 펴다. 2. 체격. ¶ ~hái hěn yìnglang(~还很硬朗)몸은 아직 건강하다.

***yàobù** 要不 連 만약 그렇지 않다면, 그렇지 않으면. **yàoburán** (要不然)이라고도 함. ¶ ~nǐ zìjǐ qù ba(~你自己去吧)그렇지 않다면 당신 스스로 가시오.

yàoburán 要不然
☞ **yàobù**(要不) 참조.

†**yàobúshì** 要不是 連 만약 …이 아니라면. ¶ ~nǐ tíxǐng wǒ, wǒ jiù shuāidǎo le(~你提醒我, 我就摔倒了)만약 네가 주의를 주지 않았다면 나는 넘어졌을 것이다.

***yāodài** 腰带(一帶) 名 《**gēn** 根, **tiáo** 条》 벨트, 허리띠. ¶ jì~(系~)허리띠를 매다.

†**yàodiǎn** 要点 名 1. 요점. ¶ zhuāzhù~(抓住~)요점을 파악하다. 2. 중요한 거점, 요소. **zhànlüè** ~(战略~)전략거점.

yáodòng 摇动(一動) 動 1. 흔들리다. 2. 흔들다, 흔들어 움직이다.

yào▲fàn 要饭(一飯) 動 걸식하다, 구걸하다. ~**de**(~的)거지.

†**yàofāng** 药方(藥一) 名 (~儿) 처방전. ¶ kāi~(开~)처방전을 써 주다.

***yàofáng** 药房(藥一) 名 약국.

†**yàohǎo** 要好 形 1. 사이가 좋다, 친밀하다. ¶ tāmen liǎ~(他们俩~)저 두 사람은 사이가 좋다. 2. 향상심이 강하다. ¶ zhè háizi hěn ~(这孩子很~)이 아이는 향상심이 매우 강하다.

†**yāohe** 吆喝 動 큰 소리로 외치다 ; 물건을 팔거나 가축을 쫓을 때, 또는 사람을 부를 때. ¶ ~shēngkǒu(~牲口)목청을 높혀 가축을 쫓다.

***yáohuang** 摇晃 動 흔들흔들하다, 흔들리다.

***yàojǐn** 要紧(一緊) 形 1. 중요하다, 요긴하다. ¶ yǒu méi yǒu tǐlì hěn~(有没有体力很~)체력이 있는지 없는지가 중요하다. 2. 심각하다, 중하다. ¶ bìngqíng bú tài~(病情不太~)병세는 그리 심각하지 않다.

yáolán 摇篮(一籃) 名 요람 ; 사물 발전의 초기 단계를 일컫기도 함. ¶ yáo~(摇~)요람을 흔들다. Yán'ān shì gémìng de~(延安是革命的~)연안은 혁명의 발상지이다.

yàolǐng 要领(一領) 名 1. 요령. **bù dé**~(不得~)요령이 없다. 2. [군사 훈련·운동 동작의]요점, 본질, 기본. ¶ zhǎngwò dòngzuò ~(掌握动作~)동작의 기본을 익히다.

yàome 要么(一麼)·要末 連 혹은. ¶ ~tā lái, ~wǒ qù, zǒng děi jiàn ge miàn(~他来, ~我去, 总得见个面)그가 오든 내가 가든, 어쨌든 한 번 만나야 한다.

yào▲mìng 要命 動 목숨을 빼앗

다. ¶ bié de bú yào, jiù yào nǐ zhè tiáo mìng(别的不要, 就要你这条命)다른 것은 필요 없고, 오직 네 목숨만이 필요하다.
☞ **yàomìng**(要命) 참조.

†**yàomìng** 要命 形 1. [정도가]심하다. **yàosǐ**(要死)라고도 함. ¶ jīntiān rède~(今天热得~)오늘은 더워 못 견디겠다. téngde~(疼得~)아파 못 견디겠다. 2. 귀찮다, 남을 곤란하게 하다. ¶ nà rén zhēn~!(那人真~!)저 녀석은 귀찮은 녀석이다.
☞ **yào▴mìng**(要命) 참조.

yàopiàn 药片(藥—) 名 (—儿)정제. ¶ zhè~nán yàn(这~难咽)이 알약은 먹기가 힘들다.

†**yàopǐn** 药品(藥—) 名 약품. **huàxué**~(化学~)화학약품.

*__yāoqǐng__ 邀请(—請) 動 초대하다. ¶ ~zhuānjiā(~专家)전문가를 초빙하다. 名 초대. ~**bǐsài**(~比赛)초청 경기.

⁑**yāoqiú** 要求 動 요구하다. ¶ yángé~zìjǐ(严格~自己)자신을 엄격히 규제하다. 名 요구. ¶ jiēshòu~(接受~)요구를 받아들이다. tíchū~(提出~)요구를 제시하다.

*__yàoshi__ 钥匙(鑰—) 名 《**bǎ** 把》 열쇠. ¶ pèi~(配~)여분 키를 만들다.

⁑**yàoshi** 要是 連 만약. ☆ 때때로 부사 **jiù**(就), 조사 **dehuà**(的话)를 뒤에 동반함. ¶ ~xià yǔ jiù bú qù le(~下雨就不去了)비가 오면 가지 않겠다. ~yǒu kòng dehuà, qǐng lái wánr(~有空的话, 请来玩儿)만약 시간이 있으면 놀러오세요.

*__yàoshuǐ__ 药水(藥—) 名 (~儿)물약.

yàowán 药丸(藥—) 名 (~儿)알약. **yàowánzi**(药丸子)라고도 함.

†**yàowù** 药物(藥—) 名 약품.

yǎo▴yá 咬牙 動 1. 이를 악다물다. ¶ yáozhe yá tǐngzhù(咬着牙挺住)이를 악다물고 노력하다. 2. [자면서]이를 갈다.

†**yáoyán** 谣言(謠言) 名 헛소문. ¶ sànbù~(散布~)헛소문을 퍼뜨리다. zhìzào~(制造~)헛소문을 유포하다.

†**yáoyuǎn** 遥远(—遠) 形 요원하다, 매우 멀다. ¶ lùchéng~(路程~)갈 길이 멀다.

†**yāpiàn** 鸦片(鴉—) 名 아편. ¶ xī~(吸~)아편을 피우다.

*__yāpò__ 压迫(壓—) 動 내리누르다, 압박하다. ¶ ~rénmín(~人民)인민을 억압하다. ~shénjīng(~神经)신경을 압박하다. 名 압박, 억압. ¶ tuīfān dírén de~(推翻敌人的~)적의 억압을 물리치다.

yáqiān 牙签(—籤) 名 (~儿)이쑤시개. ¶ yòng~tī yá(用~剔牙)이쑤시개로 이를 쑤시다.

*__yáshuā__ 牙刷 名 (~儿) 《**bǎ** 把, **zhī** 枝》 칫솔. **yāshuāzi**(牙刷子)라고도 함.

†**yāsuō** 压缩(壓縮) 動 압축하다. ~**kōngqì**(~空气)압축공기.

yáténg 牙疼 形 이가 아프다. ☆ 이 단어는 다음 예문과 같이 **hěn**(很)의 수식을 받을 수 있으므로 한 단어로 볼 수 있음. **tóuténg**(头疼)도 마찬가지이다. ¶ wǒ hěn~(我很~)나는 이가 매우 아프다. 名 치통.

yātou 丫头(一頭) 名 [옛날]계집종, 계집아이. ¶ zhège~hǎo jīling(这个~好机灵)이 계집애는 참 영악하군.

†**yāzhì** 压制(壓一) 動 1. 눌러 죽이다, 제압하다. ¶ ~bùtóng yìjiàn(~不同意见)다른 의견을 묵살하다. 2. 눌러서 만들다, 압착하여 제작하다. ¶ ~xiédǐ(~鞋底)신발 밑창을 제조하다. 名 압제, 억압. ¶ shòu~(受~)억압받다.

***yāzi** 鸭子(鴨一) 名 《**zhī** 只》 오리.

***yě** 野 形 상스럽다, 버릇없다, 야비하다. ¶ shuōhuà tài~(说话太~)말투가 매우 상스럽다.

⁑**yě** 也 副 1. …도, 역시. ¶ nǐ qù, wǒ~qù(你去, 我~去)네가 가면 나도 간다. wǒ yào zhège, ~yào nàge(我要这个, ~要那个)나는 이것도 갖고 싶고, 저것도 갖고 싶다. zhège hǎo, nàge~búcuò(这个好, 那个~不错)이것도 좋고 저것도 좋다. tā jì bú huì jiǎng Yīngyǔ, ~bù huì jiǎng Hànyǔ(他既不会讲英语, ~不会讲汉语)그는 영어도 하지 못하고, 중국어도 못한다. 2. [連用하여]…이기도 하고 …이기도 하다. ¶ ~yǒu hǎo de, ~yǒu huài de(~有好的, ~有坏的)좋은 것도 있고 나쁜 것도 있다. ~huì huábīng, ~huì huáxuě(~会滑冰, ~会滑雪)스케이트도 탈 수 있고 스키도 탈 수 있다. 3. [suīrán(虽然), jíshǐ(即使)등과 호응하여]…이긴 하나, …라 해도. ¶ wǒ suīrán méi jiànguo, ~tīng rén shuōguo(我虽然没见过, ~听人说过)나는 비록 본 적은 없지만 남이 말하는 것을 들은 적은 있다. 4. [lián(连)에 호응하여]강조를 나타냄; …마저도. ¶ lián-yí ge rén~méi lái(连一个人~没来)한 사람도 오지 않았다.

†**yè** 叶(葉) 名 (~儿)잎. =**yèzi**(叶子) **chá**~(茶~)찻잎. **shù**~(树~)나뭇잎.

⁑**yè** 页(頁) 名 책의 페이지. 量 페이지를 셀 때 쓰임. ¶ zhè běn shū yǒu sìbǎi duō~(这本书有四百多~)이 책은 400여 페이지가 된다.

⁑**yè** 夜 名 밤. ~**cháng mèng duō**(~长梦多)[밤이 길면 꿈이 많다.]→ 일이 길어지면 방해가 생기기 마련이다. **rì rì**~~(日日~~)밤낮으로.

yěbà 也罢(一罷) 助 [連用하여]…하든 …하든, …라도 …라도. ¶ nǐ qù~, wǒ qù~, fǎnzheng yíyàng(你去~, 我去~, 反正一样)네가 가건 내가 가건 어차피 같은 일이다.

Yēdàn 耶诞(一誕) 名 그리스도 탄신일, 크리스마스.

†**yèjiān**/**yèjian** 夜间(一間) 名 밤. =**yèli**(夜里) ¶ ~wēndù xiàjiàng(~温度下降)밤 사이에는 온도가 내려간다.

†**yějīn** 冶金(一金) 名 야금.

***yèli** 夜里 名 밤, 밤중.

Yēlùsālěng 耶路撒冷 名 〈譯〉 예루살렘(Jerusalem)['以色列'(이스라엘)의 수도.]

***yěmán** 野蛮(一蠻) 形 야만적이다. ¶ tā zhēn~(他真~)그는 정

말로 야만적이다. ~de xíngwéi (~的行为)야만적 행위.

yěmāo 野猫 名 1. 들고양이. 2. 〈方〉 야생토끼.

yémen 爷们(爺們) 名 〈方〉 1. 남자; 단수·복수에 모두 쓰임. 2. 남편. =**zhàngfu**(丈夫)

*__yěshòu__ 野兽(ー獸) 名 야수.

*__Yēsū__ 耶稣(ー穌) 名 예수. ~**Jīdū**(~基督)예수 그리스도.

†**yètǐ** 液体(ー體) 名 액체. ~**ránliào**(~燃料)액체연료.

†**yěwài** 野外 名 야외.

*__yèwǎn__ 夜晚 名 밤. =**yèjiān**(夜间)

*__yèwù__ 业务(業務) 名 업무. ¶ jīngtōng shíjì~(精通实际~)실무에 밝다. ~**nénglì**(ー能力)실무능력. ~**xuéxí**(~学习)업무에 관한 학습.

yěxīn 野心 名 야심. ¶ yǒu~(有~)야심을 갖다. ~**bóbó**(~勃勃)야심 만만하다, 야심이 가득하다.

*__yěxǔ__ 也许(ー許) 副 혹시…일지도 모른다. **xǔ**(许), **huòxǔ**(或许), **xǔshì**(许是)라고도 함. ¶ ~bù lái(~不来)안 올지도 모른다.

*__yéye__ 爷爷(爺爺) 名 〈口〉 1. 친할아버지. 2. 조부와 동년배의 남성을 지칭.

*__yèyú__ 业余(業餘) 形 1. 여가의, 근무시간 외의. ~**shíjiān**(~时间)여가. 2. 아마추어의, 초심자의. ~**tǐyù xuéxiào**(~体育学校)아마추어 체육학교. ~**wúxiàn diànwùyuán**(~无线电务员)햄(ham), 아마추어 무선사.

*__yēzi__ 椰子 名 〈植〉 야자수, 야자나무 열매. ~**zhī**(~汁)야자 열매즙. ~**guǒ**(~果)코코넛.

椰子

*__yèzi__ 叶子(葉ー) 名 《**piàn** 片, **zhāng** 张》 잎, 나뭇잎.

*__yī__ 一 數 1. 일, 하나, 첫 번째. ☆ '一'은 원래 第1聲이나, 단독으로 사용될 경우와 단어나 문장 끝에 사용되는 경우를 제외하고 뒤에 第4聲 혹은 第4聲에서 전화된 경성이 쓰일 경우 第2聲으로, 뒤에 1聲, 2聲, 3聲이 올 경우 第4聲 yì로 변한다. 단, 서수로서 사용될 경우 第1聲으로 발음되는 것이 보통임. 다음의 形 副의 경우도 마찬가지임. ¶ ~bǎ yǐzi(~把椅子)의자 하나. ~pǐ mǎ(~匹马)말 한마리. wǒ jiànguo tā~cì(我见过他~次)나는 그를 한번 만난 적 있다. 形 1. 같은, 동일한. ¶ ~mǎ shì(~码事)마찬가지의 일, 동일한 사항. 2. [명사 앞에 사용]전체의, 전부의. ¶ ~shēn de hàn(~身的汗)전신의 땀. ~wūzi de rén(~屋子的人)방안 가득한 사람. huì jiǎng~kǒu Běijīnghuà(会讲~口北京话)순수한 북경어를 말할 수 있다. 副 1. [jiù(就)와 호응하여]…하자, …하자마자. ¶ ~kàn jiù míngbai(~看

就明白)보면 곧 안다. tiān~liàng, tā jiù qǐlai(天~亮, 他就起来)그는 날이 밝자마자 일어난다. 2. [흔히 yě(也)와 호응하여]하나도 …하지 않다, 조금도 …않다. ¶ ~kàn yě bú kàn(~看也不看)눈길 한번 주지 않다. 3. [반복되는 동사 사이에 쓰여]동작이 가볍게 시도되는 것을 표현. ¶ kàn~kan(看~看)좀 보세요. xiē~xie(歇~歇)좀 쉬다. 4. [동작을 행하는 신체부위 앞에 놓여] 1회의 동작이 완료됨을 나타냄. ¶ tā~jiǎo bǎ qiú tījìnle qiúmén(他~脚把球踢进了球门)그는 한 번 차서 골인시켰다.

†**yī** 依 動 따르다, 말을 듣다. **bù~bù ráo**(不~不饶)용서하려 하지 않다, 계속 막무가내이다. 介 [뒤에 한 음절의 목적어를 수반하여]…에 의하여, …에 의하면. ¶ ~fǎ chéngchǔ(~法惩处)법에 의해 처벌하다. ~wǒ kàn(~我看)내가 보기에.

*__yí__ 姨 名 1. (~儿)〈口〉이모. =**yímǔ**(姨母) 2. 처의 자매. =**yízi**(姨子)

*__yí__ 胰 名 췌장, 이자.

*__yí__ 移 動 이동하다, 옮기다. ¶ ~·dào zhèbian lai(~到这边来)이쪽으로 옮겨오다.

†**yǐ** 乙 名 을 ; 천간(天干)의 둘째, 순서에서 두번째.

†**yǐ** 倚 動 1. 기대다. ¶ ~·zài qiángshang(~在墙上)벽에 기대다. 2. 의지하다.

*__yǐ__ 以 介 …(으)로(써), …을 가지고. ¶ ~jiāzhǎng de shēnfen cānjiā huìyì(~家长的身分参加会议)학부형의 자격으로 회의에 출석하다. 連〈文〉그에 의하여 ; 목적을 나타냄. ¶ zǎo qǐ wǎn shuì, ~zhēngqǔ shíjiān(早起晚睡, ~争取时间)시간을 벌기 위해 일찍 일어나고 늦게 잔다.

*__yǐ__ 已 副 이미. =**yǐjing**(已经) ¶ shíjiān~guò(时间~过)시간은 이미 지났다.

†**yì** 易 形 쉽다, …하기 쉽다. ¶ tongsú~dǒng(通俗~懂)평이하고 알기 쉽다.

*__yì__ 亿(億) 數 억, 속어로는 **wànwàn**(万万)이라고도 함. ¶ shíyī~(十一~)11억.

*__yìbǎi__ 一百 數 백 ; 100. ¶ ~líng bā (~零八)108. ~bā(~八)180.

*__yíbàn__ 一半 名 (~儿)이분의 일, 절반. ¶ gěi nǐ~(给你~)네게 반을 주겠다.

⁑**yìbān** 一般 形 1. …와 같다, 마찬가지이다. ¶ huā~(花~)꽃과 같은. 2. 일종의. ¶ bié yǒu~fēngwèir(别有~风味儿)일종의 독특한 맛이 있다. 3. 보통의, 통상적인. ¶ ~rén(~人)보통사람. ~shuōlai(~说来)일반적으로 말하면. wǒ~wǎnshang shíyī diǎn bàn shuìjiào(我~晚上十一点半睡觉)나는 대개 밤 11시 30분에 취침한다.

†**yíbèizi** 一辈子(一輩一) 名〈口〉일생 동안, 한평생. =**yìshēng**(一生) ¶ qióngle~(穷了~)평생 가난하게 살았다.

†**yǐbiàn** 以便 連 …하기 위해, …하는데 편리하도록. ¶ xiěmíng dìzhǐ, ~liánxì(写明地址~联系)연락하기 쉽도록 주소를 분명히

쓰다.

⁑yìbiān 一边(一邊) 名 (~儿) 1. 사물의 한 쪽, 한 변. 2. 곁, 옆. 副 [연용하여]…하면서 …하다. =**yímiàn…yímiàn…**(一面…一面…) ¶ ~shuōhuà~zǒulù(~说话~走路)이야기하며 걷다. ☆ **yìbiān…yìbiān…**(一边…一边…)은 **biān…biān…**(边…边…)이라 해도 뜻에는 변함이 없음. 例 : biān chī fàn biān kàn diànshì(边吃饭边看电视)밥을 먹으며 TV를 보다.

***yíbùfen** 一部分 名 일부분. ¶ nǎ~(哪~)어느 부분. 形 일부의. ¶ ~rén bú qù(~人不去)일부의 사람들은 가지 않는다.

†yíchǎn 遗产(遺産) 名 유산.

***yìcháng** 异常(異一) 形 이상하다. ¶ shénsè~(神色~)표정이 이상하다. 副 특히, 매우. ¶ ~fùzá(~复杂)매우 복잡하다. ~xūyào(~需要)특히 필요하다.

yìchu 益处(益處) 名 이점, 장점. ¶ zhèyàng zuò háowú~(这样做毫无~)이렇게 해봤자 아무런 소용없다.

yíchuán 遗传(遺傳) 動 유전되다. ¶ jìnshìyǎn~(近视眼~)근시는 유전이다. 名 유전. ~**yīnzǐ**(~因子)유전자.

†yídài 一带(一帶) 名 근동, 유역, 일대. ¶ Huánghé~(黄河~)황하일대.

yídàn 一旦 副 일단. ¶ ~fāshēng zhànzhēng(~发生战争)한번 전쟁이 일어나면. ~yǒu shì(~有事)한번 일이 생기면.

***yídào** 一道 副 (~儿)같이, 함께. ¶ gēn tā~zǒu(跟他~走)그와 같이 가다.

yìdiǎn 一点
☞ **yìdiǎnr**(一点儿) 참조.

†yìdiǎndiǎn 一点点 數量 (~儿) 아주 조금. **yìdiǎn**(一点)을 강조한 것.

⁑yìdiǎnr 一点儿(一點兒) 數量 조금, 약간. ☆ '一点'이라고 써 있어도 '**yìdiǎnr**'이라고 읽는 경우가 많음. ¶ zhège cài xián~(这个菜咸~)이 요리는 좀 짜다. zhè ge bǐ nà ge hǎo~(这个比那个好~)이것은 저것보다 좀 좋다. hē~jiǔ(喝~酒)술을 좀 마시다. ☆ 이상의 예에서 **yìdiǎnr**(一点儿)은 단순히 **diǎnr**(点儿)이라고만 해도 됨. 또 **yìxiē**(一些)나 **xiē**(些)로 바꿀 수도 있음. 단, 다음과 같은 경우의 **yìdiānr**(一点儿)은 그러한 치환이 불가하다. jīntiān~dōu bù lěng(今天~都不冷)오늘은 조금도 춥지 않다.

⁑yídìng 一定 形 1. 정해져 있다, 일정하다. ¶ yǒu~de biāozhǔn(有~的标准)일정한 기준이 있다. 2. 상당한. ¶ yǒu~de dìwèi(有~的地位)상당한 지위가 있다. 副 꼭, 반드시. ¶ jīntiān~wánchéng(今天~完成)오늘 중으로 꼭 완성하겠다. míngtiān tā~huì lái de(明天他~会来的)내일 그는 꼭 올 것이다.

***yídòng** 移动(一動) 動 이동하다. ¶ lìjí~(立即~)신속하게 이동하다. ~jiāju dǎsǎo fángjiān(~家具打扫房间)가구를 옮기고 방을 청소하다.

*yìfāngmiàn 一方面 名 한편, 한편으로는. ¶ xuésheng yào～rènzhēn xuéxí～yào duànliàn shēntǐ(学生要～认真学习～要锻炼身体)학생들은 열심히 공부하고 한편으로는 신체도 단련해야 한다.

⁑yīfu 衣服 名 《jiàn 件, shēn 身, tào 套》옷. 〈口〉의상 ; yīshang (衣裳). ¶ cái yì shēn～(裁一身～)옷을 한 벌 재단하다. chuān ～(穿～)옷을 입다. tuō～(脱～) 옷을 벗다. zuò～(做～)옷을 만들다, 옷을 맞추다.

*yígài 一概 副 일률적으로, 전부. ¶ ～jùjué(～拒绝)모두 거절하다. ～bú fù zérèn(～不负责任)책임을 일체 지지 않는다.

yígejìnr 一个劲儿(一勁兒) 副 끊임없이, 시종일관, 줄곧. ¶ ～de péi búshi(～地赔不是)시종일관 잘못을 사과하다. ～de xiǎng bànfǎ(～地想办法)계속 방책을 강구하다.

⁑yígòng 一共 副 전부, 합계, 모두. ¶ ～duōshao qián?(～多少钱?)모두 얼마입니까?

yíguàn 一贯(一貫) 形 일관되다, 전부터 변함이 없다. ¶ xuéxí～nǔlì(学习～努力)항상 열심히 공부한다.

yìgǔnǎor 一股脑儿(一腦兒) 副 〈方〉전부, 완전히. =tōngtōng (通通) ¶ ～bǎ shūbāo li de dōngxi quán dàochūlái(～把书包里的东西全倒出来)가방 안에 물건들을 전부 쏟아 냈다.

*yíhàn 遗憾(遺一) 形 유감이다, 유감스럽다. ¶ biǎoshì～(表示～) 유감의 뜻을 표하다.

⁑yǐhòu 以后(一後) 名 이후. ¶ bìyè～(毕业～)졸업 후. ～tā jiù bù lái le(～她就不来了)그 후로 그녀는 오지 않았다.

†yìhuì 议会(議會) 名 의회.

⁑yíhuìr 一会儿(一會兒) 名 1. 짧은 시간을 나타냄. ☆ 北京일대에서는 1, 2모두 yìhuǐr이라고 발음하는 사람이 많다. ¶ wǒmen zài zhèr xiūxi～ba(我们在这儿～休息儿吧)우리 여기서 좀 쉽시다. shuì～jiào(睡～觉)잠시 잠들다. māma～jiù huílai(妈妈～就回来)어머니는 곧 오실겁니다. 2. [연용되어] 다른 두 상황이 교대로 나타남. ¶ ～kū～xiào(～哭～笑)울다가 웃다가 한다.

yíhuò 疑惑 動 의심하다. ¶ duì zhè jiàn shì xīnli shífen～(对这件事心里十分～)이 사건은 내심 매우 의심스럽다.

yìhuǒ 一伙 名 (～儿)[한 무리의 사람들]친구, 패. ¶ tāmen shì～de(他们是～的)그들은 한패이다.

*yǐjí 以及 連 …및 ; 주요 사항을 열거한 뒤, 무엇인가를 첨부할 때 사용함. ¶ yào zhǔnbèi bǐ, zhǐ～zìdiǎn(要准备笔, 纸～字典) 펜, 종이 그리고 자전을 준비해야 한다.

*yījià 衣架 名 옷걸이.

⁑yìjian 意见(一見) 名 《tiáo 条》1. 의견, 생각. ¶ shéi de～zhèngquè tīng shéi de(谁的～正确听谁的) 바른 의견을 따르다. 2. 이론, 이의, 불만. ¶ mǎn dùzi～(满肚子～)불만이 가슴 가득하다.

⁑yǐjīng 已经(一經) 副 이미, 벌써. ¶ tā～zǒu le(他～走了)그는 이

미 떠났다. tiān~liàng le(天~亮了)벌써 날이 샜다. huǒchē~kāi le(火车~开了)기차가 이미 출발했다. zhīdào tā shì shénme rén shí~wǎn le(知道他是什么人时~晚了)그가 어떠한 사람인지 알았을 때는 이미 늦었다. ☆ **yǐjīng**(已经)을 사용했을 경우, 대부분 문미에 동작·행위의 완료를 표시하는 어기조사 **le**(了)를 붙인다.

yìjīng 一经(一經) 副 한번 …을 거치면, 일단 …하면. ¶ ~jiěshì jiù míngbai le(~解释就明白了) 설명을 듣자 곧 알았다.

†**yījiù** 依旧(一舊) 副 변함없이, 여전히. ¶ shuōguo duōshao cì le, tā~chídào(说过多少次了, 他~迟到)몇 번 주의를 주었는데도 그는 여전히 지각한다.

†**yījù** 依据(一據) 動 …에 의하다, 의거하다. 名 의거하는 곳, 근거, 증거.

*__yīkào__ 依靠 動 기대다, 의지하다. ¶ ~qúnzhòng(~群众)대중에게 의지하다. 名 의지가 되는 사람 혹은 사물. ¶ zì yǐwéi yǒule~(自以为有了~)의지할 곳이 생겼다고 여기다.

yǐkào 倚靠 動 1. 기대다, 의존하다. =**yīkào**(依靠) 2. 기대다. ¶ ~·zhe qiáng zhànzhe(~着墙站着)벽에 기대어 서 있다.

†**yìkǒuqì** 一口气(一氣) 副 (~儿) 한꺼번에, 단숨에. ¶ ~bǎ huà shuōwán(~把话说完)단숨에 이야기를 끝마쳤다. ~gànwán(~干完)단숨에 다 하다.

*__yíkuàir__ 一块儿(一塊兒) 副 함께. =**yìqǐ**(一起), **yìtóng**(一同) ¶ zánmen~zǒu(咱们~走)같이 가자. gēn māma~qù mǎi dōngxi(跟妈妈~去买东西)어머니와 함께 물건을 사러가다.

yīlài 依赖(一賴) 動 1. 의지하다. ¶ ~biéren(~别人)남에게 의지하다. 2. 의존관계에 있다. ¶ hù-xiāng~(互相~)서로 의존하다.

*__yǐlái__ 以来(一來) 名 이래. ¶ sān nián~(三年~)3년째. yǒushēng~(有生~)태어나서 지금까지.

yìlái 一来(一來) 連 [yīlái(一来), èrlái(二来)의 형태로]첫째로는 …. ¶ ~shì tiānqì hǎo, èrlái shì xīngqītiān, lái de rén duō jíle(~是天气好, 二来是星期天, 来的人多极了)첫째로는 날씨가 좋고 둘째로는 일요일이었기에 사람이 매우 많이 왔다.

†**yìlì** 毅力 名 기력, 기백, 강한 의지.

†**yìlián** 一连(一連) 副 계속하여, 연이어. ¶ ~guāle sān tiān fēng(~刮了三天风)연이어 3일간 바람이 불었다.

†**yīliáo** 医疗(醫療) 動 치료하다. 名 의료, 치료.

†**yíliú** 遗留(遺一) 動 남기다. ¶ ~de hénjì(~的痕迹)남겨진 흔적.

*__yílù__ 一路 名 1. 여행 중, 여정. ☆ 관용적 표현 외에는 대부분 ~**shang**(上)의 형태로 사용된다. ¶ ~shàng dōu hǎo(~上都好) 여행 중 아무런 문제 없었다. ~píng'ān(~平安)여행길이 순조로우시길 바랍니다. ~**shùn fēng**(~顺风)위와 동일. 2. 같은 종류. ~**huò**(~货)같은 종류의 물

건, 비슷한 물건. 副 같이. ¶ zánmen~zǒu(咱们~走)같이 가자.

yílǜ 一律 形 마찬가지이다, 같다, 일률적으로, 예외없이. ~**píngděng**(~平等)모두 다 평등하다. **qiānpiān**~(千篇~)천편일률적이다.

*__yìlùn__ 议论(議論) 動 의논하다. ¶ bèihòu~rén(背后~人)뒤에서 남 얘기하다. 名 의논.

*__yímiàn__ 一面 名 1. 물체의 한 면. ¶ ~hóng~bái~(红~白~)한 면은 붉고 한 면은 희다. 2. 한쪽 방향. ~**dǎo**(~倒)일방으로 경도되다, 일변도. 副 [연용하여] 한편으로는… 한편으로는…. = **yìbiān**(一边)…**yìbiān**(一边)… ¶ ~zǒu~chàng(~走~唱)걸으며 노래하다.

†**yǐmiǎn** 以免 動 …하지 않도록 하다. ¶ xūyào xiángxì shuōmíng, ~fāshēng wùhuì(需要详细说明, ~发生误会)오해가 생기지 않도록 상세히 설명할 필요가 있다.

*__yímǔ__ 姨母 名 이모. 구어로는 **yír**(姨儿)로도 쓰임.

†**yīn** 音 名 소리, 목소리.

⁑**yīn** 阴(陰) 形 1. [날씨가]흐리다. ¶ tiān~·qilai le(天~起来了)날씨가 흐려졌다. 2. [사람이] 음험하다. ¶ zhège rén yǒudiǎnr ~(这个人有点儿~)이 사람은 좀 음험하다.

*__yín__ 银(銀) 名 은.

†**yǐn** 引 動 당기다, 끌다. ~**rén zhùmù**(~人注目)남의 주의를 끌다.

*__yìn__ 印 動 인쇄하다. ¶ ~chuándān(~传单)전단을 인쇄하다. 名 도장. ¶ gài~(盖~)도장을 찍다.

†**yǐnbì** 隐蔽(隱—) 動 몸을 숨기다, 숨다. ¶ ~zài shùcóng li(~在树丛里)숲 속에 숨다.

*__yīncǐ__ 因比 連 그 때문에, 그로 인하여. ¶ ~dào zhèli wéizhǐ(~到这里为止)그러므로 여기까지로 한다.

†**yǐndǎo** 引导(—導) 動 선도하다, 이끌다. ¶ yào~xuésheng cóng xiǎo yǎngchéng dúlì sīkǎo de xíguàn(要~学生从小养成独立思考的习惯)어릴 때부터 독립적인 사고를 하는 습관을 기르도록 학생을 지도해야 한다.

*__yǐnèi__ 以内 名 [일정한 시간·장소·수량·범위의]내, 속, 간. ¶ sān tiān~yǒuxiào(三天~有效)3일간은 효과가 있다.

*__yīn'ér__ 因而 連 …이므로, 그러므로. ¶ shìguān zhòngdà, ~yào fǎnfù xiàng dàjiā shuōmíngbai(事关重大, ~要反复向大家说明白)일이 중대하므로, 거듭해서 모두에게 분명히 말할 필요가 있다. cūxìn dàyi, ~shībài(粗心大意, ~失败)꼼꼼하지 못하여 실패하고 말았다.

*__yīng__ 应(應) 能 마땅히 …해야 한다. =**yīnggāi**(应该) ¶ zhè shì wǒ~zuò de shì(这是我~做的事)이것은 내가 마땅히 해야할 일이다.

☞ **yìng**(应) 참조.

*__yíng__ 迎 動 맞아들이다. ¶ ~·shangqu wòshǒu(~上去握手)맞아들이며 악수하다.

⁑**yíng** 赢(贏) 動 이기다. ⇔ **shū**(输) ¶ ~·le wǔ fēn(~了五分)

Y

5점차로 이겼다.

†**yìng** 应(應) 動 답하다, 응답하다. ☞ **yīng**(应) 참조.

†**yìng** 映 動 비추다, 비치다. ¶ yǐngzi～zài shuǐmiàn(影子～在水面)그림자가 수면에 비친다.

‡**yìng** 硬 形 딱딱하다, 강제적이다. ⇔ **ruǎn**(软) ¶ zhèzhǒng mùtou hěn～(这种木头很～)이런 재목은 매우 단단하다. tā de shǒuduàn hěn～(他的手段很～)그의 수법은 매우 강제적이다. 副 억지로. ¶ ～wǎng lǐ sāi(～往里塞)억지로 안으로 쑤셔넣다. ～bù chéngrèn(～不承认)아무리해도 인정하려 하지 않는다.

*__yīngbàng__ 英镑(-鎊) 名〈度〉파운드, 영국 화폐. ☆ '镑'은 영어 pound의 음역.

*__yìngbì__ 硬币(-幣) 名 경화, 동전.

硬币

yīngchǐ 英尺 量〈度〉피트(feet).

yìngchou 应酬(應-) 動 교제하다, 응대하다, 대접하다. ¶ zhěngtiān mángyú～kèren(整天忙于～客人)하루종일 손님 접대하기 바쁘다. 名 교제, 응대. ¶ jīntiān wǎnshang yǒu ge～, wǎn yìxiē huílai(今天晚上有个～, 晚一些回来)오늘 밤에는 접대가 있으므로 좀 늦게 돌아올 것이다.

yīngcùn 英寸 量〈度〉인치(inch); 도량형의 단위; 약 2.52cm ☆ 영어의 음역어.

*__yīngdāng__ 应当(應當) 能 …하는 것이 마땅하다, …해야 한다. = **yīnggāi**(应该) ¶ ～zánmen～hùxiāng bāngzhù(咱们～互相帮助)우리는 서로 도와야 한다.

yíngdé 赢得(贏-) 動 획득하다. ¶ ～·le dàjiā de xìnrèn(～了大家的信任)모두의 신임을 얻었다. ～shènglì(～胜利)승리를 획득하다.

*__yīng'ér__ 婴儿(嬰兒) 名 간난아기.

*__yìngfù / yìngfu__ 应付(應-) 動 1. 대응하다. ¶ ～·buliǎo tūbiàn de júmiàn(～不了突变的局面)변화가 격심한 국면은 대응할 수 없다. 2. 대충 다루다. ¶ suíbiàn ～·le liǎng jù(随便～了两句)대충 몇 마디 대꾸했다.

‡**yīnggāi** 应该(應該) 能 마땅히 …해야 한다, …하지 않으면 안된다. ¶ cānjiā huìyì(～参加会议)회의에 출석해야 한다. hùxiāng bāngzhù shì～de(互相帮助是～的)서로 돕는 것은 마땅히 해야 할 일이다.

yīnghuā 樱花(櫻-) 名 벚꽃. ¶ ～kāi le(～开了)벚꽃이 피었다. ～**shù**(～树)벚꽃나무.

yínghuǒchóng 萤火虫(螢-蟲) 名〈虫〉반딧불.

*__yíngjiē__ 迎接 動 맞이하다, 영접하다. ¶ ～guìbīn(～贵宾)귀빈을 영접하다. ～kǎoyàn(～考验)시련을 겪다.

yìnglang 硬朗 形〈口〉[노인이] 건강하다.(**AABB**) ¶ shēnzigǔ～

Y

(身子骨～)몸이 건강하다.

yīnglǐ 英里 量 〈度〉 마일(mile).

***yíng▲miàn** 迎面 動 (～儿)마주 보다, 정면으로 대하다. ¶ yì chū mén, ～pèngshangle zuì bù xiǎng jiàn de rén(一出门, ～碰上了最不想见的人)문을 나서자마자, 가장 만나기 싫은 사람과 맞부딪치고 말았다. chūnfēng～chuīlai(春风～吹来)봄 바람이 마주 불어오다.

†**yīngmíng** 英明 形 영리하다, 뛰어나다. ¶ ～de pànduàn(～的判断)탁월한 판단

***yǐngpiàn** 影片 名 《**bù** 部》 영화 필름, 영화작품.

†**yìngshì / yìngshi** 硬是 副 억지로. ¶ ～shuōfúle tā(～说服了他)억지로 그를 설복시켰다.

†**yīngtáo** 樱桃(櫻－) 名 앵두. ～**xiǎo zuǐ**(～小嘴)앵두같은 작은 입.

‡**Yīngwén** 英文 名 영어(English). ＝**Yīngyǔ**(英語)

***yìngwò** 硬卧(－臥) 名 [열차의] 보통침대; **ruǎnwò**(软卧)와 대비하여.

***yìngxí** 硬席 名 [열차의]보통좌석; **ruǎnxí**(软席)와 대비하여.

***yǐngxiǎng** 影响(－響) 動 영향을 주다. ¶ ～gōngzuò(～工作)일에 영향을 주다. 名 영향. ¶ kuòdà～(扩大～)영향력을 확대하다.

***yīngxióng** 英雄 名 영웅. 形 영웅적인. ¶ ～rénwù(～人物)영웅적 인물.

***yíngyǎng** 营养(營養) 名 영양, 양분. ¶ ～fēngfù(～丰富)영양이 풍부하다.

†**yìng▲yāo** 应邀(應－) 動 초대에 응하다. ¶ ～qiánwǎng(～前往)초청에 응하여 가다.

***yíngyè** 营业(營業) 動 영업하다. ¶ kāishi～(开始～)영업을 개시하다. 名 영업. ～**yuán**(～员)영업인; 세일즈맨.

***yīngyǒng** 英勇 形 영웅적이다, 용감하다. ¶ tóng dírén zuò～de dòuzhēng(同敌人做～的斗争)적과 용맹스러운 전투를 벌이다.

***yìngyòng** 应用(應－) 動 사용하다, 활용하다. ¶ ～xīn jìshù(～新技术)새로운 기술을 응용하다. 形 실용적인, 응용적인. ～**kēxué**(～科学)응용과학.

‡**Yīngyǔ** 英语(－語) 名 영어. ＝**Yīngwén**(英文)

yíngzi 蝇子(蠅－) 名 〈口〉 파리. ＝**cāngying**(苍蝇)

***yǐngzi** 影子 名 《**tiáo** 条》 1. 그림자. 2. 영상, 상. 3. 모습, 인상. ¶ lián～yě méi jìzhù(连～也没记住)어렴풋하게조차 기억할 수 없다.

‡**yínháng** 银行(銀－) 名 《**jiā** 家, **suǒ** 所》 은행. ¶ zài～gōngzuò(在～工作)은행에서 근무하다.

†**yǐnjìn** 引进(－進) 動 도입하다. ¶ cóng guówài～xiānjìn jìshù(从国外～先进技术)외국으로부터 선진 기술을 도입하다.

yīnlì 阴历(陰曆) 名 음력, 구력; **yánglì**(阳历)와 대비되는 말. ¶ xiànzài jiǎng～de dìfang shǎo le(现在讲～的地方少了)지금은 음력을 사용하는 곳이 적어졌다.

yǐnlì 引力 名 〈物〉 인력. **wàn-**

학습 정보 ㉜

◈ 音乐 yīnyuè(음악) ◈

1. 중국의 전통음악

수천년의 역사를 가진 중국은 음악도 다채롭다. 유가의 "礼乐 lǐyuè"(예악; 禮義와 音樂. 이 두 가지가 사회질서와 인심을 안정시킨다고 한다.)사상을 바탕으로, 국가의 통치정책을 위한 음악으로서 번영한 "雅乐 yǎyuè"(아악), 또한 궁정에서 연회용의 "俗乐 súyuè"(속악; "雅乐"에 대한 민간음악의 총칭)으로 행해진 "燕乐 yànyuè"(연향악), 오락적인 민속 예술인 "散乐 sǎnyuè"도 있었고, "军乐 jūnyuè"(군악)도 옛날부터 성행했었다. 이외에, 송대의 "杂剧 zájù", 원대의 "元曲 yuánqǔ", 명대의 "昆曲 kūnqǔ", 청대의 "京剧 jīngjù" 등의 희곡음악도 서민음악으로 애호되었다.

"乐谱 yuèpǔ"(악보)는 옛부터 문자보를 사용하여, 음명·계명·피리구멍·현의 누름 위치 등을 표시했다.

★ 减字谱 jiǎnzìpǔ / 고금(古琴)의 악보; 한자의 약자를 사용한 것.

¶ 工尺谱 gōngchěpǔ / 관악기의 공명(孔名)에서 유래한 음고보(音高譜).

"合 hé", "四 sì", "一 yī", "上 shàng", "尺 chǐ", "工 gōng", "凡 fán", "六 liù", "五 wǔ", "乙 yǐ"의 열가지 문자로 표시되며, 서양음계의 솔·라·시·도·레·미·파·솔·라·시에 대응된다. 리듬은 "板眼 bǎnyǎn"(한 소절 중 가장 강한 박자를 "板", 그외의 박자를 "眼"이라 했다)의 기호 등을 사용했다.

2. 민족악기

a. 관악기(注: 사용하는 동사는 모두 "吹 chuī")

★ 笛 dí / 피리. "横吹 héngchuī"라고도 부르며, 그후 "横笛"라고도 말해지게 되었다. 옛날에는 중국 서북의 소수민족지구에서 유행했고, 이후에 전국각지로 전해진 것.

¶ 箫 xiāo / 소. "洞箫 dòngxiāo"라고도 부른다. 옛날에는 감숙·사천 일대에 살고 있던 강족의 악기.

¶ 笙 shēng / 생. 부는 입으로 공기를 집어넣어 작은 구멍을 개폐시켜 簧(생황의 혀)을 진동시켜 공명하게 하는 것.

¶ 唢呐 suǒnà / 태평소. "喇叭 lǎba"라고도 부른다. 16세기경 이미 중국의 중부지방에서 유행한 것. 차르멜라의 일종.

¶ 芦笙 lúshēng / 생황. 중국 서남지역에 사는 묘족 등이 사용하는 관악기. 전체길이가 약 1m에서 2m이다.

¶ 管 guǎn / 필률. 옛날에는 "筚篥 bìlì"라고 불렀으며, 4세기경 신강에서 중원으로 전해졌다. 현재 민간에서 잘 사용되는 것은 8구멍(앞에 7개, 뒤에 1개)으로, 황하유역에서 유행한 것이다.

b. 현악기(注: 괄호안은 중국어에서 사용하는 동사)

★ 琵琶 pípa / 비파. 역사가 오래된 악기로, 지금 말하는 "琵琶"는 서양배 모양을 하고 있고, 목이 구부러진 4현으로 이루어져 있는 부분을 가리켜 말한다.(弹 tán)

¶ 柳琴 liǔqín / 유금. 옛날에는 소주북부의 노남지방에서 유행한 것. 모양은 "琵琶"와 비슷하지만 작다; "柳叶琴", "土琵琶"라고도 한다.(弹)

¶ 月琴 yuèqín / 월금. 민간에 널리 전해져 있고, 경극이나 지방 희곡의 주요한 반주악기로 사용된다. 손톱으로 연주한다.(弹)

¶ 扬琴 yángqín / 양금. 아라비아·

페르시아에서 전해졌고, 명대에 광동지방에서 유행했으며, 지금은 각지에서 널리 사용된다. 2개의 대나무 막대기로 연주 ; "洋琴"라고도 한다.(打)

★ 三弦 sānxián / 삼현금. 손가락이나 의손(義甲)으로 연주하며, 채는 사용하지 않는다. "大三弦", "小三弦" 등이 있다 ; "弦子"라고도 한다.(弹)

¶ 阮 ruǎn / 완. "低阮", "大阮", "小阮"의 4종류가 있고, 현재 "大阮"과 "中阮"이 많이 사용된다. "月琴"의 시초가 된 것으로 형태는 "月琴"과 비슷하지만 줄이 메워져 있는 부분이 같다.(弹)

★ 筝 zhēng / 쟁. 전국시대에 이미 진국(秦國, 현재의 섬서성)에서 유행했다. 현의 수는 13, 14, 16 등이다 ; "秦筝"이라고도 한다.(弹)

¶ 古琴 gǔqín / 고금. 주대 때 이미 보급된 것으로, 후에 "古琴"이라 부르게 되었다 ; "琴", "七弦琴"이라고도 한다.(弹)

★ 二胡 èrhú / 이호. 당대로부터 전해진 사람이나 새의 목소리 등을 흉내내어 연주할 수 있는 胡弓 ; "胡琴", "南胡"라고도 한다.(拉 lā)

¶ 京胡 jīnghú / 경호. 높은 음역의 胡弓. 경극의 주요한 반주악기 "二胡"보다 작다.(拉)

¶ 四胡 sìhú / 사호. 4줄로 된 胡弓 ; "四弦胡"라고도 한다.(拉)

¶ 坠胡 zhuìhú / 추호. 중간음역의 胡弓. 하남 · 산동 · 하북 등의 희곡음악과 이야기 음악의 중요한 반주악기.(拉)

¶ 板胡 bǎnhú / 판호. 높은 음역의 胡弓. "梆子腔 bāngziqiāng"의 주요한 반주악기. "二胡"와 비슷하지만 몸통의 대롱 부분이 나무로 되어 있다 ; "梆胡", "胡呼"라고도 한다.(拉)

¶ 马头琴 mǎtóuqín / 마두금. 몽골족이 사용하는 두 줄의 악기로, 손잡이 상부에 말머리 장식이 붙어있다.

c. 타악기(注 : 괄호안은 중국어로 사용하는 동사)

★ 排鼓 páigǔ / 배고. 민간에서 사용되고 있는 "中型堂鼓"(중간형의 북)와 "腰鼓"(허리에 차고 치는 북)을 개량하여 만든것. 다섯 개의 북을 두 개의 채로 친다.(打 dǎ)

¶ 云锣 yúnluó / 운라. 음이 다른 몇 개의 징을 합하여 각각 다른 음을 내도록 한 것. 타악기로 선율 악기의 용도도 된다 ; "云璈 yún'áo"라고도 한다.(打)

¶ 十面锣 shí miàn luó / 십면라. 음색, 음의 높이가 다른 징을 합하여 만든 것. 각각의 징의 음색이 분명히 다르기 때문에, 경사 등 기쁨을 나타내는 데에 적합하다.(打)

¶ 大锣 dàluó / 징. 보통 30cm 전후. 악기 합주나 희곡의 반주에 많이 쓰인다.(打)

★ 板鼓 bǎngǔ / 판고. 북의 일종. 가죽은 한 면 뿐이며 경쾌하고 활발한 멜로디에 합해져 사용되며, 리드미칼한 악기이다. 말발굽음을 흉내내어 사용되는 것도 있다.(敲 qiāo)

¶ 碰铃 pènglíng / 병령. 악기합주나 희곡, 가무 등의 반주에 사용된다 ; "碰钟", "铃钹", "星"이라고도 한다.(敲)

d. 고대악기

상기 a, b, c 이외에, 고대악기의 주된 것으로서 다음과 같은 악기가 있으며, 각각 복원되어 연주되고 있다.

★ 编钟 biānzhōng / 편종.

¶ 埙 xūn / 토적(土笛). 도토(陶土)를 구워만든 계란형의 관악기.

¶ 磬 qìng / 경쇠. 옥이나 돌로 만든 타악기.

yǒu～(万有～)만유인력.

†**yǐnliào** 饮料(飲－) 名 음료. **qīngliáng**～(清亮～)청량음료. **ruǎn**～(软～)소프트 드링크(soft drink).

饮料

†**yǐnmán** 隐瞒(隱瞞) 動 [진상을] 숨기다, 은폐하다. ¶ ～cuòwù(～错误)잘못을 숨기다. ～zhēnxiàng(～真相)진상을 은폐하다.

†**yīnmóu** 阴谋(陰謀) 動 [나쁜 일을]꾸미다. ¶ ～xiànhài rén(～陷害人)남을 함정에 빠뜨릴 음모를 꾸미다. 名 음모. tā shì gǎo～de lǎoshǒu(他是搞～的老手)그는 음모를 꾸미는 데 전문가이다.

†**yínmù** 银幕(銀－) 名 자막, 스크린. ¶ ～bǎ Lǎoshě de zuòpǐn bānshàng～(把老舍的作品搬上～)老舍의 작품을 영화화하다.

*__yǐnqǐ__ 引起 動 불러 일으키다, 야기하다. ¶ ～zhēnglùn(～争论)논쟁을 일으키다.

†**yìnrǎn** 印染 動 나염(捺染)하다, 프린트하다.

*__yìnshuā__ 印刷 動 인쇄하다. ～**pǐn**(～品)인쇄물.

*__yīnsù__ 因素 名 요소, 요인. ¶ zhòngyào～(重要～)중요한 요소.

†**yīntiān** 阴天(陰－) 名 흐린 날씨.

⁑**yīnwèi / yīnwei** 因为(－爲) 連 [원인·이유를 나타냄]…때문에. ¶ ～xià yǔ, suǒyǐ méi qí chē lái(～下雨, 所以没骑车来)비가 와서 자전거를 타고 오지 않았다. ～zuótiān xià yǔ, wǒ méiyou qù(～昨天下雨, 我没有去)어제 비가와서 나는 가지 않았다. wǒ děi dǎ diànbào, ～xiě xìn láibují(我得打电报, ～写信来不及)편지로는 너무 늦으므로 전보를 쳐야겠다. ☆ **yīnnwei**(因为)는 위의 例와 같이 **suǒyǐ**(所以)와 호응하거나 단독으로 사용되거나, 혹은 뒷 문장의 처음에 놓이기도 한다.

*__yīnxiǎn__ 阴险(陰險) 形 음흉하다, 음험하다. ¶ tā hěn～, děi xiǎoxin yìdiǎnr(他很～, 得小心一点儿)그는 매우 음험하므로 조심해야 한다. ～de shǒuduàn(～的手段)음험한 수법.

*__yìnxiàng__ 印象 名 인상. ¶ tā gěi wǒ de～hěn huài(他给我的～很坏)그가 내게 준 인상은 매우 나쁘다. liúxià shēnkè de～(留下深刻的～)깊은 인상을 남기다.

yǐnyòu 引诱(－誘) 動 1. [좋은 방향으로]이끌다, 2. [나쁜 데로]꼬시다, 유혹하다. ¶ yòng wùzhì shǒuduàn～értóng(用物质手段～儿童)물건으로 아이를 꼬시다.

⁑**yīnyuè** 音乐(－樂) 名 음악. ¶ tīng～(听～)음악을 듣다. ～**huì**(～会)음악회. ～**jiémù**(～节目)음악 프로그램.

†**yǐnyuē** 隐约(隱約) 形 어렴풋하고 분명치 않다.(**AABB**) ¶ yuǎnchù yǐnyinyuēyuē de kě jiàn xiǎodǎo(远处隐隐约约的可见小岛)멀리 어렴풋하게 작은 섬이 보인

Y

다. ～jìde(～记得)어렴풋이 기억하고 있다.

*yínzi 银子(銀－) 名〈口〉은. ¶ èr liǎng～(二两～)은 2냥.

†yìpáng 一旁 名 곁, 옆.

yípiàn 一片 數量 넓은 범위나 면적을 가진 것을 나타냄. ☆ yì piàn ròu(一片肉)[한 조각의 고기]와 같이 yí piàn(一片), liǎng piàn(两片)으로 셀 수 있는 것은 數＋量 이다. ¶ ～dàhǎi(～大海)망망한 대해. ～huānhū shēng(～欢呼声)온통 환호성을 지르다.

*yíqì 仪器(儀－) 名《jià 架, jiàn 件, tái 台》[주로 정밀한 일이나 학술상의]기계·기구.

yíqì 一气(－氣) 副 한꺼번에, 단숨에. ¶ ～chīle sān wǎn(～吃了三碗)단숨에 밥 3그릇을 비웠다.

*yìqí 一齐(－齊) 副 동시에, 일제히. ¶ dàjiā～chàng(大家～唱)모두 일제히 노래 부르다.

*yìqǐ 一起 副 함께. ＝yíkuàir(一块儿), yìtóng(一同) ¶ gēn tā～qù(跟她～去)그녀와 함께 간다.

yìqi 义气(義氣) 名 의협심. ¶ jiǎng～(讲～)의협심을 중시하다. 形 의협심이 강하다. ¶ yìdiǎnr bú～(一点儿不～)조금도 의협심이 없다.

⁑yǐqián 以前 名 이전, 지금껏. ¶ hěnjiǔ～(很久～)아주 먼 옛날. ～hái méiyou kàntòu tā(～还没有看透他)전에는 그를 간파하지 못했다.

*yíqiè 一切 形 모든. ¶ ～wèi zìjǐ dǎsuan(～为自己打算)모든 것을 자기 중심으로 생각하다. 代 모든 것, 모든 일. ¶ búgù～de chōngshàngqù(不顾～地冲上去)앞뒤 가리지 않고 쳐들어 가다.

†yīrán 依然 副 여전히, 변함없이. ¶ tā～shì nàme rèqíng(她～是那么热情)그녀는 여전히 매우 친절하다. ～rúgù(～如故)여전하다.

*yīshang 衣裳 名《jiàn 件》〈口〉옷. ＝yīfu(衣服)

*yǐshàng 以上 名 …보다 위, …이상,…이상 위에서 한 것. ¶ ～shì wǒ de kànfǎ(～是我的看法)이상이 나의 생각이다.

yìshēn 一身 名 전신, 온몸. ～shì dǎn(～是胆)담이 크다.

*yīshēng 医生(醫－) 名 의사. 〈口〉dàifu(大夫). ¶ qǐng～kànbìng(请～看病)의사를 불러 진찰하다.

*yìshēng 一生 名 일생, 한평생. ¶ tā bǎ～xiàngeile jiàoyù shìyè(他把～献给了教育事业)그는 한평생을 교육사업에 바쳤다. wèi gémìng shìyè fèndòule～(为革命事业奋斗了～)혁명사업을 위해 일생을 분투하다.

†yíshì 仪式(儀－) 名《xiàng 项》의식. ¶ jǔxíng xuānshì～(举行宣誓～)선서식을 거행하다.

*yìshí 一时(－時) 名 일시, 한때. ¶ zhèzhǒng fúzhuāng liúxíng～(这种服装流行～)이런 복장이 한때 유행했다. zhè shì～de xiànxiàng(这是～的现象)이것은 일시적 현상이다. 副 갑자기. ¶ quánchǎng～luànqilai(全场～乱起来)장내 전체가 갑자기 소란스러워졌다. ～xiǎngbuqǐlai(～想不起来)갑자기 생각이 나지 않는다.

Y

†**yìshí / yìshi** 意识(一識) 動 의식하다, 인식하다, 알아차리다 ; 대부분 ~·**dào**(到)의 형태로 쓰임. ¶ ~·dào zhè shì yīnmóu(~到这是阴谋)이것이 음모인 것을 알아챘다. 名 의식. ¶ wú~zhōng cǎile zhá(无~中踩了闸)무의식적으로 브레이크를 밟았다.

‡**yìshù** 艺术(藝術) 名 예술, 기술. ~**jiā**(~家)예술가. 形 예술적이다. ¶ bùjǐn shíyòng, érqiě hěn~(不仅实用, 而且很~)실용적일 뿐 아니라 예술적이기도 하다.

‡**yìsi** 意思 名 1. 의미. ¶ zhège cí shì shénme~?(这个词是什么~?)이 단어는 무슨 뜻입니까? 2. 의견, 견해. ¶ kēzhǎng de~shì ràng nǐ qù(科长的~是让你去)과장의 생각으로는 너를 보내고자 한다. 3. 선물. **xiǎo**~(小~)작은 성의. 4. 조짐, 기색. ¶ yǒu diǎnr yào shēngqì de~(有点儿要生气的~)좀 화가 난 기색이다. 5. 재미. ¶ zhè běn shū méi~(这本书没~)이 책은 재미없다. **yǒu**~(有~)재미있다.

†**Yīsīlánjiào** 伊斯兰教(一蘭一) 名 이슬람교, 회교.

yīsīr 一丝儿(一絲兒) 名 한가닥, 한오라기. ~**bú guà**(~不挂)실 한오라기 걸치지 않았다.

***yìtóng** 一同 副 동시에, 같이. ¶ ~gōngzuò(~工作)같이 일하다.

†**yìtóu** 一头(一頭) 名 1. 한쪽 끝. ¶ méi guàzhèng, ~gāo~dī(没挂正, ~高~低)똑바로 걸려있지 않고 한 쪽은 높고 한 쪽은 낮다. 2. 머리 하나. ¶ tā bǐ nǐ gāochū~(他比你高出~)그는 너보다 머리 하나만큼 더 크다. ☆ **yì tóu qīnshì**(一头亲事)[한번의 혼담], **liǎng tóu niú**(两头牛)[소 두 마리]등의 **tóu**(头)는 量詞이다.

***yǐwài** 以外 名 …외, 이외, 이상. ¶ èrshí gōnglǐ~(二十公里~)20 km이상 떨어진 곳. chúcǐ~(除此~)이것만 빼고.

yìwài 意外 形 의외이다. ¶ gǎndào~(感到~)의외로 여기다. 名 의외의 사건, 생각지 않은 불행, 예기치 못한 재난. ¶ fāshēng~(发生~)생각지 못한 사고가 일어나다.

yíwèi 一味 副 오직, 오로지. ¶ ~zhuīqiú míngyù dìwèi(追求名誉地位)오로지 명예와 지위만을 추구한다.

‡**yǐwéi** 以为(一爲) 動 […라고] 생각하다, 여기다 ; **rènwéi**(认为)처럼 객관적 판단이 아니라, 다분히 주관적인 경우에 많이 사용된다. ¶ zhèzhǒng yìjian, wǒ~shì bú zhèngquè de(这种意见, 我~是不正确的)이런 의견은 정확하지 않다고 생각한다.

†**yìwèi** 意味 名 의미, 재미. ¶ tā de huà~shēncháng(他的话~深长)그의 말은 의미심장하다. ~wú-qióng(~无穷)무궁한 재미가 있다. 動 [zhe(着)을 수반하여] 의미하다. ¶ zhè~·zhe duànjué guānxi(这~着断绝关系)이것은 절교를 의미한다.

†**yíwèn** 疑问(一問) 名 의문. ¶ chǎnshēngle xīn de~(产生了新的~)새로운 의문이 생겼다.

***yīwù** 医务(醫務) 名 의료업무.

~**bùmén**(~部门)의료부문. ~**shì**(~室)의무실. ~**suǒ**(~所)진료소.

*****yìwù** 义务(義務) 名 1. [법률로 정해진]의무. ¶ jìn~(尽~)의무를 다하다. 2. [도덕적으로 져야 할]책임. ¶ yǒu~péiyǎng xià yí dài(有~培养下一代)다음 세대를 키울 의무가 있다. 3. 무상. ¶ ~láodòng(~劳动)근로봉사.

yìwǔyìshí 一五一十 副 분명히, 빠짐없이(말하다). ¶ bǎ shìqing de guòchéng~de gàosule wǒ(把事情的过程~地告诉了我)사건의 자초지종을 남김없이 내게 이야기했다.

⁑yíxià 一下 副 (~儿)재빨리, 단번에. **yíxiàzi**(一下子)라고도 함. ¶ dēng~yòu liàng le(灯~又亮了)등이 갑자기 켜졌다.

☞ **yí xià**(一下) 참조.

⁑yíxià 一下 連 (~儿)[동사 뒤에 놓여]잠깐 시도해 보는 것을 나타냄; 동사의 중복표현과 거의 같은 작용을 한다. ¶ kàn~(看~)좀 보다. dǎting~(打听~)좀 문의해 보다.

☞ **yíxià**(一下) 참조.

*****yǐxià** 以下 名 1. 이하. ¶ sān suì ~(三岁~)세살 이하, 세살 미만; 세살은 포함하지 않는 경우가 많다. 2. 지금부터[하는 이야기.] ¶ ~shì tā de yuánhuà(~是他的原话)지금부터 이하는 그의 이야기이다.

*****yíxiàng** 一向 副 1. 지금부터, 계속. ¶ tā~ài zài bèihòu yìlùn rén(她~爱在背后议论人)그녀는 예전부터 등 뒤에서 남의 욕하기를 좋아했다. 2. 그 후, 그 이래. ¶ ~shēntǐ hǎo ma?(~身体好吗?)그 이후로 건강하셨습니까? 名 요즈음, 그 즈음.

yíxiàzi 一下子

☞ **yíxià**(一下) 참조.

⁑yìxiē 一些 數 (~儿) 1. 조금, 약간. ¶ zhǐ yǒu zhè~le(只有这~了)이것밖에 없다. 2. 몇 개나, 몇번이나. ¶ jīngcháng shuō~biéren de huàihuà(经常说~别人的坏话)항상 남의 욕을 하다.

†yíxìliè 一系列 形 한 계열의, 일련의. ¶ ~wèntí(~问题)일련의 문제.

†yíxīn 疑心 動 의심하다. ¶~zìjǐ tīngcuò le(~自己听错了)자기가 잘못 들은 것은 아닌지 의심하다. 名 의심. ¶ chǎnshēng~(产生~)의심이 생기다. qǐ~(起~) 위와 동일.

†yìxīn 一心 形 한마음인. ~**yíyì**(~一意)진심으로, 외골로, 오로지. 副 오로지, 외골로, 골몰히.

†yìxíng 一行 名 일행. ¶ dàibiǎotuán~shísān rén(代表团~十三人)대표단 일행 13인.

*****yīxué** 医学(醫學) 名 의학. ¶ bǎ yìshēng xiàngei~(把一生献给~)일생을 의학에 바치다.

⁑yíyàng 一样(一樣) 形 같다, 동일하다. ¶ zhè liǎng běn shū~hòu(这两本书~厚)이 두 권의 책은 두께가 같다. tā de yìjian gēn wǒ~(他的意见跟我~)그의 의견은 나와 같다.

†yīyī 一一 副 하나하나, 일일이. ¶ ~zuòle shuōmíng(~做了说明)하나하나 설명했다.

Y

*yìyì 意义(—義) 名 1. 의미, 의의. ¶ zhè xiàng gōngzuò de~(这项工作的~)이 작업의 의의. zài mǒuzhǒng ~ shang(在某种~上) 어떤 의미에서는. 2. 가치. ¶ yǒu jiàoyù~(有教育~)교육적인 가치가 있다.

⁑yīyuàn 医院(醫—) 名 《jiā 家, suǒ 所》 병원, 의원. ¶ gèrén kāi~(个人开~)개인병원을 개업하다.

⁑yīyuè 一月 名 1월, 정월.

†yízài 一再 副 몇번이나, 재삼. ¶ ~shēngmíng(~声明)재삼 성명하다.

yīzhào 依照 介 …에 따라, …에 비추어. ¶ ~yīshēng de yāoqiú liáoyǎng(~医生的要求疗养)의사의 지시에 따라 요양하다.

†yízhèn 一阵(—陣) 名 (~儿)잠시동안. yízhènzi(一阵子)라고도 함. ¶ chuánlai~xiàoshēng(传来~笑声)한바탕 웃음소리가 들려오다.

*yízhì 一致 形 일치하다. ¶ kànfǎ hěn~(看法很~)관점이 일치하다. yìjian hěn~(意见很~)의견이 일치되다. dàjiā~zànchéng zhège yìjian(大家~赞成这个意见) 모두 한결같이 그 의견에 찬성하다.

†yǐzhì 以至 連 …때문에, …에 의하여[…의 정도에 이르다.] yǐzhìyú(以至于)라고도 한다. ¶ tā duōcì shuōhuǎng, ~shéi yě bù xiāngxìn tā de huà le(他多次说谎, ~谁也不相信他的话了) 그는 여러 번 거짓말을 했기 때문에 아무도 그의 말을 믿지 않게 됐다.

Y

†yǐzhì 以致 連 […가 원인으로] …가 되다 ; 바람직하지 않은 결과가 생기는 것. ¶ shìxiān méiyou diàochá yánjiū, zuòchūle cuòwù de jiélùn(事先没有调查研究, ~做出了错误的结论)사전에 조사연구를 하지 않았으므로 잘못된 결론이 나왔다.

⁑yìzhí 一直(—直) 副 1. 곧장, 똑바로. ¶ ~xiàng nán zǒu(~向南走)곧바로 남쪽으로 가다. 2. 끊임없이, 계속. ¶ huíjiā de lùshang, wǒ~zài xiǎng zhè jiàn shì(回家的路上, 我~在想这件事) 집으로 돌아가는 도중, 나는 계속 그 일을 생각했다.

†yìzhì 意志 名 의지. ¶ ~jiānqiáng(~坚強)의지가 강하다.

†yìzhì 抑制 動 억제하다. ¶ ~zìjǐ de gǎnqíng(~自己的感情)자신의 감정을 억제하다.

yízi 姨子 名 처의 자매. dà~(大~)처형. xiǎo~(小~)처제.

⁑yǐzi 椅子 名 《bǎ 把》의자 ; 등받이가 있는 것. ☆ 양사로 bǎ(把)를 쓰는 것은 등받이 부분을 잡을 수 있기 때문. ¶ zuòzai~shang(坐在~上)의자에 앉아 있다.
☞ dèngzi(凳子) 참조.

椅子

†yō 唷·哟(喲) 嘆 놀람·의문을

나타냄. ¶ ~, zhè shì zěnme le? (~, 这是怎么了?)아니, 이게 무슨 일이지?
☞ yo(哟) 참조.

†**yo** 哟(哟) 助 1. [문미에 쓰여]동의를 구하는 어기를 표현. ¶ dàjiā yìqí yònglì~(大家一齐用力~)모두 다함께 힘을 냅시다. 2. [문미에 쓰여]잠시 멈추는 어기를 표현. ¶ huàjù~, jīngxì~, tā dōu xǐhuan(话剧~, 京戏~, 他都喜欢)그는 현대극, 경극 할 것 없이 다 좋아한다.
☞ yō(哟) 참조.

†**yǒng** 涌 動 [구름·물이]솟아나다; [구름·물과 같이]솟아오르다. ¶ xǔduō rén cóng lǐmiàn~·chulai(许多人从里面~出来)많은 사람들이 안에서 쏟아져나왔다.

‡**yòng** 用 動 1. 쓰다, 사용하다. ¶ ~·buliǎo nàme duō de shíjiān (~不了那么多的时间)그렇게 시간이 많이 걸리지는 않는다. 2. 필요하다.¶ nà hái~shuō?(那还~说?)그것은 말할 것도 없다. 介 …로; 도구, 수단, 재료 등을 나타냄. ¶ ~kuàizi chī fàn(~筷子吃饭)젓가락으로 식사하다.

***yōngbào** 拥抱(擁—) 動 포옹하다, 끌어안다. ¶ mǔqin~·zhe érzi kū le(母亲~着儿子哭了)어머니는 아들을 안고 울었다. liǎng guó dàibiǎo rèliè~(两国代表热烈~)양국 대표가 열렬히 포옹했다.

***yòngbuzháo** 用不着 動 필요없다. ¶ ~zhème duō qián(~这么多钱~)이렇게 많은 돈은 필요없다. ~nǐ lái fèihuà(~你来费话)쓸데없는 말을 하지 마시오, 잔소리 하지 마라.

***yòngchu** 用处(—處) 名 용도. ¶ bāofupír de~hěn duō(包袱皮儿的~很多)보자기는 용도가 매우 많다.

yòngfǎ 用法 名 사용법. ¶ liǎng zhǒng jīqi de~bùtóng(两种机器的~不同)두 종류의 기계는 사용법이 다르다.

***yǒnggǎn** 勇敢 形 용감하다. ¶ biǎoxiànde fēicháng~(表现得非常~)매우 용맹스러워 보였다.

***yòng▴gōng** 用功 動 공부하다, 면학에 힘쓰다. ¶ bù chūqu wánr, zài jiāli~(不出去玩儿, 在家里~)밖에 놀러가지 않고 집에서 공부하다. yòngle jǐ nián gōng, kǎoshàngle dàxué(用了几年功, 考上了大学)몇 년을 공부하여 대학에 합격했다. 形 공부에 열심이다. ¶ xuéxí~(学习~)열심히 공부하다.

***yōnghù** 拥护(擁護) 動 [지도자·당·정책 등을]옹호하다, 지지하다. ¶ ~Gòngchǎndǎng(~共产党)공산당을 지지하다. ~huìyì de juédìng(~会议的决定)회의의 결정을 지지하다. 名 옹호, 지지.

***yōngjǐ** 拥挤(擁擠) 動 한곳으로 밀리다. ¶ gùyì~(故意~)일부러 밀다. 形 붐비다, 혼잡하다. ¶ chēmén fùjìn zǒng hěn~(车门附近总很~)차의 출입구는 언제나 붐빈다.

***yǒngjiǔ** 永久 形 영원하다. ¶ zhè zhāng zhàopiàn shì~jìniàn(这张照片是~纪念)이 사진은 영원토록 기념이 될 것이다.

Y

*yòng▲lì 用力 動 힘을 쓰다. ¶ ~hǎnjiào(~喊叫)힘껏 외치다.
*yòngpǐn 用品 名 용품, 필요한 물건. ¶ shēnghuó~(生活~)생필품.
†yǒngqì 勇气(—氣) 名 용기. ¶ gǔqǐ~(鼓起~)용기를 내다.
†yòngtú 用途 名 용도. ¶ xiàngjiāo de~hěn guǎng(橡胶的~很广)고무의 용도는 매우 광범위하다.
†yòng▲xīn 用心 動 주의를 집중하다. ¶ ~guānchá(~观察)집중하여 관찰하다. 名 생각, 저의, 의도. bié yǒu~(别有~)다른 마음을 먹다, 꿍꿍이 속이 있다.
⁑yǒngyuǎn 永远(—遠) 副 1. 언제까지나, 영원히. ¶ ~bú huì wàngjì(~不会忘记)영원히 잊지 못할 것이다. 2. 언제나, 항상. ¶ tā~yǒulǐ(他~有理)그는 항상 이치에 맞다.
†yǒngyuè 踊跃 形 앞을 다투어. ¶ ~bàomíng(~报名)앞다투어 신청하다.
⁑yóu 油 名 기름, 유지. dǎ~(打~)기름을 사다. 動 1. 기름·페인트를 칠하다. ¶ ~chuānghu(~窗户)창틀에 페인트를 칠하다. 2. [옷 등이]기름으로 더럽혀지다. ¶ lǐngzi~le(领子~了)옷깃에 기름이 묻었다. 形 약삭빠르다. ¶ tā zhège rén hěn~(他这个人很~)그는 매우 약삭빠르다.
†yóu 游 動 1. 놀다, 빈둥대다. ¶ chūqu·~le yì tiān(出去~了一天)밖에 나가 하루종일 빈둥거렸다. 2. 헤엄치다. =yóuyǒng(游泳) ¶ wǒ néng~èrbǎi mǐ(我能~二百米)나는 200m를 헤엄칠 수 있다.
*yóu 由 介 1. 동작의 주체를 이끌어냄. ¶ ~wǒ bànlǐ(~我办理)제가 처리할께요. 2. 방법·원인을 나타냄. ¶ ~cǐ kě zhī(~此可知)이로써 알 수 있다. 3. 시간·장소의 기점을 표시. ¶ ~nǎr lái?(~哪来?)어디서 왔니? ~Běijīng dào Tiānjīn(~北京到天津)북경에서 천진까지. ~shàngwǔ jiǔ diǎn dào xiàwǔ liù diǎn(~上午九点到下午六点)오전 9시부터 오후 6시까지.
*yǒu 有 動 1. …가 있다, …를 가지고 있다. ☆ 부정은 **méi yǒu**(没有). ¶ wǒ~dìdi, méi~mèimei(我~弟弟, 没~妹妹)나는 남동생은 있으나 여동생은 없다. zhuōzi shang~jǐ běn shū(桌子上~几本书)책상 위에 책이 몇 권 있다. 2. 눈대중이나 비교를 나타냄. ¶ wǒ kàn tā~wǔshí suì(我看他~五十岁)나는 그가 50살을 넘었다고 본다. tā~tā gēge nàme gāo le(他~他哥哥那么高了)그는 키가 형만해졌다. 3. 발생·출현을 나타냄. ¶ tā~bìng le(他~病了)그는 병이 났다. qíngkuàng~·le biànhuà(情况~了变化)상황이 변했다. 4. 정도가 심함을 나타냄. ¶ ~·le niánjì(~了年纪)나이를 먹었다. ~xuéwen(~学问)학식이 있다. 5. 불특정 대상을 나타냄. ¶ ~ren shuō(~人说)어떤 이가 말하기를. ~yì tiān(~一天)어느 날.
⁑yòu 右 名 오른쪽, 우측. ☆ 개사

Y

뒤에 쓰이는 것 이외에 단독으로 사용할 경우에는 일반적으로 **yòubian**(右边) 혹은 **yòumiàn**(右面)이라 함. ¶ kào~zǒu(靠~走)오른쪽으로 붙어 걷는다. 形 [사상 등이]우익적이다. ¶ sīxiǎng hěn~(思想很~)사상이 퍽 우익적이다.

⁑**yòu** 又 副 1. 또, 거듭, 게다가. ¶ tā jīntiān~lái le(他今天~来了)그는 오늘 또 왔다. ~ǎi ~pàng(~矮~胖)키가 작고 뚱뚱하다. zhè ge píngguǒ~dà~tián(这个苹果~大~甜)이 사과는 크고 달다. tā jì huì Yīngyǔ, ~huì Fǎyǔ(她既会英语, ~会法语)그녀는 영어도 할 수 있고 불어도 할 수 있다. 2. [부정문·반어문에 사용하여]반문, 변명의 어기를 나타냄. ¶ ~bú shì xiǎoháir(~不是小孩儿)어린애도 아니면서.

†**yǒu'ài** 友爱(一愛) 名 우애. 形 사이가 좋다, 친하다.

†**yóubāo** 邮包(郵一) 名 소포. ¶ féng~(缝~)소포를 꿰매다; 물건을 주머니에 넣고 실로 꿰매다. jì~(寄~)소포를 보내다.

***yòubian** 右边(一邊) 名 (~儿) 오른쪽, 우측. ¶ kào~zǒu(靠~走)우측으로 바싹 붙어가다.

yóubude 由不得 動 1. 생각대로 안되다. ¶ zhè jiàn shì~nǐ(这件事~你)이 일은 네 마음대로 되지 않을 것이다. 2. 자기도 모르게 …하다, …하지 않을 수 없다. ¶ ~fāxiào(~发笑)웃음을 참을 수 없다.

***yōuchóu** 忧愁(優一) 形 번뇌하다, 고민하다. ¶ xīnli shífēn~(心里十分~)내심 매우 고민하다.

***yōudài** 优待(優一) 動 우대하다. ¶ ~wàiguórén(~外国人)외국인을 우대하다. 名 우대, 대우.

⁑**yǒude** 有的 代 사람·물건의 일부, 어떤 사람·물건. ¶ wūzi li ~shuō~xiào, luànhōnghōng de(屋子里~说~笑, 乱哄哄的)방에는 이야기하는 사람이 있는가 하면 어떤 이는 웃기도 하며 매우 떠들썩하다. zhèxiē zì, ~rènshi, ~bú rènshi(这些字, ~认识, ~不认识)이 글자들 중 어떤 글자는 알고 어떤 글자는 모른다.

***yóudēng** 油灯(一燈) 名 《**zhǎn** 盏》식물성 기름 램프. ¶ diǎn~(点~)램프를 켜다.

***yǒudeshì** 有的是 動 많다. ¶ qián~(钱~)돈이라면 얼마든지 있다. ~qián(~钱)위와 동일.

***yōudiǎn** 优点(優一) 名 장점, 우수한 점. ⇔ **quēdiǎn**(缺点)

†**yóudiànjú** 邮电局(郵電一) 名 우편·전신을 취급하는 곳; 우체국. ¶ zài~dǎ chángtú diànhuà(在~打长途电话)우체국에서 장거리 전화를 걸다.

⁑**yǒudiǎnr** 有点儿(一兒) 副 조금, 약간, 어느 정도; 주로 여의치 않은 상황에 많이 쓰임. **yǒuyì-diǎnr**(有一点儿)이라고도 한다. ¶ lǎoshī~bù gāoxìng(老师~不高兴)선생님은 약간 기분이 좋지 않다. jīntiān wǒ~bù shūfu(今天我~不舒服)나는 오늘 좀 몸이 불편하다. ☆ 다음과 같은 경우에는 **yǒu**(有)와 **diǎnr**(点儿) 2단어이다. yǒu diǎnr xīwàng

(有点儿希望)희망이 조금 있다.

***yóudìyuán** 邮递员(郵遞員) 名 우편배달부. **tóudìyuán**(投递员)이라고도 함.

***yòu'éryuán** 幼儿园(-兒園) 名 유치원. ¶ shàng~(上~)유치원에 다니다.

†**yǒuguān** 有关(-關) 動 관계가 있다, 관계하다. ¶ zhè jiàn shì hé tā~(这件事和他~)이 일은 그와 관계가 있다. ~bùmén(~部门)관련부문.

***yǒuhǎo** 友好 名 사이좋은 친구. ¶ shēngqián~(生前~)생전의 친구. 形 우호적인 ; 대부분 민족, 국가간의 일에 대해서 쓰임. ¶ fāzhǎn~guānxi(发展~关系)우호적 관계로 발전시키다.

†**yóujī** 游击(-擊) 名 유격, 게릴라 전법. **dǎ**~(打~)게릴라 활동을 하다 ; 불특정 장소에서 일이나 동작을 하다. ~**duì**(~队)유격대 ; 게릴라.

†**yǒujī** 有机(-機) 形 유기적인. ¶ ~de jiéhé zài yìqǐ(~地结合在一起)유기적으로 결합되어 있다.

yóujiàn 邮件(郵-) 名 우편물 ; 소포도 포함. ¶ tóu~(投~)우편물을 보내다.

***yōujiǔ** 悠久 形 [세월이]매우 길다, 유구하다. ¶ ~de lìshǐ(~的历史)유구한 역사.

⁑**yóujú** 邮局(郵-) 名 우체국. = **yóuzhèngjú**(邮政局) ¶ zài~dìng zázhì(在~订杂志)우체국에서 잡지를 신청하다.

***yóulǎn** 游览(-覽) 動 [명소·풍경을]관광하다, 유람하다. ¶ ~Chángchéng(~长城)만리장성을 유람하다.

yǒulǐ 有理 形 도리·이치에 맞다. ¶ tā shuō de yě~(他说的也~)그의 말도 일리가 있다.

†**yǒulì** 有力 形 힘 있다, 효과적이다. ¶ yì shuāng dà shǒu xiǎnde fēicháng~(一双大手显得非常~)커다란 두 손이 매우 힘있어 보인다. ~de zhèngjù(~的证据)유력한 증거.

***yǒulì** 有利 形 유리하다. ¶ xíngshì shífēn~(形势十分~)정세가 매우 유리하다. ~yú jiànkāng(~于健康)건강에 좋다.

***yōuliáng** 优良(優-) 形 좋다, 우량하다. ~**pǐnzhǒng**(~品种)우량품종. jiànkāng zhuàngtài~(健康状态~)건강상태가 좋다.

***yōuměi** 优美(優-) 形 아름답다, 우아하다. ¶ fēngjǐng~(风景~)풍경이 아름답다. zītài~(姿态~)자태가 우아하다.

yòumiàn 右面 名 오른쪽, 우측.

⁑**yǒumíng** 有名 形 유명하다, 잘 알려져 있다. ¶ zhè bù diànyǐng fēicháng~(这部电影非常~)이 영화는 매우 유명하다. tā shì~de shùxuéjiā(他是~的数学家)그는 유명한 수학가이다.

yōumò 幽默 名 〈譯〉유머. ☆ 영어 'humour'의 음역. ¶ bù dǒng~(不懂~)유머를 이해하지 못하다. 形 유머가 있다. shuōhuà~(说话~)말하는 것이 유머가 있다.

†**yóunì** 油腻(-膩) 形 기름기가 많다. ⇔ **qīngdàn**(清淡) ¶ zhè cài fēicháng~(这菜非常~)이 요

Y

리는 매우 기름기가 많다. 名 기름기 많은 음식. ¶ ~bìng gāng hǎo, yīng shǎo chī~(病刚好, 应少吃~)병이 나은지 얼마 안됐으므로 기름기 많은 음식은 조금만 먹어야 한다.

*yóupiào 邮票(郵一) 名 《**zhāng** 张, **tào** 套》 우표. ¶ shōují~(收集~)우표를 수집하다. tiē~(贴~)우표를 붙이다. **jìniàn**~(纪念~)기념우표. **pǔtōng**~(普通~)일반 우표. **tèshū**~(特殊~)특수한 무늬의 우표.

yóuqī 油漆 名 페인트. ¶ shuā~(刷~)페인트를 칠하다. ~wèi gān(~未干)페인트 칠 주의.

*yóuqí 尤其 副 특히. ¶ wǒ~shì xiǎng qù Dàlián(我~是想去大连)나는 특히 大連에 가고 싶다.

*yǒuqù 有趣 形 (~儿)재미있다. ¶ shuōhuà~(说话~)애기하는 것이 재미있다. ~de gùshi(~的故事)재미있는 이야기.

†yōushèng 优胜(優勝) 形 탁월하다, 뛰어나다, 우승하다.

yōushì 优势(優勢) 名 우위, 우세. ¶ zhàn~(占~)우위를 점하다.

*yǒushí 有时(一時) 副 때로는. = **yǒushíhou**(有时候) ¶ tā~píqi hǎo, ~píqi bù hǎo, méizhǔnr(她~脾气好, ~脾气不好, 没准儿)그녀는 기분이 좋을 때도 있고 나쁠 때도 있어 일정하지 않다.

*yǒushíhou 有时候(一時一) 副 때로는, 가끔. =**yǒushí**(有时) ¶ wǒ~yí ge rén qù lǚxíng(我~一个人去旅行)나는 가끔 혼자 여행을 떠난다. xīngqītiān wǒ~qù diào yú, ~qù kàn diànyǐng(星期天我~去钓鱼, ~去看电影)일요일에 나는 낚시를 가거나 영화를 보러간다.

†yóutián 油田 名 유전.

†yóuxì 遊戏(一戲) 動 놀다. ¶ zài yuànzi li~(在院子里~)마당에서 놀다. 名 유희, 놀이. ¶ zuò zhuōmícáng de~(做捉迷藏的~)술래잡기 놀이를 하다.

†yǒuxiàn 有限 形 유한하다, 한정되어 있다. ¶ nénglì~(能力~)능력에는 한계가 있다. ~de shēngmìng(~的生命)유한한 생명.

*yǒuxiào 有效 形 유효하다. ¶ zhèzhǒng fāngfǎ~(这种方法~)이러한 방법은 효과가 있다. ~**qī**(~期)유효기간.

*yǒuxiē 有些 副 겨우, 조금. =**yǒudiǎnr**(有点儿), **yǒuyìxiē**(有一些) ¶ wàimian~lěng(外面~冷)밖이 좀 춥다. 代 [사람이나 사물의]일부분 ; 어떤 사람, 사물.

†yǒuxīn 有心 動 […할]의사·생각이 있다. ¶ wǒ~qù kànkan tā, yòu pà dǎrǎo tā(我~去看看他, 又怕打扰他)나는 그를 만나러 갈 생각은 있으나, 그를 성가시게 할까 두렵다. 副 일부러, 고의로. ¶ tā zhè shì~tiǎobō(他这是~挑拨)그의 이러한 수법은 일부러 이간시키려는 것이다.

*yóuxíng 游行 動 행진하다, 퍼레이드하다. ~**shìwēi**(~示威)데모하다, 시위행진하다. 名 행진, 퍼레이드.

*yōuxiù 优秀(優一) 形 우수하다. ¶ chéngjì~(成绩~)성적이 우수하다. ~de réncái(~的人材)

우수한 인재.

*yǒuyì 友谊(一誼) [名] 우정. ¶ jiǎng~(讲~)우정을 소중히 여기다.

†yǒuyì 有意 [動] […할]의사가 있다. ¶ ~shì~, jiù shì méi shíjiān(~是~, 就是没时间)할 의사가 있으나, 시간이 없다.

†yǒuyì 有益 [形] 유익하다. ¶ duì jiànkāng~(对健康~)건강에 유익하다. ~yú jiànkāng(~于健康)위와 동일.

yǒuyìdiǎnr 有一点儿(一兒) ☞ **yǒudiǎnr**(有点儿) 참조.

⁑**yǒu yìsi** 有意思 [連語] 재미있다. ⇔ **méiyìsi**(没意思) ¶ zhège gùshi zhēn~!(这个故事真~!)이 이야기는 매우 재미있다.

yǒuyìxiē 有一些 ☞ **yǒuxiē**(有些) 참조.

⁑**yóu▲yǒng** 游泳 [動] 헤엄치다. ¶ yóule yì tiān yǒng(游了一天泳)하루종일 헤엄쳤다. tā hěn ài~(她很爱~)그녀는 수영을 매우 좋아한다. wǒ bú huì~(我不会~)나는 헤엄칠 수 없다. ☞ **yóuyǒng**(游泳) 참조.

游泳

⁑**yóuyǒng** 游泳 [名] [스포츠 종목의] 수영. ¶ ~yùndòngyuán(~运动员)수영선수. ~**chí**(~池)수영장. ☞ **yóu▲yǒng**(游泳) 참조.

*****yǒuyòng** 有用 [形] 유용하다. ¶ zuò~de rén(做~的人)세상에 유용한 사람이 되다.

*****yóuyú** 由于 [介] …에 의해, …이므로; 내용의 원인을 나타냄. ¶ ~tā hěn shǎo shuōhuà, yǒude rén xiào tā bèn(~他很少说话, 有的人笑他笨)그는 거의 말을 하지 않으므로, 그가 멍청하다고 비웃는 사람이 있다.

yóuyù 犹豫(猶一) [形] 머뭇거리다, 주저하다. (**AABB**) ¶ hái zài~(还在~)아직도 주저하고 있다. ~**búdìng**(~不定)망설이며 결정하지 못하다.

*****yōuyuè** 优越(優一) [形] 뛰어나다. ¶ tiáojiàn~(条件~)조건이 뛰어나다. ~**gǎn**(~感)우월감.

*****yǒuzhe** 有着 [動] [추상적인 것을] 가지고 있다. ¶ ~wěidà de yìyì(~伟大的意义)위대한 뜻을 가지고 있다.

yóuzhèngjú 邮政局(郵一) [名] 우체국. =**yóujú**(邮局)

邮政

†**yòuzhì** 幼稚 [形] 나이가 어리다; [생각·행동이]유치하다, 단순하다. ¶ fāxiàn zìjǐ de xiǎngfǎ tài ~le(发现自己的想法太~了)자신의 생각이 너무 유치함을 깨달았다.

⁑**yú** 鱼(魚) [名] 《**tiáo** 条, **wěi** 尾》 생선. ¶ diào~(钓~)물고기를 낚다.

鱼

†yú 余(餘) 動 남다. ¶ hái~·le diǎnr qián(还~了点儿钱)아직 돈이 좀 남았다. 名 [어떤 일의]여분, 나머지. ¶ gōngzuò zhī~(工作之~)일의 여가. 數 [일정 수의]단수. ¶ shí~rén(十~人)10여 명의 사람. sānbǎi~jīn(三百~斤)300여 근 ; 150kg 정도.

*yú 于(於) 介 〈文〉…에, …에서 ; 장소·시간을 나타냄. ☆ 구어 '在'에 상당. ¶ tā shēng·~yījiǔsānjiǔ nián(他生~1939年)그는 1939년에 태어났다.

⁑yǔ 雨 名 《zhèn 阵, cháng 场, dī 滴》비. ¶ xiàle yì cháng~(下了一场~)비가 한바탕 왔다. ~zhù le(~住了)비가 그쳤다.

*yǔ 与(與) 介 〈文〉…와 ; 대상을 나다냄. =gēn(跟) ¶ ~dàzìrán dòu(~大自然斗)대자연과 싸우다. ~zhòng bù tóng(~众不同)다른 사람들과 다르다 ; 뛰어나다는 의미. 連 …와… ; 두 사물을 연결할 때. =hé(和) ¶ wǒ ~tā(我~他)그와 나.

*yù 玉 名 옥.

*yù 遇 動 만나다, 마주치다. ¶ ~·shàngle tā zhèzhǒng rén méi bànfǎ(~上了他这种人没办法)그와 같은 사람과 만나면 속수무책이다.

†yù 愈 副 〈文〉더욱, [연용하여] …하면 할수록. =yuè(越) ¶ ~shèn(~甚)더욱 심하다. shuāngfāng de zhēngduó~yǎn~liè(双方的争夺~演~烈)쌍방의 싸움이 갈수록 치열해지다.

⁑yuán 圆(圓) 形 1. 둥글다, 원형이다. ~liǎn(~脸)둥근 얼굴. 2. 완전하다. ¶ zuòshì hěn~(做事很~)일을 면밀히 잘하다. 量 원 ; 화폐단위. '元'이라고 쓰기도 함. ☞ yuán(元) 참조.

†yuán 员(員) 名 인원. 接尾 1. 직업·역할을 나타냄. chuīshì~(炊事~)취사원. 2. 구성원을 나타냄. tuán~(团~)단원.

⁑yuán 元 量 中國의 화폐단위. 정식으로는 '圆'이라 쓴다. ☆ 구어에서는 kuài(块)라고 할 때가 많음. ¶ sān~wǔ jiǎo bā fēn(三~五角八分)3元 5角 8分. ☆ 구어로는 이것을 대부분 sān kuài wǔ máo bā(三块五毛八)라고 함.

⁑yuǎn 远(遠) 形 멀다. ¶ wǒ jiā lí xuéxiào~(我家离学校~)나의 집은 학교에서 멀다. ~lí jiāxiāng(~离家乡)고향을 멀리 떠났다.

†yuàn 院 名 1. 마당.=yuànzi(院子) 2. xuéyuàn(学院)[학원], yīyuàn(医院)[병원] 등을 가르킨다.

*yuàn 怨 動 1. 원망하다. ¶ duì tā zhǐ~, bìng bú hèn(对他只~, 并不恨)그를 원망하기는 하나, 미워하지는 않는다. 2. 질책하다. ¶ shòu piàn, zhǐ~zìjǐ yòuzhì(受骗只~自己幼稚)속임을 당한 것은, 다 자신이 어린 탓이다. 名 원한.

Y

†**yuàn** 愿(願) 動 원하다, 희망하다, …하고 싶다. ¶ ~nǐ néng lǐjiě tā(~你能理解他)당신이 그를 이해하기를 바란다.

yuánběn 原本 副 원래. ¶ wǒ~shì kuàijì(我~是会计)나는 원래 회계사였다. ~gāi tā lái(~该他来)본래 그가 올 예정이었다.

*__Yuándàn__ 元旦 名 원단, 1월 1일. ☆ 중국에서는 신정(元旦)만 휴일이다.

yuánfèn 缘分(緣-) 名 연, 인연. ¶ gēn qián méi yǒu~(跟钱没有~)돈과는 인연이 없다. wǒmen zhī jiān de~hěn shēn(我们之间的~很深)우리들 사이의 인연은 매우 깊다.

†**yuángǎo** 原稿 名 원고.

*__yuángù__ 缘故·原故 名 원인·이유. ¶ bù zhī shénme~, tūrán tíngdiàn le(不知什么~, 突然停电了)어떤 원인인지 몰라도 갑자기 정전됐다.

yuánguī 圆规(圓規) 名 콤파스.

yuànhèn 怨恨 動 원망하다. ¶ ~bù hélǐ de zhìdù(~不合理的制度)불합리한 제도를 원망하다. 名 원한. ¶ duì nǐ méi yǒu yìdiǎnr~(对你没有一点儿~)당신에게는 아무런 원한도 없다.

yuánjí 原籍 名 본적, 본적지. ¶ ~Shāndōng, jìjí Běijīng(~山东, 寄籍北京)본적은 산동인데 북경에 거주한다.

Y

†**yuānjia** 冤家 名 1. 원수. ¶ tā liǎ kě shì~(他俩可是~)그들은 서로 원수지간이다. 2. 미워하는 것 같지만 실은 사랑하여 마음속에 번민을 가져오는 사람. ¶ qiúqiu nǐ bié nào le, wǒ de xiǎo~(求求别闹了, 我的小~)제발 말썽 좀 부리지 말아라, 내 작은 원수야.

*__yuánlái__ 原来(-來) 副 원래, 원래는(…였구나). ¶ ~shì zhème huí shì a!(~是这么回事啊!)이런 일이었구나! 名 본래, 처음에는. ¶ zhè shì wǒ~de kànfǎ(这是我~的看法)이것이 나의 본래 생각이다.

†**yuánlǐ** 原理 名 원리.

**__yuánliàng__ 原谅(-諒) 動 용서하다, 양해하다. ¶ qǐng~wǒ de yìshí shīyán(请~我的一时失言)나의 한때의 실언을 용서해 주십시오.

*__yuánliào__ 原料 名 원료.

†**yuánlín** 园林(園-) 名 화초·수목이 심어져 있는 정원. ¶ guǎnlǐ~(管理~)정원을 관리하다.

†**yuánmǎn** 圆满(圓滿) 形 원만하다, 완전하다. (**AABB**) ¶ shìqing jiějuéde~(事情解决得~)일이 원만하게 해결됐다. ~jiéshù fǎngwèn(~结束访问)무사히 방문을 마치다.

†**yuánrén** 猿人 名 원인, 원숭이.

†**yuánshǐ** 原始 形 1. 최초의. ¶ ~zīliào(~材料)원재료. 2. 원시적인, 미개한. ¶ ~shēnghuó(~生活)원시생활.

*__yuánshuài__ 元帅(-帥) 名 원수.

†**yuánsù** 元素 名 〈化〉원소.

*__yuānwang__ 冤枉 動 1. 누명쓰다. 2. 누명을 씌우다. ¶ bié~hǎorén(别~好人)선한 사람에게 누명을 씌우지 말아라. 形 소용없다, 손해보다. ¶ pǎole~lù(跑了~路)

헛탕을 쳤다. 名 누명. ¶ shòu~(受~)누명을 쓰다.

***yuànwàng** 愿望(願—) 名 희망, 원망. **zhǔguān**~(主观~)주관적 희망.

†**yuánxiān** 原先 名 이전, 원래, 처음. ¶ ~méi kàntòu tā zhège rén(~没看透他这个人)이전에는 그가 어떤 인간인지 간파하지 못했다.

†**yuánxiāo** 元宵 名 1. 정월 대보름날, 음력 1월 15일 밤, 옛부터 관등의 풍습이 있었다. 2. '元宵'날 먹는 찹쌀떡.

⁑**yuànyì / yuànyi** 愿意(願—) 動 1. 바라다, 동의하다, 원하다. ¶ nǐ~bu~mǎshàng zǒu?(你~不~马上走?)당신은 지금 당장 가고 싶습니까? 2. [···할 것을]탐하다, 희망하다. ¶ wǒ~nǐ jìxù shēngxué(我~你继续升学)나는 당신이 계속 진학하기를 바란다.

***yuányīn** 原因 名 원인. ¶ ~bú zài wǒ, zài tā(~不在我, 在他)원인은 내게 있는 것이 아니라 그에게 있다.

***yuánzé** 原则(—則) 名 《**tiáo** 条, **xiàng** 项》 원칙. ¶ jiānchí~(坚持~)원칙을 고수하다.

***yuànzhǎng** 院长(—長) 名 원장 ; **xuéyuàn**(学院), **yīyuàn**(医院) 등의 원장.

†**yuánzhù** 援助 動 원조하다. ¶ ~yǒu kùnnan de rén(~有困难的人)곤경에 빠진 사람을 구하다. 名 원조. ¶ jīngjì~(经济~)경제적 원조.

***yuánzhūbǐ** 圆珠笔(圓—筆) 名 《**zhī** 枝》 볼펜. **yuánzǐbǐ**(原子笔)라고도 한다. ¶ zhè zhī~hěn hǎoxiě(这枝~很好写)이 볼펜은 매우 잘 써진다.

***yuánzǐ** 原子 名 원자. ~**bǐ**(~笔)볼펜. ~**dàn**(~弹)원자폭탄. ~**néng**(~能)원자력.

⁑**yuànzi** 院子 名 [중국식 가옥의]정원.

†**yùbào** 预报(預報) 動 예보하다. ¶ ~wǎnshang de diànshì jiémù(~晚上的电视节目)야간 TV프로그램을 예고하다. 名 예보. **tiānqì**~(天气~)일기예보.

***yùbèi** 预备(預備) 動 준비하다, 예비하다. ¶ ~wǎnfàn(~晚饭)저녁식사를 준비하다.

***yúbèn** 愚笨 形 어리석다. ¶ shēnglái~(生来~)나면서부터 우둔하다.

†**yúchǔn** 愚蠢 形 어리석다, 멍청하다. ¶ zuòfǎ hěn~(做法很~)방법이 매우 어리석다. ~de shǒuduàn(~的手段)우둔한 수법. ~de xiǎngfǎ(~的想法)멍청한 생각.

***yùdào** 遇到 動 [우연히]만나다, 마주치다. ¶ ~·le yìxiǎngbudào de kùnnan(~了意想不到的困难)예기치 못한 곤경에 처하다.

yǔdiǎn 雨点(—點) 名 (~儿)빗방울. ¶ ~dīzai shēnshang(~滴在身上)빗방울이 몸에 떨어지다.

†**yǔdiào** 语调(語調) 名 어조.

yùdìng 预定(預—) 動 예약하다, 예정하다. ¶ ~jīnwǎn dǐdá(~今晚抵达)오늘밤 도착할 예정이다.

***yuē** 约(約) 動 1. 약속하다. ¶ ~·hǎo shíjiān(~好时间)시간을 정

하다. 2. 초대하다. ¶ ~tā lái(~他来)그를 초대하다. 副 거의, 대략. ¶ ~yǒu sānqiān rén(~有三千人)대략 3천명이 있다.

⁑**yuè** 月 名 달, …월. ¶ liǎng ge ~(两个~)2개월. zhège~(这个~)이번 달.

月

***yuè** 越 動 넘다, 초월하다. 副 [연용하여]…하면 할수록 …이다. ¶ ~kuài~hǎo(~快~好)빠르면 빠를수록 좋다. ~xiǎng~shēngqì(~想~生气)생각하면 할수록 화가 난다. tiānqì~lái~lěng(天气~来~冷)날씨가 갈수록 추워진다. ☆ 마지막 예문의 **lái**(来)는 시간의 경과를 나타낸다.

yuèbing 月饼(一餅) 名 《**gè** 个, **kuài** 块, **yá** 牙》 송편, 월병; '仲秋节'에 먹는 것.

***yuēdìng** 约定(約一) 動 약속하다. ¶ ~liǎng diǎn jiànmiàn(~两点见面)2시에 만날 약속을 했다.

***yuèdú** 阅读(閱讀) 動 읽다, 읽고 이해하다. ¶ ~xiǎoshuō(~小说)소설을 읽다.

***yuèduì** 乐队(樂隊) 名 음악대, 오케스트라. ¶ ~zòu guógē(~奏国歌)악대가 국가를 연주하다. zhǐhuī~(指挥~)오케스트라를 지휘하다.

***yuèfā** 越发(一發) 副 더욱, 한층 더. ¶ nǐ chuān zhè jiàn yīfu~xiǎnde niánqīng le(你穿这件衣服~显得年轻了)당신이 이 옷을 입으니 한층 더 젊어보인다.

***yuèfù** 岳父 名 장인; 처의 아버지.

†**yuèguāng** 月光 名 달빛.

yuèguò 越过(一過) 動 [장애 등을]극복하다. ¶ ~yí zuò yí zuò gāoshān(~一座一座高山)높은 산(장애)을 하나씩 넘어가다.

***yuēhuì / yuēhui** 约会(約會) 動 만날 약속을 하다. ¶ zàigōngyuán de xiǎotíng li~(在公园的小亭里~)공원 정자에서 만날 약속을 했다. 名 약속, 데이트. ¶ jīnwǎn yǒu~(今晚有~)오늘밤 약속이 있다.

***yuèjìhuā** 月季花 名 사철 피는 장미. **yuèyuèhóng**(月月红)이라고도 함.

†**yuèjìn** 跃进(躍進) 動 약진하다.

yuèkān 月刊 名 월간 간행물.

†**yuèlǎn** 阅览(閱覽) 動 열람하다. ~**shì**(~室)열람실.

***yuèlì** 月历(一曆) 名 [매월 한장짜리]달력.

⁑**yuèliang** 月亮 名 〈口〉 달.

yuēmo 约莫(約一) 副 거의, 약, 대략. ¶ ~guòle sān xiǎoshí, tā cái huílai(~过了三小时, 他才回来)그는 거의 3시간이 지나서야 겨우 돌아왔다.

***yuèmǔ** 岳母 名 장모.

***yuèqì** 乐器(樂一) 名 《**jiàn** 件》 악기. ¶ wǒ shénme~yě bú huì(我什么~也不会)나는 어떤 악

기도 다룰 줄 모른다.

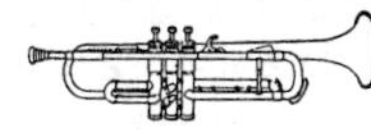

乐器

*yuèshí 月食 名 〈天〉 월식.

yuètái 月台(-臺) 名 플랫폼. = zhàntái(站台) ¶ cóng dì sān~fāchē(从第三~发车)3번 플랫폼에서 발차한다.

yuèyá 月牙 名 (~儿)《wān 弯》〈口〉 초승달.

*yǔfǎ 语法(語-) 名 문법, 어법.

†yùfáng 预防(預-) 動 예방하다. ¶ xiān dǎ yí xià~zhēn(先打一下~针)미리 예방주사를 놓다. ~chuánrǎnbìng(~传染病)전염병을 예방하다.

yúgāng 鱼缸(魚-) 名 [도기·유리 등의]어항.

†yùgào 预告(預-) 動 예고하다. ¶ ~jiěgù(~解雇)해고를 예고하다. 名 예고. xīnshū~(新书~)신간안내.

yùjiā 愈加 副 더더욱. ¶ ~rè'ài zìjǐ de gōngzuò(~热爱自己的工作)더더욱 자신의 일에 열중하다.

*yùjiàn/yùjian 遇见(-見) 動 [우연히]만나다, 마주치다. ¶ bànlù shang~·le lǎo tóngxué(半路上~了老同学)도중에 옛 동창생을 만났다.

⁑yúkuài 愉快 形 기분좋다, 유쾌하다. ¶ zhù nǐ shēnghuóde~!(祝你生活得~!)즐거운 나날이 되길 빕니다.

*yúlè 娱乐(娛樂) 動 즐기다. ¶ ~huódòng(~活动)오락활동, 레크레이션. 名 즐거움, 오락. ¶ chéngtiān méi yǒu shénme~(成天没有什么~)온종일 그렇다할 즐거움이 없다.

yùliào 预料(預-) 動 예측하다, 어림잡다. ¶ ~jiāng yǒu wǔshí rén chūxí(~将有五十人出席)약 50명이 출석할 예정이다. 名 예측. ¶ guǒrán bù chū wǒ de~(果然不出我的~)역시 나의 예측대로였다.

yúlùn 舆论(輿論) 名 여론. ¶ zào~(造~)여론을 조성하다.

*yǔmáo 羽毛 名 《gēn 根》 새털. ~qiú(~球)배드민턴.

*yùmǐ 玉米 名 옥수수. ~miàn(~面)옥수수 가루.

玉米

†yúmín 渔民(漁-) 名 어부, 어민.

*yūn 晕(暈) 動 아찔아찔하다, 기절하다. ¶ tóu fā·~(头发~)머리가 어지럽다. tā~·guoqu le(她~过去了)그녀는 기절했다. ☞ yùn(晕) 참조.

⁑yún 云(雲) 名 《duǒ 朵, kuài 块,

piàn 片, tuán 团》구름. ☆ 단독으로 사용할 경우 대부분 yúncai(云彩)로 쓴다. ~qǐ~(起~) 구름이 일다.

⁑yún 匀 形 고르다, 균등하다.

***yùn** 运(運) 動 옮기다. ¶ ~xíngli(~行李)짐을 옮기다. 名 운. **kào**~(靠~)운에 맡기다. **zǒu**~(走~)운이 트이다.

†yùn 晕(暈) 動 멀미하다, 현기증이 나다. ¶ yí zuò chē jiù~(一坐车就~)차에 타자마자 멀미하다. ~**chē**(~车)차멀미하다. ~**chuán**(~船)배멀미하다.
☞ **yūn**(晕) 참조.

yùn 熨 動 다리미질하다. ¶ ~·píng(~平)다리미질하여 주름을 펴다. ~yīfu(~衣服)옷을 다리다.

***yúncai** 云彩(雲-) 名〈口〉구름. =**yún**(云)

⁑yùndòng 运动(運動) 動 운동하다. ¶ zǎo shang chūqu~·~, bú yào shuì lǎnjiào(早上出去~~, 不要睡懒觉)아침에 잠만자지 말고 운동 좀 해라. 名 1. 《**cháng** 场, **xiàng** 项》운동. **tǐyù**~(体育~)스포츠, 운동. ~**chǎng**(~场)운동장. ~**huì**(~会)운동회. ~**yuán**(~员)운동선수. 2. 《**cháng** 场, **cì** 次》[정치상의]운동. ¶ gǎo zhèngzhì~(搞政治~)정치운동을 하다.

yùndǒu 熨斗 名 다리미. **diàn**~(电~)전기 다리미.

yùnfèi 运费(運費) 名 [짐의]운송료, 운임.

yúnliu 匀溜 形 [굵기·크기가] 평형되다, 균형잡히다. (**AABB**) ¶ dàxiǎo fēicháng~(大小非常~) 크기가 매우 고르다.

***yùnniàng** 酝酿(醞釀) 動 1. 발효하다, 양조하다. 2. 준비작업하다, 사전에 의견을 교환하다. ¶ xiān~yí xià, ránhòu zài biǎojué(先~一下, 然后再表决)우선 서로 의견을 교환한 후 결정하다.

yùnqi 运气(運氣) 名 운명. ¶ ~ búcuò(~不错)운이 좋다. ~bù hǎo(~不好)운이 나쁘다.

***yùnshū** 运输(運輸) 動 운송하다. 名 운송. ~**yè**(~业)운송업.

†yùnxíng 运行(運-) 動 운행하다. ¶ huǒchē zhèngdiǎn~(火车正点~)기차가 정시에 운행하다.

***yǔnxǔ** 允许(-許) 動 허가하다. ¶ qǐng~wǒ jiǎng jǐ jù huà(请~我讲几句话)저에게 발언권 좀 주세요.

***yùnyòng** 运用(運-) 動 운용하다, 활용하다. ¶ ~yǐjing zhǎngwò de zhīshi(~已经掌握的知识) 이미 가지고 있는 지식을 활용하다.

†yùnzhuàn 运转(運轉) 動 돌다, 회전하다. ¶ ràozhe tàiyáng~(绕着太阳~)태양의 주위를 돌다.

***yǔqí** 与其(與-) 連 [뒤에 nìngkě(宁可), bùrú(不如)등을 수반하여]…하느니 차라리. ¶ ~suíbiàn xià jiélùn, nìngkě shìxiān rènzhēn de tǎolùn yí xià(~随便下结论, 宁可事先认真地讨论一下) 대충 결론을 내리느니, 차라리 사전에 진지하게 토론하는 것이 낫다. tā zǒu lù, ~shuō zǒu, bùrú shuō shì pǎo(他走路, ~说走, 不如说是跑)그가 걷는 것은, 걷는다고 말하기보다는 차라리 뛴다

학습 정보 ㉝

◈ 语言游戏 yǔyán yóuxì(말놀이) ◈

한국과 마찬가지로, 중국에도 여러가지 말놀이가 있다.

"谜语"(수수께끼), "绕口令"(잰말놀이), "歇后语"(헐후어, 숙어의 일종), "接尾令"(끝말잇기), "倒顺句"(회문) 등이 대표적인 것이다.

1. 謎語 míyǔ (수수께끼)

"谜底 mídǐ"(수수께끼의 대답)이나 "谜面 mímiàn"(힌트)의 형태에 따라 "字谜", "物谜", "名称谜", "成语谜", "棋谜 qímí" 등이 있다.

a. 字謎 zìmí

한자를 偏이나 旁·상하·좌우로 나누어 힌트를 내고, 그 글자를 맞추게 한다. 한자의 각 부분을 독립된 문자로 취급한다.

¶ 走在上面, 坐在下面 zǒu zài shángmian, zuò zài xiàmian / "走"에서는 위에 있고, "坐"에서는 아래에 있다.(답 : "土")

¶ 天广地大 tiān guǎng dì dà / 하늘은 넓고 땅은 크다.(답 : "庆")

¶ 贝字欠两点, 不作目字猜 bèi zì qiàn liǎngdiǎn, bù zuò mù zì cāi / "贝"자와 "欠"과 점 두 개. 그러나 ("贝"자에서 두점을 찍은) 目자로 하지 않는다.(답 : "资")

b. 物謎 wùmí

물건의 모양·역할·성질 등으로 비유나 암시를 주어, 답하는 사람을 헛갈리게 하는 퀴즈.

¶ 奇怪事情多, 纸里包着火 qíguài shìqing duō, zhǐli bāozhe huǒ / (세상에는) 불가사의한 일이 많아, 종이로 불을 싸고 있다.(답 : "提灯")

¶ 一件东西来回走, 只有齿没有口 yījiàn dōngxi láihuí zǒu, zhǐyǒu yáchǐ méiyǒu kǒu / 한 물건이 왔다갔다 하며, 이빨만 있고 입은 없다(답 : "锯")

¶ 一家分两院, 两院子孙多, 多的倒比少的少, 少的倒比多的多 yījiā fēn liǎngyuàn, liǎng yuàn zǐsūn duō, duōde dào bǐ shǎode shǎo, shǎode dào bǐ duōde duō / 집에 정원이 두 개, 두 개의 정원에는 자손이 많다. 그러나 많은 쪽이 적은 쪽보다 적고, 적은 쪽이 많은 쪽보다 많다.(답 : "算盘")

c. 名稱謎 míngchēngmí

지명·서명·인명을 맞추게 하는 수수께끼.

¶ 一路平安 píng'ān(중국의 지명) (답 : "旅顺")

¶ 金银铜铁(중국지명) (답 : "无锡")

¶ 夕日西下 xīrì xīxiá(중국지명) (답 : "沈阳")

¶ 他们二人同去(국명)(답 : "也门" 예맨)

d. 成語謎 chéngyǔmí

四字成語를 답으로 한다.

¶ 大合唱 dàhéchàng → 异口同声 yì kǒu tóng shēng

¶ 照相底片 zhàoxiàng dǐpiàn → 颠倒黑白 diān dǎo hēi bái

¶ 七分＋八分＝一千元 qīfēn jiā bāfēn děngyú yīqiānyuán → 一刻千金 yī kè qiān jīn

¶ 汗衫 hánshān → 一衣带水 yī yī dài shuǐ

2. 繞口令 ràokǒulìng (잰말놀이)

"拗口令 àokǒulìng"라고도 한다. "绕口"는 「혀가 얽히다」 "拗口"는 「혀가 잘 돌아가지 않는다」라는 의미이다.

Y

a. 성조 구별연습

¶ 麻妈妈骑马，马慢麻妈妈骂马 Má māma qímǎ, mǎ màn Māmāma mà mǎ / 마씨 아주머니가 말을 탔는데, 말이 느려 마씨 아주머니가 말을 꾸짖는다.

b. 유기음 · 무기음의 사용 구분 연습

¶ 白石搭白塔，白塔白石搭，搭好白石塔，石塔白又大 báishí dā báitǎ, báitǎ báishí dā, dāhǎo báishítǎ, shítǎ bái yòu dá / 흰돌로 흰탑을 만든다. 흰탑은 흰돌로 만든다. 하얀 석탑을 다 지으니, 석탑은 하얗고 크다.

c. 운미의 -n · -ng의 구별 연습

¶ 上桑山，砍山桑，背着山桑，下桑山 shàng sāngshān, kǎn shānsāng béizhe shānsāng, xià sāngshān / 뽕나무산에 올라 산의 뽕나무를 베어, 산의 뽕나무를 지고 뽕나무 산을 내려온다.

d. 권설음과 평설음과의 구별 연습

¶ 四是四，十是十，十四是十四，四十是四十，谁说十四是四十，就打谁十四，谁说四十是细席，就打谁四十 / sì shì sì, shí shì shí, shísì shì shísì, sìshí shì sìshí, shuí shuō shísì shì sìshí, jiù dǎ shuí shísì, shuí shuō sìshí shì xìxí, jiù dǎ shuí sìshí / 4는 4, 10은 10, 14는 14, 40은 40, 14를 40이라고 말하는 사람은 14대 때리고, 40을 '細席'라고 말하는 사람은 40대 때린다.

3. 歇后語 xiēhòuyǔ (헐후어)

일반적으로는 전 · 후 두 개의 부분으로 성립되어, 전반은 수수께끼이고, 후반은 그 수수께끼의 답을 말한다. 전반을 "譬 pì", 후반을 "解 jiě"라고 한다. 옛날에는 "譬"만을 말하고 "解"는 말하지 않았으므로, "歇后语"(뒤를 말하지 않는 말)이라 했다. "解"의 내용에서 두 개로 나눌 수 있다.

a. 喻意歇後語

"譬"는 비유이고, "解"가 설명되어 있다.

¶ 棺材上画老虎－吓死人 guāncáishang huà lǎohǔ－xià sǐrén / 관에 호랑이를 그린다－사람을 놀라게 하다.

¶ 山水画－没人 shānshuǐhuà－méirén / 산수화－사람이 그려져 있지 않다(사람이 없는 때를 말한다).

¶ 千里送鹅毛－礼轻人意重 qiānlǐ sòng émáo－lǐ qing rényì zhòng / 멀리에서 거위 털을 보내다－물건은 가볍지만, 보내는 사람의 마음은 무겁다(물건은 좋지 않아도 정의는 두텁다).

b. 諧音歇後語

"解"가 동음(가까운 음)이의어로 되어 있다.

¶ 老九的弟弟－老十(实)lǎojiǔ de dìdi－lǎo(shí) / 9번째 아이의 동생－10번째 동생(동음인 "老实"(성실하다)으로 통한다).

¶ 外甥提灯笼－照舅(旧) wàisheng tí dēnglong－zhàojiù(jiù) / 생질이 등롱을 들다－숙부를 비추고 있다("照旧"(옛날 그대로)로 통한다).

¶ 蛤蟆跳井－扑通 háma tiào jǐng－pūtōng / 두꺼비가 우물로 뛰어든다－풍덩(음이 가까운 "不懂 bùdǒng"(알지 못하다)로 통한다).

4. 接尾令 jiēwěilìng (끝말잇기)

a. 詞語接發(끝말잇기)

¶ 学习→习作→作文→文化…

b. 成語接發(四字成語 끝말잇기)

¶ 四面楚歌→歌舞升平→平易近人→人定胜天…

이외에, 17개의 성어 끝말잇기를 만들어 놓고, 그것을 카드 한 장에 한 자를 한 글자씩 쓰고, 네 사람이 카드를 순서대로 내놓아, 앞사람 카드의 전후 문자를 꺼내 성어를 완성시키는 놀이도 있다. 이 경우, 중요한 문자는 생략해서 한 장으로 하고, 맨 첫글자와 끝 글자만은 두 장 준비한다. 합계 52장의 카드로 놀며, 「성어 일곱가지 병렬」이라 하기도 한다.

5. 倒顺包 dàoshùnjù (회문)

앞에서 읽어도 뒤에서 읽어도 똑같은 말놀이.

¶ 水流是不是流水 shuǐ liú shì bùshì liú shuǐ / 물이 흐르는 것은 흐르는 물인가.

¶ 枝多叶茂, 茂叶多枝 zhī duō yè mào, mào yè duō zhī / 가지가 많고 잎이 무성하다, 무성하고 많은 잎과 가지.

고 하는게 낫다.

†**yǔqì** 语气(語氣) 名 어조, 어기; 말의 억양, 어투를 말함. ¶ yòng hěn qiángyìngde～shuō(用很强硬的～说)매우 강경한 어조로 말하다.

***yǔsǎn** 雨伞(一傘) 名 《**bǎ** 把》 우산. ¶ bǎ～chēngkāi(把～撑开)우산을 펴다. **dǎ**～(打～)우산을 쓰다.

***yúshì** 于是(於一) 連 그래서. ¶ chǎng zhǎng shuō yídìng yào bā yuè fèn wánchéng, ～dàjiā mánglеqilai(厂长说一定要八月份完成, ～大家忙了起来)공장장이 8월에 반드시 완성해야 한다고 하였으므로, 모두 바빠졌다.

†**yùshì** 浴室 名 《**jiān** 间》 욕실.

***yúshù** 榆树(一樹) 名 《**kē** 棵, **zhū** 株》〈植〉 느티나무.

***yǔshuǐ** 雨水 名 비, 빗물, 강우량. ¶ Běijīng chūntiān～bù duō (北京春天～不多)北京은 봄에 비가 많이 오지 않는다.

†**yùshǔshǔ** 玉蜀黍 名 옥수수. = **yùmǐ** (玉米)

yùsuàn 预算(預一) 名 예산. ¶ ～zǒng'é(～总额)예산 총액.

***yùtou** 芋头(一頭) 名 1. 토란. 2. 〈方〉 고구마. =**gānshǔ**(甘薯)

†**yúwǎng** 鱼网(魚網) 名 어망. ¶ sā～(撒～)그물을 치다.

***yǔwén** 语文(語一) 名 1. 언어와 문자. ¶ ～chéngdù(～程度)읽고 쓰는 능력. 2. 언어와 문학. ～**kè** (～课)국어수업.

***yùxí** 预习(預習) 動 예습하다. ¶ ～míngtiān de gōngkè(～明天的功课)내일의 수업을 예습하다.

***yùxiān** 预先(預一) 副 사전에. ¶ ～dǎ ge zhāohu jiù hǎo le(～打个招呼就好了)사전에 한마디 해 놓았으면 좋았을 것을.

yǔxié 雨鞋 名 《**shuāng** 双, **zhī** 只》 장화.

***yǔyán** 语言(語一) 名 언어, 말. ¶ xué～(学～)언어를 배우다. ～**xué**(～学)언어학.

†**yùyán** 寓言 名 우화.

***yǔyī** 雨衣 名 《**jiàn** 件》 비옷. ¶ chuān～(穿～)비옷을 입다.

†**yǔyīn** 语音(語一) 名 말소리.

†**yǔzhòu** 宇宙 名 우주. ～**fēichuán** (～飞船)우주선.

†**yùzhù** 预祝(預一) 動 기원하다, 빌다. ¶ ～chénggōng(～成功)성공을 기원합니다.

Z

zā 扎 動 묶다, 매다. ¶ ~tóushéng(~头绳)리본을 묶다. ~yāodài(~腰带)허리띠를 매다. ☞ **zhā**(扎) 참조.

*__zá__ 砸 動 1. 치다, 두드리다. ¶ yòng chuízi~(用锤子~)망치로 두드리다. 2. 부수다, 부서지다. ¶ bǎ huāpíng~le(把花瓶~了)꽃병을 깨뜨렸다. ~**guō**(~锅)밥벌이를 잃다; 실패하다. ~**fànwǎn**(~饭碗)[해고, 실직 등으로]생활의 방편을 잃다. 3. 〈口〉 실패하다. ¶ jiù yí jù huà, shìqing quán~le(就一句话, 事情全~了)말 한마디로 모든 것을 망쳤다.

†**zá** 杂(雜) 形 종류가 많다, 섞여 있다. ¶ shìqing tài~(事情太~)일이 너무 복잡하다.

†**zāi** 灾(災) 名 재해, 불행. **nào**~(闹~)재해가 발생하다.

*__zāi__ 栽 動 1. 심다, 이식하다. ¶ ~shù(~树)나무를 심다. 2. 꽂아 넣다, 끼다, 박다. ¶ bǎ zuìmíng~·zài biéren tóushang(把罪名~在别人头上)죄를 남에게 씌우다. ~**zāng**(~赃)남에게 무고한 죄를 뒤집어 씌우다. 3. 넘어지다, 곤두박히다. ~**gēntou**(~跟头)넘어지다; 실패하다, 실수하다.

zǎi 宰 動 [가축을]죽이다, 도살하다. **shā zhū~yáng**(杀猪~羊)돼지나 양을 잡다; 잔치를 마련하다.

⁑**zài** 在 動 [장소나 위치·방향 등을 나타내는 말 앞에 놓여]…에 있다. ¶ tā~nǎli?(他~哪里?)그는 어디에 있습니까? tā~bàngōngshì li(他~办公室里)그는 사무실에 있다. nà běn shū~zhuōzi shang(那本书~桌子上)그 책은 책상 위에 있다. 介 …에, 에서; 장소나 시간을 나타냄. ¶ tā~wūzi li xiūxi(她~屋子里休息)그녀는 방에서 쉬고 있다. ~wǎnshang kàn shū(~晚上看书)한밤중에 책을 읽다. 副 [동사 앞에 놓여]…하고 있다; 동작이 진행중임을 나타냄. ¶ wǒ~zǒu, tā~pǎo(我~走, 他~跑)나는 걷고 있고, 그는 뛰고 있다. nǐ~zhǎo shénme?(你~找什么?)당신은 무엇을 찾고 있습니까? tā~zuòzhe fàn ne(她~做着饭呢)그녀는 밥을 지금 짓고 있다.
☆ 마지막 예문과 같이 진행을 나타내는 **zài**(在)는 시태 조사 **zhe**(着), 문미의 어기조사 **ne**(呢)와 같이 쓰임.

*__zài__ 载(載) 動 싣다, 쌓다. **mǎn~ér guī**(满~而归)가득 싣고 돌아오다; 수확이 많음을 비유함.

⁑**zài** 再 副 1. 다시, 재차. ¶ wǒ xiǎng míngtiān~qù yí cì(我想明天~去一次)나는 내일 다시 한 번 가보려 한다. 2. 더 이상. ¶ yǒu mei you~dà yìxiē de?(有没有~大一些的?)더 큰것은 없습니까? 3. 이 이상 …하면. ¶ ~bù zǒu, jiù yào chídào le(~不走, 就要迟到了)이 이상 머뭇거리면 지각

할 것이다. 4. …하면, …한 후에 ¶ děng bàba huílai～shuō ba(等爸爸回来～说吧)아버지가 돌아오신 후에 다시 이야기해 보자.

zàichǎng 在场(一場) 動 현장에 있다. ¶ dāngshí zhǐ yǒu wǒ yí ge rén～(当时只有我一个人～)그때 나 혼자만이 그곳에 있었다. ～de rén dōu fēicháng gǎndòng(～的人都非常感动)그곳에 있던 사람들 모두가 매우 감동했다.

***zāihài** 灾害(災一) 名 재해. **zìrán**～(自然～)자연재해.

***zàihu** 在乎 動 1. …에 있다, …에 존재하다. =**zàiyú**(在于) ¶ núlì bù núlì～gèrén(努力不努力～个人)노력하느냐 안하느냐는 개개인에 달렸다. 2. [대부분 부정형으로]마음에 두다. ¶ bú～zhè diǎnr qián(不～这点儿钱)이 정도 돈은 마음에도 두지 않다. **mǎn bú**(满不～)조금도 개의치 않다.

***zāihuāng** 灾荒(災一) 名 《**cháng** 场, **cì** 次》 천재 ; 주로 수해, 한해 따위를 말함. **nào**～(闹～)흉년이 들다.

‡**zàijiàn** 再见(一見) 動 〈應〉 안녕, 또 봅시다.

†**zāinàn** 灾难(災難) 名 《**cháng** 场》 재난. ¶ zāo shòu～(遭受～) 재난을 만나다.

†**zàisān** 再三 副 재차, 몇 번이나. ¶ ～zuòle jiěshì(～做了解释)몇 번이나 설명했다. tuīràng～(推让～)재삼 사양하다.

†**zàishuō** 再说(一說) 動 다시 말하다, …한 뒤에 하기로 하다. ¶ nǐ de yāoqiú yǐhòu～ba(你的要求以后～吧)너의 요구에 대해서 나중에 다시 말하자. 介 게다가, 덧붙여 말하자면. ¶ ～tā yě bùyídìng yǒu gōngfu(～他也不一定有工夫)게다가 그가 시간이 있을지 확실치 않다.

***zàiyú** 在于 動 …에 달려 있다, …에 존재하다 ; …에 의해 정해지다. ¶ wèntí～nǐ zěnme duìdài(问题～你怎么对待)문제는 네가 어떻게 대처하느냐에 달려 있다. qù bú qù～nǐ zìjǐ(去不去～你自己)가느냐 안 가느냐는 너에게 달려 있다.

†**zàizhòng** 载重(載一) 動 화물을 싣다. ～**qìchē**(～汽车)[대형의] 트럭.

†**zàizuò** 在座 動 자리에 있다 ; 출석하다. ¶ ～de duō shì niánqīng rén(～的多是年轻人)참가자의 대부분이 젊은이이다.

***zájì** 杂技(雜一) 名 곡예, 잡기. **yǎn**～(演～)곡예를 하다.

záluàn 杂乱(雜亂) 形 난잡하다, 지저분하다. ¶ zhuōzi shang fēicháng～(桌子上非常～)책상 위가 매우 어수선하다. ～**wúzhāng**(～无章)난잡하여 조리가 없다.

‡**zán** 咱 名 1. [상대방을 포함하여]우리들. =**zánmen**(咱们) 2. 〈方〉 나. =**wǒ**(我) ¶ ～shuō dào zuò dào(～说到做到)내가 말한 것은 반드시 실행한다.

zǎn 攒(攢) 動 쌓다, 모으다, 축적하다. ¶ děng qián～·gòule jiù mǎi(等钱～够了就买)돈이 모이면 사겠다. ～**qián**(～钱)돈을 모으다, 저축하다.

zàn 暂(暫) 副 〈文〉 잠시, 임시로. ☆ **zànshí**(暂时)와 같은 의미이

나 대부분 단음절어 앞에 쓰인다. ¶ túshūguǎn zhěnglǐ nèibù, ~tíng kāifàng(图书馆整理内部, ~停开放)도서관은 내부정리로 인하여 잠시 휴관한다. cǐ shì~bù chǔlǐ(此事~不处理)이 일은 잠시 보류한다.

***zànchéng** 赞成(贊一) 動 찬성하다, 동의하다. ¶ dàjiā dōu~tā de yìjian(大家都~他的意见)모두 그의 의견에 동의했다.

⁑**zāng** 脏(髒) 形 더럽다, 불결하다. ¶ zhuōmiàn hěn~(桌面很~)책상 위가 더럽다. yīfu~le(衣服~了)옷이 더러워졌다. shǒu tài~(手太~)손이 매우 더럽다.

zàngsòng 葬送 動 매장하다; 대부분 비유로서. ¶ ~·le tā de qiántú(~了他的前途)그의 장래를 파멸시켰다.

zāngwù 赃物(贜一) 名 장물; 뇌물로 받은 재물. ¶ wōcáng~(窝藏~)장물을 은닉하다.

†**zànměi** 赞美(贊一) 動 찬미하다. ¶ ~zǔguó(~祖国)조국을 찬미하다.

⁑**zánmen** 咱们(一們) 代 우리들; 상대방을 포함함. **zán**(咱)이라고도 함. ☆ 北京人들이 많이 사용; 공통어인 **wǒmen**(我们)은 상대를 포함해도, 안해도 됨.

***zànqiě** 暂且(暫一) 副 잠시, 우선. ¶ zhège wèntí~bù tí(这个问题~不提)이 문제는 잠시 접어두자.

***zànshí** 暂时(暫時) 名 당분간, 잠시동안. ¶ zhè shì~de cuòshī(这是~的措施)이것은 잠정적 조치이다. ~bǎomì(~保密)잠시 비밀로 해두다.

†**zàntàn** 赞叹(贊嘆) 動 찬탄하다, 칭찬하다. ¶ ~qǔdé de chéngguǒ(~取得的成果)획득한 성과를 칭찬하다. shízài lìng rén~(实在令人~)매우 훌륭하다.

†**zànyáng** 赞扬(贊揚) 動 찬양하다. ¶ ~hǎorén hǎoshì(~好人好事)훌륭한 사람이나 사적을 찬양하다.

***zāo** 遭 動 [불행이나 화를]만나다, 조우하다.¶ ~·le dúshǒu(~了毒手)마수에 걸려들었다. 量 (~儿) 1. 횟수를 나타냄. ¶ pǎole liǎng~Tiānjīn(跑了两~天津)천진에 2번 갔다. 2. 바퀴, 둘레. ¶ yòng shéngzi kǔnle yì~(用绳子捆了一~)밧줄로 한 바퀴 묶다.

***záo** 凿(鑿) 動 끌로 구멍을 내다, 파다. ¶ zài shíbǎn shang~·le ge dòng(在石板上~了个洞)석판에 구멍을 내다.

⁑**zǎo** 早 名 아침. ~**fàn**(~饭)아침식사. **cóng~dào wǎn**(从~到晚)아침부터 밤까지. 形 1. [시간적으로]빠르다. ☆ 속도에 대해서는 **kuài**(快)를 씀. ¶ jīntiān tā láide hěn~(今天她来的很~)오늘 그녀는 매우 일찍 왔다. ~qù~huí(~去~回)일찍 와서 일찍 돌아가다. 2. [어느 지점까지]아직 시간이 있다. ¶ nǐ~diǎnr lái(你~点儿来)좀 일찍 오십시오. lí kāiyǎn hái~ne(离开演还~呢)개막시간까지 아직 시간이 조금 있다. 3. 〈應〉 아침인사. ¶ nín~!(您~!)좋은 아침입니다. 副 벌써. ¶ zhè běn cídiǎn wǒ~

Z

mǎi le(这本词典我～买了)이 사전을 나는 벌써 샀다.

*__zào__ 造 動 1. 만들다, 제조하다. ¶ ～fángzi(～房子)집을 짓다. ～jùzi(～句子)문장을 짓다. ～qìchē(～汽车)자동차를 제조하다. 2. 꾸며내다. ¶ ～yáoyán(～谣言)헛소문을 꾸며내다.

‡__zǎochen__ 早晨 名 아침; 해뜬 후 오전 8, 9시경까지. =__zǎoshang__(早上) ¶ ～kōngqì hǎo(～空气好)아침에는 공기가 좋다.

__zàochéng__ 造成 動 1. 만들다, 만들어내다. ～__yúlùn__(～舆论)여론을 조성하다. 2. 생성하다, 야기하다. ～__zāihài__(～灾害)재해를 야기하다.

*__zāodào__ 遭到 動 [좋지 않은 일을] 만나다, 조우하다. ¶ ～jiāotōng shìgù(～交通事故)교통사고를 당하다. ～dà fēng de xíjī(～大风的袭击)강풍의 습격을 당하다. ～yúlùn de qiǎnzé(～舆论的谴责)여론의 견책을 당하다.

†__zǎodiǎn__ 早点(-點) 名 간단한 아침식사. __zǎofàn__(早饭)의 뜻도 있음. ～__pù__(～铺)아침식사를 파는 음식점.

‡__zǎofàn__ 早饭(-飯) 名 아침식사. ¶ chī～(吃～)아침식사를 하다.

†__zào▲fǎn__ 造反 動 반역하다, 반란을 일으키다. ¶ zào bù hélǐ de zhìdù de fǎn(造不合理的制度的反)불합리한 제도에 반대하다.

*__zāogāo__ 糟糕 形 〈口〉 엉망이 되다, 망치다. ¶ qíngkuàng hěn～(情况很～)사태가 매우 엉망이다. ～·tòu le, chídàole zhěngzhěng yì xiǎoshí(～透了, 迟到了整整一小时)큰일났군, 한 시간이나 지각을 했으니.

†__zàohuo__ 灶火(竈-) 名 〈方〉 1. 부엌. =__chúfáng__(厨房) 2. 부뚜막.

*__zǎojiù__ 早就 副 벌써, 일찍이. ☆ __zǎo__(早)와 __jiù__(就) 2개의 부사가 결합한 것. ¶ wǒ～zhīdao le(我～知道了)나는 벌써부터 알고 있었다.

†__zào▲jù__ 造句 動 작문하다.

__zāo▲nàn__ 遭难(-難) 動 재난·어려움을 만나다, 조난당하다. ¶ zāole yì cháng dà nàn(遭了一场大难)큰 재난을 만났다.

__zào▲niè__ 造孽 動 [장래에 응보를 받을]나쁜 짓을 하다. ¶ zhè zhēnshì～(这真是～)이것은 정말 극악무도한 짓이다.

__zǎopén__ 澡盆 名 목욕통, 욕조.

†__zǎoqī__ 早期 名 조기, 이른 시기.

*__zǎor__ 枣儿(棗兒) 名 대추. ☆ 南方 사람들은 대부분 __zǎozi__(枣子)라고 함.

‡__zǎoshang__ 早上 名 아침. =__zǎochen__(早晨) ¶ nǐ～jǐ diǎn qǐchuáng?(你～几点起床?)너는 몇 시에 일어나니?

†__zāoshòu__ 遭受 動 [나쁜 일을]만나다, [손해를]입다. ¶ ～pòhuài(～破坏)파괴되다. ～sǔnshī(～损失)손실을 입다.

*__zǎoshù__ 枣树(棗樹) 名 《__kē__ 棵, __zhū__ 株》 대추나무.

†__zāotà / zāota__ 糟蹋·糟踏 動 1. 낭비하다; 못쓰게 되다. ¶ ～liángshi(～粮食)식량을 낭비하다. 2. 능욕하다, 모욕하다. ¶ ～·le duōshao niánqīng gūniang(～了多少年轻姑娘)많은 젊은 아가

Z

씨들을 능욕했다.

†**zǎotáng** 澡堂 名 목욕탕. **zǎotángzi**(澡堂子)라고도 함.

†**zǎowǎn** 早晚 名 1. 아침저녁. ¶ ~hái yǒuxiē lěng(~还有些冷)아침저녁으로 아직은 좀 춥다. 2. 무렵, 시각. ¶ dōu zhè~le, gāi huí-lai le(都这~了, 该回来了)벌써 시간이 이렇게 됐으니 돌아가야겠다. 副 조만간. ¶ ~děi ràng rén zhīdao le(~得让人知道了)조만간 사람들에게 알려질 것이다.

zàowangyé 灶王爷(竈－爺) 名 부뚜막 귀신.

zǎoxiān 早先 名 이전. ¶ tā bǐ~chéngshú duō le(他比~成熟多了)그는 이전보다 많이 성숙해졌다.

†**zǎoyǐ** 早已 副 벌써. ☆ **zǎo**(早)와 **yǐ**(已) 2개의 부사가 복합된 것. ¶ tāmen~líhūn le(他们~离婚了)그들은 이미 이혼했다. 名 〈方〉이전, 과거. ＝**zǎoxiān**(早先) ¶ ~de shì, bù tí le(~的事, 不提了)옛날 일은 거론하지 않다.

†**zāoyù** 遭遇 動 [예기치 못했던 적이나 불행과]마주치다, 조우하다. ¶ ~dírén(~敌人)적과 마주치다. biàngù(~变故)재난을 만나다.

†**zǎozǎo** 早早 副 (～儿) 1. 일찍. ¶ míngtiān~lái(明天~来)내일은 일찍 오겠다. 2. 벌써. ＝**zǎoyǐ**(早已) ¶ huìyì~jiéshù le, nǐ zěnme cái lái?(会议~结束了, 你怎么才来?)회의는 벌써 끝났는데, 너는 왜 지금에서야 오느냐?

Z

*__záozi__ 凿子(鑿－) 名 끌, 정.

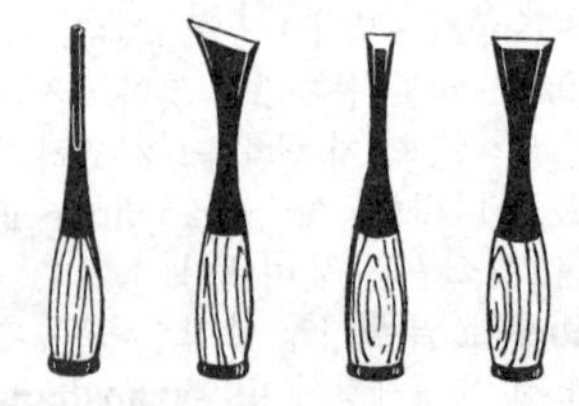

凿子

zǎozi 枣子(棗－)
☞ **zǎor**(枣儿) 참조.

†**záwén** 杂文(雜－) 名 잡문; 산문의 일종. 수필에 가까우나 의논이나 주장, 주의를 내포한 것이 많음.

⁑**zázhi** 杂志(雜誌) 名 《**běn** 本, **fèn** 份, **qī** 期》 잡지. ¶ dìngyuè~(订阅~)잡지를 정기구독하다.

†**zé** 则(則) 量 개수를 세는 것. ¶ shìtí yì~(试题一~)시험문제 하나. xīnwén liǎng~(新闻两~)뉴스 두 단락. 連 〈文〉…하면, …하자. **yù sù~bù dá**(欲速~不达)서두르면 오히려 망친다.

†**zébèi** 责备(責備) 動 책망하다, 꾸짖다. ¶ nǐ yǒu shénme quánlì ~biéren?(你有什么权力~别人?)너에게는 남을 책망할 권리가 없다. 名 비난, 질책. ¶ shòudào~(受到~)질책당하다.

*__zéi__ 贼(賊) 名 도둑, 도적. ¶ zhuā~(抓~)도둑을 잡다. 形 〈方〉약삭빠르다. ＝**jiǎohuá**(狡猾) ¶ tā kě~, nǐ děi xiǎoxin(他可~, 你得小心)그는 교활하므로 너는 경계해야 한다. 副 〈方〉매우, 아주. ＝**hěn**(很) ☆ 東北 사람들

이 자주 사용함. ¶ jīntiān～lěng (今天～冷)오늘은 매우 춥다.

***zěn** 怎 代 왜, 어째서. =**zěnme** (怎么) ¶ nǐ～bú gàosu wǒ ya? (你～不告诉我呀?)너는 왜 내게 알리지 않았느냐? méi yǒu qián, ～néng shēnghuó ne?(没有钱, ～能生活呢?)돈이 없는데 어떻게 생활합니까?

***zēng▲chǎn** 增产(一產) 動 증산하다. ¶ ～liángshi(～粮食)양식을 증산하다. nǔlì～(努力～)증산에 힘쓰다.

zēngduō 增多 動 증대하다, 늘이다. ¶ shōurù～(收入～)수입이 늘다.

***zēngjiā** 增加 動 증가하다, 늘이다. ¶ rénkǒu～(人口～)인구가 증가하다. ～tǐzhòng(～体重)체중이 늘다, 체중을 늘이다.

†**zēngjìn** 增进(一進) 動 증진하다. ¶ ～shíyù(～食欲)식욕을 증진시키다. ～tuánjié(～团结)단결을 강화하다.

†**zēngqiáng** 增强(一強) 動 강화하다, 증강하다, 높이다. ¶ zhànshèng kùnnan de xìnxīn(～战胜困难的信心)역경을 극복할 수 있다는 자신감을 높이다. ～tǐzhì(～体质)체질을 강화하다.

†**zēngsòng** 赠送(贈一) 動 물건을 증정하다, 선물하다.

zēngtiān 增添 動 늘이다, 첨가하다. ¶ ～·le xīn de chéngyuán (～了新的成员)새로운 구성원이 더해졌다. ～guāngcǎi(～光彩)광채를 더하다, 영광을 더하다.

zēngzhǎng 增长(一長) 動 증가하다, 늘다. ¶ rénkǒu～de sùdù (人口～的速度)인구증가 속도.

⁑**zěnme** 怎么(一麼) 動 1. 왜, 어째서. ¶ nǐ～piàn rén?(你～骗人?) 너는 왜 사람을 기만하느냐? 2. 어떻게. ¶ zhège zì～niàn?(这个字～念?)이 글자는 어떻게 읽습니까? nǐ xiǎng～bàn jiù～bàn ba (你想～办就～办吧)네가 하고 싶은 대로 해라. 3. [bù(不), 혹은 méi(没)～의 형태로 사용하여] 별로, 그리. ¶ jīntiān bù～rè(今天不～热)오늘은 그다지 덥지 않다.

⁑**zěnmeyàng** 怎么样(一麼樣) 代 1. ☞ **zěnyàng**(怎样) 2. [부정사를 수반하여]별로 대단치 않음을 나타냄. ¶ tā chàngde bìng bù～(她唱得并不～)그녀는 노래를 그리 잘 부르지 못한다.

⁑**zěnyàng** 怎样(一様) 代 1. 성질, 방법, 상태 등이 어떠한가를 물음. **zěnmeyàng**(怎么样)이라고도 함. ¶ nǐ shēntǐ～?(你身体～?)몸은 좀 어떻습니까? gōngzuò～?(工作～?)일은 어떻습니까? nàshí nǐ～huídá?(那时你～回答?) 그때 당신은 뭐라고 대답했습니까? wǒ yě bù néng bǎ tā～(我也不能把他～)나도 그를 어떻게 할 수 없다. ～de fāngfǎ?(～的方法?)어떠한 방법. ～de jiégòu?(～的结构?)어떠한 구조. 2. [연용하여]그대로 함을 나타냄. ¶ rénjia～zuò, nǐ yě zuò, bú jiù xíng le ma?(人家～做, 你也～做, 不就行了吗?)너도 남이 하는 대로 하면 되지 않느냐?

***zérèn** 责任(責一) 名 책임. ¶ méi yǒu nǐ de～(没有你的～)네게는

책임이 없다. shuōhuà bú fù~(说话不负~)한 말에 책임을 지지 않다 ; 무책임한 말을 하다.

†**zhā** 渣 图 (~儿) 1. 찌꺼기 ; 거른 찌꺼기, 침전물. 2. 쓰레기. **miànbāo**~(面包~)빵부스러기.

***zhā** 扎 動 1. 찌르다. ¶ shǒu bèi zhēn~·pò le(手被针~破了)손을 바늘에 찔려 다쳤다. 2. 파고들다, 비집고 들어가다. ¶ yì tóu ~·jìn mǔqin huáili(一头~进母亲怀里)어머니의 품속에 파고들다.

☞ **zā**(扎) 참조.

***zhá** 闸(閘) 图 1. 갑문, 수문. **guān**~(关~)수문을 닫다. 2. 브레이크. ~**bù líng**(~不灵)브레이크가 작동하지 않다. **cǎi**~(踩~) 브레이크를 밟다. 3. 〈口〉 (강전용)스위치. **lā**~(拉~)스위치를 당기다.

***zhá** 炸 動 1. 기름에 튀기다. ¶ ~huāshēngmǐ(~花生米)땅콩을 튀기다. 2. 〈方〉 [야채를]데치다. =**chāo**(焯) ¶ xiān~yí xià zài chǎo(先~一下再炒)먼저 데친 후 기름에 볶다.

☞ **zhà**(炸) 참조.

†**zhǎ** 眨 動 눈을 깜박거리다. ¶ yǎnjing yì~bù~(眼睛一~不~)눈 하나 깜짝하지 않다.

***zhà** 炸 動 1. 폭발하다. ¶ píngzi~le(瓶子~了)병이 파열됐다. 2. 폭파하다. ¶ ~diāobǎo(~碉堡)토치카를 폭파하다. 3. 격노하다. ¶ tā yì tīng jiù~le(他一听就~了)그는 듣자마자 격노했다.

☞ **zhá**(炸) 참조.

zhàcài 榨菜 图 〈植〉 중국의 '四川省' 특산물로서 2년생 초본식물 ; 뿌리·줄기를 소금에 절여 먹음.

***zhàdàn** 炸弹(-彈) 图 《**kē** 颗》 폭탄. ¶ cóng fēijī shang rēng~(从飞机上扔~)비행기에서 폭탄을 투하하다.

***zhāi** 摘 動 1. 따다, 꺾다, 뜯다, 떼다. ¶ ~táozi(~桃子)복숭아를 따다. ~màozi(~帽子)모자를 벗다. ~yǎnjìng(~眼镜)안경을 벗다. 2. [돈을]빌리다. **dōng~xī jiè**(东~西借)여기 저기서 돈을 빌리다.

***zhǎi** 窄 形 1. 좁다. ¶ lù tài~(路太~)길이 너무 좁다. xīnyǎnr~(心眼儿~)도량이 좁다. 2. 가난하다, 곤궁하다. ¶ jiāli hěn~(家里很~)집이 매우 옹색하다.

†**zhài** 债(債) 图 빚, 부채. ¶ xiàng biéren jiè~(向别人借~)남에게 빚을 지다. **bī**~(逼~)빚을 독촉하다. **fù**~(负~)빚을 지다.

zhàiwù 债务(債務) 图 《**bǐ** 笔》 채무. ¶ qīnglǐ~(清理~)채무를 청산하다.

zhāiyào 摘要 動 요점을 뽑다. ¶ ~guǎngbō zhèngfǔ shēngmíng(~广播政府声明)정부성명을 요약하여 방송하다. 图 적요, 요지. **lùnwén**~(论文~)논문 요지.

zhàlan 栅栏(-欄) 图 (~儿)울타리, 울짱. ¶ yòng~wéizhù(用~围住)울타리를 두르다.

†**zhān** 粘 動 끈적거리다, 풀을 붙이다. ¶ yòng jiāoshuǐ~(用胶水~)풀로 붙이다. ~zhīliǎo(~知了)끈끈이로 매미를 잡다.

***zhǎn** 盏(盞) 图 잔. 量 술·등(잔)

따위를 세는 양사. ☆ 원래 등은 잔에 기름을 담아 불을 켰으므로. ¶ yì~jiǔ(一~酒)한 잔의 술. liǎng~dēng(两~灯)등불 2개.

⁑**zhàn** 占 動 위치를 점유하다. ¶ ~·le yǒulì de dìxíng(~了有利的地形)유리한 지형을 점유하다. ~yōushì(~优势)우위에 서다.

⁑**zhàn** 站 動 1. 서다. ¶ ~·qilai(~起来)일어나다. 2. 멈추다. ¶ chē hái méi~·wěn(车还没~稳)차가 아직 멈춰서지 않았다. 名 1. 역, 정류장. ¶ huǒchē dào ~le(火车到~了)기차가 역에 도착했다. ~**zhǎng**(~长)역장. 2. [어떤 업무를 위해 설치된]파출소, 사무소. **bǎojiàn**~(保健~) 보건소.

†**zhàn** 蘸 動 [액체·분말에]살짝 묻히다, 찍다. ¶ ~mòshuǐ(~墨水)잉크·먹물을 묻히다. ~táng chī(~糖吃)설탕에 찍어먹다.

†**zhànchǎng** 战场(戰場) 名 전장. ¶ shàng~(上~)전장으로 가다.

†**zhǎnchū** 展出 動 전시하다, 진열하다.

***zhàndòu** 战斗(戰鬪) 動 전투하다. ¶ ~zài dírén de xīnzàng li (~在敌人的心脏里)적의 심장부에서 싸우다. 名 《**cháng** 场, **cì** 次》 전투, 싸움.

zhànfú 战俘(戰ㅡ) 名 전쟁포로.

⁑**zhāng** 张 動 1. 열다, 열리다. ¶ ~·zhe zuǐ(~着嘴)입을 벌리고. 2. 늘어놓다, 진열하다. ¶ dà~yànxí(大~宴席)성대한 연회석을 마련하다. 量 평평한 물건을 셀 때. ¶ yì~zhǐ(一~纸)책상 1개. sān~chuáng(三~床)침대 3개.

†**zhāng** 章 量 시가·문장의 단락을 셀 때. ¶ dì yī~(第一~)제1장.

zhǎng 掌 名 손바닥 ; 말굽쇠. = **shǒuzhǎng**(手掌)~**shàng míng zhū**(~上明珠)손 안의 구슬 ; 눈에 넣어도 아프지 않을 어린아이. 動 1. 손바닥으로 치다. ¶ ~zuǐ(~嘴)따귀를 때리다. 2. 장악하다, 관리하다. ¶ ~cáiquán(~财权)재정권을 장악하다.

⁑**zhǎng** 长(長) 動 1. 크다, 성장하다. ¶ zhuāngjia~·de hěn wàng(庄稼~得很旺)작물의 성장이 매우 왕성하다. zhè háizi~·de zhēn pàng(这孩子~得真胖)이 아이는 매우 뚱뚱하다. 2. 늘다, 증가하다. ¶ ~jiànshi(~见识)견문을 넓히다. 接尾 …의 장, 우두머리. **chǎng**~(厂~)공장장. **wěiyuán**~(委员~)위원장. **xiào**~(校~)교장.

☞ **cháng**(长) 참조.

***zhǎng** 涨(漲) 動 1. [조수·물이]차다. ¶ héli~·le shuǐ le(河里~了水了)강의 수위가 불었다. **shuǐ~chuán gāo**(水~船高)수위가 높아지면 배도 따라 높아진다 ; 주위환경이 향상되면 자신도 향상된다. 2. [물가가]오르다. ¶ wùjià~·le sān bèi(物价~了三倍)물가가 3배로 올랐다.

☞ **zhàng**(涨) 참조.

***zhàng** 帐(帳) 名 ['账'이라고도 씀.] 1. 《**běn** 本》 장부. ¶ jì~(记~)장부에 기입하다. 2. 《**bǐ** 笔》 빚, 외상. ¶ qiàn~(欠~)빚을 지다. huán~(还~)빚을 갚다.

Z

†**zhàng** 胀(脹) 動 붓다, 팽창하다. ¶ dùzi～(肚子～)배가 부르다.

†**zhǎng** 涨(漲) 動 1. [수분을 흡수하여]불다. ¶ mù'ěr pào・～le(木耳泡～了)목이버섯이 물에 불었다. 2. [얼굴, 머리가]상기되다, 충혈되다. ¶ liǎn～・de tōnghóng(脸～得通红)얼굴이 벌겋게 상기됐다. 3. [수량이]넘다, 초과하다. ¶ zhè huí～・chū shí kuài qián le(这回～出十块钱了)이번에는 10원이 남았다.
☞ **zhǎng**(涨) 참조.

*__zhàng__ 丈 量 길이의 단위 ; 10척 ; 약 3.3m 정도.

†**zhàng'ài** 障碍 動 장애가 되다, 방해가 되다. 名 장애, 방해. ¶ sǎochú～(扫除～)장애를 제거하다. ～**wù**(～物)장애물. ～**sàipǎo**(～赛跑)장애물 경주.

†**zhàn▲gǎng** 站岗(一崗) 動 보초서다. ¶ zhàn liǎng xiǎoshí gǎng(站两小时岗)2시간 동안 보초를 서다.

zhǎngbèi 长辈(長輩) 名 친족관계에서 순위가 위인 자 ; 나이가 위인 자, 연장자.

zhāngchéng 章程 名 규정, 규칙. ¶ zūnshǒu～(遵守～)규칙을 준수하다.

†**zhǎngdà** 长大(長一) 動 성장하다, 크다, 자라다. ¶ háizi yǐjing～le(孩子已经～了)아이가 벌써 다 컸다.

zhàngfáng 帐房(帳一) 名 (～儿) 1. [옛날의]계산대. 2. 회계원. ～**xiānsheng**(～先生)[옛날의]경리.

zhàngfū 丈夫 名 어른, 남자. **dà**～(大～)대장부.
☞ **zhàngfu**(丈夫) 참조.

*__zhàngfu__ 丈夫 名 남편 ; 자신이나 남의 남편에 대해 사용.
☞ **zhàngfū**(丈夫) 참조.

†**zhǎngguì** 掌柜(一櫃)名 [옛날의] 점포주인, 지배인. **zhǎngguìde**(掌柜的)라고도 함. =**lǎobǎn**(老板)

†**zhǎng▲jià** 涨价(漲價) 動 물가가 오르다, 값이 오르다.

zhǎngjìn 长进(長進) 動 [학문・품행면에서]진보하다, 향상되다. 名 진보, 향상. ¶ yǒu～(有～)향상하다. méi yǒu～(没有～)발전이 없다.

*__zhāngkāi__ 张开(張開) 動 벌리다, 열다. ～**zuǐ**(～嘴)입을 열다.

zhāngláng 蟑螂 名 《**zhī** 只》〈虫〉 바퀴벌레.

†**zhāngluo** 张罗(張羅) 動 〈口〉 1. 처리하다, 변통하다. ¶ zhème duō shì yí ge rén～・buguòlai(这么多事一个人～不过来)이렇게 많은 일을 혼자 처리할 수는 없다. 2. [돈을]조달하다. ¶ hǎoróngyì～・le yì bǐ qián(好容易～了一笔钱)겨우 돈을 마련했다. 3. 접대하다, 시중들다. ¶ nín bié～le(您别～了)신경쓰지 마십시오.

*__zhàngmu__ 丈母 名 장모. **zhàngmuniáng**(丈母娘)이라고도 함. =**yuèmǔ**(岳母)

*__zhàngren__ 丈人 名 장인. =**yuèfù**(岳父)

zhǎng▲shuǐ 涨水(漲一) 動 물이 불다, 수위가 올라가다.

zhān▲guà 占卦 動 점치다. ¶ nǐ lái gěi tā zhān yí guà(你来给他占一卦)이 사람을 위해 점을 쳐

Z

주시오.

zhān▴guāng 沾光 動 [타인이나 사물의]은혜를 입다, 덕을 보다. ¶ yìdiǎnr guāng yě zhānbushàng(一点儿光也沾不上)아무런 덕도 보지 못했다.

†**zhāngwàng** 张望(張一) 動 먼 곳을 살피다. ¶ xiàng wài~(向外~)밖을 둘러보다. zuǒyòu~(左右~)주위를 살피다.

⁑**zhǎngwò** 掌握 動 1. 파악하다, 습득하다. ¶ ~liǎng mén wàiyǔ(~两门外语)2개국어를 습득하다. ~qíngkuàng(~情况)상황을 파악하다. 2. 장악하다, 지배하다. ¶ ~zhèngquán(~政权)정권을 장악하다.

†**zhànháo** 战壕(戰一) 名 참호. ¶ wā~(挖~)참호를 파다.

***zhǎnkāi** 展开(一開) 動 넓히다, 전개하다. ¶ ~chìbǎng(~翅膀)날개를 펴다. ~xuānchuán huódòng(~宣传活动)선전활동을 확대시켜 가다.

***zhǎnlǎn** 展览(一覽) 動 전람하다, 전시하다. ¶ ~jìshù chéngguǒ(~技术成果)기술성과를 전람하다. ~xuésheng de zuòpǐn(~学生的作品)학생들의 작품을 전시하다. 名 전람, 전시. ¶ bàn~(办~)전람회를 개최하다. ~**huì**(~会)전람회.

†**zhànlǐng** 占领(一領) 動 점령하다. ¶ ~·le shǒudū(~了首都)수도를 점령했다.

†**zhànlüè** 战略(戰一) 名 전략. ¶ yǒu zhòngdà de~yìyi(有重大的~意义)전략적으로 큰 의의가 있다.

†**zhànshèng** 战胜(戰勝) 動 승리하다. ¶ ~duìshǒu(~对手)상대를 이기다. ~jíbìng(~疾病)병을 극복하다.

***zhànshì** 战士(戰一) 名 1. 병사, 전사. ¶ Bālùjūn~(八路军~)팔로군 병사. 2. 정의로운 전투나 사업에 참가하는 사람. **báiyī**~(白衣~)백의의 전사, 간호사 ; 의료활동에 종사하는 사람.

†**zhànshù** 战术(戰術) 名 전술. **yūhuí**~(迂回~)우회전술.

†**zhànxiàn** 战线(戰綫) 名 《**tiáo** 条》 전선 ; 넓은 의미의 혁명, 사업 등의 영역을 가르킴. **jiàoyù**~(教育~)교육일선. **tǒngyī**~(统一~)통일전선.

†**zhǎnxīn** 崭新(嶄一) 形 참신하다, 매우 새롭다. ¶ ~de qìchē(~的汽车)새로운 자동차.

†**zhànyì** 战役(戰一) 名 전역.

†**zhànyǒu** 战友(戰一) 名 전우. ¶ qīnmì~(亲密~)친밀한 전우.

zhànyǒu 占有 動 점유하다, 소유하다. ¶ ~zhòngyào dìwèi(~重要地位)중요한 지위를 차지하다. ~cáiliào(~材料)자료를 보유하다.

***zhànzhēng** 战争(戰爭) 名 《**cháng** 场, **cì** 次》 전쟁. ¶ fādòng~(发动~)전쟁을 일으키다.

***zhāo** 招 動 1. 부르다, 손짓하다. ¶ xiàng tā~shǒu(向他~手)그에게 손짓하여 부르다. 2. 모집하다. ¶ ~línshígōng(~临时工)임시직을 모집하다. 3. [어떠한 결과를]불러 일으키다. ¶ lājī fàngzai zhèr~cāngying(垃圾放在这儿~苍蝇)쓰레기를 여기에 버리

면 파리가 모인다. **shùdà～fēng**(树大～风)나무가 크면 바람이 잦다; 명성이 높을수록 공격과 질투도 많다. 2. 죄를 인정하다, 자백하다. ¶ lǎoshi～·lai(老实～来)정직하게 자백하라. shuō shénme yě bù～(说什么也不～)뭐라고 해도 자백하려 하지 않는다.

***zháo** 着 動 1. 닿다, 접촉하다. ¶ ～dì(～地)땅에 닿다. 2. [추위 등을]느끼다. ¶ ～·liáng(～凉)감기에 걸리다. 3. [불이]켜지다, 붙다. ¶ ～huǒ(～火)불이 켜지다. 4. [보어로 사용하여]목적이 달성되거나 결과가 나타남을 말함. ☞ **zhe**(着) 참조. ¶ cāi·～le(猜～了)예측·추측이 적중했다. dǎ·～le(打～了)명중했다.

†**zhǎo** 爪 名 1. 짐승의 발톱. ☆ 인간의 손톱은 **zhǐjia**(指甲). 2. 새나 짐승의 발. ☆ 구어에서는 **zhuǎ**라고 발음될 경우도 있음. ☞ **zhuǎzi**(爪子) 참조. **qián**～(前～)앞발. **hòu**～(后～)뒷발.

⁑**zhǎo** 找 動 1. 찾다, 구하다. ¶ gāngbǐ diū le, dàochù～·buzháo(钢笔丢了, 到处～不着)펜을 잃어버렸는데, 어디에도 없다. qǐng～yí xià èr sān sì yāo fángjiān(请～一下2341房间)[전화로]2341호실을 연결해 주십시오. ～dōngxi(～东西)물건을 찾다. ～rén(～人)사람을 찾다, 방문하다. ～shíjiān(～时间)시간을 변통하다. 2. 거스름 돈을 주다, 거슬러 주다. ¶ ～yí kuài wǔ(～一块五) 1.5원을 거슬러주다. ～·bukāi(～不开)[잔돈이 없어]거슬러 줄 수 없다.

†**zhào** 罩 動 덮다, 덮히다. ¶ mián'ǎo wàimian～zhe yí jiàn lánbù guàr(棉袄外面～着一件蓝布褂儿)솜저고리 위에 곤색 웃도리를 씌우다. 名 덮개. =**zhàozi**(罩子) **dēng**～(灯～)전등 갓. **ěr**～(耳～)[방한용]귀덮개. **kǒu**～(口～)마스크.

***zhào** 照 動 1. 비추다, 빛나다. ¶ ná dēng～·yi·～(拿灯～一～)등불로 비춰보다. 2. [거울에]비추다. ¶ ～jìngzi(～镜子)거울에 비추다. 3. [사진을]찍다. ¶ ～zhāng xiàng(～张相)사진을 한 장 찍다. zhè zhāng xiàng～·de hěn hǎo(这张相～得很好)이 사진은 잘 나왔다. 介 1. …에 비추어, …대로. ¶ ～yàngzi zuò(～样子做)견본대로 하다. 2. …를 향해. ¶ ～·zhe zhège fāngxiàng zǒu(～着这个方向走)이 방향을 향해 가다. 副 [단음절 동사 앞에 쓰여]그대로 …하다. ¶ shǒuxù yǐjing～bàn le(手续已经～办了)이미 수속을 끝마쳤다. qǐng nǐ～zuò yí ge(请你～做一个)이 것처럼 하나 만들어 주십시오.

***zhàocháng** 照常 形 평상시대로. ¶ yíqiè～(一切～)모든 것이 평상시대로 이다. Chūnjié～yíngyè(春节～营业)정월에도 평상시대로 영업하다.

***zhāodài** 招待 動 대접하다, 초대하다. ¶ ～kèren(～客人)손님을 접대하다. ～·de hěn zhōudao(～得很周到)배려깊은 접대를 하다. ～**huì**(～会)초대연, 파티. **jìzhě**～**huì**(记者～会)기자회견. ～**suǒ**(～所)[관공서·공장 등의]

숙박, 초대시설.

⁑zhàogu 照顾(—顧) 動 1. 고려하다, 배려하다. ¶ ~dàjiā de xūyào(~大家的需要)모두의 요구를 고려하다. ~yǐngxiǎng(~影响)영향을 고려하다. 2. 돌보다, 시중들다. ¶ ~lǎorén(~老人)노인을 시중들다.

zhàoguǎn 照管 動 돌봐주다, 다루다. ¶ háizi yóu wǒ lái~(孩子由我来~)아이는 내가 돌보겠다. nǐ liúxiàlai~xíngli(你留下来~行李)너는 남아서 짐을 지켜라.

***zhāohu** 招呼 動 1. 분부하다. ¶ ~háizimen zuòhǎo(~孩子们坐好)아이들에게 가만히 앉아 있으라고 지시하다. 2. 인사하다. =**dǎ zhāohu**(打招呼) ¶ jiànmiàn ~yí xià(见面~一下)만나면 인사를 한다. 3. 돌보다. ¶ ~bìngrén(~病人)환자의 시중을 들다. 4. 〈方〉 주의하다, 조심하다. ¶ ~huádǎo (~滑倒)넘어지지 않도록 조심해라. 名 인사. **dǎ**~(打~)인사하다.

***zháo▲huǒ** 着火 動 불이 붙다, 화재가 나다. ¶ bìngfáng~le(病房~了)병실에 불이 났다.

⁑zháo▲jí 着急 動 조급하다, 걱정하다. ¶ bié nàme~(别那么~)너무 조급해하지 마라. tā bǎ yàoshi diū le, zhèng zài nàr~ne(她把钥匙丢了, 正在那儿~呢)그녀는 열쇠를 잃어버려 어찌할 바를 모르고 있다. gān~méi bànfǎ(干~没办法)안달만 할 뿐 어찌할 수 없다.

†zhàojí 召集 動 소집하다. ¶ nǐ fùzé~rén(你负责~人)네가 소집하는 일을 맡아다오. ~huìyì(~会议)회의를 소집하다.

zhāojià 招架 動 상대의 공격에 대응하다 ; 막다, 몸을 피하다. ¶ ~·buzhù(~不住)막아낼 수 없다. nányú~(难于~)막기 어렵다.

zhàojiù 照旧(—舊) 形 여전하다 ; 지금까지와 같이. ¶ liǎng tiān guòqu le, tā~bù lǐ rén(两天过去了, 他~不理人)이틀이 지났으나, 그는 여전히 아무와도 이야기하려 하지 않는다. yíqiè hái~(一切还~)모든 것이 그대로이다.

†zhàokāi 召开(—開) 動 [회의를] 소집하다. ¶ ~tǎolùnhuì(~讨论会)토론회를 소집하다.

zhào▲lǐ 照理 動 이치에 비추어 보다. =**àn▲lǐ**(按理) ¶ ~shuō, zhè jiàn shì bù gāi wǒ guǎn(~说, 这件事不该我管)이치로 따진다면, 이 일은 내가 관여할 것이 못된다.

†zhàolì 照例 形 관례적인 ; 습관적인, 평상시와 같이. ¶ ~de bànfǎ(~的办法)통상적인 방법. tā ~měitiān láide hěn zǎo(他~每天来得很早)그는 언제나 매우 일찍 온다.

†zháo▲liáng 着凉 動 감기에 걸리다. ¶ yèli~le, jīntiān dùzi téng(夜里~了, 今天肚子疼)간밤에 감기에 걸렸는데, 오늘은 배가 아프다.

†zhàoliào 照料 動 변통하다, 돌보다. ¶ ~bìngrén(~病人)환자를 돌보다. ~jiāli de shì(~家里的事)집안일을 꾸려가다.

zhāomù 招募 動 [사람을]모집하다. ¶ ~Yīngyǔ jiàoyuán(~英语

教员)영어교사를 모집하다.

***zhāopai** 招牌 名 간판 ; 명목, 명의. ¶ dǎzhe shèhuì zhǔyì de～(打着社会主义的～)사회주의의 기치를 내걸다.

⁑**zhàopiàn** 照片 名 《**zhāng** 张》 사진.〈口〉**zhàopiānr**(照片儿). ¶ pāi～(拍～)사진 찍다. pāishè～(拍摄～)위와 동일. xǐ～(洗～)사진을 현상하다. fàngdà～(放大～)사진을 확대하다.

zhàopiānr 照片儿(一兒)
☞ **zhàopiàn**(照片) 참조.

zhāoqì 朝气(一氣) 名 패기, 활발한 정신, 진취적 기상. ¶ méi diǎnr niánqīng rén de～(没点儿年轻人的～)젊은이의 발랄함이 전혀 없다. ～**péngbó**(～蓬勃) 원기왕성하다.

zhāor 招儿(一兒) 名 1. [바둑·장기의]수. ¶ xià yì～(下一～) 다음 수. 2. 책략. ¶ nǐ zhè～bù líng(你这～不灵)너의 그런 수법으로는 안된다.

zhāorèn 招认(一認) 動 [범인이] 범행사실을 시인하다, 자백하다. ¶ sǐ bù～(死不～)죽어도 죄를 시인하지 않다.

†**zhāo▴shǒu** 招手 動 손짓하여 부르다. ¶ cháo tā～(朝她～)그녀를 향해 손짓하다.

⁑**zhào▴xiàng** 照相·照像 動 사진 찍다. ¶ zhàole sān zhāng xiàng (照了三张相)사진 3장을 찍었다. ～**jī**(～机)사진기.

zhǎoxun 找寻(一尋) 動〈方〉트집잡다. ¶ ～máobìng(～毛病)트집거리를 찾다.

†**zhào▴yàng** 照样(一樣) 動 (～儿) 견본대로 하다, 본을 뜨다. ¶ zhàozhe yàngr huà(照着样儿画) 견본대로 그리다.
☞ **zhàoyàng**(照样) 참조.

***zhàoyàng** 照样(一樣) 副 (～儿) 변함없이, 여전히. ¶ tā suīrán xīnli bù gāoxìng, kě～yòu shuō yòu xiào(她虽然心里不高兴, 可～又说又笑)그녀는 비록 즐겁지 않았으나, 평상시처럼 웃고 떠들었다.
☞ **zhào▴yàng**(照样) 참조.

†**zhàoyào** 照耀 動 비추다, 빛나다. ¶ Dǎng de lùxiàn～·zhe qiánjìn de fāngxiàng(党的路线～着前进的方向)당의 노선이 전도를 밝게 비춰주고 있다.

zhàoying 照应(一應) 動 돌보다, 시중들다. ¶ tā duì wǒmen～·de hěn hǎo(她对我们～得很好)그녀는 우리를 매우 잘 돌봐준다.

zhàpiàn 诈骗(詐騙) 動 사기치다, 편취하다. ¶ ～qiáncái(～钱财)돈을 사기쳐 빼앗다. ～**fàn** (～犯)사기꾼.

†**zhāshi** 扎实(一實) 形 1. 건강하다, 튼튼하다. ¶ bǎngde hěn～(绑得很～)튼튼하게 묶여 있다. 2. [학문·일이]견고하다, 착실하다. ¶ gōngzuò～(工作～)일이 견실하다.

***zhǎ▴yǎn** 眨眼 動 깜박거리다 ; 짧은 시간을 비유. ¶ tā yì～jiù bú jiàn le(他一～就不见了)그는 눈깜짝할 사이에 사라졌다. yì～de gōng fu jiù dào le(一～的功夫就到了)눈 깜짝할 사이에 도착했다.

zhàyào 炸药(一藥) 名〈化〉폭

약, 화약. **huángsè**~(黄色~)황색화약.

*__zhē__ 遮 動 덮다, 가로막다. ¶ lāshàng chuānglián~·zhù yángguāng(拉上窗帘~住阳光)커튼을 쳐서 빛을 가리다. wūyún~·buzhù tàiyáng(乌云~不住太阳)먹구름이 태양을 가릴 수는 없다; 악이 정의를 이길 수는 없음을 표현.

zhē 蜇 動 1. [벌 등이]쏘다. ¶ bèi mǎfēng~le(被马蜂~了)말벌에게 쏘였다. 2. [약품 등이]쓰라리다, 자극하다. ¶ qiē cōngtóu~yǎnjing(切葱头~眼睛)양파를 썰면 눈이 쓰리다.

*__zhé__ 折 動 1. 꺾다. ¶ shùzhī bèi~·duàn le(树枝被~断了)나무가지가 꺾였다. 2. 방향을 바꾸다. ¶ zǒudào bànlù yòu~·huilai le(走到半路又~回来了)중간까지 갔다가 다시 돌아왔다. 3. 개다. ¶ ~yīfu(~衣服)옷을 개다. 量 [정가의]1/10. ¶ dǎ qī~chūshòu(打七~出售)30% 할인하여 판매하다. jiǔ~(九~)10% 할인.

☞ **shé**(折) 참조.

⁑**zhè** 这 代 1. 이것, 이. ⇔ **nà**(那) ☆ **zhèi**라고도 발음함. ~**dìfang**(~地方)이 곳. ~**běn zázhì** (~本杂志)이 잡지. ~**yì huí**(~一回)이번. 2. 지금, 이때. ¶ wǒ~jiù zǒu(我~就走)나는 지금 곧 간다. ~dōu jǐ diǎn le, nǐ hái bù xiūxi(~都几点了, 你还不休息)지금이 몇 시인데 아직도 안자느냐.

⁑**zhe** 着 助 1. [동사 뒤에 쓰여]동작, 상태의 지속을 나타냄. ¶ tā chàng·~gē ne(他唱~歌呢)그는 노래를 부르고 있다. mén kāi·~(门开~)문이 열려 있다. hēibǎn shang xiě·~zì ne(黑板上写~字呢)칠판 위에 글씨가 쓰여있다. ☆ 첫 번째 예의 **tā chàngzhe gē ne**(他唱着歌呢)는 동사 앞에 **zài**(在)를 붙여 **tā zài chàngzhe gē ne**(他在唱着歌呢)라고 해도 된다. 2. [동일한 주어가 두 개의 동사를 수반할 경우]앞의 동사에 **zhe**(着)가 붙어 뒤의 동사가 어떠한 상태에서 행해지는지를 나타냄. ¶ tā zuò·~fēijī qù Jiùjīnshān(他坐~飞机去旧金山)그는 비행기를 타고 샌프란시스코에 갔다. lǎoshī zhàn·~jiǎng kè(老师站~讲课)선생님은 서서 강의를 하신다. 3. [동사 뒤에 쓰여]명령의 어기를 나타냄. ¶ tīng·~bié shuōhuà(听~别说话)말하지 말고 귀담아 들어라. 4. [동사 뒤에 쓰여]개사적인 용법을 구성함. ¶ shùn·~zhè tiáo lù zǒu(顺~这条路走)이 길을 따라 간다.

☞ **zháo**(着) 참조.

*__zhèbian__ 这边 代 (~儿)여기, 이쪽. ☆ **zhèibian**이라고도 발음함. ¶ dào~lái(到~来)이쪽으로 와라.

*__zhéduàn__ 折断(一斷) 動 꺾다. ¶ shùzhī~le(树枝~了)나뭇가지가 부러졌다. ~·le tuǐ(~了腿)다리가 부러졌다.

zhēgài 遮盖(一蓋) 動 1. 위에서 덮다. ¶ yòng sùliàobù~yāngmiáo(用塑料布~秧苗)비닐로 모

를 덮다. 2. 감추다. ¶ ~quēdiǎn (~缺点)결점을 감추다.

zhège 这个(這個) 代 이것, 이, 이일. **zhèige**라고도 발음함. ☆ 본래 代詞 **zhè**(这)와 양사 **gè**(个)의 두 단어이나, 관용적으로 결합되었으므로 일반적으로 한 단어로 간주함.
☞ **zhè**(这) 참조.

zhéhé 折合 動 [수량이]상당하다, [다른 계산단위의]…에 해당하다. ¶ ~chéng Rénmínbì zhí qībǎi kuài qián(~成人民币值七百块钱)인민폐로 환산하면 700원이 된다.

***zhèhuìr** 这会儿(這會兒) 代 이 시각; 지금, 현재. ☆ **zhèihuìr**이라고도 발음됨. ¶ ~tā kěnéng hái zài shuìjiào ne(~他可能还在睡觉呢)지금쯤 그는 아직 자고 있을 것이다.

zhèi 这(這) ☞ **zhè**(这) ☆ 본래 **zhè yī**(这一)의 합음이나, **zhèi sān ge**(这三个)[이 3개]와 같은 용법으로 볼 수 있음.

zhèibian 这边(這邊)
☞ **zhèbian**(这边) 참조.

zhèige 这个(這個)
☞ **zhège**(这个) 참조.

zhèihuìr 这会儿(這會兒)
☞ **zhèhuìr**(这会儿) 참조.

zhèixiē 这些(這一)
☞ **zhèxiē**(这些) 참조.

zhèiyàng 这样(這樣)
☞ **zhèyàng**(这样) 참조.

Z

zhèli 这里(這裏) 代 여기; 비교적 가까운 곳을 가리킴. =**zhèr** (这儿) ¶ ~chūchǎn huāshēng (~出产花生)여기서 땅콩이 난다. xiān zhùzai wǒ~ba(先住在我~吧)우선 여기 내 집에 묵으시오.

zhème 这么(這麼) 代 1. 이렇게. ¶ ~duō de cài(~多的菜)이렇게 많은 요리. 2. [양사를 넣어 한정어로]이런. ¶ ~ge zuòfǎ, wǒ bù néng tóngyì(~个做法, 我不能同意)나는 이런 방식에 동의할 수 없다.

***zhèmexiē** 这么些(這麼一) 代 이렇게 많은, 이 정도의. ¶ ~de dōngxi zěnme nǎdeliǎo?(~的东西怎么拿得了?)이렇게 많은 물건을 어떻게 들 수 있습니까?

***zhèmezhe** 这么着(這麼一) 代 이와 같이, 이렇게, 그러면. ¶ ~, nǐ xiān lái kànyikan, ránhòu zài juédìng(~, 你先来看一看, 然后再决定)그럼 우선 네가 와서 한번 본 후 결정하자.

zhémo 折磨 動 구박하다, 학대하다. ¶ bié zhème~tā le(别这么~他了)그를 이토록 괴롭히지 마라. 名 괴로움, 고통. ¶ shòu jíbìng~(受疾病~)병마고에 시달리다.

***zhēn** 针(針) 名 1. 《**gēn** 根, **méi** 枚》 바늘. **féngbèi**~(缝被~)[이불을 꿰매는]긴 바늘. 2. 바늘과 비슷한 것. **cháng**~(长~)[시계의]긴 바늘. **duǎn**~(短~)짧은 바늘. **miǎo**~(秒~)초침. **zhǐnan**~(指南~)나침반. 3. 주사. **dǎ**~(打~)주사를 놓다.

zhēn 真(眞) 形 1. 진실이다. ¶ zhè shì shì~de(这事是~的)이 일은 사실이다. 2. 분명하다. ¶ lí de yuǎn kànbu · ~(离得远看不

~)멀리 떨어져서 분명하게 보이지 않다. 副 정말로, 실로. ¶ jīntiān~lěng(今天~冷)오늘은 정말 춥다. tā~huátóu(他~滑头)그는 정말 교활하다. nǐ~huì mǎi dōngxi ya!(你~会买东西呀!)너는 정말 물건사는데 능숙하군!

†**zhěn** 枕 動 베개를 베다. ¶ ~·zhe gēbo shuìjiào(~着胳膊睡觉)팔베개를 하고 자다.

*__zhèn__ 阵(陣) 名 1. 진지. ¶ shàng~(上~)출정하다. 2. (~儿)짧은 시간. ¶ guò yí~jiù hǎo le(过一~就好了)조금 지나자 괜찮아졌다. 量 (~儿)한바탕. ¶ yí~yǔ(一~雨)한차례의 비.

*__zhèn__ 镇(鎭) 名 행정단위; **xiàn**(县)밑에 있는 비교적 큰 마을. 動 1. 막다, 저지하다. ¶ zhǐyǒu tā cái~·dezhù(只有他才~得住)그만이 막을 수 있다. 2. 얼음으로 식히다. **bīng~píjiǔ**(冰~啤酒)얼음으로 식힌 맥주.

*__zhèn__ 震 動 떨리다, 진동하다. ¶ bēizi~·suì le(杯子~碎了)컵이 흔들려 깨졌다. **pà**~(怕~)진동에 약하다.

zhēnbír 针鼻儿(針一兒) 名 바늘구멍, 눈금. **zhēnyǎn**(针眼)이라고도 함.

†**zhēnchá** 侦察(偵一) 動 정찰하다. ¶ ~díqíng(~敌情)적의 동태를 정탐하다.

†**zhèndì** 阵地(陣一) 名 진지. ¶ jiānshǒu~(坚守~)진지를 굳게 지키다.

zhèndìng 镇定(鎭一) 形 침착하다, 진정되다. ¶ hǎoróngyì cái~·xialai(好容易才~下来)겨우 진정되었다. qíngxù~(情绪~)정서적으로 안정되었다.

†**zhèndòng** 振动(一動) 動 흔들리다, 진동하다.

†**zhèndòng** 震动(一動) 動 1. 흔들리다. ¶ wàimian guò qìchē, wūli zhuōzi~·de lìhai(外面过汽车, 屋里桌子~得利害)자동차가 밖을 지나가면 방안의 테이블이 심하게 흔들린다. 2. [사진·뉴스가 사람을]놀라게 하다, 뒤흔들다. ¶ ~quánguó(~全国)나라를 온통 뒤흔들다.

†**zhēnduì** 针对(針對) 動 […와] 정면으로 마주보다, 초점을 맞추다. ¶ ~xuésheng de qíngkuàng(~学生的情况)학생의 상황에 맞추다.

*__zhēng__ 争(爭) 動 다투다, 앞을 다투다, 싸우다. ¶ ~·zhe fāyán(~着发言)다투어 발언하다. **nǐ~wǒ duó**(你~我夺)서로 다투다.

*__zhēng__ 睁(睜) 動 [눈을]크게 뜨다. ¶ ~dà yǎnjing(~大眼睛)눈을 크게 뜨다.

*__zhēng__ 蒸 動 찌다, 삶다. ¶ ~mántou(~馒头)만두를 삶다.

*__zhěng__ 整 形 통째로. **yì~tiān**(一~天)하루종일. 動 정리하다, 바로잡다. ¶ ~duì(~队)대열을 정비하다.

*__zhèng__ 挣(掙) 動 [일해서]돈을 벌다. ☆ 장사로 돈을 벌 경우에는 **zhuàn**(赚)을 사용함. ¶ ~·le bù shǎo qián(~了不少钱)많은 돈을 벌었다.

⁑**zhèng** 正 形 바르다, 곧다. ¶ zhè fú huà guàde bú~(这幅画挂得不~)이 그림은 비스듬히 걸려 있

다. ~**nán**(~南)정남쪽. ~**wǔ**(~牛)정오. 副 막, 마침. ¶ xiànzài ~kāizhe huì(现在~开着会)마침 지금 회의중이다. nǐ láide~hǎo(你来得~好)마침 잘 왔다.

*__zhèngcè__ 政策 名 《**xiàng** 项》 정책. ¶ zhìdìng~(制定~)정책을 정하다.

*__zhèngcháng__ 正常 形 정상이다, 보통이다, 규칙적이다. ¶ jīngshén bú~(精神不~)정신이 비정상이다 ; 정신이 박약하다.

*__zhēngchǎo__ 争吵(爭一) 動 다투다. ¶ yí dào yìqǐ jiù~(一到一起就~)같이 있으면 항상 다툰다. ¶ ~bùxiū(~不休)언쟁이 그치지 않다. 名 싸움, 논쟁. ¶ fā-shēng~(发生~)논쟁하다.

†**zhèngdāng** 正当(一當) 動 꼭 …에 해당하다 ; [대부분 **shí**(时), **shíhou**(时候)와 호응하여]막 …할 때. ☆ 부사 **zhèng**(正)이 결합한 것으로, 두 단어로 볼 수도 있음. ¶ ~wǒ zháojí de děngdài de shíhou, māma huílai le(~我着急地等待的时候, 妈妈回来了)초조하게 기다리고 있는데 어머니가 돌아오셨다.

☞ **zhèngdàng**(正当) 참조.

*__zhèngdǎng__ 政党(一黨) 名 정당. ¶ jiànlì~(建立~)정당을 결성하다.

†**zhèngdàng** 正当(一當) 形 정당하다. ¶ ~de lǐyóu(~的理由)정당한 이유. ~de yāoqiú(~的要求)당연한 요구. shoǔduàn bú~(手段不~)방법이 정당하지 않다.

☞ **zhèngdāng**(正当) 참조.

†**zhěngdùn** 整顿(一頓) 動 정돈하다 ; [규율·기풍·조직의]혼란을 바로잡다. ¶ ~jìlǜ(~纪律)규율을 정돈하다.

†**zhēngduó** 争夺(爭奪) 動 쟁탈하다. ¶ ~shìlì fànwéi(~势力范围)세력의 확대를 꾀하다.

†**zhēngfā** 蒸发(一發) 動 증발하다. ¶ shuǐfèn dàliàng~(水分大量~)수분이 다량으로 증발되다.

zhěng▲fēng 整风(一風) 動 [사상이나 일 등의 방식을]총점검하다. ¶ zhěng dǎng fēng(整党风)[중국 공산당이]당의 활동을 총점검하다.

†**zhēngfú** 征服 動 정복하다. ¶ ~zì rán(~自然)자연을 정복하다.

*__zhèngfǔ__ 政府 名 정부. ¶ jiànlì xīn~(建立新~)새 정부를 수립하다.

*__zhěnggè__ 整个(一個) 形 (~儿) 모든, 전체의. ¶ ~huìchǎng(~会场)회의장 전체. ~shàngwǔ(~上午)오전 내내. ~shèhuì(~社会)사회 전체.

*__zhènghǎo__ 正好 形 마침 잘 됐다, 좋다. ¶ nǐ láide~(你来得~)너 마침 잘왔다. zhè shuāng xié wǒ chuān~(这双鞋我穿~)이 구두는 내가 신으니 꼭 맞다. 副 바로, 꼭, 마침. ¶ wǒ qù de shíhou, ~tā cóng wàimian huílai(我去的时候, ~他从外面回来)내가 방문했을 때, 그는 때마침 밖에서 돌아왔다.

†**zhèngjiàn** 证件(證一) 名 증서, 증명서 ; 졸업증서, 신분 증명서 등을 지칭함.

†**zhèngjing** 正经 (一經) 形 1. 올바르다, 단정하다. ¶ zhè rén bú

Z

~(这人不~)이 사람은 단정치 못하다. 2. 바르다, 정당하다. ~**shìr**(~事儿)중대한 일. 3. 정식이다, 규격에 맞다. ~**huò**(~货) 규격품.

†**zhèngjù** 证据(證據) 名 증거. ¶ ~quèzáo(~确凿)증거가 확고하다. yǒu~(有~)증거가 있다.

*__zhěnglǐ__ 整理 動 정리하다, 바로잡다. ¶ bǎ wèntí~·qīngchu(把问题~清楚)문제를 명확히 바로잡다. ~bǐjì(~笔记)노트를 정리하다. ~fángjiān(~房间)방을 정리하다.

*__zhēnglóng__ 蒸笼(-籠) 名 시루; 찜통.

*__zhēnglùn__ 争论(爭論) 動 논쟁하다. ¶ ~zhè wèntí(~这问题)이 문제에 대해 논쟁하다. 名 논쟁. ¶ duì zhège rén de gōngguò yǒu~(对这个人的功过有~)이 사람의 공과에 대해 의논이 분분하다. ¶ yǐnqǐ~(引起~)논쟁을 일으키다.

†**zhèngmiàn** 正面 名 정면; 정면으로, 직접. ¶ dàlóu de~(大楼的~)건물의 정면. yǒu wèntí~tíchūlai(有问题~提出来)문제가 있다면 직접 제시하시오. 形 긍정적인. ⇔ **fǎnmiàn**(反面) ~**rénwù**(~人物)[문학작품 등의] 긍정적 인물.

*__zhèngmíng__ 证明(證-) 動 증명하다. ¶ zhè~tā méi yǒu chéngyì(这~他没有诚意)이것은 그에게 성의가 없음을 증명하는 것이다. 名 증명. ¶ kāi~(开~)증명서를 발행하다.

zhèngpài 正派 形 [품행이나 태도가]바르다, 공명정대하다. ¶ tā zhège rén bú~(他这个人不~) 그 사람은 공정하지 못하다.

†**zhēngqì** 蒸气(-氣) 名 증기. ~**jī**(~机)증기기관.

‡**zhěngqí** 整齐(-齊) 形 가지런하다, 정제되어 있다. **qízhěng**(齐整)이라고도 함.(**AABB**) ¶ zì xiěde~(字写得~)글씨가 정연하다. zhěngzhengqíqí páihǎo duì(整整齐齐排好队)정열하다.

zhèng▲qián 挣钱(-錢) 動 [애써서]돈을 벌다. ¶ ~yǎngjiā(~养家)돈을 벌어 가족을 부양하다.

†**zhèngqiǎo** 正巧 形 딱 좋다, 마침 잘됐다. ¶ ~wǒ yě yǒu shì zhǎo nǐ(~我也有事找你)마침 나도 용무가 있어 당신을 찾아가려던 참이었다. láide~(来得~)마침 잘 왔다.

†**zhēngqiú** 征求(徵-) 動 널리 구하다. ¶ ~yìjian(~意见)의견을 널리 구하다.

*__zhēngqǔ__ 争取(爭-) 動 쟁취하다, 노력해서 손에 넣다, 실현하다. ¶ ~shíjiān(~时间)시간을 확보하다. ~zhǔdòng(~主动)주도권을 손에 넣다.

†**zhèngquán** 政权(-權) 名 정권. ¶ jiànlì~(建立~)정권을 수립하다.

*__zhèngquè__ 正确(-確) 形 바르다. ¶ fāngxiàng~(方向~)방향이 바르다. ~**de zuòfǎ**(~的作法)올바른 방법.

zhèngren 证人(證-) 名 증인. ¶ zhǎo~(找~)증인을 찾다.

†**zhèngshí** 证实(證實) 動 증명하다. ¶ shìshí~tā de huà méi yǒu

cuò(事实～他的话没有错)사실이 그의 말에 틀림이 없음을 증명한다.

*zhèngshì 正式 形 정식의, 공식적인. ～chūbǎn(～出版)정식출판. ¶ fēi～gōngzuò rényuán(非～工作人员)임시직원.

†zhèngshū 证书(證書) 名 증서, 증명서. bìye～(毕业～)졸업증서. jiéhūn～(结婚～)결혼증서.

†zhěngtǐ 整体(一體) 名 [조직·사물의]전체. ¶ fúcóng～lìyì(服从～利益)전체의 이익을 따르다.

*zhěngtiān 整天 名 하루종일. ¶ ～zài jiāli kàn shū(～在家里看书)하루종일 집에서 독서하다.

†zhēnguì 珍贵(一貴) 形 귀중하다, 소중하다. ¶ zhè zhāng zhàopiàn fēicháng～(这张照片非常～)이 사진은 매우 귀중하다. ～de zīliào(～的资料)진귀한 자료.

†zhèngwǔ 正午 名 정오. ¶ ～bàoshí(～报时)정오를 알리다.

*zhèngyào 正要 副 마침 …하려 하다. ☆ 부사 zhèng(正)과 yào(要)가 결합한 것이므로 두 단어로 볼 수도 있음. ¶ ～chūmén, xiàqǐ yǔ lai le(～出门, 下起雨来了)막 나가려 하는데, 비가 내리기 시작했다.

†zhèngyì 正义(一義) 名 정의. ¶ zhǔchí～(主持～)정의를 주장하다. 形 정의로운. ¶ ～de zhànzhēng(～的战争)정의로운 전쟁.

*zhēngyuè 正月 名 음력의 1월. ☆ '정월'이라는 의미의 '正'은 第1聲 zhēng으로 발음함. 그 외에는 第4聲이다.

‡zhèngzài 正在 副 막 …하려 하다. ☆ 부사 zhèng(正)과 zài(在)가 결합된 것으로 두 단어로 볼 수도 있음. ¶ wàitou～xià yǔ(外头～下雨)밖에는 비가 오고 있다. ～kāihuì(～开会)회의중이다.

†zhēngzhá 挣扎 動 몸부림치다. ☆ 이 경우만 '挣'은 第1聲으로 발음함. 그 외에는 第4聲 'zhèng'이다. ¶ ～·zhe zhàn qilai(～着站起来)안간힘을 써서 일어났다.

*zhèngzhì 政治 名 정치. ～fàn(～犯)정치범. ～jiā(～家)정치가.

zhèngzhòng 郑重(鄭一) 形 정중하다, 엄숙하다. ¶ yáncí～(言词～)말이 정중하다. ～shēngmíng(～声明)엄숙하게 밝히다.

†zhèngzhuàng 症状(一狀) 名 병의 상태, 증상.

†zhènjìng 镇静(鎭靜) 形 [마음이]침착하다, 평정하다. ¶ qíngxù～(情绪～)정서가 안정적이다.

*zhēnjiǔ 针灸(針一) 名 침과 뜸. ～yīshēng(～医生)침구의사.

*zhēnlǐ 真理(眞一) 名《tiáo 条》진리. ¶ jiānchí～(坚持～)진리를 견지하다.

zhěnliáo 诊疗(診療) 名 진단과 치료, 진료. ～suǒ(～所)진료소.

zhēnshí 真实(眞實) 形 진실이다. ¶ ～de gǎnqíng(～的感情)진실된 감정.

†zhēnshi 真是(眞一) 副 정말로; 불만을 나타냄. ¶ wǒ～bù zhīdào(我～不知道)나는 정말 모른다. nín～!(您～!)정말 당신이란 사람은!

zhēntàn 侦探(偵一) 動 정탐하다. ～xiǎoshuō(～小说)탐정소설. 名 탐정, 스파이.

학습 정보 ㉞

◈ 政治 zhèngzhì(정치) ◈

1. 국가제도

중국의 "国家制度 guójiā zhìdù"는 모두 "中国共产党"의 지도 아래 있다. 정부·의회·사법기구도 각각 공산당의 지도에 따라 두며, 구미 여러 국가나 한국처럼 "三权分立 sānquán fēnlì 制度"는 취하지 않고 있다. 또한 元首로서 "国家主席 zhǔxí"가 있다.

2. 중국공산당

중국 공산당은 1921년 7월 1일에 상해에서 창립되었고, "马列主义 Mǎ-Liè zhǔyì"(마르크스·레닌주의)에 기초를 둔 혁명정당이다. 현재, 중국에서 "党 dǎng"이라 하면 보통은 공산당을 가리킨다.(당원은 1991년 현재로 5천만 명 이상이라 함.)

★ 全国代表大会 quánguó dàibiǎo dàhuì / 전국대표대회. ¶ 十三全 shísānquán 大会 / 13차 전국대표대회. ¶ 届 jiè / 기(전국대표대회에서 다음 전국대표대회 사이를 1기라고 함.) ¶ 中央委员 zhōngyāng wěiyuán / 중앙위원 ; 전국대표대회에서 선출된다. ¶ 中央委员会全体会议 quántǐ huìyì / 중앙위원회 총회 ; 전국대표대회가 열리지 않는 동안은, 이 중앙위원회 총회가 당의 최고 의결기구가 된다. 중앙위원회 총회는 매년 개최된다. ¶ 十三届三中全会 sānzhōngquánhuì / 13기 3중총회. 13全大會 이후, 세 번째로 개최된 중앙위원회 총회.

★ 总书记 zǒngshūjì / 서기장 ; 공산당의 최고 지위. ¶ 政治局 zhèngzhìjú / 정치국 ; 당의 최고 지도기관. ¶ 政治局常务 chángwù 委员会 / 정치국 상무위원회 ; 당의 최고 간부회의. ¶ 中央军事 jūnshì 委员会主席 / 중앙군사위원회주석 ; 전통적으로는 중국공산당 가운데 가장 권위 있는 지위. ¶ 中央顾问 gùwèn 委员 / 중앙고문위원 ; 중앙위원 클래스의 당원이 제일선을 물러난 후, 임명된 지위. ¶ 党组 dǎngzǔ / 당그룹.

중국 각 지역의 "党组织 dǎngzǔzhī"(당조직)에는 "省委 shěngwěi"("중공××성위원회"의 약칭. 이하도 같다), "市委 shìwěi(시위원회)", "县委 xiàn wěi"(현위원회), "乡党委 xiāngdǎng wěi"(향당위원회) 등이 있고, 각급 당위원회 책임자는 "书记 shūjì"(서기)라 불린다.

3. 의회

중국에 있어서 최고의결기관은 "全国人民代表大会"이다. 약칭은 "全国人大réndà"(전인대). 5년에 한 번 본회의가 열리며, 매년 정례회의가 개최된다. 정례회의가 열리지 않는 시기에 그 역할을 대행하는 것이 "常务委员会"(약칭은 "常委")이다. "全国人大"의장은 "常务委员会委员长"(상무위원회위원장)이라 불린다. 의회와 맞먹는 것으로 또 한가지, "全国政治协商 xiéshāng 会议"가 있다. 약칭은 "全国政协 zhèngxié". 정치협상회의의 멤버는, 공산당 및 "民主党派 mínzhǔ dǎngpài", "无党派爱国人士 wúdǎngpài àiguó rénshì", "全国工商联 gōngshānglián", "少数民族 shǎo-shù mínzǔ", "港澳同胞 Gǎng-Ào tóngbāo"(홍콩·마카오동포), "台湾 Táiwān 同胞", "爱国华侨 huáqiáo", "妇女界 fùnǚjiè" 등의 대표들이며, "政协"는 각계·각 단체의 "统一战线 tǒngyī zhànxiàn"(통일전선)기관,

또는 협의기관이라 해도 좋다. 중화인민공화국의 성립 및 중화인민공화국 정부의 발전을 의결한 것도, 1949년 9월 20일부터 개최된 "全国政治协商会议"였다.

★ 立法机关 lìfǎ jīguān / 입법부. ¶ 议会 yìhuì / 의회. ¶ 执政党 zhízhèngdǎng / 여당. ¶ 在野党 zàiyědǎng / 야당. ¶ 参议院 cānyìyuàn / 참의원(상원). ¶ 众议院 zhòngyìyuàn / 중의원(하원). ¶ 两党制 liǎngdǎngzhì / 양당제. ¶ 一党专政 yīdǎng zhuānzhèng / 일당독재. ¶ 大选 dàxuǎn / 총선거. ¶ 候选人 hòu xuǎnrén / 입후보자. ¶ 选民 xuǎnmín / 선거민.

4. 행정기구

중국의 정부기관 중에서 내각과 맞먹는 것은 "国务院 guówùyuàn" (국무원)이다. 수상에 해당하는 것은 "总理 zǒnglǐ"(총리)이다. 각부의 장은 "外交部部长"(외무부장관)처럼 "部长 bùzhǎng"이라 부르며, 각 위원회의 장은 "主任 zhǔrèn"이라 한다. "国务委员"은 총괄적인 임무를 담당하며, 부수상격의 직무이다. 다음은 국무원 각부·각 위원회 기구를 나타낸 것이다.

★ 外交部 wàijiāobù / 외무부. ¶ 国防部 guófángbù / 국방부. ¶ 国家计划 jìhuà 委员会 / 경제기획청. ¶ 国家教育 jiàoyù 委员会 / 교육부. ¶ 国家科学技术 kēxué jìshù 委员会 / 과학기술원. ¶ 公安部 gōng'ānbù / 국가공안위원회, 경찰청. ¶ 国家安全部 ānquánbù / 국가안전기획부. ¶ 民政部 mínzhèngbù / 민정부. ¶ 司法部 sīfǎbù / 법무부, 사법부.

★ 财政部 cáizhèngbù / 재무부. ¶ 人事部 rénshìbù / 인사부. ¶ 劳动部 láodòngbù / 노동부. ¶ 建设部 jiànshèbù / 건설부. ¶ 交通部 jiāotōngbù / 교통부. ¶ 邮电部 yóudiànbù / 우편 전신국. ¶ 农业部 nóngyèbù / 농산부. ¶ 林业部 línyèbù / 임업부. ¶ 商业部 shāngyèbù / 통산부. ¶ 文化部 wénhuàbù / 문화부. ¶ 广播电影电视部 guǎngbō diànyǐng diànshìbù / 라디오·영화·텔레비전부. ¶ 卫生部 wèishēngbù / 위생부. ¶ 国家体育运动 tǐyù yùndòng 委员会 / 체육부.

★ 中国人民银行 yínháng / 중국중앙은행 ; 최고위는 "行长". ¶ 审计署 shěnjìshǔ / 회계검사원 ; 최고위는 "审计长"

★ 地方政府 dìfāng zhèngfǔ / 지방공공단체. ¶ 省 shěng 政府 / (중국일급행정구의)성정부 ; 최고위는 "省长". ¶ 自治区 zìzhìqū 政府 / (중국의 일급행정구로, 소수민족이 많이 거주한다)자치구정부 ; 최고위는 "主席". ¶ 市 shì 政府 / 시정부 ; 최고위는 "市长". ¶ 县 xiàn 政府 / 현정부 ; 최고위는 "县长". ¶ 镇 zhèn 政府 / 진정부. ; 최고위는 "镇长". ¶ 乡 xiāng 政府 / 향정부 ; 최고위는 "乡长". ¶ 行政公署 xíngzhèng gōngshǔ / 성 또는 자치구 정부의 파출기관. 성(자치구)과 현의 중간에 위치한다 ; 최고위는 "行政专员 zhuānyuán"이다.

Z

***zhěntou** 枕头(一頭) 图 《**gè** 个, **duì** 对》 베개. ¶ zhěn~(枕~)베개를 베다.

zhēnxī 珍惜 動 아끼다, 아쉬워하다. ¶ ~shíjiān(~时间)시간을 아끼다.

zhēnxian 针线(針綫) 图 바느질 ; 재봉이나 자수 등. ¶ bú huì zuò

~(不会做~)바느질을 못한다.

*zhènyā 镇压(鎭壓) 動 1. 진압하다. ¶ ~xuésheng yùndòng(~学生运动)학생운동을 진압하다. 2. 〈口〉[반혁명분자를]학살하다, 처형하다. =chǔjué(处决) ¶ ~·le yí dà pī(~了一大批)대량 학살했다.

zhēnyǎn 针眼(針一) 名 바늘구멍. =zhēnbír(针鼻儿)
☞ zhēnyan(针眼) 참조.

zhēnyan 针眼 名 〈口〉다래끼. màilìzhǒng(麦粒肿)의 속칭. ¶ zhǎng~le(长~了)다래끼가 났다.
☞ zhēnyǎn(针眼) 참조.

*zhēnzhèng 真正(眞一) 形 정말이다, 진짜이다 ; 분명히, 틀림없이. ¶ ~de péngyou(~的朋友) 진정한 친구.

†zhēnzhū 珍珠 名 《kē 颗, lì 粒》 진주.

zhēnzhuó 斟酌 動 짐작하다, 숙고하다. ¶ ~shuāngfāng de yìjian(~双方的意见)쌍방의 의견을 헤아리다. ~zìjù(~字句)자구를 숙고해 만들다.

*zhěnzi 疹子 名 〈口〉 발진, 홍역. =mázhěn(麻疹) ¶ chū~(出~) 발진에 걸리다.

zhènzuò 振作 動 원기를 진작시키다. ¶ chóngxīn~·qǐ jīngshen lai(重新~起精神来)정신을 새롭게 가다듬다.

⁑zhèr 这儿(這兒) 代 〈口〉 1. 여기. =zhèli(这里) ¶ xíngli qǐng fàngzai~(行李请放在~)짐은 여기에 놓아두시오. yuánlai zài~ne!(原来在~呢!)여기 있었구나! 2. [cóng(从), dǎ(打), yóu(由) 뒤에 쓰여]이 때, 그때. ¶ dǎ~qǐ, tā měitiān dōu pǎobù(打~起, 他每天都跑步)그때부터, 그는 매일 조깅한다.

zhéshàn 折扇 名 (~儿)부채. ¶ dǎkāi~(打开~)부채를 펴다.

†zhēteng 折腾(一騰) 動 〈口〉 1. 잠자리에서 뒤치락거리다. ¶ ~·le hǎo jǐ cì(~了好几次)몇 번이나 뒤척였다. 2. 되풀이하다, 반복하다. ¶ jīnwǎn jiù zhùzai zhèr, shěngde láihuí~(今晚就住在这儿, 省得来回~)왔다갔다 되풀이하지 않도록 오늘밤은 여기서 묵자. 3. 괴롭히다. ¶ jīngbuqǐ nǐ zhème~(经不起你这么~)네게 이렇게 괴롭힘을 당하니 못견디겠다.

⁑zhèxiē 这些(這一) 代 이것들. ☆ zhèixie라고도 발음함. ¶ ~dōu shì zhēn de(~都是真的)이것들은 모두 진짜이다.

*zhéxué 哲学(一學) 名 철학. ~jiā (~家)철학가.

⁑zhèyàng 这样(這樣) 代 [한정어로 쓰여]이러한, 이와 같은, [부사어로 쓰여]이와 같이. ☆ zhèiyàng라고도 발음함. zhèmeyàng (这么样)이라고도 한다. ¶ nǐ kàn ~de tú'àn hǎo bu hǎo?(你看~的图案好不好?)보기에 이러한 도안은 어떻습니까? ~zuò bù hǎo (~做不好)이렇게 하는 것은 옳지 않다. ~yì lái(~一来)이렇게 되면.

zhézhōng 折衷·折中 動 절충하다. ¶ ~yí xià, dìngzai sān diǎn (~一下, 定在三点)절충하여 3시로 정합시다.

Z

zhězi 褶子 名 1. [옷의]접힘선, 주름. 2. [옷·지폐의]주름, 구김. ¶ yīfu qǐ~le(衣服起~了)옷이 구겨졌다.

*__zhī__ 之 代 1. 사람 혹은 사물을 나타냄 ; 목적어로만 쓰임. **qǔ~bú jìn**(取~不尽)아무리 써도 없어지지 않는다, 무진장이다. 2. 특별히 지칭하는 것 없이 형식적인 代詞로 쓰임. **jiǔ ér jiǔ ~**(久而久~)오랜 시일이 경과하다. 助 **de**(的)에 해당하는 말로 쓰임. ¶ sān fēn~yī(三分~一)3분의 1. Huáihé~nán(淮河~南)회하의 남쪽.

*__zhī__ 枝 名 (~儿)나뭇가지. =**zhīzi**(枝子) 量 막대 형태의 물건을 셀 때. '支'라고 쓰기도 함. ¶ yì~gāngbǐ(一~钢笔)펜 한 자루.

*__zhī__ 知 動 이해하다, 알다. ☆ 구어에서 단독으로 사용할 경우에는 **zhīdao**(知道). ¶ ~·de duō, jiànde guǎng(~得多, 见得广)견문이 넓다.

⁑**zhī** 支 動 지탱하다. ¶ bǎ zhàngpeng~·qilai(把帐蓬~起来)텐트를 치다. 量 1. 부분적인 것을 셀 때. ¶ yì~jūnduì(一~军队)1개의 부대. 2. 막대 형태의 물건을 셀 때. =**zhī**(枝) ¶ yì~bǐ(一~笔)붓 한 자루.

⁑**zhī** 织(織) 動 [천을]깁다, 짜다, [털실을]짜다. ¶ ~bù(~布)천을 짜다. ~máoyī(~毛衣)스웨터를 짜다.

⁑**zhī** 只(隻) 量 1. 물건을 셀 때. ☆ 北方사람들은 대부분 밑의 2~5의 경우에 사용됨. 南方人은 **gè**(个)와 통용. ¶ yì~xiāngzi(一~箱子)트렁크 1개. 2. 쌍을 이룬 것 중의 하나. ¶ liǎng~shǒu(两~手)양 손. yì~wàzi(一~袜子)양말 한짝. 3. 동물을 셀 때. ¶ yì~jī(一~鸡)닭 한마리. 4. 기구를 셀 때. ¶ yì~píxiāng(一~皮箱)트렁크 1개. 5. 배를 셀 때. ¶ yì~xiǎochuán(一~小船)보트 1척.

☞ **zhǐ** (只)참조.

*__zhí__ 直(直) 形 곧바르다. ¶ yòu píng yòu~(又平又~)평평하고 곧바르다. hěn~de jiēdào(很~的街道)쭉 뻗은 길. tā zuǐ hěn~(他嘴很~)그는 직설적이다. 副 곧바로, 계속. ¶ ~fēi Niǔyuē(~飞纽约)뉴욕으로 곧장가다. ~dào bànyè cái shuìjiào(~到半夜才睡觉)한밤중이 되어서야 겨우 잠이 들었다. lèide~chuǎn cūqì(累得~喘粗气)지쳐서 가쁜 숨을 내쉬다.

†**zhí** 值(値) 動 1. 가치있다, 값나가다. ¶ ~yì bǎi yuán(~一百元)100원에 상당하다. bù~yì tí(不~一提)제기할 만한 가치가 없다. 2. 만나다, 즈음하다. ¶ qià~yǔjì(恰~雨季)마침 우기를 만나다.

⁑**zhǐ** 纸(紙) 名 《**zhāng** 张, **dá** 沓, **dāo** 刀》종이. ¶ yì zhāng~(一张~)종이 한 장. xiězai~·shang(写在~上)종이 위에 쓰다. yòng~bāoqilai(用~包起来)종이로 싸다.

⁑**zhǐ** 指 名 손가락 ; 구어에서 단독 사용할 경우에는 **zhǐtou**(指头)를 사용함. **qū~kě shǔ**(屈~可

Z

数)손으로 꼽을 정도이다. 動 1. 손가락질하다. ¶ yòng shǒu yì～(用手一～)손으로 가리키다. 2. 의지하다. ¶ ～·zhe biéren shēnghuó(～着别人生活)다른 사람에게 의지해서 살아가다. 3. 향하다, 대하다. ¶ tā shì～nǐ shuō de(他是～你说的)그는 당신에게 말한 것이다.

*zhǐ 止 動 그치다, 멈추다. ～bù(～步)걸음을 멈추다. 副 겨우. =zhǐ(只) ¶ ～yǒu cǐ shù(～有此数)겨우 이것밖에 없다. bù～yì huí(不～一回)한 번에 그치지 않고.

⁑zhǐ 只 副 겨우, 다만; 범위를 한정함. ¶ wǒ～yào zhège, bú yào biéde(我～要这个, 不要别的)나는 이것만 필요하고 다른 것은 필요없다. ～yǒu wǒ yí ge rén zhīdao(～有我一个人知道)나 혼자만이 알고 있다. zhè běn shū～yǒu yìbǎi yè(这本书～有一百页)이 책은 100페이지밖에 없다. ☆ zhǐ(只)가 주어, 술어를 수식하는 경우에는 직접 명사나 수량사를 수식할 수 있으므로 뒤의 두 예문은 각각 zhǐ wǒ yí ge rén zhīdao(只我一个人知道), zhè běn shū zhǐ yìbǎi yè(这本书只一百页)라고 해도 됨.
☞ zhī(只) 참조.

†zhì 质(質) 名 품질.

†zhì 至 動 〈文〉 이르다, 달하다. ¶ ～jīn wèi wàng(～今未忘)지금까지 잊지 못한다. 副 〈文〉 극히, 매우. ¶ duō chéng zhǐjiào, ～wéi gǎnjī(多承指教, ～为感激)많은 가르침을 주셔서 매우 감사합니다. ～duō(～多)아무리 많아도. ～shǎo(～少)적어도, 최소한.

*zhì 治 動 1. [병을]치료하다. ¶ ～·hǎole bìng zài shuō(～好了病再说)병이 나은 후 다시 얘기하자. 2. 처벌하다. ¶ dàjiā juédìng～～tā(大家决定～～他)모두 그를 처벌하기로 했다.

*zhì 制 動 제작하다, 제조하다. 名 제도. ¶ bā xiǎoshí gōngzuò～(八小时工作～)8시간 노동제도.

zhì 致 動 1. [인사를]보내다. ¶ ～hán(～函)편지 보내다. 2. [어떤 결과를]초래하다, 가져오다. ¶ ～bìng(～病)병이 나다.

†zhì 掷(擲) 動 던지다. =rēng(扔), tóu(投), pāo(抛) ¶ ～biāoqiāng(～标枪)창던지기를 하다. ～qiānqiú(～铅球)포환던지기를 하다. ～tiěbǐng(～铁饼)원반던지기를 하다.

zhì'ān 治安 名 치안. ¶ wéichí～(维持～)치안을 유지하다. rǎoluàn～(扰乱～)치안을 교란시키다.

zhìbàn 置办(置辦) 動 [큰 비품·부동산을]구입하다, 매입하다. ¶ ～jiājù(～家俱)가구를 구입하다.

†zhǐbiāo 指标(-標) 名 달성목표, 지표. ¶ méi yǒu zhāoshēng～(没有招生～)학생모집 지표가 없다.

†zhībù 支部 名 1. 지부. 2. 특히 중국공산당 말단조직을 가리킴. ～shūjì(～书记)지부서기.

*zhīchí 支持 動 1. 버티다, 지탱하다. ¶ ～dào jiǔ diǎn(～到九点)9시까지 버텼다. ～·buxiàlai(～不下来)버틸 수 없다. 2. 지지하

다, 지원하다. ¶ ~tā de dàdǎn shèxiǎng(~他的大胆设想)그의 대담한 구상을 지지하다. 名 지지, 지원. ¶ débudào~(得不到~)지지를 얻을 수 없다.

***zhǐchū** 指出 動 지적하다. ¶ ~quēdiǎn(~缺点)결점을 지적하다. ~wèntí suǒzài(~问题所在)문제의 소재를 지적하다.

†**zhídá** 直达(直達) 動 직행하다. ¶ cóng Běijīng zuò huǒchē~Guǎngzhōu(从北京坐火车~广州)北京에서 기차를 타고 廣州로 직행한다. ~**chē**(~车)직행 열차.

zhīdao 知道 動 알다, 알고 있다. ☆ 부정사를 수반할 경우에는 대부분 **zhīdào. ☆ 南方人은 **zhīdao**(知道)대신 **xiǎode**(晓得)를 많이 사용함. ¶ nǐ de yìsi wǒ~(你的意思我~)당신의 말을 잘 알겠다. nàge rén méi yǒu bù~de shì(那个人没有不~的事)저 사람은 모르는 것이 없다. nǐ~bu~tā shì shénme rén?(你~不~他是什么人?)너는 그가 어떤 사람인지 아느냐? ☆ 마지막 예문의 긍정·부정을 거듭하는 표현, zhīdao bu zhīdao(知道不知道)는 zhī bu zhīdao(知不知道)라고 해도 됨.

†**zhídào** 直到(直一) 動 …에 이르다; 주로 시간을 나타냄. ¶ ~xiànzài cái rènqīngle tā(~现在才认清了他)지금에서야 그가 어떤 사람인지 알았다.

***zhǐdǎo** 指导(一導) 動 지도하다. ¶ ~xuésheng xiě lùnwén(~学生写论文)학생이 논문쓰는 것을 지도하다. 名 지도. ¶ jiēshòu~(接受~)지도받다. ~**jiàoshòu**(~教授)지도교수.

***zhíde** 值得(值一) 動 돈을 들일 가치가 있다; …할 가치가 있다. ¶ zhè kuài bùtóur~mǎi(这块布头儿~买)이 천은 살 만하다. ~yì dú(~一读)일독할 가치가 있다.

***zhǐde / zhǐděi** 只得 副 …할 수밖에 없다, 할 수 없이 …하다. ¶ biéren dōu yǒu shì, ~wǒ qù(别人都有事, ~我去)다른 사람들은 모두 용무가 있으므로 내가 갈 수밖에 없다. ~chéngrèn cuòwù(~承认错误)잘못을 인정할 수밖에 없다.

†**zhǐdiǎn** 指点(一點) 動 **1.** 지시하다. ¶ jīnhòu yào kào nín~(今后要靠您~)이후로는 당신의 지시에 따르겠습니다. **2.** 흉보다. ¶ bèihòu~(背后~)등 뒤에서 흉보다.

zhǐdìng 指定 動 지정하다, 정하다. ¶ ~de dìdiǎn(~的地点)지정된 장소.

†**zhìdìng** 制定 動 [법규·계획·규정 등을]제정하다, 정하다. ¶ ~xiànfǎ(~宪法)헌법을 제정하다. ~zhèngcè(~政策)정책을 결정하다.

†**zhìdìng** 制订(一訂) 動 [새로이]안을 정하다. ¶ ~fāng'àn(~方案)안을 작성하다.

†**zhìdù** 制度 名《**tiáo** 条, **xiàng** 项》제도. ¶ dìng~(定~)제도를 제정하다. **shèhuì zhǔyì**~(社会主义~)사회주의 제도.

***zhìduō** 至多 副 많아봤자. ¶ ~hái shèng wǔ kuài qián(~还剩五块钱)많아봤자 5원밖에 남지 않

는다.

zhīfáng 脂肪 名 유지, 지방. ¶ ~hòu(~厚)지방이 많다.

*__zhìfú__ 制服 名 《**jiàn** 件》 제복. ¶ chuān~(穿~)제복을 입다.

†**zhígōng** 职工(職一) 名 1. 직원과 노동자. **shuāng~jiātíng**(双~家庭)맞벌이 부부 가정. 2. [옛날의]직공, 공원.

†**zhǐgù** 只顾(一顧) 副 오로지[…에만 전념하다.] ¶ ~shuō lián shíjiān dōu wàng le(~说连时间都忘了)정신없이 이야기하다, 시간 가는 줄도 몰랐다.

†**zhǐguǎn** 只管 副 얼마든지, 마음대로, 주저하지 말고. ¶ yǒu huà ~shuō(有话~说)할 이야기가 있으면 주저하지 말고 하시오.

‡**zhǐhǎo** 只好 副 …할 수밖에 없다, 하는 수 없이 …하다. ☆ **zhǐ-dé**(只得)도 되나, 어기(語氣)가 무거워짐. ¶ ~fúcóng mìnglìng (~服从命令)하는 수 없이 명령에 복종하다.

†**zhīhòu** 之后(一後) 名 1. [시간·공간의]뒤. sān tiān~(三天~)3일 후. 2. [단독으로 문두에 쓰여]그후. ¶ ~yòu jìnxíngle fēnzǔ tǎolùn(~又进行了分组讨论)그 후에 또 분반토론을 했다.

*__zhǐhuī__ 指挥(一揮) 動 지휘하다. ¶ ~yuèduì(~乐队)오케스트라를 지휘하다. ~**guān**(~官)지휘관. 名 1. 지휘. ¶ tīng~(听~)지휘에 따르다. 2. 지휘자. **yuè-duì**~(乐队~)오케스트라의 지휘자.

†**zhìhuì** 智慧 名 지혜. ¶ tā shì hěn yǒu~de rén(他是很有~的人)그는 매우 지혜로운 사람이다. jízhōng~(集中~)지혜를 모으다.

*__zhǐjia / zhījia__ 指甲 名 손톱. ¶ rǎn~(染~)손톱을 물들이다, 매니큐어를 칠하다. xiū~(修~)손톱을 손질하다. ~**yóu**(~油)매니큐어.

†**zhījiān** 之间(一間) 名 …의 사이. ¶ liǎng ge rén~de guānxi(两个人~的关系)두 사람의 관계.

*__zhǐjiào__ 指教 動 〈應〉 가르침을 바랍니다. ¶ qǐng duōduō~(请多多~)많은 지도 부탁드립니다.

*__zhíjiē__ 直接(直一) 副 직접적으로, 손수. ¶ ~jiāoshè(~交涉)직접 교섭하다.

†**zhìjīn** 至今 副 오늘까지, 지금까지. ¶ wèntí~méi jiějué(问题~没解决)문제가 지금까지 해결되지 않았다.

†**zhíjìng** 直径(直徑) 名 직경.

†**zhīlèi** 之类(一類) 名 …따위, …류. ¶ qiānbǐ, xiàngpí~de wénjù (铅笔, 橡皮~的文具)연필, 지우개 따위의 문구.

*__zhìlì__ 智力 名 지혜, 지력. ¶ ~hé tǐlì(~和体力)지력과 체력.

*__zhìliàng__ 质量(質一) 名 질, 품질. ¶ ~hǎo(~好)품질이 좋다. tí-gāo~(提高~)품질을 개선하다.

zhìliǎo 知了 名 《**zhī** 只》 매미. ¶ ~jiào(~叫)매미가 울다. zhān ~(粘~)끈끈이로 매미를 잡다.

*__zhìliáo__ 治疗(一療) 動 치료하다. ¶ zuìhǎo gǎnkuài~(最好赶快~)빨리 치료하는 것이 최선이다. yǒu bìng débudào jíshí de~(有病得不到及时的~)병이 나도 제때에 치료 받을 수가 없다.

*zhīma 芝麻 名 《lì 粒》〈植〉깨. ¶ ~dà diǎnr de shì(~大点儿的事)아주 사소한 일.

†zhímíndì 殖民地(殖一) 名 식민지. bàn~(半~)반식민지.

zhǐmíng 指明 動 분명히 지시하다. ¶ ~qiánjìn de fāngxiàng(~前进的方向)나아갈 방향을 명확히 지시하다.

*zhǐnánzhēn 指南针(一針) 名 나침반 ; 지침.

†zhīnèi 之内 名 [일정한 시간, 장소, 수량, 범위의]이내, 중, 속, 안. ¶ sān tiān~wǒ gěi nǐ huíhuà(三天~我给你回话)3일내로 네게 회답하겠다. bàn nián~(半年~)반년이내.

*zhínü 侄女 名 (~儿)조카.

†zhīpèi 支配 動 1. 분배하다, 배분하다. ¶ hélǐ~shíjiān(合理~时间)시간을 잘 이용하다. 2. 지배하다, 제어하다. ¶ bú shòu tārén~(不受他人~)타인의 지배를 받지 않다. zhàn~dìwèi(占~地位)지배적 위치를 점하다.

*zhīpiào 支票 名 수표.¶ kāi~(开~)수표를 끊다. kōngtóu~(空头~)공수표.

zhìqi 志气(一氣) 名 패기, 의지. ¶ yǒu~(有~)패기가 있다. zhǎng~(长~)심지가 굳다.

†zhīqián 之前 名 …전, 이전 ; 장소보다 시간을 말하는 경우가 더 많음. ¶ chīfàn~yào xǐ shǒu(吃饭~要洗手)식사 전에는 손을 씻어야 한다. shàngxué~(上学~)학교에 진학하기 전.

zhíqián 值钱(値錢) 形 가치가 있다, 고가이다. ¶ zhège huāpíng hěn~(这个花瓶很~)이 화병은 꽤 값나가는 물건이다.

zhír 侄儿 ☞ zhízi(侄子)참조.

zhírì 值日(値一) 動 당직하다. ~shēng(~生)당번 학생.

†zhīshàng 之上 名 …위, …이상. ¶ tā de běnlǐng zài wǒ~(他的本领在我~)그의 수완은 나보다 한수 위이다.

*zhìshǎo 至少 副 적어도. ¶ ~láile wǔ ge rén(~来了五个人)최소한 5명은 왔다.

*zhíshēngjī 直升机(直一機) 名 헬리콥터.

直升机

*zhīshi 知识(一識) 名 지식. ~shuǐpíng(~水平)지식수준, 교양수준. wèishēng~(卫生~)위생지식. 形 학술·문화에 관련있는. ~fènzǐ(~分子)지식인.

†zhīshi 支使 動 지시하다, 남에게 시키다. ¶ bié lǎo~biéren, zìjǐ yě gàngan(别老~别人, 自己也干干)남에게 시키지만 말고 스스로도 하시오.

*zhǐshì 指示 動 지시하다. ¶ ~bùduì mǎshàng zhuǎnyí(~部队马上转移)부대에 지시해서 곧바로 이동시키다. 名 지시. ¶ jiēdào shàngjí~(接到上级~)상부의 지시를 받다.

*zhǐshì 只是 副 단지…에 지나지 않다. ¶ bú shì bú yuànyì, ~bù hǎoyìsi(不是不愿意, ~不好意思)싫은 것이 아니고, 다만 미안할

뿐이다. 連 그러나. ¶ kěyǐ shì kěyǐ, ~děi dào míngtiān(可以是可以, ~得到明天)되기는 하지만, 내일 가능하다.

zhíshuǎng 直爽(直一) 形 [성격이]시원시원하다. ¶ tā xìnggé~(他性格~)그는 성격이 시원시원하다.

***zhǐtou / zhítou** 指头(一頭) 名 손가락, 발가락.

†**zhīwài** 之外 名 …외. ¶ chú wǒ ~hái yǒu yí ge rén(除我~还有一个人)나 외에 1명이 더 있다.

†**zhǐwang** 指望 動 기대하다. ¶ zhǐ~háizi kuài zhǎngdà(只~孩子快长大)다만 아이들이 빨리 자라기를 기다릴 뿐이다. 名 (~儿) 기대, 예상. ¶ zhè jiàn shì méi ~le(这件事没~了)이것은 가망이 없다.

zhǐwén 指纹(一紋) 名 지문.

zhìwèn 质问(質問) 動 따지다, 문책하다. ☆ 현대어에서는 '질문'이라는 뜻으로는 쓰이지 않음. ¶ ~gōngsī fāngmiàn dàibiǎo(~公司方面代表)회사측 대표에게 따지다.

zhíwù 职务(職務) 名 직무. ¶ dānrèn~(担任~)직무를 담당하다.

zhíwù 植物(植一) 名 식물. ~**xué**(~学)식물학. ~**yóu**(~油)식물성 기름. ~**yuán**(~园)식물원.

†**zhīxià** 之下 名 …의 밑, 이하. ¶ tā de cáinéng bú zài nǐ~(他的才能不在你~)그의 재능은 너에 못지 않다.

†**zhíxíng** 执行(執一) 動 [정책·법률·계획·명령·판결 등을] 실시하다, 실행하다. ¶ ~mìnglìng(~命令)명령을 실행하다. ~sǐxíng(~死刑)사형을 집행하다.

***zhìxù** 秩序 名 질서. **shèhuì**~(社会~)사회질서. ¶ wéichí~(维持~)질서를 유지하다. zūnshǒu ~(遵守~)질서를 지키다.

†**zhǐyān** 纸烟 名 종이로 말아 피우는 담배.

⁑**zhǐyào** 只要 連 [대부분 jiù(就)와 호응하여]단지 …이기만 하면, …하기만 하면. ¶ ~duō liànxí, jiù huì jìnbùde kuàixiē(~多练习, 就会进步得快些)연습을 많이 하기만 하면 빨리 나아질 것이다. ~nǐ tíxǐng tā yí xià jiù xíng le(~你提醒他一下就行了)당신이 그를 한번 주의시켜 주기만 하면 된다.

***zhíyè** 职业(職業) 名 《**xiàng** 项》직업. ¶ xuǎnzé shìhé zìjǐ de~(选择适合自己的~)자신에게 맞는 직업을 찾는다. ~**bàngqiútuán**(~棒球团)프로 야구단. ~**bìng**(~病)직업병.

†**zhīyī** 之一 名 …중 하나. ¶ Yíhéyuán shì Běijīng liù dà gōngyuán~(颐和园是北京六大公园~)이화원은 북경의 6대공원 중 하나이다.

†**zhǐyǐn** 指引 名 안내하다, 이끌다. ¶ ~fāngxiàng(~方向)방향을 이끌어 주다.

⁑**zhǐyǒu** 只有 副 단지…뿐. ¶ ~wǒ xiāngxìn nǐ(~我相信你)나만이 너를 믿는다. ☆ wǒ zhǐ yǒu zhè yì běn shū(我只有这一本书)[나는 이 책 한 권만 가지고 있다]에서의 **zhǐ**(只)와 **yǒu**(有)는 두 단어이다. 連 [cái(才)와 호

응되어]…할 때만, …한 경우에만 ; 유일한 조건을 나타냄. ¶ ~nǐ qù qǐng tā, tā cái huì lái(~你去请他, 他才会来)네가 가서 불러야 그는 겨우 올 것이다.

*__zhìyú__ 至于(−於) 動 …에 이르다 ; 일정한 정도에 달하는 것을 나타내고, 대부분 부정이나 반어형태로 사용함. ¶ zhè běn shū hěn tōngsú, tā bú~kànbudǒng(这本书很通俗, 他不~看不懂)이 책은 매우 쉬우므로 그가 읽고 이해못하는 일은 없을 것이다. bú~bù lái(不~不来)오지 않는 일은 없을 것이다. 介 …에 이르러, …에 관해 말하자면 ; 다른 화제를 꺼낼 때. ¶ ~zěnme qù, zài shāngliang(~怎么去, 再商量)가는 방법에 관해서는 다음에 상의하자.

†__zhīyuán__ 支援 動 지원하다. ¶ ~shòuzāi dìqū(~受灾地区)재해지역을 원조하다. 名 지원, 원조.

*__zhíyuán__ 职员(職員) 名 은행원. __yínháng__~(银行~)은행직원.

†__zhìyuàn__ 志愿(−願) 動 지원하다. ¶ ~qù Xīzàng(~去西藏)티베트에 가는 것을 지원하다. ~__jūn__(~军)지원군, 의용군. 名 원망, 희망. ¶ lìxià~(立下~)지망을 결정하다.

*__zhìzào__ 制造(製−) 動 1. 제조하다. ~__chǎng__(~厂)제조공장. ~__gōngxù__(~工序)제조공정. 2. [좋지 않은 국면을]야기하다. ¶ ~jiūfēn(~纠纷)분규를 야기하다.

__zhǐzhāng__ 纸张(紙張) 名 종이 ; 종이류의 총칭. ☆ 명사 __zhǐ__(纸)와 양사 __zhāng__(张)이 결합된 것. ¶ jiéyuē~(节约~)종이를 절약하다.

__zhízhào__ 执照(執−) 名 [관공서가 발급한]허가서. __jiàshǐ__~(驾驶~)운전면허. __yíngyè__~(营业~)영업허가증.

*__zhìzhǐ__ 制止 動 저지하다, 그만두게 하다. ¶ ~jíhuì yóuxíng(~集会游行)집회나 데모를 금하다.

†__zhīzhōng__ 之中 名 …중, 내, 범위내. ¶ tāmen~, yě yǒu xuésheng(他们~, 也有学生)그들 중에는 학생도 있다. zài yùliào~(在预料~)예상대로이다.

*__zhīzhū__ 蜘蛛 名 《__zhī__ 只》 거미. ~__wǎng__(~网)거미줄.

*__zhízi__ 侄子 名 조카 ; __zhír__(侄儿).

†__zhìzuò__ 制作(製−) 動 제작하다. ¶ ~móxíng(~模型)모형을 만들다.

*__zhōng__ 中 名 1. 중, 내. =__lǐ__(里), __lǐmiàn__(里面) __fáng__·~(房~)집안. 2. [대부분 zài(在)와 호응하여]동사 뒤에 놓아 동작이 진행중임을 나타냄. ¶ zài yánjiū~(在研究~)연구 중.
☞ __zhòng__(中) 참조.

*__zhōng__ 钟(鐘) 名 《__zuò__ 座》 1. 종. qiāo~(敲~)종을 치다. 2. 시계 ; 탁상시계, 벽시계 등의 큰 시계. ☆ 손목시계나 회중시계와 같이 작은 시계는 __biǎo__(表)라 함. 3. 시계, 시각을 나타내는 말을 뒤에 둠. ¶ sān fēn~(三分~)3분간. sì diǎn~(四点~)4시.

*__zhǒng__ 种(種) 名 1. (~儿)씨, 종자. =__zhǒngzi__(种子) 2. 종류, 품종. __bái__~(白~)백인종. __huáng__~(黄~)황인종. 量 류나 종을

나타냄. ¶ liǎng~rén(两~人)두 종류의 사람.

*zhǒng 肿(腫) 形 붓다. ¶ tuǐ~le (腿~了)다리가 부었다. liǎn jiào rén gěi dǎ・~le(脸叫人给打~了)맞은 얼굴이 부었다.

*zhòng 中 動 1. [목표에]맞다. ~**cǎi**(~彩)당첨되다. 2. [더위・독에]중독되다. ~**dú**(~毒)중독되다. ~**shǔ**(~暑)더위먹다. 3. [계략에]걸려들다. ~**jì**(~计)계략에 걸려들다.
☞ **zhōng**(中) 참조.

⁑zhòng 种(種) 動 심다. ¶ ~shù (~树)나무를 심다.
☞ **zhǒng**(种) 참조.

⁑zhòng 重 形 1. 무겁다. ¶ zhège xiāngzi hěn~(这个箱子很~)이 상자는 매우 무겁다. 2. 중요하다, 중대하다. ¶ hěn~de rènwu (很~的任务)매우 중대한 임무.
☞ **chóng**(重) 참조.

钟表

†**zhōngbiǎo** 钟表(鐘錶) 名 시계; 시계의 총칭. ☆ 시계는 **zhōng** (钟)과 **biǎo**(表)로 나뉨. ¶ xiūlǐ~(修理~)시계를 수리하다. ~**diàn**(~店)시계점.

†**zhōngbù** 中部 名 중부.

*zhōngcān 中餐 名 1. 중국요리. ⇔ **xīcān**(西餐) 2. 점심식사. = **wǔfàn**(午饭)

†**zhōngchéng** 忠诚(一誠) 形 충실하다. ¶ duì shìyè wúxiàn~(对事业无限~)사업에 대해 한없이 충실하다. ~wúsī(~无私)충실하고 무사공평하다.

†**zhòngdà** 重大 形 중대하다. ¶ yǒu~de jìnzhǎn(有~的进展)중대한 진전이 보인다. ~**de wèntí** (~的问题)중대한 문제. ~**shìjiàn**(~事件)중대사건.

*zhòng▲dì 种地(種一) 動 농사짓다. ¶ huíjiā~qu(回家~去)귀향하여 농사짓다.

†**zhōngdiǎn** 钟点(鍾點) 名 (~儿) 〈口〉 1. 시각. =**shíkè**(时刻) ¶ dào~le(到~了)벌써 시간이 다 됐다. 2. 1시간. =**xiǎoshí**(小时), **zhōngtóu**(钟头) ¶ yí ge~ (一个~)1시간.

†**zhòngdiǎn** 重点(一點) 名 중점; 중점적인, 중점적으로. ¶ gōngyè jiànshè de~(工业建设的~)공업 건설의 중점. ~gōngzuò(~工作) 중점적인 작업. ~tuīguǎng(~推广)중점적으로 확산시키다.

†**zhòngdú** 中毒 動 중독되다. **shíwù**~(食物~)식중독.

†**zhōngduàn** 中断(一斷) 動 끊기다, 중단하다. ¶ tīngzhòng nàoqilai, yǎnzòu~le(听众闹起来, 演奏~了)청중의 소란으로 연주가 중단됐다. xiànlù~(线路~)선로가 중간에 끊겼다.

*zhòngduō 众多(衆一) 形 많다; 주로 사람 수를 말함. ¶ rénkǒu ~(人口~)인구가 많다.

Z

†**zhōngfàn** 中饭(一飯) 名 점심. =**wǔfàn**(午饭)

zhōngfú 中伏 名 **sānfú**(三伏)중

의 하나 ; 중복.

*__zhònggōngyè__ 重工业(一業) 名 중공업.

__zhōngguī__ 终归(一歸) 副 결국, 마침내. ¶ ~huì gǎnshàng de(~会赶上的)결국에는 따라 잡았다.

__zhōnghòu__ 忠厚 形 성실하고 온후하다. ¶ dàirén~(待人~)공손하게 사람을 대접하다.

‡__zhōngjiān__ 中间(一間) 名 단, 사이, 중간, 중심. 〈口〉 __zhōngjiànr__(中间儿). ¶ yuànzi~(院子~)마당 가운데. wǒmen jǐ ge rén~(我们几个人~)우리 몇명 중. tàiyáng hé yuèliang~(太阳和月亮~)태양과 달 사이.

__zhòngjiǎng__ 中奖(一獎) 動 [복권 따위에]당첨되다. ~__hàomǎ__(~号码)당첨 번호. ¶ zhòngtóujiǎng(中头奖)1등상에 당첨되다.

*__zhōngjiànr__ 中间儿 名 〈口〉 가운데, 중간. =__zhōngjiān__(中间) ¶ zhuōzi fàng~(桌子放~)탁자를 중앙에 놓다.

†__zhōngjiū__ 终究(終一) 副 결국, 역시. ¶ ~niánlíng tài xiǎo(~年龄太小)무엇보다도 나이가 너무 어리다. ~huì bèi pāoqì(~会被抛弃)결국에는 버려질 것이다.

*__zhǒnglèi__ 种类(種類) 名 종류. ¶ shāngpǐn~qíquán(商品~齐全)상품의 종류가 완비되어 있다. bùtóng~(不同~)종류가 다르다.

†__zhōnglì__ 中立 名 중립. ¶ bǎochí~(保持~)중립을 지키다. 形 중립적인. ¶ chí~tàidu(持~态度)중립적 태도를 취하다. ~__guó__(~国)중립국. ~__zhèngcè__(~政策)중립정책.

Z

†__zhòngliàng__ 重量 名 중량, 무게. ¶ chēng~(称~)중량을 재다. ~__xiànzhì__(~限制)중량제한.

†__zhōngnián__ 中年 名 중년 ; 40 ~ 50대. ~__fùnǚ__(~妇女)중년부인. ~__rén__(~人)중년의 사람.

__zhōngnián__ 终年(終一) 名 일년 내내. ¶ ~cóngshì fánzhòng de láodòng(~从事繁重的劳动)일년 내내 심한 노동에 종사하다.

†__Zhōngqiūjié__ 中秋节(一節) 名 중추절 ; 음력 8월 15일. 달을 보고 송편('月饼')을 먹는다.

__zhōngr__ 盅儿(一兒) 名 [술·차를 마시는]잔 ; 손잡이가 없는 것.

__zhōngrén__ 中人 名 1. [옛날의]중개인, 주선자, 조정자, 증인. 2. [체격, 용모, 재능이]평균적인 인물. ~__yǐxià__(~以下)중간이하.

__zhōngshānfú__ 中山服 名 중산복, 인민복. =__rénmínfú__(人民服) [중국 남성복의 하나로, 손문(孫文)이 제창·제작했다 하여 붙은 이름.]

中山服

__zhōngshēn__ 终身(終一) 名 생애, 한평생. ¶ huǐhèn~(悔恨~)평생토록 뉘우치다. ~__dàshì__(~大事)종신지대사 ; 결혼.

†__zhōngshí__ 忠实(一實) 形 1. 성실

하다, 충실하다. ¶ wéirén～(为人～)사람됨이 성실하다. 2. 진실하다, 거짓이 없다. ¶ ～de jìlù (～的记录)충실한 기록.

†**zhòngshì** 重视(－視) 動 중시하다. ¶ ～jiàoyù(～教育)교육을 중시하다. ～réngé(～人格)인격을 중시하다.

⁑**zhōngtóu** 钟头(鐘頭) 名 〈口〉 시간 ; 시간을 셀 때 쓰임. ☆ **xiǎoshí** (小时)와는 달리 반드시 양사가 필요함. ¶ sān ge bàn～(三个半～)3시간 반.

*__zhōngtú__ 中途 名 도중, 중도. ¶ ～tuìchū(～退出)중도에 탈퇴하다.

⁑**Zhōngwén** 中文 名 중국어 ; 특히 문장을 가리킴. ¶ huì shuō～(会说～)중국어를 할 수 있다. yòng ～xiě(用～写)중국어로 쓰다. ～**bàozhǐ**(～报纸)중국어 신문. ～**guǎngbō**(～广播)중국어 방송.

⁑**zhōngwǔ** 中午 名 낮, 점심때 ; 12시 전후. ☆ **zhèngwǔ**(正午)보다 넓은 범위. ¶ ～dàodá Bālí(～到达巴黎)파리에 도착하다.

*__zhōngxīn__ 中心 名 1. (～儿) 중심, 가운데. ¶ yuànzi～(院子～)마당의 중앙. 2. 사물의 주요부분. ¶ gàikuò duànluò～(概括段落～)단락의 의미를 개괄하다. 3. 중요한 역할을 하는 기관, 조직, 지구(地區). **yánjiū**～(研究～)연구센터. **zhèngzhì**～(政治～)정치의 중심.

†**zhōngxīn** 衷心 名 진심, 충심. ¶ ～gǎnxiè nín(～感谢您)충심으로 감사드립니다. biǎoshì～de gǎnxiè(表示～的感谢)마음으로부터 사의를 표하다.

*__zhōngxué__ 中学(－學) 名 중학교 ; 우리나라의 중학교와 고등학교에 해당함. **chūjí**～(初级～)초급중학 ; 중학교. **gāojí**～(高级～)고급중학 ; 고등학교. ～**shēng**(～生)중학생, 고교생.

†**zhōngxún** 中旬 名 [달의]중순.

*__zhōngyāng__ 中央 名 1. 중앙. ¶ cāochǎng～(操场～)운동장의 중앙. 2. 국가나 정치단체의 최고 지도기구. **dǎng**～(党～)당중앙.

†**zhōngyào** 中药(－藥) 名 중국의학, 한방약.

⁑**zhòngyào** 重要 形 중요하다, 영향력이 크다. ¶ zhège wèntí hěn～(这个问题很～)이 문제는 대단히 중요하다. ～rénwù(～人物)주요인물. ～**shìxiàng**(～事项)중요한 사항. ～**wénjiàn**(～文件)중요한 서류.

*__zhōngyī__ 中医(－醫) 名 1. 중국 전통의학 ; 한방. ¶ kàn～(看～)한방치료를 받다. 2. 중국 전통의학에 근거하는 의사 ; 한방의.

zhòng▲yì 中意 動 마음에 들다, 뜻에 부합되다. ¶ bùzhī zhòng bú zhòng nǐ de yì(不知中不中你的意)마음에 드실지 모르겠습니다.

zhōng▲yòng 中用 動 쓸모 있다, 유용하다 ; 부정형으로 쓰일 경우가 많음. ¶ yàngzi hǎokàn, kěshì bù～(样子好看, 可是不～)모양은 좋으나 쓸모는 없다.

*__zhōngyú__ 终于(終於) 副 마침내, 결국. ¶ tā～tóngyì le(他～同意了)그는 드디어 동의했다. děngle hěn cháng shíjiān, tā～méi lái(等了很长时间, 她～没来)오랫동안 기다렸으나 그녀는 오지 않았다.

학습 정보 ㉟

◈ 中药 zhōngyào(한방약) ◈

"中药"(중국 고대의 전통적인 약)은 중국에서 옛날 "本草 běncǎo"라고 불렀다. 또한 해방 전까지는 "国药 guóyào"라 불려졌고, 홍콩이나 동남아시아의 화교간에는 오늘날까지도 이 말이 사용되고 있다.

각 시대에 채취되어 검토된 것은 이미 5767종 정도에 달하며, "中医 zhōngyī"(중국의학, 한방)의 치료로 지금까지도 많이 사용되고 있다. 그 중 식물약이 대부분을 차지하여 82.2%, 동물약은 12.8%이다. 그외에 광물약 등도 있다. 보통 고전에 기록되어 있으며, 검토가 이루어진 생약을 "中药"이라 하고, 아직 검토되지 않은 민간의 것을 "草药"라 하는데, 여기에 양자를 합해 "中草药"라 하기도 한다. "中药"을 연구하는 학문은 "中药学 zhōngyàoxué"나 "药材学 yàocáixué"라 하며, 그 나름대로의 학설도 있지만, 치료의 기본으로서는 역시 중국의학의 기초이론에 의거하고 있다.

1. 기본적인 연구방법

★ 性味 xìngwèi / 약물의 성질 ; 중국 의학의 이론에 의하면, 중약의 성능은 인체 음양의 밸런스를 조정하는 것이다. ¶ 四气 sìqì / 사기 ; "四性"이라고도 한다. 약물의 "寒 hán", "热 rè", "温 wēn", "凉 liáng"의 네 가지 성질을 가리킨다. 또한 정도의 경중을 표현하기 위해 "大 dà"라든가 "微 wēi"라고 하는 말을 보충하여 사용한다. 일반적으로, 한성(寒性)의 병증을 치료하는 데는 溫·熱약을 사용하고, 열성(熱性)의 병증을 치료하는 데는 寒·凉약을 사용한다. 또한, 寒·熱의 어느 것에도 속하지 않는, 작용이 특히 온화한 약물은 "平 píng"이라 한다. ¶ 五味 / 5미. 약물의 5가지맛 : 기본적으로는 "辛 xīn"(맵다), "甘 gān"(달다), "酸 suān"(시다), "苦 kǔ"(쓰다), "咸 xián"(짜다)라고 하며, 더 자세한 표현으로 하면, "涩 sè"(떫다), "麻 má"(얼얼하다), "淡 dàn"(싱겁다) 등이 있다. 五味는 각각 오장에 들어가면, 다른 효능이 나타난다.

★ 升降浮沉 shēng jiàng fú chén / 약물기미의 농도나 성질의 경중 ; 맛이 맵고·달며, 성질이 따뜻하고 뜨거운 양성(陽性)약물은 대부분 昇·浮의 성질을 가진다. 맛이 시고·쓰고·짜며, 성질이 차갑고 서늘한 음성(陰性)약물은 대부분 沈·降의 성질을 가지고 있다. ¶ 归经 guījīng / 다섯 가지 맛의 약물이 각각 특정한 장기나 경락에 작용하는 것.

★ 配伍 pèiwǔ / (약을)배합하다. ¶ 君臣佐使 jūn chén zuǒ shǐ / "君"은 주약, "臣"은 주약의 효과를 강화시키는 약물, "佐"는 주약을 보충해 주며 또는 그 부작용을 약화시키는 약물, "使"는 약물을 질병이 있는 곳으로 인도하거나, 약물의 효능을 조화롭게 하는 약물. ¶ 禁忌 jìnjì / 금기. ¶ 忌口 jìkǒu / 복약기간중, 어떤 종류의 음식물이 금기시되는 것. ¶ 相须 xiāngxū / 배합법의 하나로, 같은류의 약물을 합하여 사용하는 것에 따라 더욱 효력을 높이는 것. ¶ 相使 xiāngshǐ / 배합법의 하나로, 효능이 다른 약물을 동시에 사용하여 주약의 효력을 강하게 하는 것. ¶ 相畏 xiāngwèi / 배합법의 하나로, 어떤 종류의 약물 부작용이 다른 약물에 의해 저하되게 하는 것 ; 19종류의 약물 조합 금기를 "十九畏"라 한다. ¶ 相恶 wù / 배합법의 하나로,

어떤 종류의 약물이 다른 약물의 효력을 강하게 하는 것. ¶ 相反 fǎn/배합법의 하나로, 두 가지 약물을 동시에 사용하면 심한 부작용을 일으키는 것;18종류의 약물 조합 금기를 "十八反"이라 한다. ¶ 相杀 shā/배합법의 하나로, 어떤 종류의 약물의 힘으로 다른 약물의 독성을 없애는 것. ¶ 单行 dānxíng/약물을 단독으로 사용하여 치료하는 것. ¶ 药引子 yǐnzi/(주약을 특정한 곳으로 이끄는 작용을 가지고 있는)보조약.

2. 조제법

★ 炮制 páozhì/조제하다, 약제의 치료 효과를 높이고, 독성이나 부작용을 없애며, 보존이나 사용을 쉽게 하기 위한 가공처리;"炮炙"라고도 쓴다. ¶ 调制 tiáozhì/조제하다, 주로 약재의 조제에 대해 말한다.

★ 修治 xiūzhì/약재의 초보적인 가공처리. ¶ 筛 shāi/체로 치다. ¶ 切 qiē/썰다. ¶ 碾 niǎn/갈다, 약연으로 갈아 분말로 만들다. ¶ 捣 dǎo/빻다, 사용시에 약절구 따위로 약물을 분말로 만드는 것. ¶ 研 yán/유발로 아주 가는 분말로 만드는 것.

★ 水制 shuǐzhì/수제법. ¶ 洗 xǐ/세정하다. ¶ 漂 piǎo/씻다. ¶ 泡 pào;浸 jìn/담그다. ¶ 渍 zì/담그다. ¶ (水)飞 fēi/분말로 된 약물에 물을 넣고 잘 섞어, 현탁액을 분별해 내고, 거기에 현탁액을 침전시켜 건조시킨 것. ¶ 磨 mò/액체의 보충재료를 넣어 갈다.

★ 火制 huǒzhì/화제법. ¶ 煅 duàn/직접 불에 넣거나 망을 이용하여 태우는 것. ¶ 炮/솥에 넣어 저어가며 타서 검게 눌을 때까지 볶는 것. ¶ 煨 wēi/쪄서 태우는 것. 젖은 종이나 밀가루, 진흙 등으로 싸서, 바깥쪽이 옅은 갈색으로 탈 때까지 뜨거운 재 속에 넣어둔다. ¶ 焙 bèi/기와 위나 솥 안에 두고, 타지 않도록 약한 불에서 건조시킨 것. ¶ 烘 hōng/건조상자 등에 넣어, 까맣게 타지 않도록 약한 불에서 건조시킨 것.("焙"의 불보다 더욱 약하게 한다.) ¶ 炒 chǎo/솥에 넣고, 저어가면서 볶는다.

★ 水火共制 gòngzhì/수화양제법. ¶ 炙 zhì/액체의 보충재료를 섞어 볶는다;대표적인 것에, "蜜炙 mìzhì", "酒炙 jiǔzhì", "醋炙 cùzhì", "姜汁炙 jiāngzhīzhì", "油炙 yóuzhì" 등이 있다. ¶ 蒸 zhēng/찌다. ¶ 煮 zhǔ/끓이다. ¶ 煎 jiān/달이다.

3. 약의 종류와 대표적인 약품명

★ 剂型 jìxíng/약품의 형상. ¶ 汤(液) tāng(yè)/(따뜻할 때 마신다) 달인약;"汤药"이라고도 한다. ¶ 饮 yǐn/(차갑게)마시는 약. ¶ 丸 wán/환약. ¶ 散 sǎn, 霜 shuāng/(내복)가루약. (외용)바르는 약. ¶ 膏 gāo/(내복)연약;개어서 만든 약. (외용)고약, 붙이는 약. ¶ 丹 dān/옛날에는 광물약으로 개어 만든 과립형태의 약을 말했는데, 지금은 정제한 어떤 종류의 환약이나 알약을 "丹"이라 부른다. ¶ 片 piàn/알약. ¶ 冲剂 chōngjì/(가는 알갱이 약으로, 탕에 녹여 먹는)마시는 약. ¶ 胶囊 jiāonáng/캅셀. ¶ 药酒 yàojiǔ/약용술.

★ 服法 fúfǎ, 用法 yòngfǎ/복용법. ¶ 服量 fúliàng, 用量/복용량. ¶ 主要成分 zhǔyào chéngfèn/주요성분. ¶ 功能 gōngnéng/효능. ¶ 主治 zhǔzhì/적응범위, 적응증.

★ 中成药 zhōngchéngyào/중의의 처방에 의해 제조된 약, 한방제제. ¶ 大山楂丸 dàshānzhāwán/산자열매·맥아·육국 등을 주성분으로 만들었으며, 소화불량에 흔히 이용되는 소화제. ¶ 六味地黄丸 liùwèi dìhuángwán/신장 허약에서 오는

현기증·귀울음·허약증상에 효과가 있는 자양강장제. ¶ 乌鸡白凤丸 wūjī báifèngwán / 여성의 생리불순·생리시 복통 등에 효과가 있는 부인과의 기본 처방약. ¶ 归脾丸 guīpíwán / 체력결핍·불면증·건망증이나 여성의 월경과다 등에 쓰인다. ¶ 至宝三鞭丸 zhìbǎo sānbiānwán / 廣州산 개의 음경과 고환을 건조시킨 생약을 주성분으로 만든 강장제. ¶ 六神丸 / 小粒의 製劑로 해열·해독·소담·진통의 효능이 있고, 부종 치료에 잘 사용된다. ¶ 天麻丸 / 사지저림·안면마비·두통 등에 쓰인다. ¶ 藿香 huòxiāng 正气丸 / 위장약으로서 식욕부진·더위먹음·구토·설사 등에 쓰인다. ¶ 十全大补丸 dàbǔ wán / 빈혈·냉증·위약·병후의 체력저하 등에 적합한 자양강장약.

★ 片仔癀 piànzǐhuáng / 급성·만성 간염 등의 간장질환에 좋은 효과가 있는 약. ¶ 西瓜霜 xīguāshuāng / 수박의 과육을 건조시킨 것을 주성분으로 한 가루약. 주로 목염증이나 구강염 등에 효과가 있다. ¶ 云南白药 / 모든 출혈이나 위통·생리통 등에 효과가 있고, 전쟁시의 구급약으로서도 유명하다. 옛날에는 가루약으로, 외용으로도 내복으로도 사용했지만, 지금은 내복약으로서 캅셀제로 사용한다. ¶ 羚翘解毒片 língqiào jiědúpiàn / 감기 초기의 한기·발열·두통·기침 등의 증상에 사용되는 정제. ¶ 大活络丹 dàhuóluò-dān / 주로 뇌졸증의 후유증에 사용되는데, 신경통이나 류마티스통에도 효과가 있다. ¶ 感冒 gǎnmào 冲剂 / (세립 형태의 제제로, 뜨거운 물로 녹여 마시는)감기약. ¶ 清凉油 qīng-liángyóu / 외용의 연고로, 두통·벌레물림·가려움·가벼운 화상 등에 효과가 있다 ; "万金油 wànjīnyóu"라고도 한다.

★ 杜仲酒 dùzhòngjiǔ / 한방약의 두중을 넣은 약용술로, 혈액순환을 촉진하고 쇠약한 기능을 높이며, 초기의 고혈압에 효과가 있다. ¶ 枸杞子酒 gǒuqǐzǐjiǔ / 한방약의 구기열매를 넣은 약용술로 신장기능을 도와주며, 신진대사를 촉진하는 작용이 있고, 시력 쇠퇴나 피로회복에 효과가 있다. ¶ 虎骨酒 hǔgǔjiǔ / 호랑이의 정강이 뼈를 증류주에 담근 약술로, 신경통·관절염 등의 통증이나 간질병에 효과가 있다. ¶ 鹿茸酒 lùróngjiǔ / 수사슴의 어린뿔을 증류주에 담근 약용주. 노년자나 냉증의 사람에게 알맞은 자양강장제. ¶ 灵芝酒 língzhījiǔ / 영지를 증류주에 담근 약용주로, 위장병·기관지염 등에 효과가 있다. ¶ 五加皮酒 wǔ jiāpíjiǔ / 증류주에 오가피와 십수종의 약재를 넣고, 얼음사탕으로 단맛을 낸 약용주. 강장·利尿·진통 등의 효과가 있고, 중국명주의 하나이기도 하다.

†**zhòngzhí** 种植(種植) 動 심다 ; 씨를 뿌리다, 모내기하다.

†**zhǒngzhǒng** 种种(種種) 形 여러 종류의. ¶ yǒu~yuányīn(有~原因)여러 원인이 있다.

***zhǒngzi** 种子(種—) 名 1. 《**kē** 颗, **lì** 粒》 씨앗, 씨. ¶ zhòng~(种~)씨를 뿌리다. 2. 주력선수. ~**xuǎnshǒu**(~选手)주력선수.

zhǒngzú 种族(種—) 名 인종. ~**qíshì**(~歧视)인종차별.

***zhōu** 粥 名 죽. ☆ 남방인은 대부분 **xīfàn**(稀饭)이라 함. ¶ áo~(熬~)죽을 쑤다. chī~(吃

학습 정보 ㉟

◈ 中医 zhōngyī(중국의학) ◈

"中医"(중국의학)은 "西医 xīyī"(서양의학)과는 전혀 다른 의학체계로 수천년에 이르는 전통이 있고, 이론과 실천을 겸비한 독자적인 체계를 가지고 있다. 한국에서 「漢方」이라 불리는 전통적인 의료도 이 "中医"에서 발생·발전한 것으로 공통점이 많다.

그 근본이 되는 바탕은 "阴阳五行学说 yīnyáng wǔxíng xuéshuō"(음양오행설)의 철학사상으로, 2천년 이전의 춘추·전국시대에 "中医"로 받아들여져 왔다. 요컨대, 자연계라고 하는 대우주에 대해 인간은 각각 하나의 통일됨을 지닌 소우주라고 생각하며, 인체의 여러 가지 기능은 모두 대자연의 법칙에 따르고 있다고 본다. 따라서, 병을 다스릴 때는, 그 본질을 탐구해 내어 근본으로부터 치료를 행하는 "治病求本 zhì bìng qiú běn"이 큰 특징이다.

1. 기초이론

★ 阴阳学说/음양설 : 우주의 모든 것이 "阴"(음)과 "阳"(양)으로 성립되었다는 생각. 그 두 개의 요소는 대를 이루며("阴阳互根 hùgēn"), "阴阳消长 xiāozhǎng"(상호의존)이나 "阴阳转化 zhuǎnhuà"(상호전환) 등의 관계가 있다고 한다. 자연환경 속에서 생활하고 있는 인간도, 모든 것이 서로 대립하는 두 개의 요소에 의해 영향받고 있으므로, 음양의 조화가 깨지면 ("阴阳失调 shītiáo")건강하지 못하게 된다.

★ 五行学说/오행설 : 주로 오장육부(五臟六腑)의 속성이나 관계를 비유적으로 설명하는 데 쓰인다. "五行"이란 "木 mù, 火 huǒ, 土 tǔ, 金 jīn, 水 shuǐ"를 가리키며, 각각 인체의 내장·조직·기관 등에 결부되어, 그 특성을 나타내고 있다. 또한 그것들은 서로 관계하고 있어, 서로를 낳아주고 서로를 도와주는 상생관계를 "相生 xiāng shēng"이라 부르며, 반대로 서로를 억누르고 견제하는 관계를 "相克 xiāng kè"라 부른다.

★ 脏象 zàngxiàng(脏腑 zàngfǔ)学说/장상학설 : 인체 장기의 생리·병리 및 그 관계에 대해 정리된 이론. 여기에서 말하는 장기는 서양의학에서 말하는 같은 이름의 장기와는 다른 부분이 많으며, 일종의 기능 단위라고 하는 것이 적절하다. ¶ 五脏 wǔzàng/오장 : "肝 gān, 心 xīn, 脾 pí, 肺 fèi, 肾 shèn"의 총칭. ¶ 六腑 liùfǔ/육부 : "胆 dǎn, 胃 wèi, 小肠 xiǎocháng, 大肠 dàcháng, 膀胱 pángguāng, 三焦 sānjiāo"의 총칭. ¶ 奇恒之府 qí héng zhī fǔ/"脑 nǎo, 髓 suǐ, 骨 gǔ, 脉 mài, 胆 dǎn, 女子胞 nǚzǐbāo"의 총칭.

★ 气 qì, 血 xuè, 津液 jīnyè/생명을 지탱하는 요소로서, "气"는 정신활동을 포함한 기능적인 것을, "血"은 혈액을 포함한 물질적인 것을, "津液"은 체액을 대표하는 말. ¶ 经络 jīngluò 学说/인체 내부에 氣·血이 운행하는 통로를 "经络"이라 부르며, 각각 특정의 장기에 결부되어, 인체내부의 환경을 조절하는 것으로 없어서는 안되는 것이라 여겨왔다. 치료에 잘 사용되는 것에는, "十二正经 shí'èr zhèngjīng"이나 "任脉 rènmài" "督脉 dūmài"가 있다.

★ 六淫 liùyín/육음 : 자연계로 부터의 영향으로, 병의 외적원인이 되는 "风 fēng, 寒 hán, 暑 shǔ, 湿 shī, 燥 zào, 火 huǒ"로 분류되는 것. ¶ 七情 qīqíng/칠정 : 정신적인 스트레

레스로 병의 내적원인이 되는 "喜 xǐ, 怒 nù, 忧 yōu, 思 sī, 悲 bēi, 恐 kǒng, 惊 jīng"으로 분류되는 것. ¶ 不外内因 bù wàinèiyīn / 외적원인으로도 내적원인으로도 분류되지 않는 병 : 식생활 · 성생활 · 노동 등이 과도하거나 불규칙한 것, 또는 외상 등을 가리킨다.

2. 진찰법

★ 四诊 sìzhěn / 사진법 : "望 wàng"('望诊', '舌诊'을 포함하여, 눈으로 관찰하는 것), "闻 wén"('闻诊', 귀나 코로 조사하는 것), "问 wèn"('问诊', 문답에 의한 진찰), "切 qiè"('脉诊'과 '触诊'을 포함한다. 손으로 확인하는 것)의 네 가지가 있다. ¶ 四诊合参 hécān / 四診을 종합하여 판단하는 것. ¶ 辩证论治 biànzhèng lùnzhì / 변증논치 : 중국의학의 이론을 구체적인 임상장소에서 대응시키는 것. "辩证"이란 四診法에 의해 모아진 정보를 "证"으로 정리하여 병의 정체를 밝혀내는 것이고, "论治"란 변증의 결론에 기초하여 치료법을 결정하는 것.

★ 看舌苔 kàn shétāi / 설태를 보다 : 舌診法의 하나로, 혀의 색 · 형태 등을 보고 몸의 건강상태나 병의 부위 등을 판단하는 것.

★ 观脉象 guān màixiàng / 맥의 상태를 확인하다 : "脉象"에는 전부 28종류가 있는데, "浮 fú, 沉 chén, 迟 chí, 数 shuò, 虚 xū, 实 shí, 弦 xián, 紧 jǐn, 洪 hóng, 滑 huá, 涩 sè, 缓 huǎn, 疾 jí, 动 dòng, 濡 rú, 弱 ruò, 微 wēi, 细 xì, 散 sǎn, 芤 kōu, 伏 fú, 促 cù, 结 jié, 代 dài"의 24종류의 것을 자주 임상에 사용한다. ¶ 寸 cùn, 关 guān, 尺 chǐ / 맥을 볼 때의 부위명. "寸口, 关上, 尺中 chǐzhōng"의 약칭 : 맥이 있는 손목에서 위로 향하여 寸 · 關 · 尺라고 부른다.

★ 八纲 bāgāng 辩证 / 8개의 항목으로 변증 : 인체의 증후를 "表里 biǎolǐ"(표와 리), "寒热 hánrè"(한과 열), "虚实 xūshí"(허와 실), "阴阳"(음과 양)의 8가지 항목으로 분류하여 식별한 것. 팔감변증은 모든 변증의 기본이 된다. ¶ 脏腑辩证 / 장부변증 : 장부학설에 기초한 진단법의 하나. ¶ 六经分证 fēnzhèng / 육경변증 : 육경이란 "太阳, 阳明, 少阳, 太阴, 少阴, 厥阴 juéyīn"의 여섯 가지 경락이름으로, 漢代의 「張仲景」이 발견한 진단법. ¶ 卫 wèi 气营 yíng 血辩证 / 위기영혈변증 : "卫, 气, 营, 血"이란, 병의 진행을 4단계로 나눈 것으로, 清代의 「葉天士」가 발견한 진단법. ¶ 三焦 sānjiāo 辩证 / 삼초변증 : 清代의 「吴鞠通」이 발견한 진단법으로, "上焦, 中焦, 下焦"의 명칭으로 병의 부위 · 성질 등을 설명한 것이다.

3. 치료법

★ 扶正祛邪 fú zhèng qū xié / 몸의 정기(저항력)을 강화시키고, 병을 없애는 것. ¶ 调整 tiáozhěng 阴阳 / 음과 양의 밸런스를 조정하는 것. ¶ 治未病 zhì wèibìng / 병의 예방이나 조기발견 · 치료. ¶ 因时 yīnshí, 因地 dì, 因人 rén 制宜 zhì yí / 계절 · 환경 · 사람의 체질에 맞게 치료하는 것.

★ 治则八法 zhì zé bā fǎ / 기본적인 8가지 치료법 : "汗 hàn, 吐 tù, 下 xià, 和 hé, 温 wēn, 清 qīng, 消 xiāo, 补 bǔ"가 있다. ¶ 标本同治 biāo běn tóng zhì / "标"(현상)와 "本"(본질)의 양쪽에서 치료를 한다 : "标"와 "本"은 서로 대립하는 두 개의 요소를 가리킨다. 병을 예로 들면, 증상은 "标"이고, 원인은 "本"이라 한다.

★ 方剂 fāng jì / 처방 : "方药 yào"라고도 한다. ¶ 中草药 / 생약과 약초의 총칭. ¶ 中成药 / 범용되는 처

방의 제제.

★ 针灸 zhēnjiū / 침구. ¶ 穴位 xuéwèi / 경혈. ¶ 循经 xún jīng 取穴 / 경락의 이론에 따라 경혈을 고르다. ¶ 针刺麻醉 zhēncì mázuì / 바늘 마취 : "针麻"라고 한다. ¶ 耳针疗法 liáofǎ / 이침(耳針) ¶ 子午流注 zǐwǔ liúzhù / 자오유주 : "腧 shū 穴"의 침자리를 天干, 十二支와 조합하여 행하는 고대의 치료법. ¶ 灵龟八法 línggui bāfǎ / 靈龜8법 : "奇经八脉"의 8개의 침자리를 天干, 二十支와 조합하여 행하는 고대의 치료법. ¶ 拔火罐 bá huǒguàn / 원통형의 도기를 사용한 온구요법.

★ 推拿 tuīná(按摩 ànmó)안마, 마사지. ¶ 气功 qìgōng / 기공법. 특수한 호흡법에 의한 건강치료법 : 스스로 행하는 "内气功"과 타인에게 실시하는 "外气功"의 두 종류이다. ¶ 导引 dǎoyǐn / 도인. 호흡법과 운동을 결합한 의료체조. ¶ 五禽戏 wǔqínxì / 五禽戲. 漢代의 名醫 「華佗」가 발명한 건강법으로, 호랑이 · 사슴 · 곰 · 원숭이 · 새의 동작을 흉내내어 하는 체조. ¶ 太极拳 tàijíquán / 태극권. ¶ 食疗 shíliào / 식이요법 : "药膳 yàoshàn" 등을 포함한다.

4. 고대의 명의와 의학서

★《黄帝内经 Huángdì nèijīng》/ 황제내경 :《素问 Sùwèn》과 《灵枢 Língshū》에서 완성된 것. 현존하는 중국최고의 의학서로, 중국의학 이론의 고전이라 불린다. 약칭하여 "内经"이라고 한다. ¶《神农本草 Shénnóng běncǎo 经》/ 신농본초경 : 365종류의 약물에 대해 서술했으며, 현존하는 최고의 약학서.

★ 扁鹊 Biǎn Què / 편작 : 전국시대의 名醫. 脈學의 창시자로,《难经 nànjīng》의 저자라고 한다. ¶ 华佗 Huà Tuó / 화타 : 漢代의 의학자. 세계에서 처음으로 "麻沸散 máfèisǎn"이라 하는 마취약을 개발하여 외과수술에 사용했다고 한다. ¶ 张仲景 Zhāng Zhòngjǐng / 장중경 : 漢代의 名醫.《伤寒论 Shānghánlùn》,《金匮要略 Jīnkuì yàolüè》의 시조가 되는《伤寒杂病论》의 저자로, 상한학설의 창시자. "医圣 yīshèng"(의성)이라 불린다. ¶ 孙思邈 Sūn Sīmiǎo / 손사막 : 唐代의 名醫.《千金要方 Qiānjīn yàofāng》,《千金翼方 yìfāng》의 저자로, "药王 yàowáng"(약왕)이라 불렸다. ¶ 李时珍 Lǐ Shízhēn / 이시진 : 明代의 약학자. 그의 저서《本草纲目 Běncǎo gāngmù》에서 1518종의 약물을 소개하고 있다. ¶ 吴又可 Wú Yòukě / 오우가 : 明代의 名醫.《温疫论 Wēnyìlùn》의 저자로, 溫病학설의 창시자. ¶ 叶天士 Yè Tiānshì / 엽천사 : 清代의 名醫.《温热论 Wēnrèlùn》을 저술한 衛氣營血변증의 창시자. ¶ 吴鞠通 Wú Jūtōng / 오국통 : 清代의 名醫.《温病条辨 tiáo biàn》의 저자로, 三焦변증의 창시자.

~)죽을 먹다. hē~(喝~)죽을 마시다.

***zhōu** 周 名 일정한 주기 ; 주. **běn**~(本~)금주. **shàng**~(上~)지난 주. **xià**~(下~)다음주. 量바퀴 ; 주위를 도는 횟수를 나타냄. ¶ rào yì~(绕一~)한바퀴 돌다.

zhòu 咒 動 저주하다. ¶ wǒ yào~ nǐ yíbèizi!(我要~你一辈子!)너를 평생토록 저주하겠다. 名 주문. ¶ niàn~(念~)주문을 외다.

***zhòu** 皱(皺) 動 주름지다, 주름

을 잡다. ¶ kùzi~le(裤子~了)바지에 주름이 졌다. ~méitóu(~眉头)눈살을 찌푸리다. 名 주름. ¶ qǐ~(起~)주름이 지다.

*zhōudao 周到 形 주도면밀하다, 빈틈이 없다. ¶ fúwù hěn~(服务很~)서비스가 빈틈없다.

*zhōumì 周密 形 주도면밀하다. ¶ ~de diàochá(~的调查)주도면밀한 조사.

†zhōumò 周末 名 주말.

†zhōunián 年 名 만 1년, 1주년.

*zhōusuì 周岁(一歲) 名 만나이. ¶ èrshiwǔ~(二十五~)만 25세.

*zhōuwéi 周围(一圍) 名 주위. ¶ ~de qíngkuàng(~的情况)주위 환경, 상황. ~de rén(~的人)주위 사람.

zhòuwén 皱纹(皺紋) 名 (~儿) 주름. ¶ liǎnshang bùmǎnle~(脸上布满了~)얼굴이 주름살 투성이다.

zhòuyè 昼夜(晝一) 名 밤과 낮. **bù fēn**~(不分~)밤낮없이. ~**bù tíng**(~不停)밤낮으로 쉬지 않다.

⁑zhū 猪 名 《**kǒu** 口, **zhī** 只》 돼지. ☆ 멧돼지는 **yězhū**(野猪)라고 함. ~**juàn**(~圈)돼지우리. ~**ròu**(~肉)돼지고기.

*zhū 株 量 식물, 수목을 셀 때. ☆ 남방 사람들이 많이 사용함. =**kē**(棵) ¶ yì~báicài(一~白菜) 배추 한 포기. liǎng~liǔshù(两~柳树)2그루의 버드나무.

†zhú 竹 名 대나무. 〈口〉 **zhúzi**(竹子)라 함.

†zhǔ 拄 動 [지팡이를]짚다. ¶ ~guǎigùnr(~拐棍儿)지팡이를 짚다.

*zhǔ 煮 動 [냄비에]끓이다, 삶다. ¶ ~jīdàn(~鸡蛋)달걀을 삶다.

⁑zhù 住 動 1. 살다, 체재하다, 묵다. ¶ wǒ zài Běijīng~·guo liǎng nián(我在北京~过两年)나는 北京에서 2년간 살았다. zài Chéngdū~sān tiān(在成都~三天)成都에서 3일 묵다. 2. 그치다, 정지하다. ¶ yǔ~le(雨~了)비가 그쳤다. ~yíhuìr zuǐ ba(~一会儿嘴吧)잠시 조용히 하시오. 3. [동사 뒤에 보어로 쓰여] 안정, 고정된 것을 나타냄. ¶ zhàn·~(站~)서다. jì·~(记~)기억하다, 외우다. nábu·~(拿不~) 잡을 수 없다.

†zhù 助 動 돕다. ¶ ~xiāohuà de yào(~消化的药)소화제.

⁑zhù 祝 動 기원하다, 빌다. ¶ ~nǐ gōngzuò shùnlì!(~你工作顺利!)일이 순조로우시길 빕니다. ~nǐ yílù píng'ān!(~你一路平安!)가시는 길이 평안하길 빕니다.

†zhù 筑(築) 動 짓다, 건축하다.

†zhù 驻(駐) 動 주재·주둔하다. ¶ ~jūn(~军)군대를 주둔시키다.

†zhù 铸(鑄) 動 주조하다. ¶ ~yì kǒu tiěguō(~一口铁锅)철냄비를 하나 주조하다.

*zhù 著 動 〈文〉 [글·문장을]쓰다. =**xiě**(写) ~**shū**(~书)책을 쓰다.

⁑zhuā 抓 動 1. 잡다. ¶ ~·zhù fúshǒu(~住扶手)난간을 꽉 잡다. 2. [손톱으로]할퀴다. ¶ shǒu bèi māo~le(手被猫~了)고양이가 손을 할퀴었다. 3. 잡다. ¶ ~xiǎotōu(~小偷)도둑을 잡다. 4. 힘을 쏟다. ¶ ~jiàoyù(~教育)

교육에 힘쓰다.

†**zhuājǐn** 抓紧(一緊) 動 꽉 잡다; 일을 철저히 행하다. ¶ ~shēngchǎn(~生产)생산에 힘쓰다. ~shíjiān(~时间)시간을 허비하지 않다, 시간을 붙잡다.

*__zhuān__ 砖(磚) 名 《**kuài** 块》 벽돌. ¶ qì~(砌~)벽돌을 쌓다. ~**tóu**(~头)벽돌조각.

*__zhuān__ 专(專) 形 전문적이다; 주로. ¶ tā~guǎn xiánshì(他~管闲事)그는 남의 참견만 한다. yòu hóng yòu~(又红又~)사상적으로도 전문적으로도 훌륭하다.

*__zhuǎn__ 转(轉) 動 1. 방향을 바꾸다. ¶ ~liǎn(~脸)얼굴을 돌리다, 표정이 변하다. 2. [편지·의견·물건 등을]다른 곳에 보내다, 전송하다. ¶ bǎ xìn~·gei tā(把信~给他)편지를 그에게 보내다.

☞ **zhuàn**(转) 참조.

*__zhuàn__ 转(轉) 動 돌다, 회전하다. ¶ ~quānzi(~圈子)맴돌다.

☞ **zhuǎn**(转) 참조.

*__zhuàn__ 赚(賺) 動 1. [상업으로] 돈을 벌다. ¶ zhǐ gù~qián(只顾~钱)돈벌 생각만 하다. 2. 〈方〉 일해서 돈을 벌다. =**zhèng**(挣) ¶ měi ge yuè~sānbǎi kuài qián(每个月~三百块钱)매달 300원을 벌다.

*__zhuǎnbiàn__ 转变(轉變) 動 변화하다. ¶ ~kànfǎ(~看法)관점을 바꾸다. 名 변화, 전환. ¶ yǒule míngxiǎn de~(有了明显的~)명백한 변화가 보였다.

*__zhuǎnbō__ 转播(轉一) 動 [라디오·TV국이]타방송국의 프로그램을 방송하다, 중계방송하다. ¶ ~zhōngyāngtái de jiémù(~中央台的节目)중앙방송국의 프로그램을 중계방송하다.

*__zhuǎndá__ 转达(轉達) 動 전달하다. ¶ ~lǎoshī de yìjian(~老师的意见)선생님의 의견을 전하다.

†**zhuǎndòng** 转动(轉動) 動 자유로이 움직이다. ¶ ~yāobù(~腰部)허리운동하다.

☞ **zhuàndòng**(转动) 참조.

†**zhuàndòng** 转动(轉動) 動 회전하다. ¶ ~lùlu bàr(~辘辘把儿)도르래의 손잡이를 돌리다.

☞ **zhuǎndòng**(转动) 참조.

†**zhuāng** 桩(樁) 名 말뚝.=**zhuāngzi**(桩子) ¶ dǎ~(打~)말뚝을 박다. 量 사건·일 등을 셀 때; 건, 가지. ¶ liǎoquè yì~xīnshì(了却一~心事)걱정거리를 하나 해결했다.

‡**zhuāng** 装(裝) 動 1. 꾸미다, 장식하다. ¶ ~lǎoshi rén(~老实人)점잖은 사람인 체하다. 2. 설치하다. ¶ ~tiānxiàn(~天线)안테나를 설치하다. 3. [속에]넣다. ¶ ~chē(~车)차에 싣다.

*__zhuàng__ 撞 動 1. 부딪치다. ¶ kǎchē~·le xiǎoqìchē(卡车~了小汽车)트럭이 승용차에 부딪쳤다. 2. 만나다. ¶ piān~·shàngle tā(偏~上了他)하필이면 그와 만났다. ~**yùnqi**(~运气)운을 시험해 보다, 되든 안되든 부딪쳐 보다.

*__zhuàng__ 壮(壯) 動 [담력·힘 등을] 강화하다. ¶ ~·zhe dǎnzi zǒujìnqu(~着胆子走进去)용기를 내어 들어가다. zìjǐ gěi zìjǐ~dǎnr(自己给自己~胆儿)스스로 용기

를 북돋우다. 形 왕성하다. ¶ shēntǐ～(身体～)몸이 매우 건장하다.

†**zhuàng** 幢 量 〈方〉 동, 채 ; 집채의 수효. ¶ yí～lóu(一～楼)건물 한 동.

†**zhuǎngào** 转告(轉－) 動 대신 전하다, 전언하다. ¶ ～tā de wènhòu(～他的问候)그의 안부를 대신 전하다.

†**zhuāngbèi** 装备(裝備) 動 [기계·무기 등을]장비하다. ¶ ～xīn jīqi(～新机器)새로운 기계를 설비하다. 名 장비. ¶ chōngfèn de～(充分的～)완전한 장비.

†**zhuàngdà** 壮大(壯－) 動 강대해지다. ¶ rìyì～(日益～)날로 강해지다. ～lìliang(～力量)힘을 강화하다.

***zhuàngguān** 壮观(壯觀) 名 경관, 장관. ¶ tiānxià zhī～(天下之～)천하의 장관. 形 장관이다. ¶ géwài～(格外～)그야말로 장관이다. jǐngsè～(景色～)경치가 장관이다.

***zhuāngjia** 庄稼(莊－) 名 농작물 ; 주로 곡류, 두류. ¶ zhòng～(种～)농작물을 심다. ～**dì**(～地)밭.

zhuāngjiǎchē 装甲车(裝－車) 名 〈軍〉 장갑차.

†**zhuàngkuàng** 状况(狀－) 名 상황. ＝**qíngxing**(情形) ¶ jiànkāng～(健康～)건강상태. jīngjì～(经济～)경제상태.

Z

†**zhuànglì** 壮丽(壯麗) 形 장려하다, 장엄하다. ¶ zǔguó shānhé～(祖国山河～)조국의 산하는 장대하다. ～de jǐngsè(～的景色)장엄한 경치.

***zhuāngshì** 装饰(裝飾) 動 장식하다. ¶ ～jiérì de shǒudū(～节日的首都)경축일에 수도를 장식하다. ～fángjiān(～房间)방을 장식하다. 名 장식. ¶ mǎn jià de shū búguò shì～(满架的书不过是～)책장 가득한 책은 장식용에 불과하다. ～**pǐn**(～品)장식품.

†**zhuàngtài** 状态(狀態) 名 상태. ¶ jīngshén～bù hǎo(精神～不好)정신상태가 좋지 않다.

***zhuāngyán** 庄严(莊嚴) 形 장엄하다, 엄숙하다. ¶ qìfēn～(气氛～)분위기가 엄숙하다. ～de huìchǎng(～的会场)엄숙한 회의장.

***zhuāngzuò** 装作(裝－) 動 위장하다. ¶ ～hǎorén(～好人)선인인 척하다. ～bù dǒng de yàngzi(～不懂的样子)모르는 척하다.

†**zhuǎnhuà** 转化(轉－) 動 변화하다. 名 변화.

zhuànjì 传记(傳記) 名 전기. ¶ zhuànxiě～(撰写～)전기를 쓰다.

***zhuānjiā** 专家(專－) 名 《**gè** 个, **wèi** 位》 전문가.

zhuǎnjià 转嫁(轉－) 動 1. [여자가]재혼하다. 2. [부담·죄를] 전가하다. ¶ bǎ zérèn～yú rén(把责任～于人)책임을 타인에게 전가하다.

zhuǎnjiāo 转交(轉－) 動 [타인 등을 경유하여]전하다. ¶ zhè fēng xìn qǐng～lǎoshī(这封信请～老师)이 편지를 선생님께 전해주십시오.

zhuānlì 专利(專－) 名 특허. ¶ huòdé～(获得～)특허를 따다. ～**quán**(～权)특허권.

***zhuānmén** 专门(專門) 副 전문적

으로, 주로 …만하다. ¶ ~tiāo biéren de máobing(~挑别人的毛病)타인의 흠만 찾고 있다. 形 전문적인. ~**réncái**(~人材)전문인(력).

†**zhuǎnrù** 转入(轉一) 動 전입하다. ¶ ~xià yè(~下页)다음 페이지로 넘어가다. ~dìxiá huódòng(~地下活动)지하활동에 들어가다.

*__zhuāntou__ 砖头(磚頭) 名 《**kuài** 块》〈口〉 벽돌. =**zhuān**(砖)

*__zhuǎn▲wān__ 转弯(轉彎) 動 (~儿) 모퉁이를 돌다. ¶ zhuǎn yí ge wānr jiù kàndejiàn le(转一个弯儿就看得见了)모퉁이를 돌면 곧 보인다. sīxiǎng zhuǎnbuguò wānr lai(思想转不过弯儿来)생각을 바꿀 수 없다. ~**mò jiǎo**(~抹角) 빙 돌려서 말하다.

†**zhuānxīn** 专心(專一) 形 주의를 집중하다, 전념하다. ¶ xiě zuòyè shí yào~(写作业时要~)숙제를 할 때는 전념해야 한다. ~kàn shū(~看书)독서에 전념하다.

†**zhuǎnyǎn** 转眼(轉一) 名 눈 깜짝할 사이. ¶ gāngcái hái zài, ~jiù bú jiàn le(刚才还在, ~就不见了)조금 전까지 있었는데 금방 보이지 않다.

*__zhuānyè__ 专业(專業) 名 1. [대학의]전공. **yǔyán**~(语言~)언어 전공. 2. 전문 업무. ~**zhīshi**(~知识)전문지식.

†**zhuǎnyí** 转移(轉一) 動 1. 이동하다. ¶ ~shìxiàn(~视线)시선을 옮기다. 2. 변천하다. ¶ ~shèhuì fēngqì(~社会风气)사회 기풍을 변화시키다.

†**zhuānzhèng** 专政(專一) 名 독재. ¶ shíxíng~(实行~)독재를 하다. 動 독재정치를 하다.

zhuǎzi 爪子 名 〈口〉 [동물의 발톱이 있는]발. =**zhǎo**(爪) **jī**~(鸡~)닭의 발. **māo**~(猫~)고양이 발.

zhǔbàn 主办(一辦) 動 [사업 등을]주최하다. ¶ yóu xuésheng~zhècì zhǎnlǎnhuì(由学生~这次展览会)학생측이 오늘의 전람회를 주최한다. ~huìyì(~会议)회의를 주최하다.

*__zhúbù__ 逐步 副 점차, 차츰차츰. ¶ ~liǎojiěle tā zhège rén(~了解了他这个人)그에 대해 점차 이해하게 됐다.

†**zhǔchí** 主持 動 1. 주재하다. ¶ ~huìyì(~会议)회의를 주재하다. ~jiāwù(~家务)가사를 돌보다. 2. 주장하다. ¶ ~gōngdào(~公道)공중도덕을 지키다.

zhúcí 祝词(一詞) 名 축하인사, 축사. ¶ zhì~(致~)축사를 하다.

*__zhùcí__ 助词(一詞) 名 조사.

*__zhǔdòng__ 主动(一動) 動 주동적으로 행하다. ⇔ **bèidòng**(被动) ¶ ~chéngdān zérèn(~承担责任)능동적으로 책임을 지다. 形 능동적인, 주체적인. ⇔**bèidòng**(被动) ~**quán**(~权)주도권.

zhù▲fáng 驻防(駐一) 動 주둔하여 지키다. ¶ ~biānjiāng(~边疆)변경에 주둔하다.

*__zhǔfu__ 嘱咐 動 분부하다, 명령하다. ¶ ~háizi lùshang xiǎoxin(~孩子路上小心)아이들에게 길에서 조심하라고 말하다. tā línzǒu~·le sān jiàn shì(他临走~了三件事)그는 가는 길에 세 가지 일을 명

학습 정보 ㊲

助词 zhùcí(조사)

1. 조사란?

조사는 그 한마디만으로는 사용할 수 없고, 반드시 다른 말에 붙어 사용된다. 그러나, 문장전체의 의미를 구성하는 데 아주 중요한 역할을 한다. 일반적으로 構造조사, 動態조사(時態조사), 語氣조사의 세 종류로 나눈다.

2. 구조조사

구조조사는 문장 성분간의 문법적인 연결을 나타내는 말이며, 개개의 말에 어형변화가 없는 중국어에 있어서는 어순과 함께 문법적으로 중요한 역할을 한다. 구조조사에는 "的", "地", "得", "所" 등이 있다.

a. 的 de

"的"는 명사적인 표현에서 자세하고 구체적인 설명을 붙일 때 사용된다. 예를 들어, ¶ 我的书/나의 책. ¶ 去年出版的书/작년에 출판된 책. ¶ 很有趣 yǒuqù 的书/아주 재미있는 책. ¶ 我最爱看的书/내가 가장 즐겨 읽는 책. 그러나, 다음과 같이 뒤의 명사가 생략된 경우도 적지 않다. ¶ 这是我的/이것은 내 것이다. ¶ 没有有趣的/재미있는 것은 없다.

b. 地 de

"地"는 동사·형용사의 표현에 자세하고 구체적인 설명을 붙일 때 사용된다. 예를 들어, ¶ 高高兴兴地去打球/즐겁게 공놀이 하러 가다. ¶ 轰隆隆 hōnglōnglōng 地响 xiǎng/쿵쿵하는 큰소리가 울리다. ¶ 万分地高兴/대단히 기쁘다.

c. 得 de

"得"에는 정도보어(양태보어)의 표현을 나타내는 데 사용하는 것과, 가능보어의 표현을 나타내는 데 사용되는 것이 있다.

① 정도보어(양태보어)의 경우

¶ 他的中文讲得很出色 chūsè/그가 말하는 중국어는 아주 훌륭하다. ¶ 他比我聪明 cōngming 得多呢/그는 나보다 훨씬 똑똑하다.

② 가능보어의 경우

¶ 看得见/볼 수 있다, 보이다. ¶ 听得懂/알아듣다. 단, 이것에 대응하는 부정의 표현에는 "得"가 사용되지 않고, "看不见"(보이지 않다), "听不懂"(알아듣지 못하다)이 된다.

3. 동태조사(시태조사)

동태조사는 동사의 바로 뒤에 쓰여, 동작이나 상태에 대해 그것이 완성된 단계라든가, 지속·진행중이라든가, 이미 실행된 단계라든가 하는 자세한 양태에까지 파고들어 표현하는 말이다. 동태조사에는 "了", "着", "过"의 세 가지가 있다.

a. 了 le

"了"는 동작·상태가 실현되어 일정한 완료의 단계에까지 달한 것을 나타낸다. ¶ 转眼 zhuǎnyǎn 就到了家/눈깜짝할 사이에 집에 도착했다. ¶ 她擦着 cāzháo 了一根火柴 huǒchái/그녀는 성냥 한 개피를 그어 불을 붙였다. ¶ 她和我一起生活了三年/그녀와 나는 함께 3년 동안 생활했다. 다음과 같이 가정의 표현에도 사용된다. ¶ 长大了要干什么?/커서 무엇이 되고 싶니? ¶ 去了就知道/가면 알게 된다.

b. 着 zhe

"着"는 동작·상태가 진행되고 있거나, 또는 지속되고 있는 단계인 것을 나타낸다. ¶ 我注意地看着/나는 주의해서 보고 있다. ¶ 弟弟用心地写着一个个字/동생은 주의를 집중하여 한 자 한 자 쓰고 있다. ¶ 窗

Z

玻璃上停着一只小蝴蝶 húdié / 창유리 위에 나비 한 마리가 앉아 있다.

c. 過 guo

"过"는 동작이 이미 실현되고, 경험된 것을 나타낸다. ¶ 报纸 bàozhǐ 来过了 / 신문이 와 있다. ¶ 我去过一次中国 / 나는 중국에 한번 가본 적이 있다.

4. 어기조사

어기조사는 말하는 순간 말하는 사람의 태도를 직접적으로 반영하여, 문장의 의미 속에 감정적·감각적인 면의 표현을 나타내는 말이다.

예를 들어, 「그렇습니다」라는 대답을 할 경우, 손윗사람에게 행하는 정중한 대답이라면 "是"라고 한다. 그러나 서로 거리낌없는 사이인 경우라면 "是" 뿐만이 아니라, 상대에 대해 마음을 열고, 솔직하게 말을 거는 話者의 기분을 어기조사 "啊"나 "呀 ya" 등으로 직접 표현하여, "是啊", "是呀"와 같이 말한다. 번역하면 「그렇죠」, 「그래요」 등과 같은 말이다.

또한, 상대에게 묻는 기분을 나타내는 어기조사에는 "吗 ma", "呢 ne", "吧 ba" 등이 있고, 의미와 용법에는 작은 차이가 있다.

"吗"는 「네」, 「아니오」라고 대답되는 의문일 때에만 사용되며, "呢"는 「무엇」, 「어디」 등 구체적인 사항을 묻는 의문에 사용된다, 예를 들어,

¶ 你去吗? / 당신은 갑니까? ¶ 这是什么呢? / 이것은 무엇입니까?

이것을 어기조사를 사용하지 않고 다음처럼 말할 수도 있다. ¶ 你去不去? / 당신은 갑니까? ¶ 这是什么? / 이것은 무엇입니까?

이외에, 어기조사 "了"는 상황의 변화가 있었음을 나타내며, 그 용법은 다음과 같이 폭이 넓다.

¶ 我已经吃饭了 / 나는 이미 밥을 먹었다. ¶ 他快三十了 / 그는 곧 30세가 된다. ¶ 我不要了 / 나는 원하지 않는다.

이 "了"에 더욱 감정적인 의미가 더해진 어기조사로서, "啦 la", "嘞 lei", "咧 lie", "喽 lou", "咯 lo" 등이 있다.

"了"에 대해 "呢"는 상황이 변화지 않고, 고정적인 것을 감지한 것을 나타낸다. ¶ 他吃饭呢 / 그는 밥을 먹고 있다.

"呢"에 더욱 "啊"의 의미가 더해진 어기조사가 "哪 na"이다.

령했다.

zhùfú 祝福 動 축복하다. ¶ zhōngxīn～(衷心～)마음으로부터 축복하다. 名 축복. ¶ jiēshòu dàjiā de～(接受大家的～)모두의 축복을 받는다.

zhǔgù 主顾(－顧) 名 고객. ¶ tā shì lǎo～(他是老～)그는 단골이다.

***zhǔguān** 主观(－觀) 形 주관적이다. ⇔ **kèguān**(客观) ¶ kàn wèntí hěn～(看问题很～)문제를 보는 시각이 주관적이다. 名 주관. ～**zhǔyì**(～主义)주관주의.

***zhùhè** 祝贺(－賀) 動 축하하다. ¶ ～nǐ qǔdéle chéngjì(～你取得了成绩)성공을 축하합니다. xiàng nǐmen～!(向你们～!)여러분 축하합니다.

***zhuī** 追 動 쫓다, 쫓아가다. ¶ wǒ～·bushàng tā(我～不上他)나

는 그를 따라잡을 수 없다. **nǐ ~wǒ gǎn**(你~我赶)[선의의 경쟁에서]쫓고 쫓기다.

†**zhuīqiú** 追求 動 1. 추구하다. ¶ ~zhēnlǐ(~真理)진리를 추구하다. 2. [이성을]구하다, 쫓다. ¶ ~yí wèi gūniang(~一位姑娘)한 아가씨에게 구애하다.

***zhuīzi** 锥子(錐-) 名 (**bǎ** 把) 송곳. ¶ yòng~zuānkǒng(用~钻孔)송곳으로 구멍을 내다.

***zhúijiàn** 逐渐(-漸) 副 차례로, 점차. ¶ tiānqì~nuǎnhuo le(天气~暖和了)기후가 점차 따뜻해지다.

zhǔjié 主角 名 (~儿)[영화·연극의]주역; (사건의)중심적 인물. ¶ bànyǎn~(扮演~)주역을 맡다.

†**zhǔlì** 主力 名 주력. ¶ tā shì duìlì de~(他是队里的~)그는 팀의 주력선수이다. ~**jiànduì**(~舰队)주력함대. ~**zhàndòujī**(~战斗机)주력전투기.

***zhùmíng** 著名 形 유명하다. ¶ Xīnjiāng de hāmìguā hěn~(新疆的哈密瓜很~)신강의 하미과(참외)는 매우 유명하다. ~de chuánshuō(~的传说)잘 알려진 전설.

***zhǔn** 准(準) 動 허락하다. 形 분명하다, 바르다. ¶ tiānqì yùbào hěn~(天气预报很~)일기예보가 매우 정확하다. 副 [단음절어 앞에 사용하여]반드시, 꼭.=**yídìng**(一定), **kěndìng**(肯定) ¶ bié zháojí, tā~lái(别着急, 他~来)걱정하지마, 그는 꼭 올 거야.

zhǔnbǎo 准保(準-) 副 꼭, 반드시. ¶ tā~shì wàng le(她~是忘了)그녀는 분명히 잊어버렸을 것이다. tā de xiǎngfǎ gēn nǐ yíyàng, ~tóngyì nǐ de yìjian(他的想法跟你一样, ~同意你的意见)그의 생각은 너와 같으니, 분명 네 의견에 동의할 것이다.

‡**zhǔnbèi** 准备(準備) 動 1. 준비하다. ¶ tā zài~kǎoshì ne(他在~考试呢)그는 시험준비 중이다. ~fāyángǎo(~发言稿)발언할 원고를 준비하다. 2. …하려고 하다, …할 작정이다. ¶ wǒ~gēn tā tántan(我~跟他谈谈)그와 이야기해 보려 한다.

***zhǔnquè** 准确(準確) 形 정확하다. ¶ fāyīn~(发音~)발음이 정확하다. ~de fùshù(~地复述)정확히 복창하다.

zhǔnr 准儿(準兒) 名 확정적인 생각(규율). ☆ 주로 **yǒu**(有)와 **méi**(没) 뒤에 사용함. ¶ nàge rén méi~(那个人没~)그 사람은 의사가 확고하지 않다

***zhǔnshí** 准时(準時) 副 정각에. ¶ měitiān~chī yào(每天~吃药)매일 정시에 약을 먹다. ~dàodá(~到达)정시에 도착하다.

zhǔnxǔ 准许(準許) 動 허가하다, 동의하다. ¶ rùjìng(~入境)입국을 허가하다.

***zhuō** 桌 名 (~儿)탁자, 테이블. =**zhuōzi**(桌子) 量 상; 요리상을 세는 데 쓰임. ¶ bǎile wǔ~xí(摆了五~席)5상 분의 요리를 차렸다.

***zhuō** 捉 動 잡다. ¶ ~zéi(~贼)도둑을 잡다. ~**mícáng**(~迷藏)숨바꼭질.

zuóluò 着落 動 돌아오다, 귀착되

다. ¶ zhè jiàn shì jiù zài nǐ shēnshang le(这件事就～在你身上了)이것을 네게 맡기겠다. 名 1. 거취, 행방. ¶ dǎtingdào tā de ～le(打听到他的～了)그의 행방을 알아냈다. 2. 믿을 곳. ¶ zhè bǐ jīngfèi hái méi yǒu～(这笔经费还没有～)이 비용은 아직 나올 만한 곳이 없다.

†**zhuōmō** 捉摸 動 추측하다, 짐작하다. 대부분 부정형으로 쓰임. ¶ ～・butòu tā de huà de yìsi(～不透他的话的意思)그가 말하고자 하는 것을 추측할 수가 없다. ～・buchūlai(～不出来)추측할 수 없다. ～・budìng(～不定)[무슨 말을 하는 지]알 수 없다. ～bùkě(～不可)사태를 짐작할 수 없다.

zhuōná 捉拿 動 [범인을]체포하다, 잡다. ¶ ～zàitáofàn(～在逃犯)도망중인 범인을 잡다.

†**zhuóshǒu** 着手 動 시작하다, 착수하다. ¶ ～jiějué wèntí(～解决问题)문제의 해결에 착수하다.

†**zhuóxiǎng** 着想 動 [어떤 관점에서]생각하다. ¶ zhèxiē yìjian dōu shì wèi nǐ～(这些意见都是为你～)이러한 의견은 모두 너를 위한 것이다. bú tì biéren～(不替别人～)남을 전혀 생각하지 않다.

†**zhuóyǎn** 着眼 動 착안하다. ¶ dàchù～, xiǎochù zhuóshǒu(大处～, 小处着手)큰 것에 착안하되, 작은 것부터 시작하다. ～yú wèilái(～于未来)장래에 눈을 돌리다. ～**diǎn**(～点)착안점.

*__zhuózhòng__ 着重 動 강조하다, 중점을 두다. ¶ ～yú yùfáng(～于预防)예방에 중점을 두다. jīnnián yào～jiějué zhège wèntí(今年要～解决这个问题)올해는 이 문제를 중점적으로 해결해야 한다.

*__zhuōzi__ 桌子 名 《**zhāng** 张》 책상, 테이블. ☆ ① 양사로 **zhāng**(张)을 사용하는 것은, 평평한 면을 갖기 때문. ② 앉은뱅이 책상과 같이 낮은 것은 **kàngzhuō**(炕桌)라 함. ③ **fànzhuō**(饭桌)[식탁], **kèzhuō**(课桌)[교탁], **shūzhuō**(书桌)[공부용 책상]과 같은 합성어를 만드는 경우 접미사 **-zi**(子)가 탈락됨. ¶ pāzai～shang dúshū(趴在～上读书)책상 위에 기대어 공부하다.

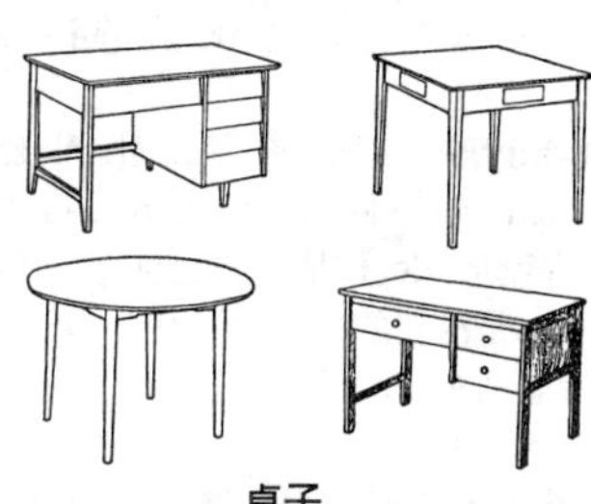
桌子

†**zhǔquán** 主权(一權) 名 주권. ¶ zūnzhòng lǐngtǔ～(尊重领土～)영토 주권을 존중하다. sàngshī～(丧失～)주권을 상실하다.

*__zhǔrèn__ 主任 名 주임. **bān**～(班～)반 담임. **xì**～(系～)과 주임.

*__zhǔren__ 主人 名 1. 주인, 손님을 접대하는 사람. ¶ hào kè de～(好客的～)손님 접대를 좋아하는 주인. 2. 고용주. 3. 소유자. ¶ qìchē de～(汽车的～)차의 소유주.

*__zhūròu__ 猪肉 名 돼지고기.

†**zhùshè** 注射 動 주사놓다.

†**zhùshì** 注视(一視) 動 바라보다, 주시하다. ¶ ～・zhe hēibǎn(～

Z

着黑板)칠판을 주시하다. ～·zhe shìtài de fāzhǎn(～着事态的发展)사태의 전말을 지켜보다.

†zhùshǒu 助手 名 보조, 조수.

†zhúsǔn 竹笋 名 죽순.

zhǔtuō 嘱托 動 [남에게]부탁하다. ¶ tā～wǒ hǎohāo zhàogu xiǎoháir(她～我好好照顾小孩儿) 그녀는 내게 아이들을 잘 돌보아 달라고 부탁했다.

zhūwèi 诸位 名 여러분. ¶ huānyíng～guānglín(欢迎～光临)오신 것을 환영합니다.

***zhǔxí** 主席 名 **1.** 의장. **dàhuì**～(大会～)대회의 의장. **2.** 주석; 당, 정부 등의 수반. **guójiā**～(国家～)국가주석.

⁑zhǔyào 主要 形 주요한. ¶ zhè shì zuì～de wèntí, qítā dōu shì cìyào de(这是最～的问题, 其它都是次要的)이것이 가장 중요한 문제이고, 나머지는 모두 부차적이다.

***zhǔyì** 主义(一義) 名 주의. **àiguó**～(爱国～)애국주의. **gòngchǎn**～(共产～)공산주의. **guójì**～(国际～)국제주의. **Mǎkèsī**～(马克思～)마르크스주의. **shèhuì**～(社会～)사회주의. **wéiwù**～(唯物～)유물주의. **wéixīn**～(唯心～)유심주의. **zīběn**～(资本～)자본주의.

⁑zhǔyi 主意 名 **1.** [확고한]의견, 주장. ¶ méi～de rén(没～的人) 자신의 주관이 없는 사람. **2.** [구체적인]방책. ¶ luàn chū～(乱出～)제멋대로 의견을 내놓다.

⁑zhùyì 注意 動 주의하다. ¶ nǐ～tīngzhe(你～听着)주의해서 들으시오. ～xiūxi(～休息)휴식에 주의를 기울이다. 名 주의. ¶ duō jiā～, bié gǎnmào(多加～, 别感冒) 감기 걸리지 않도록 주의하시오. rě rén～(惹人～)남의 주의를 끌다.

†zhùyuàn 祝愿(一願) 動 기원하다. ¶ ～nǐ wànshì rúyì(～你万事如意)만사 순조롭기를 기원하다. 名 기원, 축원.

***zhù▲yuàn** 住院 動 입원하다.⇔ **chū▲yuàn**(出院) ¶ yóuyú shòushāng zhùle yí ge duō yuè yuàn(由于受伤住了一个多月院)상처 때문에 1개월 정도를 입원했다.

†zhùzhái 住宅 名 [규모가 큰]주택. ～**qū**(～区)주택가.

***zhǔzhāng** 主张(一張) 動 주장하다. ¶ ～mǎshàng chūbīng(～马上出兵)즉시 출병할 것을 주장하다. 名 《**xiàng** 项》 주장. ¶ tíchū zìjǐ de～(提出自己的～)자신의 주장을 제기하다.

zhùzhǐ 住址 名 주소. **shōujiànrén**～(收件人～)수취인 주소.

†zhùzhòng 注重 動 중시하다. ¶ ～yèwù(～业务)실무능력을 중시하다.

zhūzi 珠子 名 **1.** 《**kē** 颗, **lì** 粒, **chuàn** 串, **guà** 挂》 진주. **2.** 진주와 같은 알 상태의 사물. ¶ hàn～gǔnxialai(汗～滚下来)땀방울이 흘러내리다.

***zhúzi** 竹子 名 《**gēn** 根, **jié** 节》 대나무.

***zhùzi** 柱子 名 《**gēn** 根》 기둥. ¶ lì～(立～)기둥을 세우다.

***zhùzuò** 著作 動 저술하다. 名 저작. ¶ cóngshi～(从事～)저작에 종사하다. ～**quán**(～权)저작권.

~**zhě**(~者)저작자.

*__zǐ__ 紫 形 보라색. ~**sè**(~色)자색, 보라색.

⁑**zì** 字 名 1. 《**gè** 个, **háng** 行, **bǐ** 笔》 문자. ¶ xiě~(写~)글씨를 쓰다. bú rènshi~(不认识~)글자를 모르다; 교양이 없다. 2. (~儿)자음, 한자의 발음. ¶ tǔ ~bù qīng(吐~不清)발음이 분명치 않다. 3. 언어, 말. 4. 별명.

*__zì__ 自 介 …부터, …에서; 시간, 공간의 기점을 나타냄. ¶ tā~ xiǎo zài zhèr zhǎngdà(他~小在这儿长大)그는 어릴 적부터 여기서 자랐다. ~**gǔ dào jīn**(~古到今)옛날부터 지금까지.

†**zīběn** 资本(資-) 名 1. 자본가가 소유하는 생산수단, 자본. ~**jiā**(~家)자본가. ~**zhǔyì**(~主义)자본주의. 2. 자본. ¶ náchū~(拿出~)자본을 대다. shēntǐ shì wǒ de~(身体是我的~)몸이 나의 밑천이다.

†**zīchǎn** 资产(資産) 名 자산. ~**jiējí**(~阶级)자산계급.

*__zìcóng__ 自从(-從) 介 [지나간 시간에 대해]…부터, …이래. ¶ ~shàng zhōngxué jiù zài yě méi jiànguo tā(~上中学就再也没见过他)중학교에 진학한 이래로 그를 만나지 못했다.

*__zìdà__ 自大 形 잘난 체하다. ¶ zìgāo ~(自高~)교만하고 잘난 체하다.

*__zǐdàn__ 子弹(-彈) 名 《**fā** 发, **kē** 颗, **lì** 粒》 탄알.

⁑**zìdiǎn** 字典 名 《**běn** 本, **bù** 部》 [문자를 해설한]자전; 단어나 숙어를 담은 **cídiǎn**(词典)에 대해. ¶ chá~(查~)자전을 찾다.

*__zìdòng__ 自动(-動) 形 자동적인, 오토매틱의. ~**kòngzhì**(~控制) 자동제어. 副 자주적인, 자발적인. ¶ ~cānjiā(~参加)자발적으로 참가한다.

†**zìfèi** 自费(-費) 形 자비의, 자비에 의한. ~**chūbǎn**(~出版)자비출판. ~**liúxué**(~留学)자비유학.

†**zīge** 资格(資-) 名 자격, 신분. ¶ nǐ yǒu shénme~shuō zhèzhǒng huà?(你有什么~说这种话?)넌 무슨 자격으로 그런 말을 할 수 있니? bǎi~ná jiàzi(摆~拿架子) 경력을 믿고 잘난 척하다.

zìgěr 自各儿·自个儿(-個兒) 代 〈方〉 자신. =**zìjǐ**(自己) ¶ wǒ~lái(我~来)제 스스로 하겠습니다; 신경쓰지 마세요.

†**zìháo** 自豪 形 자랑스럽게 생각하다, 자랑스럽다. ¶ gǎndào~(感到~)자랑스럽게 생각하다. ~de shuō(~地说)자랑스럽게 말하다.

zìhao 字号(-號) 名 [상점의]상호, 옥호. **lǎo**~(老~)유명상호.

⁑**zìjǐ** 自己 代 자기, 자신. ¶ nǐ~ zuò ba(你~做吧)당신 스스로 하세요. 形 친하다. ¶ ~rén ma, bié kèqi!(~人嘛, 别客气!)같은 동료아닙니까, 사양하지 마세요.

zìjiā 自家 代 〈方〉 자기. =**zìjǐ**(自己)

†**zījīn** 资金(資-) 名 자금. ¶ ~ bú gòu(~不够)자금이 모자라다.

zìjù 字据(-據) 名 [계약·차용·영수 등의]증서, 계산서. ¶ lì~(立~)증서를 만들다.

*__zìjué__ 自觉(-覺) 動 자각하다. ¶ ~zūnshǒu jìlǜ(~遵守纪律)자기

학습 정보 ㊳

字典·词典 zìdiǎn·cídiǎn(사전)

1. "字典"과 "词典"의 차이

"汉字 Hànzì"(한자) 한 글자에는 각각 "字形 zìxíng"(형), "字音 zìyīn"(음), "字义 zìyì"(의미)가 있는데, 한자(漢字) 한 글자마다 주를 붙이고, 설명한 책을 "字典 zìdiǎn"이라 한다. 漢字를 사용하여 표기한 "汉语 Hànyǔ"(중국어)는 본래 단음절적인 말이지만, 현재 사용하고 있는 "词汇 cíhuì"(어휘)의 대부분은 복음절이며, 특히 2 음절, 즉 漢字 두 자로 된 것이 많다. 이 복음절어는 그것을 구성하는 漢字의 의미를 함께 연결하는 것만으로는 의미가 이해되지 않을 때가 많다. 이와 같이 단어마다 그 의미를 설명한 책을 "词典 cídiǎn"이라 한다. 예를 들어, "我去买东西"(나는 물건을 사러간다)라고 하는 문장에서는, "我", "去" "买"는 모두 한 글자로 한 단어가 되어 있지만, 마지막의 "东西"는 두자로 한 말이 되며, "东"과 "西"의 각각의 字義를 함께 연결해도 이 문장에서의 "东西"라고 하는 말의 의미는 알지 못하게 된다. "我", "去" "买"의 3단어는 "字典"을 보고도 의미를 알 수 있지만, "东西"의 의미를 아는 데 "词典"에 의거하지 않으면 안된다.

2. "字典"의 역사

· 중국에서 최초의 "字典"은, 後漢의 "许慎 Xǔ Shèn"(허신)이 기원 후 100년 경에 만든 《**说文解字** Shuōwén jiězì》(설문해자)이다.

『说文解字』는 9353자를 각 글자의 변이나 방에 따라 합계 540부수로 분류하여 수록했고, 각 글자마다 그 자의 본래의 의미("本义 běnyì" 또는 "初义 chūyì")를 설명하고, 아울러 "六书 liùshū"(육서 ; 象形·指事·會意·形聲·轉注·假借)에 의해 자형의 구조를 설명한 종합적인 문자학서이다. 『说文解字』가 창시된 이래, 한자를 변이나 방에 의해 분류하여 수록한 "部首法 bùshǒufǎ"는, 부수의 수에 차이는 있지만 그 후에도 답습되어, 현대의 "字典"이나 "词典"에서도 잘 사용되는 대표적인 문자배열 형식이 되었다.

그러나 『说文解字』는 각 글자의 文義만 싣고 있기 때문에, 실제의 한자 사용 예와는 맞지않는 것도 많아, 사전으로 사용하는 데 약간 불편했다. 그 때문에, 좀더 현실의 용도에 입각하고 보다 실용적인 "字典"이 만들어지게 되었다. 그 대표는 남조 양(梁)의 "顾野王 Gùyěwáng"(고야왕)이 543년에 만든 《**玉篇** Yùpiān》(옥편)이다.

『玉篇』에 수록된 부수의 수는 『说文解字』보다도 조금 많을 뿐이지만, 수록자 수가 1만 6917자로 거의 배로 증가했고, 내용도 글자의 본의만이 아니라, 본의에서 파생된 字義나, 經書 등에서의 사용 예를 상세하게 싣고 있다. 또한 『玉篇』이 「反切 fǎnqiè」이라고 하는 자음 표시법으로 문자의 발음을 나타내고 있는 것도, 시나 문장을 쓰는 데 대단히 편리하다고 생각되었다. 다만 고야왕이 지은 『玉篇』은 한 글자씩의 설명이 대단히 길어, 문자의 넓은 의미와 발음만 필요한 자에게는 좀 지나치게 상술하였다. 그 때문에 『玉篇』은 시대에 따라 몇번이나 개정되어, 수록자 수를 증가시키는 대신 문자의 설명을 지극히 간략화하였다. 宋代에 지어진 《大广益会玉篇 Dàguǎngyìhuì yùpiān》은 합계 2만 2561자를 수록했

Z

는데, 설명 부분은 대표적인 자의와 자음을 실었을 뿐, 10글자에도 미치지 않는 간단한 것이 대부분이다.

과거 중국에서 만들어진 "字典"에서 가장 수록자 수가 많고, 후세에 큰 영향을 준 것은, 清의 "康熙帝 Kāngxī Dì"(강희제)의 명에 의해 편찬된, 6년의 세월을 거쳐 1716년에 완성된 《**康熙字典**》이다. 수록자 수는 4만 7천여 자이며, 그것을 214개의 부수로 나누어 수록했고, 각 문자 아래에 용례나 출전으로 인용된 책도 엄청난 숫자에 이른다. 이 "字典"은, 명대에 지어진 《字汇 Zìhuì》나 《正字通 Zhèngzìtōng》 등 선행된 수종의 "字典"의 기재를 종합적으로 답습한 것이지만, 황제의 명령에 의해 만들어진 "字典"이기 때문에 가장 권위있는 "字典"이라 여겨지며, 내용에 대한 비판은 일체 허락되지 않았다. 현재까지도 자체(字體)의 정속(正俗)의 판정 등에 대해서는 『康熙字典』이 기준이 된다고 여겨지고 있다.

3. "词典"의 역사

한편 "词典"은 과거에는 경서나 고전에 보여지는 단어를 실어 그 용례 등을 나타낸 저작, 예를 들면 전국말기에서 한에 걸친 기원전 2세기경에 성립된 것이라고 여겨지는 《尔雅 Ěryǎ》(이아. 「고상한 말에 가깝다」고 하는 의미로, 옛날부터 전해진 고전의 말을 해설한 책)이나, 그 뒤를 이어 만든 《广雅 Guǎngyǎ》(광아. 3세기경에 만들어진 고대어의 어휘 해설집) 등이 있는데, 그것들은 단어를 열거한 것 뿐으로 의미를 명확하게는 설명하지 않아, 엄밀한 의미에서의 "词典"이라고는 하기 어렵다.

현대적인 의미에서의 "词典"이 만들어진 것은, 새로운 "语言学 yǔyánxué"(언어학)이 도입된 20세기가 되면서부터이고, 그 최초는 1915년 商務印書館에서 간행한 《**辞源** Cíyuán》이며, 그후 1936년에는 中華書局에서 《**辞海** Cíhǎi》를 간행했다. 양자는 동시에 전통적인 "字典"의 형식에 따라 우선 한자 표제어의 字義를 설명하고, 그 후에 표제어를 머릿말로 하는 복음절어나 성어 등을 열거하여 의미를 설명한다. 이 부분이 "词典"에 상당하는 것으로, 이것은 당시로서는 획기적인 형식이었다.

그러나 『辞源』이나 『辞海』는 주로 고전문헌에 보이는 어휘를 모은 것이므로, "文学革命 Wénxué gémìng"을 계기로 일어난 구어 중시의 조류에는 대응하지 않는 것이었다. 그 때문에 구어의 어휘도 들어있는 새로운 사전이 기획되어, 그 결과 《国语辞典 Guóyǔ cídiǎn》(1937－45년刊)이 간행되었다.

4. 현대의 "字典"과 "词典"

현재의 중국에서 가장 규범적인 "字典"은 《**新华字典** Xīnhuá zìdiǎn》이다. 이것은 1953년에 초판이 간행되어진 뒤에도, 시대의 변화에 맞추어 몇 번이나 수정되었고, 현재도 간행이 계속되고 있다. 수록자 수는 약 1만 1100자(이체자 · 번체자를 포함한다. 1988년 판.)인 꽉 찬 "字典"이지만, 수록자는 엄선되었고, 字義의 설명에 과부족이 없다고 평가되고 있다. 또한, 문자도 "汉语拼音方案 Hànyǔ pīnyīn fāng'àn"에 의한 병음자모의 순으로 배열되어 있고, 간화자를 표제어로 쓴 것으로, 현대 중국어를 배우는 외국인에게도 대단히 사용하기 쉬운 편리한 "字典"이다.

또한, 과거의 『康熙字典』을 능가하는 규모가 큰 "字典"으로써, 전 8권 합계 약 5만 6천자를 수록한 《**汉语大字典** Hànyǔ dàzìdiǎn》이 1990년에 간행 되었다. 이것은 후술하는 『汉

语大词典』과 함께 질이나 양에 중국 정부에 의한 중점과학 연구 프로젝트로 올린 사업으로, 양자는 질이나 양에 있어서 비교할 만한 것이 없는 "字典", "词典"으로서, 중국어의 학습이나 연구에 큰 보탬을 주고 있다.

한편 중국어 "词典"으로서 현재 가장 널리 사용되고 있는 것은《**现代汉语词典** Xiàndài Hànyǔ cídiǎn》(현대한어사전. 1965년 초판, 1978년 增訂本)로, 이것은 "普通话 pǔtōnghuà"(공통어)를 보급시켜 중국어의 규범을 확립하는 것을 목적으로 편찬된 5만 6천여 자를 수록한 중형의 "词典"이다. 또한, 해방 전에 출판된 사전인『辞源』과『辞海』도, 현재 사회의 요청에 부응하기 위해,『辞源』은 고전 어휘 전용의 대형 "词典"으로서, 또한『辞海』은 현대의 여러 사정에 관한 어휘를 망라한 종합적인 "词典"으로, 각각 면모를 일신하여 간행되고 있다.

『汉语大字典』의 자매판인《**汉语大词典** Hànyǔ dàcídiǎn》은, 전 12권(별권으로 색인 1권)으로 수록자수 약 5만, 어휘수 37만여에 달하는 사상 최대의 중국어 사전이며, 이것으로부터 중국어 연구의 나침반이 된다는 것은 의심할 여지가 없다.

5. 기타 사전

중국에서는 사전류를 "工具书 gōngjùshū"(공구서)라 부르는데, 그것은 "字典", "词典"뿐 아니라 백과사전이나 연감·연표 등도 포함한다.

요컨대, 다른 책을 읽는데 도구로 써 사용할 수 있는 책이란 의미이다. 이러한 사전류는 그 종류도 많고, 외국어 사전이나 외래어 사전 등 각종의 것이 주제별·분야별로 출판되고 있다.

★ 百科全书 bǎikè quánshū / 백과사전. ¶ 年鉴 niánjiàn / 연감. ¶ 大事记 dàshìjì / 연대기.

★ 韩汉词典 / 한중사전. ¶ 汉韩词典 / 중한사전. ¶ 汉英词典 / 중영사전. ¶ 俄汉词典 / 노중사전.

★ 外来词 wàiláicí 词典 / 외래어사전. ¶ 成语 chéngyǔ 词典 / 성어사전. ¶ 难词词典 / 난어사전. ¶ 新词 xīncí 词典 / 신어사전.

★ 同音 tóngyīn 字典 / 동음어자전. ¶ 逆序词目 nìxù címù / 역순 사전. ¶ 同义词词林 tóngyìcí cílín / 동의어사전. ¶ 类语 lèiyǔ 词典 / 유사어사전. ¶ 相反词 xiāng-fǎncí 词典 / 반대어사전.

★ 方言 fāngyán 词典 / 방언사전. ¶ 图解 tújiě 词典 / 도해사전. ¶ 简明 jiǎnmíng 汉语词典 / 콘사이스중국어사전. ¶ 小学生字典 / 국민학생자전.

또한, 문장을 쓸 때에 참고가 되는 사전도 많이 있다.

★ 作文 zuòwén 词典 / 작문사전. ¶ 动宾搭配 dòngbīn dāpèi 词典 / 동사와 목적어가 조합된 사전. ¶ 动词用法词典 / 동사용법사전.

스스로 규율을 준수하다.

Z

*__zìláishuǐ__ 自来水(一來一) 名 수도, 수돗물.

*__zìláishuǐbǐ__ 自来水笔(一來一筆) 名《**guǎn** 管, **zhī** 枝》만년필, 자동적으로 잉크가 흘러나오는 펜을 뜻함. **jīnbǐ**(金笔), **gāngbǐ**(钢笔)라고도 함.

*__zīliào__ 资料(資一) 名 1. 생산이나 생활에 필요한 것. **shēnghuó** ~(生活~)생활 필수품. 2. 자료, 데이터. ¶ shōují~(收集~)자료

를 모으다.

†**zìmǎn** 自满(一滿) 形 자만하다. ¶ nǐ kàn tā nà~de yàngzi!(你看他那~的样子!)그의 자기 만족에 빠져있는 꼴 좀 보렴.

†**zìmǔ** 字母 名 자모. ~**biǎo**(~表)자모표. **pīnyīn**~(拼音~)병음.

zìmù 字幕 名 자막. ¶ dǎ~(打~)자막을 비추다.

***zìrán** 自然 副 1. 당연, 물론. ¶ tā~huì tóngyì(他~会同意)그는 물론 동의한다. 2. [인력에 의하지 않고]자연히, 스스로. ¶ děng běnrén lái, ~jiù qīngchu le(等本人来, ~就清楚了)본인이 오면 자연히 안다. 名 자연. **dà**~(大~)대자연.

☞ **zìran**(自然) 참조.

***zìran** 自然 形 자연스럽다, 꾸밈이 없다. (**AABB**) ¶ biǎoqíng yǒudiǎnr bú~(表情有点儿不~)표정이 좀 딱딱하다.

☞ **zìrán**(自然) 참조.

†**zìshā** 自杀(一殺) 動 자살하다. ¶ tóujǐng~(投井~)우물에 몸을 던지다. tiàolóu~(跳楼~)[빌딩에서]뛰어내리다.

†**zīshì** 姿势(一勢) 名 자세. ¶ huàn yí ge~(换一个~)자세를 바꾸다.

†**zì shǐ zhì zhōng** 自始至终 連語 처음부터 끝까지 ; 자초지종.

***zìsī** 自私 形 이기적이다. ¶ biǎoxiànde hěn~(表现得很~)방법이 매우 이기적이다.

zǐsūn 子孙(一孫) 名 아들과 손자 ; 자손. ☆ **zǐzǐsūnsūn**(子子孙孙)으로 중복하여 강한 표현을 하기도 함.

†**zītài** 姿态(一態) 名 1. 모습, 용모. ¶ ~yōuměi(~优美)모습이 아름답다. 2. 태도, 자세. ¶ gùzuò~(故作~)능청스런 수다로 환심을 사다.

***zīwèi** 滋味 名 (~儿)깊은 맛[인상], 풍미. ¶ hěn yǒu~de cài(很有~的菜)깊은 맛이 있는 음식. xīnli hěn bú shì~(心里很不是~)속으로 기분이 언짢다.

†**zìwǒ** 自我 名 자기, 자기 자신. ~**jièshào**(~介绍)자기소개.

***zǐxì** 仔细 · 子细(一細) 形 1. 세심하다, 자세하다. ¶ zuòshì hěn~(做事很~)일하는 태도가 빈틈없다. 2. 신중하다, 주의깊다. ¶ lù hěn huá, ~diǎnr(路很滑, ~点儿)길이 미끄러우니, 조심해라.

***zìxí** 自习(一習) 動 자습하다. ¶ xiàwǔ bú shàngkè, zài jiā~(下午不上课, 在家~)오후에는 수업이 없으니, 집에서 자습하세요. 名 자습. ~**xiǎozǔ**(~小组)자습 그룹.

†**zìxìn** 自信 動 믿다, 자신감을 가지다. ¶ ~néng zhànshèng duìfāng(~能战胜对方)상대편을 이길 수 있다고 믿고 있다.

‡**zìxíngchē** 自行车(一車) 名 《**liàng** 辆》 자전거. ☆ 상해 일대에서는 **jiǎotàchē**(脚踏车), 광동에서는 **dānchē**(单车)라고 함. ¶ qí~(骑~)자전거를 타다.

自行车

Z

†**zìxué** 自学(一學) 動 독학으로 공부하다. ¶ ~wàiyǔ(~外语)독학으로 외국어를 배우다.

zìyǎn 字眼 名 (~儿)글자, 말. ¶ búyaò sǐkōu yí ge~(不要死抠一个~)자구에 너무 얽매이지 마세요.

zīyǎng 滋养(一養) 動 영양을 공급하다. ¶ ~shēntǐ(~身体)몸에 영향을 공급하다. 名 양분, 자양. ¶ hěn yǒu~(很有~)자양이 풍부하다.

†**zì yán zì yǔ** 自言自语(一語) 連語 중얼대다, 혼잣말을 한다.

*__zìyóu__ 自由 形 자유롭다. ¶ méi yǒu~xuǎnzé de yúdì(没有~选择的余地)자유롭게 선택할 여지가 없다. xíngdòng bú~(行动不~)자유롭게 움직일 수 없다. 名 자유. ¶ zhēngqǔ~(争取~)자유를 쟁취하다.

*__zīyuán__ 资源(資一) 名 자원. ¶ kāifā dìxià~(开发地下~)지하자원을 개발하다.

†**zìyuàn** 自愿(一願) 動 스스로 지원하다, 신청하다. ¶ ~bàomíng(~报名)지원하여 등록하다. ~**bīng**(~兵)지원병.

zìzai 自在 形 편안하다, 안락하다, ¶ xīnli bú~(心里不~)어색하다, 거북하다.

†**zìzhì** 自治 名 자치. ¶ yóu shǎoshù mínzú shíxíng~(由少数民族实行~)소수민족에 의해 자치를 하다. ~**qū**(~区)자치구.

†**zìzhǔ** 自主 動 스스로 매사를 결정하다. ¶ hūnyīn~(婚姻~)[부모에게 의지하지 않고, 또는 부모의 간섭을 배제하고]결혼을 자주적으로 하다. ~jiějué(~解决)자주적으로 해결하다.

⁑**zǒng** 总(總) 形 전체의, 총괄적인. ¶ ~rènwu(~任务)전반적인 임무. 動 통합하다, 총괄하다. ¶ ~·qilai shuō(~起来说)한마디로[종합하여]말하자면, 요약한다면. 副 반드시, 꼭, 무슨 일이 있어도 ; **zǒngshì**(总是)라고도 함. ¶ wèishénme~bù kěn tīng?(为什么~不肯听?)왜 언제나 귀담아 듣지 않는가?

†**zǒngděi** 总得(總一) 副 어쨌든(아무튼) …해야 한다. ¶ nǐ~qù yí tàng(你~去一趟)아무래도 당신은 한번 갔다오지 않으면 안된다. wǒ~shuōdào zhège wèntí(我~说到这个问题)난 무슨 일이 있어도 이 문제에 언급하지 않으면 안된다.

†**zǒng'éryánzhī** 总而言之(總一) 連 한마디로 말하자면, 요컨대. =**zǒngzhī**(总之) ¶ ~dàhuì shì chénggōng de(~大会是成功的)요컨대 대회는 성공적이었다.

†**zǒnggòng** 总共(總一) 副 합하여, 합계. ¶ ~láile wǔ ge rén(~来了五个人)모두 5명이 왔다.

†**zǒngguī** 总归(總歸) 副 결국은, 아무래도, 아무튼. ¶ shìqing~huì qīngchu de(事情~会清楚的)사건은 언젠가는 밝혀진다.

†**zōnghé** 综合(綜一) 動 종합하다. ⇔ **fēnxī**(分析) ¶ ~yíxià dàjiā de yìjian(~一下大家的意见)모든 사람의 의견을 종합해 보다. 形 종합적인. ~**dàxué**(~大学)종합대학.

zōngjì 踪迹 名 자취, 흔적. ¶ bù

Z

liú~(不留~)흔적을 남기지 않다.

*zōngjiào 宗教 名 종교. ¶ xìnyǎng ~(信仰~)종교를 믿다.

*zǒngjié 总结(總結) 動 총괄하다. ¶ ~gōngzuò(~工作)일을 총괄하다. ~jīngyàn(~经验)경험을 마무리하다. 名 총괄. **jìdù**~(季度~)분기(分岐) 총괄.

*zǒnglǐ 总理(總一) 名 총리; 중국 국무원의 최고지도자.

zōngpài 宗派 名 [정치·학술·종교 등에 있어서]스스로 일파를 이루고, 다른파와 대립하고 있는 집단, 종파. **gǎo**~(搞~)파벌을 조성하다.

†**zòngrán** 纵然(縱一) 連 비록…이라도. **zòngshǐ**(纵使)라고도 함. =**jíshǐ**(即使) ¶ ~zhǐ shèngxia wǒ yí ge rén, wǒ yě jiānchí dàodǐ(~只剩下我一个人, 我也坚持到底)비록 나 혼자 남더라도, 나는 마지막까지 버틴다.

*zōngsè 棕色 形 갈색의, 다갈색의. ~**rénzhǒng**(~人种)갈색인종.

†**zǒngshì** 总是(總一) 副 언제나, 줄곧 =**zǒng**(总) ¶ tā~shuō gōngzuò máng(他~说工作忙)저 사람은 언제나 일이 바쁘다고 한다.

†**zòngshǐ** 纵使(縱一) 連〈文〉비록 …이라도. =**jíshǐ**(即使)

†**zǒngsuàn** 总算(總一) 副 1. 겨우, 가까스로. ¶ ~dào jiā le(~到家了)겨우 어떻게 해서 집에 도착했다. 2. 대체로, 그럭저럭. ¶ ~búcuò(~不错)대체로 괜찮은 편이다.

†**zǒngtǒng** 总统(總統) 名 총통, 대통령.

*zǒngzhī 总之(總一) 連 즉, 요컨대. ¶ ~yào jìnkuài wánchéng(~要尽快完成)요컨대 되도록 빨리 완성시키지 않으면 안된다.

zòngzi 粽子 名 종자, 주악[댓잎이나 갈잎에 싸서 찐 찹쌀떡, 단오날 음식의 한 가지.] ¶ bāo~(包~)종자를 만들다.

粽子

zǒu 走 動 1. 걷다, 떠나다, 가다. ¶ ~·de kuài(~得快)빨리 걷다. wǒ míngtiān~(我明天~)나는 내일 떠난다. tāmen~·le méiyou?(他们~了没有?)그들은 떠났습니까? ~hòumén**(~后门)뒷문을 이용하다; 뒷거래를 하다. ~**wānlù**(~弯路)길을 돌아가다. 2. 움직인다, 움직이다. ¶ zhōngbù~le(钟不~了)시계가 멈췄다. 3. 원형을 잃다, 색이 바래다. ¶ wèir~le(味儿~了)맛이 변했다. ~diào(~调)곡조가 맞지 않다.

†**zòu** 揍 動〈口〉사람을 치다. =**dǎ**(打) ¶ bǎ tā hěnhěnde~·le yí dùn(把他狠狠地~了一顿)저 녀석을 호되게 때려 주었다.

zǒu▲huǒ 走火 動 1. [화약, 총 등이]폭발하다. ¶ qiāng~le(枪~了)총이 오발되었다. 2. 말이 지나치다. ¶ yì shēngqì zuǐba zǒule huǒ(一生气嘴巴走了火)화를 내면 말이 심해진다. 3. 누전되다.

*zǒuláng 走廊 名 복도, 건물을 잇는 복도.

zǒusī 走私 動 밀수하다, 암거래하다. ~**xiāngyān**(~香烟)[암거래한]담배.

*__zòu▲yuè__ 奏乐(-樂) 動 연주하다.

†**zǒu▲yùn** 走运(-運) 動 행운이 따르다. ¶ zuìjìn yìzhí bù~(最近一直不~)요즘은 계속 운이 없다. zǒule hóngyùn(走了红运)운이 따르기 시작했다.

*__zū__ 租 動 임대하다, 임차하다. ¶ ~chuán(~船)보트를 빌리다. ~fángjiān(~房间)방을 빌려주다, 방을 빌리다.

†**zú** 足 形 족하다, 충분하다. ☆ 대부분 부사어로서, 단음절어의 앞에 사용됨. ¶ ~wánrle yì tiān(~玩儿了一天)하루종일 놀았다. liǎng tiān~néng wánchéng rènwu(两天~能完成任务)이틀 정도 있으면 충분히 임무를 달성할 수 있다. 名 〈文〉 다리. ☆ 구어에서는 **jiǎo**(脚)[복사뼈부터 아래]와 **tuǐ**(腿)[복사뼈에서 위]로 나뉘어져 있다. **huà shé tiān**~(画蛇添~)사족을 달다.

*__zǔ__ 组(組) 名 반, 클래스(class). 量 조, 벌, 세트. ¶ yì~yóupiào(一~邮票)우표 1세트.

†**zǔ'ài** 阻碍 動 방해하다. ¶ ~jiāotōng(~交通)교통을 방해하다. 名 방해, 장애. **páichú**~(排除~)장애를 제거하다.

*__zuān__ 钻(鉆) 動 1. [송곳 등으로] 구멍을 뚫다. ¶ ~kǒng(~孔)구멍을 뚫다. 2. 잠수하다, 숨어들다. ¶ ~shāndòng(~山洞)동굴에 숨어들다. 3. [어떤 일을]파고들다. ¶ ~shùxué(~数学)수학에 몰입하다.

☞ **zuàn**(钻) 참조.

*__zuàn__ 钻(鉆) 名 [구멍을 뚫는]드릴. **diàndòng**~(电动~)전동식 드릴. **shǒuyáo**~(手摇~)수동식 드릴. ☞ **zuān**(钻) 참조.

zuàn 攥 動 〈口〉 꽉 쥐다, 잡다. =**wò**(握) ¶ ~quántou(~拳头)주먹을 꽉 쥐다.

*__zuànshí__ 钻石(鉆-) 名 《**kē** 颗, **lì** 粒》 1. 다이아몬드. 2. [시계의] 보석.

†**zuānyán** 钻研(鉆-) 動 깊이 연구하다. ¶ ~jìshù(~技术)기술을 탐구하다.

*__zǔchéng__ 组成(組-) 動 구성하다, 편성하다. ¶ ~qiǎngxiǎnduì(~抢险队)구급대를 결성하다. 名 구성, 편성, 조성. ¶ shuǐ de~(水的~)물의 조성.

⁑**zǔfù** 祖父 名 아버지쪽의 조부. ☆ 부를 때에는 **yéye**(爷爷)를 사용함.

zúgòu 足够 形 충분하다. ¶ yǒu zhèxiē jiù~le(有这些就~了)이 정도 있으면 이제 충분하다. ~de zījīn(~的资金)충분한 자금.

*__zǔguó__ 祖国(-國) 名 조국. ¶ ài~(爱~)조국을 사랑하다. húai niàn~(怀念~)조국을 생각하다.

⁑**zuǐ** 嘴 名 1. 《**zhāng** 张》 입. ¶ zhāng~(张~)입을 열다. zhù~(住~)이야기를 그만두다, 입을 다물다. 2. (~儿)모양과 역할이 입과 닮은 것. **píng**~(瓶~)병아가리.

*__zuì__ 罪 名 1. 죄, 범죄. ¶ fàn~(犯~)죄를 저지르다. 2. 고통. ¶ shòu~(受~)고통을 당하다.

*__zuì__ 醉 動 취하다. ¶ zěnme hē yě

Z

hēbu～(怎么喝也喝不～)아무리 마셔도 취하지 않다. ～**xiè**(～蟹) 술에 절인 게.

‡**zuì** 最 副 가장, 제일. ¶ wǒ～xǐhuan zhège(我～喜欢这个)나는 이것을 가장 좋아한다. nà jiàn shì tā～qīngchu(那件事她～清楚) 그 일이라면 그녀가 가장 잘 알고 있다. ～hǎo(～好)가장 좋다. ～huài(～坏)가장 나쁘다.

*__zuǐba__ 嘴巴 名 1. 〈口〉 뺨. ¶ áile ge～(捱了个～)따귀를 한 대 맞았다. 2. 〈方〉 입. ＝**zuǐ**(嘴) ¶ zhāngkāi～(张开～)입을 벌리다.

†**zuǐbèn** 嘴笨 形 말주변이 없다. ¶ shēnglái～, bú huì jiǎng huà(生来～, 不会讲话)선천적으로 눌변이어서 말을 잘 못한다.

†**zuǐchán** 嘴馋(－饞) 形 게걸스럽다. **chánzuǐ**(馋嘴)라고도 함. ¶ zhēn～, jiù zhīdao chī(真～, 就知道吃)매우 게걸스러워서 먹는 것밖에 염두에 없다.

*__zuìchū__ 最初 名 최초. ¶ ～juéde hěn nán zuò(～觉得很难做)처음에는 매우 하기 힘들었다.

*__zuǐchún__ 嘴唇 名 입술. ☆ **chún**(唇)만을 단독으로 사용하지 않음. ¶ ～gānliè(～干裂)입술이 갈라지다.

†**zuì'è** 罪恶(－惡) 名 죄악. ¶ bù kě ráoshù de～(不可饶恕的～)용서할 수 없는 죄악.

*__zuìhǎo__ 最好 副 가장 좋은 것은 […하는 것이다]. ¶ ～shì nǐ zìjǐ qù(～是你自己去)가장 좋은 것은 네가 직접 가는 것이다. ☆ zhège zuì hǎo(这个最好)의 **zhì**(最)와 **hǎo**(好)는 2단어임.

*__zuìhòu__ 最后(－後) 名 마지막. ～**tōngdié**(～通牒)최후 통첩. 副 마지막에는, 결국에는. ¶ měitiān ～qǐ(每天～起)매일 가장 늦게 일어나다. ～, zhōngyú tóngyì le (～, 终于同意了)결국에는 동의했다.

*__zuìjìn__ 最近 名 최근. ¶ tā～lǎofā píqi(他～老发脾气)그는 최근 자주 화를 낸다. ¶ nǐ～kàn guo shénme hǎo diànyǐng ma?(你～看过什么好电影吗?)최근에 무슨 재미있는 영화를 보셨습니까?

†**zuǐkuài** 嘴快 形 입이 가볍다. ¶ tā kě～, nǐ yào zhùyì(他可～, 你要注意)그는 매우 입이 가벼우므로 너는 조심해야 한다.

zuìmíng 罪名 名 죄명. ¶ zhège ～wǒ kě dānbuqǐ(这个～我可担不起)이 죄명을 뒤집어 쓸 수는 없다.

†**zuìxíng** 罪行 名 범죄행위.

†**zuìzhuàng** 罪状(－狀) 名 죄상. ¶ gōngbù～(公布～)죄상을 공표하다.

zūjīn 租金 名 대여료, 임대료.

†**zǔlì** 阻力 名 저항력.

‡**zǔmǔ** 祖母 名 할머니. ☆ 부를 때는 **nǎinai**(奶奶)를 사용함.

zūn 尊 量 기, 문; 불상, 대포 등을 셀 때. ¶ yì～shíxiàng(一～石像)석상 1기.

zǔnáo 阻挠(－撓) 動 막다, 방해하다. ¶ ～diàocházǔ de gōngzuò (～调查组的工作)조사반의 활동을 방해하다.

*__zūnjìng__ 尊敬 動 존경하다. ¶ shòu dàjiā～(受大家～)사람들로부터 존경받다. ～shīzhǎng(～师长)

Z

선생님을 존경하다.

†**zūnshǒu** 尊守 動 준수하다, 따르다, 지키다. ¶ ～jiāotōng guīzé(～交通规则)교통법규를 지키다.

zūnzhào 遵照 介 …에 따라, …에 비추어. ¶ ～shàngjí zhǐshì bàn(～上级指示办)상부 지시대로 하다.

*__zūnzhòng__ 尊重 動 존중하다, 소중히 여기다. ¶ ～měi ge rén de yìjian(～每个人的意见)모든 사람의 의견을 존중하다. 形 [행위가]점잖다. ¶ fàng～xiē(放～些) 좀 점잖게 구시오.

⁑**zuǒ** 左 名 좌측. ⇔ **yòu**(右) ☆ 개사 뒤에 쓰이는 것 외에, 단독사용할 경우 일반적으로 **zuǒbian**(左边) 혹은 **zuǒmiàn**(左面)이라 함. ¶ wǎng～guǎi(往～拐)왼쪽으로 돌다. 形 1. 왼쪽의. ⇔ **yòu**(右) ～**shǒu**(～手)왼손. ～**piězi**(～撇子)왼손잡이 2. [성격이]비뚤어지다. ～**píqi**(～脾气)나쁜 근성. 3. 좌익적인. ⇔ **yòu**(右) ～**pài**(～派)좌파.

⁑**zuò** 座 名 (～儿)1. 좌석. 2. 대, 깔개, 받침. ¶ chábēi～(茶杯～) 찻잔받침. 量 동, 좌 ; 산·건축물을 세는데 쓰임. ¶ yí～shān (一～山)산 하나.

⁑**zuò** 坐 動 1. [의자에]앉다. ¶ qǐng～!(请～!)앉으세요. ～·zài yǐzi shang(～在椅子上)의자에 앉다. 2. [탈것에]타다. ¶ ～huǒchē(～火车)기차에 타다. ～fēijī(～飞机)비행기를 타다. 3. [솥이나 가마를]불에 올려놓다. ¶ kuài bǎ guō～·shàng(快把锅～上)빨리 냄비를 불에 올려놓으시오. xiān～diǎnr kāishuǐ(先～点儿开水)우선 물을 좀 끓이시오. 4. [어떤 방향으로]등을 돌리고 있다. ¶ fángzi～běi cháo nán(房子～北朝南)집이 남향이다. 5. [감옥에]들어가다. ～**láo**(～牢)감옥살이하다.

⁑**zuò** 做·作 動 1. 만들다. ¶ ～fàn(～饭)밥을 짓다. ～shī(～诗)시를 짓다. ～yīfu(～衣服)옷을 짓다. 2. …가 되다. ¶ ～fùmǔ de(～父母的)부모노릇을 하다. ～kǒuyì(～口译)통역을 담당하다. 3. [일·활동을]하다. ¶ zuòyè quándōu～·hǎo le(作业全都～好了) 숙제를 모두 다했다. zhège gōngzuò, nǐ jīntiān～·dewán～·buwán?(这个工作, 你今天～得完～不完?)이 일은 오늘중으로 할 수 있습니까? 4. [행위명사를 목적어로 하여]행하다. ＝**jìnxíng**(进行) ¶ ～bàogào(～报告)보고하다. ～diàochá(～调查)조사하다. ～yánjiū(～研究)연구하다.

zuòbì 作弊 動 부정을 행하다, 커닝하다. ¶ kǎoshì～(考试～)시험에서 커닝하다.

*__zuǒbian__ 左边(－邊) 名 (～儿)좌측, 왼편.

†**zuòfǎ** 做法 名 방법. ¶ ～bēibǐ(～卑鄙)방법이 비열하다.

zuōfang 作坊 名 [옛날 수공업의] 일터, 공장. ☆ 이 경우만 '作'는 第1聲 **zuō**로 발음하고, 그 외에는 第4聲. **shǒugōng**～(手工～) 수공업공장. **xǐyī**～(洗衣～)세탁소.

*__zuòfēng__ 作风(－風) 名 작풍 ; 행위의 수법·태도. ¶ ～bú zhèng-

Z

pài(～不正派)품행이 올바르지 않다.

*zuògōng 做工 動 육체노동하다. ¶ měitiān zuò bā xiǎoshí gōng(每天做八小时工)매일 8시간 근무한다.

*zuòjiā 作家 名 작가.

†zuò▲kè 做客 動 [다른집에]손님으로 가다.

zuòliao 作料 名 (～儿)조미료, 양념.

作料

*zuò▲mèng 做梦(一夢) 動 1. 꿈꾸다. ¶ zuòle yì cháng èmèng(做了一场恶梦)불길한 꿈을 꿨다. 2. 몽상하다. ¶ ～yě méi xiǎngdào(～也没想到)꿈에도 생각하지 못했다. zuò měi mèng(做美梦)달콤한 꿈을 꾸다.

zuǒmiàn 左面 名 좌측.

†zuómo 琢磨 動 [몇 번이나]생각하다. ¶ nǐ～·～tā zhè jù huà shì shénme yìsi(你～ ～他这句话是什么意思)그의 이 말이 무엇을 뜻하는지 생각해 보시오. ～·le hěn cháng shíjiān(～了很长时间)한참 생각했다.

*zuòpǐn 作品 名 작품. wénxué～(文学～)문학작품. xìjù～(戏剧～)희곡작품.

zuò▲qǔ 作曲 動 작곡하다. 名 작곡. ～jiā(～家)작곡가.

†zuór 昨儿(一兒) 名 〈口〉 어제. =zuótiān(昨天)

†zuò▲shēng 做声(一聲) 動 (～儿) [대부분 부정형으로 사용하여]목소리를 내다. ¶ bú～(不～)아무런 말도 하지 않다.

*zuòtán 座谈(一談) 動 좌담하다; 형식에 얽매이지 않고 자유로이 의견을 교환하다. ～huì(～会)좌담회.

⁑zuótiān 昨天 名 어제. ¶ ～hěn lěng(～很冷)어제는 매우 추웠다. wǒ shì～lái de(我是～来的)나는 어제 왔다.

*zuòwéi 作为(一爲) 動 1. …하다. ¶ ～shēnghuó de zhǔnzé(～生活的准则)생활의 규칙으로 삼는다. 2. [신분·자격의]…로서. ¶ ～fùmǔ, bù néng bù zháojí(～父母, 不能不着急)부모로서 초조하지 않을 수 없다. 名 1. 행위. ¶ wǒ kànbu·guàn tā píngrì de～(我看不贯他平日的～)나는 그의 평소행위가 눈에 거슬린다. 2. 활동. ¶ tā shì yǒu～de qīngnián(他是有～的青年)그는 큰일을 할 청년이다.

*zuòwei 坐位·座位 名 1. 좌석. ¶ zhàn～(占～)자리를 잡다. 2. (～儿)의자류.

zuò▲wén 作文 動 문장을 쓰다, 작문하다.

☞ zuòwén(作文) 참조.

zuòwén 作文 名 작문. ¶ zuò～(作～)작문하다.

☞ zuò▲wén(作文) 참조.

*zuòwù 作物 名 작물, 농작물.

⁑zuòyè 作业(一業) 動 작업에 종사하다. ¶ dào yěwài qù～(到野外

去~)야외에 가서 일을 하다. 名 작업 ; 숙제, 과제. ¶ jìnxíng gāokōng~(进行高空~)공중작업을 하다. liú~(留~)숙제를 내다. zuò~(做~)숙제하다. **yěwài**~(野外~)야외작업.

*__zuòyòng__ 作用 名 1. 작업. **fù**~(副~)부작용. **xiāohuà**~(消化~)소화작용. 2. 속셈. ¶ tā shuō nà huà shì yǒu~de(他说那话是有~的)그가 그런 말을 하는 것은 속셈이 있어서이다.

*__zuǒyòu__ 左右 名 1. 좌우. ¶ ~wéinán(~为难)어느쪽이든 힘들다. 2. [수량사 뒤에 쓰여]쯤, 가량. ¶ yìqiān wàn~(一千万~)천만 가량. wǔshí suì~(五十岁~)50세 정도. 動 좌우하다, 지배하다. ¶ tā néng~shìqing de jiéguǒ(他能~事情的结果)그는 일의 결과를 좌우할 수 있다. shòu rén~(受人~)남에게 좌우되다. 副 어쨌든. ¶ ~búguò duō huā shí fēn zhōng(~不过多花十分钟)어쨌든 10분 정도 더 걸릴뿐이다.

†**zuòzhàn** 作战(—戰) 動 싸우다, 전투하다. ¶ ~jìhuà(~计划)작전계획.

†**zuòzhě** 作者 名 저자, 작자.

†**zuò▴zhǔ** 做主 動 1. [자주적으로 판단하여]책임을 지다. ¶ zìjǐ de shì zìjǐ~(自己的事自己~)자기의 일은 자기가 하다. wǒ bù néng zuò zhège zhǔ(我不能做这个主)나는 이 건(일)을 책임질 수 없다. 2. 지지하다. ¶ méi rén gěi tā~(没人给他~)아무도 그를 지지하지 않는다.

zuòzuo 做作 形 고의로 꾸미는, 짐짓…체하는. ¶ tā shénme shíhou dōu nàme~(她什么时候都那么~)그녀는 언제나 가식적이다. ~de ràng rén ěxin(~得让人恶心)고의로 남에게 혐오감을 불러일으키다.

*__zúqiú__ 足球 名 축구. ¶ tī~(踢~)축구하다. ~**sài**(~赛)축구시합.

zūshuì 租税 名 [옛날의]조세.

†**zǔxiān** 祖先 名 조상.

zúyǐ 足以 動 …하기에 충분하다. ¶ ~zhèngmíng tā piàn rén(~证明他骗人)그가 거짓말을 하고 있음에 분명하다.

*__zǔzhǎng__ 组长(組長) 名 팀장 ; 주임, 반장.

*__zǔzhī__ 组织(組織) 動 조직하다. ¶ ~tǐyù huódòng(~体育活动)스포츠활동을 조직하다. 名 조직. ¶ dédào~de zhàogu(得到~的照顾)조직의 지지를 받다.

†**zǔzhǐ** 阻止 動 저지하다. ¶ ~yóuxíng duìwu qiánjìn(~游行队伍前进)데모대의 전진을 저지하다.

附　　錄

漢語水平考試의 槪要

1. 漢語水平考試(HSK)란?

1) 漢語水平考試(Hanyu Shuiping Kaoshi; 簡體 HSK)의 의의

漢語水平考試는 1992년 9월 3일 정식으로 공포된 중국어능력평가시험으로써 중국어를 모국어로 하지 않는 사람(외국인, 화교, 중국내 소수민족)의 중국어 능력을 측정하기 위해 HSK 센터에서 연구·개발하여 시행하는 국가급 표준화 시험이다.

2) 漢語水平考試의 等級과 證書

北京語言文化大學 HSK센터에서 개발한 시험으로써 기초 HSK, 초중등 HSK 및 고등 HSK로 구분된다. 등급은 모두 11등급으로 되어 있으며, 1~3급은 기초, 3~5급은 초급, 6~8급은 중급, 9~11급은 고급으로 분류된다. 성적은 규정된 기준에 의해 상응하는《漢語水平證書》와 아울러 개인적으로 성적표를 발부한다.

3) HSK의 주된 업무 주최

시험의 출제, 채점, 漢語水平證書, 성적표의 발급 따위의 업무는 전적으로 中國國家漢語水平考試 위원회가 주관하고 있다.

4) 漢語水平證書의 용도

주된 용도는 중국 대학(원) 입학시의 필수 요건으로 작용하며, 한국내의 대학(원)의 입학·졸업시의 평가 기준을 제공하며, 각급 기업이나 중국 관련 기관에서 채용이나 승진시 기준점이 되며, 또한 중국 정부가 장학생 선발의 요건으로도 적용되고 있다. 증서의 유효 기간은 시험 당일로부터 2년간이다.

5) HSK의 시행 시기

중국내에서는 HSK 기초와 HSK 고등은 1년에 2회, HSK 초중·등은 1년에 3회 실시하며, 한국에서는 매년 정기적으로 5월과 10월 둘째 주에 실시하고 있다.

2. 漢語水平考試의 等級 구분

기초 C급	기초(하) 정도의 중국어 능력을 갖추고 있으며, 아주 간단한 문장을 이해하고, 기초적인 의사 표현을 할 수 있다. 일상생활과 학습 방면에서 초보적인 언어 소통을 할 수 있다. *기초 C급 漢語水平證書
기초 B급	기초(중) 정도의 중국어 능력을 갖추고 있으며, 기본적인 일상생활과 사회활동 및 어느 정도의 학습 요구에 만족할 수 있는 수준이다. *기초 B급 漢語水平證書
기초 A급	기초(상) 정도의 중국어 능력을 갖추고 있으며, 중국의 자연계 대학 해당학과에 입학할 수 있는 최저의 중국어 의사 소통 능력이 있다. *기초 A급 漢語水平證書
초등 C급	초급(하) 정도의 중국어 능력을 갖추고 있으며, 중국 자연계 대학 해당학과에 입학할 수 있는 최저 기준이며, 외국인으로서 중국어과 2년에 편입할 수 있다. *초등 C급 漢語水平證書
초등 B급	초급(중) 정도의 중국어 능력을 갖추고 있으며, 일상생활에서 의사소통에 불편함이 없을 정도의 수준이다. *초등 B급 漢語水平證書
초등 A급	초급(상) 정도의 중국어 능력을 갖추고 있으며, 일상생활에서 의사소통에 불편함이 없을 정도의 수준이다. *초등 A급 漢語水平證書
중등 C급	중급(하) 정도의 중국어 능력을 갖추고 있으며, 중국 인문계 대학 해당학과에 입학할 수 있는 최저 기준이며, 외국인으로서 중국어과 3년에 편입할 수 있다. *중등 C급 漢語水平證書
중등 B급	중급(중) 정도의 중국어 능력을 갖추고 있어 일상생활에는 불편이 없으나 일상적인 업무에는 다소 지장을 초래할 정도의 수준이다. *중등 B급 漢語水平證書
중등 A급	중급(상) 정도의 중국어 능력을 갖추고 있으며, 또한 초급 통역 수준에 도달한 자이다. *중등 A급 漢語水平證書
고등 C급	중국내의 대학원(하)에 입학할 수 있는 기준이며, 중국어를 의사 소통 수단으로 하는 일반적 업무에 종사할 수 있는 최저의 수준이다. *고등 C급 漢語水平證書
고등 B급	중국내의 대학원(중)에 입학할 수 있는 기준이며, 중국어를 의사 소통 수단으로 하는 일반적 업무에 종사할 수 있는 중급 수준이다. *고등 B급 漢語水平證書
고등 A급	중국내의 대학원(상)에 입학할 수 있는 기준이며, 중국어를 의사 소통 수단으로 하는 일반적 업무에 종사할 수 있는 최고 수준으로써 또한 중급의 통역 수준에 도달한 자이다. *고등 C급 漢語水平證書

【HSK 등급별 점수와 漢語水平證書 등급 일람표】

증서 등급별		等級 區分	點數 範圍
등 급	급수별		
기초 증서	C	1급	100~154점
	B	2급	155~209점
	A	3급	210~300점
초등 증서	C	3급	152~188점
	B	4급	189~225점
	A	5급	226~262점
중등 증서	C	6급	263~299점
	B	7급	300~336점
	A	8급	337~400점
고등 증서	C	9급	280~339점
	B	10급	340~399점
	A	11급	400~500점

3. 漢語水平考試(HSK)의 문의처

▶中國國家漢語水平考試委員會辦公室, 北京語言文化大學 漢語水平考試(HSK) 센터에서는 국내외 수험생을 위해 漢語水平考試(HSK)에 관련된 자문이나 기타 서비스를 제공하고 있다.

· 주 소 : 中國 北京市 海淀區 學院路 15號
· 연 락 처 : 北京語言文化大學 漢語水平考試(HSK) 센터
· 전 화 : (010) 8230 - 3685, 3962
· 팩 스 : (008610) 8230 - 3091

▶국내에서는 漢語水平考試(HSK) 센터 한국 사무국에 문의하면 자세한 안내를 받을 수 있다.

· 주 소 : 서울 특별시 강남구 강남우체국 사서함 115호
 *강남역 8번 출구 목화주차장 뒤편 하남빌딩 4층
· 전 화 : (02) 3452 - 4788
· 팩 스 : (02) 3452 - 4787
· 홈페이지 : www.hsk.or.kr

日常會話 및 案內用語

(1) 日常會話

你好。	Nǐ hǎo.	안녕하세요!〔초면 인사〕
你好吗?	Nǐ hǎo ma?	안녕하십니까?〔만날 때의 인사〕
您早。	Nín zǎo.	안녕하십니까?〔아침 인사〕
您贵姓。	Nín guìxìng?	당신의 이름은? ▶ 贵姓? Guìxìng?
初次见面。	Chūcì jiànmiàn.	처음 뵙겠습니다.
请多关照。	Qǐng duō guānzhào.	잘 좀 부탁드립니다.
好久不见了。	Hǎojiǔ bú jiàn le.	오랜만입니다.
劳驾。	Láojià.	죄송합니다만.
请。	Qǐng.	부디, 아무쪼록, 원컨대.
请进。	Qǐng jìn.	들어 오십시오.
请坐。	Qǐng zuò.	앉으십시오.
请问。	Qǐngwèn.	말 좀 물읍시다.
谢谢。	Xièxie.	감사합니다, 고맙습니다.
多谢。	Duōxiè.	대단히 감사합니다.
辛苦了。	Xīnkǔ le.	수고하셨습니다. ▶ 费心了。Fèixīn le.
受累了。	Shòulèi le.	고생하셨습니다.
麻烦您了。	Máfan nín le.	폐를 끼쳤군요, 귀찮게 했군요. ▶ 打扰打扰。Dǎrǎo dǎrǎo.
加油。	Jiāyóu.	기운을 내라, 화이팅!
对不起。	Duìbuqǐ.	미안합니다, 실례합니다. ▶ 对不住。Duìbuzhù.
很抱歉。	Hěn bàoqiàn.	대단히 죄송합니다.
请原谅。	Qǐng yuánliàng.	양해하여 주십시오.
不敢当。	Bù gǎndāng.	천만에요, 별말씀을요, 죄송합니다.
彼此彼此。	Bǐcǐ bǐcǐ.	피차일반입니다.
没关系。	Méi guānxi.	괜찮습니다. ▶ 没什么。Méishénme.
无所谓。	Wúsuǒwèi.	상관 없습니다, 아무래도 좋습니다.
不要紧。	Bú yàojǐn.	괜찮습니다, 문제 없습니다.
哪儿的话。	Nǎr de huà.	천만의 말씀. ▶ 哪里哪里。Nǎli nǎli.
可不是。	Kěbushì.	그렇고말고요.

是。	Shì.	예, 그렇습니다.
是的。	Shìde.	그렇습니다.
好。	Hǎo.	좋습니다. ▶ 好的。Hǎode.
好极了。	Hǎojíle.	좋습니다. ▶ 好得很。Hǎode hěn.
行。	Xíng.	됐습니다, 좋습니다.
不行。	Bùxíng.	안됩니다.
成。	Chéng.	좋습니다. ▶ 成了。Chéngle.
对。	Duì.	맞습니다. ▶ 对了。Duìle.
不对。	Búduì.	틀립니다, 그렇지 않습니다.
不错。	Búcuò.	옳습니다, 그렇습니다.
没错儿。	Méicuòr.	맞습니다, 틀림없습니다.
当然。	Dāngrán.	물론입니다, 당연합니다.
可以。	Kěyǐ.	좋습니다, 괜찮습니다.
干吗?	Gànmá?	무엇 때문에, 어째서, 왜.
真是。	Zhēnshì.	정말, 참.
知道了。	Zhīdaole.	알겠습니다. ▶ 明白了。Míngbaile.
欢迎。	Huānyíng.	어서오십시오. ▶ 欢迎, 欢迎。Huānyíng, huānyíng.
借光。	Jièguāng.	실례합니다만….
打搅您。	Dǎjiǎo nín.	폐를 끼쳤습니다.
留神。	Liúshén.	조심하세요. ▶ 当心。Dāngxīn.
不客气。	Bú kèqi.	천만에요. ▶ 不谢。Búxiè.
少陪了。	Shǎopéi le.	[먼저] 실례합니다.
再见。	Zàijiàn.	안녕히 계십시오(가십시오).
明天见。	Míngtiān jiàn.	내일 뵙겠습니다.
回头见。	Huítóu jiàn.	잠시 후에 뵙겠습니다.
不送。	Bú sòng.	나오지 마십시오. ▶ 别送。Bié sòng.
请留步。	Qǐng liúbù.	들어 가십시오.
一路平安。	Yílù píng'ān.	가시는 길에 평안하시길.
祝你健康。	Zhù nǐ jiànkāng.	건강하시기를 빕니다.
得了。	Déle.	좋습니다, 됐습니다.
算了。	Suànle.	됐습니다, 그만 둡시다.
罢了。	Bàle.	될대로 되라, 하는 수 없어.
完了。	Wánle.	끝마쳤다, 끝장났다.

(2) 案內用語

小心火车。	Xiǎoxīn huǒchē.	열차 주의.
小心汽车。	Xiǎoxīn qìchē.	자동차 주의.
闲人免进。	Xiánrén miǎn jìn.	관계자 외 출입 금지.
不准入内。	Bù zhǔn rùnèi.	출입 금지.
请勿吸烟。	Qǐng wù xī yān.	금연.
请勿动手。	Qǐng wù dòng shǒu.	손대지 마시오.
请勿停车。	Qǐng wù tíngchē.	주차 금지.
保持距离。	Bǎochí jùlí.	안전거리 유지.
小心轻放。	Xiǎoxīn qīngfàng.	취급 주의.
请勿随地吐痰。	Qǐng wù suídì tù tán.	바닥에 침 뱉지 마시오.
注意交通安全。	Zhùyì jiāotōng ānquán.	교통 안전 주의.
注意扒手。	Zhùyì páshǒu.	소매치기 주의.
注意卫生。	Zhùyì wèishēng.	위생 주의.
禁贴标语。	Jìn tiē biāoyǔ.	벽보 금지.
禁止摄影。	Jìnzhǐ shèyǐng.	촬영 금지.
禁止通行。	Jìnzhǐ tōngxíng.	통행 금지.
正在施工。	Zhèngzài shīgōng.	공사중.
太平门。	Tàipíngmén.	비상구.

親族關係表

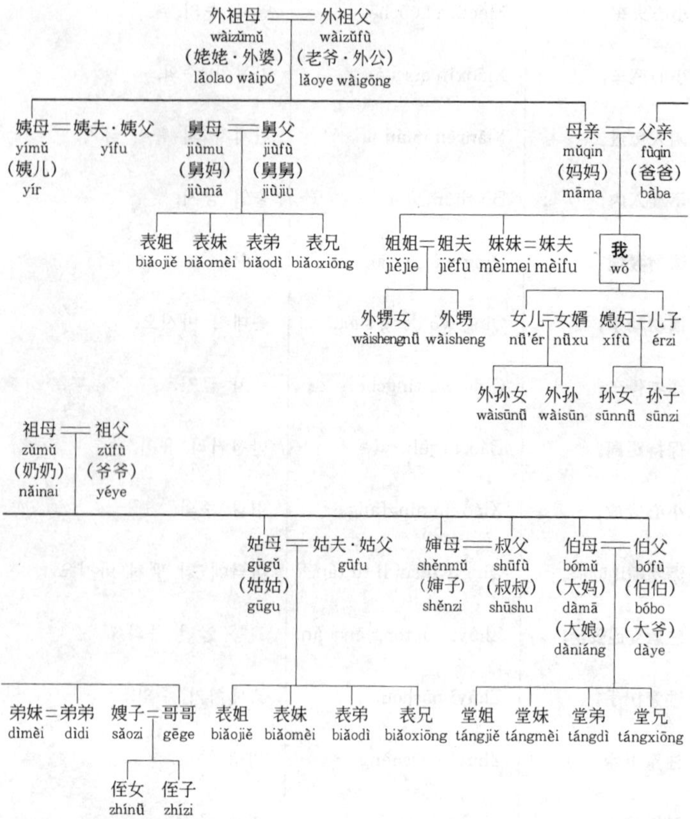

外祖母 wàizǔmǔ (姥姥·外婆) lǎolao wàipó ═ 外祖父 wàizǔfù (老爷·外公) lǎoye wàigōng

- 姨母 yímǔ (姨儿) yír ═ 姨夫·姨父 yífu
- 舅母 jiùmu (舅妈) jiùmā ═ 舅父 jiùfù (舅舅) jiùjiu
  - 表姐 biǎojiě　表妹 biǎomèi　表弟 biǎodì　表兄 biǎoxiōng
- 母亲 mǔqin (妈妈) māma ═ 父亲 fùqin (爸爸) bàba
  - 姐姐 jiějie ＝ 姐夫 jiěfu
    - 外甥女 wàishengnǚ　外甥 wàisheng
  - 妹妹 mèimei ＝ 妹夫 mèifu
  - **我** wǒ
    - 女儿 nǚ'ér ＝ 女婿 nǚxu
      - 外孙女 wàisūnnǚ　外孙 wàisūn
    - 媳妇 xífù ＝ 儿子 érzi
      - 孙女 sūnnǚ　孙子 sūnzi

祖母 zǔmǔ (奶奶) nǎinai ═ 祖父 zǔfù (爷爷) yéye

- 姑母 gūgǔ (姑姑) gūgu ═ 姑夫·姑父 gūfu
  - 表姐 biǎojiě　表妹 biǎomèi　表弟 biǎodì　表兄 biǎoxiōng
- 婶母 shěnmǔ (婶子) shěnzi ═ 叔父 shūfù (叔叔) shūshu
- 伯母 bómǔ (大妈) dàmā (大娘) dàniáng ═ 伯父 bófù (伯伯) bóbo (大爷) dàye
  - 堂姐 tángjiě　堂妹 tángmèi　堂弟 tángdì　堂兄 tángxiōng
- 弟妹 dìmèi ＝ 弟弟 dìdi
- 嫂子 sǎozi ＝ 哥哥 gēge
  - 侄女 zhínǚ　侄子 zhízi

夫와 妻의 親族

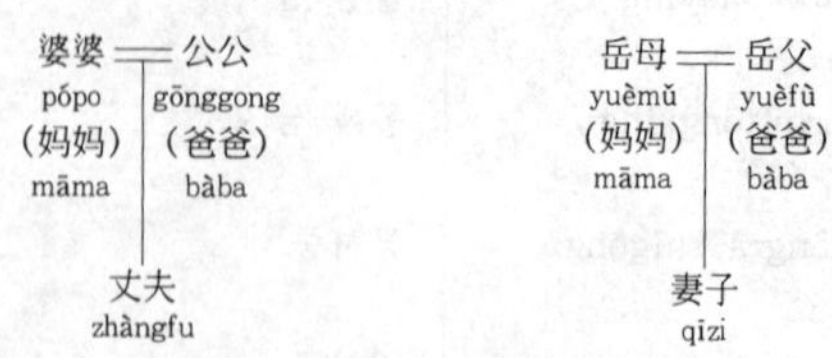

附錄

中國歷史年表

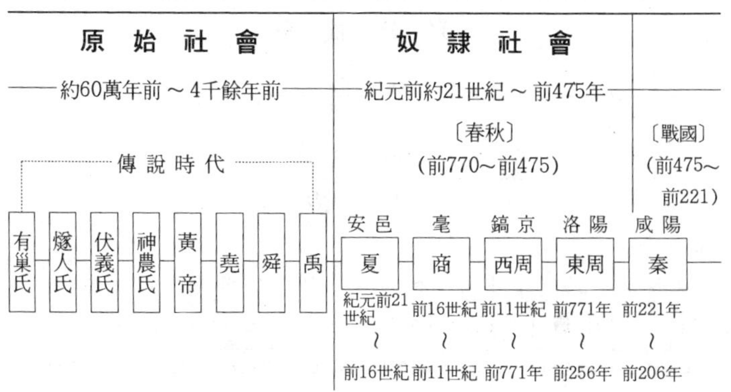
原 始 社 會
約60萬年前 ～ 4千餘年前
奴 隷 社 會
紀元前約21世紀 ～ 前475年
〔春秋〕
(前770～前475)
〔戰國〕
(前475～前221)
傳 說 時 代
有巢氏
燧人氏
伏羲氏
神農氏
黃帝
堯
舜
禹
安邑
夏
紀元前21世紀 ～ 前16世紀
亳
商
前16世紀 ～ 前11世紀
鎬京
西周
前11世紀 ～ 前771年
洛陽
東周
前771年 ～ 前256年
咸陽
秦
前221年 ～ 前206年

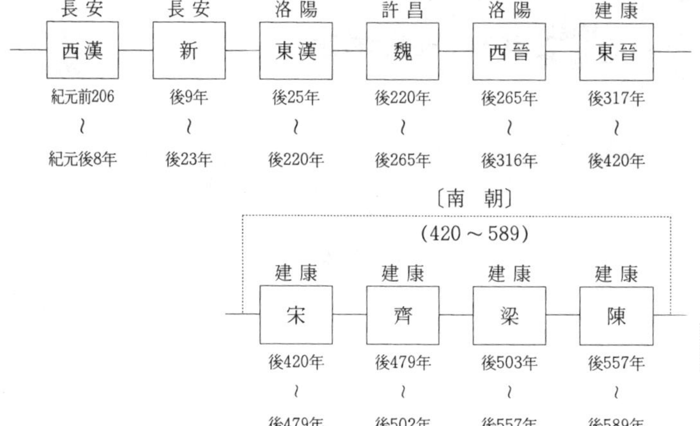
封 建 社 會
紀元前475年 ～
〔三 國〕
(220 ～ 280)
長安
西漢
紀元前206 ～ 紀元後8年
長安
新
後9年 ～ 後23年
洛陽
東漢
後25年 ～ 後220年
許昌
魏
後220年 ～ 後265年
洛陽
西晉
後265年 ～ 後316年
建康
東晉
後317年 ～ 後420年
〔南 朝〕
(420 ～ 589)
建康
宋
後420年 ～ 後479年
建康
齊
後479年 ～ 後502年
建康
梁
後503年 ～ 後557年
建康
陳
後557年 ～ 後589年

封 建 社 會

～紀元後1840年

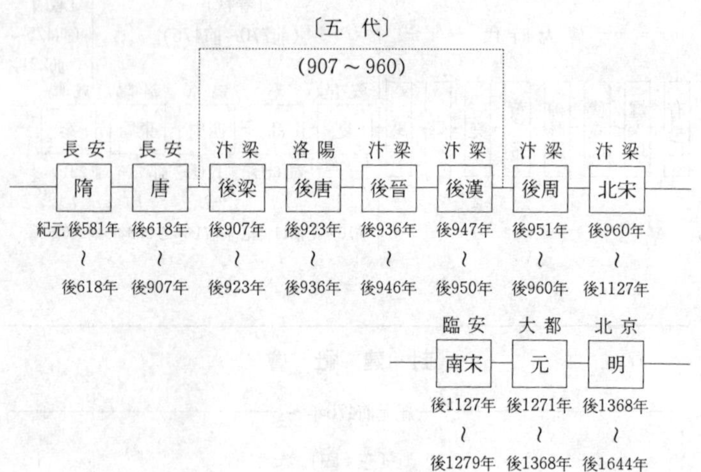

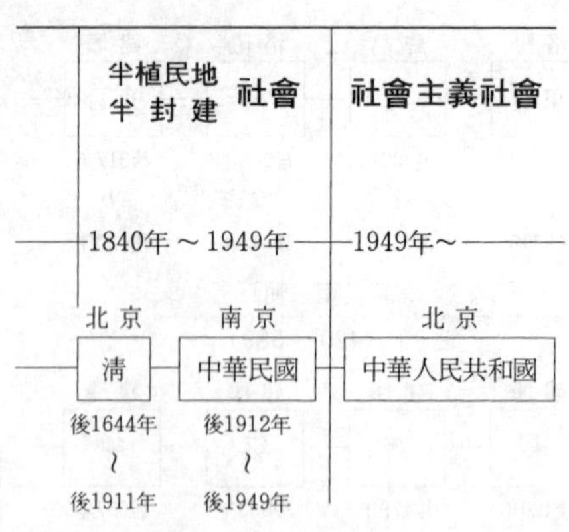

省・自治區・直轄市(略稱과 人口)

＊ 1990년 현재

行政區域	略稱	人口(名)	省都
北京市 Běijīng Shì	京 Jīng	10819407	
天津市 Tiānjīn Shì	津 Jīn	8785402	
河北省 Héběi Shěng	冀 Jì	61082439	石家庄 Shíjiāzhuāng
山西省 Shānxī Shěng	晋 Jìn	28759014	太原 Tàiyuán
内蒙古自治区 Nèi Měnggǔ Zìzhìqū	内蒙古 Nèiměnggǔ	21456798	呼和浩特 Hūhéhàotè
辽宁省 Liáoníng Shěng	辽 Liáo	39459697	沈阳 Shěnyáng
吉林省 Jílín Shěng	吉 Jí	24658721	长春 Chángchūn
黑龙江省 Hēilóngjiāng Shěng	黑 Hēi	35214873	哈尔滨 Hā'ěrbīn
上海市 Shànghǎi Shì	沪 Hù	13341896	
江苏省 Jiāngsū Shěng	苏 Sū	67056519	南京 Nánjīng
浙江省 Zhèjiāng Shěng	折 Zhè	41445930	杭州 Hángzhōu
安徽省 Ānhuī Shěng	皖 Wǎn	56180813	合肥 Héféi
福建省 Fújiàn Shěng	闽 Mǐn	30048224	福州 Fúzhōu
江西省 Jiāngxī Shěng	赣 Gàn	37710281	南昌 Nánchāng
山东省 Shāndōng Shěng	鲁 Lǔ	84392827	济南 Jǐnán
河南省 Hénán Shěng	豫 Yù	85509535	郑州 Zhèngzhōu
湖北省 Húběi Shěng	鄂 È	53969210	武汉 Wǔhàn
湖南省 Húnán Shěng	湘 Xiāng	60659754	长沙 Chángshā
广东省 Guǎngdōng Shěng	粤 Yuè	62829236	广州 Guǎngzhōu
广西壮族自治区 Guǎngxī Zhuàngzú Zìzhìqū	桂 Guì	42245765	南宁 Nánníng

行政區域	略稱	人口(名)	省都
海南省 Hāinán Shěng	琼 Qióng	6557482	海口 Hǎikǒu
四川省 Sìchuān Shěng	川 Chuān, 蜀 Shǔ	107218173	成都 Chéngdū
贵州省 Guìzhōu Shěng	贵 Guì, 黔 Qián	32391066	贵阳 Guìyáng
云南省 Yúnnán Shěng	云 Yún, 滇 Diān	36972610	昆明 Kūnmíng
西藏自治区 Xīzàng Zìzhìqū	藏 Zàng	2196010	拉萨 Lāsā
陕西省 Shǎnxī Shěng	陕 Shǎn, 秦 Qín	32882403	西安 Xī'ān
甘肃省 Gānsù Shěng	甘 Gān, 陇 Lǒng	22361141	兰州 Lánzhōu
青海省 Qīnghǎi Shěng	青 Qīng	4456946	西宁 Xīníng
宁夏回族自治区 Níngxià Huízú Zìzhìqū	宁 Níng	4655451	银川 Yínchuān
新疆维吾尔自治区 Xīnjiāng Wéiwú'ěr Zìzhìqū	新 Xīn	15155778	乌鲁木齐 Wūlǔmùqí
總人口		1133682501	

中國의 民族(人口와 分布)

中國名稱	韓國名稱	人口(名)	分布地區
汉　族 Hànzú	한　족	104248218	全国名地
蒙古族 Měnggǔzú	몽고족	4806849	内蒙古, 辽宁, 新疆, 黑龙江, 吉林, 青海, 河北, 河南 그외
回　族 Huízú	회　족	8602978	宁夏, 甘肃, 河南, 新疆, 青海, 云南, 河北, 山东, 安徽, 辽宁, 北京, 内蒙古, 天津, 黑龙江, 陕西, 吉林, 江苏, 贵州 그외

附錄

中 國 名 稱	韓國名稱	人 口	分 布 地 區
藏 族 Zàngzú	티베트족	4593330	西藏 및 四川, 青海, 甘肃, 云南 그외
维吾尔族 Wéiwú'ěrzú	위구르족	7214431	新疆
苗 族 Miáozú	묘 족	7398035	贵州, 云南, 湖南, 四川, 广西, 湖北 그외
彝 族 Yízú	이 족	6572173	云南, 四川, 贵州 그외
壮 族 Zhuàngzú	장 족	15489630	广西 및 云南, 广东, 贵州, 湖南 그외
布依族 Bùyizú	포의족	2545059	贵州
朝鲜族 Cháoxiānzú	조선족	1920597	吉林, 黑龙江, 辽宁 그외
满 族 Mǎnzú	만주족	9821180	辽宁 및 黑龙江, 吉林, 河北, 内蒙古, 北京 그외
侗 族 Dòngzú	동 족	2514827	贵州, 湖南, 广西 그외
瑶 族 Yáozú	요 족	2134013	广西, 湖南, 云南, 广东, 贵州 그외
白 族 Báizú	백 족	1594827	云南
土家族 Tǔjiāzú	토가족	5704223	湖北, 湖南, 四川 그외
哈尼族 Hānízú	하니족	1253952	云南
哈萨克族 Hāsàkèzú	카자흐족	1111718	新疆
傣 族 Dǎizú	태 족	1025128	云南
黎 族 Lízù	여 족	1110900	广东
傈僳族 Lìsùzú	리수족	574856	云南, 四川
佤 族 Wǎzú	와 족	351974	云南
畲 族 Shēzú	사 족	630378	福建, 浙江 그외
高山族 Gāoshānzú	고산족	2909	台湾 및 福建
拉祜族 Lāhùzú	납호족	411476	云南
水 族 Shuǐzú	수 족	345993	贵州
东乡族 Dōngxiāngzú	동향족	373872	甘肃
纳西族 Nàxīzú	납서족	278009	云南
景颇族 Jǐngpōzú	경파족	119209	云南

中國名稱	韓國名稱	人口	分布地區
柯尔克孜族 Kē'ěrkèzīzú	키르키즈족	141549	新疆
土　族 Tǔzú	토　족	191624	青海
达斡尔族 Dáwò'ěrzú	다우르족	121357	内蒙古, 黑龙江 그외
仫佬族 Mùlǎozú	무라오족	159328	广西
羌　族 Qiāngzú	강　족	198252	四川
布朗族 Bùlǎngzú	포랑족	82280	云南
撒拉族 Sālāzú	살라족	87697	青海, 甘肃 그외
毛南族 Máonánzú	모난족	71968	广西
仡佬族 Gēlǎozú	흘로족	437997	贵州
锡伯族 Xībózú	시버족	172847	辽宁, 新疆, 黑龙江 그외
阿昌族 Achāngzú	아창족	27708	云南
塔吉克族 Tǎjíkèzú	타지크족	33538	新疆
普米族 Pǔmǐzú	보미족	29657	云南
怒　族 Nùzú	노　족	27123	云南
乌孜别克族 Wūzībiékèzú	우즈벡족	14502	新疆
俄罗斯族 Éluósīzú	러시아족	13504	新疆
鄂温克族 Èwēkèzú	오원커족	26315	内蒙古, 黑龙江
德昂族 Dé'ángzú	덕앙족	15462	云南
保安族 Bǎo'ānzú	보안족	12212	甘肃
裕固族 Yùgùzú	유고족	12297	甘肃
京　族 Jīngzú	경　족	18915	广西
塔塔尔族 Tǎtǎ'ěrzú	타타르족	4873	新疆
独龙族 Dúlóngzú	독용족	5816	云南
鄂伦春族 Èlúnchūnzú	오르존족	6965	内蒙古, 黑龙江
赫哲族 Hèzhézú	혁철족	4245	黑龙江
门巴族 Ménbāzú	문파족	7475	西藏
珞巴族 Luòbāzú	로파족	2312	西藏
基诺族 Jīnuòzú	지노족	18021	云南

世界國名 · 首都一覽表

● Yàzhōu 亞洲(아시아)

漢語拼音	國 名	漢語拼音	首 都 名
Āfùhàn	阿富汗〔아프가니스탄〕	Kābù'ěr	喀布尔〔카불〕
Ālābó Liánhé Qiúzhǎngguó	阿拉伯联合酋长国〔아랍에미레이트공화국〕	Ābùzhābǐ	阿布扎比〔아부다비〕
Āmàn	阿曼〔오만〕	Mǎsīkātè	马斯喀特〔무스카트〕
Bājīsītǎn	巴基斯坦〔파키스탄〕	Yīsīlánbǎo	伊斯兰堡〔이슬라마바다〕
Bālèsītǎn	巴勒斯坦〔팔레스타인〕		
Bālín	巴林〔바레인〕	Màinàmài	麦纳麦〔마나마〕
Bùdān	不丹〔부탄〕	Tíngbù	廷布〔팀부〕
Fēilǜbīn	菲律宾〔필리핀〕	Mǎnílā	马尼拉〔마닐라〕
Hánguó	韩国〔한국〕	Shǒuwù'ěr	首坞尔〔서울〕
Jiǎnpǔzhài	柬埔寨〔캄보디아〕	Jīnbiān	金边〔푸놈펜〕
Kǎtǎ'ěr	卡塔尔〔카타르〕	Duōhā	多哈〔도하〕
Kēwēitè	科威特〔쿠웨이트〕	Kēwēitè	科威特〔쿠웨이트〕
Lǎowō	老挝〔라오스〕	Wànxiàng	万象〔비엔티안〕
Líbānèn	黎巴嫩〔레바논〕	Bèilǔtè	贝鲁特〔베이루트〕
Mǎláixīyà	马来西亚〔말레이지아〕	Jílóngpō	吉隆坡〔콸라룸푸르〕
Měnggǔ	蒙古〔몽고〕	Wūlánbātuō	乌兰巴托〔울란바토르〕
Mèngjiālāguó	孟加拉国〔방글라데시〕	Dákǎ	达卡〔다카〕
Miǎndiàn	缅甸〔미얀마〕	Yǎngguāng	仰光〔양곤〕
Níbó'ěr	尼泊尔〔네팔〕	Jiādémǎndū	加德满都〔카트만두〕
Rìběn	日本〔일본〕	Dōngjīng	东京〔동경〕
Sàipǔlùsī	塞浦路斯〔키프르스〕	Níkēxīyà	尼科西亚〔니코시아〕
Shātè Ālābó	沙特阿拉伯〔사우디아라비아〕	Lìyǎdé	利雅得〔리야드〕
Sīlǐlánkǎ	斯里兰卡〔스리랑카〕	Kēlúnpō	科伦坡〔콜롬보〕
Tàiguó	泰国〔태국〕	Màngǔ	曼谷〔방콕〕
Xīnjiāpō	新加坡〔싱가포르〕	Xīnjiāpō	新加坡〔싱가포르〕
Xùlìyà	叙利亚〔시리아〕	Dàmǎshìgé	大马士革〔다마스쿠스〕
Yěmén	也门〔예멘〕	Sànà	萨那〔사나〕
Yīlākè	伊拉克〔이라크〕	Bāgédá	巴格达〔바그다드〕
Yīlǎng	伊朗〔이란〕	Déhēilán	德黑兰〔테헤란〕
Yìndù	印度〔인도〕	Xīndélǐ	新德里〔뉴델리〕
Yìndùníxīyà	印度尼西亚〔인도네시아〕	Yǎjiādá	雅加达〔자카르타〕
Yǐsèliè	以色列〔이스라엘〕	Yēlùsālěng	耶路撒冷〔예루살렘〕
Yuēdàn	约旦〔요르단〕	Ānmàn	安曼〔암만〕
Yuènán	越南〔베트남〕	Hénèi	河内〔하노이〕
Zhōnghuá Rénmín Gònghéguó	中华人民共和国〔중화인민공화국〕	Běijīng	北京〔베이징〕

• Ōuzhōu 歐洲(유럽)

漢語拼音	國　　名	漢語拼音	首　都　名
Ār'ěrbāníyà	阿尔巴尼亚〔알바니아〕	Dìlānà	地拉那〔티라나〕
Ài'ěrlán	爱尔兰〔아일랜드〕	Dūbǎilín	都柏林〔더블린〕
Àodìlì	奥地利〔오스트리아〕	Wéiyěnà	维也纳〔빈〕
Bǎojiāiyà	保加利亚〔불가리아〕	Suǒfēiyà	索非亚〔소피아〕
Bǐlìshí	比利时〔벨기에〕	Bùlǔsāi'ěr	布鲁塞尔〔브뤼셀〕
Bīngdǎo	冰岛〔아이슬란드〕	Léikèyǎwèikè	雷克雅未克〔레이키비크〕
Bōlán	波兰〔폴란드〕	Huáshā	华沙〔바르샤바〕
Dānmài	丹麦〔덴마크〕	Gēběnhāgēn	哥本哈根〔코펜하겐〕
Fǎguó	法国〔프랑스〕	Bālí	巴黎〔파리〕
Fàndìgāng-chéngguó	梵蒂冈城国〔바티칸시티〕	Fàndìgāng	梵蒂冈〔바티칸〕
Fēnlán	芬兰〔핀란드〕	Hè'ěrxīnjī	赫尔辛基〔헬싱키〕
Hélán	荷兰〔네덜란드〕	Āmǔsītèdān	阿姆斯特丹〔암스테르담〕
Jiékèsīluòfákè	捷克斯洛伐克〔체코슬로바키아〕	Bùlāgé	布拉格〔프라하〕
Liánbāng Déguó	联邦德国〔독일연방〕	Bólín	柏林〔베를린〕
Luómǎníyà	罗马尼亚〔루마니아〕	Bùjiālèsītè	布加勒斯特〔부쿠레슈티〕
Lúsēnbǎo	卢森堡〔룩셈부르크〕	Lúsēnbǎo	卢林堡〔룩셈부르크〕
Mǎ'ěrtā	马尔他〔몰타〕	Wǎláitǎ	瓦莱塔〔발레타〕
Mónàgē	摩纳哥〔모나코〕	Mónàgē	摩纳哥〔모나코〕
Nánsīlāfū	南斯拉夫〔유고슬로비아〕	Bèi'ěrgéláidé	贝尔格莱德〔베오그라드〕
Nuówēi	挪威〔노르웨이〕	Āosīlù	奥斯陆〔오슬로〕
Pútáoyá	葡萄牙〔포루투갈〕	Lìsīběn	里斯本〔리스본〕
Ruìdiǎn	瑞典〔스웨덴〕	Sīdégē'ěrmó	斯德哥尔摩〔스톡홀름〕
Ruìshì	瑞士〔스위스〕	Bó'ěrní	伯尔尼〔베른〕
Sūlián	苏联〔러시아〕	Mòsīkē	莫斯科〔모스크바〕
Xībānyá	西班牙〔스페인〕	Mǎdélǐ	马德里〔마드리드〕
Xīlà	希腊〔그리이스〕	Yǎdiǎn	雅典〔아테네〕
Xiōngyálì	匈牙利〔헝가리〕	Bùdápèisī	布达佩斯〔부다페스트〕
Yìdàlì	意大利〔이탈리아〕	Luómǎ	罗马〔로마〕
Yīngguó	英国〔영국〕	Lúndūn	伦敦〔런던〕

• Fēizhōu 非洲(아프리카)

漢語拼音	國　　名	漢語拼音	首　都　名
Ā'ěrjílìyà	阿尔及利亚〔알제리〕	Ā'ěrjíěr	阿尔及尔〔알제〕
Āijí	埃及〔이집트〕	Kāiluó	开罗〔카이로〕

Āisài'ébǐyà	埃塞俄比亚〔에티오피아〕	Yàdìsīyàbèibā	亚的斯亚贝巴〔아디스아바바〕
Āngēlā	安哥拉〔앙골라〕	Luó'āndá	罗安达〔르안다〕
Bèiníng	贝宁〔베냉〕	Bōduōnuòfú	波多诺伏〔포르토노브〕
Bùlóngdí	布隆迪〔부룬디〕	Bùqióngbùlā	布琼布拉〔부줌부리〕
Gāngguǒ	刚果〔콩고〕	Bùlācháiwéiěr	布拉柴维尔〔브라자빌〕
Jiānà	加纳〔가나〕	Ākèlā	阿克拉〔아크라〕
Jiāpéng	加蓬〔가봉〕	Lìbówéi'ěr	利伯维尔〔리브르빌〕
Jíbùtí	吉布提〔지부티〕	Jíbùtí	吉布提〔지부티〕
Jīnbābùwéi	津巴布韦〔짐바브웨〕	Hālāléi	哈拉雷〔하라레〕
Jǐnèiyà	几内亚〔기니〕	Kēnàkèlǐ	科纳克里〔크나크리〕
Kāmàilóng	喀麦隆〔카메룬〕	Yǎwēndé	雅温得〔야운데〕
Kěnníyà	肯尼亚〔케냐〕	Nèiluóbì	内罗毕〔나이로비〕
Láisuǒtuō	莱索托〔레소토〕	Mǎsāilú	马塞卢〔마세루〕
Lìbǐlǐyà	利比里亚〔라이베리아〕	Méngluówéiyà	蒙罗维亚〔몬로비아〕
Lìbǐyà	利比亚〔리비아〕	Dìlíbōlǐ	的黎波里〔트리폴리〕
Lúwàngdá	卢里〔르완다〕	Jījiālì	基加利〔키갈리〕
Mǎdájiāsījiā	马达加斯加〔마다카스카르〕	Tǎnànàlìfó	塔那那利佛〔안타나나리보〕
Mǎlāwéi	马拉维〔말라위〕	Lìlóngguī	利隆圭〔릴롱계〕
Mǎlǐ	马里〔말리〕	Bāmǎkē	巴马科〔바마코〕
Máolǐqiúsī	毛里求斯〔모리셔스〕	Lùyìgǎng	路易港〔포트루이스〕
Máolǐtǎníyà	毛里塔尼亚〔모리타니〕	Nǔwǎkèxiàotè	努瓦克肖特〔누악쇼트〕
Mǒluògē	摩洛哥〔모로코〕	Lābātè	拉巴特〔라바트〕
Mòsāngbǐkè	莫桑比克〔모잠비크〕	Mǎpǔtuō	马普托〔마푸트〕
Nàmǐbǐyà	纳米比亚〔나미비아〕	Wēndéhékè	温得和克〔빈투후크〕
Nánfēi	南非〔남아프리카〕	Bǐlètuólǐyà	比勒陀利亚〔프리토리아〕
Nírìlìyà	尼日利亚〔나이지리아〕	Lāgèsī	拉各斯〔라고스〕
Sàinèijiā'ěr	塞内加尔〔세네갈〕	Dákā'ěr	达喀尔〔다카르〕
Sīwēishìlán	斯威士兰〔스와질란드〕	Mǔbābānà	姆巴巴纳〔음비비네〕
Sūdān	苏丹〔수단〕	Kātǔmù	喀士穆〔하르툼〕
Suǒmǎlǐ	索马里〔소말리아〕	Mójiādíshā	摩加迪沙〔모가디슈〕
Tǎnsāngníyà	坦桑尼亚〔탄자니아〕	Dáléisīsàlāmǔ	达累斯萨纳姆〔다르에스살람〕
Tūnísī	突尼斯〔튀니지〕	Tūnísī	突尼斯〔튀니스〕
Wūgāndá	乌干达〔우간다〕	Kǎnpàlā	坎帕拉〔캄팔라〕
Zāyī'ěr	扎伊尔〔자이르〕	Jīnshāsà	金沙萨〔킨샤사〕
Zànbǐyà	赞比亚〔잠비아〕	Lúsàkǎ	卢萨卡〔루사카〕
Zhōngfēi	中非〔중앙아프리카〕	bānjí	班吉〔방기〕

● Dàyángzhōu 大洋洲(오세아니아)

漢語拼音	國名	漢語拼音	首都名
Àodàlìyà	澳大利亚〔오스트레일리아〕	Kānpéilā	堪培拉〔캔버라〕
Bābùyà Xīnjǐnèiyà	巴布亚新几内亚〔파푸아뉴기니아〕	Mò'ěrzībǐgǎng	莫尔兹比港〔포트모르즈비〕
Fěijì	斐济〔피지〕	Sūwǎ	苏瓦〔수바〕

Guāndǎo	关岛〔괌〕	Ājiānìyà	阿加尼亚〔아가나〕
Kùkè Qúndǎo	库克群岛〔쿡제도〕	Āwǎlǔā	阿瓦鲁阿〔아비루아〕
(Mǎlǐyànà	马里亚纳〔마리애나〕		
Jiāluólín	加罗林〔캐롤라인〕	Sāibān	塞班〔사이판〕
Mǎshào'ěr)	马绍尔〔마샬제도〕		
Suǒluómén Qúndǎo	所罗门群岛〔솔로몬제도〕	Huòniyālā	霍尼亚拉〔호니아라〕
Tāngjiā	汤加〔통가〕	Nǔkùāluòfǎ	努库阿洛法〔누쿠알로파〕
Xīnxīlán	新西兰〔뉴질랜드〕	Huìlíngdùn	惠灵顿〔웰링톤〕
Xī Sàmóyà	西萨摩亚〔서사모아〕	Āpíyà	阿皮亚〔아피아〕

● Běi Měizhōu 北美洲(북아메리카)

漢語拼音	國　　名	漢語拼音	首　都　名
Bāhāmǎ	巴哈马〔바하마〕	Násāo	拿骚〔내소〕
Bānámǎ	巴拿马〔파나마〕	Bānámǎchéng	巴拿马城〔파나마시티〕
Duōmǐníjiā Liánbāng	多米尼加联邦〔도미니카연방〕	Luòzuǒ	罗佐〔로조〕
Gélínàdá	格林纳达〔그레나다〕	Shèngqiáozhì	圣乔治〔세인트조지즈〕
Gélínlán	格林兰(丹)〔그리인란드〕	Gēdéhuòpǔ	戈德霍普〔고드호프〕
Gēsīdálíjiā	哥斯达黎加〔코스타리카〕	Shèngyuēsè	圣约瑟〔산호세〕
Gǔbā	古巴〔쿠바〕	Hāwǎnà	哈瓦那〔아바나〕
Hǎidì	海地〔아이티〕	Tàizigǎng	太子港〔포르토프랭스〕
Hóngdūlāsī	洪都拉斯〔온두라스〕	Tègǔxījiāěrbā	特古西加尔巴〔테구시갈파〕
Jiānàdà	加拿大〔캐나다〕	Wòtàihuá	渥太华〔오타와〕
Měiguó	美国〔미국〕	Huáshèngdùn	华盛顿〔워싱턴〕
Mòxīgē	墨西哥〔멕시코〕	Mòxīgēchéng	墨西哥城〔멕시코시티〕
Níjiālāguā	尼加拉瓜〔니카라과〕	Mǎnàguā	马那瓜〔마나과〕
Shènglúxīyà	圣卢西亚〔세인트루시아〕	Kǎsītèlì	卡斯特里〔카스트리즈〕
Wēidìmǎlā	危地马拉〔과테말라〕	Wēidìmǎlā-chéng	危地马拉城〔과테말라시티〕
Yámǎijiā	牙买加〔자메이카〕	Jīnsīdūn	金斯敦〔킹스톤〕

● Nán Měizhōu 南美洲(남아메리카)

漢語拼音	國　　名	漢語拼音	首　都　名
Āgēntíng	阿根廷〔아르헨티나〕	Bùyínuòsī-àilìsī	布宜诺斯艾利斯〔부에노스아이레스〕
Bālāguī	巴拉圭〔파라구아이〕	Yàsōngsēn	亚松森〔아순시온〕
Bāxī	巴西〔브라질〕	Bāxīlìyà	巴西利亚〔브라질리아〕
Bìlǔ	秘鲁〔페루〕	Lìmǎ	利马〔리마〕
Bōlìwéiyà	玻利维亚〔볼리비아〕	Sūkèlěi	苏克雷〔라파스〕
Èguāduō'ěr	厄瓜多尔〔에콰도르〕	Jīduō	基多〔키토〕
Gēlúnbǐyà	哥伦比亚〔콜롬비아〕	Bōgēdà	波哥大〔보고타〕
Guīyànà	圭亚那〔가이아나〕	Qiáozhìdūn	乔治敦〔조지타운〕
Sūlǐnán	苏里南〔수리남〕	Pàlāmǎlǐbó	帕拉马里博〔파라마리보〕
Wěinèiruìlā	委内瑞拉〔베네수엘라〕	Jiālājiāsī	加拉加斯〔카라카스〕
Wūlāguī	乌拉圭〔우루과이〕	Méngdéwéidìyà	蒙得维的亚〔몬테비데오〕
Zhìlì	智利〔칠레〕	Shèngdìyàgē	圣地亚哥〔산티아고〕

度量衡一覽表

(1) 公　制(Gōngzhì)—미터법

● 길　이

毫　米 háomǐ	厘　米 límǐ	分　米 fēnmǐ	米 mǐ	公　里 gōnglǐ
mm	cm	dm	m	km

● 면　적

平方毫米 píngfāng háomǐ	平方厘米 píngfāng límǐ	平方米 píngfāngmǐ	平方公里 píngfāng gōnglǐ
mm^2	cm^2	m^2	km^2

● 지　적

公　厘 gōnglí	公　亩 gōngmǔ	分　顷 gōngqǐng	方公里 fānggōnglǐ
m^2	a	ha	km^2

● 체　적

立方毫米 lìfāng háomǐ	立方厘米 lìfāng límǐ	立方分米 lìfāng fēnmǐ	立方米 lìfāngmǐ
mm^3	cm^3	dm^3	m^3

● 용　량

毫　升 háoshēng	厘　升 líshēng	分　升 fēnshēng	升 shēng	十　升 shíshēng	百　升 bǎishēng	千　升 qiánshēng
ml	cl	dl	l	Dl	hl	kl

● 중　량

毫　克 háokè	厘　克 líke	分　克 fēnkè	克(公分) kè(gōngfēn)	公　斤 gōngjīn	公　担 gōngdàn	吨 dūn
mg	cg	dg	g	kg	q	t

(2) 市 制(Shìzhì)－중국의 전통적 도량형 제도

● 길 이

毫 háo	厘 lí	分 fēn	寸 cùn	尺 chǐ	丈 zhàng	里 lǐ
	10毫	10厘	10分	10寸	10尺	150丈

● 면 적

平方毫 píngfāngháo	平方厘 píngfānglí	平方分 píngfāngfēn	平方寸 píngfāngcùn	平方尺 píngfāngchǐ	平方丈 píngfāngzhàng	平方里 píngfānglǐ
	100 平方毫	100 平方厘	100 平方分	100 平方寸	100 平方尺	22500 平方丈

● 체 적

毫 háo	厘 lí	分 fēn	亩 mǔ	顷 qǐng
	10毫	10厘	10分	100亩

● 중 량

丝 sī	毫 háo	厘 lí	分 fēn	钱 qián	两 liǎng	斤 jīn	担 dàn
	10丝	10毫	10厘	10分	10钱	10两	100斤

● 용 량

撮 cuō	勺 sháo	合 gě	升 shēng	斗 dǒu	石 dàn
	10撮	10勺	10合	10升	10斗

(3) 度量衡比較表

● 길　이(거리)

公制 gōngzhì	市制 shìzhì	英美制 yīngměizhì
公里(km) gōnglǐ	里(리) lǐ	英里(mile) yīnglǐ
1 0.5 1.609	2 1 3.218	0.621 0.311 1
公尺(m) gōngchǐ	尺(자) chǐ	英尺(feet) yīngchǐ
1 0.333 0.305	3 1 0.914	3.281 1.094 1

● 용　량(부피)

公制 gōngzhì	市制 shìzhì	英美制 yīngměizhì
公升(liter) gōngshēng	升(되) shēng	加仑(gallon) jiālún
1 1 4.546	1 1 4.546	0.22 0.22 1

● 중　량(무게)

公制 gōngzhì	市制 shìzhì	英美制 yīngměizhì
公斤(kg) gōngjīn	斤(근) jīn	磅(pound) bàng
1 0.5 0.454	2 1 0.907	2.205 1.102 1

● 면　적(넓이)

公制 gōngzhì	市制 shìzhì	英美制 yīngměizhì
公亩(a) gōngmǔ	亩(묘) mǔ	英亩(acre) yīngmǔ
1 6.667 40.467	0.15 1 6.07	0.025 0.165 1

中華人民共和國 行政組織圖

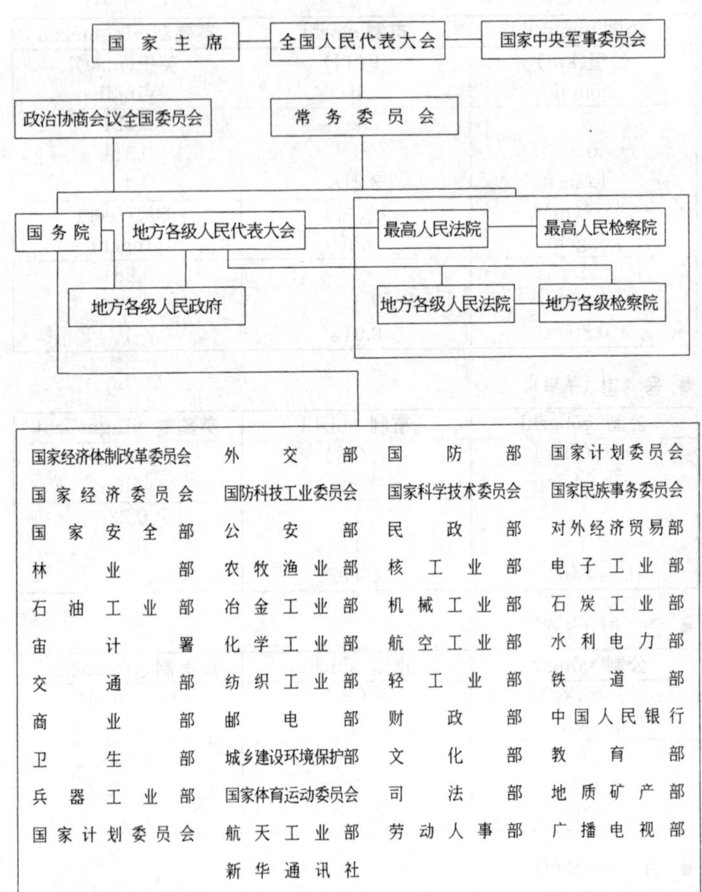

国家经济体制改革委员会	外交部	国防部	国家计划委员会
国家经济委员会	国防科技工业委员会	国家科学技术委员会	国家民族事务委员会
国家安全部	公安部	民政部	对外经济贸易部
林业部	农牧渔业部	核工业部	电子工业部
石油工业部	冶金工业部	机械工业部	石炭工业部
宙计署	化学工业部	航空工业部	水利电力部
交通部	纺织工业部	轻工业部	铁道部
商业部	邮电部	财政部	中国人民银行
卫生部	城乡建设环境保护部	文化部	教育部
兵器工业部	国家体育运动委员会	司法部	地质矿产部
国家计划委员会	航天工业部	劳动人事部	广播电视部
	新华通讯社		

中國重要記念日·節氣·名節一覽表

月　日	重要記念日		二十四節氣	陰曆主要名節	
1月 1日	新年(休假 1日)				
1月 6(7)日			小　寒		
1月 20(21)日			大　寒	祭灶	阳历十二月二十三
1月 21日				除　夕	〃十二月三十
2月 4(5)日			立　春	春节(休假 3日)	〃 正月 元旦 初二 初三
2月 7日	京汉铁路人大罢工记念日	(1923)			
2月 19(20)日			雨　水	上元节(元宵节·灯节)	〃 正月十五
3月 5(6)日			启　蛰		
3月 8日	国际劳动妇女节	(1909)			
3月 21(22)日			春　分		
4月 5(6)日			清　明		
4月 20(21)日			谷　雨		
5月 1日	国际劳动节(休假 1日)	(1889)			
5月 4日	中国青年节	(1919)			
5月 6(7)日			立　夏		
5月 21(22)日			小　满		
5月 30日	五卅运动记念日	(1925)			
6月 1日	国际儿童节	(1949)			
6月 6(7)日			芒　种		
6月 21(22)日			夏　至		
7月 1日	中国共产党成立记念日	(1921)		端午节	〃 五月 初五
7月 7(8)日			小　暑		
7月 23(24)日			大　暑		
8月 1日	中国人民解放军建军节	(1927)			
8月 8(9)日			立　秋		
8月 23(24)日			处　暑	七　夕	〃 七月 初七
9月 3日	中国人民抗日战争胜利记念日	(1945)		中元节(盂兰盆会)	〃 七月 十五
9月 8(9)日			白　露		
9月 10日	教师节	(1986)			
9月 23(24)日			秋　分		
10月 1日	中华人民共和国国庆节 (休假 2日)	(1949)		中秋节	〃 八月 十五
10月 8(9)日			寒　露		
10月 10日				重阳节	〃 九月 初九
10月 23(24)日			霜　降		
11月 7(8)日			立　冬		
11月 12日				送寒衣(扫墓)	〃 十月 初一
11月 22(23)日			小　雪		
12月 7(8)日			大　雪		
12月 9日	一二九运动记念日	(1935)		腊　八	〃十二月 初八
12月 22(23)日			冬　至		

附錄

化學元素表

番號	中　國　名	記號·韓國名	番號	中　國　名	記號·韓國名
1	氢 qīng	H 수소	53	碘 diǎn	I 요드
2	氦 hài	He 헬륨	54	氙 xiān	Xe 크세논
3	锂 lǐ	Li 리튬	55	铯 sè	Cs 세슘
4	铍 pí	Be 베릴륨	56	钡 bèi	Ba 바륨
5	硼 péng	B 붕소	57	镧 lán	La 란타늄
6	碳 tàn	C 탄소	58	铈 shì	Ce 세륨
7	氮 dàn	N 질소	59	镨 pǔ	Pr 프라세오디뮴
8	氧 yǎng	O 산소	60	钕 nǚ	Nd 네오디뮴
9	氟 fú	F 불소	61	钷 pǒ	Pm 프로메튬
10	氖 nǎi	Ne 네온	62	钐 shān	Sm 사마륨
11	钠 nà	Na 나트륨	63	铕 yǒu	Eu 유로퓸
12	镁 měi	Mg 마그네슘	64	钆 gá	Gd 가돌리늄
13	铝 lǚ	Al 알루미늄	65	铽 tè	Tb 테르븀
14	硅 guī	Si 규소	66	镝 dī	Dy 디스프로슘
15	磷 lín	P 인	67	钬 huǒ	Ho 홀뮴
16	硫 liú	S 황	68	铒 rì	Er 에르븀
17	氯 lǜ	Cl 염소	69	铥 diū	Tm 툴륨
18	氩 yà	Ar 아르곤	70	镱 yì	Yb 이테르븀
19	钾 jiǎ	K 칼륨	71	镥 lǔ	Lu 루테튬
20	钙 gài	Ca 칼슘	72	铪 hā	Hf 하프늄
21	钪 kàng	Sc 스칸듐	73	钽 tǎn	Ta 탄탈
22	钛 tài	Ti 티타늄	74	钨 wū	W 텅스텐
23	钒 fán	V 바나듐	75	铼 lái	Re 레늄
24	铬 gè	Cr 크롬	76	锇 é	Os 오스뮴
25	锰 měng	Mn 망간	77	铱 yī	Ir 이리듐
26	铁 tiě	Fe 철	78	铂 bó	Pt 백금
27	钴 gǔ	Co 코발트	79	金 jīn	Au 금
28	镍 niè	Ni 니켈	80	汞 gǒng	Hg 수은
29	铜 tóng	Cu 구리	81	铊 tā	Tl 탈륨
30	锌 xīn	Zn 아연	82	铅 qiān	Pb 납
31	镓 jiā	Ga 갈륨	83	铋 bì	Bi 비스무트
32	锗 zhě	Ge 게르마늄	84	钋 pō	Po 폴로늄
33	砷 shēn	As 비소	85	砹 ài	At 아스타틴
34	硒 xī	Se 셀레늄	86	氡 dōng	Rn 라돈
35	溴 xiù	Br 브롬	87	钫 fāng	Fr 프란슘
36	氪 kè	Kr 크립톤	88	镭 léi	Ra 라듐
37	铷 rú	Rb 루비듐	89	锕 ā	Ac 악티늄
38	锶 sī	Sr 스트론튬	90	钍 tǔ	Th 토륨
39	钇 yǐ	Y 이트륨	91	镤 pú	Pa 프로탁티늄
40	锆 gào	Zr 지르코늄	92	铀 yóu	U 우라늄
41	铌 ní	Nb 니오븀	93	镎 ná	Np 넵투늄
42	钼 mù	Mo 몰리브덴	94	钚 bù	Pu 플루토늄
43	锝 dé	Tc 테크네튬	95	镅 méi	Am 아메리슘
44	钌 liǎo	Ru 루테늄	96	锔 jú	Cm 큐륨
45	铑 lǎo	Rh 로듐	97	锫 péi	Bk 버클륨
46	钯 bǎ	Pd 팔라듐	98	锎 kāi	Cf 칼리포르늄
47	银 yín	Ag 은	99	锿 āi	Es 아인슈타이늄
48	镉 gé	Cd 카드뮴	100	镄 fèi	Fm 페르뮴
49	铟 yīn	In 인듐	101	钔 mén	md 멘델레븀
50	锡 xī	Sn 주석	102	锘 nuò	No 노벨륨
51	锑 tī	Sb 안티몬	103	铹 láo	Lw 로렌슘
52	碲 dì	Te 텔루륨	104	铲 lú	Rf 루테르포르듐

漢字偏旁名稱表

아래의 偏旁(邊이라고도 함) 대부분은 거의 단독으로 사용되지 않고, 漢字의 '偏(왼쪽)'과 '旁(오른쪽)'에 붙여 사용되고 있다.

偏 旁	名 稱	例 字
冫	两点水儿〔liǎngdiǎnshuǐr〕	次、冷、准
冖	秃宝盖儿〔tūbǎogàir〕	写、军、冠
讠	言字旁儿〔yánzìpángr〕	计、论、识
厂	偏厂儿〔piānchǎngr〕	厅、历、厚
匚	三匡栏儿〔sānkuānglánr〕； 三匡儿[sānkuāngr]	区、匠、匣
刂	立刀旁儿〔lìdāopángr〕； 立刀儿〔lìdāor〕	例、别、剑
冂(⺆)	同字匡儿〔tóngzìkuāngr〕	冈、网、周
亻	单人旁儿〔dānrénpángr〕； 单立人儿〔dānlìrénr〕	仁、位、你
勹	包字头儿〔bāozìtóur〕	勺、勾、旬
厶	私字儿〔sīzìr〕	允、去、矣
廴	建之旁儿〔jiànzhīpángr〕	廷、延、建
卩	单耳旁儿〔dān'ěrpángr〕； 单耳刀儿〔dān'ěrdāor〕	卫、印、却
阝	双耳旁儿〔shuāng'ěrpángr〕； 双耳刀儿〔shuāng'ěrdāor〕 左耳刀儿〔zuǒ'ěrdāor〕(左) 右耳刀儿〔yòu'ěrdāor〕(右)	防、阻、院 邦、那、郊

偏 旁	名 稱	例 字
氵	三点水儿〔sāndiǎnshuǐr〕	江、汪、活
丬(爿)	将字旁儿〔jiàngzìpángr〕	壮、状、将
忄	竖心旁儿〔shùxīnpángr〕； 竖心儿〔shùxīnr〕	怀、快、性
宀	宝盖儿〔bǎogàir〕	宇、定、宾
广	广字旁儿〔guǎngzìpángr〕	庄、店、席
辶	走之儿〔zǒuzhīr〕	过、还、送
土	提土旁儿〔títǔpángr〕； 剔土旁儿〔tītǔpángr〕	地、场、城
艹	草字头儿〔cǎozìtóur〕； 草头儿〔cǎotour〕	艾、花、英
廾	弄字底儿〔nòngzìdǐr〕	开、弁、异
尢	尤字旁儿〔yóuzìpángr〕	尤、龙、尥
扌	提手旁儿〔tíshǒupángr〕； 剔手旁儿〔tīshǒupángr〕	扛、担、摘
囗	方匡儿〔fāngkuāngr〕	因、国、图
彳	双人旁儿〔shuāngrénpángr〕； 双立人儿〔shuānglìrénr〕	行、征、徒
彡	三撇儿〔sānpiěr〕	形、参、须
夂	折文儿〔zhéwénr〕	冬、处、夏
犭	反犬旁儿〔fǎnquǎnpángr〕； 犬犹儿〔quǎnyóur〕	狂、独、狠
饣	食字旁儿〔shízìpángr〕	饮、饲、饰

偏　旁	名　　稱	例　字
子	子字旁儿〔zǐzìpángr〕	孔、孙、孩
纟	绞丝旁儿〔jiǎosīpángr〕； 乱绞丝儿〔luànjiǎosīr〕	红、约、纯
巛	三拐儿〔sānguǎir〕	甾、邕、巢
灬	四点儿〔sìdiǎnr〕	杰、点、热
火	火字旁儿〔huǒzìpángr〕	灯、灶、烛
礻	示字旁儿〔shìzìpángr〕； 示补儿〔shìbǔr〕	礼、社、祖
王	王字旁儿〔wángzìpángr〕； 斜玉旁儿〔xiéyùpángr〕	玩、珍、班
木	木字旁儿〔mùzìpángr〕	朴、杜、栋
牛	牛字旁儿〔niúzìpángr〕； 剔牛儿〔tīniúr〕	牡、物、牲
攵	反文旁儿〔fǎnwénpángr〕； 反文儿〔fǎnwénr〕	收、政、教
疒	病字旁儿〔bìngzìpángr〕； 病旁儿〔bìngpángr〕	症、疼、痕
衤	衣字旁儿〔bìngzìpángr〕； 衣补儿〔yībǔr〕	初、袖、被
𡗗	春字头儿〔chūnzìtóur〕	奉、奏、秦
罒	四字头儿〔sìzìtóur〕	罗、罢、罪
皿	血字底儿〔mǐnzìdǐr〕； 血墩儿〔mǐndūnr〕	盂、益、盔

偏　旁	名　　稱	例字
钅	金字旁儿〔jīnzìpángr〕	钢、钦、铃
禾	禾木旁儿〔hémùpángr〕	和、秋、种
癶	登字头儿〔dēngzìtóur〕	癸、登、凳
龹	卷字头儿〔juànzìtóur〕	券、拳、眷
米	米字旁儿〔mǐzìpángr〕	粉、料、粮
虍	虎字头儿〔hǔzìtóur〕	虏、虑、虚
⺮	竹字头儿〔zhúzìtóur〕	笑、笔、笛
𧾷	足字旁儿〔zúzìpángr〕	跃、距、蹄

簡・繁體字對照表

(1) 簡・繁體字 구별법

簡體	繁體	區別하는 방법	簡體	繁體	區別하는 방법
厂	厂	암자. 인명에 쓰임.	广	广	암자. 인명에 쓰임.
	廠	공장. 사업장.		廣	넓다.
摆	擺	나누다. 흔들다.	表	表	표.
	襬	치마. 옷의 아랫단.		錶	시계.
别	別	구별하다.	卜	卜	점(치다).
	彆	꼬다. 틀어지다. 구부리다.		蔔	蘿蔔(무우).
才	才	재능. 재주. 비로소. 겨우.	冲	冲	공허하다. 어리다. 위로 치솟다.
	纔	잿빛. 비로소. 겨우.		衝	부딪치다. 要路. 대로.
丑	丑	12支의 명칭.	淀	淀	얕은 호수.
	醜	보기 흉함. 미워함. 유사함.		澱	침전하다. 앙금. 침전물.
冬	冬	겨울.	斗	斗	말.
	鼕	북소리.		鬪	싸우다. 전투(하다).
发	發	발사하다. 출발하다.	范	范	성(姓).
	髮	머리카락.		範	규범. 모범.
丰	丰	풍채.	复	復	반복(하다). 재차.
	豐	풍부(하다).		複	겹옷. 중복(하다). 복잡하다.
干	干	옛날의 방패.	只	只	어기사(語氣詞), 겨우. 단지.
	幹	나무의 줄기.		祇	겨우. 단지
	乾	마르다.		隻	척.(배 따위를 세는) 양사(量詞).
谷	谷	골짜기.	刮	刮	갈다. 깎다.
	穀	곡식. 곡물.		颳	(바람이)불다.
洒	灑	「洒」는「洗」의 본자(本字).	画	畫	그림(그리다). 도면.
后	后	군주. 왕후. 후비.	划	劃	(칼로)쪼개다. 가르다.
	後	뒤. 후.		划	배를 젓다.
汇	匯	모으다.	伙	伙	동료.
	彙	종류.		夥	매우 많다.

附錄

簡體	繁體	區別하는 방법	簡體	繁體	區別하는 방법
获	獲	획득(하다).	几	几	작은 탁자.
	穫	(농작물을) 수확하다.		幾	얼마. 몇 개.
机	机	궤나무.	饥	飢	배고프다. 굶주리다.
	機	기계. 틀.		饑	흉작. 기근(이 들다).
家	家	집안. 가정.	价	价	하인. 심부름꾼.
	傢	가구. 기구.		價	값. 가격.
荐	荐	짚방석. 천거하다.	姜	姜	성(姓)
	薦	꼴. 짐승이 먹는 풀.		薑	생강.
借	借	빌리다. 차용하다.	卷	卷	책.
	藉	의지하다.		捲	말다.
克	克	이기다. 능히…할 수 있다.	夸	夸	사치하다. 자만(하다).
	剋	억제하다.		誇	과장하다. 자만(하다).
腊	腊	「xī」 말린 고기.	蜡	蜡	「zhà」 납제. 옛날의 제사 이름.
	臘	음력 12월.		蠟	밀랍. 양초.
累	累	모이다. 묶다. 연루시키다.	里	里	마을
	纍	밧줄. 묶다.		裏	옷의 안쪽. 내부.
历	曆	역술. 역법.	隶	隶	미치다. 도달하다.
	歷	경과(하다). 경력. 역술.		隸	종. 예속(되다). 예서(서체의 일종)
帘	帘	고대 술집을 나타내는 깃발.	了	了	알다. 명확하다. 조사.
	簾	(방문에 치는)발.		瞭	눈동자가 맑음.
幺	幺	「yāo」「幺」(작다. 막내)의 속자.	弥	彌	차다. 보충하다. 더욱.
	麽	「·me」 접미사.		瀰	충만하다. 물이 가득 차다.
蒙	蒙	덮다. (도움을) 받다.	面	面	얼굴.
	濛	가랑비가 오는 모양.		麵	밀가루.
	懞	어리석음.	蔑	蔑	경시하다. 경멸하다.
	矇	눈이 멀다. 소경.		衊	더럽히다. 무고하다.
胜	勝	「胜」은 「腥」의 본자.	医	醫	「医」는 「翳」의 본자.

簡體	繁體	區別하는 방법
宁	宁	zhù 오랫동안 서 있다.
	寧	평안하다.
苹	苹	쑥.
	蘋	네가래.
千	千	천. 백의 열 배.
	韆	그네.
秋	秋	가을.
	鞦	그네.
沈	沈	성(姓).
	瀋	즙.
术	朮	zhú 삽주.
	術	기술. 학술. 학설. 방법.
坛	壇	흙으로 쌓은 단.
	罎	주둥이가 작은 항아리.
系	系	계보.
	係	관계.
向	向	향하다.
	嚮	인도하다. 「響」과 통용.
叶	叶	「xié」「協」과 같은 글자.
	葉	나뭇잎.
御	御	(말 따위를)타다.
	禦	방어(하다).
郁	郁	문채가 있는 모양.
	鬱	울창함. 초목이 무성함.
折	折	절단하다. 구부리다.
	摺	접다.
致	致	이르다.
	緻	세밀하다.

簡體	繁體	區別하는 방법
辟	辟	법. 형벌(을 주다). 군왕.
	闢	개간하다.
朴	朴	나무껍질. 큰 목재. 소박함. 성(姓).
	樸	가공하지 않은 목재. 순박함.
签	簽	서명(하다).
	籤	제비. 꼬챙이.
舍	舍	객사. 거실. 버리다.
	捨	버리다.
适	适	「kuò」 사람 이름.
	適	가다. 도달하다.
松	松	소나무.
	鬆	느슨하다. 관대하다.
听	听	「yǐn」입을 벌리고 웃는 모양.
	聽	듣다.
咸	咸	모두.
	鹹	짜다.
痒	痒	병명(病名)
	癢	가렵다.
余	余	나. 제1인칭 대사.
	餘	남다. 잉여.
吁	吁	「xū」탄식하는 소리.
	籲	부르다. 호소하다.
云	云	이르다. 말하다.
	雲	구름.
征	征	정벌하다. 징세하다.
	徵	모집하다. 취하다. 구하다.
筑	筑	축(고대 악기명).
	築	담을 쌓다.

(2) 簡·繁體字對照表

☆이 표는 간체자(簡體字)와 번체자(繁體字)의 대조표로서 오른쪽 ( ) 안이 번체자(繁體字)이다.

☆이 표에서의 간체자는 劃數順으로 배열했으며, 획수가 같은 경우는 글씨를 쓰기 시작할 때의 첫 획을「丶 一 丨 丿 フ」의 5가지 형태로 분류하여 그 순서로 배열했다.

1 劃

丶 一 丨 丿 フ

2 劃

厂(廠) chǎng
卜(蔔) bǔ, bo
儿(兒) ér
几(幾) jǐ, jī
了(瞭) liǎo, liào, le

3 劃

广(廣) guǎng
门(門) mén
义(義) yì
干(乾) gān
　(幹) gàn
亏(虧) kuī
才(纔) cái
万(萬) wàn
与(與) yú, yǔ, yù
千(韆) qiān
亿(億) yì
个(個, 箇) gè
么(麼) me
卫(衛) wèi
飞(飛) fēi
习(習) xí
马(馬) mǎ
乡(鄉) xiāng

4 劃

【丶】

闩(閂) shuān
为(爲) wéi, wèi
斗(鬥, 鬪) dǒu, dòu
忆(憶) yì
订(訂) dìng
计(計) jì
讣(訃) fù
认(認) rèn
讥(譏) jī

【一】

丰(豊) fēng
开(開) kāi
无(無) wú
韦(韋) wéi
专(專) zhuān
云(雲) yún
艺(藝) yì
厅(廳) tīng
历(歷) lì
　(曆) lì
区(區) qū
车(車) chē

【丨】

冈(岡) gāng
贝(貝) bèi
见(見) jiàn

【丿】

气(氣) qì
长(長) cháng, zhǎng
仆(僕) pū, pú
币(幣) bì
从(從) cóng, cōng
仑(侖) lún
　(崙) lún
仓(倉) cāng
风(風) fēng
仅(僅) jǐn
凤(鳳) fèng
乌(烏) wū

【フ】

丑(醜) chǒu
办(辦) bàn
劝(勸) quàn
双(雙) shuāng
书(書) shū

5 劃

【丶】

冯(馮) féng, píng
闪(閃) shǎn
兰(蘭) lán
汇(匯) huì
(彙) huì
头(頭) tóu
汉(漢) hàn
宁(寧) níng, nìng
讦(訐) jié
讨(討) tǎo
写(寫) xiě
让(讓) ràng
礼(禮) lǐ
讫(訖) qì
训(訓) xùn
议(議) yì
讯(訊) xùn
记(記) jì

【一】

击(擊) jī
扑(撲) pū
节(節) jié
术(術) shù
龙(龍) lóng
厉(厲) lì
灭(滅) miè
东(東) dōng
轧(軋) yà, zhá, gá

【丨】

卢(盧) lú
业(業) yè
旧(舊) jiù
帅(帥) shuài
归(歸) guī
叶(葉) yè
号(號) hào
电(電) diàn
只(隻) zhī
(衹) zhǐ
叹(嘆) tàn

【丿】

们(們) men
仪(儀) yì
丛(叢) cóng
尔(爾) ěr
乐(樂) lè, yuè
处(處) chù, chǔ
冬(鼕) dōng
鸟(鳥) niǎo
务(務) wù
饥(饑) jī

【フ】

队(隊) duì
邓(鄧) dèng
辽(遼) liáo
边(邊) biān
出(齣) chū
发(發) fā
(髮) fà
圣(聖) shèng
对(對) duì
台(臺) tāi, tái
(颱) tái
纠(糾) jiū
驭(馭) yù
丝(絲) sī

6 劃

【丶】

壮(壯) zhuàng
冲(衝) chōng, chòng
妆(妝) zhuāng
庄(莊) zhuāng
庆(慶) qìng
刘(劉) liú
齐(齊) qí
产(產) chǎn
闭(閉) bì
问(問) wèn
关(關) guān
灯(燈) dēng
汤(湯) tāng
兴(興) xīng, xìng
讲(講) jiǎng
军(軍) jūn
许(許) xǔ
论(論) lùn, lún
讽(諷) fěng
农(農) nóng
设(設) shè
访(訪) fǎng
诀(訣) jué

【一】

动(動) dòng
执(執) zhí
巩(鞏) gǒng
扫(掃) sǎo
扬(揚) yáng
场(場) chǎng, cháng
亚(亞) yà
朴(樸) pò, pǔ, pō, piáo
机(機) jī
权(權) quán

过(過) guò
协(協) xié
压(壓) yā, yà
厌(厭) yàn
厍(厙) shè
页(頁) yè
夸(誇) kuā
夺(奪) duó
达(達) dá
夹(夾) jiā, jiá, gā
轨(軌) guǐ
尧(堯) yáo
划(劃) huà, huá
迈(邁) mài
毕(畢) bì

【丨】

贞(貞) zhēn
师(師) shī
当(當) dāng, dàng
(噹) dāng
尘(塵) chén
吁(籲) xū, yù
吓(嚇) xià, hè
虫(蟲) chóng
曲(麯) qū, qǔ
团(團) tuán
吗(嗎) ma
屿(嶼) yǔ
岁(歲) suì
回(迴) huí
岂(豈) qǐ
则(則) zé
刚(剛) gāng
网(網) wǎng

【丿】

朱(硃) zhū
迁(遷) qiān
乔(喬) qiáo
伟(偉) wěi
传(傳) chuán, zhuàn
优(優) yōu
伤(傷) shāng
价(價) jià, jiè, jie
华(華) huá, huà, huā
伙(夥) huǒ
伪(僞) wěi
向(嚮) xiàng
后(後) hòu
会(會) huì, kuài
杀(殺) shā
合(閤) hé
众(衆) zhòng
爷(爺) yé
伞(傘) sǎn
创(創) chuàng, chuāng
杂(雜) zá
负(負) fù

【フ】

寻(尋) xún, xín
尽(盡) jìn
(儘) jǐn
导(導) dǎo
孙(孫) sūn
妇(婦) fù
妈(媽) mā
戏(戲) xì
观(觀) guān, guàn
欢(歡) huān
买(買) mǎi
红(紅) hóng, gōng
驯(馴) xún
约(約) yuē
纪(紀) jì
驰(馳) chí

7 劃

【丶】

冻(凍) dòng
状(狀) zhuàng
亩(畝) mǔ
库(庫) kù
疗(療) liáo
应(應) yīng, yìng
这(這) zhè
庐(廬) lú
闲(閑) xián
间(間) jiān, jiàn
闷(悶) mèn, mēn
沟(溝) gōu
沈(瀋) shěn
怀(懷) huái
忧(憂) yōu
穷(窮) qióng
证(證) zhèng
启(啓) qǐ
评(評) píng
补(補) bǔ
识(識) shí, zhì
诉(訴) sù
诊(診) zhěn
词(詞) cí
译(譯) yì

【一】

寿(壽) shòu
麦(麥) mài
玛(瑪) mǎ

进(進) jìn
远(遠) yuǎn
违(違) wéi
运(運) yùn
坛(壇) tán
坏(壞) huài
扰(擾) rǎo
折(摺) zhé, shé, zhē,
抢(搶) qiǎng, qiāng
坟(墳) fén
护(護) hù
块(塊) kuài
声(聲) shēng
报(報) bào
严(嚴) yán
芦(蘆) lú
劳(勞) láo
克(剋) kè
苏(蘇) sū
极(極) jí
杨(楊) yáng
两(兩) liǎng
丽(麗) lì, lí
医(醫) yī
励(勵) lì
还(還) huán, hái
来(來) lái
连(連) lián

【丨】

坚(堅) jiān
时(時) shí
县(縣) xiàn
里(裏, 裡) lǐ
呕(嘔) ǒu
园(園) yuán
围(圍) wéi
困(睏) kùn
员(員) yuán, yún, yùn
听(聽) tīng
呜(嗚) wū
别(彆) bié, biè
财(財) cái
帐(帳) zhàng
岚(嵐) lán

【丿】

针(針) zhēn
钉(釘) dīng, dìng
乱(亂) luàn
体(體) tǐ, tī
余(餘) yú
谷(穀) gǔ
肠(腸) cháng
龟(龜) guī, jūn, qiū
鸠(鳩) jiū
条(條) tiáo
岛(島) dǎo
饭(飯) fàn
饮(飲) yǐn, yìn
系(係) xì, jì

【ㄱ】

灵(靈) líng
层(層) céng
迟(遲) chí
张(張) zhāng
阵(陣) zhèn
阳(陽) yáng
阶(階) jiē
阴(陰) yīn
劲(勁) jìn, jìng
鸡(鷄) jī
驱(驅) qū
纱(紗) shā
纳(納) nà
驳(駁) bó
纷(紛) fēn
纸(紙) zhǐ
纺(紡) fǎng
驴(驢) lǘ
组(組) zǔ

8 劃

【丶】

变(變) biàn
庞(龐) páng
庙(廟) miào
闹(鬧) nào
单(單) dān
炉(爐) lú
浅(淺) qiǎn
泻(瀉) xiè
泼(潑) pō
泽(澤) zé
怜(憐) lián
学(學) xué
宝(寶) bǎo
宠(寵) chǒng
审(審) shěn
帘(簾) lián
实(實) shí
试(試) shì
诗(詩) shī
诚(誠) chéng
衬(襯) chèn
视(視) shì
话(話) huà
询(詢) xún

诣(詣) yì
该(該) gāi
详(詳) xiáng

【一】

环(環) huán
责(責) zé
现(現) xiàn
表(錶) biǎo
规(規) guī
担(擔) dān, dàn, dǎn
顶(頂) dǐng
势(勢) shì
拨(撥) bō
苹(蘋) píng, pín
范(範) fàn
茎(莖) jīng
柜(櫃) guì, jǔ
板(闆) bǎn
松(鬆) sōng
枪(槍) qiāng
构(構) gòu
丧(喪) sāng, sàng
画(畫) huà
枣(棗) zǎo
卖(賣) mài
郁(鬱) yù
矿(礦) kuàng
码(碼) mǎ
厕(廁) cè, si
奋(奮) fèn
态(態) tài
欧(歐) ōu
殴(毆) ōu
垄(壟) lǒng
轰(轟) hōng
顷(頃) qǐng
斩(斬) zhǎn
轮(輪) lún
软(軟) ruǎn

【丨】

畅(暢) chàng
齿(齒) chǐ
虏(虜) lǔ
肾(腎) shèn
贤(賢) xián
邮(郵) yóu
国(國) guó
鸣(鳴) míng
罗(羅) luó
黾(黽) miǎn
岭(嶺) lǐng
败(敗) bài
贩(販) fàn
图(圖) tú
购(購) gòu

【丿】

制(製) zhì
刮(颳) guā
侠(俠) xiá
侦(偵) zhēn
侧(側) cè, zhāi, zè
侨(僑) qiáo
货(貨) huò
质(質) zhì
征(徵) zhēng
径(徑) jìng
舍(捨) shè, shě
邻(鄰) lín
贪(貪) tān
贫(貧) pín
胀(脹) zhàng
胁(脅) xié
鱼(魚) yú
备(備) bèi
饯(餞) jiàn
饰(飾) shì
饱(飽) bǎo
饲(飼) sì
饴(飴) yí

【フ】

肃(肅) sù
录(錄) lù
际(際) jì
陆(陸) lù, liù
陈(陳) chén
驾(駕) jià
参(參) cān, cēn, shēn
练(練) liàn
绅(紳) shēn
细(細) xì
驶(駛) shǐ
驷(駟) sì
驹(駒) jū
终(終) zhōng
织(織) zhī
驻(駐) zhù
砣(駝) tuó
绍(紹) shào
经(經) jīng
贯(貫) guàn

9 劃

【丶】

弯(彎) wān
将(將) jiāng, jiàng
奖(獎) jiǎng

疮(瘡) chuāng
疯(瘋) fēng
亲(親) qīn, qìng
闺(閨) guī
闻(聞) wén
闽(閩) mǐn
阁(閣) gé
养(養) yǎng
类(類) lèi
郑(鄭) zhèng
总(總) zǒng
炼(煉) liàn
烁(爍) shuò
烂(爛) làn
洁(潔) jié
洒(灑) sǎ
浊(濁) zhuó
测(測) cè
浑(渾) hún
浓(濃) nóng
恻(惻) cè
恼(惱) nǎo
举(舉) jǔ
觉(覺) jué, jiào
窃(竊) qiè
语(語) yǔ
袄(襖) ǎo
祢(禰) mí
误(誤) wù
说(說) shuō
昼(晝) zhòu
费(費) fèi
逊(遜) xùn
贺(賀) hè
垒(壘) lěi
娇(嬌) jiāo
结(結) jié, jiē
骄(驕) jiāo
骆(駱) luò

统(統) tǒng
给(給) gěi, jǐ
绝(絕) jué

【一】

项(項) xiàng
挟(挾) xié, jiā
赵(趙) zhào
挡(擋) dǎng, dàng
挥(揮) huī
带(帶) dài
荣(榮) róng
胡(鬍) hú
荫(蔭) yīn, yìn
药(藥) yào
标(標) biāo
栏(欄) lán
树(樹) shù
砖(磚) zhuān
砚(硯) yàn
面(麵) miàn
牵(牽) qiān
鸥(鷗) ōu
残(殘) cán
轻(輕) qīng
鸦(鴉) yā

【丨】

战(戰) zhàn
点(點) diǎn
临(臨) lín
览(覽) lǎn
尝(嘗) cháng
哑(啞) yǎ, yā
显(顯) xiǎn
贵(貴) guì
虾(蝦) xiā
虽(雖) suī
骂(罵) mà

哗(嘩) huá, huā
响(響) xiǎng
哟(喲) yō, yo
峡(峽) xiá
罚(罰) fá
贱(賤) jiàn
贴(貼) tiē

【丿】

钝(鈍) dùn
钟(鍾) zhōng
钢(鋼) gāng, gàng
钥(鑰) yào, yuè
选(選) xuǎn
适(適) shì
种(種) zhǒng, zhòng, chóng
秋(鞦) qiū
复(復) fù
(複) fù
笃(篤) dǔ
俩(倆) liǎ, liǎng
贷(貸) dài
顺(順) shùn
俭(儉) jiǎn
剑(劍) jiàn
须(須) xū
须(鬚) xū
胆(膽) dǎn
胜(勝) shèng, shēng
狭(狹) xiá
独(獨) dú
狱(獄) yù
贸(貿) mào
饵(餌) ěr
蚀(蝕) shí

饷(餉) xiǎng
饺(餃) jiǎo
饼(餠) bǐng

10 劃

【丶】

恋(戀) liàn
浆(漿) jiāng, jiàng
准(準) zhǔn
资(資) zī
竞(競) jìng
阅(閱) yuè
烦(煩) fán
烧(燒) shāo
烛(燭) zhú
递(遞) dì
涝(澇) lào
涟(漣) lián
涤(滌) dí
润(潤) rùn
涨(漲) { zhǎng, zhàng
涩(澀) sè
悯(憫) mǐn
宽(寬) kuān
家(傢) jiā
宾(賓) bīn
请(請) qǐng
诸(諸) zhū
读(讀) dú
诽(誹) fěi
课(課) kè
谁(誰) shuí, shéi
调(調) diào, tiáo
谅(諒) liàng
谈(談) tán
谊(誼) yì

【一】

艳(艷) yàn
帮(幫) bāng
蚕(蠶) cán
顽(頑) wán
盏(盞) zhǎn
捞(撈) lāo
载(載) zài, zǎi
赶(趕) gǎn
盐(鹽) yán
损(損) sǔn
挚(摯) zhì
热(熱) rè
捣(搗) dǎo
壶(壺) hú
聂(聶) niè
莲(蓮) lián
莴(萵) wō
获(獲) huò
(穫) huò
恶(惡) { è, wù, ě wū
档(檔) dàng
桥(橋) qiáo
样(樣) yàng
贾(賈) jiǎ, gǔ
砾(礫) lì
础(礎) chǔ
顾(顧) gù
轼(軾) shì
轿(轎) jiào
较(較) jiào
顿(頓) dùn, dú
毙(斃) bì
致(緻) zhì

【丨】

虑(慮) lǜ
监(監) jiān, jiàn
紧(緊) jǐn
党(黨) dǎng
晒(曬) shài
晓(曉) xiǎo
唠(嘮) lào
鸭(鴨) yā
晕(暈) yùn, yūn
鸯(鴦) yāng
罢(罷) bà, ba
圆(圓) yuán
贼(賊) zéi
贿(賄) huì
赂(賂) lù
赃(贓) zāng

【丿】

铁(鐵) tiě
铃(鈴) líng
铅(鉛) qiān, yán
牺(犧) xī
敌(敵) dí
积(積) jī
称(稱) { chēng, chèn, chèng
笕(筧) jiǎn
笔(筆) bǐ
债(債) zhài
借(藉) jiè
赁(賃) lìn
舱(艙) cāng
耸(聳) sǒng
爱(愛) ài
脏(臟) zàng
(髒) zāng
脑(腦) nǎo
胶(膠) jiāo
脓(膿) nóng

鸳(鴛) yuān
皱(皺) zhòu
饽(餑) bō
饿(餓) è

【フ】

恳(懇) kěn
险(險) xiǎn
剧(劇) jù
难(難) nán, nàn
预(預) yù
绢(絹) juàn
绣(綉) xiù
验(驗) yàn
继(繼) jì

11 劃

【丶】

离(離) lí
痒(癢) yǎng
旋(鏇) xuán, xuàn
盖(蓋) gài, gě
断(斷) duàn
兽(獸) shòu
渐(漸) jiàn, jiān
渔(漁) yú
惭(慚) cán
惧(懼) jù
惊(驚) jīng
惨(慘) cǎn
惯(慣) guàn
谋(謀) móu
谍(諜) dié
祸(禍) huò
谒(謁) yè
谓(謂) wèi
谗(讒) chán
谚(諺) yàn
谜(謎) mí

【一】

琐(瑣) suǒ
据(據) jù, jū
职(職) zhí
萝(蘿) luó
萤(螢) yíng
营(營) yíng
萧(蕭) xiāo
梦(夢) mèng
检(檢) jiǎn
聋(聾) lóng
袭(襲) xí
辄(輒) zhé
辅(輔) fǔ
辆(輛) liàng
堑(塹) qiàn

【丨】

悬(懸) xuán
啭(囀) zhuàn
啮(嚙) niè
累(纍) lěi, lèi, léi
啸(嘯) xiào

【丿】

铜(銅) tóng
铭(銘) míng
铲(鏟) chǎn, chàn
银(銀) yín
秽(穢) huì
躯(軀) qū
盘(盤) pán
鸽(鴿) gē
领(領) lǐng
脸(臉) liǎn
象(像) xiàng
馄(餛) hún
馆(館) guǎn

【フ】

弹(彈) dàn, tán
颇(頗) pō
颈(頸) jǐng, gěng
绩(績) jī
绪(緒) xù
续(續) xù
绮(綺) qǐ
骑(騎) qí
绳(繩) shéng
维(維) wéi
绵(綿) mián
绿(綠) lǜ, lù

12 劃

【丶】

装(裝) zhuāng
蛮(蠻) mán
阔(闊) kuò
粪(糞) fèn
窜(竄) cuàn
窝(窩) wō
愤(憤) fèn
湿(濕) shī
溃(潰) kuì, huì
湾(灣) wān
裤(褲) kù
谢(謝) xiè
谣(謠) yáo

【一】

蛰(蟄) zhé

联(聯) lián
椤(欏) luó
暂(暫) zàn

【丨】

辈(輩) bèi
辉(輝) huī
遗(遺) yí
喽(嘍) lou, lóu
赐(賜) cì
赔(賠) péi

【丿】

销(銷) xiāo
锁(鎖) suǒ
锅(鍋) guō
锈(銹) xiù
锉(銼) cuò
锐(鋭) ruì
鹅(鵝) é
筑(築) zhù, zhú
御(禦) yù
腊(臘) là, xī
鲁(魯) lǔ
觞(觴) shāng

【フ】

属(屬) shǔ, zhǔ
堕(墮) duò
随(隨) suí
缈(緲) miǎo
缎(緞) duàn
编(編) biān
骗(騙) piàn
骚(騷) sāo

13 劃

【丶】

酱(醬) jiàng
阙(闕) què, quē
粮(糧) liáng
数(數) shù, shǔ, shuò
滟(灧) yàn
满(滿) mǎn
滩(灘) tān
誉(譽) yù
寝(寢) qǐn
谨(謹) jǐn

【一】

鹉(鵡) wǔ
摆(擺) bǎi
摊(攤) tān
蓝(藍) lán, la
蒙(濛) méng
(矇) mēng
颐(頤) yí
献(獻) xiàn
楼(樓) lóu
碍(礙) ài
雾(霧) wù
辐(輻) fú
辑(輯) jí
输(輸) shū

【丨】

龄(齡) líng
鉴(鑑) jiàn
蜗(蝸) wō
嗳(噯) ǎi, ài, āi

【丿】

错(錯) cuò
锡(錫) xī
锤(錘) chuí
锥(錐) zhuī
锦(錦) jǐn
键(鍵) jiàn
锯(鋸) jù, jū
辞(辭) cí
筹(籌) chóu
签(簽) qiān
(籤) qiān
简(簡) jiǎn
颔(頷) hàn
腻(膩) nì
腾(騰) téng
颖(穎) yǐng
触(觸) chù

【フ】

嫒(嬡) ài
缝(縫) féng, fèng

14 劃

【丶】

漓(灕) lí
赛(賽) sài
褛(褸) lóu

【一】

篾(巇) miè
靓(靚) jìng, liàng
酿(釀) niàng
霁(霽) jì
愿(願) yuàn
墙(墻) qiáng
槚(檟) jià

【丨】

颗(顆) kē

踊(踴) yǒng
蜡(蠟) là, zhà
蝇(蠅) yíng
蝉(蟬) chán
罴(羆) pí
鹘(鶻) gǔ, hú

【丿】

镀(鍍) dù
稳(穩) wěn
鲜(鮮) xiān, xiǎn
箫(簫) xiāo
舆(輿) yú
馒(饅) mán

【フ】

骡(騾) luó
缨(纓) yīng
缩(縮) suō
骢(驄) cōng

15 劃

【丶】

额(額) é
颜(顏) yán
谵(譫) zhān

【一】

聪(聰) cōng
樯(檣) qiáng
樱(櫻) yīng
飘(飄) piāo
霉(黴) méi

【丨】

题(題) tí
踯(躑) zhí

【丿】

篑(簣) kuì
鲤(鯉) lǐ
鲫(鯽) jì
馔(饌) zhuàn

【フ】

缮(繕) shàn
屦(屨) jù

16 劃

【丶】

辩(辯) biàn
懒(懶) lài

【一】

薮(藪) sǒu
赝(贗) yàn
錾(鏨) zàn
赠(贈) zèng

【丿】

镜(鏡) jìng
镞(鏃) zú
赞(贊) zàn
蓝(藍) lán
鲸(鯨) jīng

17 劃

【丶】

鹫(鷲) jiù
辫(辮) biàn
嬴(嬴) yíng
懑(懣) mèn

【一】

羁(羈) jī
赡(贍) shàn

【丿】

鳄(鰐) è
鳊(鯿) biān

【フ】

骤(驟) zhòu

18 劃

鹰(鷹) yīng
鹭(鷺) lù
鳎(鰨) tǎ

19 劃

颤(顫) chàn
癣(癬) xuǎn
霭(靄) ǎi
籁(籟) lài
鳗(鰻) mán

20 劃

鳞(鱗) lín

감수 柳晟俊

서울대학교 中文科 卒業
國立臺彎師範大 中國語科 敎授
韓國中語中文學會 會長
저서:《中國語敎本》《新編中國語》
《基本中國古文》外 다수

편저 車炅燮

國立臺彎師範大學 卒業
香港浸禮聖經大學 卒業
현재 각 대학 출강 中
저서 :《實用中國語會話》《基礎廣東語會話》《初級中國語作文》外 다수

중국어 발음 사전

초판 2쇄 인쇄 | 2002년 2월 25일
초판 2쇄 발행 | 2002년 3월 15일

지은이 | 차경섭
펴낸이 | 이원도
표지디자인 | 이창욱

펴낸곳 | 도서출판 인터북스
주소 | 서울특별시 서초구 방배동 537-39
전화 | 02)523-1657
팩스 | 02)597-6464
등록번호 | 제 8-170호

ISBN 89-86732-11-4 01720
정가 15,000원

공급처 | 제일법규